Biography of
Jiang Jieshi

蒋介石全传（一）

刘 红 著

团结出版社

图书在版编目（CIP）数据

蒋介石全传 / 刘红著 . -- 北京：团结出版社，
2017.10（2024.8 重印）
ISBN 978-7-5126-5020-6

Ⅰ . ①蒋… Ⅱ . ①刘… Ⅲ . ①蒋介石（1887-1975）
－传记 Ⅳ . ① K827=7

中国版本图书馆 CIP 数据核字（2017）第 057982 号

出　版：团结出版社
　　　　（北京市东城区东皇城根南街 84 号　邮编：100006）
电　话：（010）65228880　65244790（出版社）
　　　　（010）65238766　85113874　65133603（发行部）
　　　　（010）65133603（邮购）
网　址：http://www.tjpress.com
E-mail：zb65244790@vip.163.com
　　　　tjcbsfxb@163.com（发行部邮购）
经　销：全国新华书店
印　装：三河市东方印刷有限公司

开　本：170mm×240mm　16 开
印　张：110
字　数：1834 千字
版　次：2017 年 10 月　第 1 版
印　次：2024 年 8 月　第 2 次印刷

书　号：978-7-5126-5020-6
定　价：298.00 元（全四册）
　　　　（版权所属，盗版必究）

目录

蒋介石全传

Biography of Jiang Jieshi

绪　论

在 20 世纪里，发生了许多改变国际政治格局和人类命运的重大事件，发生在中国的社会变革运动就是其中之一；有过许多次社会革命的胜利，中华人民共和国的成立就是其中之一；出现了许多对中国的变化有影响的重要人物，蒋介石就是其中之一；在中国先后有清朝、北洋军阀、南京政府三家政府被推翻，后者的主持者就是蒋介石。

蒋介石是以迅速崛起、顽固"反共"、在大陆失败惨重和在台湾重整旗鼓而成名。在政治家中，与同在第二次世界大战前后活动的世界级名人比较，蒋介石有他不可弥补的欠缺：与美国总统罗斯福、英国首相丘吉尔等相比，蒋介石缺少理智、实力和灵活；与中共领袖毛泽东主席、邓小平主席等相比，蒋介石缺少信仰、伟略和民心。

一、蒋介石的"大起"

蒋介石，1887 年 10 月 31 日出生，21 岁时加入同盟会，31 岁时任粤军作战科主任，37 岁时任黄埔军校校长，40 岁组建南京中华民国国民政府。仅仅19 年，一个山区农村小农后代，成了一国之君。即使在习惯于"造反、起义、革命"登基的中华文化圈内，也不能不说是火箭速度，不能不说是仕途奇迹。

建立南京政府后，登上权力顶峰。有人曾在抗战后期统计过他的职务，主要有：国民党总裁，国民政府主席，军事委员会主席，国民政府委员会主席，最高国防委员会主席，行政院长，全国经济委员会主席，海陆空军大元帅，中国战场最高统帅，中央计划委员会主任，中央训练团团长，中央干部训练团团长，党政工作考核委员会主席，新生活运动委员会委员长，宪政促进委员会主席，全国精神总动员委员会主席，航空委员会委员长，中国航空协会主席，中央青年干部训练团团长，"三民主义"青年团团长，中国红十字会名誉主席，国立中央大学名誉校长，陆军大学校长，中央政治学校校长，中央军官学校校长，中央警官学校校长，空军学校校长，中央宪兵学校校长，骑兵学校校长，炮兵学校校长，工兵学校校长，军需学校校长，机械化部队学校校长，通讯兵学校校长，辎重学校校长，兵工技术学校校长，军医学校校长，兽医学校校长，测理学校校长，宪兵训练学校校长，西北特别武装联合学校分校校长，特别武装干部训练团团长，干部特别训练班主任，西北游击干部训练团团长，西南游击干部团团长，华侨捐款保管委员会委员长，四行联合总办事处主席，中国童子军协会名誉会长，革命先烈遗族学校校长，全国滑翔协会主席……（香港广角镜出版社：《蒋介石》第 91 页）管中窥豹，蒋介石的独裁之甚和权力之大从中可见一斑。问题是历史并没有按照蒋介石设想的政治轨道运行，他越是独裁，越要失败；权力越大，失败越惨。

在 20 世纪前期的中国，在群雄奋起的年代里，蒋介石得以崛起并组建南京政府，确有其特殊背景和独到之处。

（一）社会的动荡和变革

20 世纪是中国发展史上一个最重要的一百年，前 50 年是变革，后 50 年是发展。在变革过程中，孙中山等革命党人与清朝、北洋军阀为代表的反动势力进行了较量，再后是中国共产党与南京政府进行了殊死的搏斗，最后以中国共产党的胜利而告结束，从此中国进入发展时期。

在这一变革过程中，各种政治势力必然会充分地表现自己，必然会推出各自的代表人物。不肯轻易退出历史舞台的封建主义势力、在中国政治舞台上还未占据主流地位的资本主义势力、正在觊觎中国的帝国主义势力，利用社会变革的机会，必然会推出代理人，图谋主导中国的变革，阻碍中国的民族独立和人民解放运动的发展。在这一变革过程中，各种政治人物必然会充分地表现自己。他们利用社会动乱，或以政治，或以军事，或以经济，或以文化的方式，寻找各自的政治舞台和立足点。20 世纪 20 年代的中国，北洋军阀统治已经摇摇欲坠，当时中国的政治人物、军事将领和地方实力派，不是在考虑如何维护北洋政府的统治，而是在思考由谁来取代北京古都内的遗老遗少统治中国。自 1916 年袁世凯死后至南京政府成立，这一场"更换统治者"的政治游戏进行了 11 年。在这 11 年中，社会处于大动荡之中，国无法治，军无限制，政无规范，民不聊生，只要有实力或得到实力派支持的政治人物，都可以进行充分的表演。当时，北洋军阀名存实亡，各地军阀迅速兴起，北有奉系张作霖，直系曹锟、吴佩孚，正在壮大的西北系冯玉祥；南方广东、广西、湖南、四川、云南、贵州等省均有实力派割据；国民党组织的护法战争也在兴起，在粤、闽、湘、川等地区已经形成颇有规模的军事行动。在这一政治背景中，参加同盟会和国民党组织的一系列军事行动的蒋介石有了自己的活动空间。有拥兵自重、实力割据的条件，不等于能够成功，蒋介石在相同的政治背景和社会条件下，能够最后成为统治者，与其他军阀相比，有其特殊性：蒋介石依靠孙中山，有了正义的招牌；依靠正义的招牌，能够迅速发展自己的实力；有了必要的实力，又具备超常的权谋。

（二）"总理"的信任和重用

蒋介石能够在短期内获得国民党的领导权，是因为他曾经是"孙中山的追随者，孙中山的接班人"。作为国民党的缔造者、中国资产阶级革命先行者的孙中山，不仅是中国国民党永远的"总理"，在中国历史尤其是社会变革史上有着崇高的地位和威望。蒋介石于1906年初赴日本留学，以后通过陈其美介绍，参加同盟会，成为孙中山的追随者。他以特有的政治敏感性，意识到孙中山的事业在中国有着不可估量的前途，从此"孙中山"和"三民主义"成为他一生口头上的旗帜。正处于逆境中奋斗的孙中山，对于当时从外表到内心都表示有志于"反清、建立共和"的蒋介石，十分欣赏，在用人之际，一再重用蒋介石。蒋介石是靠军事起家，给予蒋介石指挥正规军队机会、施展军事才华舞台的是孙中山。护法北伐之初，孙中山任命正在上海、宁波一带活动的蒋介石担任粤军司令部作战科主任。对蒋介石的发展起着关键作用的"黄埔军校校长"一职，也是孙中山在国民党第一次全国代表大会期间亲自任命的。蒋介石依靠孙中山任命的各类职务，使得组建自己的班底和扩大实力活动得以合法化。更为重要的是，蒋介石凭借与孙中山的关系，并以"孙中山接班人"自居，占据国民党内的正统地位，既可打击党内反对派，排斥异己，又可名正言顺地扩大自己的实力和权力，最终成为国民党的领导人。

（三）必要的军队和实力

在国民党内，获得孙中山信任和重用的人很多，他们不仅没有成功不说，而且后来不是被蒋介石整垮，就是被蒋介石收编，归根结底，就是因为蒋介石拥有自己的军队，拥有压服他人所需要的实力。在20世纪初期，从军成为不少青年人的主要选择，蒋介石也不例外，先后进入保定军校和日本士官学校学习，在辛亥革命至国民大革命的13年间，参加过一系列孙中山领导的军事行动。最为关键的是，1924年初他出任黄埔军校校长。在国民党实际控制的第一所军官学校里，作为校长的蒋介石，十分重视对学生的培训工作。同时，在蒋介石的指挥下，以黄埔子弟为核心的黄埔军校，在巩固两广革命根据地的军事战场上，利用人民大众的支持发展迅速，蒋介石本人也因此成为国民党内最大的实力派。孙中山逝世后，国民党内部进行权力调整，蒋介石因为拥有实力而处于不可替代的地位。北伐开始后，以黄埔军校为核心的国民革命军第一军，转战两湖和东南战场，大量收编已经军心动摇、有心归顺的地方军阀和北洋军队，待进入上海、南京时，与北洋残余势力和阎锡山、冯玉祥、武汉政府的所属军队相比，无论是军队数量还是作战素质，均为第一位，蒋介石已经拥有组建政府的军事基础。

（四）超常的权谋和意志

与蒋介石同时获得孙中山信任和重用的人很多，拥有实力的政客和军阀也不少，但是他们不是败在蒋介石的手下，就是投靠蒋介石的门下，这是因为蒋介石谋取国民党最高权力的手段、谋略要高于他的"同志们"。孙中山培养的主要助手有四位，分别是胡汉民、汪精卫、廖仲恺和蒋介石，其中胡汉民的"直"、汪精卫的"软"、廖仲恺的"红"，都敌不过蒋介石的"变"。在孙中山逝世后数月内，蒋介石就顺利清除了接班的三大障碍，成为实质上的第一号人物。在大革命高潮中，作为旧民主主义革命参加者的蒋介石，利用人民大众的革命热情，借助中国共产党人的力量，成功地进行了巩固两广革命根据地、同时也是巩固其地位和发展其实力的军事行动。在统一战线内部，蒋介石对革命的核心力量中国共产党，采取各种手段，进行压制和打击。在国民党内，蒋介石面对"左"派表示反右，面对右派表明反左，靠两面手法，削弱了得到中国共产党支持、以廖仲恺为代表的革命阵营，驯服了以西山会议派为核心、得到胡汉民支持的国民党右派，排斥了假左真右、强劲对手的汪精卫派。再在北伐过程中，蒋介石再次依靠国共合作，在短短的 10 个月内，攻占长江以南广大地区，然后发动"反共"政变，建立起蒋记政权。对于蒋介石的阴谋，识破的人很多，反对的人也不少，只是因为蒋介石已经有了足够的实力，即使是阴谋，即使阴谋被揭露，但已无法遏制。

二、蒋介石的"大落"

蒋介石的失败之惨之重，同他的成功之大之快一样，为中国历史上所少见。纵观蒋介石的所作所为，已经决定了他难逃失败的命运，因此可以说蒋介石是自己打败了自己。

在中国由落后向现代化的转变过程中，蒋介石战胜北洋军阀和地方实力派，首先获得尝试的机遇。当蒋介石基本统一中国后，他可以按照自己的意志，进行国家的政治、法制、经济、军事、文化建设。遗憾的是，他的政治立场、基本路线、施政方针都出现了与历史潮流、人心向背背道而驰的态势，结果是阻碍中国社会进步、束缚中华民族的发展、导致人民生活水平的下降，最后理所当然被中国共产党所推翻。

（一）政治上"反共"和专制

蒋介石的政治，有着五大必败因素。一是坚持"反共"。"反共"是蒋介石一生从事的事业，并为之倾注了毕生的精力，导致他在政治上的重大失误。在他的基本路线和施政方针中，虽然两次与共产党合作，但"反共"一直是他的第一需要。他致力于内战，依靠军事手段消灭无论是人数还是武器都处于劣势的中国共产党领导的军事力量，最后却成为他失败的直接原因。二是压制民权。蒋介石统治中国 22 年间，反动性和封建性最为集中的体现，就是无视人民的权利，人民大众没有丝毫的权利不说，连起码的人权保障都没有。无视民主的力量，社会处于极度不稳状态，这成为他必败的第二大因素。三是特务统治。为了能够贯彻"反共"方针，为了压制民权、镇压人民的反抗，靠正常的统治手段和法律体系无法实现，只有依靠非正常的渠道进行，这就是特务统治。蒋介石一直十分重视特务活动，特意设立了"国民党中央执行委员会调查统计局"和"国民政府军事委员会调查统计局"两大特务系统，专门进行"反共"活动和监视人民的工作。南京政府这样对待人民大众，人民大众如何对待南京政府和国民党便可想而知了，一个依靠特务维持统治的政府永远是失败的政府。四是官场腐败。说蒋介石自己打败了自己，其中一个主要原因是统治阶层的腐败，国民党内的腐败，具有普遍性；国民党内的腐败，具有不可逆转性。腐败严重削弱了国民党的战斗力，最后不可避免地走向失败。五是派系林立。国民党的派系纷争由来已久，派系有大有小，有有形的、有无形的，有经济的、有文化的、有军事的、有特工的，有控制中央的、有控制地方的，可谓是名目繁多，十三路风烟、七十二支兵马，相互之间形成恐怖平衡。长期的派系之争，成为国民党政权的巨大内耗。"反共"和专制及其产生的附加值，带来的结果就是失败。

（二）军事上黩武和僵化

蒋介石的失败，直接原因是在与中国共产党领导的武装力量的较量中，他指挥的近千万军队大部被消灭。军事失败的原因，一是穷兵黩武。蒋介石上台 22 年，以抗战 8 年为界，之前有 10 年围剿工农红军，之后有休整不到一年又"戡乱" 3 年。也就是说，14 年间有 13 年在打仗，如此好战，又没有、也不可能战好，结果当然不好。蒋介石发动的内战，直接违背了人民的要求，站在人民的对立面。人民要和平，他要战争；人民要建设，他要战争；人民要发展，他要战争。因此，人民成为反对内战的主力。二是僵化教条。既然出非正义之师，军事战略上即失去了最为重要的依托。纵观蒋介石一生的军事行动，特别是和主要对手——中共领导的武装力量的作战中，主要错误有以下几类：一曰武器至上，以为国民党的兵力和装备优势一定能打胜仗，这是蒋介石的基本军事思维方式，蒋介石的败仗主要由此造成。二曰战术教条，在蒋介石眼里，装备简陋、土生土长的"土八路"根本不是经过正规训练的"国军"的对手，每次与中共作战，尽管派出优势兵力进攻，但在中共灵活、机动的战略战术面前，只能一筹莫展，被动挨打。三曰军令不通，国民党军队数量庞大，内部派系林立，中央军、地方军、杂牌军之间，中央军内部的黄埔系、非黄埔系、胡宗南系、何应钦系之间，相互牵制，相互责难，军令难以及时贯彻，作战意图难以实现，胜仗从何谈起？四曰争功诿过，这是国民党军队的痼疾，较为盛行。五曰贪生怕死，国民党军队在训练场上训练有素，在作战之前有条有理，只是在战场上又慌又乱，如何能打胜仗？

（三）经济上民困和国贫

蒋介石的基本财经方针是对人民大众进行超经济的剥削。入主南京后，并没有把重点放在发展经济方面，没有从国家的角度支持和发展民族工业，也没有为增加税收开源节流，他的巨额财政收入主要靠搜刮老百姓，不顾民众的生活和死活，进行超经济的剥削，田赋、捐税名目繁杂，数不胜数，再加上地主、资本家的盘剥，工人失业，农民破产，物价飞涨，压得民众抬不起头来，经济上处于被奴役被剥削状态，国民党被称为"国民党万税"、国民党总裁蒋介石被称为"蒋发财、总发财"。在南京政府无度的行政支出和有限的经济建设之外，统治集团的奢侈消费也是一笔巨大支出，官场腐败，官员贪图享受，这一情况在旧中国的国家机器中，属于普遍现象。南京政府的开支除行政费用、经济建设、奢侈消费之外，还有一个无底洞，即军费支出。南京政府的军费，到底有多少，恐怕不易找到确切的数字。蒋介石兵败大陆，经济上的失策是主要原因之一。因为维护专制统治需要庞大的财政支出，需要对民众实施剥夺政策；对民众的剥夺，必然就要引起民众的反抗；为镇压人民大众的反抗，就要动用大规模的武装打内战；进行内战，巨额的军费开支就成为南京政府不可缓解的财政包袱，形成统治上的"经济黑洞"。所以这种"收"与"支"的恶性循环，把蒋介石的"反共"内战政策推向破产。经济剥削，是中国历史上历代农民起义的最基本也是最直接的原因，也是迫使人民大众起来反对蒋介石反动统治的主要原因。

三、蒋介石的"调整"

蒋介石的后半生要比前半生有声有色，前半生是和动荡、失败、混乱连在一起的，后半生在国民党专制统治下的台湾，有了一个较为安定的政治、经济和社会环境。在台湾地区的有限范围内，蒋介石和国民党得以东山再起，牢牢控制着全岛。蒋介石到台湾后，之所以能够重整旗鼓，是因为能够部分吸取在大陆失败教训的结果。令人遗憾的是，最需要调整的"反共、独裁和大陆政策"他没有作为，因而失去了为中华民族建功立业的机会。

（一）专制的强化和改善

退台后的国民党当局，全面照搬南京时期的统治形式。首先是出任"总统"9个月、下台14个月的蒋介石于1950年3月复职"总统"；其次是"行政院""立法院""考试院""司法院""监察院"这"五院"恢复行使职权；再次，无限期地延长原为任期制的"三大中央民意代表"的任期。此外，为便于进行国民党一党专制、蒋介石独裁，在全岛内实施"军事戡乱戒严体制"，实行特务统治，严格监视人民的正常生活和活动，以抓"共谍"为名镇压民众的反抗，全岛内处于一片白色恐怖之中。在移植南京时期国民党反动统治的同时，蒋介石较为注重改善国民党的形象。刚刚经历大败的国民党，人心尽失，特别是在对"2·28事件"记忆犹新的台湾人民面前，更是丑陋不堪。为扭转这一状况，蒋介石对国民党在大陆的失败进行了深刻的反省，就政治、军事、思想、文化、经济等方面的问题大做文章；下令进行国民党改造，既清除了异己分子、不可靠分子和失败的责任者，又清除了一些腐败分子；在党务、行政等系统，起用陈诚、蒋经国为首的"实力派"，以减少旧官僚和官场上的陋习；实行县（市）自治，在国民党的绝对控制下，"普选"县（市）长以下行政官员和省、县、市乡级民意代表；重视经济建设，利用从大陆运到台湾价值10亿美元的黄金和美国的援助，利用退台时去台湾的人才，进行有计划的经济建设，岛内经济步入发展轨道。蒋介石当局政治上的调整，在一定阶段内，一定程度上，有利于国民党专制、蒋介石独裁的继续。

（二）军事的"反攻"和封锁

蒋介石退台前期的军事工作，主要有两个方面。一方面是固守台湾，为应对大陆武力解放台湾的壮举，把在大陆失败阶段幸存的残兵败将收运台湾，以增强台湾的防御力量。这方面压力的减少，不是台湾军事实力在美国援助下的增强，而是大陆从民族发展的高度出发，暂时停止了军事解放台湾的方针。另一方面是"反攻复国"，始终把"反攻复国"放在一切工作的首位。朝鲜战争爆发后，利用美国调整远东战略的机会，借助美国的军队和援助，进行战争准备，提出了"一年准备，二年进攻，三年扫荡，五年成功"的口号，并不断派出小股武装力量偷袭大陆沿海地区。蒋介石的"反攻大陆"，只能永远处于"口号"，但严重加剧了海峡两岸的对峙。直到蒋介石的晚年，对于"反攻大陆"提法有所改变，但""反共"拒和"的立场没有改变，坚持国民党政权"法统"的立场没有改变。在两岸关系上，蒋介石封锁海峡，禁止一切民间往来，对民族、民众、国家、家庭带来了巨大灾难，也是中国历史空前绝后的大悲剧。在世界进入20世纪下半叶，各种交流和来往已经成为人类社会活动的主要形式之一时，台湾国民党当局竟然逆历史潮流而动，封锁海峡，严禁两岸民间来往，这是对人民的犯罪，这是对民族的犯罪，严重阻碍了两岸关系的调整和祖国统一问题的解决，严重干扰了两岸经济的发展，因而这种隔绝来往的政策本身就是对台湾的"安全"和社会、人心的稳定的威胁。

（三）"世袭"的培植和实现

蒋经国作为蒋介石的长子，在国民党上层圈内，可以说是学历不高才高，学识不多谋多，学术不精术精，是经过蒋介石多年培养、在多种岗位上历练的职业党务政务活动家。蒋介石到台湾后，再传蒋家政权已成既定方针，蒋经国成为蒋介石的正式接班人。为增加蒋经国的政治资本和扩大蒋经国的政治影响，自退台前后起在蒋介石的安排下，蒋经国开始参与最高决策。在蒋介石高高在上、陈诚台前指挥、蒋经国幕后操纵的格局中，起着极为重要的作用。在蒋介石的有生之年，国民党实施的党内权力调整、国民党改造、"三七五减租"、发展经济、特务统治等种种措施，无一不是出自蒋经国之手。到蒋介石去世前三年，他正式把所有权力移交给蒋经国，蒋经国出任"行政院长"，第二代蒋记政府正式出台。在近现代史上，出过名人的家庭很多，但像蒋家出过如此多的在历史上留下影响的人不多;出过文武百官的家庭很多,但像蒋家那样出过两位"国民党主席和国民党政权总统"的人不多;个别或当代荣耀、下辈沾光但无作为的家庭很多,但像蒋家那样两代主政、第三代虽然不及前辈但也官及大吏的家庭不多。蒋氏家族之所以出名,除蒋家出的名人多之外,重要的是蒋家人跟近现代史上很多大事都有联系!蒋氏家族中,核心人物是蒋介石。如果没有蒋介石,蒋家曾经有过的一切都将是个未知数。蒋氏家族中,蒋经国是仅次于其父、家族中的最关键和最重要的人物,重要性表现在,自走上国民党官场不久就成为蒋介石最为信任的助手,也就是成为国民党决策圈内的中心人物。同样,他在蒋氏家族中的重要性,还表现在曾为结束蒋家传人在国民党政权中的接班地位,也就是给政治意义上的蒋氏家族画上一个句号,起到了关键性的作用。

"贤愚千载知谁是,满眼蓬蒿共一丘",蒋介石临终喜爱的诗句道出了自然规律和历史事实。如今,曾经叱咤风云、统治中国22年的蒋介石,已经过世数十年,长眠于台湾桃园慈湖。时过境迁几十年,千夫所指也好,歌功颂德也罢,但是时间是永恒的,历史是无情的,人民是公正的。

历史是不能假设的。但是,如果蒋介石在第一次国共合作时不搞政变,那么他的历史要改写;如果蒋介石在抗战胜利后,能够组织联合政府,进行和平建国,那么他的历史要改写;即使蒋介石发动全面内战,如果能在失败前夕,接受国共两党谈判协议,那么他的历史要改写;即使蒋介石顽抗到底,被赶出大陆,如果他能深明民族大义,响应中国共产党的号召,完成祖国统一,那么他的历史也要改写。这告诉人们,对名人对平民一样,都会有很多机会,关键是如何把握!蒋介石放弃了一次又一次的机会,是他自己写出了令他不痛快的历史。

所以,从整个历史长河论,蒋介石是时代的落伍者,是中国历史上最大的失败者。

蒋介石全传

Biography of Jiang Jieshi

溪口与蒋介石的早年

在 20 世纪上半叶，把奉化城、溪口镇与中国政治连在一起的，是蒋介石。国民党主要领导人、南京政府主要官员、社会各界名流贤达，朝拜进谒此地为家常便饭。

在今天，把奉化城、溪口镇与天下游客连在一起的，是蒋介石。慕名前来溪口的有来自全国各地的各界人士，有来自世界各地的外国客人。奉化和溪口，虽然没有世界奇观、人类文化遗产，但已成为当今世界上的旅游热点之一。深受中华传统文化熏陶、具有很高文化层次的奉化人民，正在敞开胸怀，迎接全球的朋友们。

奉化县的溪口镇，是蒋介石的家乡。

一、溪口，蒋家的传说

蒋介石出生在浙江省奉化县溪口镇。对于出生地，蒋介石欣赏倍加；只是对自己仅是农村小集镇上的蒋家之后总有遗憾之处。因此，寻找能够为溪口蒋家增辉添色的家谱，成为蒋介石的心事。在他日后主政南京政府后，百忙之中，不忘此事，不管有真有假，后来居然续上了历史悠久、具有显赫先辈的蒋家家谱。

（一）作为农村集镇，溪口却有独到之处

1975年3月29日，已经生命垂危的蒋介石在听读宋代黄庭坚《清明》诗时，立下了遗嘱。逝世前一个星期的蒋介石，等待死神的来临，心中放不下的事情太多了：作为曾在中国政治舞台上活跃近70年的政治老人，"反共复国"大业只能永远成为梦想；如何面对正在变化中的国际格局调整、维持国民党的统治和儿子蒋经国顺利接班问题，当然在他的考虑之中。作为深受中国传统文化影响的老人，他更是对26年未为祖宗扫过一次墓、未为母亲的坟上添一抔土，难消愧疚之心；对夫人宋美龄和其他家人难分难舍；对远在美国的孙女孝章和正在病床上的孙子孝文分外担心；对离开大陆后再也没有见过的家乡更是怀念不已。

对故乡——情牵魂绕

中国的老人，至死难忘的是家乡。多少学有所成的学子，多少功高盖世的将军，多少位居显赫的大吏，多少海外发达的华侨，更多的是无数平常人家，无不把回家回乡当成晚年的头等大事。正躺在台北士林官邸床上的这位89岁老人的眼前，不断浮现出来的是家乡的山山水水，一草一木。

蒋介石与经国纬国一起翻阅宗谱

他清楚地记得，过去回家一般都是乘车自宁波偏西往南40余里到达鄞县，离开鄞县城，向东南十余里即是奉化县城，向西南不过30余里即进入溪口镇，也就等于进了位于街中间的自己的家门。

在晚年，他不怕后辈们的厌烦，多次向对家乡已无记忆的孙辈和从未见过家乡的曾孙辈们，谈起过溪口，既是寄托对家乡的思念，也是教育后辈不要忘了自己的家。

他说，溪口西北是四明山，南靠剡溪，剡溪发源于四明山中的横溪岭，经九曲在镇附近流入锦溪，所以称为"溪口"，也叫"锦溪村"。两溪会合后，流向位于东北方的宁波，最后经甬江直奔杭州湾口南的灰鳖洋。所以当时附近许多人和山里的人去宁波，都是从溪口上船。他说，溪口在清末归禽孝乡，名字太难听，所以在1928年成立"溪口乡"，1935年改称"溪口镇"，以与镇上的建设相称。

对当时小镇的情形，蒋介石一直没有忘记。他说：在吾（我）懂事的时候，镇很小，近百户人家聚居一条街上，就在剡溪边，只有几家小店铺，是米行、酱油店、饭馆、茶馆。吾家过武岭门向西不远就是，开的是盐店。到吾在南京做事体（执政）后，溪口开始发展起来，到吾离开溪口时，街面由东往西，进武岭即进入溪口街，长二三里，已经有了近千户人家，一半姓蒋，吾俚蒋家是大姓，另外一半姓周、毛、任。

他清楚地记得，溪口镇的东口是武岭，山下的路旁有一武山庙，他还在1930年前后在此修建了气势不凡、富有民族特色的武岭门，作为镇的标志。前门额上的"武岭"二字是于前"监察院长"右任所书，后门额的"武岭"二字是他所写。他还向后辈们介绍说："武岭门"的题字在大陆"文化大革命"初期被涂上水泥，改为"红卫"二字，对此他耿耿于怀。因为，他喜欢把溪口别名为"武岭"。只是蒋介石没有等到大陆改革开放后"武岭"二字的恢复，就离开了人世，不然他的心里会好受些。

一次，蒋介石指着长子蒋经国对孙儿们说：他就在武岭山下的武山小学上学，后来是他出资把武山小学扩建为武岭学校。他好像身处其境地说，学校当时是蛮好的，设计也蛮新的，校中的礼堂正面有岳飞所书《出师表》湘绣8幅，左右两侧挂有两幅油画，一幅画的是吾骑马检阅军队，一幅画的是吾在楚豫军舰上侍立在孙中山身边，这两幅画吾都不喜欢。他说，因为学校设备较好，后来成为贵宾招待场所，南京城里和上海来人看吾，一般是住在那里的。

蒋介石在岛内游历或视察时，常对陪侍身边的儿孙们提起家乡的山水。他对家乡附近的山水非常熟悉，经常如数家珍，一一列举。

他说：吾曾在溪口十景之一——武南麓谭墩山上题过词。对于此地风景，吾家先祖蒋元凤曾写下"奎曜冲牛斗，阁同霄汉通，岚从脚下起，霞旁顶尖红，九曲波涛静，千山树木崇"的诗句。山顶上有座文昌阁，为清雍正年间所建，早已年久失修，1924年重修时新建了"乐亭"，在落成时吾还写了《乐亭记》。文昌阁是蒋介石和宋美龄回家乡时常去的地方。该阁在抗战中被日寇炸毁，后已修复。

蒋介石常去的地方还有文昌阁下的"碧潭观鱼"处，那里有一座名叫"憩水桥"的小桥，桥下是锦溪最深处，故名为"碧潭"。

在谭墩山的东侧，那里有一泉水似乎是温泉，故也成武岭十景之一"武岭浪暖"。在此建有一座小洋房，是经国和方良结婚后住的地方。

当时在镇上有武岭公园，江南园林风格，公园不大，但很紧凑。虽然已过了一二十年，但他对公园内的建筑记得一清二楚，他从"旷观亭（望江亭）"说起，一直说到"漪澜厅""涵碧亭""挹爽阁""明远楼""茂倚亭"和"康乐亭"等，无一遗漏。他还说，其中"漪澜厅"是经国和方良从苏联回国后在溪口"读书"期间常常住的地方。

蒋介石称：他最喜欢的是雪窦山。他说，四明山280峰，奉化境内有70峰，70峰中首推雪窦峰。这是因为，在当地最高的乳峰下面有一石窦，有喷泉，所以称为雪窦或乳窦。奇怪的是四周全是山，但在山顶上有一百余顷的大平地，简直不可思议，环绕山顶平原的是玄珠、天马、象鼻、杪椤、东翠等九座山峰。在山顶平原上建有雪窦资政禅寺，离溪口镇22里。因地处山顶，所以明代王守仁称之为"岩下云开见鸟飞","僧居俯瞰万山尖"。

讲此事时，似乎蒋介石已经到了雪窦寺。他说：去雪窦寺先过"入山亭"，原名"雪窦山亭"，初建于北宋政和五年，抗战期间毁于日阀的飞机轰炸，抗战胜利后是上海大老板杜月笙来溪口看吾时出钱重修，改名为"入山亭"。过了入山亭，是难走的上山路，走过10里路，就是"御碑亭"，亭中宋理宗题有"应梦名山"。说的是宋仁宗梦里见过一座庙，觉得与众不同，于是下令各地的寺庙画图送来，见到雪窦寺的建筑图时，认为和梦里所见的差不多，后由宋理宗题词"应梦名山"。

山顶平地上的雪窦资政禅寺，最初为东晋时的"瀑布院"，后改名为"瀑布观音禅院""十方禅寺"，到宋代咸平二年定为现名。遗憾的是，雪窦寺在"文化大革命"中被捣毁，蒋介石对此非常不满，乘机利用无法无天的造反派无知且可笑的行动，诬蔑中共的宗教政策。中共十一届三中全会后，大陆开始改革开放，落实宗教政策，雪窦寺也被修复，修复后的寺院要比原来的更为壮观，蒋介石应该地下有知。

雪窦寺是蒋介石每次回家乡必到的地方，在寺中还保留着他题写的"四明第一山"匾。他每次游雪窦寺，有时还要去附近的千丈岩瀑布、飞雪亭、消烦台、妙高台、伏虎洞、狮子岩、三隐潭等处。千丈岩瀑布，位于峡谷内，三面是悬崖峭壁，直冲云霄，名称"千丈岩"。而在雪窦寺两侧有两条河，会合于锦溪池，然后穿过关山桥，在千丈岩口形成瀑布，气势磅礴，飞流直下，而在悬壁半空，有一块巨石横空出世，突凸而立，瀑布冲到巨石上，只见碎珠四溅，雪花飞舞，然后再聚一堂，状如白龙，顺山势蜿蜒而下。讲到此时，蒋介石总要对儿孙们说，不是亲临其境，不知其壮观和美妙。

在千丈岩顶上，建有"飞雪亭"，这是从上往下观看瀑布的好地

蒋介石在千丈岩前

方。往前不远，是"妙高台"，也是妙高峰上出现的一大块平地，曾建有栖云寺。说到此，面对儿孙们蒋介石得意地说，妙高台的风景很好，四周的主要山岭都能看到，东望太白，西连天姥，南引天台，北跨四明。1928 年春，南京城内有些人要吾下野，吾就在妙高台修了一座小别墅，题有"妙高台"，那里很凉快，只要是热天，我和美龄常去那里住。每次去妙高台，吾都要向别墅旁的雪窦寺住持和尚石奇的坟鞠躬致意。

过了妙高台，不远处是"仰止桥"。这是从下往上仰望千丈岩瀑布的好地方，距水只 5 米，抬头仰望拔地而

蒋介石偕儿孙游隐潭

起的悬崖，沿崖而下的瀑布，飞溅的水花欲湿身衣。蒋介石自称，每次到此，都要看很长时间，心境不一样。

过了仰止桥，数里路外是"三隐潭"，蒋介石说叫"三隐潭"，这是因为有上、中、下三个潭的原因，其中下潭面积约有半亩大小，有一块巨石伸出，悬空正好盖在潭上。他说："吾曾在民国九年，在游三隐潭时，写了一首诗。说'雪山名胜东南最，不见三潭不见奇；我与林泉盟在凤，功成退隐莫迟迟。'"后来，蒋介石没有也不会真正"功成退隐"，之所以写此诗只是抒发当时不得志的心情而已，但是三隐潭的风景之美却是事实。

家乡的山水风光，蒋介石是永远忘不了的。在离开家乡之前，特意游遍了家乡的山水。蒋经国曾在《危急存亡之秋》一书中记下了陪同其父、弟弟蒋纬国游遍奉化四明山水的过程：

（1949 年）1 月 23 日，侍父亲游藏山公园，山水幽丽，心旷神怡。复至乐亭旧址，伫立武岭潭畔，下午游白岩，顺道往显灵庙；

27 日攀登武岭山巅；

29 日（大年初一）游武岭公园，并到宁波城内金紫庙祭祖。

31 日游览涵斋，复登江口塔山寺和小灵峰；

2月1日游雪窦寺、妙高台；

2月2日游日岭、县城孔庙，并到父亲当年上过学的凤麓中学旧址参观；

2月3日游法华寺；

2月5日游育王寺和修复不久的天童寺；

2月6日游石仓、龙潭；

2月7日游法华庵；

2月13日去桃坑山，顺便扫墓；

2月20日游千丈岩及雪窦寺；

2月21日又至妙高台、仰止桥；

……

对家乡的思念，无法回家的遗憾，时常在重病中的蒋介石的心头徘徊。

看溪口——风光依然

溪口风光说奇是真，在一个离开经济、文化发达地区的山区，能有如此多的隐含文化内涵的风景点，确实有独到之处。大自然神工鬼斧，创造了雪窦峰、妙高台等高山平地，千丈岩等奇观，古代人民在自然景观上加入了人文含量，使文化和自然融为一体，使得溪口及附近山水风光具有较高的欣赏价值和旅游价值，它反映了中华民族的无限创造力，体现了劳动人民的智慧。

溪口风光是好，但是也应该看到在中国辽阔的大地上，中华民族生息繁衍几千年，创造了无数的文化景观。有价值的文化古迹、历史遗址、自然风光数不胜数，因此，对溪口也应该实事求是地描述。正是在这一点上，有人不是这样。

在蒋家王朝兴盛时，不少国民党御用文人发表的大量作品中，包括有关蒋家成员的传记中，对奉化、溪口风景

蒋介石、蒋经国游徐凫岩瀑布

进行了广泛的"政治化"宣传。只要说到蒋介石，莫不对溪口附近的山水草木大发感叹，说什么奉化一带"山明水秀、地灵人杰，贤哲英彦之士历代层出不穷"，为此求证出这是龙的故乡，是"真龙天子"的诞生地。

面积、人口有限，在当时经济文化不算十分发达的溪口镇，出过国民党政权的两位"总统"和党的首脑，周围地区还出过不在少数的国民党高级官员，小镇几度成为全国的政治中心，似乎真是"地灵"。奉化一带因为有蒋家的关系，出过的将军、部长、元老、重臣、军长、师长等高级官员和将领之多，占人口比例之高，在国民党内少见，这颇有"人杰"的味道。

事实上，奉化和溪口的一切"地灵"，皆因有了蒋介石，有了为蒋家父子服务的御用文人。谁都明白，溪口镇四周的风景确有不小的旅游价值，可如果没有蒋介石，恐怕不会像今天这样出名。溪口出了蒋介石，从"名人地缘学"的角度，固然是当地的一种"骄傲"，可因为有了蒋介石，把自然风景加上政治色彩，描绘出一种"神"自山出的仙境，未免有牵强附会之处，纯属耳食之言，不经之谈。

不管"景色奇丽"，还是"地灵人杰"，如今溪口风光依旧，又胜过旧时。从溪口镇周围的环境来说，已由旧时的农村集镇发展成为充满现代气息的重要观光点；从蒋家来讲，蒋家的故居和祖墓都已修葺一新。可谓是沧海桑田，人事变迁巨大，蒋家父子过世台湾多年，"地灵人杰"已成旧事旧话。

（二）作为农商之后，蒋家却有不同之处

在近代中国，名人之家大都是社会上茶余饭后议题的话题，因而名人之家也为人们所熟悉，但恐怕没有一家能像溪口蒋家那样，知名度如此之高。

蒋家家世——无误

在 1948 年翻修蒋家家谱时，蒋介石亲自为家谱撰写了自己的简传。简传说："周泰，原名瑞元，一名中正，字介石，肇聪次子。保定全国陆军速成学堂第一期肄业，考送日本振武军校毕业，高田野炮兵第十三团士官候补生。大元帅府参谋、大本营参谋长、黄埔陆军军官学校校长、国民革命军总司令、第一任大总统。清光绪十三年丁亥九月十五日（1887 年 10 月 31 日）午时生。光绪三十三年加入同盟会。民国十九年十月受基督教洗礼。配毛氏，民国十年为慈庵王太夫人义女。民国十六年继配宋美龄，美国韦尔斯莱大学博士，立法院

蒋介石与母亲王采玉

立法委员、中国国民党中央执行委员，光绪二十五年己亥二月十二日生。子经国、纬国。"

蒋介石写的简传，精确之外不缺精练，家世基本和他所说的差不多。

在蒋介石以前，蒋家的家世极为一般，自清代以来，一直住在溪口，世代务农，消费水平为自食略有余。从祖父蒋斯千（字玉表）起兼营商业，开有玉泰盐铺，经销官盐，溪口地处宁波、绍兴、台州三府交界处，盐铺又地处镇上热闹之地，生意还算兴隆。这种状况和家庭在旧中国不少，蒋家与其余农商结合之家无多大区别。

1862 年，清王朝镇压太平天国，奉化也作过战场，时年 48 岁的蒋斯千经营的玉泰盐铺遭受重大损失。他让时年 22 岁的儿子蒋肇聪（字肃庵）开始重振家业。盐铺位于溪口中街簟场弄口，三间店面，后设作坊，经理、账房、伙计共有 7 人，规模在当地也算上乘。肇聪精明能干，凡事极少吃亏，落得"埠头黄鳝"的绰号，意指难对付。他在镇上是个热心人，善于调解邻里纠纷，又是乡间庙社的首事，所以族里有何事发生，大家都叫蒋肇聪来管。他于 1895 年 8 月 24 日死于霍乱，终年 54 岁，与前二妻合葬于桃坑山，此时蒋介石只有 8 岁。在前一年 10 月 24 日，蒋斯千去世，终年 81 岁。蒋介石后来称祖父是"性慈善，待人如恕，而教子孙则严。衣布茹素，耽好内典"。（蒋介石：《玉表公行状》）

蒋肇聪先娶有徐氏，生有一子周康（介卿）、一女瑞春。徐氏病故后，又续娶孙氏，孙氏没有孩子，不久也因病去世。蒋肇聪的最后一任妻子是王采玉，此女就是蒋介石的生母。1887 年农历九月十五生有儿子谱名周泰，乳名瑞元，学名志清，又名中正，字介石；1890 年农历六月初六生女儿瑞莲，后嫁与玉泰盐铺伙计竺芝珊为妻；1892 年生女儿瑞菊，3 岁夭折；1894 年农历十月二十六生小儿子瑞青，1898 年农历三月二十三病死。

蒋介石的生母王采玉生于清同治三年（1864年），家住奉化西南50里外的葛竹村，家境较好，王采玉在家父王有则的教育下，知诗识礼，信奉佛教，能念诵《楞严经》《金刚经》。在王采玉19岁时，其父一场重病，家道中落，后嫁曹家田俞姓的人家为妻，她的命运并不好，没过几年，其夫不幸病故，丧夫守寡，在葛竹庵带发出家。后经在玉泰盐铺当伙计的堂兄王贤东做媒，嫁与蒋肇聪为第三任填房。到蒋家后的第二年，蒋介石出生。

王采玉在蒋家的生活，初时还算顺利，上有公做主，下有夫恩爱，生子育女，不愁吃穿，在旧时的中国这已是令人羡慕的生活了。为时不长，在蒋玉表、蒋肇聪父子先后去世后，王采玉的生活有了改变，夫婿前妻的儿子蒋介卿，对后母不尊敬不说，还在族人的挑唆下，多占家产，玉泰盐铺也归了他的名下，并继承伯父蒋肇海的家产，家境比蒋介石母子要好得多。王夫人在经历公公、丈夫、一女、一子去世的痛苦后，又常受非亲生子和宗族势力的欺负，只好靠信佛念经寄托。当然在生活上，在当地也为中上等，她依蒋介石的名义分得24亩地、素居等老屋和一片竹林，依靠田租和竹产收入，生活并不愁。因分得的是蒋玉表的房产，在宗族中蒋介石称为"丰"，蒋瑞青称为"镐"，所以又称为"丰镐房"。

王夫人1921年6月14日病故，终年58岁，临死前留下遗嘱，坚决不与已有两人相伴的丈夫合葬，蒋介石另择风水宝地鱼鳞岙中垄凸起处葬母。墓地西边是景色秀丽的山连山，东边是长流不断的剡溪水，墓地所在的山犹如一座弥勒佛，而墓址恰在弥勒佛的肚脐处，风水极好。墓门为迎接北面而来的磅礴山势而朝北，"对面山势由远而近，一层一层地紧扣着，好像一条游龙，奔腾而来；越来越紧，到墓前稍微拱成一股小山脉，一直通到山岭，墓穴地点在龙脉的头上，好像弥勒佛的大肚皮一样，穴点在脐上。西面山岚最盛，向东环抱，一直向南倾泻，一转头由南向东南而跌宕成丘陵；一条剡江像一条腰带由南来向东南流去，正落在墓地的东面。这个墓就成为山环水抱的局势。"（《我在蒋介石身边的时候》，见《侍卫官谈蒋介石》第337页）

葬母时，蒋介石十分隆重，墓碑"蒋母之墓"、小横额"壶范足式""蒋母墓道"为孙中山所题，胡汉民作墓志，汪精卫作铭（抗战胜利后蒋介石因汪已是汉奸，将铭碑埋入地下），谭延闿题"蒋太夫人像赞"、林森作诔。墓联是"祸及贤慈，当日梗顽悔已晚；愧为逆子，终身沉痛恨靡涯"，署名不孝子

蒋介石、宋美龄在蒋母墓前

周泰，是蒋介石自撰。他还写了《先妣王太夫人事略》《哭母文》，以后每年在自己的生日那天不吃早饭，以示不忘母亲生育之恩。治丧时，正忙于护法北伐军务的孙中山、许崇智、张静江等国民党大老都有祭文或唁电。从以上可以看出蒋母的不平常和蒋介石对其母的不平常。

另外，在1923年冬，蒋介石在其母六十冥诞之际，在白岩山通往母亲墓地约3里处，建有几间平房，题名"慈庵"，俗称坟庄。里面除保留以上的碑刻外，主要供奉蒋家历代先祖。蒋介石的用意是因为母亲不同意与父亲合葬，又不能让母亲一人在外，所以把历代祖宗的牌位集中于此，以示全家团圆，父母合住。还有蒋介石一直表示要常居母墓旁，这里则作为他一人回家乡的主要居住处，为了安全后又在慈庵附近修了侍从和警卫的住处。

蒋介石对其母有着深厚的感情，每逢清明，如无特殊情况总要回家扫墓。丰镐房也已形成惯例，每逢清明，备好轿子两顶，8名轿夫。蒋介石和宋美龄乘轿至白岩山鱼鳞岙蒋母墓，儿子先向母亲墓行叩头礼，然后是儿媳行叩头礼，随行的人再依次行礼。

蒋家从蒋介石这一代起开始发迹，最后一发不可收，终于成为中国第一家庭，蒋介石成为"一国之君"，执掌南京政府22年；蒋介石之子蒋经国成为台湾地区的最高执政者，当然蒋经国主要是靠继承其父的政治遗产。要说作为农商之后，蒋家与众不同之处，就在这里。

蒋家概况——名门

蒋家位于溪口街上，过武岭门不远就是。原为"玉泰盐铺"，在蒋介石的父亲去世时，盐铺分给了蒋介石同父异母的兄长蒋介卿，蒋母只有小楼房"素居"，改名为"丰镐房"。如今的丰镐房，是1930年前后由蒋介石重修的。规模不大，为"前厅后堂，两厢四廊"式的旧世府第建筑，共有楼房49间。为了纪念母亲，蒋介石对素居这座小楼房保持原样，位于丰镐房前面。楼上设佛堂，为蒋母王采玉和蒋夫人毛福梅诵经的地方。后堂为"报本堂"，三字由吴稚晖所书，里面供有蒋氏祖宗的牌位，挂有蒋介石手书"浩气长存"锦框，内书孟子"天之将降大任于斯人也……"一段名言，横额是吴稚晖亲笔"民国第一代子"。正厅东楼，是宋美龄的卧室，按西式布置，可宋美龄来溪口只是在蒋介石的陪同下参观过此室，从来没住过。正厅西楼，是毛福梅的卧室，按中式布置，可毛夫人不喜欢上楼，也很

蒋介石、蒋经国祭祀祖先后步出蒋家祠堂，其横额"忠孝传家"为蒋介石所题

少在这里过夜。蒋介石和宋美龄来溪口时，常住文昌阁，往往在清晨宋未起床时，蒋介石来丰镐房和毛夫人见面。在素居西头，有平屋6间，这是毛福梅的住处。现在的丰镐房已经由当地政府修葺一新。

蒋府旧宅的规模、设施，同蒋介石的南京黄埔路官邸、中山陵美龄宫、庐山美庐、台北士林官邸、蒋经国的大直官邸及散布各地的行宫、行馆比起来，当然要差得多，因为奉化溪口并非长住之处。再说蒋介石回到溪口，其中目的之一，就是要过家乡化的生活。建筑设施如过分洋化，则会减弱家乡特色，淡薄家乡味，所以蒋宅基本上一直保持蒋介石离家求学时的状况，这样更有诗意，更能引起主人的流连和回忆。

蒋介石回溪口总要到丰镐房和素居，总是到主要房间巡视一圈，到祖宗牌位前上一炷香。这时，所有的人都要回避，毛福梅例外，不过两人在房间内很少说话。蒋介石特别喜欢在廊中悬挂的各色宫灯旁欣赏一番。

溪口丰镐房对乡民还是比较宽容的。到蒋经国母亲毛福梅时，丰镐房又购进几十亩土地，共有水田50余亩，山地30余亩，每年可收入租谷120袋左右。丰镐房设账房1人，总管1人，作头2人，伙夫1人，另外毛福梅有贴身

丫头1人。毛福梅在世时，总管和账房由蒋家女婿、蒋介石的姐夫、蒋经国的姑夫宋运周、涨生父子担任，涨生和毛夫人遭日本飞机轰炸遇难后，蒋家两位女婿宋运周、竺芝珊和毛福梅的兄长联荐唐瑞福担任，蒋经国同意后对唐说："你别看丰镐房这个小差事，溪口人向我谋缺的却大有人在哩。"丰镐房的账房、总管、作头每人每月可支领400斤谷子。每月还要给蒋氏祖宗准备羹饭供祭，遇蒋介石祖父母、父母忌辰，请族内人来吃一顿。每年农历十二月二十八，谢年送岁，丰镐房总要办上宴席，请亲友族人乡邻来庆贺一番。蒋家如有婚丧大事，则是乡民聚餐的日子。毛福梅本人更是喜欢行善，乡中修路、修桥、修茶亭、赈济他人，是她常做的事情。族中人生活困难的，每月可支领100斤谷子，经常有10余人领取。每逢蒋介石的生日，丰镐房对镇上的老人，每人给一些钱。丰镐房除以上日常事务外，主要任务是接待蒋介石、蒋经国及国民党的党政要员来访。丰镐房的行为，客观上是为蒋介石争取家乡父老乡亲的民意。

1941年4月下旬，溪口为日军占领，丰镐房被日伪当局所占用，汉奸们慑于蒋家的威严，没有进行大规模的破坏，只是毁掉了蒋经国纪念母亲的石碑。当时的账房唐瑞福出于对蒋家的忠诚，没有撤离，而是以经营"源泵卤货店"为名看着蒋府。日本投降后，蒋经国为感谢唐瑞福的照应，还是让他担任丰镐房的账房，并对丰镐房进行修葺工作。国民政府返都后，蒋介石立即赶回家乡祭扫祖坟和视察丰镐房。（关于上述蒋家概况参见唐瑞福、汪日章：《蒋介石的故乡》，见香港金时出版社《蒋介石家世》第22至25页）

丰镐房，如今已成为重要文物保护点，所有建筑修葺一新，内部景物保存良好，并逐步发展为研究蒋家的资料中心。面对世界，面对改革大潮和中国的巨大变化，它是历史的见证人。大陆这样做，是对历史的尊重。

蒋家家谱——离谱

大凡中国历史上的大人物，发迹后的第一件事就是要光宗耀祖，要光宗耀祖就要查到祖宗，要查到祖宗就要查阅家谱，家谱就成了数典不忘祖、光宗又耀祖的重要依据。

蒋介石也是这样。在他出生的第二年，蒋家曾修过一次家谱；1918年前后，在蒋介石同父异母的哥哥蒋锡侯主持下，再修家谱，当时蒋介石正在广东护法北伐军事前线，担任"粤军总部作战科主任"，参与指挥进攻北洋军阀控制的福建地区的军事行动。对以修出来的家谱，蒋介石并不满意，核心问题是在家谱上没有显赫的先辈，过于平凡，难于衬托出蒋介石的不平凡。

1948 年 5 月，蒋介石偕宋美龄游宜兴，在□亭侯墓前留影

1943 年 11 月，正值母亲王采玉 80 岁生辰祭日，他让蒋经国派人深入当时为日占区的奉化老家，将"蒋家家谱"偷运出浙，经过江西，转运至四川。正如蒋介石在《先系考序》中所说的那样，经过"三复循诵，几忘寝食"，详校了天台龙山蒋氏家族家谱与鄞县横山蒋氏、奉化蒋氏两谱之异同后，认为鄞县和奉化两谱要比龙山谱更可信。就这样，蒋家就在奉化找到了祖宗头。到 1948 年上半年，按照家谱每 30 年修订一次的习惯，才出任"总统"的蒋介石当然更有理由重修家谱，具体由蒋经国负责，让蒋介石的头号文胆、中央政治会议秘书长兼国策顾问、有"文章机器"之称的陈布雷任总编纂，聘请了几位历史专家专事修谱工作，终于查清了蒋家在宁波的祖根，北宋神宗金紫光禄大夫蒋浚明府位于采莲桥蒋家带，白水巷附近的蒋家祠堂就是蒋家所有，奉有蒋浚明的牌位。以后历代蒋家的祖坟都在奉化附近，所以奉化的蒋家就是从宁波过去的一支。蒋介石在得知"根"已查到，非常高兴，在 1948 年 5 月 16 日家谱落成时，特意从南京赶来主持典礼。还于 1949 年正月初一，派蒋经国到宁波蒋家祠堂、天童山的蒋宗霸（蒋浚明的祖父、被称为"摩诃太公"）墓祭扫。至此蒋家的家谱正式得到确定。

在蒋家的家谱中，记载着他们认为显赫且又悠久的历史：

战国时期：蒋氏家族的先祖是西周帮助武王伐纣的周公旦的第三子伯龄，因其被封于河南固始县的蒋国地区而为蒋姓。

两汉时期：西汉时迁之长安杜陵，蒋家后代蒋满出任上党郡太守，其子曾弘农太守，其孙蒋翊任兖州刺史；东汉时蒋翊三世孙蒋横为光武帝大将军，其子（"凵"字内加"了"字）亭侯蒋澄迁至江苏宜兴。

两晋时期：晋朝时蒋澄的八世孙蒋枢，为吴郡太守，后迁至浙江台州。

唐代时期：唐朝蒋枢的二十世孙蒋显，由台州迁宁波，为四明监盐官。

五代十国：五代后周时，蒋宗霸于宁波东乡小盘山参禅，称摩诃居士。

宋朝时期：蒋家成员中的蒋宗霸的孙子蒋浚明，北宋神宗时官拜大理评事，赠金紫光禄大夫，后人中蒋岘官至刑部尚书。

元朝时期：元末时唐四明监盐官蒋显的第十四代孙蒋士杰迁至溪口，是为溪口蒋氏族的始祖，顺序而下蒋介石是西汉末年兖州刺史蒋翊第60代。

蒋家家谱，记载悠悠，如此完整的家谱不易见到。在没有纸张的年代里文化极不普及，要记载家谱确非易事。在春秋战国至两汉期间的一千多年时间内，许多政府典籍都没有记载或保存下来，而蒋家的家谱却能相对完整地保存下来，这不能不说是个奇迹。在以后的社会动乱和战争不止的环境下，蒋家家谱竟然记载不止、保存完好，实属不易。反过来说，蒋家真能做到这样吗？值得怀疑，别的不说，拿抗战开始后，溪口一度沦陷，身为军事委员会委员长、对家谱极为重视的蒋介石都没来得及把家谱带出，在此以前的交通和通信都极其落后、且遥远的年代里，又如何保存和运送？恐怕这样的家谱也有不实之处。

令人遗憾的是，蒋家家谱一片金光闪闪，可是在中国浩瀚的史书中，对蒋家并没有留下什么明确的记载，无论是在政治或思想史中，或是在自然科学方面，蒋家人都是一片空白，更没有什么值得一书的壮举，因此可以说是名不见经传。

续家谱可以，探寻和记载自己的祖先不是坏事，问题是像蒋介石那样就没有必要，蒋家之所以牵强附会、生拉硬扯地续家谱，无非是要把在蒋介石之前本来在当地无足轻重、在全国范围内更无一点名气的蒋家进行膨化处理，将蒋家拔高成中国历史上一个门第高贵、历史悠久的宗族，蒋介石成为周公的传人，做真龙天子有他的合理性和必然性。

众所周知，对于蒋家家世还有另外的说法，一说蒋介石是河南许昌繁城镇郑庄人，随改嫁蒋家的母亲来到溪口；一说蒋介石的父亲过世很早，他是寡母和雪窦寺和尚爱情的结晶。

按这两种说法，蒋介石成了草民的传人，蒋家就缺少一再炫耀的"悠久的家世"。事实上，蒋家完全没有必要进行这种美化家史的工作。谁也不会因为蒋家的祖先做过什么大官，而拔高对蒋介石的评价，蒋氏家族中的任何一位成员，只要做过对民族和祖国有利的事情，历史都会记载下来，没有家谱也没有关系，祖先中没有杰出的人物也没有关系；反之不管是蒋家与否，只要做过对人民不利的事情，历史也会记载下来，并不会因为有家谱的吹捧和祖先的余荫而减少对其的谴责和批评。其次也不会因为蒋介石真是如有些传记小说中所说的是名叫"郑三发子"的河南流浪人或是私生子而降低对他的评价，蒋介石即使出生在平民家，最后能够成为一个政权的主政者，这只能说明"王侯将相宁有种乎？"对于他的成功，决不会以此来降低对其评价的调门，不会以此来否定他的合理性；反过来讲，也不会因为此人出身贫穷，而对他在历史上的不良行为进行无原则的捧场。因此，一个人在政治舞台上的表现是好是坏，欣赏他的人和反对他的人，最好都不要从"先天、先人"方面做文章，出生高贵或低下不能作为评判其人的依据。

蒋家亲友——走运

待蒋介石起家后，不少蒋家、蒋介石的亲戚也得道升天。在蒋介石发迹前，蒋家的亲戚并未有过什么惊人的举动，也没因为有家谱记载的显赫家世而有所作为，在蒋介石出道后，蒋家的亲戚都成了令人侧目的人物，他们在蒋介石和身边人的提携下，各有所获。

蒋介卿，蒋介石同父异母的哥哥、蒋经国和蒋纬国唯一的伯父，名周康，号锡侯，长蒋介石10岁，四明专科学校毕业，做过台州地方法院推事、广州地方审判厅推事、英德县长、浙江海关监督、浙江省府委员。此人不学无术，不知事理，任性暴戾，在乡里名声不佳，早年对后母和弟弟并不好，但蒋介石并没有用他对待别人的办法来对待他，为此他得以任过一些职务。1936年蒋介石在西安被扣，蒋介卿担心过度，心脏病突发后去世。

蒋国秉（国柄），蒋介卿的儿子、蒋经国和蒋纬国的堂兄，毕业于上海中山学院和日本陆军士官学校，曾任88师少校参谋、江西第四行政督察专员公署参议。结过两次婚，因又和一女演员恋爱遭父反对而精神失常。生有一子孝伦和女儿静娟、志伦、环伦、明伦，另有一女蒋华秀，嫁与白崇禧的外甥韦永成。蒋介石和蒋经国去台时，接走了国秉一家，1982年蒋国秉病死。

蒋瑞春，蒋介石同父异母的姐姐、蒋经国和蒋纬国的姑姑，嫁与任宋村农民宋运周，在蒋介石发迹后，此家成员受益不多。宋运周务农为主，素质太低，和农村中的土财主一样，爱钱如命，生活俭朴，蒋介石出任要职后，他从溪口去宁波宁愿走路也不坐汽车，为的是省下车钱。他曾任过丰镐房的主管。夫妇俩有过三子涨林、涨生、祥生，一女林香。其中涨生在丰镐房当账房时，与蒋经国的生母毛福梅一起死于日寇飞机轰炸，其子明义由蒋家带去台湾。蒋介石和姐姐的感情较深，幼时姐姐经常抱着和带着弟弟玩耍，所以每次蒋介石回乡总要到宋村看望姐姐，一次在路上相遇，弟弟急忙把坐轿让给姐姐受用。蒋经国也十分喜爱这位姑母，当年日本占领溪口，蒋经国急忙派人赶到溪口把姑妈一家接到赣南居住。

蒋瑞莲，蒋介石的妹妹、蒋经国和蒋纬国的姑姑，嫁与竺芝珊。当时竺正在玉泰盐铺当店员，蒋介石对这位妹夫很信任，大革命时期即带他去广州，参加国民党的一些活动，任过佛山筹饷委员。蒋介石在南京组建政权后，竺芝珊任过苏州税务局长、中国农民银行常务理事、津浦铁路车务总段长等职。

竺培风，竺芝珊、蒋瑞莲之子，获得已经作为南京政府军事委员会委员长、舅舅蒋介石的宠爱，在蒋介石的亲自安排下，蒋国柄去日本学陆军，竺培风赴英国皇家空军学校学航空，回国后出任当时民航局第一大队大队长，夫人是四川军阀杨森的女儿，抗战结束后，因飞机失事死去。蒋介石对其抱有很大的希望，大有蒋纬国掌握装甲兵、竺培风掌握空军的趋势，只是天不假年，无可奈何。竺培风的女儿竺培英，没有随蒋家去台湾，因为蒋家留在大陆的亲戚本来不多，且在改革开放后、历经几十年风风雨雨健在的人更少，所以祭扫蒋家祖墓的任务主要由她家担当。

蒋家的亲戚以外，还有王采玉的亲戚。

王贤钜、王贤裕，王采玉的哥哥、蒋介石的舅舅。两人没有经过什么世面，素质较低，属扶不起来之辈，重用他们只能出蒋介石的丑，所以两人均没有得到蒋介石的安排。再说，作为世世代代务农的农民，兄弟俩也无多大的奢望，蒋介石只要给予一定的经济资助就足矣。

王贤甲，王采玉的堂兄、蒋介石的堂舅。此人还真有点伯乐的功能，对幼时的周泰非常器重，在当时蒋家族人和王家亲戚都十分讨厌顽皮、捣乱的蒋介石，并予以恶毒语言咒骂时，就他认为周泰有龙凤之势，必能成大器。当年，王采玉怎么也不让唯一的爱子远行求学，是王贤甲劝堂妹要把眼光放得远一点，如果真爱儿子就让儿子外出奋斗。如果当时王采玉不让蒋介石出外求学，王女士是尽到了照顾儿子的责任，可是至多是在浙东北又多了一个颇有权势的商人而已，就不再有以后的蒋介石了，中国的历史也要改写了。最后"书中自有黄金屋、书中自有颜如玉"的读书做官这一千年古训起了作用，在王贤甲的劝说下，王采玉同意宝贵儿子远离家乡外出奋斗。在亲戚的白眼中长大的蒋介石，当然不会忘记这位堂舅的恩情。以后，蒋介石在"二次革命"失败时，一度到家乡避难，又是王贤甲不怕北洋军阀的连坐法，掩护和照顾朝廷命犯、外甥蒋介石。蒋介石对亲戚是较为宽容的，更何况对自己所喜欢的堂舅，在开府南京后，因为王贤甲年事已高，所以就把对他的恩情放在表兄身上，王的儿子王震南，出任过三战区军法执行分监、上海特刑庭庭长等高级职务。

王惜寸，王采玉的同族。和蒋家的亲缘关系并不深，但因为和丰镐房经常走动，也得到蒋介石的关照。任过浙江财政厅长、农民银行监察。

王世和，王采玉的族侄。此人精明好学，深得蒋介石的喜欢，长期在蒋介石的身边服务，最后官至侍卫长。

孙琴风，蒋介石的舅舅、其父的第二继室孙氏的哥哥。孙琴风经商有方，颇有一定的实力，在上海和宁波开有几家商行。此人虽说其妹早已病故，可对妹夫续弦所生的蒋介石十分照顾，特别是他利用自己的经济实力，给予王采玉和蒋介石以经济资助，蒋介石在前往日本留学时，因为没有路资，只得拿了夫人毛福梅的首饰箱，当孙琴风知道后，立即拿出100块银圆作路费，并让蒋介石送回夫人的首饰盒。蒋介石当然无法忘了这位恩人。蒋介石主持南京政府时，孙琴风年已花甲，无法任职官场，蒋介石特意请他来主持一段时间丰镐房的账务。他没有儿

蒋介石在故乡与二舅公合影

子，可是蒋介石对他的继子也照顾周到，出任过农民银行发行主任。其孙孙义宣送到美国威斯康辛大学留学，回国后任过蒋介石的助理秘书，去台湾后任过国际货币基金会执行董事、"中央银行副总裁兼外汇局局长、中央信托局局长、交通银行总经理"等职。

毛秉礼，蒋介石原配夫人毛福梅的哥哥。毛秉礼又名毛懋卿，蒋介石主持黄埔军校校务后，要其到军校任总务科长。后任过东莞县长、慈溪县警察局长、宁波警察局局长、鄞奉汽车公司经理。他对蒋介石的所作所为和对蒋介石没有安排他更重要的职位不满，与蒋家关系不深，1949年蒋家去台湾时，蒋经国前来劝其同行，他没有同意，并在送蒋介石的第二任妻子姚怡琴去台湾后又返回大陆，1970年病故于上海。

宋时选，毛福梅姐姐毛英梅的孙子、蒋经国姨表侄。蒋介石有毛家三位外甥，其中老二的儿子宋时选，受到蒋介石和蒋经国的关照，青年时期就到蒋介石的侍卫室服务，去台后任过蒋经国的私人秘书多年，后任"反共青年救国团"主任秘书、国民党中央委员、台湾省党部主任委员。

毛景麟、毛景彪，蒋介石岳父家、蒋经国外婆家同宗亲戚。"二毛"在蒋家的光环下，毕业于陆军大学，毛景麟先后任过国民革命军总部交通处长、军长等职；毛景彪任过国防部第一厅厅长。

毛邦初、毛赢初，毛福梅娘家远房侄子。前者毕业于黄埔军校第二期，曾任杭州笕桥航空学校校长、空军副司令，20世纪50年代初期因贪污购买空军器材款项被查处。毛赢初，毕业于南京金陵大学、航校二期、美国空军参谋大学，曾任空军第四大队大队长、空军第四军区副司令、联勤副司令、航空局长等职。

毛高文，毛景彪的长子。去台时不过13岁，中国台湾大学、美

蒋介石在故乡与族人话家常

国加州大学化学硕士、卡耐基梅隆大学化学工程博士。回台任过"清华大学"工学院院长、"教育部长"。他和宋时选一起，成为蒋家亲戚第三代中的佼佼者，在蒋经国的关照下各有所成。

蒋介石除对亲戚中的一些愿意学习和有一定水准的给予重用外，还对过去的老师、同学、同乡也给予不少庇荫，形成国民党内一批特殊的利益集团，这批人基本是蒋介石幼时对他的成长起过作用的人。最主要的有：

毛思诚，蒋介石16岁时在岩溪村"勉庐书馆"读书时的私塾教师，蒋介石到广东出任粤军第二军参谋长时，毛思诚就不用再当小学教师了，一跃而为广东潮阳县长，北伐时随军行动，为总司令部文书科长，南京政府设五院后，当上监察委员。

顾清廉，蒋介石中学时的老师，这位学生十分推崇自己的老师，他说："吾国载籍之富，学术渊之广远，略涉其涯矣；以及通晓读书法，窥见汉文门径，皆顾先生一手陶成之。"（《蒋"总统"秘录》第2册第33页）顾后也任过蒋介石的文秘工作。

周骏彦，蒋介石少时的老师，后担任过两浙盐运使、中央第一编遣区经理处长、陆海空军总司令部经理处处长、军需署长等职。周骏彦的侄孙周宏涛长期在蒋介石和蒋经国身边服务，任过国民政府秘书、总统府秘书、"国民党总裁办公室秘书、第六组副组长、总统府机要室主任、党中央副秘书长、财政部政务次长、行政院主计长"等职。

毛颖甫，溪口镇上毛太昌酒店的老板，此人除了精于生意外，还有相当的政治眼光，不仅没有在生意上压制同一条街上的玉泰盐铺，也没有与溪口街上的许多人一样欺负王采玉和蒋介石、蒋瑞莲这家寡母儿女，还在蒋介石远走日本留学时，多次予以经济资助，所以蒋介石在自己得势后，首先想到了这一恩人，学过几天政法的毛颖甫，当上了监察院监察委员；其子毛庆祥，任过北伐军总司令部机要秘书、军委会机要科长。

孙星环、孙洞环，是蒋介石的幼时朋友和同学。蒋介石在南京发动政变上台后，成立宪兵团，孙星环为团长，后任过镇海要塞司令及浙江省政府委员。孙洞环，为蒋介石留日时的结拜兄弟，北伐时为总部军医处长，因吸食鸦片，后任过陆军医院院长、少将参议等闲职。

孙鹤皋，蒋介石少时的友人。留学日本学习经济，蒋介石在1918年至

1921年间在上海交易所的活动，主要是由他代理。北伐军攻克武汉时，孙鹤皋出任武昌海关监督，后任过总部副经理处长、津浦铁路局局长、交通部铁道司长，后因吸食鸦片，蒋介石不予重用。

蒋介石在奉化凤麓中学、龙津学校读书时，有一批同学，以后也有不少人得到升迁，特别是他们的后代曾得到蒋介石的照顾。如江怀清的儿子江庆裕，曾任过侍从秘书；张硕卿，本人任过北伐军总部咨议，儿子任过总部秘书；陈泉卿的儿子陈式正，任过师长；俞镇臣，东征时任过蒋介石的秘书和县长，最为关键的是，他的次子俞国华，长期主持台湾的金融业务，并在蒋经国最后的岁月中，出任"行政院长"。

在奉化友人中，要数俞飞鹏最得蒋介石的宠信。蒋介石到黄埔军校时，毕业于北平陆军大学的俞飞鹏来到军校出任军事教官，后任过兵站总监、军委会勤务部长、交通部长和粮食部长等职，去台湾后已经60岁的俞飞鹏任"东南军政长官公署政务委员、航委会主任委员、招商局副董事长、中华海员总工会理事长兼党部主任委员"，1954年调任"中央银行副总裁"。此人的侄子俞济时，黄埔一期生，历任88师师长、侍卫长、军务局长。（以上蒋家亲友概况，见《蒋介石家世》第9至149页）

在20世纪前50年间，奉化、溪口一带确实不同于其他地方，成为中国政治中的一块"特区"。蒋介石为亲戚、同学、乡党谋取一官半职，在盛行封建余荫、特权的年代里，这是很平常的事情。同时，这也反映出，并不是溪口"地灵人杰"和奉化"山明水秀"就能决定的，而是因为有了蒋介石，有了国民党政权，所以说溪口平常蒋家特殊。

溪口，出了蒋介石，蒋介石也为溪口增色不少，这是不争的事实。但对历史人物的评判，应是从更广泛的角度、更深刻的层次进行评判，风光再好，风水再灵，不能改变对站在人民对立面的蒋介石的历史评价。

二、东渡，追随孙中山

有关蒋介石早期的资料并不多，要说有无非是一些不系统的有关成长、求学、参加革命党人活动的零碎记载。因为，他的求学过程并无过人之处，也无惊人之举，更谈不上读书成就，在历史上的记载不会多；他追随孙中山、参加革命党活动时，他的地位不高，影响不大，记载不会全。总之，他是在几十年后才成为执政者，而不是童年时期就已具备了充当执政者的条件。既然是平凡的童年、少年、青年，当然不会在历史上留下过多的记录。

（一）快乐童年，"顽劣"之中见聪明

蒋介石在母亲的墓前题有对联："祸及贤慈，当日梗顽悔已晚；愧为逆子，终身沉痛恨靡涯"，从中可以看出，此人对年幼时的顽皮和捣乱，并不遮隐。如此坦率，无非一是为了教育后人，调皮捣蛋者戒；二是认为调皮并非坏事，男孩应该活泼；三是显示自己，尽管如此调皮照样官位显赫。不管怎样，如此说自己的童年，真实可信，要比某些人自称离开娘胎就深明大义、就成圣人贤人要好得多。

在童年时期的蒋介石身上，确实看不到后来在中国政坛上叱咤风云的"蒋委员长"的模样，他和一般农村富家的孩子一样，童心外溢，活泼好动。只是孤儿寡母，被人欺负，促使其懂事、成熟得早一些。

童趣——好动与聪明

蒋介石自己默认的因年幼无知、遇难不死的记录有：

4岁时，正在吃年夜饭，瑞元因为好奇，为弄清楚嘴里的食物为何能够源源不断地送进去，把筷子直插自己的喉咙，结果可想而知：痛得晕了过去，吓得王采玉几乎也昏过去，祖父更是担心孙子有生命危险，担心孙子从此成为哑巴，不顾寒冷几乎守了一夜，隔一会到窗户下问一下情况。直到后半夜，瑞元苏醒过来，听见爷爷的声音后叫道："爷爷，我好了，一点不痛。"蒋斯千这才去休息。

5岁那年中秋夜，江浙一带一般家庭在屋檐下放有接沿檐而下的雨水的水缸，他趴在缸边伸手捞水中的大月亮，不料倒栽葱跌进水缸，十分危险，救出时已经奄奄一息。

7岁时，有一次陪祖父到法华寺进香，回家路过一山坡时乱跑，结果从坡上滚下来，摔得鼻青脸肿，头破血流。好在瑞元挂彩、流血为家常便饭，此次也非意外。

少时爱好游泳，每到夏季山水下来，河水猛涨，河水湍急，瑞元照样跳进河中游泳，发生过数次险情，差点被淹死几次。

35

一次革命党人竺绍康骑马来访，正在学校读书的瑞元出于好奇，胆子也大，一人竟然去遛马，岂知马对他并不友好，将他撞倒在地，还在瘦小的后背上乱啃一番，咬得他满背是血。

……

蒋介石少时的调皮是出了名的，经常和邻居的孩子打架；在和邻居的孩子玩时爱占上风；在和邻居的孩子玩时喜欢作弄别人。因为他调皮，人称"瑞元无赖"；因为他聪明，成为孩子王，左邻右舍的孩子又都愿意和他玩；也因为他调皮，被他欺负和以为被他欺负的孩子和家长，经常到蒋家向王采玉告状，这样小瑞元免不了一顿皮肉之苦。"及六岁就学，顽劣益甚。"（蒋介石：《先妣王太夫人事略》1921年6月25日）他不习惯学习生活，不了解学习目的，所以经常和同学吵架，经常破坏学校规定，顶撞老师。甚至在上学之初，晚上装神弄鬼，把同在蒋谨藩私塾上学的同学吓昏过去，最后还是由蒋母出面武力解决。

所以，小瑞元挨打是经常之事，其母没把打儿子当成多么不人道的事，因为儿子不上进，教育儿子理所应当；小瑞元也没把挨打看成是多么不光彩的事，因为挨打多了，"他对生母的责打，视若寻常，依旧我行我素。"（毛思诚：《民国十五年以前之蒋介石先生》上辑香港版第16页）有一次，经人告状后，瑞元被母亲关起门来痛打，打得躲在床下不敢出来，此时正好有人来访，王采玉开门接待，只见瑞元从床底窜出，夺门而逃。

蒋介石对儿时经常挨打的事实供认不讳："中正幼多疾病，且常危笃；及愈，则又放嬉跳跃，凡水火刀木焙之伤，遭害非一，以此倍增慈母之劳。及六岁就学，顽劣益甚，而先妣训迪不倦，或夏楚频施，不稍姑息。"（蒋介石：《先妣王太夫人事略》，《自反录》第1集第513页）可谓是"当日顽梗"。

母亲的管教，不仅是为了惩罚蒋介石，而是有更长远的打算。这是因为在瑞元的祖父、父亲先后去世后，作为父亲第三妻室的寡母带着一男一女，在族人的白眼中生活，生活难过，日子难熬，指望儿子日后能够飞黄腾达，争一口气。

小瑞元的可贵之处在于，他随着年龄的增加和阅历的长进，虽说时现顽皮、闹事恶习，但在母亲的严厉管教下，基本上能把聪明用在学习上，把好动用在动脑上，将好奇变成远大的志向，这就是蒋介石高于其他经常和他一起打闹、但似乎比蒋听话的孩子的地方，其他看来比小瑞元听话、懂事的孩子，在当时被迫接受"孩子王"小瑞元的"指挥"，日后更得接受大瑞元的指挥。

少年蒋介石在调皮之外，还有聪明。在和孩子玩时，面对年龄比他长、力气比他大的孩子，他总能轻易地当上"大将军""督军"，让在场的大小孩子听从他的"领导"；即使是其他孩子已经组织起游戏，他总能轻易攻破，将人吸引过来。因为他能软硬兼施逼人就范，也能提出别人提不出的鬼点子，其他孩子只得跟着他后面跑。

在学校学习时，少年蒋介石以捣乱出名，下课后没有安定的时候，课余时间不是开玩笑，就是搞恶作剧，让同学上当取乐，但是到关键时刻，应该用功的时候，他会认真学习，而且不会受正在打闹的同学影响，所以他的学习成绩一直很好，最后能过关斩将，超过多少人，先后考入保定军校和日本陆军士官学校。

有一次老师姚宗元要他以竹为题作对联，年仅13岁的他，很快答复："一望山多竹，能生夏日寒。"此联很受这位古文底子极好的先生的欣赏。实事求是地讲，此联上联一般，下联含意较为深刻，而非浅薄之作。

学习中，少年蒋介石还能独立思考，有自己的见解。如在学馆内，挂着"冰清玉洁"匾，本意应该是比喻人的操行清白，但是蒋介石把它解释为，只要愿意学习，即使在哄乱的环境里，也能学好。少年蒋介石的解释，应该是不合本意，但也是一种创新，因为两种比喻都是谈环境和能动性的关系问题，不过一个主要谈的是道德品行，一个主要谈的是学习奋斗。

总的来讲，少年蒋介石是调皮加聪明，这是一般男孩的正常习性。有调皮，敢干；有聪明，能干。具备这两条，看来以后可以趁乱大干一番。

启蒙——学习与立志

自5岁起，蒋家请任介眉先生执教瑞元，瑞元无心学习，有心捣乱，结果先生宁愿不要钱也不愿再教下去。从1894年起，7岁的瑞元以"蒋志清"的名字开始在蒋谨藩先生所开的私塾里正式上学。作为旧式学校，主要是读背《大学》《中庸》《论语》《孟子》《礼记》《诗经》等儒学经典。蒋介石之所以有较好的古文底子和经学基础，日后能够熟读经书，动辄背上一段古训，得益于此时严格、古板的学习方式。

当年 10 月 24 日，疼爱他的祖父去世；第二年 8 月 24 日，还能保证蒋母及瑞元、瑞莲、当时不满 1 周岁的瑞青在家中地位，免受得到族人指使的 18 岁的蒋介卿欺负的蒋肇聪因传染病去世。祖父和父亲先后离去，直接影响到蒋介石的生活，因为分家蒋介卿夺走玉泰盐铺等主要家产，王采玉只分到旧房和一些薄地，经济一落千丈。1898 年 3 月间瑞青又病死，在家境突变和小女儿、小儿子去世的打击下，好强、能干的王采玉把希望寄托在长子瑞元身上，指望他将来出人头地，一吐闷气。在已经中落的家境中，瑞元开始有所醒悟，听从母亲的教导，虽说调皮难改，但读书认真，以便来日一跳龙门。

1899 年，蒋志清在私塾读书 5 年后，因为王采玉在镇上备受蒋家人的欺负，加上蒋志清本人惹是生非，他被送到外祖父家所在的葛溪村姚宗元先生开办的私塾上学，第二年到榆林村陈春泉、崎山下村竺景崧开办的私塾上学。

蒋志清受在陈春泉家中教书的毛凤美先生讲授《易经》豫卦六二爻的影响，将名字改为"中正"，字"介石"。该爻辞为"介于石，不终日，贞吉。"象传解释说："不终日，贞吉，以中正也。"巽卦象传说："刚巽乎中正，而志行。"姤卦象传说："刚巽乎中正，而志行。"意思是说，"君子坚如石，能洞察几微，而先知事物之动向，不待终日，又刚又有度。故像传解石为中正之象征。"（王俯民：中国广播电视出版社《蒋介石详传》第 15 页）这样，"瑞元、周泰、志清"则开始变为"中正、介石"，不管其义如何，"中正、介石"比"瑞元、周泰、志清"更有气势和通俗易记。蒋介石正式启用"中正、介石"，则是在赴日本留学时。

蒋瑞元改名，恐怕还有他因，这就是当时有一个看相人，以他的"铁嘴"之称，认为瑞元头相长得与别人不一样："我未见到如此骨相，此孩子殊奇特。"（邓文仪：《先"总统"蒋公少年时代》第 41 页）此话曾成为当时王采玉心中最大的安慰，在蒋介石成名

入凤麓学堂读书的蒋介石

后，王采玉更是坚信不疑，时常拿出来炫耀一番。

1901 年，15 岁的蒋介石与岩头村的毛鼎和之女毛福梅结婚后，又转到岩溪村的"勉庐书馆"学习，由毛思诚任教。期间学习了《尚书》《易经》《左传》《纲鉴易知录》等书。

尽管毛先生认为所教的学生蒋介石"以讲舍为舞台，以同学为玩物，狂态不可一世。"（毛思诚：1936 年线装版《民国十五年以前之蒋介石先生》第 1 册第 2 编第 7 页）但毛思诚是对蒋介石影响较深的老师，后来成为蒋介石的主要幕僚，所写的《民国十五年以前之蒋介石先生》一书，成为研究蒋介石早期的主要资料来源。1902 年夏，正在接受毛思诚教导的蒋介石，赶到奉化县城参加"童子试"，结果名落孙山，"童生"不中，不能考"秀才"，这是蒋介石学业上的第一次失利。

1903 年夏，蒋介石来到县城新设立的凤麓学堂学习，他的夫人毛福梅也到县城女校求学，陪公子读书。在校期间，毛福梅结识了女学友陈志坚，两人成为一辈子的朋友。凤麓学堂虽说为新式学校，也开办了英语、算术等现代课，但教育改革需要时间，学校的主要课程还是学习四书五经。学生们不满再学那些在家乡私塾学习期间早已嚼烂了的四书五经，强烈要求校方改变以经学为主的教学内容、以背诵为主的教学方法、以压制为主的教学管理。蒋介石被作为学生代表去向校方交涉。

这一场斗争除了内容方面有内涵外，方式上也文明得多。蒋代表求见校长，先礼后兵，向校长深深地一鞠躬后，开始滔滔不绝地演说起来，从上海等地的洋学堂如何进行教学改革、重视讲授西方传进来的新兴的科学文化知识讲起，最后落脚到本校教育内容、方法及管理的落后和过时，显然是误人子弟。他代表学生提出：一是减少老八股课程，增设理化、史地等课；二是减少上课时间，让学生有自学时间；三是请外国留学回来的人讲课，以广见闻；四是放宽校规，不得束缚学生思想，让学生自由交往。20 世纪初期的中国初级学校，哪有过如此事情的发生；20 世纪初期的初级学校管理人员，哪见过如此场面。校方无言以对，只得大叫"反了、反了"，第二天就以蒋志清"煽动学生，诋毁校务"为名，开除其学籍。蒋介石的行动，得到了许多不敢出头但不等于没有意见的学生和老师的支持，校方不得不收回开除学籍的成命，但是蒋介石却不愿意在不愿意改革的学校中学习了。这位后来的"反共"总头目，第一次领导的政治运动竟然是学潮，20余年后当年作出开除蒋介石学籍决定的人不知是如何想的了。

1905年，蒋介石来到宁波箭金学堂学习，妻子同往。在此遇上第二位对他影响很深的老师顾清廉，这位对经学非常有研究的先生，除讲经学以外，还向学生们介绍了不少孙中山如何奔走革命、清王朝如何衰败、外国列强如何侵略中国等方面的新闻，劝导他们应该出国留学，寻求强国之道。蒋介石在顾先生的指导下，除对理学更加熟识外，还阅读了不少禁书，逐渐产生了"研究军事、献身民族革命"的志向。

1906年，因为在宁波学习不便，蒋介石又转回奉化龙津中学读书。此时，在溪口老家，因村中管收田赋的人多收蒋家的钱粮，闹出一场官司，蒋介石被关进大牢。

这一年秋收刚过，蒋家碰到一件意外的事情。一天，蒋母王采玉正在家中，村里负责征收田赋的庄书，前来通知要蒋家再交上所有的30亩土地的捐赋。蒋母回答说今年的秋赋已交，不应再交时，对方很不耐烦地称是"上面摊派下来的"。原来这是地方政府所索取的无主粮，即没有耕种的田地也要交粮，而庄书则把无主粮摊派到有主的户上，再收一次。蒋家本来在当地也是殷实之家，蒋介石的父亲和祖父在当地都是有头有脸的人物，只是二人作古已十年余，家道中落不说，也因蒋介石同父异母的兄长蒋介卿分家而实力大减。蒋家只有寡母王采玉和蒋介石年少的妹妹瑞莲在家，妇道人家，无权无势，庄书这种势利人当然敢于摊派和上门催款了，并派人以不交钱粮就拆丰镐房相胁。

王夫人哪经得起这般恐吓，连忙把正在县城读书的儿子叫回来，可这时的蒋介

王采玉生前为蒋介石操碎了心，死后才享受到儿子的孝敬。这是1964年12月12日蒋介石为母亲百岁诞辰设置的寿堂

石不是后来的蒋介石，仅是一个无名无职的学生，没人怕他；再说他少时的顽皮本性和劣迹，家乡的父老乡亲也是历历在目，更不把蒋介石放在心上。

蒋介石也没把庄书这样的人放在心上，便依自己所学到的片言只语"人人平等""依法办事"等新式词汇，跑到庄书家里破口大骂："你们这些贪官污吏，专刮民脂民膏，今天竟欺负到我头上来了，难道我蒋志清这么好摆布吗？你有种到县城里去评理去！"庄书这种旧社会里的地痞恶棍，怎么会被蒋介石这样的学生吓倒？他轻而易举地把前后已念过12年书的蒋介石，以"刁民抗粮"为名，送进县衙门里治罪，蒋介石被他发迹后从不相认、从不相见的岳父毛鼎和保释出狱。

从监狱里放出来的蒋介石，满腔悲愤，从此决心干一番事业，免得再被人欺负。他说："中正9岁丧父，一门孤寡，茕孑无依。其时清政不纲，吏胥势豪，夤缘为虐。吾家门祚既单，遂为觊觎之的。欺凌胁逼，靡日而举；尝以田赋征收，强令供役，甚至构陷公庭，迫辱备至。乡里既无正论，戚族亦多旁观。吾母子含愤茹痛，荼蘗之苦，不足以喻。"（蒋介石：《报国与思亲》1936年10月31日）

在此前后，蒋介石的思想发生了较为明显的转变，开始思考自己的未来，萌发要到日本学习军事的念头，并在龙津中学学习了3个月的日语。他后来总结说，当时他对革命已有朦胧想法，认为《革命军》是启发民族大义、确立革命思想的基础。王阳明的《传习录》是阐明致良知的道理。黄宗羲的《明夷待访录》是贯注我民主思想的精神。（蒋介石：《哲学与教育对于青年的关系》）

至此，蒋介石结束了以文化学习为基础的学习生涯。确切地说，他的文化学习，基本课程仅为四书五经，主要是学了不少儒家经典，新式科学文化知识和社会理论刚刚涉及。但作为处于社会大变革中的年轻人蒋介石，已经开始在寻找更广阔的舞台。

（二）儿大当婚，蒋家迎娶毛福梅

1901年冬，蒋介石完成第一次婚姻。

蒋介石的第一位夫人毛福梅是个悲剧性人物，自跨入蒋家家门第一步就决定了她那难以顺心的命运，因为她不是蒋介石心中的恋人。

毛福梅与蒋经国及长孙孝文合影

蒋介石的第一次婚姻——明媒正娶

在旧中国的农村，盛行早婚早育，十三四岁的蒋介石也已情窦初开，在葛溪村等私塾上学期间，十分喜欢家住离溪口镇30里的岩头村的堂姑蒋赛凤的女儿毛阿春。蒋赛凤是蒋肇聪的堂妹，丈夫毛凤扬过世多年，一手拉大宝贝女儿阿春。由于寡母孤儿，家境不好，经常带着女儿回溪口娘家居住，和堂嫂王采玉关系不错。瑞元自小经常和阿春玩，两人年龄差不多，阿春又漂亮，调皮捣蛋的瑞元在阿春面前却是规规矩矩，听从吩咐。瑞元在榆林村上学期间，节假日经常到2里路外的岩头村，名为看堂姑，实为看阿春。人人讨厌小瑞元，阿春不讨厌，天长日久，瑞元就是喜欢阿春，还在同学和朋友中公开承认，要娶阿春为妻。

蒋介石的母亲王采玉，见儿子惹是生非，听从邻人的劝告，准备按照旧中国的老办法，给瑞元娶亲，用老婆来套住他。听到瑞元喜欢阿春的消息，心中也分外满意，因为她对阿春的印象也十分好。

远在岩头村的蒋赛凤也听到瑞元喜欢阿春的消息。阿春不讨厌瑞元，蒋赛凤却讨厌这位堂侄子。堂姑不是从近亲结婚的危害角度反对女儿的婚事，而是过分看重了瑞元的劣行。实际上，男孩顽皮又有何妨！正在蒋赛凤教训女儿不得再与瑞元来往、特别是不能谈及婚配之事，王采玉请出的媒人到达阿春家。火气十足的蒋赛凤当着媒人的面拒绝婚事不说，还恨恨数落了瑞元一顿，声称自己有十个女儿嫁不出去也不嫁给瑞元。

蒋赛凤真是有眼不识真人，否则日后蒋介石飞黄腾达，女儿毛阿春岂不是位尊一方，她本人岂不是荣华富贵，享不尽的人间福，说不尽的欢乐事。当然话又说回来，如果瑞元真娶了毛阿春，两口子恩恩爱爱，丈夫守规守矩，乐于守成，恐怕缺少外出奋斗之心，最多是溪口镇上多一个富商而已。

蒋赛凤的话过重过狠，刺伤了王采玉的心，作为含辛茹苦带大子女的寡母，把全部的希望寄托在儿子身上，不料儿子竟然被人贬成如此，一口气咽不下，发誓要在岩头村的毛姓人家娶一个比毛阿春更好的儿媳妇。王采玉此事不妥，因为瑞元心中有阿春，事情未过，硬要配上一个"毛阿秋、毛阿花"显然是不合适的，只能酿成悲剧。

王采玉坐着小轿，来到榆林村表兄陈春泉家，蒋介石正在陈春泉开办的私塾中上学。陈春泉在村上也是个有头面的人物，家中的私塾收了不少村里村外的学生上学。陈春泉给年轻人介绍对象不在话下，难的是在毛姓人家中，要找出比毛阿春漂亮、贤惠的姑娘有难处。

在陈春泉看来，能与毛阿春相比的姑娘没有，能与蒋赛凤家相比的毛姓人家有，这就是岩头村的毛鼎和家。

岩头村位于天台山中，四面环山，村民们主要靠出卖山货度日。毛鼎和家世代经商，在村上开有一家祥丰米行和一家南货店。毛家生意兴隆，收入不薄，在附近经常做一些修桥补路的善事，在当地名声不错。

毛鼎和生有二子二女，长子毛怡卿、次子毛懋卿，长女毛英梅，小女毛福梅。后者之所以叫福梅，是因为出生时算命先生称她是一颗"福星"，顺其取名为"福梅"。既有福相，又是小女，自然深获父母疼爱，成为掌上明珠。只是她出生在清光绪八年（1882 年）农历十一月初九，此时已经 19 岁，在当时还未婚嫁已属大龄。福梅没有嫁出去，主要原因当然是因为没有合适的人家。

王采玉听完陈春泉的介绍后，非常高兴，认定毛福梅当自己的媳妇，唯一遗憾之处是瑞元要比福梅小 5 岁。女大男小在当时并不为过，"女大五，恶事无"，王采玉也就不计较了。

陈春泉是毛鼎和的好友。来到毛家，接过一杯茶后，陈先生说出此行的主要目的。毛鼎和心中明白，女婿如何并不重要，因为十几岁的男孩子不可能有多大功名和造就，只要家庭可以就行了。

陈春泉家中开有私塾，耳濡目染，已到"不会作诗也会凑"的程度，肚中经史烂熟，嘴上能说会辩。经他描绘后，蒋家非同一般：溪口蒋家曾为当地名家，蒋斯千、蒋肇聪曾为当地名流，可谓门当户对；蒋瑞元虽说调皮但绝顶聪明，上学时间已经多年，算命先生更是有言在先，日后谋个一官半职岂不易如反掌。

溪口蒋家，本来毛鼎和就有生意来往，也是久闻其名，经陈一说，毛鼎和已经动心，为慎重起见，他还借生意上的事亲自赶到溪口进行外调。"调查"结果，果然如此，对蒋家和王采玉，邻居都说不错，唯一不足之处，只是对瑞元有些微词，认为瑞元调皮过度，其他当时社会里盛行的吃喝嫖赌方面没有问题。在毛鼎和眼里，并没有把男孩的顽皮看成过大的罪过。

他同意了这门亲事。毛鼎和是有眼光的，因为他找了蒋介石作为自己的小婿，在对女婿的才华和运气上他的估计没有错，毛福梅以后也成为大名鼎鼎的人物；问题是出在女婿没有看上他的女儿，所以夫妻不可能长久。这在媒妁之言、父母之命的旧式婚姻下，是常见和常有的事。以后，毛鼎和没有沾到女婿的好处，在毛福梅被蒋介石休掉后，他再也没有见过蒋介石。蒋介石对岳父不满，对毛家人还是另眼相待，毛福梅的不少亲戚靠蒋介石得道升官。

1901年冬，蒋介石和毛福梅结婚。毛鼎和出嫁最心爱的小女儿，王采玉为自己寄托希望的爱子成亲，所以结婚仪式在当地也算得上豪华排场，只是有不协调处。

这就是瑞元对此兴趣不大。一是年纪不过14岁，对阿春感兴趣，不等于知道结婚的含义，更不知道结婚的义务和责任，只是以为家中的一种亲友来往仪式罢了；二是福梅不是阿春，他对其没有积极性；三是玩兴正浓，因为溪口只要有人结婚，那就是孩子放心玩闹的时候，瑞元岂能错过机会。

小瑞元本性难改，他只想玩。王采玉对此本有安排，要傧相"护卫"瑞元完成结婚仪式，所以在傧相的督促下，瑞元顺利完成迎接、拜堂任务，可当听到"送新郎新娘入洞房"，跪在地上的他乘傧相不注意，一手摘下头上红缨西瓜帽，往房顶一扔，高呼一声向门外跑去。

这样，入洞房的只有毛福梅一人，新郎不知去向，以下仪式无法进行。急坏了王采玉，马上安排前来帮忙的亲友四处寻找。

正在这个时候，只见冲进一队边放边抢鞭炮的小孩。这在当地司空见惯，孩子们从来都是闹新房的主力。只是此次带队的不一般，在这帮边放鞭炮边闹的孩子中，放得最多、抢得最快、喊得最响、闹得最凶的正是女主人王采玉正在寻找的瑞元。

王采玉又气又急。新房里的新娘毛福梅更是伤心，没想到上学多年的新夫婿竟然顽皮到如此地步。

婚礼结束，瑞元也玩累了，倒头躺在娘的床上，呼呼大睡。不知是真睡还是假睡，反正怎么也叫不醒，最后是王采玉请人把新郎硬拉扶进新房，睡在床上一夜没醒。新娘对着龙凤花烛，一人落泪。在失望之余，毛福梅似乎对今后的生活有某种预感。

婚后的毛福梅，确实无可挑剔，服侍婆婆、小姑尽心尽力，照顾顽皮的丈夫更是周到尽职，王采玉心中满意，脸上高兴，只是瑞元劣根难改不争气。在蒋家丈夫无知毕竟是家务事，毛福梅不忘家丑不能外扬的古训，打掉牙齿和血吞，从不向父母谈起，但不懂事的瑞元不会体谅妻子的苦衷。

唯恐瑞元到丈人家丢人现眼，做出让人不可思议的举动，王采玉和毛福梅都不敢让他轻易去见岳父母。但是，大年初二是非去不可，因为按照习惯，凡是新女婿必须在这一天回岳父家拜年，必须在岳父家吃饭，考验瑞元的时候到了。

瑞元让娘、妻大失所望。大年初二那天，岩头村毛家分外热闹，迎接新夫婿回家。全家忙上忙下，准备了丰富的饭菜，只等女婿进门。可是等到夕阳夕下，还不见新人进门。

溪口距岩头村30里，一般讲3个小时左右能够走到。蒋瑞元一大早离家上路时，王采玉还让一个佃户专门挑礼品随行，中午以前应该赶到。可是毛家久等不到，住在远处的亲戚已准备启程回家，这让讲究礼仪尊重习惯的毛鼎和非常生气。

原来，瑞元参加溪口的"花灯会"队伍，一路演出一路赶来，此时正在毛家祠堂里唱戏。花灯会是当地的民俗，庆祝春节的主要方式，由年轻人组成，蒋瑞元从来不会缺席，此次也不例外。初二早上，一离家门，瑞元就把挑担的佃户辞了，把准备送给岳父和亲戚家的一担礼品都分给了花灯会的小伙子，一路演出到岩头村时，已经是下午。

在毛鼎和的眼里，花灯会、舞狮队等犹如走江湖、卖狗皮膏药者一样，属下九流的行业，他听到女婿不来家中却去卖唱，气得七窍生烟，没想到念书多年的女婿竟然会干这种下等人所干的事情，尤其是在赶来贺喜的亲戚面前成何体统？这就是毛鼎和的不对，本来花灯会等只是喜庆节日特有的娱乐形式，何必分高低贵贱，春节一过，各奔东西，该干什么的还是去干什么，何必过于认真。瑞元则错在选的日子不对，首次去岳父家不该去参加花灯会。

毛鼎和赶到祠堂，用烟袋杆儿点着女婿的鼻子，数落了一顿，把瑞元气得扭头就走。福梅的母亲见女婿被气走，赶紧让毛福梅的堂弟毛鸿芳追赶。岂料，倔强的蒋瑞元从地上捡起一块砖头，扔进路边的水里，发狠地说："要我回去，除非这块砖头浮起来！"（王月曦：《毛福梅与蒋氏父子》，见《蒋介石家世》第84页）毛鸿芳异常负责，跪下来恳求堂姐夫，瑞元这才怒气冲冲地来到岳父家。

从此，翁婿间结下心结。蒋介石日后发迹后，从来不见岳父母。有一次蒋介石正在妙高台别墅，毛鼎和赶去会面，没想到蒋介石仅是让毛福梅送上银圆2000块了事。

关于蒋家母子的传说——虚多实少

翁女婿间的紧张关系，作为年轻人的女婿不能容忍岳父家如此轻视自己，这直接影响到本来蒋介石就不满意的夫妻关系。

毛福梅是个勤劳、贤惠、本分的乡间妇人，为挽回丈夫的爱心，尽了最大的努力，她服侍婆婆周到妥善，服侍丈夫细心入微，主持家务更是尽心尽力。为了能够赶上潮流，还两次陪侍丈夫去奉化、宁波读书，在照顾丈夫的同时，自己也进校学习文化。可以说从旧中国对妻子的要求来看，毛福梅是尽职的妻子。

由于夫妻关系不和，再加上蒋介石断断续续一直在外读书，结婚多年也没有生育。此事对蒋介石来说，问题不大，因为他本来就对妻子不满意；只是婆母分外着急。到1908年春，蒋介石考上日本陆军士官学校预科，走时毛福梅已经怀孕，王采玉兴高采烈。寒假时蒋介石回国探亲，与毛福梅争吵后，竟然猛踢她的小腹，致使流产。

1909年暑假，蒋介石的恩师和加入同盟会的介绍人陈其美命他回上海联络革命党人，蒋介石利用暑假回到上海，当王采玉收到儿子要回上海的信后，立即带着儿媳一起赶来。到上海后，在乡间很能干的毛福梅无法适应大上海的生活，无法适应蒋介石迎来送往的生活，使蒋介石十分不满，觉得有失他的面子。尽管王夫人软硬兼施，蒋介石还是不进妻子的房门，最后王太夫人以儿子如与媳妇不和好就跳黄浦江相威胁，蒋介石才和妻子生活了一夏天。第二年农历三月十八（1910 年 4 月 27 日）生下了长子、后来国民党的领袖和"总统"蒋经国。此时蒋介石 23 岁，毛福梅 28 岁。

蒋经国是否是蒋介石和毛福梅所生，一直被人议论。说的是蒋介石 1908 年春去日本留学，到 1911 年 10 月才回家，毛福梅不可能在 1910 年 3 月 18 日生下蒋经国，显然不是蒋介石之子。这主要是因为不了解蒋介石留学日本期间多次回家的史实所致。

在蒋经国出生后 87 年、在蒋经国去世后 9 年：1997 年 10 月 3 日，台湾各大报以显著位置和整版篇幅，报道了 9 月 2 日去世的蒋经国之弟蒋纬国的生前好友、"中华文化协会会长"、中兴大学教授范光陵向台《商业周刊》透露的惊人消息，称在 1994 年 7 月 22 日蒋纬国向他详谈了"蒋经国并非蒋介石亲生骨肉、蒋经国为何选择李登辉为接班人"的内幕，谈话内容有录音为证。媒体还称，早在 1992 年 7 月 5 日下午 4 点半钟，刚刚摘除白内障的蒋纬国也向前来探视的友人高茂辰、陆铿谈到了相同的内容。

在范光陵提供的录音带中，蒋纬国说，溪口一带冬天用来烤火取暖的是一种和小板凳相差无几的"夹炉"，当年只有四五岁的蒋介石，一次因为玩得太累了，见家中有一"小板凳"，看也没看就坐了上去。穿着开裆裤的他，刚开始还不觉得有什么异样，"等到发觉臀部炙热到剧痛的程度时，情况已经难以收拾，蒋介石当场痛得哇哇大叫"。

等到蒋母王采玉过来一看，发现儿子的臀部和阴囊严重灼伤。这位母亲按照当地的习惯，在伤处涂上"厚厚一层"猪油，"就算完成烫伤的急救"。在烫伤逐渐好转之际，一天小介石在野外大便，旁边有一只狗等着，在当地有一些狗专门吃小孩的排泄物，介石也不害怕。不料此狗闻到猪油香，一口咬住了蒋介石的阴囊，痛得他满地打滚，嚎叫不止。旧伤未了，又被咬伤，岂不是雪上加霜。"经过这次事件后，命运多舛的蒋介石丧失了男性生殖能力。"

范光陵透露的资料称，1901 年冬，蒋介石和毛福梅结婚，两人年纪相差较大；再则因为蒋介石在蒋经国 1910 年出生的这段时间内，一直断断续续在宁

中原大战时，蒋介石与蒋纬国合影于商丘车站。时在刚受冯玉祥的骑兵袭击之后

波、奉化、保定、日本等地读书，所以"蒋介石和毛福梅之间的情感，出现了微妙的变化，此其间，乡里间盛传毛福梅和婆婆王采玉同族亲戚有非比寻常的关系。"蒋纬国说："这个王家家族里的男主角，是做买卖的生意人。"蒋介石也慢慢从乡党口中，得知一些对毛氏的飞短流长，越来越烦躁愤怒，在难忍乡里议论的情境下，蒋母主张他还是外出为好。蒋纬国称"你就可知，这件事有多么不名誉，于是父亲离开奉化老家。"再则"父亲民前四年（1908年）赴日，民前三年仍在日本，民前二年春天，经国生，这说明了一切，要知道我父亲与毛夫人结婚时，还是个十六七岁的小孩子，毛夫人大他 5 岁，一个十六七岁的小孩子懂得什么，而夫人已经是 21 岁了，问题就来了。"（以上见 1997 年 10 月 3 日台《联合报》）

此事一出，石破天惊，岛内有关各界议论纷纷。人们质疑的要点如下：

一是蒋纬国和范光陵谈话的真伪性。蒋、范二人关系一向不错，自觉来日不多的蒋纬国与好友谈谈身世和生活是可能的。从公布的磁带录音内容看，确实是蒋纬国的声音，其中还谈到了一些自己为戴季陶所生、他和养母姚怡诚在溪口的生活情景，以及在溪口蒋家受毛福梅"排挤、虐待的事实"，并对自己在蒋家的遭遇不满。如果不是亲身经历的人，恐怕难以讲得如此细致。此外，此次谈话是在"荣总"病房中进行的，因此"蒋纬国调侃进来的护士小姐"的话，"包括验血、冲马桶、咳嗽等都录进去录音带内。"（见 1997 年 10 月 3 日台《自由时报》）

二是磁带的真实性。磁带确有其事，只是在关键的内容上并非蒋纬国所述。10 月 4 日，范光陵由《商业周刊》发行人金惟纯陪同，举行记者会，当场播放了两卷录音带，其中关于蒋经国身世部分为范光陵的话，其余 6 卷拒绝当

场播放。在记者的追问下，范光陵承认关于蒋经国身世和蒋经国选择李登辉为接班人部分内容并非蒋纬国亲口所述（有关李登辉部分当时他没有公开），而是他"转述蒋纬国的谈话，并没有蒋纬国的亲口录音"，但8卷录音带中百分之九十五是蒋纬国的亲口所述。金惟纯也承认，《商业周刊》是听取范光陵转述后报道的。范光陵在记者会上宣称，他之所以转述蒋纬国的话，是因为蒋纬国认为所谈内容过分敏感，而让范转述再录音。此话一出，蒋介石没有生育能力是否蒋纬国所说，更加令人怀疑。再则，蒋纬国生后出版的生前最后一本著作《历史见证人——蒋中正先生传》，同样可以作为"历史见证"，为何书中并未提及蒋介石的生育能力问题。

三是蒋介石有没有生育能力，蒋经国到底是谁的儿子。台"故宫博物院院长"秦孝仪认为，蒋介石和蒋经国之间的父子关系"毋庸置议"。10月4日在宋美龄身边的大外甥女孔令仪，在美国纽约表示，蒋经国是蒋介石的亲生子。她还说，宋美龄曾经在抗战期间怀孕因车祸流产，这也说明蒋介石有生育能力。（见1997年10月5日台《"中国"时报》）蒋经国的儿子、"行政院副院长"章孝严面对记者的追问，明确回答说，这个问题很容易判断，那么多随从人员已经有所说明，连蒋夫人那边的人也都说话了，"你们会判断不出来？"蒋介石的第三位夫人陈洁如，也曾在回忆录中说，蒋介石本有生育能力，但在护法北伐战争前后在上海滩活动时染上梅毒，使他丧失了生育能力。当然这又和孔令仪证明宋美龄在抗战期间怀孕有矛盾。国民党党史会主委陈鹏仁，强烈否认蒋纬国的说法，认为蒋介石在日本留学时，暑假必返乡探亲，应该是在1909年暑假回乡并使毛福梅怀孕，次年3月生下蒋经国。（见1997年10月4日台《民众日报》）奉化乡亲也说，抗战结束后，1939年11月2日死于日本飞机轰炸的毛福梅于1946年冬正式安葬于摩诃殿前侧，次年清明，蒋介石回溪口扫墓，先是单独到墓前脱帽鞠躬，然后再与宋美龄一起前来扫墓，如果毛福梅对蒋介石不贞，蒋介石不会到墓前致敬。旅居美国的台湾著名的历史学家黄仁宇，表示他是第一次听到此种说法，从过去接触过的史料或人物，都没有相关讯息。台"中研院近代史所"所长吕芳指出，目前均无史料直接显示蒋经国不是蒋介石的儿子，光凭蒋纬国一席话，而没有任何史料证实，实在令人很难相信。（见1997年10月3日台《自由时报》）

但是也有不同的观点。国民党发言人蔡璧煌称："那没办法查证，但是能够写这文章出来，说不定有它的资料，但我们无法知道资料从何而来，所以无法详论，应由历史学家去努力"。（见1997年10月3日台《自由时报》）"中研院"研究员张炎宪认为，蒋经国身世真相"兹事体大"，蒋纬国不可能乱讲。但是根本无从判定蒋纬国说法真伪，只能是"无解习题"。（见1997年10月3日台《民众日报》）

四是蒋纬国为何说此话。范光陵称，这是在1994年5月到7月间，蒋纬国多次约他到"荣总"病房面谈的，口述时"心平气和"，并且同意录音，共录有8盘录音带，希望以此作为历史见证，证明自己是"清白来，清白去"。（见1997年10月3日台《自由时报》）据秦孝仪分析，蒋纬国的话恐怕是兄弟二人间的恩怨所致。（见1997年10月5日香港《文汇报》）国民党中央评议委员蔡孟坚闻知此事，毫不客气地说，蒋纬国一生沾尽蒋家风光，却在病中辞世时，发表有关蒋家隐秘，似令蒋纬国的生前好友，对他的评价另作评估。"国策顾问"、前国民党中常委宋时选是蒋经国堂姐的表侄，他把"表叔"蒋纬国所言斥之为"荒谬、乱讲"，"为什么蒋家主要人士在世时不讲，包括经国先生的儿子孝武、孝勇在世时不说，如今人都不在了，这些无法求证的说法才纷纷出笼？"（见1997年台《"中国"时报》）曾任解放前奉化最后一任县长的沈式玉也以"过来人"的身份，证明蒋纬国所言"都是乱讲啊"，完全是"子虚乌有的说法"。（见1997年10月3日台《自由时报》）陈鹏仁指出，蒋家兄弟之间的不和，到了晚年尤其严重，蒋纬国临死之前说出的这些话，可信度令人质疑。（见1997年10月4日台《自由时报》）

五是范光陵公布蒋家秘闻的动机。岛内各大报和社会各界在议论蒋纬国录音的同时，普遍认为范光陵公布此事，既不利于澄清历史事实，也不利于他自己的形象，利用已故之人做文章实在不是光彩的事情。在举行的记者会上，记者针对范光陵所说公布录音带是基于学术研究立场，追问说既然是为了学术研究，那为什么不交给专门研究社会科学的"中研院"？针对范光陵的行为，"蒋公中正精神纪念会"筹备处代表周庆峻等五人，10月6日前往台北地检署控告范光陵和《商业周刊》发行人金惟纯，涉嫌侮辱与毁谤。称没有经过事实考证就公布不实资料，已严重影响两位蒋先生的声誉。（见台媒体1997年10月6日电）《中国时报》在评论中指出，这种打着治史幌子，大赚故人钱的行径，实在是行牟利之实；范光陵只是"八卦台湾"的一个缩影而已，不过要八卦，至少可以彻底一点，不必打着学术研究的羊头，污辱正襟危坐的史学家。（见1997年10月5日台《"中国"时报》）台"行政院长"萧万长也说，对此事感到很难过，大众应本着道德良心做事情，要建立正确的社会价值观，重视伦理道德。一些国民党籍"立委"也说，人死为大，外界不要再以"扒粪心态"评论蒋家，这种做法有失厚道。

蒋经国为蒋介石所生，这是不需要证实的事实。如果因为20世纪初广大农村生儿育女没有现代化的详细记录，就可以放开手来质疑谁的出生，恐怕世间多少父子关系都要重新推翻、重新证实，提出这一问题的人自己也觉得可笑。

退一步讲，蒋介石果真没有生育能力，至多不符合中国封建文化中"无后为大"的孝道思想道德，并不说明其他问题。蒋介石如果没有儿子，能把别人的儿子视同己出、培养接班，这又该如何评说蒋家的"父子情"呢？再说，在讥笑蒋介石无生育能力的同时，却伤害了一位从未出过远门、更无什么劣迹的乡间妇女、蒋介石的前妻、蒋经国的母亲毛福梅女士，似有欠妥之处。

不管后人怎么说，儿子的出生，毛福梅乐不可支，王采玉眉开眼笑，但是这并没有改变毛福梅被蒋介石抛弃的命运。

在蒋家人中间，大大小小、里里外外、老老少少都享"蒋"福，得"蒋"利，可以说有些不该得利的人都能得到利。他们能得利也不为过，因为族中出了个"委员长、总裁、总统"，族人沾光得利实属正常。可有一个最有权利享受荣华富贵、出人头地的人竟然没有得到应有的待遇，这就是蒋介石的夫人、蒋经国的生母毛福梅。影响毛福梅在家中地位和生活的因素有三：

一是和蒋介石关系的亲疏远近。自结婚之日起，蒋介石不满意妻子的地方，随着年龄的增长日益增多。事实上蒋介石如果只是蒋家店铺继承人的话，毛女士完全可以成为蒋家的好媳妇，也可成为丈夫喜欢的眷属。岂知结婚后的最初5年，蒋介石因年龄太小对夫妻、家庭生活认识肤浅，当然对夫人也不重视。再加上两人又是未经恋爱阶段，只是奉命结婚，无感情可言，妻子谈不上给丈夫留下什么好的印象。婚后第二个5年，丈夫远离家乡，先后前往县城、宁波、保定、东京等地求学习武，外面的花花世界、都市生活超过了溪口的"地灵"和风光，使蒋介石的眼界大开，他对乡间女子毛福梅的不满之心与日俱增。

到1911年冬，蒋介石在上海当上沪军第5团团长，找上新欢姚怡诚后，决意和元配中止关系。他在给二舅子毛懋卿的信中诉说了夫妻生活中的"苦恼"："十年来，闻其（毛福梅）声见（她）人影，即成刺激。顿生怨痛者，亦勉强从事，尚未有何等决心必欲夫妻分离也。不幸时至今日，家庭不成为家庭，夫固不能认妻，妻亦不得认夫。甚至吾与吾慈母水火难减之至情，亦生牵累。是者夫不夫，妻不妻，而再加以母不认子，则何有人生之乐趣也……吾今日所下离婚决心乃经十年之痛苦、受十年之刺激以成者，非发自今日临时之气愤，亦非出自轻浮的武断，须知我出此言，至此函，乃以至沉痛悲哀的心情作最不忍心之言也。高明如兄，谅能为我代谋幸福，免我终身之苦痛。"

可怜、本分、勤快的毛福梅，从未得到过丈夫的关怀、温馨不说，甚至还受丈夫的拳脚相加，最后等着她的竟是一纸休书。两人正式离婚是 1921 年 11 月 23 日，而此时毛福梅已被蒋介石遗弃 10 年，儿子蒋经国已经 12 岁。

二是和婆母的关系。蒋介石看中老婆的"本分"，大摆"小丈夫""洋学生"的资格，欺负毛氏。婆母则看中儿媳的"勤快"。毛家家境和蒋家全盛时期差不多，而结婚时蒋介石的父亲已过世 6 年，祖父已过世 7 年，再加上同父异母的蒋介卿分去大部财产，蒋家家境已经中落，毛福梅可以说是"下嫁""低就"。

这位旧中国的民间女子，深受封建礼教的影响，恪守庭训，对婆母孝，对丈夫忠，对儿子爱，心灵手巧，做事勤快。对生活中二度过早丧夫、整日诵经信佛、脾气古怪的婆母照顾周到，对死而不僵、日趋败落的蒋府管理有方，尤其是又生有一子经国，所以深得婆母的欢心。当毛福梅在丈夫那里受到冤屈时，从婆母那里多少能得到一些宽慰。儿子和儿媳争吵时，王采玉深知儿子的劣根性，护着儿媳，不赞成两人分手。直至蒋介石带着姚女士回乡省亲，以造成和毛福梅分手的既成事实时，王采玉依然如故，坚决不同意驱毛。为此，母子之间时常也有矛盾，而蒋介石又把母子纠纷的责任归之于毛氏，对毛更添不满之心。由于毛福梅和王太夫人的关系较深，蒋、毛离婚打算一直没有实现，直到 1921 年 6 月 14 日王太夫人病故，蒋介石于 11 月 23 日葬母完毕的当天，正式宣布与毛福梅、姚怡琴（此时蒋介石已和陈洁如同居）离婚。

三是和儿子的关系。蒋经国作为儿子，从懂事起就对母亲的处境十分同情。1935 年 1 月 23 日他在苏联发表公开信，信中把生父骂得狗血喷头。此类政治性批判是蒋经国的本意，还是苏联方面的旨意且不论，信中提到他童年时期的家庭关系则有可信之处。他在信中写道："听许多人说，蒋介石在宣传孔子的孝悌和礼义廉耻的学说，这是他迷惑人的惯用手段，以此欺骗和愚弄人民的意识。母亲，你还记得吗？是谁殴打你，抓住你的头发将你从二楼拖到楼下？那不是他——蒋介石吗？是谁打我的祖母？那不是他——蒋介石吗？这就是他对父母和妻子的孝悌和礼义。"

蒋经国从小见到的父亲和母亲的紧张关系、父亲对母亲的恶劣态度，使他一直站在母亲这一边。母子二人的关系相当融洽，毛氏一再领教过丈夫近似残酷的威严，为避免儿子成为丈夫暴戾的对象，一直把儿子拉在身边，不让他离开一步。当蒋介石一再要求大儿子外出进城读书时，毛福梅则以婆母不同意孙子远行为由，想方设法留住儿子。待王夫人一过世，毛福梅失去保护伞被休去，亲生儿子经国也被送到上海去读书，3年后又送到苏联留学。小经国在上海3年间，母子二人是分离多、见面少，留苏12年间则未见一面。

对于母亲，蒋经国谈得极少，因为说到生母，容易使人想起蒋介石那不符合中国传统文化、不太光彩的婚姻史。蒋经国不会忘记自己从小就有"姚（怡诚）阿姨"、12岁时生父又找了陈洁如为妾、18岁时生父又和宋美龄正式结婚的往事，如果大谈生母，无疑是在贬喜新厌旧的生父。除此之外，蒋经国从苏联回来后，宋美龄已成"第一夫人"，他就更不好再谈敏感的"妈妈问题"，谈"生母"有贬"国母"之嫌，多有不便，不如不谈或少谈。

只是在毛福梅被日本侵略者的飞机炸死后，蒋经国才在《我在苏联的生活》一书序言中，顺便提到"母亲问题"。他写道："回忆30年来，始而寄迹上海，继而留学国外，长离膝下，十有余年，且因邮电不通，音讯外疏，母不知儿生死，因抑郁以成疾；儿亦未能亲侍汤药，以娱慈母之心。"蒋经国从苏联回来后，曾用8个月的时间，温习和学习中国的传统文化、国民党的政治理论，在这期间努力弥补自己对母亲的不孝之处，带着苏联籍娇妻方良、儿子孝文、女儿孝章，整日陪在毛夫人身边。蒋经国到江西走上从政实习之路后，多次邀请母亲到自己的特区赣南一游，可母亲不愿离开家乡而没有成行，蒋经国就只好让夫人留在溪口陪伴母亲。儿子和女儿只是短期到江西外，主要也是留在老家，因为就像当年王太夫人喜欢孙子蒋经国一样，毛夫人同样喜欢自己的孙子和孙女。1939年11月2日，留在溪口的毛夫人死于日本飞机的轰炸，终年和婆母过世时一样：58岁。

　　蒋经国忘不了那一天。已经占领华东主要地区、向纵深扩大势力的日寇，第一次轰炸蒋介石的家乡。毛福梅得知机声就跑出了家门，预备疏散到野外去，跑到胡同口，忽然想起房间没有锁门，又转身返回，锁门后刚跑到胡同口，正逢日机投弹炸中了旁边的围墙，毛夫人惨死墙下。很快日寇机飞走，镇长蒋之祥得知毛夫人不见后，急得不知怎么办才好，派人到处寻找，也没有找到。次日奉化县长何扬烈得报后，马上赶来，见此处围墙倒塌，立刻命人清理，只见毛夫人血肉模糊，早已气绝身亡。何县长感到事关重大，立即让唐瑞福通过丰镐房保管的密码通知远在赣南的蒋经国，同时把毛夫人的遗体安放在她生前念经的地方——摩诃殿佛堂。

　　初四上午，蒋经国乘专机赶来，一进门就抱着母亲的遗体号啕大哭，其悲其伤令人感动。因为战争期间，一时间找不到合适的墓地，无法建造陵墓，由俞飞鹏做主把死者葬在她生前念经的摩诃殿北隅（今溪口小学操场一侧）。蒋介石对于前夫人之死并没有作出什么表示，只是蒋经国在母亲遇难处立下一碑，碑文是"先慈毛太夫人罹难处　以血还血　中华民国二十八年十二月二十四日经国泣书"。（此碑一度立于溪口小学后门口，后移到蒋经国在溪口的住处院内）

　　蒋经国见到母亲突然去世，悲痛异常，为防止远在重庆的蒋介石、宋美龄有异议，溪口方面丧事从简。蒋经国总觉得对不起母亲，赶到江西后，又补开了一个规模空前的追悼大会，并把赣州东门外的一座桥改名为"忠孝桥"，以纪念死去的母亲。虽然毛夫人的墓地远没有王采玉墓地的规模和气势，蒋经国也没像蒋介石那样写什么《祭母文》，妻子蒋方良也没有像宋美龄那样用一手漂亮的行书书写过《祭母文》，可蒋经国对其母亲的怀念却是出自真诚，出自深深的怀

念。他到台湾后，在出任"行政院退除役官兵辅导委员会主任委员"期间，主持修筑横贯公路工作，特意把一座大桥命名为"慈母桥"，桥头建一"慈母亭"。旁边的《慈母亭记》中写道："世间唯母心至慈，母爱至真，亦惟母性至为伟大，故易称坤德之贞恒，诗美母仪之圣善，慈母之于子女，长育顾复，恩斯勤斯，实有罔极难报之德也。"这里面有20多年来蒋经国对母亲的思念，也有他自己未尽孝心的悔恨。

由上可见，毛福梅与蒋介石、王采玉、蒋经国的不同关系，决定了她在蒋家不可缺少的地位。蒋介石不欢迎夫人，可蒋常年在外，家务事基本不管。大家长王采玉喜欢毛氏，需要毛氏管理家业家务，蒋家离不开她。她是蒋经国的生母，儿子更是毛氏的希望所在。儿子还需要母亲，蒋介石赶走毛氏是不合适的，以后也无法向长子交代。作为毛福梅本人，见丈夫官运日隆，与其离婚回娘家遭人讥笑，还不如守着儿子，在自己生活和服务了多年的蒋家度过后半辈子。至于"离婚"，只是手续而已，多年来两人并未有过多少相敬如宾的日子，毛氏早就习惯了被冷落的生活，所以她依然留在蒋府，没有婆母，没有丈夫，没有儿子，冷清地生活着。对外来说，毛福梅虽然已不是蒋介石的夫人，可依然被人称为"毛夫人"，全权管理着蒋宅的一切。平时仍然和以前一样，茹素念经。

蒋介石前两次下野回家乡"隐居"，和平时回家祭祖，都是由毛福梅女士接待，对前夫依然是有礼有节，婚时就没有什么思想交流，现在只是简单问候之后就没有什么话可说。只是蒋经国在苏联时的12年，为思念儿子和要儿子同蒋介石争吵过。对宋美龄，毛夫人从不计较，以礼相待。每次蒋介石、宋美龄回乡，事先都有通知，毛夫人就专门雇人对丰镐房进行彻底清扫，外面的石板路也要用水洗一遍，真可谓是窗明几净，一尘不染。蒋介石回乡后，另请厨师。只要季节适时她还会拿出自己的厨房功夫，亲手烧一碗蒋介石喜欢吃的芋头送上。她没有忘掉蒋介石，对蒋家更是忠心耿耿。毛的悲剧是旧式婚姻的必然结果，并非她的过错，也很难把造成这一不幸归之于谁。只是蒋介石三换妻室，恐怕不是新式婚姻的表现，难免人们常说他早期生活放荡。至于宋美龄女士，每次随夫到奉化，见到被自己所取代的"蒋夫人、中国第一夫人"的毛福梅，不知有何感想。

蒋介石和毛福梅的正式婚姻维持了10年。和毛女士结婚，是媒妁之言、父母之命，这是蒋介石个人婚姻生活上的第一阶段；他成为上海滩上的要人后，开始以感情和生理上的需求寻找新的夫人，先后有两位女性和他生活过；在他后来即将成为南京政府的主人时，在择偶标准上除感情和生理需要之外，又加上了政治需要，宋美龄在此情况下成为"蒋夫人"。

（三）学习军事，前往日本进军校

蒋介石和当时许多年轻人一样，对从军有着特殊的向往。儿时的蒋介石对打仗和军事有着浓厚的兴趣，从小就在乡间玩着战争游戏，同村里的一批差不多年岁的孩童，光着身子，拿着棍棒，分成对立的双方，在山坡野地战得昏天黑地。后来当上"特级上级"的蒋介石在当时就喜欢充当指挥作战的"大将军"，指挥双方作战，只是常被"战"得头破血流，这和他日后当上"大将军"后所指挥的许多战役的结果是一样的。话又得说回来，孩提时喜欢玩战争游戏的人很多，只是日后当上大将军的人不多。玩耍归玩耍，从蒋介石的日记中可以看出，早在1906年初，19岁的蒋介石在宁波箭金中学读书时，就有学习军事的意愿。

蒋介石后来成为中国最大的"反共"军事总头目，可他当时学习军事的意愿并非如此，原因主要有：

——从19世纪末和20世纪初，新学兴起，中国文人通过延续一千多年的科举、以阐述《十三经》为主要内容的传统的取得功名的做法，已经不可能，清末停止科举考试的大局已定，蒋介石也参加过奉化县城的童子试，蒋母和蒋妻并没有等到及第报喜的人上门，读书做官已成绝路。有志于通过自己的奋斗改变家庭无权无势地位的蒋介石，科举之路断了以后，只有改学军事和从事军事，才能迅速获取功名。事实也是这样，蒋介石如果学习其他专业，也有可能取得一定的成就，但不能保证有以后的飞黄腾达。他自离开家乡求学，不到5年，就进入同盟会的上层；不过18年，就成为黄埔军校校长；21年就成为一国之主。如果他不是从军的话，恐怕不会有这么快的成功。和蒋介石有同样选择的年轻人很多，但他最为成功；他的成功，也带来一批人的成功，这就是保定系和士官系，及后来黄埔系的兴起。

——在1904年，蒋介石经父亲的第二位亡妻之弟、舅舅孙琴风介绍，携妻来到宁波箭金学堂学习，从师于顾清廉，这是他第一次来到家乡县城以外的地方学习。蒋介石后来能够比较早地接受孙中山的革命思想和投身于推翻清王朝的革命运动，和他较早地脱离农村、接受新式科学文化和民主思想有关。箭金学堂的教师顾清廉，对蒋介石选择留学和学习军事产生很大影响，以后蒋介石又把蒋经国交给顾先生指教。龙津中学时蒋介石的英语教师、以后蒋介石多年的英文翻译、曾任过南京政府新闻局长的董显光谈到蒋介石早期情况时，显然带有神化的色彩。他说，蒋介石在宁波箭金学堂、奉化龙津中学时，每天起得很早，梳洗后紧闭双唇，交叉双臂站在宿舍的阳台上约半个小时，看得出他"是一种坚定与沉思的神态"，思考的主要问题是如何留学日本和学习军事。（董显光：《董显光自传》第33至34页）

——对不平等社会的不满。年轻时期的蒋介石血气方刚，个性倔强，受不得一点委屈。这里有性格上的原因，也有耳闻维新运动等社会改革运动后产生的对社会不平等的不满。如在他上私塾时，曾因背不出书挨教师的戒尺打后，次日在老师的座椅上涂了一层厚厚的生漆，老师站立时长衫因被粘住而撕坏。他到奉化、宁波等地上学后，他的一些闹事行为带有明显的对社会不平等不满的性质，是对京津沪地区已开始的社会改良运动的了解后产生的做法。

蒋介石在此以前就有出国留学和从军的打算，但在溪口的亲戚中，没有一个人赞成。在他们看来，自小被称为"无赖"的瑞元，如果到外地做生意不会稳当，到外地上洋学堂则不时兴，学军从军在重商的溪口镇没有成功的先例，显然是低人一等，选择学军完全是自小调皮的结果，长大了学艺也不正经。

母亲更多的是从父母在不远行的角度出发，不赞成儿子外出，这样家中没有男人更会被人欺负；年长5岁的妻子毛福梅不赞成丈夫远走高飞，是因为自己结婚已经多年，至今还无怀孕的迹象，丈夫一走更不知何年何月。主要是母亲和妻子的反对，蒋介石一直没有成行。"钱粮官司"以后，两位旧中国的女性，意识到要改变家中的处境，只有靠家中的男子外出奋斗，追求功名。再加上王采玉堂兄王贤甲的劝导，因此婆媳二人不但不再反对，母亲筹资不够，妻子把自己家传的首饰盒拿出来作为路资，准备让蒋介石上路。正是此次远行，蒋介石开始成为后来的"蒋介石"，否则的话，他留在溪口不远行，先学文化后经商，在当地做个小买卖，即使顺利的话，无非是溪口镇上多一个商号，蒋介石也和其祖父其父亲一样，最多是一个"镇级名流"。

经过此场旧中国常见的官司，蒋介石改变社会不平等的决心更加坚定，回到龙津中学后就把自己脑后的长辫子剪下来，送回家乡，一时引起左邻右舍议论纷纷，反对有之，担心有之，仇视有之，惋惜有之。在剪辫子有可能要杀头的年代里，蒋介石此举显然是要不顾一切，准备走上一条新的奋斗之路。蒋介石没有想到，他最反对和最痛恨的"钱粮官司"，在南京政府成立后，不知又有多少件发生，多少人家为此家破人亡、妻离子散。

首次赴日留学——无学少获

1906 年 4 月，蒋介石首次前往日本。不过不是拿着毛福梅的首饰盒当路资，而是路过宁波时，蒋介石来到父亲第二位夫人孙氏娘家，见到舅舅孙琴风，请其帮忙把首饰兑换成现洋，以便于去日本留学。一直在宁波、杭州、上海做生意的孙琴风，见多识广，因为自己的妹妹在蒋家并未生育且辞世过早，所以对这位"外甥"也非常喜欢。在蒋家众多的亲戚中，对瑞元的看法较为一致，都认为他自小捣乱，顽劣成性，不可能成就事业，蒋赛凤是最为典型的例子。

瑞元有两个舅舅不是这样，一个是住在葛竹村的生母王采玉的堂兄王贤甲，一个是近百里之外宁波城内的孙琴风，此二人读过书，见过一些世面，所以在对待男孩的调皮问题上要开明得多，在人们谴责瑞元顽劣时，他俩更多地从瑞元别出心裁的调皮行为看到其聪明、敢干的一面，认为小瑞元将来必成大器。所以，王舅舅是支持外甥外出求学，孙舅舅是援助外甥外出求学。生意兴隆的孙琴风见到外甥要用妻子的首饰换路费，暗中佩服，当即决定送上按当时市价计算已经可观的 100 银圆，首饰盒还给毛福梅。

蒋介石后来在 1944 年 1 月间的一次讲话中谈到了自己第一次去日本留学的原因："我在本县龙津中学肄业的当时，因为痛愤乡里土豪的横行，目击我们国家遭受帝国主义者的压迫，尤其在那时看到日本以一个弱小的国家，能够发奋图强，战败帝俄，予我精神上以最大的刺激。所以我在龙津中学肄业不到半年，请求家母准许我到日本去学军事，来尽到我国民一分子的义务，促成我们国家的雪耻自强。"把自己当初的幼稚或不成熟的反抗行动提高到救国救民的高度，这对后来取得一定成就的政治家来说也是必要的。在 20 世纪初中国人第一次出国高潮中，因为去美欧国家有着地理上的不便，而有着同中国状况差不多的日本能在短期内强盛起来的榜样，不少中国人选择去了日本，蒋介石也不例外。

在 20 世纪上半叶，中日两国间没有什么复杂和严格的出入境管理，蒋介石只要有路资就可以去日本，但到日本后并不是想学军事的人都能学军事。

当年出洋留学的中国青年，大都抱有救国救民宏志，主要有两种目的：一种是科学救国，一种是军事救国。不少人是志在学习军事，有血性的中国人都为中国自鸦片战争以来的遭列强欺负的事实感到耻辱，认为有必要学习现代军事理论和军事知识，为建立一支能够保卫祖国的强大的军队打下基础。到日本学习的中国留学生，他们觉得本来和中国同步、远离西方工业革命、也是封建落后国家的日本，在差不多同时和中国一样迎来西方列强富有侵略性的船队，由于日本没有拒绝对外开放，接受西方的理论和体制，进行部分社会改良，竟然在短短的几十年间就进入世界强国行列，并且借中国的东北打败了一直在中国北部作威作福的沙皇俄国，日本的军事显然成为中国留学生学习的首选目标。蒋介石也是这样，选择日本的军事作为自己的学习内容。

日本方面并没有满足中国留学生的要求，这是因为清朝政府和日本当局的协议。20 世纪初，赴日学习的中国青年，怀有各自的理想和抱负，但有一点是共同的，这就是对中国封建统治的不满。尽管有的人如革命党人是公开进行反对清王朝的活动，有的人是秘密从事反对清王朝统治的斗争，有的人是不介入反清活动但对清朝的统治同样是极其不满的。因此，清王朝对留学日本的中国青年是十分不信任的，特别是防止不可靠分子到日本学习军事。具体规定，要想进日本军校学习，必须有清廷陆军部的保送才行。凭一腔热血赴日的蒋介石并不知道这一规定，到日本后一筹莫展，军校门可望不可进，只有先到日本为中国留学生所办、补习日文的清华学校，学习日文。蒋介石的外语能力数日文最高，但在他家里却是最差，远不及后来的夫人宋美龄的英文、长子蒋经国的俄文、次子蒋纬国的德文和英文、长媳蒋方良的俄文和汉语、次媳邱爱伦的德文和英文的水准。

蒋介石在日本最重要的一件事，就是结识了陈其美。陈其美正在日本警监学校学习，并同同盟会的革命党人有来往。由于蒋介石当时仅是在清华学校内学习，还没有显出什么过人之处，再说陈其美也是刚到日本，所以两人的关系还不深。

同年冬天，蒋介石收到家母的来信，催他回国探亲，理由是妹妹蒋瑞莲要结婚，作为兄长必须回家参加婚礼。真实的情况是，蒋母见儿子在日本无所作为，还不如先回家和妻子团圆，因为此时蒋介石已结婚 5 年余，妻子还未见喜，急坏了蒋母王夫人，与其让早被算命先生定为"贵子"的唯一的儿子在日本游荡，还不如先让儿子回家生下后代再说，这一安排对毛福梅来说，更是求之不得，就这样蒋介石回到家乡。蒋介石回到家乡，则不是为了生儿育女，他有自己的打算，这就是保定清廷通国陆军速成学堂要在次年春首次公开招生，他凭着对军事的兴趣和对现代科学文化的了解，有能力考上这所清朝的正规军校。

考入保定军校——学中有获

回家后，他集中精力进行应试准备。该校在浙江省只招收 60 名学员，60名中有 46 名是由官府根据清朝有关世袭制的规定保送和递升名额，实际在民间只招收 14 人，报名应考者竟达 1000 余人，竞争之激烈可想而知。蒋介石一路顺利过关，进入面试。在面试时，因为他离招生条件中所规定的 20 岁差几个月，考官准备将其除名。蒋介石不会放弃这一难得的机会，据理力争，称自己虚岁已经 20 岁，且体质很好，有志于报效国家。说实话，蒋介石有着一副军人所需要的身材和军人的气质，再则他的口才和知识在应考生中也是一流的，所以主考官很快接受了蒋介石的要求，同意他应征入校。就这样，蒋介石在人生和仕途上，迈出了关键性的一步。

1907 年夏，蒋介石赴保定报到。当时的交通很落后，蒋介石考学容易入学难，仅从溪口赶到保定就走了一个月，这也是他第一次接触北中国，在旅途中看到了远比他家乡大得多的世界，上海十里洋场的豪华，南京城里六朝故都和天王府里的帝王气，长江天堑的战略含义，徐州城挟中原要冲之势，他在感叹中国之大的同时，也不时冒出"谁主沉浮"一类的想法。

保定军校有步、骑、炮、工、辎五科，

蒋介石考取保定陆军速成学堂时的合影（三排左四）

蒋介石则主修炮科。唯军事论者，都十分重视火炮的作用，蒋介石也不例外，他之所以学炮兵，是因为感觉到火炮的威力。在他以后发迹后重用的军事人才中，有不少是学炮兵的，如陈诚、张群、何应钦等，大都是受此一思想的影响。但事实上蒋介石到最后也没有在大规模的作战中学会发挥炮兵的最大威力。

保定军校作为中国最早一批正规初级军官学校，蒋介石在校内除了第一次领略北方冬天的寒冷外，还有就是严格的入伍训练和紧张的军事理论学习。学校教程分为战术、兵器、筑城、地形、交通五大项，还有就是外语，大部分时间用来进行操练和野外实地演习。由于学校教官大部分为外国军校的毕业生和外国顾问，具有较高的军事素质，再加上教学管理严格且有条理，所以该校出过不少军事人才，许多毕业生成为北洋军队、地方军阀和后来国民党军队里的高级将领。

蒋介石在学校时间不长，但也是个风云人物。他一入校，就因为没有清朝所规定的长辫子，而引起学生和校方有关方面的议论，在不少人的眼里他似乎成了一个怪物。只是因为当时清朝已到末期，西风日盛，为了改变清王朝的形象，在城市和经济较发达地区，已不再把没有辫子视为叛逆并加以镇压，有无辫子已不成为影响生存的标志，但在保守派的眼里他是个激进人物，而在当时一些主张社会改良的人士眼中，蒋介石的行为也不为过。

他在保定军校中再次闹出学潮。一次一名态度傲慢、自视高明的日本军医教官，在讲课时把一块泥土放在教桌上比喻为中国，并称这块泥土中有 4 亿个微生虫，就像中国的 4 亿人口。这种侮辱性的教学，引起了在场学生的不满，蒋介石则以他那年轻时惯有的反抗心理，走到讲台，把泥土掰成 8 块，对着这位无耻的日本教官说道："日本有 5000 万人，是否亦像 5000 万个微生虫，寄生在这八分之一立方英寸泥土中？"蒋介石的话有理有节，以其人之道还治其人之身。狂妄、没有一点职业道德、不懂一点外交礼节的日籍教官，一时哑口无言，不知所言，只是恼羞成怒地乱喊，以势压人，称蒋介石为"革命党"。课后，这名无耻的教官更是无耻，要求学校总办赵理泰严办蒋介石。赵理泰还算开明，知道此事错在日本教官，不在蒋介石，为了应付日本教官，只是把蒋训斥一番。明里是批评蒋介石，暗中赵总办还对蒋介石产生了好感。问题是蒋介石当时对待日人的正确且强硬立场，到他后来主政南京政府后，竟然成为亲日派的大头目，"对日妥协"成为他外交上最大的失策之一，甚至带来日本侵略的后果。

考入士官学校——少学多获

1907年冬，清廷陆军部从保定速成学堂中选派留日习武人选，蒋介石因为不在日语班，当然也就没有资格参加考试。蒋介石见机会来临，坚决要求参加考试，他找到总办赵理泰申述理由，直到考试前一天的深夜，他才接到允许参加考试的通知。和当时考保定军校一样，蒋介石一试即中，被选派去日本留学。同行者有60人，其中有后来出任黄埔军校教授部主任、立法委员的王柏龄；有后来成为蒋介石亲密助手、"国防会议秘书长"的张群；有后来出任过北伐军总司令部高级参谋、军事委员会办公厅主任的马晓军。

虽说蒋介石在保定军校的时间不长，但使他有了保定军校的学历，并且是保定系中资格最老的一员。在讲究资历的国民党军界，这也是很有作用的。从保定系构成看，除极少部分通国学堂时期的学生，大都是后来保定陆军军官学校正式成立后的毕业生，如通国学堂时期的二期生邓锡侯、商震，保定军校时期的一期生杨杰、李品仙、唐生智，二期的熊式辉、刘峙、刘文辉、黄绍竑、夏威，三期的张治中、白崇禧、徐庭瑶、何键，六期的邓演达、叶挺、顾祝同、李汉魂、余汉谋、黄琪翔、薛岳、吴奇伟、缪培南、邓龙光、周浑元、韩德勤，八期的陈诚、周至柔、罗卓英，从保定学历来看能和蒋介石相比的只有张群等少数几个。蒋介石既然有这样的资历，也就成为保定系的当然首领。

1908年3月，蒋介石和张群等60人来到日本留学，按照规定凡是进入士官学校学习的中国学生，先进入预备学校振武学校学习，毕业后再到日本军队见习1年，然后再入士官学校正式学习。

振武学校创办于1903年，由清廷

蒋介石在日本振武学校肄业时留影

陆军部派良弼和日本政府参谋本部福岛安正中将、青木宣纯少将组成的"清国留日学生委员会"主持，校址设在东京都新潟区河田町 21 番地。蒋介石到校时，由福岛任清国陆军学生监理委员长，木村宣明任学生监，野村岩藏任舍监。学校管理很严，只有星期天才能外出。蒋介石和好友张群在外面租了一间只在星期天使用的民房，专门过周末。蒋介石对学校的生活印象很深，当时每月清政府发给 10 元，校方再发给 3 元，可当时的消费很低，据蒋介石回忆每顿早餐只要 4 分钱，他还不抽烟不喝酒，因此每逢假期两人还可以回国

蒋介石（前右）与张群（前左）等在东京

探亲。蒋介石和张群都出生在生活状况较好的家庭，对生活、学习安排都很周到，他们见到当地人不吃猪下水，他们只需要花 8 角钱就能买一副完整的猪下水，经过两人的加工，可以饱餐数天。学校主要是进行语言教育，提高日文水平，军事上只是讲一些蒋介石早就精通的军事常识。

蒋介石在日本期间，并没有真正进入日本士官学校学习，他的军事基础主要是在日本军队实习时学到一些。1910 年 11 月 25 日，蒋介石和张群从振武学校结业，来到驻高田的日本陆军第 13 师团野炮兵第 19 联队入伍。在实习期间，蒋介石印象最深的是日军的生活和管理、训练。

关于日军的生活。蒋介石初到部队时，只是个二等兵，后为士官候补生，地位很低，所有日军士兵所重视的工作和劳动都干过。高田位于北海道附近，天气寒冷，冬天更是大雪纷飞。但部队规定每天 5 点前必须起床，然后再到井边取冷水洗漱，蒋介石也学不少日本人那样，用雪擦身、冬天洗冷水澡。蒋介石自己认为经过这段时间的锻炼，身体开始强健起来。他总结说："可以断言，好的身体，天生成的只有三分，其余七分全靠锻炼。"（古屋奎二：《蒋"总统"秘录》第二卷第 212 页）后来，蒋介石当上黄埔军校校长和特级上将，十分重视官兵的体魄锻炼，强调军人要有良好的身体素质，平时要洗冷水

脸和吃冷饭。

蒋介石对该部队艰苦的生活有所体会。当时的部队训练和任务都很繁重，可伙食却很差，再也没有在振武学校时期的伙食。蒋介石不无怨言地介绍说，这个高炮部队每人每餐只允许吃一中碗饭，每周还要吃质量极差的麦饭。下饭菜是三片萝卜，有时有一块咸鱼。只有星期天才能吃上一点豆腐、青菜和肉片。一般人都吃不饱，只得到军营俱乐部去买饼干吃，可一次只能买3片。这种有意识适应艰苦生活的锻炼，要经过一段较长的时间，身体机制才能适应，蒋介石也称此时也就不觉得有多饿了。这一艰苦的定量控制饮食的方法，事实上是很残忍的，但这成为后来蒋介石为国民党士兵艰苦生活辩解的依据。他说，定量有利于身体健康，日本军人的身体很好，就是因为定量偏低下练出来的，中国人爱生病就是因为吃得太饱的缘故，因此中国军人不要吃饱肚子，只要吃够就可以了。事实上，在"吃紧"的军事前线国民党的许多士兵可以"吃够"的不多，而国统区又有多少达官贵人则在挥霍无度地"紧吃"。

在军事上蒋介石并未学到什么高超的指挥艺术，只是些军事管理常识，比如：

班长的作用。在日军中，班长为职业军人，并得到相当的尊重。蒋介石觉得班长很重要，但他从来不重视班长的作用。

对士兵的体罚。在日军中，体罚是最基本的管理方法，日本军人既有武士道的封建野蛮，也有法西斯的凶残，蒋介石也对日军中、下级军官用对奴隶和牛马的方法来管理士兵，不以为然，他称中国军队中要彻底禁止。事实上国民党军队中，体罚也是基本的管理方法之一。

对士兵进行一些必要的政治教育。他认为士兵要热爱自己的祖国，"尤其是要他们对本国历史、地理的理解正确，使士兵人人能够增强其对国家的责任心。"军人要绝对服从命令，军队官兵要有中心信仰，军队为士兵最优良的职业学校。对于这一点，蒋介石没有放松过，在他的军队里政治灌输是治军的主要内容，并设有专门的政工部门。

可以说，在军事理论、实战经验、作战要领和指挥艺术等方面，蒋介石基本上没有学到，要说学到什么的话，这还是他根据日本军官几乎人手一册的《孙子兵法》、德国的克劳塞维茨的《战争论》《巴尔克战术》等书，自己进行研读，并有不少心得体会，在当时来说，这些体会可以从他参加同盟会和

"丈夫团"后,与黄郛一起主办的《武学》杂志中发表的军事文章中反映出来,当然这只是一些简单的军事理论和常识。所以说,蒋介石在得势后,一直喜欢打大战役,可他对现代大规模的作战理论和指挥艺术,并没有进行过什么正规学习,这是他指挥才能上一个很大的缺陷。

蒋介石在校内有过几次值得回忆的事情:

一是同校方的斗争。校方为压制中国学生的反抗和进行反对清王朝的革命活动,在获得清政府的同意后,特制订了《取缔留学生规则》。根据规则,

蒋介石于日本高田野炮兵联队

中国学生动辄得咎,一些基本的人身权利也被剥夺。在同学们的反抗无效后,蒋介石和张群一起提出"退学报告书"后离开学校,躲进神田附近的中国料理店龙涛馆,两人坚持一个月,最后学校让步,同意复学,仅以扣分处分了之。

二是树立革命观点。蒋介石此时读到了一本在中国留学生中广泛流传的书,即邹容所写的《革命军》,在研究蒋介石的一本最重要的传记《民国十五年以前之蒋介石先生》中称蒋得到这本书后,一有时间就读,睡觉时都抱在怀中,"不忍释手",甚至在做梦时,都是在和邹容说话。《革命军》的观点和思想,对蒋介石产生了很深的影响。在他当时送给亲友的一张照片上自题说"光我神州完我责,东来志岂在封侯"。(毛思诚:《民国十五年以前之蒋介石先生》第1册第3编第13页)

三是参加同盟会。蒋介石到日本后,立即和陈其美取得了联系,此时的陈其美在革命党内已是有地位的人物,1908年夏蒋介石回国度假前,经陈其美介绍参加了同盟会。蒋介石加入同盟会后,成为会内各项活动的积极参与者,并和同盟会的一些主要活动家建立起经常性的联系。在同盟会中,蒋介石的资历不算深,因为此时同盟会已成立3年,而同盟会的前身兴中会已成立14年。1910年6月,同盟会总理孙中山经檀香山到达日本,再经陈其美的介绍,孙

中山召见了蒋介石，这是两人的首次会面。蒋自己回忆过此次的会见，他说："我还牢牢记得，总理说：'革命党的青年，应该不计名位，而要为革命任务牺牲、奋斗。美国建国有英雄华盛顿，也并不是他一个人的力量造成的，而是由千千万万无名的华盛顿共同奋斗，为他们的领袖华盛顿牺牲而造成的。我们的革命者，不是要成为有名的华盛顿，而是要成为无名的华盛顿——无名英雄。'我听了这个训示以后，就立定了志愿，要实践这个训示，决不辜负总理对党员的期勉。"（蒋介石：《我们复国的精神志节和建国的目标方略》，1963年11月，《先"总统"蒋公全集》第3册第2卷第2831页）此次见面，孙中山对蒋介石的印象很好，把他当成最可信赖的人。蒋介石也通过孙中山看到了革命党人的前途，把追随孙中山当成自己的追求，这种政治投资，后来给蒋某带来巨大的政治效益。至于在孙中山逝世后2年余，蒋介石通过婚姻的形式，成为宋家三女儿宋美龄的丈夫，也就成了孙中山的连襟，由政治关系加上亲属关系，给与孙中山的关系加上双保险。

蒋介石虽为士官系的首领，但他事实上并没有进过日本陆军士官学校的大门。蒋介石一年实习期未满，即辛亥革命爆发，他和张群离开联队回国，根本没有进士官学校学习。辛亥革命结束后，包括张群在内的许多振武学校的学生都回到日本完成学业，日本方面也保留着他们的学籍，但是蒋介石没有回炉。

蒋介石没有进过士官学校的校门，但无论是他自己，还是国民党军界，都把他当成日本士官学校的毕业生，他更是把自己当成士官系的主要代表。在士官系中，他除对前几期的许崇智、何成浚、陈仪、阎锡山、张辉瓒等表面上比较尊重外，对后来的士官毕业生，也是重用的，如何应钦、朱绍良、谷正伦、钱大钧、汤恩伯、孙元良等很多人一回国就授予重任。

蒋介石正是靠身跨"保定、士官二系"的资本，自然成为国民党军界的元老和首领，后来他又靠以上"二系"

介绍蒋介石参加同盟会的陈其美

创建和训练出黄埔系，身跨"三系"，有着他人所少有的资本，指挥国民党的数百万军队和数千名将军，成为中国现代史上"第一反共军事强人"。

（四）追随总理，从此走上革命路

蒋介石上前线作战，参加军事活动，出任黄埔军校校长前共分为辛亥革命、"二次革命"、护法北伐三个时期。在第一时期内，蒋介石直接上第一线作战，军事上打基础；第二时期内，蒋介石主要是忙于军事活动，军事上扩大影响；第三时期内，蒋介石则在前线指挥作战，开始登上军事指挥岗位。在三个阶段中分别充当基层军官、军务活动者、军事指挥员。

辛亥革命时期——斗志昂扬

武昌起义的消息传到东京后，蒋介石和张群等数十名同学秘密回国参加起义。蒋介石回到上海后，同他接触和向他发出指令的是陈其美，根据江浙地区革命党人的安排，要蒋介石回到杭州伺机行动。

蒋介石革命为先，也没有回家探望老母和妻子，而是修书回家，请母亲和家人不要挂念，自己已立志身殉革命，如有不测则请家人前来安排后事。寡母见到儿子的家信吓得心惊胆战，妻子读完丈夫的信更是面无人色，赶紧派人赶到杭州，名为鼓励其母以家事为念，实为探听虚实。

蒋介石到杭州后，就同革命志士顾乃斌、汤寿潜等成立了先锋敢死团，制订了具体的起义计划。计划分为三个部分，分头行动：

由宪兵部执事童保暄为临时总指挥，开城迎接义军进城；

朱瑞率81标进城后攻击军械局和旗营，王金发率先锋敢死团一支配合；

顾乃斌率82标攻击巡抚署，蒋介石率先锋敢死团另一支配合。

这一作战计划由蒋介石亲自赶到上海向陈其美做了汇报，得到陈的同意后，蒋

1922 年春，蒋介石摄于桂林

介石又赶回杭州，只等上海方面打响后立即在杭州行动。11月3日，陈其美在上海起义成功，11月4日，杭州方面发动起义，司令部设在清泰车站。蒋介石率领先锋团城南支队，作为先锋，82标随后，向巡抚署发动进攻。敢死队奋不顾身，冲入衙内，巡抚增韫没有组织有效的抵抗，跳后墙逃跑时当场被活捉。接着革命党人又向军旗营进攻，一直打到天黑，军旗营愿意投降。起义军方面立即聚会协商，推举汤寿潜为浙江都督，成立杭州军政府，11月7日杭州宣告光复。

杭州光复，蒋介石回到上海报功，陈其美对蒋很是赏识，任命他为沪军第5团团长，蒋介石回国时只是一个士官候补生，如今虽说"团"名不副实，但是"团长"还是货真价实的，官升得不为不快。蒋介石外出奋斗不过6年，已由一个任人欺负的学生变为一个在旧中国颇为有权有势的军官。

蒋介石在他一生的第一次参战中，身先士卒，作战英勇，个人表现堪称优秀，这和他当时的革命志向有着不可分割的联系，也可以说这是蒋介石一生军人生涯中最为成功的一次战斗。当然此次作战，从蒋介石所从事的军事活动看，规模可以说是属最小一类，只是短时间的城市巷战，也无战略战术可言，这和在战场上所进行的现代化的军事对垒有着很大的不同。

"光复杭州"成为蒋介石早期革命生涯的重要政治资本，他成了国民党的重要功臣。这对他日后更大的发展，特别是掌握国民党的军事大权有着很大的优势。在孙中山晚年，蒋介石在和胡汉民、汪精卫、廖仲恺争夺国民党的最高领导权时，蒋介石能够取得优势地位，这和他掌握国民党的军事大权有关；而他之所以能够掌握军事大权，又和他在辛亥革命时期的行动有关。因为，辛亥时期的高层军事指挥员，到大革命时期，或因身体、或因反复多变的政治，能够在国民党内保持足够政治影响力的已不多。蒋介石是一位新兴的革命党军人，并且具体组织和领导了光复杭州的战斗。胡汉民、汪精卫、廖仲恺则显然没有蒋介石类似的军事实践和经历，相比之下，蒋介石的早期军事经历和业绩，显然有很大的优势。

"二次革命"时期——活动频繁

辛亥革命的成果很快被袁世凯所篡夺，当孙中山因国民党主要领导人宋教仁被刺杀而从袁世凯所高呼的"孙中山先生万岁"的迷魂阵中惊醒后，发动了

"二次革命"，组织倒袁斗争。

面对倒袁浪潮，袁世凯宣布撤销浪潮最大的江西李烈钧、安徽柏文蔚、广东胡汉民的都督职务，这对已经在南京及至全国不少地区风起云涌的倒袁斗争来说，无疑是火上浇油，把还没有公开独立的革命党人逼上梁山。1913年7月12日，江西都督李烈钧在江西湖口宣布独立，公开打出反袁旗号；7月14日，革命党主要领袖黄兴由上海赶到南京，强迫江苏都督程德全宣布独立倒袁；7月16日，陈其美宣布就任上海讨袁军总司令，19日宣布上海独立。

二次革命时期的蒋介石

上海方面行动后，袁世凯马上加强了对上海的控制，派出郑汝成为上海镇守使，收买了海军司令李鼎新，做了充分的准备。蒋介石当时正在故乡，见二次革命起来后，经孙中山的劝说，改变了赴德国留学的主张，立即赶到上海，参加陈其美组织的讨袁军事行动。此时，接替蒋介石出任沪军第5团团长的张群，向陈其美建议首先进攻驻扎在上海的海军，以打击敌人的有生力量。蒋介石以一贯自作聪明的头脑，建议陈其美把作战实力放在进攻上海制造局上。

战斗并不顺利，7月22日和23日接连两天对制造局的进攻，没有取得什么进展，蒋介石又秘密到龙华运动原属第5团的旧部参加战斗，终因海军支持郑汝成而使陈其美放弃了进攻制造局的打算。制造局战斗的结束，导致全上海讨袁军的失利。到8月13日，上海讨袁全部失败，蒋介石前往日本避风，这是他第四次去日本。当时日本官方在一份监视中国革命党人的文件中，称蒋介石为"陆军少将"，这是蒋介石得到的第一个将军称号。

"二次革命"失败后，孙中山和中华革命党也组织过一些倒袁武装斗争，在这些斗争中，蒋介石是个积极的参加者。但是由于这些斗争因双方力量悬殊太大而失败，蒋介石也因此并没有取得什么业绩。对于蒋介石作为一个职业军人来说，这些斗争或多或少为他增添了一些色彩。

第一次上海武装倒袁。1913年10月29日，蒋介石参加了由国民党改组而来的中华革命党。12 月，孙中山在东京单独会见蒋介石，当时只有 27 岁的蒋介石为总理的召见，感动万分。问题是蒋介石后来如此重视同孙中山的第一、二次的会见，不知他为何把这两个重要的日子竟然遗忘无余。为庆祝中华革命党的成立和向袁世凯示威，孙中山要蒋介石回上海组织一次起义，这是孙总理第一次向蒋介石下达军事任务。蒋介石于 1914 年初夏回到上海，对起义进行充分且周密的布置。具体计划是蒋介石亲率主力第一路，向市区谭子湾、曹家渡等一线进攻；陈荣廷率领第二路，进攻上海警察署；何元龙率领第三路，主要是破坏铁路、电信等设施。岂料起义还未发动，总部被破坏，主要干部被捕，蒋介石有幸逃脱。已逃往日本的蒋介石成为第一个通缉对象，袁世凯称："此次谋乱，系蒋介石代表孙文主持一切，伪示地图及款项均由蒋介石受孙文伪令给付。"这是袁世凯唯一的一次如此重视蒋介石的地方。

东北组织起义。不久，蒋介石又奉孙中山之命，与戴季陶一起前往东北活动，如有可能即组织革命力量，发动起义。两人和同行的日本友人山田纯三郎，共在东北活动了三四个月，因为地方当局防范严密，无从下手；再加上缺乏民众支持的基础，蒋介石等人的东北之行毫无建树。当时北洋军阀对革命党人的镇压十分残酷，蒋介石和戴季陶如果没有东北日本关东军的掩护，很难在哈尔滨、长春等地活动几个月的时间。这时，蒋介石通过东北之行，对北方乃至全国的形势有了较为全面的了解，因此他向孙中山建议应将革命根据地转移至浙江，进而克复南京、上海。蒋介石这些大而无当的计划和建议，尽管在当时根本没有实施的把握，但是深受孙中山的欢迎，进而加深了两人之间的了解和友谊。

第二次上海武装倒袁。1915 年 2 月，陈其美曾发动过一次失败的起义。10 月，孙中山发表了讨袁宣言，陈其美决定再次行动，并要蒋介石离日回沪共商义事。两人决定先除掉曾使上海"二次革命"失败的郑汝成，在 11 月 10 日那天郑前往日本领事馆祝贺日本大正天皇加冕的途中，蒋派出的敢死队员在外白渡桥头将郑杀死，勇士来不及逃脱而被捕。刺郑得手，对蒋介石的鼓舞很大，12 月初又起草了《淞沪起义军事计划书》，准备夺取海军军舰和陆地炮台，占领上海制造局。本来 12 月 5 日开始起义进行得较为顺利，岂知已被争取过来的军舰"肇和"号和进攻制造局作战行动之间缺少有效联络，攻占制造局的战斗宣告失败，另外蒋介石具体指挥的进攻警察局、工程局的战斗也先后失利。在警察的搜捕中，蒋介石的住处被发现，他和一起策划起义的邵元冲等人跳窗而走，幸免于难，不少勇士牺牲。

江阴起义。1915年12月25日，共和英雄蔡锷将军率领护国军发动护国战争，6天后袁世凯不顾全国人民的反对，悍然宣布将民国五年改为中华帝国洪宪元年。

在东北从事倒袁活动的蒋介石

各省对袁氏的倒行逆施义愤填膺，纷纷响应云南护国军的号召，宣布实施反袁起义。3月22日，袁氏在一片反对声浪中，不得不取消帝制。4月14日，蒋介石与杨虎乘北洋军阀陷入困境、上下混乱之际，率领一批勇士进攻江阴要塞。要塞拿下后，义军内部又起分裂，很快在敌人逼迫下退出要塞。退出时只剩下3人，其余人都已走光。蒋介石在此次战斗中，颇有军人气概，最先冲上去，最后撤下来，以后的蒋介石再也没有如此英勇的壮举。

指挥中华革命军东北军。1916年6月6日，袁世凯死去，孙中山和中华革命党准备乘袁死亡、北洋上层忙于争权夺利之际，在山东组织东北军，以便利用山东的有利地理位置，直捣北京。蒋介石被孙中山派往山东出任中华革命军东北军司令居正的参谋长，这是孙中山正式授予蒋介石的第一个军事职务。此时蒋介石结束初级军事学习不过5年，可在孙中山的眼里已是个军事人才，在中华革命党军事战线已占有相当的地位。在山东期间，蒋介石对第一个正式的军中职务很感兴趣，他上任后做得最多的事情，并不是考虑如何制订作战计划，向北京进军，而是军事管理，意在把这一支临时凑起来、素质不高的旧式军队，进行正规化管理，所以不顾大多非正式军队出身的官兵的反对，仅13天后就离开了山东。此次军事活动，和在杭州、上海的几次武装暴动不同，是蒋介石第一次在不正规的正规军队里任领导职务，不过履职不理想。

"二次革命"时期，蒋介石除军事活动以外，还参与三次重大事件。一次是刺杀陶成章。陶氏，浙江绍兴人，义和团运动时，22岁的陶成章两次谋刺慈禧太后未成，以后一直从事反清秘密活动。1904 年 10 月，在上海和蔡元培等人一起筹组光复会，成为中国近代资产阶级的又一个政治团体，以后利用光复会组织过多次反清武装起义。1910 年 2 月，他又在东京成立光复会总会，与同盟会有公开对立之势，对革命运动显然是不利的。辛亥革命爆发后，他在江苏和浙江等地号召旧部响应起义，浙江军政府成立后，他被推为省参议会参议员。但是随着革命的短暂成功，陶成章对同盟会和国民党的成见不断加深，特别是对陈其美的不满越来越多；而陈其美对陶成章所作所为的意见也越来越大。对陶出任浙江都督一事，陈其美无论如何不能接受。蒋介石念及与陈其美的友谊，怀着报恩的思想，于 1912 年 1 月 14 日，派出凶手王竹卿将正在住院治疗的陶成章暗杀。对陶成章被害，同盟会的领袖们悲痛万分，他们没有忘记陶成章为推翻清王朝所做出的杰出贡献。孙中山表示一定要追查凶手，陈其美的都督府也不得不公开悬赏 1000 银圆捉拿凶手。在这一背景下，蒋介石不得不第三次赴日避风。

二是主办《军声》杂志。蒋介石到日本后，凭着对军事的兴趣，开办了一个军事杂志《军声》，杂志在 1912 年 11 月 1 日创刊，宣传过一些主张民族独立和富国强兵的思想。在国内问题上，针对临时政府成立后中央政府没有应有的权威，群雄四起、纷争不断的局面，蒋介石认为：一国之军事，必须统一于中央，不许各省长官自统军队，否则势必致各省独立，互相残杀。后来蒋介石主政南京后，竭尽全力，扫平众家地方实力派，其做法和此种观点是一致的。在当时讨论十分热烈的国内的政治改革问题上，蒋介石在《军政统一问题》一文中认为：中国"绝对地当用开明专制之精神以为之规划耳。倘正式大总统果有革命之精神与民主之意识，则吾必以其为具华盛顿之怀抱，而用拿破仑之手段，以建造共和民国之规范。"蒋介石到后来就是实行这一主张，"专制"为实，"共和"为名。在对外关系方面，蒋介石主张联合美国等西方国家，孤立日本和俄国，遏制其扩张势力。也就是说，蒋介石此时就看到了日本自强盛起来以后对外的侵略架势，主张不可轻视日本

被暗杀的陶成章

的侵略野心。蒋介石的这一观点是对的，问题是在他执政后，放弃了这一主张，对日本采取的并非是遏制政策而是妥协和纵容的政策，这是蒋介石成年后在政治上的又一重大转变。蒋介石的志向不是在办杂志，很快他回到故乡，不久在孙中山先生的劝说下，参加了"二次革命"。

三是安葬陈其美。1916年5月18日，蒋介石的恩师陈其美被袁世凯、张宗昌收买的凶手许国霖等杀害于萨坡赛路14号总机关，并被抛尸于门外。蒋介石闻讯后赶来，将陈安葬于陈其美的家乡浙江吴兴太湖畔，

因刺陶案，蒋介石不得不第三次赴日本避风

并亲自写下《陈英士（陈其美字）先生癸丑后之革命计划及事略》的悼文。孙中山还写了墓碑《陈英士先生之墓》。陈其美不仅是蒋介石参加革命党的引路人，还是蒋介石早期军事活动的指导者、协作者，为推翻清王朝和打倒北洋军阀两人在江浙沪一带并肩作战达5年之久，结下深厚的友谊，蒋介石对陈其美的遇害，感到分外悲伤，正如他在祭文中所称的那样："世将无知我之深，爱我之笃如公者矣。"蒋介石日后在政治上发迹后，他没有忘掉陈其美的知遇之恩。陈的两位侄子陈果夫、陈立夫兄弟俩，成为蒋介石重要的党工和特工，并在统治集团内部独树一帜，成为CC系的主持人。

护法北伐时期——消极怠工

蒋介石结束参加这种零星式武装暴动，是在孙中山发动护法北伐时。1917年7月17日，孙中山南下广州，召开"非常国会"，建立中华民国军政府，9月1日当选为大元帅。

孙中山高举护法北伐的旗帜，蒋介石自觉自己的军事才能有了用武之地。他接连给孙大元帅呈上两次军事计划。他在《对北军作战计划》中，把北伐部队兵分3路，中央一路由两广攻长沙，左翼攻四川，再联合攻武昌；右翼和海军合攻闽、浙、淞沪，再与武昌的两路军会师南京。第二期是左翼自京汉线、中央一路沿津浦路、右翼沿海道北进，左翼军的一部分则沿川北入陕，攻北京

侧背，会师燕京。蒋介石在《今后南北两军行动之判断》中写道，面对北洋军全力攻击衡阳之际，川、滇我军应攻克荆（州）、宜（昌），抚敌之背；南方军应力克漳（州）龙（岩），使桂粤闽浙连成一片，共抗敌军。孙中山没有执行蒋介石的计划，蒋介石的计划，并非没有道理，只是没有实现的可能，当时孙中山手中只有为数不多的南方军阀的部队，不要说兵分3路，就是集中一路出动都显出其单薄和缺乏战胜北洋军起码的实力。蒋介石的计划是建立在具备数量不少且有相当战斗力的军队基础上的，后来蒋介石在掌握8个军的北伐军时，他一开始提出的北伐进军计划和路线就是以上《对北军作战计划》的再现。

1918年3月15日，蒋介石接到孙中山的任命，出任粤军总部作战科主任。粤军由陈炯明指挥，这是因为组成粤军的20个营就是陈氏在护国战争期间出任广东都督时建立的民军，后在袁世凯整顿全国各地方实力派的军队时，收归广东省指挥，如今孙中山南下护法，命令陈炯明恢复粤军番号，就向广东省长朱庆澜要回了当年的民军，成立"援闽粤军"，陈炯明出任总司令。

武昌起义后的近40年间，广东是出名将的地方，而广东的名将又大都是在粤军中起家。如立志推翻北洋军阀统治的许崇智、邓铿、朱执信、梁鸿楷等人；如为人民解放、民族独立而奋斗的彭湃、叶挺、叶剑英、周士弟等人；如伸张正义、爱国反蒋的邓演达、陈铭枢、蔡廷锴、蒋光鼐、黄琪翔、吴奇伟等人；在蒋介石手下任职的粤籍军事将领则更多，如李汉魂、张发奎、余汉谋、薛岳、缪培南、香翰屏、邓龙光、叶肇、黄镇球、郑介民、黄珍吾、罗卓英、罗友伦等，可谓之将星灿灿，冠盖云集。将才之多，为它省之少见。

蒋介石的起家也是离不开粤军，他较长时间任职的第一个部队就是粤军。他接到通知后于1918年5月初赶到粤军所在的黄冈、潮安、三河坝等地，并拟定出《第一、二两期作战计划》。蒋介石刚到前线，正逢孙中山于5月4日在护法军政府，在唐继尧、陆荣廷等人主持下，被降为七总裁之一后被迫辞去"大元帅"职途经粤军前线视察。蒋介石见到了孙中山，并进行了长谈，然后孙中山经台北、日本去上海。

粤军成立后，就奔赴前线，其进攻的目标是同广东毗邻的福建省。根据作战科主任蒋介石制订的军事计划，5月10日起粤军发起全线进攻，第二支队许崇智和第一支队李炳荣两部攻克武平、永定等地，陈炯明亲率第三、四支队攻战柏嵩关，向福建共推进近百里。

蒋介石到前线后不久，正逢北洋军反扑。6月初福建省督军李厚基指挥"闽浙援粤军"15000余人沿粤闽边境南下，川粤湘桂四省经略史曹锟、援粤总司令张怀芝和副司令吴佩孚率军沿两湖地区南下，进攻广东。此时，对粤军的压力很大，对全国反对北洋军阀的斗争很不利，孙中山也从上海来电要求粤军冒险进攻，转败为胜。

任职于粤军的蒋介石

1918年7月9日，蒋介石拟定《第二期作战计划》，主题是先巩固潮汕，再兵分两路向漳州、福州挺进。蒋介石的计划，最后因为右翼军失利而没有成功，但是不管这类计划的可行性如何，蒋介石不断提出作战计划本身就是一种最好的说明，即蒋介石的军事才能要高于他人，起码他能不断思考部队下一步的趋向。所以说蒋介石早期能够不断的升迁，他不断地向孙中山和上司提出军事计划、不断引起孙中山和上司的重视就是重要原因之一。

蒋介石的计划因7月18日粤军要地大埔失守、粤军总部所在地三河坝动摇而无法执行。30日蒋介石率军夺回大埔，但粤军内部一些将领开始埋怨蒋介石，认为如今的失败主要是蒋介石冒险的军事计划所致。7月31日，一气之下，蒋介石离开前线回到上海，并向孙中山诉说遭粤军排挤的经过和是非，这是他第一次离开护法北伐前线。

8月初，粤军开始反攻，31日攻克漳州，继续向厦门推进。

9月18日，蒋介石在孙中山、陈炯明和邓铿的催促下，返回漳州前线粤军总部，8天后升任第二支队司令官，司令部设在长泰，下辖有梁鸿楷、丘耀西统领所部共1000人。刚升官的蒋介石意气风发，放出大话："伏愿而今而后，战必胜，攻必克，统一中华，平定全亚，威振寰瀛，光耀两极，完成革命伟大之盛，皆自神灵所赐也。"（毛思诚：《民国十五年以前之蒋介石先生》第2册第57页）

新司令率部于1918年11月19日向福州进发，到达福州西南要地永泰县城下不顾陈炯明要其停战的命令，12月8日攻陷永泰和汰口、葛岭等地，此时离福州只有60里。岂知李厚基于15日指挥5000余人反扑，两城相继被攻占，蒋介石措手不及，在所部全部自行后撤的情况下，只身逃出永泰城。情形非常危险，他坚持6年的日记和平时最喜爱、画满记号的两部兵书《巴尔克战术》和克劳塞维茨的《战争论》也来不及拿，逃命要紧。这是蒋介石第一次在两军对垒的战场上遭到失败，他对战役作了一些像模像样的检讨，但是此次的失败主要是兵力悬殊，当时不管是谁指挥，最好的结果就是尽量组织有秩序的撤退，而不是像此次这样的逃跑。

1919年3月5日，永泰失败后一直闷闷不乐的蒋介石请假回到上海，同月返回福建前线，这是第二次离开前线。

5月初，蒋介石回到前线。6月间，他写信给粤军参谋长邓铿将军，诉说第二支队中，没有人才，不能自选兵将，也不能如意整顿和革新；自己到粤军一年来一再受人指责，忍辱负重，特别是永泰失败以后，更是"诽谤交作，雌黄沸腾"。7月12日，正式上书辞去"第二支队司令"职务，时过不久又第三次离开前线回上海。

在上海期间，他再次与孙中山密谈，一再要求出国留学。10月3日，孙中山在和蒋介石见面时，十分看重蒋介石的作用，他说："为了重建革命党，必须要有军事方面的助手，如果让你远游欧、美，长期留学，对革命阵营来说，实在是很大的损失。"（古屋奎二：《蒋"总统"秘录》第5册第157页）这年10月10日，中华革命党又恢复原名——中国国民党。同月蒋介石受孙中山之托赴日本看望友人山田纯太郎、萱野长智、头山满、秋山定浦、森福等，这些日本友人都是孙中山革命活动的支助人，甚至还直接参加了中国革命者组织的推翻清王朝和北洋军阀的斗争。

自此时起到1922年6月陈炯明叛变的近3年间，蒋介石主要有以下活动：

一是离开前线越来越频，动辄返回上海和宁波、奉化，而且回到家乡和上海后，停留的时间越来越长。1921年4月，驻闽粤军将把持广东4年之久的桂系旧军阀驱逐出广东后，孙中山第二次回广州出任非常大总统。在这一新的形势下，蒋介石也是这样，想走就走：

1920年3月13日到福建前线，不久回上海；

7月8日到福建，8月5日又回上海；

8月间粤军回师广东，驱逐桂系，10月3日蒋到广东，任许崇智部前敌总指挥，10月29日攻克广州，11月6日又回上海；

1921年2月6日到广州，不到一个礼拜又回到浙江；

4月10日，应孙中山之邀蒋到广州，25日因母亲病危回奉化老家；

8月10日到广州，9月25日回到家乡；

1922年1月蒋介石到桂林，出任北伐大本营参军兼第二军参谋长，4月28日因为讨伐陈炯明的意见未被孙中山接受，又返回家乡。

二是多次和孙中山等国民党领导人发生冲突，不听劝告，不顾大局，坚持不从，拒不返回前线。

三是尽管这样，蒋介石的官还是越当越大，1920年10月3日，出任粤军第二军前敌总指挥，1922年1月，出任孙中山的北伐大本营参军兼第二军参谋长。

四是蒋介石不在前线，可作战计划照提。如1921年1月10日他向孙中山提出了《军事意见书》；1922年1月18日，又提出一份《军事意见书》，两份军事计划大致相同，主张北伐由川军平定西北和以湖北为第一目标，广东出3个师平定东南，由海道直取秦皇岛。事实上蒋介石的军事计划没有任何实用价值，因为孙中山手中没有实现计划所需要的军队，蒋介石提出的军事计划，只是一纸空文。但他心中有鬼，因为他不在孙中山身边，只有用提出军事计划的形式来引起孙中山的注意，以示他在军事上比其他人高出一等。

蒋介石第一次在正式军队中的正式军人和军事指挥员的经历，就在前线和上海的来回走动中度过，并且在上海和家乡等地的时间多于在前线的时间，作为一个军人如此行动，在蒋介石以后当上最高军事指挥官时是不是能够容忍？部下将领出现这样情况蒋介石不知是如何对待？蒋介石不安心前线的工作，有他人的原因，即粤军中的将领主要是粤籍人士，陈炯明为首的粤籍将领不会甘心听任于一个浙江佬来指手画脚，陈氏的排外作风给蒋介石造成一个不太好的工作环境。

蒋介石在陈炯明等粤籍将领面前，无论是资历和声望都要低得多，可蒋介石刚愎自用，听不得不同意见不说，还一定要陈炯明等同僚服从自己的意见；陈炯明等人对蒋介石的教条主义作风和贬低粤军战绩的做法提出的批评，蒋介石更是耿耿于怀，拒不接受。孙中山也曾批评过蒋介石："兄性刚而疾俗过甚，故常龃龉难合。然为党负重大之责任，则勉强牺牲所见而降格以求，所以为党，非为个人也。"（毛思诚：《民国十五年以前之蒋介石先生》上辑第97页）

蒋介石的一种策略，自持有孙中山的信任，对自己的职务太低不好直说，故只好以辞职和脱离前线来以退为进，要挟孙中山。所以说，蒋介石在护法北伐期间，十数次的离开指挥岗位，即使有陈炯明排外等客观存在，也是不能原谅的，作为一个革命军人，只有以革命的需要即推翻北洋军阀统治为最高目标，而不能以个人的处境好坏而放弃重任，况且陈炯明的排外还没到多么严重的程度，陈炯明多次邀请他回闽参加军事指挥工作。

护法北伐期间，蒋介石除军事活动之外，有几件事情值得一记：

一是和孙中山的关系。这一时期内蒋介石和孙中山的来往，不需要像当年在日本那样，要陈其美介绍，两人的来往已经十分密切，孙中山对蒋介石建立起充分的信任，即使蒋屡屡提出辞职、经常脱离指挥岗位，孙中山在对蒋介石提出批评以外，继续重用蒋介石，正是孙中山有这样的态度，蒋介石才敢于时常提出辞职和离开前线。孙中山分外看重蒋介石，如他在蒋介石的母亲病故时所说的那样："文与郎君介石游十余年，共历艰险，出生入死，如身之臂，如骖之缰，未尝离失。"（毛思诚：《民国十五年以前之蒋介石先生》第3册第6编第95页）特别是在陈炯明叛变前夕，蒋介石认为陈谋反在即应先予以镇压未被孙中山采纳后，表示要辞去第二军参谋长职务时，孙中山不无动情地说："此时你若走，则我与汝为机能全失，人无灵魂，躯壳何用？"（《中华民国史事纪要》台北版，第665页）尽管当时孙中山的许多战友还在，由于国内政治局势多变，孙的助手中有不少人也是随着政局的变化而变化，不少人已不为孙中山所信任，而蒋介石虽说时常闹脾气，虽说在为革命的奔波中夹杂着为自己捞名捞利的隐私，可对孙中山和国民党还是忠诚的，所以他已取代昔日孙中山的许多助手，而进入最基本的依靠力量行列，和汪精卫、胡汉民、廖仲恺一样，成为四大助手。同孙的关系和友谊，成为蒋介石在国民党地位不断上升的重要动力。蒋介石走上从军之路，不是孙中山的作用，可蒋介石成为国民党的军事强人和最高军事指挥者之路，却是孙中山为其铺成的。先是任命蒋指挥一些武装倒袁活动，后是安排其到粤军中任职，再是把黄埔军校交给了他。

二是在上海从事证券交易。蒋介石当上沪军第5团团长后，就出没于十里洋场的娱乐、证券场所。到袁世凯死后，北洋军阀对南方革命势力的压力稍为减轻后，孙中山为筹集活动经费和救济革命遗孤，让戴季陶、张静江、陈果夫等人在上海进行证券交易，蒋介石很快也加入进来，并成为

1922 年初蒋介石到桂林，出任北伐大本营参军兼第 2 军参谋长

一个主要成员。他们先登记了"恒泰号"牌号，又开办了上海证券交易所，蒋介石获利数十万元。他们的收入，有一部分确是用作地下活动经费，也有一部分用来支助生活无以为继的同志们，但其中最大部分却为蒋介石等人自己的花费。蒋介石的开支也有这几部分：从事反对北洋军阀的活动，确实需要相当大的财力付出；在上海滩的生活开支也很大。

三是安葬母亲。蒋介石 8 岁丧父、9 岁丧祖父，他和妹妹瑞莲靠寡母抚养长大，其母吃了不少苦头，除受乡中顽劣地痞的欺负外，族中也有人视其屡弱可欺而经常冷眼对之。蒋介石对母亲的遭遇分外同情，在其成年和外出远游后对母亲的孝顺之情，在当时革命党内部众人皆知，他当时脱离军事前线有不少次就是用回家探望母亲的名义请假的。1921 年 4 月 2 日，孙中山在广州成立中华民国政府，电召远在溪口的蒋介石返粤参加新政府和成立护法北伐大本营一事。蒋介石此次因为新政府刚刚成立，没有拒绝南下的理由，故还是赶到广东。数日后，他称晚上梦见"雪满山原，一望无际"，自觉此为坏兆恶象，担心远在家乡重病中的母亲有所不测，于是他于次日动身，回家后见并无恶象，又赶回广州。此时的陈炯明比在粤军时更神气，出任新政府的内政总长兼陆军总长，此外还是粤军总司令和省长，这对一直对陈氏飞扬跋扈和反叛之心有看法的蒋介石来说是不愿看到的事情，他很快又借故回到家里，此时其母已经进入弥留之际，6 月 14 日王采玉女士病故，终年 58 岁。丧事结束后于 8 月间他

又南下粤省，至 9 月下旬又返回家乡；11 月初他去了广州，不几日又踏上归途，主要进行安葬母亲的工作。孙中山还派出陈果夫作为自己的代表，参加蒋母的葬礼。蒋介石在写给经国和纬国的信中称葬母以后自己已无可以牵挂的事，可以专心致志于革命事业了。事实上，蒋介石自此以后在家乡和护法前线之间的游荡并非减少，但他的军事生涯却开始进入一个新的时期。

陈逆叛乱时期——全力以赴

被蒋介石视为第一个眼中钉、肉中刺的是陈炯明。陈炯明这位清末秀才，在近现代史上也是一个闻人。1909 年参加同盟会，黄花岗起义时，任统筹部编制课课长兼调度课课长。武昌起义时，受同盟会南方支部的派遣，和邓铿一起到东江组织起义，11 月 9 日广州光复后，出任副都督、代理都督。"二次革命"中宣布广东独立。护国战争中，在东江一带组织民军起义，1916 年初出任粤军总司令。孙中山南下护法时任命他为"援闽粤军总司令"。1920 年 8 月，回师广东，驱赶桂系军阀，任广东省长兼粤军总司令。11 月 29 日孙中山从上海回到广州，12 月 4 日成立军政府，选举非常国会，任命陈炯明为陆军部部长兼内务总长。1921 年 5 月 4 日，军政府解散，孙中山出任非常大总统。6 月 27 日，孙中山下令讨伐一直在干扰护法北伐的桂系旧军阀，经过 3 个月的战斗，把持广西军政的陆荣廷宣告下野，逃出广西，两广暂时统一。

10 月间，非常国会通过北伐案。12 月 4 日，孙中山前往桂林组织大本营，部署北伐，参加的部队有粤军第 2 军许崇智部、滇军朱培德部、黔军谷正伦部，共 13 个旅，约 3 万人。次年 2 月，北伐北出全州，向湖南进军。

拥兵自重的陈炯明

在广东后方留守的陈炯明随着职务上升，军队日益增加，他的政治野心也日益膨胀，萌生了反叛之心。在新政府成立不到 2 个月，他与湖南督军赵恒惕结成"反孙中山联盟"。1922 年 3 月，他派人暗杀了孙中山路线的坚定支持者和力行者——粤军参谋长邓铿，次月被孙中山免去广东省长、粤军总司令、内务部长等职务。为此，他开始积极谋划政变。

此时，蒋介石和陈炯明的关系已经严重恶化，蒋一直把自己在粤军的遭遇说成是因为陈氏排外和地方主义的作用。中华民国非常政府成立后，蒋介石眼见陈炯明手中的权力越来越大，十分不安，屡次提醒孙中山，要尽快解决陈炯明的尾大不掉问题。当然蒋介石对陈炯明的怀疑，并非是因为他在政治上多么敏感，主要是出于他个人对陈氏的仇视。日后，在蒋介石掌握了一定的军事实力后，他就把陈炯明作为第一个打击对象。

1922年6月1日，被撤职后的陈炯明勾结广州卫戍司魏邦平等人，突然调集驻扎惠州城的军队进入广州，反叛之心十分明显。正在广州负责北伐后勤供应的廖仲恺立即致电桂林的孙中山，要其迅速回穗处理。

6月16日，陈炯明派出部将洪兆麟率部围攻位于观音山上的总统府，广州警察局局长李安邦、总统府咨议官陈少白赶来报警，总统府卫士队长马湘指挥反击。大总统孙中山坚持不离开总统府，情况越来越危急，最后由秘书林直勉出面把孙中山强拉出总统府。宋庆龄留在总统府里掩护，待孙中山走远后才突围。孙中山出了总统府，四处已是叛军，孙中山混杂在卫队中间，叛军以为这支队伍是自己弟兄，所以也不在意，孙得以脱险，赶到海珠的海军司令部，海军司令温树德急忙护送大总统到"楚豫舰"，后又登上位于珠江上的"永丰舰"。当蒋介石接到孙中山打来的要其速回广州的电报后，立即起程，到上海后方得知陈炯明叛变的消息。29日秘密通过叛军控制的地区来到"永丰舰"，陪同孙中山坚持斗争。

"永丰舰"，是清朝末年向日本采购的一艘军舰。负责此事的是当时四品海军统制官、中国海军的创始人之一萨镇冰，是他在甲午战争失败后向清廷小皇帝力谏，建立强大的海军。也是他亲自与海事参将李国圻一起赴日本与"大日本造船株式会社"高级董事片岗谈判，以"致远号"10倍的价格定下了永丰舰，其装备、性能在当时都是超一流的。过了2年零8个月，建造完的"永丰舰"开回中国时，已是1913年，清朝已经覆灭。护法战争开始后，北洋政府海军第一舰队司令林葆怿指挥"永丰、永翔、飞鹰、豫章、同安、舞凤、楚豫、福安、肇和"等11艘主力舰，南下参加护法北伐阵营。"永丰舰"，因为孙中山避难而更加显出其不一般的气势。孙中山逝世时，为纪念这位中国革命的先行者该舰易名"中山舰"。蒋介石后来踏上"反共"之路，也是利用"中山舰"，于1926年3月20日发动"中山舰事件"，只是因为时机不成熟，暂时没有采取全面"反共"行动。这艘特殊的军舰，在抗日战争开始后，先后参加了江阴、南京、马当水域的对日作战。只是日本海空实力过强，总共只有50多艘的中国海军受创日重，到南京沦陷时，经蒋介石下令，39艘被击伤的军舰全部凿沉于长江马当至湖口一线，以构筑在后来作战中没有起到作用的"沉船防线"。中国的军舰竟然不是沉在敌人的炮口之下，而是由自己舰上的官兵把船凿沉，这真是旧中国的悲哀！本该也在凿沉之列的"中山舰"，因为海军总司令陈绍宽以"中山舰是已故总理孙中山先生的座舰"为由才幸免于难。但是，在马当要塞司令、海军中将王锡焘的强令下，"中山舰"被迫拆去了6门主炮，火力大减。1938年10月24日，武汉保卫战接近尾声，一直在汉口与田家填之间担任运输任务的"中山舰"，接到命令前往已处于日本空军轰炸威胁之下的金口至新堤一线待命。一到大军山和牛头山之间的江面，日本侦察机和轰炸机接连而至，"中山舰"官兵只能使用剩余的火炮进行还击，无济于事，很快前首的主力高射炮失效，日机有恃无恐，几乎擦着舰桅俯冲扫射、轰炸。一颗罪恶的航空炸弹击中舰尾左舷，舵机损害，军舰变成死舰。侵略者的炸弹不断落下，军舰开始下沉，部分官兵开始撤离。"中山舰"沉入江面，当时指挥"中山舰"的舰长是萨镇冰的亲侄子萨师俊。他在"中山舰"沉没前夕由部下强拉离舰，可是万恶的日本强盗，对水中离舰的中国官兵也不放过，继续轰炸和扫射，萨舰长英勇牺牲。到59年后的1997年1月28日，"中山舰"的巨大钢铁身躯经打捞浮出水面，它本身就是一页中华民族的悲壮而辉煌的历史，这是后话。

1922年8月9日，孙中山在万分沮丧中离粤经香港去上海。孙中山在蒋介石的陪同下，到达上海时受到数千人的欢迎，但如此热闹的场面并不能让孙中山心情有所好转，因为陈炯明叛变在孙中山自己看来是一生中最大的失败。

陈炯明叛变，为蒋介石再次向孙中山表忠心提供了一个不可多得的机会。蒋介石的举动得到孙中山的赏识，一直对在前线作战三心二意的蒋介石，在接到孙中山打来的化名为"蒋纬国收"的电报后，立即南下赴难，登上"永丰舰"后曾冒着生命危险，独自上岸采购食物；在冲过叛军守卫的车歪炮台时军舰连中6弹的情况下，蒋要孙总理下舱避难，他自己在上面继续指挥，直至到达白鹅潭安全水面。

陈炯明对蒋介石的突然到来，有所警觉，汪精卫在当时给蒋介石的一封信中称：陈听到蒋到来的消息时"面色发白，说他在（孙）先生身旁，必定出许多鬼主意。"孙中山更是满意，在《孙大总统蒙难记》（序）中说："介石赴难入粤，入舰日侍予侧，而筹划多中。"（毛思诚：《民国十五年以前之蒋介石先生》第6编（三）第43页）在

赴难"永丰舰"是蒋介石政治生涯的重要转折点

日本文人古屋奎二所写的《蒋"总统"秘录》中引用的史料记载称孙中山在蒋介石乘夜色上岸采购食物后说："我很感激你对我这样做，但是今后我不许你再去冒险采购食物；你是最重要的干部，万一我遭不幸，今后革命大业要由你担当的，你的责任太大了。"（古屋奎二：《蒋"总统"秘录》第5册第190页）国民党早年的官方传记中也称：孙中山在当时对蒋介石说："予自知在世之日，最多不逾十年，而尔则至少当有五十年。望尔勉为主我奋斗，为革命自重。"（《先"总统"蒋公全集·附录·年表》第5页）孙中山有没有说过这样的话，否定和肯定都是次要的，重要的是通过此次事件，蒋介石入粤赴难，这不管从哪个角度都足以证明他对孙中山的忠诚。日后，孙中山在考虑革命大业时和担当革命大业的人选时，蒋介石则作为主要候选人来思考。至于蒋介石在孙中山逝世后，并没有完全遵照总理遗嘱办事，这也是事实，但不要因此而否定他和孙总理之间的友谊；也不要因为他对孙总理有过的忠诚，而否定他对孙总理的背叛。

　　陈炯明叛变，使孙中山几乎陷入绝望的境地，他无法想象陈炯明和粤军的主力竟然会背叛而去。他在绝望之中得到了苏联和中共的帮助。孙中山高出国民党中许多领导人的地方，就是能够觉察到历史潮流的方向，在苏联十月革命胜利后建立的中国共产党，在短短的时间内迅速成为中国政治舞台上的主要政治力量，孙中山看到了这一代表人民利益的政治势力的不可估量的前途和战斗力。他对苏联的好感产生于十月革命之初，始探和苏联建立关系。特别是苏

联方面发表了两次后来并没有实行的、宣布放弃沙俄一切对华不平等条约的宣言后，孙对苏联的向往更加热烈。他希望"中俄两国革命党团结一致，共同斗争。"（孙中山：《1918年夏在广州给列宁和苏维埃政府电》）并写信给苏联外交部说："我非常注意你们的事业，特别是你们苏维埃的组织、你们的军队和教育的组织。"（孙中山：《1921年8月致俄罗斯苏维埃社会主义共和国外交部信》）1921年年底，他身为非常大总统在桂林约见了由中共领袖李大钊介绍而来的苏联代表马林，马林向孙总理建议两点：要建立一个能联合各阶层尤其是工农群众的政党；要有革命的武装和开办军官学校。

孙中山对自己过去20余年的奋斗，在饱尝失败的痛苦中进行了全面且透彻的反思，对过去提出的旧"三民主义"为代表的政治路线进行了系统且历史的批判，意识到了只有把以反对清廷为主的民族主义调整到反对西方列强侵略的立场上来的必要性，只有发动广大的民众参加，才能推动国民革命的开展，才能实行打倒列强、打倒军阀的目标。新"三民主义"已成为他的政治路线，"联苏、联共、扶助农工"已成为他的新政策。

在具体调整过程中，孙中山把一直在思考的国民党改组和设立军官学校两件要务摆上议事日程。他回到上海后，就开始和李大钊、廖仲恺等人就国民党改组问题进行具体而认真的讨论，并迅速作出了决定；对设立军官学校和革命武装则考虑得更多。总理认识到，自己进行了长达20多年的武装斗争，却没有一支属于自己或本党的武装，以往无论是进行什么规模和目的的战争，都是借用军阀的力量，无非是利用南北军阀之间、南方军阀内部的矛盾，今天借用这一家军阀，待这一家军阀脱离后再借用另一家军阀，没有一支自己的基本力量。即使陈炯明指挥的粤军，事实上也是当年陈炯明拉起来的武装，也是属于临时借用的力量，不要说在进行护法北伐战争的同时，没有进行社会改造，即使在粤军内部都没有进行任

孙中山为蒋介石所著《孙大总统广州蒙难记》作序

何新式军队的改造工作，所以很容易作为陈炯明进行阴谋活动的依靠力量。以上的计划固然重要，但当时的主要问题是如何恢复广州这一革命根据地。

1922 年 10 月 18 日，孙中山任命刚率部攻克福州的许崇智为东路讨贼军总司令，蒋介石为参谋长，南下讨伐陈炯明，到 12 月间，已兵临广州。与此同时，广西桂军刘震寰部也宣布加入讨贼行列，出任西路讨贼军司令，也兵临羊城。1923 年 1 月 16 日，各路讨贼军进入广州城，陈炯明逃往惠州城。需要说明的是，在战役中，蒋介石又是两次脱离前线，原因还是与同僚不和，也就是说此人只能当最高指挥者，不会当助手和副手。讨贼胜利，1923 年 2 月 21 日孙中山继 1917 年、1921 年二进广州之后，第三次回到广州，出任中华民国军政府大元帅。

其间，1923 年 2 月 3 日，孙中山组织国民党本部军事委员会，远在上海的蒋介石为 11 名成员之一。18 日，孙中山任命人不在广州的蒋介石为大本营参谋长。孙中山在广州就任大元帅职后，多次致电蒋介石南下，直到 4 月 20 日，蒋介石才启程赴粤。6 月 16 日，蒋出任大元帅行营参谋长，在指挥讨贼军收复韶关后，他又借"内部倾轧"之名，回到上海。

此时，孙中山决定接受苏共和中共的帮助，一方面改组国民党，另一方面设立军官学校。

面对孙中山政治上新的选择，蒋介石的政治立场出现新的转变，他不适应国民党"联俄联共"、共同推动国民大革命的新局面，在新的革命高潮到来之际，蒋介石另有新的打算。

（五）访问苏联，政治信仰有变化

顽固"反共"的蒋介石，早在十月革命成功后不几年，就到过莫斯科。苏联之行，成了他思想发展过程中的一个转折点，"反共"开始成为他政治上的基本选择。

访苏前——革命与激进

访苏前的蒋介石是个有思想，更是有心计的人。他是最先以军事专才取得孙中山的信任。他 1908 年夏参加同盟会，辛亥革命以后一直活跃在国民党（中华革命党）中上层，孙中山对他是相当信任的。蒋介石在后来不无吹嘘地说：1918 年 5 月间孙中山被西南军阀排挤出护法军政府、辞掉政务总裁回到上海

1923年3月，孙中山任命蒋介石为大本营参谋长

后，对他说"为了重建革命党，必须要有军事方面的助手，如果让你远适欧美，长期留学，对革命阵营来说，实在是很大损失。"（古屋奎二：《蒋"总统"秘录》第157页）蒋介石访俄时，孙中山在给列宁、托洛茨基的推荐信中说得更明确，称蒋"是我的参谋长和可以信赖的代理人，……是我的全权代表。"（Pichon P.Y.Loh：《1924年以前的蒋介石》）恰当地说，当时的蒋介石，革命意志和信仰有待提高，却不失为一个具有革命热情、革命干劲的革命者。

从思想上讲，蒋介石对国民党所面临的三个主要问题还是有看法的。

——对苏联的态度。苏联十月革命的胜利，特别是列宁领导下的布尔什维克党和红军艰苦卓绝的斗争史实以及俄国对被压迫民族的同情与支持，使孙中山意识到只有学习俄国，仿效俄国，中国革命才能成功。蒋介石和国民党中不少有识之士，对俄国也发生了兴趣。蒋介石曾在后来出版、集"反共"思想之大成的《苏俄在中国》中说："当1917年俄国革命之初，我个人是极力赞成共产党的革命的，我认为俄国革命，在近代革命历史上开了一个新纪元。当时如有人攻击俄国革命，我必力与之争，或有人咒诅共产党，我必竭力为之辩护。""所以俄国革命之初，我就决心亲赴苏俄实地考察。""因为当时国内革命环境，不许我离开，所以没有实行。民国十一（1922年）年陈炯明叛变，我赴难到粤，后来由粤到港的船中，和我们总理（孙中山）深谈了一夜……（孙中山）准许我照预定计划，前往苏俄，切实联络。"他更进一步追忆说：俄国的对华援助"无异认为是中国革命的福音来临，几乎视为人类救星，故对于他们的援助，自是竭诚欢迎而并不有所置疑。""在我未往苏俄之前，乃是十分相信俄国对我们国民革命的援助，是出于平等待我的至诚，而绝无私心恶意。"（蒋介石：《苏俄在中国》第269页）现在也很难说当时蒋介石以上的话是假心假意，只是他自己很快进行了自我否定。

——对西方列强和北洋军阀的态度。年轻的蒋介石在俄国共产国际会议上，认为中国只是在名义上乃得保持其独立而已，帝国主义以租借地为根据地，以领事裁判权与协定关税为保障，以铁路建筑权与管理权、沿海及内河航行权为线路，向内地扩张其经济政治的影响，进行侵略活动。帝国主义列强鼓动各省地方军阀割据，以逞其干涉内政、宰割中国的野心。"封建余孽的北洋军阀，依然窃居高位，媚外卖国……军阀不过是帝国主义傀儡。"（蒋介石：《完成革命必先打倒帝国主义》，见《蒋委员长全集》第46页）他进一步说："回忆吾党失败之历史，无一不失败于注意外交者。民国二年及五年二度之革命，先生（孙中山）皆借重日本以为我党之助，乃日本反助袁，以制我党之进行，吾党因以失利逮乎。民国七年，先生督率海军南下，声势不可不谓浩大，而又恃美国外交为之接助宜乎不致失败，不料西南主张纷歧，内部不能统一，吾党又因以失势，英国从中妨碍，而美国又为壁上观，更无仗义援乎一国可觅。"（蒋介石：《苏俄在中国》第269页）蒋介石对西方列强的看法，也和对苏俄的看法一样，正确的部分很快被他自己扬弃了，不正确的部分他则最大限度地保存下来。

——对党内弊端的态度。国民党改组以前有30万名党员，"而党的组织亦益涣散"，"有志者人自为战，不肖者挂名投机，革命建国事业更无由着手。"（蒋介石：《苏俄在中国》第268页）正如蒋介石的上述看法一样，当时的国民党，组织松懈，成分不纯，人员复杂，没有明确的党纲和有效的斗争策略，凭这样的国民党是无法完成民族独立和国家统一大业的。在国民党改组问题上，蒋介石是支持孙中山这一重大决策的："从根本着想，非整理党务，不足以及时奋起"，赞成"救亡之策，必先事吾党之扩张。"（蒋介石：《对克劳塞维茨著

蒋介石任大元帅行营参谋长时与孙中山合影于广州车站

作的感想》，见《蒋"总统"秘录》第5册第219页）他和孙中山的差别就在于：孙中山通过国民党改组，重新解释"三民主义"，实行"联俄、联共、扶助农工"的"三大政策"；设立军官学校，培养军事人才。而蒋介石的改组，只是着重于国民党的内部组织整顿，并且把这一整顿变成权力重新调整的过程，便于自己暗中行事，提高自己在党内的地位；更为重要的是，他觉得军官学校是一个很有前途的岗位。

蒋介石的思想状况，没有很高的境界，这在当时革命党人中较为普遍，他们对帝国主义、北洋军阀和中国积贫积弱的局面，有所不满，但没真正找到救中国的道路；对国民党内多年来党内派系纷争不断，策略路线不当，深表痛心，但也没有更好的解决办法；所以当苏俄的革命成功、一种新生的公有制度出现之时，他们不了解但也没有立即反对，特别是由于孙中山对苏俄的友好态度，他们更不会马上走上"反苏"和"反共"之路。蒋介石也是其中一员，他的观点中没有什么超出时代和超出他人的境界。值得指出的是，在蒋介石的思想深处，存在着并时有暴露的阴暗成分：权欲过人，争权夺利，尤如资本原始积累时期的贪婪，这也是他后来背叛孙中山思想走上"反共"道路的原因所在。

访苏中——疑惑与失误

孙中山在接受苏共和共产国际代表的建议后，决定设立军官学校、建立革命武装，为此他派出了以蒋介石为首的"孙逸仙博士代表团"赴苏访问。1923年8月5日，在孙中山的安排下，从广州回到上海已经两个月的蒋介石会见了苏联代表马林，正式通知他将代表孙中山赴苏联访问。代表团成员除蒋介石外，还有沈定一、邵元冲、王登云和张太雷。为了避免帝国主义势力和北洋军阀的阻挠和破坏，避免给代表团的旅途和工作造成麻烦，公开只说是蒋介石赴欧游历。

1923年8月16日，蒋介石率团离开上海，12月14日回到上海，其中9月2日起到11月29日在苏逗留考察。逗留期间，代表团的活动主要是在莫斯科和彼得格勒周围进行参观和调查。蒋介石后来在谈到这次活动时说：曾在苏俄党务、军事和政治方面，考察其组织，参观其设备，并听取其负责者对实况的说明。他说："对于我们代表的参观和考察，无论其党政军各方面，到处都表示热烈的欢迎，并恳切接待。"（蒋介石：《苏俄在中国》第268页）

考察苏共的党务是代表团的重要活动。在苏期间，苏共政治局秘书长罗素达克向代表团介绍了党的建设、历史、现状和概况，代表团参观了苏共中央执行委员会的办公机构和革命圣地，参观了党史陈列，列席了莫斯科苏维埃代表大会，访问了苏联农村。

一系列周到和细致的访问，蒋介石得出的结论与事实截然不同。首先，他把布尔什维克取得胜利的原因归纳为"要一个党来做中心，统一革命势力"；"拿到了政权，极端的专政"；"占领京城，号令全国"。（见《蒋介石言论集·对学生之言论》第 73 页）在他眼里，布尔什维克发动人民大众，进行无产阶级革命运动，只是少数人的掌权和运用暴力，因此他的第一个结论就是把苏维埃政权看成是专制暴政。他说，10 月 2 日从彼得格勒回到莫斯科，"市况萧条，民气颓丧……海军人员神志，更不良佳，深为苏俄忧之。"（毛思诚：《民国十五年以前之蒋介石先生》第 6 编之四第 60 页）他在"担忧"之际，感到"苏维埃政治制度乃是专制和恐怖组织，与我们中国国民党的三民主义和政治纲领，是根本不相容的。关于此点，如我不亲自访俄，绝不是在国内时想象所能及的。"（蒋介石：《苏俄在中国》第 268 页）

在苏期间，蒋介石和代表团的其他成员，应邀参加了共产国际执行委员会的一般扩大会议，这是蒋介石在访问中最出风头的事情。会前，蒋介石由共产国际远东局局长胡定斯基引见了共产国际执行主席和各国共产党的负责人，这是蒋介石一生中唯一一次和几乎包括整个国际共产主义运动的主要领导人和活动家见面。会中，蒋介石应邀致答词："希望国际共产干部，多到中国去观察中国革命的现实。"他的内心是这样想的："观其（共产国际）论调，不认识友党如此，应愧自居为世界革命之中心。"（毛思诚：《民国十五年以前之蒋介石先生》第 6 编之四第 69 页）他后来还就此解释说："（共产国际）对中国国民革命没有真切的认识，而其对中国社会，强分阶级，讲究斗争，他对付革命友人的策略，反而比对付革命敌人的策略为更多，殊不胜其慨叹。"（蒋介石：《苏俄在中国》第 268 页）事实上，共产国际帮助国民党，是要帮助国民党和孙中山完成资产阶级旧民主革命向新民主主义革命的转变，实行"联苏、联共、扶助农工"的"三大政策"，实行国共合作。革命性质起了变化，蒋介石当然接受不了，和第一次游苏一样，他第一次看到共产国际就形成了如此看法。

蒋介石还把列宁时代的苏俄外交政策和布尔什维克的无产阶级国际主义，戴上了"沙皇俄国的扩张主义"的帽子，直接原因就是他在关于"外蒙古"的外交谈判。蒙古人民共和国脱离中华民族大家庭，不承认北洋军阀政府，宣布独立，在蒋介石访苏是面临的新问题。蒋介石在和苏联外交人民委员齐契林的会谈因此而"无结果而散"。因此，他称苏联是要"在满蒙回藏诸部皆将为苏维埃之一，这一点不只使我感到十分失望，而亦使我充分了解其苏俄所谓中国独立自由的诚意所在。"（蒋介石：《苏俄在中国》第 268 页）

蒋介石对代表团成员、中共领导人张太雷也是有所防备，他诬称张太雷"施展分化工作，把沈定一诱到一边，与我们对立起来。"（蒋介石：《苏俄在中国》第 268 页）张太雷确实没有和蒋介石一样，因为苏联共产党中央和苏俄政府，在列宁领导下坚持无产阶级国际主义，坚持支持殖民地和半殖民地人民争取民族独立和解放斗争的立场，这是有目共睹的，作为中国共产党杰出代表之一的张太雷当然看到了这一点，也愿意接受苏共的支援。因此，无论是在访问中，还是在回国向孙中山和国民党领导阶层汇报访苏情况时，都坚持了这一点。

1923 年 6 月蒋介石留影于广州

蒋介石在苏期间，曾和中国留学生进行过不少接触，参加了留学生的欢迎会议，并在会上做了有关国民党斗争史的报告。中国留学生一般都是有远大抱负、追求真理的年轻人，他们从苏联建党建军的经验出发，对改造国民党提出了一些有益的意见，对国民党内的家长作风和封建因素也进行了批判，蒋介石为此大为不满："我国党员之在俄国者，对于孙先生唯有诋毁与怀疑而已。"（毛思诚：《民国十五年以前之蒋介石先生》第 7 编之第 30 页）

在叙述蒋介石的访苏活动时，还要注意到他的军事活动。3 个月时间内，蒋介石的外事活动频繁，名目众多，内容广泛，其中有三分之一是属于军事方面的活动，考察红军各兵种、各种军事学校和红军中的政治工作、党代表制度。建立革命武装是国民党改组中面临的重大现实问题，亟待解决，代表团是受之重托的。蒋介石是武人出身，有过一段军事生涯，对此有所研究。另外蒋介石后来回忆当初的情形说过："我有一个志愿——就是希望我毕生能够办一个军事学校，照我的理想来训练一般有志的青年。"（古屋奎二：《蒋"总统"秘录》第5册第220页）当然他更懂得"有军则有权"的信条，在正在改组的国民党中谁能掌握军队谁就有发言权，这就难怪他对军事活动分外热心。总的来说，对于苏俄军事上的成就，他的评价是比较客观的。他的如此认识，也就有助于建立国民党的军官学校，有助于改造旧军队，进行巩固南方革命根据地的战争和北伐战争。

在讲到蒋介石访问苏俄时，托洛茨基的接见应该予以说明。在苏期间，蒋介石和托洛茨基有过两次联系。一次是1923年11月9日蒋写了一封信给托洛茨基，谈的是外交事务和向他辞别。一次是11月27日，托洛茨基接见了蒋介石。对于这一次接见，蒋介石是十分重视的，他说托洛茨基"慷爽活泼为言：革命党之要素，坚忍与活动二者，不可缺的。并以此为临别赠言。"（毛思诚：《民国十五年以前之蒋介石先生》第6编之四第49页）"我认为托洛茨基的言行亦最为爽直。"（蒋介石：《苏俄在中国》第268页）需要指出的是，托洛茨基此时还未走到与苏共中央分道扬镳，他会见蒋介石的主要任务是，解释列宁制订的支持殖民地半殖民地民族解放运动的路线和斗争策略。

访苏后——"反共"与伪装

蒋介石从苏联回到上海后，国民党改组已经进入具体实施阶段，在这一大改组、大动荡的时期，他的思想发生了三大变化：

——严厉批评孙中山的改组方针。1924年3月2日，他在给孙中山的信中，以他的新政治倾向，明是议论国民党的政弊所在，"倾轧之祸，甚于壅蔽；娼嫉之患，烈于党争"，暗是否定孙中山的功绩："惟弄其私智，施其小技"。他甚至还在给廖仲恺的信中说："孙先生回粤已阅十五月，为时不可为不久，而对于民政、财政、军政未闻有一定方案内定，如期施行。"下面一段话就更露骨："以孙先生之事业言之，其精神上、历史上，早已成功；至于事实上、时代上，欲求成功。故吾辈不能因循苟且，专意顺从，亦不应使其固执

己意，丧失同志人格，反为屑小所污辱。"（毛思诚：《民国十五年以前之蒋介石先生》第7编之第12、18、21、27页）

孙中山的政绩如何，历史自有公论。可以说国民党"一大"前后是孙中山一生中最辉煌的时期。他接受中共和苏共的帮助，重新解释"三民主义"，制订"三大政策"，召开国民党有史以来的第一次全国代表大会，决定用共产党人以个人身份加入国民党的办法实现第一次国共合作，无不具有现实和历史意义。蒋介石否定孙中山的以上努力和成就，实质就是对国民党改组的不满，不赞成国共合作。他考虑更多的是自己的地位和权力，对自己没有进入由41名中央执行委员和候补执行委员组成的中央心怀不满。他说："自去岁以来，不可谓非新旧过渡时期，照无论将来新势力扩张至如何地步，皆不能抹杀此旧日之系统。"（毛思诚：《民国十五年以前之蒋介石先生》第7编之第13页）蒋介石从苏联回国后，不满意国民大革命开始后国民党"一大"确定的新领导构成，认为像他这样的"旧日之系统"被冷落，所以才产生如此激烈的思想波动。孙中山的施政方针不是不能被批评，问题是评价的标准是什么，像蒋介石总是用自己的私利私心去衡量，只能说明孙中山的大公无私和正确英明，孙中山重用包括共产党员在内的优秀分子进入国民党的领导机构，完全是从推动国民革命深入展开的角度出发的。再说，也根本不存在不用"旧日之系统"的问题，"一大"并没有清除任何一位国民党上层人物，即使当时公开不赞成国共合作的胡汉民、张继等许多右派，也未被清除出党。就拿蒋介石来说，他也是在"一大"期间被任命为"黄埔军校筹备委员会委员长"的，孙中山把这一当时十分重要、以后证明更重要的职位授予他，能说是"旧日之系统"被抹杀吗？

——改变了对苏联的认识。1924年3月14日，蒋介石写了一封信给当时正在广州忙于筹办黄埔军校的廖仲恺，信中集中谈了对当时正在轰轰烈烈兴起的国民革命中最主要的联苏联共问题的看法。

他说"俄党殊无诚意可言"，"俄人之言只有三分可信者，亦以兄（指廖本人）过信俄人而不能尽扫兄之兴趣也。"他进一步说："对中国本部未始无染指之意"，"彼之所谓国际主义与世界革命者，皆不外恺撒之帝国主义，不过改易名称，使人迷惑于其间而已"，"所谓俄与英、法、美、日者，以弟视之，其利本国，损害他国之心，直五十与百步之分耳。"（毛思诚：《民国十五年以前之蒋介石先生》第 7 编之一第 28、29、30 页）在他以后的著作中，讲得更明确："俄共征服世界的战略计划中，要利用东方的民族主义及其广大人口"，"即其所谓民族的形式，社会主义的手段，来打击西方在东方的西方殖民主义。"而俄国"一旦臻于强固时，其帝俄沙皇时代的政治野心之复活，并非不可能，则其对于我们中华民国和国民革命的后患，将不堪设想。"因此，他断定"本党联俄容共的政策，虽可对抗西方殖民主义于一时，决不能达到国家独立自由的目的；更感觉苏俄所谓'世界革命'的策略和目的，比西方殖民地主义对于东方民族独立运动，更是危险。"（蒋介石：《苏俄在中国》第 321、269 页）以上可以看出，蒋介石对苏不满和反苏战略，是从苏联回来后就产生的，后来只是越走越远，并从隐蔽变为公开，从理论变为行动，从敌视到对抗。

——谩骂中国共产党。蒋介石反对中国共产党，第一个理由是反对在中国实行共产主义制度和进行无产阶级革命。他说："苏俄的共产主义，不适于人类生存，更不适合于中国的气候，共产主义不能实行于中国。"第二个理由就是他认为中国共产党是苏联的追随者和共产国际的工具。他诬陷说："中国共产党之在俄者，但骂他人为美奴、英奴和日奴，而不知其本身已完全成为一俄奴矣。"（毛思诚：《民国十五年以前之蒋介石先生》第 7 编之一第 28 页）中共"是不讲民族的，它完全是超越时代漫讲国际的"。苏联是"要把俄国革命的公式，应用于中国，使中共的反动性质更加增加"，"是在中国国民革命的独立战争过程中，建立其苏维埃傀儡政权，制造其在亚洲的第一个典型的附庸。"（蒋介石：《苏俄在中国》第 270、320、263 页）"在本党第一次代表大会期间，发现共党分子挟俄自重的一切言行。"（蒋介石：《苏俄在中国》第 270 页）"所以回国以后，对于共产党加入本党的问题，曾对总理表示异议。"（蒋介石：《中国国民革命和俄国共党革命的区别》，载《蒋介石全集·党义》第 185 页）第三个理由就是他硬把共产党在国民党内的正常活动说成是破坏行为。在他看来，中国共产党是附在国民党内的"寄生螟蛉"。把中共反对国民党右派破坏国共合作、领导国民革命的行动，把中共在南方的迅速发展，攻击为"假革命之名，渗透潜伏到我们革命行列里来。"（蒋介石：《苏俄在中国》第 272 页）

他为了扩大自己政治上反向变化的影响，还危言耸听地在信中对廖仲恺说："吾兄如仍以弟言为不足信，而毫不省察，则将来恐亦不免堕落耳。"（毛思诚：《民国十五年以前之蒋介石先生》第 7 编之一第 30 页）

蒋介石之所以在访苏前后，思想上出现质的变化，由一位以反清反北洋军阀为主要奋斗目标的旧民主主义革命者，蜕变为资产阶级新民主主义革命的敌人，站在逐渐兴起的国民革命的对立面，反对"联苏、联共、扶助农工"的"三大政策"，最根本的原因是：他出其于阶级本性和夺权需要，过不了新民主主义革命这一关，必然会阻止旧民主主义革命向新民主主义革命的转变。

从历史发展的进程看，蒋介石 1927 年 4 月间向中国共产党人开刀，是 3 年以后的事情。而且，在这 3 年间再也见不到蒋介石此类如此明确和反动的议论。相反，3 年间他利用各种场合各种机会发表了不少赞成国共合作和联苏联共的谈话。

对于联苏，他说："我认定我们中国国民革命要确定现在能够统一世界革命的指挥的，只有第三国际。"（《蒋介石言论集·对学生之言论》第 68 页）"苏俄同志助我中国独立之国民革命，其诚意彰彰明甚。"（《蒋介石言论集·对党员之言论》第 5 页）

对于联共，他说："如果国民党的党员，反对共产党，我便要自己去加入共产党"，"两党合作携手，中国革命前途，庶可希望成功。"（《蒋介石言论集·对党员之言论》第 16、9 页）

对于革命方式，他说："反共产这句口号，是帝国主义用来中伤我们的，就是我对共产主义，不但不反对，并且很赞成。"（《蒋介石言论集·对党员之言论》第 27 页）"总理的'打倒帝国主义'、'打倒军阀'、'联合苏俄'、'拥护农工'这四个政策，无论如何是不能变动的。"甚至他北伐到了南昌，已经开始暗中屠杀共产党人了，还信誓旦旦地说："蒋中正只知道革命，谁要反对我革命，就是反革命，我亦要以反革命的罪行处罚他。"（《蒋介石言论集·对党员之言论》第 45 页）

蒋介石把"反共"真面目掩盖了 3 年，把"反共"行动推迟了 3 年，主要由以下原因决定：

——革命浪潮高涨，革命潮流浩荡，遏制了蒋介石的图谋。国民党"一大"以后，国共合作正式形成，而且得到广大工农群众的支持和国共两党大多数党员的拥护，中国共产党坚决反对任何破坏革命的行为。两广地区革命势力强大，蒋介石不敢贸然在广州地区公开亮起"反苏""反共"的旗帜。

——蒋介石培植实力还要时间。这位后来中国军政舞台上的头号实力派，可在当时国民党上层还没有建立起必要的个人势力范围，在广州地区也没有属于自己的军队，但作为黄埔军校校长，已具备了发家的基础，而军校转化为军队，并且成为具有相当战斗力的军队，还需要时间，所以他等了将近 3 年。

——蒋介石需要国民党"左"派和中共的支持、苏共的援助。在国民党上层，"左"派势力对于右派当时还占压倒之势，蒋介石的目标是夺取党内最高权力，这样离不了"左"派的支持，而公开"反共"会影响"左"派的态度。从训练黄埔军校和完成巩固两广革命根据地的军事行动来讲，中国共产党人在其中做出了巨大的贡献，苏联提供了一批武器和军事顾问，这对蒋介石来说是很重要也很需要，他当然要考虑调整自己政治立场的时机。

——蒋介石的自大自信。他在解释自己的 3 年韬略时说："今日吾人所与共产党奋斗者，断定国民党绝非共产党所能替代也。""绝不惧共产主义将蚕食三民主义"，（《蒋介石言论集·对党员之言论》第 6、3 页）"三民主义的思想体系和国民革命的方略之中，决没有马克思主义和俄国布尔雪维克的成分在内。"所以"我个人游俄回国之后，虽抱定反共的决心，亦由于同样的自信太过，竟未能对共产党问题作彻底的处置和根本的解决。"（蒋介石：《苏俄在中国》第 271 页）历史后来的演变和蒋介石的设想相反，马克思主义在 20 余年后就在中国取得了胜利。

蒋介石思想上向右转，尽管没有公开暴露，但他在 3 年间一系列的行动上，还是有所表现的，随着他权力的增长，"反苏""反共"之心越来越强烈。

所以说，蒋介石访苏回来后，自 1924 年初至 1927 年 4 月，对蒋介石的政治生涯很重要，既是他反共思想的形成和强化时期，也是他完成夺权计划、夺取国民党最高权力、建立蒋记政权的准备阶段。

蒋介石从苏联回国后，在中共和苏联顾问协助下，孙中山领导的轰轰烈烈的国民革命已经开始，很快孙中山任命其筹备黄埔军校、组建军队和进行巩固广东革命根据地的军事作战。至此，一代枭雄蒋介石的崛起已不可避免。

蒋介石全传

Biography of Jiang Jieshi

黄埔和蒋介石的崛起

追随孙中山、参加推翻清朝和北洋军阀斗争的志士仁人当时为数不少，资历和贡献超过蒋介石者更是大有人在，但是只有蒋介石捷足先登，成为孙中山之后、公开背叛孙中山的国民党又一领袖，究其原因很多，但蒋起家的资本却是在黄埔军校。

在国民党军界的日本士官、保定、黄埔三大系中，黄埔系势力、影响最大。国民党的军队中，中央军代表蒋介石的嫡系，黄埔系作为蒋介石亲自创立、亲自指挥的武装而成为嫡系中的核心。蒋介石在保定系和士官系组成的准黄埔系的支持下，上台靠的是黄埔系，打败地方实力派靠的是黄埔系，与中共作战靠的是黄埔系。当然在和中共方面的最后决战中，黄埔系也是顽抗到底，其中一部分最后又和蒋介石一起退往台湾。在中国现代军事史上，黄埔系的沉浮组成了蒋介石的主要军事活动。

一、在黄埔，出任军校校长

国民党的军校有很多，但没有一所军校能与黄埔军校相比。没有一所像黄埔军校那样出过那么多的名将，没有一所像黄埔军校的学生分布那么广，没有一所像黄埔军校那样对政局和政治的运作有过那么大的影响，当然也没有一所军校在现代史上有黄埔军校那么高的地位。黄埔军校之所以有这么高的地位，这是因为黄埔军校的创办，有它特定的历史背景和政治环境。

（一）军校校长，蒋介石的机遇

黄埔军校作为国民党的第一所正式正规的军官学校，诞生于轰轰烈烈的国民大革命初期，并得到了中国共产党和苏联方面的热情支持，所以黄埔军校不仅成为军事干部培养基地，也成为国民革命的中心阵地之一。

黄埔军校——大革命的产物

当时国民党和刚成立时间不长的中国共产党，都把北洋军阀定为革命的目标，北洋军阀虽说四分五裂，80余万武装为各实力派所掌握，但它们作为中国最反动的势力，在各帝国主义国家的支持下，维持反动统治，决不会自行退出历史舞台。孙中山要想按照新"三民主义"的理论，建设一个新的平等社会，必须首先打倒北洋军阀，而这一点和中共的最低纲领是完全一致的。要想打倒北洋，就要建立足以打倒北洋军阀的武装；要建立这样一支武装，就需要大批军事力量；要建立大批军事力量，就需要具有现代军事理论和基础的军官；要想拥有能够担当起北伐任务的军事人才，这就需要建立一所军官学校，这就是黄埔军校应运而生的特定的历史背景。正是因为有这样的历史背景，所以军校就有了很高的历史地位。

黄埔军校的建立，还有它特定的政治环境。孙中山发动国民革命运动，为

蒋介石出任黄埔军校校长

军校的建立构造了合适的政治环境。一是国民党上层人士大都意识到创办军校的必要性和重要性，到20世纪20年代，在孙中山的开导下，国民党内以胡汉民为首的右派，以廖仲恺、宋庆龄为代表的"左"派，以汪精卫、蒋介石为代表的假"左"派真右派、明"左"派暗右派，虽然各自的政治主张尤其对与中共合作有着不同的观点和目的，但在设立军校这一点上是一致的，当然在军校和军事力量为谁所用上，有着不同的看法；二是中共的支持，中国共产党按照打倒军阀和打倒列强的最低革命纲领，按照共产国际的指示已经决定与国民党组成统一战线，在政治上是这样，在军事上则全力支持建立军校，在具体行动上支持一批建校人才；三是有苏联军事顾问的帮助和物质上的援助，孙中山设立军校的意见最早就是苏联代表马林提出来的，之后有越飞、鲍罗廷等苏联代表多次向孙中山面告，特别是鲍罗廷还提出了开办军校的具体计划。为办好军校，苏联方面主动提出提供办军校所需要的器材和经费，当然军校开办后苏方并没有及时运来原先答应的武器弹药；四是不少寻求救国救民真理的年轻人聚集广州城。孙中山在广州成立中华民国非常政府后，不少一直奔走于革命的青年人和有志者，从四面八方南下，聚集广州，除了参加当地组织的各种革命活动外，不少人希望进入学校培训。进入军校，直接投入北伐战争更是首选目标。不可否认的是，南下广州的人中间，有不少人是投机者。

建立黄埔军校最重要的政治环境，是国民党一大召开。国民党成立30余年来，从党本身来说，历经兴中会（1894年11月24日）、中国同盟会（1905年8月20日）、中国国民党（1912年8月25日）、中华革命党（1914年7月8日）、中国国民党（1919年10月10日以来）五个阶段；从开展的革命斗争来说，历经灭清、讨袁、护法、改组四大运动；从社会环境来说，历经清末、民国初年、北洋三个时期。虽说国民党成立至今已经为时30年，可党不像党，没有举行过一次党的代表大会，也没有正常的中央组织机构，更没有日常基层组织活动，这样导致党严重缺乏战斗力，国民党自发动秘密反清武装起义到发动北伐，组织过无数次的斗争均告失败或是收效甚微，党本身的组织建设没有搞好是重要原因之一。在中共代表和苏联代表的帮助下，孙中山不仅认识到这一点，还决定尽快召开国民党第一次全国代表大会。1924年1月20日，会议在广州高等师范礼堂举行。会议通过的宣言，制订了以打倒帝国主义和国内封建军阀为奋斗目标的革命纲领，确立了"联俄、联共、扶助农工"的三大革命政策，它把旧"三民主义"发展为新"三民主义"，使中国国民党有了一个适应时代和革命需要的基本路线；会议确定与中共进行党内合作，同意中共党员可以以个人身份加入国民党。一大宣言成为黄埔军校的基本办学方针，国共合作和中共党员加入国民党，为军校提高办校水平提供了干部保证。中共方面包括周恩来、叶剑英、聂荣臻、熊雄、萧楚女在内的一批优秀干部成为办校的中坚力量。正是因为有这样的政治环境，所以军校就能在短期内办成为一所作为国民革命主力、为国民革命培养出许多军政人才的学校。

既没参加国民党"一大"，也没被选为中央执行委员，也不是中央部委负责人的蒋介石，却被孙中山任命为黄埔陆军军官学校校长。

选择校长——孙中山的决定

蒋介石出任黄埔军校校长，是国民党第一次全国代表大会期间，即1924年1月24日，孙中山亲自签署的一个在当时正确、从历史上看并不完美的命令，任命蒋介石为"中国国民党陆军军官学校筹备委员会委员长"，筹备委员为王柏龄、李济深、邓演达、沈应时、林振雄、俞飞鹏、宋荣昌、张家瑞等。说这一命令当时正确，是因为在当时看蒋介石是比较合适的人选，他虽说没有完整的在一所军校学完课程，但他对军事理论有一种天生的灵感，说起来头头是道；他在政治上追随孙中山，但实际上在旧民主主义向新民主主义革命的转变过程中，经不起考验，跟不上革命的步伐，叛变革命只是时间问题；他虽说没有组织过大型作战的经验，更没有带过多少军队，而且在粤军中任职时和上下级的关系都很紧张，但他在国民党军界上层人士中，确是一个到过第一线、参加和指挥作战的将领，有过几次正规作战的经历。当然不可否认的是，也正是蒋介石的这些不足，以后在碰到真正的军事对手时，就显出其不成熟和低

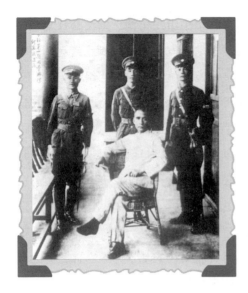

黄埔军校开学典礼后孙中山与蒋介石（后中）、何应钦（左）、王柏龄（右）合影

水准。

在孙中山的军事助手中，能够担当此任的人有几个，但愿意担当此任的人不多，看到经营军校有着无可估量前途的人也不多。在选择筹建军校和指挥国民党武装的负责人问题上，孙中山进行了多方衡量。他当时的军事助手主要有：

廖仲恺，1877年出生，广东归善人。1893年从美国返乡，1902年赴日本留学，在早稻田大学、中央大学学习。1903年与孙中山见面，1905年同盟会成立时任总部外务部干事，辛亥革命后任广东省总参议，以后任过中华革命党财政部副部长、国民党财政部主任、大本营财政部长、广东省省长，"一全"上当选中央执行委员、常委、政治委员会委员，同时兼任工人部长、军需总监、大本营秘书长等。

谭延闿，1880年出生，湖南茶陵人，1904年中进士。以后参加立宪运动，曾任省谘议局议长、各省谘议局联合会会议主席。辛亥革命后，焦达峰被害后任湖南都督。以后任国民党湖南支部支部长、湖南省长兼督军、大元帅府内政部长、建设部长、湘军总司令、建国军北伐总司令，"一全"上当选为中央执行委员。

李烈钧，1882年出生，江西武宁人，毕业于日本陆军士官学校。辛亥革命胜利后出任都督府总参谋长、都督，"二次革命"时首先宣布起兵讨袁，护国战争爆发时出任第二路总司令，孙中山南下护法时出任军政府参谋长，非常政府和广州军政府成立时也为参谋长。

许崇智，1886年出生，广东番禺人，毕业于日本陆军士官学校。出任过福建武备学堂总教习，福建光复时为师长，"二次革命"时为福建讨袁军总司令，孙中山南下护法时，为大元帅府参军长，粤军成立后为第二军军长、东路讨贼军总司令、建国粤军总司令。

程潜，1882年出生，湖南醴陵人，毕业于日本陆军士官学校炮兵科。辛亥革命时出任湖南都督府军务司司长，护国战争期间出任湖南护国军总司令，中华民国非常政府成立时，出任陆军部次长。孙中山出任军政府大元帅后，出任军政部长。

朱培德，1888年出生，云南盐兴人，毕业于云南讲武堂，与中共武装力量最高指挥朱德同被称为"讲武堂二朱"。参加过辛亥革命，护国战争中为护国军第二路支队长。孙中山组织非常政府时，出任中央直辖滇军总司令。军政府成立时，为参军长兼警卫军军长，建国滇军军长。

王柏龄，1889年出生，江苏江都人。他在国民党军界是为数不多的身跨保定、日本士官系以后又到黄埔系任教的将领之一，辛亥革命时和蒋介石一起参加浙江方面的行动，之后又到日本完成士官学业，以后任过中华革命军东北军参谋长等职。

李济深，1884年出生，广西苍梧人。北京军官学堂三期生，陆军行营军官学堂三期生，武昌起义时为革命第22师参谋长，以后在已改为陆军大学的母校内任教。粤军成立不久，应同学邓铿的邀请南下出任粤军主力第一师参谋长，讨伐陈炯明胜利后，出任第1师师长、西江善后督办。

邓演达，1895年出生，广东惠阳人。保定军校六期生，后任粤军宪兵司令，李济深任粤军第1师师长时，出任该部第3团团长。在孙中山信任的军官中，邓演达是最年轻的一位。

谁来担任国民党计划中的军校校长？孙中山面临的情况是：合适的人不愿意任职，不合适的人却愿意当。最合适的是廖仲恺，但不是军事专业出身，再则国民党当时难度最大的是财政，需要廖仲恺负责，所以予以排除。合适人选为李烈钧、谭延闿、程潜、许崇智、朱培德等人，但他们不愿意担当。他们之所以不愿意出山是因为军校能办成还是个未知数，自己能否办好军校也是个未知数，再说他们正在主持国民党实际军事工作，对在后方筹办军校更没有兴趣。王柏龄、李济深、邓演达，在当时则显得资历不够。蒋介石之所以成为军校校长，是因为他自从日本时期起，就基本上一直同孙中山保持紧密的联系，孙中山只要有重要的职位，蒋介石是优先考虑的人选。作为任命蒋介石出任军校校长的预兆是孙中山派他出使苏联。

孙中山挑选访问苏联回来一月余、正在上海和孙中山、廖仲恺闹别扭的蒋介石主持黄埔军校，只有一个解释，这就是对蒋的信任。蒋介石并没有对获取此职四处活动，他自 1923 年 12 月中旬访问苏联回到上海后，一直不愿南下广州。原因是因为他被排除在中央决策圈之外，国民党"一大"上，他既不是代表也不是中央执行委员，所以在接到孙中山的命令后，他久久不愿南下，并一再以辞职要挟，甚至军校费用的争取和招生他都没有参与，以此来抗议国民党上层对他的轻视，从另一个角度讲就是向孙中山要职要权。直到 1924 年 4 月 21 日他才回到广州上任。在和孙中山会谈后，于 26 日第一次到军校上班。5 月 3 日，孙中山再次签署命令，任命蒋介石为黄埔军校校长兼粤军参谋长。中国现代史上的最重要的军事人物、枭雄蒋介石，崛起已经只是时间问题。因为：

——蒋介石有了组建权力班底的机会。在政治舞台上要想有所作为，首要的是要拉帮结派，形成忠于自己的基本班子。蒋介石在此以前，可以说没有这样做，他没有独立领导过一个系统，也没有独立指挥过一支军队，当然也就没有组建权力班底的机会。现在则不一样，他拉帮结派成了革命工作，成了正常的事务，自己"组阁"，可以选拔自己的追随者和好朋友，参与对军校的领导。如果他立"校"为公，此举也就可以为党服务；如果他立"校"为私，此举也就成为他发展个人势力最为关键的一招。遗憾的是，他是后者而不是前者。他在选拔助手方面应该说是成功的，在他挑选的助手中，除后来因国共分裂中共人士离开外，黄埔军校中的不少教学干部、管理干部后来都成为蒋介石的依靠力量，这些人就成为后来在国民党政治、军事舞台上发挥重大作用的准黄埔系。

——蒋介石有了自己组建军队的机会。要想左右国家政局，在落后贫穷、政治经济发展不平衡的旧中国，有一基础条件，这就是要有军队，枪杆子里面出政权，有枪就是草头王。如果他立"军"为公，此举可以为党打倒北洋军阀服务；如果他立"军"为私，此举也就成为他发展个人势力的最为重要的一招。遗憾的是，蒋介石是后者而不是前者。蒋介石在此以前没有一兵一卒，连个勤务兵都没有。如果由他自己出面，像中国现代史上大大小小的军阀那样拉起一支军队，还真不易办到。现在则不一样，孙中山给了他一个名正言顺的机会，建立武装。历史也证明，蒋介石在利用黄埔军校建立军队方面，还是十分成功的，这支军队帮助他树起威信，帮助他发动政变，帮助他巩固统治，只是到最后的时刻也是这支军队没有完成他托付的消灭中共武装力量的重任。

——蒋介石有了建立自己阵营的机会。要想在中国政治斗争中有所作为，除了有势力之外，都要有一个社团、政团等政治组织，以其组织的名义和代表某一部分人的利益出面进行活动，这自清末以来就是许多从政人物的基本做法，各地方实力派和各政界要角都有各自的舞台进行各种政治活动，以谋取各自的政治、经济利益。蒋介石在此以前，可以说还没有这样一个能够带来巨大政治、经济利益的政治组织，他主要是在同盟会、中华革命党、国民党内以个人身份出面，而现在则不一样，他作为黄埔军校的校长和代表出面，在国民革命过程中，已是一个不可轻视、被各方所看重的力量，他个人也成为被各方所看重的一个举足轻重的人物。

——蒋介石有了夺取最高权力的机会。蒋介石在此以前可以说是一个知名度并不很高的人物，自当上黄埔军校校长后则就不一样了。他现在掌握国民党唯一的一所正规军校，掌握唯一的一支由国民党自己培训出来的军官指挥的军队，他已有了日后夺取国民党最高领导权的实力。在后来的几年间，政治上比蒋介石坚定的廖仲恺、宋庆龄等人；资历比蒋介石深的西山会议派；在党内的影响和地位比蒋介石高的汪精卫等人；掌握军队比蒋介石早且多的许崇智、程潜、李烈钧等人，孙中山临上北京前选定的接班人胡汉民，他们有的被暗杀，如廖仲恺；有的加入革命阵营，如宋庆龄；有的被压服，如汪精卫、胡汉民、许崇智、西山会议派；有的投靠蒋介石，如戴季陶、张静江、陈果夫。最后取代孙中山的竟是蒋介石，究其原因，跟蒋介石掌握黄埔军校有着不可分割的关联。

军校开学——革命军的摇篮

黄埔军校筹备委员会成立后，1924 年 2 月 6 日起在广州南堤 2 号三层楼房上开始办公。3 月 20 日蒋介石又被任命为入学试验委员会委员长，主持招生工作。事实上他没有到广州，军校的实际筹备事务主要由廖仲恺负责。

黄埔军校的最初招生是在秘密情形下进行的。因为 20 世纪 20 年代初期的中国，除广东外大都在北洋军阀的控制之下，国民党人的活动处于地下状态，所以前几期招生大都也是以秘密方式进行的。黄埔军校招生的条件在当时是较高的：

年龄：18 岁至 25 岁；

学历：中学毕业及同等学历；

体格：营养状态良好，强健耐劳，无眼疾、无痔疾、无肺疾、无花柳病；

思想：中国国民党党员，能了解国民革命速须完成之必要者，或具有接受本党主义之可能性者，无抵触本党主义之思想，有本党党员之介绍者。

第一期生的名额是这样分配的：东三省及热河、察哈尔，共50人；冀鲁晋陕豫川湘鄂皖苏浙闽十二省各12名；赣粤黔滇桂五省各15名；国民党先烈后代及家属20名。第一期招生的渠道有这几种，一种是各省不少青年南下广州，自愿参加革命阵营；一种是靠参加国民党一大的各省代表推荐的优秀分子。其中，在一些省份还由当地的国民党党部进行了初试。到广州报考黄埔军校的有3000多人，正式考试进行三天。考试的内容和要求有：

文化知识：按中学程度出题，用毛笔答题；

体格检查：准军人体格的规定，分身高、肺活量、体重、视力、听力等项目；

综合审查：用口试法，观察其对"三民主义"了解之程度与性质，志趣、品格、常识、能力等项之推断，及将来有无发展之希望。

考试由蒋介石任委员长的入校试验委员会负责，试验委员会成员有王柏龄、邓演达、彭素民、严重、钱大钧、胡树森、张家瑞、宋荣昌、简作桢等人。第一期生的国文由戴季陶出题，数学由王登云出题，王柏龄负责其他各项专业考试。考试要求很严，第一次考试只通过200多人，因不够学生人数又招考一次。1924年4月28日，学校放榜，总共录取350人，备取生120人，保送20余人，这就是闻名于世的黄埔军校一期生。

在这批学生中，有山西五台的徐向前，湖南湘乡的陈赓，湖南醴陵的左权，贵州铜仁的周逸群，湖北沔阳的李之龙，广东琼海的周士第，湖南宜章的张际春，安徽六安的许继慎，浙江孝丰的胡宗南，湖南岳阳的贺衷寒，江西桂溪的黄维，湖南醴陵的邓文仪，湖南湘乡的宋希濂，浙江奉化的俞济时，四川华阳的孙元良，福建同安的李良荣，山东广饶的李延年，广东大埔的范汉杰，湖南石门的郑洞国，四川威远的曾扩情，湖南湘乡的酆悌，广东台山的余程万，湖南长沙的黄杰，湖南长沙的袁守谦，江西桂溪的桂永清，江苏兴化冷欣，湖南安化的侯镜如，湖南鄂县的霍揆彰，山东广饶的李玉堂，山东长清的李仙洲，陕西米脂的杜聿明，陕西户县的关麟征。在中国现代军事史上，这批人何尝不是风云人物？又何尝不是统率千军万马的将军？他们都在军事史上写下过或浓或淡的一笔？

蒋介石到任后，主持筹备处作出了不少决定，如订定校章、修理校舍、任免教职员、招考学生、制订教学计划、全体教职员工必须加入中国国民党等。还决定学员队的分队长（即军士、班长）由广东省警卫军讲武堂及江西讲武堂的毕业生中挑选，并于1924年3月24日公开招考，一共录取分队长及下级干部50人。其中也包括一部分王柏龄从云南讲武堂请来的学生。

1924年5月3日，黄埔军校总理孙中山签署委任状，任命蒋介石出任"中国国民党陆军军官学校校长"。

5月5日，第一批正式录取的350人入学。学生入校必须宣誓：

尽忠革命职务，服从本党命令；

实行三民主义，无间始终生死；

遵守五权宪法，只知奋斗牺牲；

努力人类平等，不计成败利钝。

1924年5月8日，蒋介石第一次对学生训话，以"继往开来，顶天立地"为题，论述"生活的目的在增进全体人类的生活，生命的意义在创造宇宙继起的生命"。5月9日，孙中山任命廖仲恺为军校党代表。次日，预备录取生120人进校，与前三队一起，编为第四队。5月11日，蒋介石又以校长身份对全体学生训话，宣讲"静肃、整齐、平直、敏捷"八字办学方针。

校方还制定了军校校歌：

军事学子，亲爱精诚，三民主义，是我革命典型；

革命英雄，为民先锋，再接再厉，继续先烈成功；

同学同道，以学以教，始终生死，毋忘今日本校；

纪律神圣，重于生命，服从遵守，革命军人本性；

以血洒花，以校作家，卧薪尝胆，努力建设中华。

校歌以后又改为：

怒潮澎湃，党旗飞舞，这是革命的黄埔。主义须贯彻，纪律莫放松，预备作奋斗的先锋。打条血路，领导被压迫的民众。携着手，向前行，路不远，莫要惊！亲爱精诚，继续永守，发扬吾校精神，发扬吾校精神！

1924 年 5 月 21 日入伍预备教育期满，6 月 2 日全校正式上课。

学校的主要职能部门的人事，早在 3 月 10 日，蒋介石就提出了人选，到此时各机构已经基本到位，各部门负责人选也基本确定。

政治部主任：戴季陶（时任"中央宣传部长、大本营法制委员会委员长，后长期担任考试院院长、中常委"）、周恩来（11 月到任主任，中共领袖，曾任中共中央军事部长，中央副主席、中华人民共和国总理）。

政治部副主任：张申府（河北献县人，毕业于北京大学，曾任中国大学哲学系主任兼教授，参与黄埔军校的具体筹备事务）。

政治教官：胡汉民（曾任同盟会总部书记、临时总统府秘书长，时任广东省省长、中央常委，后任代理大元帅，并任多年的立法院长职）、汪精卫（曾任同盟会评议部长，因刺杀摄政王而名震一时，时任国民党中央执行委员，后任国民政府主席和军委主席，中央政治委员会主席，抗战期间叛国后病死）、邵元冲（时任大元帅府机要秘书，后任立法院副院长等职）。

教授部主任：王柏龄（少将，此人有较高的现代军事理论素质，与蒋百里齐名，有"南王北蒋"之说）。

教授部副主任：叶剑英（少校，云南讲武堂 12 期结业，后为中共主要军事领袖之一）。

总教官：何应钦（少将，时任大本营参谋处参谋，后为蒋介石的主要军事助手）。

学科教官：张元佑（中校，湖南湘乡人，保定军校三期生，后任军委会参谋厅少将副厅长）、梁广谦（上校，广东广州人，日本士官学校 6 期生）、陈焯（中校，浙江奉化人，保定军校三期生，后任军委会二厅中将厅长）、朱棠（少校，江苏江都人，保定军校 2 期生，后任过镇江要塞司令）。

战术教官：顾祝同（中校，此时已和蒋介石结识 2 年，后任过国防部长）、刘峙（中校，自此开始受到蒋介石的信任，以后历任国民党军队要职）、胡树森（中校，浙江绍兴人，保定军校 2 期生，后任过一些中级军职）、陈继承（中校，江苏靖江人，保定2期生，后任过华北"剿总"副司令）、严重（中校，湖北麻城人，保定5期生，后任教授部主任、代理湖北省主席）。

兵器教官：钱大钧（中校，从此时起就和蒋介石拉上关系，后任过很多高级军事职务）、文素松（少校，江西萍乡人，保定3期生，后任福建兵工厂少将厂长）。

地形教官：王俊（少校，广东澄迈人，日本士官学校14期生，后任陆军步兵学校筹备处中将主任）、黄香蕃（少校，广东南海人，广东陆军测量学校毕业，后任福建陆地测量局少将局长）、黄思基（少校，广东梅县人，广东陆军测量学校毕业，后任广东测量局局长）。

筑城教官：陆福建（少校，安徽灵璧人，保定军校3期生，后任军委会航空处少将处长）。

教练部主任：李济深（少将，此时和蒋介石关系密切，数年后则开始反蒋）。

教练副主任：邓演达（中校，此时起进入高级军事将领的行列，后任北伐军总政治部主任）。

学生总队长：沈应时（少校，江苏崇明人，保定军校6期生，后牺牲在东征战场）。

学生一队队长：吕梦熊（上尉，湖南常德人，保定军校3期生，后任旅参谋长）；二队队长：茅廷桢（上尉，安徽合肥人，保定军校9期生，时为中共党员）；三队队长：金佛庄（上尉，保定军校6期生，时为中共党员）；四队队长：李伟章（上尉，在校时间不长）。

管理部主任：林振雄（上校，广东嘉应人，日本士官学校10期生，后任军校教育长）。

军需部主任：周骏彦（上校，浙江奉化人，曾任总部中将财经处长等职）。

军需副主任：俞飞鹏（少校，浙江奉化人，北京军需学校毕业，后任交通部长）。

军医部主任：宋荣昌（上校，北洋军医学堂毕业，后一直从事本专业工作）。

校特别官佐：陈诚（上尉，从此拉上与蒋介石的关系，开始奠定在国民党军界的地位）、季方（少校，江苏海门人，保定军校2期生，后任中共人大常

孙中山（中）主持黄埔军校开学典礼，右侧穿长靴者为蒋介石

委会副委员长）。

苏联顾问组：契列帕诺夫、捷规沙托夫、捷尔曼、波良克。

1924 年 6 月 16 日，是孙中山两年前在广州"蒙难"的日子，黄埔军校举行开学典礼。校门高挂着"亲爱精诚"的校训，二道门两旁挂着蒋介石手书的"先烈之血，主义之花"的对联。国民党和军校总理孙中山及夫人宋庆龄，中央执行委员胡汉民、汪兆铭、张继和大本营军政部长程潜、粤军总司令许崇智、湘军总司令谭延闿等出席了典礼。

在开学典礼上，孙中山发表了著名的"校训"："三民主义，吾党所宗，以建民国，以进大同。咨尔多士，为民前锋，主义是从。矢勤矢勇，必信必忠。一心一德，贯彻始终。"这一校训，后经征集谱曲，成为南京政府的国歌。

作为国民党的总理和中国民主革命的先行者，孙中山就成立黄埔军校的目的和意义说："中国当革命之时，在广东奋斗的党员，最著名的有七十二烈士，在各省舍身奋斗的党员也不少。因为有了那些先烈的奋斗，所以武昌起义一经起义，便有各省响应，推倒'满清'成立民国，我们的革命便有一部分的成功；但是后来没有革命军，继承革命党的志愿，所以虽然有一部分的成功，到了今天，一般官僚军阀，不敢明目张胆，更改中华民国的正朔；至于说到民国的基础却一点也没有，这个原因简单地说，就是由于我们革命，只有革命党的奋斗，没有革命军的奋斗，因为没有革命军的奋斗，因为没有革命党的奋斗，所以一般官僚军阀，便把持民国，我们的革命便不能完全成功。我们今天要开这个学校，是有什么希望呢？就是要从今天起，把革命的事业重新来创造；要从这个学校内的学生做根本，成立革命军。诸位同学，就是将来革命的骨干，成立革命军，我们的革命事业，便可以成功，如果没有好革命军，中国的革命，便永远是要失败。所以今天在这里开这个军官学校，独一无二的希望，就是创造革命军，来挽救中国的危亡。"（文史资料出版社：《黄埔军校》第 3 页）

除孙中山之外，可以说看到军校在当时国民党内的地位和在国内政治纷争中的作用的就是蒋介石，所以他十分重视军校学生的教育，就学校各个方面的问题，发表了一系列的讲话。在治军方面，他强调牺牲与绝对服从："在学校里面，只有服从命令，不准别有第二句话。""我们革命军人的职分，只有一个死字。军人的目的，也只有一个死字。偷生怕死，不单是不可以做军人，而且没有人格，就不能算是人。"（毛思诚：《民国十五年以前之蒋介石先生》第 6 册第 7 编第 55、58 页）他要军校学生为主义而杀身成仁，要学生遵守纪律，要学生讲究便所和痰盂的卫生，等等。

军校的教育，主要有"三民主义"、中国国民党党史，世界形势，国内社会分析，人生观，革命史，军纪，军略，兵器，训练，典范令，军队生活，军人要则，等等。很多内容和当时的旧军校比起来，还是更注意军人的政治改造和现代军事知识的学习。在正常的课程外，校方还安排一系列讲座，如谭延闿就来学校讲过《国民政府之组织及其工作》、李济深主讲过《国民革命运动之过去与现在》、李烈钧主讲过《中国革命战争史》、戴季陶主讲过《教育与革命》、宋子文主讲过《国民政府之财政问题》、陈果夫主讲过《本党组织概要》、陈树人主讲过《广东省政府之组织与工作》、何香凝主讲过《廖仲恺先生革命史略》、孙科主讲过《肃清吏政问题》、徐谦主讲过《法律与革命》。这些讲座，有力配合了学校的教学，对学生增加革命意识和参与感是有益的。问题是其中的不少右派，趁机进行了不少损害国共合作的活动。

军校学生学习紧张，生活艰苦。生活费约有 6 元，比外面的士兵军饷略高。生活上规定每人每顿用餐时只许添一次饭，穿的是草鞋，洗澡用冷水，这显然是蒋介石照搬在日本军队实习时的做法，意在锻炼学生耐苦耐劳的精神。

确切地说，黄埔军校的教学水平是后期要比前期好，而军校学生的政治觉悟和牺牲精神则是前期要比后期好；军校培养学生的综合实力上前期要比后期好得多，而纯军事教育方面则后期要比前期好；由上可知，前期出的将领远比后期多。前期的教学工作，一切服从于形势发展的需要，前6期学生主要是参加国民革命运动，稍加课堂教育和操场训练后即奔赴战场，在战斗中学习战斗，在战场上检验教学质量。南京政府成立后，从军校7期起，整个军校的教学计划有了根本性的转变，开始把实战实地教育为主转移到讲授为主上来，学校的系统教育和正规化程度有了很大的提高。黄埔军校在中国历史上地位的确立，除因为特定的政治背景和出过那么多的名将外，还有一个就是黄埔军校本身在军事教育方面取得的成就。

军校沿革——黄埔系的壮大

在国民党历史上起过重要作用的黄埔军校，可分为三个时期。

黄埔时期。1924年6月16日，中国国民党陆军军官学校开学。因学校设在位于广州西南的黄埔岛原海军学校，故称"黄埔军校"。以后，不论是什么时期，不论该校易名如何，在国民党军界总是把以后陆军军官学校的毕业生称为黄埔某期学生，也就是说在大陆时期，从1924年5月第一期起到1950年3月最后一期学生在西昌战役中被中国人民解放军所消灭，总共有23期学生。两次东征胜利后，1926年2月，军校易名为"中央军事政治学校"，增设副校长，何应钦、李济深先后任之。南京政府成立后，1928年5月，军校又更名为"国民党革命军军官学校"，为南京新成立的"陆军军官学校"的预科，军校改为"教育长制"，任过该职的有李济深、俞振雄等。1928年9月，学校再定名为"国民党革命军黄埔军官学校"，到次年年底在校的第7期毕业后停办。

南京时期。1928年3月6日，原在广州的中央军事政治学校大部分迁到南京，重新成立"中央陆军军官学校"。学校实行校务委员会制，由蒋介石、胡汉民、吴稚晖、戴季陶、冯玉祥、阎锡山、何应钦、李宗仁、李济深等组成，何应钦为常务委员。其中出任教育长的将领中，何应钦任过一年余，自蒋桂战争起到1937年初，一直由张治中将军出任，后由陈继承接替。从1933年起，学校恢复校长制，由蒋介石自兼校长，实际事务由教育长兼任。军校招生从第7期至第12期。学校自第8期起，增设高等教育班、军官补习班、军官训练班，并受航委会、海军部、军政部的委托，代训空军、海军、军需、军医、工兵、测量等学生，其中空军学生后单独成立空军营。

在这一时期，南京政府为实现军事教育正规化，成立了一批军校，如1927年初创办的马尾海军学校；1928年6月创办的陆军大学；1928年4月创办的军事交通技术学校；1928年9月创办的陆军军需学校；1929年初创办的宪兵学校、陆军军医学校；1930年6月创办的广东海军学校、青岛海军学校；1931年7月创办的军政部航空学校（还有类似的广东、云南、广西航校）、12月创办的陆军步兵学校、陆军炮兵学校；1932年6月创办的陆军工兵学校；1932年创办的中央警官学校；1932年12月创办的中央陆地测量学校；1933年初创办的陆军骑兵学校；1933年5月创办的军政部电雷学校；1933年7月创办的中央航空学校；1933年9月创办的陆军辎重兵学校；1934年3月创办的海军学校；1934年7月创办的防空学校；1935年创办的海军大学；1938年4月创办的中央空军军官学校；1947年创办的海军军官学校、国防医学院。这批军校的影响和作用，远不如陆军军官学校，只是在各自的军种和专业内有一定的知名度。

成都时期。抗日战争爆发后，国民政府从南京迁往大后方，中央陆军军官学校也不例外，迁往成都。其中第13期学生的开学典礼就是于1937年11月11日在庐山举行的。学校经赣、湘、鄂入川，迁往成都。校本部在位于北较场的原成都分校办公，学生分住西较场、南较场、皇城遗址、西草堂、青羊宫等地，一度取消总队制，按驻地分为四个督练区。恢复原高等教育班，增设军官教育队、战术研究班、校尉官研究班、射击训练班、技术训练班、特务长训练班等。知识青年从军运动时，又代训青年远征军教导团二期。学校领导机构扩大，增加校务委员唐生智、程潜、白崇禧、邓锡侯、龙云、余汉谋、陈诚、张治中等人，到1943年万耀煌出任教育

任黄埔军校校长的蒋介石在视察校务

113

长。1946年初，学校最后定名为"陆军军官学校"。4月，学校由本校一期生关麟征出任教育长，第二年底蒋介石免兼校长，关升任校长，由黄埔毕业生任母校校长，仅历20年，可见黄埔系升迁之快。1949年3月，关麟征升任陆军总司令，同为黄埔一期生的张耀明继任校长，不过他只是个"送终校长"，任期不到1年，陆军军官学校即从大陆上消失。国民党在大陆失败时，陆军军官学校的最后一期学生——第23期的3000多名学生随胡宗南去西昌一带固守，除投诚、被俘外，全部被歼，至此，军校覆灭。

黄埔军校和中央陆军军官学校还有不少分校。在国民革命时期，两次东征胜利后，在潮州设立第一所分校，招收过二期学生，共有728人。北伐前夕，又在广西南宁设立分校，该校一直到1935年停办；北伐军占领长沙、武汉后，又在两地开办了只招收一期学生的分校。

南京政府成立后，中央陆军军官学校也设立分校，以解决蒋介石大规模扩军后缺少军事干部的问题。

洛阳第一分校，此校前身为洛阳分校，开办于1933年8月18日，第一任校长为祝绍周，负责训练行伍出身的军事基层干部和志愿入伍者。后增设军工班、学员班，主要培训进驻当地的东北军军士。抗日战争开始后迁陕西南郑，并正式改为军校第一分校，第一任主任为胡宗南系骨干钟彬。抗日战争胜利后裁撤。

武汉第二分校，北伐军到武汉后设立，此外随军行动的第五期学生中的炮兵团和工兵营入伍生，炮科、工科、政治科的学生，已伤亡过半，于是在当地招收学生补充，参加分校学习，在校学生先后被送到南京校本部第6、8期学习，该校教育长有钱大钧等人。抗日战争开始后，迁至湖南武冈，正式定名为中央陆军军官学校第二分校，刘绍先、李明灏等人任过军校主任，学校于1947年并入陆军军官学校。

成都第三分校，中央军借追击红军长征的机会，进入由川系军阀严密控制的四川，为控制川军，蒋介石在当地设立分校，培训川军基层干部，并通过设军训团培训川军的中高级将领。学校于1935年10月成立，由李明灏任第一任主任。抗战开始，改为第三分校。中央陆军军官学校迁成都后，分校由校本部进驻，分校迁往第三战区，校址在江西瑞金、会昌等地，1945年11月，时在重庆的国民政府准备军事改制和整编军队，决定裁撤各分校，第三分校结束，任过分校主任的有吕济、沈发藻等将领。

广州第四分校，北伐军出发后，广州地区由广东军阀陈济棠的第八路军控制，为扩大割据势力，陈济棠在广州燕塘设立广东军事政治学校，培训基层军事干部。1936年"两广事变"时陈济棠被南京政府挤垮后，交出广东的管辖权，该校被改编，在抗战开始后正式纳入军校体系，为第四分校，首任主任为韩汉英。学校先后迁顺德、广西宜山、贵州独山等地，抗日战争胜利前夕裁撤。

昆明第五分校，蒋介石在"追剿"红军的过程中，乘机将中央势力扩展到西南地区，原来由滇军一统天下的云南，也开始接受中央的指令。为统一军令，南京中央政府决定设立基层军校，以加强对当地滇军的影响力。1935年9月16日，蒋介石委派任过中央军校办公厅主任的刘冰祚为主任，主要是负责培训滇军军官。1938年1月，定名为军校第五分校。五分校在裁撤分校中被裁撤。

南宁第六分校，1926年5月，国民革命军第7军曾在南宁设立黄埔军校分校。蒋桂战争后，学校迁入桂林、柳州等地，变为桂系割据势力的一部分，专门训练本系的基层军事干部。两广事变结束后，桂系名义上归顺中央，军校也被纳入中央军校体系，编为第六分校，先后由冯璜、黄杰、甘丽初等任主任。1945年11月裁撤。

西安第七分校，抗日战争开始后，蒋介石的爱将、黄埔系骨干胡宗南主要职责是封锁陕甘宁边区和扩大武装。胡宗南的兵力发展很快，由抗战开始时的一个军团发展到抗战结束时的数个集团军，为满足扩编军队所带来的干部需求，特意在1938年3月在甘肃天水成立第七分校，主任由胡宗南兼任，学校结束于1945年11月。学校改为西安督练处，继续培训未毕业的学生。

湖北第八分校，从1939年起，全国抗日战场已进入相持阶段，属于第五战区的湖北地区已成为正面战场的主要作战区域，大量军队集中于此。军队基层干部需要提高，大批新兵需要培训，第五战区特设干训团。1940年1月干训团改组为第八分校，由黄埔系骨干康泽出任首任主任。1945年6月，形势出现好转，国民党的大批军队即将开赴各前线准备接收，八分校裁撤。

新疆第九分校，新疆地区原由军阀盛世才控制，自成体系，在军事教育和培养军事人才上设有新疆军官学校。直到1943年3月，才接受"中央"命令，将军官学校改组为第九分校。黄埔系骨干宋希濂为首任主任。在分校中该校的规模较大，第一期招考学生 500 余人，编为步兵独立大队和数个骑兵中队。在军校裁撤风中，九分校也被裁撤，未毕业的学生空运成都北较场校本部，继续完成学业。

除军校外，蒋介石为培训中高级军事将领，还主办过不少训练团，如 1933 年夏举办的赣粤闽湘鄂"剿匪"军官训练团，1934 年夏举办的军事委员会陆军军官训练团，1935 年夏举办的峨眉山军官训练团，1936 年夏和 1937 年夏举办的庐山暑期训练团，1938 年 7 月开始举办的中央训练团，1938 年到 1945 年举办的军事委员会游击干部、西南干部训练班，1944 年和 1945 年举办的军事委员会东南、驻滇干部训练团，这些训练团虽说不是正规化的军校学习，也不是主要学习军事内容，但对蒋介石保持对军队的绝对领导和权威起到不小的作用。

（二）培植势力，蒋介石的成功

在国民党军队中，黄埔学生不等于黄埔系成员，黄埔系不等于黄埔同学会。首先，黄埔军校学生在中国社会的巨大变革中出现了大分化。在第一次国共合作时期，国共两党各自的追随者都随着大革命的洪流来到军校就读，更有一些有志青年来到军校后，接受了中共的观点和主张，在国共两党分手时，走上武装反抗国民党反动统治的道路。在中国共产党的武装力量中，黄埔军校毕业的学生为中国革命的胜利做出了不可磨灭的贡献，为新中国的诞生立下了丰功伟绩。新中国成立后，中共军队内的黄埔军校前 6 期毕业生，有 3 人先后出任国防部长，有 4 人先后出任总参谋长，有 4 人被授予元帅军衔，有 3 人被授予大将军衔。

任过国防部长的是：四期生林彪，一期生徐向前，四期生耿飚。

任过总参谋长的是：徐向前，军校政治教官聂荣臻，四期生黄克诚、罗瑞卿。

四位元帅是：徐向前，聂荣臻，黄埔军校教授部副主任叶剑英，林彪。

三位大将是：黄克诚，罗瑞卿，一期生陈赓。

除此以外，还有一些优秀代表，如曾任过防空军司令的一期生周士第、第 2 野战军副政委的一期生张际春、第 1 野战军参谋长的一期生阎揆要、公安军政委的一期生陈其涵、国防科工委主任的二期生王秉璋、防空军副政委的三期生唐天际、军事科学院长的四期生宋时轮、安徽省第一书记的四期生曾希圣。

其次，黄埔军校的学生绝大部分为南京政府服务，但是其中能够称得上黄埔系成员的则不多。黄埔系成员的标准有二：一是要有"黄埔精神"，即黄埔系的思想武装；二是要有权力，即黄埔系的实力武装。

关于黄埔精神，蒋介石在军校成立 35 周年时曾指出："我们一贯的黄埔精神，就是牺牲的精神，团结的精神，和负责的精神。"在 40 周年时，蒋介石特意对此作了解释，他是这样说的："所谓牺牲的精神，则是根于内者，乃为良知与血性；发于外者，则为忠勇和气节。创造时势，而不为时势所支配，恢复其乐死的性质，鼓荡其蓬勃的朝气，并利用逆风的力量，推动前进，永远成为'以一当十，一以当百'的革命先锋，成为'坚持至最后者胜'的榜样。"

"所谓团结的精神，这就是由校训'亲爱精诚'所发扬出来的黄埔精神，这种黄埔精神，固久已贯注于陆、海、空三军军官学校；亦久已贯注于陆海空三军全体将士之中，今天大家依共同凭借的，不但是一个主义，而且是一个历史，一个生命，安危相仗，荣辱一体，既同天下之仇，亦同天下之忧。大家必须齐勇若一，携手并进，以协力互助为主，以公而忘私为本，亦就是要以破除私心、偏心、欺心、疑心，而以同仇敌忾、同舟共济为一致之目标。以革命的道义，自反自责；以革命的信心，相勉相成；这就是我们革命者同生死、共患难、共同奋斗的团结精神。"

"所谓负责的精神，是知革命军人之责任，首在实行三民主义，以成救国救民之仁。行己有耻，就是对自己负责；不欺其志，则是对主义、历史负责；而毋忝所生，乃是对国家、民族负责；今天主义尚未大行，而先烈之血未干，这就是我们发挥其强烈的责任感，誓死贯彻其报国尽责的革命军人的天职的时候！"

所谓的"黄埔精神"，实质内容就是要服从"校长"（即"领袖"），矢志"反共"；基本要求就是不成功成仁，为党国献身；就是要部下在家尽孝，在外尽忠，忠孝不能两全，那就移忠作孝；就是要部下按"仁义礼智信忠孝勇"等封建的伦理道德行事，为南京政权和蒋介石卖命。国民党军队中的黄埔军校毕业生，有蒋介石所说的"黄埔精神"的还真不多。国民党方面说到这类代表时，无非是这几个人，如在解放战争时期在陕北"成仁"的整 29 军中将军长刘戡、沂蒙山区被击毙的整编 74 师中将师长张灵甫、淮海战役中自杀的第 2 兵团中将司令邱清泉、西昌战役中被消灭的第 5 兵团中将司令胡长青等，这些都是不识时务、不承认失败的黄埔系中的死硬派，自绝于光明正大之路的牺牲品，不过给校长蒋介石或多或少换来一点面子。

黄埔系的第二个标准是要有指挥军队的权力。说黄埔系，除了有"黄埔精神"外，还要在国民党军队中拥有相当的地位，所以说黄埔系只是指国民党军队中的中上层指挥阶层，他们在国民党的军事活动中都有各自的活动轨迹，都在现代军事史上留下过各种各样的记录，作为国民党军队中的主流派而存在。无论是在内战中，还是在对外抗击侵略的作战中，黄埔系成为主要的参战力量，蒋介石关心和使用的也是这批人。

黄埔系由两部分所组成：一是准黄埔系，二是黄埔系。

准黄埔系简介——蒋介石的亲信

准黄埔系由保定系、日本士官系组成。保定系、日本士官系虽说无法和黄埔系相比，但却是蒋介石最初所依靠的军事派系。

被中共领导的军队打败的国民党军队分为两大部分：一是中央军，二是杂牌军，前者是南京政府和蒋介石所依靠的主要军事力量。中央军内的各将领，主要来自三大军校，亦即分为三大系。由日本陆军士官学校毕业的被称为日本士官系，由保定军校毕业的被称为保定系，由黄埔军校毕业的被称为黄埔系。在国民党自黄埔军校建军算起的 25 年内，或从南京政府建立算起的 22 年内，三大系中，士官系的影响比较大，但从没有成为军界的主流派；保定系基本上一直在第一线指挥，黄埔系自中期起则成为军界的主流派。

国民党的几乎所有的高中级将领都来自于此三系，特别是蒋介石起家期间，则主要靠士官系和保定系，二系在蒋介石的崛起过程中，起过决定性的作用。蒋介石的主要军事助手，大部分为二系成员。

国民党军队中的士官系

日本陆军士官学校创办于明治元年（清同治七年，1868 年）校址先在京都，4 年后迁入东京市谷。学校校名初为"兵学寮"，7 年后易名"陆军士官学校"。1937 年以后又在本科以外增设预科，定名"日本预科士官学校"，这是后话。陆士从创办到日本投降，招收本国学生断断续续有 58 期之多，毕业学生有数万人。至侵华前夕，非皇族成员毕业生当上大将的就有 87 人之多。侵华的罪魁祸首、战争狂人大都出于该校。如八期生田中义一，昭和二年（1927年）出任首相，是臭名昭著的《田中奏折》炮制者；士官候补生白川义则大将，就是"一·二八侵华事件"的元凶，在事件中死于韩国志士尹奉吉的炸弹之下；被设在士官学校内的国际远东军事法庭判处绞刑的松井石根，就是该校的九期生；至于荒桢夫、冈村宁次、梅津美治郎、板垣征四郎、东条英机、土肥原贤二等以及大部分侵华军队中的主要军事将领都是这所学校的毕业生。该校所出的军事将领之多，可以和中国的保定军校和黄埔军校、美国的西点军校、英国的桑赫斯特皇家军事学院、苏联的伏龙芝军事学院相媲美。

日本陆军士官学校招收中国学生，要求很严，除军事、文化等基础知识外，还要政治上可靠，即对清王朝构不成威胁的青年才能入学，因此报考士校，最基本的一条是要得到清朝或日本军校毕业的中国高级将领的推荐。第一批中国学生进校始于光绪二十六年（1900年）在日俄战争前共招收过3期，到抗战爆发共有28期。这些中国留学生，在中国近现代军事史上占有重要的位置，出过许多名将。如一期生中的铁良、吴禄贞；二期生中的良弼、蓝天蔚；三期生中的许崇智、蔡锷；四期生中的蒋作宾、方声涛；五期生中的何成浚、陈仪；六期生中的孙传芳、阎锡山；七期生中的吴思豫、徐树铮；八期生中的张辉瓒、杨宇霆；九期生中的臧式毅；十一期生中的蒋介石、张群；十二期生中的何应钦、朱绍良；十三期生中的钱大钧、何柱国，以及以后各期的黄国书、罗广文、孙元良、钮先铭、汤恩伯等，这批人都是旧中国军事舞台上的常客。

在国民党的军界，士官系的主要代表人物如下：

何应钦，1889年出生，贵州兴义人。1908年以第一名成绩从全国四大陆军中学之一的武昌第三陆军中学毕业后，由清朝陆军部挑选到日本士官学校留学，为12期生，武昌起义时回到上海参加起义，在沪军都督陈其美手下任过营长，并结识蒋介石。"二次革命"失败后回到日本士官学校完成学业，以后回到家乡任过第2旅旅长、省警务处处长。蒋介石组建黄埔军校时，召何出任教授部少将总教官，自此以后成为蒋介石主要的军事助手。在士官系中他的职务算是最高的，任过的高级职务有第1军军长、国民革命军总参谋长、军政部长、南昌行营主任、陆军总司令、中国战区最高受降官。接受完日本投降后，他作为中国第一个驻联合国军事代表团团长赴美国纽约任职二年余。蒋介石开始"行宪"，出任首届"国防部长"，在人民解放军渡江前夕还任过两个月的行政院长，即使到台湾后，他退居二线后也是此类人中间地位最高者——"战略顾问委员会主任委员"。

张群，1889年出生，四川华阳人。他和蒋介石同期考上保定通国陆军速成学堂，但两人并不相识。又同期考上日本士官学校留学，两人在赴日的船上成为好友，并且同一专业，因为受到西方"船坚炮利"的影响，专业都是学炮兵。在以后的4年间和蒋介石朝夕相处，互帮互学，并加入同盟会。武昌起义时回国，和蒋介石一起在陈其美手下共事，蒋为第5团团长，张为第89团团长。"二次革命"失败后，回到日本完成"士官"学业。回国后任过护法军政府副官长、成都和开封警察厅厅长。蒋介石率军北伐后，召回老友张群出任总司令部总参议兼军委委员、军政部次长、上海市长、外交部长。抗战开始后，出任军事委员会秘书长兼成都行营主任。职务以外，主要工作是协助蒋介石处理对日事务，蒋介石对日妥协为主的外交方针，主要是通过张群贯彻执行的。到台湾后，张群并没有像许多大陆时期的重臣一样被蒋家父子所抛弃，继续在政坛发挥着作用，任过地位很高的"总统府秘书长"等职。

陈仪，1883年出生，浙江绍兴人。在士官系中他的资格较老，赴日留学的时间比蒋介石还早8年，并且在士校毕业后又完成了日本陆军大学的学业。以后在北洋军孙传芳部任过第1师师长、第1军司令官、浙江省省长等职。北伐军兵临浙江，所部向蒋介石方面投诚，出任第19军军长。以后陈仪凭在士官系中的老资格任过许多重要职务：兵工署署长、福建省主席、行政院秘书长、中央训练团教育长，抗日战争胜利前夕，出任陆军大学校长，成为国民党最高军校主持人。不久改任台湾行政长官，主持对台湾的接收。由于接收官员的腐败不堪和作恶多端，导致"二二八事件"发生，自此以后陈仪被蒋介石排除在决策圈以外。上海解放前夕，陈仪将军识人有误，策划自己的义子、士官系的重要代表人物汤恩伯起义，被汤义子出卖，1950年6月被杀害于台北，他是士官系中政治上的醒悟者。

钱大钧，1893年出生，江苏吴县人。江苏陆军小学第四期毕业后先考入保定军校，也是学炮兵，因在校内表现优良而被送到日本士官学校留学。1919年6月回国任保定军校第8期分队长，后来在中国军事舞台上有过显赫表现的陈诚、周至柔、罗卓英都是他的学员。第一次直奉战争后南下广州，服务于粤军第1师，为中级军官。蒋介石筹组黄埔军校时，钱大钧被蒋介石拉来一起筹备军校，军校成立后为中校兵器教官。在蒋介石组建以黄埔子弟为主的嫡系部队时，钱大钧的职务越来越高，蒋介石出兵北伐时，把留守广州的任务交给了钱大钧，出任广州警备司令，曾是"四·一五广州政变"的策划者和行凶者。不久调任上海淞沪警备司令兼 32 军军长、军委委员。以后一直在前线指挥军阀混战和"剿共"战争。西安事变时，在枪战中受伤。抗战开始后，出任航空委员会主任。抗战胜利后为首任上海市长，不足一年将职务交给吴国桢。对此安排钱大钧极为不满，辞职回到家乡出任县议会议长，这位国民党中央常务委员、中将级的县议长在国民党内也算少见。事实上此时在国民党军事领域，士官系已全部衰退，保定系和黄埔系已全部接替士官系在军界的地位。直到国民党在大陆失败前夕，钱大钧才和张群、胡宗南等人一起指挥在大陆的最后一仗，结果当然不言而喻，战而不胜。到台湾后，钱退出政界，从事一些无碍全局的体育交流活动。

汤恩伯，1900 年出生，浙江武义人。此人对军事有着特殊的爱好，尽管先毕业于浙江体育专科学校，后又考上日本明治大学法科，但他又通过陈仪的推荐和支助考入日本陆军士官学校。军校毕业后，又由陈仪推荐到蒋介石的北伐军总司令部任作战科长。在蒋介石的重用下，汤恩伯不断升迁，很快出任第 2 师中将师长，在第五次"围剿"中升任第 10 纵队司令，指挥 3 个师直攻瑞金城。抗战开始后，亲率一手扶植起来的 13 军，参加抗战，尽管在作战中以善于逃跑而出名，但官越当越大，任过第 7 军团前敌总指挥、第 20 军团司令、31 集团军总司令、第三方面军总指挥。抗日战争胜利后，主持上海地区的受降事务。全面内战爆发后，他一再投入内战战场，屡战屡败，国民党的五大主力之一、整编 74 师就是在他的指挥下被消灭的。在 1949 年间，他又指挥过国民党在大陆失败过程中最为关键的两仗：一是以京沪杭警备司令的身份指挥上海战役，二是以福州绥靖公署主任的身份指挥厦门战役，彻底失败是他的最后战绩。到台湾后不久，因盲肠炎死于他一向崇拜的日本的医院手术台上。

国民党军队中的保定系

保定系来自保定军校。华北重镇保定作为军事干部的培训地起自清朝末年，袁世凯主持清廷的军训不久，又主持天津小站练兵后，在保定办过几所军校，训练初级军官。主要有北洋行营将弁学堂（1902—1905 年）、北洋速成武备学堂（1903—1909 年）、陆军行营军官学堂（1906—1912 年）分别由冯国璋、段祺瑞等出任督办。民国以后，陆军行营军官学堂被改组为陆军大学，并从保定迁入北京西直门内大街崇元观，陆军大学到蒋介石发动的二期北伐时被接管，1932年迁往南京。

保定的速成武备学堂创办于1903年11月，在当时为全国规模最大、学制最完整的军校，1906年改为陆军速成学堂，又称为"陆军通国速成学堂"。蒋介石和张群就是在该校第一次公开招生时录取，并一起从该校考入日本陆军士官学校。中华民国成立后，速成学堂改组为保定陆军军官学校，直接隶属于陆军部军学司，这就是闻名于世的保定军校。

保定军校和黄埔军校一样，只是个培养低级军官的学校，但这是以后成为将军的军人所必须走的道路，所以初级军校对军人来说同样重要。保定军校自1912年开始正式招生，设有步科、炮科、骑兵科、工兵科、辎重科五个专业，进行标准化的现代初级军官教育，军校的教官大都毕业于日本陆军士官学校等外国军校，教学中采用的是德国、日本的训练方法，管理和教学极为严格。正是因为校内的严格且现代的管理和教学，在它存在11年间培养的6754名毕业生中，有不少人成为现代史上的军事将领。

在国民党军界，保定系的主要代表人物如下：

陈诚，1898年出生，浙江青田人。"五四运动"爆发的那一年，他考入保定军校第8期炮兵科，学校毕业后南下广州，进入粤军第1师任职炮兵连。黄埔军校成立时，和所部的团长邓演达一起来到军校，出任上尉特别官佐，引起蒋介石的注意。在东征中升任炮兵第2营少校营长、特种大队长。在北伐期间，官升数级，由中校参谋跳至第21师师长。以后直线上升，任过的职务有第11师师长、第18军军长、第五次"围剿"主力北路军前敌总指挥、庐山军官训练团副团长。抗日战争开始后，陈诚指挥和参加过上海、武汉等会战，作为蒋介石的军事助手和钦差大臣，任过军委会政治部部长、第九战区司令长官、第一战区司令、国防研究院副院长。全面内战爆发前，出任军事改制后的首任参谋总长，负责指挥全面内战。1947年8月，因全面进攻失败，降任国民政府主席东北行辕主任及政务委员会主任委员，指挥东北地区的内战，任内调动40余万兵力和中共的东北民主联军决战，损兵折将后又是失败，气得胃病复发，回到上海治病和疗养。1948年12月，蒋介石已经预感到南京政府的来日不多，计划把台湾作为流亡政权的所在地和国民党"复兴"的基地，特意安排陈诚担任台湾省主席兼警备司令，负责看守后院和加强对迁台工作的指导和控制。国民党的大失败并没有成为陈诚政治仕途的末日，他和蒋经国一样成为所有去台的国民党上层军政人物中最大的幸运者，出任蒋介石的副手："行政院长""副总统"、副总裁。兼职还有"总统府光复大陆设计研究委员会主任委员""革命实践研究院主任"。

顾祝同，1893年出生，江苏涟水人。保定军校第6期毕业后南下粤军供职，担任许崇智部教导队区队长，陈炯明叛变时担任东路讨贼军副官长，结识时任东路军参谋长的蒋介石，所以在黄埔军校成立时，蒋介石找到了他，聘请他担任教授部中校战术教官，在巩固广东革命根据地的战斗中，升任国民革命军第1军第1师第2团团长，北伐结束时已为第9军军长。以后任过洛阳行营主任、南京警卫军军长、第五次"围剿"中共中央革命根据地时出任主力北路军总司令。西安事变时出任西安行营主任，负责处理事变善后事项，对东北军和西北军作出不公正的决定他负有相当大的责任。抗日战争中，他一直指挥第三战区的战事，下辖有4个集团军和新四军，率领中央军对日进行过一些作战，但也多次挑起和新四军的摩擦，并一手炮制了震惊中外的"皖南事变"。抗战胜利后，顾祝同升任陆军总司令兼郑州指挥所主任，后改任总参谋长，南京政府搬到广州后，兼代理"国防部长"。顾祝同到台湾后，以保定系骨干的地位，在政坛上还有一定的影响力，出任"总统府战略委员会副主任委员""国防会议秘书长"。

周至柔，1899年出生，浙江临海人。保定军校第8期生，主修步兵科。毕业后在地方军阀中任过一些初级军职，黄埔军校成立时，来到军校出任兵器官，在军校里碰上老同学陈诚，不过两人在当时都是初级军官。因为是同学和同乡的关系，成为好朋友，以后在同一个部队中任职，所不同的是陈诚一直高他一级。陈诚组建起"土木工程系"，出任第11师师长，周至柔则为他的副手。到20世纪30年代，南京政府决定扩大空军，设立杭州笕桥中央航空学校，从未当过空军的周至柔出任中央航校教育长、航空委员会主任。抗日战争爆发后，周至柔出任新成立的中国空军前线指挥部总指挥，不久又改任空军军官学校教育长、航空委员会主任。1943年，作为军事顾问随同蒋介石出席开罗会议。全面内战爆发后，航空委员会改为空军总部，周至柔担任空军司令。在国民党去台过程中，周指挥的空军起过很大的作用，抢运出不少物资和各类人物。到台湾后，周至柔任过不少重要职务，如"国防会议秘书长""台湾省主席兼保安司令""总统府参军长""国家建设委员会主任委员"。

刘峙，1892年出生，江西吉安人。他在保定军校系中的资格较老，为第2期生。他在粤军任过一些无关仕途的职务。1924年蒋介石筹组黄埔军校，聘请刘峙为军校教授部少校教官。从东征起他就进入军事一线指挥岗位，出任由一、二期生为主组成的东征军第1团第2营营长，北伐时已是第1军第2师师长，以后他的官越当越大，任过第1军军长、第1军团总指挥、赣粤闽湘鄂五省"剿匪"北路军总司令。抗战开始，虽说他的战绩不佳，但所任的军职越来越高：第2集团军总司令、豫皖绥靖公署主任、重庆卫戍司令、第五战区司令长官。全面内战开始不久，身为郑州绥靖公署主任的刘峙，因连战皆输，被降调为"总统府战略顾问"，处于休闲状态，直到1948年6月又任徐州"剿共"总部总指挥。在中共方面发起的淮海战役进入决战阶段，他应召飞往蚌埠，躲过人民阵营的惩罚，以后处于半退休状态。大陆解放后，他逃往香港，直到1953年底才到达台湾，出任"总统府战略顾问"。

张治中，1890年出生，安徽巢县人。他毕业于保定军校第3期，在大革命的洪流中，参加了黄埔军校的创建工作，出任学生总队长、军官团团长，还兼任过广州卫戍司令部参谋长、军事委员会航空局长，航空学校校长。北伐军总司令部成立时，他出任总司令蒋介石的副官长。以后他任过一系列的重要职务：军委会军政厅厅长、中央陆军军官学校教育长、武汉行营主任、第5军军长。抗日战争爆发后，他任过第5军军长、第9集团军司令官、湖南省政府主席、军委会侍从室主任、军委会政治部长、"三民主义"青年团中央干事会书记长。1942年起被指定为国民党的谈判代表，"重庆谈判"时作为蒋介石的代表和美国大使赫尔利一起到延安迎接毛泽东主席。抗日战争结束后，出任国民政府主席西北行辕主任兼新疆省主席，参与了抗战胜利后国共双方的和平谈判。到1949年初，面对三大战役的彻底失败，南京政府决定接受中共关于和平谈判的呼吁，张治中参加国民党的和平代表团前往北京和中共谈判，谈判被国民党内的主战派破坏后，张将军被周恩来留在了北京，中共在上海、南京的地下组织还把张治中的夫人送到了北京。从此，张将军参加了人民阵营。

士官系和保定系的作用

在国民党的军事史上，保定系和士官系起过很大的作用。一是培训出黄埔系。蒋介石在一生的政治活动中，最主要的依靠力量是黄埔系，但黄埔军校的基本教学力量、管理力量都是二系成员。中国现代军队的出现比西方晚了近200年，当西方用鸦片和洋枪洋炮打开中国的大门时，中国才感觉到除了历史悠久的"十八般"兵器外，还有令"十八般"兵器一筹莫展的洋枪洋炮，还有令号称刀枪不入的中国武功一筹莫展的洋枪洋炮，习惯于布阵作战的中国军队发现还有不需要拼杀手中刀枪棍棒、远距离就能作战的新式军队。在洋务运动失败后，中国的执政者才感觉到需要建立自己的军校和各种学校，直到20世纪初中国才有了军校毕业生。实施初级军官教育，在中国是个新生事物，在拥有3亿多人口的中国，面很小人很少，远不能适应需要，到蒋介石在广州主办黄埔军校，聘请军事教员时，除了主动表示支助的苏联顾问外，只有请南方各类杂牌军队中的、为数极其有限的保定、士官系成员来教授，二系成员负责培训蒋介石的子弟兵。

二是协助蒋介石具体指挥各军兵种，无论是东征时以黄埔毕业生为主的校军、党军，还是北伐时期的国民革命军第1军，以及南京政府时期的数百万大军，主要指挥官不少为保定系和士官系成员；无论是东征时的巩固广东革命根据地的战斗，还是讨伐北洋军阀的战斗；无论是进行"反共"内战，还是全民族的抗日战争，保定系和士官系都是主要指挥官。这是因为指挥数百万军队必然要有一大批高级将领，蒋介石自己培训的黄埔系还未成势，羽毛未丰，对保定和士官二系这一清朝末年以来培养的具有现代军事意识和基础的将领，当然十分重视，分别授予高级职务，中下级则由黄埔学生担任。即使到抗战开始，黄埔系全面走上接班岗位，保定和士官系也没有全部退出历史舞台。

三是成为蒋介石的基本支持力量。蒋介石直至筹备黄埔军校以前，都是"空手套白狼"，无一兵一卒，无一枪一炮，在国民党内的地位也是二、三流。所以他要夺职国民党内的领导权位，没有一批死心塌地的支持者是不可能成功的。再则他自出任黄埔军校校长后，先夺军权、再夺党权和政权的行为，一再受到党内以西山会议派为代表的元老派，以胡汉民和汪精卫为首的现职党内领袖，以冯玉祥、阎锡山和李宗仁为代表的地方实力派的质疑，这就需要一批基本的支持力量。保定系和士官系适应了这一情势，他们和蒋介石保持高度的一致，忠于蒋介石的以"反共"为核心的军政路线，在蒋介石的指挥下，南北进攻，东西作战。严格地说，除了最后的全面内战外，二系基本实现了蒋介石的作战目标，如果没有这样一大批二系骨干所组成的将领，蒋介石不可能在军事上有所作为。在现代军事史上，被蒋介石打败的阵营，都没有蒋介石如此多的将领；而战胜蒋介石的阵营，当然有政治、社会、民心等多种因素，但是具有无数献身于人民和民族事业的将士更是不可忽视的原因。

保定系和士官系，之所以为蒋所用，为南京政府所效力，这是因为他们个人也有所求，蒋介石和南京政府能够提供他们所需要的一切。说实话，当年投考保定军校和远赴日本留学士官学校的青年，都是有志之士、有为之士。因为当年要想考上为数不多的军校，除了身体素质要好外，还需要有相当的文化知识，可以算是社会上的人才，他们如果不进军校，运用自己的知识进入普通大学，很可能也会在文化科技上有所成就。在当时的社会背景下，他们投身军旅，除了解决生活问题外，更主要的是政治上追求"出头天"，有所成功、光宗耀祖。例如，陈诚、汤恩伯就是典型个案，两人当年都已毕业于浙江体育专科学校，后者又考入日本明治大学，但是他们和当时不少人都认识到，在被称为"东亚病夫"的旧中国，要靠当一个体育教师或从事其他行业，永无出头天，在"乱世英雄起四方、有枪就是草头王"的年代里，升官的捷径就是从军，这一从封建社会沿续下来的追求功名的道路对他们有着很强的吸引力。1917年8月，孙中山南下护法，组织军政府，进行武力北伐，作为国民党的第一支军队，粤军陈炯明部应运而生。粤军需要大批人才，以及护法北伐这一政治口号，对当时军校的毕业生同样有着很强的吸引力。特别是蒋介石筹备国民党的第一所正规军校——黄埔军校，对保定和日本士官学校的学生来说，更是一个难得的机会，他们纷纷南下，投奔蒋介石。再说，这一时期的中国正处于大变革、大动荡、大改组时期，只要选准目标，有着不可估量的前途，这为二系骨干的成功提供了可能。因此说，蒋介石和二系的紧密关系，是相互需要、相互支持、相互利用，当然蒋介石是主导的一方。

保定系和日本士官系在国民党军事史上的地位，也可以从蒋介石执政后的第一批授衔时的人选中看出来。

1935年4月2日，蒋介石任命第一批将军时，一级上将有9人，是阎锡山、冯玉祥、张学良、何应钦、李宗仁、朱培德、唐生智、陈济棠、陈绍宽。

4月3日任命二级上将20人，是陈调元、何成浚、朱绍良、韩复榘、宋哲元、刘湘、刘峙、万福麟、何键、白崇禧、刘镇华、顾祝同、商震、傅作义、徐永昌、于学忠、杨虎城、蒋鼎文、龙云、徐源泉。

4月4日至10日任命中将89人，有杨杰、贺耀祖、钱大钧、陈诚、卫立煌、夏斗寅、孙连仲、陈继承、上官云相、薛岳、罗卓英、谷正伦、周岩、陶峙岳、万耀煌、汤恩伯、吴奇伟、周浑元、张自忠等。

在这118名将军中，相当大的部分都是属于士官系和保定系。特别是在后期，在上述人员中占有不小比例的地方实力派的名额，开始大幅度减少，从次年起蒋介石授衔的名单中，主要就是属于准黄埔系的保定系、士官系和黄埔系的将领。

准黄埔系的主要将领，除了服从蒋介石的领导、为南京统治集团卖命作战外，平时对蒋介石也是极其尊重，极少对蒋介石的指挥艺术说三道四，无不把得到蒋介石的接见视为一生夸耀的事情。至于后来为了某种需要，也有一些该系将领对蒋介石进行严厉批评，这已是另外一个问题。

黄埔系的骨干——蒋介石的爱将

黄埔系，是指黄埔军校毕业生中的掌权者。黄埔军校学生很多，大陆时期共有23期之多，现根据台《传记文学》上登载的刘乃衡先生的大作，将军校各期情况介绍如下：

1期生。军校前6期因为是在大革命时期，前有平息商团和杨刘叛乱、两次东征等战斗，后有北伐进军，所以学习、训练不稳定，学制不一，第一期生最短，只有半年余。1924年5月入学，到同年11月28日和12月26日即被编入相继成立的教导第1、2团。教导团内主要团、营长由准黄埔系担任，连、排、班长和机关干部主要由1期生出任。这支新型军队立即奔赴前线作战，并在战火中经受了考验，如果不是后来的国共分裂，黄埔系和准黄埔系加入南京政权的话，本来可以做出更大的贡献，在中国现代史上写下更多的篇章。

2期生。从军校第2期起，学科增加。1924年8月从各省市招来的479名学生进校后，分为步兵、炮兵、工兵、辎重兵、宪兵科等专业进行培训，学制本来和1期生一样，只有6个月，因为进校起就参加战斗故延长至1年，至次年8月正式毕业。一离校就被编入国民革命军第1军，投入正在进行的第二次东征作战。

3期生。本期学生主要来自苏沪浙和广东地区，共有1230余名，1924年底入学，分为步兵、骑兵两科。3 期生入校后，第一次东征时参与外围的一些军事行动。"沙基惨案"发生时，该期学生积极组织了抗议帝国主义侵略的活动。第二次东征时，快要毕业的第 3 期学生被编入由前 2 期军校毕业生组成的国民革命军第 1 军，参加了第二次东征的前线作战。3 期生毕业时间为 1926 年 1 月。前 3 期生中，在历次战斗中，共有 531 人牺牲，408 人负伤，其中不少是在军校学习还未毕业的学生。

4 期生。1926 年 1 月进校，10 月毕业，总共有 2654 名学生。从第 3 期起招生数量大为增加，这主要一是办学条件有所改善，二是革命形势发展的需要，学生的增加不仅是军校教育的扩大，更主要是革命武装的增加，在当时巩固广东地区革命根据地的各项战斗中，黄埔学生发挥了主力军的作用，许多学生没学习就先奔赴战场。4 期生进校后，分为步兵、炮兵、工兵、政工、经济等科，由于当年的军事、政治形势变化多端，本期学生一直在校外执行勤务，故基本上没有时间在课堂学习，一毕业就奔赴北伐前线。

5 期生。共有 2418 名学生。绝大部分是上一期的入伍生，因形势需要而未入校学习，到 1926 年 3 月改为第 5 期入伍生第 1 团，7 月又增编第 2 团。7 月北伐开始，本期生又兵分两路，入伍生队中的炮兵团、工兵营、迫击炮连随军北伐，攻占武汉后，在武汉成立军校分校，第一批学生就是第 5 期的入伍生团和在当地招考的学生，于 11 月正式开学，到第二年 8 月毕业。另外一路留在广州，参加当地的保卫工作，在巩固后方、剿平土匪方面起了很大的作用，后经黄埔军校短期培训后毕业。

6 期生。本期生有三批，一是校本部第 6 期，于 1926 年 10 月进校，有 4000 多人，因为有上海"四一二政变"、广州"四一五大屠杀"和宁汉分裂等一系列重大政治事件发生，广州 6 期生变化很大，不少人离开学校，1929 年 2 月毕业，共有 718 人，称为第 6 期第 2 总队。二是南京第 6 期，学生来源主要有这几方面：南京当地考取的学生；在杭州受训的以军校名义收留的在作战中流失的黄埔学生和新招考的学生第 1、2 大队；北伐过程中在长沙和武汉建立的分校学生、学兵团；福建陆军干部学校学生；第 14 军和第 44 军军官讲习所学生。总共约为 3534 人，分为步兵一、二、三、四大队，炮兵大队，工兵大队，交通大队，1929 年 5 月毕业，为第 6 期第 1 总队。

7 期生。此时黄埔军校校本部已改为预科，在第 6 期招考时报名者很多，故将未录取者又编为第 7 期预科，分为学生军和军士教导队。不久陈济棠为割据的需要，又在燕塘设立第 8 路军干部学校，1928 年 5 月被南京军委会撤销，学生改为黄埔军校入伍生，这样入伍生和预科生，同在 1928 年冬正式入学，于次年 9 月毕业，共有 666 名，为第 7 期第 2 总队。蒋介石在南京登场后，于 1928 年 3 月成立中央陆军军官学校。招收的学生先在杭州的军事训练班受训，编为第 3 大队，事实上即为第 7 期预科；此外，第 2 集团军的军官学校学生，也送到杭州培训。到 1928 年冬天，两部分都被送到新设立的中央军校学习，分为步、骑、工、辎等科，1929 年 10 月毕业，共有 852 名，为第 7 期第 1 总队。

8 期生。从此期起，中央军校的学制和教学开始正常化，学制定为 3 年。第 1 年为入伍生教育，主要任务是熟悉军队生活和各种勤务，掌握各种军人的基本要领；后 2 年为军事教育时间，教学目的是让学生掌握各种军事知识和理论，学会领兵和指挥作战。教学体制是仿日本士官学校，教学方式上则采用德国军事教育方式。1930 年改制后的第 1 期学生进校，编为第 1 总队；次年 3 月武汉分校第 8 期学生总队并入校本部，编为第 2 总队。第 1 总队于 1933 年 5 月毕业，第 2 总队于 1933 年 11 月毕业，共有 1700 多人。

9 期生。黄埔军校前 8 期，因为北伐前北方处于北洋军阀严密控制地区，所以各期的招生主要在南方有关省进行，其中又以广东、江西、湖南等和南方革命政府联系较多的省份的学生为多，北方除像陕西、山东等当时一直有革命活动的省份外，另外省份很少有人南下报考军校。中原大战结束后，蒋介石名义上完成对北方的统一，为扩大兵源和增加对北方地方实力派的约束力，有必要增加军校中北方省份的名额。所以 9 期生，以黄河流域和东北地区的豫、晋、冀、黑、吉、辽等省份为主要生源，共招收 654 名，于 1931 年 3 月进校，1934 年 5 月毕业。

10 期生。"九一八事变"爆发后，各地兴起从军热潮，有志青年纷纷投笔从戎，立志抗日救国，这为中央军校的招生带来了便利。本期生招生两次，先是于 1933 年 9 月招生一次，编为入伍生团。后又将不愿离去的前来报考未被录取的学生编为备取生团，增加半年学习时间。前者有 940 名学生，分为步、骑、炮、工、交通等专业学习，1936 年 6 月毕业，称为第 10 期第 1 总队。后者有 621 名，于 1937 年 1 月毕业，称为第 10 期第 2 总队。

11 期生。本期第一次在全国各地设立的招生点上招生，中央军校在南京、上海、北平、汉口、广州、洛阳等城市分别招生，投考者达 10000 多人，最后录取正取生 700 多人，编为入伍生第 1 团；备取生编为预备班。于 1934 年 9 月入伍，入伍期满后再到部队实习 3 个月，于 1936 年 1 月正式升学，因为抗日战争爆发，本期生提前于 1937 年 8 月毕业，预备生也于南京陷落前即同年 10 月离校，二者共有 1270 人。

12 期生。1935 年 9 月 28 日在南京入学，11 月炮兵学校的部分学生转入中央军校学习，一年后分为步兵科 4 个连，炮兵科 1 个连，工兵科 1 个连，附设通信兵科 1 个排。本期在校期间，抗日战争爆发，学校向大后方转移，次年初在武昌毕业，总共有学生 740 人。

13 期生。1936 年 9 月 1 日在南京录取，总共有 1490 名学生，经过一年的入伍锻炼后于南京撤退以前入学，在向大后方转移途中，历经 4000 余里长征，经皖、赣、湘到达四川铜梁，1938 年 9 月 16 日毕业。毕业时只有学生 1412 名。此期学生因是非常时期，主要是行军，没有时间进行系统的学习，再说正面战场需要大量基层干部，本期提前毕业。

14 期生。本期招生时抗日战争已经爆发，1937 年下半年录取，分两批入学，第 2 总队是在当年 10 月报到，第 1 总队晚两个月，后者于 1938 年 11 月在四川铜梁安居镇毕业。前者在 1939 年 9 月毕业，总共有学生 1510 人。还有 1 个总队为成都分校招考的学生，毕业时间是 1939 年 1 月，总共有 1520 名学生。

15 期生。本期是在军校本部途经武昌时招收的，1938 年元旦入伍，1940 年 7 月 21 日毕业于成都，有学生 1559 名。另外，学校还代培空军学生 272 人。本期同样经历了军校向成都的迁徙过程，学习极不稳定和不系统，但学生一毕业大部分即奔赴正面战场。

16 期生。是军校迁成都后招考的第一期学生，学生中有不少人是来自全国各地的青年学生，素质较好，所以在后来的国民党军事舞台上，16 期生也是出尽风头，在黄埔系中前 6 期和第 16 期生中出的高级将领，远多于其他各期。本期生中，第 1 总队于 1938 年 10 月入学，驻在成都南较场，有学生 1597 名，1940 年 12 月毕业。另外第 1 总队中还有空军学员 97 人。第 2 总队有学生 1629 人，学习地点是在铜梁，1939 年 10 月毕业，受训时间只有 1 年。第 3 总队驻于成都北较场，1939 年春入学，1940 年 4 月毕业，共有学生 1165 名。

17 期生。主要是为抗日战场大量培训基层军官，因此有 3 个总队，分地受训。第 1 总队于 1940 年 4 月 15 日开学，住在成都西较场，有学生 1527 名，1942 年 4 月毕业；第 2 总队是在铜梁，有学生 1377 名，受训时间为 1940 年 5 月至 1941 年 11 月 20 日；第 3 总队在成都北较场，有学生 1030 人，受训时间为 1940 年 7 月 13 日至 1942 年 2 月 15 日。

18 期生。本期起学生全部集中成都受训，有 2 个总队。第 1 总队于 1941 年 4 月入伍，分驻在成都青羊宫、草堂寺等地。1942 年为便于管理和教学，步兵、工兵大队迁往成都北较场，特科迁往西较场，二者共有 1600 人，1943 年 2 月毕业。第 2 总队于 1941 年 11 月 25 日入伍，在成都南较场，共有 1227 名，1943 年 10 月 8 日毕业离校。

19 期生。本期生中有不少是从沦陷区中招来，1942 年春报到，编为第 2 总队，为特科总队，计骑兵 1 队，炮兵 3 队，工兵 2 队，辎重和通信各 1 队，总共有学生 902 名，驻西较场，12 月 25 日正式入伍训练。第 1 总队又在草堂寺，有 998 名学生。至 1945 年春，各战场开始转入大反攻，学校提前毕业，于 4 月间全部离校，分配各部队任职。

20 期生。1944 年 3 月 20 日在成都南较场进行入学典礼，分驻西、南较场，合编为步兵 1 大队，辖 3 个中队。到 1946 年春，昆明第 5 分校撤销时未毕业的学生来到成都校本部受训，编为第 4 中队。此外还有炮兵 1 个大队，工兵 1 个大队，骑兵、辎重兵各 1 个中队，合计有学生 1116 名。本期生是全面内战爆发后毕业的第一批学生，离校后全部开往内战战场。

21 期生。本期学生从 1944 年 5 月起陆续入伍，共编为步兵 11 个大队，骑兵 1 个大队，炮兵 2 个大队，工兵 2 个大队，辎重兵 1 个大队，通信兵 2 个大队，合计共有 6038 人，学生分别于 1947 年 8 月、12 月、1948 年 6 月毕业。

22 期生。抗战结束后招收的第一批学生，总共有 3 个总队，1358 名学生分为炮兵、工兵、骑兵、通信、辎重、步兵等几个大队，1947 年 7 月在双流井入伍，1949 年 3 月毕业。另外 1 个总队有 974 名学生，在步兵科和通信等科学习，学习时间为 1948 年 7 月至 1949 年 7 月。还有第 3 总队，由预科班学生升学而成，有学生 865 名，同在 1949 年 7 月毕业。

23 期生。本期生为军校在大陆的最后一期学生，第 1 总队有学生 1362 名，为特科，分为炮兵、工兵、骑兵、步兵等几个大队，于 1948 年 8 月入伍，应于 1949 年 12 月 25 日毕业。第 2 总队为步兵科，有学生 864 名，1949 年 9 月入伍生阶段结束后正式入学。第 3 总队也为步兵科，有学生 850 人。在这一期学生毕业前夕，解放军已经兵临重庆，11 月底国民党政府和各机关迁往成都，军校也前往。在成都解放前夕，军校学生已无法进行毕业典礼，毕业后也没有去处，只好在第 2 总队总队长李邦藩的指挥下，随胡宗南部撤往西昌。逃跑途中，在大邑附近，被解放军包围，23 期生中有不少人被打死和俘虏，李邦藩死于流弹。也有不少 23 期生幡然醒悟，投入人民怀抱。余部在胡宗南部被消灭后自行解散，军校在大陆时期的招生情况大概如此，名震一时的军校就在这混乱和逃跑途中结束历史使命。

黄埔军校总共有 23 期学生，有学生数万人，但是在国民党军界中只有前 6 期最有地位和影响，大陆时期的黄埔系骨干大部为前 6 期生。尽管前 6 期处在大革命时期的紧张时刻，学习不系统，军训不正规，学制也不一致，学习时间甚至不如后来各期的短训班，但是前 6 期有着不可动摇的地位和势力。在国民党军界前 6 期内也是讲究资历，前后期之间界限分明，高一期压死人，低一期自甘屈就。

在黄埔学生中表面有蒋介石所说的"黄埔精神"的将领很多，可以说到国民党在大陆的大失败前夕，中央军中的团长以上军官岗位，几乎全为黄埔军校的毕业生所占据。多少人任过中、高级军事指挥、领导职务，计不胜计，因为档案保存不全，不易说清楚，但出名者不少。主要代表如下：

"国防部长"：一期生黄杰、陈大庆，四期生高魁元。"参谋总长"：一期生桂永清、王叔铭，五期生彭孟缉。"空军司令"：王叔铭；副司令：六期生徐康良，六期生徐焕升，三期生毛邦初。"海军司令"：桂永清。"陆军司令"：四期生罗列。

此外，还有"宪兵司令"：七期生罗友伦；"装甲兵司令"：二期生沈发藻；"陆军副总司令"：一期生罗奇；军事委员会调查统计局局长：六期生戴笠；"国防部保密局局长"：四期生毛人凤；"国家安全局局长"：二期生郑介民；"警察总署署长"：六期生唐纵；陆军军官学校校长：一期生关麟征；"国防大学校长"：六期生侯腾；杭州笕桥航空学校校长：六期生胡伟克；中央警官学校校长：二期生李士珍；南京卫戍司令：一期生张耀明；"台北卫戍司令"：一期生黄珍吾；东北"剿共"副总指挥：一期生郑洞国；一期生范汉杰；徐州"剿共"副总指挥：一期生杜聿明；川鄂绥署主任：一期生宋希濂；第 2 绥靖区司令：一期生王耀武；第 2 绥靖区副司令：一期生李仙洲；第 10 绥靖区司令：一期生李玉堂；第 15 绥靖区司令：一期生康泽；第 1 战区司令：一期生胡宗南；第 1 兵团司令：一期生黄杰；第 2 兵团司令：一期生邱清泉；第 5 兵团司令：四期生胡长青；第 6 兵团司令：一期生李延年；第 9 兵团司令：六期生廖耀湘；第 12 兵团司令：一期生黄维；第 13 兵团司令：四期生李弥；第 16 兵团司令：一期生孙元良；第 17 兵团司令：一期生侯镜如；第 21 兵团司令：三期生刘安祺；第 22 兵团司令：一期生李良荣；第 1 军团司令：四期生胡琏；第 2 军团司令：三期生石觉；台湾防卫总部参谋长：六期生董嘉瑞；澎湖防卫司令：四期生阙汉骞；金门防卫司令：四期生刘玉章；大陈防卫司令：六期生刘廉一；"交通部长"：一期生袁守谦；"交通部长"：一期生贺衷寒；"内政部政务次长"：一期生邓文仪；四川省党部主任委员：一期生曾扩情；江西省主席：二期生方天；"反共救国团主任"：四期生胡轨。

准黄埔系、黄埔系，组成了国民党军队的主要框架，蒋介石和国民党政权的所有军事任务，主要由这二系完成。

出任黄埔军校校长，是蒋介石走上篡权、"反共"之路的起点。

二、在广州，政治权力巩固

从出任黄埔军校校长到建立南京政府，蒋介石完成夺权过程费时不过 3 年，这是因为第一次国民革命高潮和北伐，为蒋介石借组织国民革命军之际、发展实力提供了机会；孙中山过早逝世，造成国民党内上层权力重新组合，为蒋介石各个击破、夺取最高权力提供了机会。

（一）大革命的兴起和孙中山的逝世

蒋介石之所以能够迅速崛起于大革命期间，主要原因有二：一是有发展实力的条件。当时，为完成北伐统一大业，国共两党以两广地区为根据地，建立起新型军队——国民革命军。因为蒋介石身为黄埔军校校长和参与指挥了一系

1926 年，蒋介石出任国民革命军总司令

列巩固广东革命根据地的战斗，所以这支革命武装最后落入他的手中，成为他篡权"反共"的主要军事力量；凭着这支军队，蒋介石在党内的权力调整中，先利用"左"派打击右派，再依靠实力打击"左"派和中国共产党人，权谋连连得手，在不长的时间内基本控制了国民党的党政军大权。二是缺少遏制蒋介石蜕变的有效力量。蒋介石出任黄埔军校校长后，在当时的形势和实力对比下，只有德高望重、功勋卓著的孙中山还能对其和国民党右派进行有效遏制，可惜的是，孙中山过早逝世，国民党内乱开始，蒋介石趁乱夺权。

国民党改组——大革命高潮兴起

刚刚经历过"陈炯明叛乱"这一重大挫折的国民党总理孙中山，到上海后开始思考如何改组国民党：

1922 年 9 月 4 日召集有中国共产党人参加的"国民党改组会议"；

9 月 6 日成立有中国共产党人参加的"国民党党务改进案起草委员会"；

1923 年元旦，发表《中国国民党宣言》，次日通过《中国国民党总章》；

1 月 26 日，经与苏联代表越飞多次会见，签署了《联合宣言》；

2 月 21 日，在驱逐陈炯明后，孙中山回到广州，就任中华民国军政府大元帅，重新任命中央党部负责人和军事委员会负责人，全面开始推动以国共合作为主体的改组工作，同意中共提出的两党组成反帝反封建统一战线的主张；

1923 年 6 月接受中国共产党第三次全国代表大会关于共产党员以个人身份加入国民党，以把国民党改造为工人阶级、农民阶级、小资产阶级和民族资产阶级的联盟，共同领导国民革命的主张；

8 月派出了蒋介石为首的访苏代表团；

10 月 6 日，邀请的苏俄代表鲍罗廷到达广州，担任国民党总顾问；

10 月 16 日，任命廖仲恺、汪精卫、张继、戴季陶、李大钊为国民党改组委员（作为孙中山好朋友的李大钊事实上已经成为孙中山的顾问）；

10月25日，成立国民党临时中央执行委员会，全面负责改组工作。

至此，国民党改组准备工作基本完成。1924年1月20日至30日，国民党第一次全国代表大会在广州国立高等师范礼堂举行。

国民党"一大"，重新解释"三民主义"，确定了"联俄、联共、扶助农工"的三大革命政策，同意中国共产党人以个人身份加入国民党，选出了国共人士组成的国民党中央领导机构。

国民党"一大"，本身就是大革命的产物，就是国共合作的结果。在出席会议的196名代表中，共产党员占11%。其中，共产党总书记陈独秀以及其他领导人李大钊、谭平山、于树德、李永声、沈定一、谢晋等人是由孙中山指定的；中共其他领导成员林伯渠、毛泽东、李维汉、夏曦、袁达时、张国焘、胡公冕、宣中华、廖乾五、刘伯伦、韩麟符、赵干、于方舟、王烬美、刘伯垂、李立三、陈镜湖是由各国民党省市党部选举而定的；会议过程中，中国共产党人发挥了极其重要的作用，李大钊为大会五人主席团成员；国民党临时中央执行委员会的报告，是谭平山所作；会议召开过程中，黄季陆、方瑞麟、林森等人在右派支使下，公开反对共产党员以个人身份加入国民党时，李大钊进行了全面反驳，肯定此种跨党行为只是为了国民革命。正是因为孙中山关于国共合作的决心已定和李大钊的真诚合作态度，感动了绝大部分会议代表，廖仲恺、汪精卫、胡汉民等人也公开支持，此案获得通过。

大会选举了第一届国民党中央执行委员会。在24名中央执行委员中，有中共成员3人，会议选举的17名候补中执委中，有中共成员7人；在中央党部机构中，谭平山与廖仲恺、戴季陶一起组成三人中常委和三人秘书处。组织部长谭平山，秘书杨匏安；农民部长林伯渠，秘书彭湃等人为中共成员；在国民党上海、北京、汉口三大地方党部中，毛泽东、恽代英为上海党部执行委员，李大钊、于树德、张国焘为北京党部执行委员，林祖涵、林育南为汉口党部执行委员。

在国共两党领导下，第一次国民大革命进入新的高潮。

面对国民革命高潮的到来，出于不同的政治目的，国民党内左、中、右三派态度截然不同。以廖仲恺为首的国民党"左"派坚决主张国共合作，进行推翻北洋军阀为主要目标的国民革命运动；以汪精卫为首的假"左"派，为巩固在国民党内的地位，表面上支持国共合作；以胡汉民和西山会议派为首的国民党右派，极力反对国共合作，尤其不赞成中共成员以个人身份加入国民党；以中派自居的蒋介石为首的一批人，不甘心被排除在党中央领导核心之外，在国民党"一大"前后的一段时期内，明确向孙中山、廖仲恺表明反对国共合作的态度后，变换手法，暂时隐蔽起自己的政治主张，以黄埔军校为基地，积极发展势力，待机而动。大革命高潮的到来，导致完成改组不久的国民党上层势力，因为政治立场的不同而出现分裂，为蒋介石伺机夺权准备了条件。

孙中山逝世——国民党重大损失

就在南方国民革命高潮刚刚来临不久，孙中山病逝于北京，使得反击国民党右派、限制国民党"中派"、支持国民党"左"派的主要因素消失，加快了国民党内部已经出现的分化。

孙中山北上

1924 年 10 月 23 日，直系将领冯玉祥、胡景翼等人发动"北京政变"，推翻了直系军阀曹锟、吴佩孚控制的中央政府，并且电请皖系头目段祺瑞："俯念国难方殷，国民属望，即日就职（国民军大元帅和临时执政）。"10 月 28 日，冯玉祥等将领又发出召集和平会议通电："国家建设计划非一二人所能集中，亦非一二党派所能把持，必须一国贤豪，同集京师，速开和平统一会议……海内贤豪，南北硕彦，匡时共切，宏画应多，务祈不吝谠言，迅予指导，发表伟论。"并提出应按照孙中山的建国大纲建立新政府。

在此之前，即在 10 月 25 日，冯将军等人就联名通电，欢迎孙中山北上出任新政府的领袖。电报说："先生党国伟人，革命先进，务祈即日北上，指导一切。"27 日孙中山回电表示："诸兄功在国家，同深庆幸。建设大计，亟欲决定，拟即日北上，与诸兄晤商，先此电达，诸谁鉴及。"11 月 1 日，冯玉祥又致电孙中山："一切建国方略，尚赖指挥，望速命驾北来。"孙中山也于 11 月 4 日和 7 日两次回电，表示"数日之后，即轻装北上，共图良晤"，"与诸兄协力图之"。被冯玉祥将军等推出来主持北洋政府的段祺瑞，也派出代表许世英专程南下广州，迎接孙中山北上。

11 月 4 日，孙中山任命胡汉民留守广州任代元帅，任命谭延闿主持大本营事务和北伐军事。11 月 10 日，发表《北上宣言》，主张速开国民会议和废除外国列强强加给中国的不平等条约。13日，孙中山和夫人宋庆龄及随行人员汪精卫、邵元冲、黄昌谷、陈友仁、朱和中、李烈钧、喻毓西、邓彦华、黄惠龙、马汀、黄雅觉、马超俊和张乃恭等，登上"永丰舰"，在俄国军舰"波罗斯基"号的护航下前往中国香港，途中他们最后视察了黄埔军校。

不知是有预感，还是出于尊重，蒋介石和黄埔军校方面以军校最高礼节——阅兵仪式，迎送总理。

孙中山在检阅黄埔军校学生时对蒋介石说："余此次赴京，明知其异常危险，将来能否归来尚未一定。然余之北上，是为革命，是为救国救民而奋斗，又何危险之可言耶？……余所提倡之主义，冀能早日实行，今观黄埔军校学生，能忍苦耐劳，努力奋斗如此，必能继吾之革命事业，必能继续我之生命，实行我之主义。凡人总有一死，只要死得其所，若二三年前余即不能死；今有学生诸君，可完成吾未竟之成，则可以死矣。"（《中国国民党百年风云录》第371页）

第二天从香港换乘日本"春阳丸"号邮轮前往上海。孙总理的话不幸言中，此行竟成永别，也是他和蒋介石最后一次会面。

11月17日到上海，在码头迎接的有于右任、戴季陶、杨庶堪、居正、宋子文、蒋作宾以及段祺瑞的代表光云锦、冯玉祥的代表马伯援、齐燮元的代表凌铁庵等。一星期后启程，考虑到北洋军阀割据下的北方交通和安全不能保证，决定放弃陆路，转道日本，乘用日本"上海丸"号轮经日本去天津，28日到达神户，这是孙中山最后一次到日本。因为旅途辛苦和频繁的政治活动，从11月30日起孙中山开始感到身体严重不适。12月4日，孙中山和宋庆龄到达天津，码头上举行了盛大的欢迎仪式。由于天津的冬天气候太冷，再加上欢迎仪式上孙中山长时间的脱帽致敬，受寒着凉，患上重感冒。在此期间，新上台的段祺瑞执政府照会各国政府，表示尊重所有的不平等条约，得知此事后，孙中山十分气愤地对许世英说："我在外面要废除那些不平等条约，你们在北京偏偏要尊重那些不平等条约，这是什么道理？"这使孙中山对北京政府大失所望，失望和发怒等精神负担，使得他本来有病的身体更加虚弱，病情迅速恶化，不得不把原定12月22日进京的计划推迟到31日进行。

孙中山扶病进京那天，面对10万名欢迎群众发表书面讲话，宣布："文此次来京，曾有宣言，非争地位权力。唯'满清'虽倒，而国民之自由平等早被其售与各国，故吾人今日仍处帝国主义各国殖民地之地位。因而救国之责，尤不容缓。至于救国之道多端，当向诸君缕述。唯今以抱恙，不得不稍俟异日。"1925 年 1 月 17 日，他发表《复段祺瑞阐述善后会议主张电》，坚决反对段祺瑞已经决定放弃国民会议、包办"善后会议"的主张，并提出了两项补救办法：一是"善后会议"应加入人民团体代表；二是会议虽可涉及军政财政，但最后决定权归之于国民会议。2 月 1 日，段祺瑞全然不顾孙中山的反对，也违背人民大众的愿望，公开召开"善后会议"。当即孙中山决定所有的国民党员拒绝参加，次日远在广州的中国国民党中央也声明不赞同"善后会议"。孙中山还和中共负责人李大钊等人联名倡导召开国民会议促成会。

孙中山病逝

到北京后，孙中山先住在北京饭店，不久把铁狮子胡同顾维钧的住宅作为行馆。1925 年 1 月 25 日以后，他的病情加剧，体温高低不定，已不能正常进食。第二天孙中山住进协和医院，决定手术治疗。下午 6 时手术开始，孙科、宋子文、孔祥熙、汪精卫和鲍罗廷在外等候。手术由外科主任邵乐尔主刀，院长、孙中山的好友刘瑞恒协助，打开腹腔，只见在肝脏表面、大网膜和大小肠表面上长满了大小肿块，肝脏已经变硬，整个腹腔内的器官已经发生粘连。最后只是从肝脏上取下一块组织供检查，然后把腹腔缝合。这块活组织化验后确诊为晚期肝癌。其后在孙中山询问病情时，大夫知道无法瞒住学医出身的孙中山，只得将病情如实告诉了病人。2 月 18 日，在刘院长认为孙中山已无治愈希望后，搬回铁狮子胡同行馆，改用中医保守疗法治疗。

1925 年 2 月 24 日，孙科、汪精卫、孔祥熙、宋子文经宋庆龄同意，出面敬请孙中山留下遗嘱。3 月 11 日上午，孙中山又一次从昏迷中清醒过来，接受医生的建议，签署遗嘱。举世闻名的《总理遗嘱》曾被讹传为汪精卫所作，实为吴稚晖起草，内容为：

余致力国民革命凡四十年，其目的在求中国之自由平等。积四十年之经验，深知欲此目的，须必唤起民众及联合世界上平等待我之民族，共同奋斗。

现在革命尚未成功，凡我同志，务须依照余所著建国方略、建国大纲、"三民主义"及第一次全国代表大会宣言继续努力，以求贯彻。最近主张，开国民会议及废除不平等条约，尤须于最短时间，促其实现，是所至嘱。

孙中山签署的第二份遗嘱是《致苏俄遗书》，内容为：

苏维埃社会主义共和国大联合中央执行委员会亲爱的同志：

我在此身患不治之症，我的心念此时转向于你们，转向于我党及我国的将来。

你们是自由的共和国大联合之首领。此自由的共和国大联合，是不朽的列宁遗与被压迫民族的世界之真遗产。帝国主义的难民，将借此以保卫自由，从以古代奴役战争偏私为基础之国际制度中谋解放。

我遗下的是国民党。我希望国民党在完成其帝国主义制度解放中国及其他被侵略国之历史的工作中，与你们合力共作。命运使我必须放下我未竟之业，移交与彼谨守国民党主义与教训而组织我真正同志之人。故我已嘱咐国民党进行民族革命运动之工作，俾中国可免帝国主义加诸中国的半殖民地状况与羁缚。为达到此项目起见，我已命国民党长此继续与你们提携。我深信，你们政府亦必继续前此予我国之援助。

亲爱的同志，当此与你们诀别之际，我愿表示我热烈的希望，希望不久之将破晓，斯时苏联以良友及盟国而欣迎强盛独立之中国，两国在争世界被压迫民族自由之大战中，携手并进，以取得胜利。

谨以兄弟之谊，祝你们平安。

孙中山签署的第三份遗嘱是《家事遗嘱》，内容为：

余因尽国事，不治家产。其所遗之书籍、衣物、住宅等，一均付吾妻宋庆龄，以为纪念。余之儿女已长成，能自立，望各自爱以继余志。此嘱。

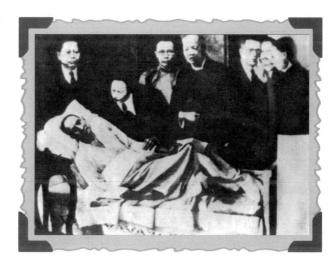

1925 年 3 月 12 日，孙中山逝世于北京

孙中山签字后，孙科、戴恩赛、邵元冲、吴稚晖、何香凝、戴季陶、邹鲁、宋子文、孔祥熙签字证明。

签完遗嘱后，孙总理不无预感地对护士说："谢谢你，你的工作快完了！"在当天又一次从昏迷中清醒后，他对围在病榻前的汪精卫、孙科、陈友仁等说："余此次来京，以放弃地盘谋和平统一，以国民会议建设新国家，务使'三民主义'、五权宪法实现。乃为痼疾所累，得将不起。死生常事，本无足虑，但数十年为国奔走，所抱主义终未完全实现，希望诸同志努力奋斗，使国民会议早日成立，达到三民、五权之主张，则本人死亦瞑目。"到了下午，孙中山用那断断续续的话语说："我死了，四面都是敌人，你们是危险的，希望你们不要为敌软化。"

据何香凝回忆，孙中山在重病中说："现在军事方面完全要靠介石同志了。"她说："在总理未死之前，似曾将一切党务、政治、军事中心付托汪（精卫）、蒋（介石）、廖（仲恺）同志，前一月，我曾与孙夫人（宋庆龄）谈过此事。"（何香凝：《孙中山先生逝世二周年纪念日数日前的感想》）处于弥留之际的孙中山，还在考虑南方正在兴起的革命运动，他希望汪精卫、蒋介石、廖仲恺、胡汉民等人能继承他的遗志，实现他的遗愿。只是孙总理没有想到，接下来的是国民党上层胡、汪、廖、蒋相互间的政治厮杀，而事过不久，胡、汪、蒋三人则公开背叛他的政治主张。

深夜，孙中山又从昏迷中醒来，梦呓般地说道："同志啊，继续我的主义！以俄为师！"直到弥留之际，还在呼着"和平……奋斗……救中国！"1925年3月12日9时30分，孙中山在行馆内留下"革命尚未成功，同志仍需努力"的不朽遗嘱后与世长辞，终年59岁。

孙中山逝世后，全国人民都沉浸在悲痛之中。为了悼念一代伟人，全国民众停止娱乐活动7天；文武官员停止宴会一个月。此外，在一个月内，国民党员和广州政府的文武官员及军人左臂和刀柄佩黑纱，官署公文、大小印章用蓝色，军营军舰下半旗，各地还举行了大规模的追悼大会。

中国的各主要政治力量，也用各自的方式表达了对孙中山的敬仰和爱戴之心。

中国共产党为孙中山逝世，发表了《告中国民众书》，指出中国革命运动不会因为孙中山逝世而停止，号召全国人民加倍努力，实现孙中山召开国民会议和废除不平等条约的主张，打击封建军阀，保卫南方革命根据地。李大钊、林祖涵等不少共产党人直接参加了孙中山的治丧工作。

国民党中央任命孔祥熙为治丧处主任；决定把孙中山安葬在南京紫金山，在未安葬前，先将灵柩安放在北京中央公园（即现中山公园）。广东省政府把孙中山的家乡香山县命名为"中山县"。大元帅府把陈炯明叛乱时孙中山乘坐的"永丰舰"命名为"中山舰"。以上举措，意在永远纪念孙中山。

对正在东征作战的校军，胡汉民决定为避免影响军心，暂不发丧。3月21日，正在第一次东征前线兴宁、刚取得棉湖战役胜利的蒋介石，接到胡汉民的电报，得知总理逝世，当即在前线阵地举行祭悼仪式。在追悼大会上，挂着"主义扬中外，精灵炳日月"的挽联。周恩来宣读了祭文，蒋介石在演说中，把孙中山称为"中华民国的国父"，自称为孙中山的弟子。在正式官方场合称孙中山为"国父"者，蒋介石应该为第一人。

此时已被段祺瑞和张作霖排挤到张家口、"北京政变"的功臣冯玉祥，打电报给北京警备司令鹿钟麟说，孙中山的丧事"一切用钱、用人、用物之事，望悉听协和（即李烈钧）之命。倘因此发生意外，吾两人当共负其责"。实际上费用大部分是由治丧处主任孔祥熙筹集。

孙中山的遗体在协和医院经过防腐处理后，3月19日举行大殓，因为苏联送的棺木没有运到就先行试殓，用的是楠木寿材。到3月30日，苏联特使到京，带来了苏共中央执行委员会致宋庆龄的唁函。孙中山逝世时，斯大林曾来电"哀悼争取中国人民的自由和民主，争取中国的统一和独立的中国工农民族解放斗争的组织者的逝世"。特使还带来了苏联赠送的棺木，但经医生鉴定后，认为不易长期保存遗体，故没有采用。

大殓后，治丧处决

东征军在前线集会追悼孙中山，由总指挥蒋介石（最前者）主持大会，总政治部主任周恩来（手持祭文者）宣读祭文

定把孙中山的灵柩移往中央公园社稷大殿公祭。19 日上午 10 时，鸣礼炮 30 响，移灵队伍出发，从协和医院到中央公园不长距离内送殡人员有十数万人。移灵队伍由临时执政府的军乐队为前导；航空署的 3 架飞机低空盘旋，散发孙中山的遗像。左绋执头的是吴稚晖，执尾是于树德；女界是陈璧君，男界是宫崎寅藏等；右绋执头是黄昌谷，执尾是朱和中，女界是何香凝，男界是鲍罗廷。中午 12 时，送灵队伍到达中央公园，公园前面的挽联是"革命尚未成功，同志仍需努力"，横批是"有志竟成"。

3 月 24 日至 26 日为公祭日。由于孙中山对中华民族所作的巨大贡献和崇高威望，以及全国人民的强烈要求，使得在京的各派政治力量对孙中山的葬礼不敢掉以轻心，各阶层人士包括孙中山的敌人和清朝的遗老遗少都或多或少表示出对孙中山的尊重。如，孙中山逝世第二天，当年被孙中山和革命党人批得臭不可闻的保皇党首领梁启超来到医院吊唁；公祭之日，原定先由段祺瑞带领全体阁员吊唁，哪知他临时变卦，改由内务总长龚心湛送来一副挽联："共和告成，溯厥本源，首功自来推人世；革命而往，无间始终，大年不假问苍天"。段祺瑞反对孙中山政治主张的立场，使得他对葬礼有所保留；他佩服孙中山的人格和意志，在全国民众和各派政治力量面前表示出对孙中山的尊重，使他对葬礼也要尽礼一番。

3 天公祭，参加者有 10 万人。整个丧葬期间共收到 7000 多个花圈，59000 多副挽联。其中国民党中央直属讨贼军总司令樊钟秀送的花圈中间写有"国父"两个大字。樊钟秀称孙中山为"国父"虽说这比南方蒋介石晚，但在北京的悼念活动中是第一人，南北呼应，成为后来称孙中山为"国父"的开端。

中国共产党领导人李大钊也写下了最著名的长联悼念孙中山："广东是现代史潮汇注之区，自明季以迄今兹，汉种孑遗，外邦通市，乃至太平崛起，类皆孕育萌兴于斯。先生挺生其间，砥立于革命中流，启后承先，涤新淘旧，揭民族大义，决然再造乾坤，四十余年，殚心瘁力，誓以青天白日满地红旗，唤起自由独立之精神，诚为人间留正气；中华为世界列强竞争所在，由泰西以至日本，政治掠取，经济侵凌，甚至共管阴谋，争思奴隶牛马乎我。吾辈适丁其会，丧失我建国山斗，云凄海咽，地黯天愁，问继起何人？毅然重整旗鼓，亿兆有众，惟工与农，须本"三民主义"群策群力，遵依牺牲奋斗诸遗训，成厥大业慰英灵。"

孙中山逝世后，段祺瑞就以全国政府的名义，要内务总长龚心湛"详加拟议，务极隆重"，准备孙中山的后事。3 月 19 日，段批准内务部的决议对孙中山实行国葬。最先反对国葬的是唐绍仪和章太炎，他们认为没有统一的政府，"国葬"从何谈起？ 3 月 21 日，广东革命政府代表胡汉民发表宣言，不承认北洋政府，宣布誓死北伐统一，等统一后追予"国葬"。当然根据国民党中央委员会 3 月 12 日的决议和胡汉民的宣言，把孙中山安葬在南京紫金山，可是当时的中国，四分五裂，军阀割据，在北洋军阀控制下的南京市建造陵园安葬孙中山，并非易事，短期内不会完成。因此，长期保存灵柩需要合适的地方，应该选一静寂肃穆和便于保卫的场所，位于北京市中心的中央公园显然不合适，经各方协商，决定停灵碧云寺。

碧云寺建于元代至顺二年（1331 年）清朝乾隆十三年（1748 年）扩建为现在规模，寺名"碧云寺"就是乾隆的手笔。碧云寺是香山一景，但在 20 世纪 20 年代的北京，西郊交通不便，名胜古迹年久失修，香山游客寥寥无几，环境优雅清静；再加上碧云寺有现成的建筑群，成为暂停孙中山灵柩的理想地点。寺后的金刚宝座塔是 1748 年扩建时修筑的，塔高 34 米，用汉白玉砌成，具有佛教建筑特色。孙中山的灵柩就准备停放在金刚塔上面的石龛内。为了运送灵柩，鹿钟麟派了一团部队突击抢修了西苑至碧云寺的道路。

4 月 2 日，孙中山的灵柩在鹿钟麟部的警卫下，经西长安街，往北出西直门，直奔西山碧云寺。一路悲歌，有数十万人送殡。碧云寺的大门口，竖起一座牌楼，牌楼的上联是"人群进化"，下联是"世界大同"，横批是"天下为公"，这副对联反映了孙中山的政治观。第二道门挂的挽联是"赤手创共和，生死不渝三主义；大名垂宇宙，英灵常耀两香山"（孙中山的家乡是广东香山县，现又停灵在北京香山）。在金刚塔停放孙中山灵柩的龛内也有一副挽联："功高华盛顿，识迈马克思，行易知难，并有名言传海内；骨瘗紫金山，灵栖碧云寺，地维天柱，永留浩气在人间。"这副挽联情达好处，意稍差些，并有不确切之处。

停灵结束后，治丧处指派孙中山生前的卫士马湘、黄雅觉带领 7 个人常驻寺护灵。治丧处主任孔祥熙也留在北京处理孙中山的后事和护灵（他直到 1926 年春才离开北京去美国）。1928 年由当时的北平特别市政府出面，将孙中山的铁狮子胡同行馆改建为"孙中山先生行馆"；在他逝世的房间内立起一座纪念碑，碑上写着"中华民国十四年三月十二日上午九时三十分孙中山先生逝世于此"。

正式安葬孙中山，则是在蒋介石夺取国民党最高权力、建立南京政府以后。

把南京紫金山作为孙中山的安葬地点，是他自己的遗愿。1912年，袁世凯施展权术，阴谋得逞，当上了中华民国大总统。孙中山辞去临时大总统职务后，一次到南京明孝陵一带郊游，见到紫金山的第二峰茅山南坡景色壮丽，非同一般，就对身边的人说："等我他日辞世后，愿向国民乞一抔土，以安置躯壳耳！"紫金山位于南京东郊，又名钟山。在南坡附近两侧，东边有灵谷寺，西边有明孝陵，相映生辉，更添光彩。紫金山名又正好和孙中山的祖先所居住的广东东江上游的"紫金"县名相同。

1925年4月4日，国民党中央执行委员会决定汪精卫、张静江、林森、于右任、戴季陶、杨庶堪、邵力子、宋子文、孔祥熙、叶楚伧等人组成"总理葬事筹备委员会"。北洋军阀政府也命令苏皖宣抚使卢永祥和江苏省长韩国钧支助孙中山的陵园工程。4月18日，"总理葬事筹备处"在上海成立，杨杏佛任主任干事。筹备处决定把墓址选在孙中山生前看中的茅山面南之坡，暂定用地6000余亩；公开征集陵园建筑设计方案；陵园总监工由邓泽如、林森担任。筹备处在与南京市政府交涉陵园工程时，军阀孙传芳控制的市政府横加刁难，陵园用地一直没有解决，直到江苏省长由江谦接任时才有所结果，可只答应拨地2000亩。有关建筑设计方案，葬事筹备处共收到40多份，放在上海"天洲公司"公开展出。宋庆龄、孙科和筹备处的成员，以及邀请来的南洋大学校长凌鸿勋、画家王震南、雕塑家李金发和德国专家担任评审，最后决定起用留学美国的建筑师吕彦直的方案，同时聘请吕彦直为该工程工程师，负责此项工程。他的设计方案和今天的中山陵相差无几，11月1日进行工程投标，第一期由姚新纪营造厂承包，1926年1月15日正式动工。

在孙中山逝世一周年时，陵园举行奠基典礼，仪式由邓泽如主持，到会的有宋庆龄和全国各地代表近万人。奠基石上刻着由谭延闿书写的"中华民国十五年三月十二日中国国民党为总理孙先生陵墓行奠基礼"。原来计划陵园工程一年完工，等孙中山逝世2周年时就可安葬。由于政局动荡，不久国共两党组织北伐，北洋军阀对工程干扰、破坏，陵园没有如期完成。

孙中山奉安

蒋介石发动"四一二'反共'政变"后，为了在国民党内的众多派系中表示自己是国民党的正宗，是孙中山的当然接班人，马上着手进行孙中山的陵墓建筑工程。他把"总理葬事筹备处"由上海迁往南京，先把杨杏佛的主任干事撤开，另外任命夏光宇为主任干事。9月 18 日，改组总理葬事筹备委员会，由蒋介石、胡汉民、张静江等 19 人组成。

建设中的中山陵

到 10 月，总理葬事筹备委员会重新规划陵园工程，把孙中山陵墓面积扩大到 46000 亩。1928 年 9 月，国民党政权决定完成陵墓的辅助工程，其中包括修筑从南京下关到中山门的迎榇用的中山路和中山门外到陵墓的公路。12 月 1 日总理葬事筹备处提名黄惠龙、马湘为总理陵墓拱卫处（警卫处）正副处长。

1928 年 10 月 20 日，葬事筹备会公布《奉安及迎榇南下办法大纲》。11 月 8 日，国民党中央派出吴铁城、郑洪年，南京政府派出林森，共同前往北平，组织迎榇办事处。12 月底，吴铁城等人带着英制铜棺去北平。南京政府还宣布 1929 年 3 月 12 日为孙中山奉安日期。

由于陵墓的辅助工程没有及时完工，使得在孙中山逝世 4 周年时迎灵南下安葬计划不能如期进行，不得不推迟到 1929 年 6 月 1 日举行。就在中山陵这一闻名世界的建筑完工之前，建筑师吕彦直不幸患癌症去世，年仅 36 岁。建成后的中山陵，依山而筑，坐北望南，富有民族特色，融合古今中外建筑艺术，庄严肃穆，雄伟壮丽。陵墓的平面图像警钟形，意在唤起民众。陵园主体分为广场、墓道、陵墓三大部分。最南边的广场呈半圆形，连接广场和墓址的是墓道，墓道为南北方向，分左、中、右三道，长 320 米，宽 70 米；墓道的南端是一座用福建花岗岩建造的牌坊，牌坊中门上方是孙中山的亲笔"博爱"二字；墓道的正南是一座八角形的三层平台，当时置放一座铜鼎，墓道北端是陵墓前广场；越过广场拾级而上，便是陵门，陵门是一座花岗岩歇山式建筑，正面门上是孙中山的亲笔"天下为公"；由陵门上石阶直至祭堂，石阶用苏南金山花岗岩铺成，整个石阶分为 10 段 339 级；每段有一平台，每一平台都有建筑物或纪念物，第一层平台是陵门，第二层是石碑亭，碑亭内一座高 9 米宽 5 米的巨型花岗岩石碑上刻有谭延闿的手书"中国国民党葬总理孙先生于此"；石阶梯的顶端是太平台，太平台东西 162 米、南北 38 米、东西两端竖有一根 12.6 米的六角形望柱。

祭堂在太平台的后半部分，是一座仿古代宫殿建筑，长 27 米、宽 22.2 米，屋高 25.8 米，地面用大理石铺成，墙身用香港花岗石砌成，三扇正门分别刻有"民族""民生""民权"，在中门的上下檐之间还刻有孙中山的亲笔"天地正气"；祭堂中间放着孙中山的座像，座像用意大利白色大理石、由波兰著名雕塑家保罗阿林斯基雕成；座像底座有浮雕 6 幅，表现孙中山的出生和一生的革命经历，分别是《如抱赤子》《出国宣传》《商讨革命》《振聋发聩》《讨袁护国》《国会绶印》；祭堂内有 12 根青岛黑色大理石圆柱；全堂四壁下部表面嵌有黑色大理石，东、西两面刻有孙中山的《国民政府建国大纲》和宋庆龄的《跋文》，左后壁上刻有蒋介石书写的《总理校训》；胡汉民书写的《总理遗嘱》，右后壁上刻有谭延闿书写的《总理训诫党员演说词》；后壁中央是墓门，通往墓室，墓门上方刻有孙中山的亲笔"浩气长存"。

墓室在祭堂的后面，为一圆形建筑，直径 18 米，高 11 米；墓室的外门是两扇对开门，左侧门上刻孙中山的《遗嘱》，右侧门上刻有南京政府的《国歌》；内门是一扇铜制门，刻有"孙中山先生之墓"；墓室的四周用浅红色人造石砌成，中央是一个直径 4 米的大理石圆洞，四周是汉白玉栏杆，正中置大理石长棺，棺盖上是捷克雕塑家高琪雕成的孙中山入殓时的全身卧像；后来在安葬仪式上，孙中山的铜棺就安放在石棺下面 5 米的长方形墓室之内。

以后由华侨和国内有关人士出于对孙中山的崇敬和爱戴，纷纷捐款，先后在中山陵旁边修建了音乐堂、行健亭、光华亭、流徽榭、桂林石屋和藏经楼等。蒋介石和宋美龄还于抗战胜利后在中山陵西侧修建了一座宫殿式的豪华别墅"美龄宫"，形成后来的中山陵建筑群。

1929 年 1 月 14 日，南京成立了"奉安委员会"，由蒋介石任主席，孔祥熙任总干事，下设总务、财务、警卫等 9 个组，由冯玉祥、孙科等人任负责人，何应钦为奉安典礼总指挥；同时决定由铁道部平汉铁路局定制专用灵车；

委托上海海丰公司向美国纳喜厂定购专用汽车，还从北平召集杠夫一百多人到南京训练。4月30日，任命孔祥熙为迎榇总指挥。同时还规定，自北平的孙中山灵柩移灵之日起到安葬之日，全国下半旗、人民大众戴黑纱、停止宴会和娱乐活动。

南京政府还公开为孙中山奉安安葬征求哀词，最后入围的是胡汉民、王陆一的词，前者自动放弃，后者自动上榜。王的哀词是这样的：

广道兮填填，哀吹兮极天；日月兮时迈，灵车兮既迁。肃奉安兮国父，动万众兮号攀；森全史兮像设，怆苦失兮群颜！

谟勤兮日昃，逝景兮何迫？遗命兮谆劳，党人兮式则。四十载兮胼胝，奉兴继兮有责。致心力兮陈辞，天青青兮日白。

崇阙兮崔巍，隧寝兮难回；万岁兮永阙，临礼兮崩摧；骈千图兮会葬，穆奔赴兮云雷；唯精神兮不死，见天地兮昭回。

运送孙中山灵柩的专列

1929年5月14日，孙科、陈淑英夫妇带着儿子治平、治强，女儿穗英和孙琬、戴恩赛夫妇到达北平，18日因反对蒋介石独裁统治而出国的孙中山夫人宋庆龄从柏林取道苏联回到北平，负责移灵事项。22日，孙中山遗体重殓，由孙科、林森、郑洪年和马湘给孙中山换上长袍、马褂，遗体易置从南京带来的铜棺内，并把孙中山换下来的衣冠，放入原来的灵柩，停在碧云寺，修建一座衣冠冢，碑上由胡汉民题"孙中山先生衣冠冢"，又在寺中菩萨殿后建孙中山纪念堂。26日凌晨1时，举行移灵祭礼，鸣礼炮101响，在吴铁城的指挥下，杠夫24人移灵。到万寿山旧宫门前牌楼，又改用杠夫64人移灵。下午3时1

宋庆龄、宋子文、蒋介石在浦口迎接灵车

刻到东车站，在哀乐和礼炮中，灵柩移上灵车，由林森、吴铁城等推上专列，5时整挂着孙中山遗像的列车开动。

27日凌晨4时，专列到达蚌埠车站，蒋介石、宋美龄、宋子文和唐生智等登车致祭。随后蒋介石的专列在前，孙中山的灵车在后，向南京方向行进。10时到达浦口，不少国民党的军政要员到场迎接。孙中山的灵柩移上"威胜号"军舰过江，12时到达中山码头。孔祥熙总干事指挥32位杠夫把灵柩移上特备汽车，运到国民党中央党部，礼堂里挂着"精神不死"的横幅。

在中央党部灵堂，国民党军政要员分别守灵，对外公祭。"精神不死"的牌子是挂着，国民党内部却正在激烈混战，处于四分五裂状态。汪精卫、李烈钧、许崇智、邹鲁、居正、谢持和柏文蔚等国民党元老，李济深、李宗仁、白崇禧、冯玉祥、鹿钟麟等军政大员，因为反蒋均未参加此仪式。在此种形势下，蒋介石更要在孙中山的葬事上大做文章，表明自己是孙中山的正统接班人，反对他就是反对孙中山的革命事业，就是叛乱，为他政治上、军事上打击异己寻找借口。对蒋介石来说，孙中山和孙中山的精神早就不在了。

1929年6月1日晨4时，举行移灵典礼，胡汉民主祭。仪式结束后，南京城郊的狮子山上鸣礼炮101响，孔祥熙执旗前导，把灵柩移上灵车出发。灵车队前面写着"肃立""致敬"的两面大旗，由铁甲车、骑兵开道，送殡人员排10列纵队随行，左行执绋最前面的是孙科和家属，蒋介

宋庆龄、宋美龄、蒋介石行进在迎灵行列中

石、外国使节、军政要员等；右行执绋最前面的是戴恩赛、宋子文、外宾、葬事筹备委员、孙中山的老朋友等。宋庆龄和她的姐妹、陈英士夫人姚文英、廖仲恺夫人何香凝、朱执信夫人杨道仪等分乘 10 辆马车随行护灵。

送灵队伍由代替何应钦的朱培德任总指挥，姚琮、谷正伦、诸民谊和张治中任分指挥，浩浩荡荡，很是壮观，路旁送行的市民达 50 万人。上午 10 时 15 分，在中山陵祭堂里举行奉安典礼，礼成后孔祥熙领着杠夫把孙中山的灵柩移进墓门。中午 12 时整，哀乐回荡在紫金山麓，礼炮轰鸣，全国民众停止工作默哀 3 分钟。参加"安葬大典"的人员依次进入墓门瞻仰。瞻仰完毕，在场的全体人员向墓室方向 3 鞠躬。宋庆龄带领家属将墓门关好，到此时，准备多时的"安葬大典"结束。紫金埋忠骨，长江伴英灵，孙中山先生从此长眠在这里。

孙中山北上时，国民革命启动不久，政治中心内部不稳，消灭两广地区反动军阀的行动刚刚开始，国民政府还未建立，如今孙中山又逝世于北京，国民革命阵营损失了公认的领导中心，广州城内出现政治真空，最为关键的是失去了阻止国民党向右转、制止政治阴谋家和野心家上台的政治闸门。

（二）大革命的发展和蒋介石的活动

蒋介石在黄埔军校中题有一联："居安宜操一心以虑患，处变当坚百忍以图成。"不过，对联的作者本人并非如此。他不是"虑患"，而是"虑共和虑权"；他不是"坚百忍"，而是主动出击；他不是"处变"不惊，而是处变狡猾行事；他不是"图成"，而是不择手段地达成目标。

军事上积累资本——扩充势力

大革命的 3 年间，蒋介石活动广泛，既要在党内篡权，又要在政治上限制共产党的发展，更要牢牢掌握和控制军队，参与和指挥军事行动。在国民党政治舞台上已经活动十多年的蒋介石，深知在军事为第一要务的国民革命运动中，控制军队是立身之本、是成功的本钱、是篡党夺权的基础。

平定广州商团

国民革命开始后，广州政府面临巨大的军事压力，第一个向革命政府公开挑衅的是广州商团。

作为重要的军事负责人，蒋介石自掌握黄埔军校后，在广州城内的地位越来越重要。1924 年 7 月 7 日，孙中山任命其担任"长洲要塞司令"；11 日，孙中山改组国民党军事委员会，11 个委员中蒋介石连任；15 日，蒋介石又增加了新职：各军训练筹备委员会委员长。

蒋介石接受的第一个军事任务是处理广州商团私运枪械事件。炎热的广州，形势较为紧张，受帝国主义指使的各种反动势力蠢蠢欲动，妄图颠覆革命政权，广州城内的商团更是虎视眈眈。1924 年 8 月 9 日，蒋介石和大本营副官邓彦华乘"江固轮"在珠江上巡逻时，缉获私运枪械的"哈佛号"轮船，经查为广州商团所有。

商团成立于 1912 年，原为商人的自卫组织，参加者只是一些经商者，任务是维持参加者所在商业区的经营秩序。1919 年受汇丰银行支持的陈廉伯出任商团团长后，开始大规模发展组织，到 1924 年 5 月已扩充有 6000 余人。随着武装队伍的扩大，陈廉伯的政治野心也在膨胀，把沙面租界作为黑据点，北连北洋军阀，南连陈炯明和省内各商团及乡团，在英帝国主义的支持下，图谋取广州革命政府而代之，成立所谓商人政府。

1924 年 5 月 26 日，陈廉伯指使商人暗中活动，逼使广州市政府取消已经公布的《统一马路两旁铺业权办法》；次日，陈联合 108 埠商团代表共 300 余人召开会议，定于 8 月 13 日成立"全国商团联防总部"和"全省商团联防总部"，由陈兼任总长；随后开始四处购买武器，积极策划叛乱活动。

8 月初，广州商团向香港南利洋行采购各色轻武器 9841 支，子弹 330 余万发，由悬挂丹麦国旗的轮船"哈佛号"偷运广州。被查获后，孙中山下令新任广东省长廖仲恺扣留军械，并且禁止商团联防总部的成立。

8 月 13 日，商团依旧举行"庆祝联防总部成立活动"；8 月 14 日，革命政府通缉陈廉伯，躲在沙面的陈廉伯逃往香港，并组织千余人向孙中山请愿。20 日，商团总部迁往佛山，号召各县的商团赶走县长，控制当地政府。8 月 27 日，英国总领事发出最后通牒，支持商团，并声称将派遣英国海军对付广州革命政府。

9 月 3 日，国民党中央政治会议第七次会议决定，将大本营北移韶关，准备挥师北伐，分兵进入江西和湖南二省。孙中山在去韶关前，任命胡汉民为代理大元帅兼广东省长，廖仲恺为军需总监兼财政部长，谭延闿为北伐军总司令。参加北伐的各部都是旧军队，主要是谭延闿指挥的建国湘军第 1、2、3 军为中央军，湘军第 4、5 军和樊钟秀指挥的豫军为左翼军，朱培德指挥的中央直辖第1军和赣军李明扬部、鄂军为右翼军。北伐军番号不少，但实力有限，战斗力更差。因此孙中山命令蒋介石率领黄埔军校学生北上韶关，参加北伐的军事行动。

蒋介石在电复孙中山第二次要其北上的命令时称："埔校危在旦夕，中正决死守孤岛，以待先生早日回师来援。必不愿弃根据重地，致吾党永无立足之地也。""中正料，不久逆敌必反攻韶关，各军非准备南下，击灭逆敌，断难北伐。中正当死守长洲，尽我职务。尚请先生临机立断，勿再以北伐为可能，而致犹豫延误。"（毛思诚：《民国十五年以前之蒋介石先生》下辑，第314、317页）

对于商团的行为，孙中山以北伐利益为重，曾经出现动摇；胡汉民准备妥协，主张每支枪交60元枪捐后发还了事，双方开始谈判，经滇军将领范石生等人调解，确定商团交出50万元。9月20日，代理大元帅胡汉民下令撤销了对陈廉伯的通缉令，并发还其被查封的财产。10月9日，孙中山命令蒋介石发还商团部分被扣枪支，次日晨李福林赶到黄埔军校，亲自将商团的4000支枪运送陈廉伯处。在这种情况下，陈廉伯更加嚣张，以为孙中山忙于北伐无暇顾及广州，城内除黄埔军校一批学生外已无像样的军队，无力镇压商团。10月10日，商团根据4日在佛山召开的全省188县商团代表大会的决定，举行第二次罢市，同时开始在广州城内构筑街垒备战。在同一天，商团向庆祝双十节的游行队伍开枪，打死十余人，打伤和逮捕百余人，公开进行武装叛乱。

中国共产党人坚决主张镇压商团叛乱，中共广东区委召开万人大会，军事负责人、即将就任黄埔军校政治部主任的周恩来在会上发表演讲，号召工农群众和广大市民组织起来，反击反革命的挑战。中共方面还建议胡汉民把扣压的1万支枪和300万发子弹用来武装工人，再加上广州附近组织起来的农民自卫军有3000支枪和黄埔军校的2000余名学生，足以镇压叛乱。

任何敌人总是错误估计形势，总是过高估计自己的力量，低估对手的力量。广州商团也不例外，当革命政府反击时，这批气焰嚣张的反动商团简直不堪一击。1924年10月13日，孙中山命令韶关警卫军及部分湘军、粤军星夜赶回广州。10月14日，孙中山任命胡汉民代理革命委员会委员长，廖仲恺为秘书，对商团采取行动。15日，命令蒋介石协助剿灭叛乱。当天，广州革命政府调动黄埔军校800名学员，工人和农民纠察队320余人，湘、滇军校学员700

平定商团叛乱，打响了大革命高潮的第一枪。这是蒋介石第一次独立指挥并打赢的战斗

余人，吴铁城指挥的警察2000余人，仅经半日激战，商团即被彻底击溃。

陈廉伯逃走后，继续经商，1926年出任广东总商会会长，以广东出口协会协理身份出席巴拿马万国博览会。以后任过广东绢丝公会会长、广东矿业工会会长等职，还办过一些孤儿院、职业学校、医院，还是南洋兄弟烟草公司董事。1945年日本投降前夕，乘船去澳门途中，船被美国飞机炸沉身亡。

平定商团叛乱，打响了大革命高潮的第一枪，清除了广州革命政府的心腹之患，稳定了政局，为推动革命形势的进一步发展创造了条件。

这是蒋介石在国共合作的背景下，在广大工农群众和市民的支持下，第一次独立指挥并打赢的战斗。当然他没有把账记在人民的头上，在他看来，孙中山指挥失当、胡汉民妥协、中共冒险，只有他是反击商团的英雄。无论怎样，平定商团的胜利，提高了蒋介石在广州城内的威信，奠定了他后来作为国民党军事家、篡夺国民党最高领导权的基础。

平定商团后，孙中山又两次来电要蒋介石将商团武器余下部分迅速运往韶关，被蒋介石拒绝。对蒋介石的抗命行为，孙中山十分气愤，不禁在电报中责问："此械兄竟以何用为最适宜？"在后一封电报中下令说："所余三千支枪，必要即日运韶，以利北伐。"（《国父全集·函电》第970、975页）蒋介石最后也没有执行。

在平定商团以前，虽说蒋介石抗命不对，但他不愿放弃广州北上的意见是正确的，因为一是此时北伐本身没有成功的把握，在军事力量和群众基础没有达到相应的水平以前，北伐只能是再一次的军事冒险，只能是一次无谓的牺牲，事实上此次北伐最后并未取得什么像样的战绩，只得于1925年1月4日由总司令谭延闿下令撤回广东；二是广州城内的商团正在精心准备，随时准备发动武装叛乱，城内没有军队保卫不行；三是蒋介石的私心在作祟，如果黄埔校军出动，失败将会成为他人指斥自己的把柄，胜利则会成为孙中山、胡汉民、谭延闿的功劳，与其如此，不如按兵不动，蓄势待发。

在平定商团后，蒋介石抗命不动，性质与以前不同，显然是居功自傲，拥兵坐大。此时的蒋介石，已经拥有自己的军队——黄埔学生军；拥有自己的势力范围——国民党的军事领域；已经准备自行其是——介入国民党的军事决策过程、扩充兵力。

蒋介石到晚年，也没有对这一抗命行为进行交代，谈及此事时，总是只讲"平定商团"的功劳，不讲拒运武器参加北伐的事实。

在孙中山生前指挥的最后一次军事行动中，蒋介石暴露出了政治野心，但是此时的孙中山已经没有时间解决。1924 年 10 月 23 日，"北京政变"发生，北洋军阀统治出现重大裂痕，孙中山在韶关进行的北伐江西、湖南军阀的行动没有取得进展，再则冯玉祥邀请孙中山北上共商国是。10 月 31 日，孙中山在北伐没有战果的情况下，回到广州，13 天后启程北上，蒋介石头上的"紧箍圈"消失。

孙中山离开广州城，蒋介石开始放手扩充实力。在孙总理离粤后的一个星期即 11 月 20 日，黄埔军校党军教导团成立。一个月后，又成立第 2 团。这支直接由蒋介石组建和掌握的军队，由何应钦和王登云分别出任第一团团长和党代表；由王柏龄、张静愚出任第 2 团团长和党代表。沈应时、胡公冕、陈继承、顾祝同、蒋鼎文、张静愚、季方、郑洞国等人任营长、党代表。

虽说只有 2 个团，但这是国民党通过自己办的军校创建的第一支武装，所以对国民党来说分外重要；是一支依照现代军事理论创建的第一支武装，所以有较强的战斗力；是在中共方面支持下创建的第一支武装，所以在初期深受中共的影响。特别是作为蒋介石一手创建起来的武装，所以直接控制在蒋介石的手中，这支部队中的成员，只要愿意听从蒋介石指挥者，以后都成为国民党的高级将领和官员。抗战以后的战区主官、兵团指挥、军长师长中，绝大部分出身于教导团，因而教导 1、2 团成为黄埔系的摇篮。

一次东征胜利

孙中山离开广州北上，两广地区的敌我态势出现新的变化。

——广州革命政府进攻江西、湖南地区北洋军阀的军事行动没有成功，进军不顺，面临北洋军阀的军事反扑；

——孙中山离开广州北上，革命阵营缺少强有力的政治中心；

——广州军队很多，如在1924年9月间，改编"建国军"的军队就有粤军、福军、鄂军、赣军、桂军、湘军各部，但番号多不等于军队多，编制多不等于实力强，这些旧军队除粤军、桂军、湘军还能有一定战斗力外，其余大都名不副实；

——黄埔军校校军战斗力较强，但组建不久，编制有限；

——在中共领导下，作为国民革命主要组成部分的南方工农运动高涨，他们站在反帝反封建的前列，成为与北洋军阀作战的牢固的支持力量。

对已蛰居粤东地区近2年的陈炯明来说，来日不多：革命政府仅占有广韶铁路两边的狭长地带，在解决商团难题、广州城内平安后，必然向广东全省发展；作为省内最大实力派的他，必然会成为下一个目标。如果自己出师广州，起码有可能得到正在与北伐军谭延闿部激战的北洋军阀的呼应。所以，与其坐以待毙，还不如主动出击。

陈炯明自炮轰总统府、叛变孙中山、逃离广州后一直盘踞在东江一带，利用号称300年未被攻破过的天险惠州城，割据一方，沿惠州、潮汕一带积蓄力量，伺机而动。

对于陈炯明的叛变行为，一些人士曾劝说孙中山予以宽恕。孙中山从革命大局出发，为增加革命力量，提出只要陈炯明公开登报承认错误，欢迎其归队，但为陈炯明所拒绝。后来孙中山逝世北京，正遭到东征军毁灭性打击的陈炯明还送了挽联："惟英雄能救人杀人，功首罪魁，留得千秋青史在；与故交曾一战再战，私情公谊，全凭一寸赤心知。"从中可以看出，多少有点认错心。

在广州商团叛乱时，陈炯明部开始向外部署兵力，占领宝安、东莞、石龙等地。商团被解决后，陈炯明以援助商团为名，于1925年1月7日，自任"救粤军总司令"，下达向广州

蒋介石于日本高田野炮兵联队

进攻的总动员令。

陈部兵分三路，由林虎、洪兆麟分别出任"总指挥和副总指挥"，叶举担任"各路总指挥"，林虎、刘志陆、尹骥、李易标、熊略、杨坤和、黄大伟担任军长，分率7个军10万之众，向广州方向扑来。作为进攻主力的中路纵队，由洪兆麟、叶举率领，由惠州向石龙进攻；刘志陆率左路纵队，守防石龙东南地区，掩护中路纵队的侧翼和后方；林虎率右路纵队，由河源地区经博罗向广州方向进攻。到1月下旬，已经兵临虎门、石滩一线，广州告急。

面对陈逆部的进攻态势，广州革命政府在代理大元帅胡汉民主持下，决定全面反击。在北京已经病重的孙中山，也来电要求北伐大本营立即行动，消灭陈逆。1925年1月15日，大本营发表东征宣言，向陈炯明宣战。

参加东征联军的几乎包括广州革命政府大本营所能调动的全部军队，由杨希闵出任东征联军总司令，下属包括许崇智的建国粤军、杨希闵的建国滇军、刘震寰的建国桂军、谭延闿的建国湘军以及黄埔军校的两个教导团。

蒋介石在军校传达东征命令时，说："为了祝愿孙总理早日恢复健康，我们要以实际行动把江东陈炯明的叛军消灭，并肃清其他方面的反革命残余势力，统一广东，作为革命根据地。"（《蒋介石家世》第169页）对于陈炯明，蒋介石恨之入骨，早就有置陈于死地的打算，两年多前在陈炯明当年公开叛乱前，他就建议孙中山剪除陈逆，如今见讨伐在前，所以十分热心，主动请战，踊跃上阵。

1925年1月30日，东征军总部决定兵分三路迎敌而上。由杨希闵指挥左路军，约3万人，迎战林虎部；由许崇智指挥右路军，约1万人，迎战洪兆麟部；以刘震寰指挥中路军，6000余人，直插陈炯明总部所在地惠州城。

第一次东征的激战区是南部，因此东征军右路军担负着主要作战任务。右路军由许崇智任总司令，蒋介石任参谋长，参与指挥的还有黄埔军校政治部主任周恩来和苏联军事顾问加伦将军等。所部粤军有张民达的第2师、许侪的第4师、陈铭枢的第1旅、欧阳驹的警卫旅约1万兵力，黄埔军校的两个教导团，约2000人。

在中国共产党和国民党"左"派的领导下，广东地区的工农运动发展很快，广大工农群众的革命热情分外高涨，他们积极参军参战，支援前线作战，成为东征的主要支持力量。右路军的行动，得到了广大人民群众的配合，所以进军顺利。

至 2 月 11 日，右路军以铁甲车队为前锋，接连攻克东莞、石龙、平湖、深圳等地。对于东征军连战皆捷，蒋介石十分得意，诗言志，挥笔写道："亲率三千弟子兵，鸥号鸟未靖此东征。艰难革命成孤愤，挥剑长空涕泪横。"（见《蒋介石详传》第 124 页）此诗真假难分，但文字粗糙，缺乏意境，远不像一个率军出征、屡打胜仗的将军。

东征右路军 14 日包围淡水。淡水距惠州 70 里左右，面积不大，陈炯明却把它视为古城惠州的外围阵地，布置有熊略部 4000 人防守，被右路军打败的各残部也加入了淡水城的守卫行列。

当晚，许崇智、蒋介石、周恩来、加伦等人决定，攻城从三个方向同时进行，由蒋介石具体指挥，黄埔教导团作为主力，从东南面进攻；粤军第 2 师从西北方向攻城，主要是拦截北面可能而来的敌右路纵队、中路纵队的增援；粤军第 4 师从东北方向攻城。

15 日晨，右路军在风雨交加中开始进攻。教导团组成的"奋勇队"冒着风雨，用竹梯登上城楼，反复争夺，进城后又展开激烈巷战。下午，洪兆麟的增援部队赶到，被挡在淡水城外，经教导第 1 团和粤军第 1、2 师一部全力打击后向惠州方向逃窜。经过一整天奋战，东征军完全占领淡水，残敌向东逃去。攻克淡水，东征军总部特意向远在北京的国民党总理、军校总理孙中山报捷。

蒋介石对这一仗非常重视，战斗打得非常艰苦，教导 2 团第 7 连连长孙良因抵挡不住擅自退却，被他下令当场处决。担任主攻的第 2 团第 1 营营长沈应时，作战中负伤，立即被提拔为第 2 团团长，原任团长王柏龄调任军校参谋长，原任参谋长钱大钧因为沈应时受伤无法到任，由其代表。教导第 1 团团长何应钦因进攻和阻援有功，授予大功一次。

淡水之役，俘虏敌人千余人，缴枪千余支，为东征开战以来最大的一次胜利，对整个战局影响很大，奠定了东征胜利的基础。身为实际指挥官的蒋介石继平定商团之后，又名响一时，正在病中的孙中山也说出"国民党军事靠蒋介石"的话。淡水胜利，包括整个东征的战局，一直朝着有利于东征军的方向发展，并非是蒋介石一个人的功劳，这其中有黄埔学生的贡献，也有其他部队的努力。但应该看到东征军本身是正义之师，为消灭军阀而战，所以官兵们能够英勇善战；其次，东征得到广大工农群众的支持，人民群众欢迎这支反对军阀的新式军队的到来，自觉地支持前线，为夺取战斗胜利作出了独到的贡献；同时，这一旧军队作战从未有过的民众支前现象，更是极大地鼓舞了前线将士。最后，在决策过程中，军校政治部主任周恩来和苏联顾问也提出了很好的意见，保证作战顺利进行。

东征右路军在占领淡水后，乘胜追击，2月17日进入陈炯明的根据地海陆丰地区，先后占领平山、海丰城、普宁、揭阳等地，3月7日占领潮州、汕头，洪兆麟残部向北逃窜。

就在右路军一路进军之际，左路杨希闵、中路刘震寰部，早与陈炯明部将林虎有勾结，杨部进军博罗、刘部进军飞鹅岭后不再行动，致使林虎得以组织2万大军，穿过东征左、中路军的防线，从兴宁、五华南下直插东征右路军右翼，图谋在潮州一带，围歼在潮州立足未稳的东征右路军。

3月13日，双方在棉湖、鲤湖一带交火。何应钦的教导第1团首先向林虎军发动进攻，由于寡不敌众，只有12个连的教导1团很快陷于10倍敌人的包围之中，苦撑至中午，教导第2团、粤军第7旅以及部分海陆丰农民自卫军赶来增援，教导2团从鲤湖突袭敌人侧背，于次日晨将林虎主力消灭。战斗中，教导两个团3000人加上随军行动的黄埔学生军500人，共阵亡600人。仅教导1团即阵亡300人。

"广东棉湖战役，与福建松口战役、南京龙潭战役"一起，被蒋介石视为一生中最值得夸耀的三大战役之一。棉湖战役，影响到蒋介石主持黄埔军校以来第一次出征之战的胜败，直接关系到他能否成为国民党最高军事主持人；松口战役，关系到蒋介石的黄埔嫡系国民革命军第1军的生存，此仗如果失败，第1军主力则会被消灭，蒋介石的主要依靠力量将消失，攻占东南杭州、上海、南京则成为神话，蒋介石建立政府也不可能；龙潭战役，发生在蒋介石建立南京政府后，孙传芳渡江反扑，如果此役失败，北伐主力将被消灭，刚成立的南京政府能否生存也成为问题。

对于棉湖战役，蒋介石永记不忘，他说："棉湖一役，以教导第1团千余之众，御万余精悍之敌，其危实甚。万一惨败，不唯总理手创之党军尽灭，广东革命策源地亦不可保。"战役实际指挥官何应钦也忘不了这一场靠官兵苦战、给他带来一生荣誉的战斗，在晚年每逢3月13日，他都要召集健在的当年战场参与者聚会，纪念这场难忘的战斗。

东征右路军继续追击，3月19日占领五华，次日占领兴宁，23日占领梅县，洪兆麟、林虎残部逃向福建边境，陈炯明则躲在惠州城。

1925年4月13日，按照国民党中央执行委员会的命令，蒋介石出任党军司令官；党军教导两个团扩编为第1旅，由何应钦任旅长兼第1团团长，后由刘峙接任；第2团团长沈应时；4月21日又成立第3团，团长钱大钧。东征作战，成为蒋介石扩大实力的良机，虽说黄埔军校编制不大，至此只有一个旅，但战斗力很强，在当时广州地区的各部军队中有口皆碑。

黄埔军校之所以能够迅速扩大，首先得益于参加国民革命，在中共领袖周恩来等人的帮助和指挥下，军校保持旺盛的革命斗志，有着正确的革命目标，积极投入反帝反封建的战场，在战斗中成长；其次得益于黄埔军校培养出来的一批年轻军官，他们掌握了现代军事理论，又在实践中成长，带出一支能攻善战的军队；最后得益于人民群众的支持，素质良好的一批批工农子弟加入了革命队伍，他们目的明确，士气旺盛，作战勇敢。因此，在大革命的熏陶下，黄埔军校得到较快的发展，成为广州革命政府的基本依靠力量。这一趋势，一直到蒋介石逐渐走上"反共"道路后才中止。

当然也应该看到，在组织黄埔军校的指挥群体时，蒋介石的个人作用越来越大，校军已经成为他的势力范围，这种趋势对革命的危害将会越来越大。

东征军原本是准备继续战斗，直捣陈炯明的老巢惠州，只是东征军内部发生变化，不得不停止进攻惠州的军事行动。

平定杨、刘叛乱

身为东征军总司令的杨希闵和桂军司令刘震寰，本是起家于云南、广西的旧军阀，他们之所以参加孙中山的革命阵营，并非是革命觉悟所致，并非是为了打倒北洋军阀，并非是为了完成国民革命，其真实动机是因为在各自省内割据，实力低于其他军阀，一再受到排挤，为改变处境，在陈炯明叛变、孙中山指挥粤军许崇智部驱赶陈炯明时，参加倒陈行列，摇身一变成为迎接孙中山三回广州建立政权的功臣。

他们参加广州革命政府后，面对革命形势的迅速高涨无所适从，无法跟上形势的发展，不可能真正参加国民革命，不可能站在工农一边。当国民革命把矛头对准封建旧军阀、进行反帝反封建斗争时，他们的反动面目立即暴露出来。

刘震寰是桂系中最先加入国民革命阵营的人，由于此人心术不正，变化多端，善于伪装，故为孙中山所看重，在国民党第一次全国代表大会期间，当选为5人候补中央监察委员之一；在1924年7月11日的国民党军委会改组中又成为军事委员会9人委员之一。但出于政治野心，此人对广州政府和孙中山一直心怀不满，密谋叛乱。1925年2月间，他乘孙中山在北京病危之际溜到昆明，与云南军阀头目唐继尧密谋。两人计划，唐继尧率兵占广西，刘震寰在广州响应，一举挤垮广州革命政府。2月25日，唐继尧指挥滇军占领南宁，摆出进攻广州的态势。

杨希闵本是云南军阀，因其伪装得巧妙，所以得到孙中山的重用，曾在国民党"一全"上当选中央执行委员和国民党军委委员。在东征开始时更被授予"东征联军总司令"的重职。此人利用自己军队盘踞地区的便利，广州的财政收入全部为他控制，身为"财政部长"的廖仲恺为解决政府所需经费和黄埔军校的费用，有时甚至不得不跑到躺在鸦片床上的杨希闵前低声下气地交涉，近乎恳求的程度。此人不仅有意与革命政府为难，更有其他的阴谋。在他看来，孙中山靠几支不成气候的"建国军"不可能推翻北洋政府，不可能北伐成功。因此，国民党授予的职务没有可行性，他看上的是富庶之区广东省军务督办之职。他在跟北京段祺瑞的联络中，已经得到承诺：只要打垮广州革命政府，他就是新督办。

刘、杨二人要想实现政治野心和阴谋，捷径就是借助陈炯明的力量消灭广州革命政府。在第一次东征期间，两人勾结陈炯明，按兵不动，差点致东征军以死地。在东征军攻下兴宁时，缴获了他们与林虎和陈炯明暗通款曲、交换军事情报的密电；坐镇广州的代理大元帅胡汉民也获得了刘震寰与唐继尧密商、杨希闵通过香港英国当局与段祺瑞来往的情报。

1925年4月28日，杨希闵密令滇军曾万钟师和4个独立旅从东征前线撤回广州；刘震寰也率桂军从东江撤回穗城，双方在城内部署兵力。5月6日，杨希闵赶到香港与北洋政府代表商谈；刘震寰赶到南宁与唐继尧筹划。中旬，段祺瑞、陈炯明、陈廉伯、刘震寰、杨希闵五方代表在香港开会，准备公开叛乱。

杨、刘叛乱的事情败露后，代理大元帅胡汉民和汪精卫等人主张向杨、刘妥协，以东征处于紧要关头不得内部残杀为名，只要刘、杨悔改则既往不咎。他们派出邹鲁作为代表，前往香港劝说杨、刘二人回穗，共商大计，表示如果需要，可以改组大本营，以满足两人的政治要求。杨、刘二人不仅没有接受，反而狂妄地让邹鲁转告胡汉民："你要打的话，我让你打三天不还手。"（《侍卫官谈蒋介石》第 301 页）

廖仲恺和中共方面主张坚决镇压，决不姑息，否则后患无穷，革命无法深入不说，还有可能随时遭到破坏。以胡汉民为首的大元帅府最后同意这一主张。

1925 年 5 月 13 日，廖仲恺赶到汕头东征右路军总部，召集蒋介石、周恩来、何应钦、许崇智等人会商军事讨伐杨希闵、刘震寰部的计划。5 月 19 日，党军在梅县东校场举行班师动员会，号召"班师回省去打反革命强盗式的军队，为平定杨、刘军阀叛乱作战！"（《第一次国共合作时期的黄埔军校》第 416 页）21 日，蒋介石指挥党军主力向广州挺进，先后于石滩打败杨希闵部的胡思舜，然后接连大败瘦狗岭、龙眼洞等地的杨部，其余滇军逃往广州。23 日，杨、刘二人回到广州，得知教导团已经回师的消息，开始集中兵力，在广州东郊地区进行布防。

多行不义必自毙，作恶多端的杨、刘的末日来临。6 月 3 日，革命政府命令杨希闵、刘震寰：服从政府、交出防地、交出所占财政。因为杨、刘拒绝接受命令，于 5 日被免去所任职务，听候查办，杨希闵的职务由朱培德接任。讨杨、刘之战一触即发。

此时，杨希闵、刘震寰公开叛变，指挥叛军攻占省长公署、粤军总部、公安局、电报局和有关机关。杨希闵还以"建国滇军总司令"的名义发布文告，声称为了防止共产党作乱和广东赤化，所以拒绝接受政府的命令。

在这一情况下，右路军不得不立即进行戡乱，主力部队向龙眼洞、瘦狗岭一带的叛军发动进攻；同时驻扎于北江的湘军谭延闿部和朱培德部由粤汉路南下，直取广州；驻扎于西江的粤军李济深部向东运动，进攻广州；珠海南岸的李福林部就地反击叛军。平定叛乱的斗争得到了广大工人、市民、大中学生的支持，铁路工人罢工致使叛军运输中断。1925 年 6 月 11 日晚，各路联军向叛军发起总攻，次日叛军被全部消灭，杨希闵、刘震寰二人逃往沙面租界，后转往香港。此战俘虏叛军一千余人。6 月 13 日，蒋介石回到广州，担任卫戍司令，负责整治因杨、刘叛乱引起的社会混乱。

杨希闵以后则过起寓公生活，定居昆明，1955 年起担任云南省政协委员，1967 年 1 月 17 日病故。刘震寰以后基本脱离政界，没有更多的政治活动，在1937 年 5 月，还被南京政府军委会授予中将衔，国民党失败前夕前往香港，1972 年病逝。

消灭杨、刘二部，稳定了广州的革命形势，巩固了革命阵营，保证了下一步东征行动的进行和国民革命运动的深入发展。

平定杨、刘叛乱，蒋介石再次成为受益者。打击陈炯明是蒋介石的夙愿，因为陈炯明曾长期压制蒋介石的升迁，在粤军中多次给蒋介石制造难题，蒋介石早有置陈炯明于死地的计划。陈炯明叛变和向广州革命政府挑战，既是革命政府打击的目标，也为蒋介石消灭陈炯明提供了不可多得的机会。但是对于杨希闵、刘震寰二人，蒋介石并无多大成见，而且正是因有滇军和桂军的支持，才使得蒋介石在军事上一再得手。此次蒋介石参加消灭杨、刘战斗，主要是出于稳定局势的需要，也是为今后减少竞争对手。

二次东征胜利

1925 年 7 月 1 日，随着平定杨希闵、刘震寰叛乱战斗的胜利，按照国民党中央执行委员会的决定，正式成立"国民政府"。7 月 3 日，国民政府军事委员会成立，汪精卫任主席，胡汉民、蒋介石、伍朝枢、廖仲恺、朱培德、谭延闿、许崇智为委员。虽说蒋介石没有进入由 16 名成员组成的国民政府委员会，也没有进入 5 名成员组成的国府常务委员，但他在军事委员会中的位置十分重要，因为军委会主席由国府主席汪精卫兼任，首席委员由外交部长胡汉民兼任，二人既不懂军事又不管军事；而且身为国民政府军事部长的谭延闿和曾参与指挥军事的国民政府财政部长廖仲恺（已于 1925 年 8 月 20 日被刺牺牲）又排在后面，所以名列第三的蒋介石成为事实上的首席委员，这说明他在军事上的地位已超越长期主管军事工作的谭延闿、许崇智、廖仲恺、朱培德、程潜、李烈钧等人，成为国民党事实上的最高军事指挥官。

根据国民党中央执行委员会 6 月 15 日的决议，8 月 26 日，各"建国军"和"党军"改组为"国民革命军"。党军各部改编为第 1 军，建国湘军改编为第 2 军，建国滇军改编为第 3 军，建国粤军改编为第 4 军，福军改编为第 5 军，建国赣军改编为第 6 军。概况如下：

第 1 军：军长蒋介石，党代表原是此时已被刺身亡的廖仲恺，政治部主任周恩来;第1师师长何应钦,第1团团长和党代表是刘峙、贺衷寒,第2团团长和党代表是沈应时、金佛庄,第3团团长和党代表是钱大钧、包惠僧;第2师师长是王懋功,第4团团长和党代表是刘尧宸、徐坚,第5团团长和党代表是蒋鼎文、严奉仪,第6团团长是陈继承;第3师师长是谭曙卿,第7团团长和党代表是谭曙卿和蒋先云,第8团团长和党代表是徐庭瑶、张际春,第9团团长和党代表是卫立煌、王逸常。

第2军:军长谭延闿,副军长鲁涤平,党代表汪精卫,政治部主任李富春;第4师师长张辉瓒,第5师师长谭道源,第6师师长戴岳,教导师师长陈嘉佑。

第3军:军长朱培德,党代表兼政治部主任朱克清;第7师师长王钧,第8师师长朱世贵,第9师师长朱培德兼。

第4军:军长李济深,党代表兼政治部主任廖乾五;第10师师长陈铭枢,第11师师长陈济棠,第12师师长张发奎,第13师师长徐景唐。

第5军:军长李福林,党代表兼政治部主任李朗如;第15师师长李群,第16师师长练炳章。

此外,随着形势的变化,以后在1926年初建国攻鄂军改编为第6军,3月两广统一后成立第7军,6月又成立第8军。

第6军:军长程潜,党代表兼政治部主任林祖涵;第17师师长邓彦华,第18师师长胡谦,第19师师长杨源浚。

第7军:军长李宗仁,党代表兼政治部主任黄绍竑,参谋长白崇禧;第1旅旅长白崇禧兼,第2旅旅长李明瑞,第3旅旅长刘日福,第4旅旅长黄旭初,第5旅旅长伍廷飏,第6旅旅长夏威,第7旅旅长胡宗铎,第8旅旅长钟祖培,第9旅旅长吕焕炎。

第8军:军长唐生智,党代表兼政治部主任刘文岛;第2师师长何键,第3师师长李品仙,第4师师长刘兴,第5师师长叶琪,教导师师长周斓,鄂军第1师师长夏斗寅,独立师师长贺龙。

国民革命军的成立,使得国民党有了自己的军队,结束了开始于孙中山进行武装起义以来一直靠借用军阀军队、雇佣军阀军队打仗的历史。虽说上述军队政治目标并不一致,内部派系林立,但归于国民政府军事委员会统一指挥,以后正是靠这支军队,推翻了北洋军阀的统治,建立了南京政权。

上述军队中，编制整齐，番号统一，但官兵编制、数量不一，军事素质相差更大，战斗力参差不一，较能打仗是第 1、4、7、8 军。后来在第二次东征和北伐中，主要靠这四个军作战，担负主要的作战任务，在战场上牺牲最大战绩也最多，另外四个军只能充当配角。

在国民革命军的主要将领中，蒋介石的位置要高于其他将领。在军级指挥官中，蒋介石的资历并不深，其他军长们早在孙中山护法北伐期间就是独立作战部队的最高指挥官，蒋介石只是幕僚性质的"参谋长"，并未指挥过独立作战部队。到第一次东征时，他也不过是个参与指挥的人。现在则不一样，他身为国民党军事委员会首席委员，又掌握战斗力位于 8 军之首的第 1 军，在以后国民党军事活动中的角色越来越重要。第一次唱主角则是在第二次东征时。

就在国民革命军成立之际，东江的陈炯明又在蠢蠢欲动。1925 年八九月间，香港殖民当局向陈炯明部送来了大批现款和 300 万发子弹，北京的段祺瑞政府向陈炯明部送来了 30 万元军饷和两艘军舰。南北援助又刺激了陈炯明扩张的野心，9 月 1 日，陈炯明兵分三路，分别由林虎、洪兆麟、叶举指挥，先后侵占东江一带。16 日，陈炯明从上海到达香港，部署向广州进攻。由刘志陆任总指挥，李易标为前敌总指挥，谢文炳、王定华、林烈为左、中、右路指挥。与陈炯明一起向广州方向进攻的还有军阀邓本殷。9 月 27 日，洪兆麟、谢文炳等部，占领平山，距广州城只有 300 里。在这一危急情况下，国民政府决定进行第二次东征。

1925 年 9 月 28 日，根据国民政府军委会的命令，蒋介石出任东征军总指挥，周恩来出任东征军政治部主任，参与指挥的还有几位苏联军事顾问。下辖有何应钦的第 1 纵队，编有第 1 军的 1、3 师和 2 师 1 个团，欧阳驹指挥的吴铁城旅等；李济深的第 2 纵队，编有第 4 军的 11 师、张发奎部和另外 3 个团；程潜的第 3 纵队，编有建国豫军、建军赣军、建国鄂军等部。

后来成为政治对手的蒋介石、周恩来，此时却是同为东征军的指挥官。

1925 年 10 月 1 日下午，东征军进行誓师大会。是夜，第一次担任全部军事指挥重任的蒋介石，站在房顶，遥望明月，想起在粤军被陈炯明排挤的过去，联想到今天担当起剿灭陈逆的重任，感慨万千，大有舍我其谁的感受："如此良夜而佳兴索然。党国危难，惟吾一身当之，小子可不自勉！"（王俯民：《蒋介石详传》第 149 页）事实上，蒋介石在危急关头，对能否保证东征胜利也没有把握，如此想法，事出有因。

10月4日，在政治部主任周恩来等中国共产党人的坚持下，蒋介石向全体东征军官兵列举了第一次东征期间部队侵犯民众利益的种种现象，明确制定了严格的纪律。要求东征军在行动中，严守军纪，不得像旧军队那样，胡作非为，欺压百姓。这对于树立新型军队形象，保证东征胜利起到了很好的作用。

10月6日，东征行动开始，先取陈炯明部的老巢惠州，13日兵临惠州城下。

惠州古城，东面是山，三面是水，地理形势易守难攻，当地人称自宋代以来数百年未被攻破过。防守惠州的是陈炯明的部将杨坤如，手下共有5000人，但只有3000余支枪。蒋介石决定强攻，他在第1军中组成了由650人参加的敢死队，由第2团第1营营长杜从戎指挥；周恩来也命令第3师第7团党代表、中共党员蒋先云组成由共产党员和共青团员组成的另外一支敢死队。两支敢死队在威力有限的炮兵和其他部队掩护下，开始攻城。自10月13日上午9时总攻起，连攻不下，到14日下午4时30分，第1军攻入北门和西门，残余守敌逃向紫金方向。战斗结束，先锋队每人在战前已犒赏30银圆，其余参战人员，犒赏银洋1元，猪肉4两。攻打惠州，缴获无数，俘虏4000余名，在战斗中牺牲的第2师第4团团长刘尧宸被追赠为陆军中将，抚恤现洋5000元。

如果说在棉湖战役中，蒋介石发现了何应钦的忠诚和才干，以后何应钦一生受到蒋介石的重用，那么在攻克惠州的战役中，蒋介石发现了陈诚。何应钦曾在原国民党副总裁陈诚病故的当天，在死者家中对记者说：在第一次东征的棉湖战役中，"敌人固守在泥墙筑成的房屋之中，况且敌众我寡，陈辞公（陈诚字'辞修'）仅用3发炮弹，对敌人最重要的据点加以轰击，使泥墙崩溃房屋倒下，据守屋内的数百敌人全部压死。陈连长三炮定江山，就此闻名。"在第二次东征攻克惠州的战斗中，他也说："因为敌人在城墙的'侧防'上，安置有机关枪，必须靠炮兵把敌人的机枪打毁"，已是炮兵营长的陈诚，成功炮击北城门的机枪阵地，打开攻城通道。东征对黄埔军校的师生来说，是难以忘怀的。（见《陈"副总统"纪念集》）因此，本来在黄埔军校中不起眼的"特别官佐"陈诚，以后开始步入仕途的辉煌时期，直至后来担任蒋介石的第一号助手，出任国民党副总裁、"副总统"。

攻下惠州，蒋介石立即向国民党中央执行委员会、国府主席汪精卫及各院部会、各留守广州的将领、各农会工会组织报捷。他在捷报中说："惠城夙称天险，有宋以来，从未能破，今为革命军一鼓攻克，虽由将士奋勇用命，亦我大元帅在天之灵有以佑之。从此努力前驱，肃清逆氛，指日可期。吾党前途大放光明。"（见《国民政府公报》第 12 号第 15 页）攻克惠州，在当时的广州引起轰动，显示了革命阵营的力量，极大地鼓舞了广大工农群众的信心，看到了国民革命的前途。同时，此仗的胜利，也提高了蒋介石的威信。国民政府特意电令表扬蒋介石，称"蒋介石受命东征，督率将士，立破坚城"，称"该总指挥忠勇激发，成此伟功，至深嘉尚"。（见《国民政府公报》第 12 号第 15 页）

对于军事作战和扩充实力的成功，蒋介石表面上表现出另一种态度，上书请求辞去国民革命军第 1 军军长之职，以避免自己成为军阀。事实上，他只是要求辞军长职，并未辞东征军总指挥职；他知道大敌当前，国民政府不会同意他辞职，所以他的辞职，只是为了塑造自己完美的形象，捞取政治上的好处。

攻下惠州，陈炯明部的主力还未消灭。1925 年 10 月 19 日，陈炯明的 3 艘北洋军舰开到虎门，并调动大军连占西江地区的阳江、罗定、台山等地；熊克武的川军和邓本殷等部也开始行动，配合陈炯明部向东征军进攻。

蒋介石急忙下令第 1 军第 4 团防守海面，对付军舰可能发起的攻击。同时开始大规模的清剿行动。

1925 年 10 月 19 日，蒋介石亲率东征军主力，离开惠州，向东江出发。当时在海陆丰和潮汕一带的敌军由林虎和洪兆麟指挥。22 日，占领海丰，敌军向陆丰败退。东征军第 1 纵队和第 2 纵队谭曙卿师，一起向河婆推进。27 日，谭师被敌军林虎部包围于华阳附近的塘湖地区，蒋介石急令中共党员、第 4 团连长陈赓通知谭师长，不许撤退。谭师长组织反击，蒋介石也赶到前线指挥，岂知反击失利，谭曙卿失败而逃，蒋介石命令陈赓代理师长，阻止溃退，没有成功，蒋介石急得要自杀，嘴里不断地说："我必须在这里杀身成仁，我没有脸回去见江东父老。"在陈赓的劝说下，蒋介石没有自杀，而此时敌人已经来到阵前，陈赓背着蒋介石就走，走了几里地，过了一条河才脱险。陈赓救过蒋介石一命，蒋介石对此没有忘记，虽说曾对陈赓的革命活动不满意，但在土地革命战争期间，陈赓成为中国工农红军师长后因叛徒出卖在上海被国民党方面逮捕，后经蒋介石特批，可以"在卫兵陪伴下自由行动"，暗示可以让他逃跑，最后陈赓将军成为解放军的纵队司令，成为新中国的国防部副部长。

蒋介石命令陈赓联络周恩来，通知第1师赶来。陈赓不顾受伤的脚，连夜走了十几里路，冒险找到了也在寻找总指挥蒋介石的何应钦和周恩来。援军到达后，蒋介石命令第1师、第3师、第11师合击华阳之敌，终于击退林虎部1万余众，并在河婆地区消灭洪兆麟部5000余人，东征取得决定性的胜利。29日，又在华阳附近消灭洪兆麟残部5000余人，在罗经坝消灭林虎部4000余人，31日占领兴宁，11月6日，收复汕头，次日占领饶平，陈炯明各残部逃往福建南部，东江全部克复。

东江平定的当天，蒋介石发表通电，宣扬东征战绩："中正受命东征，赖将士一心，人民赞助，自上（9）月六日出师，迄本日适为匝月，经将逆军主力完全击溃，先后缴枪6000余支，大炮7门，机关枪30余架，俘虏6000余人。……师行600余里，四民簇拥而观，箪食壶浆以迎，至汕头登岸时，群众欢迎，尤为热烈。自愧无以当此，念我伤亡将士，益为泫然！"（见《中国国民党百年风云录》第390页）蒋介石对东征的胜利，既感到突然，长期被视为大敌的陈炯明部竟然如此被消灭了；也感到来之不易，为夺取胜利东征军也作出了很大的牺牲。

1925年11月8日，蒋介石和周恩来等决定，派遣何应钦、程潜、许崇智等人率军入闽消灭陈炯明残部，12日陈部全部被消灭。东征结束，何应钦出任潮汕地区绥靖公署主任，周恩来出任东江地区行政委员长。

陈炯明的主要将领、曾任广东潮梅护军使兼粤军总指挥、被北洋政府授予"寰威将军"称号的林虎，避居上海，在北伐兵临上海时又去法国，1929年回国到家乡广西经营农场，以后任过国民参政员、制宪国民大会代表、立委。新中国成立后，任广西省政府参议、省政协副主席、全国政协常委，1960年2月病逝。

洪兆麟的命运则差得多，此人曾担任过"洪威将军"、广东陆军第3师师长、汕头防务督办、潮梅镇守使等职，第二次东征中被打败后，逃往香港。1925年12月7日，在香港去上海的轮船上遭枪击，不久身亡。

陈炯明本人在第二次东征时并不在部队，主力被消灭后，由汕头经厦门去上海，不久到香港组织致公党，被推举为总理。"九一八事变"后，民族危机日重，发表《告国人书》，赶到上海联络章炳麟一起到天津见段祺瑞，共商国是，没有结果。1933 年 9 月 22 日病逝，终年 57 岁。此人可谓是早期革命，中期反动，晚期爱国，对于孙中山的关系也有所醒悟。由于和蒋介石矛盾过深，他从未去南京找过蒋介石，蒋介石也没有对其提供过政治和经济上的帮助。穷途潦倒的陈炯明病逝时连安葬费也没有，只得靠朋友相助得以安葬于惠州，章炳麟为其写了墓铭，这是后话。

东江平定后，国民政府又派遣朱培德出任南征军总指挥，指挥第 4 军第 10 师等部，扫荡在 10 月间配合陈炯明反对国民政府的邓本殷部。邓部被打败后逃往海南岛，次年 2 月，南征军渡过琼州海峡，将敌军全部消灭。

广西全境统一

1926 年初，广西军阀混战出现新的局面，经过李宗仁、白崇禧等部的扫荡，广西境内实现统一。

李宗仁，1891 年 3 月 13 日出生，广西临桂人。1908 年冬考入广西陆军小学三期，毕业后曾当过见习军官，护国战争开始后参加广东护国军林虎的第 6 军任中尉长。护法战争开始后，随桂军入湘作战。1920 年 8 月，爆发第一

新桂系首领李宗仁

次粤桂战争，时任营长的李宗仁在莲圹口战役中，因勇敢善战而出名。第二年粤桂战争又起，他升为帮统，随广西军阀、广西都督陆荣廷，反击入侵广西的广东陈炯明部，桂军败于粤军之中，李宗仁兵败中落水获救，不久被陈炯明收编为"粤桂边防军第 3 路司令"。李宗仁心不止此，在驻地玉林自行将第 3 路扩编为"广西自治军第 2 路"，此时马晓军所属的白崇禧和黄绍竑部千余人由黄率领，投奔李宗仁，第 2 路拥有人枪各 3000 余，这成为新桂系起家的基础。1922 年秋，东山再起的陆荣廷出任"广西边防督办"，自治军大部被打散。李宗仁则在玉林站住脚，旧桂系前来招抚，此时因为实力的增强而政治企图心日强，已有有朝一日称雄广西的打算，所以表面接受改编，番号为广西陆军第 5 独立旅；11 月间，李宗仁又拒绝了桂北军阀沈鸿英的招安。1923 年 2 月，沈鸿

新桂系首领白崇禧

英被北洋政府委任为广东军务督理，通电威逼孙中山离开广东。黄绍竑被孙中山授予"广西讨贼军总指挥"，白崇禧为参谋长。

白崇禧，1893年出生，是李宗仁的同县同乡。14岁考入蔡锷将军任校长的广西陆军小学，1913年考进保定军官学校第3期，毕业后开始了一个初级军官发展为地方实力派头子的神奇经历。1917年夏天，在桂军第1师的马晓军模范营中任排长，同营的有任营附的黄旭初、连附的黄绍竑3人结识于模范营，是他们后来和李宗仁合作、共图霸业的先声。在护法战争中援湘、二次粤桂战争等战争中，桂军失败，陆荣廷、沈鸿英等逃出广西。广州非常大总统孙中山任命马君武为广西省长，马晓军接受马省长的任命，出任田南道警备司令，黄旭初任参谋长，白崇禧、黄绍竑为营长。陈炯明叛变时，旧桂系陆荣廷、沈鸿英回桂复辟，组织自治军反扑，马晓军部也被打散，白崇禧、黄绍竑部投奔李宗仁，黄旭初被旧桂系部活捉，也被李宗仁救出，黄旭初出任参谋长，黄绍竑出任第3支队司令，这成为李、白、黄、黄新桂系四巨头合作的关键一步。

要说李宗仁，一人成不了气候，只要有一白二黄中一人相助就能成就大业；而一白二黄都不是坐头把交椅的人，也都没有争当头号人物的野心，所以桂系一直成为一支完整、独立的力量，活跃在旧中国的政治和军事舞台。

1923年2月，陈炯明部被驱赶出广州后，孙中山回到广州，组织黄绍竑的"广西讨贼军"和李宗仁的"定桂军"，讨伐旧桂系。新桂系顺应国民革命的潮流，响应"三大政策"，师出有名。再加上李、白他们军事造诣不凡，战略战术常有独到之处，作战时常能出奇制胜，故在以后的两年间连获胜利：1923年11月新桂系打通西江，建立同广东联络的通道；1924年9月23日，占领南宁，陆荣廷通电下野。1925年春，沈鸿英也被打败，逃出广西，被白崇禧指挥的定桂军和讨贼军追歼于湖南的城步、武岗一带。面对现实，沈鸿英不愿承认，他说："我沈鸿英十余年来，带兵数万，横行桂、湘、赣、粤四省，谁亦莫奈我何，却不料今日败于几个排长出身的小子之手。"随着战争的胜利，李宗仁出任广西绥靖公署督办，黄绍竑任会办，白崇禧任参谋长。广西初步统一后不久，滇军唐继尧暗中和广州建国桂军刘震寰部合作，进军广西，图谋推翻广州革命政府。5月9日，新桂系通电讨伐，1925年11月滇军主力龙云、吴学显部被桂军打败，唐继尧撤回云南。新桂系统一广西，开始了对广西长达25年的统治，军事上自成体系，政务上独立为政，党务上关门治党，财政上闭关自立，成为国民党统治中实力最强的地方实力派之一。1926年3月正式接受广州国民政府的改编，组成国民革命军第7军。自此，两广革命根据地完成统一，北伐军事准备工作基本就绪。

从广州革命政府第一阶段的军事战绩看，蒋介石确实以国民军的奋战和他自己的行为，奠定了成为国民党军事领袖的基础。东征胜利结束，汪精卫、谭延闿、宋子文等国民政府领导人致电蒋介石，称："我兄以10月6日自广州启节，至11月6日而临驾汕头，屈指行师，恰盈一月。群贼就歼，东江悉平，破惠州之天险，覆逆敌之巢穴，及在罗经坝出奇制胜，使群贼敛手就擒，无能漏网，尤为此战事中最有特色之事。我兄建此伟功，成总理未竟之志，定广东统一之局，树国民革命之声威，凡属同志，莫不钦感。东征成功，省中大计，诸待商榷。"（《国民政府公报》第14号第51页）

东征一仗，使得蒋介石声名鹊起，成为报纸和街头巷尾间的主要话题，人们在议论着一个浙江人在广东的成功经历。自辛亥革命以来，广东还没有真正统一过：因为与孙中山革命事业为敌，桂系旧军阀陆荣廷没有完成统一；因为政治上缺乏原则性，陈炯明没有完成统一；因为实力相差悬殊，孙中山也没有完成统一；如今蒋介石借助于国民革命，借助于中国共产党人和苏联方面的帮助，终于完成了统一。蒋介石完成广东的统一，是建立在广大国民革命军将士浴血奋战、英勇牺牲和站在反帝反封建前沿的广大工农群众支持的基础上的，但人们习惯上总是把胜利与最高指挥官联系在一起，蒋介石自然成为最受欢迎的英雄。在当时广州第一公园门口，挂着这样一副对联："精卫填海，介石补天。"从中可以看出当时广州城里的"介石热"。而"填海"的精卫很快就要被"补天"的介石赶出广州国民政府。

蒋介石取得东征胜利的同时，又通过东征作战进一步扩充了实力和考验了部队：黄埔学生为主体的各级指挥员在实战中，作战能力和指挥能力迅速提高；工农子弟主动要求参军参战，成为第 1 军的战斗骨干；近万名俘虏经过短期训练后成为第 1 军的兵员来源；几十万银圆和数千两黄金的缴获、难以计数的武器，其中相当一部分归第 1 军所有，第 1 军的后勤供应得到很大的加强。可以说，第二次东征虽说作战辛苦、生活艰苦、伤亡惨重，但还是成为第 1 军高速发展的第一阶段。在实力和威信同时增长的情况下，夺取国民党最高领导权的时机逐渐成熟。

在党内利用矛盾——各个击破

随着大革命的到来，面临旧民主主义革命和新民主主义革命的交替，国民党内部和统一战线内部出现激烈分化；随着孙中山的去世，面临政治真空的填补和新的权力中心的重组，国民党内和统一战线内部出现激烈争夺。所以，国民党内的权力斗争与新旧民主主义革命的交替，相互交织在一起。蒋介石的夺权斗争，也是经常以巩固统一战线、维护革命阵营的面目出现，在国民党这一特殊的政治团体内，在国民革命这一特殊的政治背景下，很难认清其政治野心，更难阻止其一步一步走上权力顶峰。

国民党内部的权力争夺战，并非蒋介石引起，也非蒋介石导演，从前期论蒋介石连参与者都算不上，得到的权力也非他自己争夺而来。直到廖仲恺被刺、胡汉民出走，国民党权力中心只剩下汪精卫一个人时，蒋介石则利用事件，既打击中共，又逼走了汪精卫，完成夺权计划。

成立新政府

辛亥革命胜利后，于 1912 年元旦成立了中华民国，时过数月，革命成果即落入"窃国大盗"袁世凯之手；1917 年 7 月 17 日孙中山南下护法，成立非常国会，出任中华民国军政府大元帅；1920 年 11 月底，在驱逐旧桂系陆荣廷出广东后，孙中山回到广州，于 1921 年 5 月 4 日根据临时国会的决议撤销军政府，5 月 5 日出任非常大总统；1923 年 2 月 21 日，孙中山在驱逐陈炯明出广州后，再次出任中华民国军政府大元帅。因此，辛亥革命以来，除去北洋政府外，南方革命政府就组织过三个政权。

关于成立国民政府问题，孙中山在《建国方略》中有完整论述，早在 1921 年 4 月 7 日，孙中山第二次返回广州期间，非常国会即通过了《中华民国政府组织大纲》，决定撤销军政府，组织大总统府，并选举孙中山为非常大总统，时过一年余则因陈炯明的叛变而终止。孙中山第三次回广州，本来准备恢复大总统制，但考虑到现在为"军事讨贼时期"，为非常时期，所以只是恢复军政府大元帅制。

在1924年1月召开的国民党第一次全国代表大会上，通过了组织国民政府的决议；2月13日，新当选的国民党中央执行委员会通过了《国民政府组织案》；4月12日大元帅府公布了孙中山亲自制定的《国民政府建国大纲》25条，并发布《建国大纲宣言》，成立国民政府正式提上议事日程。

孙中山在病危之际，1925年2月19日曾与身边的政治会议成员讨论了自己身后的国民党领导体制问题，决定成立合议制政府。在广州的代理大元帅胡汉民、财政部长廖仲恺等人，决定按照孙中山的遗嘱，成立合议制国民政府。但是东征军务紧急，广州城内杨、刘叛乱局面不稳，成立政府之事被搁置。

待第一次东征结束，杨希闵、刘震寰叛乱平定，在接连取得军事胜利的情况下，工农群众革命热情高涨，革命形势发展很快，成立国民政府的时机已经来临。

1925年6月14日，即平定杨、刘叛乱正式结束的当天，由胡汉民任主席的国民党最高政治指导机构中央政治会议决定将大元帅府改组为国民政府；

6月15日，国民党中央执行委员会根据中央政治委员会决议，同意将大元帅府改组为国民政府，将建国军和党军改组为国民革命军；

6月24日，大本营总参议、代理大元帅胡汉民发表《接受中国国民党中央执行委员会关于政府改组决议案》，宣布7月1日正式成立中华民国国民政府。

1925年7月1日，中华民国广州政府宣告成立。政府为委员、主席制。国民政府委员是汪精卫、胡汉民、张静江、谭延闿、许崇智、于右任、张继、徐谦、林森、廖仲恺、戴季陶、伍朝枢、古应芬、朱培德、孙科、程潜；国民政府委员会常务委员是汪精卫、胡汉民、谭延闿、许崇智、林森；国民政府主席是汪精卫；外交部长胡汉民，财政部长廖仲恺，军事部长谭延闿，建设部长孙科；国民政府高等顾问为鲍罗廷。

7月3日，汪精卫兼任主席的国民政府军事委员会成立；与此同时，国民革命军成立。国民政府的成立，使得国民革命有了新的领导中心，有利于推动国民革命向纵深发展，有利于两广革命根据地的巩固，有利于完成军事北伐的各项准备工作。

但作为国民党新的政治权力中心的成立，同时也启动了新的权力斗争。国民政府成立之日，即是新的党争开始之时，因为它本身已包含有不可克服的矛盾和冲突。作为最高权力机构，国民政府自成立起就存在种种不稳定因素：

作为大革命的发动者、组织者、领导者的中国共产党人被排除在外，这一结果，既对中国共产党人来说是不公正的，又不利于革命形势的发展。出现如此结果，有中共自身的原因，身为中共总书记的陈独秀，从发起"新文化运动"、担当"五四运动总司令"至今，已经出现明显的与国民革命深入发展的新形势不相适应的偏差，政治上开始转向右倾，行动上出现"既是资产阶级革命即应由资产阶级领导"的失误，所以他拒绝了以周恩来、李大钊、瞿秋白、蔡和森、毛泽东等人不能放弃对资产阶级革命领导权的正确主张，提出不参加国民政府。也有国民党右派的原因，以胡汉民、戴季陶、古应芬、吴稚晖、邹鲁、张继等为首的一批右派势力，本来对国共合作、共产党员以个人身份加入国民党就不赞成，当然也反对中共领导人加入国民政府。而当时中共的革命纲领深受人民群众的欢迎，并且在中国共产党人的具体领导下，以五卅运动为中心的全国工人运动已经进入高潮，国民党右派中的某些中坚人物，在西方列强的支持下，为遏制人民革命力量的发展，极力限制中共的活动，阻止中共人士参加国民政府当然是国民党右派势力的目标。这一场斗争，在国民政府内部斗争形式上，则反映为打击以廖仲恺为首的"左"派力量。因此，国民党右派与廖仲恺的矛盾最先暴露出来。

国民政府的成立，对国民党上层来说并非革命形势发展的必然结果，而是政治交易的产物。孙中山在长期的革命斗争中，已经培养出胡汉民、汪精卫、廖仲恺、蒋介石为核心的接班梯队。在政治运作上，胡汉民具有理论优势，孙中山更看重他；汪精卫能力较强，在实践中胜胡汉民一筹；廖仲恺最为成熟，但为国民党右派反对；蒋介石辈分较低但准备充分，最后成功者只能是他。一山四虎，难以和平共处，更难共享权力。再加上国民党尽管经过改组，但派系纷争并未绝迹，在孙中山逝世、党内缺少制衡力量后，纷争只会扩大，党内众多实力派人士随时可能成为四虎相争的助手，从而加剧党争的烈度。因此，在以"反共"为实质的"廖仲恺被刺案"发生后，胡汉民、汪精卫、蒋介石三人之间的斗争则成为主要内讧形式，因为蒋介石此时羽毛未丰，还不具备抢班夺权的条件，这样汪精卫和胡汉民之间的矛盾则成为主要矛盾。

蒋介石没有进入国民政府，使得国民政府留下了最大的不稳定因素。对广州革命政府来说，因为管辖范围有限，大敌当前，具体政务不多，最主要的莫过于两项：一是保证财政收入维持政府运转，二是保证军事作战的胜利。主持财政政务的廖仲恺，成为国民党右派的眼中钉，必去之而后快；主持军事政务的蒋介石，国府委员都没当上。这种状况的出现，不利于革命阵营的团结和稳定。从另一方面讲，说明掌握实权的重要，说明要想夺取国民党最高领导权的人必须掌握实权；而最终掌握最高领导权的人，必然是掌握实权的人。蒋介石虽说资历不如胡汉民、汪精卫、张静江、谭延闿、许崇智、于右任、张继、徐谦、林森、廖仲恺、戴季陶、伍朝枢、古应芬、朱培德、孙科、程潜等人中的绝大多数人，但他断断续续从事军事作战已经14年，具有基层和实际工作经验，这对从未到过基层的胡汉民、汪精卫、戴季陶、张静江、林森等国民党上层人士来说，都是薄弱环节；蒋介石作为国民党军委会实际上的首席军事委员、国民革命军第1军军长、东征联军总指挥，手中掌握黄埔军校，军校已经培养出一支以军校学生为主体的能攻善战、并且适应国民革命形势需要的新型军队，这对于曾长期习惯于进行理论空谈的绝大多数国民党上层人士来说，也是薄弱环节；蒋介石已经和正在建立远非汪精卫、胡汉民及许多国民党上层人士所能比的军事功勋，再加上他过人的权谋，所以，无论从哪方面论，无论给予蒋介石什么职位，时势已经决定，蒋介石取他们而代之是迟早的事。

赶走胡汉民

就在革命政府成立后51天，1925年8月20日上午9时30分，国民党中执会常委、国民政府委员、财政部长、军委委员廖仲恺被暴徒杀害于中央党部门前。当时正在广州城内黄埔军校办事处的蒋介石，接到电话说："廖

国民党"左"派领导人廖仲恺

173

仲恺先生到中央党部开会，早到了一刻，在党部大礼堂门前遭暴徒刺杀，头部中两枪，立即丧生。"（宓熙：《我在蒋介石身边的时候》，见《侍卫官谈蒋介石》第291页）准备到中央党部开会的蒋介石迅速赶到现场，抚着廖先生的头大哭，此时汪精卫、谭延闿、孙科、许崇智、何香凝等都赶来，纷纷号啕大哭，大家对廖仲恺被害感到分外痛心。

廖仲恺，原名恩煦，1878年3月10日出生于美国一个华侨家庭。已经富裕起来的廖父廖竹宾，深知当年作为劳工赴美创业的艰辛，要儿子不忘故国，一直对其进行传统文化教育，在廖仲恺17岁时就让其回到祖国。回国后，廖仲恺寄住在广州亲戚家中，1897年10月，与何香凝结婚，1902年到日本早稻田大学等高校留学。在日本期间，通过胡汉民的弟弟、也是后来刺杀廖仲恺的主要嫌疑犯之一胡毅生的介绍，结识了孙中山，从此成为孙中山最坚定的追随者和最重要的助手。同盟会成立大会召开时，廖仲恺正巧赶回广州接夫人何香凝和女儿来日本，所以没有参加这一历史性会议。

辛亥革命爆发后，他担任广东省军政府总参议，不久被南方革命政府方面推派为南北议和会议的南方代表，在北方议和代表中有他的兄长廖恩焘，弟弟是南方革命阵营的代表，哥哥是北洋军阀袁世凯的代表。"二次革命"后，廖仲恺追随孙中山流亡日本，1914年中华革命党成立时，出任财政部副部长。以后长期奔走革命，1921年5月，孙中山出任非常大总统，廖仲恺担任财政部次长、广东省财政厅长，全面负责国民党和护法北伐急需的筹款事务。陈炯明叛变时，廖仲恺被扣留，受尽迫害，直到8月19日才得以脱险。1923年2月孙中山重回广州后，廖仲恺作为大元帅大本营财政部长和广东省长，参与和组织了国民党改组的具体筹备工作，在国民党第一次全国代表大会上，廖仲恺支持国共合作，支持中国共产党人以个人身份加入国民党，成为革命统一战线中的中流砥柱。在会上当选为国民党中央执行委员、常委，以后兼任过黄埔军校党代表、军需总监、大本营秘书长、工人部长、农民部长、财政部长、广东省长、第1军党代表等职。考察国民革命过程可以发现，廖仲恺作为孙中山新"三民主义"的忠实信徒，为大革命高潮的到来，作出非他人可比的贡献。

廖仲恺对国民革命最大的贡献，是在孙中山逝世后，继续坚持孙中山亲自制定的"三大政策"，坚决反对右派势力任何破坏统一战线的行为。作为国民党的"左"派领导人，他能够相信中国共产党人，与中国共产党人并肩作战，发动工农群众，遏制党内右派势力，制止极右势力的破坏行为。并且正是因为他的正确主张和最后以自己的生命作为代价，呼吁国民党和广大民众坚守革命阵营，才使得蒋介石集团发动"反共"政变的时间推迟到 1927 年 4 月间。可以说，在孙中山逝世后，如果没有廖仲恺，国民党很难在统一战线内坚持三年余，很难有大革命的高潮和后来北伐的胜利进军。

国民革命开始以来，革命形势发展很快。在取得平定商团叛乱、第一次东征、平定杨刘叛乱等一系列军事胜利的同时，工农运动也如燎原之火越烧越旺，破坏国民革命运动成为国民党内极右势力和帝国主义分子的主要任务。作为担任许多重要职务的国民党主要领导人，廖仲恺对国民党右派势力的无情揭露和对国共合作的坚定支持，引起了帝国主义势力、军阀及其在国民党内代理人的仇恨，"谋杀廖仲恺"成为"反共"阵营破坏国民革命的主要方式。

对于敌人的暗杀阴谋，廖仲恺早有所闻，何香凝曾劝说丈夫多带几个卫兵。廖仲恺大义凛然说："我们天天和人民接近，是防不胜防的，现在做中国人很好过吗？我自问无负于党，无负于国，无负于人，倘要暗杀，只好由他罢。革命党人说到牺牲，原是不成问题的。"（见《中国国民党历次代表及中央全会资料》第 200 页）

1925 年 8 月 20 日，廖仲恺和何香凝准备参加国民党中央党部会议，廖见陈秋霖有车前往就提前离开家，乘上陈的汽车一起前往国民党中央党部。刚下汽车，只见从中央党部门前窜出五六个暴徒，向廖仲恺开枪，陈秋霖当场死亡，廖仲恺身中两枪，其中一颗子弹穿过眉心，夺走了他的生命。廖仲恺的卫士在还击中打死凶手 1 人，打伤凶手 1 人。

廖仲恺被刺身亡，夫人何香凝分外伤心，当时人们称她是"逢会必到，逢到必演讲，逢演讲必说廖仲恺，逢说廖仲恺必哭，逢哭必喝汽水"。

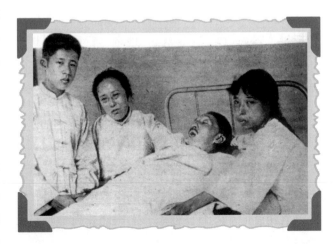

1925 年 8 月 20 日，廖仲恺被刺于中央党部门前。图为其夫人何香凝和儿子廖承志、女儿廖梦醒守护在廖仲恺遗体旁

书生气十足的胡汉民

可以说，以后何香凝继续高举起廖仲恺的战斗旗帜，一直坚持战斗在革命的最前列。

当日，国民党中央执行委员会、国民政府、军事委员会举行联席会议，决定为应付因廖仲恺被刺后的紧急局面，由汪精卫、许崇智、蒋介石组织特别委员会，授予指挥政治、军事、警察全权，负责稳定政局和查清案件。25日，国民政府又决定组成朱培德任主席，陈树人、甘乃光、周恩来、岳森、吴铁城、陈孚木、李福林、陈公博8人任委员的"廖案检察委员会"，具体负责查办此案。

事实上此事到底为谁所为最后也没有查清，因为在当时复杂的形势下，弄清事情真相实属不易。只能肯定，廖仲恺被刺，是帝国主义势力和反动军阀、广州城内的极右势力所为。

在广州城的中共负责人陈延年、周恩来等人表示，共产党人认为廖仲恺被害是国民党右派有计划的阴谋，是两党合作的一个重大损失。周恩来赶到医院探望，并发表了《勿忘党仇》的纪念文章，强烈谴责"反共"势力和国民党右派的卑鄙行为。

当时出任黄埔教导第3团党代表的包惠僧也在回忆录中说：案发当天在中央党部大楼内遇见胡汉民，"他很不自然地同我打招呼，并问（黄埔军校）入伍生情况，我看他的面色从不自然中流露出惭愧的样子，我也很勉强地答应了他几句话就走开了。我当时想：这个家伙就是廖案的主犯，假若我是广州卫戍司令，就马上把他逮捕起来，还怕不水落石出吗？"（包惠僧：《大革命时代在黄埔》，见《第一次国共合作时期的黄埔军校》第144页）

不管胡汉民是否涉及案件，胡已成为案件的中心人物。因为，在当时的形势下，国民党内经过新一轮的权力调整，如何处理和认定案件已为国民党内左、右派之间的斗争所左右，而国民党内一些人士又利用廖仲恺案，打击政治对手，增强自己的力量。

国民党内此时有三大派，"右派"有胡汉民、张继、邹鲁、谢持、许崇智等人；中派有蒋介石及手下的一批将领，如何应钦等人；"左"派有廖仲恺、孙科、汪精卫、徐谦等人。三派之间一直在明争暗斗，廖案发生，无疑是给派系斗争提供了难得的机会。只是中派此时在政治上保持中立，所以围绕此案主要是"左"派和右派的斗争；涉案的右派成为"左"派打击的对象，汪精卫乘机赶走胡汉民，巩固了自己的地位，同样也为蒋介石的上台清除了一个最大的障碍。

此时的汪精卫、胡汉民之间，已呈水火不容之势。要论胡、汪两人关系之亲密，在国民党上层还不多见。

早年英雄豪迈，晚年却堕落成可耻的叛国者的汪精卫

两人是同乡，胡家原在江西吉安庐陵县，汪家原为浙江绍兴，两家均迁往广东番禺，两人的父亲还曾共同在县府里当过差。胡父为"刑名"，汪父为"师爷"。胡长汪 4 岁，两人均在年少时父母过世，在兄长照料下，学习优异，成绩出众，立志发愤读书，以图将来换取功名。

1902 年，23 岁的胡汉民第一次去日本东京宏文学院速成师范科留学，同学中有黄兴和杨度等人，因抗议日本当局阻挠中国留学生自由学习军事，退学后回到广州。1904 年，两广总督岑春煊，保荐 15 名留学生赴日，胡汉民名列其中；同时还有 40 名通过考试赴日留学的人，其中有汪精卫，二人因此成为同学。

二人一到东京，立即投入革命党人的活动之中，可谓由同乡、同学又变成同志。在中国同盟会成立时，汪精卫成为执行、评议、司法三部中的评议部长，胡汉民因和廖仲恺一起回广州接家眷而未参加大会。以后，胡、汪二人在同盟会机关报《民报》里，各自以"汉民""精卫"的笔名发表了许多批判保皇派、宣扬革命理论的文章。两人还与孙中山一起，到海外进行革命活动，参加武装起义。胡汉民主要主持南方支部工作，汪精卫则干出了谋刺清朝摄政王的壮举。辛亥革命胜利后，胡汉民出任过广东都督；被宣统皇帝特赦出狱的汪精卫则成为南北议和会议南北方的双重代表。以后，二人一起担任过许多重要职务。在国民党改组开始后，胡、汪与廖仲恺等人一起，被孙中山指定为改组具体执行人。

在对待国共合作问题上，汪精卫先是坚定的反对者，但他很快转为"左"派；胡汉民先是政治上中立，但很快转为右派。在国民党第一次全国代表大会上，胡、汪当选为第一、二号"中央执行委员"，由孙中山的助手而正式成为中央领导核心成员，大权在握，两人的协作也到了结束的时候。

即使在国民党"一全"后，胡、汪还在一起共事，于1924年年初一起到上海任国民党部常委委员，于6月间一起到黄埔军校任政治教官，于7月11日一起当选为中央政治会议成员。

打破这一平衡的是孙中山，为革命奔波30余年的孙中山，于1923年9月不顾病体率师驻扎韶关，准备北伐时，任命胡汉民为代理大元帅，主持全部工作。这对权欲极强的汪精卫来说无疑是一大刺激，只是由于孙中山健在，汪对人事安排不便有所动作，也做不了主；胡汉民则学究治政，缺少当大元帅的气质，有计谋无魄力，有固执无灵活，尤其是对孙中山的"三大政策"有保留，故很难担当起领导国民革命的重任。这位代理大元帅处理的第一件重大政治事件，就是平定商团叛乱。对商团的挑衅行为，代帅缺少对敌我态势的正确判断，先是无视原则，主张妥协；后是优柔寡断，决策不力，干扰了对商团的斗争。从中可以看出胡汉民缺少全面主持工作的能力，缺少新形势下的政治洞察力。

胡、汪矛盾加深的背景有四：

一是孙中山逝世，代理大元帅胡汉民自然成为接班人，汪精卫难以服气。二人相比，从理论上说胡要强于汪，尤其是胡对"三民主义"理论和五权分立的思想有独到的研究；从实践上说胡要多于汪，20余年来，胡一直在孙中山身边服务，协助处理党政军务；从品德上说胡要好于汪，胡正经认真，敢于直言，汪则口里不一，心术不正；从性格上说胡不同于汪，胡死板、汪活泼，胡稳重、汪轻浮；从外表上说汪要胜于胡，胡文质彬彬、弱不禁风，汪则风度翩翩、神采飞扬；从驾驭权力所需的权术、魄力、风度上说胡不如汪，汪有余胡则不足；而从政治上讲，两人实质上都是死硬的"反共"派。因此，孙中山之所以选择胡汉民作为政治接班人是有道理的，只是汪精卫具备挑战胡汉民的全部条件，在孙中山逝世、胡汉民失去保护伞后，汪精卫的成功概率大为提高。

二是国民党开始成为准执政党。国民党成立30余年来，虽说于1912年3月4日宣布为公开政党，可基本上一直处于秘密团体和地下党的状态，没有行使统治职权的地盘和正常的财政收入不说，从事反封建和反军阀斗争的国民党，在国内连个稳固的基地都没有，党内的职务和权力不仅不会带来任何特权和享受，而且带有更大的责任和危险。自赶走陈炯明后，孙中山和国民党终于有了一块根据地，两广地区成为革命者的势力范围。国民党成了准执政党，有军队、有财力、有地盘、有群众支持，官员有威风有特权有好处，权力成为不少人追逐的对象，汪精卫正是看清这一点，也开始争夺党内的权力，正如孙中山所说："大多数党员都是以加入本党为做官的终南捷径。"

三是汪精卫的投机活动。此人以政治上的善变，表现出奇特的适应性。孙中山北上到达北京后，即已病倒，汪精卫则时常以总理的代言人自居，发表对时局的看法，引起不少误会。为此孙中山指定李大钊、于右任、吴稚晖、陈友仁等人组织政治会议，以牵制汪的行动。孙中山逝世后，汪急忙赶回广州，开始有计划的夺权活动。在广州，他看到了国民革命的威力，为此善于投机的他，使出浑身解数，在各种公开场合极力表明自己从来都是"三大政策"的坚定拥护者和执行者，是国民党内关于国共合作的先知先觉。他的进步面具、革命假象，居然瞒过革命阵营内部的各界人士，包括苏联顾问和中共的领袖们，在组织国民政府时，人们把选择的焦点集中在汪精卫身上，可见其投机性的表演收到了一定成效。

四是蒋介石的崛起。大革命开始以来，就在廖仲恺勤勤恳恳为巩固两广革命根据地、发展革命力量而工作；汪精卫想方设法伪装成"左"派，计划借助苏联顾问和其他一些"左"派人士的支持，以夺取最高政治大权；胡汉民朝不保夕，面临挑战时刻而无力进行反扑；蒋介石心怀鬼胎，有着自己的打算，以静制动，有朝一日实现其更大的野心。对蒋介石来说，在他的仕途上有着三座大山：胡汉民、汪精卫、廖仲恺，只要有任何一个人存在，蒋介石就不可能爬上权力的顶峰。三人中间，胡汉民最为虚弱，汪精卫略高一筹，廖仲恺实力最强，蒋介石的初步夺权部署就是明里坐山观虎斗，暗里先联汪压胡，逐个清除自己的夺权障碍。

胡、汪不和，是两人政治发展上的悲剧。本来两人携手，取长补短，可以各得其所，各自保住和支持对方在国民党内的统治地位；而分道扬镳后，互相攻讦，互挖墙脚，成了各自仕途上的障碍。胡、汪作对，也是国民党发展过程的悲剧，继孙中山逝世、廖仲恺被刺，本来胡、汪二人共掌国民党大权的局面，因二人分裂落入蒋介石一人手中，蒋肆意妄为，迅速完成了国民党的法西斯化。并且，蒋介石在以后的岁月中，今日联汪倒胡，明日联胡倒汪，胡、汪成为蒋介石用来建立蒋家王朝和专制统治的工具。

1925年7月1日，国民政府成立，汪精卫以"左"派面目出任国府常委、国府主席；3日又兼任国民党军委会主席。42岁的汪精卫可谓是显赫一时，集党政军大权于一身，而原为代理大元帅的胡汉民则以中央政治会议主席的身份兼国府常委、外交部长。第一个回合汪精卫占上风，事情并未到此为止。

作为胡汉民本人，本未对降职一事鸣冤叫屈，更没有在行动上进行反击。廖仲恺被害后，事实上胡汉民本人并没有涉案，按他耿直的个性不会搞阴谋。再则如果从争权夺利的角度出发，他不会去谋刺廖仲恺，因为凭廖仲恺在党内的地位当时还没有威胁到胡的权力；他应该去谋刺汪精卫，因为汪才是他的挑战者。此外，如果是他想方设法谋刺廖仲恺，那他在事后不会束手就擒。问题是案件中的主要嫌疑犯除有胡汉民的堂弟胡毅生外，包括梁鸿楷、许崇智在内的大部分嫌疑犯都是胡汉民的老部下和老熟人。

登上国府主席宝座、但总觉权力不稳的汪精卫，见整垮胡汉民的时机已到，联合蒋介石，一起搬走胡汉民这座"大山"。蒋介石则是借廖仲恺这座"大山"被人除去、为廖仲恺申冤的机会，利用汪精卫再搬走胡汉民，逼走粤军元老许崇智。

蒋介石在处理"廖案"时，十分卖力，固然有公有私：

公是为廖仲恺复仇，因为廖仲恺有恩于蒋介石，当年护法北伐期间，蒋介石三天打鱼两天晒网，经常擅自脱离岗位和离开前线，廖仲恺每次都劝导他回前线任职；蒋介石访问苏联回国后，在给廖仲恺的信中大骂苏联和共产党，但廖仲恺并未记仇，而是劝导蒋要识大义；蒋介石担任黄埔军校筹备委员会委员长后，因为经费和人事安排没有遂其心愿，故待在上海不愿赴广州上任，又是廖仲恺和戴季陶等人出面劝导其上任；黄埔军校开学后和组织校军时，又是廖仲恺从政治和财政上全力支持，廖仲恺因之被称为"党军师褓"。如果不是廖仲恺的坚持，蒋介石随心所欲，恐怕早为革命形势所淘汰，哪能当得上黄埔军校校长和第 1 军军长！

私是蒋介石也碰到过两次暗杀事件。一次是在第一次东征前，蒋介石办公和家都在黄埔军校，有时也去军校驻省城办事处上班。那天，蒋校长从省城回家，临行时插有青天白日旗的座车出现故障，无法启动，只得带着两个卫兵换乘没有插旗的卫兵车先行。插着旗子的校长座车修好后，卫队长

1925 年 7 月 1 日，中华民国国民政府在广州成立，图为当时合影。前排左起：二为许崇智，三为汪精卫，四为胡汉民，五为孙科，六为廖仲恺。50 天后廖案发生，汪精卫、蒋介石借机将胡汉民和许崇智赶出权力中枢

宓熙让警卫排长黄友文带领 6 名士兵追上去。此车行至东坡楼附近时，此地驻扎有第 4 军的两个连，他们突然朝蒋的座车开枪，油箱破裂，汽车被打翻，两名卫士被打死，显然是一次有准备的暗杀事件。第 4 军代理军长梁鸿锴闻知大惊失色，赶到东坡楼驻军追查，据两个连长交代是奉旅长杨金龙的命令行事。蒋介石立即命令梁鸿锴，将杨金龙查办，将杨的部队 4 小时内迁出广州城。经过东坡楼事件，蒋介石则搬到长洲要塞司令部，每天乘汽艇进出。待第一次东征结束，他的第三位夫人陈洁如由上海来到广州，夫妇两人搬到东城门外东山脚下的洋房居住，邻居是廖仲恺、何香凝夫妇。在廖仲恺被刺前不久，一天发现一个穿长衫、一个穿短褂的人，在附近鬼头鬼脑地窜来窜去，形迹可疑。第三天，蒋介石从省城办事处回东山家中吃中饭，卫士连长宓熙坐在司机旁边，蒋介石与另外一个卫士坐在车后排，后面还有一辆卫兵车紧随。来到东城门约百米处，宓熙则发现前面一个穿长衫、一个穿短褂的可疑人，立即向蒋介石报告并拔出手枪、摇下车窗准备。当车行离城门 30 米时，对方举起手来像准备开枪的样子，宓熙连发数枪将其击倒，汽车加速离去。后面的卫兵车立即停车，抓获两人，两人交代是商团陈廉伯派来行刺的。两次暗杀事件，让蒋介石胆战心惊，如今廖仲恺被害，当然会竭尽全力进行追查。

经过"廖案检察委员会"的追查认定，策划杀害廖仲恺的的确是国民党内

一批极右势力，具体策划者为胡毅生、朱卓文、林直勉和粤军军官魏邦平、梁鸿锴、杨金龙、梅光培等人，粤军旅长兼民团司令朱卓文是凶犯。在暗杀名单上，还有汪精卫、鲍罗廷、谭平山、蒋介石、陈延年、周恩来等国共合作、统一战线的领导者。

负责收买暴徒行凶的是朱卓文，凶手之一的陈顺的手枪由其提供，陈顺逃跑时200元经费也是由朱卓文提供。就在特别委员会下令逮捕时，朱卓文得知信息后立即化装逃走，以后隐姓埋名，曾在1936年间以"朱元鼎"的化名担任中山县土地、建设局局长。他在自己创办的县报《中山日报》上撰文，并不讳言当年确有要杀害廖仲恺的想法，并"密遣死士伺以炸弹、机枪击之，务使群凶（指经常在东山百子路鲍罗廷住处聚会的鲍罗廷、加伦、汪精卫、廖仲恺等）同归于尽"（见《中华民国史事纪要》第246页）。朱卓文还在行动的前一天，对凶手进行具体指导。只是因为时任广州公安局长的吴铁城劝阻，才没有执行。他说没有想到，还有人会谋杀廖仲恺，并获得成功，所以在陈顺前来家中谈及廖被谋杀一事，怕受到牵连，赶紧拿出200元要陈顺离开广州，他自己也立即离开广州。朱卓文承认确实想杀廖仲恺，但不承认是他派人杀了廖仲恺。

谋杀廖仲恺的另一主犯是林直勉。他是广东东莞人，生于1887年，早年加入同盟会，在胡汉民任同盟会南方支部长的时候，林直勉任筹饷部主任；胡汉民在广州光复后任首任革命都督时，林任同盟会广东支部长。以后任过大元帅府秘书、参议、孙中山秘书，陈炯明叛变时是叛军中的一个林的亲戚，在炮击总统府前通知了林直勉，也是他硬把孙中山拉出了已被叛军团团包围的总统府。以后任广东电政监督兼广州电报局局长、大本营会计司司长。作为曾经长期追随孙中山、参加革命党人活动的林直勉，无法接受新"三民主义"，无法接受"三大政策"，成为党内极右势力的骨干。廖案发生后，经特别委员会批准，将其逮捕归案。但并未审出具体结果，林直勉后来在1927年出狱，任过广东省党部委员、第四届候补中央监察委员等职，1934年病逝。

谋杀廖仲恺的另一主犯是胡毅生。胡毅生为胡汉民的堂弟，生于1883年，小堂兄4岁，1902年曾和堂兄一起赴日本留学，以后参加革命党人活动，并且是廖仲恺第一次见到孙中山的介绍人。黄花岗起义时胡汉民是直接指挥者之一，胡毅生为储运课课长、第4队队长。广州光复后任军务处处长。1912

年任孙中山桂林北伐大本营参军、粮食处处长。在国民党改组过程中，此人政治向右转，成为极右势力的骨干之一。1924年8月当选为广州民选市长，因为堂兄胡汉民此时为广东省长，他辞去市长职，创办《国民新闻》报。在刺杀廖仲恺的罪恶活动中，胡毅生充当了极不光彩的角色。在案发后，他逃往香港。此人的责任到底有多少，最后也没有搞清。抗战后他回到重庆，于1939年任国民政府委员，1946年任制宪国民大会代表，1947年4月任国民政府顾问，次年任总统府顾问，退台后任"国策顾问"，1957年去世。

被蒋介石赶走的老上级许崇智

　　显然，胡汉民受到案件的牵连，多名嫌疑犯要么是胡汉民的亲戚，要么是胡汉民的友人，要么是胡汉民的部下，这成为汪精卫、蒋介石惩治胡汉民的理由。同样，因为嫌疑犯中有多名是粤军军官，所以身为特别委员会三人成员之一的许崇智，也很快被累及。

　　1925年8月25日，涉案者第4军副军长梁鸿楷等一些粤军军官被捕，梁被关押在长洲要塞炮台下的地道里，熊克武、汤子模被送到虎门，张国桢、杨金龙、梁士锋等被捕后不久被枪决，李基鸿、关霁、胡清瑞、林直勉等被投入监狱。一批粤军部队被解除武装。

　　由于这些粤军军官与长期指挥粤军的许崇智关系很深，引起汪精卫、蒋介石的注意。9月20日，不知是真是假，反正蒋介石称是到秘密情报，说许崇智将乘广州至九龙列车逃香港。蒋介石立即下令军校入伍生总队长陈复带领300名入伍生，赶往列车必经的石龙车站。急行军到车站，等到深夜12点，也未见许崇智的影子。此时蒋介石来电话，通知陈复说许崇智已在粤军总司令部被拘留。因为许崇智昔日有恩于蒋介石，蒋介石初到粤军时曾得到许崇智的关照，所以蒋对这位旧长官较为客气，在见面时依旧像当年部下对长官的礼貌对待许，劝说其离开广州去上海"休息"，财产可以全部带走，并送上2万元旅费，待广州平稳后再回来，最后在陈铭枢的"照顾"下，许崇智上了赴上海的轮船。随后，在蒋介石的策划下，粤军进行全面改组，第4军交由李济深指挥。许崇智并没有反蒋，只是因为此时的许崇智掌握的粤军部队，已经成为阻碍蒋介石在广州城内独揽军事大权的最大的地方实力派，不除不能巩固蒋的个人势力和地位。此时，事关个人前途，蒋介石顾不得昔日交情了。

对付胡汉民也是这样，治胡过重既不符合"党义"，因为胡汉民毕竟为党国重臣，又无确凿的涉案证据；不治胡则无法夺取权力，所以对胡汉民，只要其放弃权力、让出位子、离开广州即达到目的。因为堂弟成为谋杀廖仲恺的主犯之一，胡汉民深知难逃干系，担惊受怕，寝食不安。一天晚间，听到有人敲门，吓得光着脚由后门溜出，逃到汪精卫家中。汪精卫把胡安顿好后，立即通知蒋介石，蒋介石立即派人赶来把胡汉民押往黄埔军校软禁起来，这是胡汉民被蒋介石第一次软禁。1925 年 9 月 15 日，汪精卫在国民党中央常委会上报告说，胡汉民与廖案无关，但还是提议胡汉民作为中国国民党赴国外代表，让其出国考察兼发展国民党与外国政党的关系。汪的举动，实质是逼胡出国。在鲍罗廷、汪精卫的亲自安排下，由秘书李文范、朱和中及女儿胡木兰陪同，胡汉民登上去苏联海参崴的苏联轮船，旅途中胡汉民写了"稚子牵衣上远航，送行无赖是秋光；看云遮处山仍好，待月半时秋渐凉"，以表达心中的沉闷之情。

"廖仲恺被刺案"成为汪精卫扩权固权的机会，就当时论，汪精卫成为"廖案"的最大受益者。汪精卫把亲胡的林森、谢持等人派往北京特别党部，在国民党中央形成他和苏联顾问决策的局面。胡汉民走后，党内职务继续保留，"外交部长"职由陈友仁接任，"中央政治会议主席"职由汪精卫接任。汪精卫终于当上国民政府、军委会、中政会、国民党中常会主席。"四位一体"集权情景，蒋介石直到 1943 年间才实现，而汪精卫在此时就成功地掌握超级权力，可见当时汪权倾一时的程度。只是汪精卫有所不知，螳螂捕蝉，黄雀在后。汪精卫逼走胡汉民和许崇智，自己的权力激增，但也为蒋介石消除了两大障碍，减少了制衡蒋介石的力量，下一步则是他自己成为蒋介石的"清查对象"了。

胡汉民走后，在特别委员会内首次与汪精卫一起共同指挥党政军全局工作的蒋介石，升任第二次东征军总指挥，踌躇满志地赶往惠州前线。此战在短期内获得了胜利，在与汪精卫的争权中，蒋介石又得到了关键的一分。

尽管汪精卫、蒋介石利用廖案大做文章，趁机排挤胡汉民、许崇智，忙于争权夺利，人民群众却用自己的方式纪念廖仲恺这位为国民革命作出很大贡献的革命家。1925年9月1日安葬廖仲恺，当天自发参加为廖仲恺送行的各界代表和群众达二三十万人，从惠州会馆经过东堤到永汉路转惠爱东路经过红花岗、黄花岗到东郊沙河墓地，人山人海。这是人民群众在向帝国主义者、北洋军阀和右派势力示威，显示了人民大众的革命意志和决心。国民党的主要领导人和中共领导人周恩来、林伯渠、陈延年等都参加了葬礼。1935年9月1日，廖仲恺的遗体移葬于南京孙中山陵侧，以纪念两位革命家。

逼走汪精卫

"廖案"发生，表面上最大受益者是汪精卫，实际上最大受益者却是蒋介石。众所周知，廖仲恺被害、胡汉民出国、许崇智交权之后，在孙中山原有的四大助手中，有资格问鼎最高领导权的只剩下汪精卫和蒋介石两人。而蒋介石和汪精卫相比，汪精卫的"四位一体"不如蒋介石军事上的"一位一体"，因为汪没有蒋介石所拥有的军队。枪杆子里面出权力，"四位一体"不能保证得到军队的支持，但蒋介石却可以通过军队去打垮"四位一体"，夺得权力。

在逼汪精卫让权时，蒋介石采取了对手不同方式也不同的做法。因为胡汉民是右派，所以蒋介石配合汪精卫利用"左"派打击右派的方式打压胡汉民；因为汪精卫是"左"派，所以蒋介石自己出面利用右派打击"左"派的方式打压汪精卫。

1925年11月，第二次东征结束；1926年2月，南征结束；1926年3月，广西统一，两广革命根据地连成一片。一连串军事上的胜利，大大增加蒋介石的资本，蒋介石下一步的计划，准备自己走上前台，公开夺取更多的权力。

东征完成，国民政府面临的外患结束，内部则开始出现一系列的事件，军事、政治出现严重不稳状态。

1925年11月23日，与右派理论戴季陶主义相配合，西山会议派在北京西山碧云寺召开"一届四中全会"，议决停止国共合作、清除共产党人，公开"反共"；此外以"任凭鲍罗廷操纵本党中央和国民政府；放逐胡汉民、谢持；重用共产党人士"等罪名，开除汪精卫出中央执行委员会，停止党籍6个月。右派对汪精卫的批判，有利于蒋介石对汪采取行动。

1926年1月1日至20日，国民党第二次全国代表大会召开，会议的主要任务是重申国共合作的基本政治主张，强调"三大政策"的正确性，警告、处分西山会议派成员。在反击右派进攻的同时，作为假中派真右派的蒋介石的权力得到进一步加强。本来连代表资格都没有的蒋介石，在会议上作了"军事报告"，并以第二高票当选中央执行委员，还在一中全会上当选为中央常务委员，名列汪精卫之后。他在党内的地位得到肯定，有利于蒋介石对汪采取行动。

会议开完，蒋介石宣布辞去第 1 军军长职，意思非常清楚：第 1 军军长职务太低，不给统率全军的职务宁愿辞职，反正总不能让在东征中建立"卓越功勋"的总指挥没有军职吧。

会议开完不久，1926 年 2 月 1 日，国民政府军事委员会对蒋介石的新任命果然到达：任命蒋介石担任国民革命军总监。蒋介石觉得此职与"总司令、统帅"等职务比起来，虚多于实，所以在 8 日提出辞职。次日又提出辞去"军委委员"和"广州卫戍司令"职。

蒋介石的辞职，实在是以退为进，其目的一是要官。在两广革命根据地统一后，军事北伐成为主要政治任务，在这一形势下，组成国民革命军的统一指挥中心迫在眉睫，而从当时的军事局势论，统一指挥国民革命军非蒋介石莫属。汪精卫一方担心蒋介石上升过快，野心过大，所以在国民党"二全"上并没有就此作出决议，蒋介石对此十分不满，以辞去军职相要挟。在他看来，如果接受"总监"位置，以后汪精卫等人任命"总司令"时可以安排他人；而"广州卫戍司令""军委委员"等职务，要与不要都无足轻重，只要通过新任军长、亲信何应钦把第 1 军掌握在自己手中，再加上他自己在国民党政府军界的地位，任何人要想把自己挤出军界已属不可能。汪精卫看清蒋介石以退为进、假辞真要的用心，置之不理，既不准辞，也不挽留，让蒋介石进也不是退也不是，丢人现眼。

二是进攻，蒋介石和汪精卫在一些军事问题上已经开始试比高下。在第二次东征期间，汪精卫以军委会主席的身份，避开首席军委委员蒋介石，任命第 1 军第 2 师师长王懋功代理广州卫戍司令，拆蒋介石的台；同时命令国民政府海军局政治部主任李之龙，严惩虎门要塞司令陈肇英走私案，借以打击蒋介石的人事安排。蒋介石对此心怀不满，于 2 月 26 日，突然派兵包围第 2 师师部，扣押王懋功师长，撤销其职务，给了他 3000 元钱，要其离开广州。次日，蒋介石又逼迫汪精卫同意解除苏联顾问季山嘉的职务，季山嘉得知后，主动表示愿意辞职。经过这一系列的交锋，蒋介石投石问路，看清了汪精卫貌似强大，捣乱有余，成事不足。只要有足够的实力，对汪应该是不堪一击。

在廖仲恺被害、胡汉民被赶走的情况下，蒋介石自觉同汪精卫斗已不再需要借助其他政治力量进行，凭手中的权力和军队已足以将汪精卫弄下台。这一情况的出现，是汪精卫自己的奉献，是他亲手整走了胡汉民，使得蒋介石由面对胡、汪两人的一对二，变为与汪一人的一对一。

1926 年 3 月 20 日，蒋介石利用"中山舰事件（即三二〇事件）"发难。这一事件成为蒋介石发家史上继出任黄埔军校校长之后的又一重大转折：一是通过实施限共方案，赶走根据"三大政策"在国民党中央和第 1 军工作的共产党员，为此蒋介石获得国民党上层，无论是在人数还是势力上都是占优势的国民党右派的欢呼，奠定了他在国民党内的政治地位。二是完成夺权计划，他利用国民党新右派所说的"汪精卫和事件有牵连"一事，绕开国民党中常会主席、国民政府主席、中央政治会议主席、军委会主席汪精卫，独断限共大事，向汪施加压力，气得汪精卫辞职而走。

汪精卫无可奈何，他说："3 月 20 日之事，事前中央执行委员会政治委员会没有知道。我那时是政治委员会的主席，我的责任应该怎样？3 月 20 日，广州戒严，军事委员会并没有知道，我是军事委员会主席，我的责任应该怎样？3 月 20 日第 2 师、团党代表以下都被拘留，我是国民革命军总党代表，我的责任应该怎样？我这时候，以为不问事情做得错不错，而这件事情做法不能说是不错。我只责己而不责人，我以为皆我不能尽职所致，所以引咎辞职。"（见《中国国民党百年风云录》第 409 页）

蒋介石利用"中山舰事件"，实质就是为了赶走汪精卫，怎么会通知和征求汪精卫的意见，汪精卫当然"没有知道"。有权欲无实力、有野心无作为的汪精卫，不管如何高姿态称"责己不责人"、称事件是不能尽职所致，但只能在明知道"这件事情做法不能说是不错"的情况下接受蒋介石胡作非为的事实，这个"国民党中常会主席、国民政府主席、中央政治会议主席、军事委员会主席"还有何权力和意义？

汪精卫只有重演胡汉民的悲剧，只剩下"出走"一条路。1926 年 5 月 9 日，在夫人陈璧君和子女的陪同下，乘船离开广州前往香港，去法国"养病"。

　　说来也巧，同船的还有在国民党"二全"上当选为中央常务委员的胡汉民。胡汉民作为国民党的"国外代表"去苏联后，得到斯大林和其他苏联领导人的接见，但"反共"立场依然照旧。1926年3月13日，他离开莫斯科回国，到达海参崴时正逢广州发生"中山舰事件"，苏俄方面为防止事态扩大，劝阻胡汉民回国，直到4月19日才被允许踏上前往广州的轮船，29日到达，与胡汉民一起抵粤的有苏联顾问鲍罗廷和外交部长陈友仁。胡汉民回到广州后，报告了在苏联考察的经过，提出了著名的"党外无党，党内无派"的八字政见。由于蒋介石采取的《整理党务案》等限共行动，远远没有满足胡汉民的立即与共产党决裂的设想，胡汉民再次离开广州，绕道香港前往上海。

　　胡汉民、汪精卫同乘一条船，汪精卫一家被熟悉他们的胡汉民的女儿胡木兰看见，但是胡、汪没有见面。两位昔日的同乡、同学、同志，如今则已到了不愿相见的程度。

　　汪下蒋上，后者继任军事委员会主席，以头号实力派的身份成为最高军事负责人，在讲究实力、动荡不稳的国民党内成为事实上的最高领袖。汪精卫所担任的中政会主席和国府主席由谭延闿接任；国民党中常会主席由张静江接任。自此开始，蒋介石和汪精卫结下怨恨，胡汉民和汪精卫也是不共戴天，胡和蒋之间也是吵的时候比好的时候多，蒋、汪、胡之间的三角矛盾，并未影响到他们以后所从事的"反共"活动，三人在不同的范围，用不同的手法，干着反对进步、反对中共的勾当，合力制造了中国现代史上黑暗的一幕。

　　就国民党内的斗争看，蒋、胡、汪的乱斗，受益者是蒋介石，投机者是汪精卫，抗争者是胡汉民。

　　孙中山逝世之后，国民党必须进行权力调整，这给实力派调整自己的位置提供了机会；谁来填补政治真空，必然会成为党内实力派过招的焦点。因为国民党缺少正常的权力调整渠道，所以成为实力派的角逐和竞争；因为国民党的权力调整是实力派的角逐和竞争，所以成为实力和权谋的较量；因为国民党的权力调整是实力和权谋的较量，所以成为野心家的游戏；因为国民党的权力调整是野心家的游戏，所以成为激烈又残酷的斗争。

　　在这一场残酷而又激烈的政治游戏中，应该成功的是胡汉民，因为他是孙中山指定的接班人，但由于国民党上层人士中除廖仲恺外、包括胡汉民本人都实质上背离了孙中山的"三大政策"，当然不会把孙中山的"政治交代"当成一回事；如果放弃孙中山选定的代理大元帅胡汉民，应该成功的则是汪精卫，因为他有辉煌的过去和过人的才华，但由于他本人心术不正又缺少实力，到最后也只能成为依附于实力派的傀儡；如果胡、汪有不可克服的缺陷，应该成功的则是廖仲恺，因为他是国共合作的创导者和孙中山"三大政策"的忠实执行者，但在党内右派势力和假"左"派势力的围攻下，难以一展抱负，最后又死于反革命的暗杀。

从孙中山逝世后的情势论，最不具成功因素的应该是蒋介石，因为胡汉民、汪精卫、廖仲恺在接班趋势上，具有远远超过蒋介石的优势。如果胡、汪、廖能够相忍为党，相忍为国，恐怕蒋介石有再大能量也不可能在短期内获得成功。正是因为廖仲恺被刺，激发了汪精卫的权欲，带头赶走了胡汉民；胡汉民被赶走，汪精卫的权力加大，但也为蒋介石的篡权消除了一个重量级的对手，造成蒋介石篡权路上的三个障碍变成只有一个障碍，最后蒋介石自己出面，轻而易举把汪精卫逼出广州城。

在早期的夺权过程中，利用矛盾，各个击破，是蒋介石的基本战术。

对中共制造事端——极力遏制

蒋介石篡夺最高领导权的阻力有二：近期的阻力是在党内——既定掌权人士，远期的阻力是在党外——中国共产党。近期的阻力，他通过积累资本扩充实力，予以顺利清除，在"中山舰事件"后即成为国民党头号实力派，以后他担任的职务如何称呼无关紧要，重要的是他已成为独裁者；对于坚决反对蒋介石反动统治的中国共产党，在国共合作没有破裂的情况下，蒋介石则绞尽脑汁，想方设法进行打压。

蒋介石初期的"反共"活动，是在高喊革命口号下进行的。在黄埔军校和东征期间的任何一次公开政治讲演中，几乎总是离不开"拥护第三国际领导""反共就是反革命""反对工农就是为封建军阀和帝国主义服务""谁反对国共合作我们就打倒谁"等口号。无论在国民党内、统一战线内部，还是在社会各界，大都被蒋介石的革命言词所蒙骗。在这一保护色下，蒋介石的"反共"活动，主要表现在黄埔军校内支持孙文主义活动，在国民党内偏袒西山会议派的"反共"活动，在统一战线内部利用事件公开向中共挑衅。

操纵"孙文主义学会"

国民革命时期，国共之间的斗争从来没有间断过。在大革命的中心阵地——黄埔军校内部，也是风云迭起。作为军校校长的蒋介石，一直把自己打扮成孙中山的忠实信徒和革命统一战线的坚定维护者，在军校学生大会上，从来不谈右派理论，反复宣传"三民主义"，一再表示拥护国共合作，而暗地里他却在做着更深层次的工作：

一是拉拢学生扩充自己的基础。黄埔军校的前几期学生来自全国各地，不少是有志于献身国民革命的热血青年，有的直接由中共推荐而来。他们意气风发，痛恨帝国主义的侵略和北洋军阀的反动统治，拥护孙中山的"三民主义"和"三大政策"，拥护国共合作的统一战线。这批有志从军救国救民的学子，应该成为黄埔军校的骨干，被培养成国民革命的先锋战士。问题是蒋介石在军校办学方向上有着自己的打算，他的底线是要把国民革命军的摇篮——黄埔军校当成培植个人势力和扩充实力的基地，所以他从一开始就注意培植自己的亲信，限制中共的活动，极力清除学生身上的红色思想。

蒋介石为防止学生受周恩来等中共党员的影响，在拉拢学生上确实下了许多功夫。当时的黄埔军校一期生、后来的中共高级军事将领和新中国的元帅徐向前对此有过专门的论述。徐元帅说："蒋介石这个人，有许多鬼名堂。黄埔军校开课以后，他每个星期都到学校来，要找十个学生见面，谈上几句话。几乎所有的学生，都和蒋介石单独见过面、谈过话。当然见面谈话时间有长有短。他坐在办公室，要学生站在他的门外，一个个叫进去问话。我们山西十个人，蒋介石都单独谈过话。他总是用尽手段笼络人心。他也常常训话，每一次都说到"三民主义"，讲多了，人们都腻了。不过蒋介石通过这种个别见面和谈话，认识了不少学生，也拉拢了不少人。"（徐向前：《回顾黄埔军校》，见《第一次国共合作时期的黄埔军校》第220页）

此外，蒋介石对被认为政治上不可靠的学生，时时加以提防。如曾经在第二次东征时救过他一命的陈赓也不例外。因为陈赓经常参加中共特别支部的活动，所以被蒋介石列为不可信任的人，他亲笔批示："此人是共产党员，不可让他带兵。"（见《记陈赓将军》第22页）因为陈赓当时就在蒋介石身边服务，见到此后，主动要求离开黄埔，蒋介石自觉不妥，只得重新委任陈赓为黄埔军校中校队长。蒋介石对陈赓都这样，对其他进步学生更不用说。如一期生中的蒋先云、王一飞、徐向前、左权、李之龙、周逸群、王尔琢、唐澍、卢德铭、曾中生、许继慎、林彪、张国华、冯达飞、萧克、耿飚、罗瑞卿、黄克诚、宋时轮、周士第、王任重等人，则是国民党方面关注的对象。

黄埔学生来自全国各地，经过在军校中的学习，在掌握一定军事知识的同时，文化和思想水平都有所提高，并且面临复杂的政治形势和军事形势，经常就时局热点进行争论。辩论中，各自的政治倾向很强，支持国民党右派主张的一方就成为蒋介石重用的对象。蒋介石扩充实力，需要大批军事干部，需要大量破格提拔学生。因此，对政治上右倾、追随国民党右派的学生，蒋介石一再予以提拔，授予各类学生管理和学校管理职务。成立教导团时，任命军官也由蒋介石全面把关，政治上不可靠的不要。如黄杰、陈大庆、高魁元、桂永清、王叔铭、毛人凤、郑介民、关麟征、张耀明、郑洞国、范汉杰、杜聿明、宋希濂、王耀武、胡宗南、邱清泉、廖耀湘、黄维、袁守谦、贺衷寒、邓文仪、曾扩情等人，他们大都在两次东征期间已出任基层军官，指挥军队。如胡宗南在一次东征后由连长升为营长，桂永清在第1军成立时已是特务营营长，关麟征在教导团成立时任排长，黄杰在二次东征结束时已是少校营长，陈明仁毕业就出任少尉排长，王耀武作为三期生一毕业就出任排长。当时他们虽说只是基层军官，可此时蒋介石羽翼未丰，兵不过数千，官不过数十，属于嫡系、由黄埔门生组成的军队，直到北伐开始时不过只有第1军一个军的编制，以后成为国民党高级将领的中、上层黄埔系成员在大革命时期，走红者不过是第1军的连、排长，大都只是第1军中的士兵而已，所以他们的任职有着特殊的意义。

二是利用"孙文主义学会"进行"反共"活动。与正在兴起的反帝反封建统一战线中分成"左"派和右派（中派实为右派）一样，黄埔军校中的学生组织也分成两大派，一派是青年军人联合会，一派是"孙文主义学会"。据当事人曾扩情回忆："开学不到两个月，（学生）第一队的共产党员学生蒋先云即与在粤的粤、桂、湘、滇各军所设立的军官学校的学生联系，酝酿'青年军人联合会'的组织，并向黄埔军校建议成立这个组织，意在以革命的黄埔学生，来影响各军官学校的学生，以免成为各军在广东争夺地盘、各霸一方的罪恶工具。这个建议，不仅为全体黄埔同学所赞同，而且还得到了蒋介石的特许。当即推蒋先云为青年军人联合会的筹备员，我亦在被推之列，蒋介石曾亲笔写了一篇发起这个组织的序言，说明成立青年军人联合会的革命意义。到10月左右，青年军人联合会的组织基本建立起来。加之军校第二期的共产党员同学周逸群、王一飞等的积极活动，在大多数青年军人中，树立了相当的威信。"（曾扩情：《黄埔同学会始末》，见《第一次国共合作时期的黄埔军校》第261页）

徐向前元帅也回忆说："黄埔从筹建开始之后，在共产党特别支部领导和支持下，以共产党员蒋先云同志为代表的进步学生，发起成立了'青年军人联合会'。这个联合会，名义上是青年军人的群众组织，实际上是以周恩来同志为首的军校政治部联系青年军人的桥梁，是我们党对青年军人进行共产主义思想宣传教育的一种组织形式。"（徐向前：《回顾黄埔军校》，见《第一次国共合作时期的黄埔军校》第221页）

在中共特别支部的领导和组织下，青年军人联合会成为广州地区军校"左"派学生的中心，到10月间，发展成员已有2万余人。联合会以黄埔军校为核心阵地，组织军校学生，支持统一战线，执行孙中山的"三大政策"，配合军校中心工作开展革命活动。青年军人联合会的成员，学习时勤奋，训练时刻苦，战场上勇敢，在两次东征和北伐前期发挥了很大的作用。正是因为青年军人联合会接受中共特别支部的领导，开展革命活动，所以很快被对青年军人联合会感到失望的蒋介石所反对。同时，青年军人联合会的活动，引起了国民党右派的担心。曾扩情说，早在"黄埔军校开学时，国民党的老顽固分子谢持由上海来广州，说是参加军校典礼，他住广州大沙头医院，饰词养病，极力拉拢军校教职员中的右翼分子，如教授部主任王柏龄等以及学生贺衷寒、潘佑强、冷欣等。极尽造谣煽动之能事，说：'共产党名虽与国民党合作，其实是想乘机篡夺国民党的党权；一朝得逞，所有国民党员，尤其是黄埔同学中的国民党员，将受到无情的迫害，而无立足的余地'等等，危言耸听，激起了上述诸人对共产党员同学的仇视。后来又感到蒋先云、周逸群等在学校内公开散发《向导》周报和其他宣传共产主义的刊物，而他们又都是青年军人联合会的核心分子。就断定青年军人联合会这个组织不是一般青年军人的联合，而是作为发展共产党组织的据点，从而决定采取以组织对付组织的行动。孙文主义学会，就是在这样情势之下，专为对付青年军人联合会而起。"（徐向前：《回顾黄埔军校》，见《第一次国共合作时期的黄埔军校》第262页）

在蒋介石的直接授意下，"孙文主义学会"成立于1925年4月24日，前身是1924年间成立的中山主义学会，主要人物有王柏龄、贺衷寒、缪斌、冷欣、林振雄，以及当时虎门要塞司令陈肇英，海军将领陈策、欧阳格，广州市公安局长吴铁城。他们挂着信仰和研究"孙文主义"名义，主要任务是反对孙中山的"三大政策"，反对国共合作和中国共产党员以个人身份加入国民党和政权机构，尤其反对中国共产党人参加对国民革命的领导权，鼓吹正在广州城内刮起的戴季陶主义。

"孙文主义学会"，"并不是为了要学什么孙文主义，所以一经发动起来，就千方百计地找共产党员同学惹是生非，寻衅肇祸，种种蛮不讲理的情形，真是举不胜举。其最为突出的一件事：'孙文主义学会'分子潘佑强、杨引之两人，某日在广州中山大学内，遇到青年军人联合会的负责同学，即叫骂不休，施以毒打；而他们自己亦遭到了回击，彼此都受了伤。于是潘、杨两人的打手之名，就传遍了广州。"（曾扩情文，《第一次国共合作时期的黄埔军校》第 262 页）

"孙文主义学会"的活动，得到蒋介石的支持。据曾扩情说，"孙文主义学会"骨干胡静安常向蒋介石报告共产党员的生活情形，颇得蒋的欢心。杨引之则是因为在"孙文主义学会"时，有坚决"反共"的表现，而得到蒋介石的欣赏。对于军校血花剧社的社员，都由蒋介石直接领导，逢年过节，都齐集在他家中聚餐，关系比一般同学亲切。（曾扩情文，《第一次国共合作时期的黄埔军校》第 264 页）蒋介石在筹建党军时，在不得不任用一批军事素质和群众基础好的共产党员、共青团员等进步学生外，挑选的军官人选大多是"孙文主义学会"成员。仅在第 2 师中，师长王懋功、党代表缪斌和三个团长基本上是学会成员。以后准黄埔系和黄埔系中的骨干何应钦、顾祝同、陈诚、钱大钧、蒋鼎文、刘峙在广州时期则大都是学会的活跃分子。在蒋介石的支持下，"孙文主义学会"发展很快，他们成为国民党右派的公开打手，制造事端，破坏青年军人联合会的活动。乃至蒋介石挑起"中山舰事件"时，他们成为帮凶；在国民党右派的一系列限共活动中，他们成为具体执行者。

两派组织的存在，经常成为冲突的起因，成为统一战线内部左、右派斗争的缩影。到国民党"二全"前后，因为"廖仲恺被刺"后，胡汉民出国，许崇智去沪，西山会议派赴京，右派遭到重创，"孙文主义学会"受到社会各界的一致谴责。蒋介石见状，与其被人批判，不如予以取消，待机转换机制，而且可以借撤销该会，同时撤销青年军人联合会。

1926年2月2日，蒋介石召开青年军人联合会和"孙文主义学会"联席会议，出席者有李之龙、周逸群、潘右强、周惠元、张其雄、杨耀唐、缪斌、张静愚等人。会议决定，"两会"可以交叉加入，必须接受校长和党代表的指导，团长以上军官不得加入两会。召开此会的目的，是为下一步撤销两会做准备。

"中山舰事件"发生，蒋介石公开对共产党采取行动，这是历来国民党右派从未做过的事。4月8日，蒋介石下达了取消青年军人联合会和"孙文主义学会"的命令。尽管"孙文主义学会"成员协助蒋介石完成了制造"中山舰事件"的阴谋，在其中起到了不可替代的作用，但蒋介石为了取消青年军人联合会，不得不命令"孙文主义学会"也予以撤销。4月10日青年军人联合会正式通电解散，4月20日"孙文主义学会"发表自动解散宣言。

蒋介石解散两会，解散青年军人联合会是真，解散"孙文主义学会"是假。对于"孙文主义学会"成员，在加强权力基础上有着超人远见的蒋介石，已经从"两会"的正反两方面的活动中，看到了在军校学生中建立政治小组织的必要性和重要性，有利于加强对学生的控制，有利于在学生中贯彻自己的意志，有利于把学生笼络在自己的手中。因此，他借解散两会之际，重新进行小组织活动，成立属于自己的学生组织。

1926年6月27日，黄埔军校新的学生组织——黄埔军校同学会成立。为稳定学生情绪、借用进步学生的力量、同时显示他的"革命"态度，在筹备过程中也让一些学生中的共产党员参与其事。主要筹备人员有蒋先云、冷欣、贾伯涛、杨引之、余洒度及曾扩情等人。黄埔军校同学会在广州中山大学体育场召开成立大会，有200余名同学参加。会议由蒋介石主持，并担任会长，学会秘书为蒋先云推荐的曾扩情，具体负责人是监察干事胡静安、组织科长杨引之、宣传科长余洒度和总务科长李默庵。黄埔同学会会章规定，黄埔军校系列毕业的学生，都为当然会员，一切会务听从会长。蒋介石通过同学会，联络与军校学生的感情，培植个人势力，重用"孙文主义学会"骨干分子，压制共产党人，并通过会员向国民党内部各系统进行渗透，事实上该会以后则成为他搞个人独裁统治的基本工具。

黄埔军校同学会，以后在国民党军界充当了重要角色，成为蒋介石控制嫡系部队、牵制地方实力派、全面掌控政权的主要力量。在黄埔军校同学会成立后不久，蒋介石在中央党部成立"军人部"，黄埔同学会秘书兼军人部秘书，可见同学会在蒋介石统治机构中的重要性。

偏袒西山"反共"活动

大革命的发展和国民党的改组，引起国民党内部分化，右派开始亮出旗帜，挑战党内"左"派和国共统一战线，成为党内的主要派别；孙中山逝世后，制约右派分裂统一战线、破坏国民革命的关键因素消失，右派更加有恃无恐，开始加紧活动，向"左"派革命阵营发动进攻。在反击右派进攻时，蒋介石以中派自居，协助党内"左"派对右派进行过一定程度的打击。他对右派的打击，主要是为了清除夺权道路上的障碍，因为以胡汉民为主体的右派群体掌握着相当大的权力；等到权力基本到手后，则接过右派的旗帜和理论，开始公开、有步骤地"反共"。

在统一战线内部，存在着一股相当大的右派势力，他们代表着大地主、大资产阶级的利益，反对实行国共合作，反对进行反帝反封建的新民主主义革命，反对"三大政策"，尤其是反对共产党员以个人身份加入国民党，站在革命阵营的对立面。同时，他们都有着曾经参加推翻清王朝、反对北洋军阀的经历，因而成为国民党内一股相当大的政治势力。

张继，1882年出生，河北沧县人。1898年留学日本，1902年参加东京留学生青年会时结识孙中山，1905年8月中国同盟会成立时，当选为司法部判事、直隶支部主盟人，兼机关报《民报》发行人。辛亥革命后，任过第一届参议院议长、国民党中央宣传部长兼北京支部长等职，在"一全"上当选为第一届中央监察委员。

居正，1876年出生，湖北广济人。1905年赴日留学并参加同盟会，曾参与缅甸、华中地区同盟会支部的领导工作。曾任过南京临时政府内务部次长、国民党上海支部支部长、中华革命党党务部部长、国民党总务部主任、广州军政府内务部长，在"一全"上当选为中央执行委员。

谢持，1876年出生，四川富顿人。清末秀才，1907年加入同盟会，参加过四川保路运动，辛亥革命后任重庆军政府总务处长，以后任过国会参议员、国民党党务部长、内务部次长、大总统府秘书长，在"一全"当选五人主席团之一，中央监察委员。

戴季陶，1891年出生，四川广汉人。1905年留学日本，两年后任中国留日学生同学会会长，回国后任过《中外日报》《天铎报》主笔，辛亥革命前被清廷通缉外逃，在南洋加入同盟会。孙中山担任临时大总统时，任秘书。以后任过中华革命党浙江支部长、广州军政府法制委员会委员长兼大元帅府秘书长、外交部次长。在"一全"上当选中央执委、中执委常委、宣传部长、黄埔军校政治部主任。

覃振，1885年出生，湖南桃源人。1904年参加华兴会活动，次年加入同盟会，因为组织、参加萍浏醴等武装起义而被捕，直至辛亥革命胜利后出狱。1913年后任过众议院议员、广州军政府湖南检阅使、总统府参议兼法制委员，"一全"上当选中央执行委员。

沈定一，1883年出生，浙江萧山人。早年为官，曾任过云南省会巡警总办等职，因帮助革命党人组织河口起义被人告密而流亡日本。辛亥革命后，任过浙江第一届省议员、议长。五四运动前后，思想激进，为中共早期党员，主编过红色刊物《星期评论》。在与蒋介石一起赴苏考察后加入国民党，在"一全"上当选候补中央执行委员。

林森，1867年出生，福建闽侯人。曾在清末一些官衙中任职，同盟会成立时加入该会。辛亥革命后，任过九江军政府民政长、南京临时参议院议长、北京参议院总院委员会委员长、广州大元帅府外交部长、护法国会参议院议长。孙中山就任非常大总统时，林森代表国会授印并致辞。"一全"上当选为中央执行委员。

邹鲁，1885年出生，广东大埔人。同盟会创会会员，武昌起义胜利后，率领广东增援部队到达南京。以后任广东官银钱局总办、众议院议员、护法军政府财政次长、两广盐运史、广东财政厅长、广东大学校长。"一全"上当选为中央执行委员兼青年部长。

石青阳，1879年出生，四川南里人。清朝秀才，1906年加入同盟会，参加过四川保路运动。护法战争后任过川北招讨使、川滇黔靖国联军援陕军第1路司令、广东军政府大本营参议、四川讨贼联军第3军军长，"一全"上当选为中央执行委员。

邵元冲，1890年出生，浙江绍兴人。1906年加入同盟会，辛亥革命后从日本回国，任《民国新闻》总编辑、国民党驻上海办事处编辑主任、讨袁各军总司令部秘书长。护法北伐开始后，任大元帅府机要秘书，1919年赴美留学，蒋介石赴苏活动时也是代表团成员。"一全"上当选为候补中央执行委员，不久任中执委常委、政治委员会委员、粤军总部秘书长、黄埔军校党代表和政治部主任。

叶楚伧，1887年出生，江苏吴县人。1909年加入同盟会，孙中山在南京就任临时大总统时，叶负责警卫。以后在新闻界活动，为《民国日报》首任总编。国民党开始改组后，由孙中山提名参与改组事项，"一全"上当选为中执委、上海执行部常委兼青年妇女部长，主编《民国日报》。

张知本，1881年出生，湖北江陵人。1904年赴日本法政大学留学，次年加入同盟会，任湖北支部评议长。武昌起义时被推为湖北军政府司法部长。孙中山让位于袁世凯后，张知本退出政坛，在私立武昌中华大学任教。护法北伐开始后，追随孙中山南下，任过大本营参议等职，"一全"上当选为候补中央执行委员，负责汉口执行部。

冯自由，1882年出生，广东南海人。1895年在日本加入兴中会，同盟会成立时为评议员、香港分会会长，参加反清武装起义，孙中山出任临时大总统时任机要秘书。"二次革命"失败后，任中华革命党党务部副部长，护法北伐时被华侨推为参议员。在国民党实施改组过程中，此人"反共"态度坚决，不赞成国共合作，"一全"上被孙中山开除党籍。

邓泽如，1869年出生，广东兴会人。1906年开始参加反清斗争，次年加入同盟会，以后主持过同盟会南洋支部事务，在经济上资助革命党人的武装起义。1920年回国后任广州军政府内政部矿务局局长兼广东矿务处长，平定陈炯明叛乱时，任国民党广东支部长。1923初任大本营建设部长、两广盐运使。国民党改组时曾为9人临时中执会成员，并是会议召集人。只是因为此人反对国共合作的态度过分恶劣，所以在"一全"上没有当选中执委，但他并没有参加西山会议。

这批右派代表人物全为国民党中央领导核心成员，资历很深，与胡汉民、汪精

蒋介石的好友戴季陶

卫、廖仲恺不相上下；与蒋介石相比，资历更深一层；而当时参加国共合作的中共主要领导人，则是旧民主主义革命后期涌现出来的后起之秀，大都是在护国、护法北伐时期开始从事革命活动；资历上的优势，增加了这批摆老资格右派势力的资本。此外，这批右派从国民党改组前后即开始在前台公开反对国共合作，孙中山为保持党内团结和驾驭权力的需要，又把这批人拉进中央执行委员会，并且占有相当大的比例；而革命意志坚决、反对右派坚定的中国共产党人在中执会内更是少数，廖仲恺等国民党"左"派所占席位也不多；胡汉民、古应芬等人虽说没有右派那样公开和嚣张，但也是眉来目去，明里暗中予以配合；假"左"派汪精卫、假中派蒋介石反对右派，更多的是从权力争夺的角度出发，并非因为立场和理念不同；诸多因素，大大限制了国民党中央阶层限制右派的能力。右派的存在并不孤立，在帝国主义、封建主义势力遍布旧中国，只有广东一隅开始出现大革命高潮的情况下，彻底消灭帝国主义、封建主义的时机远没有成熟，右派有着深厚的社会基础，他们作为旧民主主义革命的参加者，不可能赞成联合工农、进行推翻剥削阶级的革命，同国民党右派等反动势力的斗争是长期、复杂、艰巨的。因此，无论是从组织上还是从政治上，已经很难限制右派的活动，右派造反是迟早的事。

对于右派反对国共合作的立场和活动，孙中山曾对他们进行严厉的批评；"一全"上更是在经过激烈的辩论后，会议作出了正式的决议，决定重新解释"三民主义"，贯彻"联苏联共扶助农工"的"三大政策"，由国共两党共同领导，推动国民革命高潮的到来。经过大革命一年多来的实践，证明孙中山的"三大政策"和国民党"一全"的决议是正确的，已经并正在取得更大的胜利。在这种情况下，右派们并没有停止活动。把右派理论和观点整理成理论体系的是戴季陶，在行动上公开和"左"派对抗、反对国共合作的是西山会议派。

右派的活动，在理论上是刮起"戴季陶主义"。戴季陶还算不上国民党理论家，因为他曾为孙中山起草过一些报告和文章，自己也发表过不少主张反清反侵略的文章，还主编过一些革命党的报刊，所以至多只能算是个国民党的宣传家。此人在党内历任要职，别的不论，在"一全"上当选为中央执行委员、中执会3人常委之一、宣传部长、黄埔军校政治部主任，成为孙中山领导下的最高3人小组成员，主管党务、宣传和黄埔军校的政治工作，地位跃居胡汉民、汪精卫、廖仲恺之后。此人和孙中山的关系较好，长期成为孙中山的幕僚，为孙中山出谋划策。此人和蒋介石有着特殊的关系，自"二次革命"失败前后起，两人就成为好友，政治上志同道合，行动上情投意合，炒股时珠联璧合。蒋介石几次赌气离开护法北伐前线、拒绝前往广州出任大本营要职和黄埔军校校长职，都是戴季陶在孙中山面前疏通，劝说蒋介石以大局为重，最后导致蒋介石一而再再而三地离职出走又不断高升。在社会上，更是流传着蒋介石的次子蒋纬国为戴季陶和日本女人所生的传闻，称小纬国出生后，由于戴季陶惧内而送与一起在日本的蒋介石。从中可以看出，戴季陶在国民党内有着不同凡响的地位和影响。

戴季陶的右倾立场，决定了他不可能站在大革命的前列。作为国民党的宣传家，在国民革命高潮来临之际，宣传的内容却不是革命所需要的主题。孙中山停灵北京西山碧云寺后，戴季陶回到广州，立即着手为右派的分裂行为制造理论依据。

此人对国共合作的态度非常明确，在"一全"上他就提出："共产党人加入（国民党）须造成单独之党籍，而不能存留两党籍，以启他日之纠纷。"右派中持这种态度的人不少。更有人制造证据，诬陷共产党人在国民党内"其言论行动皆不忠于本党，违反党义、破坏党德。"（1924年6月24日，邓泽如、张继、谢持提《弹劾共产党案》）对此，国民党中央党部专门于1924年8月15日至9月1日召开一全二中全会，通过《颁发有关容共产分子问题之训令》，宣布："自经此决议之后，党内共产派问题已告解决。凡我党员当知所负革命责任之重大，与同志间之感情固结，为团体生命所不可缺少之条件。前此争议，付之淡忘，惟相与努力于将来，以完成国民革命的工作。"（《中国国民党历次代表大会及中央全会资料》第75页）

1925年5月18日至25日，国民党召开一全三中全会，这是随孙中山北上的汪精卫、戴季陶、宋子文等人回到广州后，国民党中央为纪念孙中山的专门会议。会议上汪精卫等人报告了孙中山北上和病逝的经过，以及关于国民会议的具体情况。会议决定无条件接受孙中山的遗嘱，"以后本党一切政治主张，不得与总理所著建国方略、建国大纲、三民主义、第一次全国代表大会之宣言政纲及9月13日宣言、11月13日宣言之主旨相违背"。（见《中国国民党历次代表大会及中央全会资料》第85页）

在这一任务特殊的会议上，戴季陶跳出来，趁纪念孙中山之机，在如何认识孙中山的伟大历史功勋和如何认识孙中山的新"三民主义"理论问题上，提出要建立"纯正的三民主义"。

戴季陶提出这一问题，让人不可思议：孙中山过世才2个月，难道是孙中山本人在逝世前放弃了在"一全"上重新解释、在遗嘱中反复重申的"三民主义"？难道是在孙中山北上至逝世的几个月间，广州革命政府和国共两党放弃或修改了孙中山的"三民主义"？难道孙中山曾委托戴季陶修改"三民主义"的理论？既然是"三民主义"，就应该是孙中山的主张和理论；既然是孙中山的理论，就不存在什么"纯正"与"不纯"的问题；既然是一全三中全会已经作出决议，那么国共两党就没有放弃或修改"三民主义"；既然孙中山在遗嘱中要求全面贯彻"三民主义"，那么也就不可能委托戴季陶修改"三民主义"。

戴季陶"纯正的三民主义"是什么货色？在1925年6、7月间，正值广州革命政府忙于平定杨希闵、刘震寰叛乱之际，此人在上海发表了《孙文主义之哲学基础》《国民革命与中国国民党》两本小册子。原来，所谓"纯正的三民主义"，不过是打着解释"三民主义"的旗号，放弃孙中山自己解释的新"三民主义"，照搬旧"三民主义"，反对"联俄、联共、扶助农工"的"三大政策"，反对孙中山提出的以革命方式贯彻"三民主义"的方针，反对孙中山生前决定的以国共合作的方式完成国民革命的主张。

戴季陶的小册子一出笼，赞成孙中山新"三民主义""三大政策"的中国共产党人和国民党人士，立即对此进行了批判。主要理论文章有中共中央执行委蔡和森的《读孙文主义之哲学基础》、中共中央执行委员瞿秋白的《中国国民革命与戴季陶主义》、中共中央总书记陈独秀的《给戴季陶的一封信》、国民党上海执行部宣传部秘书恽代英的《读"孙文主义之哲学基础"》等。国民党中央执行委员会训令，规定党员非先经党部议决，不能发表关于党之主义与政策的根本原则的言论；国民党北京、上海、广东、湖北、江西、江苏等省市党部提案，要求中央执行委员会予以查禁，改组戴季陶主持的国民党上海执行部。

关于"三民主义"，戴季陶认为是"完全渊源于中国正统思想的中庸之道，先生实在是孔子以后中国道德文化上继往开来的大圣"，孙中山的哲学基础则是"继承尧舜以至孔孟而中绝的仁义道德的思想"，从而把"三民主义"纳入封建思想体系，篡改了孙中山的民主主义革命思想。同时，借称孙中山的

"博大精深的思想基础"来贬低马克思主义，他称马克思只是社会病理学家，不是社会生理学家，唯物史观过度单纯。对此，瞿秋白针锋相对，在肯定马克思主义哲学、共产主义适用中国的同时，认为"三民主义""只是很浅显，一般农工民众所切身感觉的政治经济要求，用不着什么道统和哲学基础"，简明而透彻地说明了"三民主义"和国民革命、人民大众的关系。

关于国民革命与阶级斗争，戴季陶认为进行国民革命的民族斗争，就可不讲工农阶级的利益，不需要阶级斗争，要诱发地主资本家的仁爱性能，使之尊重工农群众的利益。陈独秀则批判说，在殖民地半殖民地主张停止阶级争斗，便是破坏民族争斗之主要的力量，便是上等阶级要利用工农群众的力量来达到他们的目的，却不准农工群众自己有阶级觉悟。戴季陶就是要共产党和"左"派放弃阶级斗争，变相向反动势力投降。

关于建立一个所谓纯粹的国民党，戴季陶指出，团体都有"排拒性"和"独占性"，所以国民党内的共产党应该退出去，要把国民党从各革命阶级联盟倒退为资产阶级一个阶级的组织。瞿秋白有针对性地指出，排拒性就是排拒无产阶级，不要无产阶级加入国民革命；也就是要把共产党人排挤出国民党和统一战线阵营。

正在主编国民党中央机关报《政治周报》的毛泽东，也发表了一系列的文章批判戴季陶的观点。他说，戴季陶等人所标榜的"纯正三民主义"，实质是为国民党右派和帝国主义军阀相勾结进行辩护，反对正在席卷全国主要城市和地区的五卅运动，反对工人罢工，反对农民抗租抗税。毛泽东明确指出，在国际国内新的历史条件下，还想在中国建立资产阶级一个阶级独裁的国家，是根本行不通的。毛泽东预言，资产阶级右派，基于他们的反动阶级本性，必然要从统一战线中分裂出去，但这并不能阻止中国革命的发展。毛泽东的观点，以其特有的政治判断力、敏锐的眼光和透彻的分析能力，实际上是对批判戴季陶主义运动的总结。在此不久，就发生了国民党右派分裂事件。

共产党人对戴季陶理论的批判，并没有阻止中共内部正在出现的右倾思潮蔓延。从一定意义上讲，戴季陶的理论影响了陈独秀等人的右倾思潮。陈独秀等人认为，国民党内部之所以有人反对国共合作，是因为共产党在国民党内"包办过多"，过度干涉国民党内部事务。因此，他们提出共产党员不再参加在1925年7月间改组的国民政府，原来担任职务的要主动退出。国民政府成立时，固然再也不见共产党员。8 个月后，国民党中央领导阶层和国民革命军第 1 军中的共产党员，也被蒋介石利用"中山舰事件"强制退出。这样，从政府、党务、军事三大系统，中共失去了领导权，严重削弱了其在反帝反封建统一战线中的领导作用。这也是戴季陶理论的间接影响之一。

需要指出的是，对于戴季陶的行为，一直高喊革命口号的蒋介石并没有作出什么表示。正在坐观形势演变、伺机夺权的蒋介石，虽说对论战不感兴趣，但对戴氏的观点十分赞同，以后不仅照搬戴氏从国民党内赶走共产党人的观点，而且走得更远，做得更绝，主张消灭中国共产党。

因此可以说，戴季陶是说了蒋介石想说而当时不敢说、不便说的话。

与戴季陶的理论挑战相配合的是，西山会议派开始集结力量，公开"反共"。"一全"开会期间国民党右派代表人物，在会上反复坚持的"反对国共合作、反对共产党员以个人身份加入国民党"的主张，不但遭到许多代表的批评，还被孙中山明确拒绝，他们破坏国共合作的阴谋没有得逞。在广州革命政府的"容共"政策下，国民党右派缺少想要的政治舞台，为此他们陆续离开广州。最后集中到北京，先后成立"国民党海内外同志卫党同志会""国民党护党同志驻京办事处"两大组织，并于 1925 年 3 月 8 日合组为"国民党同志俱乐部"，召开成立大会时有 2000 余人参加，大部为同盟会、中华革命党、国民党中的失意政客、"反共"分子和投机分子，共同进行分裂国民党、破坏反帝反封建统一战线的活动。主持者为唐绍仪为首的理事，其中有冯自由、谢英伯、邓家彦、邹鲁、张继、居正等。

唐绍仪，1860 年出生，1874 年赴美国留学，1895 年随袁世凯到天津小站练兵，并在袁身边担任过许多重要职务，辛亥革命时任内阁全权代表，与民军代表伍廷芳在上海谈判议和。1912 年袁世凯任临时大总统，唐为第一任内阁总理，并经孙中山同意加入同盟会，以后任护法军政府财政部长，不久与孙中山对立，在西南军阀支持下出任七总裁之一，排挤孙中山，以后又参与军政府事务，如今又挤进国民党右派阵营活动一番。

国民党中央和广州革命政府坚决回击右派的分裂活动。1925 年 3 月 10 日，国民党中央执行委员会发表声明，开除了冯自由等 320 人的党籍。右派们并没有吸取教训，停止分裂活动，反而针对广州、上海地区开始的批判戴季陶右派理论的斗争，策划起更大的行动。

廖仲恺被刺后，汪精卫、蒋介石联合起来逼走胡汉民后，为控制国民党中执会，减少反对力量，又将中执委林森、邹鲁派往北京，这样加强了集结北京的右派势力，成为"反共"中心。

1925 年 11 月 23 日，国民党中央执行委员邹鲁、林森、覃振、叶楚伧、沈定一、李烈钧、邵元冲、石青阳、石瑛、戴季陶，候补中执委茅祖权、傅汝霖及监察委员张继、谢持，在北京西山碧云寺孙中山的灵柩前，召开非法的"一全四中全会"。因为在西山召开，史称"西山会议"；为表示自己的正统性和控诉国民党"左"派和中共的"罪行"，会议特意在孙中山遗体前进行，史称"哭灵"。

此次会议，选举林森、覃振、石青阳、邹鲁、叶楚伧为中央常务委员。选举居正为中央组织部长，戴季陶为中央宣传部长，叶楚伧为中央青年部长，茅祖权为妇女部长，覃振为农人部长，孙科为商人部长，林森为海外部长，石青阳为调查部长。成立北京执行部，由李烈钧、柏文蔚、邹鲁、林森等人组成；成立上海执行部，由沈定一、叶楚伧、戴季陶、覃振、茅祖权等人组成；广东执行部，由邵元冲、熊克武、谭延闿。

西山会议的基本精神就是把他们的政治主张公开化、系统化，要点是反对"三大政策"，立即和共产党分家。

会议开了 43 天，只是做了政治上反动、程序上简单、不可能落实的几个决议：

取消共产党员的国民党党籍；撤销谭平山、李大钊、于树德、林祖涵、毛泽东、韩麟符、于方舟、瞿秋白、张国焘等中央执行委员和候补中执委的职务和党籍；将驱逐胡汉民、纵容鲍罗廷的汪精卫开除出中执会；停止广州国民党中央执行委员会的职权；取消国民党中央政治会议；国民党"中央执行委员会"移往上海；1926 年 3 月 29 日召开"中国国民党第二次全国代表大会"。

广州国民党中央委员会针对"一全"以来的首次分裂事件，全力回击：

1925 年 11 月 27 日，国民党中央致电全党，通报西山会议派的分裂实质；12 月 11 日，国民党一全四中全会召开，再次肯定中执会中 9 名中共成员的合法地位。

1926 年 1 月 1 日，国民党第二次全国代表大会在广州举行。大会主要任务是针对国民政府成立、廖仲恺被害、戴季陶的反动理论、第二次东征胜利、西山会议派公开活动后的新形势，重申继续贯彻、执行三大政策，巩固国共合作下的统一战线，全力回击右派的进攻。"二全"是国共合作共同召开的最后一次国民党的代表大会，也是有右派出席但没有右派作祟的全代会。代表资格因为审查委员会中林森在北京，邓泽如不出席，则由林祖涵、毛泽东、谭平山负责，把好代表关有利于会议的正常进行。出席会议代表共256名，中共成员约90名，基本能够保证会议的正确方向。会上两党代表沉痛哀悼孙中山、廖仲恺，表示要高举三大政策的旗帜，维护统一战线，两党继续合作。作为两党合作的重要体现，就是一致同意在组织上严惩西山会议派。

会议通过了根据三大政策而提出的党务、工运、农运、政治、军事、青年运动等各报告，听取了《关于弹劾西山会议审查报告》，决定如下：

永远开除邹鲁、谢持的党籍；给予居正、石青阳、覃振、傅汝霖、沈定一、茅祖权、邵元冲、叶楚伧、林森、张继、张知本等12人警告处分；戴季陶未经中央同意，发表《国民革命与中国国民党》一文，惹起党内纠纷，要其反省；西山召开的"二全"为非法，上海中央执行委员会非本党的正式机关，以前各地的所有执行部一律取消；叶楚伧停止主编《民国日报》的职务。

1926年1月29日大会闭幕。会议选举出由汪精卫、蒋介石、胡汉民、谭平山、宋庆龄、戴季陶、李大钊、林祖涵等36人为中央执行委员和毛泽东、夏曦、邓演达、何应钦、缪斌等24人为中央候补执行委员，吴稚晖、张静江、蔡元培、古应芬、李石曾等12人的中央监察委员，李宗仁、李福林、谢晋等8人为候补中央监察委员的中央监察委员会。在二全一中全会上，汪精卫、蒋介石、谭平山、谭延闿、胡汉民、林伯渠、陈公博、甘乃光、杨匏安等9人为中执会常委，汪精卫不久出任中央执行委员会常委会主席；张静江、高语罕、邓泽如、古应芬、陈璧君5人为中监会常委。新的中央党部，由谭平山任组织部长，汪精卫任宣传部长（由毛泽东代理）甘乃光任青年部长，胡汉民任工人部长，林伯渠任农民部长，彭泽民任外事部长，宋子文任商业部长，何香凝任妇女部长，谭平山、林伯渠、杨匏安为秘书处秘书，刘伯垂任执委会秘书长。整个领导机构同样体现出国共合作的结果，中共成员在国民党中央领导机构中的比例与"一全"基本差不多。

西山会议派并没有甘心。1926年3月29日，张继、居正、谢持、林森等人在上海正式举行"二全"。伪"二全"并没有新鲜的内容，只是将西山会议的精神重新回炉一次，要说有什么新东西，那就是过一过官瘾，选举所谓党的领导机构。

在 10 天会议的最后，选举林森、邹鲁、覃振、谢持、胡汉民、邵元冲等 25 人为中央执行委员，张平江、孙敬等 39 人为候补中央执行委员，李敬斋、石青阳、樊钟秀等 7 人为中央监察委员，张秋白、郑毓秀等 5 人为候补中央监察委员。在伪二全一中全会上，谢持、邹鲁、沈定一当选为中央常务委员（二全二中上改选谢持、邹鲁、茅祖权、覃振、黄季陆为中常委）。居正为组织部长，桂崇基为宣传部长，黄季陆为工人部长，陈民为青年部长，管鹏为农民部长，黄复生为妇女部长，林森为海外部长。同时决定伪中央设在上海，在北京、广州、汉口、四川、哈尔滨等地设执行部。

一批曾在"一全"上十分活跃、在广州没有发言权的右派们，如今弹冠相庆，通过分裂中央，取得了在广州得不到的官位。作为国民党第一次大的分裂行为，西山会议派以后长期存在，另立中央行为直到国民党"四全"时才以妥协方式解决。

在反对西山会议派的过程中，蒋介石最为奇特，受到两边的欢迎。在广州的国民党"二全"上，一直在闹着要辞去全部军职的他，以他掌握第 1 军的实力和二次东征的军功，首次参加全代会，首次进入中执会，并成为中央常委会首席委员，地位直线上升，已经进入国民党最高核心决策圈。时过不久，在上海的"伪二全"上，因为他一手制造的"中山舰事件"和推出的"限共措施"，得到西山会议派的欢呼，特意给发来了贺电："蒋介石同志忠于党，而为彻底清党运动则是实"，"此闻诸同志以迅速手段，勘定叛乱，忠勇明敏，功在党国"。对于西山会议派的贺电，蒋介石见公开"反共"时机还未成熟，西山会议派的贺电等于把自己列入右派行列，如果不采取措施证明自己的"革命态度"，无疑会毁掉自己的政治前途。所以，赶紧自请处分，并谴责西山会议派是"希图颠覆政府，摧残本党"，进行洗刷。蒋介石和西山会议派之间，要说有不一致，那是因为双方都想控制国民党；在政治立场上，事实上是一致的，只是蒋介石在没有得到最高领导权以前不便提出，以免影响夺权计划的实施，他还需要国民党"左"派和中国共产党人为自己夺权开道。在还需要进行伪装的情况下，他当然不会过早自我暴露。

因此，西山会议派做了蒋介石想做而当时不敢做、不便做的事。戴季陶的反动理论，不仅没有取得应有的效果，反而引来了一场如何贯彻三大政策和如何继承孙中山遗志的大讨论，更加坚定了坚持在国共统一战线内革命力量的信心；西山会议派的分裂行动，不仅没有取得想要的结果，反而暴露了右派的阴谋，激发了广大工农群众的无比愤慨，广州革命政府和国民党，在中共的支持下，予以全力回击。

在党内右派势力理论和行动攻势都没有奏效的情况下，蒋介石决定自己出马，发动"反共"事件。在他看来，戴季陶写煽动性的文章行，对政治理论并不精通，再说右派理论本身在广州还没有形成气候，只能成为被批判的对象；西山会议派有资历，但没实力，特别是不掌握军队，更是缺乏成功的条件。南北右派的行动，无异于秀才造反，十年不成，而自己身为国民党中央首席中常委、实际首席军委委员，实际掌握着广州城内战斗力最强的第 1 军和黄埔军校，掌握着广州地区的戒严权，更为重要的是通过二次东征在社会各界和党内上层已经树立起很高的威信，可以说采取断然行动的条件已经具备。

对蒋介石来说，此次只能是有限度的行动，因为对他来说，主要是夺权，而非"反共"。只能是通过有限度的"反共"行为来赶走与共产党打得火热的汪精卫，清除夺权路上的最后一个障碍。但是，在蒋介石看来，以前通过廖仲恺被害案，赶走胡汉民，但让汪精卫坐大；批判戴季陶，但让共产党坐大；开除西山会议派，但让国共合作更紧。因此，如果再要采取断然政治行动，必须同时打击党内"左"派和中共，必须一箭双雕。打击党内掌握大权的"左"派汪精卫，从中夺权；打击中共，为下一步公开"反共"创造条件。

"整理党务"实施"限共"

此时，广州城内阴云笼罩，山雨欲来风满楼。

在国民党军队和政界，谣言四起："共产党要暴动，推翻国民政府，组织工农政府""汪精卫、王懋功都加入了共产党，共产党准备倒蒋，正在黄埔军校查账，说蒋介石有贪污""国民政府准备宣布共产，所有私人财产都要没收"。（包惠僧：《大革命时代在黄埔》，见《第一次国共合作时期的黄埔军校》第 161 页）明眼人一看便知，这是"孙文主义学会"成员在起作用，为策划"反共"事件制造舆论。

"二全"刚开完，蒋介石不断闹着要辞职，人们总觉得国民党上层在酝酿着风波。

蒋介石逼汪精卫解除苏联顾问季山嘉的职务，扣押汪精卫任命的广州卫戍司令王懋功等，无疑加剧了城内的紧张气氛。

1926 年 3 月 20 日凌晨 3 时，蒋介石离开在长洲要塞司令部的家赶到造币厂，组织最高指挥部，下令全城戒严。命令：虎门要塞司令陈肇英、20 师师长王柏龄逮捕李之龙；接替王懋功的新任第 2 师师长刘峙，扣押第 2 师各级党代表；蒋鼎文指挥第 2 师第 5 团占领海军局，并解除海军局武装；陈策、欧阳格占领"中山舰"并解除"中山舰"上相关人员的武装；新编第 1 师师长、广州市公安局长吴铁城，负责派员监视汪精卫、季山嘉及苏联顾问、中共机关和中共重要的家庭。蒋介石还下令，如果共产党员反抗，则坚决镇压。

上午 10 时，周恩来得到包惠僧的报告，急忙赶到造币厂去见蒋介石。在门口，周恩来的 4 个卫士也被缴枪，蒋介石假惺惺地对他说："李之龙及中山舰有兵变嫌疑，幸亏发现得早，李之龙已被捕，中山舰解除了武装，第 2 师的所有共产党员，为了保障他们的安全，已集中看管。"（见《第一次国共合作时期的黄埔军校》第 175 页）身为第 1 军党代表兼政治部主任的周恩来，有意问蒋介石："既然是为了第 2 师党代表的安全，何必把他们捆绑起来呢？"蒋介石十分难堪，忙说："谁叫捆他们的，岂有此理。"（《第一次国共合作时期的黄埔军校》第 177 页）捆他们的是刘峙，此人事后明明白白地说：对晚上发生的事，"我也不完全了解，我是以校长的意思为意思，校长命令我干什么，我就干什么"。

李之龙正在度蜜月，黑色 20 日凌晨，陈肇英、王柏龄带着人破门而入，将一丝不挂的李之龙，嘴里塞满废布，毒打一顿带走。陈肇英因为走私被李之龙查处过多次，怀恨在心，此次机会正好报复，他一边打一边说："校长的命令，把这个王八蛋捆紧些。"

谁是事件的罪魁？不是汪精卫。国民党右派说是汪精卫要发动政变，汪精卫当时踌躇满志，志高气昂，但他没有实力；再说他和蒋介石有矛盾，但蒋介石在事件前一段时期内并没有提出过分、公开的"反共"主张，没有提出要解散国共统一战线，也就是说没有提出让汪精卫无法接受的政治要求，两人之间有矛盾仅限于一些中层次的人事纠纷，并没有出现势不两立的对立，所以汪精卫不可能发动政变非要除掉蒋介石不可，更没有要把蒋介石强行押送海参崴的计划。如果真是汪精卫要搞政变，难道连自我保卫意识都没有，连起码的警卫和军事安排都不增加吗？当时黄埔军校入伍生政治部主任包惠僧，当天上午8时左右从20师副师长、家住蒋介石楼下的林振雄处得知蒋介石在造币厂指挥"平叛"，他得到同意后去看汪精卫时，只见汪精卫，"气得两眼发直，他用手捶胸，以头碰壁，他简直像小孩子一样，毫无主意"。如果真是汪精卫搞政变，蒋介石能同意中共干部包惠僧去见汪吗？汪精卫仅是在家里发呆发急吗？

不是共产党。国民党右派把事件嫁祸于共产党，这更离奇。因为共产党当时的工作重心是维护统一战线，与国民党"左"派一起进行反帝反封建的国民革命；中共中央总书记陈独秀甚至提出要放手让出新民主主义革命的领导权，对党内在国共统一战线内部要坚持无产阶级领导权的正确意见一再进行压制；中共也没有独立掌握一支军队，没有自己的根据地，最主要的是进行工农革命的时机没有成熟，不可能以激烈的形式进行没有胜利把握的斗争。直到第2师师长刘峙指挥人马去抓第2师的以中共党员为主的党代表时，他们都处于无准备状态，事出突然，所以未作任何反抗，听候组织处理，绝对没有要搞政变的样子。如果要逼蒋介石下台，为什么中共和苏联顾问都在两个月前的"二全"上支持蒋介石出任中执委和中常委，因为出席"二全"的党代表中，中共党员占三分之一，完全可以将蒋介石排除出中执会和中常会。身为中共广东区委负责人的周恩来，也是在3月20日上午10点才知道此事，赶到造币厂去看望被拘押的第2师中的各位党代表。如果共产党真是发动捉蒋政变，蒋介石会让周恩来去见被扣押的党代表吗？周恩来的卫兵被缴械后，会让蒋介石重新给他派卫兵吗？蒋介石会在当天晚上就将周恩来卫兵的枪交还吗？周恩来等中共领导人还会在事变发生的当日公开露面吗？

也不是李之龙。李之龙只是新任不几天的海军局局长，凭广州政府所拥有的有限的海军战斗力，根本不可能与蒋介石指挥的

被国民党右派利用发动"反共"事件的"中山舰"

陆军相对抗；再则调动海军作战舰只，并非一个局长所能决定的，特别是调动像"中山舰"那样的重要军事舰只，没有上司的命令，李之龙不敢也不会私自调往黄埔。此外，如果李之龙真是具体策划和执行捉蒋之人，那么他为什么照样度蜜月？为什么在执行这一可能会带来严重后果的计划时，竟然连起码的防备心理都没有？为什么在"中山舰"已经升火待发捉蒋之夜，竟然还照样睡在前来逮捕他的 20 师师长王柏龄楼下的家中。

是谁让李之龙通知"中山舰"开往黄埔的？是谁策划了整个事件？"中山舰事件"的起因，应该是国民党内新右派在作祟。胡汉民、邹鲁、谢持等老右派的活动被处理后，以黄埔军校中的"孙文主义学会"主要成员和第 1 军中的一批反动军官为骨干的新右派，在蒋介石的怂恿下，活动越来越猖獗，政治野心越来越大，权欲越来越强烈。他们的违法乱纪活动，多次受到国民党"左"派和共产党人的反对，如陈肇英等人的走私活动一再被海军局长李之龙部查获；"孙文主义学会"成员和青年军人联合会成员的冲突也时有发生，激化了双方的矛盾。为此，新右派采取阴谋手段，准备反扑。

事件前夕刚从教导师党代表职位上离任、改任黄埔军校入伍生政治部主任的包惠僧是这样看的："中山舰事件"是"王柏龄（第 20 师师长）、陈肇英（虎门要塞司令）、陈策（海军局顾问）、欧阳格（海军学校副校长）、徐桴（第 1 军经理处长）、吴铁城（广州市公安局长）等阴谋制造出来的。他们一面包围蒋介石说：'汪精卫、季山嘉阴谋倒蒋'、'共产党准备暴动'；一面布置圈套：3 月 19 日下午，伪造蒋介石的命令，要'中山舰'开到黄埔江面。同时，他们包围蒋介石，先回广州进行镇压他们所说的'共产党的暴动'。蒋介石由黄埔回广州的途中，真看到中山舰向黄埔开动，就信以为真"。（见《第一次国共合作时期的黄埔军校》第 177 页）

事实也是这样，1926 年 3 月 18 日，海军学校副校长、"孙文主义学会"主要骨干欧阳格，派人来到李之龙的家中，声称："奉蒋校长命令，有紧急之事，派战斗舰两艘开赴黄埔，听候蒋校长调遣。"并留下海军局作战科长邹毅的一封信，特意说明宝璧舰已定，请再派一艘。（见《李之龙夫人报告》1926 年 3 月 31 日）因为李之龙不在，由其夫人接待。第二天上午，宝璧舰和中山舰开到黄埔，停泊在军校前面，升火待命。下午，因为苏联顾问要参观中山舰，所以李之龙又打电话请示蒋介石，要求将中山舰调回广州。蒋介石同意后，李之龙命令中山舰开回广州。此时王柏龄、欧阳格等人不仅隐瞒调"中山舰"到黄埔的真相，还造谣说，中山舰正在开回黄埔，"共产党要暴动，要推翻政府，唆使中山舰开赴黄埔，劫走校长，送往海参崴转送莫斯科，中山舰已于昨日窜泊黄埔水面，事态十分严重。"（马文车：《中山舰事件内幕》）在此前几天，蒋介石已经从新右派处听说关于汪精卫和共产党要造反的消息，此时更加信以为真，准备逃往汕头的东征军总司令部，在半路上经秘书陈立夫劝说，返回广州，召集陈肇英、徐桴（第1军经理处长）密谋如何处置。最后决定武力镇压，趁机清理内部，赶走共产党人。

1926年3月20日当天，刚刚执行完逮捕李之龙任务、住在李家楼上的20师师长王柏龄，十分得意地说："李之龙造反了，他同汪精卫、季山嘉勾结在一起，要把校长骗上中山舰送到俄国去，中山舰升火待发的关头，被我们发觉了，即将中山舰解除武装，李之龙已被捕了。"可见他们兴高采烈的样子。

蒋介石的卫队长宓熙也谈到这样一件事："在廖仲恺被刺后，蒋介石又回到长洲要塞司令部，住在楼上。要塞司令林振雄住在楼下。有一天（大约是1926年3月10日）黄埔军校附近江岸担任警戒的卫兵，发现有一穿老百姓服装的人，沿岸走来问蒋校长住在哪里？卫兵即带去见卫兵长胡公冕。胡问：'是谁叫你来的？'答：'是中山舰副舰长吴鸣皋，要我把这封信当面交给蒋校长。'于是胡公冕带送信的人来到长洲要塞司令部，先报告林振雄。林说：'蒋校长已经休息了，你等在这里吧。'送信的人说：'不能，有要紧的事，要蒋校长马上回信，我要赶回去的，不能久等的。'于是林振雄、胡公冕一同上楼，叫醒随从副官江志航（蒋当了党军司令后，有两个随从副官同我住在一个房间）我也觉醒了，听说有重要的信需要马上回信之后，遂决定要江志航叫醒蒋介石（因为江系蒋的亲信）于是江去叩门，陈洁如问：'什么事？'江即说明情况，陈即叫醒了蒋介石。蒋起身下楼，对送信人说，'我是蒋介石。'接过来信，拆开略微一看，即返回楼上写了回信，下来当面交给送信人，也嘱咐要面交吴副舰长。并叫准备饭给他吃过了再走，又叫江志航给他50块钱。这是怎么回事？信的内容是什么？我们都不知道。"（宓熙：《我在蒋介石身边的时候》，见《蒋介石家世》第179页）

如果联系1926年3月20日发生的事件来看，因为有以后的事件，因为事件主要发生在"中山舰"，此事又涉及到"中山舰"副舰长，显然是新右派在活动，显然蒋介石已经相信新右派的情报。

蒋介石自己也说："有一个同志他的名字不能宣布，初见面时就问我'今天你去不去黄埔？'我说我今天要回去的。后来离别了他之后，到了9点至10点钟模样，那同志又来电话问我'什么时候去？'……直到第三次来问我的时候，我觉得有些稀奇……我后来答复他说：'我今天去不去还不一定。'他晓得我是不去黄埔了。"蒋介石认为这是有人在探听他当天的行踪，为"中山舰"捉他提供情报。事实上，这个人不管是谁，如此打电话不是等于告诉蒋介石今天有情况吗？当然，接连四次打电话，确实让蒋介石相信新右派的话，有人在暗中活动倒蒋。

1926年3月20日晚上9点左右，蒋介石赶到黄埔军校礼堂。他说："中山舰"党代表李之龙，没有上级命令，擅自将"中山舰"升火开来黄埔，企图谋害本人。这是一些野心家搞的阴谋，妄图发动政变，推翻革命政府。幸及时察觉，事情已予以平定，李之龙和一些有关的人，已暂时拘禁。这事情的发生，外面会有不少谣言，你们学生不要轻信。我们革命政府政策，仍一如既往。本人一定领导同学们继续革命下去，你们可以安心求学。至于这事情的详细内容，现在我暂时不愿公布，我会将它详细写在日记内，待我死后，再将它发表。就在蒋介石讲话结束时，突然一个名叫王襄的同学提问："廖代表牺牲了，汪代表又去哪里了？"蒋介石平静地回答："汪党代表病了，住在医院，刚才我还去看过他。过几天，汪党代表病愈，就会出院的。"（何崇校：《难忘的岁月》，见《第一次国共合作时期的黄埔军校》第350页）

蒋介石的日记肯定有1926年3月20日的事，但没有公布。如果蒋介石确信"中山舰事件"是中共的阴谋，那么他在发动"四一二'反共'政变"上台后，应**该大讲特讲**"中山舰事件"，因为这可以证明蒋介石在"反共"问题上的先知先觉，可以证明蒋介石对"反共"的贡献。

共产党员李之龙

无非是因为确实不是中共所为，蒋介石只能含糊而过。

此外，蒋介石亲自到汪精卫家中，好像是负荆请罪的样子，但汪精卫称病，表现消极。对于后来从苏联回到广州的胡汉民要蒋"全面清共"的意见也置之不理，感到失望的胡汉民再次离开广州。蒋介石还发表谈话，要求正在苏联的鲍罗廷回粤视事。他限制中共在军中的活动只局限于第1军，其他各军并不涉及，表示与中共的合作态度。蒋介石还将王柏龄免职，以钱大钧接任20师师长；陈肇英被免去要塞司令职，离开广州；吴铁城被送往虎门要塞监禁；欧阳格、陈策、徐桴等都受了处分。如果蒋介石仅是为了推卸责任才将几个主犯免职、处分，那么在日后还会重用他们，因为他们为"反共"事业立过功；问题是这几个主犯以后并未被蒋介石重用，只任过一些并不重要的职务，这无非说明蒋介石对他们谎报军情不满，因为事件虽让蒋介石得了好处但也丢尽脸。

李之龙的遭遇令人痛惜，这是新右派"反共"阴谋中的一部分。李之龙原为烟台海军学校毕业，因参加五四运动被学校开除，后来参加中共，国民党改组前夕，担任刚到广州的国民党总顾问鲍罗廷的翻译。黄埔军校招生后，他奉党的命令考入一期，在校内深受蒋介石和廖仲恺的重用，到第二次东征时已经出任国民政府海军局政治部主任，1926年3月刚升任海军局局长。李之龙被整，是因为他曾严厉制止了新右派欧阳格等人出任"中山舰"舰长、以控制海军主力舰，从而达到控制海军的阴谋；他还多次抓治新右派的利用海路走私的违法乱纪行为，虎门要塞司令陈肇英曾多次对人表示过对李之龙的不满；此外，此人出任海军局局长并没有经过当时正在二次东征前线的蒋介石，就像王懋功出任广州卫戍司令一样，蒋介石也不满意。对于李之龙抓走私、惩罚陈肇英一事，蒋介石也不赞成，并让中共有关方面通知李之龙不要做得太过分。因此，新右派当然不会错过机会，狠狠整治李之龙一番，以解心头之恨。最后新右派利用事件严惩李之龙，将他关押了一段时间，经蒋介石同意释放，后被派往北伐前线。他在宁汉分裂时期曾写过揭露"中山舰事件"真相的文章，1928年2月7日准备在广州发动海军起义，当天被捕，次日被害，新中国成立后被追认为革命烈士。

如果说新右派制造了"中山舰事件"，还没有公开暴露新右派真面目的蒋介石则是利用事件，进行限共和夺权。从整个事件过程看，如果没有蒋介石，也就没有新右派的活动；没有新右派的活动，也就没有"中山舰事件"；

如果没有蒋介石，事件也就不会恶化。因而，蒋介石实质上则成为"中山舰事件"的主凶，他不仅间接引发、制造事件，还利用和扩大事件进行"夺权"和"限共"。

夺权。汪精卫在事件发生前，毫无准备，确实不知情；事件发生时，缺少有效制衡蒋介石的实力；事件处理过程中，又无法改变蒋介石的一意孤行，导致蒋介石为所欲为。面对蒋介石的所作所为，汪精卫消极退让，缺乏斗志，滑稽可笑，竟然认为要对蒋介石背着自己所干的事负领导失职责任，然后一走了之。这样孙中山逝世时的四大助手组成的接班群中，廖仲恺被害、胡汉民赴苏、汪精卫离粤，党内主流势力被蒋介石利用矛盾，各个击破，只剩下蒋介石独享大权。

限共。如果说蒋介石亲自调动兵力、制造"中山舰事件"是因为情报不准，或多或少有被人愚弄的因素。那么他利用事件、扩大事态、全面限制中共的活动，则纯属蒋介石的政治行为和个人责任。蒋介石此时明白，两广统一，北伐还未开始，还需要借助共产党和"左"派的力量，因此只能限制共产党人的活动，而不能公开反对共产党人的活动；只能在要害部门清理共产党人，不能公开消灭共产党人。

为此，他一面假惺惺地表示："事前未及报告，专擅之过……自请从严处分，以示惩戒。"（蒋介石：《呈军事委员会文》1926年3月23日，见毛思诚《民国十五年以前之蒋介石先生》第14册第86页）"撤回政治工作人员虽然是件不幸的事，但我是很诚实地承认我的错误，将来的罪名应该归到我一个人身上。"（见《第一次国共合作时期的黄埔军校》第429页）故作姿态欺骗中共和苏联顾问；一面实施以下限共计划。

1926年4月3日，蒋介石提出"整军肃党，准期北伐"，"共产党人是在革命战线上，仍为联合之友军，而军队中则不许共产党人当干部"。（毛思诚：《民国十五年前之蒋介石先生》下辑，第636页到639页）

4月7日，蒋介石操纵中央政治会议，通过了由他来考察任免第1军第2师、第20师及中央军事政治学校（根据1926年1月12日军委会决议由黄埔军校改组而来的）各级党代表的决议；次日他下令第1军党代表"统统调回政治训练部来再行训练"，第1军党代表制度取消，第1军和黄埔军校中的中共党员全部撤出；并提出"国民革命军的党代表要完全的国民党员才能担任"。

4月10日，青年军人联合会解散。

4月14日，蒋介石辞退依文诺斯基等十多位苏联顾问。

4月16日，国民党中央、国民政府联席会议，决定由蒋介石接替汪精卫出任国民政府军事委员会主席，国民党的军权终于落入蒋介石之手，蒋介石终于如愿以偿。自此以后，蒋介石掌握国民党军权达49年。

4月20日，汪精卫没有参加国民政府会议，谭延闿接任国民政府主席和中央政治会议主席，后在5月9日汪精卫离粤赴法国。同日，蒋介石假惺惺地为退出第1军的200多位中共党员举行晚宴，宣称如果杀共产党无异于自杀。

4月23日，周恩来和200多位中共党员离开第1军。

4月24日，鲍罗廷和胡汉民回到广州。胡汉民提出要蒋介石"全面清共"；鲍罗廷和中共方面同意蒋介石主持国民党中央会议。

1926年5月5日，在蒋介石等人的策划下，国民党二全二中全会召开。以往在会议上十分活跃、满面春风的汪精卫，一改过去，愁容满面，闷闷不乐；在座的共产党籍的中央执行委员们，深思少语。在会上得意之中更有狡诈的国民党右派们，跟着蒋介石，像患有多动症似的活动频繁，对汪精卫冷嘲热讽，对中共时有恶语。总之，会议气氛不正常。

5月9日，在二中全会上感觉到已经无力回天的汪精卫只有选择出国，离开广州，绕道香港去法国。同船的还有对二中全会只是"限共"而不是"清共"不满意的胡汉民，刚从苏联回国的他是绕道香港去上海。

5月17日，二中全会通过以下提案：

《整理党务第一决议案（关于整理党务）》：整理党务的主要内容为（一）改善中国国民党与共产党间的关系。（二）纠正两党党员妨碍两党合作之行动及言论。（三）保障中国国民党党纲、党章的统一权威。（四）确定共产党员加入之地位与其意义。以上四事，吾人认为合作之理论要点。为实现此基点之意义，解除本党内部之纠纷计，特提议组织国民党、共产党之联席会议，其组织大纲另定之。总期两党党员不致有违背规约之行为，而后革命集团之合作得臻于圆满焉。

《整理党务第二决议案（关于国民党与共产党协定事项）》（由蒋介石单独提出）：（一）凡他党党员加入本党者，各该党应训令其党员，明了国民党之基础为总理所创造之"三民主义"，对于总理及"三民主义"不得加以怀疑或批评。（二）凡他党党员之加入本党者，各该党应将其加入本党党员之名册，交本党中央执行委员会主席保存。（三）凡他党党员加入本党者，在高级党部（中央党部、省党部、特别市党部）任执行委员时其额数不得超过各该党部执行委员总数三分之一。（四）凡他党党员之加入本党者，不得充任本党中央机关之部长。（五）凡属于国民党党籍者，不许在党部许可以外，有任何以国民党名义召集之党务集会。（六）凡属于国民党党籍者，非得有最高级党部之许可，不得另有政治关系之组织及行动。（七）对于加入本党之他党党员，各该党所发之一切训令，应先交联席会议通过。如有特别紧急事故，不及提出通过时，应先将此项训令请求联席会议追认。（八）本党党员未受准许脱党以前，不得加入其他党籍，如既脱本党党籍而加入他党者，不得再入本党。（九）党员如违反以上各项时，应立即取消其党籍，或依其所犯之程度加以惩罚。

5月19日，二中全会又通过以下决议：

《整理党务第三决议案（关于选举中央委员会执行主席）》：（一）中央执行委员会因革命进行之需要，暂设本会常务委员会主席一人。（二）常务委员会主席，由中央执行委员会全体会议，于本委员及监察委员中选任之。（三）常务委员会主席职权如下：甲、常务委员会开会时为其主席；乙、依照整理党务第二决议案第二条之规定，将加入本党之他党党员名册妥为保存；丙、督促常务委员会及中央机关各部长之进行。（四）常务委员会主席之设置，应否继续，由第二届中央执行委员会全体会议下次开会时决定之。

《整理党务第四决议案（关于国民党党员重新登记）》：全部党员依以下之规定重新登记：（一）全部党员应在中央命令组织之党部重新登记。（二）登记机关指定省党部、特别市党部、县党部、市党部。（三）登记时间定为3个月，但海外党部登记时间由海外党部另行规定之。（四）登记表格除原有之各项外，须特别声明愿遵守建国方略、"三民主义"、第一次和第二次全国代表大会宣言及决议案。（五）曾经加入本党所否认之政治团体者，登记时须特别声明与该政治团体脱离关系。

第一案的实质是保障国民党的领导地位，而不再是国共合作、共同领导国民革命；

第二案的实质是将共产党员排挤出国民党中央党部，共产党员不得出任

有"药中甘草"之称的谭延闿

国民党中央部长，其他党部限制中共党员参加，在国民党内的共产党员公开化，便于监督；

第三案的实质是加强"个人独裁制"，蒋介石开始缝制党内"皇帝的新衣"；

第四案的实质是"纯化"国民党队伍，防止和堵截共产党员以个人身份加入国民党。

为保证四案的贯彻，二中全会还通过了《整理党务宣言》《联席会议组织大纲案》《关于整理党务之训令案》。由于第三国际和斯大林要求中共作出妥协，以保持统一战线内部的团结；因为组织工农武装、发动工农革命的时机还没有成熟，中共领导阶层内部意见也不一致，反击国民党新右派的主张未被接受，所以以上几案在会上如数通过。

5月19日，二中全会选举张静江接替汪精卫为中央常务委员会主席。5月22日会议闭幕。

二全二中全会后，根据整理党务各案，开始改组国民党中央党部。蒋介石接替中共党员谭平山出任组织部长，西山会议派叶楚伧取代中共党员刘伯垂出任中央执行委员会秘书长，顾孟馀取代中共党员毛泽东（代理宣传部长）出任中央宣传部长，甘乃光取代中共党员林伯渠出任农民部长，邵元冲任青年部长，工人部长空缺。此时，随着国民革命军第1军中共产党员的被迫撤出，在国民党中央领导阶层内也已没有共产党员。

1926年6月1日，蒋介石接替谭平山担任组织部长，但从上海召来陈果夫，出任组织部副部长代理部长。

6月5日，听到北伐先遣部队——叶挺独立团进攻湖南攸县的胜利消息后，国民党中央举行临时会议，通过北伐提案。国民政府任命蒋介石担任国民革命军总司令。

6月28日，蒋介石在军校总理纪念周上声称，军校内跨党党员要么退出国民党，要么退出共产党，三天内清理完毕。

6月29日，中央政治会议决定蒋介石担任国民政府委员。

此时，蒋介石以中常委的身份，兼任军事委员会主席、中央组织部长、国民革命军总司令和国民政府委员。国民政府主席和中央政治会议主席谭延闿此人政治上圆滑，精于周旋于上层圈内，被人称为"药中甘草"，按照此人习性，当然不会成为蒋介石行使权力和独裁的阻力，与其说他是"国府主席、政治会议主席"，掌握最高行政大权，还不如说他只是个为蒋介石看守政府和行政大印的高级保管员。因此，蒋介石自参加同盟会以来经过 17 年"奋斗加投机"、自出任黄埔军校校长以来两年"苦干加巧取"，终于在孙中山逝世 15 个月后，将国民党掌握在自己的手中，成为一代独裁者。

通过"中山舰事件"和"整理党务案"，国民党内以蒋介石为首的右派势力迅速膨胀，开始准备与中共分道扬镳；处于幼年时期的中国共产党，缺乏斗争经验，在第三国际的不当指导下，党内以陈独秀的右倾机会主义开始蔓延，右倾投降主义错误逐渐发展，给蒋介石"限共、清共"提供了条件。

蒋介石完成夺权部署后，下一步行动则是挥师北伐，向南方进军，完成北伐大业和实施"清共"。

（三）北伐军的进军和蒋介石的扩军

北伐是蒋介石发展史上的又一重要阶段。在北伐中，蒋介石借助人民的力量，在中共和苏联顾问团的帮助下，仅用 10 个月的时间，打下长江以南的半壁江山，已经拥有建立蒋记统治的地盘；同时，他通过北伐进军，迅速扩充军队，兵临沪宁时，已经拥有足够的发动政变、另立政府的实力。

进军北伐——誓师广州

1926 年 7 月 9 日，广州北较场彩旗猎猎，锣鼓喧天，正在举行隆重的北伐誓师仪式。参加会议的有广州城内几乎所有的军政大员、国民革命军各部代表、黄埔军校学生和群众团体成员等数万人。蒋介石身着戎装，毛料军服平整得体，佩剑、勋章更添威严，从远处看去，军容过严则有些做作；从近处看去，威严过多有些凶相。

会议先由蒋介石讲话，宣布北伐即将开始，接着国民革命军总政治部主任邓演达发表了演说。会议的主要议程是国民政府、国民党中央代表向蒋介石授印授旗。

在响亮的军乐声中，蒋介石正式就任国民革命军总司令。向这位总司令敬奉孙中山遗像的是孙科，授"总司令印"的是国民政府主席、中央政治会议主

任北伐军总司令的蒋介石

与蒋介石有特殊关系的吴稚晖

席谭延闿，授旗的是中央监察委员吴稚晖。此人将青天白日旗交给蒋介石后，代表国民党中央致辞说："中国革命，远起汤武。新旧主义，当然不同。救民水火，古今一揆。今中央执行委员会代表全体党员，敬奉总理遗像、党旗、国旗，授我国民革命军蒋总司令，率全体将士，载而北征。牧野之捷，载主东下，一戎斯定，天下为公。尚其鉴兹。"（钱大钧：《吴稚晖先生为北伐誓师授旗追忆》，见台湾《传记文学》第4卷第3期）

在三人中间，孙科作为孙中山的传人和国民政府委员、国民党中执委，向蒋介石敬奉总理遗像并不为过，谭延闿作为"双料主席"向蒋介石授印理所应当，只是代表国民党中央向蒋介石授旗的吴稚晖耐人寻味。

吴稚晖是江苏武进人，时年51岁。此人古文底子雄厚，精通文字考据，在19世纪末考上举人，曾是汉字拼音"豆芽字"的最初创导者和实行者之一。他从事的是沉闷、枯燥的古文字，但却是个开放、活跃之人，曾参加过"公车上书"，以后表示"不读线装书（四书五经）"，投身政治活动，参加反清斗争，组织过留法勤工俭学。他是孙中山的友人，在"一全"和"二全"上当选为中央监察委员，孙中山逝世时具体负责起草"总理遗嘱"，因此一直以"革命圣人"自居。在国民党官场，此人名声不好，素有"吴疯狗""吴妖怪"之称。不过，他"疯"得很有分寸，他对蒋介石是从来不骂的，对蒋介石喜欢的人似骂非骂，对蒋介石反对的政治势力和个人则是大骂出口，因此他主要是以"嘴仗"的形式为蒋介石帮腔，帮腔时经常骨气全无，不顾他人耻笑。当然，他本人也是经常被人骂得狗血喷头，人不人鬼不鬼的。正是由于他的特殊身份和特殊爱好，与蒋介石之间建立起一种特殊关系。以前一位曾给吴稚晖立传的作者是这样说的："革命建国的绪统，由是而递嬗、发遑，先生以国之大老，每每躬与盛典，隐隐担负了协赞护持的重任。"也就是说，每当蒋介石要给自己的独裁权力换一个名职时，蒋介石总是挑选吴稚晖，为自己就职进行监誓或授旗。执行授旗、

东征军在前线集会追悼孙中山，由总指挥蒋介石（最前者）主持大会，总政治部主任周恩来（手持祭文者）宣读祭文

监誓，本无实际权力，纯粹是礼仪性的，可一般的人还不行，必须由"德高望重"之士来执行。由于吴稚晖的经历和资历，比官僚多一层学者身份，比学者多一份元老身份，比元老多一份蒋介石密友的身份，所以这位既不是国民政府常委，也不是国民党中央常委，甚至不是国民党中央执行委员的吴稚晖竟然为蒋介石授旗、致辞。

坐在主席台上的蒋介石思绪万千，在北较场进行过多少次军事典礼，有军事检阅，有东征誓师，有庆功大会，自己也曾多次在典礼中担任过主角，可是没有一次可以和此次相比。以前，只是一个方面军的总指挥，现在是全军的统帅；以前只是进行某一战线的战役，现在是要北伐中原；以前只管军事方面的事务，现在是党政军总管。唯一让蒋介石不放心的是，北伐能不能成功？孙中山发动"二次革命、护国战争、护法战争"，前后北伐11年收效不大，自己出兵能否饮马长江、兵临北京，这位雄心大于才气的总司令缺少把握。当然，他还要挑选合适的时机，竖起"反共"大旗，扼杀已在中国大地上生根发芽的共产主义思想。

尽管内心对军事上的胜利没有把握，表面上还是气壮如牛，蒋介石在誓词中说："国民痛苦，火热水深。土匪军阀，为虎作伥。帝国主义，以枭以张。本军兴师，救国救民。总理遗命，炳若日星。吊民伐罪，歼厥凶酋。复我平等，还我自由。"（蒋介石：《自反录》第二卷第4页）蒋介石讲的也是对的，因为是反帝反封建的正义战争，必然会得到人民群众的支持；因为是国共

合作，必然会得到中共的协助。因此，战争的胜利应该不成问题。

蒋介石还发表了《为出师北伐告广东全省人民书》《为出师北伐告士兵同志书》和《出师北伐告海外侨胞书》。同时，还在为出师北伐而专发的《通电》中表示要"继先大元帅遗志，服从政府之命令，努力国民革命，实行"三民主义"。"声明："革命战争之目的，在造成独立之国家，以三民主义为基础，拥护国家及人民之利益，故必集中革命之势力于三民主义之下，乃得推翻军阀与军阀所赖以生存之帝国主义。"（毛思诚：《民国十五年以前之蒋介石先生》第16册第8编第15页）在《告军人书》中说：要确信国民革命军为中国国民党之军队，军人要明白革命的意义、战争的目的。

在此之前，1926年7月4日至6日，国民党召开临时中央全会。会议在蒋介石一人掌控下进行，议程主要是改造中央领导机构和确定军事北伐。

会议对北伐的形势进行了全面分析，认为出师北伐的政治基础和军事条件已经具备。

广州革命政府发动军事北伐，具有的政治优势十分明显。

首先，国共合作的反帝反封建统一战线的存在，是确保北伐胜利的基本条件。20世纪二三十年代的旧中国，"帝国主义经济上之侵略，其剥削之巨，岁辄万万，数十年来未尝或息。迄今中国之人民，膏血已尽，仅存皮骨。彼为债主，我为债户；彼不劳而坐获，我终日充牛马；彼为经济的主人，而操命令指挥之全权，我为经济的奴隶，而居被驱使之地位。帝国主义在经济上剥削中国之不足，更在政治上利用万恶之卖国军阀盗卖国家，即使军阀永演阋墙之争，令吾民受尽兵力之苦，更嗾使军阀压迫革命运动，欲吾民永无自决之日；即使军阀式的政治发生土匪，更使土匪变成军阀；军阀生生不已，人民困苦无穷；以军阀为刀俎，以吾民为鱼肉。如此则无怪乎中国农民不能安于乡，工人不能安于市，商人不能安于行旅，知识界不能安于校舍，军阀下之军人恒辗转惨死于连年之内战，甚至经营工业之企业家亦惴惴不能一日之安其生也。"（《为国民革命军出师宣言》，见《中国国民党历次代表大会及中央全会资料》第252页）帝国主义、封建军阀成为压在中国人民头上的两座大山，当然也就成为中国革命的两大对象，中国共产党的最低纲领和国民党的基本路线，都把推翻帝国主义、封建军阀在中国的统治作为基本目标。自鸦片战争以来，在中国大地上一再掀起革命高潮，只是由于旧民主主义革命的局限性，屡战屡败。即使孙中山领导的革命斗争，取得了推翻封建王朝的历史性胜利，但在革命胜利之时，就埋藏着失败的祸根，胜利果实很快落入以袁世凯为首的北洋军阀的手中，中国人民的苦难更深更重。国共合作的反帝反封建统一战线形成后，中国革命面貌一新；中国共产党在斗争中很快发展壮大起来，国民党经改组后也开始成为国民革命的领导核心。在两党领导下，两广革命根据地得到巩固，国民革命军得以建立，革命力量空前壮大。只要依靠国共合作，执行三大政策，在国共两党领导下，北伐一定能够取得成功。蒋介石和国民党右派作为经历过辛亥革命、"二次革命"、护国战争、护法战争的过来人，对此心知肚明，不仅看到国共合作的必要性和重要性，更有其打算，即继续利用国共合作，继续留在统一战线内部，先夺取北伐的阶段性成果，然后再进行下一步的阴谋。

其次，大革命的实践证明，工农阶级是革命的主力，同样也是北伐成功的基本保证。作为大革命最基本的一条，就是按照三大政策，在国共两党领导下，发动全国的工农阶级投身国民革命，组织最广泛的革命统一战线，组织最广泛的革命队伍和同盟军。中国的工农阶级人数最多，长期以来，经济上处于被剥削、政治上处于被压迫地位，因而革命最坚决，是革命的基本依靠力量。构成中国人口绝大多数的农民，作为小生产者性质的极度贫困者，无权过问政治，也没有哪位政治家和执政者真正重视农民的政治要求和经济利益，因此只要有正确的革命理论予以指导，将他们组织起来，将会迸发出巨大的政治力量。作为国民革命高潮的具体表现之一，就是农民运动的深入展开。中国共产党的许多领导人和普通党员，深入农村，进行调查研究，一直非常关心农民问题，重视农民运动；国民党内的不少有识之士也意识到农民问题的重要性。在统一战线内部，国共两党共同举办"中国国民党中央执行委员农民运动讲习所"（后改为"中国国民党农民运动讲习所"）具体由中国共产党人负责，从各地抽调优秀青年和农民，进行培训，宣传革命理论，培养了大批农运干部。南方许多地方组织农会，发动农民打土豪分田地，有力推动了国民革命高潮的到来。作为国民革命高潮的另一表现，就是工人运动的兴起。20世纪初期的中国工人队伍人数不多，但革命意志最坚决，自五四运动登上政治舞台起就显示出强大的生命力和战斗力。中国共产党一成立，就十分重视工人运动，具体领导和组织了香港海员大罢工、安源路矿工人大罢工、京汉铁路工人大罢工等重大斗争，并取得了胜利。大革命高潮到来后，于1925年5月中国共产党的领袖们在国民党"左"派的配合下，领导了五卅运动，全国各大城市的工人、学生、市民予以响应，湖广地区的农民也进城示威游行呼应支持，在全国范围内刮起反帝反封建的革命风暴。北伐统一中国，是包括工农群众在内的全国人民的共同愿望，因而为北伐成功提供了强有力的支持。蒋介石对此更有切身体会，因为在两次东征中，正是依靠工农群众的支持才取得了战斗的胜利，才得以劣势兵力打败了实力雄厚的陈炯明等军阀。如今，只有继续借用革命的名义，只有继续利用人民群众的革命热情，以夺取北伐的阶段性成果。

最后，是北洋军阀的全面腐败和反动，为北伐成功提供了便利。袁世凯死后，北洋军阀处于混乱状态，总统、总理、部长如走马灯，更换不停，官场黑暗，官吏腐败，吏治混乱；与此同时，横行一时一地的地方军阀却如鱼得水，非常活跃，迅速窜起，军阀混战常年不止；人民在超经济剥削下失去了基本的生存条件，在沉重的经济压力下，还要承受军阀混战带来的痛苦。可以说北洋军阀时期已成为中国近现代史上最黑暗、最混乱的时期之一。因此，推翻北洋军阀的反动统治已是全国人民的心愿。1926年3月18日，在这被鲁迅称之为"民国史上最黑暗的一天"，北洋军阀制造了"三·一八惨案"。事因是天津大沽口的国民军，在日舰入侵时，开炮反击将其驱赶出去，事后日本侵略者则集结12艘外国军舰进行军事恫吓。在中共领袖李大钊、陈乔年、赵世炎等人的领导下，接连召开有数十万民众参加的反日大会，并组织请愿队伍向执政府请愿，要求北洋政府对日本的侵略行为提出强烈抗议，把参加军事恫吓行为的军舰所在国的公使赶出北京。以段祺瑞为首的执政府，下令开枪，打死前来请愿的游行民众4人，打伤200多人，一时群情激愤，全国各地立即掀起一场反对日本侵略、声讨卖国的北洋军阀的高潮。事件过后，在天津大沽口炮击入侵日舰的北京卫戍司令、国民军的鹿钟麟部于4月9日发动政变，准备活捉段祺瑞，没有成功，却被一直图谋入关发展的奉军与直系军阀打败，退出北京。"三·一八惨案"和国民军被围歼的消息，震动了全国，无形中成为最好的北伐政治动员，为广州革命政府的北伐提供了最好的时机。总之，北洋军阀的种种倒行逆施，已把北洋政府带入穷途末路，在当时除了北洋军阀内部的掌权者外，恐怕谁也不希望北洋政府存在下去，谁也不相信北洋政府能够维持下去，北洋军阀的统治，已经进入倒计时。广州革命政府正是作出上述的正确结论后，才决心出师北伐。蒋介石也看到了这一点，取代北洋军阀的欲望更加强烈。

广东革命政府发动军事北伐，具有以下军事优势：

首先，两广革命根据地成为国共合作领导北伐的基地。两广地区，外国侵略者在这里用鸦片和大炮敲开了中国的大门，首当其冲，成为外国侵略的受害者。在经济发展较快的同时，深受外国殖民者的欺负和奴役，因此也最早成为反帝反封建的发源地之一，也成为反帝反封建的志士仁人的集中地之一。鸦片战争后，中国最早的反抗西方殖民侵略的战争主要发生在两广地区，而参加者绝大部分是两广民众；洪秀全的太平天国起义起自两广地区，八千子弟全是两广民众；戊戌变法中的主角康有为、梁启超是广东人，他们的重点活动区域是两广地区。以后，随着中国半殖民地半封建社会的愈来愈严重，反帝反封建斗争迅速向全国各地发展，但两广地区始终是斗争的前沿阵地。孙中山特别重视两广地区的革命活动，绝大部分反清武装起义是在两广地区举行，并三次把广东作为护法北伐的大本营，三次把广州作为革命的首都。孙中山也十分重视广西地区的斗争，在与旧桂系军阀进行斗争的同时，联合广西的新地方实力派，劝导他们加入革命阵营。在陈炯明被驱逐出广州后，孙中山再次把两广地区选为革命根据地，开始进行国民党改组，建立国共合作的反帝反封建的统一战线。经过以二次东征为核心的巩固革命根据地的战斗，消灭了以陈炯明为核心的反动军阀，统一了广东全境；同时广西李宗仁、白崇禧、黄绍竑等新兴地方实力派肃清广西全境的旧军阀，并参加了广州革命阵营，两广地区完全统一，成为国民党第一个完整的统治区域，成为国民革命的中心。在孙中山把两广地区作为革命活动区的同时，两广地区出现了许多在近现代史上留下名声的军事名将。两广革命根据地的统一，改变了南北方政府的实力对比。以往孙中山领导的历次武装北伐，均因为缺乏根据地、缺乏物质基础，每次北伐都中途夭折。现在两广革命根据地的建立，有武装、有训练、有财政来源、有兵员补充、有后勤保障，为北伐提供了相当的物质基础，因而出现了后来在10个月中占领南中国的战果。在反帝反封建统一战线内部，对完成北伐大业有充分的信心。蒋介石则有自己的图谋，准备借用两广革命根据地的实力，军事上打垮北洋军阀；而离开两广革命根据地后，离开革命气氛浓厚的广州，则可以寻找发动"反共"武装政变、建立蒋记政权的理想地点。

其次，国民革命军已经具备完成北伐的实力。孙中山的军事活动没有成功，关键原因是没有自己的军队。在反清斗争时，主要是依靠帮会组织进行武装起义，策动清军起义，由于实力悬殊，成立同盟会后的十次武装起义均告失败。在反对袁世凯和北洋军阀的斗争中，前期主要是借助南方一些省份的地方实力派、利用相互间的矛盾进行，由于缺乏必要的政治基础，军阀倒戈时有发生，最后一事无成；后期主要是依靠陈炯明指挥的部分粤军，在取得一些进展后被陈炯明所出卖，差点葬身于炮口之下。与国民党开始改组同时，孙中山接受了苏联代表越飞、马林等人的建议，成立军官学校，建立国民党自己的武装，这样黄埔军官学校应运而生，一支新型军队在短期建成，成为大革命的军事主力，在巩固两广革命根据地的战斗中屡建功勋。同时，地方实力派也出现了转变，南方数省的军阀们，看到了国民革命的威力，同样也看到了北洋军阀的腐败，继续拥兵自重、割据一方已没有出路，与其成为革命阵营的敌人而被消灭，还不如成为革命阵营的同路人而保持实力和有待发展。在反帝反封建的统一战线强大阵营和正在燎原的工农运动面前，他们站到革命的这一边，加强了北伐的军事实力，形成了以第1军为首、战斗力有大有小的8个国民革命军。到1926年6月，国民革命军共有：蒋介石直接控制、何应钦任军长的第1军，有8个师共20余团；谭延闿任军长的第2军，有5个师共12个团；朱培德任军长的第3军，有3个师共8个团；李济深任军长的第4军，有5个师共13个团；李福林任军长的第5军，有2个师共8个团；程潜任军长的第6军，有3个师共9个团；李宗仁任军长的第7军，有10个旅共21个团；唐生智任军长的第8军有6个师近20个团。虽说编制有虚，但各部加起来也有近二十万人，其中仅1军和7军均有约4万之众。此外，还有北方准备参加北伐阵营的冯玉祥、阎锡山部。因此，北伐的军事实力已经基本具备。在统一战线内部，对军事上的胜利充满信心，坚信在广大工农群众的支持下定能完成北伐大业。只是蒋介石已经在思考如何利用第1军的实力，利用北伐作战，扩大自己的军队数量，削弱异己部队。

最后，北洋军阀军事上的颓势不可扭转。北洋军阀的军队，在袁世凯病死后即出现了分裂。北洋军阀之间为争夺地盘和划分势力范围，进行了一系列的战争，1920年7月，直系头目曹锟联合8省，在奉系支持下反段祺瑞，段被迫下台，直、奉两系开始控制中央政府；1922年奉系出兵进攻直系，双方议和，奉系退往关外，直系完全控制中央政府；1924年9月，奉系张作霖率领17万大军入关进攻直系军阀，直系将领冯玉祥前线起兵反直，吴佩孚大败，在奉系的支持下，段祺瑞出任执政，并邀请孙中山等人赴京筹备国民会议；1924 年 9 月，驻江苏的直系军阀齐燮元为夺取皖系军阀卢永祥控制的上海地区，在上海附近进行江浙战争，最后卢在失败后下野；1925 年 9 月，北洋政府新任命的奉系江苏督办杨宇霆、安徽督办姜登选与直系分化出来的浙江督军孙传芳之间进行了浙奉战争，后者全胜收兵，占领东南五省；11 月，奉军第 3 军团第 10 军军长郭松龄，与冯玉祥取得联系后，率军在河北滦州倒戈，入关进攻张作霖部，最后郭松龄兵败被杀；次年 4 月，张作霖为报一箭之仇，联合直、鲁军阀，在北京南口一线大败冯玉祥的国民军，段执政再次下野，从此不再过问政治，"退隐林泉，虔诚礼佛，无心世事"，奉系控制中央政权。经过上述战争，北洋军阀实力大减，一蹶不振，主要分化为四大块：时为东北边防督办后为安国军总司令的奉系张作霖，共有 6 个方面军，35 万人，控制东北各省和京、津、热河一带和津浦铁路的北部；东南五省联军总司令、从直系中自立门户的孙传芳，共有 17 个师和 13 个混成旅、5 个旅，20 万人，控制着江苏、安徽、浙江、江西、福建 5 省；十四省区联军总司令、直系吴佩孚，共有 14 个师、15 个混成旅，20 万人，控制着两湖和河南 3 省，京汉铁路也在其控制之下；直鲁联军总司令张宗昌和副总司令褚玉璞，受张作霖节制但又自成一系，拥有 7 个军，10 万人，控制鲁、皖北、苏北一带，以徐州、济南、蚌埠为中心。此外各地还有一些小军阀。北洋军阀各部，由于管理不善、训练不良、后勤不足、装备不全，只能进行一些有限规模的作战，从整体上看，已经不是国民革命军的对手。尤其是他们作为中国最反动最黑暗的政治、军事力量，面对国共两党合作领导的北伐行动，只有招架之功，无获胜可能，等着他们的只有失败一条路。对广州方面来说，不是能不能消灭北洋军的问题，而是先打谁后打谁的问题。对蒋介石来说，消灭军事对手是实实在在的任务，任何政治上的打算和规划必须从此开始。

根据以上的分析，国民党中央临时全会决定，立即出师北伐。为此，会上通过了《为国民革命军出师宣言》，指出："中国人民一切困苦之总原因在帝国主义之侵略及其工具卖国军阀之暴虐，中国人民之唯一的需要在建设一人民的统一政府。而过去数年间之经验，为革命势力之仇敌。故帝国主义者及卖国军阀之势力不被推翻，虽不但统一政府之建设永无希望，而中华民国唯一希望所系之革命根据地，且有被帝国主义者卖国军阀联合进攻之虞。本党为实现中国人民之唯一的需要——统一政府之建设——为巩固国民革命根据地，不能不出师以剿除卖国军阀之势力。"（《为国民革命军出师宣言》，见《中国国民党历次代表大会及中央全会资料》第 254 页）宣誓北伐出师的决心和目标。

对蒋介石来说，形势分析再准也是纸上谈兵，实力决定一切。他更关心的是党内的权力分配。他清醒地看到，马上要出师北伐，离开中央政府和国民党中央党部，在党内并不一致的情况下，这是很危险的事情。因此，蒋介石为增加率师北伐的合法性，增加对前方和后方的控制权，确保在北伐过程中贯彻自己的意志；同时也为下一步建立蒋记政府增加正统性，有必要亲自控制政权和党权。在会议召开前夕，他已被中央政治会议任命为国民政府委员。7 月 6 日，在会议的最后一天进行会议的第二项议程——改选中央领导机构时，他又提出改选中央党部人选。蒋介石以中常委离开广州过多、不利于形成决议为理由，提出增补候补常委，以便中常委不在时进行替补。于是，会议补选了顾孟馀、李济深、何香凝、于树德、彭泽民、王德勤、丁惟汾为候补常委，会议还决定调整整理党务时任命的人选，通过丁惟汾为青年部长、陈果夫为组织部长、吴稚晖暂代工人部长。这些只是陪练，关键是蒋介石有自己的打算。果然，在会议上，张静江因为足疾提出辞去"中央常务委员会主席"职务，接替者非蒋莫属了。此外，他还成为"中央军人部部长"。在整理党务案后不足两个月，蒋介石的履历表上又增加了"中央常委会主席、国民政府委员、中央军人部部长"这三个新职务。

此次会议后，蒋介石的职务有国民党中央常委会主席、军委会主席、国民政府委员、国民革命军总司令、中央军人部部长。重点是在军事方面，既是最高决策机构军委会的主席，又是拥有最高指挥权的总司令，同时还是主管军人事务的军人部部长，军事方面的总体决策和具体指挥大权全部落入他的手中；关键在党务方面，作为"中央常委"和执行委员，现又出任中常会主席职务，任何决议都必须在他的主持下进行，为以后分裂党中央埋下了伏笔；作为政府委员，蒋介石无权决定政务，但他已经拥有参与权，任何背着他的决议都可以予以拒绝。蒋介石这样做，对过去来说，是忘不了当年被排除在决策圈之外，只能靠赌气、离职、远行来与孙中山及其掌权者斗；对将来来说，是为与共产党摊牌、分裂国共合作、破坏统一战线、组织由自己主导的政府而做准备。

1926 年 7 月 6 日，国民政府公布北伐军指挥体制。任命李济深为总参谋长，留守广州，代理国民革命军总司令，以确保北伐的军需供应，确保国民政府的安全，他的总参谋长职由"小诸葛"白崇禧代理；总政治部主任邓演达，党代表邵元冲；总顾问鲍罗廷，军事顾问加伦将军；总司令部秘书长由邵力子担任；4个多月前被撤职的王懋功为总部办公室主任；张治中为总部副官长；总部总参议为钮永建。总部机关各部门的负责人是参谋处长张定璠、交通处长陆福廷、军需处长彭鼎歊、军法处长戴立夫、交际处长陈希曾、军医处长陈方之。

北伐作战系列为：第1军军长何应钦，因其担任潮、梅警备司令，没有随北伐军行动，军长职由副军长王柏龄代理，党代表缪斌；第1师师长王柏龄，第2师师长刘峙，第3师师长顾祝同，第4师师长谭曙卿，第5师师长冯轶裴，第20师师长钱大钧，第21师师长严重，第22师师长陈继承。第2军军长谭延闿，副军长鲁涤平，副党代表李富春；第1师师长鲁涤平，第2师师长张辉瓒，第3师师长谭道源，第4师师长戴岳，教导师师长陈嘉佑。第3军军长朱培德，参谋长黄实，党代表朱克靖；第7师师长王均，第8师师长朱世贵，第9师师长李明扬。第4军军长李济深由副军长陈可钰代理，副军长张发奎等，党代表廖乾吾；第10师师长陈铭枢，第11师师长陈济棠，第12师师长张发奎，第13师师长徐景唐，第25师师长朱晖日，独立团团长叶挺。第5军军长李福林，副党代表李朗如；第15师师长李群，第16师师长练炳章。第6军军长程潜，参谋长杨杰，副党代表林伯渠；第17师师长邓彦华，第18师师长胡谦，第19师师长杨源浚。第7军军长李宗仁，党代表黄绍竑；有一至十个旅，旅长分别是夏威、李明瑞、伍廷飏、黄旭初、刘日福、韦云淞、胡宗铎、钟祖培、吕焕炎、陈良佐。第8军军长唐生智，第2师师长何键，第3师师长李品仙，第4师师长刘兴，第5师师长叶琪，教导师师长周斓，鄂军第1师师长夏斗寅。完整的作战系列已经排出，严阵以待，只待出击。

7月7日，国民政府公布了《国民革命军总司令部组织大纲》，规定总司令统率三军，在军事上对国民政府和国民党负责；各军事总部机关和机构直属总司令部管辖，国民政府的军事、民政、财经各部接受总司令的指挥。这一大纲从全局来讲，是因为北伐开始后，进入非常时期，需要实行军事管制；但从组织原则来说，授予总司令如此大的权力，显然超出了需要，将党、政、军归于一人，缺乏有效的监督手段和制衡机制，容易造成权力过分集中。如果总司

这是北伐军出征时蒋介石与送行者的合影。左起：苏联顾问鲍罗廷、一秘书、鲍罗廷夫人法尼亚、何香凝、蒋介石当时的夫人陈洁如、苏联军事顾问加伦将军、蒋介石、蒋纬国、谭延闿，坐者为张静江

令人选合适，则不会有什么后果；如果总司令有野心，则会绕开党、政领导机构，实行独裁，大纲将会成为军事独裁的法律依据。但是，不管人选如何，作为法律则不能如此不严谨不负责，在缺少有效监督的情况下，把所有的权力全部授予一人，这是不合适的。正如中共中央所指出的一样，这一大纲，将所有权力集中于总司令，必然带来"蒋所在地，就是国民党中央所在地，国民政府所在地；蒋就是国民党，蒋就是国民政府的恶果"。〔《中央局关于最近全国政治情形与党的发展的报告》，见《中共中央文件选集（1926）》第242页〕中共中央的这一判断，事后证明是完全正确的，蒋介石很快走上分裂国共统一战线和广州国民政府之路。

1926年7月9日举行的历史性的北伐誓师仪式，曾给蒋介石带来多少政治荣誉和增加多少军事资本的北伐，就这样开始了。

进军两湖——苦战武昌

北伐的进军路线有两条，一是向两湖地区再向东南发展，二是出福建向浙江发展，首先向两湖进发。在1926年5月10日蒋介石召集的各军军长会议上，提出了以下北伐方案：第4军陈铭枢师由坪石入湘赴衡阳，第7军派6个团由全州进入湘西，第2、3军一部入湘向北部发展，第6军全部及第1、2、3军各一部进入江西，第1军1个师及第5军在粤东防闽，第1军的两个师为预备队。他的计划，好大喜功，过分轻敌，原来的设想是同时向广东外围的湖南、江西、福建三省进军，分别打击湖南的吴佩孚部、江西的孙传芳部、福建的周荫人部，这样势必分散兵力，难以围歼敌人。如果按照蒋介石的方案实施，很可能伐而无果，退回广州。最后接受了中共和苏联顾问的建议：第一步集中力量进攻湖南，消灭吴佩孚部，阻止张作霖和吴佩孚联手在北京地区击溃冯玉祥部后、张作霖派兵南下助吴的计划，然后再向东南辐射，扩大战果。

湖南开战顺利

两种方案，都把湖南作为首选北伐目标。湖南自护国战争以来，内部出现谭延闿、程潜、赵恒惕三大家，三派明争暗斗。程潜则早在护法战争开始时，参加护法军政府。1920 年 11 月间，赵恒惕取代谭当上湘军总司令；1923 年 8 月，谭、赵之间又爆发战争，谭在失败后率兵退往广东，参加孙中山的革命阵营，赵恒惕又成为湖南省省长。赵恒惕割据湖南后，整顿湘军，编为 1 至 4 共 4 个师，师长分别是贺耀祖、刘金刑、叶开鑫、唐生智。第 4 师师长唐生智，毕业于保定陆军军官学校第一期步科，在湘军中任见习军官起家，升为旅长，在赵、谭之争中，他公开站在谭延闿一边，暗中却为赵恒惕服务。谭部退出湖南后，唐升任师长兼湘南善后督办，驻扎湘南要地衡阳。

就是这位对士兵一律进行摩顶受戒和佩戴"大慈大悲救人救世"胸章、并利用佛教教义进行"精神教育"的唐生智，一直在图谋发展，伺机扩充实力和地盘。国民党改组开始后，唐生智既派员南下联络两广方面，又北上进见吴佩孚，准备利用身处衡阳要地的便利，在广州革命政府和北洋军阀中待机而动。1926 年年初，湖南人民在广东革命运动的鼓舞之下，社会各界和工农群众纷纷起来，兴起讨吴驱赵运动，唐生智见机会已到，利用手中掌握 5 万军队的实力，带头驱赵。3 月 12 日，赵恒惕不得不辞职，同时任命唐生智出任内务司长兼代理省长。唐生智终于登上梦寐以求的省长宝座。25 日，他得意洋扬扬来到长沙就职。广州革命政府立即派来代表陈铭枢、广西方面派来代表白崇禧，劝说唐生智参加反帝反封建的革命统一战线。唐生智也算识时务者，他知道如果不同意，则成为实力强大的北伐军的扫荡目标，难免一败；如果同意，既可保住自己在湖南的地位，又可趁机向省外发展，何乐而不为呢。唐生智当即口头表示，拥护三大政策，愿为北伐效力，打倒北洋军阀，既解湖南面临北面、时刻可能南下的强人吴佩孚的军事威胁，再见机向外扩张。

唐生智出任省长后，为清理门户、巩固地位，唐生智先逮捕湘军第 2 师师长刘金刑，免除驻扎湖南北部要地岳阳的叶开鑫第 3 师师长的职务，由李品仙接替，此举引起内讧。4 月间，叶开鑫投奔吴佩孚，吴佩孚正要借机南下，以占据有利位置，待机进攻广州革命政府，见湖南换主局势生变，立即帮助叶开鑫复辟。任命叶开鑫为"讨贼联军湘军总司令",南下湖南;驻在湘西的第1师师长贺耀祖和第2师一部,同时起兵呼应叶开鑫,向长沙发动进攻。唐生智部战而不胜,只得于5月1日放弃长沙退守衡阳。此时,吴佩孚调来的赣军唐福山部和鄂军余荫森部也到达衡阳,与叶军一起围住第3、4师,只等一声令下,将其解决,唐生智处于危急之中。只是因为吴佩孚、叶开鑫没有抓住战机,否则,北伐两湖的历史就要改写。

军事上的失败把唐生智逼上梁山,如今只剩下参加南方革命政府一条路。他急电早有联络的国民革命军第7军李宗仁军长和广州方面,请求增援。5月下旬,李宗仁从为北伐做准备出发,立即派遣钟祖培的第8旅赶到衡阳,援助湘军第3师李品仙部。

广东方面增援唐生智的是第4军陈铭枢的第10师(师长陈铭枢兼任)、张发奎的第12师和独立团,最先投入战斗的是独立团。该团前身是大元帅府铁甲车队,由周恩来、陈延年等中共领导人向孙中山建议组建,1925年11月正式成立时孙中山已经逝世。叶挺,广东惠阳人,1896年出生,毕业于保定陆军军官学校,孙中山二回广州时任大元帅府警卫团团营长,陈炯明叛变时掩护孙中山撤到"永丰舰"上。国民党改组开始后赴苏联留学军事,1925年回国任第4军参谋处长,不久到独立团任团长。

1926年5月31日,独立团进入湖南永兴县城,6月5日攻下攸县。作为出征以来的第一场胜仗,既为唐生智解围,也给广州革命政府以极大的鼓舞。当天蒋介石召开临时中央会议,基本决定出兵北伐,并出任国民革命军总司令。而在6月2日,唐生智在衡阳正式就任国民革命军第8军军长、北伐前敌总指挥兼湖南省长。

因此,北伐大军未动,北伐军已在湖南开始作战。6月23日,蒋介石主持军事会议,正式通过北伐作战方案,准备以第4、7、8三个军沿西线前进,沿粤汉铁路北上,进攻两湖;第2、3、6军及第1军的两个师在中线,负责警戒东南方向,以保障西线主攻方向的侧翼安全;第1军的第3师等部在东线,由何应钦指挥,在广东潮梅一带负责防卫,阻止福建军阀南下。会议次日,第7军军长李宗仁率部起程,离开桂林北上。

湖南境内,吴佩孚手下有四路大军前来迎战。宋大霈为第1路军司令,在粤汉路上正面迎战;王都庆为第2路军司令,为右翼,守临澧、常德一线;

唐福山为第 3 路军司令，担任左翼警戒；董政国为第 4 路军司令，作为总预备队。7 月 4 日，赶到前线的第 7 军钟祖培、胡宗铎等 3 个旅和第 4 军的两个师，联合唐生智的 5 个师，开始向长沙进军。因此，到广州进行北伐誓师时，北伐在湖南作战已有时日。

誓师 3 天后，7 月 12 日，北伐军李品仙部开进长沙。唐生智进入长沙后，宣布废除省宪法，解散省议会，成立省政府，并率领全军官兵集体加入国民党。

北伐首战告捷，正在北京南口地区与张作霖合作最后围攻冯玉祥部的吴佩孚，急调援兵南下增援，下令两湖部队以守为主。同时他请东南孙传芳、黔军袁祖铭部从两翼支持。岂料，孙传芳因为北伐军中的第 2、3、6 军三个军即将兵临江西，为保存实力，按兵不动；而袁祖铭部却向北伐军投降，其部下彭汉章师改编为北伐军第 9 军，王天培师改编为北伐军第 10 军。吴佩孚陷于孤军难支状态。

占领长沙后，北伐军军情激奋，士气高涨，为了下一步更大的行动，北伐军在长沙待命，集结兵力，等待蒋介石的到来。此时，各路军也全部到位，第 1、3、6 军开到湖南、江西交界处，随时准备投入战斗；第 4、7、8 军则布置于汨罗江南岸，既防止敌人渡江南侵，也是为渡江北上做准备。

1926 年 7 月 27 日，在北伐军一路顺利进入长沙半个月后，蒋介石离开东山北上，有时乘车，有时骑马，有时坐轿，8 月 9 日到达衡阳。一路上，民众自发召集、组织各种欢迎会，夹道迎送，蒋介石出尽风头。人民群众欢迎总司令，出于对北伐的拥护和祝愿，其中不乏对当时还站在革命阵营一边的总司令的欢迎。

就在蒋介石到达衡阳当天，唐生智也赶来衡阳会见，这是两人第一次见面。已经拥有一定实力的唐生智，对这位总司令既无好感也无恶感，只是心中总有不服气的感觉，所以唐生智后来成为第一个与蒋介石对立的实力派。8 月 10 日晚，蒋介石和李宗仁乘船离开衡阳，11 日晚到达长沙，此时攻下长沙已经近一个月。在江边迎接这位总司令的有北伐军政治部主任邓演达，战地政务委员会主任陈公博，前敌总指挥兼第 8 军军长唐生智和苏联顾问加伦将军。

第二天，蒋介石在长沙前藩台衙门，召开北伐开始后的第一次军事会议。蒋介石借用别人的嘴，还是主张暂时停止沿粤汉路北上计划，因为北端敌军过于强大；先打力量稍弱的孙传芳部，向江西进攻，既可保卫广东革命根据地，又可定东南。会上，与会的苏联顾问、中共成员和李宗仁、唐生智为代表的众多将领，提出乘攻下长沙、吴佩孚难于招架之际，北攻武汉。至于盘踞东南的孙传芳部，已被南面的何应钦部、西面已到达湘赣交界处的北伐军所包围，而且原驻扎江西的方本仁部，已内定参加北伐军，出任第11军军长。作为军事战略艺术，李宗仁的一席话更让人佩服。他说：如果先打孙传芳，吴佩孚必然来救，势必对北伐军造成两面受敌之险；如果先攻武汉，孙传芳正等待北伐军和吴佩孚两败俱伤后再出兵，坐收渔利，现时对北伐军没有威胁。最后蒋介石放弃先攻江西的打算，决定先取武汉，命令唐生智以北伐军前敌总指挥名义统率主力北上。

会议间，已经连战皆捷的李宗仁将军和苏联顾问加伦将军，两人就何时兵临武汉打赌，尽管战事重大，但赌注只有一瓶白兰地。李宗仁的底牌是打到武汉只要20天，加伦的底牌则是增加一倍为40天。看来李宗仁更了解已在走下坡路的北洋军队的性质和战斗力，对北伐军的信心要高于加伦将军，因为北伐军兵临武汉城只用了12天。

1926年8月14日，蒋介石在长沙东门外大校场检阅第7、8两军，参加检阅的第7军有两个旅4个团，约7000人；第8军有两师4旅，约1.5万人。蒋介石走到第8军时，排头的军乐队突然奏乐，鼓号齐鸣，乐声大作，蒋介石的坐骑枣红马受惊跃起，向广场中心奔去，蒋介石马术不精，当即翻鞍落马，十分狼狈。从地上爬起来的蒋总司令，惊恐之后很快冷静下来，不顾脚已扭伤，走路一颠一跛，不失风度，继续坚持检阅，直至完毕。此事，唐生智手下的一位巫师称，蒋介石落马表示他难过第8军这一关，唐总司令应早作准备，以便将来取而代之。不过，事后唐生智并没有能够取蒋而代之，但是唐生智很快起来倒蒋，是否与蒋介石落马、巫师预言有关则不得而知。

在长沙期间，蒋介石对桂军的战斗力十分欣赏，心想北伐需要他们，自己日后称霸离不开第7军这样的军队的支持，所以主动提出要与李宗仁义结金兰。身为第7军军长的李宗仁，过去的活动区域只是在两广一带，眼界不宽，当然他也不知道称兄道弟、歃血盟誓是蒋介石在上海滩活动时的基本手法，所以对总司令的友情大有不敢当的意思。蒋介石主动将写有生辰八字和"谊属同志，情切同胞；同心一德，生死系之"，署名蒋中正、妻陈洁如的兰谱塞进李军长的口袋。过了几天，李也将写有同样内容的兰谱交给了蒋介石，两人就这样成了盟兄盟弟。历史很奇特，蒋介石的盟兄弟有很多，但是文人兄弟，大都与蒋介石共患难；而武人兄弟，全部与蒋介石反目。蒋介石早年的武兄弟许崇智已被蒋介石清理出嫡系圈，李宗仁在两年后被蒋介石所逼起来造反，后来的冯玉祥、张学良也是这样。

8月18日，根据14日北伐军总参谋部制订的军事计划，已经在长沙一线休整一月余的北伐军开始行动。中央军有两个纵队，唐生智任前敌总指挥，左纵队由第8军组成，唐生智兼任纵队指挥官；右纵队由第4、7军组成，由李宗仁任纵队指挥官。第1军刘峙的第2师和第6军为中央军总预备队。第2、3军为右翼军，驻守攸县、醴陵一线，防备孙传芳偷袭，掩护中央军的右侧背；黔军第9、10军为左翼，进驻常德、澧县一线，掩护中央军左侧背。作为总司令的蒋介石，责任重大，事务不多，自己提不出过人的见解，只需总结其他将领的意见，在会后无须参与具体作战事务，公务之余游览沿线风景，难怪李宗仁、白崇禧、唐生智、张发奎等将领对蒋介石并不佩服。

北伐军在长沙休整和调整军事战略期间，为吴佩孚应付北伐军进攻准备了充分的时间。只是因为北方直、奉军与冯玉祥国民军的南口大战已于1926年8月15日结束，在平津一线的直系主力部队因为清理战场、休整和运输等问题，难于短期到达，只得调动两湖、河南地区所属兵力全部集中到武汉南面布防。全军由湖北督理兼第25师师长陈嘉谟、代理湘鄂边防督办李济臣负责，汨罗江北岸沿粤汉路东侧由宋大霈的第1路、余荫森的第17混成旅、孙建业的第2混成旅防守；汨罗铁桥附近由董政国的第4路和王梦弼的第6混成旅、李乐宾的第7混成旅等部防守，平江一线由陆云的第15混成旅防守。由于北军以逸待劳，工事坚固；南军则休整多日，士气高涨，所以一场苦战不可避免。

8月19日，第7军各部开始发动进攻，分二路强渡汨罗江成功，克长乐街等地，向贺胜桥方面挺进；第4军攻占平江后，日夜兼程向大沙坪、崇阳等地，向汀泗桥挺进；在第4、7军过江后一天，唐生智指挥第8军顺利渡过汨罗江，进逼岳州，敌人纷纷向北猛逃。至此，第4、7军接连攻下岳阳、蒲圻等地，基本结束在湖南境内的战斗，开始进入湖北的崇阳、咸宁一线。北伐军占领湖南的战斗用了38天，如果不是在长沙休整一个多月的话，时间应该更短，北伐军进军如此神速，这是吴佩孚所没有想到的。

汀泗、贺胜苦战

1926 年 8 月 23 日，北伐军总部为进入湖北地区作战召开军事会议。将领们清醒地看到，吴佩孚在汨罗江防线被突破后，已经恼羞成怒，正在调集军队，集中在粤汉铁路汀泗桥等地，准备利用有利地形与北伐军决一死战。蒋介石、李宗仁、白崇禧等人估计到北伐军面临的将是一场硬仗。会上，北伐军的最高决策者们决定，全军兵分三路进军，强夺汀泗桥。具体情况如下：第 4 军的两个师，从东面的崇阳、通山一线接近汀泗桥；占领蒲圻的第 7 军和第 8 军一部，由西南方面进攻汀泗桥；第 8 军主力则占领嘉鱼等地后，从西北侧面压向汀泗桥。25 日，第 4、7 军主力到达汀泗桥头。

同一天，为挽救败局，在南口大战后急速南下的吴佩孚亲自赶到汉口，召开紧急军事会议，商讨对策，与会者有直系将领刘玉春、陈德邻、张占鳌、靳云鹗等。会议对直系守军如此不堪一击感到吃惊，对北伐军的战斗力如此之强感到意外。在一片无奈之中，只有死守一条路，决定不惜一切力量，守住汀泗桥。看来两军在汀泗桥头的决战不可避免，汀泗桥上的战斗不会轻松。

在北伐军的强大攻势面前，东南五省联军总司令孙传芳，担心池鱼之灾，在南京召开专门军事会议，讨论两湖战事，结论还是静观两湖，自保东南，同时加强江西防御。孙传芳拒绝援吴，犯了不可挽回的错误。他的本意，是"乘北伐军攻占武汉后，再从北伐军手中夺过武汉，使 5 省联军扩大为 7 省联军。"（马葆珩：《孙传芳 5 省联军的形成与消灭》，《文史资料选辑》第 18 辑第 175 页）此时吴佩孚的主力还未被消灭，如果孙吴合作、两面夹击北伐军，还有取胜的可能；在此以后，两军经过激战，吴佩孚已不可能东山再起，即使孙同意联吴时机已晚。孙传芳最后一次放弃了联合吴佩孚、联手打击北伐军，并且可能获胜的机会。

汀泗桥，位于粤汉铁路出湘入鄂数十公里处，是武汉的南大门、北伐军的必经之路。大桥西北面是沼泽区，东南面是高地，易守难攻。负责防守铁桥的是吴佩孚的爱将第 25 师师长陈嘉谟，此人在极易防守的铁桥两端集中火力，阻击北伐军。26 日晨，第 4 军发起进攻，数次被阻，都没有成功。26 日晚，第 4 军第 12 师第 36 团团长黄琪翔提出，河水近日暴涨，河面宽阔，横渡难度很大，敌方对此天险深信不疑，肯定防备不足，何不绕过铁桥攻其不备。果不其然，36 团组织精干队伍偷渡成功，拂晓前自敌军背后发起冲击。一直自视为有天险保障的敌军，没想到背后杀出北伐军，阵脚大乱，纷纷弃阵而逃。南桥头，叶挺独立团则发起冲锋，前后夹击陈嘉谟部，于 27 日上午 10 攻克汀泗桥。28 日，第 7 军又攻下咸宁，北伐军兵临贺胜桥。汀泗桥战斗中，

蒋介石在北伐途中

北伐军俘虏敌军 2400 余人，缴获各种枪支 1500 余支和火炮 4 门。自北伐开始以来，第一场硬仗——汀泗桥战役终于以北伐军的胜利而结束。不过，一仗刚过，一仗又来，贺胜桥的仗则更难打。

阻击北伐军的战斗一再失利，吴佩孚怒气难消，在责怪部下无能之后，决定亲自出马，在贺胜桥与北伐军决一死战。贺胜桥是挺进武汉的最后一道天险，桥前高地上筑有坚固的阵地，吴佩孚在此布下近 10 万人，主要为 25 师残部、刘玉春的第 8 师，以及宋大霈、董政国等部，除了兵力充足之外，还有铁甲车、火炮数十门，重机枪有 100 余挺。在面积有限的阵地内，在当时武器质量和水平有限的情况下，布置如此密集火力对防守极为有利；至于在有限的阵地内，布置如此多的兵力，则无法展开和运动，除了是对兵力的浪费外，还对战局不一定能产生好的影响。过高估计自己的吴佩孚，不知天高地厚地说："今日贺胜桥，一仗而定天下。"最后确实是一仗定天下，不过不是帮助吴本人定天下，而是吴的主力被消灭，帮助北伐军定天下，当然也是帮助蒋介石定天下。

为了让贺胜桥成为名副其实的祝贺胜利之桥，在刚被第 7 军占领的咸宁城，蒋介石召集李宗仁、白崇禧、陈可钰、张发奎、夏威、胡宗铎等，研究对策。会议考虑到前一阶段作战的消耗和战斗力现状，决定由李宗仁指挥攻打贺胜桥，然后挺进武汉；唐生智第 8 军则变成总预备队；第 8 军的何键师则从嘉鱼方面前进，压向汉口。

1926 年 8 月 29 日，在李宗仁军长指挥下，第 4、7 军两军向贺胜桥发动

猛攻。第4军从正面攻，7军从东面攻，只是因为阵地面积不大，所以双方兵力都不少，却无法运动，施展不开，激战一天，不分胜负。第二天，李宗仁和吴佩孚双双来到各自的前沿阵地，亲自督战，战斗分外惨烈，尸横双方阵前，北、南军的伤亡都很惨重。只是北伐军士气高涨，官兵不怕牺牲，个个奋勇当先，宁愿死在枪弹之下，决不后退逃生，战局从一开始就出现有利于北伐军的转变。防守一方逐渐不支，吴佩孚这个在万骨枯上起家的旧军阀，本性难改，为阻止部下溃逃，指挥机关枪和大刀队督阵，对从前沿阵地上逃回的官兵一律格杀勿论。他还亲手砍去放弃阵地的几位旅长、团长的脑袋，并下令将他们的首级挂在电线杆上示众。只是兵败如山倒，败局无法挽回。李宗仁见到敌方的败象，命令所部和第4军分头围歼桥南边的各敌军阵地，吴佩孚的阵地被一一攻破。30日凌晨，第4、7军已经集结桥头，敌军大势已去，转身向督战队开枪，督战队顿时被冲散，败兵向北逃去，吴佩孚本人也无心督战，逃命要紧，率先逃向武汉。上午9时，北伐军全部占领贺胜桥。战斗中俘虏敌军2500余人，缴获火炮20门，各种枪支1800多枝；贺胜桥之战，是北伐开战以来，打得最艰苦的一仗，也是消灭敌人和俘虏敌人、缴获战利品最多的一仗。

蒋介石路过贺胜桥的时候，只见被吴佩孚砍头的无头尸体和被督战打死的尸体还在贺胜桥北端无人收拾，时值酷暑，尸体已经腐烂，发出阵阵恶臭。对此惨景，不知这位总司令心中有何感想。

武昌城的较量

贺胜桥打完，吴佩孚本人对整体战局已信心全失，只是凭借武昌，进行最后一战。此时的蒋介石，因一路胜利而冲昏头脑，轻敌思想严重，在对武昌之战没有进行认真分析的情况下，匆忙下令于31日黄昏抵达武昌城下的第4、7军两军攻城。

从长沙失利起，已经连续在汩罗江、汀泗桥、贺胜桥三败的吴佩孚，在武昌集结从两湖地区溃退而来的所有军队，准备做最后挣扎。吴佩孚任命靳云鹗为"十四省讨贼联军副总司令兼武汉警备总司令"，负责武汉防守；湖北军务督办陈嘉谟和第8军军长兼湖北省长刘玉春，负责武昌防守，兵力主要是从前线溃退下来的陈嘉谟的第25师、宋大霈的第8师、吴俊卿的第3师、孙建业的第1混成旅等残部；刘佐龙守汉阳，高汝桐师守汉口。同时，吴佩孚派出代表赴南京，劝孙传芳立即出兵攻湖，进攻北伐军的后方和侧翼，解武昌之围，否则唇亡齿寒，北伐军攻下武汉，你孙传芳就是北伐军的下一个打击目标。孙传芳或多或少有兔死狐悲之感，准备出兵，但此时已经晚矣。

作为军事家，最忌仓促上阵，蒋介石可以攻下长沙后停止进军 1 个月，为的是让后续部队到位，防止孤军深入，陷于被动；如今进攻一个偌大的古城，攻城的又是连续苦战十数日、急需补充粮草和武器、兵力的部队，成功的概率显然不高。仓促进攻武昌，是蒋介石北伐以来的第一个大失误。当然李宗仁、白崇禧、唐生智、陈可钰、张发奎等将领，同意立即攻城，也是失策。

从军事角度来讲，武昌城建有高达 2 丈的坚固城墙，这与汀泗桥和贺胜桥普通工事不一样，在没有能够轰破城墙武器的情况下，需要靠登高器械才能消灭敌人，而第 4、7 军对此没有应有的准备，到第三次攻城时，一个主攻连只有 8 架梯子，也就是一个攻击面一次至多只能上 8 名士兵，这是一。武昌城战线长，这与汀泗桥和贺胜桥也不一样。在两桥阵地上，敌方死守一点，便于北伐军发挥火力予以各个击破，而武昌城的交战线一字排开，城墙外面地势平坦，难以接近城墙；接近城墙的北伐军士兵，难以登上城墙；登上城墙的士兵，又陷于城墙上占有优势位置的敌军杀伤力范围之下，这是二。依靠城墙优势的吴佩孚的官兵，凭借手中的刺刀、步枪、手榴弹即可有效阻止登梯而上的北伐军士兵，这是三。因此，北伐军的战绩可想而知。

1926 年 8 月 31 日晚，刚赶到武昌城下的李宗仁，顾不得与苏联军事顾问加伦论打赌输赢，立即组织第 4、7 军攻城。在强大的敌人火力面前，面对又高又厚的城墙，北伐军缺乏起码的登高装备和重型火力支援，很快放弃攻城。

9 月 1 日，蒋介石任命李宗仁为攻城司令，陈可钰为副司令，继续攻城。因为前一天同样的原因，攻城再次失败。

9 月 3 日，蒋介石到达武昌南面的涂家湾车站，只能胜利不能失败的总司令求胜心切，立即召集会议，下令 48 小时内攻下武昌城。与会的李宗仁回忆说：蒋介石根本不是在开会，"说话的态度非常严厉，哪里像开会，简直就是总司令下令攻城罢了。在场的高级将领皆面面相觑，未发一言。我也未便陈述不宜硬攻的理由。大家因而皆接受命令，再作第三次攻城的部署。"（《李宗仁回忆录》第 381 页）总司令决策失误，将军们随声附和，不该决定的决定了，应该坚持的没有坚持，第三次攻城方案就这样通过，本来可以避免的牺牲不可避免地发生了。

进攻方案是这样的，由北伐以来还没参加过战斗的第1军刘峙的第2师攻武胜门至忠孝一线；第7军攻中和门至望山门一线；第4军第10师攻宾阳门；叶挺独立团攻通湘门，第4军第12师为总预备队；第8军则偷袭汉阳，攻占汉口，进军武胜关，防止河南的敌军南下增援。担任先锋队的各连、营、团，准备了一批梯子、绳子、手榴弹、炸药包，进行了条件许可范围内的充分准备；各部组织起敢死队，敢死队队长大多由连长自告奋勇担任。队长当场立下军令状：我誓死杀敌，如遇阵亡或受重伤，即由中尉排长升任连长，新任连长接任立即当众宣布以上誓言。（见《第一次国共合作的黄埔军校》第300页）

9月5日，第三次攻城开始，战斗并不顺利。第4军独立团第1营冲至城墙脚下，利用城墙死角进行登城，第一批上城墙的10多位官兵当场牺牲；第2师6团登上城墙的官兵无一生还。不过，伤亡再重，也没有人退却，"爬城的官兵已经牺牲得快没有了，但是没有一人躲在城脚怕死观望"。（《第一次国共合作的黄埔军校》第301页）第二天继续攻城，未获战果，仅第2师就有第2团团长严尔艾、第2营营长帅伦英勇牺牲；叶挺独立团营长曹渊（中共党员）当时牺牲。作战过程中，蒋介石也来到洪山前线视察，他见到攻城暂时没有希望，只得下令停止攻城，对武昌采取围而不攻战术。

9月6日，唐生智率领第8军兵临汉阳城下，刘佐龙识大体，深知这是一场打不赢的战争，故宣布起义，出任国民革命军第15军军长。7日，第8军又攻入汉口，吴佩孚逃往郑州。11日，北伐军在豫军樊钟秀支持下，攻克武胜关，武昌守敌已逃无退路，成为瓮中之鳖。樊钟秀出任第13军军长。此时，孙传芳部开始行动。

孙传芳的陈调元部，已兵分水陆两路，向武汉进发。蒋介石命令第7军转向鄂城、大冶进行阻止；此外，为牵制孙传芳，蒋介石同时命令驻扎广东潮梅地区的何应钦，出任东路军总指挥，率领第1军谭曙卿的第3师和张贞的新编第14师，于9月5日率部出粤，进入福建。李宗仁走后，蒋介石任命邓演达出任武昌攻城司令，第1军刘峙的第2师赶往南昌一线增援第1师王柏龄部，围攻武昌的任务全部落在第4军身上。

武昌守敌见前无进路，后无退路，曾于10月初两次冒险突围，但都没有成功。10月8日，守卫城南的吴俊卿第3师准备起义，1926年10月10日他下令打开城门，迎接北伐军进城。守将刘玉春被俘，被关押至1927年间，出狱后被唐生智任命为第4集团军总司令部总参议、江左军北路纵队指挥，不久病故。

兵败逃往郑州的吴佩孚，出生于1874年4月22日，山东蓬莱人。早年投军，后在袁世凯手下任职，1921年出任"两湖巡阅使"，成为北洋直隶系中的主要头目，1923年曾残酷镇压京汉铁路工人大罢工，制造"二七惨案"，此时他得意扬扬，曾题联曰："得志当为天下雨，论交须有古人风。"1923年10月出任"直鲁豫巡阅使"，不可一世。次年他在洛阳庆贺50岁生日时，康有为送的寿联是"牧野扬鹰，百岁功名才半纪；洛阳虎视，八方风雨会中州"，从中可以看出吴佩孚当时可谓是阅尽政坛春色，好不风光，无奈好景不长，1924年10月第二次直奉战争爆发，冯玉祥发动北京政变，吴佩孚逃回两湖，被撤去本兼各职，只任无职无权的"青海垦务督办"，冯玉祥悬赏5万元击毙吴，悬赏10万元活捉吴本人。1925年10月，出任"14省区联军总司令"。吴东山再起后，又败北在北伐军之手，发誓从此不再过问政治，只问酒壶。革命老人谢觉哉曾仿王昌龄的《芙蓉楼送辛渐》讽刺吴佩孚说："白日青天竟倒吴（寒雨连江夜入湖）炮声送客火车孤（平明送客楚山孤）洛阳亲友如相问（洛阳亲友如相问）一片雄心在酒壶（一片冰心在玉壶）"。"九一八事变"后，吴佩孚能够识大体明大义，主张抗日，对于日本人逼他出山任伪职一事说："我不能禁止人威胁利诱我，但我决不受人威胁利诱。"1939年12月4日因牙痛经日本医生"治疗"后去世。

占领武昌，标志着北伐进军两湖计划，取得完满成功。在北伐的第一阶段作战中，蒋介石的几个动作值得注意：

凡是蒋介石自作主张的军事决策，都是错误的；凡是听取中共党员、苏联顾问和其他国民革命军将领意见的，战斗大凡都能成功。如果北伐军果真按照蒋介石的计划，放弃进攻湖北而攻江西，北伐战绩则会大打折扣。

蒋介石的嫡系部队第1军，仅在进攻武昌时出动一个师外，其余几个师大都处于休整状态作预备队，在整个北伐期间最艰苦的汀泗桥、贺胜桥、攻克武昌的战斗中，第1

北洋军阀直系首领吴佩孚

239

军的主力均未全力参战，有效地保存了实力。

蒋介石明里暗中收编地方实力派的军队，占领两湖地区时，已增加彭汉章的第9军、王天培的第10军、方本仁的第12军（以第4军第10师为主）、任应岐（吴佩孚部河南第10师师长）的第12军、樊钟秀的第13军、赖世璜（原赣军）的第14军等，他们大都成为蒋介石的势力范围。

因为收复两湖地区的战斗中没有第1军参加，主要是第4、7、8军三个军的作战范围。因此，桂军、粤军、湘军通过此战，具备扩大势力范围的条件，待一期北伐结束后不久则开始挑战蒋介石；第1军在两湖地区和两广地区没有做更大的工作，后来成为蒋介石统治的薄弱地区，在南京政府成立后的一段时期内，成为倒蒋势力集中的地区。

蒋介石在1926年9月初围住武昌之际，开始将主力移往东南，向江西、福建等地发动进攻。

进军江西——争夺南昌

1925年11月8日，时已值初冬，秋景萧索，寒气逼人，在南京原临时大总统府内却热气腾腾，热闹非凡，这里正在举行盛大的庆祝宴会，主人是有着浓重山东口音的孙传芳，他正在庆祝自己委任自己的新职"浙闽苏皖赣5省联军总司令兼江苏军总司令"。此人，在有枪就是草头王的年代里，学军起家，经过十余年的拼杀，也算事业有成，成为威震一时的"东南王"。

东南霸主孙传芳

东南5省是孙传芳的领地。孙传芳，1885年4月出生，山东历城人。北洋陆军速成学堂毕业后，赴日本陆军士官学校6期学习，1909年回国后被清廷授予"步兵科举人"，1917年间在湖北督军王占元部任第21混成旅旅长。1923年1月率部从湖北进入福建，出任福建军务督理。1924年9月，江浙战争爆发，孙传芳奉直系曹锟之

北洋军阀孙传芳，他委任自己的职务是东南五省联军总司令

命，以闽浙联军总司令名义，出兵援助江苏的齐燮元，所部突然占领衢州，打得浙江督办、皖系的卢永祥措手不及而兵败，20 日，北洋曹锟政府任命孙传芳为闽浙巡阅使兼浙江军务督理；此外在此战中，孙传芳收编卢部的 5 个师，实力大增。1925 年 9 月间，段祺瑞在张作霖的威胁下，任命奉系姜登选为安徽督办、杨宇霆为江苏督办，孙传芳见奉军侵入自己的领地，突然向沪宁地区的奉军发动进攻，奉军节节败退，在徐州联合张宗昌部，准备拒孙。11 月初，孙传芳亲自前往蚌埠督战，击溃张宗昌部，俘虏张宗昌的前敌总指挥兼山东军务督办施从滨，并违反当时军阀混战极少杀将领的惯例将其枪杀，这成为孙传芳以后遭暗杀的原因。11 月 8 日，孙传芳在南京正式宣布就任东南 5 省联军总司令，从此占据了中国最富庶的东南地区。

到北伐前夕，孙传芳的军事安排是这样的：江苏有陈仪的第 1 师，周凤歧的第 3 师，谢鸿勋的第 4 师，郑俊彦的第 10 师等部；浙江有省长夏超所部，卢香亭的第 2 师；安徽有陈调元的第 6 师和 9 个旅；江西有邓如琢的中央第 1 师，唐福山的江西第 1 师，蒋镇臣的第 2 师，杨池生的滇军第 1 师，杨如轩的中央第 2 师残部、赖世璜师和 2 个旅；福建有周荫人的第 3 师、张毅师、李凤翔师和 8 个旅。总兵力超过 20 万人。

不知何因，蒋介石对东南情有独钟。在北伐开始以前，他就主张三面出击，同时向湖南、江西、福建进攻；北伐军进入湖南作战后，他又再次要求向江西进攻；在北伐再紧张的时刻，他都要保持足够的军队，监视江西方向，既监视孙传芳部的动静，又保持对江西随时发动进攻的态势。蒋介石如此重视东南，从他以后的政治轨迹看，只有这几种解释：东南有他的家乡，他要让父老乡亲看到他的成功；东南 5 省为中国财富之地，这将成为他实现政治抱负的经济基础；宁沪地区的革命气氛没有广州浓，便于他展开"反共"活动；他熟悉宁沪地区，宁沪地区在全国政治舞台上的地位超过广州地区，完全可以作为自己统治的基地。因此，蒋介石一直想把北伐的重心移向东南战场。

广州革命政府北伐开始后，孙传芳在"保境安民"的幌子下，用心险恶，图谋借北伐军之手攻下武汉，在削弱吴佩孚实力的同时，也消磨北伐军战力，两败俱伤后自己趁机占领两湖要地，向中南发展，扩大统治地盘。所以吴佩孚派代表数次前来求救、请求出兵两湖，都遭到孙传芳的拒绝。直到 8 月底，贺胜桥战役后，吴佩孚败局已定，孙传芳决定出兵援鄂，他有所不知，此时出兵最佳时机已过，他出兵湖北，不仅不能挽回吴佩孚的败局，也不能给他带来任何军事上的好处。

1926年8月30日，孙传芳发布了援鄂作战命令，从江苏、浙江、安徽调集10万兵力向湖北进军。其中陈调元部沿长江西进，救援武昌；从九江、南昌南至樟树，分别派遣郑俊彦、卢香亭、邓如琢部防守，正面迎战。同时，他命令福建周荫人部，南下进攻广东潮汕地区，干扰北伐军的作战。他把总指挥部安在"新江"号轮船上，以增加总部机关的灵活性，便于赶到前线进行指挥；9月21日亲赴九江督战。

待武昌守敌被围后，9月5日，蒋介石下达了从南、西两线进攻孙传芳部的命令。兵分三路：右路军由蒋介石亲自指挥，参战部队有原在湖南长沙、株洲、萍乡一线监视江西孙传芳部动向的第1、2、3军一部，进攻方向是就地进入江西，占领吉安，沿赣江北上，直指南昌；中路军由第6军军长程潜指挥，参战部队有第1军第1师和第6军，进攻方向是，向两湖交界处的修水、高安挺进，东指南昌；从武昌城下调出的第7军为左路军，由李宗仁指挥，沿长江东下，迎战陈调元部，目标是进攻孙传芳的前线总指挥部九江。

北伐军三战南昌

北伐军的三路大军，于1926年9月上旬发动攻势作战，以实现第一期作战计划。其中程潜进展最快，9月16日兵临南昌城，守城的邓如琢率部逃走，程潜的第6军开进南昌城，此时蒋介石还在长沙。

南昌城下受阻

因为孙传芳的主力中只有赖世璜部参加北伐军，其余主力并未受损，所以很快组织部队进行反扑，孤军进入的程潜部招架不住。从浙江调来增援江西的5省联军浙军总司令卢香亭部赶来后，在南浔路涂家埠车站稍做停留，趁第6军立足未稳，于9月19日晚向南昌发动进攻。程潜部实力有限，不得不撤退，逃得一度与北伐军总部失掉联系；参战的第1军王柏龄的第1师更不经打，王柏龄临阵脱逃，党代表缪斌下落不明。卢部的第10师师长郑俊彦出任江西省军总司令。第一次进攻南昌受挫。接着，程潜进攻牛行车站，切断南浔路的目标也未实现。面对失败，蒋介石离开长沙东下，急匆匆向南昌方向前进。

再战又败。一战南昌失利后，蒋介石急令第7军加快进军速度，向九江进攻；第2军加紧消灭樟树、吉安之敌，以准备北上援助南昌；第3、6军两军和第 1 军准备再攻南昌。10 月 1 日，蒋介石抵达太阳墟，准备亲自指挥南路军攻打南昌。此日，正逢王柏龄的第 1 师又在奉新大败。蒋介石对此非常生气，认为这是给第 1 军丢脸。

1926 年 10 月 11 日，蒋介石在得知武昌攻克的消息后，命令第 2、3 军和第 1 军第 2 师渡过赣江，再攻南昌。此战一是背水作战，可以刺激、提高防守一方的反击情绪，对进攻者一方来说极为不利；二是夜间作战，对人生地不熟的进攻者来说难度超过防守一方；三是白崇禧等幕僚，劝说无效，心有不甘。蒋介石视战争如儿戏，只因赌气，非打不可，他还亲临南门外前线指挥作战。战果可想而知，北伐军大败，第一批攻城的第 6 团几乎全部沦于敌手，从城中发动反冲锋的敌军趁乱猛攻过河的北伐军，在混战中蒋介石不知所措，最后按照白崇禧的意见，全线退回赣江西边，这才稳住败局。

与中线战场相反，李宗仁北线战场进展顺利。9 月 30 日，第 7 军打败高鸿勋部；10 月 3 日攻克德安，为此孙传芳曾派人向北伐军求和。12 日第 7 军又在王家埔取得大捷，击败陈调元一部，稳住南昌北线战局。"二战南昌"失败后，蒋介石下令全军休整，同时准备调武汉城下的第 4 军张发奎的第 10 师和陈铭枢的第 12 师东来增援。

北伐军在江西行动被阻时，福建方面开始行动。9 月 27 日，何应钦率部出发，进军福建。孙传芳的福建督办、联军闽军总司令周荫人有 3 个师 7 个旅，共编为 4 个军，分别由张毅、李凤翔、刘俊、孙云峰任军长。10 月 13 日，何应钦指挥所部谭曙卿的第 3 师、冯轶裴的第 14 师，向周荫人的 5 个师发动进攻，攻下第四方面军总部所在地永定，周荫人越墙而逃。他很快集结兵力于松口，做最后反扑。此战关系到北伐战局，北伐军如败闽军则长驱直入广东，威胁整个北伐军的后方，并且对江西的北伐军战局也极为不利。经过决战，周荫人部全线溃退，师长刘俊阵亡。松口战役期间，蒋介石又调广州钱大钧的第 20 师入闽增援。周荫人的主力被击溃后，何应钦指挥部队一路直追，12 月 10 日，何应钦进入福州。松口一仗，被蒋介石认为是国民革命时期最艰苦的三仗之一。在广州的代理总司令李济深，对何应钦打赢事关广东安危的胜仗，高兴之余非常重视，赶紧运去 2 万银圆予以犒劳。仗打完 5 天后，国民革命军总司令蒋介石，对自北伐开战以来，第 1 军所打得第一次影响较大、并给第 1 军增光添色的战役，特意为此发表谈话，称赞第 1 军的战绩，嘉奖何应钦。蒋介石面对一无进展的南昌战局，说松口战役表明北伐军及其将领"能从容应付，完全消灭敌军主力。因此预测到此次北伐之目的，一定可以达到"。何应钦在福建的进军，对江西的北伐军来说也是一大鼓舞，士气高涨；至于对孙传芳来说，则十分沮丧，因为福建被北伐军占领，江西则处于夹击地位。

三战攻下南昌

南昌处于胶着状态，双方开始调整作战计划。孙传芳部因为实力未受到重创，阵容整齐。南浔路北部的涂家铺地区是浙军总司令卢香亭，九江地区是颜景琮的第 6 方面军；位于中部的南昌、牛行地区的是郑俊彦的第 10 师防守；南昌东南的抚州地区是江西督理邓如琢的第 4 方面军；九江前沿阵地瑞昌、武穴地区是皖军总司令、军务帮办陈调元指挥的第 5 方面军。从北起九江、南到抚州，组织起一道看似牢固的防线，等待北伐军的再度进攻。

蒋介石也调整作战部署，自任进攻赣省作战总指挥，左翼由李宗仁指挥，编有第 4 军第 12 师、第 7 军两个旅、贺耀祖的独立第 2 师等部，作战任务是肃清赣北之敌，截断南浔铁路，割断北部敌人与南昌的联系；右翼军指挥官由朱培德指挥，编有第 2、3、14 军，作战任务是自万寿宫进攻南浔路的牛行西站等地；中路军由程潜指挥，编有第 6 军第 17、19 师，作战任务是自奉新一线向南浔路进攻，再与李宗仁部联系，合击涂家埠车站卢香亭部。此次，蒋介石见第 1 军的第 1、2 师战绩不佳，损失也大，此次又把这两个师列为预备队休息。

孙传芳作为旧军阀，不得人心，军心涣散，士气低落，只是依仗人多势众和地理优势，与北伐军对抗。孙传芳虽然固守南昌已有时日，二败北伐军，但在军队中已经普遍产生厌战情绪，在将领们眼中，今日之南昌，就是昨日之武昌，今日之江西，就是昨日之福建，与北伐军的作战，已非旧军阀混战，这是一场打不赢的战争；此外，5 省联军其实不联，在同北伐军的近一个多月的对峙中，不少从浙江、江苏、安徽等地调来的军队并不愿为江西督理邓如琢作战，随时准备脱离江西战场回到原驻地去；联军中的一些实力派已经悄悄地和北伐军取得联系，准备脱离孙传芳，另图发展。就在孙传芳调整保卫南昌之战的同时，夏超、陈调元、周凤岐等将领已各自同北伐军谈妥条件，准备投诚。其中夏超已正式出任国民革命军第 18 军军长兼浙江民政长，率部开始向沪宁地区进攻（10 月 22 日 18 军被击溃，夏超在杭州被杀）孙传芳本人再次派出代表葛敬恩、蒋伯器等人，与蒋介石谈判，因为蒋介石的本意是要消灭孙传芳的势力，因此谈判条件苛刻，孙传芳无法接受；再说孙传芳的谈判并不是愿意参加北伐阵营，只是缓兵之计，争取时间以便与北方张作霖和苏鲁地区的张宗昌商议下一步的反扑计划，所以谈判很快破裂。不管怎样，孙传芳已到失败的边缘。

三战南昌前夕，离该城 30 多里处的牛行车站，曾为蒋介石总司令部所在地。总部附近激战多日，百姓为躲避战乱而纷纷逃往外地。总部旁边有一座关帝庙，庙门依然照开，一天蒋介石和白崇禧散步至此，很有兴趣地走了进去，庙里的和尚见前呼后拥地进来一帮人，必是贵人，赶紧出来迎接。蒋介石见有签筒，虔诚地抽出一签，签上前段吉利，结尾不妙，心头略有不快，故意请庙中住持解读。住持不知是蒋介石，只是问要卜何事，蒋介石回答说是要问战争胜负。住持不知是死板解签，还是略知军事常识和南昌附近地形，知道孙传芳可能利用有利地形，偷袭南昌前沿阵地牛行车站，回答说："战争是大吉大利，一定得胜，但是有一话很要紧，要谨防'切断后路'。"蒋介石一边让卫兵给和尚 200 元钱，一边要参谋长白崇禧立即从预备队调两个团加强总司令部附近的防卫。果然在第二天夜间，孙传芳的卢香亭部利用地道，向车站附近的总司令部发起进攻，战斗分外激烈，白崇禧的卫队长都被打死，所幸调来两个团加上总部警卫部队，合击敌军，最后俘虏敌人千余人。而俘获的敌军官称此次偷袭的目的，就是为了"切断后路"。迷信也好、谋略也好，反正让蒋介石躲过一劫。在占领南昌后，蒋介石还让兵站总临俞飞鹏前往小庙送钱，整修庙宇。

到 1926 年 11 月 5 日，北伐军三路各有进展。李宗仁部击败卢香亭部于涂家埠车站，九江孙传芳总部准备向下游撤退。次日，贺耀祖独立第 2 师占领九江。7 日蒋介石来到南昌城外督战，指挥朱培德部进攻南昌，此战顺利，当日北伐军进驻该城。白崇禧总参谋长率部紧追残敌，于马口处俘虏敌人 3 万余人。进军江西，费时一个半月余，共消灭孙传芳部 6 万余人，国民革命军为此付出了 2 万余名官兵生命的惨重代价。

在江西战役中，蒋介石一是军事上的失误，在决策时缺乏正确判断，经常出现战略和战术上的失误，而且主要是犯冒进的错误，造成不必要的损失；二是政治上开始出现一系列"反共"行为；三是独裁作风日甚；更为严重的是，对蒋介石的个人行为和政治上的反动，国民党内也好，统一战线内部也好，都已缺乏有效的制衡能力和手段，只能眼看着他一步一步走向反动和独裁。

北伐军进入南昌城时，街头站满了欢迎人群。第二天举行了庆祝大会，蒋介石和邓演达先后发表了热情洋溢的讲话。就在庆祝南昌胜利之时，蒋介石开始筹划新的阴谋。他认为东南底定只是时间问题，拥有的实力已经足够采取极端政治行动，公开"反共"和另立政府的时机逐渐成熟，所以在考虑下一步北伐进军的同时，开始露出"反共"和独裁的真面目。

进军东南——沪宁收复

1926 年 11 月 20 日，北方已经进入寒冷季节，冽厉的北风中，无数个取暖的小烟囱冒着黑烟，天津街上一片萧条。在优雅精致的蔡园内，哨兵林列，戒备森严，奉军高级军事会议正在此召开。主持会议的是张作霖，参加会议的有奉系主要将领和直鲁联军正副司令张宗昌和褚玉璞。土匪出身的张作霖，以前对开会并不当回事，只是找几个老部下老战友来，像东北老乡间啦呱啦呱而已，如今则不一样，已成为独霸东北的东北保安司令、东北边防督办，开会当然也得正规化、规模化，排场大不一样，参加会议的将星们个个坐得板儿直，身材矮小的张作霖更是坐在主席位置上，字正腔圆地对昔日的弟兄，如今的军长、师长们发表谈话，倒也是威风凛凛。

他们正在讨论长江以南正在发生的战事。奉系将领们，对北伐军打败吴佩孚、孙传芳感到庆幸，因为奉军少了两个对手；对于来势迅猛的北伐军，

他们并不担心，因为一是离得远，二是打不赢就出关守东北，也就是说进可以攻，退可以守。紧张的是张宗昌，北伐军眼看要打到长江边，直鲁联军将成为北伐军的下一个目标，会议主要是围绕这一话题展开。

正在主持会议的张作霖，突然接到副官的报告，说是孙传芳求见。出席会议的奉系将军们根本不相信，一是正处于大败之初的孙传芳怎么会脱离指挥中心来津？二是孙传芳好歹也是"5 省联军总司令"，怎么可能不打招呼悄然来津？来者真是"浙、闽、

苏、皖、赣5省联军总司令兼江苏军总司令"孙传芳。

经过在江西一个半月的挣扎，孙传芳最后失败了。面对继续向东南压过来的北伐军，逃回南京后的孙传芳惊恐万分，惶惶不可终日，思前想后，只有一条路，那就是远借助京津一带张作霖的实力以壮声势，近只有联络盘踞苏北和山东一带的奉系另外一支，张宗昌联合抗击北伐军的进攻。所以，大敌当前，不顾一年前即在1925年11月为堵截奉系南进东南之路而进行的浙奉战争，不顾曾打败过杨宇霆、姜登选、张宗昌等事实，不顾因为上述两件事有可能被奉系拒之门外的难堪局面，大败之初灰溜溜地来到天津，求见张作霖。

孙传芳悄然赶来，既让奉系众将领感到惊讶，又让这帮"胡子"们感到钦佩，他们佩服孙传芳的胆量，佩服孙传芳能屈能伸的大丈夫气。对孙传芳来说，已顾不得脸面，避免被北伐军消灭已成为头等大事。靠奋斗靠拼杀起家、见过大世面的孙传芳龙当得虫也当得，如今陷入困境，想当英雄不是时候，求人之际只能压低姿态。所以，孙传芳一到会场，立即向在座的将军们表示忏悔，称颂张作霖的赫赫战功和大将气度，并请张宗昌大人不计小人过。这一段颂歌，唱得这帮颇有江湖义气的奉军将领们心花怒放，纷纷夸奖孙传芳有胆有识。孙传芳见第一步目标已经实现，接着分析了南方革命政府的北伐目的和战略，指出吴佩孚被消灭、东南一带已经告急，下一个北伐军的目标就是奉军。如果不消灭北伐军，奉军逃到关外也无济于事。孙传芳有意将北伐军描述得勇猛无常，以激将法刺激这批勇多谋少的奉军将领们。

孙传芳的话很快被习惯于在会议上随便插话的奉军将领们打断，张宗昌以他的粗鲁首先喝道，孙总司令说了半天，不就是要我出兵支持吗？咱老张当年败在你手下，如今你能来找我，说明看得起我，明天我就跟你起程去打南方的北伐军。张宗昌一领头，奉军将领们唯恐落后，一一痛骂北伐军，要求与北伐军决一死战。冷静的要数张作霖，他并不赞成让奉军南下阻击北伐军，而如果公开声明此点，无疑会被部下和孙传芳瞧不起，同时也无法获得乘机独霸北京政府的目的。为此，他当即同意张宗昌率部南下增援东南，协助孙传芳阻止北伐军的北进，为便于统一指挥，他建议设立一个南北协调的军事机构。聪明的孙传芳马上明白张作霖的用意，当即表示面对南方乱党的捣乱和进攻，有必要成立"安国军"，并且推荐张作霖出任"安国军总司令"。张作霖不做谦让，反过来提名孙传芳和张宗昌出任副总司令，孙传芳同时兼任"5省联军总司令"。就这样在北洋历史上，又冒出一个"安国军"。

孙传芳的目的达到，既当上了安国军副总司令，还请来了援兵，得意扬扬地回到南京，一时气焰又嚣张起来。

孙传芳防卫的重点是在苏沪地区。主要守军有上海守备司令兼第9师师长李宝章部，南京总司令兼第3师师长周凤岐部，第3方面军总司令兼代理浙江军总司令孟昭月部，徐州总司令兼第1师师长陈仪部，扬州总司令兼第2师师长卢香亭部，海州护军使兼第5师师长部，淮安镇守使兼第10师师长郑俊彦部；芜湖镇守使王普部，江苏通海镇守使张仁奎，此外还有上官云相的第4师，刘凤图的第6师，梁鸿恩的第7师，崔景桂的第8师，马葆珩的第11师，陆殿臣的第12师，刘士林的第13师，李俊义的第14师，阮肇昌的第15师，马祥斌的第2混成旅，马玉仁的直鲁联军第12军等部，总兵力约有20万人。孙传芳虽说丢了江西，但实力还有，而且张宗昌的部队也已开到南京浦口地区待命，孙张合作对抗北伐军的态势已经形成。

1926年11月30日，孙传芳和张宗昌领衔通电全国，宣布拥戴张作霖出任安国军总司令，同时两人就任安国军副总司令。张作霖、孙传芳、张宗昌的行为，等于向南方国民政府和蒋介石宣战。

此时的孙传芳本人想打，可部下并不想打；他的军队不少，可有志于和北伐军硬拼死顶的军队不多；他的嚣张，只是出于反动军阀的本性，而非拥有足够的实力。因此，从总体看5省联军的佳音不多。在浙军内部，1926年11月26日，第3师师长周凤岐已宣布就任国民革命军第26军军长，编入何应钦的东路军作战序列；第1师已于1926年底宣布加入国民革命军，改编为第19军，1927年1月12日，陈仪宣布就任该军军长。此事与两个月前夏超宣布就任国民革命军第18军军长一起，在浙军引起强烈震动，无心恋战。

蒋介石在占领南昌后，分裂行为日益猖獗。他公开挑战广州革命政府，反对国民党中央和国民政府迁武汉；违反孙中山的"三大政策"，压制工农运动，提出驱逐鲍罗廷和中国共产党人。同时，与桂系和唐生智的矛盾加深。随着北伐军事上的胜利，蒋介石在公开"反共"和另立政府的路上越走越远。作为阴谋家，蒋介石深知攻占东南离不了中共和工农的支持，有必要继续借助革命力量完成一期北伐；作为权术家，蒋介石深知最佳政变时机未到，有必要继续利用国民政府和中央党部保持自己的正统性；作为军事家，蒋介石深知必须继续北伐，否则任何阴谋和权术都不可能实现；作为总司令，蒋介石深知必须消灭孙传芳，否则自己无法在东南立足。

1927年1月6日，蒋介石制订了三路分进的进军计划。他自己率领中路军，编有江右军程潜、鲁涤平、贺耀祖3个纵队和江左军李宗仁、王天培、刘佐龙3个纵队；江右军的作战任务是出景德镇、祁门、进攻芜湖、南京，配合东路军在浙苏一带的作战；江左军的作战任务是沿长江北岸进军，出黄梅、怀宁，进攻安庆，阻止江北敌人南下增援。东路军总指挥是何应钦，前敌总指挥是白崇禧，编有周凤岐的第1纵队、王俊的第2纵队、白崇禧的第3纵队、冯轶裴的第4纵队、赖世璜的第5纵队、曹万顺的第6纵队，作战任务是直取杭州和上海，东路军是北伐进军东南的主力。唐生智任西路军总指挥，编有唐生智、张发奎、陈铭枢、彭汉章4个纵队，作战任务是北攻河南，控制京汉线南段。朱培德的第3军作为总预备队，驻扎南昌。

1927年1月27日，白崇禧率领第4、5、6级队三个纵队先行入浙作战，2月3日在钱塘江上游兰溪附近击溃孟昭月部后，沿桐庐、诸暨、富阳一线追击敌人。2月17日，东路军则占领东南重要城市杭州，这是北伐军出兵以来占领的第5个省会。人们记忆犹新，在年前10月下旬南昌争夺战时，浙军夏超宣布起义，出任国民革命军第18军军长，遭到孙传芳部围攻，败退后来到杭州，结果兵败被俘，44岁的年轻将领夏超本人被孙传芳下令处决。如今，北伐军终于攻下杭州这座美丽的城市。

白崇禧部攻下杭州后，何应钦部也到达预定作战位置，两部在杭州分开行动，何应钦部沿太湖边向江苏省会镇江进发，白崇禧部沿沪杭路进攻上海。

与此同时，中路军也开始行动，江左军直逼安徽安庆，震动合肥、蚌埠；江右军进军皖南顺利。3月4日，在北伐军的强大压力下，孙传芳在安徽的主将、安徽省省长陈调元宣布就任国民革命军第37军军长，芜湖镇守使王普就任国民革命军第27军军长，马祥斌任国民革命军独立第5师师长，国民党中央执行委员柏文蔚收集北洋军残部编成第33军。几乎没有经过什么战斗，整个皖南地区被北伐军收复。北伐军在进入安徽省会安庆时，陈调元自动投降，并准备了许多猪羊鸡鱼酒饭欢迎。

在北伐军的进攻面前，孙传芳已由盲目嚣张转向悲观失望，已经丧失斗志，完全靠奉系支撑，安国军第3军团长张学良急速赶到徐州视察防务，张宗昌于 1 月 27 日全部接收孙传芳在上海的防务，并派出直鲁联军第 8 军军长、胶东护军使毕庶澄负责防守。毕庶澄到上海首先镇压了中共领导的第二次武装起义。3 月 21 日，中共军事部长周恩来具体组织和领导的上海第三次工人武装起义成功，已在嘉兴等候的白崇禧部不费一枪一弹占领中国最大的城市——上海，毕庶澄这位屠杀参加上海第二次武装起义的革命者的刽子手，逃到青岛后，竟被张宗昌以"暗通党军"罪名处决，年龄只有 33 岁。次日，何应钦部占领镇江，23 日中央军江右军程潜部占领南京，东南主要敌人被肃清。40 军第 1 师师长谷正伦抢先攻占石头城，当上南京卫戍司令部副司令兼戒严司令，因为他最早负责南京城的治安，后来成为国民党的最高宪兵首脑。

在北伐开始前后，滇、黔等省主要军阀就已宣布归附国民革命军，加上现今两广两湖东南之敌被基本消灭，南国剩下西南的四川和部分黔军为保存实力、保住地盘，也纷纷宣布加入北伐阵营。主要有：川军杨森出任第 20 军军长，刘湘出任第 21 军军长，赖心辉出任第 22 军军长，刘成勋出任第 23 军军长，刘文辉出任第 24 军军长，邓锡侯出任第 28 军军长，田颂尧出任第 29 军军长；黔军周西成出任第 25 军军长。长江以南的北伐已经基本完成，北方的陕西、甘肃、河南、山西等省也被冯玉祥、阎锡山收复，因此北伐第一期目标已经实现。

进军北方——冯阎举兵

在北伐军围攻吴佩孚、孙传芳之时，北方的冯玉祥率领西北军和阎锡山率领晋军，也参加了北伐阵营。这对蒋介石来说，是求之不得的事情，晋军和西北军参战，大大减轻了进军北方的压力，降低了进军北方的难度，缩短了完成北伐的时间。

冯玉祥的经历

冯玉祥出生于 1882 年 11 月 6 日，安徽巢县人。父亲冯有茂是个泥瓦匠，家景奇穷，后入伍当兵升至哨官，这比起儿子冯玉祥后来的军职来则差得太远，但是在旧社会，有这么一个官职，养家糊口没有问题不说还略有积余。11 岁那年，冯玉祥顶替退伍的老兵，成了保定练营的小兵。因为只有 11 岁，只拿饷不训练，还继续念了一年书，12 岁开始正式进入军营接受训练。他参加的第一仗是，"炮轰"瘟疫，当时保定府里流行传染病，上司让他们进城，每排

10 人对准每个胡同口放一阵枪，以为就可以把瘟神赶跑了。在当兵期间，从小吃过苦的冯玉祥，能够严格自律，没有染上迷信、赌博、鸦片、喝酒、兵痞等旧军人常见的恶劣作风，这成为他后来带兵的基本要求。

西北军首领冯玉祥将军

1902 年 3 月间，冯玉祥偷偷外出，考进生活条件和军事训练较好的武卫右军第 6 镇第 3 营，不久当上副目，3 年后当上该营后队排长，以后不断升迁。1910 年 9 月间，出任北洋第 20 镇第 40 协第 80 标第 3 营营长。"老三营"后来成为冯玉祥的起家基础，西北军的许多中高级将领大都出自第 3 营。

辛亥革命爆发前后，冯玉祥在军中积极进行反清活动。1911 年 11 月 12 日，滦州起义爆发，冯玉祥被推举为军政府参谋长。起义很快被袁世凯镇压，冯玉祥因为当时有要务在身确实不知道起义具体计划，在起义组织者被枪毙后，他被解送原籍保定府。袁世凯上台后大力发展北洋军，冯玉祥又找到老长官陆建章，在他任统领的左路备补军中任前营营长，以后当上第 2 团团长兼 1 营营长，在镇压豫陕地区的白狼农民起义时，所部扩编为警卫军，冯玉祥出任第 1 旅旅长兼第 1 团团长，时隔不久，又改编为第 1 师第 14 旅，他出任旅长。作为北洋军阀的工具，他第一次去西北，名为"围剿土匪"，实为镇压农民起义。1914 年，第 7 师取消，第 14 旅改编为第 16 混成旅，成为独立野战军事作战单位。冯玉祥 11 岁当兵，经过 21 年奋斗，风里雨里，历尽艰辛，终于当上混成独立旅旅长，掌握了一支武装。16 混成旅成为西北军的雏形。冯玉祥管理部队很严，严守军纪，训练有素，因此 16 混成旅的战斗力较强，在军阀军队中声誉较高。正是因为军纪严明，西北军的名声较好；正是因为素质较好，西北军能够迅速发展壮大。

1915 年 12 月 25 日，云南护国军在蔡锷将军率领下，反对帝制，讨袁护国。冯玉祥随第 20 镇去四川攻打护国军。北洋军阀和滇、黔、川等军阀都来拉拢他，他既不反对帝制也不反对民国，没有既定立场和见解，只是从避免战乱出发，坚决主张停战，反对危害民众的武力统一，不管是哪一方发动的战争，他都身体力行去反对，所以被人称为"倒戈将军"。袁世凯病死后，所部回到平津地区。冯玉祥因为得罪了北洋政府陆军部次长傅良佐，被突然撤去旅长职务，国务总理兼陆军部长段祺瑞是从报上得知消息的，马上任命冯玉祥为第6巡防营统领。冯玉祥当时并不生气，因为旅长只有900元，而统领薪俸达1300两银子，只是有些可惜，因为离开了老弟兄。张勋复辟时，冯玉祥回到16旅，参加马厂誓师，出任第1梯队，率兵攻打张勋部。16旅从右安门进城，由先农坛攻入天坛时，张勋的辫子军即宣告投降。

护法战争开始后，孙中山命令陈炯明指挥援闽粤军向福建进攻，福建督军兼省长李厚基迭电请段祺瑞援助，冯玉祥奉命南下增援，到达浦口时，代总统冯国璋请江苏督军李纯留住16旅，要其转往湘西。冯玉祥转往湖南途中，两次通电主张和平，南北停战，谴责军阀间的武力统一是"对德宣而不战，对内战而不宣"，表示"不与外人争雌雄，只与同胞争胜负，无论成败，同属自残；即获胜利，讵有光荣？"由于他的立场，一度曾被段祺瑞免去旅长职。冯玉祥16旅驻扎在湖南常德。在此期间，他在给他治疮医生的劝说下，经常去教堂听传道，开始对基督教产生好感，即令部下信奉基督教，因此有了"基督将军"的称号。

在北洋军阀的权力争夺战中，冯玉祥多次被皖、直、奉三系利用。直皖战争中皖系失败，总理段祺瑞下台，直系徐世昌当上大总统，冯玉祥部回到河南信阳地区，中央政府和直鲁豫巡阅使吴佩孚一分饷银也不给，只得由冯旅长自行解决。不久，属于段祺瑞人马的陕西督军陈树藩不愿交出权力，陆军部命令冯玉祥部与另外一些北洋军进攻西安，这是16混成旅第二次到陕西。此仗之后，16旅升格为第11师。第一次直奉战争中，11师的李鸣钟旅在北京戒台寺附近大灰厂大败奉军右翼，赢得关键性的一仗，奉系退出关外。因为河南督军赵倜暗中投靠奉系，冯玉祥率部赶到郑州打垮赵部，出任河南督军，终于当上封疆大吏，为此他花费了30年的时间，说来也怪，冯玉祥将军一直对主政河南有特殊的爱好。好景不长，吴佩孚要其第一个月上交80万，以后每月上交20万，冯玉祥回答说没有如此压榨的本领而拒绝，因此得罪吴佩孚。事过不到半年，1922年10月31日，吴佩孚用明升暗降，调冯玉祥出任中央陆军检阅使兼任西北边防督办，这是称冯玉祥部为西北军之始。冯玉祥将部队拉到北京南苑进行扩编，所部编有张之江的第7旅，李鸣钟的第8旅，宋哲元的第24混成旅，另外还有鹿钟麟和刘郁芬的两个旅。这是冯玉祥第一次扩编，说明他已成为地方实力派，已有不为中央陆军部控制的趋势。

此时，南方孙中山开始筹组国民党改组。作为孙中山的代表孔祥熙来到冯玉祥处，带来《建国大纲》等孙中山的政治著作。冯玉祥自己说，当他见到这些书时，感到此书写得"太好了，太完全了！是我们中国唯一的对症药方。……自从读了这个，我完全成为中山先生的信徒了"。如果说冯玉祥此时已经完全理解了孙中山新"三民主义"真谛，恐怕有违史实。冯玉祥之所以后来能够参加国共合作统一战线，参加北伐阵营，主要是因为出身贫困，了解民众生活和要求，亲眼看到战争给贫困、无助的人民大众带来的无穷无尽的灾难，因而能够站出来反对军阀之间进行争权夺利的内战。所以，当孙中山三回广州，筹划改组国民党，在中共和苏联顾问帮助下，领导开展反帝反封建的革命运动时，对冯玉祥产生巨大的影响。1923年10月，直系曹锟以5000银圆一张票收买"猪仔议员"成功，由保定北上北京取代黎元洪当上大总统。贿选一事和北洋军阀的种种倒行逆施，对冯玉祥刺激很大，对这位正义感极强的旧军人来说，重新进行政治上的选择势在必行。

在这种政治背景下，1924年9月18日，第二次直奉战争爆发，奉系张作霖志在夺得直系曹锟、吴佩孚控制的中央政权，挥军入关，问鼎中央政权。曹锟和吴佩孚有意趁机削弱奉系的有生力量，决定全力讨伐，双方投入42万大军，其中奉系17万，直系25万。完全有可能将奉系赶回关外的北洋直系政府，任命吴佩孚为讨逆军总司令，王承斌为副司令，彭寿莘、王怀庆、冯玉祥为第1、2、3路军司令。第3路军副司令为张之江、李鸣钟。当时冯向吴推荐孙岳出任北京警备副司令，孙岳探得冯玉祥的政变计划，故意问冯："你特意把我弄来给你们开城门是不是？"冯玉祥正是此意，他准备推翻由直系控制的政府。吴佩孚则是用心不善，他不给冯玉祥一分军费，却要冯部经古北口、热河，去黑龙江袭击张作霖的后背，显然是将冯玉祥送到白山黑水之间，借刀杀人，让奉系除掉冯玉祥。

1924年9月24日冯军全部开出北京。冯玉祥一直在等待倒直的最佳时机，所以部队行动缓慢，28日才到密云，10月1日才至古北口。10月13日，冯玉祥在热河前线与奉系代表马炳南达成协议：双方联合推翻直系政府，由孙中山主政；为顺利过渡，减少政治动荡，奉军不得入关。10月19日，冯玉祥得知吴佩孚已于当日离开北京前往前线指挥的消息时，立即召集高级将领开会，决议成立国民军，进军北京。冯玉祥命令：胡景翼部守军粮城和滦州，李鸣钟旅守长辛店，截断吴佩孚部在京奉线上的退路和南下京汉铁路的逃路。他自己亲率鹿钟麟、孙良诚、宋哲元、张之江等各部直趋北京。

1924年10月22日，先头部队已到北苑，小股部队开始向北京城内运动。次日，冯玉祥在孙岳的帮助下进入北京，立即发布政治纲领：成立中华民国国民军，冯玉祥为总司令兼第1军军长，胡景翼、孙岳为副司令兼第2、3军军长；邀请孙中山等政坛要人、社会名流、学术权威到北京商讨国是；召开全国各界代表参加的和平会议；成立摄政内阁；将末代皇帝溥仪赶出应该属于人民的紫禁城。11月1日，摄政内阁总理黄郛任命鹿钟麟为北京警卫司令，国民军获得北京城内的控制权；11月2日曹锟被囚禁于中南海延庆楼，吴佩孚见政变军心顿失且后路已断只得乘军舰南逃，被撤去本兼各职，仅任青海垦务督办，又一届北洋政府覆灭。11月5日国务院命令鹿钟麟将溥仪赶出故宫，收回国玺，由吴稚晖、李石曾负责组成故宫保管接收委员会。当鹿钟麟对溥仪说："若愿做平民，我们有对待平民的办法；若是要做皇帝，我们也有对待皇帝的手段。"末代皇帝回答说："我自然应该做平民。"就像努尔哈赤让人们留辫子一样留着的清王朝的小尾巴如今终于剪掉了。

冯玉祥的革命行动，引起帝国主义和军阀的不安，在帝国主义的活动下，张作霖违约入关，奉军开进平津地区向国民军施加压力。冯玉祥还面临着长江流域的由吴佩孚指挥的直系军队倒冯难题，为劝说属皖系的山东军务督理郑士琦出兵阻止直系沿津浦路北上，同意让皖系旧头目段祺瑞主持中央政府。段祺瑞自直皖战争失败而下台至今已经4年，但他暗中一直在和张作霖、孙中山等人联络反直，张作霖当然同意段祺瑞主政，条件是将冯玉祥赶出北京。因此，发动北京政变的冯玉祥还没享受到革命成果，就已处于暗中商议与直系妥协的张作霖、段祺瑞的夹击之中。1924年11月24日已经下台4年的段祺瑞，被冯玉祥和张作霖请出来担任新设立的中华民国临时政府执政。当年辛亥革命的成果是在孙中山掌权几个月才落入袁世凯之后，而北京政变的成果则转眼间就回到北洋军阀手中，从中可以看出冯玉祥政治上的不成熟和实力上的局限性。

在奉皖两系的夹击下，冯玉祥的政治主张不为人所重视，被排挤出决策中心；他对张、段二人既勾结又争夺，对他们不尊重北上而来的孙中山，不让原定说好的孙中山主政等事，十分不满但又无能为力；再者他也不愿意与奉张皖段之流同流合污。总之，刚刚成功进行的政变，推翻直系政权的冯玉祥，如今只剩下辞职一条路。从 11 月 24 日起，冯玉祥接连三次发表辞职通电。在第一次辞职通电中称："为彻底的共同觉悟之主张，务使军不成阀，阀不代阀，一可斩循环报复之根，二可去民治推行之碍。祥虽不敏，粗知大义，躬行实践，请自祥始。"冯玉祥为表示辞职决心，自己去了京西传说是供奉顺治肉胎的天台山老爷庙。他不恋权力，精神可嘉。张作霖、段祺瑞作为旧军阀和旧政客，特别是在这一次北京政变过程中，纯属坐享其成，一夜之间变成北洋政权主持者，马上赶走政变功臣冯玉祥于理于情均无法向社会交代。于是，他俩做出一连串假装极力挽留冯玉祥的表面文章。张作霖甚至以"东北汉子加胡子"的痛快劲说："我若是让你走了，我就是混账王八蛋。"

1924 年 12 月 12 日，在冯玉祥第 3 次辞职通电发表时，段祺瑞乘机予以批准，并任命他为西北边防督办，驻节张家口。冯玉祥即任命张之江为察哈尔都统，李鸣钟为绥远都统，冯玉祥自兼甘肃督办，由刘郁芬代理，薛笃弼为省长。至此，冯玉祥终于有了 3 省地盘，尽管都是贫困地区，但起码可以不再像过去那样寄人篱下，可以自谋发展。此外，国民军胡景翼因为追击吴佩孚进入河北和河南，并出任河南督军；陕西督军逃走，孙岳在西安主政，总之经过此次北京政变，冯玉祥和国民军也得到了很大的实惠，势力大增，地盘扩大。

在实力至上的社会里，冯玉祥同意辞职，但不会放弃实力。他在就任新职前后，完成扩编军队，将国民军扩编为 6 个师，熊斌为总监，刘骥为参谋长，钮惕山为总参议；鹿钟麟、李鸣钟、刘郁芬、张之江、宋哲元、郑金声任师长；石敬亭、石友三两部编为混成旅，另有两个旅的炮兵，总数达 15 万人。此时的冯玉祥，已经具备割据的实力，已经不是军阀任意宰割的对象。1925 年 1 月 13 日，冯玉祥就任西北边防督办，离京赴任。临行前夕，"国民军"称号被段祺瑞下令撤销，改称"西北军"，这就是在中国现代军事史上曾活跃一阵的西北军的由来。

冯玉祥离开北京，但西北军没有完全退出华北地区，主力大部集中在平津一线，鹿钟麟还主持北京警卫事务，段祺瑞、奉系势力的活动均受到限制。孙中山逝世时，主要社会悼念活动、葬礼事务、安全保卫包括修筑通往西山的公路都是鹿司令负责。西北军在平津地区的存在，成为奉系和段祺瑞的心病，他们一直在寻找机会，以将西北军逐出华北地区。

此外，奉军违约入关后，张作霖乘机扩张势力，任命李景林和张宗昌出任河北、山东督军；并派出杨宇霆、姜登选部南下皖、苏、沪地区，孙传芳在打败南下奉军后就任东南5省联军总司令，驻扎河北省的西北军第2军第2师岳维峻一部支持孙传芳作战，张作霖一恨冯玉祥；李景林沿京汉路南下则遭到西北军第2军的阻击，张作霖二恨冯玉祥；郭松龄起兵倒奉得到冯玉祥的支持，张作霖三恨冯玉祥。三恨之下，冲突难以避免，两个多月的结盟伙伴将要成为战场上的对手。此时，吴佩孚在湖北岳州起兵讨奉，于1925年10月在汉口就任"十四省区联军总司令"，以报二次直奉战争失败之仇。11月13日，段祺瑞执政宣布发兵讨伐，可是吴佩孚却不失时机宣布，讨奉战争已经结束，以与张作霖、张宗昌、李景林等部联合起来合击冯玉祥部。在这种情况下，冯玉祥以"和平"大局为重，于1926年3月20日通电宣布，西北军让出河北、河南地区；所任的西北军务督办交张之江，甘肃督军交李鸣钟，他自己则下野出国。3月23日，他从山西平地泉取道前往苏联，但这并没有制止直鲁联军和奉军的进攻。

为进攻冯玉祥部，奉军海军的8艘军舰到达天津大沽口，随舰而来的是张宗昌部，鹿钟麟派兵赶到大沽口阻击。1926年3月9日西北军为回击挑衅的奉军海军，炮击奉舰。11日，日本公使芳泽突然通知鹿钟麟，声称经张作霖同意，日本军旗舰"藤"字号舰将于次日进入大沽口，公开出面干涉中国内政，配合奉系、直系等中国最反动的军政力量，压制当时华北地区的具有革命倾向的西北军。之后又有12舰外国列强的军舰到达大沽口外海。为此，北京各界在中共领导人李大钊等领导下，起来反对日本强盗的侵略行径，组织抗议集会和游行，段祺瑞政府崇洋媚外，对日本侵略者卑躬屈膝，制造"三一八惨案"，顿时民心尽失，西北军准备为民除害。

1926年4月7日，直鲁联军和奉军将西北军岳维峻部赶出河北保定一带后，开始进攻北京，鹿钟麟发现段祺瑞勾结奉军准备在北京内应起乱的罪证，下令捕拿段祺瑞，段吓得赶紧躲往东交民巷。4月15日，鹿钟麟下令释放曹锟，致电"敬请"吴佩孚入京主持一切，准备和直系和解，一致对付奉军。但吴佩孚没有同意，他已对西北军恨之入骨，声称"恨不得食汝之肉，寝汝之皮"。在直鲁联军的进攻下，鹿钟麟不得不将部队撤往南口。吴佩孚又和奉军、张宗昌部在控制北京问题上争吵不休，最后因为湖南唐生智逼走赵恒惕，吴佩孚急于南下，所以双方很快妥协，集中力量全力围歼西北军，然后直系军队南下应付广州革命政府即将全面开始的北伐局面。

吴佩孚和张宗昌、张作霖等人的作战计划是：全面"围剿"西北军，将西北军赶到绥远，彻底予以消灭。因此，以直系将领靳云鹗为总指挥，分 3 路从保定向察哈尔南部进攻；奉军张学良部，向北京南口进攻；奉军万福麟部向察哈尔北部进攻；吴佩孚的田维勤部向北京西部门头沟方面进攻。

西北军在鹿钟麟等将领的指挥下，为增加防守力量，主动放弃开封、郑州、天津等地，于 5 月 8 日将西北军改组为 7 个军，由张之江任总司令，由鹿钟麟、宋哲元、李鸣钟、郑金声、门致中、石友三、刘郁芬出任军长，在南口决战。南口正面一线，由鹿钟麟负责，下有郑金声守南口镇，刘当明守南口正面，佟麟阁守延庆，陈希圣守怀来，阻击直鲁联军；南口致蔚县一线，由高富魁负责，下有徐永昌、方振武部，阻击田维勤部；南口到察哈尔多伦一线，由宋哲元负责，下有韩复榘、石友三等部，阻击奉军。因为作战时间过长，兵力悬殊和后勤供应都成问题，8 月 15 日，鹿钟麟下令全军撤退，各部放弃南口，经张家口、归绥、雁北向包头、五原集中。

西北军的第二个战场是在山西。山西是西北军退往西北的唯一通道，为保住这一退路，西北军进攻晋北大同等地，这样把阎锡山也推入反冯战线。在南口的西北军全线溃败时，阎锡山组织反击，韩复榘、石友三、陈希圣分别被阎锡山收编为晋军第 13、14、15 师三个师，这为冯玉祥保存了完整的军队。同时，晋军商震部趁机率兵进入本为西北军地盘的绥远省，晋军也一度扩大为"晋绥军"。

南口之战，说明奉系、直系等旧式军阀，决不能容忍任何离经叛道的军事势力的存在。冯玉祥反对内战，为处于水深火热、饥寒交迫的人民说了几句公道话，就为张作霖、吴佩孚、段祺瑞等人所不容，逼冯玉祥将军下台后，还要将西北军全部消灭。冯玉祥的失败，说明对旧军阀的让步，并不能换来政治上的进步和社会的稳定。经过这次失败，再起的冯玉祥则不再是原来的冯玉祥，他站到反帝反封建第一线，参加打倒军阀和打倒列强的北伐，尽管为时不长，但成为冯玉祥个人政治生涯上的一个极其重要的时期。

冯玉祥的特点

纵观冯玉祥早期，作为旧军人他有很多不同于其他旧军阀的本色。

第一，冯玉祥本质很好，生活朴素，有穷人本色。这在旧军阀中是唯一的，他在贫困中长大，在艰难中上升，因此生活上能够保持艰苦本色，既不善烟酒，更不染毒赌。与北洋军阀上层纸醉金迷、灯红酒绿的生活比起来，冯玉祥不但生活简朴，而且对豪华、奢侈的生活深恶痛绝，时常给予辛辣讽刺和当面抨击。吴佩孚50岁祝寿时，其他军阀和官员都送上厚礼，冯送的是一罐清水，说君子之交淡如水；冯身为高级将领，平时布衣青鞋，外出大都坐敞篷列车和军用卡车；食宿更是简单得可怜。西北军官兵的生活和其他军阀比起来，是比较艰苦的，并且得以长期坚持，这和冯玉祥的以身作则有关。在谈到士兵如何困苦时，冯玉祥可以当众打自己的耳光，一边打一边说："我冯玉祥这小子混蛋。"士兵违反军纪被罚跪时，他也陪同下跪，以此感动士兵不再违反纪律。这并不是他矫揉造作、装腔作势，他正是靠朴素的感情维系着军队官兵的团结，保持西北军的艰苦本色。当然这种艰苦生活，后来在蒋介石等人的金钱攻势下，西北军内的很多将领经不起考验，很快被冲垮。

第二，冯玉祥主持正义，不满混战，有反战本色。他从掌握16混成旅起，就想把它作为政治筹码，反对旧军阀混战，时常给北洋军阀头目出难题。护国战争打响后，袁世凯政府要其南下向护国军开战，他却按兵不动。甚至在护国军一方不了解冯玉祥的真实意图情况下，向其发动进攻，他不还击并自行撤退。护法战争开始后，他公开通电主张和平，反对北洋政府的武力统一政策，为此事还被免职。当然他的反战政策，并非是不打仗，否则不可能维持、扩大自己的势力范围。他只是按照自己的觉悟和认识，对认为是卖国的一方，坚决予以打击。如在张勋复辟时，他则坚决打击；直皖战争时，他认为皖系是一帮卖国贼，所以主张进行讨伐；第一次直奉战争时，他认为必须打倒媚贼卖国的张作霖，所以让李鸣钟部打了关键的一仗，对打败奉军起到了很大的作用；在第二次直奉战争中，则发动北京政变，推翻他认为同样是祸国殃民的直系政府。他认为自己的行动，能够带来和平、惩罚祸凶；等到一次战争结束，他就退隐高山，退出分赃的争吵。事实上，在连绵不断的军阀混战中，无正义与非正义之分，冯玉祥良好的愿望不可能变成现实。不管他的想法如何，只能是旧军阀混战的一着棋子，只是与其他旧军阀比起来，他确实站得高一些。

直到两广地区的第一次国民革命高潮到来之际，他在反帝反封建革命的感召之下，找到正确道路，开始重整旧部，参加北伐。

第三，冯玉祥治军有方，从严训练，有军人本色。治军严厉、甚至严酷的旧军阀很多，但治军有方的却不多。军阀们大都有一套独特的练兵方法，都带有野蛮、封建、残酷的痕迹，冯玉祥则不一样。他从士兵、排长干起，直到独掌一军，率领十数万之众，所以特别强调要爱护士兵，对班、排、连等基层训练和管教有一套行之有效的办法。招兵时不要地痞流氓，训练时注重体能和实战军事知识，管理时强调从严管教。西北军出名的是不管官阶多高，谁违反纪律一律严惩。因此，西北军的战斗力较强，军纪较好。中国共产党当时称赞这支部队"士兵纪律之好，战斗力之强，与人民感情之洽，在全国各军之上"。（中央局报告：《最近全国政治情形与党的发展》，1926年9月17日）西北军在当时的名声较好，在旧军阀中是少见的。只是因为冯玉祥不想当军阀，不想拥地割据，因此他没有地盘，没有正常的财税来源，没有后勤接济，所以他的治军一直处于捉襟见肘状态，缺乏起码的物质基础，最后难免被经济实力较强的军阀收买。

第四，冯玉祥忠诚爱国，藐视外寇，有志士本色。冯玉祥当兵之初驻地在平津地区，亲眼所见外国列强的胡作非为。义和团运动时，八国联军侵略中国，冯玉祥正在保定，他对很多商号和富家挂8个侵略国的国旗以避外祸非常反感，更对外国侵略者烧杀掠夺的暴行义愤填膺，他还认为在8国强盗中最无耻最残暴的是日本人。此事，激发了他的爱国热忱和对外国侵略的仇恨。尽管他后来在参加反帝反封建的北伐后曾一度加入"反共"行列，但反对外国侵略、爱国爱民却是他一生的理想和行动。他在驻军湖南常德期间，见当地土匪横行，居民们就以挂日本国旗避祸，停在沅江和洞庭湖的日本军舰也声称能够保境平安。冯玉祥对这种卖国气氛非常生气，一边严厉打击土匪，一边严令取消日本国旗。一次几个日本海军士兵进城拒绝接受16旅的检查，并且打伤了一个中国士兵，16旅官兵气愤难平，当场刺伤日兵3人。日本舰长和日本居留民会会长高桥新二约见冯玉祥，日本舰长竟然胡说八道，称中国士兵违反日本海陆军刑法，要监禁。冯玉祥听罢，气不打一处来，面对这个蛮横无理的日本强盗，脱下鞋就要抽他10个耳光。当地日本商会提出的凡属侵犯中国主权的过分要求，都被冯将军顶回去。冯玉祥到张家口后，一次一个日本人要游览赐儿山，游完后称和高丽差不多，既是指山上没有草木，也是暗指中国将要成为日本的殖民地。冯玉祥毫不客气对他说，有朋友刚从日本见到你的母亲，她长得很好看，现在和妓女完全一样，虽然我知道她不是妓女。翻译不敢往下译，冯玉祥坚持要翻译将话译完。一次日本领事酒后大骂在座的中国人，中国驻察哈尔外交特派员跑来向冯玉祥报告，冯玉祥责问他们为什么要丧自己的脸面，辱国家体统呢？要他们赶快回去也回敬日本领事一顿。外交特派员马上赶回去，将日本和领事痛快地教训了一顿，日本领事无言敢对。冯玉祥同外国侵略者的斗争，虽然形式过于简单了一些，但他在有限的权力范围内，在当时一片惧外媚外的气氛中，采取了坚决对抗且立竿见影的方式，不得不佩服他的觉悟和勇敢。

第五，冯玉祥固执专断，欠缺民主，有家长本色。冯玉祥对西北军的管理，是建立在他一人专制和独裁基础上的，实际上他成为一个封建式的但又比较开明的大家长。他在西北军中有着至高无上的权威，官兵中只知有冯玉祥，不知有军长和师长。而冯玉祥又固执专断，包办一切，手下的将领岂能无限制忍受，最后不少人背叛而去。冯玉祥直率坦诚，对手下违反军纪的将领士兵，不分地点、场合、时间、方式，一律予以处罚。如西北军中仅次于冯玉祥的二号人物鹿钟麟仅因为没扎武装腰带过永定河，而被当众罚跪；曾任甘肃督办的刘郁芬，因外出乘火车时坐了头等车厢而被罚跪；西北军著名将领之一宋哲元因为开会迟到，被当众罚打军棍；韩复榘因为不同意一项调动军队意见，即被罚为冯玉祥站岗。这种生硬和过重的惩罚，使得一些本性不好的将领养成阳奉阴违的作风，当着冯玉祥一套，背着冯玉祥一套，特别是一遇到外面的诱惑，马上就脱离而去。所以说，冯玉祥的家长作风，导致西北军内不可避免地出现分化，如果没有新的思想作为精神支柱，没有新的方式进行改造，西北军必然要被时代所淘汰。因为他愿意接受苏联和中共的帮助，所以他的西北军在北伐中成长；因为他一度放弃新"三民主义"和"三大政策"，所以走向反动，并且被其他新军阀所打败。

西北军的发展

冯玉祥于1926年3月23日离开平地泉前往苏联访问。他和苏联的关系，开始于北京政变以后，他邀请中共领导李大钊出任国民军政治部主任，后由刘伯坚代理。经李大钊劝说，冯玉祥同意接受中共和苏联的帮助，邀请苏联军事顾问和中共党员到西北军中工作，并在下野出洋时毅然选择前往苏联考察。5

月 9 日到达莫斯科后，由徐谦介绍加入了国民党，与很多苏共领导人会谈，对社会主义制度和民族革命理论有了进一步了解，但他当时对无产阶级革命理论有着许多疑问。北伐开始后，广州革命政府和北京李大钊先生委托于右任赶到苏联，要冯玉祥迅速回国重组国民军参加北伐。8 月 23 日，广州革命政府任命冯玉祥为国民政府委员、军委委员和国民军党代表。

1926 年 8 月 27 日，冯玉祥起程回国，同行的有苏联顾问团和许多中共党员，在打前站的 3 人中，有后来成为中共著名领袖的 23 岁的邓小平。9 月 15 日，冯玉祥一行到达内蒙古五原，西北军诸位将领孙岳、鹿钟麟、宋哲元、方振武、徐永昌、石敬亭等人，一致推举冯玉祥出任国民军总司令，鹿钟麟出任参谋长，李大钊推荐的黄少谷出任秘书长，石敬亭出任政治部长，刘伯坚为副部长。投靠阎锡山的韩复榘、石友三、陈希圣等部也归队报到。16 日冯玉祥将军宣誓就职。17 日举行就职、誓师、授旗典礼。这是少见的一次誓师大会，也是一次悲壮的誓师大会，大败之初的、且已陷入饥饿之中的西北军官兵，服装五颜六色，破烂不堪，武器装备更加无从谈起，但因为找到了革命目标，全军上下意气风发，斗志昂扬。会后的会餐是白开水做汤，一个大锅菜，名曰为"革命饭"。此时，苏联也在此前后从库伦运来了 1.5 万支步枪、1500 万发子弹，3 万枚手榴弹。当时的冯玉祥总共不过 8 万支步枪、5500 万发子弹，此外只有近 400 辆汽车和近百门大炮。苏联援助的武器，大大增加了冯玉祥的实力。

五原誓师后，冯玉祥决定先解西安之围。西安守军是原国民军第 2 军的李虎臣、第 3 军的杨虎臣部，他们被吴佩孚打败后逃往西安，又被陕西镇守使刘镇华围攻 8 个月，基本供给早已断绝，但李、杨相信西北军会赶来援救他们。冯玉祥任命孙良诚为援陕军总指挥，率领刘汝明、孙连仲、吉鸿昌、马鸿逵部经天水、平凉挺进，先安定甘肃，然后与于右任指挥的陕西军一起向西安进攻，11 月 27 日晚，刘镇华率部向潼关方向逃跑，此人后接受冯玉祥招安，加入国民军。

1927 年 1 月冯玉祥到达西安城，然后按兵不动，任凭南方北伐军在东南苦战，尽管广州革命政府一再要冯出兵助战，冯只是不理，安心在西安养精蓄锐，发展武装。直到武汉政府于 4 月 5 日任命蒋介石、冯玉祥分别出任第 1、2 集团军总司令后才开始行动，并且此时唐生智部开始向河南大举进攻，冯玉祥眼见河南有可能落入他人之手，赶紧于 5 月 6 日赶到潼关督师出征。第 2 集团军中路军由冯玉祥、孙良诚指挥，出潼关、函谷关向洛阳进发；右路军由孙连仲指挥，经商州向紫荆关进军；左路军由徐永昌指挥，经山西直插石家庄；岳维峻指挥南路军集中于陕东南、宋哲元集中于宁夏待命。5月31日，占领郑州，6月1日占领开封，与南方北伐军唐生智部在中原会师。同时，蒋介石的"二期北伐"开始执行，3路大军占领徐州，等于蒋介石部、武汉政府部、冯玉祥部在陇海线上会师。西北军的战斗，震动了蒋介石，冯玉祥成为他下一个拉拢的目标；当时政治上还不成熟的冯玉祥，不久则成为蒋介石的座上宾。

阎锡山要南伐

阎锡山统治山西长达38年，这在旧军阀中少见。旧军阀中有武艺高超者，精通战略者，儒雅文人者，继承父业者，亡命之徒者，也有意志坚强者。阎锡山则算是滑头滑脑，心毒手狠者。他靠滑，过了一关又一关；他靠毒，一再清除反对势力，最后得以统治山西近40年。

阎锡山，出生于1883年10月8日，山西五台县河边村人。其父阎书堂将田产移向商业方面发展后，善于刻薄经营的才华得到充分发挥，阎锡山6岁时母亲去世，他不得不到外婆家生活。15岁那年回到家中，此时家中事业兴旺，正缺人手，少东家正好成为父亲的帮手。义和团爆发后，阎家在北京钱庄中的钱无法及时到达，家乡钱庄发生挤兑后破产，父子两人逃难到太原。见到巡抚衙门创设武备学堂招考学员，阎锡山请人代考过关，而且名列榜首。他的原名是"万喜"，因为指望其在生意场上发财，现改行从军，请人算过生辰

八字后，认为缺"金"，防止相克，故改名为"锡山"。在校期间，阎锡山以他特有的公关特长，和上上下下各方的关系都处得很好，被选为班长，1904年则被推荐到日本陆军士官学校留学。留学期间，他加入了同盟会，并参加了孙中山当时组织的军事核心组织"铁血丈夫团"。

1909年毕业后回到山西，在督练总办兼协统姚鸿法手下任职。在晋的新军只有黄国梁和夏学津任标统（团长）的两个标（团）不久阎锡山将夏学津挤走，当上标统。1911

年 10 月 29 日，辛亥革命的冲击波到达太原，黄国梁率部进攻巡抚衙门，阎锡山负责进攻太原巡防营马队。狡猾的阎锡山没有上前线，只是命令部下张培梅指挥，自己躲在附近的树林中观战。此事充分显示出阎某的狡猾，如果起义失败，则由黄、张负责；如果起义成功，阎锡山则是功臣之一。起义发起后，义军赶到省宪政谘议局，阎锡山的亲信张树帜跳上主席台，不理谘议局局长梁善济，高声叫道："选阎标统做大都督，赞成举手。"这时赶来的张培梅把会议室大门关上，举着手枪，"请"大家举手。就这样，靠武力威胁，阎锡山当上了都督。

新都督野心大胆子小，偏偏又让他遇到很多事。一天黄昏，不赞成革命的 3 营管带熊国斌，在求见阎锡山时突然开枪，子弹从阎身旁飞过，阎锡山躲过一劫，熊国斌则被抛进石灰池中灼死。

由即将灭亡的清王朝任命的山西巡抚吴禄贞到山西平乱，吴本人也是革命党人。吴请阎锡山到石家庄共商大计，狡猾的阎锡山唯恐被吴诱杀，提出到娘子关见面。随后组织燕晋联军，吴、阎被推举为正、副司令，正要向北京进军，袁世凯派人暗杀了吴禄贞。清王朝任命的山西巡抚张锡銮率兵向娘子关进军，阎锡山指挥义军稍作抵抗后吓破了胆，将部队交给温寿泉，自己躲往包头。不久跑往上海，请孙中山出面劝说袁世凯同意委任他为山西都督。他当上都督后，又想当省长。他教唆省议会和督军团，逼走了北洋政府委任的两任省长沈铭昌和孙发绪，同时极力巴结主持北京政府的皖系段祺瑞，终于引来一纸任命书，他当上了山西省省长，政军大权全部落入他的手中。从此，名称和形式有改变，但他掌握山西实权的局面一直延续到中国人民解放军解放山西、被他的同乡徐向前将军赶出山西时才结束。

阎锡山这个老西儿，平时总是把自己打扮成很有独创精神的哲学家、很有水平的经济学家、第一流的军事家，事实上他是个狡猾的狐狸、吝啬的商人、滑稽的政客。正因为他狡猾，善于应变，所以他能骗过袁世凯、斗过蒋介石，在山西当上土皇帝；正因为他吝啬，精于敛财，所以他能在山西闭关自守，经济上可以自立；正因为他滑稽，谋奇术邪，所以他能恰当地应付各种复杂的局面。称他为哲学家，那是糟蹋了人类的思维；称他是经济学家，那是把经济学降低成旧中国旧山西商人的发财经；称他为军事家，那是等于把现代战略战术当成了巫术。就这样，历史让阎锡山这样的小人，到了"主人"的位置，而且一坐就是几十年。

辛亥革命后的近 40 年间，旧中国军阀迭出，各自占领一块地盘，当起土皇帝。从统治规模，到统治基础、统治理论，可以说阎锡山是独占鳌头。阎锡山据黄河、太行之险，行一家之规。整个山西从督军府、省级机构到各个山村，从统治集团内部、各支军队到各行各业，从上到下，从内到外，他都有一套与众不同、又颇有效率制度，组织严密，律令严酷，整个政权机器在他一人操纵下运行。

阎锡山靠军队上台，深知掌握军队的重要性。因此，军队一直牢牢控制在他的手中，通过自己的亲信杨爱源、王靖国、赵承绶、孙楚等人指挥山西的武装。稍有离心倾向的人，大都被赶出晋境。如商震、傅作义、楚溪春、孙兰封、董其武等人，都先后离开了山西。如阎锡山的参谋长、第 12 旅旅长黄国梁，军权实际掌握在他的手中，阎锡山对此担心不已，就向北洋政府告黑状，最后派宪兵将黄国梁赶出山西。阎锡山的把兄弟赵守钰，因为手中无实权，就用人力车拦阎锡山的座车，并向阎的头上开枪，说是过于无聊，打点鸽子肉吃，阎锡山赶紧送上 200 银圆请赵投奔冯玉祥。

阎锡山在上台初期，因为北洋政府和袁世凯控制过严，阎不便公开扩军。袁世凯死后，阎锡山和其他很多军阀一样，放开手来扩军。他将原有的第 12 混成旅和一些地方部队，合并为 4 个混成旅 8 个团。1918 年年底，又成立第 9 团，次年成立第 10 团，这是他的实力第一次扩充，总兵力已由上台之初的 2 个团发展为 4 个混成旅 10 个团。阎锡山的扩军，除了保境安晋的需要外，还有等待冲出山西的打算。

第二次直奉战争期间，张作霖、吴佩孚、冯玉祥三足鼎立，争吵不休，阎锡山感到羽毛已丰，认为向华北发展的机会已到，开始向晋外扩张。第一仗是拥奉倒直；第二仗是拦劫从京津地区向绥远撤退的西北军各部。在战前，他进行了第二次扩军，将 10 个团扩编为 10 个旅，另组第 1、2 师，总兵力达到 22 个步兵团和 8 个炮兵团。到 1927 年初，已经扩编为 17 个师。

1926 年 12 月 1 日，阎锡山派出代表赵戴文赶到南昌，求见蒋介石，表示愿意加入国民革命军，在北方采取行动，进攻张作霖部。蒋介石在表示欢迎晋军加入北伐阵营的态度后，暗示只要阎锡山拥护蒋的领导，山西的事务将由阎自己处理。这一信息对阎锡山来说最为重要，他只要保住自己的地盘，其他事情想管也不好管，别人也不让管。

1927 年 6 月 6 日，长江以南地区已尽落北伐军之手；冯玉祥部扫荡陕、甘、宁、豫等省成功，阎锡山感到如果对北伐战事继续在一旁观战的话，将使自己政治上陷于被动、军事上面临压力。因此，他任命自己为北方国民革命军总司令，挂起青天白日旗，宣布参加南方革命政府。在易帜以前，他进行第三次扩军，新编成 8 个军共 12 万人。易帜可以，但什么时候出兵进攻平津冀一线的奉军，则要等南方蒋介石的主力向北方运动以后。

山西问题表面解决和阎锡山加入北伐军，扩大了北伐军的影响；并且由于有西北军和晋军的参战，增加北伐军的作战实力，因而增加了对奉军和北洋其他残余势力的威慑力。

北伐军的胜利

北伐自 1926 年 5 月正式开战以来，历时 10 个月，基本打垮了吴佩孚、孙传芳两个旧军阀，消灭近 40 万大军，南方全部收复，北方出现新的局面，北洋军阀的反动统治趋于崩溃。国民革命军为什么能够在不长的时间内取得东征的胜利以后，又在这么短的时间内取得如此大的胜利，主要因为：

——中国共产党提出的反帝反封建的最低革命纲领，以及孙中山提出的新"三民主义"和"三大政策"，为国民革命指明了方向，成为最广大的动员和组织工农参加东征和北伐的思想武器和政治基础；国共合作为核心的统一战线，两党共同领导东征和北伐，为军事胜利提供了强有力的领导核心和组织基础。

——中国共产党的领袖和苏联顾问们，根据中国的国情和政治现实，正确分析敌我态势，提出了符合两湖、江西、东南地区作战需要的军事战略和作战方针，使得北伐军可以集中兵力、各个歼灭敌人，最后夺取整个战局的胜利；北伐军中的中国共产党人更是以身作则，在战场上勇猛杀敌，不怕牺牲，为全军作出了光辉的榜样；同时，中国共产党人发动群众参军参战，支前运输，带路侦察，为保证作战的顺利进行作出了重大贡献。

——北伐军的英勇奋战是夺取战争胜利的关键因素。在同旧军阀军队的作战中，国民革命军作为国共两党共同领导的新型军队，特别是黄埔军校毕业、经过东征作战考验的有志于献身国民革命事业的热血青年，出正义之师，"打倒列强！打倒军阀！"成为基本的政治口号，作战勇敢，顽强杀敌，转战两广和南方数省，最后取得了北伐的胜利。

——蒋介石为首的国民革命军最高领导阶层，当时政治上还站在革命一边，和旧军阀相比，更富有朝气。他们掌握一定的现代军事理论，具备一定的军事指挥才能，再加上从局部战场来讲，又占有相对优势兵力。尽管蒋介石为首的决策阶层，也出现一些重大战略失误，但在正确的政治路线和相当的军事实力基础上，损失也减少到较小的程度。

——北洋军阀的全面腐朽。自袁世凯上台后，北洋政府的内斗没有中断过，军阀混战没有停止过。他们作为最反动最黑暗的政治力量，成为中国革命的对象，成为中国人民坚决打击的目标。北洋和各地军阀的军队，他们观念落伍，练兵方式封建，武器装备落后，军纪军容极差，吸毒嫖赌无恶不作，各军阀之间缺少起码的协作精神，战斗素质无从谈起，在新型的北伐军前面，能抵挡一阵但不能挽救失败，吴佩孚和孙传芳两部最后在短期内被击溃，奉系张作霖也必须作出抉择，要么被消灭，要么重新进行政治上的选择。

当然也应该看到蒋介石是国民革命和北伐进军的最大获益者。从政治上讲，他处处标榜为总理的忠实信徒，"三大政策"不离口，再加上他所进行的北伐战争正是孙中山的遗愿，也是孙中山未完成而他基本"完成"的政治大业，所以在善良的人们眼中，蒋介石成为孙中山的当然接班人。从军事上讲，蒋介石实力大增。在北伐过程中，第1军前期基本没有投入战场，后期基本没有损失嫡系实力，却在进军过程中大量收编旧军阀的武装，到达沪宁地区时，他的主要势力有：何应钦的编有11个师的第1军，谭延闿的第2军，朱培德的第3军，彭汉章的第9军，王天培的第10军，袁祖铭的第12军，赖世璜的第14军，曹万顺的第17军，陈仪的第19军，周西成的第25军，周凤岐的第26军，钱大钧的第32军，柏文蔚的第33军，陈调元的第37军，贺耀祖的第40军，叶开鑫的第44军，谭曙卿的新编第1军，马祥斌的新编第11军，李桑的新编第7军。从中可以看出，蒋介石的势力范围已远远超过一起北伐的第4、7、8军和其他一些军队，这为蒋介石发动政变提供了所需要的实力。更为重要的是他占领沪宁地区后，既可以联络西方列强，又可以联合江浙财团等宁沪杭地区的大企业大公司大银行，可以说是找到了进行公开分裂的最佳地点。

如果没有马上发生蒋介石的"反共"叛变，反帝反封建的北伐战争本该可以取得完全胜利，只是由于很快政治形势出现逆转，北伐战争沦为新军阀争夺势力范围的混战，蒋介石的"统一"也成为新的军阀混战的开始。

从国民党开始改组到北伐占领宁沪地区的 3 年间，对蒋介石日后的发展来说非常重要，在这 3 年中，蒋介石成为中国最大的实力派，具备了发动政变所需的必要条件。从社会发展史来说，开始进入一个社会性质依旧但社会变革更激烈的时期；从他个人发展史来讲，开始进入一个新的时期——实施"反共"独裁统治阶段。

Biography of Jiang Jieshi

蒋介石全传（二）

刘 红 著

团结出版社

蒋介石 全传

Biography of Jiang Jieshi

上海与蒋介石的专制

蒋介石发动"反共"政变，有他的必然性。首先是中国共产党的力量不够强大，在20世纪20年代，中国处于半殖民半封建社会，现代化工业极不发达，无产阶级队伍远没有达到打倒帝国主义、封建主义、官僚资本主义所需要的程度，中国共产党还处于幼年阶段，远没有达到推翻旧统治集团的程度；符合中国国情、具有中国特色的社会主义革命和建设理论还没有出现，社会主义理论在中国只处于传播阶段，远没有达到成为全国人民指导思想的程度。总之，中国共产党领导的社会运动已经起来，但离夺取胜利还有相当的距离。其次是反动势力异常强大，愚昧、顽固的封建势力，强大、贪婪的西方势力，狡猾、"反共"的大资产阶级，在如何阻止中国共产党的发展壮大问题上站到一起。总之，"反共"阵营成分复杂，力量强大，在短期内不会消亡。因此，3年的国民大革命和北伐，只能消灭一部分敌人，不可能消灭全部反动势力；无产阶级革命力量从无到有，只能继续发动、组织、领导工农群众起来斗争，不可能在当时迅速夺取政权，建立社会主义制度。

在这一总体背景下，"反共"势力一方在北洋政府即将灭亡的情况下，总会抬出他们认为合适的新的代理人，蒋介石就是他们的总代表；革命力量一方在大革命失败的情况下，总会寻找新的革命方式和主力军，革命力量一方由国共合作领导北伐，开始转变为中国共产党以武装斗争的方式，建立农村革命根据地。一场以中国共产党为一方，以国民党蒋介石集团为另一方的大较量开始了。

蒋介石发动"反共"政变，究其个人原因有二：首先，他在推翻清王朝和北洋军阀统治的过程中，能够站在孙中山为代表的革命阵营一边，参加革命活动，并作出了一定的贡献。在国民党开始改组、国共合作共同领导国民革命开始后，他无法适应新的革命形势和革命需要，必然会以服从孙中山遗教为旗帜，站到革命阵营的对立面，阻止革命力量的发展和壮大，以实现其"中西合璧式"的封建主义道统加资本主义方式的政治理想。其次，在过去的几年中，蒋介石利用打倒北洋军阀的国民革命，发展实力，借助东征和北伐已经揽取了巨大的实力和权力，由国民党内的二线人物上升为头号实力人物。问题是由广州迁往武汉的国民政府和国民党中央党部，对蒋介石在北伐后期的种种政治权谋，进行了必要斗争，蒋介石为摆脱国民政府和国民党中央党部的牵制，只有发动"反共"政变，分裂国民党，自立门户。

一、政变，建立"反共政府"

　　蒋介石发动"反共"政变的背景是工农运动的蓬勃发展。在北伐进军过程中，作为国民大革命重要组成部分的工农运动得到迅速发展。国民党改组后，开始全面贯彻孙中山提出的新"三民主义"和"三大政策"。新"三民主义""三大政策"和中国共产党第2次全国代表大会制订的民主革命时期革命纲领完全一致，两者都是主张消灭军阀，实现国内和平；都是主张结束帝国主义列强的种种侵略特权；都是主张结束武力割据，实现全国统一。对于如何实现上述革命目标，两者都是主张发动、组织、领导工农阶级为主体的劳苦大众，组成最广泛的革命统一战线，充分发挥工农群众的革命生力军作用。

　　随着大革命的到来，工农运动在南方数省蓬勃展开。为发动、组织、领导农民投入反帝反封建的革命运动，国共两党于1924年7月间创办了"农民运动讲习所"，在3年多的时间内，共培训了约1600名学员和25名旁听生。农讲所学员在大革命的洪流中，经受了考验，也做出了应有的贡献。

　　农民运动随着北伐的进行很快发展起来。北伐军进军两湖地区后，当地的农民运动则从秘密转为公开，到北伐军占领湖南全省止，农会会员发展到130万人，到1927年初增至200万人。北伐军进入湖北后，当地农会会员迅速发展到100万人。在两湖地区的影响下，南方各省和陕、川、豫等省的农民运动也发展起来，全国共有17个省成立农民协会，农会会员总数达900余万人。农民运动的第一个重点是打击封建地主势力的反动统治，一切权力归农会，经济上要求消灭剥削。尽管大革命时期的农民运动为时不长，很快在反动势力的镇压下失败，但它猛烈地冲击了中国2000年来的封建地主势力，农民们第1次在正确路线指引下、有组织地进行革命斗争，成为中国农村革命的一次预演，为迎接下一轮中国共产党发动、领导的以武装斗争为主要方式的农村革命高潮的到来打下了政治、社会基础。

北伐开始后，在农民运动蓬勃兴起的同时，工人运动也在两湖地区普遍展开。北伐军进军湖南后，湖南各地的工人群众，在中共领导下纷纷组织起来，成立工会。1926年12月1日，湖南省总工会成立，全省其他地区的工会也随之建立，到1927年2月，全省工会组织已达533个，工会会员达33万人。湖北也是如此，1926年9月14日，在汉口成立了武汉总工会。10月10日，湖北省总工会召开第1次代表大会，出席会议的代表有588人，代表320个工会组织，会员有30余万人。9月17日，全国总工会在汉口设立办事处，具体指导湘、鄂、川、赣、皖5省的工人运动。

两湖地区工人运动的发展，除了组织工人阶级为争取政治权力和改善经济状况进行斗争外，主要还有另外两方面的作用：一是支持北伐作战。北伐军进军两湖地区后，两湖各地的工人群众，组织运输队、侦察队、救护队、慰劳队，配合北伐军作战，对北伐顺利进军起到了相当大的保证作用。二是两湖地区建立的工人和农民自卫武装，成为反帝反封建统一战线内中共和国民党"左"派唯一可以依靠的武装力量，成为遏制汪精卫叛变的主要力量，推迟了汪精卫叛变的时间。

北伐过程中，工人运动的高潮应该是上海工人分别于1926年10月16日、1927年2月22日、3月21日举行的三次武装起义。尤其是在周恩来等共产党人指挥下的第3次武装起义取得了空前成功，第二天晚上起义者赶走直鲁联军毕庶澄部，解放了中国最大的城市——上海。上海工人三次武装起义，显示了中国工人阶级的英雄气概，是中国人民革命史上光辉的一页。尽管上海工人第3次武装起义成为大革命的尾声，但是中国工人阶级以自己的壮举证明自己是最坚定的革命者，能够完成历史交付的政治使命。

随着工农运动的高涨，反帝爱国运动也随着向前推进。自从国民大革命开始以来，中国人民发起了1924年初的"争取广州海关关余斗争"、同年下半年的"废除不平等条约运动"、1925年的"五卅运动""关税自主运动"、1926年"抗议三一八惨案"等反帝斗争。北伐开始后，中国人民发起了"抗议万县惨案""收回汉口、九江租界""抗议南京惨案"等反帝斗争。

蓬勃发展的反帝运动和方兴未艾的工农运动，革命阵营为之拍手称快，反动势力为之担惊受怕，西方一些国家则在考虑如何向国民党内的右派势力施加压力，结束在中国各地普遍开展的以工农、反帝运动为主体的革命运动；国民党蒋介石集团则在考虑如何依靠西方一些国家支持，反对革命阵营，在帝国主义的支持下实行专制统治。

显然，蒋介石之所以在此时公开叛变革命，有政治原因，因为他看到国民革命中中国共产党和国民党部分"左"派领导的工农运动，已经成为他实质背离孙中山的"三大政策"、实施"反共"政治图谋的主要障碍；大革命以来各地爆发的反帝运动和蓬勃兴起的工农运动，已经成为蒋介石依靠西方势力、共同镇压中国革命运动的主要阻力。有实力的原因，因为他已掌握了20多个军的武装。有外交原因，因为他另组政府需要西方一些国家的支持。有财政上的原因，因为他急切需要经费，需要江浙财团等大财团、大企业的支持。

蒋介石为公开背叛革命，早在北伐取得阶段性胜利时就开始不断闹事，主要围绕"迁都问题"展开。

（一）"迁都之争"分裂前奏

广州作为革命中心，由来已久。自护法战争开始以来，孙中山就把广州作为护法军政府所在地，以后二出三进，屡经磨难，但把广州作为临时首都一事一直没有改变。随着北伐进军两湖，江南数省全部收复在即，特别是还有待于过江北伐，领导中心远离主要作战地区不便开展北伐，从地缘政治上讲也不便于行使权力，国民党中央和国民政府有必要考虑迁都于中原腹地。在迁都问题上，蒋介石和国民党"左"派间进行了一系列的斗争，斗争的核心是蒋介石要夺取对国民政府和国民党中央党部的控制权。

先武汉——蒋介石初衷之见

迁都之争起自北伐军兵临武昌时。武汉三镇地处中原腹地，东西有长江通过，南北有京广铁路贯穿，交通四通八达，北可借道取豫冀鲁平津，南可达湘粤桂及西南各省，西可去四川各地，东则直达赣、皖、苏、浙及宁、沪、杭要地，历来为商贾热点、工业重镇和政治要地，具有很高的战略地位，自古以来是兵家必争之地。

迁都是蒋介石提出来的，把武汉作为临时首都也是蒋介石选定的。

1926年9月6、7日，北伐军先后占领汉阳、汉口，武昌已被团团围住。在收复武汉三镇指日可待之时，蒋介石于9月9日致电广州的国民政府主席、中央政治主席谭延闿和国民党中常会主持人张静江，表示"武昌克后，中即须入赣督战。武汉为政治中心，务请政府常务委员先来主持一切，应付大局，否则迁延日久，政治恐受影响。请勿失机，最好谭主席先来。"在此，蒋介石明确提出将武汉作为临时首都，并提出最好请谭延闿或"政府常委级人物"先来。

9月18日，蒋介石又再次致电广州国民党中央党部，表示："中离鄂水后，武汉政治恐不易办，非由政府委员及中央委员先来数人，其权恐不能操之中央。必中央来人另组政治委员会以代临时政治会议为妥。"蒋介石再次重申9月9日电的内容。

关于党内权力安排，蒋介石表示愿意请汪精卫重新出来工作，全面主持政务党务。他在9月29日接到汪精卫关于"三二〇事件"说明的信函时，立即回信表示欢迎汪精卫复职。10月3日，蒋介石又电复汪精卫，充满自我批评精神地称："弟不学无状，致获罪左右，刻奉手教，撝抑诚挚，令人读之益增汗颜。本党使命前途，非兄与弟共同一致始终无间，则难望有成。"（毛思诚：《民国十五年以前之蒋介石先生》第18册第8编第5页）。汪精卫在蒋介石眼中，已绝对不可能像一年前那样担任"四位一体"的超级党魁，至多是一个配角而已，但在世人面前对这位在半年多前被自己逼走的中常会主席、国民政府主席、中央政治会议主席、军事委员会主席，显得多么尊重，检讨多么深刻。但是，蒋介石于11月12日致电国民党中央执行委员会和国民政府时，让中央为他以主席名义委任唐生智出任湖北临时政治会议代理主席和朱培德出任江西临时政治会议代理主席的决定备案。"这是蒋介石独裁的开始，未经中央执行委员会议决，就擅自决定人选，成立机构，事后就电请中央备案，而不是追任和正式加委。想试一下他无视中央的权力的反应，并暗示中央，他有军权在手，是要擅自行事的。他要以此权将国民政府这条大船划向反苏"反共"的新航道。"（王俯民：《蒋介石详传》第234页）蒋介石在通讯便利、与广州方面联络正常的情况下，不经中央讨论和决定，擅自决定增设省级政治机构和定夺省政治会议负责人人选，岂不又是"获罪左右"，忘了"手教"，滥用职权吗？蒋介石一生人格上最大的不足，就是说行不符，表里不一。这与政治上的反动和思想上的封建结合起来，造就了一代独裁和专制者。

面对蒋介石的提议，留守广州的国民政府和国民党一些主要领导人并不赞成，应该说他们最初之所以反对，并非是其他原因，主要是武昌刚占领不久，东南进军不顺，在江西、安徽没有收复以前，武昌的门户不严，安全没有保证，因而国民政府和中央党部缺乏起码的安全感。所以，国民党中央党部于1926年10月15至26日，在广州召开二届中执委及各省、各特别区、市，海外各总支部代表联席会议，会议讨论了北伐形势和政治纲领，并作出了暂不迁都的决定。谭主席于10月21日致电蒋介石，明确拒绝了立即迁都的主张，表示："政府迁移须战事结束后方可实行，先须巩固革命策源地，使广东基地稳固，党部与省政府确能负责。"

蒋介石急于将政治中心由广州迁武昌，当时并非出于发动"反共"政变、另立政府的政治野心，主要是因为他自北伐开始已数月未回广州，远离政治中心，脱离政务党务，造成他对广州的情况已经处于失控状态。为此，迁都武汉主要是为了解决对国民政府和国民党中央党部的控制问题。

广州方面的反对，蒋介石不会罢休，在接到谭主席电次日后立即回电中央："武昌既克，局势大变，本党应速谋发展，中意中央党部与政府机关仍留广州，而执行委员会移至武昌为便。否则政府留粤，而中央党部移鄂，亦可使党务发展。"蒋介石再次主张先将国民党中央党部、国民政府、国民党中央执行委员会三者选一先行迁汉。

1926年11月9日蒋介石攻克南昌后，再次致电国民党中央党部："中央如不速迁武昌，非特政治党务不能发展，即新的革命根据地也必难以巩固。"向中央增加压力。

11月12日，国民党中央政治会议作出了原则上迁都的决定，并派出国民党中央执行委员宋庆龄和司法部长徐谦、外交部长陈友仁、财政部长宋子文、交通部长孙科以及苏联顾问鲍罗廷等为迁都调查委员，前往武汉对迁都问题做进一步调查和具体部署。11月16日，宋庆龄等60人离开广州；23日，北伐前线指挥、第8军军长唐生智、政治部主任邓演达飞抵广州，向广州的国民政府和中央党部面承迁都要求。26日，国民党中央党部和国民政府决定分两批迁往武汉。其中不少委员途经南昌，并于12月7日参加由蒋介石主持的庐山牯岭会议。同日，国民政府和国民党中央党部停止在广州办公。13日，国民党中执会和国民政府组成联席会议，作为临时最高权力机构。联席会议由徐谦任主席，叶楚伧任秘书长，鲍罗廷任顾问。委员有孙科、陈友仁、宋子文、宋庆龄、邓演达、吴玉章、唐生智、董必武、张发奎等人。19日，蒋介石致电武汉，同意成立联席会议的决定。1927年元旦起，联席会议正式在武汉办公，行使职权。

从武汉攻克到国民政府和国民党中央党部迁都武汉的近4个月内，蒋介石在这一问题上，主要观点和主张为：一是明确将新都定在武汉，二是政治构成不动，三是如果不迁都将会生变。确切地说，蒋介石作为中常会主席、军事委员会主席、国民政府委员、国民革命军总司令，在北伐进军过程中，力争迁都、将政治中心移往新区并没有错。只是因为蒋介石马上提出再将首都由武汉迁往南昌，这就可以看出蒋介石在提议迁都武汉时，已经包藏新的图谋。

后南昌——蒋介石出尔反尔

就在国民政府和国民党中央执行委员会联席会议在武汉开始办公之际，蒋介石又别有用心地提出迁都南昌，并且甩开武汉的国民党最高党政权力机构——联席会议，公然采取分裂行动。

扣留中央大员

1926年12月2日，蒋介石迎接中央执行委员和鲍罗廷等人路经南昌。7日，在蒋介石主持下，于庐山牯岭举行中央执行委员会临时会议。会议除了决定继续北伐，彻底消灭孙传芳和张作霖部以外，还有就是停止工人运动，但农民运动可以继续进行。会议期间，蒋介石非正式地提出将南昌作为临时首都。对会议的决定，中央执行委员们各有所思，但都拒绝了由武汉迁都到南昌的建议。10日晚，蒋介石异常热情地为一些委员前往武汉送行，心中已经决定准备公开与武汉国民政府和国民党中央党部对抗。从此开始，蒋介石改变了国民政府和国民党中央党部迁武汉的主意，故意刁难，提出把南昌作为新的临时首都。

在部分中央大员准备起程赴武汉时，蒋介石强留他们不让走；1927年1月3日，蒋介石在未经联席会议讨论的情况下，

蒋介石在武汉演说

强行召开中央政治会议第六次临时会议，决定国民党中央党部和国民政府暂驻南昌，最后定都何处由 3 月 1 日在南昌召开二全三中全会决定；蒋介石决定江西高等学堂和百花洲的陈列所为国民政府和国民党中央党部办公地点，并要求武汉的中央执行委员和国民政府委员立即返回南昌到职；1 月 5 日，蒋介石致电武汉联席会议，正式提出再迁都南昌。对此，武汉联席会议特别作出正式决定，认为中央政治会议迁都武汉的决议没有必要改变。

1927 年 1 月 7 日，在南昌召开中央政府会议第 7 次临时会议，决定成立武汉政治分会和成立湖北省政府，分别由宋子文、孙科和邓演达、李宗仁负责。这比委任唐生智任湖北临时政治会议代理主席、朱培德任江西临时政治会议代理主席一事要中央备案的越权方式更进一步，此次是在南昌以中央的身份作出本该只有中央才能作出的决定。特别严重的是，在武汉已设立最高权力机构联席会议的情况下，又设立武汉政治分会，显然是贬低联席会议的地位和无视联席会议的权威。

1 月 11 日，蒋介石赶到武汉，无理要求联席会议同意将中央政治会议留在南昌，国民政府和中央执行委员会在何处办公要由二全三中全会决定。联席会议面对蒋介石这一政治怪物，针对他在迁都问题上忽而提出武汉、忽而提出南昌的政治难题，坚决予以拒绝，强调联席会议的合法性，坚持定都武汉。在武汉期间，因为蒋介石的分裂行为和图谋不轨，胡搅蛮缠，联席会议已对他失望和缺少热情，双方进行了激烈的争论。蒋介石对当时还在执行孙中山"三大政策"的鲍罗廷等人谩骂说："你们苏俄不比三年前的苏俄……有人在世界上说你们苏俄是一个赤色帝国主义者……如昨晚在宴会中所讲的话，我可以说，凡真正的国民党员，乃至中国人民没有不痛恨你的。你欺骗中国国民党，就是压迫中国人民。这样，并不是我们放弃总理的联俄政策，完全是你来破坏、阻挠我们总理联俄政策，就是你来破坏苏俄以平等待我民族的精神。"这一通攻击，赤裸裸地暴露出蒋介石对革命阵营如此仇恨，从中可以看出蒋介石的真实思想，他

苏联顾问鲍罗廷

离公开反对革命、另立政府已经为时不远了。

1月18日，带着满腔怒火的蒋介石离开武汉回到南昌，立即致电武汉联席会议主席徐谦，要求解除鲍罗廷的顾问职务。

1月21、22日，蒋介石拉拢留在南昌的张静江、谭延闿，连续致电武汉，以"国民党中央执行委员会常委会和国民政府、中央政治会议"的名义命令武汉国民党中央执行委员会和国民政府联席会议停止办公。

坚持国共反帝反封建统一战线、坚持"三大政策"的联席会议为了维持革命大局，保证北伐顺利进行，在政治上尽力挽救蒋介石，一方面拒绝蒋介石的无理要求，再次解释和坚持定都武汉为中央的决定，也是蒋介石先前的主张，在北伐尚未完成之际，频繁变动政治中心有百害而无一利；同时，重申中央的权威，任何个人和小集团未经中央同意无权决定大政方针。一方面派出宋子文、邓演达、陈铭枢等人前往南昌，当面劝说蒋介石要以统一战线的团结为重，放弃迁都南昌的主张。

在定都问题上，蒋介石无理可说。如果不是他主张迁都，在北伐任务没有完成之前，依靠当时已经具有的通讯和交通设备，设在广州也无妨，不影响军事作战计划的实施，也不影响后方按照孙中山"新三民主义"和"三大政策"进行政治改造的进行；如果不是他主张迁都武汉，国民党中央执行委员会和国民政府不会在短期内匆匆忙忙搬到武汉，不会在武汉设立联席会议，不会在武汉办公。只是因为蒋介石迁都和迁武汉的主张，才有了迁都武汉一事。可是又是蒋介石本人提出推翻，这不能不让人们感到费解，不能不让人们思考蒋介石的用心。

在迁都南昌问题上，蒋介石出尔反尔，遭到中共、国民党"左"派和武汉、南昌、广州各界的强烈反对，即使留在南昌的国民党中央执行委员、国民政府委员、中央政治会议委员当中，也有不少人对蒋介石的做法表示不满。在此种情况下，蒋介石自知理亏，而实施自己图谋的时机又不成熟，不得不变换手段，调整策略，以退为进，同意他自己以前的决定、也是国民党领导中心的决定，将政治中心设在武汉。

1927年2月8日，国民党中央政治会议第58次会议在南昌召开。在蒋介石的操纵下，会议肯定迁都武汉。不过，会议同时作出两项决定，委派徐谦为赴美代表，等于把坚持"三大政策"、支持国共合作的徐谦排出领导核心；停止武汉的联席会议。根据这次会议决定，2月21日临时党政联席会议在武汉举行扩大会议，决议停止联席会议，3月6日起由国民党中央执行委员会和国民政府对外办公，等于否定了并没有错误的联席会议。3月6日，停留在南昌的中央执行委员谭延闿、何香凝、李烈钧、丁惟汾、陈果夫等人离开南昌前往武汉，蒋介石以东南战事需要为由，把他们继续留在南昌，迁都之争到此结束。

迁都之争的实质是蒋介石的争权和分裂。蒋介石出尔反尔，不同意将政治中心定在武汉，主要原因是联席会议没有实现蒋介石的政治野心。

蒋介石原计划是通过迁都武汉，改变远离广州、脱离政治中心、自己不便控制党政军各系统的不利局面，问题是只要出自公心，执行党的政治纪律和基本路线，蒋介石不应该有这方面的担心。蒋介石身为中常会主席、军委会主席、国民革命军总司令，率领全军在北伐前线，中执会和国民政府按照组织原则，并没有出现违反"三民主义""三大政策"、破坏北伐的问题，也没有威胁到蒋介石的政治前途，他完全没有必要为地理上与中央所在地的距离担心。问题是蒋介石出于私心，违反党的"三大政策"，图谋终止反帝反封建的工农运动，图谋终止与中共和苏联的合作，所以急于操纵、控制中央党部和中央政府。迁都武汉后，蒋介石发现让中央党部和国民政府沿着自己的"反共"反苏方向前进的目标难以实现。

从政治路线上讲，武汉联席会议坚持"三大政策"、坚持反帝反封建的统一战线、扶助农工运动的政治路线，并没有因为由广州迁到武汉而有所改变。武汉城内和两湖地区、广东地区的工农运动还在继续发展，支持军事北伐的热情不减，给剥削阶级和帝国主义者带来很大的冲击，他们通过出身剥削阶级的军官和官员，在北伐军和革命阵营内部的反应越来越大。蒋介石到武汉走一回后，对武汉三镇拥有的浓厚的革命气氛尤为反感，他公开与苏联顾问和国共统一战线中的中共领导人对抗，公开指斥反帝反封建的工农运动，明确要求解除鲍罗廷的顾问职务。也就是说，蒋介石的政治主张已经和"三大政策"发生严重冲突，双方已经不可调和，蒋介石公开"反共"反苏只是时间问题，武汉政府能顶多久呢？

从组织结构上讲，联席会议因为国民政府主席、国民党中常会主席、中央政治会议主席、军事委员会主席、国民革命军总司令都不在武汉，而且不少中央执行委员、国民政府委员、军事委员会委员、政治委员会委员被蒋介石"挽留"于南昌，只好成立临时性的联席会议对外办公，这符合革命形势的需要。成员也只是一批具有荣誉性和事务性的人士担任，以便将来国民政府和国民党中央执行委员会全部在武汉办公后就地结束，所以没有党政军各方面的一把手，而蒋介石却把这临时性的政治机构看得很重，认为联席会议是在排挤现有的领导阶层，是自成体系。蒋介石的这一说法，在力量占绝对优势的被联席会议排除在外、有失落感的上层人士中间能够引起共鸣。此外，联席会议正在积极活动，以请汪精卫复职与蒋介石对抗，蒋介石表面上赞成汪精卫复职，但绝对不会同意汪精卫操控一切，这一点得到反对联席会议的国民党内新右派的全力支持。

从军事实力上讲，联席会议搬到武汉后，迅速与唐生智部结成联盟。广州时期的国民政府和国民党中央执行委员会主要依靠的是蒋介石指挥的军队，在蒋介石分裂和专权之心日益明显之际，国民党"左"派开始寻找能够制衡蒋介石的力量，联席会议在武汉办公后则把在武汉地区作战的唐生智、张发奎部作为依靠对象。唐生智在攻克武昌后，率先向北伐军总部要求扩军，蒋介石的第1军大力扩编，当然也没有理由拒绝唐生智的请求。第8军因此又扩编为4个军，分别由李品仙（第8军）、叶琪（第18军）、何键（第35军）、刘兴（第36军）为军长。第8军扩军，第4军仿效扩编为3个军，分别由张发奎（第4军）、陈铭枢（第11军）任军长，留守广东的第4军一部扩编为第8路军，李济深任总指挥。唐生智、张发奎部本身就有扩大地盘、乘机发展的计划，与正在酝酿重回中央主政的汪精卫联合在一起，向蒋介石争军权，这对蒋介石来说是不能接受的事情。因此，蒋介石对联席会议设在唐生智、张发奎部控制的武汉地区，既不放心，更不会不管，所以极力主张将政治中心改设南昌。

反帝反封建统一战线内部，在损失一员大将徐谦、取消联席会议的不利情况下，为挽救国民大革命，防止革命成果落入蒋介石等新右派之手，面对猖獗的右派势力，没有退却，继续揭露蒋介石的阴谋，提出"提高党权"来制约蒋介石的行为。

统一战线内部的国民党"左"派和中国共产党等革命力量，在（1927年）2月8日南昌中央政治会议第58次会议后召开会议，决定由徐谦、吴玉章、邓演达、孙科、顾孟馀组成行动委员会，提出反对独裁，提高党权，召开二全三中全会解决党内某些人借助军队专权问题；统一党的指挥机关，扫除封建势力，欢迎汪精卫销假复职。2月21日联席会议被迫执行中央政治会议第58次会议决定、作出取消自身的存在以后，2月24日国民党"左"派和中国共产党方面，联合召开有1.5万人参加的武汉各党部党员大会，会议提出，"巩固党中央的权威，一切军事、财政、外交均须绝对受党的指挥，军事领袖必须集中于党的指挥之下"，"反对军事独裁，反对破坏外交的反动分子，打倒个人独裁及一切封建思想的势力！"大会通过的决议中指出，北伐胜利将成为封建势力最后挣扎之新工具，要加强党权，欢迎汪精卫早日复职。

武汉方面目的很明确，提高党权限制蒋介石的权力，加强党的权威制约蒋介石专权，欢迎汪精卫复职压制蒋介石。问题是对已经不受党权控制的蒋介石来说，"提高党权"又有何用？对已经无视党的权威的蒋介石来说，"加强党的权威"岂能有效？至于把汪精卫抬出来作为制衡蒋介石的人选，则是选错了人。一年前蒋介石在不是国民革命军总司令、不是军委会主席仅为军委委员缺少军权，不是中常会主席仅为中常委成员缺少党权的情况下，轻而易举地气走汪精卫，如今的蒋介石手中党有中常会主席、政有国民政府委员、军有军委会主席和国民革命军总司令，一个有权欲无权力、有威风无实力的汪精卫能把他怎么样？

对于武汉方面的行动，蒋介石公开反对，他说如要提高党权，首先要取消汉口联席会议，因为联席会议取代了国民党中央执行委员会和国民政府，岂不是越权；如果搞个人独裁制，那就是联席会议主席徐谦，而不是由党授命任总司令之蒋介石，因为徐谦既不是国府主席，也不是中常会主席，只是中央执行委员和司法部长，凭什么主持党政最高联席会议？对于自己，蒋介石没有明说，但意思非常明确：我是党的中常会主席、中常委和军人部长，军队的国民革命军总司令和军事委员会主席，政府的国民政府委员，为什么不能行使职权？事实上，蒋介石所任的职务，决定了他应有的权力，问题的关键是作为蒋介石不能绕过中执会、中常会、国民政府、政治会议，放弃"三大政策"，压制"左"派和中共，根据个人的爱好和标准，私自决定重大问题，这是独断专行、政治专权和正常行使权力的区别。

"二全三中全会"

提高党权的唯一成果是在1927年3月10日至17日召开国民党二全三中全

会。10日下午2时，在汉口南洋大楼三楼全会开幕。会议应到中执委36人，实到谭延闿、孙科、徐谦、宋子文、陈友仁、陈公博、顾孟馀、宋庆龄、何香凝、经亨颐、丁惟汾、王法勤、柏文蔚、彭泽民、于树德、林伯渠、吴玉章、恽代英等18人，缺汪精卫、蒋介石、胡汉民、谭平山、恩克巴图、于右任、程潜、朱培德、伍朝枢、戴季陶、李济深、李大钊、甘乃光、李烈钧、王法勤、杨匏安、朱季恂、萧佛成等18人；候补中执委应到24人，实到毛泽东、许苏魂、周启刚、夏曦、邓演达、詹大悲、陈其瑗、丁超五、董用威、朱雯青、王东平等11人，缺白云梯、韩麟符、路友于、黄实、屈武、邓颖超、陈嘉祐、何应钦、陈树人、褚民谊、缪斌、吴铁城、陈肇英等13人；会议应到中监委12人，候补中监委8人，实到候补中监委谢晋、邓懋修、李宗仁、江浩等4人，缺中监委吴稚晖、张静江、蔡元培、古应芬、王宠惠、李石曾、柳亚子、邵力子、高语罕、陈果夫、陈璧君、邓泽如等12人和候补中监委黄绍竑、郭春涛、李福林、潘云超等4人。

从会议的出席人员看，缺席人员中有中共成员，这是因为他们正在北京、上海、广州地区，来不及赶来参加会议。中执委、国民党右派萧佛成因为已被中执会停止职权，所以没有参加会议。国民党内缺席人员主要是右派和亲蒋势力，如李烈钧参加了7日召开的预备会议，中监委全部缺席；陈果夫已经见到街头出现"打倒蒋介石！驱逐陈果夫！"的标语，觉察到"左"派不可能承认他这位右派中央组织部长，拒绝出席会议；还在南昌、宁沪杭地区作战的蒋介石和亲蒋将领均没有出席；汪精卫因为党内座次没有确定，他和陈璧君没有到会。如此情况，可以看出会议过程不会有什么意外，因为出席会议的国民党"左"派有三分之二，其中有共产党员8人，政治动向掌握在他们手中，谴责自"三二〇事件"以来蒋介石的专权行为已成为会议主题；同样也可以看出会议结果不会得到尊重和贯彻，因为会议主要是为了约束蒋介石，蒋介石及其主要亲信没有到会，他们在右派的支持下，可以全面否定全会的决定，所以会议成果不可能变为现实。

会议选举谭延闿、徐谦、孙科、宋庆龄、顾孟馀为主席团成员，由谭为主席团主席。会议听取了徐谦、陈友仁所作的政务、外交报告，通过了《统一党的领导机关案》《军事委员会组织大纲》《临时联席会议议决案继续有效案》等重大决议，通过了《对全国人民宣言》《对全体党员训令》等重要文件。会议的主题除了拥护孙中山的"三大政策"，扶助农工运动以外，还有就是主张实行党内民主，限制蒋介石专权。

会议从三个方面限制蒋介石的越权行为：

——会议清理了自"三二〇事件"以来的党内政治问题和蒋介石的越权行为。首先，通过肯定会议的必要性来加强党的纪律。会议认为：按照党章规定，中央全会每三个月开会一次，"乃自去岁五月十五开会以后，除临时全体会议（北伐前夕）及中央各省区联席会议（1926 年 10 月）各开会一次外，至今始得开会。其中虽因战事关系，致使迟迟，而党权旁落，只见个人意志不见党的意志，只有个人的自由，毫无党的自由，实为延缓之最大原因。此次会议实为个人属于党，与党属于个人之分歧点，亦即少数服从多数，抑多数屈服于少数之分歧点；而且得武力屈服于党，抑党屈服于武力之分歧点；并且是个人独裁制民主集中制之分歧点；不但为本党之存亡所系，亦全国之治乱攸关。"

其次，揭露党内专权现象。会议认为："盖自去岁 3 月 20 日武力蹂躏党权、政权以后，不但总理之联俄及容纳共产党政策被其破坏，即本党军队中之党代表制政府制度亦完全破坏，开个人独裁之渐，启武人专横之端，使总理改组本党之精神及同志两年来之努力，悉付诸流水……事变之后，党中同志未尝不主张申明纪律，以纠正个人之错误。……但忠实同志愈退让，而错误同志愈骄纵。且自设总司令以来，党国大政无不总揽于一人，党与政府等于虚设；而政治会议与常务会议平等并列，尤易供黠者操纵。"

第三，批评蒋介石在迁都问题上的错误态度。会议认为："至于政府地点问题，联席会议本议决仍在广州暂不迁移，乃闭会未及一周，蒋介石同志又来电主张将政府迁移武汉，政治会议仍议决照蒋同志主张办理。此种迁就，实牺牲多数同志意志……第一批出发人员已抵武汉，其时军事、政治、外交均甚紧急，而党部政府正值迁移，不可无一最高权力机关，以资应付，故由到武汉之中央执行委员、国民政府委员组织一临时联席会议，于党部政府未到武汉以前行使最高权……咸认为不出数日党部政府人员一到武昌，即可开始办公。不料忽又有党部政府留在南昌之议，同志非常惶惑，民众尤深失望，乃起而要求政府从速迁鄂。"（以上见《中国国民党历次代表大会及中央全会资料》第 298 至 302 页）

——从组织原则上限制个人专权。会议通过的《对全国人民宣言》中说："我们要把一切行政立法权集中在国民政府的手里。国民党一定可以实行民主主义，防止个人专政或一部分人专政的倾向。"（同上书第306页）会议通过的《对全体党员训令》中说："自北伐军兴，军事、政治、党务之集中个人，愈使政治之设施不能受党的指导，而只受军事机关之支配。此种制度，弊害甚多，不但使党内之昏庸老朽分子盘踞于内，官僚市侩及一切投机分子乘虚而入，因此纵成个人独裁、军事专政之谬误，妨害中央执行委员会在政治上之权威，形成党内投机仿佛之倾向。……中央执行委员会决定将一切政治、军事、外交、财政等大权均集中于党。此等议案，乃为适合中国革命之需要，将借此以防止党内投机腐化与个人独裁军事专政之倾向。中央执行委员会毅然出此，乃基于民主集中制之观点对封建势力奋斗，绝非对个人所爱憎；且坚决反对一切因个人爱憎而处理党务之行为。因以个人爱憎而处理党务，即违反民主制度之原则也。"

在会议文件规定限制个人专权、越权行为的原则之外，会议取消设置中央执行委员会常务委员会主席。认为中常会代理主席张静江，昏庸老朽，违反纪律，捣乱党务，结党营私，因此"有主席一日，党内就一日不宁，革命前途有很大之危险"，因此决定"无固定主席之必要……不使个人有操纵党权之弊"。取消设置中常会主席，名义是对准代理中常会主席张静江，实际上是针对中常会主席蒋介石的专权而作出的决定。会议决定国民党中常会不再设置主席，由全会选举9人组成中央执行委员会常务委员会，作为党的最高领导机构；党的日常事务由常务委员互选3名秘书负责。取消设置中常会主席，改为集体领导的"委员制"，等于削除了蒋介石的党权。

会议取消设置国民党中央执行委员会军事委员会主席。会议通过的《中央执行委员会军事委员会组织大纲》中规定：军委会由中执会推举9名至14名高级将领和6名中执委或者候补中执委组成；军委会设置7人主席团，人选由中央执行委员会决定，为军委会决策机构；主席团的决议和发布命令，必须有4名主席团成员签名，方能生效。此规定，等于变相撤销蒋介石原有的最高军事权力机构负责人的职务。同时，在会议新通过的《国民革命军总司令条例》中，规定总司令为军事委员会委员之一，必须对中央执行委员会负责。此规定，等于变相撤销了北伐前夕公布的《国民革命军总司令部组织大纲》授予总司令的超级权力，蒋介石的军权受到部分限制。

——从领导机构人选调整上进行限制。11 日全会召开全体会议，改选中央领导机构。会议选举汪精卫、谭延闿、蒋介石、孙科、顾孟馀、谭平山、陈公博、徐谦、吴玉章 9 人为中央常务委员，蒋介石排名推至第 3 名，并且他不再是中常会主席。

会议决定汪精卫取代陈果夫为中央组织部长，顾孟馀续任中央宣传部长，邓演达接替甘乃光为农民部长，陈公博接替黄季陆为工人部长，陈其瑗为商民部长（后由王法勤接任），何香凝为妇女部长，孙科为青年部长，彭泽民任海外部长。撤销中央军人部。在中央党部各部部长人选中，蒋介石的势力受到很大限制。

会议选举 9 名中常委为政治会议当然委员，另选宋子文、宋庆龄、陈友仁、邓演达、王法勤、林祖涵等 6 人为政治会议委员，并选举汪精卫、谭延闿、孙科、顾孟馀、徐谦、谭平山、宋子文 7 人为政治会议主席团成员。

会议选举谭延闿、朱培德、唐生智、李宗仁、程潜、蒋介石、李济深、汪精卫、冯玉祥、张发奎、何应钦、孙科、邓演达、宋子文、徐谦、顾孟馀 17 人为中执会军事委员会成员，汪精卫、唐生智、程潜、谭延闿、邓演达、蒋介石、徐谦为军事委员会主席团成员。

会议改选汪精卫、孙科、宋子文、于右任、徐谦、冯玉祥、程潜、谭延闿、陈友仁、李宗仁、谭平山、钮永建、朱培德、唐生智、李济深、宋庆龄、顾孟馀、蒋介石、柏文蔚、王法勤、吴玉章、何应钦、孔庚、彭泽民、经亨颐、黄绍竑、杨树庄、陈调元 28 人（其中蒋介石、李济深于 1927 年 4 月 18 日免职）为国民政府委员，孙科、徐谦、汪精卫、谭延闿、宋子文 5 人为国民政府常务委员。胡汉民为"外交部长"，宋子文为"财政部长"，谭延闿为军事部长，孙科为交通部长，徐谦为司法部长兼人民裁判委员会主席，谭平山为农政部长，苏兆征为劳工部长，顾孟馀为教育部长，孔祥熙为实业部长，邓演达为土地委员会主席，陈友仁为外交委员会主席。这一新名单新机构，维持不过数月。

从选举情况来看，共产党人再次进入政府任职，恢复到"三二〇事件"以前的程度，国民党"左"派和中共成员占了相当的比例，基本控制了党政大权，汪精卫的地位和权力得到重新肯定和提高，蒋介石的地位和权力受到限制。问题是统一战线内部的革命势力控制了党政大权，但缺乏应有的实力来制衡蒋介石，唐生智、张发奎部从本质上不可能坚定站在革命阵营一边；汪精卫缺少魄力，是个不成熟的领导人，全会选举他为中执委和中央常委、军委委员和主席团委员、政治会议委员和主席团委员、国民政府委员和主席团委员、中央组织部长，成为党政第一号人物，但他政治立场、革命意志不坚定，极易动摇，在关键时刻不可靠，可以和蒋介石争权，不可能和蒋介石对抗，把他推上革命的领导岗位对革命的危害不会小；全会对蒋介石的权力从各方面进行限制，有法可依，有章可循，他由中常会主席降为中常委、由军事委员会主席降为军委会主席团成员，他不是中央政治会议主席团成员和国民政府常委，尽管他还是国民革命军总司令，但在行使职权上因为军委会和总司令部组织条例的调整而受到很大限制。问题是武汉方面缺少足够的实力和选举出不合适的领导人汪精卫，再加上蒋介石拥有足以推翻全会决议的军事实力，这位被限制对像不可能接受如此限制。

二全三中全会的召开，使得成为会议声讨对象的蒋介石已经准备公开与武汉政府分道扬镳。

（二）公开发动"反共"政变

在访苏回来后，蒋介石曾经向廖仲恺、孙中山等明确表明了反苏"反共"的立场，受到了孙中山和廖仲恺的严厉批评，使他暂时收敛起反革命的锋芒；张静江、戴季陶、吴稚晖等人从掌握实权和军队的角度出发，劝导他暂时掩盖起反革命立场，等待最佳时机。时过3年，蒋介石羽翼已丰，党内制约他的力量基本消失，并且已成为国内外反动势力的主要扶助对象，便开始撕下伪装，准备公开"反共"反苏。

"反共"——蒋介石的本能

蒋介石如果是个有良知的现代军人的话，他应该感谢工农群众对他的支持，正是因为有了工农群众的支持，才有了国民革命军的发展；蒋介石如果是个正直的政治家的话，他应该感谢国民党"左"派和中国共产党人的支持，正是因为有了"左"派和中共的支持，才有了国民革命的发展，为国民革命军的发展和壮大提供了最好的环境和条件；蒋介石如果是个有觉悟的国民党员的话，他应该感谢孙中山，正是因为有了孙中山和他主导的国民党改组，国民党才有了发展的可能；蒋介石如果是个有责任感的中国领导人的话，他应该对历史和民族负责，正是因为中国近代以来的积贫积弱，把中国推向进步和光明是每一位在中国主政者的起码的责任。但是，他靠人民群众的支持，赢得了东征和北伐的胜利，但他害怕工农运动的发展；他靠国民党"左"派和中共的支持，掌握了国民革命军和确立了在国民党内的地位，但他反对"三大政策"；他在孙中山的教育、帮助和栽培下成长，但他准备背叛孙中山；他作为中国主政者之一，但他不惜实力，准备屠杀共产党人和革命者，把中国推向新一轮的"反共"战争之中。

东征和北伐的胜利，蒋介石不仅没有看到人民群众的支持是胜利的根本保证，反而担心工农运动的发展，仇视工农群众。正如蒋介石所担心的那样，工农运动有他的特殊性，这就是谁革命、谁支持工农运动、谁代表人民大众的利益，工农阶级和其他一切革命阶级就支持谁；谁反动、谁仇视工农运动、谁侵犯人民大众的利益，工农阶级和其他一切革命阶级就反对谁。

在大革命过程中，蒋介石站在反帝反封建的统一战线一边，主要担负起消灭北洋政府为代表的反动军阀势力的军事领导责任，受到了人民群众的欢迎，得到了人民群众的支持，才有了国民革命军在军事上的一次又一次的胜利。蒋介石如果继续希望得到人民大众支持，就应该继续扶助农工运动，继续站在代表全国人民根本利益的立场上，继续进行国民革命。问题是此时的蒋介石，出于反革命的本能，已经准备公开背叛孙中山的"三大政策"，已经准备不再站在占全国人口绝大多数的人民大众一边，已经准备为维护剥削、压迫人民大众的剥削阶级政治地位和经济利益献计出力，所以他把工农群众对革命的热情支持看成对他的巨大威胁，把工农阶级和其他革命阶级当成敌人。当然，工农阶级和其他一切革命阶级也不会继续支持蒋介石，蒋介石也将成为中国革命的基本对象。

蒋介石以他特有的政治敏感力，坚决反对共产主义和中国共产党。这一政治态度，从共产主义出现在世界上起，就成为剥削阶级的基本政治行为。中国也是这样，自风雨飘摇中的清朝起，到袁世凯、北洋军阀和大大小小的各级封建统治集团成员，无不反对马克思主义在中国的传播，无不把苏联十月革命当成最可怕的敌人，无不把中国共产党当成"红祸"，无不对国、共两党共同领导的国民大革命深恶痛绝。蒋介石也是这样，他能够参加资产阶级的旧民主主义革命，能够参加推翻清王朝的革命活动，能够担当起打倒北洋军阀的重任，但他从来不是一个站在时代潮流前面的革命者，不能容忍马克思主义，不能容忍中国人民的反帝反封建运动，不能容忍打击剥削阶级的政治革命。事实上，蒋介石大可不必，一种政治理论和主义，能否在一个国家或一个地区实行，主要看是否代表人民大众的利益，主要看是否能够给这一国家和地区带来繁荣和发展，能否带来综合实力的增长。如果答案是肯定的，那么即使有人反对，有人镇压，也无法阻止，因为人民群众需要这一理论和主义，因而这一理论和主义就拥有强大的生命力，马克思主义在中国的遭遇就是这样。如果答案是否定的，那么即使有人宣传，有人解说，有人推行，也注定要失败。因为人民群众反对这一理论和主义，因而这一理论和主义就不会有任何生命力，封建主义和资本主义，以及两者结合的理论和思想，在中国推行的结果只能是失败。

二全三中全会闭幕，蒋介石面临重大选择：要么是接受全会的决议，自动放弃部分手中已有、已经行使的权力，继续支持工农运动，继续完成北伐；要么是公开对抗，甩开武汉方面，自立政府和中央，彻底解决党内的"左"派和"联共"问题。

对于限制权力问题，蒋介石并不担心，军队牢牢地掌握在他的手中，他依然是国民革命军总司令、中执委常委、军委会主席团成员，尽管全会对行使权力制订了限制性条款，但只是一纸空文，他完全可以继续使用两面手法，阳奉阴违，按他的权谋和水准保住、行使权力不成问题，照样可以按照自己的意志行事，过去3年间他已经这样做了。问题是他不仅是要保住、行使权力，他还有更大的政治图谋，这就是镇压工农运动，阻止中国共产党的发展，遏制马克思主义在中国的传播。所以，他选择了公开对抗，认为公开向"左"派和中共领导的国民党中央和国民政府摊牌的时机已到。

蒋介石的政治轨迹发展到此时，开始出现转向，由革命转为倒退，由正义转向反动。

在北伐进军过程中，蒋介石和在广州时期一样，革命高调继续高唱入云：在南昌攻克前一天，蒋介石致电斯大林等苏联领导人，祝贺十月革命胜利10周年，他说："恭祝我友爱同志国苏俄革命成功万岁！并祝中俄两国革命精神之团结与年年纪念革命而益增进。深望两国同志共同奋斗，以完成世界革命之责任也。"（毛思诚：《民国十五年以前之蒋介石先生》第19册第8编第22页）

1926年11月13日，蒋介石在九江宴请进军东南的北伐军主要将领时，满怀激情地说：主义可以战胜敌人，并预计1927年11月可以打到北京，将在北京再和诸位欢宴，又一次提到将来还要和帝国主义直接冲突和作战。而且那时"牺牲的价值，当然也比现在更大，作战的时期也比现在更长"。

11月14日，蒋介石对来前线考察的国民党中央特使古应芬说："这次战事胜利的原因是很多的，最大的原因还是总理定下来的两个政策：第一唤起民众，实行扶助农工的政策，使得他们一同站在革命的战线上；第二联合世界上以平等待我之国家，共同奋斗，打倒帝国主义。"（毛思诚：《民国十五年以前之蒋介石先生》第19册第8编第41页）

......

蒋介石口头上的革命原则和革命态度不亚于任何一位国民党"左"派，但在本能和行动上对付工农运动和中共、国民党"左"派却是另外一副嘴脸。

在武汉方面发起提高党权、反对蒋介石专权运动以后，蒋介石加快了镇压工农运动、破坏革命的步伐：

1927年3月6日，蒋介石指使新编第1军第1师师长吴威、党代表倪弼等人，杀害了江西省总工会副委员长、赣州市总工会委员长、中共党员陈赞贤，当地的工农运动受到严重打击；

3月16日，经蒋介石同意，第1军一部强令解散国民党"左"派领导的南昌市党部和江西省学联；

3月17日，在蒋介石的授意下，总司令部特务处处长杨虎、副处长温健刚指使段锡朋等人，组织青、红帮等黑社会组织，冲击江西九江国民党"左"派领导的市党部、中共领导的市总工会和林伯渠领导的第6军政治部，杀害4人，打伤6人。亲蒋的第6军留守司令唐蟒宣布全城戒严，严禁工人罢工；

3月20日，又是这个杨虎，在欢迎蒋介石从九江到安庆的大会上，挑起事端，殴打革命者，会后还捣毁了国民党"左"派控制的省党部、中共领导的省农会、市妇女协会；

3月31日，在蒋介石"反共"活动的影响下，四川军阀刘湘下令镇压在重庆举行的抗议英美帝国主义炮击南京的群众集会，当场死难达500余人；

......

蒋介石一系列的公开挑衅，激起国民党"左"派和中国共产党人的强烈愤慨。4月1日，武汉国民党中央执行委员会接受中央常务委员、中央政治会议委员、国民政府委员、中共党员吴玉章的提案，认为"蒋介石的行动是反革命，请予严重处置"。中执会决定，免除蒋介石的国民革命军总司令的职务。次日，国民党中央电令蒋介石立即赴武汉商量总司令交接事项。

此时的蒋介石已经尾大不掉，他发表声明称："革命责任，不容推诿，誓必自责，完成北伐。"（《蒋"总统"秘录》之六，第140页）表示对抗到底的决心，决不辞职，同时也意味着他将采取新的行动。

沪变——蒋介石的"反共"

江西，对蒋介石来说有着特殊的兴趣，后来成为他抓省政建设的"模范省"。他之所以对江西如此重视，有中共的原因，南昌是中共举行第1次武装起义的地方，江西是中共中央革命根据地所在地，他要在此抓"反共"的典型。但问题不仅于此，江西之所以让蒋介石难以忘怀，一是北伐过程中，蒋介石亲自指挥自己的亲信部队打过硬仗的地方；二是他开始"反共"的地点。

南昌策划"反共"方案

南昌前江西督军公署大门前，挂上了"国民革命军总司令部"招牌。在蒋介石的会客室内，经常坐着几个文不文、武不武的人，由于身着长衫，所以也被称为"长衫佬"。他们是：

蒋介石在保定军校和日本士官学校的同窗、刚刚出任总司令部总参议的张群；

蒋介石恩师陈其美的侄子、因为助蒋专权和"反共"而被武汉方面批判的中央组织部长陈果夫；

出身财阀世家、蒋介石在上海滩活动时的旧友、因为助蒋为虐被武汉方面批判的中常会代理主席张静江；

蒋介石在日本时期的好友、国民党中央执行委员、国民党右派戴季陶；

曾在辛亥革命时上海光复后与蒋介石一起在陈其美手下共事、冯玉祥发动政变后任国务总理的黄郛；

被称为上海滩"民国以来，在言论上最

蒋介石的结拜兄弟黄郛

有特殊成就的名记者"第一次见到蒋介石就被当成知己的陈布雷；

宋庆龄的弟弟、时任中央政治会议主席团成员、国民政府常委、军事委员会委员的宋子文。

这些人都不一般，宋子文因为其大姐宋蔼龄为革命党元老之一孔祥熙夫人、二姐宋庆龄为革命领袖孙中山夫人，所以身份特殊，蒋介石此时正在与宋子文的妹妹宋美龄处于热恋之中，宋子文当然也为蒋介石所看重。陈布雷有才华，文笔上乘，则由潘公展介绍结识蒋介石，蒋介石一见如故，立即奉为上宾，准备予以重用。

其他诸人都是蒋介石的把兄弟。蒋介石走上社会以后，经常仿效江湖做法，歃血盟誓，义结金兰。在过世的盟兄中，周淡游早年病故，蒋介石为纪念这位凤麓中学的朋友、革命党中的战友，曾特意建了"淡游山庄"进行纪念。另一位是奉化同乡、革命志士王恩溥，两人在反袁活动中，经常一起行动，后王世溥不幸被捕，坚贞不屈，没有招出就在附近的蒋介石。蒋介石的盟友还有好几位：加入同盟会的介绍人陈其美，此人被暗杀后，蒋介石念念不忘，在座的陈果夫则为陈其美的侄子，另一位侄子陈立夫，则为蒋介石的秘书。黄郛曾与蒋介石一起在日本学军，共同回来参加光复上海、江浙地区的战斗，陈其美任沪军都督，黄郛任都督府参谋长，蒋介石任沪军第5团团长，因此蒋介石在两把短剑上刻有"安危他日终须仗，甘苦来时要共尝"送与老大美兄、老二郛兄，并拜了天地。张群与蒋介石同赴日本留学，上海光复后在陈其美、黄郛手下任参谋，所以不久后也加入三结义，成为小兄弟。陈其美死后，蒋介石在上海和张静江的来往增多，张静江为革命党中的活跃分子，且家财万贯，1916年9月间，张与蒋还有后来在廖案中被蒋介石撤去粤军总司令职的许崇智，结拜为把兄弟，张老大、许老二、蒋老三，许崇智曾是粤军中最早重用和提拔蒋介石的人，张静江则多次在孙中山面前保荐蒋介石。戴季陶在反袁活动中成为蒋介

蒋介石在上海滩活动时的密友、结拜兄弟张静江

291

石的好朋友，在上海滩活动期间两人更是形影不离，在1920年间两人则互换帖子，蒋成义兄戴成义弟。在这批义兄义弟中，只有许崇智在大革命时期成为蒋介石篡夺军权的拦路虎，所以被蒋介石赶出山门，其余诸人，蒋介石则一直当作心腹智囊。如今，在攸关政治命运的时刻，蒋介石又把他们请来南昌，进行协商。

上述人士政治上信仰各异，思想上并不一致，但有一点是共同的，他们都是蒋总司令最亲近的密友、知己，是能够为蒋介石出主意拿办法的人。蒋介石有那么多的助手不用，为何把他们请来密叙，因为他们讨论的主题是：蒋介石"反共"决心已下，下一步该怎么办？

据一道前往江西的黄郛夫人沈亦云的回忆，在这一期间，他们共同的结论是：必须离俄清党，放弃"联俄联共政策"，在合适的时候将此主张公开化（准备公开进行"反共"行动）；外交上首先谋求日本、英国的谅解，特别是不应该放弃日本这条路（必须获得西方列强的支持）；力争早日克复宁沪，联络绅商，谋求东南底定（把此作为建立统治的地点）。

以上三条中，第一、三条的主动权掌握在蒋介石手中，只是第二条必须得到西方主要国家的认可。未雨绸缪，他们一致推举戴季陶前往日本活动。1927年2月14日，蒋介石派遣戴季陶以"国民党中央特派员"的身份赴日，主要就是试探日本对蒋介石北伐的态度。戴季陶和蒋介石一样，与日本有着很深的渊源，早年去日本留学，在日期间加入中国同盟会，成为孙中山的追随者，以后多次去过日本，并且在日期间还和蒋介石住在一起，以后为此有了蒋介石的小儿子蒋纬国原为蒋、戴在日本与一日本女人同住所生的传说。戴季陶在日本，利用早年在日本结下的关系网，前往各地演说，宣传关于蒋介石北伐进军的神话，并与日本外务省次官、亚洲司长多次进行会谈，双方在"助蒋反共"这一问题上达成了完全一致。

蒋介石本人也亲自出面，向日本方面解释自己真实的政治意图。他在多次接见日本驻九江领事时表示：苏俄制度不可能在中国再现，我们没有考虑过用武力收回上海租界，关于日本在中国东北的"特殊利益"必须特殊考虑，如果日本正确评价我们的主义和斗争，我愿意同日本握手。反复向已经准备侵略中国的"友好邻邦"日本，发出"友好、亲善"的信息。

同时日本也在极力拉拢蒋介石集团，日本驻欧洲间谍头目东久迩宫受命前来中国活动，主要目的是使蒋介石的北伐转为有利于日本，他向蒋介石方面的人透露，只要蒋介石实施"反共"、维护日本在中国的特殊利益，日本支持他另外建立政府。

因为蒋介石在日本学习、生活、活动多年，日本对这位来自中国的崇拜者容易理解和接受，西方则不一样。在西方帝国主义国家眼里，蒋介石前往苏联访问过，接受苏联的援助和苏联顾问的帮助，并且把长子蒋经国送到苏联培养；蒋介石本人几年来更是在致力打击受西方帝国主义国家控制的北洋军阀，几年来一直在高唱革命口号。对把红色苏联和无产阶级革命当成死对头的西方来说，蒋介石也成为红色领导人。西方帝国主义国家更担心蒋介石的北伐军进入长江中下游地区后，损害美英等国在东南地区的特权和利益。

北伐军进军武汉开始，帝国主义干涉中国革命开始由隐蔽转为公开，纷纷从国内和海外基地调集军队向中国上海地区靠拢。当北伐军占领九江时，英国驻山东威海的 27 艘军舰开到黄浦江中；美国也于 1927 年 1 月 11 日，派遣亚洲舰队司令威廉指挥舰队到达上海；日本也从佐世保军港调来 4 艘驱逐舰和 1 艘巡洋舰。西方帝国主义国家联合起来向中国增兵，一时在上海集结了 3 万余人，在宁沪一带长江水面上停留的军舰达 125 艘，组成联合干涉中国革命之势。

同时，西方国家也在利用北伐造成的新局面浑水摸鱼。英国驻华新公使兰蒲生上任后，不辞劳苦，广泛活动。他跑到北京会见张作霖，跑到上海会见孙传芳，跑到武汉见鲍罗廷，跑到南昌见蒋介石，充分反映出帝国主义外交上的狡猾性。美国在华因为没有固定的势力范围，所以于 1927 年 1 月 26 日发表对华声明，"准备以最宽大的精神同华谈判"。日本使节则奔走于北京、武汉、广州、南昌之间，同各方广泛接触，以求取最大的利益。

同其他西方国家的关系，蒋介石一直在寻找合适的途径进行表态，以便扭转西方国家对他本人的看法和评价，以换取对自己另立政府的支持。1927 年 3 月 24 日，北伐军在进入南京时，民众和外国驻宁机构发生冲突，美、英等国在还没有摸清蒋介石底细的情况下，向已经进军长江下游地区的北伐军大肆炫耀武力，炮击无辜的南京市民和北伐军官兵。当时正在安徽芜湖江面军舰上的蒋介石，让正在南京的第 6 军第 17 师师长杨杰，会见日本驻南京领事森冈正平说，这次事件"非党军领导人之意，而是军队内部不良分子和南京共产党支部成员共同策划制造的"（森冈正平：《关于南京事件真相的报告》）；希望日本出面调停，转告美英当局，停止炮击；至于外侨造成的损失，经总部调查清楚后，予外侨以满意之解决；并表示愿意和美英等国谈判，解决善后问题；至于同外国的关系，愿意遵守过去的条约，共同维护双方的关系，言外之意就是不取消不平等条约，保留外国在华包括租界在内的所有侵略特权和利益。蒋介石在此以后的一段时间内，对西方国家驻沪使节一再进行接触，"非常诚恳"地向外国作出了决不允许共产党人和苏联在中国发展势力、决不会取消西方在华利益的承诺。蒋介石的极力表白，无疑是给西方主要国家吃了一颗定心丸，也换来西方对他的支持；美国等西方国家也派出代表前来南昌，与蒋介石会谈，联络感情，摸清底细。西方国家虽然对蒋介石并不放心，但对蒋介石的"反共"态度有了进一步的了解。

蒋介石被撤"总司令"

1927 年 3 月 15 日，在终于定下"反共"基本决策后，蒋介石放心离开已经停留 4 个月的南昌，转道九江登上由吴呆明任舰长的"中山舰"，带上护航舰只，顺江而下，向南京、上海方向驶去。

3 月 16 日在南昌、17 日在九江、20 日在安庆，按照既定的"反共"基本决策，制造了一系列的"反共"事件，如此嚣张，只能说明蒋介石离公开叛变已经为时不远。

3 月 25 日，在笼罩着"南京事件"的阴影中，蒋介石来到南京下关码头。蒋介石没有上岸，在甲板上望着石城虎踞的雄姿，若有所思，此时心中正在盘算着这座古城将被自己选为另立政府的所在地。在舰上，他顺便任命身边的两个卫队负责人，出任南京市的公安和邮政局局长，他们当即下船走马上任。

3 月 26 日，"中山舰"到达上海港，蒋介石在枫村桥交涉使署大楼下榻，有时则住在迈尔西爱路陈洁如家中。从此时起，除了正常公务外，蒋介石一项重要事务就是寻求当地各类政治势力的支持。

当时在上海享有"外交豁免特权"的外国租界当局，十分担心工人武装起义胜利后上海租界发生收回租界或其他冲突，蒋介石在到达上海的次日，明令关闭"上海特别市临时政府"，禁止工人、市民、学生举行示威游行；明确表示不会实行"苏联式的革命"，西方不必担心像汉口、九江那样收回租界的事情再发生，国民革命军是列强各国的好朋友，决不会用武力来改变租界的现状，保证与租界当局及外国捕房取得密切合作，以建立上海的法律和秩序。身为国民革命军总司令、威风凛凛的蒋介石，率先垂范，前往位于"法国租界地"的宋子文家中时，自动下车通报，等到法租界当局批准后才进入属于中国的土地，以后的日子里就凭着法租界下发的"派司"进出法租界。租界当局对蒋介石的表态和自动遵守租界法律的"文明行为"感到满意。

蒋介石曾在上海滩活动过多年，和法租界警务处督察长黄金荣、青帮头目张啸林、法租界商会总联合会主席杜月笙等黑社会有过很深的交往。三人纠合一批青洪帮、恶棍、流氓、工贼等社会上的黑暗、腐朽势力，组织了"中华共进会"和右派工会"上海工界联合总会"两大组织。蒋介石到上海后，立即和黄金荣、杜月笙、张啸林重叙友情，当年的蒋介石只是小兄弟，如今已是总司令了，双方地位换了位置，但这不影响双方的勾结和合作，两大黑社会组织也成为蒋介石的主要依靠力量。很多不便让军队出面镇压的事情，蒋介石就委托中华共进会和上海工界联合总会出面进行捣乱和破坏。

蒋介石最关心江浙财团的态度，因为他如果另立政府，武汉方面的财政经费将会终止，他发动"反共"政变和另立政府所需的巨额经费从何而来？早在1927年1月间，蒋介石就派出总司令部军需处处长、军政署署长徐桴到上海，联络钱永铭、陈光甫等工商巨头，借钱之外邀请上海滩上的江浙财团骨干来南昌，随后钱永铭、虞洽卿等人即赶赴南昌。在江浙财团中，虞洽卿为十分重要的人物。此人从洋行中的跑堂开始，因精明能干成为买办，不久开办四明银行，后开辟上海、宁波一带的航远事业，创办上海证券交易所，曾任淞沪商埠市政会办、全国商会联合会副会长、上海航业公会理事长、上海商业联合会主席等职，在江浙财团中的龙头老大浙江实业、浙江兴业、上海商业、中国通商、中国垦业等银行中具有相当的地位。蒋介石自辛亥革命后十数年间，经常在上海滩活动，虞洽卿则成为他的挚友。在江西南昌期间，蒋介石和虞洽卿为下一步的政治动作曾进行过协商，蒋介石明确表示了保护上海工商界利益、强行限制中共和工会活动、维护社会秩序"稳定"的基本政策。如今蒋介石凯旋上海，作为大资产阶级代表的虞洽卿、陈光甫等人马上主动投靠过去，利用在上海滩上的影响力，在政治上特别是在经费上给予蒋介石很大的支持。陈光甫主持银行业借出300万元，虞洽卿主持的上海商业联合会自动认捐500万元。上海地区中外资本家为蒋介石急需的军费提供1500万元，江浙财团的支助，为蒋介石下一步采取更大的"反共"行动提供 3000 万元经费。蒋介石已经有了枪杆子，如今又有了银圆，只是选择发动"反共"政变的时间了。

还让蒋介石不放心的是桂系。一是他觉得李宗仁对他并不忠诚，二是如果发动政变，驻在宁沪地区的桂军主力关系成败，必须得到桂系的支持。桂系自北伐以来，和第 4 军一起一路先锋，屡战屡胜，打过不少硬仗苦仗。李宗仁对蒋介石是有看法的，他认为蒋介石"就军事方面来说，最难克服的一项困难，便是蒋总司令本身无可补救的缺点。蒋氏的个性，可说是偏私狭隘，刚愎黠傲，猜忌嫉妒，无不具备。"（《李宗仁回忆录》第 418 页）他对于蒋介石的指挥风格、指挥能力并不欣赏，对蒋介石保存实力、亏待异己非常不满，对蒋介石的嫡系部队进不能攻、退不能守、战不能胜更是瞧不起。但在政治立场上，他则站在蒋介石一边。他认为因为中共的活动，已使越轨过火的群众运动变本加厉，且更图利用国民党的分裂进而取代之，这招致"国民党全党的反感""于是蒋氏由一个反军事独裁运动下的逋逃者，一变而为领导反共的英雄人物了"。（详见《李宗仁回忆录》第 449 至 457 页）

1927 年 3 月 28 日，李宗仁应蒋介石之请自宁到沪。他见到蒋介石为部署"反共"政变累得声音嘶哑，面色沮丧，当蒋介石假惺惺地询问李宗仁对时局的看法时，李宗仁错误地表示："我看只有以快刀斩乱麻的方式清党，把越轨的'左'倾幼稚分子镇压下去。"他对蒋介石献计说："我看先把我的第 7 军调一部到南京附近，监视沪宁线上的不稳的军队，使其不敢异动。"得到李宗仁的上述保证后，蒋介石还不放心，他深知发动政变、屠杀工农群众，难逃历史的审判，他需要别人分担责任，所以还需要把李宗仁拉进政变决策圈中，让正在上海的白崇禧具体指挥政变。这样，桂系三巨头李宗仁、白崇禧、黄绍竑参与了政变的全过程。

蒋介石准备反革命，武汉方面则准备按照二全三中全会的决议限制蒋介石的专权行为，双方较量即将开始，蒋介石则先下手为强，抢在武汉方面采取行动之前，发动了"反共"武装政变。

1927 年 4 月 1 日，武汉国民党中央执行委员会通过了吴玉章的提案，认为蒋介石近来一系列捣毁国民党"左"派控制的党部、中共领导的工会等群众团体，屠杀中共党员、工农群众和其他革命者，已属反革命行为，正式决定撤销蒋介石的"国民革命军总司令"职务，并于 4 月 2 日电令蒋介石赴武汉执行此令。

汪精卫投机到武汉

也是在 4 月 1 日，蛰居法国近一年的汪精卫回到上海。在刚刚结束的二全三中全会上，汪精卫成为集党政军大权于一身的国民党头号人物，尽管此人武没有可靠的军队、文没有蒋介石的权术，不可能动摇蒋介石的实权地位；也不是一个成熟的革命领袖，不可能靠他来领导中国革命走向成功，但他是国民党内少数从资历上、影响上能够与蒋介石抗衡的人物之一。因此，汪精卫的到来，凭着他在党内的影响力，凭着他"左"派的政治招牌，无论如何加强了武汉方面的力量，对蒋介石是一种潜在的威胁。蒋介石也认为，从中必有人操纵，绝非大多数之真意，自吾有生以来，郁结愁闷，未有甚于今日也。要说有人操纵，这是事实，否则汪精卫这个关键人物怎么会在这关键时刻从法国回来、前往武汉出任关键的职务呢？不过，"操纵者"不是别人，是武汉的国民党中央执行委员会，是大多数国民党的中央执行委员，他们有权选择国民党中央的领导人。

对于请汪精卫出山，蒋介石再次使用两面手法。他早在 1926 年 9、10 月间，在广州国民党中央执行委员会和省市区党部联席会议上作出同意汪精卫复职的决议前后，写信和致电汪本人表示赞成，并作过深刻的自我批评，如今见汪精卫回国，他更是虔诚地称："汪主席病假逾年，不特全国民众渴望仰慕，党国政要亦蒙受重大影响。中正曾迭电促驾，今幸翩然出山，恍若大旱获甘霖，莫名欣慰。汪主席为本党最忠实同志，亦中正平日最敬爱之师友，关于党国大计，业与恳谈。中正深信汪主席复职后，必能巩固党基、集中党权、完成革命，以竟总理遗志。凡我将士，自今以往，所有军政、民政、财政、外交诸端，皆须在汪主席指示之下，完全统一于中央，中正唯有统率各军，一致服从。"多么精彩的表白，蒋介石话是这么说，但没这么做。

他为阻止汪精卫出山，曾派胡公冕求见中共中央总书记陈独秀，请中共出面劝止汪精卫回国，以免汪被小军阀利用。但在陈独秀的眼中和第三国际看来，汪精卫已成为"左派领袖"，只有他能阻止蒋介石的反动，当然对蒋介石的请求予以拒绝。汪精卫一到上海，在蒋介石的授意下，一批国民党右派包围了汪精卫，劝说汪精卫留在上海，一起与武汉方面对抗。汪精卫虽然表示不赞成阶级斗争和工农专政、国共两党很难继续相安无事，但对要他不去武汉的请求一口拒绝。他执意去武汉，并非是为了挽救即将失败的国民革命，主要是对一年前被削权、被逼出国心有不甘，主要是看中了武汉已经虚席以待的职位。他"义正词严"地表示："如以党为必要，则党之纪律不可不守，否则党为之破碎糜烂"（汪精卫：《致李石曾书》1927年4月6日，《汪精卫全集》第4卷第71页），他也祭出"党"的旗号将右派们顶回去。右派们并不甘心，他们以中监委的身份继续软硬兼施，逼汪精卫就范。身为候补中央监察委员的李宗仁记下了这一场面，他说："与会人士与汪氏激烈辩论。辩论至最高潮时，吴敬恒十分激动，竟向汪氏下跪，求其改变态度，并留沪领导。会场空气，至为激荡。吴氏下跪，汪则逃避，退上楼梯，口中连说：'稚老，您是老前辈，这样来我受不了，我受不了。'全场人都为之啼笑皆非。紧张的场面，也充满了滑稽成分。"（《李宗仁回忆录》第460页）汪精卫此次没有相信蒋介石方面的花言巧语。

汪精卫也在耍两面手法，他与蒋介石、吴稚晖、李宗仁、李济深等人二次会谈，表明了不赞成"分共"和"驱逐鲍罗廷"的立场，但双方同意在4月15日举行中央执行委员会和中央监察委员会联席会议，解决党内纠纷。4月5日，汪精卫在去武汉前，还与陈独秀会谈，并发表《联合宣言》，他们为蒋介石开脱，把蒋介石在江西、安徽、上海等地进行的"驱逐友党、摧残工会"的犯罪活动，说成是"谣言"，称国共"如同兄弟般亲密"。《联合宣言》对中共、国民党"左"派和工农群众来说，危害极大，让人们失去了对国民党右派应有的警惕；《联合宣言》对右派来说，并不满意，因为汪精卫的态度等于限制了右派的手脚。

发动上海"反共"政变

面对武汉方面的撤职令和汪精卫于4月5日秘密乘船赴武汉一事，蒋介石担心不利自己的事态扩展；面对已定的4月15日中央联席会议，更加担心，因为根据他的估算，联席会议上右派不可能占主导地位。因此，加快了"反共"政变的步伐，准备抢在武汉方面采取进一步行动的前面，另立政府，分裂中央。

在此前后，蒋介石和国民党右派们已经在具体策划"反共"计划：

1927年3月28日，坚决不去武汉履职的国民党中央监察委员吴稚晖、蔡元培、张静江、古应芬、李石曾5人，在缺席王宠惠、柳亚子、邵力子、高语罕、陈果夫、陈璧君、邓泽如7名中监委和黄绍竑、李宗仁、江浩、郭春涛、李福林、潘云超、邓懋修、谢晋8名候补中监委的不合法情况下，召开所谓中央监察委员会预备会议。会议出席者中态度最激烈的是吴稚晖。此人出于"反共"本能，觉察到"反共"时机的到来：在和北洋军阀的军事较量中，南方已经占有绝对优势，军事压力减轻，国民党可以腾出手来对付共产党；蒋介石的统治地位已经确定，有能力、有条件建立独裁专制。一直能与蒋介石默契配合的吴稚晖觉得自己站出来为蒋介石公开"反共"鸣锣开道的时候到了。在会上，他称国民党内的中共党员是"谋叛国民党"，应该实行"清党"。他的攻击性发言，得到与会其他4人的赞同。此会被与会者称为"护党救国运动"。

4月2日，按照不合法的预备会议决定，召开中央监察委员会全体会议。全体会议参加者有中央监察委员吴稚晖、蔡元培、张静江、古应芬、李石曾、陈果夫6人和刚到上海不久的桂系头目、候补中央监察委员黄绍竑和李宗仁2人，中央监察委员和候补中央监察委员各缺6人，缺多来少，会议又是不合法的。吴稚晖在会上抛出了《致中央监察委员会请查办共产党函》，文中把国民党中央执行委员分为"纯为国民党忠实分子""态度可疑分子""共产党分子及其附合分子"三种人，强行给中共和国民党"左"派加上了"有意扰乱后方""已为俄煽动鲍罗廷个人支配而有余""亡党卖国"等罪名，要求会议查办中共，"出以非常之处置，护救非常之巨祸""将各地共党首要危险分子，就地知照治安机关，分别看管，制止活动"。被右派一统天下的会议，决定按照吴所拟的办法，备文送交国民党中央执行委员会中的"纯为国民党忠实分子"。（赵淑敏：《永远与自然同在——吴稚晖传》第115至122页）此次右派假冒国民党中央监察委员会的名义，通过"清共反共决议案"，对蒋介石的反革命行动具有巨大的煽动力，指引蒋介石的反共措施出台。会议开完，黄郛向日本驻上海总领事矢田详细说明了蒋介石的"取代武汉派，夺取中央党部，排除共产党，解除工人武装"的政变计划，得到日本和西方其他国家的认同。

4月5日，蒋介石与北伐军中央军江左军总指挥李宗仁、东路军前敌总指挥兼国民革命军总参谋长白崇禧、留守广州的李济深等人在上海龙华北伐军前敌总指挥部开会，正式决定在上海"清共"。会上决定第1军刘峙的第2师调到上海工人纠察队的大本营闸北地区，占据有利的战略位置；决定实施全市戒严，禁止一切示威、游行、罢工活动。为麻痹人民的斗志，蒋介石还让军乐团敲敲打打、热热闹闹向上海总工会送去了"共同奋斗"的锦旗。

青帮头子杜月笙

蒋介石发动"四一二政变"，大肆屠杀革命群众

4月6日，蒋介石下令查封国民革命军总政治部驻上海办事处，查禁来自武汉方面的、不利于右派的任何消息。

4月8日，由吴稚晖任代理主席的上海临时政治委员会成立，全面取代上海特别市临时政府。至此，进行"反共"政变所需的一切准备已经完毕，蒋介石去了南京。在南京车站月台上，集中南京城内所有先行到达的国民党各级要员，在异常热闹的气氛中，欢迎蒋介石的到来。

4月9日，上述8名中监委又发表"护党救国通电"，全面批判继续坚持国共合作、拥护"三大政策"的武汉政府。蒋介石正式任命国民革命军总参谋长白崇禧出任上海戒严司令，第26军军长周凤岐任上海戒严副司令，全权指挥"反共"政变。4月10日，吴稚晖等人又鼓动蒋介石以"已被共产党人所把持"为名，将邓演达负责的国民革命军总政治部解散，由吴出任总政治部主任。前一天南京发生由国民党右派、黑社会控制的伪工会冲击国民党"左"派和中共领导的省市党部、总工会事件，10万群众前往蒋介石的总部请愿，被暴徒拦截，请愿群众和一批共产党员被打被捕被杀，这成为上海"反共"政变的预演。

4月11日，蒋介石在南京秘密下令："已克复的各省一致实行清党。"

黑云压城城欲摧，敌人已经磨刀霍霍，子弹上膛，震惊中外、把中国再度拉向黑暗、惨绝人寰的"四一二'反共'大屠杀"开始了。

4月11日当晚，上海戒严司令部在主要街道上布置了大量兵力。晚上，上海三大流氓之一、黑社会头目杜月笙以请客吃饭为名，把中共党员、代理上海总工会委员长汪寿华骗至家中，将其打昏后装入麻袋活埋。

1927 年 4 月 12 日凌晨，在戒严司令白崇禧、副司令周凤岐、上海警备区特务处处长杨虎、东路军政治部主任陈群的指挥下，第 26 军和第 1 军第 2 师，在"中华共进会""上海工界联合总会"的地痞流氓协作下，经过平时控制通行的公共租界，向上海工人纠察队总部、市总工会和 14 处工人纠察队集结点发动进攻。在短短的几小时内，敌人以欺骗手法，将 2700 名武装工人纠察队的武装全部解除，当场打伤打死反抗的纠察队员和工人群众 300 余人。

4 月 13 日，上海市总工会发动工人举行总罢工，抗议国民党蒋介石集团的叛变行为。一部分群众赶到位于宝山路天主教堂附近的第 26 军第 2 师部门口请愿，当场被打死 100 多人，伤者更多，当时正值大雨，一时尸横遍野，血流成河。

4 月 14 日，上海戒严司令部强令解散一直在坚持的上海特别市临时政府、中国济难会，取消市党部、总工会、妇联、学联等团体，破坏各种革命组织 70 多个；同时开始在全市进行大搜捕。杨虎和陈群具体指挥，蒋介石亲自对二人下达指示："凡是可以杀的，一律杀，宁可错杀，不可错放。"（荣孟源：《蒋家王朝》第 33 页）杨虎、陈群十分嚣张，下令悬赏捕捉共产党人，"如查获首要者，每名赏洋 1000 元，附从者每名赏洋 500 元"，成千上万的革命者遭到逮捕、关押、拷打、屠杀，一时间大上海陷于白色恐怖之中，上海人民把两名刽子手称之为"养（杨）虎成（陈）群"。据不完全统计，就上海一地，3 天内 500 余人被害，数千人被捕，5000 余人下落不明。

没有正规武装力量的中共各级组织，在突如其来的进攻和屠杀面前，缺乏必要的思想、组织准备，遭受重大损失。在宁沪地区的大屠杀过程中，中共重要领导人受难的有汪寿华，陈独秀的长子、年仅 29 岁的新任中共中央政治局候补委员、江苏省委书记陈延年，中共五届中央委员、代理江苏省委书记赵世炎，江苏省委组织部长郭伯和等一大批革命者。其中陈延年同志被捕时化装为厨子，敌人没有发现，中共方面的营救已有眉目。但陈独秀的友人托付从小看着陈延年长大的上海临时政治会议主席吴稚晖从中营救，可恶的吴稚晖不仅没有营救，反而以向杨虎祝贺抓到陈延年的形式向国民党特务机构告密。杨虎马上严刑拷打被捕者，中共江苏省委宣传部部长韩步先经不住毒刑招供出陈延

四一二政变中被关押的民众

年。陈延年在严刑拷打下坚守党的机密，最后杨虎、陈群竟然对陈延年实施斩刑。7月4日在行刑时，陈延年坚决不愿跪下，最后被乱刀砍死。（他的弟弟、陈独秀的次子陈乔年，作为中共江苏省委组织部长，也于次年2月在上海被捕，6月6日牺牲。中共中央总书记陈独秀为革命献出了两个儿子）

"从严拿办"共产党人

蒋介石一手主导的四一二"反共"政变终于发生。4月18日，新成立的南京政府发出的第一号令就是"从严拿办"共产党的"首要、次要危险分子"；第一份通缉令就是捕捉鲍罗廷、陈独秀、谭平山、林祖涵、毛泽东、邓演达等190多名中共成员和国民党"左"派；4月底，蒋介石发表了《对于第二期清党之意见》，认为第一期主要是清除公开活动的共产党员，第二期的重点则是肃清潜伏的共产分子，"绝其根株"。5月5日，南京国民党中央正式成立"清党委员会"，由老右派邓泽如任主席，委员会提出了"6条清党原则"，继续以更加严厉的手法镇压共产党人和一切革命者。"反共"，已经成为蒋介石的基本政策。

在上海"反共"政变的带动下，在北洋军阀控制的北京和蒋介石控制的浙江、安徽、福建、广东等地也发生了屠杀革命者的反革命暴乱。

在北京，北洋残余张作霖在北京呼应宁沪地区的反革命行动，4月6日，指使京师警察总监陈兴亚和安国军外交处长吴晋，联合外国使团头目、荷兰驻华公使欧登科，查抄苏联驻华使馆，逮捕了中共领袖、以国民党特别市党部名义活动的李大钊等60余人。三个星期后，在上海反革命大屠杀的影响下，成立所谓的特别法庭对被捕人员进行非法审判，最后使用从法国进口的新式绞架，用极其残酷的方式，残害了李大钊、谢伯愈、谭祖尧、莫同荣等20人。李大钊作为中国共产党创始人之一，长期负责中共北方区委的工作，曾任中共中央执行委员、中国劳动组合书记部北方区分部主任，中共北方区委书记；作为孙中山的朋友，他参与了国民党改组的全过程，在"一全"上成为主席团成员并当选为中央执行委员，具体领导国民党北京、天津市党部工作。作为中共创始人、领导人、思想家，李大钊英勇不屈，决不动摇。当时绞架处死一人长达几十分钟以上，执行死刑的情景十分残酷，敌人把李大钊排在最后，企图用这种非人的折磨摧残李大钊的意志，迫使李大钊投降。可是，在处死了19人之后，主审官问他是否愿意自新时，李大钊面不改色，从容地走上的绞刑架，真可谓惊天地泣鬼神。

在广州，清党由国民革命军参谋长李济深、中央监察委员古应芬、第5军军长李福林、广州警备司令钱大钧指挥。李济深从上海回到广州后，立即开始执行"清共"措施。4月14日夜，宣布全城戒严，解散省港罢工委员会等工农运动领导机构，冲击、捣毁中共组织和外围机构。因为广东地区是孙中山的护法运动根据地，也是国民革命的中心，更是国、共两党共同领导北伐的重要基地，所以国民党"左"派、中共及进步组织的机构很多，也有很多革命者在此活动。在得知上海、南京反革命大屠杀后，广州方面的各个革命组织，尽管作了准备，但因为人员、机构太多，根本来不及安排，所以损失也很大。到4月15日，被破坏的进步机构有200多个，被捕者达2100多人，当场被害者达200余人。大批共产党人惨遭杀害，其中有中共活动家、黄埔军校政治教官萧楚女；有早年参加中华革命党，赴法勤工俭学，1925年回国后任东征军政治部秘书长、黄埔军校政治部主任的熊雄等人。当时正在生病住院的中共活动家邓颖超，幸亏得到通知及时转移，刚离开病房，前来追捕的特务赶到，她没有落入敌人之手。

在鄂南，在蒋介石的策划下，国民革命军第35军军长何键秘密策划在武汉政府控制的中心地区两湖发动"反共"武装政变。5月13日，鄂军独立第14师师长夏斗寅勾结四川军阀杨森部和参加北伐军不久的刘佐龙部，在湖北南部的沙市、嘉鱼、汀泗桥一带发动叛乱，捣毁工会、农会，捕杀当地的工运、农运积极分子和参加者，进行疯狂的反攻倒算，并向武汉发动进攻。武汉政府命令叶挺指挥的第24师和独立第1师消灭叛军，战斗于20日结束，叛军逃走。

在长沙，5月21日，在何键的授意下，35军第33团团长许克祥在长沙及周围地区发动"反共"政变，破坏省市党部、省总工会、省农民协会、省农讲所及其他革命团体20多个，释放全部被革命政权关押的违法乱纪、犯有严重罪行的土豪劣绅。反动军队和曾被农会和农民斗争过的地主、恶霸，曾被工会和工会斗争过的城市豪绅、地痞流氓一起，进行疯狂的反攻倒算，杀害中共党员、工运和农运干部上万人，逮捕数千人。因为此日电报代日韵目为"马"字，史称"马日事变"。

在南昌，出任江西省主席不几日的朱培德，从滇军中起家，曾任广州警备司令、建国第1军军长、国民政府军需部长、中央政治会议委员、国民革命军第3军军长，1926年9月间入赣作战，南昌攻下后负责留守江西。蒋介石发动"反共"政变后，6月5日，他在南昌宣布全城戒严，查封各级党部、工会和农会，收缴了农民自卫队和工人纠察队的全部武器。此外，表面上将第3军和城内的一批中共党员押送出境，实际上他暗中用活埋、暗杀等手段残害了不少共产党员。

在浙江、安徽、福建等地，也发生了镇压革命、杀害革命者的暴乱，只是因为当地当时的革命活动有限，所以范围和程度远不及上海、广州、南京、北京等地的反革命暴乱，但反革命的性质是一样。

在刚刚由北伐军收复的上述地区，一片血雨腥风。

南京组成"反共"政府

1927年4月15日，在屠杀革命者的枪声中，也在武汉方面的强烈抗议声浪中，国民党中央执行委员蒋介石、李济深2人，中央监察委员吴稚晖、蔡元培、张静江、古应芬、李石曾、陈果夫6人，候补中央监察委员黄绍竑、李宗仁2人，在出席人数远不足法定数的情况下，盗用国民党中央执行委员会、中央监察委员会的名义，宣布武汉国民党中央和国民政府为非法，重新成立国民政府。

4月17日，在蒋介石的主持下，同样在不足法定人数的情况下，国民党中央政治会议召开，决定增选邓泽如、何应钦、白崇禧、陈铭枢、贺耀祖为中央政治会议委员，由胡汉民任主席；成立胡汉民、吴稚晖、陈果夫、戴季陶、蔡元培等11人组成的中央宣传委员会；成立蒋介石、陈果夫、胡汉民、张静江、吴稚晖、戴季陶等10人组成的中央组织委员会；成立胡汉民、张静江、伍朝枢、古应芬等为常委、胡汉民为主席的国民政府。国民政府由钮永建任秘书长，蒋介石任国民革命军总司令，古应芬为财政部长，伍朝枢为外交部长，王宠惠为司法部长，黄郛为上海特别市市长等。

1927 年 4 月 18 日，南京政府宣告成立。蒋介石举着"贯彻总理遗教"的旗帜，将枪杆子对准中国共产党人、国民党"左"派和其他革命者，终于建立起由他控制的政权——（南京）中华民国政府。

蒋介石建立南京政府，是对革命阵营的背叛；在国民党内，也是非法行为。参与蒋介石图谋的人中，有相当多的人是卖身投靠，如吴稚晖、张静江、陈果夫、戴季陶之流；有一些人是出于扩大势力范围的需要，如李宗仁、白崇禧等；有一些人是属于不明真相上当受骗，如李济深、蔡元培、陈铭枢等人。

1928 年的蒋介石

蒋介石终于有了自己的政府，虽说他不是国民政府主席，也不是党的主席，但成为实际上的统治者。此时，蒋介石离 40 岁生日还差半年，不惑之年成为一代枭雄，有他的必然性：

从实力上讲，南京方面的势力超过当时武汉政府和残存的北洋政府的实力，也超过当时西山会议派和地方实力派的实力，具备组织政府最为关键的军事力量。此时未垮的奉系军阀张作霖部及孙传芳、张宗昌余部共约 30 多万人，这几支充满封建气息的军队，已不是现代军事理论训练出来的、蒋介石黄埔子弟和北伐军的对手；西山会议派无一兵一卒，只能依附于实力派；地方实力派是旧中国中央政府的强大对手，可地方实力派各自为政，无法形成统一的政治、军事力量在政治舞台上发挥作用。且当时地方实力派中的骨干冯玉祥、阎锡山、李宗仁、白崇禧、唐生智等还都在南方北伐阵营，还未起倒蒋、另组政府之心；武汉政府仅有唐生智的 4 个军和张发奎部的 2 个军，与南京方面的蒋介石不能相比，北伐军到宁沪地区时，蒋的名下已有 20 余个军，枪杆子前面比高下，这是蒋介石能自立政府的真正原因所在。

从政治上讲，当时还没有中国共产党掌握政权的条件。20 世纪 20 年代中后期的中国共产党，还没有强大到足以推翻国民党蒋介石集团统治的程度，特别是处于幼年时期的中国共产党，当时正被陈独秀为代表的右倾机会主义所统治，在"反共"政变面前几乎没有反击的能力。蒋介石依靠占绝对优势的军队，建立起大地主大资产阶级的联合专政，这是中华民族走出封建、走向现代化的过程中，在选择什么道路、什么制度、什么生活方式上，蒋介石和国民党统治集团强加于中国人民、带来巨大痛苦的尝试。蒋本人也最后被中共领导的武装力量所打倒。

从治国上讲，在统治集团内部，蒋介石派、胡汉民派、汪精卫派、西山会议派以及摇摇欲坠的北洋政府，只有蒋的旗下集中了最为整齐的治国队伍，这是其他政治力量所不能比的。所以蒋的政府一出台，3个月就迫使武汉汪精卫公开"反共"，1年后摧毁北洋军阀政府，3年多后基本压服倒蒋各派，并维持前后共22年的统治。在蒋介石建立反动政府的同时，我们也应该看到在中国共产党人这一边，更是集中了无数中华民族的优秀分子，涌现出一大批无产阶级的政治家、思想家、军事家、经济学家、理论家、革命家和艺术家。最为可贵的是，他们站在历史潮流的前面，并为实现救国救民的理想而奋斗不息，最后终于在22年后推翻蒋介石集团，建立中华人民共和国。

从经济上讲，蒋介石得到西方主要国家的支持，英、美等国为帮助蒋某出台和维持统治，给予不少财政援助，在增强蒋的军力、财力方面起过不少的作用。当时蒋氏政府缺少强固的经济基础，其经济力量薄弱的根本原因是旧中国一穷二白，南京政府不重视经济建设、对人民大众采取剥夺政策、无休止地扩大军费支出。在蒋的治国策中，最大的失策就是"反共"和不重视民生。因为要"反共"就要打内战，"围剿"人民革命力量；要打内战，就缺乏必要的经济建设所需要的和平环境，就要扩大军费支出；要扩大军费支出，就要加倍剥夺人民大众；要剥夺人民大众，就要引起强烈的反抗，反剥夺。连环套由蒋介石的政策而起，最后死结也系在他自己的脖子上。

从观念上讲，蒋介石早年好学，曾留学日本，熟悉现代军事理论和现代科学文化知识，通晓但不实行孙中山的"三民主义理论"，对西方的政治制度、经济运作方式也略知一二。因此，蒋比北洋军阀开明，比胡汉民激进，比汪精卫稳重，比地方实力派强大。但对整个世界自第一次世界大战后出现的革命新浪潮熟视无睹，对西方的民主制度只取其招牌，对人民大众的要求充耳不闻，对中共的救国主张视为叛逆。在利用外资发展经济还是扩充"反共"武装上，他倾向后者；在推进社会进步还是保持半殖民半封建社会现状问题上，他倾向后者；在实施民主制度还是满足个人权欲问题上，他还是倾向后者。在现代化和封建主义的撞击中，蒋介石深受封建思想的熏陶，在中国摆脱封建主义、走向发达大工业阶段的过程中，蒋无法完成这一使命，这就是他性格和观念上最大的弱点，随之而来的是政治立场上的错位。

因此，从实力、政治、治国、经济、观念五大背景讲，蒋介石上台有它的必然性，可这种"必然性"要想维持和发展，必须顺应历史潮流，否则这种"必然性"很快就会产生逆转，面临历史潮流的冲击而被淘汰。蒋上台的五大背景中，确有对其有利的内容，可同时也有对其不利的因素。这位统治者没有因势利导，没有放弃"反共"基本国策，没有把不利他上台执政和行使职权的消极因素转化为有利因素，没有从国家强盛和民族复兴的高度来思考执政方式，没有放弃一党"私利"和统治集团的"家利"，所以在他上台之初就已潜伏下台的危机，所以在他的手中就葬送了他自己建立的"政权"。

鄂变——汪精卫的"分共"

汪精卫不是一个革命者，此人一生中最多的是政治投机。他离开上海前往武汉，不是为了挽救即将可能失败的革命，不是为了有效限制蒋介石的专权和反动，而是政治投机的产物。蒋介石发动"反共"政变后，汪精卫开始向右转，加快了动摇叛变的步伐。

汪精卫政治动摇

1927 年 4 月 10 日，汪精卫到武汉一上岸，就直奔鲍罗廷的住处，主持召开紧急会议，决定停止召开汪在上海期间与蒋介石商定的"四一五中执、监委分共会议"。此时的汪精卫，因为权力到手，情绪高涨，雅兴顿起，挥毫写下了"革命的向左来，不革命的走开去"的条幅，此话轰动一时。14 日汉口各界召开迎汪大会，会上汪精卫更是慷慨陈词：联合世界上革命之民族，共同反对帝国主义，这就是联俄政策；联合国内一切革命分子来反对帝国主义，这就是"联共"政策；要把全国最贫苦、最受经济压迫之分子呼唤起来，做革命领导者，这就是农工政策。在会上，他还像模像样地提出了《拥护总理三大政策》《巩固共产党联合战线》等提案。整个会场为汪精卫的革命情绪所感动，纷纷高呼"三大政策万岁！""汪精卫同志万岁！"15 日在汪精卫的主持下，中央党部决定把蒋介石开除出党，撤销一切职务。

要权不要脸、要权不要志的汪精卫心花怒放，得意忘形。他想当主席，可不想革命；想要权力，可不尽责任。面对南京方面的军事压力和武汉政府内部的反动势力，没有采取有效的军事反击措施，一再妥协退让；对共产党人的活动，屡加限制。最后导致汪精卫叛变的主要有四个原因：

首先，武汉社会动荡不安，汪精卫需要摆脱困境。在蒋介石的军事和"反共"压力下，作为革命中心的武汉三镇，已经不见几个月前的欣欣向荣、蓬勃向上的局面，街头巷尾谣言满天飞，社会秩序动荡不安，物价飞涨，出现这一状况：一是从两湖地区为逃避工农运动逃出来的恶霸地主、不法商人，在城内兴风作浪，散布谣言以发泄对工农运动的不满。汪精卫身为党政首脑，不断发表讲演、指示，明令反对继续进行工农运动，严禁工会、工人纠察队清算不法资本家，严禁农会、农民斗争恶霸地主，这样造成地主豪绅、不法商人气焰嚣张，造谣滋事，严重干扰社会秩序，严重干扰社会正常运行。二是武汉政府内部和北伐军中的不少官员和军官，出身富门大户，本人参加北伐，但老家的父母兄弟身为剥削阶级成员、且因剥削和欺压穷人而成为农民、工人冲击的对象，这批反动官员和军官出于反革命和剥削阶级本能，掌握了一定的兵权，在北伐军中结成较大的势力，反对中共和国民党"左"派、反对工农运动，直接造成了军队、政府机关、社会的不稳定。三是南京政府控制下的东南、华南各省和两湖地区反革命势力较大的地区，对武汉地区实行经济封锁，武汉生存和维持生产急需的各种粮食、商品、原料、材料、燃料运不进来，市内工厂停工，民族工业无法正常运作，外资企业关门停产；银行停业，一些不法之徒卷款外逃；商店关门，商品奇缺，物价飞扬，市民无以为继，人民生活困难，劳资关系紧张。四是武汉政府缺乏经济实力，没有正常的财政收入，宋子文到上海向江浙财团和外国银行借款毫无所获，政府机关濒临关闭，无钱无法平抑物价，没有商品无法保障供给。在动乱不定的情况下，武汉政府难以稳定，对汪精卫和假"左"派们来说，摆脱困境已成为首选目标。但是要摆脱困境，只有两条路，一条是深入进行工农革命，对社会进行彻底改造，根本上解决经济、政治、社会难题；另一条是投靠南京政府，减少经济、政治压力。革命立场已经开始动摇、因而不会同意深入进行工农革命的汪精卫没有高招，只有向蒋介石靠拢。

其次，共产国际指示欠妥，汪精卫准备背叛革命。在中国革命的紧要关头，一直关心、指导中国革命运动的第三国际，召开第 8 次中央执行委员会会议，通过了关于中国问题的《五月指示》。6 月 1 日，武汉的共产国际驻国民政府代表、年轻的印度人罗易，党性不强，对中国革命内部的激烈斗争也不了解，在收到这一重要文件后，违反党的保密规定，不经中共有关方面同意，将文件送给了汪精卫。正在武汉的中共军事委员会书记兼中共江浙区委军事委员会书记周恩来对此事是这样说的："共产国际第 8 次执行委员会对中国问题的决议包括这四点：改造国民党，使工农分子大批参加进去，这就是争取党权；把农民协会变成乡村政权，这就是争取政权；组织 7 万军队，其中要包括 2 万共产党员，这就是争取军权；再就是没收土地，搞土地革命。共产国际没有把这个决议送来之前，先用电报把这四点告诉了共产国际驻中国代表罗易。罗易收到这个电报后，不给我们中央看，却拿给了汪精卫。汪精卫看了后大怒，骂共产国际有阴谋。"（周恩来：《关于"六大"的研究》，见《周恩来选集》第 170 页）汪精卫认为这个文件违背了《孙越宣言》，在他看来："斯大林的指示，随便实行哪一条，国民党就完了。"（《蒋"总统"秘录》第 6 册第 170 页）他认为此时的国、共两党，正如一只船上两个把舵的，有两个不同的方向，除了赶去一个，更无他法。严格地说，争党权、争政权、争军权、搞土地革命本身没有错，但在国共合作的统一战线内部，或者说统一战线即将破裂的边缘，如此主张只能加快统一战线的分裂；此外，在当时的情况下，正是因为陈独秀右倾机会主义错误，正是因为共产国际以前不同意中共一些有远见的革命家几年来提出来的"三争一搞"的主张，所以中共一直没有进行"三争一搞"的工作，在当时大革命濒临失败的情况下，即使搞"三争一搞"也不可能在短期内取得成效。因此，共产国际的指示，内容不错，提出的时间错了。提出的时间不合适，再加上罗易工作方法上的错误，造成统一战线工作中的严重失误，导致汪精卫出现全面动摇。

第三，冯玉祥部倒向南京，汪精卫决定投靠南京。汪精卫与南京对抗的最后希望寄托于冯玉祥身上，冯玉祥与唐生智在河南会师后，屯兵郑州、开封一线，南下直达武汉，东下可取徐州，威胁蚌埠、南京。冯玉祥的第 2 集团军，占领河南时编为孙良诚、靳云鹗、方振武、宋哲元、岳维峻、石敬亭、刘郁芬、刘镇华、鹿钟麟等 9 个方面军，1927 年 6 月后编为韩德元、刘汝明、孙良诚、马鸿逵、石友三、韩复榘、杨虎城、孙连仲、庞炳勋、吕秀文、秦德纯、陈以荣、陆殿臣、郑大章等 14 个军。冯玉祥的十数万大军，在南京、武汉中间支持任何一方，都将至另一方于死地，汪精卫正是据于此，希望联合冯玉祥的第 2 集团军共同倒蒋。在冯玉祥占领河南后，曾发出通电，拥护武汉政府，汪精卫派出邓演达前往潼关迎接冯玉祥东下。6 月 10 日，汪精卫带着徐谦、谭延闿、顾孟馀、孙科、唐生智、张发奎、加仑等人，赶到郑州，与第 2 集团军的冯玉祥、鹿钟麟、于右任、刘伯坚、刘骥举行高层会晤。汪精卫在会上和盘托出礼单，满足了冯玉祥的全部要求：河南、甘肃、陕西 3 省主席由冯玉祥、刘郁芬、于右任担任；冯兼开封政治分会主席，指导豫陕甘 3 省省政；第 2 集团军扩编后负责陇海线以北、平汉路以东地区的战事，唐生智部全部退往湖北。汪精卫的任命，对冯玉祥没有吸引力，因为豫陕甘 3 省已在西北军控制之下。并且冯对徐谦、邓演达、唐生智等人在会上提出的"联合倒蒋，促蒋下野"的要求不予理睬不说，还表示："宁汉合流，一致北伐，武汉和共产党分家，谁不赞成谁就出国考察。"冯的态度让武汉诸位大员倒吸一口凉气。看来这位手握重兵、曾经高喊过"打倒列强！打倒军阀！"的"总司令"，背叛革命、分裂武汉政府在前。汪精卫则心中有鬼，已在考虑如何"分共"，所以对冯玉祥的话也不感到奇怪，准备步冯的后尘，拆散国共联盟。冯玉祥之所以主张"分共"，除了准备和实力更强、当时也是满口"革命、民主"词句的蒋介石结盟外，还有就是因为此时张作霖为离间北伐阵营，公布了从苏联驻华使馆内搜获的有关苏联援助西北军武器的清单，冯玉祥和苏联、中共来往的文件，并称冯玉祥为"共产国际在中国的代理人""赤色将军""共党嫌疑分子"。冯如果不表明"反共"立场，就意味着承认是苏联和中共的同路人，所以赞成"分共"来洗刷自己。汪精卫对此也已基本接受，但邓演达、徐谦、唐生智等人则主张可以"分共"和合流，但蒋介石必须下野，这成为蒋介石第 1 次下野的先声。

1927 年 6 月 20 日蒋介石（前排左三）与冯玉祥（左一）等在徐州会谈后合影

蒋介石一见武汉方面高价

收买冯玉祥，唯恐冯与宁对立，马上采取相应行动，声称要到徐州拜会冯将军，冯受宠若惊，立即由郑州东来。蒋介石在 5 月 1 日下令分 3 路大军，开始渡江北伐，6 月 2 日占领徐州，6 月中旬在陇海线会师。6 月 19 日，蒋介石与李宗仁、白崇禧特意来到徐州前的黄口车站迎接。冯、蒋二人是第 1 次见面，冯称蒋的"丰采和言谈态度无不使我敬慕"，提出要给蒋在郑州竖铜像，蒋称冯为"大哥"，两人大有相见恨晚之意。20 日双方举行会谈。南京方面由蒋介石领队，参加会谈的有胡汉民、李烈钧、蔡元培、吴稚晖、张静江、李煜瀛、黄绍竑、李宗仁、白崇禧、钮永建、黄郛等大员，这其中不少是冯玉祥仰慕已久之人，蒋介石有意炫耀南京政府的实力和阵容。第 2 集团军方面由冯玉祥带队，有李鸣钟、何其巩等参加，双方悬殊太大；服装上也是一目了然，冯玉祥一边身着粗布衣衫，南京官员无论长衫还是西装，均衣料上乘，做工讲究，一看西北军就是从西北出来的土军队。蒋介石和汪精卫不一样，汪精卫的礼单是空做好人，蒋介石的礼单只有两项，但都是实的：每月供应军费 250 万元，冯玉祥担任南京政府军政部长。蒋介石真是投其所好，西北军最困难的是经费，冯玉祥最感兴趣的是主管军务，两样都得到满足。在蒋介石于花园饭店举行的欢迎宴会上，冯玉祥满面春风地说："军阀对我辈称南赤、北赤，今日两赤见面，即可以救中国也。"冯、蒋不是"南北赤"，可合流已经确定。两人的分歧是蒋介石在"北伐在后，剿平武汉在先"，冯玉祥对此不同意，但同意致电汪精卫，请武汉政府立即驱逐中共人士和苏联顾问。冯玉祥会后立即致电汪精卫，称："近日武汉情形，店员胁迫店主，职工胁迫厂主，佃户胁逼地主，甚至利用打倒土豪劣绅之标语，压迫出征军人家庭，前方苦战奋斗之将士，不足以保护其在乡之父兄，彼等阳冒国民革命之名，阴布全国恐怖之毒。他如别有用心不良分子，搀入地方党部，擅行威权，杀人越货。"这就是他对国共合作领导下工农运动的认识。为此，他要求汪精卫"速决大计，早日实行"。为表示政治立场和向武汉政府施加压力，6 月 21 日，冯还和蒋发表联合宣言，表示要共同北伐。冯玉祥对中共和苏联态度的变化，使得在力量对比上，南京方面已经具备远超过武汉方面的优势，汪精卫在这种强大的军事压力下，很快改变了政治立场，转向反革命。

第四，汪精卫并非真革命，再次投机与蒋争权。汪精卫充当革命领袖已有时日，也曾经为革命事业作出过一定的努力，他曾以刺杀摄政王未遂而入狱；

曾追随孙中山在海外从事倒袁、护法活动；曾拥护孙中山的"三大政策"，在国民党改组中能够坚持正确的立场；在国共统一战线内，基本能够站在"左"派一边，领导国民革命；被蒋介石利用"三二〇事件"排挤出领导核心一年多后，能够再次回到武汉，主持党政工作。当然此次回来，与其说是为了继续推进国民革命，限制蒋介石的专权，还不如说是利用武汉的政治地位和唐生智、张发奎部的实力，与蒋介石一争高低，进行政治投机。出于此种心理，到武汉后他以维护武汉地区稳定的名义，再三提出停止工农运动的主张，经常指责中共和苏联顾问，这种悲观消极的态度，只能挫伤革命阵营的积极性，只能压制革命力量的发展。联合冯玉祥失败后，汪精卫考虑更多的不是如何维护国共统一战线，如何向已经公开反对革命、屠杀革命者的南京政府发动进攻，而是准备与蒋介石妥协。对汪精卫来说，考虑更多的是如何利用手中的实力和在国民党中的地位，在与蒋介石的妥协中获得更多的权力、实惠和好处。在他看来，武汉政府和国民党中央党部，有着南京方面所没有的正统地位，有着与孙中山改组国民党、国民党领导国民革命一脉相承的合法性，但是在蒋介石另立政府、另组中央后，随着时间的推移，这种合法性和正统性的优势在蒋介石的军事实力和专权下将会越来越少；特别是上海的西山会议派已经在蒋介石"反共"后，出现与南京合流的趋势，如果南京和上海的两派结合起来，从中央党部的角度来讲对武汉方面更为不利，讨价还价的空间会更小。只有抓紧时机，一方面继续利用中共和工农的力量，举起"联共反蒋"的旗帜，宣布军事讨伐南京，唐生智、张发奎指挥的第4、11、35军已兵发九江；另一方面寻机与蒋介石谈判，利用正统地位，进而与南京方面进行政治分赃。而与蒋介石谈判，唯一的途径只有"反共"才能得到南京方面的谅解，面对冯蒋勾结后出现的新形势，汪精卫认为"反共"时机已到。

"七一五"分共清党

事实上从汪精卫来到武汉起，政治活动和决策都已不正常，武汉政府和国民党中央执委会请汪精卫回来，希望用汪精卫与蒋介石抗衡本身就是一个无法实现的神话，请回来的不是神仙而是祸害。

1927年6月5日，汪精卫主持中央政治会议，决定解除鲍罗廷的总顾问职务。

6月中旬，邓演达突然出走，原来他经河南、陕西、甘肃、新疆去了苏联。

他走后，国民党"左"派少了一名坚强的战士，汪精卫叛变的阻力大为减少。

6月23日，汪精卫发表《国民革命的领导权在国民党》宣言，强调国民党的领导权威，意在排挤中共。6月28日，唐生智的第35军军长何键在汉口发表"反共宣言"，第8军军长兼武汉卫戍司令李品仙派人秘密查封中共机关和总工会，逮捕共产党人，汪精卫、唐生智不仅不进行坚决斗争，反而声称，对军队已经没法控制，要中共自行解决"分共"问题。

当日中共中央政治局开会，在右倾投降主义者陈独秀的主持下，拒绝了毛泽东、蔡和森、周恩来、任弼时等领导人主张的关于坚决回击国民党右派叛变行径的正确意见，通过了丧失原则的《国共两党关系决议案》，宣称工农民众团体应该接受国民党的监督和领导，为了消除何键暴动的借口，工人纠察队应该解散。湖北省总工会因此发出了《解散纠察队的布告》。中共方面的妥协和让步，敌人并没有就此停止行动，汪精卫集团更加嚣张。

7月3日，中共中央召开扩大会议，在陈独秀的主持下，右倾错误继续漫延，会议通过了向汪精卫集团全面让步的11条决议。但此事受到共产国际批评，12日根据共产国际指示，中共中央重新选举中常委，成立了由张国焘、张太雷、李维汉、李立三、周恩来组成的新中常会，开始纠正了陈独秀的右倾投降主义路线，发表宣言，强烈谴责汪精卫的叛变行径；次日宣布退出武汉政府，《向导》发表了《谭平山（国民政府委员兼农政部长）、苏兆征（劳工部部长）辞职书》，认为"国民党中央委员中，竟有人敢于与民众运动宣战"，造成"共产党同意加入政府之基础已经消失。共产党员既为革命的国民党员及共产主义者，则在此种状况下退出政府断绝关系。"

7月13日，汪精卫在家中主持内部会议，决定"分共"。7月14日，汪精卫召集国民党中央政治会议主席团秘密会议，决定一党之内不能主义与主义冲突，政策与政策冲突，更不能有两个最高机关。为此，对武汉地区的共产党员应有处置的办法。以宋庆龄为首的国民党"左"派坚决抵制，她于14日发表了《为抗议违反孙中山的革命原则和政策的声明》，但是"左"派的态度已经无法阻止汪精卫的叛变。

1927年7月15日，汪精卫主持国民党中央常委会扩大会议，正式决定：取缔中国共产党，全面实行"清党"；中央党部将制裁一切违反本党主义政策之言论行动；7月16日，武汉国民党中央执行委员会正式向各级党部发出"分共训令"。

自此开始，两湖及武汉地区陷入一片白色恐怖之中。曾经是工运、农运开展最好的地区，如今受到的损失也最大。各地反动军队开始向中共、国民党"左"派和工农群众疯狂地反攻倒算，多少土豪劣绅和城乡恶霸，在反动军队的支持下回到本乡本土，秋后算账，喊出了"石头也要过三刀"的充满血腥味的口号，多少工会和农会干部、积极分子死在还乡团的手中。中共发动南昌起义后，汪精卫集团的"和平分共"开始转为"武力清共"，曾经高唱"拥护三大政策，扶助农工运动"高调、并在国共合作中捞得很多好处的汪精卫，喊出了"宁可枉杀一千，不使一人漏网"的灭绝人性的口号。8月6日，汪精卫正式下令开除毛泽东、林伯渠、吴玉章、谭平山、恽代英、张国焘、邓颖超、夏曦、于树德等人的党籍，开始全面搜捕中国共产党人，武汉政府统治地区笼罩在"反共"、灭共的恐怖之中。

冯玉祥的第2集团军也开始"清共"，作为正直、但又一时陷于政治迷惘中的他，对中共和苏联还是有感情的。他只是把已经暴露的中共人士用大卡车送走，把苏联顾问送回国。汪精卫借刀杀人，曾把一批苏联顾问赶到河南，意图借冯玉祥之手予以残害，但是冯玉祥把他们都送走了，鲍罗廷、邓演达等人都是借道北上的。冯将军的行动，保护了一大批后来成为新中国和中国共产党领导人的革命者。事过50年，1983年9月14日，当年由冯送走的西北军中山军事学校政治部主任、现为中共领袖的邓小平在接见冯将军的子女及亲属时满怀深情地说："他（冯玉祥）对我们的态度是比较温和的……焕章先生和我们是有缘分的。"（《亲切的勉励》，见《文史通讯》1982年3—4期合刊）冯将军当时对中共的温和行动并非说明他已经赞成共产主义和中共纲领，只是觉得做人要正，不能把友人送上刑场。冯玉祥直到被蒋介石彻底打垮后，才开始成为中共真正的朋友。

国共合作、共同领导的国民大革命失败了。

究其原因，以中共为主体的革命势力幼稚和弱小是无法克服的主要原因，正是因为幼稚，所以既不能阻止党内出现右倾错误，也不能抵制共产国际指导中国革命实践中出现的错误；正是因为弱小，所以既不能迅速发展革命力量，也不能主动向敌人进攻。

在国民党"左"派内部，既缺少能够制衡蒋介石右派集团的一大批成熟的革命领导群体，而让汪精卫为首的假"左"派篡夺了最高领导权；又缺少一支忠于革命、忠于孙中山"三大政策"的军队。所以，在右派叛变革命时只能望"变"兴叹，假革命派乘机投靠了反动阵营。

最为主要的是蒋介石为首的右派集团的凶残。他们作为帝国主义、封建主义和官僚资本主义的总代理人，作为集剥削阶级大成的利益集团，反对革命，仇视革命，害怕工农群众，害怕人民大众的觉醒；他们通过国民革命，借助人民群众的力量，扩大和积蓄实力，最后在革命的关键时刻，公开背叛了孙中山的"三大政策"，把枪口对准中国共产党人，疯狂地镇压革命运动。因为他们的力量过分强大，国民党大革命不可避免地毁在他们的手中。

中国现代史上最黑暗的一页开始了。

在失败中奋起的中国共产党人，转变基本路线，找到了一条发动工农群众，进行武装斗争，以农村包围城市的正确的革命道路，中国革命揭开了新的一页。

二、合流，"二期北伐"完成

汪精卫叛变时，在国民党内出现了两个政权（武汉国民政府和南京政府），三个中央党部（武汉的国民党中央执行委员会、南京中央执行委员会、上海西山会议派的中央执行委员会）的分裂局面，其中主要是武汉和南京的对立，从此开始了为期3年之多的国民党内部倒蒋运动。以蒋介石为一方，以各路文武倒蒋派为一方，双方围绕国民党内部的党政军权力分配，时而文斗，时而武斗，异常激烈，直到蒋介石以武力为主、以收买为辅，基本上将全党收编到南京政府名下为止。

（一）宁汉分裂，蒋介石的难题

在宁汉对立中，对蒋介石来说，是如何利用汪精卫完成党内合流；对汪精卫来说，是如何通过合流从蒋介石手中获得尽可能多的权力。因此，宁汉对立的实质，是围绕正统与非正统名义下的权力之争；宁汉合流的实质，是双方的暂时妥协，但是汪精卫很快被赶出南京政府，蒋介石不得不面对更大的倒蒋浪潮。

蒋介石辞职——以退为进

武汉国民党中央执行委员会和军事委员会，在南京、武汉政府先后叛变革命期间，对军事力量先后进行了重新改组。1927年4月1日免去蒋介石的国民革命军总司令职务后，于5日任命蒋介石为第1集团军总司令，编有何应钦、程潜、李宗仁、唐生智、朱培德任总指挥的5个方面军，此职也于4月18日即南京政府成立的当天被撤销，当然蒋介石自己一直没有放弃对军队的控制权。

1927年4月5日，武汉军委会任命冯玉祥为第2集团军总司令，先编有9个方面军后编为14个军；4月25日，任命阎锡山为第3集团军总司令，编有商震、杨爱源、徐永昌、傅存怀、傅汝钧、丰玉玺、张荫梧、谭庆林、郑泽生、李维新等10个军；6月15日，任命唐生智为第4集团军总司令，编有唐生智、张发奎部总指挥的2个方面军，第1方面军编有8（李品仙）、30（魏益三）、35（何键）、36（刘丰）军和独立1至7师；第2方面军编有2（鲁涤平）、3（王均）、4（黄琪翔）、11（张发奎）军和暂编20（贺龙）军各部。唐生智部的现实难题是有些部队难以指挥。

冯玉祥出面真调停

汪精卫发动"七一五反共政变"后，宁汉双方的合流成为主要议题。最先热心忙于宁汉合流的是冯玉祥。他一见国民党内两个中央、两个政府的首脑主动北上话好，不禁有些飘飘然起来，扬扬得意，摆出一副解决宁汉分裂局面非我老冯莫属的姿态。

1927年7月14日，冯玉祥领衔致电宁汉双方，建议召开开封会议，安排合流事项。20日通电提出解决宁汉分裂的四项办法：武汉所定分离共产党，解除鲍罗廷职，应请明令宣示；现双方俱觉本党须由本党同志主持，则意见实已一致，请即恢复旧日局面，统一中央，或按原议政府迁宁或设南京政治分会；各领袖在开封召开预备会，由谁上台、由谁下野则由二全四中全会来决定；未解决前，双方停止军事冲突，以江西、安徽为缓冲地。22日，冯玉祥又致电宁汉要员，重申前所提"四大合流纲领"。他见"开封会议"建议无人理睬，又于8月1日提出召开"安庆会议"。此外，他还派出一批说客，劝说宁汉双方坐到谈判桌上来。

如此热心于宁汉合流，纯系冯玉祥自作多情。在武汉分共前，蒋介石需要冯玉祥来压武汉方面"反共"，汪精卫需要冯玉祥作为自己反革命的铺垫，如此而已，并非冯在蒋、汪心目中有多么崇高的地位。当汪精卫叛变革命后，宁汉合流则变成一场国民党上层争权夺利的斗争和政治分赃。在这场官场赌博中，有南京、武汉、上海三班人马上场献艺，三派各有千秋，谁又会听从冯玉祥和关注冯玉祥？权力角逐的角色越少越好。党龄不过一年余的冯玉祥暂时进不了国民党内蒋介石为首的真正的权力圈，他以后也没有真正进入过。

合流过程中，冯玉祥成为局外人。再说南京和武汉两府，不仅不理冯玉祥的好意安排，反而见恨于冯玉祥。汪精卫对冯玉祥偏心于蒋介石，对在郑州、徐州会议中有意抬蒋压汪、蒋冯合作感到不满，更对冯就武汉方面的施政方针说三道四、指手画脚感到愤慨。南京蒋介石对冯也有怨言，主要原因是武汉张发奎和唐生智部东征讨蒋时，蒋介石从江北撤出防卫主力，刚占领不久的徐州及大片江北地区于7月24日落入直鲁联军的手中。蒋军苦战时，第2集团军坐观其败。此外，蒋介石对宁汉合流过程中冯玉祥表现出来的政治上幼稚感到失望，"四大合流纲领"没有为蒋介石说话，不顾蒋介石一心想控制中央的政治野心，竟然赞成三方均分权力；不顾蒋介石相中的南京作为国民党首都的政治现实，提议在南京仅设政治分会；特别是没有肯定以蒋介石为领导中心。诸如此类，冯玉祥的行为无法让蒋介石满意。冯玉祥在国民党官场上属于幼稚之辈，他把合流看得太重，以为蒋、汪真是从党的利益出发，团结一致，是为了完成党的统一，事实上合流对蒋、汪来说只是权力之争，冯玉祥的坦率和真诚，真不适应充满钩心斗角、虚情假意的南京官场。6月间还是宁汉争夺、拉拢对象的冯玉祥将军，很快被排挤出局，到7月间就身价大跌，无人再理了。

蒋汪二人各有打算

蒋介石并不认为汪精卫公开反革命就可以合作，蒋介石的如意算盘是通过合流，尽可能挤垮汪精卫，收编武汉国民党中央和政府。所以，他并不急于采取主动行动，而是继续抓住完成北伐这一政治大旗，先行击溃武汉的军事主力，待汪精卫的谈判资本越来越小后再议合流。也就是说为了在合流谈判中占有有利态势，打"北伐牌"，北伐胜利越大政治资本越大。

在武汉方面叛变之前，蒋介石的北伐计划就没有停止，只是在宁沪浙皖地区进行休整，正如在攻下长沙、南昌后一样，在打下东南要地杭州、上海、南京后，主力部队也没有立即北上一样；特别是此次在上海、南京停留期间，需要完成分裂国民党、组建新政府的重大政治行动，所以部队的行动也大为推迟，直到5月初才开始向北推进。

蒋介石完成组建南京政府后，不顾武汉国民党中央军事委员会撤销其军职的命令，于 1927 年 5 月 1 日重新调整军事部署，进行"二期北伐"，开始向江北运动。北伐部队共分为三路：第 1 路军由何应钦任总指挥，编有何应钦的第 1 军、周凤岐的第 26 军、赖世璜的第 14 军、曹万顺的第 17 军，进攻方向从江苏镇江处渡江，沿苏北大运河向北进攻；第 2 路军由白崇禧指挥，编有贺耀祖的第 40 军、杨杰的第 6 军、陈调元的第 37 军，进攻方向是从苏皖交界处一带渡江，向北进攻，准备在皖中与第 3 路军会合；第 3 路军由李宗仁指挥，编有王天培的第 10 军，夏威的第 7 军、刘鼎甲的第 15 军、叶开鑫的第 44 军、王普的第 27 军、柏文蔚的第 33 军，进攻方向是在安徽芜湖一带渡江，沿津浦路向北进攻。

自 5 月 7 日，第 3 路军开始行动，渡江后一路进军顺利，5 月 22 日攻克蚌埠，6 月 2 日占领徐州，6 月中旬 3 路大军胜利到达陇海线。与冯玉祥部东进潼关后的河南战役遥相呼应，冯部占领洛阳，与唐生智、张发奎部等在郑州、开封会师。6 月 23 日，白崇禧指挥第 2 路军偏东沿新沂、临沂一线进攻；李宗仁指挥第 3 路军沿苏皖鲁三角地带向北进攻，27 日打退直鲁联军前敌总指挥许琨和马玉师部，占领鲁南重镇临城。

汪精卫为增加与蒋介石讨价还价的筹码，打"正统牌"，利用武汉国民党中央和国民政府的正统地位，宣布讨伐蒋介石，剿平另立中央、另组政府的叛军叛首；要想合流，蒋介石必须下野。在自己摘掉"红帽子"后的次日，汪精卫发表通电，明确宣布讨伐叛逆，以确保中央政令军令统一。7 月 17 日，汪精卫下令组成东征讨蒋军。由唐生智指挥，顺江而下。7 月 29 日，第 4 集团军主力到达江西九江，汪精卫也赶到江西庐山部署具体作战计划，正待执行之时，8 月 1 日中国共产党在江西南昌打响了武装推翻国民党反动统治的第一枪，第 4 集团军第 2 方面军中的贺龙指挥的 20 军、出任军长不久的叶挺指挥的第 11 军、由朱德副军长指挥的第 9 军军官教育团在中共领导下，举行起义，张发奎部的其他部队全力以赴追歼起义军，因此东征计划放弃。在这种情况下，武汉汪精卫联合开封冯玉祥发出"南讨共党，北伐奉鲁"的通电，向南京政府主动示好。再则，汪精卫的东征计划，虽说在没有真正实施前就已失败，但间接造成了蒋介石在苏鲁地区的重大军事失败。

蒋介石的"北伐牌"遭挫不顺。蒋介石为保住南京，阻击武汉东征军东下，不得不将鲁南、苏北主力撤回长江沿线防守，只留下第 3 路军前敌总指挥、王天培率第 10 军孤守徐州。7 月 24 日，直鲁联军许琨进行反扑，占领中原战略要地徐州，王天培部逃往安徽宿县。蒋介石见"北伐牌"开局不顺，十分生气，又打赌，自以为半壁江山已打下来，难道一个徐州竟然攻不下来？发誓要攻下徐州。29 日在蒋介石的亲自指挥下，王天培的第 10 军、王普的第 27 军、钱大钧的第 32 军、贺耀祖的第 40 军和第 1 军一部，以及白崇禧原来指挥的陈调元的第 37 军、叶开鑫的第 44 军，从东、南、西三个方向向徐州发动进攻。蒋介石以为大军压境，徐州不堪一击，岂知直鲁联军和孙传芳残部略施小计，使用最古老的战法诱敌深入，在位于前线云龙山总指挥部蒋介石指挥下的各部蒋军，以为敌人是在溃逃，奋勇抢先，拼命追击，唯恐功劳被其他军队抢去。结果，直鲁联军在孙传芳的指挥下，集中兵力反扑，突袭蒋军右翼，其他主力从正北压过来，蒋军全面溃败，这是蒋介石自东征以来指挥的首次大规模的败仗。8 月 6 日，蒋介石仓皇逃到南京，惊魂未定，为推卸和逃避责任，立即下令逮捕第 10 军军长王天培。后于 9 月 2 日根据他的手谕，由同为贵州老乡的何应钦及白崇禧执行，处决第 10 军军长王天培，罪名是"指挥不当，临阵脱逃"。

王天培纯属替罪羊，此人在贵州军阀中起家，北伐初期加入北伐阵营，作为北伐后第一批向蒋介石输诚的地方实力派之一，曾为蒋介石南征北战，多次在北伐前线进行作战，南京政府成立时，担任军事委员会委员、贵州省府委员、第 10 军军长，时年只有 38 岁。在宣布逮捕王天培的高级军官会议上，王军长一进去，只见蒋介石的眼睛射出凶光盯着他。白崇禧则当头问说："你知道吗？"王天培被问得目瞪口呆。白崇禧紧接说："你不服从总部的战略部署，阳奉阴违，在进攻徐州战役中，被敌人一打就垮，一直向南溃退，几乎影响整个战局；而且你部下控告你十大罪状，克扣军饷等等……你知道吗？"（宓熙：《我在蒋介石身边的时候》，见《侍卫官谈蒋介石》第 326 页）在王天培脑子还没转过来之际，就被卫队给押下去。克扣军饷，在旧中国军队中名声很坏，但为常见之事，不足死罪。徐州之败，难以怪王天培一人，也难以追究责任，总指挥是蒋介石，败仗是 6 个军打的，论先溃败的部队也是 40 军在前、10 军在后，王天培被处决实为不公。蒋介石除推卸责任外，还有一个原因就是第 1 次辞职事件发生，内部的权力之争迫使蒋介石下野，所以以杀立威。

蒋介石从此养下这一坏习惯，每当下野前总要拿一个要员开刀立威。在第

2次下野前夕，他秘密处决了因叛徒出卖而抓获的国民党"左"派邓演达。在第3次下野前夕，他秘密逮捕了准备走向中共方面、劝说国民党上海守将汤恩伯起义的陈仪将军，后押送台湾秘密处决。

蒋介石第1次下野

面对中共发动武装起义，武汉方面在实力受到重创的情况下，决定改变打"正统牌"的方式，把用"正统牌"压南京变为在谈判桌上使用"正统牌"，要求南京政府谈判解决合流问题。南京方面在"北伐牌"没有成效不说还遭到惨败的情况下，由胡汉民出面致电冯玉祥，同意冯、汪提出的"联合北伐，共同讨共"的主张。宁汉方面在"反共"和北伐问题上取得一致，在利用冯玉祥方面也取得一致，冯玉祥又成为他们的引线人。冯玉祥只是成为短暂的双方合流的药引子，而不是双方所承认的中间调停人。

合流此时不仅为双方所认同，而且在合流的要害问题——蒋介石辞职问题上有了松动。徐州大败，是蒋介石建立黄埔军校以来所遇到的最大失败，在进军两湖、江西、东南过程中，有过攻不克的败绩，但没有被打败的记录，更没有一次被打败6个军的记录，蒋介石"不打下徐州，便不回南京"的承诺落空，无法向众将领交代，只得宣布辞职。

要求蒋介石辞职，最早起自汪、冯的郑州会议。蒋介石辞职的主要因素有以下几方面：

一是汪精卫乘机逼宫。汪精卫是个权力迷，此人一直想当"第一把手"，确实已两次当上"第一把手"，但是他对一直没有掌握实权感到愤愤不平，一直在图谋从实力派蒋介石手中夺回权力。在广州时期，因为军队在蒋介石手中，而党政权力因为他举着"联苏联共"招牌而被蒋介石、胡汉民为首的右派们所架空。回到武汉后，终于有了与蒋介石分庭抗礼的军队，湖南唐生智部、粤军张发奎部成为武汉政府与南京方面抗衡的主要依靠力量。同时，在当时国民党内，存在着武汉方面统辖的以粤系湘系为主体的军事力量，李宗仁、白崇禧指挥的桂系，蒋介石指挥的黄埔二系组成的蒋军，冯玉祥指挥的西北系，阎锡山指挥的晋军。其中，除阎锡山还未正式纳入国民党政治舞台外，西北系、桂系、湘系、粤系对逼蒋介石下野的目的不同，但都赞成蒋介石下野。再则，因为汪精卫已公开"反共"和"清共"，"红帽子"脱落，影响其与蒋介石讨价还价的主要障碍已经消失。在这种情况下，汪精卫与蒋介石比，有着从广州延续到武汉的正统优势；与西山会议派比，有着曾经领导国民革命的资本；特别是国民党内一大批人，对蒋介石公开另立中央、另组政府议论纷纷，在汪精卫公开"反共"后，西山会议派也不例外谴责蒋介石的分裂行为。汪精卫充分利用这一对己有利对蒋不利的情势，紧紧抓住蒋介石分裂党一事，紧逼蒋介石下野。所以在郑州会议时，就串通孙科、唐生智、徐谦等人，要求蒋介石辞职。蒋介石之所以敢于分裂党、重组政府，主要是抓住武汉还在"联苏联共"，在党内反动势力日益增大的情况下，蒋介石借与武汉红色政府划清界限重组政权，有不小的市场，但是在武汉政府开始"反共"后，此一理由已经不存在，而蒋又顶着分裂、篡权的帽子，政治上处于被动状况。相比之下，汪精卫据有相当大的政治优势，当然不会放过这一机会，与蒋介石拼一高低。汪精卫让唐生智于 8 月 9 日，再次发出讨蒋通电，称蒋介石"以党治军，以党窃政"，下令由程潜出任江右军总指挥，何键为江左军总指挥，沿长江两岸向东进发。只是因为宁汉合流开始而驻军于安庆、芜湖一线。

二是粤桂系乘机泄愤。两广作为近代中国最早遭到帝国主义列强侵略的地区，人民群众深受外国强盗的欺负和压迫，最早起来反抗；自护法战争起，孙中山就把广东作为根据地；国民革命也是在广州兴起。较早接受现代思想意识和观念、改变社会现状的要求也比其他地区强烈的两广地区，发起了一波又一波的反帝反封建运动。在社会变革运动的影响下，两广地区组建的军队，官兵素质较好，战斗力也比较强，因此，两广地区的政治、军事领袖们，并不欣赏蒋介石的能力和人格。首先，蒋介石作为浙江人，借助广东地区的革命力量，在广东获得成功，广东人看着蒋介石如何制造事端、如何篡党夺权，当然会有蒋介石善于投机的看法；其次，蒋介石指挥作战，冲锋陷阵的大多是广东人，当然会有蒋介石坐享其成的感觉；最后，在进军两湖、江西、东南过程中，打硬仗苦仗的都是第 4、7 军，第 1 军直到包围武昌时才有一部参战，三打南昌时失败又比胜利多，何应钦从闽出兵后打仗为次、收编为主；此外，北伐中凡是造成战斗失误的军事计划，**大都为蒋介石所提，凡是顺利达到目的的军事计划，大都为中共人士、苏联顾问和桂系、粤系、湘系将领所提，如此现实怎么能让第 4、7 军服气。**粤军站到了武汉政府一边，身在南京一边的桂系，精于审**时度势**，深知目前党内军内还无蒋介石的合适替代者。桂系最终同意蒋介石辞职，主要是为了实现宁汉合流，确实不是为了乘蒋之危取蒋代之，当然不排除利用兵败、合流一事教训一下蒋介石。这是蒋介石所看到的现实，只有离开现职岗位，让粤桂、汪精卫、西山会议派和亲蒋派相互残杀，然后再出来在更高的层次掌握权力。

三是蒋介石的不良用心。8月6日，蒋介石从徐州败回南京的当天，亲自从芜湖把李宗仁招到南京，向他表示："这次战役没有听你的话，吃了大亏。我现在决定下野了。"（《李宗仁回忆录》第484页）李宗仁表面上进行了劝阻，并没有真心挽留。蒋介石决定下野，是在不可能辞职的情况下辞职的。汪精卫要蒋辞职，并不是说蒋介石在当时不具备领导国民党和国民党军队的能力和威信，而是汪精卫要从蒋介石手中夺权，所以只是权力之争。既然是权力之争，那么就要看实力，谁的实力大谁就能赢，蒋介石牢牢控制着第1军为主体的20余个军的亲蒋部队，实力远小于蒋介石的汪精卫不可能替代蒋介石。第二，北洋军阀的军事威胁没有解除，孙传芳、张宗昌的直鲁联军、奉军张作霖联手抵抗已成定局，大敌当前，阵前换帅，显然不符军事基本规律，所以只要国民党还有军事作战任务，真正控制军队的蒋介石就不会失业。第三，国民党军事指挥圈内，各位将领互不服气。黄埔系和准黄埔系看不上粤桂军，以"嫡系"自居，经费和供给远高于地方实力派；桂系粤系等身为"杂牌"，打仗时为主力，经费和供给只能维持最低的水准，双方矛盾很大。在黄埔系和准黄埔系内部，除蒋介石外，何应钦、陈诚、钱大钧、刘峙、顾祝同等人，虽说职位稍有差别但资历、地位相差不多，所以还没有出现公认的领袖，更没有出现能够让各路军队佩服的领袖。因此，在黄埔系、准黄埔系内部将领之间，在黄埔系、准黄埔系和桂系、粤系、湘系及谭延闿、朱培德、程潜、李福林等老资格将领之间，互不服气，还只有蒋介石能够协调和指挥，要诸位将领供新菩萨，还不如信旧神为上，蒋介石这个国民党的门神还要继续挂下去。第四，武汉方面要蒋介石下台，但汪精卫在党内不可能技压群芳，一呼百应，南京方面和西山会议派内把汪精卫放在眼里的人不多；唐生智、张发奎更难让南京的将领们欣赏，真正要蒋介石辞职的武汉方面确实最没有可能取代蒋介石。第五，蒋介石与张群、黄郛、张静江、戴季陶、陈果夫等人仔细分析后，看到上述情况后决定辞职，其用意是：辞职只是暂时的，复职是必然的，以退为进比死顶硬拼好；既然这样在战败之际愿意辞职以示高姿态，敢于承担责任；利用辞职考察干部，从将领们对辞职的态度，来判断谁是坚定的亲蒋派，谁是随风倒的动摇派，谁是死硬的倒蒋派；复职时的蒋介石，已是宁汉合流后各方一致认同的领袖。

1927 年 8 月初的南京城内，天气炎热，令人心神不定，上层圈内更是一片混乱，人们的主题是关于蒋介石的辞职。

8 月 6 日，蒋介石召来李宗仁，表示愿意辞职，以承担徐州失败责任。李宗仁因为不摸底细，唯恐过早表态得罪蒋介石，所以进行全力挽留，一再劝蒋介石放弃辞职打算。

8 月 12 日，蒋介石召集中央会议，专门研究他的辞职问题。因为大部分中央执行委员、监察委员在武汉，南京方面人数太少，所以每次开会，只有开执监委联席会议。

参加会议的大多为长衫佬和一批年轻将领。在蒋介石表示辞职后，吴稚晖第一个发言，称："目前正值北伐吃紧之时，党国需各类人才，共谋统一大业，蒋总司令责任重大，万万不能辞职，否则只能使亲者痛，仇者快呀！"长衫佬大都与吴的看法相同。

显然已知蒋介石辞职一事、并已和李宗仁进行过商量的白崇禧对此不以为然。他说："宁汉分心离德，汉方意发兵征讨蒋先生，我想，宁汉双方大目标是一致的，这种意气之争，终有一天会解决的，我们为联合汉方斗倒北洋军阀，只得暂时委屈一下蒋先生，使汉方失去东征的借口，免去一场政治上的狂风恶浪。蒋先生自愿休息一段时间，我想于党国于蒋先生个人都是有好处的。"

白崇禧的发言，代表了当时南京政府内同意蒋介石辞职的政治势力的观点。李宗仁、李济深、李烈钧、何应钦等人也作了与白大同小异的发言。正如白崇禧所说，他们同意蒋介石辞职，并不是为了让自己或本派取代蒋介石，而是为了实现合流，在北洋军阀没有消灭以前，宁汉双方应该尽力回避出现自相残杀的局面。

8 月 13 日，蒋介石召集百余名高级军官开会，一开始就表示："我即将离开大家，以后大家一切听党中央的命令，我到何处去，尚未决定。"白崇禧、李宗仁、李济深、何应钦等高级将领作了同意蒋辞职的发言后，参加会议最多的师长级军官中，第 1 军第 10 师师长卫立煌站出来发言："现在北伐正在进行，要完成统一，总司令出国时间久了，是不利的。"卫的话引来会场一片骚动，只见会场中近三分之一代表举手不同意蒋介石辞职。蒋介石一见那么多的将领能够如此忠诚，对下野一事也就放心了。他当即表示："中央既有决定要我出国，时间没有明确规定，别的没有什么，希望大家听中央的命令，安心工作，把队伍带好。"于是宣布散会。（宓熙：《我在蒋介石身边的时候》，见《侍卫官谈蒋介石》第329页）更让蒋介石放心的是，蒋介石散会后回到丁家花园的住所，卫立煌、陈继承、顾祝同、蒋鼎文、刘峙、钱大钧、谭曙卿等一批师长，赶来效忠。

1927年8月13日下午2点，蒋介石带着卫队，上了挂在2点30分宁沪特快列车后面的二节车厢，直驶上海。得知消息前来送行的只有总司令部的副官处长胡承祜、参谋处长陈焯、交通处长陆福廷等中层官员。如此冷清的场面，与4个月前蒋介石到南京时受到热烈欢迎的场面形成了鲜明的对照。

晚上7点多钟，到达上海真茹车站，前来欢迎的也只有因为镇压革命有功、升为上海警备司令的杨虎、警察厅厅长吴忠信，以及蒋介石的老友黄金荣、杜月笙、虞洽卿等人。经过短时寒暄，专用车厢改挂在开往杭州的列车，11点左右到杭州。在杭州车站前来迎接的有浙江省主席张静江、军事厅长兼省防军司令蒋伯诚、保安处长朱世明、补充团团长王世和。第二天，蒋介石命令将卫队编入王世和团，并把卫队中的宋希濂、彭孟缉、宓熙等20人送往日本留学，蒋介石在杭州、宁波和溪口期间，则由王世和团负责警卫。

8月14日，蒋介石的辞职通电正式发表。在通电中，蒋介石先诉说辞职原因："余自受命党国，出师北伐，已兹一年。环顾四周情况，党国呈分裂之兆，人民穷困。国民党之大业，荏苒不见发展。推其原因，实共产党之阴谋所致。然武汉同志等不查原因，诽谤集余一人。余之存在既非党之利益，故余毫不踌躇，即刻下野。"然后，他又建议说："惟值此下野之际，为完成北伐与建国二使命起见，中正敢掬诚宣告其最后之愿望三事：（一）武汉同志速来南京，共筹党国大计；（二）分驻湖南、湖北、江西各地之武装同志与津浦沿线军队互为呼应，继续北伐；（三）要求湘、鄂、赣诸省彻底清党。"

蒋介石在杭州期间，在张静江、蒋伯诚和杭州市长周像贤等人陪同下，表面轻松游玩，然后前往溪口。可是下野之身的蒋介石要办的大事不少，趁南京、武汉为合流讨价还价之际，他要出国，他要结婚，他要复职……

蒋介石表面上不加张扬地离开南京，但他有着自己的打算：他需要统一，这样可以吞并汪精卫控制的具有法统地位的中央党部和政府，南京非法政府可以成为国民党的合法政权；他同意让步辞职，把汪精卫、西山会议派引来南京，稳住地方实力派桂系，为日后全面夺权整顿放下鱼饵；他制造混乱，辞职时带走一大帮人，中央监委张静江、蔡元培、吴稚晖及国民政府主席胡汉民等人均跟着蒋介石辞职去了上海，南京城里负责与汪精卫、西山会议派谈判的是做不了主的桂系和何应钦等辈，这就为今后进一步捣乱埋下了伏笔。

国民党合流——名"合"实"流"

蒋介石下野后，宁汉合流中障碍并未完全清除，要害是权力如何分配。

得知蒋介石下野后，武汉城内的国民党上层间一片欢呼之声，在他们看来崛起 3 年之久的蒋介石已经面临彻底失势的威胁，只要乘胜追击，蒋介石有可能从此成为政治边缘人物。他们低估了蒋介石的作用，低估了蒋介石在国民党内的地位。他们没有想到，在合流完成之日，差不多就是汪精卫被赶出国民党中央之时。但是不管怎样，蒋介石下野加快了宁汉合流的步伐。

宁汉庐山会谈

宁汉合流不仅是蒋介石和汪精卫之间的问题。此时的国民党内起码有以下几大派系：掌握南京政府实权的蒋介石系，在国民党党务系统中有相当大的势力、时任南京国民政府主席、中央政治会议主席的胡汉民系，掌握武汉政府的汪精卫系，孙中山的儿子孙科周围也有一批政客和门生自成一系，还有就是西山会议派，五大派系都要利用合流的机会，一展才能，争取权益。其中西山会议派联合蒋介石，孙科派联合汪精卫，胡汉民派则在两者中间寻机发展。所以，既然合流，就要进行涉及根本利益的权力分配；既然有五派，合流就不会顺利；既然不会顺利，即使完成合流也不会出现党内大一统的局面。

早在 8 月 6 日汪精卫开除国民党内的中共人士时，正值徐州大败的蒋介石、胡汉民、李宗仁、何应钦等人联名致电汪，对汪的"反共"行为喝彩之余，又说："翘请汉同志及早莅临。"汪精卫一看价格上涨，马上停步不前，待价而沽。8 月 17 日，汪精卫在确定蒋介石已经离开南京后，发表《迁宁宣言》，特意针对蒋介石的专权，提出要以党治国、以党治军。

南京政府派出胡宗铎作为联络代表前往，1927 年 8 月 21 日武汉党政要员汪精卫、谭延闿、孙科、宋子文、陈公博、顾孟馀以及军事实力派唐生智、张发奎等人东来庐山与胡会面。在会面中，汪精卫对同为南京政府主持人的广东帮胡汉民、邓泽如、古应芬、伍朝枢等和元老张静江、戴季陶等人，不以为然，只是提出要桂系李宗仁、白崇禧和掌握第 1 军的何应钦等前来谈判。

此时，北洋军阀的一个新动作，加快了宁汉合流的步伐。宁汉之争尤其是蒋介石下野后，北洋军阀内部欣喜若狂，孙传芳、张作霖把这当成恢复北洋军阀统治、千载难逢的好机会，两人都主张趁南京内部混乱之际，发兵渡江，收复失地。孙传芳唯恐张作霖南下抢地盘，抢先收拾旧部残兵，于 8 月初分兵 3 路分别由郑俊彦、刘士林、马玉仁指挥向长江扑来。郑俊彦、刘士林部分别进攻下关和龙潭车站，马玉仁部由扬州处渡江攻镇江。

经南京高级军事将领会议决定派遣善于调解、又有实权的桂系首领李宗仁前往，1927 年 8 月 21 日，李宗仁乘当年吴佩孚的座舰逆江而上，于次日中午到达庐山，同时到达的还有冯玉祥的代表刘骥。李宗仁表示欢迎汉方人士东下，同时要求停止东征的军事行动，并邀请汉方代表一同回宁。在合流问题上三方代表差异不大，决定 9 月 3 日以前武汉政府迁南京合并，武汉改设政治分会；谭延闿、孙科作为武汉政府的代表先去南京具体安排合流；同时安排已经到达安庆等地的东征讨蒋军中的第 6 军程潜部迅速开往南京地区，协助第 7 军作战，刘兴的 35 军、何键的 36 军向皖北出击，侧攻孙传芳部和直鲁联军。只是唐生智本人蛮不讲理，坚持要将大部队开到芜湖一线，进逼南京，以加强他本人的政治地位，李宗仁对此很不满意。后来谭延闿向李宗仁谈及唐生智的野心：出兵南京，由汪精卫任国民政府主席，谭任行政院长，何键、程潜、鲁涤平任皖、苏、浙省主席，唐自己任北伐军总司令。唐生智缺乏实力和智慧的野心决定他不可能成功。

南京龙潭战役

时至今日，南京四周的军事形势严峻，孙传芳部已经兵临长江。1927 年 8 月 24 日晨，李宗仁与谭延闿、孙科乘"决川舰"从九江返回南京途经马鞍山时，安徽省主席陈调元乘船来访，告知已接到唐生智决定要东下南京、请陈协助的信，李宗仁非常感动，要陈调元加强防卫。此时，只见江北横插过来的百余艘敌帆船蜂拥而来，有的已经爬上军舰，两艘铁舰凭舰载火炮、机枪及舰上官兵的武器，经过 20 分钟激战，才将敌方击退。

在蒋介石下野之初，自探知孙传芳正在调动兵力南下之时起，南京在李宗仁、白崇禧等人主持下，将江北的 3 路大军全部撤过江，并有所调整，集中在南京附近。何应钦的第 1 路军（编有何兼任的第 1 军、陈嘉佑的第 10 军、赖世璜的第 14 军、杨杰的第 18 军、周凤岐的第 26 军、李明扬的第 31 军）守南京城东线；白崇禧的第 2 路军（王普的第 27 军、陈调元的第 37 军、夏斗寅的新编第 10 军、马祥斌的暂编第 11 军），负责马鞍山和芜湖之间东西梁山以西的防线；李宗仁的第 3 路军（夏威的第 7 军、胡宗铎的第 19 军、贺耀祖的第 40 军、叶开鑫的第 44 军），负责东西梁山以东到南京东郊的防线。（见《李宗仁回忆录》第 492 页）

李宗仁、谭延闿、孙科从南京一上岸，军情已经非常紧急，初步探明孙传芳进攻的主力放在南京栖霞山、龙潭车站方向。两地分别位于南京东面约 10、30 公里处，向西直逼新政府的国都、东南政治中心南京，关系蒋介石政权的存亡；向东可沿沪宁铁路进攻镇江、苏州、上海，威胁南京政府的主要基地，同样关系蒋介石政权的存亡。孙传芳坐镇南京与龙潭北边犄角处六合，指挥这场对他来讲要么全军覆灭要么东山再起的战争。

李宗仁一到指挥部，立即安排 19 军军长胡宗铎派兵奔赴南京上游马鞍山附近的兔耳矶处歼灭渡江的孙传芳部，安排第 7 军军长夏威，向南京东郊的乌龙山第 1 军防地增派 8 个团的预备队。在李宗仁看来，此处才是孙传芳的主要进攻点。

1927 年 8 月 25 日后半夜，一再放风要到南京、上海过中秋节（公历 9 月 10 日）的孙传芳，指挥所部第 2、4、7、8、9、10、11、12、13、14 师等 10 个师和 4 个旅约 6 万余人轰然过江，直逼南京而来。渡江成功后，孙部当即攻下由陈继承的第 1 军第 22 师和李家钰的 22 军负责防守的栖霞山阵地，李宗仁急调已在白天消灭兔耳矶敌人的夏威部立即赶来栖霞山增援，双方在栖霞山进行了激烈的争夺战。此时，敌人已占领龙潭车站，宁沪间的所有联系也被切断。李宗仁、何应钦调集附近卫立煌的第 1 军第 10 师、刘峙的第 1 军第 2 师，反击龙潭车站，两个师英勇作战，无奈敌人太多，坚持不住，败退下阵。此时，正逢栖霞山被孙部第 3 次占领，孙传芳的特务队已到南京尧化门附近活动，南京城内人心惶惶，何应钦忙于第 1 路军总指挥部搬出南京，谭延阎也半开玩笑半当真地问李宗仁："德邻先生，你莫要把我们请到南京来当俘虏呀？"

作战进行到第 3 天，李宗仁命令夏威部限期夺回栖霞山；他赶到第 1 路军总指挥部稳住何应钦，一同前往东郊麒麟门一带，整理败退下来的第 1 军的两个师，准备反攻；此时接到消息，白崇禧在龙潭东面已经发动进攻。白崇禧原在上海负责筹款，因为工商界听到孙传芳即将进攻宁沪，所以久久不愿表态而耽搁，最后定于 1927 年 8 月 25 日返宁。原本白的专车先行，一列运煤车随后，后因白崇禧与工商界的座谈会而不能准时发车，所以运煤专列先行，白的专车随后。岂知运煤专列到达镇江时，铁路已被先行过江的孙传芳的特务队破坏，煤车脱轨翻车，本来有可能死于列车翻车的白崇禧这样逃过一劫，便在无锡下车。到 26 日凌晨 3 时，孙传芳部占领龙潭车站，白崇禧就近调集宁沪杭沿线上第 1 军王俊的第 1 师、顾祝同的第 3 师、陈诚的第 21 师，反击龙潭车站，对龙潭车站造成东西夹击之势。

作战第 5 天清晨，李宗仁、何应钦、白崇禧下令从三面围攻龙潭车站。李宗仁具体指挥已经占领栖霞山的第 7 军夏威兼领的第 1 师和钟祖培的第 3 师，胡宗铎的第 19 军，自栖霞山由西向龙潭进攻；何应钦具体指挥南京东郊第 1 军的第 2、14、22 师等师，由南向龙潭车站进攻；白崇禧指挥东线第 1 军的 3 个师向龙潭进攻。此时的孙传芳各部已被压缩到龙潭附近 30 里范围内，经过 5 天的作战锐气已失，很快被击溃。至作战第 6 天下午 2 时，战斗结束，南京方面伤亡 8000 余人，俘虏敌人师、旅长等高级军官几十人和官兵 4 万余人，缴枪 3 万余支和炮数十门，孙传芳本人乘小汽艇逃脱。

龙潭战役被蒋介石认为对国民党政权至关重要的三大战役之一，他称："（龙潭战役）关系首都之安危，革命之成败，在国民革命战史上实占重要地位；而战斗之激烈，可与棉湖、松口、汀泗桥、武昌、南昌诸役相埒，或且过之。"在战役中，白崇禧是"七天七夜未睡一个安稳觉"，当时代理国府主席蔡元培出面给白氏记功，谭延闿送的颂联是"指挥能事回天地，学语小儿识姓名"。李宗仁是力挽狂澜，上阵督战。但更多的是官兵的苦战和英勇牺牲，保证了战斗的胜利。龙潭战役是南京方面近期取得的少有的大胜仗，稳定了南京的局面，也增加了向汉方施加压力的本钱，加快了宁汉合流的速度。（龙潭战役部分请参见《李宗仁回忆录》第 464 至 515 页）

孙传芳则被彻底打垮，如果他战前准备更加充分一点，如果他能够联合张作霖、张宗昌部一起行动，结果肯定将会不一样，起码不会败得如此快。从龙潭战役中逃脱的残部被阎锡山收编，孙本人逃到沈阳投靠张学良。1929年1月10日，张学良处决内部悍将杨宇霆、常荫槐，孙传芳担心连累悄悄逃往大连，后定居天津租界。"九一八事变"后面临国难，他竟开始皈依佛教，1935年11月13日未带保镖参加佛教仪式，他的末日来临。当年被他处决的施从滨赴刑场时曾高叫要爱女报仇，施从滨的女儿剑翘一直在寻找复仇时机，在孙传芳做完佛事起立时，准备多年的施剑翘在他后面开枪，孙传芳当场毙命。杀死仇人后，施剑翘在刑庭上作诗一首："峨眉饮恨日如年，杀父深仇不共天；壮志不负三尺剑，丹心一片慰九泉。"因为施女士的壮烈行为，最后被特赦出狱。

汪精卫奔广州

龙潭战役打完，对武汉方面更加不利。一是汪精卫的支持力量减少，谭延闿、孙科已到南京，武汉只剩下汪精卫的一批追随者；二是唐生智的图谋没有成功，他东下芜湖一线的原意是在孙传芳得手后再赶走孙传芳独占南京，未料孙传芳迅速兵败逃走，只剩下唐生智的政治野心昭白于天下，汪精卫的军事支柱只剩下张发奎一部。合流出现对汪精卫极为不利的态势。

1927年9月5日，汪精卫、徐谦、陈公博、顾孟馀等屈驾到达南京，只见南京街头到处可见反汪标语，他凭多年的官场经验，嗅出其中的奥妙。南京城内的倒汪活动，主要根源是汪的基础已失，本钱不多，已无呼风唤雨的功夫，当然也就不被人重视。主要策划人有二：一是胡汉民，此人为南京国民政府主席，与汪精卫的心结已有时日，不共戴天、势不两立，已经形成有汪无胡、有胡无汪的局面，只要有一人在场，另一人必定会离开，如今绝不可能拱手将政权让出；二是李宗仁，此人在蒋介石离开后，成功地指挥了关系南京政府存亡的龙潭战役，桂系主力又都集中在南京附近，颇有军事委员会实际主席的架势；此人代表南京方面前往九江会谈，今又在南京城内吆五喝六，颇有党政实际主持人的架势，所以对党内和城内出现的"倒汪风潮"，不闻不问，助长了这一情势的漫延。不过，李宗仁进入国民党官场时间还不长，国民党官场要比广西旧军阀间的争斗要激烈、复杂得多。在军界，还有何应钦等人在限制；在党内，还有胡汉民等人在限制；在政界，还有更多的国民党元老重臣在限制，所以他只是在宁汉合流联络初期起作用，只要真正议到合流问题，他也只是个配角而已。

汪精卫一见南京城内的气氛不利于自己，于次日赶往上海，李宗仁为监督汪精卫也紧随赴沪。在上海，汪精卫的目的没有达到。他要见以此为基地的西山会议派，这批老右派对这位"左"派的作为记忆犹新，对他冷言冷语，不理不睬；他要见正在上海的胡汉民，胡汉民对这位已从同乡、同学转变为对手的人拒绝不见；他要召开国民党二全四中全会，其他各派都以武汉问题并非国民党所为而只是汪个人所为为由，予以拒绝。精明的汪精卫，看到通过合流再主国民党潮流的打算已成泡影，不禁大失所望。

在上海的各派卖给孙科一个面子，同意组成中央特别委员会以完成合流。9月11日，在伍朝枢的家中，南京、武汉、上海三个中央党部的代表聚会，握手言和，宣布宁汉分裂正式结束。次日，中央特别委员会组成。其中武汉方面推举谭延闿、孙科等5人为委员和候补委员3人，南京方面推举李宗仁、李煜瀛等6人为委员和候补委员3人；上海方面推举林森、许崇智、邹鲁等6人为委员和候补委员3人，三方共同推举汪精卫、胡汉民、蒋介石、唐生智、冯玉祥、阎锡山、何应钦、白崇禧等14人为委员，共36名正式委员和9名候补委员。

9月15日，南京和武汉的国民党中央执行委员、中央监察委员在南京成贤街中央党部，上海西山会议派的中执监委员在紫金山，分别举行全体会议，通过中央特别委员会名单，通过《统一宣言》，宁汉沪合流至此完成。

1927年9月16日，特委会在南京开会，三大巨头蒋介石、汪精卫、胡汉民见特委会为桂系和西山会议派主导，拒绝与会。会上宣布中央特别委员会正式成立。次日，特委会组成了46人的国民政府委员会，汪精卫、胡汉民、谭延闿、蔡元培、李烈钧为常委；成立了蒋介石、胡汉民、汪精卫等67人的军事委员会，3人还为由14人组成的军事委员会主席团成员。

马上出来破坏《统一宣言》的是汪精卫。汪精卫本想通过合流重新确立在国民党内的独尊地位，没想到只是特委会、国府常委、军委主席团成员之一，武汉方面没占到便宜，并且武汉方面的正统地位也被削夺。早在9月13日，汪精卫一看形势对自己不利，就离开上海前往九江，并发表引退通电；9月25日，汪精卫联合对特委会同样不满的唐生智，组织武汉政治分会，公开通电反对特委会和新组成的南京政府，提出"护党"主张。不过，原来的武汉国民党中央党部现在变成了中央政治分会，从中可见汪精卫地位的衰落。汪精卫只有借助唐生智的实力进行抗争。唐生智自占领两湖至今，大力扩充军队，实力增长不小。主要有鲁涤平的第 2 军、李品仙的第 8 军、叶琪的第 18 军、高桂滋的第 19 军、赵振国的第 30 军、何键的第 35 军、刘兴的第 36 军、庞炳勋的暂编第 5 军和 10 个暂编师，总兵力约 10 万人。

面对汪精卫、唐生智的分裂行为和位于安庆、芜湖一线的唐生智各部，10月 19 日，南京方面决定组织西征军讨伐唐生智，由李宗仁指挥。西征军中有桂系第 3 路军，白崇禧任总指挥，编有夏威的第 7 军、胡宗铎的第 19 军、陈调元的第 37 军；第 4 路军由程潜任总指挥，编有程的第 6 军、叶开鑫的第 44 军等部；第 5 路军由朱培德任总指挥，编有王均的第 3 军、金汉鼎的第 9 军等部。在安庆、芜湖一线，真是世事多变，2 个月前还是武汉方面主力的程潜、朱培德部，如今已成为讨伐武汉唐生智部的主力。

此时，蒋介石也派中国军事理论家、教育家蒋百里来找唐生智，要唐能打垮桂系就打，打不垮就退守湖南，保存实力；并要叶开鑫的 44 军暗中协助唐生智。岂知此时的战局已非唐所能左右，唐生智打肯定输，不打也不行，南京方面的 3 路大军占有压倒优势，决不会同意让唐部退守湖南。皖北的李品仙、何键部，面对李宗仁的进攻，宣布中立；叶开鑫因为密电泄密也被程潜解决；鲁涤平部宣布反唐；刘兴、高桂滋部被击溃；冯玉祥也宣布参加倒唐行列，由河南南下湖北。

至 1927 年 11 月 9 日，唐生智部被彻底击溃。11 月 11 日，唐生智在武汉召集幸存的高级将领开会。他不无末日之感地说："我唐生智无能，连累了大家，现在军事形势对我极为不利，为保存实力，我决计下野，东渡日本。我下野之后，望各位兄弟带好兵以备日后东山再起。不过，在我走之前，我要办妥一件事。"这位军阀他在下台前要找人祭旗。在作战期间，第 8 军李品仙宣布中立后，第 1 师师长张国威派人找到老乡程潜，表示愿意参加西征讨唐行列，唐生智即让弟弟唐生明设计诱捕了张师长。唐生智令人押上张国威，将他残忍地勒死于会场。

11 月 15 日，李宗仁率部进入武汉。唐生智残部回到一年半前出发的地点——湖南，在岳州盘踞。10 月 29 日，武汉已无立足之地的汪精卫，只好与张发奎、陈公博等人一起逃往广州。

此时，离开南京城、销声匿迹于政坛已经 3 个月的蒋介石，开始出面。

汪胡"出国考察"

桂系主力离开南京、唐生智被击溃、汪精卫前往广州，要求蒋介石下野的军政力量全部消失。不过南京城内，党权在西山会议派手中。夺回党权是蒋介石的第一要务，要夺党权必须召开二全四中全会，这关系到蒋介石的政治生命，只有在全会上才能完成蒋介石复职的程序，因此会议必须在没有西山会议派和汪精卫派的情况下才能召开。为此，狡猾的蒋介石纵容汪精卫出面，要求召开二全四中全会，因为西山会议派本来就不承认汪精卫在武汉召开的二全三中全会，当然更反对有可能分走西山派党权的二全四中全会；而汪精卫反对西山会议派和他们的阵地中央特委会的劲头会更大。这样蒋介石可以再次挑起汪精卫和西山派的矛盾，随后，蒋介石以和事佬的面目出现，在两派中折中，既不反对开四中全会，也不赞成开四中全会，提出于 12 月 3 日召开二全四中全会预备会。

蒋介石确实是个名副其实的大导演。这出戏果然达到预期目的，两派吵得不可开交，穗沪宁上空都是他们互相攻击的电波。11 月 25 日，南京举行庆祝讨唐胜利大会，会后游行群众在复兴桥与军警发生冲突，当场死 2 人，伤 75 人，酿成惨案。南京有关机构在汪精卫的暗中支持下，组成了惨案后援会，宣布西山会议派是惨案的真正元凶，要求缉拿凶犯。12 月 28 日，西山会议派骨干邹鲁、居正、许崇智等人被迫出国。西山会议派的势力再次受到遏制。

惨案后，西山会议派在政坛的作用大减，蒋介石开始集中精力对付汪精卫。

汪精卫、张发奎逃到广州后，准备利用家乡的优势发展实力。他们的主要对手是李济深，说来也怪，广东近代人文荟萃，武有武将，文有文臣，可自辛亥革命以后，广东被龙济光、陆荣廷统治近 10 年。1920 年 11 月、1923 年初孙中山回到广州，建立革命政权，1926 年 6 月北伐开始后，广东的统治者又是广西人、国民革命军参谋长李济深。受狭隘地方主义影响的部分广东人士，对被广西人统治一直不满，这种情绪为汪精卫、张发奎所利用。

汪、张准备依靠的军队是第 4 军。由广东子弟组成的第 4 军，在北伐中素有"铁军"之称，在蒋、汪先后"反共"后，第 4 军也加入了反革命军事阵营。南昌起义后，第 4 军"追剿"起义红军南下广东。就像当年在广东起家一样，第 4 军也打算回到家乡，补充在南昌起义中被中共拉走的部队，东山再起。汪精卫和第 4 军不谋而合，张发奎又是第 4 军的老长官。

汪精卫、张发奎的第一步是先驱逐李济深。11 月 16 日，汪精卫以参加"二全四中全会预备会议"为名，将李济深骗往上海，调虎离山，造成驻扎广州的桂军无人指挥的局面。张发奎当天则以"实现汪主席'救党'主张"为号召，指挥第 4 军，发动兵变，包围留守广州的桂系 15 军军部，围攻军长黄绍竑、驱逐桂系。

汪张倒桂，成为国民党上层倒汪活动的好时机。11 月 24 日，25 位国民党各界各派代表召开谈话会，决定于 12 月 3 日举行二全四中全会预备会。二全四中预备会议召开，会议不再讨论合流善后问题，而成为声讨汪精卫的专门会议。不少大员联合一致指责汪精卫，李宗仁支持吴稚晖、张静江等中央监察委员，提出了"对汪精卫等主使张、黄叛变的检举案"；被汪精卫愚弄的李济深也提出了"粤委员附逆者应当退席听审案"。此时，南京国民政府也下令讨伐张发奎和第 4 军。汪精卫为躲难关，再次求访胡汉民，希求取得同乡同学同志的支持，胡汉民没有见他。汪精卫求教于蒋介石时，蒋介石与汪"推心置腹"，一片诚心地"建议"他留洋出国，暂避风头。

张发奎、桂系在广州城郊争战时，城内守卫力量不足，12 月 11 日中共广东省委根据中共中央的指示，发动武装起义。顿时南京方面对汪精卫的指责马上升级，认为他有通共嫌疑人有之，认为他的驱逐桂系促成广州起义的人有之，认为他有意割据广东的人有之。任凭汪精卫如何解释，公布与广州方面来往的电报和文件，均无济于事。蒋介石和胡汉民为挤走汪精卫，更是台前幕后积极活动。16 日国民政府下令查处汪精卫的行动。汪精卫在一遍责骂和嘲弄声中，孤立无援，只有再次出走。12 月 17 日，离开上海经香港去了法国。半个多月前，他极力想搞垮西山会议派，想不到他自己比老右派们提前 11 天离开了故土。汪精卫第 2 次被排挤出国民党中央，蒋介石坐收渔利。

逼走汪精卫，还有胡汉民。胡汉民对蒋介石的威胁并不大，但是会制造麻烦，并且动辄摆出一副党的元老、资深领袖的架势，对蒋介石及张静江、吴稚晖、陈果夫等人指手画脚，因此为了让蒋介石顺利复职，亲蒋势力利用胡汉民性格中的弱点，策划了一场"温开水式"的进攻。

胡汉民见汪精卫出国，还不解气，要求中央查办汪精卫及其追随者，在智囊们的建议下，蒋介石有意不办。再加上汪精卫为取得蒋介石的支持，曾在四中全会预备会议上，提案要求蒋介石复职，颇有蒋汪联合的意向。对汪精卫的一举一动分外敏感、一直想置汪精卫于死地的胡汉民，对蒋、汪勾结无法接受，于次年1月25日与孙科、伍朝枢一起，离开上海，前往欧洲考察。

随着西山会议派和汪精卫、胡汉民的离去，蒋介石的机会来到了。

（二）再度结婚，蒋介石的喜事

1927年8月12日蒋介石离开南京后，正式开始他第1次下野后的经历。下野后的蒋介石有政事要办——因为"二期北伐"将进入日本的在华势力范围山东和华北地区，需要与日本军阀进行沟通，以同意日本在华侵略特权，换取日本的支持。下野后的蒋介石有私事要办——因为他已向宋美龄求婚数年，需要与宋家交涉，正式完婚。此外，蒋介石还要考虑如何整垮宁汉合流后出现的新的政治组合，重建自己的王朝。总之，下野的蒋介石，需要完成的事务并不少。

蒋介石下野——名闲实忙

1927年8月14日，蒋介石回到了家乡。自1923年4月6日修完祖坟离开，至今阔别溪口已经4年多。家乡情很浓的蒋介石一进武岭门，躁动的心情得到了平静。

雪窦寺算命

只是这种平静很快被打乱。蒋介石进了丰镐房院内，"从里面出来一位四十左右的缠足妇人，那外面刚跑进去的小姑娘，也跟在后面。这位妇人气呼呼地不由分说，手指着蒋介石，一面哭，一面大声地诉说：'你今天怎么舍得回家来？你把我的儿子送到外国去，一去多年没有信息。你要还给我儿子！你不还给我儿子，我要同你拼命'！""看着蒋介石的面孔，他不生气，也不着急，一句话也不说，也很为难的样子，走上前去，挽扶着她，慢慢地走进里面上楼房去了。"（见《我在蒋介石身边的时候》，《侍卫官谈蒋介石》第334页）这只是蒋介石回到家乡后的一个小插曲，因为他的长子蒋经国于1925年10月19日前往苏联留学后，只是在蒋介石叛变革命时发表过公开声明，谴责蒋介石的叛变行径，其余没有任何信息。毛福梅的担心是有道理的，蒋经国在苏联的留学生涯并不轻松。不过此时的蒋介石自己也没有办法，因为"反共"政变已经得罪苏联和第三国际，蒋经国在苏联的生活将会因此受到影响。

蒋介石回到家乡的第一件事情是扫墓。第二天一早，蒋介石身着长衫，与同父异母的兄长蒋锡侯一起去母亲的坟地，依次行礼致敬。蒋介石很有感慨，他在当时修葺祖坟时，不过是个孙中山北伐大本营参谋长，在山坡上种满了马尾松幼树，如今树已长成，他自己也已成为国民党的大家长。

扫完墓，蒋家兄弟二人顺便去了雪窦寺，这是蒋介石荣升黄埔军校校长、也就是进入他政治发展新时期后第一次来到此地。雪窦寺不算大，有20多间房十来个和尚。蒋介石一行"来到庙门，他们（和尚）并无人出迎。我们一行走进了大雄宝殿，一位和尚满面春风地迎出来，两手合十，口念'阿弥陀佛，欢迎！欢迎！'这位大师父叫太虚法师，是雪窦寺的住持，远近驰名。听说他精于星相，所言多奇中，但不轻易给人谈相，只有在他高兴的时候，略谈几句，稍露即止，不肯多说。和尚请蒋介石到方丈室里坐，蒋介石叫卫士不要入内，只有蒋氏兄弟和我及排长李振福共四个人进入方丈室，小和尚送茶点上来，他们就谈起来了。和尚一开口先奉承一番说：'总司令从广东出师以来，所向披靡，不到一年，即底定长江流域。'接着又说，'令堂的陵寝，是一道龙脉，宛如一尊弥陀佛，有印山、有明堂，左右环抱，真是天造地设，不久还要发达。'和尚说得眉飞色舞，头头是道，越说越有劲；蒋介石听得很入神，笑逐颜开，越听越高兴。自南京宣布下野以来，没有这样的喜悦，在座的蒋介卿（锡侯）当然也很高兴。和尚说了一大套，蒋介石才回答说：'师父未免过奖了，我实在不敢当，我谈不上有什么功劳。我现在已是在野之身，不久就要出国去了。'和尚听了很惊讶地说：'什么？你怎么是个在野之身？我不相信。'蒋说：'师父，我说的是实话，是中央做了决定，叫我出国，我在家住不多久，就要离开了。'和尚再问一遍说：'是真的吗？'答：'是真的。'于是和尚沉默了一下，略微地皱眉思忖，有顷，和尚问蒋介石的生辰八字，蒋介卿代答道：'光绪十三年丁亥九月十五日午时。'于是和尚就在室内的经架上，取出一本什么书，翻开来查案上有一个圆木盘，上面有许多圆圈，有黑字，有红字，盘子里面有许多红纸卷子，好些小卷子，和尚要蒋介石抽出一个小卷，交给和尚看。和尚走到经架上，取出一本什么东西，把蒋所抽出来的那个小纸卷，仔细地、认真地聚精会神地查对，又掐指推算了一番。室内空气十分寂静，大家注视着和尚的动作。和尚一本正经地站起来，走到蒋介石前面，双手合十，毕恭毕敬，煞有介事地向蒋介石行了个礼，面带笑容地说：'恭嘉总司令，从此凶化吉了！论总司令的八字，今年流年是丁卯，犯天狗星，所以交秋之后冲动，不死也受伤，但正在行运，远福无量，绝无妨碍，远则两年，近则一年，必然东山再起。那时总司令的权位，要比现在高，贵不可言。明年流年戊辰，非常顺利，东山再起，没有问题。这是贫僧凭总司令的八字命运，推算出来的，绝无虚言，因此贫僧预为祝贺。'当时蒋介石听了和尚一番话之后，表现得非常高兴，连声称谢。"蒋介卿马上送上了红包。（宓熙：《我在蒋介石身边的日子》，见《侍卫官谈蒋介石》第338页）

蒋介石主掌国民党实权以来，在南昌算过一命，似真似假地让他避免了失败；雪窦寺算命，则似真似假地告诉他明年将会重新登台。作为太虚和尚，可能是因为来溪口雪窦寺的国民党要员不少，从中了解一些国民党内政治态势，知道蒋介石不会就此被清出政治舞台；也可能是冥冥之中的感觉。反正他对蒋介石的复出一事预测基本正确，反正本来对第一次使用以退为进这一带有很大风险的超级政治权术没有把握的蒋介石听了很高兴。

蒋介石听了和尚的话，情绪很好，干脆不下山了，住在雪窦寺中，并周游附近风景点。

被田中嘲弄

似若闲云散鹤、淡泊轻松的蒋介石，实际上内心并不平静，他在思考着下一步的行动。

在山上期间，浙江省主席张静江、省防军司令蒋伯诚、保安处长朱世明、上海警备司令杨虎、上海警察厅长吴忠信、第1军军长刘峙、第9军军长顾祝同，32军军长钱大钧以及蒋介石的亲信将领陈继承、卫立煌等人都登门拜访。这些人仅是为了表示对蒋介石的忠诚而来，他们不能决定政治的走向。只是从他们的口中，蒋介石了解了很多南京、武汉、上海之间的政治交易。

1927年9月22日，在张群的陪同下，蒋介石离开溪口前往上海，准备去日本。

蒋介石曾在南昌时就派出过戴季陶到日本探风，以后也派过一些官员与日本方面联系，此次则亲自出马，目的有二：一是发展同日本当局的关系；二是他准备向宋美龄求婚，而此时宋小姐正好去了日本。9月28日，蒋介石在张群陪同下，登上"上海丸轮"前往日本。在长崎登岸后，即在宋子文的安排下，先去探望正在神户有马温泉的宋母谈妥与美龄的婚事。

日本，对蒋介石来说非常熟悉，曾在留学、避难期间多次到过日本。此次他可谓是旧地重游，一晃就是20余天。10月23日，他到达东京，与各界要员进行会谈。日本人对蒋介石很有兴趣，当年的士官候补生，如今已成为中国军队的总司令；当年的避难者，如今已成为中国权力最大的人物。为了在中国获得更多的政治、经济利益，日本军国主义当局对蒋介石表示了相当的热情。

蒋介石早在到达长崎后发表的书面声明中说："余此次来日，乃欲观察及研究13年以来进步足以惊人之日本，以定未来之计划。且余之友人居日者甚多，欲乘此机会重温旧好，并愿借此与日本名流晋接。"在《告日本国民书》中则谈到了他此行的真正目的："中日两国根本之亲善，非利用军阀所能成功，亦非少数人之互相结合所能奏效……吾人今后努力亲善之工作，首当扫除国民间以前之误会与恶感，打倒亲善障碍之军阀，并切望日本七千万同文同种之民族，对于我中国革命运动彻底了解，而予以道德及精神之援助。"原来蒋介石访日，就是为了获得日本当局的支持！

在东京期间，蒋介石在日方和美国等西方国家驻日代表进行了广泛接触，进行了一系列的政治交易，其中主要是与日本当局的谈判。在铃木贞一的安排下，蒋介石会见了与日本当局关系密切的头山满，并住进了头山满从川野长成处借来的别墅。他向头山满表示赴日就是因为北伐将与奉军张作霖作战，而日本是张作霖的后台老板，因此希望通过与田中首相的会谈，争取对北伐的支持。头山满当即表示可以安排他会见田中。

蒋介石特意拜访了当年编为士官候补生时所在部队的师团长长岗外史和野炮联队队长飞松宽吾，当场写下了"不负师教"的条幅。长岗事后称："我照拂过不少中国青年，像蒋君那样至今不忘恩义的人，实在是非常难得。在日本留学时代，未见放射任何异彩，而今天跻身于这样的地位，就是基于这种茁长自心地上的美德。我对于不忘恩义的蒋君，怀有无限的尊敬。"

1927年10月5日，蒋介石和张群、殷汝耕出席了日本外务省事务次官出渊胜次举行的欢迎招待会。出席作陪的有日本外务省情报部长小村寿太郎、亚细亚局局长木村锐市等。之后，蒋介石还与陆军大臣白川义则、参谋总长金井范三、参谋次长南次郎等军国主义骨干进行了会谈。

11月5日下午1点30分，蒋介石身穿西服，打一花哨领结，皮鞋锃亮，衣冠楚楚，前往日本首相田中义一的东京青山别墅，与田中义一会谈。这位日本首相给蒋介石留下的印象是："身材高大，谈吐粗鲁，讲究穿镶边制服。"这位军国主义狂热分子，对蒋介石要日本支持南京政府完成北伐的要求，全面拒绝，他责问蒋介石："阁下何不以南京为目标，统一长江为宗旨，为什么急急忙忙北伐呢？"一直在鼓吹发动侵华战争的田中，十分欣赏蒋介石的"反共"行动。他说："值此革命困难之际，通观大局，首先应以解决长江以南为当务之急，而堪当此任者非阁下莫属，深望阁下自重。如长江以南不得解决，那时则一度剪去幼苗之共产党必将重新成长。倘有幸得以收拾局面而控制大局，则共产党就不能抬头；否则，此患巨大。我深信阁下在南京时之实力，定可以阁下之力稳定南京一带之局面。当前阁下无须急于北伐，可首先巩固自己之地盘。对北方张作霖、阎锡山、冯玉祥之争，亦可不予插手，他们的争斗必定各有归宿，故以放任为上策。关于唐生智之行动，难望其成功，不久恐将失败，故阁下应得以专心致力于南方一带之统一。"田中宣称，只要不影响日本在东北的利权，日本之所愿，仅在于维持满洲之治安而已。几天后，蒋介石再一次会见了田中。对于两次与田中会谈，蒋介石在日记中说："综核今日与田中谈话之结果，可断言其毫无诚意，中日亦绝无合作之可能，且知其必不许我革命成功；而其后必将妨碍我革命军北伐之行动，以阻止中国之统一，更灼然可见矣！日本尝以北洋军阀为对象。自日清甲午战争以来，凡与日本人交流者，类皆腐败自私之徒，故使日本人视我中国人为可轻侮，亦积渐之势然也。余此行之结果，可于此决其为失败。然使田中仍以往日军阀官僚相视，一意敷衍笼络，而相见不诚，则余虽不能转移日本侵华之传统政策，然固已窥见其政策之一般，此与余固无损也！"日本出于帝国主义反对共产主义的本性，支持蒋介石"反共"；日本出于对中国的侵略野心，不会赞成中国的统一；日本在华侵略特权没有得到绝对保证之前，不会支持蒋介石进军北方、消灭张作霖的军事行动。

1927年11月10日，蒋介石回到上海，需要做的事情很多，主要有二：

一是为复职铺路；二是与宋美龄小姐完成婚配。两件大事，一公一私，此时均有眉目。关于复职问题，在宁汉合流进行过程中，黄埔门生和吴稚晖、张静江、戴季陶、陈果夫等人，深知在蒋介石已经掌握绝对优势的情况下，任何对国民党大政方针的决定，离开蒋介石是不可能完成的；他们在没有蒋介石支持的情况下，也不可能获得相应的政治利益，所以他们与其说是忙于合流，不如说是敷衍了事，所以军权落入桂系手中，党权落入西山会议派手中，政权落入胡汉民派手中。但是，蒋介石和亲信们有缝可钻，这就是利用原来对合流期望过高、但大权旁落的汪精卫，对付桂系和西山会议派、胡汉民系，让他们自相残杀，然后坐收渔利。结果桂系讨伐唐生智离开南京去了武汉；西山会议派因为"一一·二五惨案"被逼走；汪精卫因为广州桂粤之争和广州起义而流亡海外；胡汉民因为怀疑蒋汪勾结而出国考察。并且，以上四大帮派互相纠缠不休，各自缺少足够的实力，所以对拥蒋复职是一致的。南京城内只有亲蒋势力毫发无损，岿然不动，国民党另外两大军事首领冯玉祥、阎锡山也是站在蒋介石一边，蒋介石复职的时机已经成熟。

蒋介石再婚——婚姻有终

与宋美龄完婚，是下野后的蒋介石的主要任务。蒋介石进入上海，建立南京政府，与在上海的宋美龄近在咫尺，于公于私，蒋介石身边都要有宋美龄陪同。

宋家和宋美龄

蒋介石的未婚妻宋美龄一家，是中国近代史上接受西方文化、运用西方经营方式成功者中的代表。

宋父宋耀如（后起的教名为 Charles Lones Soong，称宋查理），1866 年出生于海南文昌县一个家景一般的家庭里，9 岁那年，耀如和哥哥一起前往东印度群岛谋生，12 岁随着被称为

宋美龄的一家。左起（地上坐者）：蔼龄、子文、子安、庆龄，中排坐者为宋耀如（左）和倪桂珍，站者为子良（左）和美龄（右）。左上角是宋耀如年轻时的照片

三姐妹的合影。左为庆龄，右为美龄，中为蔼龄

舅舅的亲戚去了美国，一度在波士顿和北卡罗来纳州的缉私船上工作，14 岁成为基督教卫理公会教徒，皈依基督教改变了他的命运。次年在友人的支助下，到三一学院、田纳西州凡德比大学神学院学习，19 岁毕业后作为传教士派往中国。1886 年 1 月回到上海地区传教，1888 年晋升为牧师，后来筹组中国区的"基督教青年会"等宗教组织，该会在近代宗教界有一定的影响力。传教之余，宋耀如还在教会学校讲授英文。1889 年宋查理辞去教会职务，自办"美华书馆"，很快成为有影响的出版商，在上海实业界占有一定的地位。1894 年，宋查理结识了孙中山，开始成为中国革命的积极支持者和参与者。辛亥革命后，一度出任铁道部财务局长，宋耀如病故于 1918 年 5 月 3 日。其一生基本上能够顺应历史潮流，冲破封建束缚，在沟通中西方的交流方面，注意引进先进的技术和管理方式，发展民族工商业，最终参加了资产阶级民主革命。这在当时的条件下，已经是所能达到的较高的觉悟程度。

宋耀如和倪桂珍成婚于 1887 年（倪氏病故于 1931 年 7 月 23 日）。1897 年 3 月 5 日宋美龄出生，这时她已有大姐宋蔼龄、二姐宋庆龄、大哥宋子文，后来又有了两个弟弟宋子良、宋子安。宋父思想开明，母亲多才多艺，儿女们不用受封建礼教、家庭专制限制不说，还被鼓励去学习文化科学知识。父亲在美国有友人，儿女们可以早早到美国留学；父亲有经济实力，儿女们有了留学的经济基础；父亲政治上进步，儿女们从小接近革命阵营，为以后大展宏图提供了前提，也为三姐妹分别与孔祥熙、孙中山、蒋介石结秦晋之好提供了机会。

1904 年 5 月，宋家长女宋蔼龄到美国佐治亚州梅肯市卫斯理女子学院学习，这是该院的第一位中国姑娘，年仅 15 岁。1907 年夏天，宋家的另外两个女儿也到美国学习。1912 年宋美龄成为卫斯理女子学院的学生，此时蔼龄已经回国两年，庆龄已在该校学习 4 年。1913 年秋，庆龄毕业回国，美龄则转到北方马萨诸塞州的威尔斯利学院学习，因为那里离大哥宋子文就学的哈佛大学较近。1917 年秋，宋美龄毕业回国，宋小姐没有获得硕士、博士学位，但是在她成为"蒋夫人"后，母校和其他一些美国大学共授予其 14 个荣誉人文学和法学博士学位。

三姐妹留学美国，她们学到了流利的英语，学到了先进的文化科学知识，三人在对待西方文明上有不同的表现：大姐需要西方化的生活，信仰拜金主义，对积敛财物的兴趣要高于其他方面的爱好；二姐吸取了西方文明中的民主内容，在灾难深重的旧中国为争取人民的权利而斗争；小妹则利用西方文明的形式，强化国民党蒋介石集团的独裁统治。

美龄回国时，宋家的长女、次女已经出嫁。宋蔼龄于 1914 年春与孔祥熙结婚，成为孔、宋两大财界势力结合的开端，以后共同负责国民党的财政，帮助蒋介石掌管金库，成为南京政府的主宰者。1915 年 10 月，宋庆龄和孙中山结婚。随着中国政治形势的发展和孙中山领导的革命事业不断推进，宋家的地位随之升高。随着宋家地位的上升，对与宋家联姻的孔祥熙和后来与宋美龄结婚的蒋介石，影响也越来越大。密切与孙中山的关系，这对蒋、孔来说是极其需要的。

宋美龄回国后，以她的开放、博学的见识，以及高超的社交能力和让异性心动的美貌，艳压群芳，使多少上海滩上的交际花黯然失色。在以后的 10 年间，美龄参加过一些社会工作，还在电影审查委员会和其父创办的基督教青年会工作过一段时间。但她未做过什么实质性的工作，也未取得什么成绩。她的一生都是这样，缺少干事业所必需的韧性和耐力，不想通过努力和奋斗去登上成功的阶梯，因而也很难取得什么惊天动地的业绩。可她又总想一鸣惊人，成为万众瞩目的人物，闻名于各界。这是长期在名人圈内周旋而产生的心态。

宋美龄长期生活在名人圈内，养成了目空一切、眼高手低的陋习，看不到名人曾为成名付出的辛劳，只欣赏名人的声望和待遇；她愿意享受名人们的一切，可不愿付出名人们曾付出的代价；她羡慕名人们的成功，可不愿像名人那样去奋斗。

要实现这一点，作为名女人和漂亮女人，不是没有可能。她要用联姻的方式，一跃而进入上层圈，谈笑封侯，改变自己的命运。就像宋美龄自己宣布的

1915年宋庆龄与孙中山结婚，将其一生献给了中国的进步事业（1920年摄于上海）

那样：决不给一个中国大亨做夫人。在宋家三小姐身上，没有继承父辈善于赚取高额利润的因子，她需要权力、地位，需要一个政治舞台。当然，有了权力和地位，在旧中国等于有了金钱和享受。

宋美龄在观察和等待，选择一个能给自己带来超人的权力和地位的郎君。由于有大姐夫、二姐夫，宋家的三女婿当然也应是个过人之辈。小妹不会甘居姐姐之后，她在慎重选择终身大事上，这位新女性一反常态，表现出极大的耐心，共用了10年时间，与蒋介石结婚时已经30岁。为避开在旧中国用在女性婚事上不太雅观的"而立之年"，从当时起，宋家把宋美龄的出生时间向后推了3年。

宋美龄留美期间有过恋爱经历，正值妙龄的漂亮女大学生与人谈情说爱实属正常。宋小姐最终选中的白马王子是人已中年的蒋介石。

有宋美龄那样文化构成的女性，在当时枪杆子决定一切的社会条件下，不可能在政治圈有多大发展，需要有强大的武力做靠山。有蒋介石那样背景的男性，也需要宋美龄那样有文化修养和社交能力，及在经济界有一定实力的人协助。说到底这就是蒋、宋联姻的基础所在。所以，蒋介石能够一改不严肃的私生活，见宋后不娶二女；宋愿意与生活习性和兴趣爱好全无共同之处、浑身上下不见洋味、且已有过三房妻室的蒋介石结合，原因皆在此也。

蒋的早期婚姻

蒋介石早期的婚姻和生活，则成为宋美龄的胸中块垒。

蒋介石和宋美龄结婚时已40岁，在此之前，先后和两位女性结婚、一位女性同居。第1次婚姻是与同乡毛福梅结婚。毛氏遵奉三从四德，对丈夫百依百顺，对婆母孝敬可亲，平时吃斋念佛，这对一个不离家乡、不见世面的一般山区男青年来说，不能不说是一个理想的妻子。对蒋介石来说则不是这样，蒋某年轻时出洋留学，又因参加反对"满清"和北洋军阀的斗争常年在外，经常出没于日本、上海的游乐场所，传统的道德、观念、意识对他不再起什么约束作用。追求自主婚姻，反对封建礼教是当时颇为时髦的口号。毛福梅本来是靠包办婚姻、父母做主才得以嫁给蒋介石的，在蒋介石成为"革命人物"、成为沪军第5团团长活跃于上海滩时，对此必有反意。在反对封建婚姻的时候，毛福梅成为牺牲品。蒋介石抛弃她，当然有喜新厌旧的个人原因，可也是当时青年背叛毫无生气的时代所带来的必然结果。

第2次是和姚怡琴同居。蒋介石对年长4岁的毛福梅不感兴趣，又碍于寡母之命不得离婚，在远离家乡和毛福梅的情况下，从1912年起就和姚女士同居。姚氏出身寒门，家住苏州冶长河边，小名阿巧，父母早亡，由叔父抚养成人，嫁与邻村的姚天生，一起到上海谋生。姚怡琴后在一家高级妓院当"娘姨"，即丫环。蒋介石在上海活动期间，认识了姚怡琴，两人相爱后秘居于法租界蒲石路新民里13号，姚怡琴也易名为姚冶诚。后被姚天生察觉，蒋介石付了一笔钱后了事。蒋介石此举主要出于孤身在外生活上需要女人照料的考虑，也是在婚姻生活中寻找安慰和理想人选的一次尝试。蒋、姚不可能白头到老，两人间是有感情的，但姚氏只能成为蒋某暂时的贤内助，在蒋介石的地位日益提高以后，她的出身、经历和文化修养使她不可能成为蒋介石政治上的好帮手，两人分手于1921年11月间。姚氏和蒋介石一起生活近10年，没有孩子，只有蒋介石收养的戴季陶之子纬国经常在一起生活，姚氏对养子付出了一个母亲应有的爱心。所以，母亲和养子之间的感情并未因以后政治风云和蒋家内部的变化而受到影响。姚怡琴经常住在离蒋介石所在地不远的地方，除抗战期间迁到重庆外，其他时间主要住在苏州，以便于蒋纬国和蒋经国过去探望。后随蒋介石集团一起去台湾，定居台中，蒋纬国几乎每周都去探望。1966年去世，终年

蒋纬国夫妇和养母姚冶诚在一起

81岁。

第3次是和陈洁如结婚。陈洁如也是苏州人，原名叫陈阿凤。陈阿凤因为友人的关系经常到张静江家，也是张家常客的蒋介石十分喜欢这位阿凤，并明白表示要娶她为妻，此时陈阿凤只有13岁。1921年前后，孙中山的革命事业进入一个新的阶段，在广州正式建立革命根据地，从事地下斗争多年的革命党人终于有了属于自己的辖区。蒋介石也来到广州，出任粤军第2军前敌总指挥，这和在法租界内的地下活动不同，现在有了公开身份，有了政权，官场活动正规化制度化，政务、外事、社交活动大为增加，显然对身边的夫人要求更高了。毛福梅、姚怡琴无法适应。陈女士和姚怡琴一样出身寒门，可比姚强得多，这位姑苏美女在社交方面富有天赋，后来蒋介石出任大本营参谋长、黄埔军校校长、国民革命军总司令，陪同出场的就是陈洁如女士。蒋介石为了讨得阿凤的欢心，穷追不舍，后经张静江介绍，于1921年底16岁的陈阿凤和蒋介石结婚，阿凤改名为洁如。蒋介石到广州后，陈洁如经常陪同前往，成为当年广州城里有名的"总司令夫人"。陈洁如和蒋介石没有生孩子，只有一养女陈瑶光。作为蒋介石的第三位夫人，她和蒋经国、蒋纬国兄弟两人的关系都十分融洽。只是此时的蒋介石已经看中了上海滩上的名门闺秀宋美龄，所以蒋陈婚姻出现危机。宋、陈比较，宋美龄在社交风度、文化素质、对西方的了解和对官场的精通方面，远远超过了陈洁如，蒋介石弃陈娶宋势在必行。1927年底，蒋介石在和宋美龄结婚前夕，让秘书陈舜耕"陪同"陈洁如去美国留学，最后获得哥伦比亚大学硕士学位。新中国成立后，她留在了上海，担任卢湾区政协委员。1961年经周恩来总理的批准去香港定居。到港后，陈洁如闭门不出，易名陈璐，住在蒋经国为她买的豪华住宅里。次年，蒋介石还派人给陈洁如送去一封信，表达了已经迈入老年的蒋介石对她的怀念，信中说："往昔风雨同舟的日子里，所受照拂，未尝一日去怀。"1972年2月21日，已经病危的陈洁如，也给蒋介石写了最后一封信，表示难忘旧日之情。这位历经坎坷的女人，在信中对以前的丈夫说："30多年来，我的委屈唯君知之，然而，为保持君等国家名誉，我一直忍受着最大的自我牺牲，至死不肯为人利用。"

毛福梅、姚怡琴、陈洁如的婚姻悲剧，之所以产生固然有特殊的时代背景，西风日渐，引进不久的"自由恋爱、自主婚姻"成为年轻人向往的目标。

当然不能排除作为三位女性丈夫的蒋介石，带有很大的享乐、不严肃的成分。对蒋介石来说，更是把夫人当成是否有助于政治上发展的工具，当他在仕途上不断上升时，夫人也在更新换代，提高档次。到蒋某发动"四一二政变"、建立蒋记政府后，他找到了宋美龄这样的适应他的地位也能帮助他立身的夫人，也就从此从宋而终。

蒋介石对前三位妻子，除感情之外，物质生活尽可能予以满足。对毛、姚、陈三女士来说，物质、经济上固然需要，可最需要的是感情上的体贴，蒋介石是有愧于她们的。

蒋介石与第三任妻子陈洁如合影于黄埔军校

蒋宋相爱多年

宋美龄对蒋介石有个认识过程。两人相识于蒋介石和陈洁如新婚前后，在宋子文举办的1921年圣诞节晚会上，宋美龄首次见到了时任粤军第2路军总司令的蒋介石。当时的蒋介石仅为国民党二、三流人物，这样的经历和职务，不会使宋美龄动心。

在以后的几年间，蒋介石一跃而为国民党内的中坚人物，无论是在实力上还是在趋势上都已成为必然上台执政的人选，宋美龄对此不会视而不见。

蒋介石对宋美龄一见倾心，他刚和陈洁如结婚，马上开始了"长线的求婚战略"，向宋小姐发动感情攻势。当时他找到孙中山说："请问先生，宋小姐能受劝说同意与我结婚吗？"孙中山和宋庆龄的态度相同，宋庆龄曾对孙中山说："宁可让小妹死了，也不嫁那个自称没有妻室的人。"看来宋庆龄对蒋介石的真面目早就有察觉。

与蒋介石一起生活过的四位女性中，获得蒋介石真情的，只有宋美龄。自结识至结婚的6年间，蒋介石不少时间在广州、宁波，同远在上海的宋美龄书信来往较多，一边向宋美龄倾诉真情，一边与陈洁如周旋。

蒋宋恋爱，取得了大姐宋蔼龄和大姐夫孔祥熙的支持。宋府对蒋介石并无

全力以赴撮合蒋介石、宋美龄结合的是孔祥熙宋蔼龄夫妇

恶感，但要收为女婿，则有顾虑。在已成年的子女中，二姐、长兄反对，健在的母亲倪桂珍老夫人也不赞成，宋美龄原来也有疑虑，全力以赴撮合蒋介石、宋美龄结合的是宋蔼龄夫妇。

蒋介石和孔祥熙早有来往。孔在1905年间就认识孙中山，次年在纽约读耶鲁大学研究生时又同蔼龄、宋查理见面。"二次革命"失败后，宋府举家迁到日本，时为东京中国基督教青年会总干事的孔祥熙成为宋府常客，不久成为宋家女婿。孔通过孙中山的秘书宋蔼龄的关系，也成为革命党中的中坚人物，和蒋介石的关系早就相当密切。蒋、孔两人"精诚团结"，互相关照几十年。他们能够无间合作，从不争吵，这和当年孔祥熙、宋蔼龄说服宋母、宋家同意蒋介石和宋美龄的婚事有关。当然，蒋介石和孔祥熙最后还是闹翻决裂。

宋蔼龄长期在同盟会、国民党上层活动，对形势的分析有独到的见解，到1927年初已经敏感地觉察到蒋氏低微的家庭、蒋介石青年时期的浪漫生活及名声，都已成为过去，蒋介石即将成为国民党新政府的新首脑，宋美龄如果和蒋介石结婚就是"中国的'第一夫人'"。

"'第一夫人'论"很快说服了宋美龄本人和母亲及兄长。宋家的三大反对者，宋庆龄是因为反对蒋介石的独裁统治不久远走莫斯科。宋子文最初支持二姐，不赞成妹妹和蒋介石的婚事。当然他不赞成的理由和宋庆龄不一样，宋庆龄主要是对蒋介石发动"反共"政变、建立南京政府的"反共"立场不满，是对蒋介石人品的不满；宋子文则是认为蒋介石的门第和人品不够当妹夫的资格，他没有坚持自己的观点，很快由"家中反蒋派"演变为"家中拥蒋派"，说服母亲接纳蒋介石。尽管如此，作为大舅子，对妹夫一向不很尊重，即使后来蒋介石官至委员长、总裁、总统后，两人时常争吵，官场上时有他们干架闹剧的传闻。宋家第三个反对者，也是最关键的人物是倪桂珍，她反对的主要理由则是信教不一，宋家为基督教徒，蒋家为佛教信徒，两教不能合一。这个问题的解决方法是蒋介石作了让步，皈依西教，放弃东教（直到1930年10月23日蒋介石才正式接受洗礼改信基督教）。

宋美龄面对归国10年来的政治风云变幻，面对已有7年恋爱期的蒋介石，凭着女性的直觉，感到接受求爱的时机已经到来，再不采取行动的话，就有失之交臂的可能。宋府显赫的门第和不算太弱的经济实力，对"国民革命军总司令"蒋介石来说已无多大吸引力，唯一还可以算作宋美龄资本的就是宋家与孙中山的姻亲关系。事实上，对此时的蒋介石来说，宋家的地位和财力已不足为奇，胜过宋美龄"三十高龄"的年轻美貌的女性更是不可胜数，他看中的也是宋家和孙中山的关系，看中的是宋美龄的才气。

结婚和夫妻生活，对蒋介石来说已不新鲜，可此次却不厌其烦，非常讲究，非常豪华，并完全按正规化要求重做新郎。经过蒋介石精心选择的求婚时机到来了。1927年5月初，即南京政府成立后不到10天，蒋介石就向孔祥熙表示要和宋美龄结婚，孔氏夫妇也觉得蒋、宋结婚的时机已经成熟，宋美龄本人也想通过结婚的形式成为现代中国最有权势的女人。

纵观中国近、现代史，通过婚姻方式，改变和提高地位的，论家庭，宋家是第一家庭，因为没有一户有女儿的人家出过宋家那样的三位女婿；论女性，宋氏三姐妹独领风骚，还没有一家姐妹各择到名声如此大的重要人物为夫婿；论宋美龄，则独占鳌头，即使两位姐姐也逊她一筹，"第一夫人"宝座坐了22年，退台后又继续和蒋介石一起生活了26年。

1927年9月16日，宋蔼龄在上海西爱咸斯路的家中，针对十里洋场已经流传开的有关下野总司令蒋介石和宋美龄即将结婚的传闻，公开举行记者招待会，正式宣布"蒋将军将同我小妹喜结伉俪"，并向记者们介绍了在场的蒋介石和宋美龄。

9月17日，蒋介石和宋美龄的合影出现在上海报纸上。在宋美龄的后半生中，和蒋介石合影的人不知多少，蒋介石的威严和宋美龄的美貌世人皆知，可是"第一张合影"却意义不同寻常，并配以蒋宋合影的说明是"蒋介石与孙夫人的妹妹即将婚配"。当蒋介石以7年追求如愿以偿、宋美龄以10年等待终有结果的心情欣赏报纸上的照片时，世界上还有三位女性也在欣赏相同的照片，只是心情不一样：蒋介石是得意，宋美龄是高兴，陈洁如是愤怒，姚怡琴是无奈，毛福梅则是宽容。

蒋宋举行婚礼

1927年9月28日，蒋介石前往日本，主要任务是与日本当局会谈和向宋美龄求婚。蒋介石一到日本，通过宋子文，立即赶到神户有马温泉，正式向正在那里疗养的倪桂珍提出，要娶她的女儿宋美龄，倪老夫人此次同意了他的请求。

1927年12月1日，正在忙于挑拨汪精卫、西山会议派、胡汉民三者之间关系、创造自己复职环境的蒋介石，忙里偷闲，隆重举行了婚礼。

当晚在大华饭店举行有2000余人参加的盛大婚礼。当时的报纸是这样记载的："下午四时十分，司仪者邵力子君高呼来宾入席，西洋乐师复奏乐唱歌如前。既毕，请主婚人及证婚人入席，于是蔡元培君即登台中立，何香凝、王正廷及蒋锡侯等向左立，李德全、谭延闿、余日章等向右立，形式颇为庄严，及司仪者呼新郎入席时，万目注视之蒋介石氏，乃随男傧相缓步登堂，琴声继起，抑扬顿挫，婉转动听之新婚曲调中，引出一对美如仙子之司花女童，一为陈明月小姐，一为周雅英小姐，手捧花篮，随行随散花朵于松柏栏成之甬道上。后随女傧两对，前为郭宝珠小姐及王正廷之女公子，后为倪吉贞小姐及孔令仪小姐均轻移莲步，婀娜多姿。新娘由兄子文先生扶持，随琴声慢步前进，静穆端庄，服饰尤新颖悦目，身后长纱曳地，由孔令伟及孔令杰君司持，富丽堂皇，会场鼓掌。新娘新郎立定后，全体起立，同时向国民党总理遗像行三鞠躬礼。次由蔡元培先生宣读证书，复次用印，四时三十七分，新郎新娘相向立，随司仪员之赞礼声，相对行一鞠躬，全场又大鼓掌。新郎蒋氏辗然微笑。次谢证婚人主婚人一鞠躬，复谢来宾一鞠躬，礼乃告成，时正四时四十分也。音乐洋洋声中，一对新人携手出场，戚友争掷彩纸，五色缤纷，繁花满地，蒋氏点首表示谢意，乃入休息

室中，本欲摄影，以人挤作罢，贺客各敬香槟及茶点。五时蒋由后门乘车返宋宅，客均不知，经邵力子先生说明，始行散去。"

蒋介石非常得意，曾为婚礼特意写下《我们的今日》一文，文中说：

"余今日得与余最敬爱之宋美龄女士结婚，实为余有生以来最光荣之一日，自亦为余有生以来最愉快之一日。

余第一次遇见宋女士时，即发生此为余理想中之佳偶之感想，而宋女士亦曾矢言，非得蒋某为夫宁终身不嫁，余二人神圣之结合，实非寻常可比，今日之日，诚足使余二人欣喜莫名，认为毕生最有价值之纪念日。

余二人今日，不仅自庆个人婚姻之美满，且愿促进中国社会之改造，余必本此志愿，务完成中国之革命而后已，故余二人今日之结婚，实为建筑余二人革命事业之基础。"

婚礼上宣读的祷文也说："我们天上的主啊，求你使他们伉俪之情，与日俱笃，使他们凡事相爱相助，得到人生圆满的幸福。求你使他们组织理想完满的家庭，为中国社会确立良好的基础。今日中国人民创巨痛深，求你大施怜悯，使他们夫妇二人能时刻警惕努力进行革命工作。求你使他们有为国牺牲的大勇，能奋励直前，胜过任何艰难。求你使他们从今以后，在建立新中国的大业上，能更有伟大的贡献，使全国人民都得享受无上的幸福。"

比蒋、宋婚礼规模大、更豪华的庆婚场面有的是，但像蒋介石本人和祷文中所说的有如此巨大社会意义和如此浓厚政治色彩的婚礼却不多。

"婚礼"宣布蒋介石得到了对南京政府的存在至关重要的外国"老板"的支持。南京至此成立不足8个月，中国共产党反对它不说，正在酝酿中的国民党新军阀间的争夺，也否定了南京蒋介石政府的正统性和权威性，蒋介石用权术换取的宝座不牢固。无论是南京政府，还是蒋介石本人亟需获得西方列强政治、经济、军事上的支持。来宾中有引人注目的英、美、法、日等十余国驻上海领事和美国代表、海军上将布里斯托尔。外国代表当然不是来凑热闹的，除了对蒋、宋结合的赞成外，还是对蒋介石复出的期待和支持，这是通过特殊的外交形式进行的政治表态，西方列强的态度强化了蒋介石在国民党中的地位。

"婚礼"是蒋介石的政治宣言。一是等于宣布自己已成为孙中山的合法继承人。在比较重视家庭背景的中国传统文化下，蒋介石作为国民党的实际控制者，有国民党缔造者、国民革命的已故领袖孙中山作为连襟，这无异增加了正统性和可行性，增加了蒋介石的政治资本。事实上国民党内反蒋最早、最激烈的正是孙中山的夫人、宋美龄的二姐宋庆龄女士，蒋介石正是孙中山革命事业最大的叛徒。二是宣布即将复出。本来蒋介石的在野之身，又是第四次结婚，本无值得炫耀的地方，可他搞得如此豪华、铺张、热闹，显然功夫在窗外，意在扩大自己的影响，引起国内外的注意。同时警告反对派停止倒蒋活动。婚礼后两个月，1928 年 2 月 2 日国民党二全四中全会召开，蒋介石正式复职，宋美龄因此也成为中国权势最大的女人。

"婚礼"宣布"四大家族"形成。宋、孔组合完成于宋蔼龄和孔祥熙结婚之时；蒋陈组合完成于"中山舰事件"后，蒋介石重用陈果夫为代理中央组织部长，陈氏兄弟当时主要控制中央党务部门和中央党部调查科，成为蒋介石在党内的代理人，故人有"蒋家天下陈家党，孔、宋两家管钱袋"的说法；现在通过蒋、宋联姻的方式，在中国现代史上留下巨大影响的蒋、宋、孔、陈四大家族正式形成，开始了在蒋介石的指挥下、操纵南京政府 22 年的历史。就在四大家族形成之时，宋庆龄为抗议蒋介石的大屠杀和背叛孙中山遗志的"反共行为"，宣布和南京政府及家庭决裂，并走上革命道路，与中国共产党结盟，坚持"反蒋战旗"不倒。蒋介石、宋子文和孔祥熙等人之间以后出现过多次争吵，其实质则是统治集团内部的利害冲突。

"婚礼"宣布宋美龄成为"中国的第一夫人"。在国民党统治集团内部，蒋介石是总裁并掌握军队；孔、宋负责行政、外交和财经；二陈则集中党务、人事、特工、文宣等方面，各有所长。值得一提的是宋美龄在蒋介石身边的位置和所起的作用，蒋介石的高级幕僚不在少数，文有文臣，武有武将，其中不乏有才学之士，可与作为夫人又作为助手的宋美龄比起来，则他们不能起

蒋介石中年以前的照片中很少有笑容，在这次婚礼上，他笑了

到宋的作用，而宋则常常可以替代他们。

宋美龄在蒋介石身边，所起的作用集中在三方面：一是参政议政，有历史上外戚干涉朝政遗风，这是舆论界、史学界和民间对她非议最多的地方，也是宋美龄喜好的。她主要在外交和人事上对蒋介石产生影响。

宋庆龄在莫斯科中山大学演说，严厉谴责蒋介石、汪精卫背叛革命的罪行。这是演说后与陈友仁（右后）的留影

南京政府对英美外交的联系，始终是外交的重心所在，宋美龄凭着对英美国情的了解和娴熟的英语水平，以及丰富的西方政治理论知识和英美官场内部消息，配合孔祥熙、宋子文，通同一气，长袖善舞，为蒋介石开展对英美等西方国家外交需要而调整内外政策、献宠于外国"老板"献计献策。所以蒋介石要咨询时，宋美龄是最好的智囊；蒋介石会见外宾时，宋美龄是最合适的翻译和助手；蒋介石要解决外交大事时，宋美龄是最放心的人选。宋美龄成为蒋介石和西方联系的桥梁、联络员，成为蒋介石不可缺少的外交拐杖，当然也是国民党对英、美外交的决策者之一。正是宋美龄在外交界的地位和影响，人们习惯把她称为亲英美派领袖。另外的事实是：一方面由于弱国无外交，积贫积弱的中国难以自立于世界民族之林；另一方面由于南京政府一贯屈服于西方列强的压力，看西方国家的眼色行事，孔祥熙、宋子文、宋美龄等人搞崇洋外交、妥协外交，丧失国格，国民党政府和孔、宋等最终被西方所戏弄和抛弃。

宋美龄对南京政府、台北当局政务上的干预，主要是通过代言人向有关部门施加压力来完成。对培植代言人，发展个人势力，宋美龄自进了南京城后一直非常重视。为建立和扩大自己的势力范围，她通过蒋介石或者亲自出马，指导国民党人事计划的实施，以便于安插心腹干将。针对宋美龄此举，国民党上层圈内一直有"夫人系"一说，有一批人确实通过走宋美龄的路线而仕途辉煌。而且蒋介石欣赏的人，宋美龄不一定赏识；可宋美龄欣赏的人，蒋介石一般都加以赏识重用。对"夫人系"的重要人物，国民党内的其他各系均礼让三

经过 7 年的长线求婚，蒋介石终于成了宋家的女婿。左起前排：美龄、倪桂珍、蔼龄；后排：宋子良、蒋介石、孔祥熙、宋子安

分，即使蒋介石、蒋经国对此也不敢怠慢。

宋美龄参政欲很强，除了外交和人事方面有充分的表现外，还直接出面负责和干涉党政大事。作为"第一夫人"，即使德才兼备，威比武则天，才过李清照，艳胜杨贵妃，也不宜对朝政指手画脚、干预过多，以免有"家天下"之说。宋美龄不是这样，她站在统治集团的立场上，视"国"为家，在她眼里军机大事就是蒋宋孔陈等大家族的家务事，随心所欲，由己所好而断。宋氏的行为败坏了自己的名声，虽然人们没有把她同冷酷的吕后、残忍的武则天、愚昧的那拉氏相提并论，但在国民党的反动统治阵营里，她确是一个极其重要的角色。

二是协调统治集团内部尤其是蒋宋孔之间的关系。他们几家在南京政府内部的重要性人皆共知，国民党统治大陆 22 年，党也好，国也好，一直在蒋介石控制之下，蒋宋、孔、陈等人等于就是南京政府。要想南京政府减少危机，他们及上层统治集团内部能否一致是基本条件，而这一点从未一致过。处理、缓解蒋介石与宋子文、孔祥熙等的矛盾，在这些大官僚大家族内部时而有之的争夺中保持平衡，宋美龄起到他人无法起到的作用。

国民党统治集团上层、蒋介石与亲属孔祥熙和宋子文之间并不太平，宋子文和蒋介石之间长期斗法，互不相让；宋美龄的弟弟和孔祥熙的儿子靠特权经商，无所不为；宋子文、孔祥熙之间从未间断过争夺国民党财经控制权的暗斗；蒋介石对孔祥熙夫妇非法经商不满；孔、宋与二陈互相瞧不起，互挖墙脚；孔、宋、二陈对从抗战末期起蒋经国的崛起态度冷淡；蒋经国在上海滩准备惩办孔府大少爷，等等。

宋美龄的调解，别无他法，只是在家丑不可外扬的前提下，调和矛盾，让孔家与宋家等亲属、财团各得其所，维护共同的利益，以达到稳定南京政府的目的。正是她无法摆脱家族的怪圈，也就无法解决家族的矛盾。蒋介石与孔宋的矛盾越积越深，最后竟到了不共戴天的程度。退台时只去了蒋氏一家，赴美国的宋、孔、陈三家，平时互不往来，甚至有人过世时也不去吊唁，此种结果不能怪宋美龄不得力，实在她是力不从心。

三是帮助蒋介石改善在公共场合的形象。在注意风度和形象方面，蒋远不如夫人。他在出场时总是八面威风，且威风中更有炫耀，缺乏浩然正气；风度中更有做作，缺少大将风采。只要看到蒋介石那张挂着军刀的戎装照片，是多么的俗不可耐，就可想象到其在接见外宾、会见僚属、检阅军队、视察民间、出席宴会、参加集会时的蹩脚样子。

宋美龄为增加蒋介石的风度做了很大努力，她根据学到的西方礼节和公共关系学，凭着自己高超的社交能力，辅导蒋介石。在夫人的提醒下，蒋介石有所长进，可他的形象就是好不起来，在和蒋同时代的人和后来人的心中，这位国民党党魁的形象之坏是空前绝后，不是宋美龄不真心教，不是蒋介石真不愿学，也不是蒋介石东施效颦艺不终身，只是改变外在的形象并不能解决问题，蒋介石集团违背人民的意志，这一"内在形象"是无法改变的。

蒋宋结合，如果是平民百姓，甚至是民间名人，恐怕不宜作过多的议论，因为民间夫妇的结合和生活不会对世人产生过多的不利影响。可蒋宋婚姻则不一样，他们的举动直接影响到统治集团的利益，影响到南京政府的决策，也就侵犯到人民的利益，因而对蒋宋的议论应运而生。再则蒋宋固有的政治观和滥用权力，对二人的议论也就好话不多。

蒋宋婚礼与蒋介石建立政权同一年，更是第1次下野复出前，本来对蒋来说颇有纪念意义，正如他在婚后公开声明中所说二点：

一是"我们婚后，革命无疑将取得更大进展，因而此后我可安心承担革命重任"；一是"从现在开始，我们两人决心为中国革命事业竭诚竭力"。

历史的发展显示的纪念意义让蒋介石哭笑不得。为国民党的事业"竭诚竭力""安心承担革命重任"，固然不假，自此之后，蒋介石、宋美龄夫唱妇随，合作无间，为党国分忧，婚后不能说比婚前有一个飞跃，但起码是痴心不改，一如既往，为如何维持南京政府的统治和巩固在国民党内的地位，机关算尽。至于两人"竭诚竭力""安心承担革命重任"，是否取得"革命无疑将取得进展"，是也非也。"是也"，蒋介石在短短几年间，迅速赢得新军阀混战，把各路军阀的实力基本打垮，或者迫使地方实力派臣服中央。"非也"，共产党掀起土地革命，蒋介石凭借优势兵力，虽然镇压了中共的三次武装起义和一些革命力量，可是中国共产党人在农村站稳脚跟，广泛建立革命根据地，22年后把蒋介石、宋美龄赶出大陆，他们的"革命工作"无疑是彻底失败。

婚礼对蒋介石来说，已是曾经沧海，数度梅花。对宋美龄来说却是重大突破，实乃人生一大历史转折，婚前婚后身份差别之大无法计算，以前只是上海交际圈内的名女人，如今已是"中国的第一夫人"。正如她的一位传记作者所说："她最痛恨的是无所事事。她充满了想象和精力，但个人能力有限，蒋介石则可以提供权力。蒋介石给了她改变历史的机会，让她随心所欲地改变中国的生活。"

从纯"第一夫人"的角度来讲，宋美龄这个角色演得不错，她的素质和才华、容貌适合那个独一无二的位置，只是那个让人堕落的官场、她那与人类进步相对立的立场和身为万民之主又不为民着想的作风，造成世人谈到这位"第一夫人"时只有嘲弄和蔑视。

对宋氏三姐妹，有一句既简单又含意深刻的评价：大姐爱钱，小妹爱权，二姐爱国。爱权的小妹，在蒋介石身边的前10年间，还能限于"夫人"的范围内活动，抛头露面不少，耀武扬威不多；权欲只是在官邸内、侍从室行使，抢镜头、抓权力还未公开化。

之所以这样，一方面宋美龄要适应如此大的变化，习惯在国民党上层圈内的生活，学会行使手中说一不二的权力。只有先解决好这一过程，才能谈得上第二步即扩大手中的权力，增加接受自己指令的部门，才能把自己的权欲由隐蔽走向公开，才能更多地介入南京政府的政治生活。另一方面宋美龄身边的人也要适应宋美龄，拭目以待，掌握她的秉性、习惯、喜怒哀乐，了解她的所好，也就是说需要静观这位30岁的美貌女性如何动作。宋自己也说过："我想这些官员起先颇为意识到我是个女性，但是后来我全心地投入丈夫的事业，他们就不再视我为一个女性，而是他们之中的一员。"他们中间有的人准备投"宋"所好，有的人准备袖手旁观，有的人准备助纣为虐，当然也有的人准备不予理睬或加以抵制。

也就是说"夫人系"的形成需要一个过程。夫人系在南京政府时期主要作为统治集团的一个分支，宋美龄的色彩不是特别浓厚，到台湾地区的作用才大为增加。"夫人系"在国民党内政治生活中的作用无论大与小，均非与蒋介石争权夺利，而是出于蒋介石以派制派、牵制各方的需要，成为国民党上层核心圈内的主要政治势力，和 CC 系、政学系、官邸系、亲英美系、黄埔系一样，都是蒋介石的统治支柱。

新婚完毕，蒋介石此时的复职事项也已都差不离，他准备走马上任了。

蒋介石和宋美龄结婚后的照片数不胜数，结婚前的照片却极少见，这便是其中之一

（三）"二期北伐"，蒋介石的统一

对蒋介石来说，"反共"开始了，政权建立了，复职差不多了，结婚也完成了，下一步他还要完成没有完成的事情。这就是进行"二期北伐"，占领还在北洋军阀奉系、直鲁联军控制下的北方广阔地区。

挥师"二期北伐"——人多势众

蒋介石结婚后的第 3 天，根据 1927 年 11 月 24 日国民党各派要人 25 名谈话会的决定，在上海举行二全四中全会预备会议。蒋介石新婚宴尔，带着夫人宋美龄赴浙江莫干山度蜜月去了。预备会议共举行了四次会议，会议的重点是讨论中央特别委员会的存废和要不要蒋介石复职。但是，会议花费了很多的功夫和很大的精力，用在围攻汪精卫反对特委会和支持张发奎的种种劣迹。对于特委会，会议的一致意见是在四中全会选出新的中央委员会以前，特委会继续保留。对于如何处置蒋介石，会议一致同意蒋介石复职。

蒋总司令复出

敬请蒋介石复职，已成为会议的时尚：

胡汉民为压制从武汉方面赶来夺权的汪精卫，坚决要求蒋介石复职，以阻止汪精卫重掌大权；吴稚晖、张静江、陈果夫等人一直在策划蒋介石如何上台；西山会议派对蒋介石的"反共"行为深表佩服，因此原有的裂痕已经消失，并把继续消灭共产主义势力的希望寄托在蒋介石身上。

1928 年 1 月，蒋介石重新上台，着手组织"二期北伐"

在会场上走投无路的汪精卫，为取得蒋介石的支持，也于 12 月 10 日领衔提案，敬请蒋介石复职。

本来有实力与蒋介石一争雌雄的桂系李宗仁、白崇禧见汪精卫已请蒋出山，所以赶紧发表声明，称汪精卫拥蒋反蒋反复无常，只有桂系拥蒋才一如既往。

正在北方待机进入南京政治舞台、因受蒋介石下野久久不能进入政治圈的阎锡山、冯玉祥也致电蒋介石："甚盼我兄克日出山，主持军政，俾得早日完成革命大业。倘能得如前请，弟等负弩，愿听指挥。不唯弟等私愿得遂，大局实利赖之。"

1927 年 12 月 14 日，四川实力派刘湘致电蒋介石，表示："此闻中央全体会议一致决议，敦请我公继续出任总司令职权，逖听之下，无任欢欣。"

当时汪精卫和武汉方面要求蒋介石辞职时，不少国民党大员都是坚定的支持者；如今时过境迁，他们在拥蒋出山方面又唯恐落在他人后面，踊跃表态，似乎没有发生过什么事，似乎逼蒋辞职是个历史性的错误。预备会议正式通过了同意蒋介石复职的决定；此外会议决定于次年 1 月间召开二全四中全会。

1928 年 1 月 2 日，在 5 个月前批准蒋介石辞职的南京政府致电蒋介石，要他："立即旋都复职，共竟革命全功。贵总司令许身党国，必有以副中枢付托之重，慰国人喁喁之望也。"（《国民政府公报》第 21 期第 11 页）

此时的蒋介石，心情舒畅地来上任了。蒋介石果真是国民党内新一代的权术家，他以退为进，以辞职为手段，不仅没有任何政治上的损失，反而其权力基础得到了进一步的巩固。辞职前，在军队系统有唐生智作梗，南京面临武汉军队东下的威胁；在党政系统有汪精卫挑战，南京面临汪精卫派和西山会议派的围攻；在南京政府内部桂系对蒋介石不服气。如今，倒蒋风水已经转了过去，各派反对势力一时间烟消云散，蒋介石又成了党内众望所归的人物。如果说辞职前，蒋介石的权力和地位是他自己依靠军队争来的，分裂国民党引来党内那么多的抗拒和挑战；那么辞职后蒋介石的权力和地位已得到党内的认同，党内反对势力继续存在但已受到中央决议的限制。蒋介石通过辞职，退一步进两步：

推翻了由汪精卫控制的中央党部；推翻了合法的武汉国民政府；再一次击败了汪精卫、西山会议派等反对派；确立了由蒋介石控制的中央党部和国民政府的合法地位。

蒋介石回到上海时，特意到南京政府的监狱中拜访了当时中国政界和军界的特殊人物蒋方震。蒋介石有那么多的幕僚，为什么偏偏找到此人？此人字百里，与蒋介石一样同为浙东北人，在日本士官学校的资历比蒋介石高得多，到过德国军校留学深造，为著名的军事理论家和谋略家，1912 年任保定军官学校校长，后因为抗议北洋政府对保定军校的不良管理而自杀。被救活后一直担任幕僚工作，曾任北洋政府总顾问、东南 5 省联军总司令孙传芳的总参议、14 省区联军总司令吴佩孚的总参谋长，1927 年初因为支持唐生智倒蒋，被南京方面关押。蒋方震这种人，好抓不好放，抓起来容易放起来难，放他出来并不只是给他自由的问题，还必须任命其担任相应的职务，只得由蒋介石出面处理。

蒋介石需要蒋方震这样的名人为自己的政府装潢门面，也需要他为自己下一步的政治、军事行动出谋划策。

蒋方震果然名不虚传，他在蒋介石的一再请求下，颇有诸葛亮的遗风，谈了对天下事的看法："如今天下大势，分久必合，统一大业，寄望于总司令。国内虽然争斗激烈，威胁总司令事业的不外奉张（作霖）、李（宗仁）、白（崇禧）、冯（玉祥）、阎（锡山）、程（潜）、汪（精卫）、胡（汉民），再加一个李任潮（济深）而已。而奉张雄视北方，欲南下逐鹿中原，当为心腹大患，总司令首当除之。国民党内，李、白实力徒增，程颂云得陇望蜀，冯焕章坐镇中原，阎百川拥兵山西，李任潮盘踞两广，汪、胡去国，实力犹存，且心向国内，诸多势力，令人应接不暇，实在让人头疼呀！"

蒋方震给蒋介石如何因应这一乱局和险局开了一个处方，称："总司令欲纵横天下，须远交近攻，打拉结合，恩威兼施，切不可四面出击，树敌过多，为今之计，首要的是拉紧冯焕章、稳住阎百川。"对于内部正在日益大的桂系和对蒋介石并不服气和并不尊重的程潜等人，蒋方震提出了颇有操作性的建议："李、白与程颂云貌合神离，都打着自己的小算盘，并非同槽之怪，不如间而隙之，压程抬李，制造矛盾，我等坐观虎斗，不知此计可否？"

拉冯阎打奉张已是北伐军开始贯彻的基本军事方略，压程抬李是非实行不可的军事方略，因为还需要借助李宗仁、白崇禧指挥的八桂子弟出战消灭奉张集团。所以蒋方震的建议，没有超出蒋介石身边许多低级参谋、幕僚们早已提出的行动计划范围，也没有何应钦、顾祝同、陈诚等亲信将领对此问题已经作出判断的高度，问题是因为蒋方震这个人引起蒋介石的重视，所以他的计谋也就为蒋介石所重视。蒋方震后来长期担任南京政府的高级顾问，并在最高军事学府——陆军大学出任代理校长。

1928年1月7日，蒋介石正式表示"愿意"复职总司令，向国民政府交上"复职书"。9日发表《告国民革命军全体将士电》，宣称要"歼除奉、鲁军阀，实现总理之遗教，早出斯民于水火"。18日正式就职北伐军总司令。

"二全四中全会"

因为中央执行委员、中央监察委员难以到齐，二全四中全会推迟到1928年2月2日开幕。会议开了6天，出席会议的有中执、监委31人。在第二届36名中执委中，中共党员谭平山、林祖涵、于树德、吴玉章、杨匏安、恽代英已被开除国民党党籍，李大钊已被害，朱季恂已病故，徐谦被停止职权；在24名候补中执委中，中共党员毛泽东、夏曦、韩麟符、董用威、屈武、邓颖超、许苏魂已被开除国民党党籍，邓演达也被开除党籍，路友于去世，陈其瑗被停止职权。这样，候补中执委中有10人替补为中执委。在12名中监委中，中共党员高语罕被开除国民党党籍，8名候补中监委中，中共党员江浩被开除国民党党籍，邓懋修、谢晋被停止职权，黄绍竑替补为中监委。在这一情况下，会议仍然缺席25人。

四中全会主要是完成宁汉合流后的中央机构的调整和重组，对蒋介石来说则是为了重新肯定在党内的地位。此外，就是决定继续北伐，完成总理的未竟事业，蒋介石也想创下"完成统一"的"伟业"。

会议第二天决定由蒋介石任中央政治会议主席。并决定由蒋介石、胡汉民、谭延闿、李煜瀛、蔡元培、吴稚晖、张静江、李宗仁、冯玉祥、阎锡山、李济深、张继为中政会常委。中央政治会议下设广州（两广）、武汉（两湖）、开封（豫、陕、甘）、太原（晋、绥、察）四大政治分会，分别由李济深、李宗仁、冯玉祥、阎锡山任主席，作为设在南京的中央政治会议的派出机

这次会议重新肯定了蒋介石（前排着军装者）在国民党内的地位

构，成为辖区内的最高权力机构。地方政治分会成为地方实力派的割据据点，成为与南京政府分权的手段，时过不久，就被蒋介石下令撤销。同时，会议决定各级党部，一律暂时停止活动，各地党员在3个月内一律重新登记；各省由中央指定人选成立"党务指导委员会"，以将国民党统一到蒋介石的意志上来。

会议选举戴季陶、丁惟汾、于右任、谭延闿、蒋介石5人为中央执行委员会常务委员，不设中常会主席，中常会日常事务由秘书处负责；会议选举蒋介石为组织部长，戴季陶为宣传部长，丁惟汾为训练部长，戴季陶、于右任、丁惟汾为秘书处成员，戴季陶、蒋介石、何香凝、李煜瀛、陈果夫、丁超五、朱霁青、王乐平、经亨颐等9人组成民众训练委员会，组成新的中央党部机构。

会议决定国民政府实行主席制。选举丁惟汾、于右任、王伯群、王法勤、王宠惠、孔祥熙、古应芬、白崇禧、白云梯、田桐、伍朝枢、朱培德、朱霁青、李宗仁、李烈钧、李济深、汪兆铭、何香凝、何应钦、宋子文、宋渊源、林森、周震鳞、柏文蔚、胡汉民、陈调元、孙科、许崇智、张静江、张之江、张继、黄郛、黄绍竑、钮永建、程潜、冯玉祥、杨树庄、经亨颐、熊克武、邓

蒋介石在界河前线

泽如、蔡元培、赵戴文、樊钟秀、刘守中、蒋介石、蒋作宾、戴季陶、阎锡山、谭延闿等51人为国民政府委员；谭延闿、蔡元培、张静江、李烈钧、于右任为国民政府常委，谭为主席。

同时决定的政府主要机构负责人为国民政府秘书长钮永建，民政部长薛笃弼，外交部长黄郛，财政部长宋子文，交通部长王伯群，司法部长魏道明（代理），劳工局长马超俊，农矿部长易培基，建设部长孙科，大学院长蔡元培等。

会议决定军事委员会恢复主席制，军委会主席由总司令兼任。并选举于右任、方振武、方声涛、王均、石青阳、白崇禧、田颂尧、朱培德、朱绍良、宋哲元、李宗仁、李烈钧、李福林、李景曦、李鸣钟、李济深、何成浚、何应钦、汪精卫、周西成、岳维峻、金汉鼎、胡宗铎、胡汉民、柏文蔚、徐永昌、马福祥、孙良诚、孙岳、孙科、陈可钰、陈季良、陈训泳、陈焯、陈绍宽、陈嘉佑、陈铭枢、陈调元、夏威、曹万顺、张之江、张群、商震、鹿钟麟、贺耀祖、黄绍竑、程潜、温寿泉、冯玉祥、钮永建、杨杰、杨虎城、杨爱源、杨树庄、邓锡侯、邓宝珊、樊钟秀、熊斌、钱大钧、卢师谛、刘文辉、刘郁芬、刘峙、刘骥、蒋介石、蒋作宾、鲁涤平、赖心辉、龙云、阎锡山、谭延闿、顾祝同等73人为军事委员会委员。于右任、白崇禧、李宗仁、李济深、何应钦、朱培德、程潜、冯玉祥、杨树庄、蒋介石、阎锡山、谭延闿等12人为军委会常委，蒋介石任主席。

会议决定立即进行"二期北伐"。全会在《慰劳北伐前敌将士电》中宣布："惟是奉鲁余孽，尚未歼除，燕沈同胞，亟待拯拔。诸将士深明党义，忠勇奋发，当此敌势已成弩末，不难一鼓荡平。兹本会议念诸将士劳苦，特决议驰电慰问。尚望继续努力，克竟全功，慰总理在天之灵，副人民来苏之望。"

（见《中国国民党历次代表大会及中央全会资料》第528页）

四中全会成为蒋介石、汪精卫叛变革命后国民党召开的第 1 次全会，主要是确定全面背叛孙中山的"三大政策"、维持蒋介石反动统治的基本路线和权力构成，四中全会实现了蒋介石的目标。

关于中央权力问题，会议重新选举的中央领导机构成员，虽说有不少非蒋嫡系人士进入，但由于西山会议派、胡汉民、汪精卫等都不在南京，所以成了蒋介石的一统天下；其中的大部分人员，以后成为蒋介石的主要依靠对象，成为蒋介石集团的主要成员，这批人帮助蒋介石维持了 22 年的统治，最后与蒋介石一起走向失败。此外，蒋介石为贯彻结束"三大政策"的"反共"理念，取消民主运动，彻底消除红色影响，清理国民党队伍，特意成立不伦不类的民众训练委员会和进行党员登记、重组各级党部，将革命分子和不可靠的人员从国民党内清理出去，巩固蒋记统治基础。

关于蒋介石的地位，在此次会议中他作为中常委兼组织部长、民众训练委员会常委，通过中常会控制国民党；他作为中央政治会议主席，通过一批亲信和幕僚，成为事实上的政府控制者；他成为军委会主席兼军队总司令，继续全面控制军队。总之通过辞职、复职，蒋介石在国民党内和军队内的地位得到进一步巩固，把广州、武汉政府转化为蒋记政府。蒋介石以后 22 年间的政治路线和政治行为，基本没有脱离过四中全会确定的主线，因此此次会议对蒋介石来说具有很重要的意义，成为他一生政治生涯中的转折点。

"二期北伐"不顺

蒋介石重新上台，首要任务是组织"二期北伐"。"二期北伐"，因为蒋介石已经叛变革命，已经成为国民党内最大的新军阀，"二期北伐"的性质已经和大革命时期的北伐大不一样，已经由打倒北洋军阀的战争转变为新军阀混战。

龙潭战役以后，南京政府为肃清长江正面的威胁，在宁汉合流初步完成后，命令何应钦率军北伐，何总指挥率领第一路军于 1927 年 10 月中旬出发。

何应钦的行动得到河南一带的冯玉祥配合。处于奉军交战第一线的冯玉祥部处境并不好，孙传芳残部在津浦线南段徐州、蚌埠一线，奉军在安阳一线，张宗昌在鲁西南一线，三面受敌。冯玉祥指挥鹿钟麟率领庞炳勋、杨虎城、吕秀文、萧之楚等部 5 万余人沿陇海路东段经虞城、汤山一线进攻徐州孙传芳部；归顺不久的刘镇华和吴佩孚旧部 8 万余人反击鲁西南的张宗昌部；孙连仲、秦德纯等部 4 万余人北攻德州，以切断平津和山东的联系；孙良诚、马鸿逵、郑大章、韩复榘、石友三等部在陇海线郑州、开封段休整。岂知战事不顺，在奉张联军褚玉璞指挥的徐源泉、王栋、袁家骥、方永昌等部的反击下，陇海线战事受阻。冯玉祥马上调整战略，组织豫东战役，命令马鸿逵守兰封，刘镇华守封丘、长垣一线，鹿钟麟守太康、杞县一线，另外调动预备队作战。10 月下旬，韩复榘、石友三、梁冠英部从右翼出击，褚玉璞见右翼出现空缺，于 10 月 30 日由兰封撤退。此战直鲁联军损失 3 万余人和 2 万余支枪，韩复榘部已追到徐州城下，石友三追过马牧集，骑兵部队已追过汤山。

第 1 次正式与北伐军方面激战的张宗昌不甘失败，又调集 10 万大军西征。褚玉璞为前敌总指挥并亲率中路，沿陇海路西进；潘鸿钧、刘志陆部为右路，由鲁西南向西出兵；张敬尧、张继武为左路，向太康一线进军。冯玉祥根据敌情变化，调集军队，组织豫北战役。直鲁联军的右路军上次没遭到打击，异常嚣张，经过激战，直鲁军损失 2 万余人，潘鸿钧死于战场，吉鸿昌部占领菏泽、曹县，进入山东境内。陇海线上韩复榘、石友三部打退褚玉璞的进攻，于 11 月底已经占领汤山。鹿钟麟部也将张敬尧、张继武部打回睢县，12 月初兵临萧县。

何应钦的第 1 路军是与孙传芳决战。历经龙潭战役失败的孙传芳，残兵败将还有一批，在何应钦部的进攻之下节节败退，在李宗仁指挥的西征军进入武汉前后，11 月 16 日第一路军攻克津浦线要地蚌埠。此时直鲁联军张宗昌在河南境内正与冯玉祥部激战，为稳住南线，派兵增援孙传芳，与何应钦部在蚌埠和徐州之间进行激战，两军相持一个月，直到 12 月 16 日，河南战场冯玉祥已经取得压倒优势、兵临徐州的情况下，何应钦趁机占领华东战略要地徐州。这是徐州被北伐军第 3 次进攻，第 2 次攻克。第 1 路军在冯玉祥部配合下攻克徐州，或多或少地显示出蒋介石嫡系军队的实力，既为蒋介石挽回 8 月初大败的面子，也成为蒋介石复职的动力。

四中全会 2 月 7 日结束，军事委员会也就是蒋介石立即对全部军队进行重新整编。2 月 9 日，重新掌握兵权和党权、又新婚不久的蒋介石，在苏北已经回升的天气中，春风得意，突然来到徐州。

蒋介石难得进行一次"突然袭击"，原本是想以"新司令、新郎官"的双重身份给自己的嫡系将领们一个惊喜，所以在没有通知徐州方面的情况下，悄悄北上。岂知蒋介石赶到第1路军总指挥部，许多将领都跟着何应钦外出打猎去了。进入总部竟然没有人迎接和服务，这让蒋介石难以接受，如果说这是私事蒋介石不便发作，但在军事威胁没有解除下指挥官外出游乐，这显然是影响和干扰军务的实施，要治罪的话完全可以借题发挥。

兴致勃勃的蒋介石被迎头泼了一盆冷水后，当即下令通知南京交通部长王伯群（何应钦的大舅子）、中央执委会书记李仲公及何成浚、贺耀祖、陈调元等人迅速赶来徐州。

何应钦与蒋介石的恩怨说不清

当天，从南京赶来的王伯群等人不知发生了什么事情，心神不定地来见蒋介石。果然发生了大事，蒋介石直截了当地对他们几个人说："我已经决定，撤销何敬之的第1路军总指挥的职务。原因有三个：第一，他忘恩负义，勾结白崇禧，逼我下野！第二，别人都通电拥我复职，唯独他迟迟不发拥戴电，实在可恶！第三，外边有人传言，说我指挥不了黄埔系，所以，我就来前方试试看，我究竟能不能掌握黄埔军。"王伯群等人见事已无法挽回，只得在附和蒋介石、批评何应钦的同时，婉转提醒蒋介石现在正值用人之际，马上大军就要开拔，第一线将领不要变换过大。

何应钦是何许人也？何应钦当年由清廷陆军部考选留学日本陆军士官学校第12期，辛亥革命时回到上海参加起义，在沪军都督陈其美手下任营长，蒋介石此时是团长。"二次革命"失败后，何回到日本完成士官学校学业，蒋介石此时在中华革命党和所属军队中担任一些高级职务；1916年秋，何毕业回国，到家乡贵州任黔军第1师第4团团长、第5混成旅旅长、省警务处长、贵州讲武堂校长和贵阳警备司令等职，此时蒋介石则在援闽粤军中任职，从总部作战科主任起，到大革命开始时，已为国民党军事委员会委员、大本营参谋长，成为孙中山的主要军事助手。何应钦在黔军中受到王天培等实力派的排挤，1920年因内部纷争辞去本兼各职，前往昆明，担任黔军驻滇代表，不料次年遭人暗杀，胸中两枪，在当时有限的医疗条件下竟然能够成活，可谓是大难不死必有后福。胸伤养好后，夫妇两人就去上海养身体。身体康复后，滇军军长范石生因为何在昆明期间和他结交甚深，所以请他去当参谋长；蒋介石因为当年结识于日本、合作于上海，所以请他去当黄埔军校总教官，在这选择命运的重要关头，何应钦把握住命运：如果去昆明最多是个地方实力派的助手，最后只能是个地方实力派，远离全国政治舞台，比较之后，他选择去了广州，从此开始进入国民党军事中心。但在蒋介石面前，他靠蒋介石一手提拔，无论是资历和实力都非蒋介石的对手，因此当时赞成蒋介石辞职，只是从暂时减少国民党内部的军事争夺，而非是要取代蒋介石。

因此，蒋介石称何应钦逼他下野，不符事实；说何应钦趁机取代蒋介石控制黄埔系，同样也不符事实；但是何应钦没有通电拥蒋复职，却是事实。蒋介石对此确有不满，赶到徐州教训一下何应钦是有可能的，并且同时通知何应钦军队即将改编，"某路军"编制撤销，成立"集团军"。

至于何应钦不当第 1 路军总指挥则事出有因。以"某路军"组编军队是蒋介石发动"反共"政变之初，因为北伐开始时的"军"编制已经不适时势，唐生智、张发奎首先在占领武汉后大规模扩军，蒋介石的第 1 军和桂系的第 7 军，以及第 2、3、5、6 军等编制没有扩大。为进行"二期北伐"，出师苏北，原有以军为基本单位的编制无法整编和指挥部队，所以成立了何应钦、李宗仁、白崇禧、程潜、朱培德、刘湘（川军）、邓锡侯（川军）、李济深、周西成（滇军）等为总指挥的"9 个路军"。如今"二期北伐"即将全面展开，为便于指挥和集中在华北地区作战，国民党军事委员会决定将军队改编为 4 个集团军，第 1 集团军统辖的不仅是第 1 路军所属的黄埔子弟为核心的各部，而是在北伐进军过程中大部分由第 1 军收编的部队，这样，对于集团军总司令人选，何应钦当然不够任职资格。因此，确切来说第 1 集团军的部队远超过第 1 路军的编制，何应钦不当总司令是正常的，而让其改任总司令部参谋次长代理总参谋长（总参谋长李济深兼第 8 路军总指挥在广州）更是上一个台阶。如果没有蒋介石的信任，何应钦不可能有此仕途。何应钦与蒋介石的合作，此时才开始不久，在以后的岁月中，何应钦忠于蒋介石，蒋介石重用何应钦，一直帮助蒋介石掌管军队，直至当上国民党中常委、战区司令长官、陆军总司令、国防部长、行政院长。在何应钦 50 岁生日时蒋介石手书"寿"字祝贺，在何应钦 60 岁时蒋介石手书"安危同仗，甘苦同尝"祝贺，在何应钦 70 岁生日时蒋介石手书"同舟共济"祝贺，在何应钦 80 岁时蒋介石手书"寿"字祝贺。每当逢十生日能够得到蒋介石手书祝寿条幅的人不多，从中可以看出蒋、何两人的合作和诚意。因此，在蒋介石第 1 次下野之际，如果何应钦真是挖墙角、甩石头的角色，恐怕不会如此为蒋介石所重视。

蒋冯结拜兄弟

1928 年 2 月 13 日，南京国民政府军事委员会下令将全部军队组编为 4 个集团军：

第 1 集团军总司令蒋介石，总参谋长何成浚，29 万人。第 1 军团长刘峙（刘峙的第 1 军、缪培南的第 4 军、顾祝同的第 9 军、杨胜治的第 10 军）；第 2 军团长陈调元（曹万顺的第 17 军，陈焯的第 26 军，陈调元的第 37 军）；第 3 军团长贺耀祖（夏斗寅的第 27 军，柏文蔚的第 33 军，贺耀祖的第 40 军）；第 4 军团长方振武（原为第 2 集团军，1928 年 1 月加入第 1 集团军，编有任应岐的第 12 军，王均的第 3 军，金汉鼎的第 31 军，钱大钧的第 32 军，鲍刚的第 41 军，马文德的第 43 军，方鼎英的第 46 军，谢文炳的第 48 军）；陈诚的警卫军。

第 2 集团军总司令冯玉祥，总参谋长曹浩森，副总参谋长秦德纯，约 31 万人。第 1 方面军总指挥孙良诚（孙良诚的第 2 军，马鸿逵的第 4 军，石友三的第 5 军）；第 2 方面军总指挥孙连仲（梁寿恺的第 1 军，秦德纯的第 14 军，阮玄武的第 45 军，席液池的骑兵军）；第 3 方面军总指挥韩复榘（韩复榘的第 6 军）；第 4 方面军总指挥宋哲元（宋哲元的第 15 军，马鸿宾的第 24 军）；第 5 方面军总指挥岳维峻；第 6 方面军总指挥石敬亭（张维玺的第 13 军，石敬亭的第 22 军）；第 7 方面军总指挥刘郁芬（刘郁芬的第 10 军，庞炳勋的第 20 军）；第 8 方面军总指挥刘镇华（刘镇华的第 23 军，万选才的第 28 军，刘茂恩的第 29 军）；第 9 方面军总指挥鹿钟麟（刘汝明的第 2 军，鹿钟麟的第 18 军，吕秀文的第 21 军，冯治安的第 23 军，王鸿恩的第 27 军，刘骥的第 30 军，郑大章的骑兵 1 军）。

第 3 集团军总司令阎锡山，参谋长朱绶光，政训部主任赵戴文，约 11 万人。第 1 军团长商震（谢濂的第 4 军，傅作义的第 5 军，张荫梧的第 6 军，王英的第 15 军）；第 2 军团长徐永昌（杨效欧的第 3 军，谭庆林的第 8 军，李维新的第 10 军，徐永昌的第 12 军，安锡嘏的第 14 军）；第 3 军团长杨爱源（杨爱源的第 2 军，王懋功的第 11 军）；第 4 军团长丰玉玺，第 5 军团长郑俊彦，第 11 军团长徐源泉。

第 4 集团军总司令李宗仁，前敌总指挥白崇禧，参谋长张华辅，约 20 万人。编有鲁涤平的第 2 军、程潜的第 6 军、夏威的第 7 军、张辉瓒的第 8 军、叶琪（周维寅）的第 12 军、白崇禧的第 13 军、陈嘉佑的第 14 军、陶均的第 18 军、胡宗铎的第 19 军、魏益三的第 30 军、何键的第 35 军、刘兴的第 36 军、周澜的第 37 军、李燊的第 43 军、邹鹏振的第 44 军等各军及独立第 2、3、4、6、8、19 师各师。

此外西南省份的地方实力派和两广地区的第 8 路军李济深部，编有陈济棠的第 4 军、徐景唐的第 5 军、陈铭枢的第 11 军、黄绍竑的第 15 军、向成杰的第 21 军、李济深的新编第 4 军等部。

上述百万大军即将压向鲁冀、京津地区，奉系张作霖和直鲁联军只有失败一条路。

按照蒋方震的妙计，蒋介石特意去会见坐镇中原、离京津地区最近的冯玉祥，意在不仅要拉拢冯玉祥，更要让冯玉祥充当"二期北伐"先锋。

1928 年 2 月 16 日，蒋介石带着新婚夫人宋美龄乘火车经陇海线来到开封，受到冯玉祥的热烈欢迎。第二天，在冯玉祥的陪同下，蒋介石检阅了西北军。看着穿着旧衣烂衫、难敌尚未转暖的中原寒风的西北军官兵，蒋介石暗自吃惊，能够忍耐如此贫困的军队确实不简单，能够带出如此军队的将领更不简单。蒋介石面对这支在如此艰苦条件下训练有素、吃苦耐劳、军纪严明的军队，暗自思考冯玉祥不可能成为自己的"同志"，能吃苦能打仗的西北军不可能成为听从自己调遣的军队，因此对冯玉祥和西北军只能利用而不能合作，更不能让西北军发展壮大。面对身着厚呢将军服的蒋介石一脸疑惑，望着身着貂皮大衣的宋美龄，同为集团军总司令但穿着上差别极大、经费尚不能维持生存的冯玉祥说："西北军叫国民军，国民军就是为天下劳苦大众的，如今百姓都受着冻饿之苦，国民军就更应吃苦。如今国民军又加了两个字，叫国民革命军，它的宗旨就是救民出水火，因此，这国民革命军比国民更能吃苦，这是不忘本的表现呀！"蒋介石听了这一席话，表面上连连点头，心里不知是如何想的！

与蒋介石一同来到开封的邵力子，也是冯玉祥的老朋友，他向老朋友说明了蒋介石的来意："蒋总司令此次前来，目的有三：一是前来看看兄长，联络友情；二是同兄交谈军事问题，协力完成北伐；三是想同兄永结金兰之好。总司令要弟前来，问询兄有何见教？"

冯玉祥对蒋介石竟然喜欢封建的结拜金兰感到意外，对"革命同志"间歃血盟誓的作用感到怀疑，邵力子进一步劝说道："结盟作用甚大，望兄不要坐失良机，现在有不少人想与总司令交好，总司令还不肯呢！"憨厚、直率的冯玉祥痛快地答应了邵力子的要求。

1928年2月18日，冯玉祥和蒋介石交换了帖子。年长5岁的盟兄冯玉祥在给盟弟的帖子上写着："结盟真义，是为主义，碎尸万段，在所不计。"盟弟蒋介石在给盟兄的帖子上写着："安危共仗，甘苦同尝，海枯石烂，死生不渝。"蒋介石看着帖子，心中好笑，心想只要你冯玉祥出兵北扫京津，什么主义不主义的；冯玉祥则显得幼稚，对蒋介石这样的人还强调主义，把"三民主义"放在第一位，蒋介石此时只相信他自己的主义，只要能帮他打败奉系、建立自己的统治秩序就是主义。对于义结金兰这种封建帮会习惯、江湖义气，蒋介石也不看重，更不会遵守誓言，他只是愚弄别人，只会利用别人来达到自己的目的。蒋介石有"难"，要冯来帮；"难"关一过，过河拆桥。

蒋介石的结盟还有另外一层意思，那就是通过与冯玉祥结盟以显示与西北军的亲密关系，向其他实力派施加压力。对蒋冯结拜兄弟最为敏感的是山西的阎锡山，此人的目标是在山西偏安自保，拥兵割据，他之所以同意参加北伐完全是为了避免成为蒋介石打击的目标，并不是真心愿意带兵与奉军、直鲁联军作战。谋多胆小的阎锡山，对于冯玉祥和蒋介石在督促汪精卫叛变问题上建立起如此亲密的关系十分关注，为避免被淘汰出局，在"二期北伐"问题上态度明确、立场坚定，愿意亲率重兵东出娘子关，进攻奉军；再则这也是晋绥军向山西以外地区发展、特别是对山西来说分外重要的京津地区发展的极好机会，阎锡山当然也不会放过"东扩"的机会。

蒋介石在实现结盟后，则向冯玉祥提出出兵京津的问题。蒋介石不会忘记冯玉祥在占领西安后、按兵不动不出潼关的史实，担心此次冯玉祥又是屯兵河南不动，增加其他集团军的作战难度。冯玉祥十分痛快，同意立即出兵，因为正是3年前张作霖的违约，才造成西北军差点在京津地区被全歼的恶果，如今正是把奉军消灭或是赶回关外的关键时刻，岂能坐视不动；其次西北军自被赶出京津地区后，只能在贫穷落后的西北地区生存，兵源、经费都十分困难，出兵北伐奉张也成为西北军重回经济发展、人口稠密的京津地区的有利时机，岂能后于他人；再说，阎锡山已经表示率兵东进，如果西北军行动迟缓，华北将成为晋军的天地，这是冯玉祥最担心的问题，所以只有全力出击，跑马圈地，扩大势力范围，冯、阎两人的互动关系是如此的明显。

在得到冯玉祥的承诺后，蒋介石意气风发地回到南京正式上任，2月20日与冯玉祥、阎锡山同时分别在南京、开封、太原就任第1、2、3集团军总司令。

此时，第4集团军内部正起波澜。以李宗仁为总指挥的西征军出师后，李宗仁自率第3路军沿长江南岸进军，程潜指挥第4路军沿长江北岸西进。到达武汉后，在追剿唐生智残部和善后过程中，程潜收编了唐生智的旧部何键、李品仙部后进入湖南，自持资深望高，义不容辞地出任湖南省主席。程潜主政不过数月，已闹得部下纷争四起，陈嘉佑、鲁涤平、何键等将领暗中和李宗仁、南京方面联络，大有倒程之势。

蒋介石提出将两湖地区的部队改编为第4集团军后，程潜和李宗仁都有意于集团军总司令职。程潜在国民党内的资历比李宗仁深得多，李宗仁比程潜的实力强；程潜在护国、护法战争的战场上苦战多年，李宗仁在北伐以来的军事战场上功勋卓著。总之，两人都有指挥第4集团军的条件，但是因为第4集团军的基本队伍是桂军，所以李宗仁显然要比程潜更合适。面对两位实力派不和，蒋介石成了裁判，也给蒋介石利用提供了便利。蒋介石没有忘记蒋方震的教诲，觉得"抬李压程"的时机已到，暗中向李宗仁讨好，吹捧李宗仁在北伐和龙潭战役劳苦功高之外，还明确说李宗仁是第4集团军总司令的不二人选，同时有意无意地提示李宗仁应该果断地解决程潜的问题。蒋介石为促使李宗仁对程潜下手，故意放风称：因为李、程争权影响军权，准备任命资历声望都在李、程之上的谭延闿出任第4集团军总司令。因此，李、程之间已如水火，只待爆发。

南京方面的北伐开始后，武汉方面因为总司令人选问题没有出兵，蒋介石只得采取行动。5月16日，蒋介石给李宗仁发来了任命李为"第4集团军总司令"的委任状。李宗仁手捧委任状，扬扬得意，只是担心程潜捣乱。程潜不除，第4集团军不稳。5月19日，李宗仁通知长沙的程潜到武汉开会，商量北伐事项。程潜不知是计，在白崇禧"陪同"下来到武汉。5月21日，程潜被李宗仁扣押。在李宗仁的主持下，武汉政治分会公布了程潜的罪状"刚愎自用，素行暴戾，好乱成性。西征之后，更跋扈飞扬"，并提请南京政府撤销程潜的本兼各职。两位国民党的军政要员、职位差不多的封疆大吏，竟然一夜之间一个成了主人，一个成了阶下囚，还有什么正义之分、法治之说！

奉系极度扩张

"二期北伐"的打击目标是奉系控制的"安国军"。在"安国军大元帅"张作霖名下，编有孙传芳、张学良、张作相、吴俊升、张宗昌、杨宇霆、褚玉璞等7个军团。他们在京汉、津浦、正太路、鲁豫冀交界处全面备战，等待北伐军的来临。

受蒋介石打"压"的程潜

此时的奉军士气上已成惊弓之鸟，战斗力上已成强弩之末。奉军是北洋军阀这棵大树上结出的一个怪胎，张作霖则为北洋军阀中的重要成员和最大的实力派之一。旧中国政治混乱，统治黑暗，各种政治势力都有表现的机会和活动的条件。张作霖就是在半殖民地半封建社会里拉队伍起家的典型。

张作霖祖籍直隶，曾祖辈因无法谋生只得闯关东，落脚奉天海城城西小洼村，以后搬过几次家。父亲张有财开小店做买卖，但不富裕。1875年3月19日张作霖出生，14岁那年父亲被仇人杀死，寡母带着3个孩子回娘家度日。小儿子张作霖托人拜师学得一套相马、医马的技术，曾与周围的一批土匪打得火热。1894年到毅军马玉昆手下充当哨长，中日甲午战争爆发，毅军奉调入关，张作霖离开军队，与黑山赵家庙地主赵占元次女结婚，自己开一家兽医庄维持正常生计。东北从明末清初起出现不少民间武装，反抗清军的残暴统治，人称"马军"，清王朝则称这些绿林好汉为"匪、贼"。后来，马军中的不少人沦为土匪，人们俗称他们为"马贼、红胡子"。清末民初，关外土匪成患，一般村镇为自卫都组织"乡团"，也称"保险队"。这些武装名为保境安民，实为鱼肉乡民，无恶不作。张作霖聪明过人，生性豪爽，结识不少友人，通过友人介绍，投奔马贼头目冯麟阁。只是这位后来成为雨亭（张作霖字）部下的冯麟阁，有眼不识泰山，只让身材矮小、人称"张小个子"的张作霖当一个小看守。

张作霖很快离开冯部，回到老丈人家拉起一支40多人的保险队。在当时弱肉强食、互相吞并的混战中，他也饱经战败、逃亡之苦。落难之时，先后得到张景惠、汤玉麟、张作相等人的支持。1901年张作霖接受清政府招安，编为官军游击马队，任管带，张景惠、汤玉麟、张作相任哨官。由非法的土匪部队变为正规官军后，名正言顺，大肆扩军。东北地大物博，民众胆大心细，为保平安，纷纷投奔张作霖，再加上张作霖颇有心计和手腕，善于笼络人心，手下有一帮甘心为他卖命献策的哥们儿弟兄。所以到辛亥革命时，张作霖已拥有7个巡防营。他凭着手中的军队，逼走革命党人、新军第2混成旅协统蓝天蔚等人，拥立清朝命官赵尔巽。袁世凯上台时，拥袁有功，升为陆军第27师师长。1916年4月22日，袁世凯钦派张作霖为盛武将军督理奉天军务兼巡按使，实现了他梦寐以求的督奉愿望，此时的冯麟阁只是一个帮办。1918年9月5日，张作霖官升东3省巡阅使，统治奉天、黑龙江、吉林3省，由一个寒门子弟，靠枪杆子和权术终于成为威风凛凛、不可一世的"东北虎"。以后数次问鼎关内，在1922年和1924年两次挥军入关，挑起两次直奉大战。在第1次直奉大战中，一周内奉军战线全部崩溃，不得不立即撤回关外。北洋总统徐世昌下令免除张作霖的本兼各职，但东3省议会却通电拥立他为东3省保安总司令，张作霖趁机宣布东北独立。北洋军阀此时已进入末期，统治权威大为减弱，割据势力遍布四方，北洋军阀想管管不了，张作霖充分利用东北的地理优势，两年生聚两年教训，卧薪尝胆。两年后，再次发动第2次直奉大战，得到冯玉祥的协助，张作霖终于控制北洋政府，先是扶助傀儡段祺瑞，然后是过河拆桥赶走冯玉祥，再是派兵南下抢占东南财富之地，最后于1926年11月间成立安国军，自任总司令。

在此期间奉军内部曾发生分裂，1925年11月，奉军第3军副军长郭松龄在日本观操期间向同来的冯玉祥的代表韩复榘明确表示，最近奉军向东南发展的失败，完全是因为以杨宇霆为首的亲日派所造成，要想振兴东北军只有张作霖退位，让位于张学良；清理亲日派，让位于国内军校毕业的军官。11月5日，韩复榘回到包头，向已被奉军排挤出北洋政府的冯玉祥汇报后冯喜出望外，立即和郭松龄的代表签订密约，准备相约起兵倒奉。11月23日，郭松龄在滦州公开反奉，宣布接受冯玉祥委任的"东北国民革命军总司令"职务。同时，拘留了一大批奉军中高级将领，枪毙了前不久被任命为安徽督军、失败后路过滦州的姜登选。郭松龄挥军向沈阳进军，因为奉军主力均已调往关内，沈阳无军可用，张作霖只得把家眷和细软运到日本满铁地方事务所的仓库保管，准备逃跑。张学良立即从天津赶回沈阳率军讨伐。同时张作霖让杨宇霆请求日本人帮助运兵和提供空军支援，并从关内急调吴俊升的第6方面军、张学良的第3方面军、张作相的第5方面军，与郭松龄在巨流会战。曾经因为郭松龄是倒杨宇霆，答应郭松龄出兵的李景林、汤玉麟等部见势不妙，临阵变卦，不仅不出兵援郭，反而出兵压郭；冯玉祥的西北军先是支持郭松龄造反，在造反真正开始后，冯玉祥又面临奉军的压力，没有及时支持。这样郭松龄陷入重围之中，孤军作战，很快失败。12月24日，郭松龄夫妇在逃跑途中被逮捕，当场处决。郭松龄倒奉虽然没有成功，实际上意味着旧奉系即将过时，以张学良为首的新奉系即将取代旧奉系。

1927年6月18日，张作霖成立"安国军政府"，自任"海陆军大元帅"，成为北洋军阀中的一代枭雄，也成为北伐军打击的最后一个目标。

张作霖作为旧军阀，反对革命、反对进步、反对孙中山的"三大政策"，在日本帝国主义的支持下，拥兵割据，控制东北成功后图谋向关内发展，问鼎中央政权，走的是一条完整的军阀起家、发展、成功之路。在南方大革命高潮时期，张作霖极力限制、镇压中共和其他进步力量在京津地区的活动。在蒋介石发动"反共"政变时，尽管张作霖将成为蒋介石"二期北伐"的打击目标，但张作霖还是出于"反共"本性，杀害了李大钊等一大批中共人士和国民党"左"派，在个人历史上又增加了不光彩的一页。

南京政府与张作霖已经交手过几次，上海大败直鲁联军的毕庶澄部，龙潭大败得到直鲁联军支持、渡江南下的孙传芳，3次徐州战役中大败直鲁联军主力，在百万北伐大军面前，直鲁联军和奉军军心涣散，无心苦战。

作为奉军最高指挥官的张作霖，对此仗信心不足。纵观张作霖的起家过程中，决不轻易与对手拼实力，保存实力一直是第一位的目标，在他个人实力的发展过程中是这样，在第1次直奉大战中是这样。即使他入关占领京津地区后，在向东南发展的过程中，奉军也是打得赢就打，打不赢就跑，反正关外是他的天地，白山黑水是他的退路。因此，以足智多谋著称的张作霖，有他自己的打算：先由处于一线作战的孙传芳和张宗昌部，与南京政府对抗；对于从山西和河南出发的阎锡山、冯玉祥部，奉军全面反击；最后视三方面的作战结果而定，大不了最后兵退东北。张作霖的直鲁联军在鲁豫间、孙传芳在苏皖北部接连失败后，由河北南下，进攻河南。

驻扎河南的第2集团军，一直成为第1、4集团军的挡箭牌，充当了打击直鲁联军和奉军先锋军的角色。到1928年4月间，平汉路上的奉军大举南下，准备全面堵截河南和山西的冯、阎部。杨宇霆、张学良率领两个方面军、共10个步兵军、1个骑兵军，长驱直入，兵临漳河以北，总部设在磁州。张作相为京绥线、正太线总指挥，孙传芳为鲁西、大名方面总指挥，张宗昌、褚玉璞为津浦线总指挥，全面堵截蒋、冯、阎、李军。

最先接触的是京汉路和鲁冀豫交界处。冯玉祥打仗时喜欢全线作战，所以第2集团军分兵迎敌。孙良诚担任第1方面军总指挥，主攻山东曹州、济宁，对手是孙传芳残部；孙连仲担任第2方面军总指挥兼京汉路前线前敌总指挥，由京汉路北进；刘镇华为第8方面军总指挥，北攻大名府、德州；鹿钟麟为第9方面军总指挥兼北路军前敌总指挥，由彰德、内黄向大名进攻。也就是在津浦线、京汉线之间，第2集团军分成4路向北推进。

1928年4月5日，双方在豫北重镇彰德进行激战，奉军和第2集团军在豫北相持。

为减轻第2集团军的压力和向北推进，4月7日，已经部署停当、军队基本到位的南京政府，发表《北伐宣言》，蒋介石向各军下达了作战命令。"二期北伐"总司令部设在徐州。第1集团军由津浦路北上；第2集团军由京汉路北上；第3集团军由正太路东进；还未编成的第4集团军主力由白崇禧率领与第2集团军一起沿京汉路北进。

山东境内的张宗昌部面临第2集团军的3个方面军和第1集团军的四路围攻，战无军队，斗无力量，6万余军队只能边战边逃，第1集团军进军顺利。4月10日，攻占台儿庄；14日占领临城、临沂。与此同时，正在鲁西南与第2集团军孙良诚方面军作战的孙传芳部，不忘张宗昌当年在宁沪地区危急时拉他一把的旧情，不断派出部队从侧翼打击第1集团军，连克蒋军阵地，一度逼近徐州。蒋介石急电冯玉祥派兵增援，第2集团军石友三部立即赶来攻击孙传芳的右侧，孙传芳不敌后退，可是此时他的退路已为孙良诚的骑兵所断，孙传芳率兵夺路而逃，一路上损失巨大。4月22日，1、2集团军在泰山脚下会师，

7 天占领泰安城。时至今日，张宗昌对战局已经失去希望，于 4 月 30 日悄悄登上铁甲车逃离济南。5 月 1 日，事后得知张宗昌已经逃走的孙传芳也急忙逃出济南。5 月 1 日上午，第 1 集团军刘峙、陈调元、顾祝同的 3 个军团开进济南城。第 2 集团军力经苦战，在奉军飞机、大炮的狂轰滥炸下，伤亡惨重，终于挡住敌人。4 月 28 日，鲁军和奉军、孙传芳部全线溃退，冯玉祥全线反击，向北直追。

日军济南暴行

1928 年 5 月 1 日上午 10 时，第 1 集团军的 3 个军团进入济南，当晚总司令蒋介石也来到这座历史名城，看着春色下的满城灯火，心中自豪感不禁油然而生。蒋介石把北伐军总司令部设在山东督办公署，任命第 1 集团军第 4 军团长方振武为济南卫戍司令。次日，因为济南城内原来就是日本强盗的势力范围，蒋介石唯恐发生类似于"南京事件"的涉外事件发生，特意要求外交部长黄郛进驻济南，在津浦铁路局设立了临时办事处，以应付日本当局和军人的无理挑衅。果然不出所料，也是这一天，在"二期北伐"开始前后，从海外赶来增援的日本侵略军第 6 师团无视中国主权，在未经济南卫戍总部和北伐军总部同意、也没有向南京政府外交部驻济南办事处报告的情况下，强行进入济南城，在正金银行楼上设立了司令部。与日军司令部一墙之隔驻扎有中国军队。日本军队的举动，显然是和北伐军进入济南有关，显然是为了干涉北伐军的正常行动。因此，城内的形势陡然紧张。

日本军国主义当局对中国的侵略野心已经进入实施阶段。1927 年 4 月，军国主义分子、退役大将田中义一担任了日本首相，当时北伐军兵发苏北，进攻徐州，日本当局在济南集中军队，准备武装干涉。8 月初他在《田中奏折》中称，欲征服世界，必先征服中国；欲征服中国，必先征服满蒙。此事不管真假，但日本当局确有此野心，以后也是这样去做的。蒋介石在下野访问日本期间，田中义一也明确地向蒋介石表示了日本不赞成中国统一、北伐以长江为界的分裂中国的主张。12 月间，日本田中内阁以保护在青岛、济南和胶济沿线的 1.7 万余名侨民和日本在山东的 1.7 亿日元的投资，决定必须出兵山东。1928 年 4 月 1 日，日本第 2 舰队开进青岛。4 月 17 日，日本陆军大臣白川义则根据 4 月 16 日日本驻济南陆军武官酒井隆少校、日本军部参谋总长铃木庄六、日本驻青岛总领事藤田荣介和代理总领事西田耕的请求，向内阁提出出兵山东案，并获得通过。4月19日，日本内阁正式公布"第2次出兵山东案"，并派出第6师团在青岛登陆。同时命令驻天津的3个日军中队赶往济南。

对于日本的公然干涉行为，4月21日中国外交部长黄郛向日本提出强烈抗议；同时蒋介石派出张群前往日本进行交涉；各大城市的主要报刊也纷纷发表文章揭露日本的侵略阴谋，抗议日本的侵略行为；在日本的中国留学生也抗议当局的侵略行为。25日张群在交涉无果后回国，日本派出的使者、军国主义分子松井石根到达济南。

日本驻济南机构，一副侵略者的嘴脸，在商埠区架设工事和机枪，不断挑起事端，在第1集团军进入济南以前，已有3个中国人被日本强盗杀害。5月2日，日方在同意拆除商埠区工事的同时，在《济南日报》门前，刺死路经门前的第1集团军营长1人、连长3人、士兵10人，残忍的日本强盗连尸体都不留下。

1928年5月3日上午9时，第1集团军第3军团第40军宣传队在商埠区魏家庄附近宣传时，遭到日军袭击，当场被日方打死十余人；随后日军又向40军第3师第7团发动进攻，缴枪1000余支；此外，日方在全城到处进行挑衅，屠杀中国人和北伐军士兵。

面对日本强盗的疯狂挑衅，蒋介石的基调是妥协，立即下令所有北伐军官兵一律不准开枪还击，只是派出战地政务委员会外交处长蔡公时到济南交涉公署负责同日方联系。3日晚，日军又将白天拆除的工事、障碍物予以恢复，并像土匪一样，冲进交涉公署，捆绑和毒打蔡公时等17名中国外交官员。日本强盗威逼蔡公时跪下，蔡公时为维护国格、人格，拒绝向毫无人性的日本人下跪，强盗们以不跪就枪杀一名中国外交官相威胁，最后16名外交官分别被施以刺鼻、削耳、挖眼等酷刑后杀死，蔡公时本人腿骨被打断，割掉舌头，再被杀害。

被日军残酷杀害的国民政府山东特派交涉员蔡公时

外交部长黄郛则被他的日本老朋友、第

6师团长福田彦助骗到日军司令部，黄郛在日军参谋长黑田周一威胁下打电话要蒋介石下令停止开枪后，逼迫在写有"今天中国革命军与日本军队冲突，是中国革命军来抢日本的东西，来打日本人，所以冲突起来的"字样的文件上签字，黄郛在日本一排长举着手枪威逼下没有签字。这位中国的外交部长被日本几个小强盗一直扣押到次日凌晨共达18个小时，为脱身不得不在文件上签下一"阅"字。

第1集团军代表熊式辉也开始和日本第6师团参谋长黑田周一谈判。黑田是熊式辉在日本陆军大学学习的同学，同窗之谊已为侵略者的野心和狂妄所取代。黑田提出了"济南商埠街道不许中国官兵通过；胶济、津浦路不许中国运兵；中国军队一律退出济南20里之外"的强盗条款，熊式辉拒绝签字，最后被日方扣压至次日凌晨。后来蒋介石又派出赵世暄、王正延、崔世杰等作为代表去与日方谈判，结果是一样的，被侮辱一通后放回。

就在无理威胁、毒打中国外交官员的同时，日本强盗像疯了一般，在街上看见中国人就打，很多济南市民在街上、在商店、在理发店、在澡堂被害；日军公然在街上随意捕人，并把抓来的中国人用铁丝穿肉、捆成一串，进行百般折磨后予以杀害；在济南居住的日本侨民，一改平时为赚中国人的钱而见人哈腰、鞠躬90度的礼貌，凶相毕露，联合起来捕抓平时参加抵制日货运动的中国人，在兽性得到满足后，予以杀害；日军公然炮击市区和北伐军驻地，轰炸北伐军总部所在地；北伐军的整团、整营、整连被日军缴械，因为蒋介石已经下令不准抵抗，所以很多被缴械的北伐军官兵当场被杀或在押解途中被害。

1928年5月5日，蒋介石向英美等国宣布，留下第1军李延年团和第41军邓殷藩团维持济南秩序后，北伐军全部撤出济南。身为一国军队总司令的蒋介石在民众生灵涂炭之时，不负责任地一走了之，他能够得到民众拥护吗？他能不失败吗？

5月7日，福田彦助竟然发出最后通牒：要求惩办参与事件的中国高级军官；解除在日本辖区内的中国军队武装；严禁一切反日宣传；中国军队退出胶济线两侧20华里；立即开放辛庄、张庄地区。这真是地道的强盗逻辑！蒋介石的答复是：不能避免中、日误会之本军，按律处分；本军早已明令禁止反日宣传，且已切实取缔；中国军队已经退出胶济线两侧20华里以内地区；辛庄、

济南惨案中，日军刺刀下的中国被俘士兵

张庄地区的部队已开往前方作战，暂不驻兵。等于实质完全接受日方的无理要求，但济南被杀中国人、被抢财物、在中国领土上日本强盗横行霸道等等一概不提！

面对蒋介石的妥协、退让也是实质上的投降，日本强盗更加嚣张。北伐军主力撤走以后，留在济南城的两个团因为不准还击，只能坐以待毙，10日被赶出城。在撤退途中被日军追杀，还是因为不能抵抗，只能成为日军的活靶。

李延年、邓殷藩团离开济南后，日军在济南城内开始更大规模的大屠杀：北伐军留在济南的几百名来不及撤走的伤兵全部死于日本的刺刀；日军在街上开始对中国人进行集体大屠杀，把在街上抓来的中国人十几个、几十个的集中在一起，进行枪杀；其中一次把抓住的 18 个中国人，先用刺刀全身上下刺遍，然后砍头；日军强盗满城强奸中国妇女，枪杀妇女、儿童、老人。

据有证可查的资料统计，此次惨案中，北伐军官兵被抓 1700 余人，被杀 700 余人；中国军民被害达 6123 人，伤者达 1701 人。由于战乱和恐怖，很多资料不全，只要资料稍有不全，日本方面绝对不会认账，因此事实上中国军民的死伤数远不止此数，中国军民损失的财物根本无法统计，这种人类历史上少见的暴行，在日本军国主义分子眼里根本算不了什么，因为日本军国主义分子对中国人和亚洲人所犯下的罪行实在太多了。

"济南惨案"到一年后才有交代，1929 年 3 月 28 日，南京政府外交部长王正廷和日本公使芳泽经手签订协定："一、于互换签字之日起，两个月内，日本撤退山东全部驻军；二、撤军后的接收办法，双方各派委员就地处理；三、济南不幸事件，认为既往不咎，互相不课军事行动的责任；四、组织共同调查委员会，重新调查双方损失。"

几千名中国人的惨死，几万名中国人的鲜血，多少被毁的中国房屋，多少被抢的中国人的财产，中华民族的尊严，就凭这一纸协定了结！这真是千古奇冤，绝代惨案！

"济南惨案"的主要原因是日本的侵略本性。对日本军国主义者来说，还不了解蒋介石及其南京政府的真面目，特别对发动全面侵华战争还缺乏信心，因此利用北伐军占领济南之际，有意挑起、扩大事件，有意大量残害中国人，试探蒋介石和南京政府的反应。蒋介石和南京政府的反应让日本当局满意，他们看到了蒋介石和南京政府妥协的本性，看到了南京政府缺乏阻止日本侵略的能力。已经被军国主义毒化的日军官兵，恐怕从来没见过蒋介石那样如此无能的主帅！恐怕从来没有见过在上级命令下宁愿被外国强盗杀死也不还手的军队！从此以后，日本军国主义当局开始筹划更大的侵略活动，为发动全面侵华战争开道。

"济南惨案"之所以发生，是因为蒋介石的妥协，且不要说中国人民的愤怒有多大，连亲日派骨干黄郛都说："日本人没有当我们中国人是人，这种耻辱与残酷，不仅自己从来没有受过，恐怕在历史上都不曾有过。"（《蒋"总统"秘录》第 7 册第 34 页）执政不久的蒋介石，第 1 次面对日本人的勒索时，步步退却，日本的每一个无理要求，蒋介石都直接或间接予以同意；日本屠杀中国军民时，蒋介石熟视无睹；日本强盗在中国大地上肆行无忌时，蒋介石让道让其行之，毫无国格、人格。

1928 年 5 月 9 日，正在北京的张作霖也对"济南惨案"分外痛心，呼吁息兵停战，南北双方合力对抗日本侵略者。他在通电中表示："金以国内苦战，外侮乘虚而至"，因此应"以侮侵凌，幡然释嫌，合力抗外，必得世界之同情，对内更多符多年国民之要求。"（1928年5月10日《晨报》）为解决内争，土匪出身的张作霖表现出分外的宽容，表示愿意派人到南京召开善后会议，就如何完成统一进行协商。如果蒋介石"二期北伐"是为了统一，那么此时张作霖的态度已为完成统一提供了条件；如果蒋介石称为了完成统一，才在济南对日妥协，那么现在已经没有继续进行内战的理由，应该奋起反抗日本强盗。因此，蒋介石将对日本强盗的让步说成是为了完成"二期北伐"，纯属不能让人信服的理由。在面临外国列强欺负中国人的时候，即使果真影响北伐，也应该首先制止外国强盗的侵略行动；如果在外国列强欺负中国人的时候，仅为了自己一人私利或一党私利而向外国列强让步，只能是投降。当然如果像蒋介石所说，因为国力不强所以要忍受外国的侵略，只有等国力强盛了才能反抗侵略，那只是为他的投降行为和无能作辩护，一个国家一个民族被欺负不反抗只能永远受欺负，也永远不可能强大起来。

如果蒋介石能够以民族利益为重，如果蒋介石愿意用第1集团军的一半战斗力，在全国人民的支持下，对付济南城内以第6师团为主体（后来日本又运来第3师团）的总共不到2万人的日军，制止侵略行为完全是可能的。那么获胜后，日本方面还缺乏发动全面战争的能力，也不可能立即就此发动侵华战争。蒋介石自己放弃了成为民族英雄的机会。

众所周知，张作霖在发家过程中，曾得到日本关东军的许多支持，日本也有意利用、扶助张作霖，与蒋介石的"二期北伐"对抗，以图分裂中国，但他在民族危机面前，能够深明大义，以国家利益和民众利益为重，主张内部团结，对外抗争，显然要比在起家过程中并没有得到日本人实际支持、在掌权后也没有得到日本人实际援助、但一直莫名其妙地对日本抱着"以恩报怨、以德报怨"心情的蒋介石站得高、看得远。

如果说张作霖提出此议是为了保存实力，是为了与南京政府割据，但事实上"二期北伐"结束时也没有消灭东北军的有生力量；"二期北伐"也是以和平谈判的方式完成的；张作霖本人也是因为拒绝日本人要其与蒋介石对抗、分裂祖国的要求后死于日本人之手，所以说张作霖的建议应该是有诚意的。

"济南惨案"，成为日本侵华史上罪恶的一页；成为蒋介石个人发家史上不光彩的一页。

奉系退出平津

1928 年 5 月 5 日，日本侵略军的军机轰炸济南，身为北伐军总司令、拥有指挥百万大军权力的蒋介石，吓得连外衣都来不及穿逃往城外，同时命令进入济南城的第 1 集团军各部立即撤往兖州、泰安等地待命。5 月 6 日，冯玉祥赶来济南南面的党家庄与蒋介石面谈。会上蒋介石提出放弃北伐，以免再与日本人发生冲突。蒋介石的意见没有被采纳，冯玉祥更是坚决反对，因为他不会眼看着让张作霖跑掉，而且他不会眼看着到嘴的京津地区失去。会议决定绕道北上，继续北伐。

根据会议的决定，同日晚第 1 集团军各部在济南东、南两边分别渡过黄河，向北挺进，1928 年 5 月 10 日占领禹城。

从 1928 年 4 月初起在彰德一线与奉军对峙的第 2 集团军，于 4 月 28 日发动全面进攻，5 月 3 日收复彰德，5 月 5 日攻克大名。

1928 年 5 月 10 日，在山东兖州，举行南京政府党政联席会议。到会的党政大员们对于蒋介石在济南城的妥协、退让，无不为之叫好，认为蒋介石果断行事，决策英明。这批精于权术的高官们异想天开，认为蒋介石满足日本人的全部要求，就等于让日本人失去了扩大侵略的借口，显然蒋介石的"让步抗日法"是南京政府的基调。

会议一个一致决定，那就是继续北伐，蒋介石提出的退出长江以北地区、划江而治、保住半壁江山的意见被否决。蒋介石同意继续北伐，但以身体有病为由，不愿再到前线继续指挥作战，并建议由冯玉祥行使总指挥职。会后，蒋介石则返回徐州养病去了。

1928 年 5 月 21 日，蒋介石到郑州会见正在分别指挥 2、4 集团军豫冀地区战事的冯玉祥、白崇禧，要他们勇于负责，早日占领京津地区，完成北伐重任。同时，蒋介石向二人许诺，山东划归开封

1928 年 5 月，蒋介石、宋美龄于北伐途中到达郑州

政治分会管理，冯玉祥非常高兴；第4集团军的待遇和其他各军一样，白崇禧得意扬扬。蒋介石望着面前的二位将领，心中只觉好笑：山东有日本人在那里捣乱，看你冯玉祥如何执政？第4集团军已占有两湖，还拥有广西老巢，待遇、军饷本来就不差，到时打完仗我也用不着管了，钱也就省下来了。

蒋介石还有私下一招。按照军阀作战不成文的规定，谁拿下城池就归谁，2、4集团军和第3集团军都在拼命向京津进军。蒋介石盘算，如果让冯玉祥、白崇禧拿走，要让他交出来不容易；如果让阎锡山拿走，从豫鄂出发一路打到京津的冯玉祥、白崇禧不同意，三将争吵，坐收渔利的只能是蒋介石；而冯玉祥与桂系均已各有地盘，阎锡山此次出军也算劳苦功高，应该将京津地区暂时交他管理，稳住晋军。为此，蒋介石已在5月17日致电阎锡山，要他抢先进入北京城；并与北京城内的北洋势力联络，要他们拒绝西北军和桂军的接收，等待第3集团军的到来。

津浦线上的战斗比较顺利，第2集团军刘镇华部抢先于1928年5月13日占领德州，然后与随后赶来的张维玺部，消灭了德州以南的张宗昌、孙传芳残部，为第1、2、4集团军继续沿津浦线进军创造了条件。29日，第1、2、4集团军会攻沧州，北伐作战进入河北境内。5月31日，奉军和直鲁联军布置反扑：张宗昌坐镇沧州，孙传芳在马厂，中央军由张敬尧指挥，左翼军由褚玉璞指挥，右翼军由寇英杰指挥，沿津浦路南下，压向北伐军。6月1日，北伐军前敌总指挥朱培德下令全线反击，挡住敌方的进攻。同时，京汉线上的白崇禧率领第4集团军一部，配合第3集团军由保定直上北京。6月2日张宗昌、孙传芳部被击溃，朱培德挥军占领沧州，奉军全线动摇。

1928年6月3日，张作霖宣布离开北京，在返回东北途中被日本特务炸死，北京城由王士珍拉起来的维持会主持。6月6日，张宗昌、孙传芳残部由天津向东北逃跑。孙传芳从此退出军界，后被仇人后代杀死；张宗昌率领旧部5万余人原想逃入东北，但被张学良因为直鲁联军军纪太差而拒绝，只得在冀东一带活动，徐源泉则投靠蒋介石，7月15日蒋介石命令白崇禧指挥第4集团军一部、鹿钟麟指挥第2集团军一部、商震指挥第3集团军一部，围剿直鲁联军。9月21日至23日，在东北军的配合下，将张宗昌、褚玉璞主力消灭。余部上官云相等人投靠南京政府，编为第47军。张宗昌败不甘休，一直图谋复辟，于1929年初在日本帝国主义支持下纠集鲁军在烟台登陆，很快失败。1932

年 9 月他又回到曾经作恶多端的山东，图谋东山再起，被山东省主席韩复榘派人杀死，结束了他罪恶的一生。褚玉璞兵败后也于 1929 年初潜回烟台活动，被旧部刘珍年活埋，获得了应有的下场，这是后话。

白崇禧、冯玉祥指挥各自军队奋勇向北京冲击时，北京却落入阎锡山手中。

阎锡山在 1927 年 6 月 6 日公开挂起了"青天白日满地红"旗，自任"北方国民革命军总司令"，挥兵东出娘子关，于 11 月 6 日一露头就被东北军打得大败，只得固守山西。1928 年 2 月间出任第 3 集团军总司令时，相约与第 1、2、4 集团军会师于北京，但精于取利的阎锡山没有先行发兵，等第 1、2、4 集团军在津浦、京汉、鲁西南作战取得明显进展、战局出现明显有利于南京政府方面的变化后，阎锡山见时机已到，如果再不出兵将失去攻城夺地的最佳时机，失去占领京津的机会。5 月 3 日，命令关福安的第 8 师为第 1 路，沿滹沱河向东出击；赵承绶的第 2 师为第 2 路由六岭关出击；徐永昌的第 3 军由甘泉关出击。5 月 8 日，3 路大军在河北省平山县会师，次日占领石家庄。此时，晋军军心大振，士气焕发，由商震率领左路军，徐永昌率领右路军，分别兵指完县、紫荆关和望都、定县地区向北京挺进。17 日，阎锡山接到蒋介石要其占领北京的命令，于是商震和徐永昌部与津浦线方面的其他集团军的强大攻势相配合，向奉军发动新一轮攻势，张作霖见已经无力阻止北伐军的前进，只得实施退却方案，在 5 月 9 日通电停战息争的基础上，于 5 月 30 日下达全线撤退命令。

同一天，蒋介石赶到石家庄会晤阎锡山，亲口许愿将京津冀地区交给晋军，阎锡山对此感激不尽，大有相见恨晚之意，以往听来的社会上关于蒋介石的丑闻顿时烟消云散。得意忘形的阎锡山在占领保定后，与掩护撤退的奉军主力在方顺桥附近遭遇，双方战斗激烈，战斗素质一直不是很强的晋军处境危急，阎锡山的卫队旅也派上前线。徐永昌让周玳联络正在京汉路东线作战的第 2 集团军韩复榘部，请其增援。岂知冯玉祥有心抢先占领北京，对阎锡山在南口大战时曾落井下石的举动趁机报复，韩复榘不仅不救，反而兵退石家庄，致使晋军在兵力不支之际又在右翼出现空当，给奉军的反击提供了机会，晋军陷于苦战之中。幸亏白崇禧一部及时赶到，再则此时的奉军正在组织撤退，无心恋战，阎锡山免于灭顶之灾，但已见恨于冯玉祥。奉军开始全面退出平津地区，张作霖本人也于 1928 年 6 月 3 日离开安国军大元帅府所在地北京，8 日，商震率部开进北京城，11 日迟到的白崇禧在阎锡山的陪同下来到北京。阎锡山是来出任京津卫戍总司令的，北京警备司令为第 3 集团军的张荫梧，天津卫戍司令也由第 3 集团军的傅作义担任。

在此以前，韩复榘部已于 1928 年 6 月 6 日先于晋军进入北京南苑一带，但为奉系撤走前组织的北京地方维持会头目王士珍等人，已接到蒋介石要他们等待阎锡山接收的密电后予以拒绝，韩复榘只得在收缴一些奉军留下的武器后撤出北京。想起他们当年在北京被赶出去，近两年后历尽艰辛打遍苦仗，望着北京却不能进，此种心情可想而知。

此事的起因，蒋介石主要是为了挑拨阎锡山、冯玉祥的矛盾，防止一派坐大，利用阎锡山来制衡冯玉祥，逼使冯玉祥与阎锡山无法合作，把京津地区让给阎锡山管理。因此，在"二期北伐"还未了结时，蒋介石已成功地在阎、冯双方之间种下了不和的种子。阎锡山通过参加此次军事行动，获得了察、绥、冀、晋 4 省和平津地区，这是投靠蒋介石的好处，凭阎的力量是无论如何拿不下如此大的地盘。当然平津地区蒋介石迟早是要收回的，只是时间未到先由阎锡山管理而已。

千年古都北京城在主人的更迭中，幸免战火，代表中华民族智慧的建筑、文物、景观全部得以保留。在这一点上，张作霖还是有远见的，奉军没有把千年古都作为战场上的赌注，与北伐军一拼高低。如果南北两军在北京城进行激战，毁掉北京，他们将成为中华民族的历史罪人。

1928 年 6 月 21 日，中央政治会议形成决议，南京已成国都，北京称"京"显然不合适，所以将"北京"改为"北平"。事实上"京"字字意上的"首都"含义和政治生活中的"首都"含义完全不同，既然已把南京作为首都，北京无论怎么称呼都已没有首都的含义，也不可能起到首都的作用，因此没有必要在字意上做文章。

少帅东北"易帜"——年少有为

占领京津后，东北张作霖已故，张学良已明确向南京政府表示了愿意归顺的意图，天下即将一统，蒋介石又有新的打算。此时蒋介石考虑最多的问题，无非是如何对付掌握重兵的 3 个集团军总司令，冯玉祥控制中原，阎锡山控制华北，李宗仁控制中南，各有地盘，各有军队，地盘足以养兵，军队足以抗衡，旧的军阀被消灭，新的军阀又成势，直接威胁到南京政府的统治基础。蒋介石有必要玩弄政治花样，提醒集团军总司令不要把党国军队当成私人财产，强调南京政府的权威。

北平祭奠孙中山

蒋介石主要做法有二：一是辞职，以退为进。在"二期北伐"结束之际，人们都以为蒋介石将会进行盛大庆祝活动，岂知他却突然宣布辞去国民革命军总司令和军事委员会主席职务。蒋介石在 6 月 9 日发表的辞职通电中说："伏查中央执行委员第四次全体会议制定的国民革命军总司令部组织大纲第一条，国民政府为国家战时军令之统一，特任命国民革命军总司令一人。是作战目的完成之时，即总司令职权当然解除之日。中正本年 2 月复职之电，亦经剀切陈明，一俟北伐完成，即当正式辞职，以谢去年弃职引退之罪。为此历陈缘由，恳予明令府准，将国民革命军总司令职权解除，并准辞去军事委员会主席。"

1928 年 6 月 12 日，蒋介石又宣布辞职另外一个实质性职务——中央政治会议主席。中央政治会议名义上是国民党最高权力指导机构，但由于组成人员主要是国民党中常委和党政主要部门主要首长，所以中政会成为事实上的国民党最高权力决策机构，在国民党中央全会闭会期间，党政大事主要由中政会决定，它的权限远超过中央执行委员会和国民政府。蒋介石放弃中政会主席、总司令和军事委员会主席等主要职务，给天下人的印象是，他非要辞职不可。

在蒋介石的带领下，亲信将领和官员纷纷跟进。党内国民党中常委丁惟汾带头，军内海军司令杨树庄、第 1 军军长刘峙带头……一个个以辞职为时髦，唯恐落后于他人。本该为欢庆胜利、论功行赏的时刻，南京城内却是猛刮辞职风。

蒋介石难道真要休息？难道果真有意离开政治舞台？非也。蒋介石此时提出辞职，不乏一着妙棋。既能借机吹自己，又能借机压别人。吹自己淡泊名利，不为权位所动。尽管在北伐中有很多失误，但因为蒋介石是总司令，所以他成为第一功臣，成为"民族英雄"。而如今功成名就之际，宣布辞职，无疑是他从"自己"做起，自己把自己定位为具有功成身退、只求成事不求成名传统美德的典范。压别人放弃权力，不要拥兵自重。3 个集团军总司令冯玉祥、阎锡山、李宗仁等手握重兵，北伐战争时期需要他们；如今北伐结束，和平时期他们则成为威胁南京政府的阻力，尤其是他们的七八十万军队更是威胁蒋记独裁的主要障碍。要他们放权，在这些依靠军队起家、在北伐中功劳不比第1集团军小的实力派中显然行不通。蒋介石只好迂回前进，以自己的表率行动，变相告诉冯、阎、李等人，要有高风亮节，要他们像他一样辞职放权。只是蒋介石的辞职是假的，蒋介石本人也是拥兵自重的典范，所以冯、阎、李等辈完全可以向他学习，不必真辞职；也完全可以像蒋介石那样掌握自己的军队。

蒋介石之所以敢于提出辞职，主要是因为他知道党内没有可以替代他的人，也因为党内不可能在胜利之初同意他辞职。蒋介石盱衡政局，国民党内胡汉民、汪精卫不在中央办公；黄埔系的资历太短；冯玉祥、阎锡山、李宗仁不可能为党内所接受；南京城内的政客和文臣不具备控制党政军系统的能力。既然没有可以替代他的人，既然他已成为当然领袖，所以高叫"辞职"又何妨？国民党内参与决策的势力和人物，此时大部为亲蒋阵营成员，他们当然不会同意蒋介石辞职，他们确实也不应该让蒋介石辞职。在当时的国民党内，谁具备蒋介石这样的资历？谁具备蒋介石这样的功劳？因此，蒋介石在不可能辞职的条件下提出辞职，在不可能辞职的情况下继续任职。

人们没有料到蒋介石会提出辞职，但是人们意料到南京当局会挽留蒋介石。果然不出所料，南京政府、国民党中央执行委员会领先向蒋介石发出挽留电，北京的阎锡山、第4集团军前敌总指挥白崇禧紧跟，南京的代理总参谋长何应钦吸取一年前未发出拥蒋通电的教训、特意联络广州的总参谋长李济深一起通电拥蒋留任，武汉的第4集团军总司令李宗仁不甘其后，对蒋介石已经颇为不满的冯玉祥也发出如果蒋辞职他也辞职的拥蒋通电……他们拥蒋的原因很多，对蒋介石的亲信来说，只是为了争取最佳辞职效应；对3位集团军总司令来说，挽留蒋介石就是等于保持自己的军队和权势。

蒋介石的目的已经达到，他的辞职成为个人宣传周，一片拥戴蒋介石的通电远远超过蒋介石任何形式的庆功活动；拥蒋通电中对蒋介石战功的肯定成为歌功颂德的另外一种形式，把他抬到了远高于其他3位集团军总司令的程度，这就是蒋介石的辞职效应。

蒋介石是个精明的权谋家，见到辞职效应起来便马上见好就收，在和宋美龄游完镇江金山寺、回家乡省亲后走马上任了。

二是祭灵，强调权威。辞职是以退为进，祭灵则是以攻为进。6月26日在吴稚晖、张静江、邵力子、陈立夫、周佛海等人的陪同下，浩浩荡荡地来到武汉会见一个月前平息程潜之争的李宗仁，实质上是对李宗仁拘捕程潜表示支持。同时，也为了拉拢李宗仁一起北上。28日，蒋介石到达阔别近一年半的武汉，风光依然，面貌依旧，只是当年的革命氛围早已消失殆尽，但在民众的表情中可以看到他们对社会的不满。

李宗仁很痛快地答应随蒋介石一起北上，30日启程，专列走走停停，7月1日到达郑州。在李宗仁参观这一中原古城时，蒋介石与冯玉祥密谈。蒋介石在吹捧了"冯大哥"几句后，冯大哥情绪高涨，马上同意了蒋介石提出的要他带头到南京中央政府做官的"建议"。冯玉祥有所不知，蒋介石要他到中央政府做官，实为调虎离山，让他远离西北军，以削弱他对西北军的影响。曾在一个月前，蒋介石许诺把京津地区交给阎锡山，马上又赶到新乡去见冯玉祥，以京津地区的列强喜欢阎锡山为名，提出把京津地区交给阎锡山。当时的冯玉祥表面上没有反对，但心中已结下芥蒂。此次蒋介石绕道郑州，是想要冯玉祥一起北上进京，但为冯玉祥所拒绝。因为如果一起进京，在车站的欢迎会上，蒋介石显然是主角，而他这个集团军总司令只是个配角，既有失身份，又给蒋介石捧场，蒋介石要他一起北上的意图也在此，没有拿到京津地区的冯玉祥不愿意干这种事情。

1928年7月2日，蒋介石到达停放孙中山遗体的北平西山碧云寺。7月6日，冯玉祥赶到北平，4位集团军总司令到齐。下午2时，祭灵仪式开始。由蒋介石主祭，冯玉祥、阎锡山、李宗仁为辅祭。在进行到最后一项瞻仰孙中山遗容时，打开棺盖后第一个走上前去的是蒋介石，只见蒋介石扶着灵柩放声大哭，久久不想离开，弄得后面等着瞻仰的人不耐烦。祭祀的人群中有人说："看，这才显出他是嫡系呢。我们都不是嫡系。叫他哭吧，我们走了。"冯玉祥也说："蒋先生哭了很久，还不停止，我走上去如劝孝子一般，劝了多时，他始收泪。"蒋介石"抚棺恸哭"，是可以理解的。他在当天的日记中写道："告祭总理时，闻哀乐之声一作，虽欲强抑悲怀，仍泪满襟臆，体力几不支矣！及瞻仰遗容，哀痛更不能自胜，呜呼悲哉！三年有半之岁月，中正所受之冤屈谗谤，直不知何自而可声诉也。言次，不禁又泪下如雨。"他说，当时谈到此时，又和夫人宋美龄痛哭起来。

蒋介石祭灵哭灵，一半出自真心，一半出自需要。出自真心是因为悼念死者。蒋介石是通过陈其美结识孙中山的，从此蒋介石成为孙中山早期革命事业的追随者。蒋介石前期 16 年的活动，是在孙中山的直接指导下进行的；蒋介石的每一项职务、每一次升迁，都是孙中山直接批准的；对蒋介石一生的发展至关重要的黄埔军校校长职，就是孙中山任命的。孙中山把设立国民党的军官学校、缔造国民党军队、巩固广东革命根据地的重任主要交给蒋介石后，很快离开广州前往北京，行前曾到黄埔军校进行了校阅。此后，孙中山病危、逝世，举行葬礼时，蒋介石正在第 1 次东征前线。完成北伐是孙中山一生未竟事业，如今蒋介石占领北京后，首先赶来祭奠孙中山，从中可以看出蒋介石纪念孙中山是发自内心的举动。当然蒋介石在瞻仰孙中山的遗体放声痛哭时，不知他有没有想到，纪念孙中山更多的是应该继承孙中山的遗志，把孙中山倡导的反帝反封建革命进行到底。如果仅是从私人感情上纪念，则是降低了纪念活动的意义；如果纪念活动搞得轰轰烈烈实际上已经公开背叛孙中山的"三大政策"，则是违背了纪念活动的本意；如果把纪念活动当成派系之争的工具，则是亵渎了纪念活动本身。

1928 年 7 月 6 日，蒋介石率各集团军总司令为北伐成功在北平西山祭告孙中山之灵

蒋介石的祭灵哭灵，一半出自需要。出自需要是为压倒别人。蒋介石当时思考的主要议题是如何对付北伐后另外 3 个集团军总司令，如何制衡手握重兵的冯玉祥、阎锡山、李宗仁。在这一场较量中，蒋介石除了拥有最大的实力外，还有"正统牌"，他控制着中央政府，有着另外 3 人无法可比的政治优势。此次，大规模举行祭灵仪式，等于再次对外宣告自己为孙中山的合法继承人。利用祭灵仪式给自己加上一层新的政治保险标签，抬高自己的政治地位，向对手施加压力，要他们接受南京政府也就是他的指挥，接受下一步即将进行的军

队编遣。如果不从，则是"违背孙中山的教诲"，则是"背叛孙中山的革命事业"，一顶顶政治帽子他可以随意扣在反对他的人头上。所以说，蒋介石辞职和祭灵，一退一进，看来似风马牛不相及，可是性质是一样的：抬高自己、美化自己，压低对手、打击对手。当然也应该看到，蒋介石对祭灵有不同目的，参加祭灵的各位大员尤其是另外3位集团军总司令也是如此，对这批熟读史书的将领们来说，实力派之间共患难容易，共坐天下则是难上加难，因此都在盘算着下一步的行动，都在猜想着蒋介石抚棺痛哭的真实含意。

东北易帜归一统

蒋介石在北平期间重点处理了东北问题。东北问题因为张作霖死于日本之手，已经变得逐渐明朗起来。

张作霖并没有一定要与南京政府对抗到底的意思。在面临强大的对手面前，他和以前碰到军事压力时一样，选择了保存实力、退守东北、再图发展的道路。

张作霖和日本方面有着较深的关系，在1904年2月间卑鄙无耻的日本和沙俄两国借中国东北地区打了一场战争。张作霖没有像大多数土匪那样助日打俄，而是保持中立，结果被日本宪兵队逮捕，准备处死。此时日本关东军参谋部作战主任田中义一中佐等人出面保释，张作霖同意以所率马贼协助日本方面为代价保全一命。关东军的红、白脸骗住了张作霖，张作霖一直记着日本关东军的所谓"救命之恩"。此外，张作霖得势后，在消灭土匪方面，他也借助日本方面的力量，所以张作霖和日本人的关系是比较好的。但是，张作霖不愿充当卖国贼的态度一直让日本方面感到恼火，他的5月9日停战息争通电和准备退出关外计划遭到了日本军阀的反对。日军制造的"济南惨案"没有能够阻止南京政府的"二期北伐"，又想利用、支持张作霖在京津和东北顽抗到底，以便让华北和东北脱

进了北平的蒋介石面对记者谈及东北问题

离中国。对日寇的阴谋，张作霖明确表示："东三省和北京、天津地方既为中国领土，主权所在，决不容漠视。"5月31日，张作霖根据前一天高级军事会议的决定，宣布"只是大元帅府由北京迁往奉天，不管怎么样，我姓张的不会卖国，也不怕死。"张作霖如此明确的态度，使得日寇利用张作霖对抗南京政府统一北方的阴谋无法实现，在这种情况下，一个以杀害张作霖为目标的新阴谋开始实施。

随着京汉线、津浦线、正太线上北伐军的推进，张作霖的撤退准备工作也在加紧进行。这位草莽英雄此时有些舍不得离开，自1894年投军算起至今已经34年，3年多前第2次挥兵入关，一举取代北洋政府，出任安国军大元帅，也算扬名一时、功成名就。如今，百万南军将至，与其在战场上被打败还不如主动撤退，保存实力再和南京方面谈判，同时还能保护千年古都北京免受战火。张作霖暗自思量，为进入北京曾付出了很大的代价，此次退出则不知何时再能返回。

1928年6月3日凌晨1时13分，张作霖在警卫的严密保护下登上专列。专列尾随一辆压道车和运兵车，离开北京车站。下午，专列抵达山海关，专程前来迎接张大帅的黑龙江省督军吴俊升登上列车。这批东北军大佬们，打牌取乐，只是没有发现铁路两边的哨兵在专列由京奉铁路转入南满铁路后就消失了。

主持谋杀张作霖的是日本关东军总部高级参谋河本大作。日本特务河本，按照预先设计并得到关东军总部批准的暗杀计划，在京奉线和南满铁路的立体交叉处皇姑屯埋下炸药，并在附近枪杀了几名中国老百姓，穿上中国军队的服装，伪造肇事现场，嫁祸于人。那天张作霖的专列一开动，河本通过日本间谍网，通知在沿途车站工作的日本特务，想方设法干扰专列运行，以争取谋杀张作霖所需的时间和确定专列的确切运行位置图和时间表。

专列路过皇姑屯车站，奉天宪兵司令齐恩铭上了列车，前来欢迎张大帅。专列马上就要进入沈阳，贵宾车厢的牌局已散，各位大员起身更衣换装，准备参加车站上举行的盛大欢迎仪式。6月4日凌晨5点30分，专列刚驶到立体交叉处，只听一阵轰然巨响，浓烟翻滚200米外，列车到处起火，张作霖所坐的车厢只剩下车轮和车底座。

黑龙江督军吴俊升、安国军政府国务总理潘复当场死亡，安国军政府农工部总长莫德惠、奉天省省长刘尚清、安国军政府实业部总长张景惠等受伤。

满身是血、浑身是伤、左腿和胸部流血不止的张作霖，在没有泄露受伤程度的情况下被抬上齐恩铭的汽车回到督军署家中。只剩下一口气的张作霖，痛苦万分，偶尔醒来就问："凶手捉到没有？小六子（张学良乳名）来了没有？"6月4日上午9点30分，53岁的张作霖闭上了双眼。

当时的沈阳，日本军阀和特务造谣滋事，督军署里乱作一团，沈阳城内政局不稳，东北军中军心浮动。为安定人心，稳住全局，使得日寇不测虚实，无空可钻，奉系上层一致决定秘不发表，等张学良回来后再做定夺。

张学良是谁？张学良自己曾经说过："如果讲到钱，有多少我自己也不知道；讲名，除了蒋先生（介石）就是我了。"这就是张学良！张作霖先后娶过赵、卢、许、寿、马等6房夫人。其中冠英、学良、学铭为赵夫人所生；怀英、怀卿为卢夫人所生；学曾、学诗、怀童、怀曦为许夫人所生；学森、学浚、学英、学铃为寿夫人所生；怀敏为马夫人所生；1901年6月3日，张学良出生于奉天台安县桑子林詹家窝铺，乳名"小六子"。小六子11岁时，生母在新民的家中去世，他与胞弟由胞姐抚养成人。天赋聪明的张学良从小获得父亲的宠爱，7岁时上学读书，出于好奇所以在读书之余经常上前线观战。1920年初，张学良毕业于东北陆军讲武堂第1期炮科，之后出任父亲卫队营的上校营、团长，不到半年，已升至第3混成旅旅长。第1次直奉战争失败后改任东三省陆军整理处参谋长，参与扩军计划的制订。第2次直奉战争时担任第3军军长，并被北洋政府授予上将衔。

为迎战"二期北伐"，张作霖将奉军、直鲁联军改组为7个方面军，其中孙传芳、张宗昌、褚玉璞非奉军嫡系，在奉军的4个方面军中，张学良是第3方面军总指挥。下编有万福麟的第8军、高维岳的第9军、王树常的第10军、富双英的第11军和邹作华的炮兵军等部，实

带孝检阅部队的张学良下定了易帜的决心

389

力之强为东北军之首。张作霖撤出北京时张学良正在河北邯郸附近安排撤退，当天接到奉天省主席臧式毅告知父亡和奉天督军署"盼立即返奉"的电报，立即部署东北军全面后撤，自己紧跟回奉。为预防日本方面的阴谋，张学良化装成伙夫，凡有日本人监视的车站都绕道而行，最后换乘汽车于6月18日赶到沈阳。

东北军上层也不平稳，以杨宇霆、常荫槐为首的一批势力，倚仗实力，有意夺取最高权力。但是，众多跟随张作霖起家的将领和奉系大部分人士，坚决不同意杨、常接班安排。张学良一到，按照封建父亡子继的世袭制，他们推出张学良继任；再者他跟随大帅走南闯北多年，手中握有东北军的实力，早有接班之意，父亲遗下的位置非他莫属。奉系大员决定，除"海陆军大元帅"一职外，张作霖所有的职务全部由张学良继承。6月19日，奉天省议会公推张学良为奉天军务督办。军中有主后，奉天督军署公布了张作霖逝世的消息。7月4日，东北三省议会联合推举他为"东三省保安司令"兼"东三省巡阅使"。这样，年仅28岁的张学良成为名副其实的"少帅"。年轻的少帅在仓促和混乱之中开始执掌东北军政大权，手下有27个陆军旅、5个骑兵军、3个炮兵旅，还有空军、海军，权力不谓不大；东北又是民族矛盾异常激烈的地区，日寇亡我之心不死，张学良又是他们的主要活动对象，责任不谓不重。而他的政治阅历、个人修养、运筹谋略却显得不足，正如他自己所说"少年登科，大不幸矣。"

张学良一上台，面临的棘手问题是如何应付日本人的侵略挑衅和无理要求，如何处理南京政府正在进行的北伐。张作霖在国家主权问题上与日本方面没有妥协，张学良在民族利益上也深明大义，顶住日寇的利诱、威胁。日本军阀多次通过驻奉天总领事林久治郎向少帅施加政治、军事、经济、外交压力，说什么东北殊无与南京联系之必要；日本银行愿意充分接济东北；南京政府如以武力压迫东北，日本将尽力相助，意在迫使东北从中国分裂出去。面对关东军的软硬兼施，张学良义无反顾，向南京政府靠拢。

在张作霖被炸死后，蒋介石即派出孔繁蔚等人作为代表，前往沈阳与张学良联络。7月1日，张学良致电蒋介石，宣布决不妨碍中国的统一运动。7月9日，张学良派出吉林省省长王树翰、安国军政府财政部印刷局局长米春霖、前北京卫戍司令邢士廉、军事参谋署科长徐祖贻作为谈判代表到达天津，他们在向记者发表的谈话中，介绍了张学良关于与南京政府谈判的条件：

服从国民政府；东三省成立政治分会，张学良任主席；杨宇霆为"奉天省主席"；张作相为"吉林省主席"；万福麟为"黑龙江省主席"；东北军保持原有编制；同时由东北派遣青年100人赴南京学习国民党党务，开始东三省的党务工作；所有曾在东北任职者的生命财产，均予保护。年轻的张学良将军站在民族统一的高度，考虑到日本在东北驻有关东军、日本特务无处不在等不稳定因素，主张保持现有东北政治体制，只是改变旗号，南京政府不向东北派出官员。因此，提出的条件比较客观，并没有给南京政府出难题，这成为谈判顺利进行、谈出好的结果的基础。要说双方有什么不同，主要集中在具体人选问题上，蒋介石考虑到向东北委派官员并不现实，只要张学良接受任命，东北官员还是以原有人马为主。

1928 年 7 月 10 日，东北军的 4 位代表从天津到达北平，蒋介石立即接见了他们。以后，双方就"易帜"问题开始正式谈判，由于双方没有重大分歧，也没有过高的条件，所以谈判进行得较为顺利，定于 7 月 24 日发表"易帜公告"。但是，南京、沈阳一接触，日寇便开始进行破坏，多次横加干涉。7 月 28 日，日本当局以吊唁张作霖为名，派遣前驻中国大使林劝助来到奉天活动，向张学良施加压力。8 月 5 日，林久治郎在参加张作霖的葬礼时，向张学良转达了日本首相田中义一干涉中国内政的训示："万一敌军侵入东三省，则日本决尽牺牲以执行其现时之政策，维持东三省之和平与秩序。" 8 月 9 日，林久治郎在宴请林劝助时邀请张学良参加，双方发生了激烈的争吵。日本分裂、瓜分中国的侵略野心，激起张学良和奉系众多将领的愤慨；他们越是明确反对东北"易帜"，张学良越是坚定了"易帜"的信心。张学良担心日寇狗急跳墙，制造第二次"济南惨案"，同南京政府商定暂缓"易帜"。

1928 年 12 月中旬，南京政府的特使军政部政务次长兼军政部兵工署署长张群、国民党二届候补中执委吴铁城、北平政治分会主席李石曾、军事委员会委员方本仁到达沈阳，送来替换五色旗的青天白日满地红旗和任命东北主要官员的委任状。

1928 年 12 月 24 日，张学良宣布："兹经决定于本月 29 日，改悬青天白日旗，东三省同时举行。"

1928 年 12 月 29 日，由张学良、张作相、万福麟联名发表通电，表示：

"自应仰承先大元帅遗志，力谋统一，贯彻和平，已于即日起宣布遵守三民主义，服从国民政府，改易旗帜。"（1928年12月30日《申报》）宣布东3省和热河省同时"易帜"，服从国民政府，悬挂青天白日满地红旗。在奉天省府礼堂，由方本仁监督，张学良主持了"易帜典礼"。张学良在典礼上发表演讲说："我们为什么易帜，实则效法某先进国的做法。某方起初也是军阀操权，妨害中央统治，国家因此积弱。其后军阀觉悟，奉还大政于中央，立致富强。我们今天也就是不想分中央的权力，举政权还给中央，以谋真正统一。"（《蒋"总统"秘录》第7册第104页）12月31日，南京政府任命张学良为"东北边防军司令长官"，张作相、万福麟为"副司令长官"，指定翟文选、张作相、常荫槐、汤玉麟分别为奉、吉、黑、热4省"省府主席"。东北"易帜"，少帅拒绝日本人的拉拢，挫败日寇分裂中国的阴谋，充分反映出张学良将军的民族气节和爱国精神。同时东北"易帜"，标志蒋介石的"二期北伐"基本完成，大大增加了蒋介石的政治资本。

"二期北伐"，性质已和大革命时期的北伐完全不一样：已由打倒北洋军阀、消灭军阀割据的革命战争，蜕变为军阀内战；已由国共合作、共同领导、得到工农群众支持的反帝反封建的社会变革运动，蜕变为蒋介石调整内部矛盾、排斥异己、巩固南京政府反动统治的内争；战争形式也由北伐时期北伐军以少胜多，占领长江以南半壁江山，转变为依靠人多势众抢下京津，最后逼使东北张学良让步；参加北伐的国民革命军各部，也蜕变为国民党内各路新军阀。

随着东北"易帜"完成，南京政府的统一目标已经实现，国民党内以新军阀混战为主要形式的新一轮内斗即将开始。

三、"训政"，打败众家军阀

"二期北伐"完成后，蒋介石的个人履历上又增加了新的一页。尽管到南京政府覆灭前蒋介石也没有真正统一过中国，但是东北"易帜"后，北洋军阀被消灭，北洋政府被推翻，西北、西南各省名义上归顺中央，华北、华中、华南各省已为南京政府的4个集团军所占领，已经完成统一。于公，蒋介石北伐结束，实现了孙中山的遗志，适应了中国社会发展的需要；于私，蒋介石个人势力通过北伐得到空前的发展，已经成为最大的军事功臣和最大的实力派，具备了为独裁统治完成合法化的条件。为此，蒋介石宣布进入训政时期，建立有利于蒋介石个人独裁统治的五权分立体制。

蒋介石的训政，从党内来说是建立在削除地方实力派的基础上，所以引起一连串的倒蒋事件，南京政府内部开始陷入为期 3 年的新军阀混战时期。

（一）训政开始，蒋介石的固权

实施训政，是孙中山的遗教。孙中山在长期的革命活动和革命理论建设中，提出了一整套完整的政治理论。在他的"三民主义"为核心的革命理论中，作为新的政权形式应该是充分反映民意，体现人民意志的五权分立体制。他认为西方的三权分立，有它特定的局限性，在经济不发达、文化不普及的中国，在三权分立的同时，必须建立独立的监察、考试制度，以利于行政、立法、司法三权的实施。蒋介石在无法提出系统的政治理论的情况下，继续借用孙中山的"五权分立理论"，建立"五权体制"。这样，既能证明蒋介石是孙中山的接班人，是孙中山事业的继承者和实践者，又能趁机塞进自己的"私货"，建立和巩固适合自己需要的权力架构。

"二全五中"——休制上"五权分立"

蒋介石总是打着冠冕堂皇的旗号实现自己的权谋。为决定"二期北伐"完成后的大政方针，南京方面决定召开二全五中全会。通过此次会议，建立了五权体制，政府结构进入正常时期。

1928 年 8 月 8 日至 15 日，国民党二全五中全会在南京举行。因为国民党主要派别之间的争权夺利，所以会议开得并不顺利。首先，党内老资格的西山会议派大部分成员没有进入第二届中执监委，并且又因为上年"一一·二五事件"被赶出南

蒋介石宣读训政时期约法

京，他们对五中全会并不热心；其次是一贯充当蒋介石打手的国民党元老张静江、吴稚晖、李煜瀛等人，不赞成因为上年"广州事件"而被追究的以汪精卫为首的粤籍中执委参加会议。他们的提议，显然是在打压汪系人马，又在制造党内分裂。汪精卫等人奋起反击，他们已无武汉时期的"通共、联共"的红帽子，在党内瓜分权力时有资格出来竞争，所以提出"查究四中全会档案，并无不准汪、陈（公博）、顾（孟馀）、甘（乃光）等人出席五中全会的决议。"为抗议不公正待遇，他们拒绝到会。粤籍中执委不参加会议，对蒋介石一方来说求之不得，这样可以随心所欲，大包大揽，问题是二届中执监委因为开除了不少共产党人，人数已经不足，如今汪精卫一帮人再不与会，会议将不足法定人数而无法举行。蒋介石心想张、吴、李怎么不看准时机瞎提建议，成事不足败事有余，只得自己出来收拾局面，亲自跑到上海，低三下四地请汪精卫派来宁参加全会。汪派就阶而下，由陈公博率领，趾高气扬地来了。陈公博一到，无疑是向吴稚晖等人示威，吴和李煜瀛见图谋未成，只得灰溜溜地去了上海。只走两人，还在法定出席人数之内，蒋介石急于贯彻个人意志，全面调整权力结构，也顾不得两人出走，决定会议如期召开。因此，五中全会是在西山会议派被排挤在外、汪精卫缺席、胡汉民不在国内、部分元老派出走的情况下召开的，会议由蒋介石一手导演。

会议的议题是在蒋介石所认为的国家统一已经实现的情况下，完成政治转型和军事转型。政治体制上，由完成统一的以军领政时期过渡为和平建设时期的以党领政时期，建立与广州、武汉时期不同，以蒋介石为核心的新的政治架构。军事上由进行北伐需要分散行使军权转为统一军权，成立由蒋控制、为蒋服务的国家军。

关于政治转型，蒋介石在开幕词中称："回想自从民国十三年一月一日至十九年八月八日之今日，总理交付我们的军事时期才告一段落。不过从今天起，就是从五次全会开会之日起，我们要继续国民革命，开始去作训政时期工作。"（《中国国民党历次代表大会及中央全会资料》第532页）会议宣言也提出，训政开始之际，根据总理建国大纲，设立行政、立法、司法、考试、监察五院，迅速起草约法，预植五权宪法之基础。会议通过的《政治问题案》规定，设立司法、立法、行政、考试、监察五院，行政院下设内政、外交、军政、财政、教育、交通、工商、农矿8部，及建设、设计、侨务、蒙藏、其他特别委员会，设参谋部、训练总监部、军事参议会，这成为以后20年间南京政府的基本政治结构。

会议决定以汪精卫、谭延闿、蒋介石、胡汉民、甘乃光、陈公博、邵力子、伍朝枢、孙科、朱培德、张静江、丁惟汾、王法勤、吴稚晖、陈友仁、何香凝、顾孟馀、宋子文、李济深、陈果夫、李烈钧、戴传贤、柏文蔚、李宗仁、萧佛成、宋庆龄、蔡元培、李石曾、邓泽如、何应钦、白崇禧、陈可钰、陈铭枢、贺耀祖、叶楚伧、冯玉祥、古应芬、阎锡山、于右任、易培基、杨树庄、黄郛、孔祥熙、王伯群、薛笃弼、王正廷为政治会议委员，这成为训政时期的基本权力构成。会议通过了《政治分会存废案》，决议限于本年年底，一律取消各政治分会，并且规定，在未取消前，各地政治分会"不得以分会决议任免该特定区域内之人员"。这无疑是取消了冯玉祥、阎锡山、李宗仁可能进行拥兵割据的政治合法性。

关于军事转型，会议宣言中称："军事整理，不仅为建设统一国家的实际力量之表现，尤为国家能否获得自由平等与民众能否享受安宁幸福之唯一关键。本会议之召集，决定军事整理，实为重要使命之一。"（《中国国民党历次代表大会及中央全会资料》，533页）会议通过的《整理军事案》决定：（一）军政军令，必须绝对统一，要破除旧日一切以地方为依据，以个人为中心之制度及习惯。（二）全国军队数量，必须于最短期间切实收缩。军费在整个预算上，至多不得超过50%。（三）军事教育之统一，为完成国军之基础，各军各地方，不得自设军官学校及类似军官教育之学校。一切军事教育，归中央统一。（四）裁军，为整军理财之第一要务。蒋介石的裁军编遣计划，在五中全会上获得通过，这样，他可以甩开膀子，放开手脚，进行"削藩"。

会议的出席名单上出现了3位新人，这就是第1次应邀列席国民党中央全会的非中执、监委冯玉祥、阎锡山和海军总司令杨树庄。他们的党龄不过一、二年，但是他们的实力决定了他们在党内的地位。阎锡山因为在北平期间不满蒋介石的裁军计划，而五中全会议程又有整军问题，所以他担心如果出席会议，支持蒋介石的裁军计划，心有不甘；如果支持冯玉祥的公平裁军计划，帮冯说话助长冯的势力，同样心有不甘；如果支持冯对抗蒋介石，则要冒更大的风险。因此，狡猾的阎锡山决定不参加会议，为避免蒋介石认为他对抗和冯玉祥认为他逃避，他在接到要其列席会议的通知后，于8月1日致电蒋介石，因病需在石家庄治疗。但他对会议消息非常关注，并没有置之度外。

冯玉祥身为统兵数十万的总司令，辖区4个省，但与国民党上层穿军装的少壮派和穿长衫的元老、党工、政务官员一起开会，决定军政方针的情景对他来说还是头一次见到，所以异常新鲜。会议上一提出何应钦等人的提案，要求整顿军队时，冯玉祥联合另一个实力派李济深，马上发表不同意见。因为整理军事案已获通过且没有具体计划，不便直接反对，于是2人针对与裁军、削藩相配合的撤销地方政治分会的决议提出，按照二全四中全会决议，政治分会应该保留到国民党三全召开时为止，如果撤销则违反四中全会的决议。反对撤销政治分会的行动，得到远在石家庄的阎锡山的呼应，阎锡山早就被任命太原政治分会主席，他就是不任职，如今五中全会一通过撤销政治分会的决议，他当日就在太原宣布就任太原政治分会主席，这其中奥妙蒋介石自然最清楚。在强大的阻力下，蒋介石不得不同意地方政治分会保留到"三全"时再决定。

二全五中全会，标志着国民党的转型，宣布军政时期结束训政时期开始。对蒋介石来说更为重要，五中全会等于为蒋介石的新政治结构完成了合法化。随着五中全会结束，全面裁军同时启动。

值得一提的是，二全五中还通过了《训政时期颁布约法案》，规定"训政时期，应遵照总理遗教，颁布约法"。（《中国国民党历次代表大会和中央全会资料》第543页）此事，后来引起了"约法之争"，胡汉民和蒋介石决裂。

训政实质——蒋介石个人独裁

五中全会完成了国民党改组后的第1次转型，成为其党史上很重要的一次会议。按照孙中山的设想，实现民主宪政必须经过以军领政的军政时期，以党领政的训政时期，还政于民的宪政时期。

孙中山三回广州，建立护法军政府、非常大总统府、大元帅府政权，以及1925年7月大元帅府改组为国民政府、1926年12月搬武汉、1927年4月蒋介石在南京另立政府，同年9月宁汉实现合流重组政府，只能是以军领政阶段的政治架构，以完成孙中山提出的北伐统一为目标，以军事行动为主，政府行为处于不稳定、暂时的非正常时期，政府组成形式也是侧重于行政权的产生和行使方面，缺乏与之相配合的立法权、司法权的定位和构成；政府的行为主要集中在如何保证实施军事北伐行动的需要；政府的权力主要体现在如何保证军事上的胜利；军事长官为当地最高军政长官，为协调党政军各部门又成立政治分会。

以军领政时期成为蒋介石的夺权时期，从 1924 年初起，只掌握军权的蒋介石，依靠军事决定一切、一切服从军事这一主旋律，在党、政府内的地位急剧上升。因此，蒋介石成为以军领政时期的最大得益者。

蒋介石并不满足于此，他的目标是要开辟蒋氏新时期。从形式上，他要改变广州时期的国民政府结构，通过建立五权体制、五权分立来塑造自己的民主形象，这样可以与在此以前的国民政府时期分开，以前是孙中山时期，以后则是蒋介石时期，蒋介石成为训政时期的开创者，成为"党内民主实行者"。从实质上讲，要把孙中山逝世后的党政军各套政治组合进行重新调整，在继续保存一些党内元老、重量级人物政治地位的同时，安插亲信，由自己的人马控制整个统治集团，使整个统治集团服务于自己的意志。

蒋介石主导的国民党政治、军事转型，就是为了实现上述目标。根据国民党中常会 172 次会议通过的《中华民国国民政府组织法》《中国国民党训政纲领》，训政内容主要有：由国民党的全国代表大会代替国民大会，行使国民大会的职能；国民党中央执行委员会既是党的最高权力部门也成为日常的最高行政权力中心；逐渐培养孙中山设想的国民拥有的"选举、罢免、创制、复决"等四种基本权力的行使；国民政府由行政、立法、司法、监察、考试五院组成；中央政治会议指导国家权力的行使和国民政府组织法的修正和解释。

根据《中华民国国民政府组织法》《中国国民党训政纲领》，确定国家政权的组成和人选，权力归国民党中央执行委员会，也就是属于蒋介石为首的统治集团；公民的"选举、罢免、创制、复决"等各项权力由国民党中央执行委员会行使；国民党中央政治会议成为最高权力机构。其中的关键是，国家元首、政府首脑和各级政务官如何产生？什么机构、什么人选来监督国家元首、政府首脑和各级政务官？如果让身为国民党中执委的党政军官僚互选产生，那么如何代表民意？如果让对国民党中执会负责的党政军各机构负责监督，那么如何行使监督权？所以，蒋介石的训政时期，缺少最根本的一条，就是无视人民群众的权利，剥夺了公民的权利！

这样，中华民国政府的所有权力归国民党中央执行委员会、中央政治会议，也就是掌握在国民党蒋介石集团手中。如此训政，以民智未开、民众文化素养不高、宪政概念需要培养等理由，拒绝召开国民大会，名正言顺地剥夺人民的权利，为推行蒋介石的独裁统治提供了条件。此外，训政时期另外一个奇怪现象是，国民党权力中心随着蒋介石的职务变换而改变。蒋介石任国民政府主席，党政军经最高权力集中在主席府；蒋介石任行政院长，党政军经最高权力不在国民政府主席手中，而在行政院；蒋介石任国民政府军事委员会委员长，党政军经最高权力不在主席府、不在行政院，而在委员长侍从室；蒋介石在林森主席病逝后，出任国民政府主席，党政军经最高权力又回到主席府。从中可以看出，蒋介石任什么职务，什么职务的权力含量就最高。从中可以看出蒋介石的民主虚假性，事实上蒋介石靠武力打下天下，坐天下也是千年封建传统之一，在旧中国也属天经地义之事，蒋介石不用扭扭捏捏、犹抱琵琶，既想坐天下，又想标榜民主，这就是他的双重性和虚伪性，带有更大的欺骗性。因此，训政时期形式是五权分立，核心是蒋介石独裁。

五中全会从决定会议出席人员就不正常，会议召开过程也不太平，通过的决议除宣布进入训政时期获得一致同意外，几项"削藩"决议都遭到非议和对抗，因此会后蒋介石也因会议削藩未成而住进医院。

正在住院的蒋介石得到四中全会预备会后出国的胡汉民、孙科准备回国的消息，他不禁为之一振，在西山会议派、汪精卫、部分元老派不在的情况下，胡汉民的回来则显然可以增加蒋介石的统治基础。更令蒋介石欣慰的是胡汉民作为国民党创党党员、资深党员之一，作为国民党老资格的理论家，一直是训政时期的鼓吹者。早在6月3日，在海外的胡汉民为了再次显示党内理论家和政治家的风采，特意寄来了《训政大纲草案》，提示蒋介石，根据孙中山设想的中国民主政治三部曲，现在军政时期已经结束，训政时期应当开始，为将来进入宪政时期做准备。蒋介石决定召开五中全会实施训政本身就是接受了胡汉民的建议。两人在"以党治国"上取得一致。胡汉民颇有书生气，认为"以党治国"要好于"以军治国"，"以党治国"可以有效制衡党内派系的活动，有效规范蒋介石的行为。但是他有所不知，蒋介石不可能接受他的指导，蒋之所以此时举起"以党治国"的旗帜，并非是为了接受党的约束，而是利用党来为自己掌权服务。所以，两人的合作只能是暂时的，对立是长久的。

胡汉民在五中全会后回国，是因为汪精卫继续被排除在中央领导核心之外。心胸狭窄的胡汉民，自廖案和汪精卫结下心结后，不愿和汪精卫共事，两人颇有你来我走、你走我来之势。五中全会上曾拒绝汪派中执委参加会议，汪精卫本人不甘受辱拒绝与会，会议针锋相对只安排其为中央政治会议成员之一，不无讽刺意义的是，蒋介石安排汪精卫担任的行政职务竟是"故宫博物院理事和中华教育文化基金董事会董事"，与其说是任命，还不如说是嘲弄。这是胡汉民最为高兴的事，所以立即启程回国报到。

1928年8月28日，胡汉民从法国回到香港。29日胡汉民发表公开谈话，再次宣传他的《训政大纲草案》，强调国民党应立即实施"五权分立"，制订"五权宪法"；党内要团结，不要再演以往的政治风波；作为军政时期产物的各地政治会议分会应该撤销，进入政治正常运作时期。此时的胡汉民，显然已经站到蒋介石一边，成为蒋介石的合作者。非常关注胡汉民一举一动的蒋介石听到这一讲话后，更加放心，立即放话欢迎胡汉民回来担当领导"革命"重任。

1928年9月3日，胡汉民、陈铭枢等人回到上海，胡夫人陈淑子和许崇智、居正、谢持等受排挤的西山会议派要员赶来迎接，极力劝阻他回南京任职。胡汉民已是蒋迷心窍，决意前往，对劝阻的人说："中国需要统一，需要统一建设，实行建设需要一个健全的中枢。我到南京，不是帮助个人，我是想帮助中华民国，完成中国国民党的革命使命。你们该把对人的观念，改易为事的观念，便不致误解我了。我所希望这个人是凯末尔。"颇有书生气的胡汉民，在以后的两年多时间里，虽说他与蒋介石进行合作，成为蒋介石的帮凶，可他一直有着自己的主张，那就是强化国民党的一党专制，而党内应民主化和法治化。如果说前者得到蒋介石的赞同的话，那后者则为蒋介石所反对；前者则成为蒋、胡暂时合作的基础，后者则成为蒋、胡不久分手的原因。

胡汉民回到上海的当天中午，蒋介石、张静江、吴稚晖等人马上赶来见面，畅谈友情，就如何实施训政进行讨论。为了回报胡汉民的支持，蒋介石马上为胡安排了合适的职位。20日国民党中央常务委员会增选胡汉民、孙科为中常委。10月8日，国民党中常会批准蒋介石、胡汉民、蔡元培、戴传贤、王宠惠、冯玉祥、孙科、陈果夫、何应钦、李宗仁、杨树庄、阎锡山、李济深、林森、张学良为国民政府委员；蒋介石为国民政府主席；谭延闿为行政院长，冯玉祥为副院长；胡汉民为立法院长，林森为副院长；王宠惠为司法院长，张继为副院长；戴传贤为考试院长，孙科为副院长；蔡元培为监察院长，陈果夫为副院长。古应芬为国民政府文官长，何成浚为国民政府参军长，阎锡山为内政部长，王正廷为外交部长，宋子文为财政部长，孔祥熙为工商部长，易培基为农矿部长，蒋梦麟为教育部长，王伯群为交通部长，孙科为铁道部长，薛笃弼为卫生部长等。

1928年10月10日，第一届训政政府宣布就职。踌躇满志的蒋介石在誓词中说："余敬宣誓：余将恪遵总理遗嘱，服从党义，奉行国家法令，忠心及努力于本职，并节省经费。余决不雇用无用人员，不营私舞弊及接受贿赂。有违背宣誓，愿受本党最严厉之处罚。"（《国民政府公报》第99期第13页）这一誓词，比较务实，也具可操作性，蒋介石如果真这样去做，倒也不失为一个合格的政府主席。只是蒋介石的话好听不好想，只要一想问题就来了：违背总理遗嘱就是他本人，"党义"就是"蒋义"，一批大家认为无用的人他认为不但有用而且予以重用，至于营私舞弊与接受贿赂在南京统治集团内部更是屡见不鲜，他能处罚国民党内的任何人，但任何人不能处罚他。蒋介石宣誓之际在深思，4年前就任黄埔军校校长时曾宣誓，两年前就任国民革命军总司令时曾宣誓，宣誓完毕就上战场，如今训政时期已经来临，各地都在庆祝双十节，都在庆祝新政府成立，只是实力派的问题还没有解决，看来又是一场硬仗。

为贯彻五中全会的决定，11月间，南京政府撤销了军事委员会和国民革命军总司令部，改设国民政府军政部、参谋本部、训练总监部。不久，又将海军署改为海军司令部，增设军事参议院。各部主管为：军政部长冯玉祥，参谋总长李济深，训练总监何应钦，海军总司令陈绍宽，军事参议院院长李宗仁，国民政府主席参军长何成浚。这是收虎入笼，将地方实力派头目冯玉祥、李济深、李宗仁调到南京，脱离各自的军队，为下一步实施军事整理案做准备。

蒋介石把立法大权交给了胡汉民，这也是胡汉民最喜欢的职业，两人开始了新一轮的合作，也是最后一次合作，虽说两人合作时间不长，但是胡汉民用其特长——对"三民主义"和西方政治制度、政治理论较深的研究，为蒋介石隐藏在训政后面的军事独裁政府的合法化，作出了他人无法替代的努力，从而使得国民党统治更具有欺骗性。胡汉民作为立法院长，主持制订过民法、刑法、土地法、诉讼法、票据法、公司法、海商法等15种法律、法令、法规。以上法典起草人员，大都为留洋归国的法学人士，法律条例不少是照搬照抄西方国家的法律。经过胡汉民的加工和修改，使得国民党的基本理论和方针，全部反映到具体法律之中，真正体现出训政时期一党专制的特色。各种基本法的制订，再加上打着孙中山的"三民主义"旗号，实行五权分立的政治体制，南京政府给世人留下了"民主"和"法治"的假象。因此可以说，胡汉民帮助蒋介石顺利完成由军政时期到训政时期的过渡，对国民党实施训政作出了很大的贡献。只是随着训政的深入，蒋介石党内独裁、党外专制的面目越来越暴露，胡汉民的权限受到的威胁越来越大，两人的矛盾越来越激化，分手是必然的。

训政时期到来，第一个棘手难题是裁军，编遣军队。

（二）编遣、"三全"，蒋介石的权谋

从军事角度论，训政就是要结束军政时期军权出现分散的局面。要在短期内结束地方实力派拥兵自重、各自割据并非易事，因为中国政治经济发展不平衡，因此存在地方割据的条件；因为各有不同的西方列强作为靠山，因此各地方实力派就难以在短期内被消灭；因为蒋介石是最大的军阀，因此地方实力派就不会服气、军阀之争就不会平息。所以，在蒋介石以裁军为名，行排除异己之实时，接连发生了桂系李宗仁、白崇禧（1929年2月），冯玉祥（1929年5月），张发奎（1929年9月），俞作柏（1929年9月），宋哲元（1929年10月），石友三、唐生智（1929年12月），冯玉祥、阎锡山、汪精卫（1930年5月），陈济棠、李宗仁、胡汉民、孙科、汪精卫（1931年6月）起来倒蒋，几年间可谓是从北到南，风起云涌，烽火连天，搅得周天寒彻。

编遣——蒋介石打压实力派

4个集团军拿下京津，本身就是矛盾的根源、不稳定的因素。冯玉祥当年从北京被赶出去，打败张作霖、重返北京于公于私都是既定目标；阎锡山闭关自守，在娘子关内休养生息，厚积薄发，京津冀地区一直是向外扩张的首选目标；白崇禧从广西打到南京，从南京打到武汉，从武汉打到京津，功劳非同小可，起码要从占领京津中获得某些利益；第1集团军虽说重心不在京津，但蒋介石有更大的野心，这就是要"削藩"，剥夺冯、阎、李、白手中的兵权。

占领北京前，蒋介石指令阎锡山接收京津地区，没有满足冯玉祥和李宗仁、白崇禧的要求；占领北京后，任命李煜瀛为北平政治分会主席、冯玉祥的部下何其巩为北平市市长、阎锡山的部下南桂馨为天津市市长，晋系独占平津的计划被打破，阎锡山一气之下，宣布辞去平津警备总司令职务，蒋介石的安

排没有满足阎锡山的愿望；蒋介石为防止出事，下令除白崇禧外，打到北京城下的桂军第 12、13、30、36 军一律在徐水、涿州、定兴等地驻扎，得罪了第 4 集团军；蒋介石下令冯玉祥部到静海、固安、高阳等地驻扎，西北军望着北京不能进，蒋介石得罪了冯玉祥。蒋介石不可能不得罪他们，因为第 2、3、4 军三个集团军都有控制京津地区的愿望，将京津地区划分给任何一个集团军都不可避免地会引起其他集团军的不满和遭到其他集团军的反对。

更为重要的是，蒋介石是有意这样做的，他是要挑起 2、3、4 集团军之间的矛盾，分而治之，削弱冯玉祥、阎锡山、李宗仁的实力。

1928 年 6 月 28 日，宋子文在上海召开"全国经济会议"，通过《请政府克期裁兵从事建设案》，声称政府财政收入无力负担 84 个军、27 两个师、18 个独立旅、21 个独立团如此庞大的军队，要求裁去 50 万人。宋子文的建议，显然出自蒋介石之意，准备以此为由实施裁军，以裁军来削弱第 2、3、4 集团军。

战争结束，和平时期没有必要保持高达 150 万人（因地方实力的军队人数不易统计，有的称有 260 万人左右）的军队，以增加财政负担，裁军理所应当。特别是在 20 世纪 20 年代末经济不发达，如此多的军队成为巨大的经济负担不说，这些军队的军纪一般都不好，因此在缺少军费的情况下，自订标准，自我行动，枪杆子里出军粮，枪杆子里出军饷；更有甚者，横征暴敛，鱼肉乡民，搞得民不聊生，百姓苦不堪言，工商怨声载道。此外，老百姓供养的成百万军队，在遇到济南惨案等外国强盗欺负中国人民的事件时，装备再好、再有战斗力的军队一律不能抵抗，任凭列强横行霸道，残害中国人；老百姓供养的成百万军队，外战外行，内战内行，主要忙于自相残杀，为了寡头政治集团的生存而存在、而作战，这样的军队裁一点也无妨。最后，作为军队应该交由中央政府管理，在战争特殊环境下出现的群雄并起、军队膨胀的情况，在战争结束后应该及时结束，任何一位实力派都应该接受中央政府的领导，真正实行军队国家化，军队脱离国家政治舞台。

裁军势在必行，问题是在当时的现实条件下如何裁？ 4 个集团军分驻各地，第 1 集团军在东南，第 2 集团军在中原，第 3 集团军在华北，第 4 集团军在两湖与广西，东北军在东 3 省，西南西北的军队各取所需，互不干扰，各管一方，裁军应该平均裁；再则，因为军费负担过重而裁军，那么谁分得军费最多谁就应该多裁，第2、3、4集团军一般只能拿到一点微不足道的开拔费，军队生存和作战所需的巨额开支，主要由各军在各自管辖区内自行负责解决，因此裁军应该裁第1集团军；最后，1928年7月5日，蒋介石连续发出两个通电，提出"今日非裁军无以救国"，要"我同志必当以真正之觉悟与全国人民切实合作，以完成此重大职责。"他是裁军运动的积极倡导者，因此，第1集团军应该率先裁军。

裁军这一于国于民都有利的军机大事，很快成为新军阀混战的肇因，这是因为蒋介石既不是4个集团军平均裁军，更不是第1集团军率先裁军，而是编遣军队只遣他人，裁撤兵员只裁他人，第1集团军基本不动，另外3个集团军整体大幅压缩。此外，也是最根本的一条，蒋介石的裁军只是逼实力派就范，要冯、阎、李交出兵权，他自己则继续把军队作为维护反动统治的基础，把军队作为他实施军事独裁、霸占中央政府的本钱，实施训政、军队国家化、军队不干涉国家政治生活只是口号。因此，蒋记裁军只能引起新一波的冲突。

7月6日，在祭灵当天晚上，蒋介石邀请集团军总司令在碧云寺附近北平政治分会主席李煜瀛家中举行座谈会。参加会议的各位总司令大员，毕竟是统率数十万军队的主帅，所以虽然经过白天祭灵的情绪波动，到达会场时依然精神抖擞，只是心里各有所思，不知蒋介石的"编遣、裁军"葫芦里到底卖的是什么药？

一番客套后，蒋介石揭开盖子，亮出经一批幕僚研究多时炮制出的《军事善后案》。此案提出以师为最高独立军事单位，师直属于军事委员会；现有约300个师，压缩为50个师共80万人；全国分为苏皖赣、闽浙、两广、四川、西康、云贵、陕甘、鲁豫、燕晋、热察绥、东三省、新疆等12个军区，青海、西藏等地不计在内。每区按比例保留军队；其中蒋介石以中央的名义，直接控制1个军区，间接控制另外8个军区，冯玉祥、阎锡山、李宗仁只能拥有1个军区，这显然是不公正。此时蒋介石也顾不上把兄弟冯玉祥和李宗仁了，从后来的编遣过程看，蒋介石在3位集团军总司令中，集中力量打击的就是曾经山盟海誓过的把兄弟冯玉祥、李宗仁，对并非是把兄弟的阎锡山则是多次进行拉拢、收买。

对于蒋介石提出的不公正的编遣方案，兵力集中、裁军最多、吃亏最大的冯玉祥马上提出："裁军，我同意，但必须有个前提，就是枪支不全者裁，老弱不堪用者裁，纪律不佳者裁，训练太缺者裁！这样，兵员虽少，但精而强，可保家卫国。否则，把别人军队裁掉，把自己军队留着，这太不公平吗！"冯玉祥的话得到阎、李的赞同。

1928 年 7 月 9 日，南京政府颁布"裁军令"。7 月 11 日晚，在西山举行第 1 次军队编遣会议。会议决定成立编遣委员会，全军统一整编，各师编成后一律交中央。冯玉祥、阎锡山、李宗仁等人摸清蒋介石的底牌：裁军幅度过大，这不仅是蒋介石从一个极端走向另一个极端，而且有更险恶的目的，即让各位集团军总司令保存的军队数量偏少，无法满足维护势力范围基本利益的需要，为继续"削藩"做准备；蒋介石的统一军令政令，就是要把各集团军的军队交给中央，而蒋介石又控制着国民党中央，所以第 1 集团军根本不用交，而第 2、3、4 集团军则要无条件交给蒋氏，强化蒋介石的军事独裁地位。这次被称为"汤山裁军会议"的军事最高层首脑会议，开了两天，没有结果。面对这种不公正的裁决，在以后一段时间内，西北军、桂军、晋军为了自己的生存，与其说在与蒋介石讨论裁军问题，还不如说是在思考下一步的行动，如何对付蒋介石的只裁他人不裁自己的片面裁军、排除异己行为。

每当蒋介石扩张个人权力受到限制的时候，他就想到了党，总是借用党的力量来实现自己的目标。此时的蒋介石考虑得更远，他要结束党内政治体制上的孙中山色彩，以树立蒋氏权威；结束地方实力派拥兵割据的历史，确立蒋氏军事独裁。前者用训政的方式完成，后者则是编遣军队、排挤异己的方式来实现。二全五中全会为蒋介石的军事编遣提供了法律依据。

二全五中全会期间，蒋介石的军事整理提案获得通过，但在执行时遇到强大的阻力，各实力派是明抗暗顶：

第 2 集团军冯玉祥在 7 月初与蒋介石会谈时就答应到南京来做官，出任"行政院副院长"兼军政部长，在地方实力派中官位也最高，只是他一上任，在蒋介石亲信势力面前，再高的职位也显得无能为力，所以他很快请了长假，请鹿钟麟代理军政部长职务，离开南京；

第 3 集团军总司令阎锡山出任内政部长，在阁僚中也属关键职位，只是对官职比冯玉祥低一级总有不甘，对蒋介石的裁军更为担心，所以拒不就职，人不离山西，派出心腹赵戴文出任内政部长；

第 4 集团军总司令李宗仁，对新设的没有具体事务的军事参议院院长更没有兴趣，对他来讲只有八桂子弟最为重要，所以在宣誓后第二天就赶回武汉；

第8路军总指挥李济深，身在广州，远离南京，出任空头参谋总长已经两年余，深知兵权是蒋介石的生命线，不需要他来参谋，所以想方设法回避来南京就职。

他们的行为，主要是针对蒋介石的裁军，是另外一种形式的抗争。不过蒋介石的裁军决心已下，"削藩"政策已定，准备利用结束以军领政时期、进入以党治国时期的有利时机，统一军令政令，不惜一战削减地方实力派的军队，以绝后患。

五中全会开完，各集团军自行开始整编，第1集团军于7、8月间，撤销了纵队、军番号，将全军缩编为第1至第13师，分别由张克瑶、顾祝同、钱大钧、缪培南、熊式辉、陈焯、王均、朱绍良、蒋鼎文、方鼎英、曹万顺、金汉鼎、夏斗寅为师长；第2集团军将全军缩编为暂编第1至第12师，分别由韩复榘、梁冠英、吉鸿昌、冯治安、石友三、童振玉、程希贤、张维玺、宋哲元、刘当明、佟麟阁、孙连仲任师长；第3集团军将全军缩编为暂编第1至第12师，分别由李培基、孙楚、徐永昌、杨效欧、李生达、王靖国、李服膺、赵承

1929年1月，参加南京编遣会议人员合影，前排左起：四为冯玉祥，七为蒋介石，八为阎锡山

绥、关福安、张会诏、张荫梧、傅作义任师长;第4集团军缩编为第1至第13师,分别由白崇禧、夏威、胡宗铎、陶键、鲁涤平、何键、谭道源、李品仙、叶琪、廖磊、王泽民、程汝怀、张义纯为师长,另外编有吴尚、刘和鼎、于世铭、姚钰、王思贵等两个独立旅和3个暂编师;两广的第8路军没有动;东北军缩编为27个旅,分别由王以哲、丁喜春、何柱国、刘翼飞、董英斌、李振唐、赵维桢、李桂林、李杜、张作舟、张廷枢、吉典、徐永和、梁忠甲、董凤祥、丁超、孙德荃、黄显声、赵藏香、富春、马廷富、黄师岳、孙旭昌、邢占清、刘乃昌、郭希鹏、程志远、张树深、常尧臣任旅长;川军缩编为6个暂编师12个旅;滇军缩编为第13路军共2个军;黔军缩编为第9路军共3个师。

尽管冯玉祥、阎锡山、李宗仁等人对编遣不满,但也不得不跟在第1集团军后面执行编遣任务,当然他们的编遣也是属于名减实不减,兵减枪不减,只减番号不减战力,只减老弱不减壮年。

1928年12月25日,南京政府公布了《国军编遣委员会条例》,次日编遣会议预备会在南京召开。1929年1月1日,正值冬季,南京更是寒冷。国军编遣委员会宣告成立,同时编遣会议开幕。编遣委员会由冯玉祥、阎锡山、李宗仁、李济深、何应钦、朱培德、鹿钟麟、商震、白崇禧、吴稚晖、张静江、蔡元培、胡汉民、李煜瀛、谭延闿、戴季陶、王宠惠、宋子文、孙科、赵戴文、王伯群等21人组成;其中冯玉祥、阎锡山、李宗仁、李济深、张学良、何应钦、杨树庄、宋子文、吴稚晖、谭延闿等10人为常委;蒋介石为编遣委员会委员长;此外,还有一批各界要员充当列席代表。

1929年1月12日,编遣委员会公布了《国军编遣条例》,规定在全国成立7个编遣区,设在南京的中央编遣区和海军编遣区、第1编遣区,设在开封的第2编遣区,设在太原的第3编遣区,设在汉口的第4编遣区,设在沈阳的第5编遣区,还有设在西南的第6编遣区。其中除第2、3、4三个编遣区为第2、3、4集团军负责,其余全部由蒋介石直接负责;规定总兵力为80万人,共编为65个步兵师,8个骑兵旅,16个炮兵团,8个工兵团,空军、海军则属于发展兵种,有等加强;规定在编遣区开始实施后,国民革命军总司令部、各集团军总司令部、海军总司令部应予撤销,各集团军总司令则在编遣会开幕之日宣布撤销。

编遣军队就此开始,对冯、阎、李等实力派头目来说,无疑是末日来临,只能奋起抗争。最狡猾的还是阎锡山，他先是答应冯玉祥一同南下参加会议，冯玉祥在得知阎锡山的专列花车已经离开北平南下后他也启程，结果冯玉祥一到南京，才知道阎锡山的花车到达石家庄就不走了，并通知南京说因为他的父亲病重，要晚到几天。

在编遣预备会议上，争论的核心还是集中在各集团军保存军队的数量上。李宗仁提出欲裁兵先裁官，官走兵散。精明的李宗仁这样讲，与会的另外62位大员没有弄明白其意何在，实际上这等于是要毁掉蒋介石的黄埔系；冯玉祥则重复北平汤山会议时的意见："强壮者编，老弱者遣；有枪者编，无枪者遣；有训练者编，无训练者遣；有革命功绩者编，无革命功绩者遣。"能干的冯玉祥说话直率，与会者都明白他的意思，即第2集团军兵员素质高，人枪对号入座，训练全面，在北伐中劳苦功高，不应裁撤过多，实际上这等于是在说第1集团军兵不精、战不勇、将不才。

冯玉祥提出了具体的编遣数字，第1、2集团军各编12个师，第3、4集团军各编8个师，其他部队共编8个师。这一数字遭到与会者的坚决反对，蒋介石、何应钦不愿意让第2集团军与第1集团军平起平坐，李宗仁不愿让第2集团军领先于桂军，其他与会的文官武将都不赞成第2集团军为何与众不同。

阎锡山在石家庄也不安心，他在担心编遣的结果。说实话阎锡山并不担心1、4集团军的兵力状况，因为第2集团军的驻地离山西、平津最近，所以他最担心冯玉祥的态度。他一到南京，蒋介石通过何应钦出面，晓以利害，告知蒋介石已同意不干涉山西事务，因此阎应以防冯为主，编遣军队是千载难逢的良机，阎应压冯抬蒋。果然在第二天，阎锡山在会上提出，第1、2集团军各编10个师，第3、4集团军各编8个师，中央再编6到8个师。对此，只有蒋介石、何应钦等人高兴，冯玉祥、李宗仁一听就感觉不对劲，"阎老西儿"肯定已被蒋介石所收买。

最后会议否决了冯玉祥的方案，通过了阎锡山的方案，增加了原来方案中没有的中央直辖编遣区，蒋介石以5个编遣区的优势压倒冯、阎、李三人。同时会议决定李济深为总务部主任，冯玉祥为编遣部主任，阎锡山为遣置部主任，宋子文为经理部主任，何应钦任第1编遣区主任，鹿钟麟任第2编遣区主任，周玳任第3编遣区主任，白崇禧任第4编遣区主任。

蒋介石十分成功地利用冯玉祥、阎锡山、李宗仁三人之间的矛盾，既让冯玉祥、李宗仁上当，又把罪名推向阎锡山。狡猾的阎锡山此次干得不漂亮，竟然被蒋介石所利用，既捆住了晋军的手脚，又得罪了冯、李等人。

蒋介石没有想到，编遣会议艰难地通过编遣方案准备实施之际，冯玉祥一席话就把编遣进程中止。冯玉祥见无力回天，只得在会议结束前夕高叫："现在刚刚打完仗，不是编遣的时候，应当先休整一个时期再编遣。"冯玉祥话音刚落，会场上的阎锡山、李宗仁、李济深、鹿钟麟、商震、白崇禧、赵戴文以及列席会议的第2、3、4集团军和东北军的代表一片叫好声，黄埔系军人也担心编遣丢官职，趁机也鼓掌呼应，这样冯玉祥的提议自动通过。

蒋介石紧催紧压的编遣会议竟然就此停摆，地方实力派兵权一个没交，兵一个没裁，但是编遣会议引起了军中的混乱，播下了冲突的种子。

"三全"——蒋介石排斥异己

如果说编遣会议激发了地方实力派抗争的神经，那么蒋介石召集的国民党第3次全国代表大会则引起了党内各派系的愤怒，他们开始和地方实力派联合起来共同对付南京方面，遍布各大区、持续不断的倒蒋高潮拉开帷幕。

训政阶段开始，蒋介石开始统一政令军令，五中全会确定了第一届训政新政府，编遣会议决定进行军队整编，也就是说已经基本完成了建立蒋记政府和开始准备建立蒋家军队的工作，下一步则是需要进行建立"蒋家党"，把国民党统一到蒋记门庭中来。

1929年初的国民党，并没有召开全国代表大会的条件，一是"二期北伐"完成不久，只是实现名义上的统一；二是训政伊始，第一届训政政府刚开张；三是军事编遣编而不遣，无效不说还遭到强烈的反对，李宗仁的桂军已经准备出兵倒蒋；四是党内分裂严重，汪精卫的改组派活动频繁，西山会议派顽固不化，胡汉民派心神不定，孙科派随时动摇。在不具备条件的情况下，坚持召开全国代表大会，只能说是蒋介石别有用心，这就是为了建立"蒋家党"。

在此以前，蒋介石已经进行了许多把国民党"蒋家化"的努力，从二全二中全会起以他为首的国民党右派篡夺了国民党的领导权，但在二全三中全会上，国民党"左"派和中共联手合作，沉重打击了国民党右派势力；在二全四中、二全五中全会上，蒋介石集团在党内全面复苏，并顺利获得了军政党最高权力，并且主导国民党完成了由军政时期向训政时期的过渡；对他来说，则是乘此顺风，召开全国代表大会，一鼓作气完成国民党"蒋家化"。

国民党已经举行过二次代表大会，第 1 次是在孙中山主持下召开的，第 2 次是在国民党"左"派和中共联合主导下召开的，此次则完全是在蒋介石主导下进行的。

1929 年 3 月 15 日至 28 日，国民党第 3 次全国代表大会在南京举行。果然不出所料遭到各方面的反对，冯玉祥、阎锡山、李宗仁、李济深、白崇禧等地方实力派公开反对，并以辞职相要挟；西山会议派、汪精卫的改组派以"反对蒋介石独裁"为名，坚决反对"三全"；国民党河南、河北、四川、吉林、浙江等省党务指导委员会和汉口特别市党部，纷纷通电反对"三全"。尤其是改组派利用他们所办的杂志、报纸不断发表批判文章；利用所控制的党部组织党员抗议，谴责蒋介石的阴谋活动。

蒋介石有何权谋？蒋介石为控制大会、控制票源，所以在代表产生问题上不顾现代政党的起码常识，无视党员的民主要求，以不正常的途径和不正常的手段决定。关于党代表的产生办法，主要由中央俱乐部陈果夫、陈立夫等人筹划。

陈果夫、陈立夫何许人也？二陈是陈其美的侄子，陈其美既是蒋介石的恩师，也是蒋介石的把兄弟，陈其美被刺后，蒋介石于公把他的侄子陈果夫、陈立夫兄弟俩当成心腹；于私把陈氏兄弟当成侄子。"三二〇事件"后，蒋介石从上海请来陈果夫专门负责党务，代理中央组织部长，陈立夫则此时已经是中央党部调查科科长。蒋介石的《整理党务案》之所以得以贯彻执行，正是因为有了陈果夫这个死心塌地的帮手。所以陈果夫一到广州，就成为第 1 次国共合作、大革命运动的凶恶敌人。同时陈果夫自己也开始有了小班子、小圈子，中组部的一帮人形成了 CC 系的雏形。正是因为陈果夫和蒋介石站在一起，共同反对革命，所以在武汉时期人们忍无可忍地喊出了"打倒蒋介石、驱逐陈果夫"的口号。在"四一二'反共'政变"中，陈果夫担当了极不光彩的角色，正是在他的策动下，另外几位右派提出了"弹劾中共案"，为蒋介石公开屠杀共产党人提供了法律依据。蒋介石和汪精卫先后叛变革命后，陈果夫具体领导各地的"清党委员会"，专门对付共产党人。在国民党内的权力战中，陈果夫更是蒋介石的黑高参。蒋介石第 1 次下野期间，陈果夫联合戴季陶、丁惟汾等人，在上海滩组织"中央俱乐部（英文缩写为 CC）"，纠集亲蒋势力，准备迎蒋上台。宁汉合流过程中，党权一度落入西山会议派手中，陈果夫利用"一一·二五事件"，赶走西山会议派，夺回党权。二全四中全会期间，蒋介石复职，重任中央组织部长，陈果夫依然代理中央组织部长。

筹备"三全"是中央组织部的权利和责任。陈果夫、陈立夫利用CC系在国民党各级党部中的活动，直接控制党代表的产生，一脚踢开汪精卫、西山会议派，联合另一大派系胡汉民派，单方面召开"三全"。

要想控制党权，就要控制大会的选举；要想控制大会的选举，就要控制代表；要想控制代表，就要控制代表的产生途径和方法。那只有一个办法，即违反党的组织原则，尽可能地把党代表选举制变为中央党部指定制。在陈果夫的策划下，上海、广州、广东地区的党代表由选举产生；江苏、浙江、湖北、汉口、天津、山西、广西、甘肃等省市的党代表由国民党中央圈定；哈尔滨、察哈尔、绥远、热河、黑龙江、吉林、辽宁、北平、陕西、河南、山东、安徽、湖南、江西、云南、贵州、河北、四川等省市的党代表由国民党中央指定；西康、外蒙、新疆、青海、西藏、宁夏、内蒙古等地区由国民党中央指定为列席者。出席会议的代表应为406人，其中由国民党中央党部指定者达211人，由中央党部圈定者达122人，选举出来的党代表只有73人。问题不止于此，会议开幕时，出席代表只有211人。其中在80名的二届中执、监委中，就有汪精卫、宋庆龄、陈公博、于右任、朱培德、顾孟馀、经亨颐、柏文蔚、何香凝、伍朝枢、丁惟汾、甘乃光、陈友仁、李烈钧、王法勤、刘守中、白云梯、黄实、王乐平、朱霁青、陈树人、吴稚晖、柳亚子、陈璧君、邓泽如、黄绍竑、李宗仁、郭春涛、李福霖、潘云超等30人没有出席。最后所谓会议代表中出席会议的只有247人。因为代表人数太少又各取所需，难以一致，会议选举中执委和中监委时，因得票过分分散，分两次才选满所定的人数。全国代表大会开成这般模样在国民党历史上绝无仅有。

"三全"举行过程中，李宗仁起兵倒蒋，因此与白崇禧一起被开除党籍；李济深因与桂系关系密切，人被扣押南京汤山，会上被开除党籍；正在从事改组派活动的陈公博、甘乃光被永远开除党籍，顾孟馀被开除党籍3年，汪精卫予以书面警告；同时会议决定，凡是因为"反共"被开除党籍的国民党同志，全部恢复党籍。

会议主要任务是确定训政时期的大政方针。会议认为孙中山总理所著

《三民主义》《五权宪法》《建国方略》《建国大纲》《地方自治开始实行法》等主要遗教为训政时期中华民国最高根本法案。会议针对训政时期的到来，在《对于政治报告之决议案》中说："今后本党入于训政时期，受治国之重托，其主要任务则在一方面赓续军政时期已成之绪业，使军阀官僚永无再起之日；一方面萃全国之治入于一党，以实行治法于全国。"（见《中国国民党历次代表大会及中央全会资料》第636页）会议通过的《关于军事报告之决议案》，全面肯定了蒋介石的编遣方案，大会还于3月23日通过了编遣会议第4次会议通过的编遣进行程序和整军纲领，上升到最高权力机关全国代表大会的高度，以向地方实力派施压。

大会在26日举行了中执、监委和候补中执、监委的选举，因为得票不集中，第一天选举的结果不足所定人数，中执委缺11人，候补中执委缺24人，中监委缺1人，候补中监委缺8人。所以在第二天继续选举，最后选举结果是，蒋介石、戴季陶、何应钦、胡汉民、孙科、阎锡山、陈果夫、冯玉祥、于右任、宋庆龄、宋子文、汪精卫、陈立夫、丁惟汾、朱家骅、张群、刘峙等36人为中央执行委员；王伯群、王正廷、孔祥熙、张道藩、余井塘、鹿钟麟、陈济棠、程天放等24人为候补中央执行委员；吴稚晖、张静江、古应芬、林森、蔡元培、王宠惠、李煜瀛、邵力子、邓泽如、萧佛成、张继等12人为中央监察委员；褚民谊、陈布雷、商震、李烈钧、邓青阳等8人为候补中央监察委员。

在会议闭幕的当天至4月8日召开了三全一中全会，会议主要决定中央分工和中央党部组成及人选，另外一个主要议题是研究正在进行的打击桂系的战争。会议推举蒋介石、胡汉民、谭延闿、孙科、戴季陶、于右任、丁惟汾、陈果夫、叶楚伧为中常委；推举蒋介石为中央组织部长，陈果夫为副部长；叶楚伧为宣传部部长，刘芦隐为副部长；戴季陶为训练部部长，何应钦为副部长；陈立夫为中央党部秘书长。

"三全"基本实现了把国民党变为"蒋家党（也称为陈家党）"的目的。陈家兄弟把一批亲蒋骨干和CC系成员拉进中执会和中监会，暂时结束了历史上形成的国民党内胡汉民、汪精卫、西山会议派和蒋介石四派并立、不利于蒋介石派的局面，斩断西山会议派、汪精卫派伸向中央党部的触角，蒋介石得以掌握足够的多数票来对付其他三大派。如果按以往那样四派分赃的话，显然不允许蒋介石一派一下子增加如此多的中执委、中监委名额。现在却是两派分赃，蒋介石给了胡汉民一点甜头，以趁机扩大自己的势力，以后再收拾胡汉民派。

通过"三全"，大大巩固了蒋介石在党内的统治地位。在80名中执、监委和候补中执、监委中，属于蒋系成员或政治上基本站在蒋介石一边的，在中执委中有行政院长谭延闿、考试院长戴季陶、训练部副部长何应钦、监察院副院长陈果夫、中常委叶楚伧、江西省主席朱培德、广东省建设厅厅长吴铁城、审计院院长于右任、财政部长宋子文、国民政府参军长何成浚、立法院秘书长李文范、江苏省建设厅长王柏龄、广州政治分会秘书长邵元冲、广东省党部主委朱家骅、军政部次长兼兵工署署长张群、第1军军长刘峙、国民政府委员杨树庄、中央政治会议委员周启刚、中央党部秘书长陈立夫、立法委员陈肇英、中常委丁惟汾、建设委员会副委员长曾养甫、南京特别市党部常委方觉慧；在候补中执委中有交通部长王伯群、福建省党部指导委员丁超五、外交部长王正廷、侨务委员会主委陈耀垣、福州卫戍司令张贞、工商部长孔祥熙、汉口特别市市长刘文岛，湖南省主席鲁涤平、南京特别市政府秘书长张道藩、江苏省政府委员兼建设厅长缪斌、中央组织部秘书余井塘、考试院参事桂崇基、立法委员焦易堂、江西财政厅厅长黄实、安徽教育厅厅长程天放、国民政府参事克兴额；在中监委中有建设委员会委员兼中央陆军学校校务委员吴稚晖、考试院长蔡元培、司法院院长王宠惠、中央政治会议委员邵力子、浙江省主席张静江、北平政治分会主席李煜瀛、中央政治会议委员兼立法委员恩克巴图；在候补中监委中有浙江省教育厅长陈布雷、广州特别市市长林云陔、北平政治分会委员刘守中等。他们约占中执会和中监会成员总数的67%以上的席位，已经占有绝对优势。

蒋介石本人也是中央常委、中央政治会议主席、国民政府主席、中央组织部长、陆海空三军总司令，牢牢地掌握着党政军大权。在"一全"时蒋介石中执会都没进，"二全"时只是中央执行委员，二全二中全会起蒋介石开始进入最高领导岗位，但那是在其他派系的支持和恩赐情况下取得的，他的命运或多或少受到其他派系的制约，如今则不一样，是他在决定其他派系、国民党的命运，他可以为自己安排任何职位。

对于党务，蒋介石则交给陈果夫、陈立夫兄弟来控制。"三全"以后，陈果夫高升为中央常务委员、中央组织副部长兼代理组织部长，此外还是国民政府委员兼监察院副院长。30 岁的陈立夫第 1 次参加国民党全国代表大会，在会上当选中央执行委员、中央党部秘书长，具体领导中央党部工作。整个国民党中央党部的大权已落入陈氏弟兄俩手中。随着他俩在党内地位的攀升，CC 系在党内的地位越来越高，所起的作用越来越大。陈果夫、陈立夫利用中央党部、中央组织部和 CC 系、中央调查科，公开、秘密地拆非蒋势力的台，挖各家军阀的墙角，起到了蒋介石的枪杆子无法起到的作用，有效和及时地配合了蒋介石的军事和政治行动。

蒋介石包办"三全"，虽然达到控制国民党中央党部、打击异己的目的，但也激化了党内各派之间的矛盾，"蒋家党"遭到党内空前的挑战。"三全"和军事上编遣一起，成为国民党内"倒蒋运动"迭起的直接原因。

（三）军阀混战——蒋介石的胜利

蒋介石编遣军队和包办"三全"，表明他在"二期北伐"结束后，确实有点忘乎所以了，以为已经坐定天下。没想到等着他的，是高潮迭起的"倒蒋大潮"。

改组派"护党救国"——倒蒋争权
....

改组派是随着蒋介石独裁的出现而出现的一个党内派别。国民党二全四中全会召开前夕，蒋介石利用汪精卫和胡汉民的矛盾，先利用胡汉民将汪精卫逼出国，之后又借用胡汉民对汪精卫的愤恨，把胡汉民逼出国。汪精卫出国后，一批追随者如第二届国民党中执、监委和候补中执、监委陈公博、顾孟馀、王乐平、潘云超、王法勤等人，聚集到上海法租界，1928 年 5 月间由陈公博在《革命评论》杂志上首先提出"改组国民党"的口号。11 月 28 日，他们又成立"中国国民党改组同志会"。改组同志会以汪精卫作为领袖，先是由陈公博具体负责，后由王乐平主管。中央总部主要成员有顾孟馀、王法勤、陈公博、甘乃光、王乐平、白云梯、朱霁青、郭春涛、邓飞黄、潘云超。总部设有总务、组织、宣传 3 个部，分别由王法勤和潘云超、王乐平和朱霁青、陈公博和顾孟馀负责。后来成立的军事委员会则由王乐平负责。

关于奋斗目标和斗争纲领，改组派曾在 1929 年 2 月召开了第 1 次全国代表大会，在大会通过的《宣言》中说："自民国十六年中国国民党瓦解以来，帝国主义由畏惧革命而转为反攻，封建军阀和土豪劣绅、买办阶级更联合而向革命势力压迫。这些反动势力虽早已胚胎于南京政府成立时，然而到十七年五中全会之后，始告成熟。"

"至于今日，中国国民党已被军阀、官僚、政客、买办、劣绅、土豪所侵蚀盘踞、盗劫把持；……我们要继续革命，必须重新整饬担任革命的中国国民党大本营，必须反对南京的反动中央和最近善后会议式的第 3 次代表大会。"

（见《中国国民党历次代表大会及中央全会资料》第 553 至 558 页）

改组派的结论是蒋介石毁党毁国，所以应该奋起"护党救国"。1929 年 3 月间，改组派在上海法租界霞飞坊 314 号，挂出了"中国国民党各省市党部、海外总支部联合办事处"牌子。1929 年 5 月，改组派总部在王乐平等人的奔走下，成立了"中国国民党护党革命大同盟"，参加大同盟的各类倒蒋组织有 100 多个。大同盟的目标就是为了"恢复党权，铲除叛徒蒋中正的一切势力，重建革命政府。"

从上述宣言看，改组派认定南京政府已是反革命的大本营，但只认为他们改组派才是革命的中心；改组派反对蒋介石，主要是出于他们被排挤出权力中心的义愤，一旦蒋介石伸出橄榄枝，他们马上破涕为笑，蜂拥上前拥蒋示好；改组派不承认蒋介石的"三全"，是因为蒋介石个人包办、圈定党代表，如果蒋介石按派系按比例分配代表名额，即使还是以"圈定"方式确定代表，改组派恐怕也不会反对；改组派提出发动全国工农和小市民，但他们脱离工农阶级，反对工农阶级起来革命；改组派主张打倒专制政府和蒋记独裁，但他们只是局限于"你不行，我来干"的程度，只能由他们来主持政权；改组派主张进行社会革命，但反对正在领导工农群众进行反对南京政府反动统治斗争的中国共产党。所以说他们倒蒋是假，争权是真；护党是假，篡党是真；救国是假，内争是真。因此，他们的政治行为，决定了他们不可能成功的命运。

从表面上看，改组派认为被蒋介石篡权、已经步入歧途的国民党，内部已经充满"左倾、右倾、腐倾、恶倾"四派势力，失去了原有的"一全"时期的革命精神，只有经过改组才能恢复和振兴国民党；只有实行"以党治军""以党治国"，才能限制蒋介石的个人独裁。从本质上讲，这是一个以汪精卫为首，包括官僚、政客、失意军人和一部分有民主意识的资产阶级代表人物，以及一些幻想中国走资本主义道路，建立资产阶级共和国的青年知识分子而组成的与蒋介石集团争权夺利的政治集团。他们反对在中国实行共产主义，反对主张走中立道路的第三党，不满蒋介石的独裁统治，左、中、右都反对，只拥护汪精卫，只肯定他们自己，因而根本不可能得到人民群众的支持，根本没有成功地把握。奇怪的是，虽然被改组派尊为领袖，但汪精卫从来不承认自己是改组派成员，这主要是因为他既想利用改组派与蒋介石争权，又不想担当分裂国民党的罪名，在党内的权力斗争中保持政治上的主动。

改组派的主要活动是创办刊物，宣传他们的政治主张。如陈公博主编的《革命评论》、顾孟馀主编的《前进》、刘叔模主编的《呼声》、赵惠漠的《夹攻》、章乃器主编的《新评论》。以及上海的《灯塔》、天津的《暖流半月刊》、纽约的《民气日报》、巴黎的《国民》等为数不少的刊物。被称为"文妖"的吴稚晖，对凡与蒋介石对立的人和事从来都是十分仇视的，对改组派也不例外，见状灵机一动，不无讽刺地把这些刊物串在一起，惟妙惟肖地画出了改组派的虚伪和浅薄："人家《评论》不已，作起《呼声》，冲上前去，《前进》又《前进》，贯彻他们的《夹攻》、环攻的政策，干得来如火如荼。"事实上，改组派的刊物和文章，正如吴稚晖所说那样，他们自己干得如火如荼，热火朝天，又是评论（他人）又是呼喊（他人）又是（自己准备）前进，只是没有群众基础，读者群体也有限。改组派的上述刊物很快在当局的阻止和破坏下停刊，只出了18期的《革命评论》在停刊时，陈公博愤怒难平，只得写了独到的停刊广告，称《革命评论》将停刊，"其理由不愿说，不便说，亦不能说，请求鉴谅。"

改组派在进行宣传的同时，在国民党一些主要党部秘密发展成员，还在上海、南京、江苏、北平、广东等地设立十数个省级支部，以及在法国、日本、越南等地设有海外支部，成员约有一万余人，有一批活动人士。这批人大都为国民党内的失意官僚、官场政客和部分军官，当然也有一些各界代表。就改组派的活动看，除了一些上层人物有些影响外，大部分改组派成员并无多少活动，有名无实。

改组派的活动高潮是反对国民党"三全"，他们利用合法途径，发表通电、文章、评论，对蒋介石包办"三全"深感不满，坚决反对事实上把他们和西山会议派排斥在外的圈选、指定的方式来确定党代表的做法，最后酿成"三一四事件"。在3月14日那天，在南京夫子庙贡院礼堂召开市党员代表大会时，改组派在会上大肆活动，蒋介石指派宪兵、军校学生和警察一起到会场捣乱，双方发生冲突，最后蒋介石亲自出面，把会议代表狠狠训斥一通，并撤销了在会场上十分活跃的谷正纲所任的中央政治学校训育处副处长的职务。会后，还对不少代表进行政治迫害。"三全"如期召开后，蒋介石不仅拒绝改组派的意见，反而在"三全"上给予汪精卫警告处分，永远开除陈公博、甘乃光的党籍，开除顾孟馀的党籍3年。后来在1929年10月3日，国民党中常会第39次会议，决定通缉陈公博、王法勤、柏文蔚、朱霁青、白云梯、王乐平、顾孟馀、陈树人、潘云超、郭春涛等10人。11月28日，又永远开除王法勤、柏文蔚、朱霁青、白云梯、王乐平、顾孟馀、陈树人、潘云超、郭春涛等9人的党籍。12月19日，汪精卫的党籍也被开除。在此前后，改组派组织遭受到大规模破坏。1930年2月18日，改组派中央负责军事联络的王乐平被暗杀。国民党的镇压措施，沉重打击了改组派的活动。

改组派活动的一个重要任务是联络地方实力派，联合进行倒蒋活动。改组派自知政治反蒋，没有武装力量，要想打倒拥有占压倒优势军队的蒋介石政权，谈何容易，十年难成，只有发动、联合面临编遣会议和国民党"三全"双重压力、已经蠢蠢欲动的各地方实力派，共同倒蒋。改组派一些成员经常到各地活动，冯玉祥、阎锡山、张发奎、唐生智在改组派"中央"驻有代表，以便互相联络。事实上武装倒蒋的地方实力派，从来不把改组派放在眼中，只是从政治上需要借助改组派和汪精卫的旗帜而已。这是因为地方实力派在蒋介石的政治、军事压力下，面对蒋介石的正统地位和政治欺骗，缺乏有效的攻击着力点，政治上缺乏号召力，所以借用改组派的政治影响力增加倒蒋的吸引力。对于改组派的活动，蒋介石肚明心知，知道改组派并非革命派，知道改组派的不满仅是出于争权夺利，所以就像容忍西山会议派和胡汉民派一样，也给予改组派一定的活动空间，只是在改组派联络地方实力派、政治活动与军事活动相结合，共同组织倒蒋活动时，他才对改组派的活动进行必要的限制，并派人暗杀了改组派中央负责军事的王乐平。自此以后，改组派逐步减少在国民党统治中心的活动，加大力度转向与地方实力派的合作，共同组织武装倒蒋活动。

改组派的目标并未实现，也未采取过有效和重大的行动，但他们提出的"护党救国"成为地方实力派的倒蒋口号，汪精卫成为地方实力派倒蒋所用的钟馗，改组派只是地方实力派的政治招牌。

李宗仁首先开战——首战首败

首先举起"护党救国"旗帜公开倒蒋的是桂系李宗仁、白崇禧，但是李、白合作发起的第1次倒蒋战争，与改组派关系不大，只是在借用这一口号而已。

"蒋桂战争"打响

随着编遣会议的召开，蒋介石已经摆开不"削藩"誓不罢休的架势，地方实力派也是磨刀霍霍，准备顽抗到底。最先走上抗争之路的是桂系。桂系头目李宗仁、白崇禧、黄绍竑是各路地方实力派中最有头脑的人。他们比冯玉祥精明，倒蒋次数最多，每次都能躲过蒋介石的围剿，直至南京政府覆灭时才被中共所消灭；他们比阎锡山能干有魄力、有胆识，阎某眼光只是在山西及附近地区，桂系则立足广西，冲出广西、扩大影响是基本策略。桂系曾帮助蒋介石完成北伐，可以说是蒋介石在南京安家落户的主要支助者；通过北伐桂系自己也得到空前发展，到东北易帜、军队编遣时，桂系从北到南布成一线，北有白崇禧率领叶琪的第12军、白崇禧兼军长的第13军、魏益三的第30军、刘兴的第36军打到平津唐地区，经过整编后留下廖磊的第53师，李品仙的第51师。李宗仁率领桂系主力（1928年10月全面整编后）有夏威的第15师、胡宗铎的第16师、陶钧的第17师、鲁涤平的第18师、谭道源的第50师、何键的第19师、叶琪的第52师等部驻守两湖地区；广东有李济深的第8路军配合；广西有黄绍竑的第15军看家。这就是桂系，1926年6月出发参加北伐时，桂系地盘只有广西一个省，军事上只有第8军一个军，两年余的时间内，已经发展成十数个军（1928年8月第4集团军自行整编时仍有16个师两个旅）驻扎地域成为"京汉线"，从河北滦河以北、长城脚下起，经北平、两湖到两广，沿京汉线成一线，桂系的布局能不让蒋介石担心吗？李宗仁、白崇禧等桂系头目，也由一省之主成为与蒋介石、冯玉祥、阎锡山平起平坐的人物，蒋介石对此怎么会不在意呢？

就在蒋介石担心不已时，桂系内部起了风波。自桂系乘西征唐生智占领两湖后，李宗仁从军事战略的角度出发，十分重视湖南地区，因为此处为北上武汉和北平、南回广西的必经之路，越是重视越容易出问题。自1928年5月间，李宗仁利用就职第4集团军总司令职之际，将与其竞争并有意控制湖南的程潜扣压，任命第 5 师师长鲁涤平为湖南省主席兼湖南清乡督办。鲁涤平并非桂系出身，他因为谭延闿的关系和南京方面联络很多，李宗仁对鲁不放心，于是任命第 6 师师长何键为湖南清乡会办，何键一直想当湖南省主席，如今没有当上，当然就不把鲁涤平放在眼里，很多政务独断专行，引起鲁涤平的担心，于是鲁涤平与江西省主席朱培德合作上报南京，建议设立湘赣"会剿"红军总指挥部，推荐何键为总指挥，以借红军之手消灭何键。何键在行动前，因为开拔费问题，强行要求鲁涤平撤换省财政厅厅长刘峙岳，鲁涤平为换得何键早日离开长沙，马上同意何键推荐的前任财政厅厅长张开链出山。

何键到了萍乡设立总指挥部后，立即跑到武汉，找到桂军第 2 师师长湖北清乡督办胡宗铎和第 4 师师长、湖北清乡会办陶钧，3 人急忙赶往北平，会见白崇禧。白崇禧明确表示，支持何键主政湖南。何键兴高采烈地回到萍乡，准备搞垮鲁涤平取而代之。

何键不愧为搞阴谋的好手。1929 年初，蒋介石运送一批武器弹药给鲁涤平，但是运输时却不走长江，而绕道江西，经汀水再运长沙。何键急忙赶到武汉，找到陆军第 15 师师长兼第 4 编遣区办事处委员夏威和胡宗铎、陶钧等人，添油加醋地把此事描述一遍，借题发挥，称这是蒋介石增援鲁涤平，准备联手挤走桂军，如果我们再不动手，只能是坐以待毙。

桂系三巨头都不在武汉，李宗仁作为国民政府军事参议院第一任院长正在南京，忙于弄清楚新设的军事参议院到底有何功能有何作用；白崇禧北伐至北平后，又指挥围歼张宗昌残部，再加上主持驻在河北东北部的桂军编遣事务，无法从北平脱身；黄绍竑正在广西，武汉只剩下夏威、胡宗铎、陶钧等人。

桂系和蒋介石之间、鲁涤平之间本来不和，经何键如此挑拨，极容易形成共识，头脑简单的陶钧、胡宗铎等人拍案而起，决定先下手为强。随后何键又赶到岳阳，联络第 9 师师长叶琪，取得支持。

一切准备停当，1929 年 2 月 19 日，胡宗铎主持的武汉政治分会通过了免去鲁涤平本兼各职、何键任湖南省主席（暂由民政厅长曾继梧代理）的决定。与此同时，桂军李明瑞、杨腾辉部准备向湖南进攻，叶琪的第 52 师马上在长沙采取行动。20 日深夜，湖南省主席鲁涤平得知此事后，无可奈何只身逃上日本轮船，从长江逃往南京；鲁涤平的部队则从湖南退往江西。

一湘案发生后，还在奉化溪口老家过新年的蒋介石急忙赶回南京。蒋介石听完鲁涤平的诉说后，对陪同来的谭延闿慢条斯理地说："桂军造反是迟早的事，早暴露比晚暴露好，晚暴露比不暴露好。此次桂军违反五中全会决议，自行更换省主席，眼中还有南京中央吗？还有国民政府吗？本党正好趁此机会，把广西佬赶回老家去。"2月28日，蒋介石主持中央政治会议第177次会议，决定派出监察院长蔡元培和国民政府委员李宗仁，调查此事；派出编遣委员会总务部主任李济深和中央编遣区主任何应钦，协助调查。

确切地说，自挥师北伐的3年多来，蒋桂之间的合作较为理想。蒋介石曾经依靠桂系的力量在北伐中一路顺利进军，依靠桂系的支持建立政权。桂系当时对蒋介石也是忠心耿耿，在蒋介石第1次下野过程中，桂系虽说同意蒋介石下野，但李宗仁、白崇禧等人也只是在西有唐生智东征讨蒋、北有孙传芳进攻的不利情况下，为了扭转宁汉合流中南京政府的被动局面，取得政治上的主动，并非是为了取代蒋介石；颇有智慧的桂系李宗仁、白崇禧，一生中没有做过多少火候不到急于揭锅的事情，因此他们在当时的实力和条件下不可能出现取代蒋介石的想法和计划。但是，发展实力却是他们的目标，自参加北伐以来，桂系的扩军虽说没有唐生智、张发奎、蒋介石那样明目张胆，但也是鸭子划水悄悄干。收编旧北洋军队是蒋介石的专利，但在北伐进军过程中招募兵员、充实军队、增加武器装备的事并没有少做；特别是在西征时，收编了唐生智的不少部队，在龙潭战役和二期北伐过程中斩获巨丰，所以二期北伐完成时桂系的实力得到大幅度提升。

随着桂系军队的增加，蒋介石的担心也随之增加。每当看到桂系在平津地区、两湖地区、两广地区的驻军地图时，这位南京国民政府主席总是觉得不舒服，一丝凉意从脚底升起，一股怒意从头顶窜起。桂系的分布让人不放心，如果桂系从北西南三面发兵攻南京，石头城岂不是成了"包子馅"？桂系的实力让人不放心，桂军在北伐中能攻善战，不是同样可以用来对付第1集团军吗？桂系的将领更让人不放心，李宗仁、白崇禧并非无能之辈，蒋介石心里很清楚，自己只是比李、白更会使用权术，无论是在政治上还是在军事上并无过多优势，李、白苦于没有坐到江山，当然也不会永远臣服于自己。因此，蒋介石一直在思考着如何缩小桂系的分布，以减少桂系的势力范围；如何限制桂系的实力，以减少桂系的军事威胁；如何控制桂系将领，以减少李、白等人的政治影响。

虽然此次事件，桂系并没有把矛头直接对准蒋介石，也没有直接对准南京政府，撤销鲁涤平职务时也是有根有据，因为鲁涤平"铲共不力，把持湘省财政，重征厘金盐务，不服武汉政治分会领导，举动乖张，有违军纪"，罗列了一堆罪状。但蒋介石对此看得比较准：桂系是在敲山震虎，打狗逼主人。几个师长居然撤销一个中央政府任命的封疆大吏，岂不是造反！几个师长敢于撤销一个省主席显然是得到了李宗仁、白崇禧的支持！前面一条蒋介石看得是准的，夏威、胡宗铎、陶钧、何键他们就是对编遣不服，他们就是在向南京挑战；后一条蒋介石没有看准，因为李宗仁、白崇禧在撤鲁问题上确实不知情。

居然是造反，蒋介石就要平叛；居然得到李、白的支持，蒋介石就要借机整桂系。桂系挑起湘案，无疑是给蒋介石提供了遏制桂系的最佳机会，善于捕捉机会的蒋介石当然不会错过此次机会，正好借题发挥，利用此次事件搞垮桂系，从北到南，有武有文，一齐动手。

华北利用唐生智对付白崇禧。白崇禧部进军北平后，蒋介石先是要白与其他集团军的部队扫荡张宗昌旧部。1928年9月8日攻占丰润县城，次日攻占唐山，14日追过滦河，17日在河东小城山、武山一带，在东北军的配合下，将直鲁军残部全部缴械。直鲁联军残部消灭后，张宗昌逃往日本，孙传芳、褚玉璞逃往沈阳。战事结束，蒋介石并没有让白部南下，让白崇禧部主力驻扎在冀热辽交界处，表示对东北张学良的支持，警告日本关东军当局不要过分嚣张。白崇禧驻节北平半年间，日子并不好过。一是第4集团军打到北平有4个军，撤回湖南两个军，留下的部队被改编为廖磊的第53师，李品仙的第51师，部队内部怨气甚大。部队编遣虽然是南京方面所造成，但在内部人事问题上对白崇禧意见很大。其中刘兴的第36军被改编为53师后，刘兴被赶走，换上廖磊，刘兴的部将们对此无法接受。二是一直图谋占领平津地区的阎锡山，利用二期北伐终于间接实现了晋绥军控制华北地区的目的。但是对有智有谋的白崇禧时刻站在一旁，并有久居滦河一带不走之意，对华北盯住不放的阎锡山对此总觉不放心，所以经常不予配合，想方设法进行排挤，"小诸葛"白崇禧也只能凭借智慧在北平周旋。三是随白崇禧北上的是湖南部队，在南方生活和作战的湘军不习惯河北北部的环境，内有人事纠纷，外有晋军捣乱，作战之余又缺乏充分的补充，生活、装备简陋，军饷也得不到及时发放，军心动摇，内部不稳。

蒋介石对此非常了解，一边他要白崇禧驻扎长城脚下，一边他又要提防白崇禧，于是暗中与阎锡山合作，有意无意地给白崇禧制造难题，加重白崇禧的危机。如今，蒋介石又使出关键一招对付白氏。原来，在此前后湘军的资深将领唐生智准备复出，这位曾经率兵讨伐蒋介石的将领变成了蒋介石的打手。唐生智在1927年底被桂系赶出武汉后逃往日本，1928年冬迁往香港，不久潜回上海。此一时彼一时，此时的唐生智不仅得到蒋介石的谅解，而且还被委以重用。蒋介石对唐生智一年多以前的东征讨蒋记忆犹新，但这是当年宁汉对立下的产物，是武汉政府和汪精卫操纵下的决定，最为关键的是唐生智兵发安徽安庆、芜湖一线时，蒋介石已经下野，唐生智的东进不仅没有伤害到蒋介石，反而给当时控制南京政府的李宗仁、西山会议派增加了压力，也就是说唐生智的举措间接帮了蒋介石的忙；李宗仁西征讨唐时，蒋介石还没有复职，但他暗中让蒋百里等人到武汉，提醒唐生智保存实力，站在唐生智一边。作为南京政府西征对象的唐生智被打败后，还在台下的蒋介石却予以充分同情，因为桂系借西征唐生智又回到两湖地区，涉及国民党上层和实力派之间政治生态的重新演变，出现了有利于桂系、不利于南京政府行使职权的改变，因此蒋介石出于对桂系的担心，而更加同情唐生智。

唐生智要回来，蒋介石如获至宝，因为他找到了无须出兵整垮白崇禧的办法。驻扎河北东北地区的白崇禧部，主要由参加北伐的第8军组成，第8军军长是唐生智；现在的第53师、51师原为第8军的一部分，唐生智扩编为第2方面军时，这两个师分别为军级机构。桂军西征时，他们投靠桂系是不得已的做法，既是保住自己的权势，也为湖南保存一批实力，并非是真心实意地投靠李宗仁，并非是对唐生智的背叛。

唐生智因为被桂系打败已经仇恨难消，如今旧部均归于桂系更是怒火满腔。此次回国，是为了收集旧部，东山再起，自然而然把桂系当作打压目标，争取把湘军各部尽可能拉回来。蒋介石正好利用唐生智这一计划，实现自己的目的，既打击了桂系实力，又把唐生智拉入自己的势力范围。当然蒋介石也是在利用唐生智，唐生智也不可能永远听命于蒋介石，但是此次却是合作和睦，各有所获。

蒋介石开始有板有眼地实施阴谋，派出曾任第8军党代表、第3届候补中执委、与唐生智关系密切的刘文岛，前往上海秘密会见唐生智，送上活动经费30万元，劝说唐生智北上夺白崇禧的权；唐生智也派人赶到唐山联络第51

师师长李品仙，劝李寻机脱离白崇禧，重归湘军行列；李品仙也派出参谋长周武彝借参加"三全"为名到达南京，经过邵力子介绍见到蒋介石，表示拥唐出山；周武彝又赶到上海，会合唐生智借海路北上。

在此期间，53 师和 51 师内部已经人心浮动，早就传遍唐生智归队的消息，白崇禧已经不敢与部队来往，只得借住在同为广西籍的廖磊家中；白崇禧一度曾有把两个师带回两湖的打算，但部队拒绝服从命令；53 师内部在李品仙的支持下，已经喊出了"打倒白崇禧！""欢迎唐总司令东山再起！"的口号；在来往于平津的火车上也贴出了"驱白迎唐"的标语。白崇禧是个聪明人，他在平津地区苦撑已有时日，面对抗命的湘军和阎锡山的干扰，还能维持下来，但是面对唐生智的影响力，他却无法应付，只得知难而退。为避不测，在廖磊的帮助下，经化装后从塘沽南下，而且所乘的是刚送唐生智北上的同一条日本轮船。人称"小诸葛"的白崇禧，率军打到平津地区，没有得到利益、好处不说，并且被蒋介石没费一枪一弹所打败，还靠化装和廖磊的帮助才得以逃脱。白崇禧途经上海时，准备上岸，经友人通知迅速离开，否则要成为蒋介石的俘虏，不久白氏潜回广西，与李宗仁会合。

白崇禧一走，唐生智回到旧部，原有军官一律官复原职，廖磊被撤职，刘兴接替第 53 师师长。3 月 21 日，唐生智接受南京政府的任命，出任第 5 路军总指挥，在曾为张作霖官邸的顺承王府设立总指挥部。唐生智复出，只是此人也有野心，倒蒋也为期不远。

李济深被扣押

在南京出任军事参议院院长的李宗仁，确实没有参与两湖地区的倒鲁事件，但他因为蒋介石编遣非蒋军、第 4 集团军待遇过低、桂系只有自保图强等问题，对蒋介石积怨甚深，所以对部下有意冲撞南京和蒋介石的行为，不仅不批评，而且还出谋划策，变相鼓励。此次事件发生后，对事件并不知情的李宗仁凭他的经验和直觉，感觉到蒋介石有可能借机对桂军下手，所以他在事变发生次日凌晨，从海军署署长陈绍宽处得知两湖方面已经动手的消息后，当即悄悄地密赴上海。尽管他对事件本身并不了解，但出于对蒋介石的痛恨和对桂军的同情，他坚决站在桂军一边。在上海他致电中央政治会议，列数鲁涤平的罪状，为夏威等人开脱。

蒋介石从一开始就有武力镇压的计划，在鲁涤平（1929 年 2 月 19 日）被撤职后的第 6 天，蒋就密令驻安徽、江苏、江西的部队进入作战准备。3 月 2 日蒋介石正式颁布了作战序列，自任总司令，参谋长何应钦，前敌总指挥朱培德；第 1 军军长刘峙，编有刘峙的第 1 师，顾祝同的第 2 师，蒋鼎文的第 9 师；第 2 军军长朱绍良，编有朱绍良的第 8 师等部；第 3 军军长鲁涤平，编有金汉鼎的第 3 师，鲁涤平的第 18 师等；预备队有熊式辉的第 5 师，方策的第 6 师，徐源泉的第 48 师，谭道源的第 50 师，张厉生的骑兵的第 2 师。

被蒋介石扣押的李济深

1929 年 3 月 10 日，蒋介石开始集中兵力，第 1 集团军各部向皖、赣、鄂交界处到南昌一线集结，随时向两湖进攻。

蒋介石要整垮桂系，还必须整倒另外一人，他就是李济深。张发奎发动驱桂战争失败后，广州依然是李济深的天下。李济深为广西人，所以与李宗仁、白崇禧比较亲近；更为重要的是，辛亥革命后的近 20 年间基本上是广西人统治广东，广东各界对此十分反感，李济深作为当时被广东人看不起的广西人，维持在广东的统治地位需要桂军的支持；而广东是广西的门户，广西的出海口和广西的安全都需要广东的配合。因此，两广地区长期以来结成了相互依存、互保共存的关系，李济深也被看成为桂系的主要领导成员。蒋介石要想打垮桂系，必须先拿下桂系政治、经济、军事上的有力支持者李济深，这样可以在扫荡桂系老巢时断绝桂系的援助。但是蒋介石也知道，李济深没有加入事变，所以只能创造捕捉李济深的机会。

李济深和李宗仁一样，对事件本身并不知情，而且当他知道此事后，反应强烈，亲自打电话给李宗仁，要桂军少惹是生非。当接到蒋介石要其调停事件的电报后，李济深因为瓜田李下之嫌，不愿前往。只是蒋介石并非真要李济深调停，也不想以调停方式解决湘案，他是要控制李济深，打垮新桂系。所以他派出吴稚晖赶到广州，迎接李济深北上调停事件和参加"三全"；此时南京国民政府文官长古应芬也要陈济棠劝说李济深北上。在这种情况下，李济深在吴稚晖的陪同下，于 1929 年 3 月 11 到达上海。李济深一到上海，立即去见李宗仁，兴师问罪。李宗仁明确地表示，蒋介石并非仅是考虑治罪于他和夏威、胡宗铎、陶钧等人，而是借用此次事件，要将第 4 集团军彻底消灭而后快。

李宗仁还劝说李济深千万不能去南京，要他不要卷入此次冲突，否则将会被蒋介石扣留。胸有谋略的李宗仁对李济深分析说：因为蒋介石打压桂军的目标已定，决定了调停任务不可能完成；既是调停，你就不可能主张武力解决，蒋介石对此不会赞成，将会成为扣押你的借口；由于你与桂系的关系，只要你为桂系辩护，蒋介石将会把你当成对手看待，正好下手；作为桂系的同盟者，负责调停，增加了外界对蒋介石和平解决事变的可信度，如果调停没有成功，无疑将会造成桂系拥兵自重不听调停的假象，既给蒋介石提供了伪装和平的面纱，也给蒋介石提供了动武的借口。李宗仁看得更远，如果李济深被蒋介石扣押，广东将会落入蒋介石之手。最后，李宗仁总结说："你若不去南京，战争或者可免；如去南京，则足以促成内战，并危及你的生命安全哪！"

李宗仁的分析，不得不让李济深佩服，因此决定暂留上海。蒋介石一看计划搁浅，再次搬出政治枪手吴稚晖、李煜瀛、蔡元培、张静江四位国民党大佬，到上海劝说李济深赴宁。蒋介石是很卑鄙的，他知道四老出面相劝李济深肯定出山，只要抓李济深，则让四大老落得言而无信、自食其言的结果。也就是说，蒋介石为了实现自己的政治谋略，不惜以党国重臣们充当工具。

在"四大佬"的劝说下，李济深固然跟着他们去了南京。他们 5 人临行前，李宗仁预言，这一仗显然是无法避免了。

1929 年 3 月 10 日，李济深一到南京，感觉到气氛不对，身为总参谋长、军事编遣委员会总务部主任，连自己的行动自由也没有，已经处于特务们的严密监视之下。他此时才明白，蒋介石请他来南京，并非是为了调停，而是为了控制他。

此时，蒋介石的军事准备工作已经就绪，武力讨伐的决心已下，有了强大的军事后盾，态度立即强硬起来，在"三全"上屡屡谴责桂系的反叛行为，声称为了保障国家统一，对此种反抗中央行为，必须严惩不贷。在 1929 年 3 月 20 日的会议上，蒋介石和李济深发生争论。当天下午，总参谋部派给李济深的卫队被解除武装，次日蒋介石下令逮捕李济深，押往汤山俱乐部看管。这位广州时期曾与蒋介石一起创办黄埔军校，北伐时间为蒋介石留守广州，"四一二反革命政变"时跟着总司令"反共"的总参谋长，如今成为总司令的阶下囚。

蒋介石背信弃义，此时最为尴尬的自然要数前往上海劝说李济深赴宁的"四大佬"，他们先是为蒋介石的人格担保，结果自己的人格也搭了进去，在世人面前、在李济深和李宗仁面前尽失人格和尊严。张静江本来是蒋介石的宠臣，被蒋介石利用并不为过；李煜瀛对蒋介石言听计从，充当一次政治工具可以理解；只是蔡元培被如此戏弄，十分气愤，从此以后开始远离南京政权；善于演戏的吴稚晖，不好交代，只得实现事前的诺言：如李济深被囚他将一同坐牢。所以，在立下"遗书"后，假惺惺地前往汤山陪伴李济深一起"坐牢"。

1929 年 3 月 24 日，蒋介石下令将夏威、叶琪查办，夏威部交李明瑞，叶琪部交何键；何键担任湖南编遣委员。蒋介石既要打击桂系，又要拉拢湖南实力派何键。

3 月 26 日，蒋介石下令把李宗仁、白崇禧、李济深撤职查办，"三全"开除了他们的党籍。不久，李宗仁的住处被把兄弟蒋介石派来的特务查抄。李宗仁则提前离开上海回到广西。

扣压李济深，蒋介石立即收复广州。根据蒋介石的旨意，粤军将领陈济棠、陈铭枢于 1929 年 3 月 30 日赶回广州，煽动粤军军官公开反对李济深。两人还和粤军将领蒋光鼐、陈策等人联名发表通电，称："粤省军队，为党国所有，不能供一派一系之指挥驱使。粤省之财，皆粤人膏血，不能供一派一系之浪掷牺牲。其有谋不利我粤，而牵入之战争旋涡者，则粤人公敌。"通电内容明确，观点鲜明，显然是在附和蒋介石，打击李济深。此事的结果是陈济棠出任第 8 路军总指挥，陈铭枢则担任广东省主席。真是有人升官有人下台，本为李济深部下的二陈一夜之间取代李成为广东的主政者。二陈成为广东的新老板，后来在各地实力派的倒蒋活动趋于没落时，陈济棠担纲领头出来倒蒋，这恐怕是蒋介石在派遣陈济棠接替李济深时所没有想到的。

蒋介石在北平逼走白崇禧，在南京扣压李济深、吓走李宗仁，又成功拿下广东，阴谋一步步得逞，开始加快执行消灭桂系的计划。在"三全"闭幕后的次日（1929 年 3 月 29 日），蒋介石亲赴九江，任命何应钦出任武汉行营主任，指挥进攻两湖的战斗。

对于桂军中一些将领，蒋介石用心已有多日。早在编遣会议前后，他曾派出李墨潭、郑介民、周伯甘等人前往桂军进行收买人心的活动。李墨潭利用同乡同学关系收买胡宗铎、陶钧被顶回，无功而返；郑介民利用李宗仁的弟弟李宗义，掌握了桂军内部不少内情，特别是摸到桂军将领李明瑞、钟祖培等人在整编后未获重用不得志的重要情报。蒋介石急派出周伯甘利用军校同学关系去劝说李明瑞，急派出杨永泰去见在香港做寓公的李明瑞的表哥俞作柏。在杨永泰带来的蒋介石在事成以后要其出任"广西省主席"的承诺面前，曾为桂军第1旅旅长、广西省党部农工部部长俞作柏，同意卖身投靠，同意劝说接替他任旅长职的表弟李明瑞和桂军将领杨腾辉、梁重熙等人反水。俞作柏在杨永泰的陪同下，来到上海见到蒋介石，蒋介石当场给了一张签有"国民革命军总司令部上将参议"的委任状外，还给了他5万银圆，作为活动经费。

蒋介石在对桂军不坚定将领暗中做功夫的同时，还摸清了第2、3集团军的动向。精明的蒋介石，对冯玉祥、阎锡山二人看得较透，他知道阎氏对山西以外的事情并不热心，要他远离山西南下增援两湖地区是绝对不可能的事，阎锡山的军队从未越过陇海线；他知道冯氏出于仗义，有可能援助李宗仁，但冯玉祥不会轻易向长江以南用兵，也不会轻易向他用兵。冯玉祥对蒋、桂派来的代表，敷衍了事，并和阎锡山商定，保持中立，见机行事，谁赢支持谁。

政治上处置李宗仁的事情基本做完，蒋介石开始军事讨伐。遗憾的是，桂军自己不争气，既然要和蒋介石斗，就应该准备充分，岂知李宗仁、白崇禧等桂系有权威的头目均不在场，胡宗铎、陶钧意气用事，在大军压境面前群龙无首，一盘散沙，根本没有打赢的希望。更让他们意外的是，一向内部精诚团结的桂军，竟然出现反水。

先是何键，见到蒋介石已经任命自己为湖南省编遣委员，负责省内军务以外还负责收编叶琪部，因祸得福，高兴之余决定叛变桂系，投靠蒋介石，所以派代表赶到武汉东面70余公里的黄州，向蒋介石交上自己的亲笔信，表示愿意归顺。蒋介石颇有总司令风度，当即写下："委任何键为讨逆军第4路军总指挥，并拨发该部给养70万元。"不讲信誉、出卖朋友的何键分外风光，马上通电宣布讨伐桂军，就任湖南省主席，已在湖南的第52师师长叶琪急忙交出两旅部队，逃回广西老家去了。

再是李明瑞、杨腾辉。1929年3月31日，在蒋介石的指挥下，进攻武汉开始，各路讨逆军向武汉三镇包抄过来。4月2日晚，桂军李明瑞旅、杨腾辉旅和团长梁重熙等部离开各自阵地，开到武汉西北方向的孝感、花园一线。

李明瑞在那里正式就任蒋介石委任的第 15 师师长，杨腾辉就任第 57 师师长。李、杨倒戈，桂军防不胜防，全线溃退，向沙市、荆州、宜昌方向逃去。4 月 5 日蒋介石没费一枪一弹占领武汉。蒋介石在追剿的同时，派出孔庚到鄂西活动，劝说夏威等让出兵权。夏威、胡宗铎、陶钧战无实力，凭 3 师兵力根本不是蒋介石的对手；要逃回广西路途迢迢，交通极为不便，且必经之路都有蒋介石的追兵，在走投无路的情况下，只得宣布下野。经蒋介石同意夏威乘英国军舰去香港，胡宗铎、陶钧经武汉出国。夏威、胡宗铎、陶钧作为桂系的战将，有李宗仁、白崇禧等人的胆，没有李、白的谋；有斗一时之勇之气，无长远考虑之术，最后将第 4 集团军拖向深渊。想当初从广西打到北京的第 4 集团军，因为夏威等人的失误，进武汉、攻北京、下两广为时不长，即败于蒋介石之手，毁掉李宗仁、白崇禧的半壁江山。

第 1 次击败党内地方实力派的蒋介石，趾高气扬，马上封官许愿，论功行赏。鲁涤平出任武汉卫戍司令，刘文岛出任武汉市市长，何成浚出任湖北省主席，俞作柏为广西省主席，李明瑞为广西编遣特派员，杨腾辉任副特派员。混乱的年代当官也不稳定，无论有无功劳和才华，依靠出卖朋友、投靠对手也能当上省主席。

沉浸在胜利中的蒋介石并不愉快，因为他想抓的人一个也没有抓到，李宗仁、白崇禧没抓到固然遗憾，而且夏威、胡宗铎等人也只得让他们安然离开。蒋介石最担心的是已经潜回老家的李宗仁、白崇禧。蒋介石深知，对地方实力派来讲，不怕没军队，只怕没地盘，只要有地盘不怕没军队，只要有军队，不怕没地盘。李宗仁、白崇禧只要回到广西，就有东山再起的可能；再说，广西还有黄绍竑的第 15 军，李、白两人只要回到"八桂之乡"，显然是如鱼得水、如虎入林。

蒋介石要把李宗仁、白崇禧骗到外国去考察。军阀下野出国，为旧中国旧军人之惯例，只是李宗仁、白崇禧偏不信这惯例。蒋介石想到李济深，此时只有因为桂系湘案而被关押的李济深才能说动李宗仁，于是要广东籍大老、国民政府文官长古应芬出面，请李济深出面劝说。

李济深显然要比蒋介石豁达开朗，为了消除内战，不计个人恩仇，痛快答应古应芬的要求，写了一封文情并茂的长信，劝李宗仁、白崇禧以大局为重，为保全广西利益，听命于"中央"。李济深的信由第 8 路军总指挥陈济棠请第4军第12师师长香翰屏送往广西,在容县见到黄绍竑。黄绍竑是个仗义之士,对一向为他上司的李宗仁、白崇禧颇为厚道,他请香师长向南京政府转告4点要求:恢复李济深的自由;撤销对李宗仁、白崇禧、李济深的查办案;以正当名义安排李、白出洋"考察"并支付费用;广西部队编遣由黄自己负责。同时,国民政府行政院长谭延闿、训练部总监何应钦也要黄绍竑出面,劝李宗仁、白崇禧出洋"考察"。

蒋介石一边要李、白出洋,一边于1929年4月下旬开始调兵遣将,向广西压过来。湖南方面有何键的第4路军,准备在5月20日左右占领桂林;广东方面有陈济棠的第8路军,集结肇庆,准备在5月20日左右占领梧州;云南方面龙云的第10路军,集中宜良,经贵州独山向广西进攻,准备在5月25日占领柳州。

有军事力量做后盾,并且蒋介石一心吞并桂系,所以态度强硬,在由广东省主席陈铭枢转达的南京政府的答复很快到达,完全拒绝了黄绍竑的4项要求。南京政府给他的答复针锋相对:将李宗仁、白崇禧送南京听候处理;广西不准收容从武汉退回的军队;广西所有军队缩编为一师一旅;如果黄完成上述3件事,出任两广编遣区副主任。蒋介石此计也算高招,以桂治桂,一边对黄绍竑封官许愿,一边要利用他来打压李、白。

无奈黄绍竑不是何键,也不是李明瑞,他与李、白患难与共,共创事业,已经结下深厚友情,怎会卖友求荣?黄不仅没有答应蒋介石的建议,而且利用手中的15军实力,准备重树战旗,公开倒蒋。

此次湘案,原本为桂军部分将领争权夺利造成,经过蒋介石的镇压,至此演变成真正的桂系倒蒋事件。1929年5月5日,李、白、黄3人接过汪精卫、改组派的口号,打出"护党救国军"的旗帜,公开倒蒋。在政治上,为表示桂系的和平诚意,李宗仁作为"护党救国军总司令",就职后去了香港,以表示愿意出洋"考察",广西之所以落得如此局面纯属蒋介石要吞并桂系所致。军事上,白、黄二人兵分两路,向广州进攻,第1次粤桂战争爆发。5月21日,粤桂军在约距广州50公里处的白泥决战,难分胜负。此时,桂湘边境形势不妙,何键部进入广西,白崇禧率部阻击;白部退出白泥战场,再加上桂军第2师师长黄旭初受伤,桂军补给困难,黄绍竑率部退回广西南宁。赶来增援陈济棠的桂军俞作柏、李明瑞、杨腾辉部经长江、海路运抵广州黄埔港,然后粤桂联军沿西江而上，1929年6月2日占领梧州，又在桂平将桂军韦云淞旅击溃。桂军全面失败。

不管如何，桂军在危难之际，颇有江湖义气，少见其他地方实力派内部常见的内讧时置人于死地的习惯。白、黄将剩余的人马交给吕焕炎、梁朝玑等人，并嘱咐他们不要再与同为桂军的俞作柏、李明瑞、杨腾辉对抗，然后从水路经越南去香港。广西归蒋介石暂时统一，俞作柏、李明瑞、杨腾辉等人回桂就任新职。

桂系倒蒋失败了，此次事件虽说是夏威、胡宗铎、陶钧等军官轻信何键为自己夺权、控制湖南而造谣所造成，但蒋介石以编遣军队为

起兵倒蒋的张发奎

名，排挤异己却是真正的肇因，即使没有夏、胡、陶等人的行动，颇有计谋的李宗仁、白崇禧也不会第一个挺身而出，发动倒蒋战争，但绝对不会甘心接受蒋介石的编遣，绝对不会不倒蒋。

桂系被打败，消除了蒋介石的心头之患。说实话，他不怕冯玉祥，因为第2集团军太苦，缺乏物质基础，垮台是迟早的事；他不怕阎锡山，因为第3集团军离开山西将会一筹莫展；只有第4集团军最为危险，李、白有勇有谋，桂军能攻善战，又有基地、有实力，从南打到北，第一个举旗造反的是桂军，说不定最后在国民党内取代自己的也是桂军。如今终于把桂军打垮，既消除了眼前的危险，还可以提醒其他地方实力派不要轻举妄动。

蒋介石有所不知，桂军首举倒蒋义旗后，影响极大，受到编遣会议威胁的各地方实力派，紧跟桂军，举起"护党救国"的旗帜，接连起兵倒蒋。

桂张举旗倒蒋

首先经改组派游说，响应"护党救国"主张，起来倒蒋的是张发奎部。

1912年，16岁的张发奎离开家乡广东始兴，考入广东陆军小学第6期的同时，加入刚刚由中国同盟会改名而来的中国国民党，两年后又考入武昌军官第二预备学校，后进入保定军校。毕业后南下广东进入粤军第1师。1921年孙中山二回广州建立政权时，出任总统府警卫团第3营营长。孙中山三回广州恢

复政权时，张发奎任粤军第1师第1团团长，不久升为独立旅旅长。国民革命军成立时，所部编入第4军，任第12师师长，率部参加了第2次东征和南征邓本殷的战斗。北伐开始后，12师参加两湖地区所有的重要战斗，在汀泗桥、贺胜桥等作战中奋勇当前，屡建功勋，因此第4军也获得"铁军"称号。1927年1月，第4军的10、12师分别扩编为第4、11军，前者由张发奎任军长，11军由粤军的另一名将陈铭枢任军长。3月在国民党二全三中全会上当选国民党军事委员会委员，兼任第11军军长。6月出任第2方面军总指挥，编有第4、11军和暂编20军。汪精卫叛变革命后，在庐山召开"分共"会议，对军队中的共产党人下手。参加会议的第2方面军参谋长叶剑英，通知了中国共产党中央军委，在周恩来等人的领导下发动南昌起义。第2方面军不少主力参加了起义，张发奎率领残部第4军"追剿"起义军至广州，不久汪精卫也因为李宗仁西征武汉逃回广州。11月16日，张发奎在汪精卫的指使下，发动广州事变，骗走李济深，驱逐桂军第15军军长黄绍竑、张发奎出任广州政治分会军事委员会主席，黄琪翔任广州卫戍司令。不久，李济深和黄绍竑指挥桂军第15军反扑，进攻广州。

就在两军激战之时，中共发动了广州起义，张发奎从战场上收缩兵力镇压起义，把武装力量极为有限的起义镇压下去后，第4军也被桂军打败，他本人被撤职查办后下野前往日本"考察"。第4军也被调往江西会昌驻扎，参加过"二期"北伐。在南京政府开始编遣后，第4军缩编为第4师，缪培南任师长。

"蒋桂战争"爆发后，蒋介石任命张发奎为第4师师长兼第1路讨桂军右翼军司令官，率部开往宜昌、沙市一带，对付从武汉逃出的桂军，很快桂军夏威、胡宗铎、陶钧宣布下野，第4师无仗可打。张发奎部在宜昌驻扎的半年间，趁机暗中发展实力，一个师编制和士兵要比当时一个军还多。蒋介石已经觉察到第4师的异况，准备名义上将第4师调驻数千里之外的陇海线东端江苏海州，待部队到武汉时对全师实行武力缴械，给张发奎来个措手不及。

张发奎到宜昌后已经和改组派取得联系。改组派成立中央本部后，待在法国静观国内政治风云变化的汪精卫，觉得有机可乘，急忙派遣陈公博回国增加改组派的领导力量。陈公博到达香港后，接到总部军事委员会送来的报告，称唐生智、张发奎、俞作柏、冯玉祥、阎锡山、石友三、方振武都有倒蒋的意向。经过分析，其中张发奎最有可能率先采取行动。因为张发奎与汪精卫关系不一般，当年在武汉时期曾经患难与共，以后又一起策划、发动广州驱逐桂系，而近期与蒋介石的关系并不融洽，所以最有可能成为"护党救国的先锋军"。陈公博因此致电法国的汪精卫，要其回国，以增加对地方实力派的影响力。陈本人则留在香港，出面负责劝说广西的俞作柏和鄂西的张发奎武装倒蒋。

"蒋桂战争"后，广西为俞作柏、李明瑞表兄弟二人所控制。俞作柏，广西北流人，1887 年出生，保定军校三期生，毕业后回到桂军中任职，后投靠李宗仁，北伐后因反对在广西实行"分共清党"而到香港做寓公。此人在桂系资格较老，有一定的影响力，蒋介石正是利用这一点，游说他出面收买李明瑞、杨腾辉等将领，在两湖轻取桂军。1929 年 6 月俞某正式出任省政府主席。

李明瑞，1920 年间，24 岁的李明瑞在讲武堂炮科毕业后投军，深获李宗仁、白崇禧等桂系头目的赏识，并得到表兄俞作柏的一手提拔，1925 年底，参加国民革命军的南征作战，出任第 2 路军第 3 团团长。参加北伐后，任第 7 军第 2 旅旅长，在"蒋桂战争"中，经俞作柏等人的劝说，倒向蒋介石，班师回桂，出任广西军事特派员、第 4 编遣区主任和广西绥靖司令。

俞作柏、李明瑞在"蒋桂战争"中倒向蒋介石，并非是忠于蒋介石，而是为了趁机排挤李宗仁、白崇禧，重新控制广西。在政治立场上两人更倾向于一直高喊"反对蒋介石独裁，重新改组国民党"的改组派，很容易在"护党救国"的旗帜下走到一起。1929 年 5 月，他在桂军南下途中路经上海时，两次与改组派总部取得联络，商谈倒蒋事项。只是改组派和俞作柏、张发奎、唐生智等人都心怀鬼胎，主张先消灭桂系，再进行倒蒋。他们显然也是容不得桂系，事实上论军事实力来说，在地方实力派中桂系最有实力，如果为了倒蒋大业，应该联合桂系一起行动，这样胜利的把握才更大。但是，这些地方实力派担心桂系实力最大、胜利后争夺领导权的可能性也最大，所以借刀杀人，先让蒋介石消灭桂系。这种"革命"如何能够成功？

陈公博到达香港之初，派人向俞作柏、李明瑞建议趁机占领广东，赶走陈济棠的第 8 路军和省主席陈铭枢，俞作柏以时机不成熟不敢行动。陈公博建议张发奎趁蒋、冯关系紧张之际，占领武汉，张发奎以第 4 师不过 2 万之众，如战必败为借口拒绝。

到 1929 年 9 月间，张发奎眼见蒋介石就要对第 4 师下手，与其被蒋介石改编，还不如放手一搏，败中求胜，死中求生。9 月 17 日，张发奎抢在蒋介石前面，将前来接防的中央军曹万顺全部缴械，公开发出通电，响应汪精卫"护党救国"号召，要求取消蒋介石一手控制下单方面召开的"三全"，把国民党内蒋介石一派独裁改为蒋介石、胡汉民、汪精卫、西山会议派 4 派分赃；同时宣布恢复第 4 军番号，率部离开湖北，开往当时在改组派活动下已有意起兵倒蒋的广西省。蒋介石原想整垮张发奎部，想不到反被第 4 师弄得措手不及，急令刘峙率领中央军、湘军、川军一部堵截第 4 军。

在改组派代表薛岳等人的游说下，俞作柏也于 10 天后在南宁宣布就任护党救国军总司令，开始向广东发动进攻。蒋介石下令免除其本兼各职，一面命令陈济棠的第 8 路军进行阻击；一面分化桂军内部，任命吕焕炎接替俞作柏出任广西省主席，杨腾辉接替李明瑞任广西省编遣区主任。两人见无力抵制俞、李部的进攻，通电主张与第 8 路军联合起来，进攻俞、李部。10 月 7 日，粤军余汉谋的第 57 师、蔡廷锴的第 60 师、香瀚屏的第 62 师、陈策的海军第 4 舰队，沿西江向广西发动进攻，进入广西境内作战，俞作柏、李明瑞部两面作战，很快力不能支被击溃。问题的关键是，李明瑞、俞作豫等桂系将领的政治态度有了重大转变。他们在长期的军事生涯中，觉得军阀混战并不能解决中国的问题，只能给人民带来无法忍受的灾难。他们打出护党救国旗号后，发现不仅不能结束军阀混战，不仅不能改变蒋介石和南京政府的性质，不仅不能给劳苦大众带来解脱，而且在加重人民苦难的同时，自己的生存都受到威胁，与其充当汪精卫、蒋介石派系争权的工具，还不如重新思考政治上的出路。而此时的中国共产党人，已经开始建立农村革命根据地，真正开始了中国历史上最进步、最彻底、最革命的社会变革运动，俞作柏、李明瑞准备发动红色起义，参加工农红军，他们已由民主爱国之士，转为无产阶级革命战士。

广西境内政局动荡，一方是俞作柏等倒蒋，反抗蒋介石的压迫，这能引起桂系势力的呼应；一方是吕焕炎等引狼入室，粤军进入桂境作战，历来在两广各方最为敏感，所以被视为出卖广西的利益，这能引起桂系势力的强烈反弹。再加上蒋介石对桂系的高压措施，得罪了广西各界人士，所以在广西上层掀起倒吕之风，希望李宗仁、白崇禧等人回来收拾残局。

因为第 1 次倒蒋失败躲在香港、越南等地观测风向的李宗仁、白崇禧、黄绍竑等人，觉得回来的时机已经成熟。1929年11月间，黄绍竑与从法国回到香港的汪精卫见面，双方谈妥李宗仁等人回桂，联合张发奎部共同抗击陈济棠部。

1929年11月22日，已被中央军等部追得一路南下的张发奎在梧州见到了已经潜回广西的黄绍竑谈妥桂张合作计划。在此前后，李宗仁、白崇禧也分别回到广西，已经一筹莫展、在桂系内部缺乏根基的吕焕炎、杨腾辉同意交出权力，欢迎李宗仁复职。公开挂出了护党救国军的牌号，李宗仁任总司令，白崇禧任前敌总指挥，黄绍竑任副总司令兼广西省政府主席。张发奎出任第3路军总司令，编有邓龙光的第10旅，吴奇伟的第12旅，黄镇球的独立旅；李宗仁兼任第8路军总司令，编有吕焕炎的第1纵队，包括梁朝玑、蒙志、杨义、封克鲁4部；编有杨腾辉的第2纵队，包括黄权、许宗武、梁重熙3部。

11月26日，黄绍竑率领第8路军（吕焕炎部留守）出征，沿西江经肇庆，向粤汉路和佛山等地进攻。张发奎部也于次月初由四会、清远进入广东花县一线，从北面威胁广州。第2次粤桂战争爆发。

广东告急，11月25日蒋介石急令何应钦组织广州行辕，指挥钱大钧的第3师、朱绍良的第8师赶来增援，1929年12月12日桂张联军遭受重大损失，不得不向梧州撤退。不料，梧州已被粤军占领，只得往西江北边的平乐、荔浦撤退。在这危难之际，吕焕炎率部叛变，并联络黄权、蒙志两位师长一起行动，李宗仁获报后立即将两位师长看押，并下令黄绍竑和张发奎进攻玉林的吕焕炎部，第1纵队被击溃，吕本人只身逃往广州，但玉林很快被粤军蒋光鼐的第61师所占领。为保持桂张联军的必要基地，白崇禧将进入平乐等地的谭道源的第50师、刘和鼎的第56师赶往湖南。自1930年1月初起，桂张联军和粤军沿西江对峙。两次由桂军向广东进攻引起的粤桂战争，均以桂方的失败告终。

唐、石配合倒蒋

桂张联合倒蒋的同时，驻军河南的唐生智、驻军安徽的石友三经过改组派游说，响应

起兵倒蒋的唐生智

桂张的行动。

唐生智出生于官宦世家，祖父唐本有曾任过广西提督，父亲唐承绪经营过实业，当过官员。唐生智本人从小立志从军，就学于湖南陆军小学、湖北陆军第三中学，后考上保定军校入伍生队，因辛亥革命爆发而停学，1914年毕业后分配到湘军任初级军官。此人作战勇敢，勇谋得当，所以升得很快，经过护国战争和护法战争，在激烈的湘军谭延闿、程潜、赵恒惕三派争夺中，官升第4师师长兼湘南善后督办，以后大量扩充军队，成为湘军中最大的实力派。北伐前夕，湘军内部发生内讧，唐生智挤走赵恒惕，出任代理省长，但为支持赵恒惕的吴佩孚不容。在这种情况下，他宣布参加北伐阵营，就任第8军军长。在北伐过程中，唐生智部发展为3个军。宁汉分裂时，唐生智率部东征讨伐南京政府，于1928年11月12日被李宗仁打败后下野。蒋介石重新上台后，与蒋介石原有联系的唐生智，表示愿意服从蒋介石的领导。"蒋桂战争"爆发，蒋介石利用他纠集旧部，联合李品仙、刘兴等人，在北平逼走白崇禧，于1929年4月5日就任第5路军总指挥。蒋介石熟谙官场权术，深知唐生智并非平庸之辈，只要拥有兵权就会另起叛心，所以坚决拒绝唐生智率部从河北返回湖南的要求，并于1929年6月1日削其兵权，任命他接替已被撤职的李宗仁，出任位高无权的军事参议院院长兼编遣会议编遣部主任。蒋介石虚席以待，唐生智没有拒绝的理由，不得不离开部队前来南京任职。

同样精于权术并且依靠江湖术士预测决定政治行为的唐生智，在听到相学大师认为他大福大贵、蒋介石气数已尽的预言后，激动不已，积极谋划再回江湖。到1929年10月间冯玉祥第2次倒蒋，为骗过蒋介石，唐生智公开发表通电，谴责正在部署与南京政府对抗的冯玉祥，向蒋介石效忠。时值冯玉祥起兵倒蒋，蒋介石正用人之际，准黄埔系将领人数有限，南要打桂张，北有冯玉祥，还要遏制其他地方实力派，何应钦、顾祝同、刘峙、钱大钧、陈诚等将领纷纷出任军长、师长、总指挥四处奔走，还是难以应付。黄埔系至今不过三四年，

倒戈将军石友三

作为中层指挥官已属快速提拔，作为一线指挥官还嫌略嫩一些。因此，经不住一些幕僚们的推荐和唐本人的活动，不得不起用唐生智。唐生智得以回到旧部，前往河南地区与冯部作战。

唐生智在战略规划上显然缺少大略，但对战术却较为精通，到前线后带着一帮作战以勇敢著称的湘军官兵，在打败冯玉祥部过程中起了积极的作用。冯玉祥退兵后，蒋介石亲到郑州车站迎接唐生智，又是拥抱又是许愿，让人一看似乎真成了精诚团结的朋友、志同道合的同志。唐生智见到这位浙江佬，心中就不免出现他当年在长沙阅兵时落马的情景，总觉得在一波接一波的倒蒋风潮中，此人难以坐稳江山，湘存三人亡蒋必湘，我老唐还不起兵更待何时。

促使唐生智倒蒋的是蒋介石。1929 年 11 月底，蒋介石突然密电唐生智，称在蒋冯战争中已经投靠南京政府的韩复榘，准备公开叛变，如果到郑州开会，立即将其逮捕，解送南京处理。此事让唐生智心明眼亮，蒋介石是劣根不改，在危机重重的情况下，居然不思安抚军心，稳定队伍，竟然还在打压异己。今天是韩复榘，明天可能就是我老唐。

唐生智一边与蒋介石虚与委蛇，一边在图谋如何起兵倒蒋。他暗中联络西北军旧部韩复榘、石友三、马鸿逵，准备共同倒蒋。但与唐一起行动的，只有石友三。

石友三，出身于吉林省长春一个贫困的家庭，很小时就外出当学徒谋生，过早地尝尽人间辛酸。1908 年，17 岁的石友三因生活无着到驻扎长春的陆军第 3 镇当兵，镇统领是吴佩孚。在第 3 镇里一事无成，1912 年春又到左路备补军冯玉祥营当伙夫，这是他人生的重大选择，以后改变了他的一生。冯玉祥见石友三人小鬼大，机灵活泼，吃苦耐劳，便将其要到身边充当贴身护兵，这成为他升迁的开端。作为专出西北军将领的"老三营"成员，石友三开始官运亨通。1919 年成为模范连连长，不久升为营长，与石友三、孙良诚、孙连仲、刘汝明、张维玺、佟麟阁、赵席聘、程希贤、闻承烈、韩复榘、葛金章、过之纲等人一起成为冯玉祥最信任和重用的将领"十三太保"。北京政变时出任第 8 混成旅旅长，南口大战时已担任第 6 师师长。但是冯玉祥只管提拔将领，没有掌握正确的理论去教育将领，因此西北军中的许多将领大都在政治上极易动摇。在推翻北洋军阀的战斗中，政治选择上比较单一，因此西北军的将领们还能与冯玉祥同甘共苦，共同作战。在新军阀混战中，因为政治上的选择增多，特别是蒋介石有着南京政府的招牌，有着收买杂牌军的经济实力，所以西北军中很多将领面临重新选择。石友三也是这样，后期以反复无常著称，人称"倒戈将军"。第 1 次是叛变冯玉祥，南口大战时，指挥晋绥军的是石友三少时的教师商震。为人善良的商震，没有乘人之危，落井下石，对西北军赶尽杀绝；对当年教过时间不长、学绩不佳的石友三，如今已成为一员虎将十分关心，劝导石友三投奔阎锡山，以保存实力，等待时机。石友三劝说另外两位师长韩复榘、陈希圣一起以投诚为名，编到阎锡山名下。第 2 次是叛变阎锡山，西北军五原誓师后，在晋军中避难的石友三、韩复榘、陈希圣担心疾恶如仇的冯玉祥不会原谅他们的反叛，不敢回来。深明大义的冯玉祥以一切以夺取北伐胜利为大道理、大原则，理解石友三等人的不得已行为，欢迎他们回来。石友三一回到西北军，立即被任命为援陕军第 5 路总指挥，1927 年 6 月冯玉祥执掌国民革命军第 2 集团军，石友三出任第一方面军副总指挥兼第 5 军军长，负责进攻郑州。

第 3 次是叛变冯玉祥，此时的石友三，经风雨见世面，已经不适应西北军艰苦的生活环境，已经看不上西北军冯玉祥的平民作风，已经瞧不起冯玉祥授予的高级职务，他要的是南京政府有职、有权、有势、有派、有钱的将领官职。"二期北伐"中，石友三部作战勇敢，战绩突出，蒋介石特意派出代表到徐州见石友三，送上巨款予以拉拢。编遣开始后，石友三部依然被编为第 24 师，驻扎贫困落后的河南安阳地区。

"蒋桂战争"开始后，冯玉祥见桂系失败，武汉空虚之际，立即命令已经移兵襄樊的石友三部迅速出兵武汉。蒋介石先是电令石部停止行动，再是派出代表携带巨款再次到襄樊进行收买，送上 30 万银圆。石友三见蒋介石出手大方，西北军艰苦的生活是不能与之同日而语的，石友三也派出代表去见蒋介石表示忠心，并将部队调往皖北的亳县。

1929 年 5 月，冯玉祥在忍无可忍之下，准备倒蒋，未料到最信任的将领韩复榘、石友三（详情见下一节）已经收受蒋介石的贿赂，从中作梗，公开作对，发表通电拥蒋。蒋介石见状，立即任命石友三为讨逆军第 13 路总指挥、河南省府委员。到 11 月 20 日蒋介石开出更高的价格，任命石友三为安徽省主席。石友三马上率部南下蚌埠，准备接收安徽省政府。

第四次是叛变蒋介石，对于石友三，蒋介石另有打算，他根本瞧不起出身行伍、举止粗野，尤其是政治上动摇不定、反复无常、见利忘义的石友三，他重用石友三是出于分化西北军、动摇冯玉祥根基、打击西北军的需要。蒋介石久在官场，用人标准中最关键的一条看其是否忠于自己，石友三可以出卖老长官冯玉祥，投靠过来后为什么不可以出卖自己呢？因此，在任命石友三为安徽省主席后顿觉过头，后悔不已，马上任命陈调元为安徽省主席。1929 年 11 月 27 日，石友三见省主席一事没有下文，急忙赶到南京去见蒋介石。岂知蒋介石已经变卦，他要石友三率部南下，前往广东，增援陈济棠。报酬是在打败李宗仁、白崇禧部后，主持广东省政。云里雾里的石友三，眼见"省主席"成泡影，心中之气、之急固然不用再说，但是久经沙场的他却一本正经地用军人式的礼貌，挺直身板，向蒋介石致以标准的军礼，宣誓似的说："总司令，卑职愿率人马，全体赴粤。"蒋介石听到石友三的话，一如既往，脸上露出微笑送石友三离去，心里在说："什么愿意全体赴粤，我还不知道，你心里哪里还有我这个总司令。"

此时的石友三，投靠蒋介石却是真心，未料蒋介石出尔反尔，进行欺骗，任命的安徽省主席不给，还让千里迢迢远征广东，即使到达广东，人生地不熟，岂能安稳立脚？且第 8 路军总指挥陈济棠割据之心日甚，能让这个东北人控制广东省政？具有强烈排外作风的广东各界怎么会接受他率领的这支本来名声就不太好的北方军队？

正在石友三摇摆不定之际，改组派和唐生智派来了代表进行游说，联络石友三一起倒蒋。石友三不得不考虑他们的意见：蒋介石要其南下是假，真是要把石部这支北方军队调到气候不同、水土不服的南方，并在几千里的路途中将其缴械。言之有理，石友三一边听一边暗自庆幸，自己竟然差点上当。

1929 年 11 月间，由唐生智召集，石友三和同为西北军的韩复榘、马鸿逵来到郑州进行紧急会商，决定共同倒蒋。只是马鸿逵有此心无此胆，出卖了唐、韩、石三人。事关紧急，要么被蒋介石制裁，要么是起兵造反。改组派代表不失时机地来到唐生智和石友三处，送来改组派的任命：唐生智为护党救国军第 4 路总指挥，石友三为护党救国军第 5 路总指挥。石友三一边与唐生智约定起兵倒蒋，一边遵从蒋介石的命令，按时把部队带到浦口准备上船南下。

1929 年 12 月 2 日晚，石友三召开高级军官紧急会议，下令扣押蒋介石的代表卢佐，同时命令数十门大炮一字排开，向长江对面的南京城开炮，以炮声宣布倒蒋开战。

紧接石友三的炮声，12月3日，刚在战场上兵戎相见的唐生智、冯玉祥的代表已经谈妥条件，两军不再对峙。唐生智在郑州宣布就任护党救国军第4路总指挥，公开倒蒋，在平汉路河南段一带集结军队，准备沿平汉路向武汉进攻。

被蒋介石、阎锡山打败不久的西北军宋哲元、孙良诚、吉鸿昌、庞炳勋部也通电响应。一时间中原大地响彻倒蒋炮声。

蒋介石深夜被炮声惊醒，很快冷静下来，迅速派出当时参与东北军易帜的吴铁城前往沈阳，稳住张学良；派出阎锡山驻南京政府的代表、内政部长赵戴文前往太原，寻求阎锡山的支持，以借刀杀人。原本已经答应唐生智一起倒蒋，并愿意充当倒蒋领袖的阎锡山再次显出狡猾的本性，估计唐生智、石友三和其他西北军将领倒蒋没有胜利的把握，晋军也不可能立即全力投入倒蒋作战，所以出卖了盟友，马上通过赵戴文向蒋介石表示，晋军坚定地站在南京政府一边，决不参与唐、石的行动。1929年12月19日，蒋介石再次使出拉拢手段，任命阎锡山担任陆海空三军副总司令全盘主持讨伐河南唐生智部。20日唐生智异想天开，竟然致电刘峙请其让出武汉。同日，蒋介石下令撤销唐生智本兼各职，刘峙率部由平汉路向北进攻；蒋介石新近收编的杨虎城新编14师袭击驻马店；阎锡山前往郑州指挥讨唐，由北南下夹击唐部。在三面打击下，唐生智名义下的15个军已被大部消灭和走失，残存部分被围困在遂平、确山一带，后历尽艰辛，取道豫西南沁阳，经襄阳、荆沙地区进入湖南，但已无战斗力，部队被缴械。唐生智主力被消灭后，只得于1930年1月9日通电下野，经天津出洋"考察"。此次失败，他不会就此罢休。

石友三败得更快。炮击南京后，石友三在新编20军冯轶裴部进攻下，退往河南商丘，请求韩复榘支持，趁着混乱，暂居豫北一带。

在唐生智、石友三被"围剿"的同时，西北军各部因为战败不久，兵力集中在潼关以西，基本没有进入战场。

唐生智、石友三倒蒋失败，并不奇怪，两人的实力不构成对蒋介石的威胁，悬殊过大。尽管有倒蒋大户冯玉祥等部采取行动，但因为阎锡山没有应约出兵参战，所以西北军在蒋介石的重兵围攻下失败。

1929年底，形成一个小规模倒蒋高潮。此次虽说南北各有军队起来倒蒋，形成很大声势，但三方（西北军、唐和石、桂张）四军（西北军、唐生智部、石友三部、桂张联军）均为各自为战，没有形成整体作战阵线，被蒋介石各个击破，很快以失败而告结束。所以1929年10月至12月间的倒蒋战争开高走低，这说明倒蒋一方需要大联合，各地方实力派应该整体作战，军事倒蒋派和改组派、西山会议派应该共同行动，这样才能形成更大的声势，才能对蒋介石造成更大的压力，才能迫使蒋介石作出必要的让步。

第1次倒蒋高潮，均以蒋介石的胜利告终。接连取得军事胜利的蒋介石，颇有不可一世的架势，但是下一轮更大的倒蒋风潮即将来临。

冯玉祥紧随其后——再战再败

冯玉祥是倒蒋大户之一。面对"二期北伐"结束后蒋介石利用编遣军队之际，趁机削弱异己、扩编嫡系的行为，各路地方实力派当然不会任蒋摆布，尤其是动本——削权遣军，更会全力抗争。冯玉祥的第2集团军在编遣中受害最大、损失最多，当然反抗也会最强烈。

冯玉祥倒蒋

冯玉祥是倒蒋大户之一，是因为冯玉祥受害最大。一是因为在二期北伐中，第2集团军40万军队全部出动，这是因为既为北伐，也为报奉系一箭之仇，拼死拼活打到北京城下，蒋介石却将北京城划给了阎锡山，欺人太甚。二是阎锡山老奸巨猾，既无情又无义，经常干偷鸡摸狗、坑害他人的勾当，在南口大战时帮助张作霖、吴佩孚在背后捅西北军一刀，差点截断冯玉祥部的退路，还抢走了绥远地盘；二期北伐开始，到第1、2、4集团军胜利在望时，晋绥军才出娘子关，而阎锡山又成了北伐的英雄。三是北伐结束，实力居于第二位的第2集团军马上成为编遣的第一号目标，和军队数量差不多的第1集团军，因为编遣区占绝对优势，所以军队全部保留还嫌不足，第2集团军则要裁去大部军队。更为重要的是，第2、3、4集团军经过编遣，军队少于第1集团军并不太多，但断了日后发展扩军之路，蒋介石则可以中央政府的名义名正言顺地大规模扩军。在2、3、4集团军中，阎锡山在山西，包括蒋介石在内的其他军政势力难于插手；李宗仁有广西，远在南垂，对南京政府干扰不大。阎、李可以凭借地理优势，继续生存和维持自己的实力。冯玉祥则不一样，因为他的地盘地处中原，濒临蒋管区，对他的割据蒋不会放心，因此冯玉祥如果同意编遣，实际上等于被蒋介石接收。这也是后来经过倒蒋运动，桂、晋系得以生存，西北军全军覆没的原因。

说冯玉祥损失最大，是因为第 2 集团军要裁撤 9 个军团部、10 个军部、20 余万部队。在 1928 年 10 月间的整编中，所部编为 12 个师，按照全国军队统一番号，第 20 师师长是韩复榘（12 月韩出任河南省主席，由石敬亭接任）；孙良诚部因为他已任山东省主席，所部编为第 21 师由梁冠英任师长；第 22 师师长是吉鸿昌；秦德纯的第 23 军编成由冯治安任师长的第 23 师；石友三任 24 师师长；刘骥部改编为由童玉振任师长的第 25 师；鹿钟麟部改编为由程希贤任师长的第 26 师；第 27 师师长是张维玺；宋哲元以陕西省主席身份兼第 28 师师长；刘汝明为 29 师师长；佟麟阁为 30 师师长；孙连仲为 31 师师长。还有一些客军寄居西北军内。原来与第 1 集团军实力几乎相等的第 2 集团军，经过编遣实力只剩下不及一半，这就是蒋介石式的整军。

冯玉祥反对编遣理所应当。早在二期北伐结束之初，1928 年 7 月 5 日，冯玉祥在北上北平途经保定时发表关于时局的通电，提出统一军权，废除各集团军总司令，军权归军委会，但必须各军事领袖实际参加中央工作，即交出军权换来实权。蒋介石不可能交出军权，也不可能让出实权，但冯玉祥通电中关于集团军总司令交出军权归军委会的意见被蒋介石接了过去，开始裁军。

北平祭灵一结束，冯玉祥赶到南口，于 7 月 9 日举行国民军阵亡将士追悼大会，参加大会的有蒋介石、李宗仁、白崇禧以及南京政府高级官员在内的各界要员。冯玉祥的举动，颇有针对性，这就是蒋介石以祭灵的形式，表示是孙中山的正统接班人，可是天下是各集团军用生命和鲜血换来的，不要卸磨杀驴，忘恩负义。

二期北伐结束后，蒋介石如果为了和平统一，则应逐步推行军队国家化，而不是极易引起战争的"削藩"；如果为了管理国家，则应全面推行"五权分立"，建立正常的法治机制，而不是实施独裁；如果为了稳定内部，集中力量进行建设，则应照顾各实力派的实力，公平合理地分配权力，形成互相监督机制，而不是一派独大，压制其他各派。实质和焦点是，蒋介石能否把权力看轻一点、权欲弱一点、阴谋少一些。蒋介石在这一核心问题上，恰恰相反，因而成为全国最大的乱源。

说实话蒋介石给予冯玉祥的官职并不低，任命冯出任南京政府行政院副院长兼新成立的军政部部长职。问题是这一职务没有法制保障，没有明确规定它的权限和义务，根本无法行使职权；此外，军队全部控制在蒋介石手中，军队并非国家机器，而是成为蒋介石私人军队，因而政府的军政部长没有部务；与军政有关的经费，控制在宋子文手中；与军政有关的调兵，控制在总参谋部手中；与军政有关的后勤，缺少明确规定，由蒋介石和政府实权派掌握。因此，军政部长只是一个空头职务。

编遣会议上阎锡山方案一通过，冯玉祥即称病不再出席会议；编遣方案一通过，冯玉祥提出军队需要休整为名，暂缓编遣；会议一开完，冯玉祥即回到河南辉县百泉村，3 月 17 日正式通电辞职。

"蒋桂战争"一结束，蒋介石的体会是实力派不除天下不太平，冯玉祥不除中原不会太平；冯玉祥的体会是实力派已无路可走，蒋介石下一步就是对付西北军。两人的体会交叉到同一点，那就是武力相向，一决胜负。

在"蒋桂战争"中，冯玉祥本来用心不良，他应该站在桂军一边，南北两支大军倒蒋，成功把握大增，但他没有这样做，而是让桂军孤军作战；他不站在桂军一边，反正是军阀混战无正义之分，因此也可以站在蒋介石一边，但他没有这样做；他不站在桂系一边，不真心援助蒋介石，也可以保持中立，但他也没有这样做。他一方面答应支持蒋介石出兵打桂，在蒋介石开出"行政院长""两湖主席"和迅速解决"济南案"使孙良诚统一山东为代价要他出兵时，冯答应出兵 13 万，并要蒋介石任命韩复榘为讨逆军第 3 路总指挥，于 4 月 8 日通电响应唐生智一起倒桂，得罪了李宗仁、白崇禧；但是冯玉祥又让韩复榘屯兵信阳不动，在桂系失败后，冯玉祥命令韩复榘迅速南下，图谋占领武汉，只是行军至孝感时，蒋介石一边要韩停止南下，一边派人送韩巨额支票。结果韩复榘被收买，冯玉祥尽管答应援蒋但还是得罪了蒋介石。

在 1929 年 4 月中旬，南京方面则开始为制裁第 2 集团军进行舆论准备，通过《时事新报》发表消息说，苏联东方政治分会于 2 月间发出训令，表示将派出鲍罗廷为冯玉祥的总顾问，支持冯玉祥向南京方面发动进攻，以便将中国的西北划归苏联。这纯属造谣，目的是借"联苏红帽子"作为打击冯玉祥的借口。

5 月 7 日，蒋介石发表公开谈话称："欲消弭内乱，非铲除军阀不可。欲铲除军阀，非根本扑灭封建地盘思想不可。"这等于宣告，任何与中央政府对抗的实力派将被"铲除"。

蒋冯冲突另一导火索是山东问题。二期北伐结束时山东划归第2集团军，冯玉祥任命孙良诚出任山东省主席，因为济南惨案没有解决，无法履行全部职责。直到1929年3月23日中日两国才正式签订协议，尽管协议中日方完全推卸责任和逃避制裁，但日本强盗同意在2个月内撤出全部驻军。南京政府以日军撤退后国民党中央政府没有军队在济南，无法维护日侨安全为名，有意让日军推迟撤退。第2集团军爱国心很强，绝不容忍日本等帝国主义国家对华的侵略行为，蒋介石的妥协退让，使得冯玉祥无法向全国人民交代，无疑是要孙良诚辞职。4月26日，孙主席因为无法赶走侵略者辞去山东省主席职，精神可嘉，当然这也是蒋介石所希望的结果，以此把西北军挤出山东。同样这个孙良诚，在十数年后竟然投降了日本侵略者，这恐怕不是风水轮流转所能解释的问题，而是人的政治立场在起变化。

1929年4月26日孙良诚辞职；在南京政府内任职的鹿钟麟、熊斌离开南京，躲往上海；5月1日，蒋介石任命国民政府总务局局长吴思豫接收济南；任命第47师师长陈调元出任山东省主席。

山东之争后，蒋冯双方开始电报战。1929年5月1日，蒋介石致电冯玉祥，请其到南京就职。冯玉祥因为有李济深的例子，当然不敢贸然入京，免得束手被擒。

5月10日，冯玉祥回电拒绝，理由是编遣至今，西北军倍受冷遇，军费一扣再扣，军饷久领不到；特别是在蒋介石一人控制国民党中央政府的情况下，不能解决任何问题，所以暂不赴宁。

5月16日，西北军甘肃省主席刘郁芬，通电倒蒋。他成为西北军内公开倒蒋第一人，也打响了西北军倒蒋第一炮。冯玉祥的用意很明显，这就是让处于西北军层层保护之下的刘郁芬领头倒蒋，投石问路。

5月17日，冯玉祥为收缩兵力，命令河南省主席韩复榘、第24师师长石友三、孙良诚部分别从信阳、襄樊、山东撤退。孙良诚扣压陇海线上的列车，用来向西运兵，一路走一路破坏铁路设施，以断追兵；韩复榘、石友三部北撤，炸毁了武胜关隧道，阻止追兵。同一天，南京政府国民政府委员、训练总监部总监何应钦发表谈话，谴责西北军的叛乱行为，宣布将对此进行讨伐。

5月19日，冯玉祥在陕西华阴召开西北军高级将领会议，决定将在鲁豫的军队全部西撤潼关，然后联合晋军，成立护党救国军。会上，身为河南省主席的韩复榘并非为了个人利益，提出河南地处中原腹地，胜过西北数省，是西北军重要粮草供应地，如果放弃河南，则断了西北军的后勤；再说联合阎锡山，必须守住河南，以牵制晋军，否则西北军在潼关以西缺乏周旋余地；再则守河南不难，只要西北军在潼关保持强大的军事压力，河南则不会丧失。独断专行的冯玉祥以潼关易守难攻为由拒绝了韩复榘的正确意见，带来了致败因素。

会后，冯玉祥发出通电，宣布就任护党救国军西北路总司令；表示"蒋中正之罪恶，诚不胜诛，而吾党护党之责任，更义不容辞。"

5月20日，国民党中央常务委员会决定，革除冯玉祥本兼各职，永远开除党籍，听候查办。

5月24日，南京国民政府下令，讨伐西北军，严缉捉拿冯玉祥。

5月25日，国民党中央宣传部公布了所谓冯玉祥勾结苏俄的证据和破坏交通的罪状。

军事上蒋介石全力讨伐。蒋介石极力分化可能出现的冯、阎联盟，把阎锡山又一次拉上贼船，阎锡山于5月23日致电因韩复榘、石友三叛变而处于一筹莫展之中的冯玉祥，主张他与冯同时下野，欢迎冯玉祥到山西居住。两天后冯玉祥见西北军内部叛乱，外部军事压力太大，同意辞职，"洁身引退，以谢国人"；宣布"自（1929年）5月27日起，所有各处文电，一概谢绝，从此入山读书，遂我初慰；但得为太平之民，于愿足矣。"1929年6月25日，冯玉祥到达晋祠，准备长期居住。26日，两人联名致电蒋介石，已经辞职，请蒋介石另外派高人接任由晋军和西北军担任的晋、绥、察、冀四省省主席。

冯玉祥是出自真心，与其无法实现自己的政治抱负，还不如辞职了事，等待合适时机再说。阎锡山则是在试探蒋介石的反应，如果蒋介石对他有疑心，则必定会同意他的辞职，他则可以放开手脚倒蒋；如果蒋介石对他没有疑心，则必定会出面挽留。正如阎锡山所希望的那样，蒋介石当时并没有放弃他这位合作者，蒋还要借助他为南京政府效力。

果然，蒋介石见阎锡山要辞职，以为晋军要和西北军联合起来造反，急忙派出吴稚晖和工商部长孔祥熙赶到太原，挽留阎锡山，加封阎为西北宣慰使，全权处理西北善后事务。南京政府内的一批高级官员也纷纷发出拥阎通电。阎锡山见时机已经成熟，见好就收，于5月28日与孔祥熙来到北平，与蒋介石会谈。阎锡山为保持倒蒋派的实力，力争保住冯玉祥的一席，因此提出取消对冯玉祥的通缉令，蒋介石表示同意。阎锡山于1929年6月10日离开北平，蒋介石又送来一个礼物，任命他接替冯玉祥为西北边防长官。

阎锡山利用冯玉祥倒蒋一事赢得一分，把冯玉祥请到山西，这成为他与南京政府较量时的一个筹码，增加了他在政治上的发言权。并且他可以西北边防长官的身份，收编西北军，软禁冯玉祥，但他没有出任西北边防长官，因为这样做太显眼，有乘人之危、夺人之爱之嫌，而冯玉祥不能得罪太深，以后还有利用价值。

冯玉祥第1次倒蒋失败，并非是因为蒋介石的镇压、阎锡山的欺骗，而是内部叛变。此次叛变的是韩复榘、石友三二将以及西北军另外一批将领。

石友三是冯玉祥的爱将，韩复榘也是冯玉祥最信任的将领之一。提起韩复榘，在世人的眼中是个颟顸无能、愚昧无知的土军阀，在山东执政期间滥杀无辜，专制残忍，还闹过无数个笑话。这是因为韩复榘粗暴地对待一些正直的媒体，所以有些报刊就定期以韩复榘为题，制造幽默取乐。事实上，韩复榘为河北霸县人氏，出身小知识分子家庭，父亲韩静原为私塾教师，韩复榘从小识文断字。1910年，20岁的韩复榘眼见靠读书远无出头之日，所以走上了旧中国青年人出人头地的捷径——投军，参加了冯玉祥的老三营。冯营长见韩复榘长得文质彬彬，又有些文化，所以让他当上文书。在旧军队中基层官兵大都为文盲的情况下，他是很突出的，再加上作战勇敢，颇有谋略，所以升迁很快。北京政变时，已成为第1旅旅长，1925年春升任第1师师长，成为西北军中的高级将领，人称"十三太保"。

韩复榘是冯玉祥一手培养、提拔上来的将领，但他缺乏对冯玉祥的忠诚，在西北军成为政治、军事舞台上主要角色后，面对各种诱惑，多次动摇，在南口大战中投靠阎锡山，这成为他一生中多次倒戈之始。五原誓师后，韩回到西北军，出任援陕军第6路军总指挥。二期北伐时，出任第2集团军第6军军长，率军勇猛作战，最先打到北京城下，本以为战功不小，能够担任家乡河北省主席，结果蒋介石将河北划归阎锡山，韩复榘只任省府委员，气愤难平；并且官越做越小，不久第2集团军整编，只是担任第20师师长，到1928年12月冯玉祥推荐他任河南省主席，可是又要他交出旧部，20师师长由与他不和的石敬亭接任。确切地说，这其中有冯玉祥的原因，但却不是冯玉祥不信任他的结果，罪魁祸首应该是蒋介石的编遣和排挤西北军的"削藩"政策。可是，韩复榘对冯玉祥的怨气越来越大，他和石友三等人早就不习惯冯玉祥的严格管束和西北军的艰苦生活。

与此同时，他看到第1集团军处处高人一等的现实，蒋介石可以给人钱、可以给人官，冯玉祥却办不到，与其在西北军中苦撑，还不如投靠蒋介石既有官又有钱，对此他已深有体会。在"蒋桂战争"期间，他奉冯玉祥之命南下讨桂屯兵信阳。在桂系失败后又接到冯玉祥要其南下占领武汉的命令，行军至孝感时接到蒋介石的命令后，他停步不前，解除了南京政府对冯玉祥趁桂系兵败之际占领武汉的担心。事后，蒋介石特意把韩复榘召到武汉，重赏10万银圆，韩复榘在西北军中多年，担任过许多职务，却从未一次性有过如此多的银圆，当然见钱眼开，感动不已。蒋介石也看出韩复榘的贪心，心想冯玉祥要失败在银圆攻势上。

华阴会议上，他提出的正确意见未被冯玉祥接受，而且身为省主席却被冯玉祥当着众将领的面，像小孩一样被训斥一顿。从军事部署上看，冯玉祥安排其他西北军出潼关进陕西，凭天险守西北；20师则从信阳调往陕州，充当潼关的第一防线，无疑是充当炮灰。顿起叛变之心。

如今时机已到，韩复榘、石友三在选择冯玉祥和蒋介石问题上已经早有默契，在冯玉祥公开通电倒蒋、南京政府宣布讨伐冯玉祥后，于1929年5月22日，在陕州附近的甘棠，集结20师旧部，表示"惟望维持和平，拥护中央，待罪洛阳静候命令。"（《国闻周报》第6卷第21期，1929年6月2日）次日，从襄樊撤兵至洛阳的石友三，通电附和。与此同时，不赞成西北军再到西北过艰苦生活的西北军将领原第25军军长兼河南省政府建设厅长刘镇华、暂编21师师长杨虎城、暂编17师师长马鸿逵宣布拥蒋。蒋介石喜出望外，立即给韩、石二人送来各500万元的经费，并任命韩复榘为河南省主席兼统率驻豫、陕、甘全部军队，石友三为河南省政府委员兼第13路讨逆军总指挥，刘镇华任第11路讨逆军总指挥，杨虎城为新编第14师师长，马鸿逵为第15路讨逆军总指挥。西北军未战先败，蒋介石不战而胜。

冯玉祥经不起如此大的打击，对最为信任的将领叛变，痛心疾首。他在听到韩、石等叛变的消息时，大叫一声，口吐鲜血，翻身倒地。接连几天，时常哭泣，咒骂自己，打自己耳光。几乎精神崩溃的冯玉祥，在宣布通电倒蒋后不过一星期，不得不宣布下野，"从此入山读书，遂我初衷"。他深有感叹地说："以前我以为自己训练出来的部队是好的，外边来的部队是差的；跟随时间愈久的是可靠的，后来的是不可靠的，可是在危急患难的时候，倒戈的却都是股肱心腹。"（《国闻周报》第6卷第21期）

冯玉祥第1次倒蒋就此了结，不仅没有任何战果，反而被拉走5支部队，失去山东、河南等地盘，他本人也成了阎锡山的人质。但他倒蒋雄心不灭，开始寻找新的倒蒋时机。

冯玉祥再起

从北平回来后的阎锡山，悠闲自得之中，一直在考虑深层次的问题。他要利用手中的人质冯玉祥，作为向蒋介石讨价还价的筹码。因为他手中掌握着冯玉祥，所以蒋介石邀请他到北平商谈；因为他手中掌握着冯玉祥，所以蒋介石才授予西北边防长官；也因为他手中掌握着冯玉祥，所以蒋介石对他另眼相待，不敢轻易向晋军下手。问题是蒋介石在编遣军队问题上并没有对晋绥的军队表现出一丝一毫的宽容。

1929年8月间召开的第2次编遣（实施）会议，明确规定军队总数不得超出65个师，省主席不得兼任军职，师长不得兼任政务官。政军分开主要为了限制阎锡山和张学良，因为冯玉祥是下野之身，李宗仁正在流亡，只有晋绥平津地区和东北地区是编遣对象。而张学良与蒋介石的关系比较融洽，事实上只是针对阎锡山一人。会议通过的《编遣实施会议闭会宣言》中宣称："欲谋国权的统一，应由军队的统一始"，因此只有"化私人军队为党国军，化地方军为中央军，实行公军主义、军而能公，则一切乱源才可以消除。"并威胁说，"养兵愈多，力量愈大，其亡必愈速……（他人）明知故犯，律有明条，自无不受其祸"；反对编遣军队，就是反革命；要打倒帝国主义，御外侮，就只有编遣军队；各集团军交出军队，由蒋介石一人掌握。（《编遣实施会议记事》，见《国闻周报》第6卷第31期）这让阎锡山分外紧张，听得心惊肉跳。

阎锡山力邀冯玉祥来山西，并非为了援助西北军，而是趁火打劫。冯玉祥来到山西后，在晋祠住了3个月，决定移居五台山。1929年10月5日，阎锡山又将冯接到建安村居住。冯玉祥虽说衣食无忧，但没有行动自由，甚至想过逃走。阎锡山软禁冯玉祥，有失大义，从中可以看出阎的狡猾和无耻，他凭什么理由、有什么资格，扣留一个没有直接侵犯晋绥方面利益的集团军总司令？

想不到叱咤风云、统率数十万大军的冯玉祥，竟然被阎锡山看管在一个小村庄中。

冯玉祥不是无能之辈，也不可能在建安村坐以待毙。他知道蒋、阎联盟不破，他就无法回到西北军中间。他利用阎锡山生性多疑的弱点，离间蒋、阎关系，暗中传信给陕西省主席兼第28师师长宋哲元与蒋介石和好。7月中旬，西北军的代表到达南京，表示西北军愿意臣服中央，接受中央指挥，服从中央编遣。为了让蒋介石相信，西北军代表还表示陕甘大旱，西北军久居贫困地区，已无法维持，中央方面是否能够接济，发给军饷。蒋介石在重大问题上也是算政治账高于算经济账的人，对陈参谋长表示接受指挥还有怀疑，但对向来不为钱粮折腰的西北军能够前来讨钱，显然相信西北军已经屈服。同时，他为了避免阎锡山坐大，也需要西北军牵制晋绥军。于是，蒋介石马上采取措施，拉拢西北军。

政治上蒋介石收回成命，将被其免职的西北军代表请回南京。1929年8月16日，蒋介石任命鹿钟麟代理军政部长；22日又任命李鸣钟为全国编遣委员会编遣部主任；卫生部长薛笃弼、航空署署长熊斌等人也应召来到南京复职。在经费上，蒋介石还派出于右任、贺耀祖前往陕甘一带，慰问西北军，发放军饷。一时间西北军闹得热气腾腾，成为南京、上海、西安城内的主要话题。

西北军和南京方面恢复关系，坐立不安的是阎锡山。满腹狐疑的他不甘被冷落的处境，更担心蒋介石和西北军之间有什么密约。原来是为了讨好蒋介石，安排冯玉祥，如今落得两头得罪，两头受气。狡猾的阎锡山再次耍起小聪明，为了证明自己在蒋介石面前的分量，又像3个月前那样，以辞职作为试探。如果蒋介石极力挽留，可以证明自己的身价未跌，否则则是相反。

聪明过头的阎锡山在进行一场危险的游戏，因为蒋介石予以挽留无疑一切问题也没有，但是如果蒋介石将计就计，这将使得阎没有周旋余地。果然不出所料，蒋介石早就对阎锡山独霸山西不放心，于1929年8月10日宣布，准许阎锡山辞去本兼各职，同时任命商震为山西省政府主席，徐永昌为河北省政府主席。这也符合第2次编遣会议关于军政分开的决定。阎锡山非常被动，但又没法反悔，只得找到冯玉祥，另谋出路。阎锡山被整下台，对冯玉祥来说是一个意外收获。

中秋之夜，明月当空，阎锡山来到建安村。平时冯玉祥想求见也见不到的阎锡山，如今只见他是两眼含泪，情真意切地说："焕章兄，吾轻信谗言，对弟不礼，今天我来负荆请罪来了。"冯玉祥见一通小计就把自私成性、狡猾多变的阎锡山整成如此，心中不免好笑，心想你往日的威风到哪里去了，你也有流泪的时候。

已经由被动转为主动的冯玉祥，并没有被阎锡山的眼泪迷失方向，他心里十分清楚，现在是把阎绑在倒蒋战车上的最佳时机。因此，表示不计前嫌，共同倒蒋。阎锡山同意先由西北军发动，晋军随后响应。但阎锡山依然不放冯玉祥回陕西，他还要利用冯玉祥准备更大的行动。

按照阎锡山和冯玉祥在中秋明月下商定的策略，1929 年 10 月 9 日宋哲元致电冯、阎，声称为蒋所逼，不得不起兵造反。冯、阎则回电劝宋哲元等西北军将领，假惺惺地劝他们要从长计议，国事当由中国人解决。冯、阎、宋一来一往的电报，无非是为了表示西北军倒蒋与冯、阎无关，不过这也有此地无银三百两的意思。

1929 年 10 月 10 日，南京城里正在举行双十节盛大的庆祝活动，不过蒋介石并不高兴。因为南有张发奎和桂军联合行动，开战已经多日，李宗仁、白崇禧等人正在准备配合，北方刚刚决定要臣服中央的西北军又开始行动。

就在"双十节"当天，宋哲元、孙良诚等 27 名西北军将领，通电全国，列举蒋介石"假中央集权之名，行专制独裁之实""骄奢淫逸，自享帝王之奉""榨取民脂民膏民血""假编遣为名，一面令人竭力灭缩，一面自己加大招募"等六大罪状，宣布愿意在阎锡山、冯玉祥统率下，讨伐蒋介石，开始第2 次倒蒋。宋哲元宣布出任西北军代理总司令，以孙良诚为前敌总指挥，兵分 3路向东进军。其中北路军由孙良诚指挥，出潼关，沿陇海线东进；中路军由孙连仲、刘汝明指挥，出紫荆关，攻南阳；南路军由张维玺、吉鸿昌指挥，出老河口。以陇海线为主线，由北往南全面压向河南。1929 年 10 月 24 日，宋哲元东出潼关，在洛阳设立总司令部。

蒋介石针锋相对，手段还和以往一样：一是下令讨伐。10 月 11 日，蒋介石在《告全国将士书》中称："汉贼不两立，革命反革命不共存。我不消灭逆军，即为逆军所消灭。"（《国闻周报》第 6 卷第 41 期，《大事》第 6 页）同时，南京国民政府下令，免去宋哲元的陕西省主席和第 28 师师长职务，缉拿归案；免去鹿钟麟等在中央任职的西北军各代表的职务，缉拿归案；任命阎锡山的部将朱绥先代理军政部长。

二是分化拉拢。蒋介石对西北军起兵固然担心，但他更担心晋绥部队跟着起哄，这样才是真正的危险。因此，有必要离间阎、冯之间的关系。阎锡山本人原本答应冯玉祥，在西北军起兵后立即响应，但在西北军造反后，他认为获胜的可能性不大，所以又想按兵不动，隔岸观火。1929 年 10 月 15 日，阎锡山见西北军造反等于他地位上升，蒋介石不会不用他，所以致电南京，表示应当制止宋哲元等人的捣乱行动。蒋介石一看有机可乘，可以离间阎、冯关系，于10 月 28 日指使南京政府出面，任命阎锡山为陆海空三军副总司令，这一职务对虚荣心极强的阎锡山具有很大的吸引力。11 月 5 日，在南京方面代表的鼓动下，阎锡山撕毁与冯玉祥的约定，倒向南京，就任三军副总司令职，这对冯玉祥和西北军造成很大压力。

三是军事进攻。蒋介石组织 5 路大军"围剿"西北军，分别由方鼎英、刘峙、韩复榘、何键、唐生智指挥。其中只有 5 个月前投靠蒋介石的韩复榘以不能打友军、打旧长官为名，干脆退往黄河以北观战外，其余各部迅速接火作战。1929 年 11 月 1 日，蒋介石亲临河南郾城、新郑一线指挥作战。为打赢来势凶猛的西北军，蒋介石重新调整部署，令半年前"蒋桂战争"结束后出任军事参议院院长、但一心想掌握军权的唐生智统率全部在豫军队，由刘兴率领左路军，何成浚率领中路军，杨杰率领右路军，先后向西北军发动三次进攻。后勤严重不足、军事实力不是南京方面对手的西北军，在蒋介石的三次反攻下，已经力不能支，孙良诚甚至准备诈降灭敌，但宋哲元以为孙良诚是真降，所以率部先退，导致孙、宋二部全线溃退，到 1929 年 12 月 1 日，唐生智部攻克郑州，冯军失败。

正在西北军失败之际，1929 年 12 月 2 日晚石友三部在浦口炮轰南京，12月 3 日唐生智宣布倒蒋，退到潼关以西的宋哲元、孙良诚、吉鸿昌、庞炳勋也通电响应。已经基本定局的中原战场又起战火，讨伐西北军的唐生智指挥的中央军各部又开始起来讨伐唐生智，西北军各部因为新遭重创所以没有出潼关再战。不可避免的是，唐、石也很快失败。

西北军第 2 次倒蒋，与两广地区的桂张联军相呼应，并带动唐生智、石友三参加倒蒋阵营，形成了倒蒋第 1 次高潮，只是各自为战，缺少统一指挥和切实可行的合作方案，最后形成蒋介石的第 1 次军事胜利高潮。这既是倒蒋各派的不足，也是倒蒋派应该思考的问题。失败和挫折教育了地方实力派，他们在寻找更可行的方式、集中更多的力量、思考更理想的方案，与蒋介石斗。

西北军第2次倒蒋，冯玉祥本想拉阎下水共组倒蒋联盟，结果阎不但没有下水，结果鞋也没湿，而且成为南京政府的座上宾。冯、阎时而结盟，时而闹翻的根本原因是北方两大派都想争夺对北方的控制权。蒋介石根据北方两大派的特点，合纵连横，挑拨离间，让冯、阎之间始终无法联合，利用一派打击一派，最后各个歼灭，这是蒋介石惯用的伎俩。此次倒蒋失利，吸取教训最多的应该是冯玉祥和阎锡山二人。只是冯玉祥的清醒中更增添了倒蒋的决心，阎锡山只是为利益所困再次进行政治投机而已。

阎、冯、汪北国倒蒋——又战又败

身在建安村的冯玉祥，并没有因为西北军两次倒蒋、南北第1次倒蒋运动败北而灰心丧气。经过失败后的沉淀和思考，倒蒋失败的实践告诉他，只有南北齐动员以牵制蒋介石的力量，第2、3、4集团军齐动手以集结足够的军事力量，才能增加军事杀伤力；只有军事倒蒋和坚持多年的国民党内倒蒋政治势力联合行动以扩大政治影响，才能增加政治杀伤力。

冯玉祥分化蒋、阎联盟

冯玉祥是颇有胆略的军事家，他考虑的首要之举是，从大局出发捐弃前嫌，联合晋绥军。对西北军来说，蒋介石是第一位的敌人，屡次出卖西北军的阎锡山是第二位的敌人。第一位的敌人是要消灭西北军，第二位的敌人是与西北军争权夺利，两者不可同日而语；而且还可以借助第二位的敌人，打败第一位的敌人。特别是自己还在阎锡山的控制之下，动弹不得，无法离开建安村，因此摆在面前第一位的任务是如何从阎锡山的严密监视下脱身。

为实现这一目标，还得使用老办法，离间蒋、阎关系，利用阎锡山天生多疑的特点，以西北军投靠南京方面的假象，诱阎上倒蒋船；只要阎同意倒蒋，冯玉祥回西北军总部华阴的目标也能实现。西北军兵败河南后，群龙无首，冯玉祥焦急万分。正在此时，遭南京政府通缉的鹿钟麟来到建安村。

鹿钟麟是冯玉祥最亲近的助手，河北定县人。1884年出生，比冯玉祥小2岁。为冯玉祥"老三营"成员，参与过冯玉祥的很多决策。1918年第16混成旅驻扎湘西时出任炮兵团长兼教导队大队长，1922年扩编为第11师时任第

22 旅旅长，北京政变时已为国民军第 1 军第 1 师师长兼北京卫戍总司令。在北京期间，他驱逐溥仪出故宫，"三一八惨案"后逼段祺瑞下台，在大沽口抵抗日舰。南口大战时，鹿钟麟出任东路军总司令，指挥南口方面战斗。南口失败后，西北军内部军心不稳，官兵流失严重，在这种情况下鹿钟麟集合西撤部队，保存了西北军主力。五原誓师后，出任国民革命联军总参谋长，冯玉祥出潼关作战后鹿留在陕西编练部队，参谋长由石敬亭继任。二期北伐时，出任第 2 集团军第 9 方面军总指挥。1928 年 8 月，南京政府改组，冯玉祥出任军政部长，鹿钟麟出任常务次长，编遣会议后冯玉祥以养病为名离开南京，军政部长职由鹿代理。"蒋桂战争"时，鹿钟麟正式出任军政部长。从中可以看出，鹿钟麟成为冯玉祥的第一号助手，也成为西北军中仅次于冯玉祥的第二号人物。

西北军第 2 次倒蒋兵败后，宋哲元、孙良诚等将领因为失败而相互指斥，一些将领也有仿效韩复榘、石友三、马鸿逵投蒋的意思，鹿钟麟为统一思想，巩固领导核心，想方设法前来倾听冯玉祥的指示。

无行动自由的冯玉祥，经过阎锡山批准，接待一位来访的政治要员。智者千虑，必有一失，阎锡山派出的武装警卫防不住存心钻空子的人。冯玉祥在与要员见面时，一眼扫过，竟然在此人的勤务兵中发现了爱将鹿钟麟。冯玉祥顿时心中大喜，暗自连连叫好，机会来矣。

冯玉祥考虑到宋哲元在倒蒋失败后的被动局面，当即命令鹿钟麟取代宋哲元出任西北军代理总司令；并用米汤在《三国演义》写下 4 条手谕：整顿失败后的西北军；为扩大实力，招抚投靠南京的叛将；主动向蒋介石示好，离间蒋、阎联盟；要求阎锡山释放冯玉祥，并以公开通电方式扩大影响，以增加对阎的压力。

冯玉祥的 4 条决策，确实符合西北军的现状，也符合当时政治大环境。鹿钟麟对冯玉祥忠心耿耿，马上不折不扣地贯彻执行。

主要措施有二：一是到处散布西北军已经决定"拥护中央，开发西北"的消息，这也容易使南京相信，在蒋介石、何应钦、陈诚等人看来，西北军时值大败，短期内不会起兵叛乱。西北军的代表也秘密前往南京，见到了曾经主持讨伐桂军和桂张联军的南京政府实际最高军事负责人何应钦，此时他已在主持军政部的工作。西北军代表主动承认倒蒋错误，并表示如果南京政府愿意提供一些武器弹药，西北军可以东进山西，打击晋绥部队。何应钦接受西北军的输诚，对西北军的处境深表同情，同意马上向总司令汇报。蒋介石此时也对阎锡山的阳奉阴违、拥兵自重感到不安，只有让已经受到重创的冯玉祥出来牵制阎锡山；同时为了貌似公允，他觉得阎锡山无权扣押一位集团军总司令和政府部长，这本身就是向中央挑战，因为如果冯玉祥有罪应该送"中央"处置，如果冯玉祥无罪应该立即释放。所以致电太原，要求阎锡山恢复冯玉祥自由。蒋介石的行动，出乎阎锡山的意料。

二是整顿旧部和招抚叛将。西北军大败之初，损失重大，兵员严重缺额，武器弹药大量流失，军中人心惶惶。此外，因为冯玉祥不在，各将领互不服气，对失败责任互相推诿，鹿钟麟请来了冯玉祥的尚方宝剑，全面整顿内部，补充兵员，失败时的混乱局面有所好转。在整顿内部的同时，鹿钟麟派遣曾任西北军兵站总监、韩复榘的好友闻承烈前往郑州，去见韩复榘和石友三。韩、石两人投靠蒋介石后，并未得到重用：韩复榘为河南省主席兼统率驻豫陕甘全部军队，河南省主席是真，但韩复榘原在西北军中就出任此职；统率驻豫陕甘全部军队是假，驻豫陕甘的主要是西北军，他们怎么能听韩复榘的指挥？刘镇华任第11路讨逆军总指挥，杨虎城为新编第14师师长，马鸿逵为第15路讨逆军总指挥，与接受冯玉祥领导时不相上下。至于石友三浦口炮击南京前为河南省政府委员兼第13路讨逆军总指挥，叛乱后遭中央军追杀，只得庇护于韩复榘和阎锡山，在豫北苟且偷生，情景还不如投蒋后、叛蒋前。因此，他们对所处的处境也是牢骚满腹，在有奶就是娘的年代里，他们异动之心从来没有消失过，因此见冯总司令要站出来倒蒋，马上表示愿意重上倒蒋第一线，当然这其中有真有假。

阎、蒋发起"空中电报战"

自宋哲元、唐生智、石友三三部在中原倒蒋失败后，南京和太原的关系开始紧张。这是因为西北军和蒋介石对抗时，阎锡山左右逢源，在西北军被击败后，阎锡山可选择的余地大幅缩小；这是因为阎锡山得到很多好处，地盘扩大，官位上升，但他也在不断暴露自己。蒋介石对阎锡山的狡猾领教甚深，西北军第1次倒蒋，阎锡山趁西北军之危，以与冯玉祥一起辞职为名，把身为南京政府行政院副院长兼军政部长的冯玉祥骗往太原予以扣押；此事同样也让蒋介石上当，南京方面以为阎锡山真要辞职，结果阎不仅不辞职，而且以冯玉祥为人质向南京政府讨价还价，戏弄蒋介石和南京政府。西北军第2次倒蒋，本是阎锡山支持的结果，军事计划由冯玉祥和阎锡山一同筹划，结果出卖西北军、投靠南京方面以获取更高的职位。阎锡山先把西北军送上与蒋介石军事拼杀的悬崖，然后再以愿意出兵讨伐已经陷于困境的西北军为名换取"三军副总司令"的职位，最后只出兵占领地盘而不参战，捞取政经利益，因此被戏弄的还是蒋介石。蒋介石和南京政府里外不是人，成了阎锡山的玩物。

打垮西北军后，在蒋介石看来，已经溃不成军的西北军又派人来输诚，此患已消大部，在华北和中原地带只剩阎锡山一人，阎当然成为下一个被收拾的对象。唐生智叛乱被肃清、石友三叛乱被重新收编后，蒋介石出尔反尔，把曾为拉拢阎锡山参加消灭宋哲元之战时答应的，把河南省划归阎锡山的承诺收回，重新任命韩复榘为河南省主席，任命石友三为河南清乡司令，等于把河南交与他们二人管理；同时把中央军北调，在陇海线和平汉线驻扎重兵，把晋军逼出河南。阎锡山在"围剿"宋哲元、唐生智、石友三时已经兵发河南，已在郑州设立前线指挥部，如今河南又成他人地盘，心中之气可想而知。这和当年二期北伐到北平，蒋介石答应把平津地区划给阎锡山，却安排大批接收大员去"抢收"没有两样。这一次是蒋介石要了阎锡山，阎锡山要蒋介石只是换来一些空头名位，而蒋介石要阎锡山则是实实在在。从辛亥革命以来就从不吃亏的阎锡山当然咽不下这口气，他恶狠狠地说："蒋介石是个猴变的，翻脸不认人，三番五次骗我，我不把他搞臭誓不为人。"

事实上这句话用在阎锡山头上更合适，蒋介石此次下决心要揪住滑头滑脑的阎某。1930年1月16日，国民党第三届中央执行委员、国民政府委员兼立法委员吴铁城，作为南京政府代表到达太原，任务很简单，要阎锡山补行三军副司令就职仪式。补行手续是虚，真实目的是通过就职态度，摸清阎锡山的政治底牌。

原来，在打击西北军宋哲元部时，1929年11月20日，即收复洛阳、西北军开始全面溃退时，蒋介石发表谈话，指出："在中央有职务者不得兼任省职。国府委员应驻京，无公事不能离职。"（《国闻周报》第6卷第47期《一周间国内外大事述评》1929年12月1日）打完西北军、唐生智，重新收编石友三后，现在看阎锡山的态度，他如果愿意就任陆、海、空三军副总司令，即要离开太原前往南京，可谓是调虎离山；如果拒绝就任此职，显然是叛乱之心不灭。阎锡山恐怕再狡猾，也钻不出这个圈套。

果然不出蒋介石所料，阎锡山利用这一仪式大做文章。1930年1月22日，他在就职仪式上提出："今日之中国，确到了尚治不尚兵的时期，望大家群策群力，找出一条治道来走，否则无论什么战争，具何理由，即使取得多大胜利，终不能跳循环战争之危险境外。"他不无所指地说："惟党国是以党为主体，个人中心之武力是党国之障碍，必须一齐交还于党，再行编遣。否则钧座之苦衷反不能使人谅解，而事实上也窒难行也。"狡黠的阎锡山在此还根据改组派"护党救国"的主张，提出了"整个的党，统一的国""党人治国，国人治国"的主张，一时受到各界的欢迎和重视。阎锡山终于露出了与蒋介石对抗的狐狸尾巴。

蒋介石在次日放话说：军队必须始终服从中央，竭诚拥护中央，"否则，要戡乱定变，铲除封建势力，制止反动行为，以实现国家和平统一。"1930年2月10日，南京政府行政院长谭延闿、立法院长胡汉民、监察院长蔡元培、考试院长戴季陶、司法院长王宠惠，联名发表《告全国军人书》，提醒军人不应把军队视为个人之私产，不宜牺牲国家之生存而求一己之幸免，不存利用别人之心而也不可为别人所利用，要问心无愧。此文警告说："历观叛逆军阀之末路，即可知反抗党国以破坏和平统一之政策者，未有不趋于覆灭。"（《国闻周报》第7卷第6期，《国内外大事述评》第3页）此话说者有意，听者有心，阎锡山听得毛骨悚然。

就在《告全国军人书》发表的同一天，阎锡山致电蒋介石，称："不幸粤沪（指改组派）分裂，三全异议，理论各执一端，祸变相寻不已，言之慨然。为今之计，礼让为国，舍此莫由，锡山窃愿随钧座共息仔肩。党事决诸党员完成整个之党，自此以往，党事国事，完全实行党的决议案。"（《国闻周报》第7卷第6期，《国内外大事述评》第1页）阎锡山的刀笔吏功夫上乘，此文有两绝，一是貌似公允，对蒋、汪两派不予评说，但他要蒋介石下野实际上是把国民党分裂的责任全部压向蒋介石；二是愿意陪同蒋介石一起下野，既把自己抬高到与蒋介石平起平坐的位置，也巧妙地表现出他所谓"为国着想，不恋权位"的高风亮节。

蒋介石被将一军，在舆论上不能占下风，他马上修书一封，托赵戴文转交阎锡山，表示他可以辞职，但让汪精卫继承不可能，如果阎锡山能够断绝汪精卫进占中央之路的话，他可以让位于阎锡山。此外，因为在阎锡山占领北平期间同南京政府就税收和晋绥军经费问题发生争执，蒋介石特意送上 1250 万现洋。见钱眼开的阎锡山，假装表示愿意拥护中央，但避而不谈蒋介石所等待的拥蒋口号。用词温和、相劝为主的蒋、阎第一波电报战到此结束。

1930 年 2 月 12 日，蒋介石见拉拢无效，调子拉高，声称："革命救国本为义务，非为权利。权利自当牺牲，义务不容诿卸。此时国难正亟，非我辈自鸣高蹈之时。若因反动派谋叛不已，而轻弃党国赋予之重责，以张若辈之气焰是乃奖乱助争，与礼让为国之旨适得其反。惟对于凭藉武力谋危党国者，舍以武力制裁之外，更有何术以实现和平统一之目的。"（《国闻周报》第 7 卷第 7 期，《国内外大事述评》第 1 页）蒋介石以不能辜负党国所托、不能增加混乱为由，明确拒绝阎锡山要他辞职的威胁，并且明确宣示对于谋叛作乱的实力派只有武力对付。

阎锡山针锋相对："锡山以为今日非革命与不革命的问题，是革命的力量互相残杀与整个团结的问题。今日所开除通缉的党员，何者非尽力国民革命的分子？今日所讨伐作战的军队，何者非尽力国民革命之军人？革命的党员破裂，革命的军队残杀，非特革命救国不易，革命成功亦难。"（《国闻周报》第 7 卷第 7 期，《国内外大事述评》第 1 页）以蒋介石、阎锡山所谓的"革命"立场，阎锡山的提问可谓是入木三分，南京政府正在进行的戡平叛乱战争，不正是"自相残杀、破坏团结"的行为！阎锡山虽然没有说出蒋介石是直接责任者，但在此又以与蒋一起辞职的方式，点出"破坏团结、自相残杀"的实际领头人就是蒋介石。

1930 年 2 月 17 日，蒋介石以向全国军队发布文告的方式回答阎锡山说："若夫割剧称兵，胁制中央，擅改法令，破坏纪律，实为内乱，而非内战之可比也。内乱不戡，而统一难期。"（《国闻周报》第 7 卷第 7 期，《国内外大事述评》第 2 页）蒋介石在此把所有的反对势力和人士都列为内乱的制造者，谁反对蒋介石谁就是制造内乱，必须戡平。两天后，蒋介石又致电阎锡山，重申上述内容。

阎锡山此时也不想妥协，针对蒋介石的威胁，致电行政院长谭延闿、立法院长胡汉民、司法院长王宠惠，提出："本党最高组织之原则为民主集权，能真正实行民主集中，则名正言顺，权必能集，国必能治。若假民主而行集权，则名不正，言不顺，权必不能集，国必不能治。"在开导此三位院长的同时，阎锡山在此公开表示："二、三、四集团军之军权交于党，党国之基础必能稳固。若交于人，党国之危险，恐有甚于今日者。"他就如何结束编遣军队带来的混乱，向三位院长提出两条建议："原一、二、三、四集团军总司令，均摆脱军权，入元老院或机枢院，维护党国，此拟建议者一；各地停止战争，党是由全体党员投票表决，以息党争，此拟建议者二。"（《国闻周报》第7卷第8期，《国内外大事述评》第3页）阎锡山在此给蒋介石上了一堂民主政治课，不管"全体党员投票"有多大可行性，不管阎锡山本人是否真心同意"党员公投法"，但他能够提出此点则属可贵。事实上当时如果举行全党投票和军政分开，蒋介石肯定有获胜的希望，阎锡山肯定不是蒋介石的对手。问题是蒋介石既没有相应的民主修养，也没有足够的自信，民主投票进行裁决、实施军政分开，对他来说简直是天方夜谭。因为蒋氏理想化的政治制度是封建中央集权制，民主只是蒋氏政治的口号，专制才是蒋氏政治的实质，这是他政治上的局限性和对待权力的态度所决定的。应该指出的是，阎锡山本人也是个和蒋介石同质化很高的政客加军阀，只是管理的范围大小不同而已，他的民主完全是对付蒋介石的口号，他本人也是专制的典型。如果举行公正投票，恐怕阎锡山统治山西的时间要短得多。

1930年2月20日、22日、23日，蒋、阎之间又有电报来往，继续阐述各自的主张，基本没有交结点。其中在2月21日，南京方面的特务杀害了改组派军事委员会负责人王乐平。这一暴行，说明蒋介石容忍改组派的政治倒蒋，但不能容忍武装倒蒋活动；能够容忍改组派一派活动，但不能容忍改组派和地方实力派联合行动，能够容忍汪精卫的活动，但不能容忍汪与阎锡山、冯玉祥、李宗仁联合行动。刺杀王乐平，主要是为了警告其他改组派和地方实力派停止进行武装倒蒋活动。王乐平被害，引起倒蒋各派的齐声反对和抗议。他们清醒地认识到，刺杀王乐平反映出蒋介石"削藩"决心已下，战争不可避免。阎锡山对此更是深有体会，在他看来，王乐平之死，就是南京镇压晋军的信号。同样，各地方实力派也从王乐平的死中，感觉到对付蒋介石已成为共同需要，有必要相互之间、地方实力派和改组派之间联合起来，掀起新一轮的倒蒋运动。

蒋、阎电报战，引起全国各地方实力派和各政治势力的注意，自觉不自觉地接受某一方的观点，其中中央军和东北军、粤军中绝大部分将领站在蒋介石一边，而2、3、4集团军和四川、贵州等地方的实力派则站在阎锡山一边。

蒋、阎电报辩论的高潮是阎锡山纠集一批将领发表对时局宣言。1930年2月23日，在阎锡山主导下，第2集团军总司令冯玉祥，第4集团军总司令李宗仁，广西护党救国军第3路军总司令张发奎，湖南省主席何键，河南省主席韩复榘，贵州省主席兼讨贼军第18路总指挥毛光翔、第13路讨逆军总指挥石友三、新编第14师师长杨虎城、第1暂编师师长刘文辉、暂编19师师长万选才、新编第11师师长赖心辉、新编第3师师长刘珍年、新编第4师师长刘桂堂、暂编第2师师长卢兴邦、第40师师长孙殿英、第84师师长高桂滋、新疆省主席金树仁、安徽省政府主席王金钰、四川省民政厅长田颂尧、四川省府委员杨森、四川省财政厅长邓锡侯、川康裁编军队委员会副委员长刘存厚、福建海防司令林忠、福建陆军第一混成旅旅长陈国辉等45名将领，发出通电：

"锡山等窃思党的主权，在全体党员，无论如何主张，果取决于党员，何者亦可。若纯以武力决胜负，非特不当，实亦不必。锡山等拟请由我全体党员总投票，取决多数，三届续统可，二届续统可，产生四届亦无不可。否则各是其是，乱不能止，何以置党国于磐石之安？夫以党治国，必有整个的党，始能成整个的国。党若破碎，国必不能不破碎，今欲求统一之国，必须先求整个之党，此为党国至理，丝毫不爽者也。

彼不妥协三字，乃对外适用之精神；若在同党，允宜整个团结，以国家为前提，体先总理在天之灵，必不愿其党徒纷争，而盼其党徒合作也。全体党员为本党之主人，果能贯彻全体投票之精神，必可化疆场干戈，为会场之表决。如荷赞同，尚盼早见实行，以息党争，而定国是。"

通电综合了阎锡山发给南京方面的各次电报的主要内容，再次重申先有一个"统一的党"，才能有"统一的国"，而建立"统一的党"的关键是解决党内纠纷，解决党内纠纷的主要途径是全体党员投票。阎锡山他们正是知道蒋介石不可能举行全体党员投票，所以又推出"全体党员投票"这张王牌。

1930年2月24日，汪精卫致电阎锡山，在吹捧阎锡山对党国贡献的同时，表示赞成"党员公投法"，支持进行全体党员投票，以解决"三全"和编遣军队引起的争端。显然"党员公投法"已被改组派接过去，改组派也加大了对阎锡山工作的力度。

3月1日，改组派北平、南京、广州等19个省市支部和海外支部发表通电，表示："惟蒋逆伪主中央，手握大权，对于代表民主势力之革命同志而出此残毒卑污之手段，非唯不知政治为何物，即其人格之坠落，亦已扫地而无遗。要蒋逆固欲借此以镇压革命势力，殊不知此不惟不足以镇压革命，实足以激扬革命。袁世凯辈之覆亡乃其先例，故吾人益信革命障碍不除，则中国革命将难复兴；蒋逆不弃，则革命之势力益被其摧残。深望全国同胞全党同志，一致奋起，共同除贼，以救党国之危亡而慰先烈英灵于地下。"（1930年3月1日上海《革命日报》）改组派的主张已经和倒蒋实力派趋于一致，双方都把矛头直指蒋介石。只是有实力与蒋介石战场上一见高低、但无更合适的政治招牌的阎锡山等还没有直接提出讨伐蒋介石，没有实力与蒋介石一拼死活、但有政治资本的改组派则高唱打蒋高调，双方互补式的合作成为可能，合作的时机逐渐成熟。

在1930年2月26日，蒋介石致电阎锡山做最后答复，全面拒绝阎锡山等人的指斥，并嘲弄阎锡山作为中央执行委员为什么不在"三全"召开时提出批评，而是在一年后再提出指斥，显然是别有用心。蒋的拒绝，等于是向阎锡山方面宣战。阎锡山对此已有准备，决心用武器的批判代替电报之战。

阎锡山给蒋介石上"民主政治"和"和平统一"课，并非是为了在中国推行民主政治，也非是为了率先交出军队，为完成军队国家化准备条件，他的目的是在向蒋介石争军权、要地盘、保实力；并把"民主政治""和平统一"作为手段压蒋介石让步、逼蒋介石交军权的撒手锏。所以阎锡山表示辞职条件是蒋介石也必须辞职，阎锡山表示交出军队条件是蒋介石也必须交出军队，所以阎锡山劝蒋底气不足，说理不清。对此一目了然、已经大权在握、根本不想交权的蒋介石当然不会让步，而是步步进逼，逼阎锡山起来造反，然后予以消灭。

冯玉祥成功山西脱困

阎锡山见文攻已无作用，准备以武斗解决问题。要军事倒蒋，必须联络更多的军队，而西北军近在咫尺，只有和西北军结成统一战线，才能增加获胜的把握。他想起了已被他囚禁8个月的冯玉祥。

8个月来，他把冯玉祥作为与蒋介石斗智的抵押品，以增加自己的政治发言权和对南京方面的制衡力，岂知弄巧成拙，既得罪了冯玉祥和西北军，也让蒋介石抓住把柄，社会各界对他扣冯一事更是批评不断，阎锡山的狡猾每次都以暴露自己、成为众矢之的为代价。

1930 年 2 月 26 日，善于表演的阎锡山来到五台建安村。一见冯玉祥的面，他恳请冯玉祥谅解，连声说："大哥，我上了蒋中正的当，使大哥受了委屈，我对不起大哥，不知大哥能否原谅我？"具有雄才大略的冯玉祥，知道诡计多端的阎锡山前来建安，"道歉"是假，他和蒋介石的政治交易没有成功是真，倒蒋时机看来已经成熟。为了实现倒蒋大目标，冯玉祥爽快地表示，从前恩怨一笔勾销，从此开始联手倒蒋。

2 月 28 日中午，在阎锡山陪同下，冯玉祥回到太原。太原方面举行了隆重的欢迎仪式，晋系大员山西省主席商震、绥远省主席徐永昌、第三集团军秘书长贾景德、第三编遣区办事处主任委员周玳、第三集团军总参谋长辜仁发、第 33 师师长孙楚、第 37 师师长王靖国、第 39 师师长赵承绶、第 42 师师长张荫梧、第 43 师师长傅作义等晋绥军将领和各界代表赶到城外来迎接。

两位名震全国的集团军总司令，似乎什么事也没有发生过，又坐到一起，推杯换盏，纵论世事。只是两人心中想的不太一样：阎锡山心想如何借倒蒋行动捞取更大的政治资本；冯玉祥心想只要能够打倒蒋介石，个人得失无关紧要。两人的动机和目的不同，说明两人在行动上不尽一致，因此，阎锡山倒蒋妥协性成分多一些，是为借倒蒋提高自己的政治地位，捞取更多的利益；冯玉祥倒蒋彻底性多一些，是为了打倒最大军阀蒋介石，消除内乱。对于联冯倒蒋，阎锡山的部下曾提醒说，冯玉祥会不会因为被阎关押而不予合作？阎锡山颇有心计地说："共同倒蒋，是冯求之不得的，他一定会竭尽全力。并且他好贪眼前的小利，只要我们在物质上满足他的欲望，哪能再生半途捣乱之心呢？他固然很狡猾，打完蒋以后，可能会捣乱，但他是个老粗，没有远见，我自有办法对付。"（《文史资料选辑》第 16 册，第 39 页）从中可以看出，阎锡山联冯只是权宜之计。不过，此时两人有一点是共同的，这就是发动军事倒蒋。正如他俩发誓所说："同生死，共患难，反蒋到底！"

阎锡山把冯玉祥接回太原，并于 1930 年 2 月 28 日召开高级军事会议，决定：各位将领通电全国，挽留已经提出要与蒋介石一起下野的阎锡山；从兵力、后勤、装备各方面全面开始部署对蒋战争；联络更多的地方实力派，增加军事力量；晋绥军攻击方向为津浦线，西北军攻击方向为平汉线。

在这关键时刻，阎锡山再次显出狡猾的本性。1930 年 3 月 9 日，冯玉祥起程赴陕西，临行前夕，阎锡山又起波折。他假惺惺地称，冯玉祥马上就要开始倒蒋，战事紧急，恐怕无力照看妻女，是否留在太原？这又是在扣留人质！冯玉祥大笔写大事，大人干大事，为让阎锡山放心，联合阎锡山一起倒蒋，同意把夫人和女儿留在太原。阎锡山自知理亏，又装出一副掏心掏肺的样子说："大哥来到山西，我没有马上发动反蒋，使大哥受此委屈，这是我第一件对不起大哥的地方；后来宋哲元兄出兵讨蒋，我没有迅速出兵，使西北军受到损失，这是我第二件对不起大哥的地方。现在我们商定联合反蒋，大哥马上就要回到潼关，发动军队。如果大哥对我仍不谅解，我就在大哥面前自杀，以明心迹。大哥回去以后，倘若带兵来打我的话，我决不还击一弹。从今以后，晋军吃什么、穿什么、用什么，大哥的军队也吃什么、穿什么、用什么，一律待遇，决不歧视。此心耿耿，唯天可表。"后来在中原大战开始后，阎锡山拒绝向陷于困境中的西北军提供援助，食言而肥，但在用汽车送冯玉祥回陕西前，吝啬成性的阎锡山还是送上 50 万现大洋、200 挺手提机关枪、2000 袋面粉。这对濒临危机的西北军来说，无疑是雪中送炭，让冯玉祥深为感动。

把冯玉祥送走后，阎锡山致电蒋介石，声称现已把冯送回潼关，关于冯玉祥和西北军的事，请和冯玉祥直接电商，他本人不再做调停人。这是在向蒋介石施加压力，间接宣布冯玉祥已经开始倒蒋。

与阎、冯携手合作同时，1930 年 3 月 1 日召开的国民党三全三中全会，对阎锡山进行了缺席审判，决议："阎锡山受党国之重任，并为中央执行委员，乃于最近联合武人，倡为谬说，违反党纪，动摇人心，并有调遣破坏交通情事，应即设法制裁。本会特派委员李煜瀛、委员张继、委员赵戴文切实查明真相，是否仅系言论悖谬，抑更有弄兵谋叛行为。并令赵戴文就近先行查实，克日呈报。"（见 1930 年 3 月 2 日上海《民国日报》）南京方面开始调兵遣将，准备讨伐阎锡山。

中原大战

南京方面和倒蒋方面的立场和要求已经摆明，只有在战场上见高低，新军阀混战中的巅峰之作中原大战就要开始了。

倒蒋联手

脱离虎口，冯玉祥星夜南下，1930 年 3 月 10 日回到潼关。眼见主帅回营，鹿钟麟、宋哲元、孙良诚、张维玺、孙连仲、庞炳勋、郑大章、刘郁芬等将领十分高兴，一致同意立即发兵河南，卷起倒蒋巨浪。只是对冯玉祥不记被

扣 8 个月的仇恨，联合阎锡山
一起行动感到不解，冯玉祥明
确表示，蒋介石是西北军的第
一个敌人，我们必须联合阎锡
山打倒蒋介石，等打倒蒋介石
后，阎锡山是好对付的。

蒋介石收到阎锡山的电
报，深知在阎锡山叛乱之心日
重之际放冯玉祥回陕，这是晋
绥军和西北军联合行动的信
号。阎锡山释放冯玉祥，无疑

左起：冯玉祥、蒋介石、阎锡山。由于他们的争权
夺利，爆发了有一百多万军队参战，持续半年之久的中原
大战

是放虎归山，西北军和晋绥军联合起事近在眼前。3 月 13 日，国民党中央监察
委员吴稚晖显然是按照南京最高当局的指令，致电讽刺、责骂冯玉祥说，堂堂
的集团军总司令，如今成了阎锡山的傀儡，岂不是虚悬爱民之志，劝冯摒弃干
戈，集中进行国家建设。

已经决心联合各路倒蒋英雄和南京政府一争高低、与蒋介石决一死战的
冯玉祥，仿效诸葛亮骂死王朗的笔法，名骂吴稚晖实骂蒋介石说："顷接先生
元电（旧电文中把每月 1 至 31 日分别用称为东、冬、江、支、微、鱼、虞、
齐、佳、灰、真、文、元、寒、删、铣、筱、巧、皓、哿、马、养、梗、迥、
有、寝、感、俭、艳、陷、世字表示）回环读之，不觉哑然失笑。假如玉祥不
自度量，复先生一电：'革命六十年、老少年吴稚晖先生，不言党了，不言革
命了，亦不言真理是非了，苍髯老贼，皓首匹夫，变节为一人走狗，立志不问
民众之痛苦，如此行为，死后何面目见先总理于地下乎？'等语，岂不太好看
乎？请先生谅之。"只是冯玉祥没有诸葛亮的才气，吴稚晖没有王朗的自尊，
当然也就骂不死吴稚晖及他的后台"老板"了。

阎锡山和冯玉祥的倒蒋行动，得到了各类倒蒋势力的积极配合。汪精卫
从阎锡山接过改组派的观点批评"三全"一事中，觉得双方合作的空间很大，
因此双方秘密协商，决定吸取李宗仁、张发奎、西北军前两次单方面组织倒蒋
的教训，此次应该公开否定南京政府和中央党部的合法性，另立中央和另组政
府，以造成中央对抗中央、政府对抗政府、军队对抗军队的局面。

在广西北部苦撑待变的李宗仁、白崇禧、张发奎部，通电宣称，拥护阎锡山为陆、海、空三军总司令，冯玉祥和张学良为副总司令，有意在南方配合，共同倒蒋；韩复榘、石友三等将领，纷纷表示愿意追随老长官冯玉祥，重新回到西北军；两个月前在河南倒蒋失败的唐生智，在香港表示愿意收拾旧部，参加倒蒋阵营；在天津租界活动的西山会议派也派出代表到太原，联络阎锡山；先是策划桂系倒蒋、然后帮助蒋介石倒桂的湖南省主席何键的代表到达太原；四川刘文辉也有意参加倒蒋行动；甚至吴佩孚、孙传芳也公开表示，支持阎、冯的倒蒋行动。

第 1 次倒蒋大联合终于形成，除蒋介石指挥的中央军外，只有粤军是死心塌地参加南京阵营，其余各地方实力派不是公开宣布支持阎、冯，就是暗中站在阎、冯一边。此次大联合，由领袖欲极强的阎锡山、汪精卫二人主持。阎锡山一直想冲出山西，当然他缺少实现这一目标的实力，只有玩弄权术和阴谋。此次通过控制冯玉祥，成功地把实力名列第 2、3、4 集团军之首的冯玉祥降为"老二"，以提升自己在各地方实力派中的地位；与蒋介石进行长达两个月的电报战制造舆论，以扩大在政界的影响；独霸山西丰富的资源发展经济，依靠西方技术建立军火制造业，征用当地稳定的人力资源扩编军队，在易守难攻的地理环境中，割据称雄，自然而然在被打得七零八落的地方实力派中确立起领袖地位。一直不甘于"老二"地位的汪精卫，因为个人基础不足，经常受到党内实力派的挑战；野心太大，极易得罪实力派；政治上软弱，在实力派进攻时自动退让；政治主张上反复多变，缺乏系统和稳定的政治见解。因此两度成为国民党的最高领导者，却都不可避免地被赶下台。拉起改组派队伍、打出"护党救国"旗号后，手中没有军队，只靠一些报纸、刊物与蒋介石争权，根本没有胜利的希望。在看到这一致命弱点后，他与阎锡山走到一起，此次汪精卫的聪明之处是甘居虚职，不再像以往与国民党派系明争暗斗那样与阎锡山讨价还价，自然形成军事上倒蒋依靠阎锡山，政治上倒蒋依靠汪精卫，实权由阎锡山掌握，汪精卫只是政治傀儡的局面。

至于冯玉祥和李宗仁，前者是倒蒋心切，倒蒋高于一切；李宗仁是倒蒋先锋，现已陷于苦撑待变时期，如果北方掀起倒蒋大战无疑将成为桂军东山再起的机会。所以，冯玉祥、李宗仁二人心甘情愿参加倒蒋，并不计较谁来领导、谁来主持倒蒋阵营，在他们看来只要打倒蒋介石，解散南京政府，以后还是凭实力说话，由枪杆子的多少决定权力分配，谁实力大发言权就大，谁实力大权力就大。至于韩复榘、石友三、何键、刘文辉等人，显然是利用倒蒋战争作为向蒋介石要挟的机会，作为向蒋介石讨价还价的条件。只要政事太平，他们在蒋介石眼中的地位就会下降，不仅得不到蒋介石的宠爱，反而成为蒋介石收拾的目标；只要军阀闹事，他们在蒋介石眼中的地位就会上升，南京方面对他们就会又拉又捧，又送武器又送经费。军阀是混乱的产物，当然混乱也是军阀生存和发展的基础。这批地方小军阀，对这一关系到本身生存和发展的硬道理，已经了如指掌，当然不可错过机会，事前以表示支持，以鼓动阎、冯起来倒蒋；待倒蒋战争发动后，则看谁开价高就倒向谁，只要南京方面开价合适，马上叛离倒蒋一方。至于西山会议派，更是一堆政治垃圾，作为国民党内最保守、最落后的政治势力，他们为了推迟消亡的时间，几度沉渣泛起，在广州、武汉时期他们极力反对革命和进步，成为蒋介石篡党夺权、挤走汪精卫的帮凶；在南京政府建立初期，他们为蒋介石发动反革命政变、屠杀工农和共产党人叫好，成为蒋介石统治的帮凶；在宁汉合流过程中，他们支持蒋介石、排挤汪精卫，最后在汪精卫被赶走后，他们本人也成为蒋介石整顿的对象，此次则不顾屡屡与汪精卫对立的历史，公开与汪精卫站在一起，公开与被他们瞧不起的土著武夫们站在一起，无非是为了再一次进行政治投机而已。因此，且不说军阀混战给人民群众带来多少死亡、伤残、离散、家破、田荒、饥饿、苦难，且不说军阀混战给国家经济带来多少破坏、冲击、浪费，从上述倒蒋上层诸多因素看，已经决定了他们不可能赢得最终胜利。

令人遗憾的是，东北的张学良一直没有明确表示支持阎、冯的行动。

在冯玉祥到达潼关的次日，按照在太原与阎锡山的约定，西北军23名主要将领发表通电，挽留阎锡山，表示愿意追随阎锡山奋斗到底；两天后，晋绥军20余名主要将领也发表了与此内容大同小异的通电。表面上只是挽留阎锡山，实际上是在公开对抗蒋介石。阎锡山也以这一特殊的形式，把自己定位成倒蒋派的第一号领袖。

1930年3月14日，第2、3、4集团军的57名将领，发出了要求蒋介石下野的电报。电报在列举蒋介石的违法召开"三全"，会议代表四分之三未经选举；对孙中山遗教断章取义，只是择其有利于自己者而用之；政治腐败，用人唯亲，过于清朝；借编遣排挤异己；个人独裁；热衷于武力；破坏民主，独断专行；镇压革命者；挑拨各军关系；用人不当，害国扰民等罪行后，得出结论说"国民革命不能由公而成，且将由公而败；国政不能由公而治，且将由公而乱；人民不能由公而生，且将由公而死。国人纵不忍绝公，公已自绝于国人"。（《国闻周报》第7卷第11期，《国内外大事述评》第2页）

3月15日，第2、3、4集团军的57名将领，联名推举阎锡山为中华民国军总司令，冯玉祥、李宗仁为副总司令。这批将领们在训政体制下无法制衡蒋介石的情况下，在体制外公开与南京政府、国民党中央党部、陆海空军总部对抗，自行任命总司令，立志与蒋介石决一死战。蒋介石在党内遇到空前的挑战，一场国民党历史上最大的军阀混战即将爆发！

1930年4月1日，让蒋介石和南京政府担心的事情终于发生。

太原，阎锡山发出通电，宣布："谨于中华民国十九年四月一日宣誓就任'中华民国陆海空军总司令'职。统率各军，陈师中原，以党救国。古有挟天子以令诸侯者，全国必起而讨伐之；今有挟党部以作威福者，全国人亦当起而讨伐之。愿吾国人共起图之，锡山必尽全力以赴之也。"同时下令，晋绥军以"中华民国军第3方面军"的名义倾巢而出，107个步兵团、12个骑兵团、13个炮兵团，下组6路大军，分别由孙楚、傅作义、杨效欧、张荫梧、孙殿英、万选才任总指挥。其中傅作义、张荫梧部沿津浦线南攻济南；孙楚、杨效欧、万选才部由陇海线出击，直攻徐州；万选才任河南省主席，驻军豫东开封和归德一线；孙殿英出任安徽省主席，率部攻蚌埠驻亳州。他们的主战场是在山东和豫、皖、苏交界处。津浦线是蒋介石的生命线，控制津浦线可以北进华北南攻南京，东进胶东半岛西进陇海铁路。因此晋绥军成功则有力配合河南战区西北军的作战，晋绥军失败则加速河南战区西北军的失败。

潼关，冯玉祥宣布就任"中华民国军副总司令"，同时26万西北军以"中华民国军第2方面军"的名义出师，鹿钟麟出任前敌总司令，进驻郑州。编有6路大军，分别由孙良诚、庞炳勋、吉鸿昌、宋哲元、孙连仲、张维玺指挥。孙良诚、庞炳勋、孙连仲部沿陇海线郑州往东作战，准备与第3方面军会师徐州；宋哲元、吉鸿昌部由郑州南下，沿平汉线作战，准备与李宗仁的第4方面军会师武汉；第6路军总指挥张维玺出荆紫关，南攻襄樊，配合李宗仁部在两湖地区的作战；郑大章统率骑兵部队进占豫东和皖北，刘郁芬任陕西省主席兼任后方总司令。西北军全部动员，破釜沉舟，与南京做最后一搏。正如冯玉祥在催促孙连仲率部出师的电报中所说："胜则到江南组织政府，败则不惜同归于尽。"西北军全部出动，成则成为西北军复兴的开端，败则成为西北军覆灭的时刻。同时，中原大战的主战场在河南，西北军的作战范围是在河南，所以西北军赢则倒蒋成功，西北军输则倒蒋失败。当然冯玉祥想到的最坏打算是与蒋介石"同归于尽"，没有想到以他的彻底失败而告结束。4月25日，冯玉祥在郑州召开军事会议，决定修改军事方案，将西北军主攻方向定在山东，与晋军会攻济南，然后沿津浦线南下，沿平汉路南下的计划推迟执行。这一修改，使得倒蒋一方已经没有胜利的希望。豫、鲁两省本来连在一起，晋绥军和西北军集中在两省作战，固然能集中兵力，但也为蒋介石消灭倒蒋一方提供了方便，南京的主力源源不断开到山东和河南，很快把阎、冯打得不可招架。而如果西北军宋哲元、吉鸿昌部甚至再增加一部分兵力沿平汉路南下，配合李宗仁的第1方面军拿下武汉，把南北战场连成一片，大大加重对蒋介石的威慑力，也可能直至向最后的胜利发展。遗憾的是，冯玉祥没有看到这一点，也就等于放弃了本来可能的胜利。

桂平，李宗仁宣布就任"中华民国军副总司令"，同时十万大军改编为"中华民国军第1方面军"，黄绍竑任副总司令，白崇禧任参谋长。编有张发奎的第1路军，白崇禧的第2路军，黄绍竑的第3路军。桂军决定除留下一些地方保安部队外，全部出动，沿桂、湘北上，先取衡阳，再沿粤汉路北上取武汉。李宗仁、白崇禧、黄绍竑三将当然比谁都清楚此次行动的意义：此次出兵，等于放弃广西根据地，置广西于粤军威胁之下，随时有被占领的危险；占领衡阳，截断广东地区的亲蒋部队北上的要道，减少中原地区的军事压力；而如果顺利占领武汉，既实现桂军的愿望，往北可以支援冯玉祥，往东可以威胁南京。第1方面军的作战任务之重要，也就决定了第1方面军作战的危险性，只能赢不能败，败者对桂军来说是灾难性的；即使在其中一个环节上出现问题，桂军都将无法承受，并且不可避免地影响整个战局的改变。

与此同时，内定张学良为"中华民国军副总司令"兼第5方面军总指挥，没有作战任务，只需保持中立即可；豫北新乡地区的石友三出任第4方面军总指挥兼任山东省主席，配合傅作义、张荫梧部在山东的作战；刘文辉出任第6方面军总指挥，何键为第7方面军总指挥，樊钟秀为第8方面军总指挥。韩复榘则没有动静不说，还主动向蒋介石请缨，要求到山东堵截晋绥军，以避免和西北军旧部作战。

倒蒋一方，投入部队达 70 余万，空前之多；作战范围从河南到广西，空前之广；作战任务是消灭装备、后勤远好于倒蒋一方的中央军和粤军等部，空前之重；参战部队番号复杂、素质不一、指挥分散，空前之难。相反，与倒蒋一方相比，蒋介石的军队数量不相上下，但后备兵源充足；中央军作战任务重，但武器、装备、后勤充分；中央军分兵作战，但指挥集中，各战区协调作战；特别是蒋介石倾中央政府的财力支持，综合实力则是倒蒋一方无法相比的。因此，对比双方的优劣势，这一场战争的胜负，事实上在作战爆发之前已经有了结论。

蒋介石早有准备，他早已对两个月来与阎锡山的电报战厌烦，唇枪舌剑，无非是白费口舌；口诛笔伐，结果是徒劳无益。只有在战场上见高低，消灭倒蒋一方的实力，才能一劳永逸。现在阎、冯、李起兵，他正好就此机会，借镇压叛乱之名，进行全面"围剿"。倒蒋的第 1 次大联合，果然增加了蒋介石平叛的难度，但是也给蒋介石一次性击毁倒蒋军事力量提供了机会。

1930 年 4 月 5 日，蒋介石主持国民政府会议，下令免去阎锡山本兼各职，同时发布讨伐令，各路诸侯大战蒋介石的中原大战正式开始。

4 月 7 日，蒋介石操纵国民党中常会，开除阎锡山的党籍。

4 月 8 日，蒋介石宣布自兼讨逆军总司令，朱培德任总参谋长。

4 月 15 日，蒋介石任命韩复榘为第 1 军团总指挥，派出亲信，曾任代理浙江省主席、三军总部总参议蒋伯诚前往"监军"，以防不测。第 1 军团编有他自己的第 13 路讨逆军，马鸿逵的第 15 路讨逆军，胶东刘珍年的第 21 师，陈调元的第 26 军，主要作战任务守住黄河，防守鲁西，保卫徐州北翼安全，主要军事对手是阎锡山的晋绥军，主要战场是津浦线和陇海西段；

中央军嫡系被编为第 2 军团，由刘峙任总指挥，有刘峙的第 1 师、顾祝同的第 2 师、毛炳文的第 3 师、徐庭瑶的第 4 师、熊式辉的第 5 师、王均的第 7 师、卫立煌的第 10 师、陈诚的第 11 师等部、冯轶裴的教导第 1 师、张治中的教导第 2 师、钱大钧的教导第 3 师等部，均为当时作战素质最好的部队，并有装甲兵、炮兵、航空队的配合，主要军事对手是冯玉祥的西北军，主要战场是陇海线中段；

两湖地区和其他一些杂牌军编为第 3 军团，由于此军团部队来源复杂，所以蒋介石任命老资格的国民政府参军长何成浚任总指挥，并派出当时自己的军事助手，曾任北平宪兵学校校长、第2炮兵集团指挥的杨杰为何成浚的参谋长。第3军团编有王金钰的第14路讨逆军、杨虎城的新编第14师、徐源泉的第48师，以及蒋鼎文的第2军、夏斗寅的第13军、襄樊警备司令范石生、豫西警备司令岳维峻，同时也向蒋介石表面输诚的樊钟秀任豫西边防司令，主要战场是平汉线南段；

两湖战场主要有陈济棠的第8路军、朱绍良的第6路军、已经倒向蒋介石的何键出任第4路军。主要军事对手是李宗仁、白崇禧、黄绍竑和张发奎，主要战场是粤汉线；

陈调元部为总预备兵团；

蒋介石自己坐镇徐州，具体指挥陇海线和津浦线战场；

何应钦为武汉行营主任，具体指挥分割河南和两湖战场，打破南北倒蒋大军会师武汉计划。

蒋介石经过冷静思考和听取智囊团的分析，对两军态势了如指掌。在他看来，在倒蒋军队中，立场坚定的冯玉祥是关键，在战场将会不惜一切代价抗争到底；有勇有谋的李宗仁最难打，此人图谋明确，作战有序，除非用战略战术得当，否则将是一场硬仗；阎锡山倒蒋只是为了换取更多的政治和经济利益，决不会以损失实力为代价。从分析上述三方的态度和关系，只要打破南北倒蒋联合，倒蒋一方就失去了获胜的可能；只要打垮西北军，津浦线将不战而溃；只要打败冯玉祥、李宗仁，阎锡山就无心再战。因此，蒋介石军事部署的重中之重，是在陇海线，推出嫡系主力参战，务求战而必胜；在津浦线上采取守势，只要苦守到陇海线胜利，晋绥军将不战而退；在两湖战场上，则求战术灵活，不求消灭桂军实力，只要打破李、冯两部会师计划即可。蒋介石的分析没有错，这为各个击破敌人提供了依据。

因此，中原大战中倒蒋一方最为吃重的是冯玉祥部。韩复榘率部开往山东后，西北军马上跟踪而来，控制陇海线段。这一态势对倒蒋一方十分有利，刚被任命为河南省主席的万选才高高兴兴地带着部队到达归德，安徽省主席孙殿英进驻亳州，山东省主席石友三则向鲁西南进攻。

1930年5月1日，冯玉祥、阎锡山两位总司令在新乡会谈，两天后同车到达郑州，两人再次决定，第一期作战目标是夺取山东和徐州，以便直捣黄龙，饮马长江，拿下南京；并对各自的军事部署表示满意。5月5日，蒋介石的全面进攻已经部署完毕，为指挥作战，阎锡山准备返回太原总部，冯玉祥则是回到洛阳总部。分手前，阎锡山再次对冯玉祥说："大哥这里有什么困难，请随时吩咐，我一定竭力办理。二、三方面军是一家人，我希望做到有苦共尝、有福共享。"如果阎锡山能够做到这样，凭山西现有财力和物力拿出一点支助西北军也不成问题，那么倒蒋战争历史极可能改写了。只是阎锡山嘴甜心苦，一毛不拔，使得作战勇敢的西北军为缺乏供给所累，最后不可挽回地走向失败，导致中原大战以蒋介石的胜利而告结束。

陇海战场

自5月初双方陇海西段归德开始接触，该城处于苏、皖、豫、鲁四省交界处，为徐州的前卫阵地，是进军中原的要冲，为兵家必争之地；对倒蒋一方来说，此地更为重要，因为这是陇海、津浦两战场的结合，守住则两战场互为犄角互为支援，放弃则两战场易被分割包围，全局将陷于被动。这么重要的地方，阎、冯二人只是把并非主力、战斗素质不高的晋军刘茂恩的暂编第20师、万选才部和石友三部部署在此。

归德成为蒋介石进军中原的突破口。5月9日，蒋介石在徐州下达了11日开始全线反击的命令。5月15日刘峙部开始行动，第11师师长兼蚌埠戒严司令陈诚一马当先，直扑马牧集，生擒万选才部将万殿尊旅长，赢得开战第一仗。同时，第2军团第1、2师和教导第1、2师开始猛攻归德，守将弃城而逃。刘峙部沿陇海线向西前进。5月21日经陈诚和南京方面任命的河南省主席兼第76师师长张钫收买，原为第2集团军暂编第30师师长、在冯玉祥倒蒋时叛冯、依靠阎锡山在新乡一带坚持的陆军第15军军长刘茂恩，因为阎锡山把河南省主席一职授予才能、资历都比他低的万选才，所以怀恨在心，在宁陵城内接受招安，活捉万选才，自己荣任第66师师长。5月22日，中央军占领兰封，威胁开封，晋军阵脚大乱。

1930年5月24日，冯玉祥急忙调动在郑州一带作为总预备队的孙良诚和庞炳勋部投入陇海东段作战，并从平汉路调来吉鸿昌部，支持处于混乱中的晋军。孙良诚和吉鸿昌部战陈诚，庞炳勋部战刘茂恩，他们包抄中央军两翼和侧后，打得中央军难以招架。刘峙对作战中"冯部将士裸体大刀肉搏的勇猛，与机关枪火力集中之猛烈，阎部手榴弹投掷器之准确"均有切身体会。（刘峙：

《我的回忆》第95页）西北军勇猛作战，迫使中央军大幅后撤。鹿钟麟要晋军趁机发动进攻，可徐永昌实事求是地说，晋绥军要守一块地方还可以，要攻的话，那就不能与西北军相比了。事实也是这样，晋绥军因为武器整齐，火力较强，如手榴弹投掷器等在当时杀伤力较大，再加上后勤供应较好，所以善于守；而西北军武器较差且量不足，补充困难，所以以往的作战中，形成了靠勇敢取胜的惯例，但要长期作战、长期固守则较为困难。

5月31日夜间，郑大章率领千余名骑兵部队，机动灵活，奇袭中央军后方的归德机场，烧毁12架飞机，俘虏飞行员和地勤人员50余人。并且向旁边的朱集车站发动进攻，以为车站有重兵把守，干扰一阵后自动离去。郑大章有所不知，这个车站的全部守军只有200余人，其中包括蒋介石在内；更为惊人的是，当天晚上蒋介石所乘的指挥列车有车箱无车头，想逃也逃不了。如果郑大章摸准情报，蒋介石哪怕再有高人指点提防"切断退路"也难免成为西北军的俘虏，中原大战的结果则另当别论了。真是天不灭曹，蒋介石此时气数正盛，没到灭亡的时候。在平汉线上何成浚开始向西北军进攻，冯玉祥赶往许昌指挥防卫，陇海线东段的西北军没有乘胜追击，坐失良机。

1930年5月下旬，石友三指挥主力主动出击，取得重大战果，但也没有乘胜追击，结果取得的胜利没有转化为新的胜利，很快陷入被动。

1930年进入5月底，豫东地区的战局处于胶着状态，双方在兰封、民权、睢县、太康一线对峙。蒋介石来势凶猛的攻势被遏制，西北军和晋军稳住阵地。这以后西北军也进行过一些军事行动，但由于作战时间过长，西北军接济异常困难，阎锡山也没有履行曾在3月、5月间多次答应冯玉祥、援助西北军的诺言，所以严重影响了西北军的攻势。即使这样，西北军还是在极其艰苦的条件下，主动向中央军发动进攻，收获不小。其中在7月11日，蒋介石正在柳河车站，阎、冯大军在陇海线发动局部反攻。晋军孙楚部在距柳河车站20公里的李坝车站，先后击溃中央军教导第2师张治中部和山东省主席兼总预备军团总指挥陈调元部。此时，孙良诚部冲到距离蒋介石所乘的指挥列车不足10华里处，异常危急，当时准备赶到津浦线曲阜一线作战的第1师一部，立即由胡宗南代师长指挥，跑步赶来增援，在菜油坊大战，将孙良诚部击溃，为蒋介石解了围，救下蒋介石一命。

津浦战场

津浦线的战事开始比较顺利。在总指挥阎锡山的亲自指挥下，由前敌总指挥官傅作义指挥，6个军外加3个炮兵团的晋军浩浩荡荡沿津浦线，朝山东开来。韩复榘根本没有抵抗就放弃黄河防线，退回南岸。1930年5月31日，经蒋介石批准，为防止晋军渡河作战，拆毁黄河大铁桥，这才是真正的破坏交通设施的行为。

韩复榘此时已成为十足的军阀，再也没有北伐时猛冲猛打的素质和朝气。自二期北伐结束以来，从国民党内新军阀混战中，他得出的最大体会就是需要保存实力，实力是生存的基础、发展的前提，所以时时处处事事均以保存实力为第一要务。在"蒋桂战争"时，他的部队避免和桂军直接接触；在冯玉祥倒蒋时，他叛变冯玉祥；在西北军第2次倒蒋时，他退到豫北观战。此次，他原本同意参加倒蒋阵营，但临时起意改变，也是不愿把自己的部队为阎、冯送上战场。在他看来，参加倒蒋打了胜仗还要受他们的气，打了败仗损失的则是自己的部队，因此还是继续投靠蒋介石。并以进攻晋军为名，行脱离河南战场，趁机占领地位比河南重要、经济比中原发达、能够搜刮到更多民脂民膏的山东省之实。既然如此，韩复榘不可能把军队用到与晋军的作战上，所以在晋军开始进攻后，双方仅是在济南西南50余公里、黄河岸边的归德镇打了一仗、激战一天一夜外，主动放弃济南，沿胶济线向东逃窜，等待南京方面增援部队的到来。

1930年6月25日，晋军进驻济南城。在此以前，阎锡山因为改组派和西山会议派在石家庄筹备中央扩大会议，赶回河北。阎一走，他派出的张荫梧率军也到达山东。张、傅二人本来不和，现今阎锡山又任命张荫梧为总指挥，监督傅作义作战。在这种情况下，两人争吵，阎锡山又命令张荫梧负责向东进攻，追击韩复榘；傅作义向南进攻，打击中央军。但是，因为他们的争吵，晋绥军已经失去最好时机。津浦线上马鸿逵与夏斗寅部已在兖州和曲阜一线组成防线，蒋介石调来的19路军和陇海线上陈诚等部也先后到达预定地区，改变了津浦路的战局。张荫梧对韩复榘穷追不舍，本来不想打仗的韩复榘奋起反击，在高密一带对峙。山东境内的晋绥军优势开始消失。

平汉路南段是西北军最早出击的战区。4月间西北军劲旅张维玺、刘汝明部南出荆紫关时，得到驻兵许昌的樊钟秀部配合，到达鲁山、叶县一线；从郑州南下的吉鸿昌、庞炳勋部也到许昌、临颖、禹城一线。何成浚的第3军团在周口、上蔡、确山、南阳豫南地区布防。到5月11日，中央军发动进攻，到月底何成浚部一无所获，还在原地踏步。6月4日，樊钟秀在许昌城内死于蒋军的飞机轰炸，冯玉祥亲自赶到许昌，派出邓宝珊接替。6月5日，第1方面军攻入长沙，8日占领岳州，李宗仁自己预计15日内占领武汉。为配合桂军的作战，冯玉祥于6月10日下令开始全线反攻，调集张维玺、宋哲元、张自忠、孙连仲、高树勋、冯治安等部多面出击，何成浚部溃不成军。此时冯玉祥犯下无法挽回的战略错误，他错误地认为西北军的重点是在山东，何成浚部已被打垮，继续在平汉路进攻信阳战线太长，牵制部队过多，因此平汉路南端以守势为主。结果是放弃追击，全歼何成浚部机会丧失不说，更重要的是失去了与李宗仁的第1方面军会师武汉的唯一机会。

两湖战场

两湖战场一开局十分有利于第1方面军。李宗仁自第2次倒蒋、发动第2次粤桂战争以来，桂张联军只得在西江北部地区苦守，占领广西南部的粤军要想向北发展，并非易事，李宗仁、白崇禧、黄绍竑不会甘心就擒；但要靠桂张数万军队，把粤军赶出家园更是难事，根本不具备驱逐粤军的实力。与其这样，还不如趁中原大战之际，打出广西，向外发展，扭转被动局面。5月底，桂军秘密向北开拔。张发奎的第1路军经柳州、桂林向永州、衡阳进军；白崇禧的第2路军出平乐，经道州，目标也是衡阳；黄绍竑的第3路军在广西掩护，监视粤军行踪，待1、2路军转移成功后，再率军尾随北上。5月28日，第1方面军到达扼湖广交通要道的衡阳，守将唐生智的弟弟、第4路军新编第8师第1旅副旅长唐生明开城投降；6月3日到达省会长沙，投机取巧成性的湖南省主席兼第4路讨逆军总指挥何键再次投机，事先与桂张军联络好，第1方面军一到他就撤退，不战让城不得罪李宗仁，在敌军兵临城下撤退则也不得罪蒋介石，李宗仁不战又下一城。6月8日占领岳州。暮色之中，站在岳阳楼上的最高统帅李宗仁望着烟雨紧锁的大江，心中非常轻松，摸着下巴对白崇禧说："健生老弟，看来15日之内我们就可以到达武汉了。"

李宗仁对战局过分乐观，他的败局即将来临。6月10日忠于蒋介石的部队在贺胜桥集结，同时蒋介石急电陈济棠出兵，由南向北进攻，急电武汉行营主任何应钦加强向南防御。

把李宗仁的胜利梦粉碎的还是把桂军逼上绝路的陈济棠。在得知桂军已经全面向北开拔后，陈济棠一看占领广西的时机已到，在接到蒋介石催其出兵的电报后，陈济棠暂缓执行吞并广西计划，委派蒋光鼐为前敌总指挥，指挥他兼任的第 61 师、蔡廷锴的第 60 师和李扬敬的第 63 师，沿粤汉路向北进攻。6 月 10 日破衡阳，第 1 方面军的后勤供养路线被切断，黄绍竑的第 3 路军也无法北上，1、2 路军军心大乱，无心再战，急忙退出长沙。又在衡阳附近遭到中央军、粤军、湘军围攻，第 1 方面军损失巨大，幸亏李宗仁、白崇禧的灵活指挥，余部得以逃回广西。桂张联军功亏一篑，前功尽弃，进入空前危机，多亏阎锡山感谢桂军出兵，送来 40 万元，才让桂军渡过兵败难关。

中原大战以晋军占领济南、西北军取得豫东大捷、桂张联军兵败两湖为标志，结束第一阶段。在这一阶段中，蒋介石挡住倒蒋一方从山东、豫东、豫南、两湖地区的进攻，成功地分割了南北战区，并在两湖地区转入反攻，因而促使战局开始向有利于南京方面转化。

从第一阶段的战局看，倒蒋一方已经不可避免地走向失败。这是因为一是战区之间缺少有效联络，津浦线和陇海线东段之间联络尚可，其他战区之间的联络难度很大，各自为战，便于蒋介石各个击破；二是各方面军之间缺少有效配合，配合得最好的是豫东战场，但也不理想，晋绥军本位主义更多一些，西北军有时顾全大局不够；三是坐失良机，最为典型的是山东、豫东和豫南战场，均是胜利开局，但没有乘胜追击，坐失良机，为敌人的反扑准备了时间。

战局逆转

战局从 1930 年 7 月中旬开始向有利于蒋介石方面转化。蒋介石经过两个月来 150 余万大军的混战，决定改变军事战略，把原定的先打冯后打阎调整为先打阎后打冯，在集中力量打败津浦路上的晋绥军后，再集中力量收拾西北军。

在津浦线曲阜、兖州一线，傅作义部遭到激烈抵抗。蒋介石任命刘峙出任津浦线总指挥、贺耀祖为徐州行营主任，调整军队番号，命令王金钰为第 13 路军总指挥、徐源泉为第 16 路军总指挥、杨虎城为第 17 路军总指挥、蒋光鼐为第 19 路军总指挥（由蔡廷锴的第 1 纵队，蒋光鼐的第 2 纵队，许克祥的第 3 纵队，钱大钧的第 4 纵队组成）以及第 2 军团中胡宗南的第 1 师、杨胜治的第 10 师、陈诚的第 11 师、冯轶裴的教导第 1 师、马鸿逵的第 60 师，全部集中曲阜、兖州一线，组织会战。8月1日，蒋军全线开始反击，傅作义下令全线撤退，逃往泰安、肥城一线。逃到大汶口河时，因为河水上涨浮桥被冲垮，不知多少不习水性的晋绥军官兵葬身河中。1930年8月6日，傅作义部退出泰安。晋绥军在津浦线战场进入危机，只有请求冯玉祥出兵相助。

阎锡山在作战开始后，津浦线一路胜利，当然早就把冯玉祥和早先的承诺遗忘，开战两个月来没有给过西北军一元经费和一发子弹，西北军已经非常困难，甚至连咸菜都已吃完，而山西友军却在吃着罐头食品，双方差距很大，阎锡山始终没有从倒蒋大局出发，支持西北军。没想到战局瞬息万变，只得再去央求冯玉祥出兵相助。阎锡山急忙让周玳带着50万现洋和弹药、面粉赶到兰封附近求见冯玉祥，请求西北军出兵6个到10个团，进攻蒋军左翼。冯玉祥看完阎锡山的长信，以西北军的预备队都是新兵为由，予以拒绝。冯玉祥见到事实已经教育了阎锡山，不管怎样，不能坐视山东战场失败，还是发动"8月攻势"，组织部队向蒋军进攻。

冯玉祥组织的"8月攻势"成为中原大战中倒蒋方面的最后一搏。西北军孙良诚、吉鸿昌部由睢县向宁陵，孙连仲部由太康向归德，孙殿英部由柘城向马牧集，陇海线的晋绥军向民权，石友三和刘春荣部向柳河，郑大章的骑兵部队向敌人徐州纵深方向袭击，宋哲元部为总预备队。8月6日各部开始行动，各有进展，蒋介石在徐州召开军事会议，已经准备全线后撤，先集中解决津浦线战事，后在杨杰、曹浩森（曾任过西北军参谋长，现为南京政府陆军署署长）等人以冯玉祥供给已经非常困难，进攻坚持时间不会很长，建议集中力量打击石友三部；并且正在大雨之中，西北军的攻势会自动停止。果然如此，石友三部很快被击溃，蒋军正面防线稳定，滂沱大雨中的西北军不得不很快停止进攻。蒋介石见到风雨中西北军将士如此勇敢的作战，也深为感动，心想如此贫困的部队竟然作战如此勇敢，如果为我所用岂不妙哉，所以在中原大战的扫尾战中，对付西北军主要用收买手段。此次进攻作战为时不长，西北军很快自动停止进攻，又一次失去改变战局的机会。

山东的晋绥军无力挡住中央军的进攻，傅作义从泰安退往济南死守，此时胶东地区的战事也出现逆变。胶东方面的韩复榘并无要和倒蒋方面一争高低的计划，只是晋绥军第4路总指挥张荫梧不明真相，一味要和第2路军总指挥傅作义争战功，见傅作义已经南下曲阜、兖州一线，第4路军已把韩复榘逼入胶东半岛，一心想活捉韩复榘，或者是把第 1 军团赶入大海。韩复榘保存实力是真，张荫梧没有充分利用这一有利态势。甚至在 6 月 28 日，韩复榘主动在潍县宣布下野，也就是等于挂起免战牌，冯玉祥也建议大敌当前，在占领济南后应停止追杀第 1 军团。在张荫梧紧追不放之际，韩复榘已无退路，在高密一带坚持。在津浦路反攻开始时，蒋介石派来的说客马鸿逵到达高密，劝说韩复榘放弃辞职打算，重新出任胶济路总指挥，并且保证中央军援兵马上到达。8 月 3 日，从上海运来的李韫珩第 16 军从青岛登陆，韩复榘派往南京的参议刘熙众也随船而来，并带来了大量的南京方面提供的经费和军需物资，真乃是雪中送炭。1930 年 8 月 7 日，韩复榘和李韫珩举行反击，3 天后晋绥军开始后撤。韩复榘又恢复当年的勇气，带着旧部第 20 师，一马当先，穷追猛冲，向济南进军。

津浦线上，蒋光鼐的第 19 路军已经兵临济南，1930 年 8 月 14 日傅作义部退出济南，张荫梧部也加入逃亡行列，突遇蒋军飞机轰炸，晋绥军官兵急于逃命，在过黄河时和过大汶口河时一样，因为河水猛涨而不知被冲走多少，不少被冲散的晋绥军小部队，则被山东当地的民团解决。中央军和韩复榘部到达黄河边，蒋介石见傅作义部已丧失反击能力，下令停止进攻，由韩复榘主持后续事务和山东政务，固守黄河，其余部队转向陇海线，集中力量对付冯玉祥，以结束中原大战。冯玉祥听到晋绥军放弃济南的消息后，大吃一惊，不祥之兆从心中一掠而过，异常痛心地说："阎百川这个老弟真不是好东西，这个葫芦里不知究竟装的是什么药？"失败的预感已经开始出现。

中原大战 3 大战场，倒蒋一方已经丧失 2 个；倒蒋一方 3 大主力，已经 2 家兵败；还有一点即是倒蒋军事主力西北军经过 3 个多月的作战，除兵员还可以补充外，武器、弹药、装备、供养已经处于危机之中，缺乏长期作战的能力。因此，津浦线上的失败成为大战的转折点，倒蒋一方已由开战之初的略占上风变为明显劣势，蒋介石开始大反攻的时机已经来到。

蒋介石结束津浦线战斗后，将重兵调往河南战场，在战略上进行了重大调整，由前阶段在陇海激战东段迎战西北军和晋绥军主力，转向平汉、陇海线交叉结合部，重点突破西北军的后方和退路。这一战略，因为阎锡山部可从豫北退回山西，而冯玉祥部退回陕西的退路被切断，西北军的末日来临。

蒋、奉联手打散倒蒋派

与倒蒋一方军事失利的同时，还有二件大事在同时进行。一是双方拉拢张学良，二是召开中央扩大会议。

张学良中立暗助蒋

张学良成为中原大战双方极力争取的对象。东北军兵力有 30 万左右，而且自成体系，武器、弹药自行生产、供给，海军、空军尤其是炮兵齐全。张学良掌握着这支部队，支持太原和南京中的任何一方，都将致另一方于死地。他支持阎、冯，三支大军可以直捣南京、武汉；他支持南京，则可与中央军前后夹击阎、冯，阎、冯必败无疑。所以，中原大战炮声未响，电报论战开始之初，张学良就身价百倍，太原和南京各自派出代表前往沈阳、北戴河进行游说。

张学良对太原一方，没有恶意，也没有好感，但是阎锡山势力在平津地区的存在，却妨碍了东北军发展之路。平津地区是东北入关的桥头堡，自从张大帅时代就把控制平津地区作为东北军的头等政治大事，也是东北军向关内发展的头号目标，张少帅不会对此不清楚。二期北伐后，东北军失去了平津地区，如果让中央政府控制也无话可说，可是让阎锡山控制则无法忍受，而阎锡山又把平津地区视为晋绥军的禁脔，绝对不可能拱手让给东北军。如果阎锡山和冯玉祥能够在这一点上满足张学良的要求，恐怕将会出现与后来不一样的结果。1930 年元旦，阎锡山曾请西山会议派骨干邹鲁与张学良会谈。张学良对这位年长自己 17 岁的国民党元老的请求，同意在太原和南京的争夺中，保持中立。确切地说，张学良保持中立，即是倒蒋一方的失败。在中原大战一触即发之际，张学良曾于 3 月 1 日发表通电，主张用和平手段解决问题，提出："尤望介、百二公，融袍泽之意见，剖兵战之凶危，一本党国付与之权能，实施领袖群伦之工作。良则处在防边，身已许国，凡事之有利党国，不背和平者，必当沥胆陈词，未遑避忌。果使万众一的，急起直追，中国前途庶其有易。"（《国闻周报》第 7 卷第 9 期，《国内外大事述评》第 3 页）之后，太原和南京加紧了拉拢张学良的工作。中原大战开始后，阎锡山、冯玉祥任命张学良为中华民国军副总司令，但是张少帅没有就职，他一方面在观察战事的发展，等待战争的结果，另一方面在等待南京方面的报价。在他看来，大战双方势均力敌，各有优劣，因此只能等战场出现一边倒时才能表态。

张学良对南京一方，没有好感，但有希望。东北孤立长城之外，自北洋军阀上台开始军阀割据以来，张作霖远离中央政府，自成体系。现今易帜后，张学良希望能够进入中国政治舞台，希望能够得到中央政府更多的关怀。因此，在阎、蒋对立后，他并没有加入倒蒋一方。随着中原大战军事形势逆转，南京方面唯恐军事上的优势被东北军倒向太原一方而丧失，加紧了对张学良和东北军的工作。1930 年 6 月 3 日，李煜瀛作为南京政府的代表前来祝贺张学良 30 岁生日；6 月 21 日张群又来到沈阳，祝贺三十而立的少帅已经被蒋介石提名为陆海空三军副总司令；7 月 2 日张学良为躲开太原、南京的游说，趁葫芦岛港开工典礼去了工地，当时正值中原大战蒋介石暂时遭受挫折之时，他一见张学良不就任副总司令，心里非常着急，就怕张学良倒向太原，急忙派出吴铁城、方本仁等以往一直保持与东北联络的高级官员前往葫芦岛；8 月 10 日少帅去了北戴河，蒋介石又让张群、吴铁城等人赶去。他们带来了巨款，这对张学良吸引力不大，因为东北军不缺军饷；他们带来了中华民国陆海空三军副总司令的头衔，尽管这和倒蒋一方授予的官衔一样，但含金量不一样，一是中央政府的任命，一是叛乱组织的任命，这引起张学良的兴趣；最为重要的是，他们带来了平津地区交东北军管理的承诺，这是张学良梦寐以求的事情，他终于倒向南京方面，在蒋介石的危急关头，拉蒋介石一把，蒋介石的江山得以延续下去。当然还有背后的原因，即是蒋介石对东北军的收买。南京方面派来的人，暗中活动，东北军第 23 旅旅长马廷福，经不住利诱，准备投靠南京，被于学忠发现后扣押；蒋介石的代表还直接面见张学良的重要助手于学忠，可是临绥驻军司令官、东北保安司令长官公署参议官于学忠把蒋介石的亲笔信交给了张学良。也就是说，如果张学良不倒向南京，南京方面对东北军的收买活动将会更多。不过，精明的张学良，公开宣布支持蒋介石还要等待时机，即北平地区的中央扩大会议有什么结果；中原战场上战局的走向。

中央扩大会议召开

召开中央扩大会议是倒蒋一方改组派和西山会议派，在阎锡山、冯玉祥的军事保障下进行的一场政治闹剧。

文从国民党"三全"开始，武从编遣军队、桂系倒蒋开始，倒蒋人士层出不穷。武有桂系、张发奎、俞作柏、冯玉祥、西北军宋哲元、唐生智、石友三、阎冯联合后倒蒋活动；文有汪精卫、陈公博为首的改组派，邹鲁、谢持等的西山会议派、桂系代理人李济深等。蒋介石对这批党内政敌和地方实力派也进行了政治批判和法律制裁，自"三全"以来，1929年3月开除李宗仁、李济深、白崇禧、潘宜之、胡宗铎等人的党籍；5月23日开除冯玉祥的党籍；6月17日开除张知本、张定璠的党籍；10月3日明令通缉陈公博、顾孟馀；11月28日开除王法勤、柏文蔚、朱霁青、白云梯、王乐平、陈树人、潘云超、郭春涛的党籍；12月18日开除汪精卫党籍；12月20日通缉许崇智、居正、邹鲁、谢持；12月21日宣布要将居正、耿毅、蒋尊簋逮捕归案；12月28日开除宋哲元、石敬亭、孙良诚、鹿钟麟、薛笃弼、刘骥党籍；1930年元旦扣押蒋方震；2月20日暗杀王乐平；4月5日免去阎锡山本兼各职，7日开除阎锡山党籍。从中可以看出国民党上层的倒蒋活动多么激烈，如今平津地区成了倒蒋派的天堂。

改组派在王乐平被害、各地支部被破坏后，无法在上海立足，于1930年3月间迁到阎锡山控制下的北平。西山会议派因为蒋介石方面的高压，也迁到天津活动。再加上北洋军阀的遗老遗少唐继尧、吴佩孚、孙传芳以及唐生智、刘文辉、韩复榘、石友三等一批倒蒋人士，都把平津当成根据地。

阎锡山愿意支持他们，也是因为需要政治旗帜，一年多来的倒蒋活动证明，军事力量是一方面，但政治问题需要政治人物来解决，国民党的问题需要一批国民党人士来解决。阎锡山和冯玉祥为两大实力派头目，在国民党内几乎没有什么势力和影响力，而西山会议派和改组派在国民党内有着相当的力量，是对付蒋介石的天敌，借用他们的力量压制蒋介石是最佳的选择。再说，汪精卫也好、西山会议派也好，无论是成立国民政府，还是另立国民党中央，都不可能甩开阎锡山，所以阎锡山也对这帮平时瞧不起、不予理睬的政治投机分子，分外热情，积极支持他们的分裂活动。至于冯玉祥对此兴趣不大，他认为政治争夺并不能解决蒋介石的问题，所以他把党务和政务全部交给阎锡山处理。

问题是政治合作要比军事合作难得多，军事合作基本上是阎锡山领军，冯玉祥、李宗仁辅之，石友三、刘文辉、孙殿英等随后，根本不用评鉴就已分出高低。但政治合作则不一样，改组派和西山会议派为"续党统"而闹得不亦乐乎。

改组派主张，因为蒋介石违法召开"三全"，所以应该以第二届中央执行委员会的名义成立中央机构。但这为西山会议派所反对，因为由国民党"左"派和中共联合主导下召开的"二全"开会时，西山会议派还在上海活动，基本没有进入党的领导机构，如果让第二届中执、监委续党统，等于排挤西山会议派。

西山会议派主张，因为他们已从一全四中起反对国民党中央党部和蒋介石，国民党就已处于分裂状态，所以应以"一全"时为准，应以第一届中央执行委员会的名义成立中央机构。但这为改组派所反对，因为除汪精卫外，其余改组派成员都不是中央执、监委，而西山会议派成员大部为中央执行委员会和中央监察委员会成员。

双方为争党统问题发生激烈争论，改组派以陈公博为代表，西山会议派以邹鲁为代表，在太原互相揭短，互相指斥，丑闻、内幕不断，可谓是前方打仗，后方吵架，前后方忙得不可开交。阎、冯见二派一时难分胜负，所以自行采取军事行动，于1930年4月5日同时在太原、潼关、桂平成立"中华民国总司令、副总司令部"。阎锡山让赵丕廉出面调解，提出以一、二、三届中执、监委中的倒蒋分子成立中央党部；汪精卫负责党务，阎锡山负责政务，冯玉祥负责军务；成立一个政治委员会，决定政府人选。这个方案，避开了一、二、三届谁是正统之争。

1930年5月4日至8日，党务问题会议终于在天津召开，改组派、西山会议派、阎锡山、冯玉祥、李宗仁以及其他倒蒋人士，一致同意召开中央会议和召开国民会议制定约法。会议得到汪精卫的赞成，《联合宣言》也是由汪精卫起草、从香港由电报传过来。但是在为宣言的署名人数和前后排列次序上又发生争论，最后以改组派的让步为告终。会议还选举阎锡山、冯玉祥、张学良、李宗仁、汪精卫、唐绍仪、许崇智为政府委员。

1930年7月13日，国民党中央党部扩大会议预备会议在中南海怀仁堂举行。参加会议的国民党原中执委和中监委有陈公博、王法勤、白云梯、潘云超、覃振、邹鲁、谢持、傅汝霖、张知本、赵丕廉等10人；出席会议的各方代表有汪精卫代表郭泰祺、阎锡山代表冀贡泉、李宗仁代表麦焕章、冯玉祥代表黄少谷等5人。来宾有300余人，确实是一次不寻常的会议，确实是倒蒋各派的大联合。会议正式通过了《联合宣言》，批判蒋介石背叛革命，篡窃政权；个人独裁，以行专制；摧残异己，屠戮无辜。宣称中央党部扩大会议是"誓为本党去此败类，为国民去一蟊贼，以整个的党，还之同志；统一之国，还之国民。在最短期间，必期依法召开本党全国第3次代表大会，解除过去之纠纷，扫荡现在之障碍"，宣布"克日成立中央党部扩大会议，以树立中枢"。因为署名争论，最后以年龄大小排列，从中可以看出他们争权夺利的本质没有改变。并且在会后，先是会议名义发表《联合宣言》，然后是改组派以广州第二届中执会的名义发表《扩大会议宣言》，其次再由西山会议派以伪第二届中执会的名义发表《赞成宣言》。因此，何谈一致？何谈团结？由此可想，何谈倒蒋胜利？

预备会议开完，只等汪精卫北上召开正式会议，可是汪精卫迟迟没有来到。汪精卫的用意很清楚，他不肯屈就蒋介石、胡汉民之下，如今怎么会同意排在阎锡山、冯玉祥之后呢？因此，他借阎、冯成立政府、另立中央，需要政客帮忙之际，有意让西山会议派和改组派争吵不休，自己待最后出台主持，以向阎、冯表示，党务和政治问题还离不了我汪精卫，提高到让阎、冯和各方所看重的地位。邀请汪精卫北上，冯玉祥、阎锡山都在5月间就派出代表远赴香港面请，如今各派在他起草的《联合宣言》基础上达成一致，预备会议开完，他的政治领袖地位已经确立，因此可以来摘落地桃子了。1930年7月15日，他在夫人陈璧君和顾孟馀、曾仲鸣等人的陪同下，绕道日本，22日到达天津，然后登上赴北平的专车。一下车，汪精卫一边痛斥蒋介石的专制，呼吁党内实行民主，以党治国，要求蒋介石下台；一边摆出领袖的谦虚，恭请阎锡山出任国民政府主席。8月4日赶到石家庄，会晤阎锡山，最后确定中央扩大会议事项。

1930年8月7日，中国国民党中央党部扩大会议第1次会议正式开幕。改组派中的汪精卫、陈公博、顾孟馀、柏文蔚、白云梯、王法勤、茅祖权、朱霁青、傅汝霖、陈璧君；西山会议派中的谢持、邹鲁、覃振、张知本；晋绥军代表阎锡山（冀贡泉代）、商震、赵戴文、赵丕廉；西北军中的冯玉祥（黄少谷代）、薛笃弼；桂军中的李宗仁、黄绍竑（二人由麦焕章代）；陈嘉佑（刘况代）参加了会议。请假的有潘云超，在北平未出席的有黄复生、管鹏；在天津未出席的有经亨颐、陈树人、刘守中。因此，会议代表共29人，实际出席为23人。名义会议如此重要，缺席者却有如此之多，不知是会议不重要，还是因为这些缺席者太重要。其中李宗仁夫人郭德洁因为友人相邀北上，倒蒋各派以为是李宗仁的私人代表，所以对她分外热情，到天津码头前来迎接的有各界要员数百人，她也假戏真做，应酬得体，临走时阎锡山还让她带上 40 万巨款，转交李宗仁，感谢桂军出兵，正是这笔钱让桂军渡过失败后的难关。

扩大会议决定了中央机构。规定中央实行常委领导制，常委为汪精卫、赵戴文、许崇智、王法勤、谢持、柏文蔚、茅祖权。组织部成员为邹鲁、汪精卫、赵丕廉、陈公博、朱霁青，由汪精卫任主任。宣传部成员为张知本、顾孟馀、薛笃弼、潘云超、傅汝霖，顾孟馀为秘书主任。民众训练委员会成员为覃振、白云梯、陈嘉佑、陈树人、商震，覃振为秘书主任。中央政治会议规则则规定，中政会为最高权力机构，国民政府为执行机构，也就是说阎锡山任国民政府主席，但必须接受由实力派组成的中政会领导。从中可以看出改组派、西山会议派控制了大部分中央机构，搞军事阎锡山、冯玉祥行，搞政治显然是汪精卫、西山会议派内行。

汪精卫也急于把阎锡山推上国民政府主席的宝座，只是此时时间已经不多，晋绥军在津浦线失守济南，平汉线上的战局开始出现不利于西北军的逆转，两湖战场失败多时，扩大会议已经没有时间按程序进行。在汪精卫主持下，扩大会议于 1930 年 9 月 1 日举行扩大会议成员就职典礼和第 5 次会议，修改了原定的先推举中央政治会议成员、再由中政会推举国民政府主席的决定，调整《国民政府组织法大纲》，规定由中央党部推举 7 至 11 人组成国民政府，并成立了与南京政府不相一致的由 11 个中央部委会组成的政府架构。同时宣布由阎锡山、唐绍仪、汪精卫、冯玉祥、李宗仁、张学良、谢持等 7 人为国民政府委员，（以后又补选石友三、刘文辉两人）阎锡山为政府主席。

从扩大会议内部来看，成分复杂，心思各一，可有一点是一致的，那就是国府主席，非阎莫属。

论冯玉祥，虽在参与军阀混战，却是有正义感之士。在倒蒋阵营中出力最多，担负最艰苦的平汉线及陇海线大部的作战任务，可无争权争利之心，一心打倒蒋氏暴政。

论张学良，虽经扩大会议各派代表一再劝说拉拢，并未首肯，最后倒向蒋介石。故当时就声明拒任"国府委员"，也就看不上"主席"高职了。

论西山会议派，全由党棍组成，长年从事党务使得这批人思想上已经畸形，深知自己在枪杆子压过一切的社会里，只能打着孙中山的招牌，充当实力派庇护下的配角；

论唐绍仪等一批清末民初的旧官僚，则是凭过去的声望立脚。各派政治力量时常把他们作为点缀品装饰门面，以壮声势，他们自己无任何过高之望。

论李宗仁、白崇禧，他们只是在粤汉线上作战，人根本没来北平不说，军事上也已在6月中旬撤回家乡广西境内，当然也就不会来争主席了。

论石友三、刘文辉等军阀，因实力有限，在扩大会议内部处于无足轻重的地位。让他俩出任"国府委员"，仅是为了扩大和巩固倒蒋战线，以便吸引更多军阀归顺，更主要的是稳住他们，在军事紧急之下不要再叛变而去。

论汪精卫和改组派，他们野心最大，干劲最高，苦于没有实力，十分想当主席的汪精卫只好"谦让"他人。

论阎锡山，作为此次倒蒋盟主，出钱最多；兵力仅次于冯玉祥的西北军，全面负责津浦线方面的作战；扩大会议的全部活动又都在阎的防地内举行。虽说"扩大会议事件"是他第1次也是唯一的一次公开倒蒋，可没有阎的支持就没有这次规模最大的倒蒋活动。再说此人之所以一反过去之吝啬，也是想过一过"主席瘾"罢了。

不管怎样，汪精卫为阎锡山筹安成功，总算有所结果。9月7日阎锡山从军情一天不如一天的前线赶回北平，等待就职。次日，他为稳定军心，掩盖失败，还在扩大会议第8次总理纪念周上一本正经地宣讲，蒋介石与党为敌，与国为敌，与民为敌，与公理为敌，所以必败。当然只有他心里明白，此时接到消息说张学良已经准备公开倒向南京，所以此战必然失败而且已经失败的是他自己。但他不死心，还想依靠天意行事，挽救失败。

民国19年（1930年）9月9日9时9分，在阎锡山看来是个标准的黄道吉日，吉祥如意，以隐含"飞龙在天"的"九五之尊"，作为登基时间。在

张学良发出巧电，东北军入关，帮助蒋介石赢得了中原大战。这是一家德文报对此事的报道

481

国民政府没有成立的情况下，先有了国民政府主席。阎锡山终于当上了国民政府主席，过上一把"元首瘾"。人们对这一时间还有其他的解释，按照中国习惯算时间算到时辰，不到分钟，所以应该是民国十九年9月9日9时，也就是"四九"，所以阎锡山任主席也被称为"四九小朝廷"，四九三十六，三十六计走为上。"九五之尊"没有带来帮助，"三十六计走为上"却成为现实。阎锡山宣誓后两小时，即登上去石家庄总部的列车，因为战场上已经十分不利倒蒋一方；不到10天，张学良宣布倒向南京，出兵平津，阎主席正式下台了。蒋介石执政后，第一个公开与其对立的政权终于成立。可以说这是民国历史上最短的政权，比张勋复辟还少两天。

张学良在北戴河，见到南京方面已经开始全面反攻，谁胜谁负的态势明朗化，蒋军可以说是越战越精，胜券在握。在这种情况下，张学良知道表态的时机成熟了：如果表态过早，出现差错不好收回；如果等蒋介石打败了阎、冯再表态，价值不大，蒋介石也不会看重；最佳时机就是在要胜未胜之际，不仅表现出自己的政治选择，而且还能出来收拾残局，抬高自己的身份。所以在张群再三追问何时出兵华北、从背后向倒蒋军进攻时，张学良非常策略地回答，等你们拿下济南我就出兵华北。倒蒋一方也是紧盯不放，汪精卫派出郭泰祺、阎锡山和冯玉祥派出孙传芳、贾景德、薛笃弼、傅作义先后去见张学良，进行最后游说，并在推举国民政府委员时也加上了张学良。无奈此时的张学良已经心不在"阎"，即将垮台的"三军副总司令"和"国府委员"职对他已无吸引力。到1930年8月底前后，北平、太原代表无功而返。

张学良通电明助蒋

1930年8月底张学良回到沈阳，经过北戴河的沉思，他倒向蒋介石的决心已定。9月10日，他在北陵举行东北军高级将领会议，在会上他说："蒋、阎、冯都不是好东西，阎冯二氏的为人，一向反复无常。蒋介石也系一阴谋的野心家，在他的阴谋里，本想以军事解决西北，以政治解决西南，以外交解决东北"，但是"东北地处边陲，日本窥视已久，如欲抵制外侮，必须国内统一……为整个大局计，必须从速实现国家统一，早停内战。"

1930年9月17日，张学良对《大公报》发表谈话，表示"现在民困已达极点，北方尤不宜再受兵祸，故余已不能不被迫而出于干涉，惟余之意，干涉非用武力耳。"同日，他下达了东北军进关的命令。9月18日，张学良发表通电，"吁请各方，即日罢兵，以纾民困"，他要求阎、冯部队"均宜静候中央措置，海内贤达，不妨各抒伟见，共谋长治久安之策。"同日，于学忠指挥的第1军，王树常指挥的第2军，离开沈阳向关内进发。

出任国民政府主席的阎锡山立即在石家庄正太饭店召开紧急会议，汪精卫提出倒蒋军撤往大西北，冯玉祥提出撤到豫北和晋南坚持。阎锡山则声称成立政府为历史罪人，知罪逃命，听候处置。事实上晋绥军根本没有任何军事威胁，因为接收晋绥军防地的主要是东北军，而于学忠、王树常按照张学良的命令，不准开枪，和平接收平津地区，所以阎锡山根本没有必要如此慌张，他是在防止西北军进入山西。晋绥军的损失主要有二，一是陇海线的晋绥军从豫北撤回山西时，遭到已经投靠奉军的石友三、刘春荣等部的袭击，丢失不少物资和人员；二是平汉路上的徐永昌部，在绕道晋东南的王屋山一线撤回山西时，负责殿后的周思诚、李乐滨两个师大部被中央军消灭。

冯玉祥一边在劝阎锡山坚持作战，一边指挥部队进行最后一战。阎锡山大规模撤军开始后，冯玉祥还不知情，还在郑州外围部署兵力，此时已经无法抵抗，将领们无法指挥，士兵们已不听指挥。在兵败如山倒的惨景下，冯玉祥决定兵撤潼关，但早已预料到西北军必走这一步的蒋介石已经早有准备。9月17日，投靠蒋介石的西北军旧部杨虎城部，攻占龙门，逼近洛阳。洛阳守将葛运隆已接受第48师师长徐源泉的招降条件，向蒋介石投降，摇身一变为中央军第33师师长，宋哲元在这突然打击下，撤出洛阳，向潼关逃去，杨虎城部紧追不放，潼关也被攻陷，只得从朝邑处渡过黄河退往晋南。洛阳、潼关一失，西北军西撤陕西的退路已失。

1930年9月底南京方面的陇海、平汉两路大军向郑州、开封靠拢。10月1日，蒋介石重新部署军队，何成浚部为左翼军团，刘峙部为中央军团，陈调元部为右翼军团，联合作战。10月3日占领开封；10月4日蒋介石赶到开封庆贺胜利；10月5日冯玉祥渡过黄河去新乡；10月6日中央军占领郑州。

河南地区剩下的西北军，成为蒋介石打击和收买的对象，只要答应条件投诚的就不打击，只要投诚的就继续担任军职。因此，西北军中刮起一股倒戈风。平汉路上的张维玺，以南京军事参议院参议一职，率部向蒋介石投降；吉鸿昌率3个师投诚，换来了第22路军总指挥职；骑兵师师长张占魁，倒戈后出任中央军骑兵第3师师长；庞炳勋、孙殿英部也撤往豫北坚持，后改编为两个师；梁冠英率部投诚，出任第 25 路军总指挥；孙连仲经韩复榘介绍，投向南京，出任第 26 路军总指挥。宋哲元、张自忠也收到了出任第 24、23 路军总指挥的委任状，但他们两人没有理睬。

已经溃不成军的西北军、晋绥军，在蒋介石的遥控下，由张学良负责进行编遣。

至此，冯玉祥惨淡经营 20 余年的西北军几十万大军损失殆尽。蒋介石对西北军采取的是"灭绝"政策，在"为我所用"的原则下，对未在战争后期接受收编、逃入山西南部运城、晋城及新乡、焦作一带的宋哲元、孙良诚、张自忠、刘汝明、赵登禹等 7 万余人残部，缩编为编有两个师的东北军第 3 军，由宋哲元任军长。1931 年 6 月全国军队整编时，又改番号为第 29 军。由冯治安任该军第 37 师师长，张自忠任该军第 38 师师长。后因人数实在太多，又增加一个暂编师，由副军长刘汝明兼任师长；另成立两个教导团。西北军从此成为历史上的名词，冯玉祥成为众家军阀中最早被打垮的一个军阀。

蒋介石对晋绥军采取的是限制政策，晋绥军也由 10 个军 40 多个师，缩编为 4 个军 8 个师，以商震（30 军）、徐永昌（33 军）、杨爱源（34 军）、傅作义（35 军）为军长。孙楚为正太路护路军总司令，赵承绶为骑兵军总司令，周玳为炮兵司令。已经投靠蒋介石的商震为山西省政府主席。

1930 年 10 月 8 日，冯玉祥把军权交给鹿钟麟、阎锡山把军权交给徐永昌，主动下台。10 月 15 日，鹿钟麟通电主张停战；10 月 23 日又宣布下野，躲往天津，陕西省主席刘郁芬也离开西安。

在此前后，东北军开始接管华北地区。1930 年 10 月 9 日，张学良在北平就任陆海空三军副总司令，于学忠为平津卫戍总司令，王树常为河北省主席，张学铭为天津市长，胡若愚为北平市长。蒋介石的先锋官刘峙为河南省主席，韩复榘为山东省主席。

在军事失败的同时，中央党部扩大会议内部乱成一团。汪精卫还不甘心失败，有意做最后努力，他在张学良通电入关的第二天，发表谈话称："如张学良意在和平，则吾人原非对人作战，一切无问题；如张决进兵情势恶化，则无论太原、西安，均可作为根据地，依照原计划进行。"此人在面对政敌时，就怕蒋介石；此人在对付政敌时，则口头上要比行动上硬。就在他发誓要照原计划进行的第二天（9 月 20 日）以汪精卫为首的扩大会议成员唯恐成为张学良的俘虏，急着逃跑，幸亏由阎锡山找来一辆机车，把扩大会议代表和随员拉去石家庄，很快又转向太原。

汪精卫面对军事上的失败，眼看半年来的心血付诸东流，分外伤心，为使扩大会议在中国现代政治史上留下一点有价值的东西，到太原后全力以赴起草《约法》。10月27日，8章211条的《太原约法》和10条的《国民会议条例》终于三读通过。虽说《约法》是西方政治制度和中国传统制度的混合物，可比起蒋介石的独裁统治来则要开明得多；虽说《约法》在中国没有实行的环境和可能，可改组派和西山会议派等制订者对此还是十分看重的。西山会议派的头目邹鲁曾为《约法》专门题诗称："百万头颅换得来，行间字里血成堆；漫云大法都须价，举国疮痍剧可哀。"汪精卫之所以在失败之际，还抓紧时间完成无人欣赏也无法实行，等于毫无用处的《约法》，无非是自我安慰和树碑立传，似乎扩大会议没有白开，还有一点"成果"。这一成果，无非使得这场政治闹剧的结尾更加完整些。

《约法》三读完成，10月31日《约法》公布，汪精卫无事可做了。到晋城与冯玉祥、阎锡山会晤后，决定冯、阎于11月4日宣布同时下野，冯玉祥匿居晋南，阎锡山逃往大连，他自己和各位中央扩大会议代表离开太原。阎锡山破例拿出100万晋钞资助各代表离开。

1930年11月1日，汪精卫带着陈公博、陈璧君等人经过大同雁门关离开山西，绕道天津租界，前往香港。在长城脚下，夕阳残墙，汪精卫触景生情，半年辛苦换来彻底失败，心中不免酸楚阵阵，写下一首七绝："残峰废垒对茫茫，塞草黄地鬓也苍；剩欲一杯慰李牧，雁门关外度斜阳。"陈公博也和诗一首："破晓寒鸡四野鸣，漫天风雪过燕京，轮声似慰亡人苦，碌碌长鸣诉不平。"两首诗写出了两人丧魂落魄的可怜样。感情容易冲动的汪精卫、陈公博，此时只有失意、没落，已经对倒蒋丧失信心和意志。11月3日到达天津，汪精卫不顾陈公博等人的反对，发表公开宣言，向蒋介石和南京政府表示不再进行倒蒋活动，愿意做在野派，进入体制内的合作。改组派因此分歧扩大，各奔东西。1931年元旦，汪精卫在天津宣布，改组派正式解散。至此扩大会议彻底结束，中原大战的政治风云一扫而光。

冯玉祥在1930年11月4日与阎锡山一起宣布"即日释权归田"后，宣布不再过问军事。因为他的军队已被收编和打垮，所以蒋介石没有把他赶出国。

冯将军前往宋哲元的防区稷山县居住，开始一生中新的历史阶段，成为从国民党新军阀群体中最早站出来的一位卓越的爱国民主勇士。

阎锡山通电下野后，前往家乡五台河边村服侍老父去了。在此之前，他宣布取消陆海空军总司令部、中华民国军第3方面军总司令部，改设晋绥警备总司令部，由徐永昌、杨爱源分别任正、副司令。蒋介石对山西并不放心，但也没有办法。根据他对阎锡山的了解，可以把阎锡山赶下台，但不可能在山西清除阎锡山的影响；可以让中央军进驻山西，但不可能有效管理山西。因此，蒋介石决定在对晋绥军进行必要限制的同时，还是由晋人治晋。不过，在一个时期内必须把阎锡山赶走。蒋介石让何应钦、孔祥熙转告"百公（阎锡山）不出洋，无以谈善后"，同时每天来轰炸太原，逼阎锡山出洋。阎锡山在无可奈何下，声称去苏联"考察"，还派出人员先去联络。岂知在农历十月初十，化装成老板，轻车简从，乘汽车到达大同，转往天津，此时《大公报》才发布阎锡山离开山西的消息。阎锡山在日本人的帮助下，于1930年12月22日凌晨离开天津，前往大连。8个月后，阎锡山在日本人的护送下回到太原，1932年2月29日接受蒋介石的任命，出任太原绥靖公署主任，再度开始统治晋、绥两省。以后他停止公开反对蒋介石的行动，关起山西大门，闭关自守，自我发展。

一场倒蒋大合唱就此收场，失败并不奇怪，双方无是非之分，只有实力大小之异。蒋介石依靠中央军的枪弹消灭军事反对派，依靠中央财政的财力收买军事反对派，依靠手中的权力收编军事反对派，依靠远超过太原方面的综合实力赢得了这场战争。可是，他们给人民带来的只是战乱、灾难和死亡。

经过中原大战，蒋介石打垮了西北军，冯玉祥再无实力倒蒋；狠狠教训了晋绥军，阎锡山不敢再起倒蒋之心；重重打击了桂军，有效遏制了李宗仁的扩张，真可谓是一举多得。蒋介石的主要军事对手被压服，军事对手的主要武装不是被消灭就是被收编，因此结束了地方实力派军事倒蒋的历史。以后虽然在两广地区还爆发了"非常会议事件"和"两广事变"，但主要局限政治范围内解决，基本没有发生军事冲突。

陈、李、胡南方倒蒋——不战也败

北方中原大战落幕后，倒蒋重心开始南移。几个月后，广州竖起"中国国民党中央执行委员会非常会议"大旗，另立国民党中央和成立国民政府、组织军队，公开否定第三届国民党中央执行委员会，否定南京政府，形成第 2 次倒蒋大联合。

"非常会议事件"之所以发生，挑起的是胡汉民，唱主角的是汪精卫，从中配合的是西山会议派和孙科，军事后台是陈济棠与李宗仁。

陈济棠崛起南粤

与其他军阀相比，陈济棠起步较晚，可后来居上，实属不易。在旧中国盛行有枪就有军、有军就有势、有势就有权的年代，陈济棠凭着一师之众，在广东苦心经营，几年生聚，几年发展，终于自成一家，坐大南海。

陈济棠，广东防城县人，1890 年 1 月 23 日出生。17 岁那年，他离开家乡前往县城读书。此时，科举考试已经走入尽头，不少青年学生和寒门子弟纷纷报考军校，在群雄纷斗、战事不停的情况下，投军成功的可能性要远高于其他行业。不久他转入警察讲习所学习，2 年后又考入黄埔陆军小学。陆小校长就是著名的革命党人邓铿。经邓校长介绍，陈济棠加入中国同盟会，并在以后的一段时期内，邓铿以教师、上司、朋友的身份对他加以提携，为陈氏的发迹，起过不小的作用。时过不久，陈济棠转入广东陆军速成学堂。1913 年毕业后到当地桂军龙济光部当差。"二次革命"后，胡汉民和陈炯明宣布广东独立，袁世凯任命广西提督龙济光和巡抚张凤鸣进攻广东。护国战争中，广西另一军阀陆荣廷把龙济光赶往海南岛，自任两广巡阅使。陈济棠没有逃亡，另外投身护国军第 6 军军长林虎部，担任排长，后来与他交战 2 年、共同倒蒋 5 年的李宗仁和他在一起，职务一样。陈济棠官运不错，在剿匪战争中很快升为营长。1920 年 10 月粤桂战争又起，孙中山领导的援闽粤军从福建回师，将陆荣廷打回广西，陈济棠转身投入粤军第一师，任第 4 团第一营营长，团长则是邓铿新近收编的义军陈铭枢。1921 年 6 月，陈在反击旧桂系的进攻中，升为团长。在陈炯明叛变时，第 1 师奉命平叛，陈济棠升为旅长。国民大革命开始后，第 1 师成为粤军主力，参加了一系列巩固革命根据地的战斗，国民革命军成立时，出任第 4 军第 11 师师长兼钦廉警备司令等职。

蒋介石叛变革命后，陈济棠站在反革命阵营一边。南昌起义中诞生的中共第一支军队撤到潮汕地区时，陈济棠率部进行"围剿"。张发奎于 1927 年 8 月借追击南昌起义部队为名，返回广东图谋发展，陈济棠和其他军队一起将其赶走，并出任第 4 军军长。"蒋桂战争"开始后，李济深被调出广东，陈济棠接任第8路军总指挥，陈铭枢出任省主席。在李宗仁和桂张联军进攻广东时，第8路军接连与桂系进行3次战争，第1次击败白崇禧和黄绍竑部，第2次击败桂张联军，第3次在衡阳击败桂张联军。两年三大仗大胜桂系不说，还占领了广西大片土地，仅每年的捐税收入一项每月即达80万之多。

陈济棠自"蒋桂战争"中掌握广东军政大权后，开始了建立陈氏王朝的准备工作。一是扩充实力。在各路地方实力派中，像他那样不愁经费的人可不多。蒋介石为拉拢陈济棠，把粤省和粤军所占广西地区的税收，几乎全部拨给广东留用。再加上广东为全国首富地区之一，有足够的财力、物力、人力满足陈济棠的扩军计划。就在全国各路大军阀都遭到超级军阀蒋介石的打击时，唯独陈济棠不但未受打击，而且呈现不断上升之势。按照中央所给编制，广东的第8路军只能下辖3个师，粤桂对峙时又获准扩编2个师。陈济棠并未到此为止，先后另编2个独立旅、3个独立团、5个教导团、10个特务营，并背着南京政府向欧洲订购了大批武器弹药。作为军阀，他的军队编制不为多，15万兵力也不压众，可尽是精兵良将、装备优良，非北方一些贫穷地区的军阀部队所能比。即使是蒋介石对陈的15万军队，也不敢轻视，从没有正面对阵。当然陈为保存实力，也不愿意和蒋拼实力。

二是坐大广州。在粤系内部，虽说有省主席陈铭枢，可军权在陈济棠手中。枪杆子里面出权力，大事、小事、要事琐事，均由陈济棠定夺，省主席成了空架子。想当初陈济棠不过是陈铭枢手下的营长，后者当师长、军长也先于前者，两人一起出卖李济深时，蒋介石授予两人的职务也是后者比前者高，可前者对后者一直是大不敬。受欺负的一方也颇有自知之明，似闲云散鹤，少问政事，听凭陈济棠指手画脚。欺负人的一方除不断挤兑省主席本人外，还釜底抽薪，在中原大战初期借蒋介石之命把属于陈铭枢的2个师远送山东津浦线战场。这样陈铭枢在广州就成为孤家寡人，身边无一兵一卒，只有两条路可走，不是甘居虚位，就是离粤而去。他选择后者，就在非常会议事发之初，借故离粤出走投靠蒋介石。可以说二陈在广东当家作主后，事实上是陈铭枢当家，陈济棠作主。如果说陈济棠是非常会议后才成为"南天王"的，那在掌握军事大权后就已踏上"天王之路"。

三是犯上抗蒋。蒋介石打赢中原大战后，以冯玉祥、阎锡山为首的第1次、也是最大的一次倒蒋大联合就此结束。至此在军阀内，蒋介石是打遍天下无敌手，制服各路军阀的计划就要实现，踌躇满志之际，对于能够起兵造反的两广两家军阀当然不会放过。作为借口和信号，他要陈济棠裁减超出编制的军队，削减军费以上交中央财政。陈济棠预感到蒋对粤下手在前，与蒋的因缘就要结束，还不如趁早抽身，寻机倒蒋，再组倒蒋联合阵线。

胡汉民被扣汤山

胡汉民在出任训政时期第一届立法院院长后，曾成为蒋介石的头号吹鼓手，以其特殊的身份为蒋介石捧场喝彩。每当有倒蒋分子起来时，他总是引经据典，念念有词，攻击对方的行动是违背总理遗教，分裂国民党。总是从"论""法"的高度，求证对方是僭越叛乱之举。如在北平中央扩大会议时，他称汪精卫"左到要与共产党通家，右到与西山派合作为阎冯筹安"。他的"政治围剿"及时有力地配合了蒋介石的"军事围剿"，故在国民党上层有人称他是"在于征桂，则功超言论之外；对待阎冯，则功居后防之先"。

胡汉民的媚蒋、助蒋行为，使得当时的舆论对他十分不利，最后是他自己站出来洗刷作为蒋家帮凶的耻辱。胡汉民倒蒋，引发一场倒蒋大联合——"非常会议事件"。"非常会议"解散后，又坚持倒蒋4年余，写下国民党内倒蒋史上新的一页。

蒋、胡决裂的起因是在汪精卫身上。北平中央扩大会议结束，汪精卫留下一条豹尾——《约法》。《太原约法》提醒了蒋介石：何不接过约法的口号，乘中原大战凯旋之际，立即召开国民会议，制定一部有利于自己的约法，把自己的领袖地位在法律上固定下来，为出任"总统"创造条件。故在1930年10月3日，中原大战前线已经胜利但未收兵之际，以1928年8月11日二全五中全会通过的《训政时期颁布约法案》为由，从河南兰封前线致电南京中央，主张提前召开"四大"，确定召集国民会议的议案，制定训政时期的约法。

对法律颇有研究的胡汉民，一眼看穿蒋介石的阴谋。他认为当年孙中山制订《约法》是为限制袁世凯独裁；汪精卫制订《约法》，是从在野派的角度反对国民党上层蒋介石集团的专制。而蒋介石要约法，绝不是为了履行法律，而是为了约束他人，无限制地扩充自己的权力。胡汉民清楚，自己设想的中常会领导、中央政治会议议政、仿西方政治体制的互相制约的训政时期党治政府体制，将会被蒋介石的独裁所取代，自己控制的党务、立法机构的权力也将被剥夺；而且制订约法、召开国民会议和实施宪政、选举总统，是属于宪政阶段的任务。接到蒋介石的电报后，胡汉民大到三全四中全会，小到私下会谈，利用一切机会一切场合，反对制订约法。基本调子是：

"总理建国大纲，及第 1 次全国代表大会宣言中之对内政纲，较任何约法为完备，无需要作出钦定式的约法。""且国民党第 3 次全国代表大会已议决，将总理所著的主要遗教，定为效力等于约法的根本大法，现在又谈约法，岂非将总理遗教搁开而另寻别径。"

"约法之争"中的蒋介石被胡汉民有论有据、有条有理的驳回后，并未罢休，指使吴稚晖等人出面，与胡汉民论战。胡汉民以他学究式的认真、卓越的辩才，堵死了立法院长及立法院赞成约法的路。

蒋胡合作之初，就有不可调和的矛盾。胡汉民自恃为国民党内无人可比的头号元老，具有党统的合法性，在党内的势力和影响远在蒋介石之上，占有足够的优势，故希望不断强化一党专制；在党内则效仿西方政党，开放党内民主，权力的分配、使用，应用和平、民主、法治的方式；党务、政务避免军队干涉，限制军事强人。这样有利于他在和蒋介石的合作中，扬善办党务之长，避不掌军权之短。

蒋介石则随着实力增长，篡夺最高领导权的野心日起。可他多年的工作重心一直在军界，在党务、政务方面积聚资本的工作刚刚起步，离成为"大家长"还有一段距离。胡汉民因有党务本钱搞党治政府，蒋介石只能搞军治政府；胡汉民的"民主与法治"是压蒋介石的，蒋介石只有靠手中的军队，实行高压统治，压制各种反对派。所以两人都主张实行国民党一党专制，但胡汉民因为政治上受压制所以主张一党专制集体裁决，蒋介石因为独断专行所以主张一党专制、一人独裁，两人"官念"上的差别，引起种种不和。

胡汉民不满蒋介石到处插手，不赞成蒋介石拉帮结派，更反对蒋介石滥用职权。他一次对陈立夫说："其实什么机关都可以不要，只存一陆海空军总司令部便可以了，既简捷又经济，这样一实行，对于减少目前财政恐慌，大概也不无小补！"这是对蒋介石军权高于一切的莫大讽刺。所以他经常利用立法院质询、审计大政方针的机会，阻止蒋介石计划的实施，两人之间明争暗斗没有断过。更使蒋介石接受不了的是，胡汉民竟敢当面顶撞、指责他。至于胡汉民以老师的面目出现，把蒋介石当成学生，口讲指画、耳提面命之事也时有发生。正如他自己所说："余秉性率直，对任何事情知无不言，言无不尽。凡言有不合，理有未当，事有错误者，余当面指责，任何人在所不避。"在国民党上层，向蒋介石献计献策的多谋之士有之，向蒋介石进尽忠言的大胆之士有之，而敢于指导、教训、顶撞蒋介石的，就胡汉民一人。

在胡汉民、孙科和伍朝枢于1927年底出洋考察后，他们的追随者王昆仑、钟天心、谌小岑、周一志、梁寒操、程元斟等人组织起"中国国民党再造派"，在上海创办《再造旬刊》，以国民党正统自居，坚持"反共"的同时反对蒋介石专权，要求限制蒋介石的权力。他们针对南京政府日趋"蒋介石化"，提出再造民国，再造国民党。

问题是胡汉民的所为对蒋介石来说，没有什么约束力。蒋介石对胡汉民和立法院的审核，为表示民主有时会敷衍一下，蒙混不过就我行我素，遭到抗诉就强行通过，从不把胡汉民放在眼里。两人之所以能够合作，是因为他俩各有打算，各有私心。蒋介石是想借助胡汉民在党内的声望，巩固自己得到不久的领袖地位；胡汉民则是想借助蒋介石的实力，掌握尽可能多的权力，实施自己的政治方案，两人是军阀和政客之间的合作。两人的合作仅仅是因为胡汉民没有认清蒋介石的虎狼之心，蒋介石需要胡汉民在后方看家而得到延续。"约法之争"则使胡看透蒋介石的真面目，而蒋也下决心准备抛弃胡汉民。

"约法之争"同过去的蒋、胡争吵相比，虽说是激烈了一点，可却是平常之事。此次两人之所以闹翻，除有政治原因外，还有就是缺少一种调和和折中因素。因为以往在蒋、胡冲突中调和的谭延闿于1930年9月21日检阅军队时突然中风死亡。行政院长谭延闿对人圆滑，被称为"药中甘草"，人们喻之为"水晶球"，在他死时民间有一副对联说："混之为大矣哉，大摇大摆，大吃大喝，命大福大，大到院长；球之本领滚而已，滚来滚去，滚进滚出，东滚西滚，滚进棺材"，此联对他秉性的评说则恰如其分。谭延闿善于在国民党各派系中周旋，尤其一直是充当蒋、胡争吵的调解人。他的突然去世，一方面蒋介石以国府主席、陆、海、空三军总司令的身份，兼任行政院长独揽大权，胡汉民对此有异议；另一方面使得蒋介石和胡汉民之间少了一个调解人。

过去两年间每次能够平息蒋、胡争吵，并使蒋、胡握手言欢的，只有谭延闿。有人说，如果谭不去，恐怕"约法之争"也不会发生，国民会议也会开成，约法也会出笼，也就不会再有"非常会议事件"。胡汉民在谭死后不无遗憾地怀念道："风景不殊公逝后，江山无恙我忧时；去年今日经风雨，正是回章索和期。"所以有人把谭死对胡汉民的影响，比作中药里姜桂失去甘草不成药势一样。为此，在谭死时，胡汉民就向蒋介石提出辞职，蒋介石心里明白，只要胡汉民下台，马上会成为倒蒋活动的中心。自己多养一个胡汉民这样的政客，可以安抚一批人，可以增加南京政府的民主色彩，故没有同意胡辞职。

"约法之争"日趋激烈化，胡汉民利用其在党务和理论上的优势，以总理遗教传言人的身份，一再搬出"总理遗教"来压对方，指责蒋介石、吴稚晖等人是"曲解总理遗教"。这一罪名对蒋介石来说并无什么约束力，可谁也担当不起，也不愿意当此罪名。蒋介石为堵住胡汉民的嘴，如期召开国民会议，顺利制订约法，经公开论战和私下劝说无效后，决心一冒政治风险，把胡汉民赶走。最后蒋介石如期达到目的，却也付出一些代价。

蒋介石召开国民会议的决心已定，于1930年11月12日召开三全四中全会，专门统一党内思想。在1931年1月5日的国父纪念周上，蒋介石宣布："本年内政府最重要的两项工作，一为召开国民会议，一为废除不平等条约，这是完成先总理的遗嘱"；1月20日，成立国民会议选举总事务所，限令各省市于4月20日前完成选举的各项准备工作；由陈果夫和陈立夫控制的国民党党务系统和中执会调查统计部门，开始插手各地国民会议代表选举，意图操纵选举。

胡汉民极力进行抵制，他说："对于约法和宪法，我非是不主张，而且我自参加革命以来，就是为约法和宪法而奋斗的。我今在立法院，未尚不可制定一个约法、宪法来，但如此就算实行民权主义了吗？如今，军权高于一切，已经立下之法，尚无法发挥其作用，便是制定了约法和宪法又有何用？"胡汉民的本意很明确，即既然是训政时期，国民会议就无权制定约法，无权选举总统。

对于胡汉民的不合作，蒋介石不以为然，他不会因为胡汉民的态度决定取舍。但是，陈果夫和陈立夫兄弟俩向他报告的消息却让他不得不考虑采取极端行动。陈家兄弟根据各党部报上来的选情报告，得出的结论是：如果现在进行投票，蒋介石只能得到三成选票，胡汉民将得到六成八的选票。蒋介石当然不得不正视这一现实，如果贸然进行的话，万一投票出现不利结果将很难改变。看来只有一条路，即把胡汉民排除在外，单方面完成立法程序。

1931年2月24日，蒋介石约戴季陶、吴秩晖、张群同胡汉民再次商讨约法问题，希望彼此相互退让一步，以取得妥协，但胡汉民仍坚持反对约法，他说："我并不是不主张约法和宪法，我自信是真的为约法和宪法奋斗者。不客气地说，当开始反对'满清'，提倡民权主义的时候，我还不知道你们何在？而且也无处认识你们。"25 日，胡汉民对《中央日报》记者发表谈话声称："我追随总理数十年，总理之重要著作，我亦曾参加若干意见，从未闻总理提议国民会议应讨论约法一语。"对此，蒋介石知道约法之事已无协商解决的可能，只能使用非正常手段。

1931 年 2 月 28 日晚 8 时，参加完立法院会议的胡汉民应邀来到三军总司令部，出席蒋介石的宴会，当然他没有想到会成为蒋介石的囚徒。来到府前，立法院长的警卫被挡在门外，胡汉民觉得异常。走进客厅，只见中常委戴季陶、在三全四中全会上被选为中常委的朱培德、中央监察委员吴稚晖、司法院长王宠惠、参谋总长兼军政部长何应钦面色凝重，神态不一。这些要员们平时与胡汉民关系有好有差，表面上说得过去，如今竟然连招呼都没有。此时，总司令秘书高凌百走上前来，引导胡院长走进另外一间房间。首都警察厅厅长吴思豫在里面等着，见胡汉民进来，递上一封蒋介石签名加注的信件。

颇有自信的胡汉民，绝对不会想到一个晚辈会逮捕他这样一位一生从事国民党事业的元老；不会想到一介武夫会绑架一个国民党中常委；一个总司令会逮捕最高立法机构——立法院院长。对于蒋介石的专制和冷酷，胡汉民早有领教，只是没想到自己会成为蒋介石的囚徒。

拆开蒋介石的信，胡汉民越看越气。蒋介石在信中罗列了胡汉民的罪状，主要有两大类：一是在大革命时期就勾结许崇智，运动粤军，反对国民政府；二是身为立法院长，曲解总理遗教，领头反对训政时期约法，挑起"约法之争"。

胡汉民生气是可以理解的。第一类罪状，本属造谣侮蔑。许崇智搞兵变，为无中生有之事，完全是蒋介石出于夺取军权、清理反对派的目的，采取造谣诬陷手段，把掌握粤军的老上司许崇智逼离广州。此外，不提此事还好，一提起来胡汉民更生气，当时也是在那一次事件中，胡汉民被作为刺杀廖仲恺的主犯而被逼出国，成为汪精卫夺权的牺牲品，此事已经过去近 6 年但还历历在目，没想到蒋介石竟然还在利用此事做文章，能让胡汉民不生气？

第二类罪状，本属颠倒是非。"约法之争"的直接责任者是蒋介石，提出实施训政的是蒋介石，实施训政后继续实施军政独裁的也是蒋介石，一边实施军政独裁一边又要超越阶段、进入宪政时期的是蒋介石。此事对蒋介石来说习以为常，因为他向来以其个人的意志为转移；此事对胡汉民来说则难以接受，胡汉民有些书生的耿直，有些理论家的思维，当然不能容忍蒋介石胡作非为，所以和蒋介石据理力争，结果把自己送进监狱。

看罢信，胡汉民又气又急，要求蒋介石前来论理。约半个小时后，邵元冲走进来劝说，胡汉民这才弄明白蒋介石的真意，只是要他辞职而已。

对蒋介石失去信心的胡汉民，马上表示："何止辞立法院院长，我什么都可以不干，组庵（谭延闿）未死时，我已说过辞职了，但必须找介石来，这样就可以了事吗？"

在幕后操纵的蒋介石听说胡汉民已经表示愿意辞职，目的已经达到，立即来到前台与胡汉民见面。深夜12点，蒋介石来见胡汉民，能言善辩的胡汉民滔滔不绝，对蒋氏信中的内容逐条加以批驳。蒋介石听罢无话可说，词不达意地说："胡先生讲话，向来严正，常常严责党务政治工作人员也太过，这些人都不自安。"

胡汉民接过话题，毫不客气地说："我严责这些人，正是我看重他们。任情胡为，擅离职责，国家体统何在？这批人，还不该受我的教导吗？"又进一步说："你不对，只有我教训你，除我之外。怕没人再能教训你了。你不要以为我不敢教训你。"

蒋介石听后很不自在，赶快了结此谈话，表示："胡先生能辞职，很好，但不能不问事。我除总理外，最尊敬的便是胡先生，今后遇事，还是要向胡先生请教。"

蒋介石说完就走了，空着肚子前来"赴宴"的胡汉民这才吃上晚饭。后半夜，胡汉民的辞职信送出，第二天各报都刊出以下消息："因身体衰弱，所有党部政府职务，概行辞去。胡汉民。"同时还亲书一信给蒋介石，信中说：

"我平生昭然揭日月而行，你必有明白的时候，去年我亦早已提出辞职之议。且自去年与组庵、湘勤（古应芬）等唱和以还，竟自审我非政治中人，而发现有作诗的天才，实可为一诗家。当民十五年自俄返国，避居上海，从事评述以生活者年余，以维生计，以遣长日，竟颇有成就。今后必将以数年之时间，度我诗人之生活也。"信中附言："留居小屋，室小人杂，诸多不便，能住汤山亦好。"

次日上午 9 时，一夜未眠的胡汉民由邵元冲、吴思豫陪同前往汤山，一同前往的有女儿木兰和男女服侍各 1 名。就这样，一位国民党头号元老、中常委、立法院长，一位专门制订法律的人，竟然未经任何法律手续，被蒋介石看押。法律、人权、民主失去了尊严，任人嘲弄。蒋、胡决裂，反映出资产阶级政党的东方特色，即任何党内争论都可能成为势不两立、你死我活的恶斗。

为了安抚胡汉民势力较为集中的广州，南京方面特意向广州方面发电称："胡展堂先生对国民会议，坚持主张不得议及约法，恐因此引起党内无穷纠纷，俭（28 日）晚特与详细讨论，胡先生以政见不和，欲辞本兼各职，并欲择地静居，谢见宾客，故于本日往汤山暂住，乃闻谣传扣留，殊觉失实。"1931年 3 月 2 日，国民党中央通过蒋介石所提召开国民会议，制定《训政时期约法案》，批准胡汉民辞去立法院长，由林森继任。

胡汉民在南京过起囚禁生活，3 月 8 日因血压过高迁回双龙巷家中软禁，7月 13 日改关香铺营孔祥熙府，平时获准探望的只有戴笠、吴稚晖、孔祥熙等数人，未经峰层批准的人士一律不得探望。一次司法院长王宠惠因没有得到批准去探望，竟被卫兵拦住，气得这位司法院长举起拐杖朝卫兵打去。胡汉民在家中被软禁期间，蒋介石于 5 月 4 日前来邀请胡汉民出席次日召开的国民会议，胡不软不硬地回答："我身体不大好，怕不能出门，而且军警监视着，也不便出席。即使出席，怕也不好看吧！"（上述有关部分引文和资料请见《中国现代史政治史资料汇编》第 2 辑第 7 册）

胡汉民几乎与外界隔绝，外界却已闹翻天；胡汉民自己并未说过多的话，其他人却大做文章。胡汤山被扣，迅速转化为蒋、胡两派恶斗，紧接着成为蒋介石和倒蒋各派尖锐对立的"非常会议事件"。宁、粤分裂，是继宁汉分裂、宁、平分裂（中央扩大会议事件）后的又一次政治闹剧。

孙科助胡要反蒋

在此次闹剧中，站出来另一位关键人物，这就是铁道部长孙科。

孙科，广东香山人，因为他是孙中山的儿子，所以在国民党内的地位很高。1916 年，25 岁的孙科在获得美国哥伦比亚大学硕士学位后回国，出任过大元帅府秘书、国会书记、广州《时报》总编、广州特别市市长等职。1923 年 10月，出任国民党临时中央执行委员，负责筹划国民党改组事务，国民党一大召开时，参加了国民党党纲、党章、宣言等文件的起草工作。1925年初，孙中山北上后病危，孙科2月2日赶到北京，2月24日与宋子文、孔祥熙、汪精卫一起请孙中山留下遗嘱，3月11日中午，孙中山在遗嘱上签字，孙科与戴恩赛、邵元冲、吴稚晖、何香凝、戴季陶、邹鲁、宋子文、孔祥熙等在遗嘱上签名为证，第二天孙中山逝世。同年7月国民政府成立时，担任国民政府委员、广东省建设厅厅长。在国民党第2次全国代表大会上，当选为中央执行委员，后任过国民党青年部部长、武汉国民政府常委兼交通部长、财政部长。宁汉合流后，任财政部长和建设部长。训政时期第一届政府成立时，任铁道部部长、考试院副院长。作为"太子"的孙科，给人的外表是，与世无争，安身立命，在其父的余荫下，官做得很大，但不锋芒毕露，并显得有些平庸，因而跟各派的关系都不错。

孙科与蒋介石的关系本来应该很好，因为他是孙中山的儿子，如果没有孙中山就不会有蒋介石，蒋介石不能忘恩负义；其次蒋介石还是孙科的小姨夫，对这位夫人的娘家外甥应该予以关照；最后，孙科参加国民党活动多年，也属没有功劳有苦劳之辈，应该享受到国民党的优惠。蒋介石对孙科并没有予以打压，但也没有重用过；授予的职务并不低，但从没有进入过决策核心。蒋介石没有像他培养蒋经国接班那样培养孙科，孙科与蒋经国成长的道路相比虽然发迹早、当官早、任职高，但从来没有蒋经国那样的实权，从来没有成为蒋介石最信任的人。

蒋介石对孙科如此，孙科对蒋介石也可想而知。他对这位小姨夫并不看重，也不尊敬，而且心里总有一种"如果父亲不死哪有蒋介石""如果父亲不死我怎么会沦落如此"的想法，内心充满对现实和处境的不满。因此，他对蒋介石给予的职务从不感谢不说，还总觉得是怀才不遇。蒋介石对待孙科颇有"任人唯贤"的作风，你"太子"才能平庸，也只能当一些有职无权、无所用心的官。事实上，到他们这一层次的人，才能和水平高低已属不重要，政治分歧也只是利用的招牌，主要是相互之间的关系如何，蒋介石从来没有把孙科当成自己人，这是问题的关键。孙科对处境不满，在宁汉合流后曾与胡汉民一起到欧洲考察，到训政实施前夕回到南京，出任铁道部部长兼考试院副院长。

在此以后的2年间，国民党上层因为"三全"违法而争吵不休，地方实力派因为编遣军队打得不可开交，孙科一直没有参与，在他看来自己在党内势力有限，只能联合其他实力人物，待机而动。在国民党上层，能够与蒋介石抗衡的只有两个人，一个是汪精卫，一个是胡汉民。孙科与他们两人的关系一向不错，既是广东老乡，有共同语言；也是同志战友，共事多年。在他看来，自父亲去世后，无论是汪精卫或是胡汉民，都不是成熟的接班人选，但都要比蒋介石强。尤其不会像蒋介石那样把国民党搞得四分五裂，不会把许多重量级人物整得死去活来，不会靠阴谋和权术治国、治政治军、治党。至于在政治上蒋介石主张召开国民会议、提前进入宪政阶段，胡汉民主张再造国民党，汪精卫主张改组国民党，他自己同意再造国民党，阎锡山、冯玉祥和李宗仁等提出护党救国，纯属口号，没有本质差别，关键是权力分配。

汪精卫进行倒蒋活动多年，孙科没有参与。这有历史的原因，因为在宁汉分裂中就留下了对立的萌芽，汪精卫开始成为倒蒋专业户。孙科参加新成立的训政政府时间不长，正是踌躇满志之际，当然不会舍去南京的官职参加当时毫无胜利把握的倒蒋活动。

情况到此时发生了改变，一是经过两年多的实践，蒋介石的政治野心越来越暴露，再不进行遏制的话，汪精卫回不了中央，胡汉民也要被排挤出中央，两大反对派领袖被排挤出中央，一大批追随者要跟着遭殃。

二是胡汉民反对图谋通过制订约法扩权的蒋介石，引发"约法之争"。胡汉民与孙科的关系更近一层，长期以来，胡汉民作为孙中山的老战友；孙中山逝世后胡成为党的领袖中专门研究孙中山思想的理论权威；因为受到蒋介石的压制，所以一直在运用孙中山思想批判蒋介石的失误和专制；两人同为国民党内势力庞大的广东帮。以上因素使得孙科和胡汉民之间有着天然的感情纽带。

三是孙科已经形成对蒋介石特有的看法。在他看来："蒋为一独夫政治，中央党部与国民政府仅存招牌，其实已为蒋氏所御用。蒋氏这种行为，本极愚蠢。盖自北伐以后，终无一人与蒋争权，一般同志，均以蒋能军事，胡皆容忍。讵愈弄愈凶，至今日真面目乃尽露，无一人敢与接近。现除蒋氏下之一班幸辟（此字下面加'女'字）走狗外，凡接蒋氏之请柬者，莫不惊疑万状，以为大祸临头；即其部下之亲信军队，亦多人人自危，蒋氏实已陷于众叛亲离之境地。"（孙科：《在非常会议省市党部扩大纪念周报告》，见《中国国民党历次代表大会和中央全会资料》第980页）正是在这一认识基础上，孙科开始站出来清算蒋介石的罪行，一洗过去几年间自己无能、为蒋介石捧场的耻辱。

对于孙科，胡汉民曾有过精彩的论述，他说孙科"因为他是中山先生之子，所以有革命脾气；因为他在国外长大，所以有洋人脾气；因为他是独子，所以有大少爷脾气；他有时只发一种脾气，有时两种一同发，有时三种一起发。"孙科发"革命脾气"时，会让蒋介石难堪；发"洋人脾气"时，会让同僚们难堪；发"大少爷脾气"时，难免造成战略上的失误。他的不成熟、易冲动，决定了他只能依附于党内其他大派，只能成为主流势力的工具。

眼看胡汉民成为阶下囚，孙科于心不忍。他亲自出面疏通，提出让铁道部主任医官邓真德为患有高血压的胡汉民治病，孙科既是胡汉民的好友，为胡请医生看病并不奇怪；邓大夫为铁道部医生，因为同乡关系经常为胡汉民治病，如今受铁道部部长派遣看望病人也属正常。蒋介石没有阻挠，他自认为只要政治目的达到后，在生活和身体上为胡汉民这样的重量级人物提供一些方便也不为奇。就这样，邓真德成为胡、孙之间的传话人。

胡汉民要邓大夫传话给孙科，要他立即赶往广东，组织倒蒋。胡汉民此次看得较准，自觉经过多次倒蒋、特别是中原大战后，蒋介石气势全盛，同样受到伤害的人员也最多。因此他特意请邓真德转告孙科，此次不分良莠、不分高低，只要愿意倒蒋，就是团结的对象，即使争吵多年的汪精卫愿意参加也要欢迎。胡汉民的安排，是保证此次倒蒋成功的主要因素。

孙科已有准备采取重大政治行动之心，只是因为对组织倒蒋运动并不在行，所以缺乏主见和行动纲领；只是因为对组织倒蒋运动能否成功缺少把握，所以不敢贸然采取行动。胡汉民的妙计无疑是拨开了他心中的迷雾，根据胡汉民的指示，他当即与第三届候补中执委、立委马超俊，前国民革命军总司令部政治部秘书长王昆仑，上海交通大学教务长麦朝枢，铁道部总务司司长梁寒操及钟天心、谌小岑、周一志、程元斟等人密商。决定派遣钟天心去广州，劝说国民政府文官长古应芬、第8路军总指挥陈济棠举旗倒蒋；派遣梁寒操去香港，劝说汪精卫参加倒蒋阵营；派遣周一志、麦朝枢去沈阳，通过吴铁城劝说张学良参加倒蒋阵营，途经天津时，顺便把西山会议派拉回广州。

倒蒋活动开始后，孙科为自己的政治安全担心，唯恐成为胡汉民第二，失去人身自由，所以尽管蒋介石和宋美龄对他分外热情，还是悄悄离开南京前往上海。一进租界，孙科马上活跃起来，原来他放开手脚后还是很有胆略和分寸。他首先打电报给蒋介石，表示粤籍各中央执行委员"诚为胡展公抱不平而起。科意今日第一要务恢复展公完全自由，则以后各事自易解决。"同时，他又打电报给广州方面，提醒他们务必要请汪精卫出山，因为汪精卫在党内的实力仅次于蒋介石，从某种程度上他的影响力要大于胡汉民，汪精卫的态度如何事关倒蒋的成败，只要汪精卫不参加切勿扩大事态，以免引起政治上被动。

汪精卫不会不参加，他在中央扩大会议事件破产后，经天津转往香港。在天津时他已公开宣布解散改组派，愿意成为在野派，也就是放弃体制外的抗争，进行体制内的抗争，他的输诚行动并没有得到蒋介石的回应，他依然在香港流亡。最为关键的是，他并非寂寞之人，抛头露面、出人头地的欲望非常强烈，胡汉民被囚消息一见报，凭他的政治敏感性马上预感到一场政治风波将至。经与广州方面和孙科派来的代表会谈，凭他的政治判断力马上觉察出此次倒蒋颇有成功把握，不会重蹈中央扩大会议事件的覆辙。所以，汪精卫异常痛快地表示，立即准备赴广州，参加倒蒋。当然汪精卫参加倒蒋，并非为了替胡汉民申冤，他和胡已成水火，之所以同意出山，完全是不愿意错过与蒋介石一争的机会。

孙科收到香港方面的来电后，认为时机成熟，立即举起倒蒋大旗。他发表了《为胡汉民被囚重要宣言》，谴责蒋介石"一面摆酒请客，一面拔枪捉人，以国民政府主席，而出于强盗绑票之行径，较之青锋剑中之狗官，有过之而无不及。"

孙科公开倒蒋，急坏了蒋介石，孙科既是孙中山的儿子，又是夫人的外甥，平时给人的外表是与世无争，如今起来反对自己，无疑在向外界宣布自己难以容人，给自己脸上抹黑，更为重要的是他将吸引更多的人参加倒蒋阵营。为此，蒋介石再次搬出一堆元老，劝说孙科回宁。

长期以来充当蒋介石说客的张静江、吴稚晖、李煜瀛、蔡元培等人来到上海，向孙科保证，党内纠纷将由党内解决，胡汉民将恢复自由和恢复职务。政治上软弱、有"阿斗"之称的孙科果然轻信说客们的话，一度动摇准备返回南京。孙科的动摇急坏了上海和广州的倒蒋派，他们纷纷劝说孙科不要受干扰，坚持倒蒋到底；此外，他们提醒孙科，蒋介石一向口是心非、口蜜腹剑，如果回到南京很有可能胡汉民继续被软禁，孙科本人也将被扣押，为蒋介石向广州方面下手创造条件。

自大革命失败后一直在欧洲等地考察，于 1930 年春回国从事反对蒋介石活动、中国国民党临时行动委员会总干事邓演达也力阻孙科重返南京。在倒蒋积极分子的坚决反对下，孙科打消了返宁念头，决定与回国不久的前武汉政府外交部长陈友仁一道取道香港，前往广州。

当时的情景还很有戏剧性。那天，邓演达他们正在与孙科商讨赴港计划，李煜瀛等人突然造访。邓演达是南京政府捕捉的要犯，麦朝枢、简又文、余铭等人也不便公开露面，以免暴露行踪，所以由孙科下楼接待客人。楼下李煜瀛等人颇有孙科不说明具体回宁日期决不离开的意思，楼上邓演达等人十分担心，唯恐孙科经不住这批元老的劝说，改变立场。最后根据简又文的提议，由孙夫人陈英淑装病，制造了从床上摔到地板上的声音，简赶紧下楼报告说孙夫人摔倒和病情加重的消息，孙科趁机表示夫人身体欠佳不宜远行，李煜瀛等人见状只得罢休。

广州城内动静大

胡汉民被扣汤山和孙科、汪精卫决定举旗倒蒋后，广州城里马上热闹起来。在广州城内策划倒蒋的是古应芬。

古应芬，在国民党内论资格和胡汉民、汪精卫差不多，但参加中国同盟会的活动要比蒋介石早得多。1905年参加同盟会，黄花岗起义时他是策划人之一，辛亥革命时，出任广东省都督府核计院院长，参加过"二次革命"，孙中山南下护法时任大元帅府秘书，蒋介石此时只是援闽粤军作战科主任。以后古应芬在党内和政府内地位不断上升，而蒋介石在军内的地位却直线上升，所以两人的落差开始出现。1925年8月国民政府成立时，古为财政部长兼广东省财政厅厅长。在国民党"二全"上当选为中监委。南京政府成立时，任国府常委、军委委员、代理财政部长，第一届训政政府成立时，为国民政府文官长。而这一阶段，蒋介石开始控制党政军大权。

古应芬本为胡汉民的首席智囊和助手，与胡汉民结成神圣联盟，胡两次"出国考察"时，古则成为胡在中央机构的代言人。长期以来，古应芬对身居高位但在决策边缘、政治权益没有得到保障很不满意，对蒋介石的专权行为和排除异己政策早有微词。在1929年春因蒋桂之争李济深被排挤出广州时，他想返回广州主持省政，蒋介石担心古应芬坐大、把两广变成变相与南京对抗的基地，所以没有批准，这更让古应芬不满。

胡汉民被扣汤山后，古应芬立即致电南京政府，辞去文官长一职，经上海转往广州，与蒋介石一争高低。当他就此事与广东地方实力派、同样对蒋介石已经失望的陈济棠联络时，两人无须沟通，一拍即合。并且从文武两路，筹划具体倒蒋行动。

古应芬负责联络文的一路，他拿着陈济棠提供的巨款，赶到香港与汪精卫、唐生智、唐绍仪、李烈钧等人联系。除汪精卫外，在中央党部扩大会议失败后，他们逃往香港，眼看前途渺茫，大都已做好在香港当寓公的准备。现经古应芬一说，心中又起莫大希望，马上精神倍增，举手赞成。汪精卫更是积极，孙科的代表未到之前，已经和古应芬谈妥。因此，国民党上层主要派系中除蒋介石系外，胡汉民派、汪精卫派、孙科派、西山会议派等全部参加进来，显然蒋介石成为少数派。

陈济棠负责联络武的一路。在他看来，政治上有胡汉民、汪精卫、孙科、古应芬等人保驾护航；地理上有南岭、大庾岭之险可守；但是军事实力上略显不足，15 万军队难敌南京方面百万重兵，他亲眼看到了唐生智的 15 万军队、冯玉祥的近 30 万军队是如何被蒋介石所消灭的。为扩大倒蒋联盟和增加军事实力，陈济棠决定一改与桂系争地盘的旧态，宣布从广西撤兵，结束与广西进行了长达 2 年的粤桂战争，并派出亲信林翼中到南宁，会见李宗仁、白崇禧，主动表示共同倒蒋，桂军接管粤军占领的西江地区。李宗仁、白崇禧此时的处境并不好，北有何键、东有陈济棠、西有黔滇军阀，被困得动弹不得。现见陈济棠不仅表示主动撤兵让出地盘，而且愿意举旗倒蒋，无疑是天赐良机，绝处逢生，马上表示无条件同意参加倒蒋阵营。

1931 年 4 月 30 日，国民党中央 4 名监察委员古应芬、邓泽如、林森、萧佛成联名发表通电，公布《弹劾蒋中正提案》，揭露蒋介石"横征暴敛，罔顾民生；排除异己，制造祸端；毁法乱纪，动摇国本；厉主独裁，奴役人民"，要求将蒋撤职查办。蒋介石和南京方面不会理会 4 人通电，但是通电正式揭开了倒蒋序幕。

5 月 3 日，第 8 路军总指挥陈济棠领衔，广东余汉谋、香翰屏、李扬敬、杨鼎中、朱为珍、陈策、黄光锐等将领附和；5 月 11 日广西方面李宗仁、白崇禧领衔，张发奎、李品仙、黄旭初、杨腾辉、梁朝玑、吴奇伟、廖磊、韦云淞、唐生明等将领附和，联名通电，响应四监委通电，要求南京政府立即恢复胡汉民的自由，蒋介石下野。

事件在南京和广州同时展开。南京方面，蒋介石见胡汉民没法说话了，立即着手进行国民会议的筹备和约法的起草工作，负责约法起草的就是一贯被胡汉民瞧不起的吴稚晖。

1931年5月1日，蒋介石召开"三全一次临时会议"，专门研究国民会议、制订约法事项。此次会议的合法性，再次受到人们的责疑，且不说蒋介石单方面召开"三全"，胡汉民派、汪精卫派和孙科派只有少部分代表人物进入中央执行委员会，中央执行委员会不能代表各大派之外，即使蒋介石单方面选出来的80名中央执行委员、中央监察委员，出席、列席会议的只有43人。正式出席的有中执委蒋中正、戴传贤、叶楚伧、吴铁城、于右任、宋子文、何成浚、邵元冲、朱家骅、张群、刘峙、杨树庄、周启刚、陈立夫、陈肇英、刘纪文、刘芦隐、丁惟汾、曾养甫、方觉慧、王正廷、张贞、孔祥熙（后3人为替补者）列席的中监委和候补中执委、候补中监委是刘文岛、鲁涤平、张道藩、缪斌、桂崇基、余井塘、焦易堂、苗培成、程天放、克兴额、吴稚晖、张静江、蔡元培、张继、邵力子、李煜瀛、恩克巴图、褚民谊、陈布雷、张学良。其中张学良不是中执监委，则过半2人，如果扣去会议出席者中还未能够南下的胡、汪、孙派干部（刘纪文、褚民谊等）的话，此次会议则显然不合法。

会议主要议程是通过由吴稚晖等11人高速起草完成的《中华民国训政时期约法（草案）》。蒋介石自知理亏，难以平息党内纠纷，所以把原来制订约法的标杆大为压低，只是"既由军政时期入于训政时期，允宜公布约法，共同遵守，以期促成宪政，授政于民选之政府"。（《中华民国训政时期约法（草案）》，见《中国国民党历次代表大会和中央全会资料》第945页）只是规定"选举、罢免、创制、复决四种政权之行使，由国民政府训导之；行政、立法、司法、考试、监察五种治权，由国民政府行使之"。（同上见947页）《约法》没有提出制宪和选举总统等事项，只是说：国民政府主席"由中国国民党中央执行委员会选任"。（同上书第947页）有些规定则是根本没有执行，如"人民非依法律不得逮捕、拘禁、审问、处罚；人民之住所，非依法律不得侵入搜索或封锢；人民有通信、通电秘密之自由；人民有集会、结社之自由；人民有发表言论及刊行著行之自由"（同上书第946页）等形同虚设，只是成为民主的招牌。因此，这一不伦不类的约法，只是重申训政时期纲领而已。蒋介石徒劳无益，只是为了从气势上压过胡汉民，改变被动局面，打赢已经爆发、对他非常不利的党内权力争夺战。

1931 年 5 月 5 日，国民会议在南京举行，此次国民会议代表选举完全在陈果夫、陈立夫的国民党各级党部控制和操纵下进行，从出席第一天会议的 394 名代表和 48 名当然委员看，会议代表选举和召开是既不完整也不公正，只有党意，没有民意。会议举行了 12 天，争吵了 12 天，争论的重点是要不要这个约法。代表们认为既然是训政时期，民智未开，就没有必要制定这个约法；既然要制订约法，就要把属于人民的权力还给人民，所以对约法的必要性和可行性进行了激烈的争论。把人民的权力还给人民，蒋介石不同意；不制订约法，蒋介石下不了台。在蒋介石死党二陈的全力护航下，国民党三全一次临时会议通过的约法草案，最后在会议上获得通过。在约法通过时，根本没有遵照法律程序，没有一读经讨论通过后再进入二读、二读经讨论通过后再进入三读，而是由吴稚晖连读 3 次，就算三读通过。并把 6 月 1 日定为约法公布日。蒋介石执政后举行的第 1 次"普选"和"国民会议"，非驴非马，党内对此不一致，人民群众不赞成，革命进步力量坚决反对，《中华民国训政时期约法》成为南京政府反动统治和蒋介石专制独裁的象征。对蒋介石来说，"国民会议"十分重要，因为第 1 次把蒋介石政权用国家根本大法的方式予以固定下来，给蒋介石的专制统治罩上了"民主"的外衣。

国民会议召开，蒋介石的第一步阴谋实现，开始向广州方面反击。5 月 11 日，蒋介石假惺惺地向中央监察委员会提出自请查办，另一方面指使何应钦、何成浚、张学良、于学忠、刘峙、何键、刘镇华等将领，先后发表通电，谴责陈济棠、李宗仁等人的分裂行为，要求广州方面立即停止行动。5 月 14 日，正在举行的"国民会议"，在陈果夫和陈立夫等人的策划下，致电广州方面，称"本会议代表全国国民集会首都，以定国家长治久安之计，而执事忽有江电，拾邓泽如、林森、萧佛成、古应芬四监委失实之弹劾，对于党政措施，肆意攻讦。道路传闻，谓执事调动军队，似将别有图谋，本会议殊为骇怪。"这一当时由蒋介石制造出来的最高民意机构最后警告说："本会议不忍执事之自坠其令誉，而贻祸于国家。用于正式决议，对执事致之警告。唯民意之制裁，实祸福所攸关，幸懔悬崖之危，勿贻噬脐之悔，何去何从唯执事为国自省。""国民会议"已经被蒋介石利用来作为对付党内反对派的工具。从蒋介石的态度和南京方面的表现来看，蒋介石显然轻视了广州方面的杀伤力。在他看来，无非是地方实力派多次倒蒋、阎冯汪联合倒蒋的翻版而已，最坏的结果无非是出兵"围剿"、再打一次内战而已，无非是倒蒋派再增加一次失败记录、自己再增加一次辉煌而已。

南京方面每一次挑战行为，即增加一次广州方面的仇恨。一时间，各路倒蒋英雄开始奔走在赴广州的路上：从南京转道来穗的有接替胡汉民出任立法院长的林森，司法院长王宠惠，南京市市长刘纪文；从上海经香港来穗的有孙科、许崇智、陈友仁以及与他们一起在香港同行的汪精卫；从香港来的唐生智、唐绍仪、李烈钧等；从天津赶来的邹鲁、谢持等；从广西先后绕道来穗的有李宗仁、白崇禧、张发奎、李品仙、叶琪等将领。随着倒蒋英雄们的到来，倒蒋高潮也来临。

宁粤双方争吵忙

1931 年 5 月 24 日，孙科、陈友仁、许崇智从上海到达香港，立即会合正在香港的汪精卫、白崇禧、张发奎、唐绍仪等人，立即转赴广州。当天下午在陈济棠家中，决定另立中央，成立政府，名正言顺地和南京方面对抗。

5 月 25 日，汪精卫、孙科、古应芬、陈济棠、李宗仁以及唐绍仪、邓泽如、萧佛成、林森、王宠惠、李烈钧、许崇智、唐生智、陈友仁、邹鲁、林云陔、邓青阳、马超俊、陈耀垣、李文范、刘纪文、陈策 22 人发表通电，要求蒋介石下野。在此次倒蒋运动中分外活跃的孙科，还个人致电蒋介石，要他"于笑谈之间放弃党国所赋与之责任"；他还把蒋介石比作鼠疫，说"和平方法，欲蒋觉悟，无异对牛弹琴，欲蒋下野，又无异于与虎谋皮。兄弟以为和平已不可能，则不当投鼠忌器，因蒋不是寻常老鼠，而是一个疫鼠，传染甚速，倘我们不忍些痛，急扑杀之，举行大扫除，则非全国皆亡不可。"（孙科：《在非常会议省市党部扩大纪念周报告》，见《中国国民党历次代表大会和中央全会资料》第 980 页）

1931 年 5 月 27 日，国民党"中央执、监委会非常会议"开幕。会议《宣言》严正指出："不图蒋中正假训政之名，行个人独裁之实。施之于党，则民主集权缺点为之破坏；施之于政，则民主势力，为之摧残；施之于军，则'使武力于国民结合，使武力为国民之武力'之精神为之败坏。"因此，"蒋中正个人独裁未倒，总理遗志尚未贯彻，人民痛苦尚未解除，国民革命势将中断，全党同志入武装同志相与投袂而起，以期共负此责任者，尚未得一适当的领导机关，此诚同人等所忧思彷徨不能一刻安心者也。现在南京之中央党部，从前表示反对之同志，固不认其存在；曾经参加者，亦以此党部已为蒋中正个人势力所劫持，实无存在价值。"（《非常会议事件宣言》，见《中国国民党历次代表大会和中央全会资料》第966页）因此，会议宣布成立中央执监委会非常会议。

会议还发表了否认南京政府的宣言。《宣言》说："慨自蒋中正窃党叛国，婪恶聚敛，以国币供其滥用，视府库殆为私产，千万百万，予取予携，用途不明，预算不立，而国家税收遂致抵押张尽，国家财政沦于破产；犹复倒行逆施，怙恶不改，亲离众叛，罪已恶盈；本党所赋予蒋氏之职权，应即撤销，其国府主席之资格，已不复存在。为此，严重宣言自五月二十八日国民政府在广州宣告成立之日起，蒋氏再有以政府名义，用任何方式名目，举借内债外债，一概认为无效，特此宣言。"（《国民政府否认南京政府宣言》，见《中国国民党历次代表大会和中央全会资料》第969页）因此，会议宣布成立国民政府，取代南京政府，并要求蒋介石在48小时内下台。

会议决定凡是国民党第一、二、三届中执监委和中央扩大会议成员，只要愿意参加倒蒋者，无论以往态度和行为如何，都可自动成为非常会议成员。会议推举邓泽如、邹鲁、汪精卫、孙科、李文范为非常会议常务委员；组织委员会成员有邓泽如、孙科、古应芬；宣传委员会成员有汪精卫、邹鲁、李文范，主任秘书钟天心，《中央导报》总编王昆仑；海外党务委员会成员萧佛成、陈耀垣、刘纪文、邓青阳、陈树人；军队政训委员会成员有林翼中、黄公度。推举唐绍仪、邓泽如、萧佛成、古应芬、汪精卫、邹鲁、许崇智、孙科、林森、李烈钧、陈友仁、熊克武、蒋尊簋、唐生智、李宗仁、陈济棠为国民政府委员，唐绍仪、古应芬、邹鲁、汪精卫、孙科为国民政府常务委员；推举李文范、刘纪文、郭泰祺、傅汝霖、区芳浦、冯祝万、麦焕章、邓青阳、陈中孚为国民政府政务委员，李文范、刘纪文、麦焕章为常务委员。推举陈融为国民政府秘书长，李郎如为参军长，外交部正、副部长由陈友仁、傅秉常担任，财政部正副部长由邓召荫、吴尚鹰担任，林云陔任广东省主席，黄旭初任广西省主席。推举李宗仁、白崇禧、张发奎、李品仙、叶琪、唐生智、许崇智、胡宗铎、刘兴、张惠长、陈策、陈济棠、余汉谋、香翰屏、李扬敬、李福林为军事委员会委员，许崇智、陈济棠、李宗仁、唐生智为常务委员。

非常会议及国民政府，几乎集合了国民党内所有反对派：胡汉民、汪精卫、孙科、西山会议派、北洋旧官僚、冯玉祥和阎锡山的代表、两广地方实力派。

1931年5月28日，国民政府正式成立。6月2日，非常会议军事委员会正式成立，同时组成由陈济棠任总司令、缪培南任参谋长的第1集团军，编有余汉谋、香翰屏、李扬敬任军长的3个军，陈策的海军和张惠长的空军；以李宗仁为总司令、白崇禧为前敌总指挥的第2集团军，编有张发奎、杨腾辉、李品仙任军长的3个军。同时还派出李汉魂、李章达作为代表游说石友三和粤军另一主力第19路军。

至此，南京、广州党对党、政对政、军对军的对峙局面正式形成。

为因应广州方面的挑战行为，蒋介石于6月13日召集了三全五中全会，对中央党部和国民政府进行部分改组。全会决定由丁惟汾任中央党部秘书长，陈立夫为中央组织部长，余井塘和张道藩任副部长；刘芦隐为中央宣传部长，陈布雷、程天放任副部长；马超俊为训练部长，在马超俊没有到南京任职前由方觉慧代理。

全会决定缩小中央政治会议组成，规定人数不得超过中执、监委的三分之一，并推举蒋介石、胡汉民、叶楚伧、于右任、丁惟汾、陈果夫、何应钦、戴传贤、杨树庄、宋子文、吴稚晖、张静江、李煜瀛、蔡元培、林森、王宠惠、张继、邵力子、朱家骅、邵元冲、陈立夫、孔祥熙、王正廷、王伯群、朱培德、吴铁城、陈铭枢、马超俊、张群、何成浚、刘芦隐、焦易堂等32人为中央政治会议委员。方觉慧、王柏龄、陈肇英、丁超五、周启刚、曾养甫、余井塘、桂崇基、程天放、陈布雷、恩克巴图等11人为候补中央政治会议委员。同时又增加张学良、张作相、王树翰、张景惠、刘尚清、方本仁、贺耀祖、钮永建为中央政治会议成员。

会议针对广州方面的要求，特意任命蒋介石为国民政府主席；推举蒋介石、蔡元培、张静江、胡汉民、丁惟汾、于右任、张继、戴季陶、林森、张学良、李济深等40人为国民政府委员；会议通过蒋介石的提案，任命蒋介石兼任行政院长、宋子文为副院长；林森为立法院长，邵元冲为副院长；王宠惠为司法院长，张继为副院长；戴季陶为考试院长，刘芦隐为副院长；于右任为监察院长，陈果夫为副院长。

在三全一次临时会议举行不足一个半月，蒋介石急急忙忙召开三全五中全会，主要目的有三：强调"剿共"以转移党内和各界的注意力，把全党和各界的注意力从"非常会议事件"转往与中共的斗争，正如中央常务委员会在会议上提案说："一切恶化腐化分子已乘在粤诸同志一时之误，一隙之机，纷集于广州，举行所谓非常会议，组织所谓国民政府矣。中央常务会议于此认为此种反动集团之行动，已显示不受国民会议之告诫，指逆全国人民的意思，危害和平统一之基础，妨碍'剿灭赤匪'之进行。"（见《中国国民党历次代表大会和中央全会资料》第998页）强调南京方面对"非常会议事件"的不妥协态度和立场，在广州方面反复要求蒋介石辞职的情况下，会议在亲蒋势力的操纵下，重申蒋介石的领袖地位。强调"剿共"和蒋介石的领袖地位的同时，显示出某些灵活性，对于胡汉民和汪精卫是两害相权取其轻，决定集中拉拢胡汉民派，继续承认胡汉民在中央机构和国民政府内的地位，继续以中央常委的身份，兼任国民政府委员、中央政治会议委员，并把任命离开南京的胡汉民的好友刘芦隐，接替孙科出任考试院副院长，兼中央宣传部长；不在南京但同为胡的好友马超俊则任中央训练部长，以集中力量打击汪精卫派和孙科派，以及两广军阀，此种做法到最后才进行调整，拉胡压汪变为拉汪压胡；为分化倒蒋阵营，蒋介石还在14日的大会上通过了恢复李济深党籍的提案。值得指出的是，蒋介石此时还没有悔悟，还以为"非常会议事件"翻不起大浪。

此外，三全五中的合法性更值得怀疑，出席、列席会议的代表总共才31人，比过半数少9人，这种情况即使在国民党内也是少有的，在蒋介石看来则不奇怪，会议从来只是走过场，只是为了表示党内民主才举行，并非是为了正确决策才开会。

就在南京方面有条不紊地展开与广州非常会议进行斗争的同时，非常会议和国民政府内部并不太平。关键是陈济棠，此人犹如扩大会议中的阎锡山，既吝啬又有野心。因为吝啬，所以想当盟主又不舍得花钱；因为有野心，所以拉各派来拥立自己又怕各派来分权。在非常会议上层，汪精卫、孙科有职无权，胡汉民派有权无钱，李宗仁无钱有兵，陈济棠有钱有势，因此内部出现过两次大的风波。一次是6月底，古应芬、陈济棠霸权霸钱不放，一度气走了许崇智、张惠长、邓泽如、萧佛成等人出走香港；一次是8月间，军委会要第2集团军开拔湖南衡阳，陈济棠不愿拿出200万的开拔费，汪精卫一度出走香港。

如此钩心斗角，你争我夺，离心离德，岂能成功。

"非常会议"在另立中央和成立政府后，采取的一个实际倒蒋行动是策动原第13路讨逆军总指挥石友三部倒蒋。石友三在中原大战紧要关头，投靠东北军，驻扎河北邢台一带。此人头生反骨，倒戈不断，背叛冯玉祥，投靠阎锡山；背叛阎锡山，投靠冯玉祥；背叛冯玉祥，投靠蒋介石；参加冯阎倒蒋联盟后，再投靠张学良。张学良收留了他，他趁机扩充实力，号称有9个军6万人。此时，张学良正因重伤寒在北平协和医院住院，石友三一见机会到来，就与不学无术、不被张学良重用的堂弟张学成图谋造反，事成以后东北归张学成、华北归石友三。此时正好广州国民政府第1集团军总司令部中将总参议李汉魂找上门来，开价是50万元和第5集团军总司令职务，石友三当即同意，准备利用两广起事，借力使力，在北方倒蒋。石友三的不轨行为已被代替张学良指挥东北军的于学忠掌握，预先调入3个旅的主力进关防卫。7月18日，石友三宣布就职第5集团军总司令，东北军立即组织讨逆军，由万福麟、于学忠、王树常指挥，在望都、保定、沧州一带围攻石部；7月24日，南京政府下令通缉石友三，由南向北进攻；商震指挥的晋军也由西向东进攻。石友三部在三面受敌的情况下，远离广州，孤立无助，很快失败，余部两万余人逃往山东，经南京方面同意由韩复榘收编；石友三无法立足，只得逃往大连，等待时机东山再起。李汉魂的使命以成功始，以失败终，白白送掉6万军队，差点赔上第5集团军总司令本人。

广州方面拉拢19路军的计划没有成功。蒋介石在"非常会议事件"发生前，暗中策动广东省主席陈铭枢离开广州，4月28日陈铭枢去了香港。当广东民政厅厅长李章达前往江西"剿共前线"拉拢由蒋光鼐、蔡廷锴任正副总指挥的19路军驻地时，蒋介石急忙把正在日本"考察"、任19路军前身11军军长的陈铭枢召回，出任江西"剿赤军"右翼军总司令，指挥陈诚、卫立煌、上官云湘等部和19路军。7月11日，陈铭枢赶到赣州，稳住蒋光鼐和蔡廷锴，所以李章达的计划没有实现。

石友三部被击溃后，广州方面准备向北进攻。1931年8月底，开拔费问题解决后桂军由白崇禧指挥，准备向湘南进军。9月6日，蒋介石急忙派出候补中央执行委员刘文岛、南京警卫军军长兼讨伐石友三部的南路军第2军团司令顾祝同和训练总监部政治政训处处长周佛海赶到长沙，与湖南省主席何键商谈防务，并稳住何键。9月13日，蒋介石下令，国府主席南昌行营主任兼代行陆海空三军总司令职何应钦部参加平叛作战，阻击两广军队。17日，面对中央军和湘军联合作战的局面，陈济棠部由准备进攻转为防御，在粤赣边境布置防线，堵截何应钦部。桂军则继续保持向衡阳进攻态势，向南京方面施加军事压力。次日，"九一八事变"发生，日本帝国主义发动了侵华战争，面对民族危机，南京、广州开始寻找双方合流之道。

归"四全"各派妥协

"九一八事变"发生，国土沦丧，国难当头，需要各党各派放弃政见，共赴国难。因此，自此宁粤双方开始谋取和解之道。当然他们的和解，并非是为了齐心协力赴难抗日，更多的是为了进行政治分赃和集中力量消灭中国工农红军。他们只是打着"共赴国难"的借口，逼对方让步、就范。南京方面采取一系列的和平攻势，广州方面则及时呼应。

"四全"三地举行

1931年9月19日，南京方面的司法院副院长张继、国民党中央监察委员李煜瀛、国府委员兼中央政治会议委员吴铁城，出面呼吁粤方接受调停。同一天，古应芬、萧佛成、邓泽如等致电张继、李煜瀛，欢迎他们来穗会谈。

9月20日，国民党中央执行委员会呼吁非常会议方面一起共倡和平。21日广州方面回电，赞成和平解决。

9月21日，蒋介石从江西"剿共前线"回到南京，立即任命江西"围剿军南路军"总司令陈铭枢、中央监察委员蔡元培、司法院副院长张继为议和代表，带着给汪精卫、孙科的亲笔信前往广州。

9月22日，国民党中央常委会决定释放胡汉民，官复原职，主持党政工作。

双方谈判即将开始。"非常会议"一方有着自己的打算，目标是从蒋介石手中分得更多的权力，即党务由胡汉民掌握，政务由汪精卫掌握，蒋介石只管军事；南京方面的目标也很明确，结束宁粤分裂，在巩固蒋氏独裁的前提下，欢迎胡汉民、汪精卫回来。为达到各自的目的，双方激烈的讨价还价开始了。

9月28日，南京代表陈铭枢、蔡元培、张继等人，广州代表汪精卫、孙科、李文范以及刚从海外归国的伍朝枢，开始在香港举行会议，达成为保证粤方代表前往南京时的安全，由19路军接替南京的卫戍、警卫任务的协议。

9月30日，双方代表到达广州，与古应芬、邓泽如等人会谈，达成请胡汉民复出、和平会议在上海举行有结果、蒋介石确定下野日期后，非常会议成员北上。

10月12日，陈铭枢先见蒋介石、后见胡汉民，胡汉民得知蒋介石已经同意下野，同意复职和与蒋介石面谈。胡、蒋在对立8个月后在中山陵会面，胡汉民表示愿意出席在上海召开的和平会议，这为宁粤合作铺平了道路。14日上午8时，胡汉民在陈铭枢、女儿胡木兰等人陪同下离开南京，蒋介石和张静江到车站送行。蒋介石言不由衷地说："过去的一切，我都错了，请胡先生原谅。以后遇事，还得请胡先生指教。"胡汉民指导他说，如果只是表示统统错了，这实际上是不知道错在何处。他毫不客气地对蒋介石说："过去最大的错，是大家并没有为党为国为中国革命去奋斗，只是努力于私人权利的斗争。人人将所有心思才力，用对于付党内同志，党以此不能团结，党的力量以此不能表现，整个中国革命也以此完全失败。这种错误谁都有份，不过我个人比你们少些。"（《"三民主义"月刊》第2卷第6期）这是胡汉民最后一次离开南京，以后再也没有到过南京。

10月20日，汪精卫为首的100余名粤方代表到达上海。22日蒋介石飞到上海，蒋、胡、汪在廖仲恺被刺以后首次坐到一起。蒋介石和汪精卫经历了"三二〇事件"、宁汉分裂两次对立；蒋介石和胡汉民经历了廖仲恺被刺、"非常会议事件"两次对立。这是3人6年来第1次握手，也是最后一次3人聚面。3人"亲密无间"的谈话会后，蒋介石一甩手就回了南京。汪精卫在会上提出，改"主席负责制"为"行政院长负责制"；废除"三军总司令制"；由一、二、三届中委共同负责党务。此外，他还提出重订约法、军人不参政、蒋介石下野、改组南京政府等7项要蒋介石让权的主张。

10月24日，蒋介石表示同意在上海举行和平会议，南京方面李煜瀛、张静江、蔡元培、陈铭枢、张继5人为谈判代表；广州方面在汪精卫、孙科、李文范等基础上再增加邹鲁、陈友仁为谈判代表。蒋介石为巩固权威，全面拒绝汪精卫的7条要求；非常会议做出决议，汪精卫提出的7项条件，一条也不能改变，双方第1次陷于危机。

1931年10月27日和平会议正式召开。28日，古应芬病死，粤方请胡汉民回粤主政。到11月7日和平会议闭幕，经协商，双方在分别召开国民党"四全"上取得一致，共选出中执委 160 人，其中一、二、三届中还有 112 人为当然委员，余下 48 人，由双方各自选出 24 人，互相承认；在四全一中全会上改组南京政府，广州政府取消。

至此，就宁、粤双方来说，同意召开"四全"，意味着合流进入实转阶段。但是，名为中国国民党全国代表大会，却是由各派分别召开。

南京"四全"显得简单。1931 年 11 月 9 日，南京方面举行三全第 2 次临时全会，为"四全"做准备。为营造全党团结的气氛，会议同意为"一全"以来除共产党人以外的所有因为政治、军事问题而被开除的 314 名国民党员恢复党籍。其中有改组派中的汪精卫、陈公博、甘乃光、顾孟馀、朱霁青、白云梯、潘云超、郭春涛、经亨颐，地方实力派中的李宗仁、白崇禧、黄旭初、胡宗铎、冯玉祥、鹿钟麟、宋哲元、薛笃弼、刘骥、阎锡山、赵戴文，西山会议派中的柏文蔚、茅祖权、漆中权，包括已被杀害的王乐平。12 日至 23 日，"四全"登场，作为国民党的全国代表大会，并未就当时最为迫切的抗日御侮问题作出任何决定，只是由蒋介石在会上对自己的专制和独裁行为进行表白，并选举了 24 名中央执行委员。周佛海等 4 人为中央执行委员，杨杰等 14 人为候补中央执行委员，张学良等 4 人为中央监察委员，黄吉宸等 2 人为候补中央监察委员。会议还决定成立中央临时委员会，由临时出任中常委的蒋介石、戴季陶、于右任、丁惟汾、陈果夫、朱培德、叶楚伧等组成，

广州"四全"则复杂得多，汪、胡、孙和两广军阀，包括北洋余孽，为争夺 24 名中委名额而闹得不可开交，尤其是陈济棠为控制会议和选举故意捣乱，致使会议一而再再而三地出现危机。11 月 18 日会议开幕，因争吵激烈而休会。24 日孙科、陈友仁、李文范宣布退出会议去香港。此时随孙科退席的代表达 200 多人，他们干脆北上上海，与汪精卫会合。27 日，胡汉民从香港到达广州，主张广州选 14 名中委，上海选 10 名中委；蒋介石辞职，解除他的兵权，广东单独成立中央党部。以后，会议又多次发生冲突，终于 12 月 4 日，在胡汉民的主持下，完成了选举，结果是白崇禧、李扬敬、余汉谋、林翼中、张惠长当选为中执委，香翰屏、唐绍仪、张发奎当选中监委，区芳浦、黄旭初、程天固、詹菊似、黄季陆、梁寒操、关素人、李任仁、曾仲鸣、崔广秀、黄复生、张定瑞为候补中执委，林直勉、缪培南、李绮庵、陈中孚当选为候补中监委。已经彻底认清蒋介石秉性、对蒋介石失望的胡汉民，为保持对蒋介石的压力，

防止蒋介石秋后算账，立志于长期抗争。12月5日，全体会议决定成立中执监委临时办事处，胡汉民、汪精卫、孙科、陈友仁、居正、经亨颐、白崇禧、伍朝枢、陈济棠、石青阳为临时常委，唐绍仪、萧佛成、邓泽如、香翰屏、李宗仁为中监会临时常委，坚持另立中央并要求蒋介石下野。胡汉民还把上述决议以通电方式发出。12月7日，正式成立"中央执行委员会西南执行部"和"国民政府西南政务委员会"，变相另立中央和割据称雄。12月29日南京中央政治会议只得接受事实，同意两广的安排。胡汉民成为西南名义上的总头目，广东落入陈济棠之手，广西落入李宗仁之手，蒋介石联汪压胡打陈的目的没有达到。

上海"四全"则显得零乱。出走香港的200余名代表于12月初到达上海，12月3日在上海大世界乐园共和厅举行"四全"，选完主席团后，汪精卫讲话，然后就是选举。选举结果是唐生智、王懋功、谷正纲、邓飞黄、刘文辉、唐有壬、范予遂、黄少谷、萧忠贞、陈孚木当选。因为旧上海的大世界是色情泛滥的场所，是下等妓女活动的地方，所以上海"四全"也被称为"野鸡大会"，汪派中委也被称为"野鸡中委"。由于广州、上海分别召开"四全"，广州方面不承认上海所选的中执委，南京方面也不便决定，最后接受了何应钦的建议，增加中执委12人，候补监委6人，因此上海选举的10人有效，其余增加的名额由宁粤解决，由此解决了中执、监委人选之争。

国民党"四全"纯为一场政治闹剧，一次党代会，分三地举行，如何团结、谈何统一？一届中央委员会，分三个会场分别选出，如何体现全体代表的意志？前3届中委都是当然委员，如何体现前3届和第4届大会的区别？大会原定主题为"团结御侮，共赴国难"，可整个会议过程和结论与主题毫不相干，开了一次完全脱离主题的全国代表大会。这可谓是古今中外政党史上的奇迹。

蒋介石望着失控的国民党，心中泛起一阵得意：胡汉民、汪精卫、孙科、陈济棠、李宗仁，为几个中央委员就闹得不可开交；我担心的是你们的团结一致，你们越团结，对我的压力越大，你们越争斗，对我越有利。在你们一致对付南京的时候，我不能辞职；现在你们四分五裂，我可以辞职了；我不仅可以辞职，还可以放出几个比中委职位更高的职务，引诱你们相互争夺，让你们彻底决裂，为我所用。蒋介石的主意已定，已和智囊们商定了分化胡、汪、孙三大派的计划。

国民党"四全"在四分五裂中结束，顺理成章的是要召开四全一中，"四全"可以分三地召开，"一中"无论如何不能分开举行。分地举行"四全"，说到底只是各派系内部的争论，但是之所以成立中执监委非常会议，并非是为了各派内部的争吵，而是为了一致对付蒋介石，对付蒋介石控制的中央政权；对蒋介石是为了限制蒋介石的权力，对中央政权是为了扩大胡、汪、孙派的权力。

内部恶斗可以，对外需要一致。对此，胡汉民和汪精卫、孙科的认识相同，无奈汪精卫是唯利之徒，只要蒋介石开价合适就会出卖胡、孙的利益；孙科容易冲动，在复杂、激烈的上层争权夺利恶斗中，缺少手段和谋略，极易被人利用；只有胡汉民在与蒋介石的争夺中能够坚持立场，顾及倒蒋大局，只是他的实力与蒋介石比相差太远。至于陈济棠、李宗仁、唐生智、唐绍仪等人，在"四全"以后已经丧失在中央发言和参与决策的权利，只能随遇而安，跟着感觉走。

蒋介石又下野

胡、汪认识到，如果蒋介石不下野，国民党权力分配则无从谈起，广州方面几个月来的努力则付诸东流，胡汉民被囚近 8 个月则成为无谓牺牲；但是"四全"开完，四全一中不能延迟，否则又给蒋介石分化、瓦解倒蒋阵营提供了时间和条件。因此两人约定，四全一中必须立即召开；蒋介石必须下野；蒋介石 12 月 20 日前不下野，会议则放到上海举行；最后一个也是最重要的约定，那就是为了一致对付蒋介石，防止被出卖，两人中谁也不准与蒋介石单独讲和，不准任何一人避开另外一人与蒋介石讲条件。

与"军事倒蒋"相比，蒋介石此时也尝到了"政治倒蒋"的厉害，原来过于轻敌，以为"非常会议事件"也会像以往的历次倒蒋事件一样轻松了结，岂知胡汉民、汪精卫、孙科联合倒蒋，集中了几乎全部政治反对派，具备了以往地方实力派所没有的政治优势，政治上和南京方面一样坚持"反共"，一样坚持国民党一党专政，一样坚持党内集权，只是在由谁来掌权？由胡汉民、汪精卫、蒋介石、孙科分权还是由蒋介石一人独裁？因此以往利用军事优势对地方实力派倒蒋进行军事弹压的优势此次用不上；以往对地方实力派最为有效的中央法统的优势，此次也无用武之地，因为胡汉民、汪精卫、孙科那边所具有的政治法统、历史沿续都比蒋介石多出一筹。蒋介石只剩下一个优势，这就是权术的优势，与胡、汪、孙相比，蒋介石的权谋要高出一筹，对唯利是图的汪精卫，只要让利就行；对冲动好胜的孙科，只要让他碰壁就行；对坚持党义的胡汉民，只能容忍。所以，蒋介石在胡、汪、孙三派步步紧逼下，只有以分化为主，该让利的就让利，有意让他碰壁的就创造碰壁的条件，实行分而治之，各个击破。

蒋介石决定重演4年前的旧戏——以退为进。他之所以同意辞职，并非是认输和为了党的团结。蒋介石辞去国民政府主席和行政院长职，有着更深远的考虑，一是表示没有恋栈不下，展现出蒋某人把党的利益高于一切、只求奉献不求索取的高风亮节；二是不能像以往笼络地方实力派那样，小恩小惠即能安抚、拉拢，对胡汉民、汪精卫、孙科来说非给予国家名器是不能了结的，在国民政府主席、行政院长、国民党中常会主席、国民党中央政治会议主席、军事委员会主席的5个职位中，蒋介石准备控制关键职位、削弱其他职位、让出大部职位的方法，在近阶段稳住在党内的地位；三是通过辞职，重新进行权力分配，在远阶段为全面清理非蒋化、实现蒋家化作准备。

蒋介石心里有底，在行动上有板有眼地开始安排：

在三全二次临时全会上，成立中央财政委员会，让财政部长宋子文辞职，分散财权。并让宋子文在非常会议期间借债1000万元，为新上任的行政院长和财政部长制造难题。

在1931年12月15日的国民政府第49次、也是最后一次国务会议上，任命顾祝同为江苏省主席、鲁涤平为浙江省主席，配合上海市长张群，以控制东南财富之地。任命熊式辉为江西省主席，配合湖北省主席何成浚、湖南省主席何键、安徽省主席陈调元、福建省主席杨树庄、河南省主席刘峙，以保持"军事围剿"中共湘赣、中央苏区和鄂豫皖各根据地的连续性。任命邵力子为甘肃省主席，以稳定经过中原大战后动荡不定的西北。

为对付久乱不止的党内风波，成立复兴社这一特务组织。以便在对付党内派系挑战时，可以在借用国民党名器反击的同时，有忠于自己的组织出面进行抗争。在平时，则可以在党内和社会上放手进行"蒋家化"的工作。

最毒的一招是杀害邓演达，就像4年前杀王天培一样，让邓演达为自己的下野祭旗。邓演达是坚定的国民党"左"派领袖，拥护"三大政策"，为推动大革命高潮的到来和北伐的顺利进军作出了很大的贡献。1927 年 6 月 30 日在汪精卫叛变革命前夕,他在发表了《告中国国民党同志们》宣言、强烈谴责蒋汪集团的反革命行径后,化装成修理电线杆工人,离开武汉,在陕西潼关与前往苏联的鲍罗廷车队会合后去了莫斯科。11 月 1 日和正在莫斯科的宋庆龄、陈友仁发表宣言,宣布将组织国民党临时行动委员会继续与新军阀进行新的斗争。此时,在上海成立了中华革命党,集合一批反对蒋介石反动统治、不赞成在中国实行共产主义的所谓第三势力,从事倒蒋活动,邓演达成为中华革命党的主要领导人。1930 年春,邓演达回到国内,将中华革命党改组为中国国民党临时行动委员会,在 8 月间的 10 省区干部会议上,当选为总干事。临时行委会在邓演达的领导下,通过创办刊物、发展组织、配合国民党内的倒蒋活动,影响不断扩大,在 14 省区建立了临时行委会的组织。虽说邓演达的理想是反对在中国建立社会主义制度,只是为了建立资产阶级民主共和国,但把斗争矛头始终是指向蒋介石的反动专制统治。他利用曾在黄埔军校和国民革命军总部任职的关系,结识了一批黄埔毕业生,于夏秋之交成立了黄埔革命同学会,联络一批黄埔军官和部分地方实力派,策动武装倒蒋。他的活动引起了蒋介石的担心,1931 年 8 月 17 日,他在江西举办的临时行动委员会起义干部训练班讲课时,被叛徒陈敬斋出卖,被捕入狱。邓演达过分天真,以为蒋介石不至于对他下毒手,所以拒绝了黄埔革命同学会成员许沅圃、邓克敏等人依靠在军队中的关系而组织的两次营救计划。蒋介石以中央党部秘书长和总参谋长的职位,劝说邓演达归顺南京,但为邓演达拒绝。最后蒋介石让当年继邓演达出任国民革命军总政治部主任的吴稚晖和戴季陶,组成秘密军事法庭,未经审判,判处邓演达死刑,11 月 29 日,在三地召开"四全"前后,由蒋介石的卫队长王世和亲自动手,将邓演达杀害于南京麒麟门外沙子岗。一代英豪,杰出的爱国民主战士邓演达光荣牺牲。蒋介石杀害邓演达,无非是为了警告粤方:不管在党内资历多高,对党国贡献都大,只要反对我蒋某,就要考虑生存问题。蒋介石的杀机确实有威慑力,一些在野派骨干分子开始退让。

变相断了财源,重新安排重大人事,成立效忠组织,威胁在野派领袖,蒋介石做完这四件事,放心地准备走了,并开始部署下一步的分化、离间倒蒋派阴谋。

1931 年 12 月 15 日,蒋介石宣布两大决定:一是召开国民党临时中央常委会，同意他的辞职，其国民政府主席职由林森代理，其行政院长职由陈铭枢代理。二是发表辞职通电。蒋介石的话说得得体、漂亮："胡汉民微日通电，且有必须中正下野，解除兵柄，始赴京出席等语。是必欲中正解职在先，和平统一方得实现。中正昔因顾虑政治中断之危，愿为党国忍垢负责于一时者，将转为同志团结与党国统一之梗，且使外交政策，日兹无责任之批评，莫衷一是。现在国事至此，若非从速实现团结，完成统一，实无以策对外之胜利，慰国民之期望。权衡轻重，不容稍缓须臾，再四思维，唯有恳请中央准予辞去国民政府主席等本兼各职，另行选任贤能接替，以维团结而免危亡。"从蒋介石的通电中看，给人的印象是他什么问题也没有，辞职是因为各界不负责任随便议论，是因为胡汉民等人的最后通牒；他已经长期以来为了党国利益忍辱负重，现今终于可以解脱。

不管蒋介石怎么说，不管蒋介石修饰得如何得体，各有各的看法，只要蒋介石下野，四全一中全会就能顺利进行。

孙科组阁缺钱

1931年12月22日，四全一中终于举行。会议主要任务是改组中央机构和决定人选。代表们推举胡汉民、汪精卫、蒋介石、于右任、叶楚伧、顾孟馀、居正、孙科、陈果夫为中央常务委员；推举蒋介石、汪精卫、胡汉民为中央政治会议常委，轮流主持中央政治会议；规定国民政府主席为国家元首，不负实际政治责任；行政院长负实际责任；国民政府主席、五院院长由国民党中央执行委员会决定。

会议推举蒋介石、汪精卫、胡汉民、唐绍仪、张静江、蔡元培、阎锡山、冯玉祥、程潜等33人为国民政府委员；推举林森为国民政府主席，孙科和陈铭枢分别为行政院正、副院长，张继、覃振分别为立法院正、副院长，伍朝枢、居正分别为司法院正、副院长，戴季陶、刘芦隐分别为考试院正、副院长，于右任、丁惟汾分别为监察院正、副院长；内政部长李文范，外交部长陈友仁，军政部长何应钦，海军部长杨树庄，财政部长缺由黄汉梁次长代理，教育部长顾孟馀，实业部长陈公博，铁道部长叶恭绰，参谋总长朱培德，训练总监李济深，军事参议院院长唐生智。

这套被称为"开始党国新生命"的新班子，不可能长久。道理很简单，地方实力派的势力范围，蒋介石进不去；蒋介石的势力范围，倒蒋派当然更进不去；即使挤进去，也不可能有所作为。此次非常会议派夺权成功，从蒋介石手中一举夺得国民政府主席、行政院正副院长以及立法院副院长、司法院正副院长、考试院副院长、内政、外交、教育、实业、训练总监部、军事参议院等职；此外，唐绍仪、萧佛成、邓泽如、谢持、许崇智、王法勤、李烈钧、邹鲁、熊克武、经亨颐等也都成为国民政府委员。广州方面的成功，为宁汉合流以来国民党内倒蒋运动最大的成功，战果辉煌。其中最为关键的是行政院，孙科能否把住行政大权、稳住政府机构，是粤方守住权力的关键。而孙科守住行政院，一是要看能否保证行政院的正常运作；二是胡、汪、孙三人能否在国民党上层安内攘外，一致对付蒋介石。

因为国民政府主席已成虚职，行政院长职务显然重要起来，蒋、胡、汪三人谁也不愿意另外两人出任此职，最后妥协，同意让攻击性较小的孙科担任。1932年元旦，孙科内阁就职，一就职他就陷于危机之中。

一是没有钱。前任财政部长宋子文走后，由孔（祥熙）宋直接控制的财经领域，谁也挤不进去，挤进去也毫无作为，否则就小看孔宋了。财政部档案被带走；具体负责国家经济运行的事务官拿着遣散费离开南京；因为宋子文的阴影，无人出任财政部长；蒋介石和宋子文已向江浙财团做过暗示，拒绝借贷给新任财政部次长黄汉梁；政府财经计划由中央财政委员控制，黄汉梁无法更改；政府每月收入只有600万元，可每月需要400万元的办公费，军政部长何应钦每月需要军费1800万元，透支1600万元，如此大的赤字孙科无法承受，他没想到行政院长竟然难倒在一个钱字上，一个偌大的行政院长竟然无钱支配。最为主要的是，无论是近期还是远期看，孙科找不到解决的办法，无钱可花，当然也就一事无成，也就无法当好行政院长，他的"少爷脾气"不可能容忍"穷"字。

二是无外交。"九一八事变"爆发至今，日本侵略者一再扩大侵略战争规模，新任外交部长陈友仁主张东北军全面抵抗，坚守辽南一带，保护华北；日寇则在占领东三省的同时，向东南沿海地区运动兵力，上海成为热点地区，横行长江的日本军舰不断向南京、上海示威。更为重要的是，日本军阀了解南京政府内部的政治态势，知道刚刚成立的南京政府因为蒋、胡、汪出走只是一个空壳子，因而根本不把有职无权、只当家不作主的孙科放在眼里，根本不把没有蒋介石支持、得不到胡汉民和汪精卫协助的孙科、陈友仁当成对手，具有

"洋人脾气"的孙科，本想大展宏图，现在只能以"忍"字为上。

三是无主持。胡汉民一去广州不复返，这也是他两次被赶出国民党中央，一次是把蒋介石捧上对蒋政治发展至关重要的国民革命军第 1 军军长职位后，一次是把蒋介石捧上国民政府主席职位后。根据此次被蒋介石囚禁的体会，已经决心在两广地区像当年孙中山南下护法与北洋军阀对抗那样，与蒋介石对抗到底。汪精卫想要的"国民政府主席、行政院长、国民党中常会主席、国民党中央政治会议主席、军事委员会主席" 5 个职位中任何一个的目的没有达到，他曾经设想的蒋介石主军、胡汉民主党、他主政的计划破产。"国民政府主席"一职，因为已改为虚职，汪精卫对此没有兴趣；"国民党中常会主席"和"中央政治会议主席"二职，事关重大，蒋介石见自己新的政治地位还没决定前，不能轻易让给胡和汪，所以借实行委员集体领导制予以拒绝，汪精卫也没有成功；"军事委员会主席"一职，非蒋莫属，旁人不能染指；只有"行政院长"一职，还有希望，可是因为胡汉民的反对，落入孙科手中，所以他在等待时机，拒绝到南京报到。蒋介石又撒下一付烂摊子后离开南京。可以说蒋介石、胡汉民、汪精卫在看孙科的笑话，在等着他的失败，以便在宁粤合流混乱期过后，重新分配权力。具有"少爷脾气"的孙科，咽不下这口气。

蒋介石又复出

孙科从一上台就意识到上述问题的严重性，他知道关键是蒋、胡、汪三巨头能否来京报到，只要他们三人一来，无疑增加他的政府的权威性，象征他的政府的合法化，经费和外交等难题，无法解决但会有对策。所以，孙科在上台后的第 9 天起，主要政务就是往返于宁沪杭之间面请蒋、胡、汪回京；陈铭枢也通电相邀；在"九一八事变"后开始活跃于政治舞台，呼吁全民动员挽救民族危亡的冯玉祥，主张尽快结束政治危机，请蒋、汪出山。对于南京方面发出的呼吁，三巨头没有回音。

一直在溪口妙高台静思的蒋介石不是不想回来，而是在策划孙科的替代品。他非常清楚，胡、汪二人不回南京，他自己也无法上台；在胡、汪二人中，胡汉民开价过高，实在是逼他退出政治舞台，况且胡已在广州成立西南办事处，决心抗争下去，已经不可能进行合作；汪精卫有合作的可能，如果他真和胡汉民的观点一样，早就离开上海去广州，他之所以在上海流浪，显然是已对 4 年来的在野生活感到厌烦，强烈的权力欲提醒他不能错过此次重返中央的机会，所以等着蒋介石出价，只要价码合适，马上回南京上任。蒋介石觉得拉汪入伙的可能性极高，因此定下了拉汪弃胡的行动计划。

蒋介石从孙科的窘境中看到，拉汪入伙的时机已经成熟。1932年1月13日，蒋介石在杭州澄庐请行政院副院长陈铭枢、教育部部长顾孟馀带信给汪精卫。此时的汪精卫以治疗糖尿病为由既不出门也不见客，前几天冯玉祥劝他回宁，汪也以有病一口拒绝，没给中央扩大会议时的盟友一点面子。但是代表蒋介石送信来的人不能不见，汪精卫阅罢蒋介石的信，马上决定去杭州与蒋介石面谈。说来也怪，把病情说得很重、看得很重的汪精卫，此时红光满面，精神焕发，看不出一点病容，看来他得的不是他自己所说的糖尿病，而是患有失意症。

汪精卫临行前，突然记起和胡汉民的约定，自己去见蒋介石则违反了与胡汉民定下的不能一人去见蒋介石的诺言。可此时的汪精卫已被"行政院长"一职所沉醉，决心不顾对胡汉民的伤害，去讨好蒋介石。不过他临行前还装模作样地给胡汉民发了紧急电报，告知将去杭州见蒋一事。

没等胡汉民回电，1932年1月16日晚，汪精卫和夫人陈璧君一到杭州，就在蒋宋家族的重要成员宋子文、中央宣传部次长陈布雷、浙江省主席鲁涤平等人的陪同下，前往澄庐密谈，蒋、汪合流完成，胡汉民被挤出最高决策中心。

被汪出卖的胡汉民，无可奈何，只得在大骂汪精卫背信弃义、不讲道义之际，以有病需要疗养为名，拒不北上，立志在广州割据。

孙科处于四面楚歌之中一筹莫展，只得听从蒋介石的摆布，1932年1月18日赶到杭州烟霞洞，欢迎蒋、汪联袂进京。1月21日，蒋介石和汪精卫分别到达南京。

1932年1月25日，孙科从上海致电国民政府空头主席林森，主动提出辞职。这位当时兴高采烈上任行政院长的"太子"，任职不到1个月就被活生生地被掀下台，看来他既没有其父的政治觉悟，也没有其父的组织领导才华，只是一个依靠父亲余荫庇护、无所作为的太平官。

1月28日，一·二八事变爆发，日本帝国主义在上海发动了侵略战争。蒋介石、汪精卫没有被在国民党统治中心上海响起的侵略者的炮声所惊动，泰然进行权力分配，在当日召开中央政治会议临时会议，决定改组行政院，由汪精卫出任行政院长，宋子文出任副院长兼财政部长；罗文干继陈友仁出任外交部长；成立军事委员会，由蒋介石、冯玉祥、何应钦、朱培德、李宗仁5人为常委。要说会议针对正在上海地区发动侵略战争的日寇有何决议，只有一个，那就是撤销在1月25日激烈批评蒋介石对日不抵抗、怂恿侵略的外交部长陈友仁的职务，予以惩戒处分。

1932年1月30日，蒋介石担心淞沪地区的战火烧到南京，决定迁都洛阳。3月1日，国民党四全二中全会在洛阳西宫东花园举行。会议进行了6天，主要任务调整中央机构人选和决定蒋介石复职。在开幕会上，汪精卫以淞沪战役紧急，需要集中指挥，提议蒋介石出任军事委员会委员长。在会议的闭幕式上，中央政治会议又任命蒋介石为军事参谋部参谋总长。3月18日蒋介石在南京正式就职，蒋汪分权、合作正式完成。

至此，历时一年的"非常会议事件"总算落下帷幕。非常会议一方先胜后败，问题出在汪精卫身上，他的背叛使得粤方功亏一篑。粤方唯一的收获是成立西南执行部和西南政务委员会，留下一个让蒋、汪难以舒心的尾巴。蒋介石依靠汪精卫的协助，保住了自己的地位，虽说所任职务名称不一样，但实质和权限是一样的，也就是说他任什么职务无关紧要，重要的是他始终处于独裁地位，国民党内的权力始终以蒋介石为中心进行运作，国民政府也好，行政院长也好，都处在"蒋委员长"的领导之下。

"非常会议事件"基本结束了国民党内的倒蒋运动。在"蒋桂战争"后的3年间，蒋介石依靠中央军和国家名器，用枪弹、银弹和官职，基本消灭了参加倒蒋的各地方实力派，唐生智和石友三的实力被打垮两次，桂系4次倒蒋3次受到严重损失，西北系3次倒蒋第1次受损、第2次被打败、第3次全军覆没，晋绥军倒蒋1次受到空前重创，陈济棠倒蒋1次没有开辟军事战场……从总体上说，被打垮的地方实力派从此结束军事倒蒋活动，被打败的地方实力派从此在保存实力的前提下与蒋介石保持若即若离关系，没有受到军事打击的地方实力派闭关自守，国民党内的倒蒋战争从此结束。在政治上，通过先与胡汉民合作对抗汪精卫、再与汪精卫联手挤走胡汉民，并分出一部分本来就应该属于西山会议派的权力给这批党内元老，以稳定西山会议派，因而结束了自一全四中全会以来3次全国代表大会、10次中央全会、6次中央特别会议期间存在的三个中央党部、三度出现两个政府之间的明争暗斗，只剩下广州的变相割据。

从"蒋桂战争"到宁粤合作的 3 年多时间，对蒋介石来说是至关重要的第二个 3 年，犹如在大革命的 3 年间创建起家条件一样，在第二个 3 年中巩固了他在党内的统治基础，为集中力量推行"攘外必先安内"路线，对日妥协，对内"剿共"；为在党外建立国民党一党专制、在党内建立蒋介石一人独裁体制，消除了后顾之患。

四、"反共"，全力"围剿"红军

蒋介石一生中最大的失误在于"反共"。蒋介石从军事起家，以后任过国民革命军总司令、国民政府主席、行政院长、军事委员会委员长、海陆空军大元帅、中央政治会议主席、最高国防委员会主席、全国经济委员会主席、中央计划委员会主任、全国精神总动员委员会主席、国立中央大学名誉校长、陆军大学校长、四行联合总办事处主席、国民党总裁、总统等国家级的党、政、军、经领导职务，无论他就任什么职务和主管什么系统，都把"反共"作为工作重点，并为之倾注了毕生的精力。历史是无情的，蒋介石极力打击的中国共产党，不仅没有失败，反而越战越勇，最后在大陆推翻了南京中华民国政府，把国民党蒋介石当局赶到台湾。

（一）井冈矗立，蒋介石的失算

在《共产党宣言》问世 70 年后，在 20 世纪 20 年代初期，在中国一些城市开始出现了名为"共产主义小组"的组织，主要有 1920 年 8 月成立的上海小组、9 月成立的北京小组、夏秋之间成立的湖北小组和山东小组、10 月成立的广东小组、11 月成立的湖南小组。此外还有日

国民党军队对红军根据地进行第五次"围剿"时，在中央苏区边沿修筑碉堡

本东京小组和法国巴黎小组。共产主义小组主要从事宣传马克思主义和参加劳工斗争等革命活动。这些组织的出现，虽然人数不多，活动范围也不大，但政治影响很大，表明马克思主义和中国革命实践开始结合，从而为建立一个全国性的共产党组织准备了条件。

1921 年 7 月 23 日，各地共产主义小组的 13 位代表来到上海法租界望志路树德里 3 号（现兴业路 106 号），即会议代表之一李汉俊的哥哥、后来新中国成立时第一任农业部长李书城家中，参加当时并不出名、以后闻名于世的中国共产党成立代表大会。他们是来自长沙的毛泽东（27 岁）、何叔衡（42 岁），来自武汉的董必武（35 岁）、陈潭秋（25 岁），来自济南的王烬美（23 岁）、邓恩铭（20 岁），上海代表李达（29 岁）、李汉俊（31 岁），来自北京的张国焘（24 岁）、刘仁静（19 岁），来自广州的陈公博（31 岁）、包惠僧（27 岁），来自日本东京的周佛海（24 岁）。出席会议的人，住在由李达夫人王会悟以"北京大学暑假旅行团"名义，租借的法租界蒲柏德路私立博文女校楼上的 3 间房中。令人遗憾的是，中国共产主义运动的创始人、即正在广州的陈独秀和正在北京的李大钊没有出席中共的成立大会。他们用不同的口音，调侃着"十三"这一西方认为不吉利、东方认为不聪明的数字，但正是他们其中大部分人的努力，中国共产党在 28 年后夺取了政权。

后来成为中华人民共和国主席的刘少奇曾说过："一大""讲起来那么重要，小的却是那么可怜。"尽管代表只有 13 人，可他们代表了时代潮流，代表了中国前进的方向。正是这批年轻的知识分子（35 岁以上的只有 2 人）开始了伟大的、艰难的、长期的工作。7 月 30 日，因为法国巡捕突然闯进会场，最后一天的会议（31 日）改在浙江嘉兴南湖船上进行。

会议通过的《党纲》，正式将中国第一个无产阶级政党定名为"中国共产党"。确定的奋斗目标是：领导无产阶级实现彻底的革命，夺取政权，建立无产阶级专政，消灭生产资料私有制，建立无阶级的社会；当前的中心工作是发展工人运动。《党纲》显然是受了苏联十月革命的影响。这一文字并不复杂的纲领，虽然作为最高革命纲领并非是民主革命阶段的任务，而且中共后来在阶段性目标和具体策略上与此也不一样，但正是这一纲领指引中国共产党人在 28 年后建立了新中国。

中共"一大"代表、把中国革命引向彻底胜利的中共领袖毛泽东说："自从有了中国共产党，中国革命的面目就焕然一新了。"中国共产党第 1 次全国代表大会的召开，标志着中国共产党的正式成立，从此中国革命有了领导核心，它像光芒万丈的灯塔照亮了中国革命的航程。

中国共产党成立后，于 1922 年 7 月 16 日至 23 日，在上海召开了第 2 次全国代表大会。在大会《宣言》中，明确提出了将中国革命分两步走的设想，第一步是进行反帝反封建，完成民主革命，第二步是在民主革命完成后，继续进行社会主义革命。中国革命分两步走和民主革命纲领的提出，标志中国共产党在摸索中国革命道路上的巨大成功。

1923 年 6 月 10 日至 20 日，中国共产党第 3 次全国代表大会在广州举行。会议主要讨论国共两党合作问题。会议肯定了已经完成由"旧三民主义"向"新"三民主义""转变的孙中山的革命立场，同意在坚持共产党人政治上和组织上独立性的同时，共产党员以个人身份加入国民党，把国民党改造为工人、农民、小资产阶级和民族资产阶级政治联盟。国共合作正式开始，国民革命高潮很快到来。

1925 年 1 月 11 日至 22 日，中国共产党第四次全国代表大会在上海举行。会议根据党内出现的右倾思潮，强调"中国的民族革命运动，必须最革命的无产阶级有力的参加，并且取得领导地位，才能够胜利。"为迎接大革命运动高潮的到来做了思想上的准备，为反击即将公开化的国民党右派的进攻提供了思想武器。

大革命时期，处于幼年阶段的中国共产党，帮助国民党完成了改组，共同领导了国民革命运动，为中国现代史上第 1 次革命高潮的到来，作出了卓越的贡献。在国民党"一全"大会上，在黄埔军校课堂，在两次东征前线，在北伐战场，到处都留下了中国共产党人的足迹和身影，留下了中国共产党人的智慧和才华。可以说没有共产党，就没有国民党改组；没有国民党改组，就没有国民党的新生；没有新生的国民党和中共的合作，就没有国民革命的高潮；没有国民革命的高潮，就没有北伐的胜利。就在工农群众和北伐军庆贺北伐南国成功的时候，是蒋介石不自量力破坏国共合作挑起国共纷争，是蒋介石忘恩负义把同盟军推上断头台。面对蒋介石的挑战，中国共产党人义不容辞举起反抗的战旗。

一心"剿共"的蒋介石

1927年4月27日至5月11日，中国共产党第五次全国代表大会在武汉举行。会议全面分析了蒋介石发动"反共"政变的严峻形势，批判了以陈独秀为代表的党内右倾投降主义路线，接受了共产国际第七次扩大会议关于中国革命的决议案，强调了土地革命的重大意义。但是会议并没有采取任何有效的组织措施和行动方针，结束党内的右倾思潮，继续选举陈独秀担任总书记，这为纠正右倾思潮设置了新的障碍；此外，大会对以汪精卫为首的武汉国民政府和国民党假"左"派继续抱有幻想。因而会议对如何对待汪精卫领导的武汉国民政府和国民党，无产阶级如何争取革命领导权，如何领导农民进行土地革命，如何建立党的武装，没有提出有效的措施。但是大会重视土地革命，接受包含有进行武装斗争和建立革命武装的共产国际的决议，其为中共进行政治路线的转变作了思想准备。

中国革命进入了以武装斗争为主要内含的新阶段。

在1927年"四一二"和"七一五"这两个不寻常的日子开始，蒋介石和汪精卫分别把中国带入了血雨腥风之中，过去3年多中一直是国民党盟友的共产党，如今被国民党视为仇敌；一直与国民党并肩作战的中国共产党人，成为南京政府的屠杀目标。

在阶级敌人的大屠杀中，中共许多优秀成员被杀害，党组织遭到严重破坏，革命形势进入低潮。中共并没有被吓倒，幸存者从血泊中站出来，擦干净身上的血迹，继承先烈的遗志，又投入新的战斗。

南昌起义

在汪精卫叛变革命后5天，正在被通缉、追捕的中共最高当局，决定以武装起义的方式表明自己与国民党蒋介石集团彻底决裂和坚决斗争的态度、立场。

时任中共政治局委员的李立三、中央委员兼原中央军事政治学校（黄埔军校迁武汉后改称此名）校务委员的恽代英、中央委员邓中夏受中共中央的委托，前往江西九江调查，决定下一步采取何种行动才能对敌人造成最大的杀伤力。1927年7月25日，李立三等向中共中央提出了在南昌进行武装起义的军事报告。

在报告中，他们的理由充分，论据充足：大革命时期，中共活动家方志敏、邵式平曾在南昌开展革命活动，有较好的群众基础；在宁汉分裂时由武汉东下的讨蒋主力、张发奎的第二方面军正在江西，其中已被中共掌握的部队有贺龙的暂编20军、叶挺的11军中的第24师、朱德指挥的第3军官教导团和南昌保安队，约2万人；南昌城内敌人只有江西省主席朱培德的万余人，敌我力量对比不利于敌方。

中共中央同意李立三等人的报告。26日，中共中央政治局候补委员、中央军委负责人周恩来先行到达南昌。27日，周恩来，第9军副军长朱德，武汉政府暂编第15军军长刘伯承，中央军事政治学校校务委员恽代英，中共中央委员兼全国农民协会执行委员彭湃，第11军军长叶挺，湖北省军委书记聂荣臻，武汉国民党中执会常委、中共党员谭平山，国民革命军第6军党代表林伯渠，中共中央政治局常委张国焘在南昌开会，专门研究起义。

南昌起义的领导人之一周恩来

南昌起义时的总指挥、20军军长贺龙

除了身为政治局常委的张国焘认为是冒险不赞成外，其余的已被蒋介石的反革命大屠杀所激怒的与会者都一致认为，有必要以举行武装起义沉重打击反革命力量，揭起中共武装斗争的旗帜。

中共中央成立了前敌委员会，由周恩来任书记，恽代英、谭平山、彭湃、李立三、张国焘为委员；前敌委员会参谋团参谋长刘伯承，贺龙、叶挺、周恩来、蔡廷锴为参谋团成员；贺龙为总指挥，叶挺任前敌总指挥。

参加起义的主要部队有：军长贺龙、党代表廖乾吾的暂编第20军（师长贺锦斋、党代表方维夏的第1师，师长秦兴远、党代表陈慕的第2师，师长周逸群、党代表徐特立、参谋长袁仲贤的第3师）；军长叶挺、党代表聂荣臻的第11军（师长蔡廷锴的第10师一部，师长董仲明的第24师一部，师长周士第、党代表李硕勋的第25师，其中陈毅任该师第73团党代表）；南昌市公安局长朱德部（陈奇涵的军官教育团等部）。

7月30日，前委正式决定，南昌起义于8月1日凌晨4时举行。不料贺龙手下的一个副营长向国民党党部告密，起义消息泄露，前委会果断决定提前2小时举行起义。

1927年8月1日凌晨2时，南昌城响起划时代的枪声，到天明起义结束，城内的敌人不是被消灭就是被赶走。8月2日上午，南昌城内举行军民联欢会。下午起义后组织的党政军合一最高领导机构——中国国民党革命委员会正式成立，委员们举行就职典礼。前北伐军总政治部主任邓演达，第二方面军总指挥张发奎，武汉国民党中执会常委、中共党员谭平山，武汉政府外交部长陈友仁，武汉国民党中执会常委吴玉章，国民党中央海外部部长兼国民政府委员彭泽民，国民革命军第6军党代表、中共党员林伯渠，暂编第20军军长、中共党员贺龙，第二方面军政治部主任、中共党员郭沫若，第4军军长黄琪翔，前中央军事政治学校校务委员、中共党员恽代英，中共中央政治局候补委员周恩来，中共中央政治局常委张国焘，第11军军长、中共党员叶挺，中共中央政治局常委李立三，暂编20军第3师党代表、中共党员徐特立，中共中央委员兼全国农民协会执行委员彭湃，武汉国民政府劳工部长、中共政治局候补委员苏兆征，孙中山夫人、武汉国民政府委员、国民党中央执行委员宋庆龄，廖仲恺夫人、国民党中央执行委员（当时已辞去在党内的全部职务）何香凝，国民党中央执行委员、武汉国民政府常委于右任，第9军副军长、中共党员朱德等当选为革命委员会委员，由谭平山任主席，吴玉章任秘书长，林伯渠任财政委员会主席。他们之中，有不少人不在南昌，也有一些人反对起义和已经率兵来镇压起义，但为了团结更多的革命力量，组成最广泛的反蒋统一战线，还是把他们的名字列在其中。

正在军民欢庆胜利之时，尽管宁汉处于分裂中，但对付共产党人方面有着天然的一致性，还没有下野的蒋介石和武汉的汪精卫急忙调集大量军队赶往南昌。面对根本不可能战胜的敌人，中共方面决定迅速撤退。从1927年8月3日到6日，起义部队全部退出南昌城。由于事先根本没有料到失败如此之快，没有制订撤退计划，临到撤退，匆忙中有人建议撤往广东海陆丰和东江，准备在那里开展土地革命。起义部队经抚州、瑞金南下广东，前有驻粤军钱大钧的第32军、黄绍竑的第15军以及陈济棠的第11师等部的阻击，后有南京和武汉方面的追兵，经过会昌、汤坑两仗，终因寡不敌众、断绝后勤供应的义军大部被打散；再加上虽说是由中共掌握的军队，但基本上还是旧式军队，缺少严密的组织纪律和指挥权威，整团整营的开小差，蔡廷锴就带着全师又回到粤军。汤坑战役后，叶挺率领不足700人，退到甲子港后解散；朱德、陈毅、周子昆、王尔琢等率领一批人，撤到湘南暂时投靠了军阀范石生；贺龙率领2千余人到达了海陆丰，但为时不长即被打散。

南昌起义失败后，贺龙、刘伯承经香港转上海，中共中央决定刘伯承赴苏联军事学院学习，贺龙到湘南发动农民起义。叶挺、叶剑英陪同正患有疟疾的周恩来到了广州，周恩来在病好以后按照中央的安排去了莫斯科；二叶则在广州地区坚持斗争，后来领导和组织了广州起义。

南昌起义虽然很快失败了，但它的失败没有影响中共以后继续进行的斗争。关键是南昌起义打响了反抗国民党反动统治的第一枪，在全党树起了一面光辉的武装斗争的旗帜，成为中共独立领导武装革命的开始，正是从那一天起中共开始走上武装斗争的道路，诞生了属于自己指挥的军事武装力量，这就是南昌起义永存不朽的历史意义。

南昌起义在中共军事发展史上占有极

南昌起义时的前敌总指挥、11军军长叶挺

其重要的地位。在中华人民共和国成立时，指挥南昌起义的周恩来被任命为总理，朱德被任命为解放军总司令；在中华人民共和国成立 5 年余，毛泽东主席任命了 10 名元帅，领导和参加过南昌起义还健在的将领中就有 7 人被授予元帅军衔；参加过南昌起义的官兵更有许多人成为解放军的高级指挥员。从中可见南昌起义的历史地位。

周恩来，江苏淮安人，自中学时代就积极参加反对北洋军阀的政治活动，1917 年 10 月，19 岁的周恩来赴日本早稻田大学、日本大学留学，1919 年 4 月回到天津，领导当地的"五四运动"，1920 年 11 月赴法国勤工俭学，次年加入共产主义小组并筹备成立少年中国共产党，不久转为中共党员。1924 年 8 月回国，任中共广东区委委员长兼军事部部长、黄埔军校政治部主任、第一军政治部主任、副党代表，东征军总政治部主任，1926 年冬赴上海任中共中央军事委员会书记、中共浙江区军事委员会书记。周恩来和毛泽东一样，没有进过军校，没有学过军事，但在实践中学习和研究，很快成为中国现代史上最杰出的军事家。周恩来早期的军事实践主要来自东征前线，作为负责政治工作的最高将领，他协助蒋介石顺利进行了二次东征作战，并取得了完全的胜利。指挥巩固广东革命根据地的战斗和领导上海工人第 3 次起义，奠定了周恩来在中共党内的军事地位，成为中共的主要军事家和中共第一代领导核心中最为杰出的代表之一。

朱德，四川仪陇人，1886 年出生。1909 年进入云南讲武堂习武，并加入中国同盟会，2 年后毕业从排长任起，到护法战争时已升任滇军旅长、昆明警察局局长。1922 年 9 月为寻找救国救民真理赴德国留学，10 月结识了周恩来，加入中国共产党，负责中国国民党柏林支部工作，1925 年间因从事革命活动两次被德国当局逮捕并被驱逐出境。之后去苏联学习军事，1926 年回国后受中共中央派遣到川军中工作，1927 年初到南昌创办国民革命军第 3 军官教育团，任军官团团长、南昌警备司令、南昌市公安局局长。南

　南昌起义时任第 9 军副军长的朱德

昌起义后，在中共武装力量成长的每一过程中，都是最高军事指挥员。一生任过的主要军政职务有红军总司令、八路军总司令、解放军总司令、中共中央军委副主席、国防委员会副主席、中央政府副主席、全国人大常委会委员长。

刘伯承，四川开县人，1892 年出生。1914 年加入中华革命党，毕业于重庆军政府将校学堂，参加过护国、护法和推翻北洋军阀历次战争，官至团长、讨贼军第 1 路总指挥。1926 年 5 月，加入中国共产党，任重庆委员会军委委员。12 月间被广州方面任命为四川各路军总指挥，1927 年春被武汉国民政府任命暂编第 15 军军长。南昌起义后，作为既在旧军校中学有所成、又在苏联最高军事学府伏龙芝军事学院学习现代系统军事理论的刘伯承，成为中共的著名军事家，任过的主要军政职务有红军学校校长、红军总参谋长、八路军 129 师师长、晋冀鲁豫军区司令员、第二野战军司令员、军事学院院长、国防委员会副主席、军事训练总监部部长。他与邓小平指挥的晋、冀、鲁、豫部队，在消灭国民党反动派、建立新中国的最后一战中，建立了丰功伟绩：挺进大别山，揭开了大反攻的序幕；参加了淮海战役、渡江战役，解放了大西南；1949 年后，他主持军事现代化工作，出任第一所最高军事学府——军事学院院长职。虽说因为政治背景过早地被剥夺了主持军事工作的权力，但他对中共军事事业的贡献是永远不会被忘记的。

聂荣臻，四川江津人，1899 年出生。20 岁时赴法国勤工俭学，1922 年加入中国少年共产党，次年转为中共正式党员，1924 年赴苏联留学。1925 年回国，任黄埔军校政治教官兼政治部秘书。1926 年后任中共两广军委特派员、中共湖北省军委书记。南昌起义后，又领导了广州起义，以后成为中共著名军事家，任过的主要军政职务有红一军团政委、115 师师长、晋察冀军区司令员、军委副总参谋长、第一任北京市市长、国务院副总理、中共中央军委副主席、全国人大常委会副委员长。在他的回忆录《聂荣臻回忆录》中记下了解放军辉煌的战斗历程。在中国革命宏卷史书中，有他许多光辉的篇章。特别是在中国共产党实行第 3 次重大转变——把党的工作重心转移到经济建设上来的过程中，他作为老一辈无产阶级革命家，全力支持邓小平，完成政治、理论、组织诸方面的拨乱反正，为军事现代化、科学现代化作出了巨大的努力。

贺龙，湖南桑植人，1896 年出生。18 岁时参加中华革命党，20 岁时凭着农民家中都有的菜刀，夺取芭茅溪监局的枪支，建立武装参加讨袁斗争。到大革命时期，已是四川陆军混成旅旅长、建国川军师长。北伐开始后，任国民革命军第 8 军第 6 师师长兼湘西镇守使、第 9 军第一师师长等职，起义前 2 个月任暂编第 20 军军长。起义后一个月，他加入了中国共产党，自此开始成为中共著名军事家。以后任过的主要军政职务有红 2 方面军总指挥、八路军 120 师师长、晋绥军区司令员、第一野战军副司令、体委主任、国务院副总理、国防委员会副主席。贺龙以他独到的军事指挥艺术，为中国的解放作出了突出的贡献。新中国成立后，为体育事业的崛起付出了很大的心血。只是由于他反对在当时主持军委工作的林彪主导下军队中出现的某些不正常情绪，在政治上遭人诬陷，在"文化大革命"一开始，即失去自由，一个曾经身历百战、指挥千军万马的统帅，竟然在病中连水都喝不到，亲人见不到，不久被迫害致死。他的战友们，在党的政治路线重新回到正确方向后，重新走上领导岗位，也为这位死去的战友，平反昭雪。

陈毅，四川乐至人，1901 年出生。17 岁时去法国勤工俭学，20 岁时回国，21 岁时到四川任杨森的秘书，同年加入共青团，后在北京中法大学学习期间转为中共党员。1926 年毕业后受党指派参加兵运工作，次年初任中央军事政治学校武汉分校中共党委书记。南昌起义时，受党派遣任第 73 团指导员（党代表）起义失败后，他协助朱德带领残部，挺进湖南南部，投靠范石生，为中共保存了一部分革命力量。从此他走上了中共主要军事指挥员的岗位，以后任过的主要军政职务有红 4 军军委书记、新 4 军军长、华东军区司令员、第三野战军司令员兼政委、上海市长兼第一书记、国务院副总理兼外交部长、全国政协副主席。他在民主革命时期，领导了最为艰苦的赣南三年游击战，在日伪统治中心华东地区坚持抗战，在消灭南京政府的最后阶段指挥了淮海战役、渡江战役、解放上海战役；1949 年以后，活跃在外交战线，由军事家成为外交家。此外，他以在诗作上的卓越成就和高水准的围棋赛技，被誉为"儒将、儒帅"。

叶剑英，广东梅县人，1897 年出生。20 岁时考入云南讲武堂，以后在粤军中任职，黄埔军校成立时，他由许崇智指挥的粤军东路讨贼军第 8 旅参谋长职转任军校教授部副主任，参加了两次东征，北伐时任第 1 军总预备队参谋长，1927 年 6 月任第 4 军参谋长兼军官教导团团长，7 月加入中国共产党。南昌起义后，又领导了广州起义，1928 年底赴苏联学习，1930 年回国后进入中央苏区，任过的主要军政职务有中央军委参谋长、军委参谋长、北平军事调处执行部中共代表、中共中央后方委员会书记、解放军总参谋长、武装力量监察部部长、军事科学院院长、中共中央军委副主席、全国人大常委会委员长。作为中共的著名军事家，他长期作为最高统帅部的最高幕僚长，为革命战争的顺利进行出谋划策。值得一提的是，在"文化大革命"最后的紧要关头，是他力挽狂澜，逮捕作恶多端的张春桥、江青、姚文元、王洪文4人，最后又是他全力支持邓小平，顺利实现了中共政治重心的转变。

林彪，湖北黄冈人，1906年出生。此人在南昌起义时仅为基层军官，在十大元帅中与罗荣桓一样，没有领导过三大起义而被授予此军衔的人。13岁时进入黄冈浚新中学，15岁时远离家乡赴武昌共进中学读书。在其兄长林育英、林育南的影响下，17岁时加入中国社会主义青年团，参加学生运动。1925年秋19岁的林彪考入黄埔军校第4期，次年10月毕业后任叶挺独立师独立团排长、连长，南昌起义失败后，他随朱德、陈毅到湘南，1928年参加湘南起义后赴井冈山。以后成为中共最年轻的军事家之一，担任过的主要军政职务有红4军军长、红1军团长、抗日军政大学校长兼政委、115师师长、中共东北局书记、第4野战军司令员、军委副主席、国防部长、中共中央副主席。甚至在中共"九大"上由党章规定为中共中央主席毛泽东的接班人。只是此人在"文化大革命"中期，因为暗杀毛泽东的图谋败露后仓皇出逃，飞机失事烧死在蒙古温都尔汗沙漠之中。这是中共党内绝无仅有的高级领导人外逃、自毁事件，林彪曾以杰出的战功而出名于党内，曾以搞个人崇拜而走红于20世纪六七十年代，也以外逃、自毁而在历史上又留下了新的记录。

南昌起义的组织者和领导者中，还有在中共第一线军事指挥岗位上任职、牺牲的叶挺。叶挺在中共发动的第一波武装起义失败后，经香港去了欧洲，并与中共失掉联系，抗日战争全面爆发后回国赴难，出任新4军军长，1941年1月14日在皖南事变中被背信弃义的国民党第3战区顾祝同所拘留，1946年3月4日，在中共代表团的强烈要求下，蒋介石不得不下令释放。叶挺在国民参政会秘书长邵力子陪同下离开拘留地时，不忘带走所养的小白兔。7日，他重新加入中共的要求被批准，4月8日在和中共另一活动家王若飞飞回延安途中，因飞机失事而牺牲。他的战友、中共军事家聂荣臻满怀深情地写下了一副长联，怀念叶挺军长："五十年崎岖山路，献身革命，尽瘁斯民，海内瀛寰，同饮气节，两次从征凡七载，流亡异域，苦经十度春秋，反动阴谋空画饼，纵几处羁囚，壮烈尤烈，方期延水堤边，宠抒国事，天丧巨才无可赎，旷古艰难遗后死；二十年忧患旧交，同学苏京，并肩北伐，南昌广州，共举义旗，一朝分手隔重洋，抗日军兴，血战大江南北，茂林惨变痛陷身，喜今番出狱，久别重逢，孰意黑茶山上，习殒长星，我哭故人成永诀，普天涕泪失英雄。"

此外牺牲的还有任中共中央宣传部、中央组织部秘书长的恽代英，1931 年 4 月 29 日死于南京中央军人监狱；后来领导过海陆丰 3 次农民起义的彭湃任中共江苏军委书记时被捕，1929 年 8 月 24 日被淞沪警备司令部杀害。

参加领导南昌起义的组织、领导者中，除上述者外，其他大部分人后成为中共重要领导人，如林伯渠任全国人大常委会副委员长、李立三任全国总工会副主席、谭平山任政务院人民监察委员会主任、蔡廷锴任全国政协副主席。

张国焘长期担任中共军事主要负责人，后来则走上背叛革命之路。

为了纪念南昌起义，1933 年 7 月 1 日，中华苏维埃政府通过了《中央政府关于"八一"纪念运动的决议》，将每年的 8 月 1 日，正式命名为建军节，除了"文化大革命"中一度被强迫改为"9 月 9 日"外，8 月 1 日一直作为解放军的建军日。

秋收起义

在南昌起义后十数天，蒋介石宣布第 1 次下野。说实话，他当时并没有把组织南昌起义的中共和南昌起义的义军放在眼里。在他看来，有 5 万多党员的中国共产党已经在大屠杀下所剩无几，幸存者拉起一支队伍没钱、没粮、没弹药也没人能坚持多久？因而不可能成为南京方面的威胁，最坏的结果也就是在某一地方割据一段时间而已。他"反共"态度坚决，但并不了解革命理论被人掌握后所产生的巨大的物质能量；他仇恨共产党，但并不了解中共本身所拥有的巨大革命潜力和不可估量的前途；他反对中共，但不相信中共能够推翻拥有大量军队的南京政府。

当蒋介石知道南昌起义部队已经离开南昌城向南撤退时，脸上露出满意的笑容，反正义军翻不了天，但可以给正在与南京方面争权的汪精卫增加麻烦。南昌起义，参加的主要是汪精卫武汉国民政府方面的部队，这已使得汪精卫在宁汉合流过程中先失一分；为挽回面子，汪精卫必然会奋力追击义军，他所依靠的张发奎部实力必然大减，汪精卫又失一分。汪精卫已经明显处于劣势，蒋介石可以下野了。至于中共如果还要发动起义，没有看到中共武装起义深层次含义的蒋介石，片面和过分乐观地认为，南京政府一方面有足够的军队进行镇压，同时还可以增加南京政府内部的混乱，增加党内政敌的压力，为自己再上台创造条件。

南昌起义失败，中共并没有停止战斗。1927 年 8 月 7 日，在汉口三教街41 号（今鄱阳街 139 号）中共中央在政治局常委瞿秋白的主持下，召开紧急会议。因为白色恐怖，只有当时正在武汉地区的中共中央成员李维汉、张太雷、邓中夏、任弼时、苏兆征、顾顺章、罗亦农、陈乔年、蔡和森、李振瀛、陆沉、毛泽东、杨匏安、王荷波，共青团代表李子芬、杨善南、陆定一，湖南代表彭公达，湖北代表郑超麟，军委代表王一飞，中央秘书长邓小平，共产国际代表罗明纳兹，苏联顾问牛曼和洛卓莫娃出席了会议。因为安全等问题，会议只举行了一天。会议选举为苏兆征、向忠发、瞿秋白、罗亦农、顾顺章、王荷波、罗迈、彭湃、任弼时为中央政治局委员，周恩来、毛泽东、彭公达、张太雷、张国焘、李立三为候补委员。

8 月 9 日，政治局举行第 1 次会议，瞿秋白、苏兆征、罗迈当选为政治局常委。两次会议在革命的危急关头，彻底结束了陈独秀的右倾投降主义路线，确立了开展土地革命和武装斗争的总方针。会议决定的具体行动是举行湘、鄂、赣粤四省农民起义。后来在中共党内和党史学界内部，有部分人认为"八七会议"因为缺席代表太多，会议不够法定出席人数，因而不合法。这是事实，但是在当时武汉政府开始大规模"反共"、到处捕杀共产党人的严重白色恐怖下，根本没有时间筹备会议，不可能把全国各地的中央委员和候补中央委员召集到武汉；即使有时间通知会议代表，也不可能保障赴汉途中和到达武汉后的人身安全。因此，在事后或和平环境里，优雅地讨论起"八七会议"合法不合法时，却忘了"八七会议"是在会议代表连基本的人身安全保障都没有的极其危险的处境中召开的，稍有不慎，即会带来人头落地、党组织被大规模破坏的后果。因此，同样的事实是，会议不是不让各地代表到会，而是白色恐怖下无法到会；此外，召开此次会议得到了作为中共上级的共产国际的同意；第三也是最根本的一条，那就是会议作出的决议是正确的，有这一条就足够了。

"八七会议"后，新当选政治局候补委员的毛泽东，根据会议通过的四省农民秋收暴动大纲，以中央特派员的身份回到湖南，领导湘赣两省的起义。到长沙后，首先改组了湖南省委，由彭公达接替易礼容任省委书记，夏明瀚、毛福轩、毛泽东等人为省委委员。1927 年 8 月 18 日，毛泽东在长沙郊区沈家大屋，主持了新省委的第 1 次会议，讨论秋收起义方案。中央的决定是要在全省发动起义，会议根据毛泽东的意见，认为在力量对比悬殊的情况下，起义只能在长沙周围地区举行，最后围攻长沙。会议选举毛泽东为起义领导机构前敌委员会的书记。

根据中共湖南省委和前委的安排，1927 年 9 月 9 日，在毛泽东的领导下，湖南农民秋收暴动爆发。根据预先制订的方案，起义军编为中国工农革命军第 1 师，由卢德铭和余洒度任师长和党代表；组成 4 个团，分别由卢德铭、王新亚、苏先骏、邱国轩任团长。

起义开始后，第 1 团向平江发动进攻，平江敌人的援兵赶到，而与第 1 团一起行动的、由夏斗寅残部组成的第 4 团叛变，腹背受敌，不得不向浏阳方向撤退。9 月 10 日第 2 团起义，在醴陵成立了革命委员会，敌人迅速围攻而来，不得不向浏阳方向撤退，9 月 17 日被包围，损失三分之二。9 月 11 日，第 3 团开始起义，也在进攻浏阳时失败。

9 月 14 日，毛泽东在上坪召开紧急会议，改变各路义军会攻长沙的计划，到浏阳文家市会合。19 日，各路义军 1500 人在文家市集中，毛泽东决定保存实力，向罗霄山脉进军。第二天，在芦溪遭朱培德部伏击，损失近半，优秀的军事指挥员卢德铭在战斗中牺牲。29 日在江西永新县的三湾村进行了改编，正式成立工农革命军第 1 师第 1 团，并决定支部建在连上，连以上设党代表，确立了党对军队的绝对领导制度，为建立一支无产阶级的新型军队打下了基础。

秋收起义的伟大意义，不在是否胜利本身，而在于：一是以农民为起义基本力量，冲破了从苏联移植过来的城市暴动经验，以组织起来的农民为主体组织起义，成为中国共产党开展土地革命的先声。二是秋收起义失败后，开始向井冈山进军，成为中国共产党建立农村革命根据地的先声。

领导秋收起义的毛泽东。蒋介石想不到这位文质彬彬的书生此后竟成为自己的第一号对手

已经下野、一心准备新婚的蒋介石，对湖南一带的农民起义当然不会重视，再说当时的农民起义遍布全国，秋收起义也不过是其中一例而已。在他看来农民起义在中国历史上屡见不鲜，最后都被强大的官军所打败。共产党组织的南昌起义和各地小规模的起义，大都已被镇压，参加秋收起义的义军也已被打败。因此，他主要考虑的是如何打好二期北伐这一仗。只是他有所不知，历史上的农民起义都是靠江湖义气，农民自行组织、领导、指挥，而发生在20世纪二三十年代的农民起义是由掌握了马克思主义的中国无产阶级先锋战士领导的，有着无限广阔的前途。他更没有想到，领导秋收起义的是在广州时期负责国民党宣传工作、文质彬彬的毛泽东，以后会成为他的第一号对手，自己最后竟然失败在他的手中。

毛泽东，湖南湘潭人，1893年12月26日出生。8岁上学，14岁进入湖南省立第一中学，16进入湖南第一师范。1918年4月，与蔡和森等人组织新民学会，6月毕业后到北京大学图书馆当助理员，次年返回湖南创办《湘江评论》，发表了《论民众的大联合》等著名文章，加入中国少年学会，筹办文化书社，组织共产主义小组，并担任长沙第一师范附小校长。参加中共"一大"后，在中共一些重要岗位上任职，国共合作后在国民党中央党部也任过要职。蒋介石叛变革命后，在中共著名的"八七会议"上提出了"枪杆子里面出政权"的著名论断，当选为中央政治局候补委员，领导了"秋收起义"，建立了工农革命军第一师，创建了第一个革命根据地——井冈山。以后成为中共主要领导人，于"遵义会议"后开始主持全党工作，成为中国共产党的领袖。毛泽东作为中国共产党和中华人民共和国的缔造者，他的主要贡献在于创立了中国的马克思主义——毛泽东思想，找到了适合中国国情的革命道路，制订了克敌制胜的战略战术，最后建立了中华人民共和国，消灭了剥削制度和剥削阶级，把半殖民地半封建的旧中国建设成为初步繁荣、强大的社会主义国家。1976年9月9日病逝。当人们在议论毛泽东晚年的错误时，却发现毛泽东在民主革命时期却是多么的英明，中国革命完全是按照毛泽东设计的革命路线、战略、方式，在几乎没有失误的情况下，在毛泽东主持中共全面工作后的短短13年间，迅速取得了成功。

参加过秋收起义的罗荣桓，后来也成为新中国的十大元帅之一。罗荣桓，湖南衡山人，1902年出生，中学毕业后先后考上青岛大学和武昌中山大学，

1927 年加入共青团，同年转入中国共产党，被派往鄂南通城地区组织农民暴动，任农民自卫军党代表，后参加秋收起义，跟着毛泽东上了井冈山。在永新改编时，任特务连党代表。以后长期在政治工作战线工作，任过的主要军政职务有红 4 军政委、115 师政委、山东军区政委兼司令员、第 4 野战军政委、最高检察长、总政治部主任、全国人大常委会副委员长。此人军政并举，军事指挥艺术高超，但更多的被肯定的是在政治思想工作方面的成就，被视为解放军中政治工作的榜样。1955 年 9 月被授予元帅军衔时，他是第二年轻的元帅，也是最早去世的元帅。

在十大元帅中，贺龙被迫害致死，逝世于 1969 年 6 月 9 日，终年 73 岁；林彪因空难死于 1971 年 9 月 13 日，终年 69 岁；陈毅逝世于 1972 年 1 月 16 日，终年 71 岁；彭德怀被迫害致死于 1974 年 11 月 29 日，终年 76 岁；朱德逝世于 1976 年 7 月 6 日，终年 90 岁；叶剑英逝世于 1986 年 10 月 22 日，终年 89 岁；刘伯承逝世于 1986 年 10 月 7 日，终年 94 岁；聂荣臻逝世于 1992 年 5 月 14 日，93 岁；徐向前逝世于 1990 年 9 月 21 日，终年 89 岁。罗荣桓则过早逝世于 1963 年 12 月 16 日，终年 61 岁，这对他个人、家庭或是解放军来说，都是重大损失。

广州起义

南昌起义后，张发奎指挥第 2 方面军和黄琪翔的第 4 军一路追击义军，进入广州。到广州后，他们根据正在与南京方面就宁汉合流问题讨价还价的汪精卫的指示，图谋挤走控制广东的桂系李济深部，在广州建立与蒋介石对抗的基地。11 月下旬，张、黄部与桂系第 15 军在梧州等地激战，广州城内兵力空虚，只剩下没有战斗力的 5000 左右兵力。因此中共中央决定趁此机会举行起义，并指定张太雷出任广东省委书记，回粤具体负责。

张太雷，江苏武进人，1898 年出生。1916 年考入北洋大学，五四运动时被选为天津学生评议会议长，1920 年毕业后回到上海，发起组织共青团，10 月间在北京加入共产主义小组。1921 年春，作为共产主义小组的代表，赴苏联伊尔科茨克任共产国际东方局中国科书记；次年参加了著名的远东各国共产党及民族革命团体第 1 次代表大会，并在出席青年共产国际第 2 次代表大会时当选为执行委员。5 月间回国后在广州参加中国社会主义青年团第 1 次代表大会，任中央执行委员，以后主持青年团工作。在中共"四大"上当选为候补中央委员，任广东省委宣传部部长和鲍罗廷的翻译。在中共"五大"当选为中央委员，会后任湖北省委书记，在八七会议上当选为候补政治局委员。张太雷作为中共早期的领导人，在理论上比较全面，善于组织、发动群众，虽说他在革命实践中过多地仿效苏联模式，但他有一颗为中国进步和民族独立贡献一切的赤胆忠心。

在广州起义的领导群体中，出任工人赤卫队第6联队长的是徐向前。山西五台人，1901年出生，20岁时毕业于山西国民师范学校，黄埔军校一期招生时被录取，年底毕业后参加第1次东征，以后任第2军教导营政治教官、少校参谋、第2团团副，1927年初任少校队长，3月加入中国共产党。广州起义后，随彭湃赴海陆丰开展游击战。1929年6月前往鄂豫皖根据地，任红4师师长、边区军委会主席、红4方面军总指挥、西路军军政委员会总指挥。作为中共军事家，从抗战开始后，任过的主要军政职务有晋冀鲁豫军区副司令员、第18兵团司令员、解放军总参谋长、全国人大常委会副委员长、中央军委副主席、国务院副总理兼国防部长。在1955年9月解放军实行军衔制时，被授予元帅军衔。

11月26日，张太雷主持广东省委会议，由张太雷出任行动委员会总指挥，12月10日晚，叶挺从香港回到广州，担任军事指挥部总指挥，叶剑英任副总指挥，聂荣臻任军委书记；工人赤卫队总指挥由周文雍担任。参加起义的部队有叶剑英的旧部第4军军官教育团和6个工人赤卫队联队等部。

12月11日凌晨，张太雷、叶挺亲自到军官教导团进行动员，然后叶挺率领他们包围了炮兵营，俘虏800余人，缴获大炮25门；叶剑英负责解决公安局。当天中午，战斗结束，敌人统治的大本营——广州有史以来第1次落入中共手中。在万人大会上，宣布成立广州工农民主政府，由苏兆征任主席、张太雷代理，叶挺任工农革命军总司令。叶挺吸取了南昌起义时的教训，明确提出将起义部队带向海陆丰，避免被敌人消灭。但是，深受苏联城市起义经验影响的张太雷拒绝了这一建议，认为只要守住城市就能影响和带动一大片。就在城内庆祝胜利之时，正在广东地区打内战的张发奎、李福林、薛岳等部联合一致，对付共产党。第二天中午，敌人已经打到城下，张太雷在回家途中，中弹牺牲。此时，广州城已被敌人团团围住，撤退已为时过晚，只得在城内死守。由于敌我力量悬殊太大，在敌人的镇压下起义很快失败，红色战士大都牺牲，被屠杀的义军达 5700 多人。中共党员周文雍和陈铁军更是举行了悲壮的刑场上的婚礼。突围出来的部分起义军，一部分到了左右江地区，后来参加了邓小平领导的起义；一部分去了海陆丰，组成红 4 师，叶镛、徐向前任正、副师长；另一部分北上韶关，加入了朱德、陈毅部，后来参加了湘南暴动。

广州起义则以失败的事实，再次教育了中国共产党人，城市暴动不符合中国的国情，因而称之为"退兵的一仗"。不过应该看到，广州起义也是大革命失败后，中国共产党人奋起反击国民党反动统治的重要一仗，它与南昌、秋收起义一起，组成了第 2 次国内革命战争与创立红军的伟大开端。广州起义后，中国共产党开始把工作重心转向农村，走上了建立农村革命根据地、武装夺取政权的光辉道路。

蒋介石听到广州起义被镇压的消息，十分高兴，共产党暴动未成，但可以用来作为继续打击汪精卫的武器，他马上指使亲信加紧"倒汪"，利用汪精卫、张发奎南下广州排挤桂系、引来共产党暴动一事，彻底打垮汪精卫、张发奎南下广州建立基地的计划。

在三大起义的前后，中国共产党还组织了百余次起义。主要有：

1927 年 4 月、9 月、10 月间，彭湃在广东家乡海、陆丰一带组织的 3 次农民起义，建立革命政权，成立了红 4 师。

1927 年 10 月，唐澍、谢子长利用掌握的民团，发动了陕西清涧起义。

1927 年 11 月，方志敏、邵式平、黄道等在江西东北部的弋阳、横峰一带，组织农民举行武装起义，建立了红 10 军和闽浙赣革命根据地。

1927 年 11 月 18 日，鄂东北黄安、麻城，潘忠汝、吴光浩、戴克敏等领导武装起义，组成工农革命军第 11 军 31 师，建立了鄂豫边界革命根据地。

1927 年底，段德昌、贺锦斋等组织领导了湘鄂西的洪湖地区农民起义，次年初贺龙、周逸群、卢冬生等人到达湘西，组建红二军。

1928 年 1 月，朱德、陈毅等人领导了湘南起义，于 4 月间转往井冈山，与毛泽东会师。

1928 年 3 月，郭滴人、邓子恢、张鼎丞等人领导了闽西龙岩、永定等地的农民起义，建立了闽西革命根据地和地方武装。

1928 年 4 月，刘志丹、谢子长、唐澍等人领导了陕西渭南、华县起义。由唐澍任总指挥，谢子长任副指挥，刘子丹任参谋长。在这支队伍里出现了后来成为党和国家领导的习仲勋、马明方以及高岗等人。

1928年7月，彭德怀、滕代远、黄公略等人在湖南平江县，组织彭德怀团长率所部和农民举行起义，成立了红5军。

1929年12月10日，邓小平、张云逸等人在广西右江百色地区组织起义，成立了红7军。

1930年2月1日，邓小平、俞作豫等人在广西左江龙州地区组织起义，成立了红8军。

……

上述武装起义的组织者和领导者，在以后的岁月中，不幸牺牲的有：

唐澍，河北易县人，1903年出生，黄埔一期生，1924夏加入中国共产党，领导了陕西地区的武装起义。1928年7月1日，作为西北工农革命军司令，在率部参加保安镇战斗时牺牲。

贺锦斋，湖南桑植人，1901年出生，任国民革命军暂编20军第1师师长时参加南昌起义，并加入中国共产党，1927年底领导了湘鄂西起义。1928年9月9日，在任工农革命军第4军第1师师长时，在湖南石门泥沙战斗中牺牲。

俞作豫，广西北流人，1900年出生，1927年加入中国共产党。1930年2月领导了左江龙州起义，以后任过红8军军长。后因战乱与党组织失去联络，在香港寻找党组织时，受骗在深圳被捕，9月6日在广州黄花岗被杀害。

周逸群，湖北蒲圻人，1896年出生，黄埔二期生，1924年加入中国共产党，任国民革命军暂编20军政治部主任时参加了南昌起义，后到湘西领导农民起义。1931年5月，在任代理湘鄂西特委书记兼联县政府主席时，在岳阳县贾家凉亭时遭敌人伏击牺牲。

李明瑞，广西北流人，1896年出生，为桂系主要头目之一，在桂系倒蒋失败后同情革命，在邓小平等人的帮助下接受马克思主义，1929年12月和1930年2月，先后领导了右、左江起义。在率部与中央苏区红军主力会师后，任改编后的红7军军长，1931年10月在肃反中被错杀。

段德昌，湖南湘潭人，1905年出生，黄埔四期生，1925年加入中国共产党。蒋介石叛变革命后，回到家乡组织农民起义。1933年5月1日，在任湘鄂西省委委员兼军分会主席团委员时，被诬陷为"改组派"惨遭杀害。

谢子长，陕西安定人，1897年出生，1924年加入中国共产党，领导了陕西地区武装起义。1935 年 2 月 21 日，在任西北革命军事委员会主席、红 26 军 42 师政委时病故。

方志敏，江西弋阳人，1900 年出生，1920 年 12 月起组织新文化书社宣传马克思主义，1924 年 3 月加入中国共产党，作为江西农民协会常委兼秘书长，参加了南昌起义，之后又到家乡一带组织农民起义。1935 年 7 月，任红 10 军团军政委员会主席时，在赣东北德兴陇首村战斗中被俘后杀害。

刘志丹，陕西保安人，1903 年出生，1925 年转为中国共产党党员。1936 年 4 月 14 日，作为红军北路军总指挥、中共中央所在地瓦窑堡警备司令，参加东征时在山西中阳县三交镇战斗中牺牲。

黄道，江西横峰人，1900 年出生，1924 年加入中国共产党。参加南昌起义失败后，领导了弋阳、横峰起义。1939 年 5 月 23 日，在任中共江西省委书记兼新 4 军驻赣办事处主任时，被国民党特务暗杀。

卢冬生，湖南湘潭人，1908 年出生，参加南昌起义时加入中国共产党，后到湘鄂西根据地工作。1945 年 12 月 14 日，在任东北松江军区副司令时惨遭特务杀害。

此外，牺牲的早期武装起义组织、领导者还有潘忠汝、吴光浩、黄公略、戴克敏……

在上述早期武装起义组织、领导者中以后担任中共主要领导人的有：

邓小平，四川广安人，1904 年出生。16 岁时赴法国勤工俭学，18 岁加入社会主义青年团，20 岁加入中国共产党。1926 年去苏联东方大学留学，同学中有蒋经国。和冯玉祥一起回国，在西北军中任中山军政学校政治处处长、中共组织书记。汪精卫叛变革命后，被冯玉祥礼送离队，出任中共中央秘书长。1929 年底前往广西，组织了右、左江起义。以后他作为中共杰出的政治家和军事家，任过的主要职务有中央军委政治部秘书长、129 师政委、第 2 野战军政委。与刘伯承合作，指挥 2 野参加了淮海、渡江、西南战役。新中国成立后任中共中央秘书长、中共中央总书记、中央军委副主席、总参谋长、中央顾问委员会主任。在民主革命时期，邓小平立下了赫赫战功，他对中国作出的更大贡献是在社会主义时期。新中国成立后，他作为中共中央最高负责人之一，对如何建设社会主义进行了冷静的思考，得出了正确的结论，但没有引起中共中央的重视，而且他还受到了不公正的对待。随着刘少奇、周恩来、朱德、毛泽东等中共第一代领导人的辞世和"文化大革命"的结束，邓小平作为中共第二代领导人的核心，力挽狂澜，领导中国共产党实现了继1927年8月、1949年10月以来的第三次重大转变，创立了建设有中国特色的社会主义理论，开创了建设社会主义现代化的新时期。

彭德怀，湖南湘潭人，1898年出生。他是十大元帅中唯一没有参加过三大起义的军人。他从小当学徒和矿工，18岁时投军，24岁时由排长职考入湖南陆军讲武堂第一期，毕业后任过的职务有湘军第2军第2师连长、国民革命军第35军独立第1师团长。1928年4月加入中国共产党，率部参加平江起义，组建工农革命军第5军，12月率部上井冈山与毛泽东、朱德部会师。以后作为中共杰出的军事家，主要军政职务有红3军团军团长、八路军副总司令、中央军委副主席兼总参谋长、解放军副总司令、志愿军司令员、国务院副总理兼国防部长、"三线"建设委员会副主任。彭德怀有军事家的气概，个性刚烈、秉直，对1958年盛行的浮夸风气提出了不同意见，看不惯某些领导人的工作作风，对新时代建军提出了自己的建设性意见，结果受到不公正的对待；他在武装起义接连失败情况下能够抛弃旧军队率部起义也被诬陷为"入股分红"。"文化大革命"开始后即被关押，直至迫害致死。

在上述早期武装起义组织、领导者中以后担任中共党政军主要负责人的有：

谭政，湖南湘乡人，1907年出生。在第2方面军总指挥部特务营任文书时，参加秋收起义，以后任过主要职务有红4军31团秘书、第4野战军副政委。新中国成立后任国防部副部长等职，1955年9月被授予大将军衔。

罗瑞卿，四川南充人，1906年出生。在叶挺第4军任排长时，参加南昌起义，以后任过主要职务有红军大队长、19兵团政委。新中国成立后任公安部长等职，1955年9月被授予大将军衔。

粟裕，湖南会同人，1907年出生。1927年加入中国共产党后，参加过南昌起义和湘南暴动，以后任过主要职务有工农革命军第12军连长、第3野战军副司令。新中国成立后任解放军总参谋长，1955年9月被授予大将军衔。

黄克诚，湖南永兴人，1902年出生。在国民革命军第8军任营政治指导员时，参加湘南暴动，以后任过的主要职务有红4军游击队党代表、第2兵团政委。新中国成立后任国防部副部长等职，1955年9月被授予大将军衔。

徐海东，湖北黄陂人，1900 年出生，在国民革命军第 4 军第 12 师 34 团 3 营 9 连任排长时，参加黄麻起义，以后任过的主要职务有游击大队分队长、鄂豫陕省委代理书记等职，1955 年被授予大将军衔。

萧劲光，湖南长沙人，1903 年出生。任国民革命军第 2 军第 6 师党代表，大革命失败后赴苏联留学，1930 年回国后任过的主要职务有粤赣军区参谋长、第 12 兵团司令。新中国成立后任海军司令员等职，1955 年 9 月被授予大将军衔。

张云逸，广东文昌人，1892 年出生。任过国民革命军师参谋长，领导广西右、左江起义，以后任过的主要职务有红 7 军军长、山东军区司令员。新中国成立后任中共中央监察委员会副书记等职，1955 年 9 月被授予大将军衔。

许光达，湖南长沙人，1908 年出生。任第 4 军见习排长时参加南昌起义部队，以后任过第 25 师 75 团排长、第 2 兵团司令员。新中国成立后任装甲兵总司令等职，1955 年 9 月被授予大将军衔。

陈赓，湖南湘乡人，1903 年出生，任国民革命军第 2 方面军唐生智部特务营营长时，参加了中共"五大"和南昌起义，以后任过第 20 军第 3 师第 6 团特务营营长、第 4 兵团司令。新中国成立后任副总参谋长等职，1955 年 9 月被授予大将军衔。

王树声，湖北麻城人，1905 年出生。任中共麻城县委委员时，参加了黄麻起义，以后任过红 11 军第 31 师分队长、鄂豫军区司令员。新中国成立后任总军械部部长等职，1955 年 9 月被授予大将军衔。

邓子恢，福建龙岩人，1896 年出生。任中共龙岩县委宣传部长时，领导了龙岩、永定地区农民起义，以后任过红军营党代表、华中军区政委。新中国成立后任过中南军政委员会副主席。

滕代远，湖南麻阳人，1904 年出生。1925 年入党，任湘鄂赣边区特委书记时领导了平江起义，以后任过红 5 军党代表、军委铁道部部长。新中国成立后任铁道部部长等职。

谭震林，湖南攸县人，1902 年出生。1925 年参加革命工作，秋收起义时在井冈山茶陵县任工农兵政府主席兼县委书记，以后任过的主要职务有湘赣边界特委书记、第 3 野战军第一副政委。新中国成立任中共浙江省委书记等职。

王震，湖南浏阳人，1908 年出生。1927 年加入中国共产党，领导湘赣地区的农民起义，1929 年加入中国工农红军，以后任过湘鄂赣边区赤卫队支队长、第 1 兵团司令员等职。新中国成立后任新疆军区第一副司令，1955 年 9 月被授予上将军衔。

邵式平，江西弋阳人，1899 年出生，1925 年加入中国共产党，1927 年下半年任浮梁县委书记兼景德镇市委书记时，领导了弋阳、横峰起义。以后任过游击队政委、嫩江军区副政委等职。新中国成立后任中共江西省委书记等职。

……

以三大起义为代表的中共组织的武装起义，掀起了武装反抗国民党反动统治的高潮，组建了一支支忠于党的新式军队；培养了一批批忠于党的干部和军事指挥员。正是这批在成立之初不被蒋介石所看重，在后来蒋介石又集中力量予以打击的中共军队，最后打败了蒋介石，解放了全中国。

井冈红旗——飘扬大地

中国共产党发动武装起义进入高潮时，正是蒋介石第 1 次下野期间。蒋介石复职后，对国民政府和国民党内部实行"安内必先攘外"，集中力量打压地方实力派、进行军阀混战，对于中共在各地组织的武装起义，主要靠当地军队负责解决。从客观上讲，南京政府各地的地方军队战斗力较为薄弱，根本不是中共军队的对手，因此诞生不久的各支人民军队，不仅得以生存下去，而且发展很快。待到蒋介石发动大规模"围剿"时，红军已经从物质、武器、战略战术上建立起一整套对策。其中最根本的是，中共找到一条在农村建立根据地的正确道路，这就是毛泽东开辟的井冈山之路。

井冈山之路和中共"六大"

在 20 世纪前 50 年，革命阵营最大的成功者应该是毛泽东，"反共"阵营最大的成功者是蒋介石；在两大阵营的较量中，最大的成功者是毛泽东代表的革命阵营。革命阵营和毛泽东之所以能够成功地打败国民党蒋介石集团和推翻南京政府，最主要的是毛泽东找到了胜利之路。

毛泽东带领秋收起义余部在三湾改编后，于 1927 年 10 月 3 日到达宁冈县城，主持召开前委扩大会议。在会上，毛泽东提出建设以井冈山为核心的革命根据地，开展武装斗争、深入进行土地革命和加强根据地建设。10 月 27 日工农革命军第 1 军第 1 师第 1 团到达茨坪，11 月间，攻占茶陵县城，成立湘赣边界第一个县级中共政权——工农兵民主政府，谭震林任政府主席兼县委书记。

在毛泽东同志领导下，第1团在这里建立了中国共产党的第一个根据地。

井冈山上原有袁文才和王佐领导的革命武装。袁文才，本为书生，妻子被当地恶霸霸占后，走上革命道路，于1926年9月任县农民自卫军总指挥。大革命失败后，还乡团和反动军队到处搜捕共产党人，袁文才无处立足，拉起100多人的队伍上了井冈山。当他得知毛泽东率领第1团到达井冈山时，他亲自下山欢迎毛泽东。王佐出身富家，有千余亩水田，毅然毁家参加革命，与袁文才一起上山，并对阻挠他俩革命的把兄弟胡亚春就地正法。第1团上了井冈山后，袁、王的队伍也于1928年2月改编为工农革命军第1军第1师第2团，袁文才为团长，王佐为副团长兼湘赣边界地区防务主任。（袁、王两人后来在毛泽东率部远征闽西离开井冈山时，被冤屈致死。新中国成立后，毛泽东重上井冈山，接见了袁文才、王佐的亲属，表示亲切的慰问）此时，在毛泽东的指挥下，井冈山红军打退了湘军的第1次进攻。

1928年1月，朱德、陈毅率领部队离开军阀范石生，举行湘南年关暴动，占领了宜章县城，成立工农革命军第1师，朱德任师长，陈毅任党代表，王尔琢任参谋长。根据党中央的命令，他们向井冈山挺进，于5月4日与毛泽东部胜利会师，成立中国工农革命军第4军（6月4日，按照党中央指示，改名为中国工农红军第4军）由朱德任军长，毛泽东任党代表，陈毅任政治部主任，王尔琢任参谋长。全军分4个团，组成情况是28团为南昌起义留下来的部队，29团为湘南农民自卫军，31团为秋收起义留下来的部队，32团为井冈山当地的革命武装，全师约5000余人。8月间，中共湖南省委派来的代表杜修经、杨开明来到井冈山，坚持不顾实力悬殊向南发展，红4军遭受巨大损失，史称"8月失败"，留在井冈山的一营红军，在湘军重兵压境时，进行了艰苦的黄洋界保卫战。

1928年12月初，平江起义后成立的第5军，除黄公略领导下第1、2、3纵队在湘鄂赣边坚持斗争外，第4、5纵队和军部直属纵队约800人，在彭德怀、滕代远指挥下来到井冈山，与红4军在宁冈会师。井冈山3支红军大会师，战斗力大为提高，表明了"工农武装割据"是唯一正确的革命道路。

不可否认的是，在中共组织一系列武装起义的过程中，确实存在盲动主义的倾向，这是因为出于对国民党反动派大屠杀的仇恨和对陈独秀右倾投降主义的愤怒，急于向敌人讨还血债，急于向敌人复仇。1927年11月，在瞿秋白主持下，中央临时政治局会议通过《中国现状与共产党的任务决议案》，提出要以暴动推翻反动政权，所以无视中国社会特点和当时政治形势，坚持"城市中心论"，盲目举行城市暴动。到 1928 年 2 月，共产国际执委会第 4 次扩大会议批评了瞿秋白的错误，结束了瞿秋白的盲动主义。

1928 年 6 月 18 日至 7 月 11 日，中国共产党在莫斯科郊外召开了第六次全国代表大会。会议选举向忠发、李立三、周恩来、项英、瞿秋白、张国焘、蔡和森为政治局委员，并且选举不称职的向忠发担任中共中央总书记。

向忠发，又名向仲发，湖北汉川人，1880 年出生。当过学徒、水手、码头工人，1922 年加入中国共产党，曾任过中共湖北区执行委员、武汉工人纠察队总指挥，在中共"五大"上当选为中央委员，八七会议上当选为中央政治局委员，任驻共产国际代表。因其能说会道，获得共产国际的信任。不过此人政治立场不坚定，革命意志薄弱，组织领导能力不强，在共产国际高压下选举他为中共中央总书记不能说是"六大"一个不可弥补的缺陷。

中共"六大"指出，党的总路线是争取群众，当前主要任务是实行土地革命，建立工农民主专政。会议肯定了土地革命路线，但并没有解决"左"倾盲动主义错误。

中共根据地的建立

中共"六大"肯定了土地革命路线，尽管党内没有根本消除后来以李立三、王明等为代表的主张城市暴动、红军进攻城市等"左"倾盲动的干扰，但各革命根据地还是得到较快的发展。在 20 世纪 30 年代上半期，影响比较大的革命根据地如下。

鄂豫皖根据地。黄麻起义后，鄂东特委提出学习井冈山，建立红 11 军 31 师，创立了鄂东北革命根据地，并向整个大别山区发展，于 1930 年 4 月成立了鄂豫皖边界特委，成立了红 1 军。1931 年初与红 15 军会师，成立了红 4 军。1931 年 11 月 7 日，红 4 军与红 25 军在黄安七里坪会师，成立了红 4 方面军，徐向前任总指挥，陈昌浩任政委。

湘鄂西根据地。1927 年底湘鄂西起义后不久，贺龙、周逸群等受中央委派前来开展工作，1928 年 3 月间，贺龙集合旧部 3 千余人，攻下县城，成立了革命政府。贺龙在湘鄂边区组建红 4 军，周逸群在鄂西组建红 6 军，1930 年 7 月在公安县会师，合编为红 2 军团，贺龙任总指挥，周逸群任政委，洪湖和湘鄂西联在一起。此外，在湘赣边区，各游击队于 1933 年 6 月合编为红 6 军团，由萧克任总指挥，王震任政委，任弼时为中央代表兼军政委员会主席，1934年与红2军团一样，在敌人的"围剿"下转移，于1934年10月与贺龙的红2军团会师，成立湘鄂川黔省委，任弼时任省委书记，贺龙为苏维埃政府主席。1935年11月19日为避开敌人的"围剿"开始长征，1936年6月23日在西康甘孜与红4方面军会师，2、6军团合编为红2方面军，贺龙任总指挥，萧克任副总指挥，任弼时为政委，关向应为副政委。

左右江根据地。百色和龙州起义后，红7、8军在前委书记邓小平、总指挥李明瑞领导下开展斗争。不久在敌军的进攻下，红军退出龙州，红8军残部编入红7军，按照党中央的命令，向中央苏区转移，进军千里，历经艰辛，终于1931年到达中央苏区，编入红1方面军。

闽浙赣根据地。弋阳、横峰起义后，在两县建立了工农民主政府，不断向外发展，1929年12月，当地8县举行工农兵代表大会，成立信江区工农民主政府。大会选举方志敏、邵式平、黄道等33人为执行委员，成立红10军。1928年10月，赣东北举行了崇安农民起义，开辟了闽北革命根据地，1930年7月与信江区连成一片，成为闽浙赣革命根据地。

陕北根据地。1928年4月渭南起义不久失败，到1930年夏，在山西的晋西游击队渡过黄河，进入陕西，与刘志丹的南梁游击队会合，由谢子长任总指挥，刘志丹任副总指挥，在当地坚持斗争，一直到1935年9月25日，与从鄂豫皖转移而来的红25军会师，联合打退了东北军110师等部的围攻。以后在极左路线主导下，根据地开始肃反扩大化，刘志丹、高岗、习仲勋、刘景范等人也受到牵连，直到10月19日红1方面军到达吴起镇，毛泽东立即下令，停止逮捕，所有逮捕的干部全部交中央处理，这才从枪口下救下刘志丹等100多名干部。从此陕北革命根据地成为中国革命的中心。

当时中共拥有根据地十余块，上述根据地以外，琼崖、海陆丰、川陕、陕甘、湘鄂川黔以及江苏南通、崇明等地也有红军在活动。

在各革命根据地中，影响最大的是中央革命根据地。3支红军在井冈山会师后，红军发展近万人，根据地供给不足；此时敌人正在准备更大规模的"围剿"。因此为了调动敌人，减轻井冈山革命根据地的压力，在1928年底召开了宁冈白露会议，决定红4军3千人由毛泽东、朱德等人指挥，于1929年1月14日向江西、福建进军，2月7日到达江西瑞金、福建长乐等地，打垮当地军阀郭凤鸣部，建立了闽西革命根据地。"蒋桂战争"爆发后，红4军从闽西回到赣南开展活动。5月间闽西敌军撤走，红4军再次入闽，解放龙岩、上杭一带，打垮军阀陈国辉，再次进军赣南。10月间，第3次入闽，消灭当地军阀卢新铭，闽西的局面全面打开。毛泽东著名的《清平乐·蒋桂战争》词，就是描写了这一事件。1930年3月18日，龙岩县城召开闽西第1次工农代表大会，成立了闽西苏维埃政府，邓子恢、张鼎丞等人负责，同时成立了红12军。

此时赣南的罗炳辉领导吉安、吉水等8县保安队起义，扩大了赣南革命根据地。1930年春正式成立江西工农民主政府，建立红3军。6月，红4军、红3军、红12军组成红1军团。由朱德、毛泽东、朱云卿分别出任总指挥、总政委、参谋长。赣南、闽西两个根据地连成一片。这样与彭德怀等人活动的湘鄂赣、湘赣合组为中央革命根据地。彭德怀的红5军和当地武装红8军、红16军合组为红3军团，彭德怀任总指挥，滕代远为总政委。8月间，红1军团、红3军团合组为红1方面军，朱德为总指挥，彭德怀为副总指挥，毛泽东为总政委。到1933年第四次反"围剿"胜利后，方志敏等人领导的闽浙赣苏区又和中央苏区连成一片，这是中央苏区的全盛时期。

井冈红旗不倒，为中国共产党人指明了斗争的方向，看到了希望。中央苏区和各革命根据地的建立，标志着中国共产党与南京政府武装对抗的局面已经形成。

毛泽东之所以伟大，是因为他解决了中国革命的难题。中国革命过程中最大难题是如何从苏联经验中摆脱出来，毛泽东以他无比的创造才能和对马克思主义的无限忠诚，在山沟沟里找到了马克思主义；把马克思主义同中国革命的具体实践相结合，找到了一条适合中国国情的革命道路，找到了保障中国共产党生存、发展和胜利的革命之路，其核心是坚持党的领导，开展武装斗争，建立统一战线。

蒋介石最大的失误就在这里。政治上的失算：蒋介石不断攻击马克思主义和苏联社会主义制度是专制、暴政，但他没有想到为什么被他骂为"专制、暴政"的理论，竟然能得到广大工农阶级和民主进步政治势力如此热烈的欢迎？他没有想到为什么南京政府明令通缉和捕杀的共产党人，竟然能得到广大工农阶级和民主进步政治势力如此热烈的拥护？他没有想到一个普通共产党员，其作用力和影响力远高于国民党的各级行政官员？他没有想到因为共产党的政治口号，自己为什么就成为全国人民的打击对象？答案直到蒋介石撤离大陆时也没有弄清楚，或者说即使他弄清楚了也不会承认。

军事上的失算：蒋介石没想到没有跨进军校的毛泽东、周恩来以及中共的绝大多数军事指挥官，为什么能够制订出时常置国民党军队于死地的军事战略和战术？他没有想到在城市起义中一再败北的中共，为什么在各根据地能够击退所有前去"围剿"的国民党军队？他没有想到在最落后、最艰苦地区活动的红军，为什么不仅可以生存下去而且获得迅速发展？他没有想到同为农村青年，为什么参加国民党军队后既不卖力也不卖命，而参加红军后为什么一个个奋不顾身、勇猛无比。答案只有一个，即从整体上讲，红军存在于最为艰苦、落后的地区，为国民党政府统治薄弱地区，以占据城市为主的国民党统治力量和权威无法到达广大农村地区，红军和红色政权所以能够存在，中共可以先在局部地区建立革命政权，形成农村包围城市之势，然后逐步、波浪式地把革命政权推向全国。从具体上讲，毛泽东、周恩来等中共军事家，他们没有进过正规军校，但了解中国国情，了解革命战争之伟力存在于人民群众之中这一战争理论中最为重要的真理，此外在战争中他们学会了战争，掌握了高超的指挥艺术，那些只会照搬军事教材、内有官兵不努力作战、外得不到民众支持的国民党将领所不能比。从个体上讲，参加红军的农村青年们，知道自己是为了人民利益、为了解放全中国而战，作战勇敢，不怕牺牲，一个个自觉成为保证作战胜利的基本因素。蒋介石军事上的失算，到兵败大陆时也没有弄清楚，或者说即使他弄清楚了也不会承认。

（二）五次"围剿"，蒋介石的无奈

在南昌起义后的 3 年多时间内，蒋介石并没有把中国共产党和工农红军当成真正的对手，当他决定把消灭红军作为第一位的政治任务和军事任务时，已是在 1930 年底。正是利用蒋介石的轻敌，中共抓紧机遇，红军迅速发展，到蒋介石与红军作战时，只能是一片无奈——整体上看红军越战越多，战略上看红军越战越强，战术上看红军越战越精，战役上看红军越战越胜。

毛泽东用兵如神——三退敌阵

在中原大战前，蒋介石"围剿"红军，主要是调动红军所在地区附近的国民党军队参战，作为南京政府和陆海空三军司令部并没有全面调集军队参加

"围剿"。在他看来，一批农民拿着红缨枪、大刀片，充其量再加上几把鸟枪、土炮，既没文化又没军事常识，岂能上战场？共产党如果真靠这些握惯锄把子的农民上战场，要想胜利那真是天方夜谭。答案非常明确，与蒋介石的设想完全相反，共产党发动、组织起来的泥腿子，已经不是原来意义上的农民，他们作为新型军队的成员，显示出令蒋介石预想不到的威风和战斗力。

第 1 次反"围剿"

中原大战结束后，蒋介石眼看中共根据地越来越大，红军越"剿"越多，在痛斥地方部队无能之后，他开始调集中央军，集中力量"围剿"红军。也就是说，他已经感觉到红军的威胁。到 1930 年底，红军基本情况如下：

红 1 方面军：总指挥朱德，总政委毛泽东。编有红 1 军团：总指挥朱德，政委毛泽东，编有黄公略（军长）、蔡会文（政委）的红 3 军，林彪、罗荣桓的红 4 军，罗炳辉、谭震林的红 12 军，刘铁超、刘泽民的红 20 军；全军团有 3 万余人。红 3 军团：总指挥彭德怀、政委滕代远，编有邓萍、张德清的红 5 军，何长工、袁国平的红 8 军，孔荷宠、黄志敬的红 16 军；全军团有 8000 余人。

红 2 军团：总指挥贺龙，政委夏曦。编有孙德清、关向应的红 2 军，邝继勋、柳克明的红 6 军；全军约 12000 人。

红 1 军：军长许继慎，政委曹大敬，副军长徐向前。编有 3 个师约 6000 余人。

红 7 军：军长张云逸，政委邓小平。编有 3 个师，约 6400 人。

红 8 军：军长俞作豫、政委何世昌。编有 3 个纵队，约 3000 人。

红 10 军：军长周建屏，政委涂振武，军委主席邵式平，约 5000 余人。

红 11 军：军长古道中，约 3000 人。

红 15 军：军长蔡升熙，约有 2000 余人。

红 18 军：军长李幼军，约 2000 余人。

红 22 军：军长陈毅，约 3000 余人。

红 26 军：军长杨岳斌，约 2000 人。

红 35 军：军长罗桂波，约 3000 人。

加上一些规模比较大的游击队，红军总数在 10 万左右。

对蒋介石来说，威胁更大的还不仅是上述现有红军部队，威胁更大的是红军的发展潜力。因为只要有农村，只要有人民，红军随时随地都在发展！事实上，红军也是每时每刻都在发展！

中原大战结束，蒋介石的整军计划大部实现，中央军得到迅速扩充。在与地方实力派的较量中，北伐中以保存实力为主的中央军得到进一步扩充，在此次大战期间几乎全部上阵，所以在实战中得到提高；地方实力派的军队要么是臣服，要么是被消灭，基本结束地方实力派割据一方、军事倒蒋阶段；更为重要的是，蒋介石的军事指挥机构得到重新调整，何应钦、刘峙、顾祝同、钱大钧、陈诚等"准黄埔系"成员全部走上一线指挥岗位，黄杰、胡宗南、关麟征、杜聿明、李延年等黄埔系成员开始进入高级指挥岗位。因此，蒋介石羽毛丰满，可以用来对付红军了。他的战略与对付地方实力派相差不多，集中兵力进行"围剿"，一举消灭对手。只因红军不是地方实力派，所以既不会臣服，也不会被消灭。更让蒋介石吃惊的是，泥腿子的战略战术、山沟沟里的军事家，竟然以灵活多变的战略战术，让国民党军队无所适从，到处挨打。

1930 年 10 月 23 日，蒋介石亲赴汉口，召开湘、鄂、赣 3 省"剿共会议"。11 月 12 日，国民党召开三届四中全会，决定半年内消灭共产党。12 月 4 日，蒋介石又致电陆海空军总司令武汉行营："限三省'剿共'军于一个半月内夺回已失城池，消灭'赤匪'，否则以违令论罪！"

1930 年 12 月 13 日，在中原大胜中还未清醒过来的蒋介石来到南昌，具体部署"剿共"。在他看来，数十万西北军、晋绥军、桂军已经被打垮，缺衣少穿的几万红军应该不在话下。他指示出席的三军总司令武汉行营主任何应钦，调集 8 个师又 3 个旅共 10 万人，向中共江西根据地发动全面进攻。

何应钦把一份军事兵力调动计划放在蒋介石的面前，实际调动兵力远超过预定数。蒋介石觉得何应钦未免官当得越大胆量越小，对付一些农民竟然要调动如此多的兵力。何应钦似乎明白了蒋介石的意思，因此尽力向蒋介石解释说，调动如此多的兵力并非是因为红军强大，而是为了像中原大战那样，毕其功于一役，一举全歼江西的红军，以绝后患。蒋介石心里对调动如此多的兵力感到不满，但也没有理由驳斥何应钦，只好予以照准。

何应钦集结的兵力颇有可观：

湘鄂赣 3 省"剿共"军总指挥鲁涤平、副总指挥何键，前敌总指挥张辉瓒。辖有朱绍良的第 6 路军（编有毛炳文的第 8 师，许克祥的第 24 师，张贞的第 45 师，刘和鼎的第 56 师，周志群的新编第 14 旅）；鲁涤平的第 9 路军（编有张辉瓒的第 18 师，公秉藩的第 28 师，谭道源的第 50 师，罗霖的第 77 师，路孝枕的新编第 13 旅）；蒋光鼐的第 19 路军（编有蔡廷锴的第 60 师，戴戟的第 61 师，马琨的第 20 师第 34 旅，刘夷的独立第 32 旅）；此外还有 3 个航空队，共 14 万人，20 多艘军舰，30 多架飞机。

何应钦、鲁涤平的进攻方案如下：在他们看来，土生土长的红军，战斗力不强，所以采取长驱直入，分北、西两路将红 1、3 军团围歼于东固、龙冈一线。由吉安、富田、东固、闽建宁一带向南推进，计划在夺取龙冈、广昌后将苏区一分为二，第一期作战目标实现后，再兵分两路各个击破。19 日，鲁涤平的第 9 路军到达东固，实现第一期作战目标。但远在南京的蒋介石以为这是军事上的胜利；近在战区的鲁涤平也以为是自己的成功。只有毛泽东知道，这是自己的军事战略和红军的军事安排已经在起作用。

为反击敌人第 1 次大规模"围剿"，根据中央军委的命令，红 1 方面军移师赣江东面迎战敌人。具体作战方案是，敌人长驱直入，红军将计就计，诱敌深入，以龙冈等地为突破口，对敌人实行东西分割，也是各个击破。诱敌深入，造成敌人孤军作战，整体上敌人的优势则成为局部上的劣势；整体上兵力处于劣势的红军，对孤军深入的敌军来说则变成优势，然后予以消灭。正如毛泽东在战前动员会主席台两侧挂的一副对联所说："敌进我退，敌驻我扰，敌疲我打，敌退我追，游击战里操胜券；大步进退，诱敌深入，集中兵力，各个击破，运动战中歼敌人。"上联是战术，下联是战略，仅仅 46 个字就把蒋介石和国民党军事将领们在军校中学了几年不甚了了的军事战略战术说得如此透彻，把中国工农红军的战略战术如此通俗化地表达了出来。敌人当然不会去细想对联的含义，甚至会嘲笑对联的俗气，但他们无法知道对联的真谛，更无法使用人民战争的战略战术。

红军按照既定方案，向深山转移，苏区有着广泛的腹地可以周旋。鲁涤平部进入赣南山区后，白天在山沟里乱窜，寻找红军作战；晚上提心吊胆，寝食不安；到一地闹得鸡飞狗跳，老乡避而不见，国民党军队只能对着一片片农田和树木兴叹。就在敌人在山区转了近 10 天，累得疲惫不堪之际，主力师之一张辉瓒的第 18 师进驻东固，另一主力师谭道源的 50 师驻源头。相应其他各部情况是这样的，公秉藩部占领富田，许克祥部和毛炳文部占领头陂，罗霖部占领吉安，刘和鼎部占领建宁。深入苏区腹地的敌军，在基本没有遭到红军正式抵抗的情况下直抵苏区中心地带。

没有遭到红军抵抗的敌军盲目乐观，以为红军不是不想打，而是不敢打，也是不能打。1930年12月29日张辉瓒部进入龙冈地区。一直想找而找不到的红军从天而降，上午林彪军长率领红4军，奔袭龙冈，红3、12军配合，18师9千余人被全部消灭，因为不熟悉地形，前敌总指挥张辉瓒也成为俘虏。张辉瓒以"俘虏"身份成为中国军事史上的名人，因为他是中国工农红军活捉的第一位国民党军队的师长和相当于集团军副总司令的前敌总指挥。因为他的特殊身份，也给他带来了厄运，原本红军最高当局准备用他来交换被俘的红军官兵和换取赎金，国民党有关方面已经同意。出于对国民党军队在根据地烧杀抢掠的仇恨，红军战士误认为这位"大官"是国民党反动统治的代表，把他枪杀了。

1931年1月2日，红军乘胜追击，突袭已经对孤军处于深山感到不安的谭道源50师。当时谭部驻地源头距龙冈不过30公里，见张部被消灭，赶快向北撤退。当到达源头东北不足30公里的东韶时，谭道源的50师被红3、4、5军等部包围后消灭2个团。因为18师、50师是国民党方面的主力，两个师的失败，引起国民党军队全线溃败。毛泽东小试牛刀，5天，红军仅用5天，粉碎了蒋介石、何应钦、鲁涤平准备多时、费力甚多的第1次"围剿"，蒋介石损失1个师又2个团、1.3万余支枪。

毛泽东当时写下了壮丽的诗篇记下了这一军事上的奇迹。他在《渔家傲·反第1次大围剿》是这样写的：

"万木霜天红烂漫，天兵怒气冲霄汉。雾满龙冈千嶂暗，齐声唤，前头捉了张辉瓒。二十万军重入赣，风烟滚滚来天半。唤起工农千百万，同心干，不周山下红旗乱。"

井冈山时期和进军闽西时期，毛泽东、朱德等中共军事家的军事指挥艺术，主要表现在与中小规模的敌军作战；从反击蒋介石对中央苏区的第1次"军事围剿"开始，则进入一个新的高层，有了质的变化，开始与敌人集团军的作战。战场上的事实证明，毛泽东和他的同志们的军事指挥艺术，完全能够运筹大战区的作战，可谓是得心应手，左右逢源。同样也证明，人民战争是克敌制胜的法宝，武器装备远好于红军的国民党军队只能在人民战争的汪洋大海中被动挨打。

第 2 次反"围剿"

第 1 次"围剿"的失败，蒋介石大吃一惊，他没有想到红军的战斗力如此之强，毛泽东的军事指挥艺术如此高超。至此他才感觉到红军已成为国民党真正的对手，红军的力量已经不容轻视，只有加强打击力度，尽快予以消灭。不到 4 个月，又开始第 2 次"围剿"。与第 1 次"围剿"相比，第 2 次"围剿"无论是在使用兵力还是在作战企图上都要高出一个层次。

陆海空军总司令南昌行营主任换成何应钦，参战部队翻一翻，达 20 个师 4 个旅。下辖王金钰的第 5 路军，编有公秉藩的第 28 师、郭华宗的第 43 师、上官云湘的第 47 师、郝梦龄的第 54 师、罗霖的第 77 师；朱绍良的第 6 路军，编有胡琏的第 5 师、毛炳文的第 8 师、许克祥的第 24 师、刘和鼎的第 56 师、路孝忱的新编 13 师；鲁涤平的第 9 路军，编有鲁涤平的第 18 师、谭道源的第 50 师；蒋光鼐（蔡廷锴）的第 19 路军，编有蔡廷锴的第 60 师、戴戟的第 61 师、马锟的第 61 师第 34 旅；孙连仲的第 26 路军，编有孙连仲的第 25 师、高树勋的第 27 师、关树人的骑兵第 1 师；此外还有汤恩伯的第 4 师第 1 旅、韩德勤的第 52 师、张贞的第 49 师、际肇昌的第 55 师、周志群的第 14 旅、刘夷的独立 32 旅，另有 3 个航空队。所部约 20 万人。

经过第 1 次"围剿"失败，蒋介石、何应钦已经领教了红军的威力，特别是红军不仅已有保存自己的能力，而且已经具备大兵团作战、歼灭整个师的能力，任何冒险、急躁都可能成为红军的战机。因此，系统学过军事理论和有过多年军事实践的蒋、何二人，在军事高参的指导下，制订的战略是：全线推进，以防孤军深入成为红军打击的目标；稳扎稳打，巩固已经取得的作战成果；步步为营，防止红军突破防线；逐渐缩小包围圈，将红军一举消灭。要实现这一作战目标，需要有 3 项条件，一是能否保证全线推进；二是能否围住红军；三是围住后能否消灭红军。这 3 条中任何一条做不到，第 2 次"围剿"不仅达不成目标，而且还将有更大的损失。

红军经过第 1 次反"围剿"的胜利，士气高涨、信心十足不说，在战略上更加成熟。针对超过红军一倍的敌人步步为营的战略，毛泽东、朱德、彭德怀等中共军事领导人，提出的对策是 8 万红军统一调配，分散军队以冲乱敌人全线推进部署，在运动中抓住战机，集中兵力消灭敌人。毛泽东的战略是"由西向东扫荡，求得各个击破"；朱德的战略是把国民党军队从工事中引出来，这是一场"等待与忍耐"的战役。

1931年3月27日，何应钦下达总攻击令，5、6、9、19路大军沿着江西吉安到福建建宁，长达700余里的战线上，开始向中央苏区发动全线进攻。初期何部进展顺利：4月7日，王金钰部占领富田一线，未见红军主力；4月1日，孙连仲部占领东韶、小布；4月10日，胡祖玉部、毛炳文部占领广昌；4月26日，胡祖玉部占领头陂，毛炳文部占领白水。到5月中旬，已经在崎岖不平的山路中奔波1个多月的国民党军队，已经耐不住只见小部红军游击队干扰、不见红军主力作战的烦闷日子，士气低落，毫无斗志。且在山中活动多日，供给困难，条件艰苦，苦不堪言。

最能利用国民党蒋介石集团弱点、最能抓住国民党军队薄弱环节、最能捕捉歼灭国民党军队战机的毛泽东和朱德，认识到时机已经来临。1931年5月15日至30日，早已集中在东固、富田地区的红军主力红1方面军各部，开始由西向东扫荡。5月16日，公秉藩部在东固将军帽被歼灭；郭华宗部在附近被歼灭；5月中旬，高树勋部被消灭大部；5月26日，2万红军进攻广昌的第6路军；5月29日，在建宁击溃刘和鼎部；5月30日红军收复建宁、南平、泰宁等要地。此时，广州"非常会议事件"正闹得不可开交，蒋介石见江西作战连遭失败，电令何应钦结束第2次"围剿"。红军连打5仗，连胜5仗，消灭敌军3万余人，缴枪2万余支，各种火炮50门，机枪数百挺，无线电台十多台，第2次反"围剿"以全胜收兵。

为庆贺第2次反"围剿"的胜利，毛泽东又写了一首词《渔家傲·反第2次大围剿》："白云山头云欲立，白云山下呼声急，枯木朽株齐努力。枪林逼，飞将军自重霄入。七百里驱十五日，赣水苍茫闽山碧，横扫千军如卷席。有人泣，为营步步嗟何及！"

第3次反"围剿"

蒋介石没有罢休，在发现两广方面的军事安排只有威慑没有战场上相见的意图后，又开始对中央苏区进行第3次"围剿"。经过两次"围剿"失败，蒋介石在损失兵力之余，更有不祥预感，下决心调集重兵消灭红军。

1931年6月21日，蒋介石来到南昌，亲自担任湘、鄂、赣、闽、浙、皖、豫 7 省"剿匪"总司令，下令何应钦担任前敌总指挥兼任左翼集团军总司令，编有赵观涛的第 1 路军（赵观涛的第 6 师）；陈诚的第 2 路军（罗卓英的第 11 师、陈诚的第 14 师）；朱绍良的第 3 军团（周浑元的第 5 师、毛炳文的第 8 师、许克祥的第 24 师）；蒋鼎文的第 4 军团（蒋鼎文的第 9 师）；陈铭枢担任右翼军总司令，编有蒋光鼐的第 1 军团（蔡廷锴的第 60 师、戴戟的第 61 师、韩德勤的第 52 师）孙连仲的第 2 军团（孙连仲的第 25 师、高树勋的第 27 师）；上官云湘的第 3 路军（李云杰的第 23 师、上官云湘的第 47 师、郝梦龄

蒋介石到南昌指挥"围剿"红军

的第 54 师）；卫立煌的预备军（卫立煌的第 10 师、李延年的攻城旅）以及 8 个师 2 个旅、3 个航空队的备用军。总计约 30 万人。

在一批德国、日本、英国军事顾问的指导下，蒋介石关于第 3 次"围剿"的作战方针是：因为主力红军正在闽西休整，长驱直入赣南中央苏区中心地区；因为红军善于各个击破，各路军集中使用兵力。1931 年 7 月 1 日，陈铭枢的右翼军经宁都、兴国向南推进；何应钦的左翼军经黎川、广昌方向向南推进。7 月 13 日占领广昌，7 月 19 日占领宁都，中央苏区的县城基本全部被占领。形势十分严峻，苏区人民也在观望之中，红军在哪里？红军不是害怕敌人，也不是已被打败，而是毛泽东在调动敌人，接连取得两次反"围剿"胜利的红军，对付国民党军队已是轻车熟路，采取避实求虚，向敌后运动。在毛泽东、朱德等人的指挥下，红军运用灵活的战略战术，"诱敌深入、避开主力、打其虚弱"。先是从闽西向赣北，再向赣南运动，再由赣南向闽西运动，绕道千里，避敌锋芒，寻机消灭敌人。从 1931 年 7 月下旬起，于莲塘一线，先打上官云湘的 47 师，再打郝梦龄的第 54 师，8 月 10 日在黄陂打败毛炳文的第 8 师，三仗三捷。9 月 3 日，何应钦指挥军队收复黄陂，缩小对红军的包围圈。红军从敌军间隙穿插向南，在兴国地区休整。等何应钦发现，急忙调动部队进

行包围时，红军已休整半个月。此时，"广州非常会议"方面已经准备由两广向湖南出兵，蒋介石急于"安（国民党）内"，再加上江西战场上的军队已经出动2个月，3个师受到重创，饥疲沮丧，无力再战，安排撤兵。红军趁机出击，1931年9月7日重创19路军52师和另外一部。至此，蒋介石历时两个半月的第3次"围剿"结束，战绩是5个师的部队被重创，损失兵力3万余人。

毛泽东和蒋介石、红军和国民党军队直接交手3次，蒋介石指挥的国民党军队连败3次，尽管先后动用正规军10万、20万、30万分三次"进剿"，不仅一无所获，反而遭受南京政府成立以来军事上最大的失败，一次战役被消灭一个或几个建制师，即使在两次东征、北伐以及打击地方实力派的战争中也没有发生过。尽管他急于消灭红军，但红军已经建立起稳固的根据地，红军将士已经经过战场的考验，蒋介石只能是一片无奈。他在遭受第3次失败之际，在南方"非常会议事件"开始进入宁粤合流阶段，在北方发生了"九一八事变"，蒋介石因此暂时停止了对中央苏区和其他革命根据地的大规模"军事围剿"，但并没有放弃"军事围剿"计划，更大规模的"围剿行动"还在后面。

蒋介石做梦没有想到会成为毛泽东的手下败将。在他自己看来，曾经打败过的名将不少，贵有吴佩孚、孙传芳、张作霖，猛有冯玉祥、阎锡山、李宗仁，野有唐生智、张发奎、石友三，他们有的是军官学校高才生，有的是从小拉杆子起家的土匪，有的是少年投军的行伍，并且都富有养兵、练兵、指挥经验，更为重要的是他们经过几十年的努力培植起一支数十万的军队，最后免不了成为他的败将。如今，共产党出现才几年，毛泽东领兵不过3年，竟然集中组织3次"围剿"被他打败3次，更为重要的是，想找红军找不到，找到红军打不赢，已经处于无可奈何的状态。

第3次反"围剿"后，中央革命根据地得到空前的发展，拥有21个县，300万人口，赣南和闽西苏区连成一片，成为最大的革命根据地，成为中国革命的中心。

周恩来运筹帷幄——再破敌阵

当中共早期一些领导人抱着苏联革命模式不放的时候，毛泽东已经找到了中国革命的道路；当中共早期一些领导人受苏共领导人的影响、指斥山沟沟里出不了马克思主义时，毛泽东已经创立了人民战争理论；当中共早期一些领导人轻视农村武装斗争时，毛泽东已经在军事上取得了巨大的成功。

但是，中国革命的道路并不平坦，中国共产党的成长也充满着曲折，中国共产党接受毛泽东的领导和接受毛泽东的主张，自觉走上农村包围城市、武装夺取政权的道路还需要一个过程。

"左"倾盲动和王明

在中国共产党实现第1次重大转折过程中，出现了瞿秋白为首的"左"倾盲动主义，这是因为共产国际混淆了中国民主革命和社会主义革命的界限，指示中国共产党进行以城市武装起义为主要内容的"苏维埃革命"；因为中国共产党内部对国民党的大屠杀政策的仇恨、对陈独秀右倾投降主义错误的愤怒，导致本来存在的小资产阶级革命急性病不断加剧；因为中国共产党在理论和实践上的不成熟，整个党的不成熟和党的领导人的不成熟是一致的。由于"左"倾盲动主义给中共带来了很大的损失，所以在1928年2月共产国际执委会第4次扩大会议批评瞿秋白的"左"倾错误后，到4月间各地党组织基本停止执行瞿秋白的错误指示。

瞿秋白，江苏常州人，1899年出生。1917年，任过国民学校校长、在武昌外国语学校学习过的瞿秋白，18岁考入北京俄文专修馆，后参加了五四运动和北京共产主义小组，1922年代表《晨报》在苏联采访期间加入中国共产党。国共合作期间既是中共中央执行委员，也是国民党中央政治会议委员、候补中央执行委员，并任中共中央宣传部长。大革命失败后，以中央政治局委员身份，主持中共中央工作。因推行"左"倾盲动主张受到批评。以后任中共驻共产国际代表，1931年间在上海与鲁迅一起领导左翼文化运动，不久受到王明路线的打击，1934年2月去中央苏区，任中华苏维埃政府工农教育委员。长征开始时，王明路线控制的中共中央，强令留下一批他们认为有错误的人，瞿秋白等一批党的优秀干部没能参加长征。当时处境十分危险，准备经福建绕道香港赴上海，2月24日在上杭地区被敌人包围，同行的有何叔衡，因为年老体衰，无法奔走，只得跳崖自杀；邓子恢冲出敌人包围圈；文人书生瞿秋白和项英的夫人张亮等人被俘。在身份没有暴露前，说过一些欺骗敌人请示开释的话。在身份暴露后，瞿秋白被关在不过4平方米的牢房里，他对自己的一生进行了严厉解剖，写了《多余的话》这篇引起争议的遗作，名为多余，本可以不说，但他说了无非是为了明明白白向世人表明自己如何由文人走上革命之路，成为革命者后又不可避免地染有文人软弱的一面，并没趁牺牲之前，像世界上很多人一样留下过多的豪言壮语，如此严格自律，不正是他高出许多人的地方吗！正如他所写的词所言："花落知春残，一任风和雨。信是明年春再来，应有香如故。"1935 年 6 月 18 日，国民党军 36 师师长宋希濂向他出示蒋介石处决他的手令，瞿秋白盘膝而坐，高唱《国际歌》英勇就义。中国共产党人并没有忘记这位中共早期主要领导人，著名的政治活动家、理论宣传家和才华横溢的文学家，1950 年 12 月 31 日，毛泽东在出版的瞿秋白遗著上题词说："在他生前，许多人不了解他，或者反对他，但他为人民工作的勇气并没有挫折下来。他在革命困难的年月里坚持了英雄的立场，宁愿向刽子手的屠刀走去不愿屈服。"1955 年 6 月 18 日，他的遗骨移往北京八宝山公墓安葬。7 年后被曾经是他的战友们定为叛徒，再过 18 年又获得平反，正式定为烈士。

中共"六大"后，中共中央总书记向忠发既没有领导一个党的能力，也没有领导一个党的政治觉悟和政策水平，党的工作实际上由中央政治局常委李立三负责。由于党内"左"倾思潮没有肃清，存在推行"左"倾路线的条件。国民党新军阀混战，也被误认为是南京政府统治崩溃的开端。从 1929 年起，又爆发世界性的资本主义经济危机，国际共产主义运动中"左"倾势力泛滥，共产国际也认为世界革命高潮即将来临。因此，在李立三的指导下，1930 年 6 月，中共中央通过了《新的革命高潮与一省或几省首先胜利决议案》，否认中国民主革命的长期性，否认革命发展的不平衡，坚持城市中心论，批评农村道路是农民意识，保守观念。并且制订了全国中心城市武装起义和红军进攻中心城市的计划。这一路线不可避免地给中国共产党和红军带来了巨大损失。到 1930 年 9 月 24 日，中共中央召开六届三中全会，基本结束了李立三"左"倾盲动路线。

李立三，湖南醴陵人，1899 年出生。1919 年赴法国勤工俭学，因参加学生运动于 1921 年底被法国当局押送回国。回国后参加了中国共产党，主要从事工人运动，与毛泽东、刘少奇等人组织过安源工人大罢工，担任过上海总工会委员长、全国总工会秘书长等职。大革命失败后，开始成为中共核心领导成员，在中共"五大"上当选为政治局委员，南昌起义时担任政治保卫处处长，广州起义前夕任中共广东省委书记，在中共"六大"上当选为政治局常委兼中央宣传部长。他的"左"倾错误受到批评后，1930年12月5日应召前往莫斯科，接受共产国际的批判和斗争。王明出任中共驻共产国际代表后，李立三的日子更难过，他自己回忆说是："我在王明直接领导下工作了7年，好像是过了7年媳妇生活，终日提心吊胆，谨小慎微，以免触怒，但还是不免经常受到指责。"1938年2月23日，苏联内务部说他是日本特务、要刺杀斯大林，他被捕入狱，关押了1年9个月。在苏联卫国战争中，他只得靠挖战壕换面包和种马铃薯度日。在中共"七大"上，因为他曾经对中国革命的贡献，尽管党中央与李立三失去联系仍然选举他为中央委员。在此前后，李立三见到了到苏联访问的郭沫若，请郭带信给中共中央，中共中央得知李立三的实情后，马上要求苏联共产党把李立三送回来。这样苏联没有理由再扣押一个兄弟党的中央委员，只得把李立三送回中国。1946年1月李立三回到东北，先后任军事调停处执行部东北3人小组中共首席代表、中共中央东北局敌工部、城工部部长等职，1948年8月在第六次全国劳动大会上当选为全国总工会副主席。新中国成立后，主要从事全国总工会的领导工作，任过劳动部部长、工业交通部部长、华北局书记处书记等。1967年6月22日，在写完给毛泽东的信后自杀，他在信中坚决否认"造反派"强加给他的"里通外国"的罪行。李立三的遗体以"服毒者李明"的假名被火化，1980年3月20日平反。1999年11月16日，在"纪念李立三诞辰百周年座谈会"上，中共中央常委尉健行指出，李立三同志的一生是同中国工人运动联系在一起的，他在长期的白区工作和国外工作中探索革命真理，在社会主义革命和社会主义建设中努力钻研党的方针政策，在"文化大革命"中他不顾林彪、"四人帮"一伙的诬陷迫害，公正地为许多同志的历史作证。为纪念李立三，在他的家乡湖南醴陵市特意命名一条中心大道为"立三大道"。

令人遗憾的是，中国共产党结束李立三"左"倾路线后，又出现了更左的王明路线。

王明，原名陈绍禹，安徽六安人，1904年出生。1925年去苏联中山大学学习，参加中国共产党。此人娴熟马列原著，满嘴革命词句，好高骛远，经常批评正在摆脱苏联革命模式束缚、寻找坚持马克思主义与中国革命实践相结合的革命道路的中国共产党保守，而引起共产国际和苏联共产党的高度赞扬。作为苏联共产党代表布哈林和共产国际代表米夫的翻译，出席了中国共产党第六次代表大会。1930年回国，任中宣部秘书。不久米夫到达上海，出任驻中共代表。1931年1月7日，在米夫的操纵下，中共中央在上海东方旅社秘密召开了六届四中全会。根据共产国际远东局的提名，会议选举向忠发、周恩来、任弼时、项英、张国焘、卢福坦、顾顺章、蔡和森、刘少奇、徐锡根、温裕成、毛泽东、罗登贤、陈郁、王克全为政治局委员。会议还根据米夫的提议，补选因为以更左的面目反对李立三的王明、沈泽民、夏曦为中央委员。从这时开始，以王明为代表的"左"倾教条主义在中共中央领导机关内开始了长达四年的统治。1931年6月24日，向忠发被国民党上海警备司令部逮捕，很快叛变，后被枪杀。9月1日，中共成立临时中央，由博古负总的责任，继续推行以王明为代表的"左"倾冒险主义错误。王明担任中共驻共产国际代表团团长，远走莫斯科。

王明是一个教条主义者。他对中国革命不甚了了，不接触工人农民，不参加社会实践，读过不少马列原著，没领会精神实质。他翻译出版了《武装暴动》的小册子，把巴黎公社和十月革命原则照搬中国，看不起中国共产党已经找到、正在取得胜利的革命路线。不久，他又写了《两条路线》的小册子，内容实质远甚于立三路线。这位以理论家自居的人，一生的代表作只有这两本小册子，著作虽少但危害极大，成为"左"倾盲动的纲领。王明是一个宗派主义者，他在苏联中山大学学习期间，就组织"28个半"小集团反对中共领导人；他上台就是靠打击李立三起家；他在中央夺权成功后，又派出中央代表到各革命根据地进行夺权，对坚持正确意见的毛泽东、邓小平等领导人，实行残酷斗争、无情打击；并且无中生有的要各根据地反复进行肃反，给革命队伍带来了巨大损失。

1937年11月底，中共驻共产国际代表、共产国际执委、主席团委员和候补书记王明被派回国。毛泽东在延安机场迎接时说："王明同志从天上来，真是喜从天降。"根据中共中央的安排，王明曾任统战部长、长江局书记，政治上走入另一个极端，推行右倾投降主义。以后任过延安女子大学校长。新中国成立后，任法制委员会主任，反对中共过渡时期的总路线，主张学习苏联一步跨入社会主义。1956年叛逃到苏联，1974年3月27日在莫斯科离世。

博古，原名秦邦宪，江苏无锡人，1907年出生。1925年在上海大学求学期间加入中国共产党，1926年间赴苏联中山大学留学，与王明等组成小宗派。

1930 年 12 月回国，编辑《劳工报》《工人报》，任共青团中央宣传部长。作为王明集团的核心成员，依靠共产国际代表支持，在六届四中全会后不久在中共临时中央负总责。博古机械地照搬苏联革命经验，脱离中国革命实际，不折不扣执行王明路线，对坚持正确路线的其他领导人无情打击，军事上依靠共产国际派来的军事顾问德国人李德的瞎指挥。结果，几乎导致中国革命的失败。1935 年 1 月遵义会议后，任中共中央书记处书记、《解放日报》社社长等职。1946 年 4 月 8 日，与叶挺、邓发、王若飞等人从重庆回延安，因飞机失事在山西兴县遇难。

王明路线继续发展了李立三的"左"倾盲动主义，在城市强调"斗争高于一切，一切为了斗争"，无条件地号召和组织政治罢工、罢课、罢市、罢操、罢岗、游行示威、飞行集会和武装暴动，造成了许多本可避免的牺牲，使得中共的白区工作遭受了巨大的损失。

王明路线对苏区工作的破坏更是惊人。为了贯彻他们的极左路线，王明路线统治的中共中央还有计划地向各苏区派遣中央代表，督促各苏区的中央分局贯彻错误路线。

王明路线对苏区工作的主要目标之一，是打击经过事实证明完全正确、但与苏联革命模式不一致、因而得不到斯大林和共产国际认同的毛泽东，剥夺毛泽东的军事指挥权。

作为中央苏区最高领导机构的中央苏区中央分局，成立于 1930 年 9 月召开的六届三中全会，主要成员有毛泽东、朱德、曾山、谭震林等人，毛泽东还是中央苏区总前委书记。在苏区中央局和总前委的领导下，中央苏区得到了很快的发展。1931 年 1 月召开的六届四中全会组成的中共中央决定改组中央局，由周恩来任书记，因为周恩来在上海的工作没有结束，暂时由项英代理中央局书记职。4 月 17 日，第一批中央代表王稼祥、任弼时、邓发率四中全会代表团到达中央苏区。因为毛泽东抵制进攻大城市等错误的方针，所以很快成为极左路线打击的目标。11 月 1 日至 5 日，中央局召开中央苏区第 1 次党代表大会，即"赣南会议"，会议由项英和任弼时主持，主要是批判所谓毛泽东的右倾错误，调任中华苏维埃政府主席。1931 年 12 月间周恩来到达中央苏区，正式担任中央局书记。

1932 年 10 月上旬，苏区中央局在江西宁都举行全体会议，名为总结半年来的工作，实为批判毛泽东，认为毛泽东是"逃跑主义"，不执行中央指示，提出要把毛泽东调回后方；并决定撤销毛泽东红军总政委的职务，由周恩来接任，毛泽东专任中华苏维埃政府主席。

第4次反"围剿"

"非常会议事件"以蒋、汪合流而结束，蒋介石不顾日本侵略者在占领东北后、又在上海地区挑起"一·二八事变"等日益加重的民族危机，于1932年3月14日，正式提出"攘外必先安内"口号，称："日本侵略者加深侵略，'赤匪'猖獗，而我们要攘外必须安定国内。"（《蒋委员长告"剿匪"政治宣传人员攘外必先安内条示——对日作战时期》绪编之三第34页）事实上，他"攘外抗日"是假，"安内""剿共"是真，所以置民族危机于不顾，准备对各革命根据地发动第4次"围剿"。

1932年5月24日，蒋介石再次自兼鄂豫皖三省"剿匪"总司令，任命李济深为副总司令，曹浩森为参谋长。

1932年6月18日，蒋介石在庐山牯岭召开豫、鄂、皖、湘、赣五省清剿会议，决定此次军事行动的第一个目标是鄂豫皖根据地。会议针对中共的发动、组织农民的做法，决定为扩大"军事围剿"的效果，进剿时要做到"七分政治、三分军事"，在军事打击红军的同时，要消灭红军存在的条件，要消灭正在蔓延的红色理论和思想。也就是说在军事"反共"的同时，要注意在苏区全面实行政治"反共"，建立防共、反共、灭共机制。针对毛泽东的人民战争思想和"敌进我退，敌驻我扰，敌疲我打，敌退我追，游击战里操胜算；大步进退，诱敌深入，集中兵力，各个击破，运动战中歼敌人"的战略战术，蒋介石提出了"在少击众，以实击虚，以整击零，以正击奇"口号。从表面上看蒋介石的战术与毛泽东的战术是针锋相对，似乎是相互反制的性质；两人的提法相差不多，似乎属于同一战术。问题出在蒋介石的战术没有施行的环境，因为人民战争需要人民的支持，需要人民的配合，蒋介石本人和他的军队都无法得到民众的支持和配合；一种战术得不到民众的支持，只能靠军队的苦战，而国民党军队缺少献身精神，既没有高超的政治素质，也没有超凡的军事素养，在人民战争的汪洋大海中和作战勇敢、战略战术灵活的红军作战，只能居于下风。

从1932年6月至10月间，蒋介石发动了对中共领导的鄂豫皖、湘鄂西、湘鄂赣三大根据地的进攻。此时的红军受"左"倾盲动主义和肃反扩大化的影响，战略战术严重失误，战斗力有所削弱，面对国民党军队的疯狂进攻，鄂豫皖的红 4 方面军于 1932 年 10 月，进行战略转移，另外开辟川陕根据地；湘鄂西的红 2 军团，也于同时缩编为红 3 军，向湘鄂川黔转移。湘鄂赣的红 16 军，转移到湘赣根据地，于 1933 年 6 月成立红 6 军团。

1932 年底，蒋介石任命何应钦为湘鄂赣"剿匪"总司令，贺国光为参谋长，陈诚出任中路军总指挥，编有罗卓英、吴奇伟、赵观涛 3 个纵队共 12 个师；蔡廷锴为左路军总指挥，编有 6 个师 1 个旅；余汉谋为右路军总指挥，编有 5 个师 1 个旅；此外还有 5 个师 2 个旅和 2 个航空队作为预备队。1933 年 1 月，国民党的 50 万大军浩浩荡荡地杀向中央苏区。蒋介石、何应钦、陈诚的计划是，蔡廷锴的左路军进攻闽西、陈诚的中路军进攻中央苏区腹地、余汉谋的右路军进攻赣粤边地区，分进合击，最后在苏区腹地黎川、广昌、南丰一线会师，全歼红军。

这时，中央红军兵力约七万余人，在朱德、周恩来的指挥下开始第 4 次反"围剿"。在符合中共中央总体指示精神的前提下，他们考虑到红军的实力，继续运用毛泽东的诱敌深入、声东击西的战略战术。先是佯攻重兵把守的南城和南丰，调动敌人主力，于 2 月 27 日在南丰西数十公里外的黄陂地区，消灭前来增援的中路军第 1 纵队罗卓英部李明的第 52 师、陈时骥的第 59 师，两位师长成为红军的俘虏；3 月 21 日，在草台冈、徐庄附近消灭第 1 纵队萧乾的第 11 师大部和第 3 纵队李延年的第 9 师一部，萧乾被打伤，纵队长罗卓英只身脱逃。国民党军队遭受如此重创，需要休整和补充，蒋介石决定结束第 4 次"围剿"。

蒋介石的第 4 次"围剿"以如此结果结束，何应钦见"剿共"难胜，准备抽身，脱离久战无果的"剿共战场"。此时，日本自占领东北后，开始不断蚕食华北地区，蒋介石任命何应钦出任军事委员会北平分会委员长，一直在"剿共前线"、一直没有取得战果的何应钦暂时离开"剿共战场"，到北平履新，何应钦的职务由顾祝同接替，这里不无蒋介石对何的失望。在蒋看来，何应钦已不适应新时期军事作战的要求，因为何有一片忠心，可以当官；因为他不适应新的战法，不可以再指挥一线军事。

中央苏区第 4 次反"围剿"的胜利，主要是因为毛泽东的作战思想深入人心，红军官兵熟悉人民战争的打法，熟悉"敌进我退，敌驻我扰，敌疲我打，敌退我追"的战略战术；朱德作为毛泽东的战友一起创造了人民战争的兵法，周恩来在实践中体会到毛泽东的军事战略的正确性，能够继续贯彻毛泽东的军事思想；最主要的是，此时的王明路线控制的中共中央刚开始向中央苏区迁移，还没有全面干涉军事指挥，危害性还没有全部暴露出来。

红军战略大转移——冲破敌阵

第4次"围剿"失利，蒋介石并没有罢休。此时华北抗战爆发，外战应打不想打、内战想打打不赢的蒋介石，他的重点不是放在抗战一面而是放在"剿共"一面。

1933年春，蒋介石在华北抗战中让何应钦出面、全面让利让权对日妥协后，开始调集兵力对中央苏区发动第5次"围剿"。5月1日，蒋介石提出："今后'剿匪'务以守为攻，乘机'进剿'，主要用合围之法，兼采机动之师，远探密垒，薄守厚援，层层巩固，节节进逼；对峙则守，得隙则攻。"（王多华《"反共"戡乱》上第3卷第236页）蒋介石根据德国、日本军事顾问和身边军事智囊团建议提出的这一战略，符合与红军作战的具体情况，只是因为国民党军队内部没有贯彻实施的条件，红军一方战略战术灵活多变，战场上人民群众更是主动帮助红军作战，所以蒋介石的战略好看不中用。6月8日，蒋介石在南昌召开赣、粤、闽、湘、浙5省"剿共"军事会议，筹划对中央苏区发动第5次"大围剿"。会议决定全面实施"5省3路包剿计划"。

出于政治上的需要，蒋介石从1933年7月18日起，到9月18日，集中培训了7600余名各级军官，中央军有些排长都进行了培训，杂牌军主要训练了中、高级军官，主要意图是统一思想，研究对策，制订进攻革命根据地的作战方案。蒋介石是想毕其功于一役，彻底消灭中国大地上的红军，彻底铲平革命根据地。

培训结束后，蒋介石亲自组织军事委员会委员长南昌行营，其中东路军由蒋鼎文任总司令，卫立煌任前敌总指挥，编有蒋鼎文的第2路军，下属李延年的第4纵队，辖有李玉堂的第3师、李延年的第9师、宋希濂的第36师、刘戡的第83师；卫立煌的第5路军，下属刘和鼎的第9纵队，辖有卢兴邦的第52师、刘和鼎的第56师、陈明仁的第80师、谢彬的第85师、周志群的新编第11师、张銮基的独立第45旅；王敬久的第2纵队第87师作为总预备队。

北路军由顾祝同任总司令，陈诚任前敌总指挥。编有顾祝同、刘兴的第 1
路军，下属樊嵩甫的第 3 纵队，辖有樊嵩甫的第 79 师；刘兴的总预备队，辖
有郜子举的剿匪第 2 纵队、温应星的税警总团、李家鼎的骑兵第 1 旅；陈诚、
罗卓英的第 3 路军，下属罗卓英的第 5 纵队，辖有黄维的第 11 师、霍揆彰的第
14 师、傅仲芳的第 67 师；周浑元的第 8 纵队，辖有谢德福的第 5 师、陶峙岳
的第 8 师、王懋德的第 28 师、李树森的第 94 师、萧致平的第 96 师、夏楚中的
第 98 师；毛炳文的守备队，辖有黄子成的第 24 师、戴岳的第 46 师、王耀武的
补充第 1 旅；第 53 师李韫珩预备队。编有薛岳的第 6 路军，下属刘绍先的第 6
纵队，辖有邹洪的第 43 师、梁华盛的第 92 师、唐云山的第 93 师、孔令恂的第
97 师；下属吴奇伟的第 7 纵队，辖有韩汉英的第 59 师、欧震的第 90 师、郭思
演的第 99 师。

西路军由何键任总司令，编有孙连仲的第 26 路军，下属冯安邦的第 27
师、孙连仲的第 30 师、池峰城的第 31 师、张华堂的独立第 44 旅；下属刘建绪
的第 1 纵队，辖有王东原的第 15 师、彭位仁的第 16 师、李生达的第 19 师、李
云杰的第 23 师、陶广的第 62 师、罗霖的第 70 师；下属刘膺古的第 2 纵队，辖
有朱耀华的第 18 师、李觉的第 19 师、谭道源的第 22 师、岳森的第 50 师；下
属陈继承的第 3 纵队，辖有郭汝栋的第 26 师、梁冠英的第 32 师、陈耀汉的第
58 师、刘培绪的独立 37 旅、李宗鉴的新编第 7 旅、李定五的暂编第 2 旅；下
属湖南省保安部、陈渠珍的新编第 34 师；下属还有编有万耀煌的第 13 师和惠
济的第 1 支队。

南路军由陈济棠任总司令，白崇禧任副总司令。编有余汉谋的第 1 纵队，
下属李振球的第 1 师、叶肇的第 2 师、张达的第 4 师、李振良的第 5 师、王赞
斌的第 44 师、李汉魂的独立第 3 师、陈汉光的警备旅、陈章的独立旅；编有李
扬敬的第 2 纵队，下属黄任寰的独 1 师、张瑞贵的独 2 师、邓龙光的独 4 师、
黄廷桢的第 7 师、黄质文的第 8 师。编有陈调元的预备军，下属有唐淮原的第
12 师、梁立柱的第 21 师、李松山的第 55 师、阮肇昌的第 57 师等部。

其中北路军为进攻主力，东路军助攻，西、南路两军主要是防守。装备有
包括 200 架飞机在内的各种轻重武器的 100 万大军，于 1933 年 10 月初向中央
苏区扑来。

蒋介石调集如此多的兵力，准备与红军决一死战。其中在 11 月间，正在

蒋介石在"剿共"前线的表情大多是气急败坏

福建"剿共"的19路军发动"福建事变","剿共"军事行动一度停顿，其余则全力以赴压向红军。

为打赢此次战役，蒋介石汲取前4次"围剿"失利的教训，改变打法，提出"七分政治，三分军事"，实施禁运、封锁、步步为营、节节"进剿"、公路连线、碉堡成点、四面压缩、重点用兵、稳扎稳打，改变以往导致失败的"长驱直入""分进合击"战法，以采取持久战、堡垒战、消耗战，既可断绝红军的各种供给，又可打击红军有生力量，以及避免落入被红军包围、被红军各个击破的机会，紧缩根据地，达到把红军全部消灭的目的。身为蒋介石主要战将的北路军前敌总指挥陈诚，更是喊出了"吃一身、睡一身、用一身、找匪打、与匪拼"的口号。50万大军，密密麻麻地围住了中央苏区的核心地区，共修筑了3千多个碉堡，每个碉堡之间间隔几百米，并保持3万发子弹、6000余斤粮食和9000余斤柴草，以准备固守。对广大苏区，推行保甲制度，建立团练等反动武装，控制人民群众，以隔绝红军与人民的联系。

相比之下，红军处于明显劣势：

红1方面军有5个军团，他们是林彪、聂荣臻指挥的红1军团，彭德怀、滕代远指挥的红3军团，（宁都起义中组成的）董振堂、朱淑指挥的红5军团，周昆、黄苏指挥的红8军团，罗炳辉、蔡树藩指挥的红9军团。以及寻淮洲、乐少华指挥的红7军团和在闽浙赣地区活动的刘畴西、粟裕等指挥的红10军团。红1方面军总共有兵力7.4万人。

还有红12军、江西军团、湘赣鄂军区、湘赣军区、福建军区、闽浙赣军共等部。此外，还有中央军委独1、5、7师，模范师、工人师、中央警卫师、少共国际师等，兵力约有数万人。在反"围剿"中，又扩编了一些红军。

红军与国民党军队相比，无论是兵力还是武器装备，都居于劣势。但是，这是中央苏区红军力量最为强盛的时期。在第 4 次反"围剿"胜利后，中央苏区兴旺发达，红军官兵士气空前高涨，人民群众同仇敌忾，本是迎战敌人"围剿"和消灭敌人的最佳时机，也是苏区发展的最佳时机。

红军态势的逆转

只是此时中共内部起了变化。

1933 年初中央苏区来了一个德国人，名叫李德。此人在第一次世界大战中成为俄国的俘虏，后进入伏龙芝军事学院学习，学习成绩优秀。经王明请求和共产国际批准，李德成为共产国际驻中国共产党的军事顾问（有材料说李德并非共产国际派来的代表，只是博古的私人朋友，竟然被带到中央革命根据地充当共产国际的军事顾问）。这是王明派夺权的一个重要组成部分，因为王明派核心成员大都为年轻的马克思主义者，熟读经典，不了解中国国情，没有革命实践经验，更不用说指挥军事，又不放心军事大权掌握在他们不信任的"右倾机会主义者"手中，于是借助李德来夺取中共军事指挥大权。博古在军事上完全依靠李德。

就像一批德国军事将领充当蒋介石的军事顾问、导致国民党前 4 次"军事围剿"一败再败一样，同样是德国人的李德也把中共的军事斗争引向惨重的失败。只是蒋介石的德国军事顾问提出的军事战略是对的，只是因为他们无法理解人民战争的特殊性质，因而提出的战略没有成功的可能，但说明蒋介石的军事顾问们懂军事、对中国内战战场进行过研究。李德则不一样，他缺乏起码的实战经验，缺乏对中国国情的了解和分析，只是把在军事学院课堂上学到的军事理论照搬照抄，只是简单模仿苏联的战例。是他，把第 5 次反"围剿"一步一步推向失败。

李德独断专行，甩开中央军委，以老大自居，发号施令，看不起中国共产党人，看不起中共的军事将领。说毛泽东的游击主义已成过去；刘伯承不如一个参谋，在苏联白学了几年。

有了李德，更为重要的是中共中央机关已经全部搬到中央苏区，博古等人对凡是抵制过他们错误的干部进行坚决打击，为李德的"瞎指挥"保驾护航。1934 年 1 月，中共临时中央在瑞金举行了六届五中全会，这是中共中央机关迁到中央苏区后召开的第一次全会。19 位中央委员参加了会议，选出秦邦宪（博古）、张闻天、周恩来、项英、陈云等 5 人组成政治局常委会，秦邦宪为总书记兼中央组织部长，张闻天为中华苏维埃政府人民委员会主席（此职原为中华苏维埃政府主席毛泽东兼任）并负责党报编辑，周恩来为中央军委主席，项英为中央苏区负责人，陈云负责党的白区工作。顾作霖、凯丰、刘少奇、朱德、王稼祥、张国焘、任弼时、关向应、康生、王明等人组成中央政治局。后来毛泽东被补选为政治局委员，邓发被补选为政治局候补委员。

中共六届五中全会是王明路线的顶点，从组织和政治上巩固了王明派在中央的领导地位。为压制党内其他坚持正确意见的领导人，为强力推行李德的军事路线，博古等人正是通过这种残酷斗争、无情打击的非正常方式，打击坚持正确意见的同志，为极左路线鸣锣开道。

六届五中全会错误地认为，中国革命的危机已经到达新的阶段，也就是直接革命的形势已经成熟，第5次反"围剿"就是中国革命完全胜利的斗争，是苏维埃道路与殖民地道路的决战，当前主要危险是右倾机会主义。对王明派来说，要实现直接革命、中国革命完全胜利，当然不能靠毛泽东、朱德、周恩来等人的游击战争思想来解决，只有靠李德的集中兵力、组织大规模的正规战、才能加速胜利的到来。就这样，被彭德怀称为"在第5次反'围剿'中没有打过一次好仗"的李德成为工农红军的"太上皇"。六届五中全会坚持和扩大了四中全会的错误，完全把政治上的"左"倾和军事上的盲动结合起来，红军面临的国民党的军事压力越来越大。

李德的主张完全适应了蒋介石的需求。蒋介石兵力、装备、火力上占有优势，一直在寻找红军进行正规决战，王明派和李德提出要"御敌于国门之外"，全线出击，短促突击，为蒋介石包围红军提供机会；蒋介石通过持久战、堡垒战、消耗战、阵地战，损耗红军的实力，王明派和李德一再要红军主动出击，与敌人硬拼盲打，自己主动大规模消耗实力；蒋介石主张堡垒战，王明派和李德一再要求红军修筑碉堡、构筑防线、处处设防，节节防御，坐等敌人来消灭自己。这无疑是为蒋介石提供了消灭红军的极好机会，红军损失越来越大。如果说王明派和李德当时如此主张确是出于好心，确是为了早日解放全中国，但是客观上他们却帮了蒋介石"军事围剿"的忙，加速了革命的失败。

1933年10月，按照被李德控制的中央军委的命令，彭德怀、滕代远指挥的红3军团（编有张锡龙、彭雪枫的红4师，陈柯金、曹其灿的红6师等部）董振堂、朱淑指挥的红5军团（编有陈伯钧指挥的红13师，赵立才、萧华指挥的红 15 师）罗炳辉、蔡树藩指挥的红 9 军团（编有黄德胜的红 2 师，董振吾、朱良才的红 14 师）在黎川一线主动向国民党方面主力——北路军樊嵩甫、罗卓英、周浑元等部发动进攻，这无疑是为一直在寻找红军主力作战的北路军提供了机会，因为自我暴露和力量悬殊，红 3、5、9 军团兵败，不得不退出中央苏区的东北地区，国民党初战得手，中央苏区防线被撕开一个口子，黎川一仗成为进攻中的冒险主义。

黎川一线失利后，即开始进入战略被动阶段。此时，蒋介石的"七分政治，三分军事"战略已经初见成效，中央苏区正在被全面紧缩。此时毛泽东以过人的军事指挥才能和富有远见的观察力，提出把红军调往浙皖苏一带国民党统治中心地区，扰乱蒋介石的大后方，逼使敌人把主力调离中央苏区去保卫南京、上海。这样做虽说不能彻底改变当时的敌我态势，但起码可以改变打乱敌人对中央苏区的包围，腾出时间来消灭敌人。后来在第 5 次反"围剿"的最后紧急关头，又是毛泽东提出将红 1 方面军主力拉往湖南中部，威胁长沙、株洲等地，把敌人从江西调往湖南，在运动中消灭敌人。把红军先调东北后调西线的两条建议，即使在今天来看，也是基本正确的，特别是在当时极其困难的条件下具有可行性，遗憾的是，毛泽东的建议并没有被博古、李德接受。

在 1933 年 11 月间，编入蒋鼎文部的第 19 路军发动"闽变"，蒋介石从江西、福建抽调一批军队前去"围剿"，这是中央红军联合 19 路军共同反蒋、消灭蒋军、摆脱被动的好机会。这一难得的机会，也被王明路线控制的中共中央和军事最高指挥者李德所放弃。

中共六届五中全会以后，国民党军队和红军在建宁和泰宁一带对峙，红军运动战、游击战的优势顿失，国民党军队凭着优势兵力和火力向红军防线不断发动进攻，红军的损失越来越大。1934 年 3 月，董振堂、朱淑指挥的红 5 军团和罗炳辉、蔡树藩指挥的红 9 军团，按照中央军委的命令，在广昌一带修碉堡，不顾实力，进行正规阵地抵抗战，于 4 月 10 日至 28 日进行广昌战役，消极防守，被动挨打，因为力量悬殊，红军伤亡达 4 千余人。这一仗是防御中的保守主义，以后则进入退却中的逃跑主义。

1934 年 5 月 16 日，国民党北路军占领建宁一线，中央苏区东北洞门大开。顾祝同、陈诚等部立即兵分 3 路，向中央苏区腹地压来。一路由泰和向兴国，一路由滕田向龙冈，一路向宁都、石城。为阻击敌人，红军英勇奋战，又在广昌以南的高虎垴、万年亭等地组织阵地进行拦截，很快被陈诚部攻破，7月21日兵临驿前。驿前为中央苏区的最后一道屏障，此时苏区已经非常困难，8月14日驿前大战开始，目的是争取时间突围。结果红军伤亡达5000人，大战失败。10月6日，红3军团撤出石城，陈诚进入石城；1934年10月11日，红1、5军团撤出兴国。红军只剩下长征一条路，北上抗日成为新的战斗目标。王明路线滔天罪，战略转移去远方。

战略转移去远方

长征并不是中央红军的行动，而是指南方的红军主力全部向北方转移，脱离内战战场，北上抗日。向北转移，早在广昌战役失败后的1934年5月间，中共中央就已决定进行战略转移，并派出了寻淮洲、乐少华的红7军团作为北上抗日先遣队，由瑞金出发。11月间在赣东北德兴县重溪镇与红10军团会师。12月14日在安徽太平县一线被包围，寻淮洲战死，参谋长粟裕和政治部主任刘英突围成功。1935年1月29日，红10军团负责人刘畴西和先遣队政委方志敏、保卫局长周群在江西省玉山县怀玉山区被俘，8月6日方志敏被秘密杀害于江西省南昌市下沙窝。

1934年8月，任弼时、萧克、王震指挥的红6军团从湘赣根据地突围，10月间在黔东印江一带和贺龙指挥的红3军会师，开创湘鄂川黔革命根据地。

1934年11月，程子华、吴焕先、徐海东指挥的红25军从鄂豫皖西征，于12月间进入陕南，到1935年上半年，即开创了鄂豫陕游击根据地，不久和刘志丹部会师。

中央苏区到驿前大战时，已经没有退路，10月初中共中央决定撤出中央苏区。10月16日，在瑞金附近的沙洲坝，中共中央、中华苏维埃政府组成"中央纵队"即"红星纵队"，编有红1、3、5、8、9军团，8万余人，再加上中央机关1.5万人，开始行动。指挥这次战略转移的人很多，有中央政治局常委博古、张闻天、周恩来、陈云；有中央军委总政治部主任王稼祥，总参谋长刘伯承，因为王稼祥负伤，总政治部主任由李富春代理；中央秘书长邓小平；凯丰、刘少奇、朱德等中央政治局委员和候补委员。不可否认的是，毛泽东虽然一起行动，但他的存在，并没有引起应有的注意，实际领导党和红军的博古等党的领导人，没有想到这是一位唯一能够把红军带出困境的人。

中央红军由红1、3军团开路，8军团为左翼，9军团为右翼，5军团殿后，走上长征之路。当时，虽然北上抗日很明确，但从那里走，如何走，到哪儿去，到走的时候博古、李德也没有想出来。不管如何，最主要的是迅速脱离敌人，避免被敌人消灭。

得知中央红军顺利撤出赣南，蒋介石怒火满腔，大骂陈济棠"剿共"不得力，大骂顾祝同、陈诚等人无能，竟然让红军从铁壁合围中逃脱。他立即下令，要顾祝同组织"追剿纵队"，要广东陈济棠、湖南何键、四川刘湘、广西李宗仁和白崇禧组织部队全力阻击。

顾祝同根据蒋介石的命令，组织第3路军陈诚部的薛岳、蒋鼎文的第7纵队（编有李玉堂的第3师，李延年的第9师，吴奇伟的第90师，郭思演的第99师）和周浑元的第8纵队（编有谢溥福的第5师，周岩的第6师，樊松嵩的第79师，萧致平的第96师）跟在中央纵队后面，紧追不放。

1934年10月18日，中央红军在宁都附近与一线敌人摆脱接触。10月21日，通过做工作，南线的粤军稍加阻击后，给中央红军让道，红军突破赣南信丰、安远一带由广东军阀组成的第一道封锁线，沿着粤赣湘边向西南方向前进；11月5日，突破湘南汝城和广东城口之间的第二道封锁线；11月15日，在宜章、良田之间空出的70里宽的狭长地带，冲出湘军组成的第三道封锁线，直奔湘江东岸。此时的蒋介石才开始弄清楚，红军不是转几圈再回到赣南，而是进行战略转移。急调40万大军进行围堵，红军在广西全县以南的湘江东岸与敌军激战一星期，靠硬打硬拼，才突破第4道封锁线。不过，红军也付出了极其高昂的代价，损失过半，只剩下3万余人，并且处境十分危险，四周都是敌人，可以说已经陷入绝境。特别是对当时的中央决定的，中央红军赶到湘西与当时还在那里的红2、6军团会师计划，蒋介石分外担心，特意调遣重兵在前方阻击，中央红军前无进路，后无退路。

在失败之中，中国共产党和红军也想到了毛泽东。

坚持南方游击战

中央红军长征后，1934年10月26日国民党军队占领宁都，11月10日汤恩伯部占领瑞金，11月17日雩都陷落敌手，11月23日苏区最后一座县城会昌被占领。至1935年2月，中央苏区全部沦入敌手。毛泽东一手创建的中央苏区，在"左"倾机会主义路线的破坏下，不得不放弃。

留下来坚持斗争的有：以项英为书记的中央分局（东南分局）、在保卫兴国战斗中负伤的陈毅为司令的中央军区，陈毅为主任的中华苏维埃政府办事处。分局委员有总政治部副主任兼中央军区政治部主任贺昌，苏维埃政府内务人民委员兼江西省委书记曾山，赣南省委书记兼赣南军区政委阮啸仙。留守的还有，苏维埃政府土地人民委员兼兴国特委书记胡海，中央军区参谋长为龚楚（此人后来叛变）红24师师长周建屏，江西军区司令李赐凡，赣南军区司令蔡会文，赣南军区政治部主任刘伯坚，赣南少共省委书记陈丕显，赣粤特委书记李乐天，赣粤特委副书记杨尚奎等人。此外还有司令部直属队6800余人；江西军区的7000余人，赣南军区的2700余人，闽赣军区的2500余人。遭受王明路线迫害和一部分准备转移到白区的领导人瞿秋白、何叔衡、梁柏台、陈潭秋、张鼎丞、邓子恢、谭震林、古柏、毛泽覃、张绩之等人，也被排挤出转移行列。因为留下来要冒很大的风险，张闻天主张全部带走，不能让他们落入敌人手中；博古则坚持不改，借机打击坚持正确路线的领导人。原来毛泽东也被留下，只是因为毛泽东是中华苏维埃政府主席，如果不走，长征转移的党政军系统则名不正言不顺，只得带走。设想一下，如果不让毛泽东参加长征，很可能长征历史有要改写，而毛泽东指挥的红军又在南方生存下来，并且很快发展起来，成为中国革命的中心。

1935年2月，留下来坚持斗争的红军全部被压缩到狭小的仁凤地区。在陈毅、项英等人的指挥下，于2月10日进行突围。行动前，向党中央发出了最后一封电报，从此就和中央断绝了联系。在突围前后牺牲的有贺昌、李赐凡、阮啸仙、何叔衡、刘伯坚、古柏等优秀党员，瞿秋白也在突围中被捕，后被杀害。

突围出去的红军官兵，分散活动，在陈毅、项英、谭震林、张鼎丞、邓子恢等同志的领导下，在8省14个地区进行了艰苦卓绝的3年南方游击战，为中共革命史和军事史添加了光辉的一页。

遵义会议放光芒

毛泽东虽为中华苏维埃政府主席，但实际上的处境是十分艰难的，参与决策的权利也被取消，但他表现得十分从容沉着。还在中央苏区时，他以第5次反"围剿"以来一系列的失败为事例，帮助住在隔壁的中央党内第三号人物张闻天逐渐认识到了"左"倾路线尤其是军事冒险主义的危害，让毛泽东一起参加长征就是张闻天坚持的结果。

张闻天，江苏南汇人，1900 年出生。参加过五四运动，同时加入中国少年学会，先后到日本、美国留学，1925 年 6 月在上海加入中国共产党。10 月间赴苏联中山大学留学，在学期间，与王明、秦邦宪等人的关系很好。1931 年 2 月回国，9 月临时中央成立时，在共产国际代表的支持下，被指定为中央委员、政治局常委，主持党的宣传工作，工作中排斥原有的中共领导群体。他和王明、秦邦宪的区别在于，王明习惯于政治投机，始终把个人放在第一位，他的政治图谋是为了夺取和巩固领袖地位；秦邦宪则顽固不化，死板教条，除了脱离中国国情以外，还根本不思考中国革命的实际，不思考具体的斗争状况，直到遵义会议也没有认清王明"左"倾冒险主义的错误所在。张闻天作为王明派的主要成员，是犯了错误的革命者，但能够把革命利益始终放在第一位；只是缺少革命实践经验，只要通过革命实践就能很快纠正过来。在第 5 次反"围剿"期间，就开始与毛泽东一起讨论王明路线的危害，是王明派中最早觉悟的成员。遵义会议后，他作为政治局常委在党内负总责，主持书记处工作。延安整风时，主动辞职。以后任过政治局委员、辽东省委书记、外交部副部长。1959 年起因为"彭德怀案"被整而受到牵连，改为社科院经济研究所特约研究员，1976 年 7 月 1 日在无锡病逝。

长征开始后，毛泽东就同王稼祥一起行军。

王稼祥，安徽泾县人，1906 年出生，19 岁参加共青团，并赴苏联中山大学学习，1928 年转入中国共产党。1930 年 3 月回国，次年 3 月进入中央苏区，任苏区中央局委员、军委总政治部主任、军委副主席，在中共六届五中全会上当选为政治局候补委员。他深受共产国际代表的信任，并在共产国际的支持下，与王明、秦邦宪、张闻天等人一起，排挤在国内坚持斗争的中共领导群体。但他既没有王明的野心和图谋，也不及秦邦宪的顽固和教条。他只是比较系统地掌握了马克思主义的理论知识，缺乏对国情的了解和实践经验，出于加速中国革命进程的好心，而成为"左"倾路线的主要制订者和贯彻者之一。在历经第 5 次反"围剿"的失败后，政治上开始觉悟，认识到"左"倾冒险的危害，认识到毛泽东的主张和路线的正确。毛泽东、王稼祥在长征初期的行军途中谈了很多现实问题，王稼祥也开始觉悟，意识到"左"倾路线只能把红军把党引向灭亡。在遵义会议上，王稼祥坚定支持毛泽东的军事路线，当选为三人军事指挥小组成员。红军长征到陕北后，他因为伤口恶化前往苏联治病，并向共产国际汇报了中共情况，回国时带来了共产国际领导人肯定毛泽东在中共党内领导地位的重要指示，确保中共中央顺利解决了刚从苏联回国的王明的问题。1938年8月，王稼祥出任中央军委副主席、总政治部主任、华北工作委员会书记，因为其他领导人在外地指挥对日作战，王稼祥成为毛泽东的主要助手。1943年7月5日，他在《中国共产党与中国民族解放的道路》一文中首次提出了"毛泽东思想"这一概念，后来很快被全党所接受。新中国成立后，任驻苏联第一任大使、外交部副部长、中共中央对外联络部部长、中共中央书记处书记等职，"文化大革命"中屡遭迫害，1974年1月25日病故。

1934年12月12日，中共中央负责人在位于湘、桂、黔三省交界处不远的通道县城举行临时紧急会议。在周恩来、朱德、张闻天、王稼祥等人的坚持下，会议特意邀请毛泽东参加。毛泽东在会上冷静分析了形势，根据破译国民党军队电台的电报材料指出了蒋介石在湘西合围红军的计划：何键设置碉堡防线，配合薛岳的15师在武冈、芷江、黔阳一带防卫，阻止红军进入湖南；周浑元从咸水一线，桂军廖磊的第7军、夏威的第15军，从界首向龙胜布防，阻止红军入桂。红军进入湖南、广西的通道全部被切断，因此应放弃与红2、6军团会师计划，不让敌人合围红军的计划得逞。毛泽东建议改向敌人军事力量比较薄弱的贵州进军。毛泽东的意见得到大部分会议参加者的支持。会议根据多数人的意见，通过了西进贵州的主张。

1934年12月15日，中央红军攻占贵州黎平。12月18日，中共中央在此召开政治局会议，作出了《关于在川黔建立新根据地的决定》。12月底，红军到达猴场。博古这时仍然不认为自己有错，反而认为中央红军存在反对中央的一股势力，只有与红2、6军团会师，依靠没有受到红1方面军影响的2、6军团的支持才能增加中央权威，所以坚持主张退回去，去寻找红2、6军团。

1935年元旦，中共中央在猴场召开政治局会议，再次否定了博古等人的主张，通过了《关于渡江后新的行动的决定》。在短短的几天内，接连否决博古等人的主张，说明"左"倾路线在党内不得人心，改组党的领导，重组军事指挥班子的时机已经到来。

1935年1月初，红军按照毛泽东的建议，强渡乌江，消灭贵州军阀王家烈的4个团，1月7日占领遵义城。这是长征以来的第一个大胜仗，军心大振，一扫长征以来被敌人追得无法立足的被动悲观局面。9日中央领导机关进入遵义城。

1935 年 1 月 15 日至 17 日，中共中央在遵义城红军总司令部召开政治局扩大会议。出席会议的政治局委员有博古、周恩来、张闻天、毛泽东、朱德、陈云，政治局候补委员有王稼祥、邓发、刘少奇、凯丰，出席会议的还有中央秘书长邓小平，红军总部和各军团负责人刘伯承、李富春、林彪、聂荣臻、彭德怀、杨尚昆、李卓然，军事顾问李德和翻译伍修权也列席会议。

会议由博古主持，并作了关于第 5 次反"围剿"的总结报告。他对军事指挥上的错误作了一些检讨，但主要还是把失败的责任归咎为毛泽东主持的中华苏维埃政府支前不努力。周恩来作副报告，提出第 5 次反"围剿"失利主要原因是军事领导的错误，并主动提出，他应该为军事失败负责，拥护对军委领导和中央领导进行改组，博古已不适合继续主持中央工作。他的发言，对与会者震动很大，会议出现一边倒，大家对博古、李德至今还在坚持错误路线和主张感到愤慨。毛泽东也作了长篇发言，指出：导致第 5 次反"围剿"失败和大转移严重损失的原因，主要是军事上的单纯防御路线，表现为先是进攻中的冒险主义，继而是防守中的保守主义，然后是撤退中的逃跑主义。毛泽东很讲策略，用以前几次反"围剿"取得胜利的事实批驳了博古用敌强我弱等客观原因为第 5 次反"围剿"失败作辩护的借口。毛泽东的报告还比较系统地阐述了适合中国革命战争特点的战略战术和今后军事行动的方向。

会议决定，毛泽东为中央政治局常委；由张闻天起草决议；常委中再进行分工。

按照会议的决定，1935 年 2 月 5 日，在云贵川交界处的鸡鸣三省地域威信县境内水田寨附近小村，政治局常委开会讨论分工：由张闻天代替博古负总责；以毛泽东为周恩来在军事指挥上的帮助者。

1935 年 3 月 4 日，中央军委又特设前敌司令部，朱德为前敌总司令，毛泽东为前敌总政委。

1935 年 3 月 11 日，中央政治局在贵州鸭溪、苟坝一线成立三人军事小组，全盘指挥军事。其中是毛泽东负责军事决策，周恩来负责指挥执行，王稼祥负责干部调配。会议还决定博古为军委总政治部主任，李维汉为总政治部组织部长，凯丰为总政宣传部长。同时决定潘汉年到白区联络，陈云到莫斯科向共产国际汇报。

遵义会议纠正了"左"倾冒险主义在军事指挥上的错误，确立了毛泽东在全党全军的领导地位。会议在极其危急的关头，挽救了中国共产党、中国红军和中国革命。

对于给中国共产党军事斗争带来重大损失的李德，他当时的翻译伍修权比较客观地说，李德的权力，不是他自己争来的，而是中共中央负责人拱手交给他的，造成失败的主要责任应该是中国同志本身。李德的问题，正如毛泽东所说，李德不了解中国的国情，也不了解中国工农红军的情况，不做调查研究，听不得不同意见，生搬硬套在苏联有效在中国行不通的战略战术。李德和博古等人在军事上的一系列错误的战略战术，使我们吃尽了苦头，付出了惨重的血的代价。遵义会议严厉批评了李德的错误，取消了他的最高军事指挥权和共产国际军事顾问职务。李德拒不接受批评，但开始接受中共新领导集体的路线和决定。李德离开中共中央机关后，随红军一军团长征到陕北，在那里帮助训练过骑兵，后任延安军事学院教授。1939 年夏离开延安经兰州回到苏联，1941年至 1945 年在苏联关押德国战俘的集中营内任政治教官，1949 年返回自己的祖国德意志民主共和国，在马克思列宁研究所工作，一度担任过东德的文联主席、作家协会第一书记，1974 年病死。

1967 年 7 月 10 日，毛泽东在接见日本社会党领导人佐佐木更三、黑田寿男时，谈起这段往事时说："党内出右派的时候，我就是左派；党内出左倾机会主义时，我就被称为右倾机会主义，啥人也不理我，就剩我一个孤家寡人。""我说，有一个菩萨本来很灵，但被扔到茅坑里去，搞得很臭。后来，在长征中间，我们举行了一次会议，叫遵义会议，我这个臭菩萨，才开始香起来。"

蒋介石听到红军遵义开会的消息，错误地认为中共上层因为失败和逃亡已发生火拼，岂知不久侦察到情报报告，已由毛泽东主持中共军事工作，不禁倒吸一口凉气，顿时想起前 3 次"围剿"中央苏区时的经历，看来跟中央红军的作战又要进入困难时期，再也不会有像第 5 次"围剿"时的胜利了。

遵义会议后，毛泽东充分发挥了高超的指挥艺术。因为在遵义休整，给敌人调动军队提供了时间，周浑元的两个纵队来到右侧；湘军刘建绪部在乌江东岸；川鄂间徐源泉在西阳、秀山一带设防；川军刘湘部在川黔边布防。滇军参谋孙渡率兵到昭通，廖磊的桂军 3 个师到达独山。敌人的用意很明确，用 150

个团，将 16 个团的红军消灭在长江以南、横江以东、乌江以北和以西地区。针对如此严重的敌情，毛泽东沉着冷静，打出了他认为一生最为漂亮的战役——四渡赤水。

1935 年 1 月 19 日，红军离开遵义，经桐梓、松坎一带西进，28 日在土城消灭川军一个师，29 日在土成、元厚场一渡赤水，进入云南扎西地区；蒋介石见状急令在川、滇、黔三省交界处进行围堵，红军放弃了似乎是北渡长江的计划，掉头东进，于 2 月 18 日在土城附近的太平渡、二郎滩处二渡赤水，将追击的敌军甩开；红军主力再次攻占桐梓、类山关、遵义城，消灭黔军二个师，并在遵义城附近与敌激战，消灭敌人 20 个团，为长征以来的最大胜仗，3 月 11 日，中共中央政治局再次召开会议，针对内部出现的怀疑毛泽东军事方针的情绪，正式决定由毛泽东、周恩来、王稼祥组成最高军事指挥小组，再次肯定遵义会议的成果；就在敌人以为红军要渡过乌江与红 2、6 军团会师之际，3 月 16 日于茅台等地三渡赤水，进入四川古蔺地区；当敌人在川南集结重兵追击时，红军突然掉头折回，于 3 月 21 日晚在二郎滩、太平渡一带四渡赤水。3 月 29 日，红军主力南渡乌江，向息烽进军。4 月 6 日，中央红军突然出现在离贵阳只有 20 余里的黄泥哨，贵阳震动。23 日中央红军主力向滇东运动，5 月 9 日渡过金沙江北上，四渡赤水战役结束。至此，中央红军已经跳出敌军重围，以后的军事压力还有，但已基本没有具有毁灭性的威胁。在这一段时期，由于处于几倍的敌军包围之中，防止被敌人合围是主要任务，所以红军处于快速运动之中，损耗自然很大，减员也很严重，甚至李德等人趁机建议换掉毛泽东。不过，无论是从当时，还是从后来的情况看，当时没有一个人有毛泽东的魄力和能力，能够将红军带出蒋介石的包围圈。

为指挥作战，蒋介石飞到重庆和贵阳，并于 1935 年 4 月 1 日在贵阳接受他自己授予自己的最高军衡——特级上将。蒋介石见中央红军已经过了乌江，铁壁合围消灭红军的计划已经失败。他任命顾祝同为重庆绥靖公署主任，调集兵力准备在乌江以北、大渡河以南地区，在以前石达开覆灭的地方重演石达开的悲剧，把中央红军消灭于此。

1935 年 5 月 12 日，中共中央政治局在云南会理召开会议，再次统一思想，肯定遵义会议的结论，肯定四渡赤水战役的必要性。5 月 25 日，一部分中央红军在安顺场巧妙渡过大渡河，另一部分也于 29 日飞夺泸定桥，渡过大渡何。蒋介石凭借天险大渡河消灭红军的计划破产。

之后，蒋介石又在泸定和汉源之间布置重兵，计划将红军消灭。蒋介石急令贵阳绥靖公署主任薛岳，调集万耀煌的13师、欧震的90师、梁华盛的92师、郭思演的99师，赶来"围歼"红军，红军越过终年积雪、空气稀薄的夹金山，粉碎敌人的合围计划。1935年6月8日，中央红军攻克懋功，12日红1方面军和红4方面军胜利会师。

两支主力大会师

红4方面军原是在鄂豫皖苏区，成立于1931年11月，由原鄂豫皖的红4军、红25军组成，徐向前任总指挥，陈昌浩任政委。1931年4月六届四中全会后，张国焘作为中央代表出任中央分局书记。1932年5月，苏区粉碎了国民党军队的第3次"围剿"，张国焘被胜利冲昏了头脑，认为蒋介石和南京政府已经成为帝国主义侵略中国的"偏师"，所以在盲动主义指导下，四处出击。1932年6月，蒋介石发动第4次"围剿"，此时到处出击的红4方面军已经连续作战7个月，总指挥徐向前提出避开敌人主力，待机进击消灭敌人。张国焘坚决反对，命令主动出击。结果可想而知，不得不于10月15日退出苏区，穿过京汉路，在鄂陕的漫川关一带突破重围，经过陕南，绕过大巴山，进入川北，于1932年12月29日在通江县成立"川陕临时革命委员会"。1933年6月粉碎了川军的"围剿"，根据地得到迅速发展。

1933年7月红4方面军的4个师扩充为4个军。由徐向前任总指挥，陈昌浩任政委兼政治部主任，王树声任副参谋长，傅钟任政治部副主任。编有王宏坤、周纯全的红4军；余天云、李先念的红30军；王树声、张广才的红31军；何畏、詹才芳的红9军。10月间，川东游击军参加红4方面军，编成王维舟、杨克明的红33军。红军总数达8万人。根据地面积达4万平方公里，人口达500万，包括20多个县。不久，刘湘开始调集兵力，向川陕根据地进攻，刘湘的实力不可能对红4方面军造成威胁，但此时的张国焘又错估形势，走向另外一个极端，变为右倾逃跑，主动放弃川陕根据地，于1935年5月18日在茂县成立"西北特委"，5月31日他任命自己为"西北联防政府主席"，向全世界发出文告，以合法政府自居，此事受到中共中央的严厉批评。

两支主力红军会师，急坏了蒋介石。蒋介石急忙于1935年6月中旬从昆明飞到重庆，再飞成都，数次召集川军各路总指挥研商"进剿"红军方案，提出"统一川军，困死共军"。只是川军唯恐被蒋介石"统"走，所以行动上难以"统一"；川军行动上不统一，则无法"困死共军"。红军进入自然条件极其恶劣的大雪山和荒无人迹的草地，川军望而却步。蒋介石认为，严重缺乏粮食的红军，不可能过草地；即使过了草地，又能剩下几杆枪和几个人？只要在红军的前方稍加设防，红军就插翅难逃。腊子口是重点，那里是临沟而起的悬崖峭壁，河对岸有一条小路穿过，一夫当关，万人莫过，红军过不了腊子口。

两支主力红军会师后，红军实力大增，全军振奋。张国焘却自恃掌握的人多枪多向中央争权。为此，在两河口召开中央政治局会议。28 日会议作出决定，两大主力向北前进，创建川、甘、陕根据地。

张国焘在会上没有反对，回到驻地后立即召集红 4 方面军高级干部会议，提出红 1 方面军只会退却，遵义会议是机会主义，有必要审查中央的路线，中央军委主席应该由他来担任。中共中央觉察到张国焘不正常的情绪，为了保持革命队伍的团结，增加做工作的机会，决定补选红 4 方面军的徐向前、王树声、傅钟、周纯全、曾传六、李先念、何畏、李特为中央委员，并任命张国焘代替周恩来为红军总政委。张国焘接受中央的任命，并承认遵义会议的合法性。

张国焘的问题并没有解决，1935 年 8 月初两支主力红军翻越梦笔山、打鼓山等大雪山，到达毛儿盖，中央政治局在此召开政治局会议，肯定了两河口会议的决议，并决定把红 1、4 方面军合编为左路军和右路军两部分，继续北上。右路军总指挥徐向前，政委陈昌浩，参谋长由中央军委第 4 局局长叶剑英担任，编有中央红军的红 1、3 军团和红 4 方面军的红 4、30 军，党中央随右路军出发。左路军总指挥朱德，总政委张国焘，参谋长是中央军委参谋长刘伯承，编有红 1 方面军的红 5、9 军团和红 4 方面军的红 9、31、33 军。

两支红军主力终于过了荒无人烟、满地泥泞的草地，于 1935 年 8 月 28 日到达班佑，左路军到阿坝。9 月 9 日，张国焘密电陈昌浩，要他们劝阻党中央北上，如果遭到拒绝，则武力解决。张国焘的电报被参谋长叶剑英查获，认为张国焘、陈昌浩要武力解决党中央，立即通知毛泽东、周恩来。毛泽东当即决定立即北上，彭德怀派一个团护送毛泽东到红 3 军团司令部，率领红 1、3 军团北上。

1935 年 9 月 11 日，中共中央到达俄界，召开政治局会议，作出了批评、处分张国焘的决定，并发表了《为执行北上方针告同志书》，把红1、3军团改编为中国工农红军北上抗日陕甘支队。9月17日，在红军前面堵截的敌军在天险腊子口布防，红军中有一位没有留下姓名的少年战士，凭着在家乡练就的攀登绝壁采草药的绝技，登上了常人不能攀登的悬崖峭壁，放下长绳，一个连的红军登上腊子口山顶，突然出现在敌人的背后，毫无准备的敌军仓皇出逃，红军占领天险腊子口。9月21日到达哈达铺，次日在镇上的关帝庙，中央召开了团以上干部会议，毛泽东在会上宣布："我们要抗日，首先要到陕北去，那里有刘志丹的红军。"10月19日，到达吴起镇，与红25军会师，中央红军的长征胜利结束。

1935年11月5日，毛泽东在对红1军团干部的讲话中指出："我们从瑞金算起，总共走了367天。我们走过了赣、闽、粤、湘、黔、桂、滇、川、康、甘、陕，共十一个省，经过了五岭山脉、湘江、乌江、金沙江、大渡河以及雪山草地等万水千山，攻下许多城镇，最多的走了两万五千里。这是一次真正的前所未有的长征。敌人总想消灭我们，我们并没有被消灭，现在，长征以我们的胜利和敌人的失败而告结束。长征，是宣言书，是宣传队，是播种机。它将载入史册。我们中央红军从江西出发，是八万人，现在只剩下一万了，留下的是革命的精华，现在又与陕北红军胜利会师了，今后，我们红军将要与陕北人民团结在一起，共同完成中国革命的伟大任务！"（《聂荣臻回忆录》上册第286页）11月21日和22日，中央红军和陕北红军联合进行直罗镇战役，消灭东北军109师，粉碎了敌人对陕北根据地的第3次"围剿"。毛泽东说，这一仗"给党中央把全国革命大本营放在西北的任务，举行了一个奠基礼。"

反击张国焘分裂

中共中央北上后，张国焘于1935后9月17日下达了南下的命令，部队向川康一带前进。10月15日，在马尔康县的卓克基召开会议，正式成立伪中央，选举张国焘为总书记，朱德（红军总司令）、刘伯承（中央军委总参谋长）、徐向前（红4方面军总指挥）、陈昌浩（红4方面军总政委）、王树声（前敌总指挥）、李先念（前敌总政委）、李特（前敌总参谋长）、何畏（红军大学校长）、傅钟（中央组织部长兼川康省委书记）、邵式平（川康省委副书记）、李卓然（中央宣传部长兼总政治部主任）、周纯全（川康临时革命委员会主席）、曾传六（中央保卫局长）等15人为中央委员。同时宣布不再承认原有的党中央和中央总部，致电陕北中央要其改为北方局、陕甘政府和北路军，并且宣布了领导班子名单。此时的张国焘，显然过高地估计了自己和红4方面军的影响力。

1935后11月17日，中共中央回电严肃地批评了张国焘的分裂错误，令其立即取消伪中央。1936年1月22日，中共中央作出了《关于张国焘同志成立第二中央的决定》，指出张国焘是自绝于中国革命。此时，中共驻国际代表林育英也致电张国焘，通知他共产国际反对他另立中央。而红4方面军也因二过草地而军心不稳，士气低落。

在南方，另外一支红军在成长。1934年10月26日，红2、6军团会师，成立了联合指挥部和湘鄂川黔四省革命委员会，但与党中央联系中断。1935年夏天，张国焘以红军总政委的名义要他们主动出击，损失很大，到10月间在敌人重兵面前，只得撤出苏区，于11月19日开始长征。1936年7月1日到达甘孜地区，与正处于二过草地悲观失望中的红4方面军会师。红2、6军团也与党中央取得联系，受命组成红2方面军，由贺龙任总指挥，任弼时任总政委，关向应任副政委，甘泗淇任政治部主任，李达任参谋长。编有贺龙、任弼时的红2军，陈伯钧、王震的红6军，罗炳辉、袁任远的红32军等部。

红2、4方面军召开联合会议，红2方面军的领导和朱德、刘伯承等人坚决反对张国焘的分裂行为，广大红军官兵也对南下意见很大，张国焘只得同意北上。红4方面军又三过草地。1936年10月7日在甘肃会宁地区与红1方面军胜利会师。

1936年10月25日，张国焘为执行中央军委进行宁夏战役的命令，派出红4方面军总部、红9军、红30军和红5军团，组成西路军西征。一过黄河即陷于西北反动军阀马家军的重围之中，中共中央派出的刘伯承指挥援西军被阻于黄河，莫斯科派陈云前来救援也被阻于中苏边境，到次年3月，2.5万人组成的西路军只剩下400余人进入新疆，其余全部伤亡、被俘和失踪走散，烈士的鲜血染红了戈壁滩。

住在窑洞里的毛泽东、周恩来等中共领袖们，心中浪涛翻滚，正是因为王明的"左"倾盲动路线，红军从第5次反"围剿"前的30万人减员至数万余人，共产党员由30万人减少到4万人，白区的党组织几乎荡然无存，根据地丧失90%，根据地人口从全盛时期的1000万人减少到100万人，但是领袖们明白，保存下来的都是革命的精华，是中国革命的希望所在。

红军长征历时2年，历经11省，长驱两万五千里，一路上外有国民党的围堵，内有张国焘的分裂，缺衣少穿缺少弹药，但锻炼了红军和党，证明了毛泽东为代表的中共领袖们的英明和正确，证明了用马列主义武装起来的中国共产党和红军具有无坚不摧的战斗力量，生动地表明了中国共产主义运动具有顽强的生命力。正如毛泽东所说："长征是历史记录的第1次，长征是宣言书，长征是宣传队，长征是播种机，……，长征一完结，新局面就开始。"

正在南京的蒋介石，听到红军三大主力会师的消息后，气得暴跳如雷，他为部下的无能感到愤怒，为红军的胜利感到无奈。在愤怒之中，意识到只有趁红军初到陕北和西路军失败之际，立即进行"围剿"，把红军消灭在黄土高坡。就在他前往西安强令东北军和第17路军进攻陕北时，他自己成了张学良和杨虎城的俘虏，这是后话。

五、专制，巩固统治基础

进入训政时期后，国民党一党专制、蒋介石一人独裁，成为南京政府的基本运作方式。蒋介石控制下的南京政府，在政治上推行"攘外必先安内"、军事上继续"剿共"的同时，在外交上出卖人民利益，投靠西方列强势力。在内政上实施特务恐怖，镇压人民的反抗。为了加强对民众的控制，蒋介石在宋美龄和智囊团的建议下，发动了新生活运动，作为蒋介石唯一的一次轰轰烈烈的社会改造运动，因为它既不符合时代的要求，又无视人民的需要，更重要的是新生活运动宣扬封建礼教，维护剥削阶级的统治秩序，所以不可避免地自生自灭。在经济上作为剥削阶级的总代表，蒋介石和国民党统治集团加紧搜括人民大众，既用来进行"反共"的内战，也

蒋介石为新生活运动手书的条示

用来满足不同阶层统治集团的贪婪。

（一）蒋介石专制，老百姓的灾难

无论是蒋介石，还是国民党统治集团成员，扛的是"三民主义大旗"，喊的是"民主""法治"口号，做的却是"反共"、倒退勾当，行的是专制、独裁统治。历史之所以出现蒋介石上台只有22年就被赶下台、自己打下的江山毁在自己手里这一他本人不愿接受的史实，是因为在他上台之初就把自己定位于人民的对立面，是因为他的施政方针和统治手段根本违背了人民的利益。

恶化中、苏两国关系——投靠西方

蒋介石准备"反共"时，开始寻找西方列强作为靠山。因此在"南京惨案""济南惨案"中，一再妥协退让，为进一步投靠西方列强作准备。

蒋介石投靠西方列强、西方列强能否接受蒋介石，主要是看蒋介石能否保住西方国家的在华利益。西方列强从保持在中国的侵略特权出发，最担心的就是中国人民的觉醒，担心工农运动的发展影响到西方势力在中国的利益。因此在大革命运动开始兴起之时，就从各个方面进行干扰和破坏。其中最重要的一招就是在革命队伍内部寻找代理人。蒋介石适应了一些西方政治势力的需要，从北伐后期起，反复表示承认以往旧政府与西方国家签订的各种不平等条约，保护在北伐军占领地区的西方势力的利益，愿意与西方国家合作，并以在两大惨案中的妥协行为向西方列强示好。蒋介石的所作所为，获得了西方一些国家的好感，为双方合作打下了基础。双方的关系能不能发展，双方能不能从合作起向信任，还要需要消除另一障碍。

作为执政者，在对内维持和保护西方在华利益问题上，不单是消除西方列强的疑虑，还需要在对外政策上采取迎合西方政治势力需要的行动，这就是参加当时西方列强围攻社会主义国家苏联的阵营。"联俄"是孙中山"三大政策"的主要内容之一，中国革命得到了苏联的帮助；孙中山在陈炯明叛变后之所以能够东山再起，并且掀起大革命高潮，也是因为有了苏联和中共的援助；蒋介石也是苏联支持中国革命的受益者，黄埔军校和北伐军的武器其中一部分就是苏联援助的，鲍罗廷和一大批苏联顾问配合蒋介石指挥了两次东征和北伐各主要战役；蒋介石也向苏联作出过不少友好表示，在大革命的3年间说过不少感谢苏联援助、推进中苏两国友好关系的话语，更有甚者他还把长子蒋经国送往苏联中山大学留学。蒋介石在大革命3年间的"联俄联共"活动，引起了西方列强的担心。尽管蒋介石从访问苏联回来后已经准备公开"反共"，尽管在北伐到南昌后蒋介石就赶走了苏联顾问，尽管蒋介石"四一二政变"开始树起"反共"大旗，但是西方主要国家对蒋介石与苏联不清不白的关系颇为关注，蒋介石准备采取恶化中苏关系的行动，消除西方政治势力的疑虑。

"中东路事件"暴发

在十月革命以前，沙俄给中国人民留下了十分恶劣的印象。沙俄是侵略中国的主要罪魁之一，在沙俄强迫中国清王朝签订的《中俄瑷珲条约》《中俄北京条约》和《中俄勘分西北界约纪》中，抢走中国150万平方公里的土地。1905年沙俄和日本又在中国的东北进行了罪恶的日俄战争，在中国犯下了数不清的罪恶。十月革命胜利后，苏联苏维埃政府外交部两次宣布放弃沙俄在中国掠夺的土地，终止与中国封建王朝签订的各种不平等条约。只是由于众所周知的原因，苏联政府并没有兑现诺言。

孙中山提出"联苏、联共、扶助农工"的"三大政策"后，苏联共产党和苏联苏维埃政府向中国革命提供了一些物质和道义上的援助。对于苏联人民的情义，中国人民是不会忘记的。对于在当时苏联对于中国革命的重要性，只要不抱有政治偏见的人都会看到。

蒋介石出于"反共"本性和投靠西方政治势力的需要，准备挑起事端，地点选在东北。因为当时外蒙古独立不久，内蒙古又是晋绥军的地盘；新疆又远离中原，不易控制；东北最合适，东北军既有一定的实力，又处在关外自成一系，与苏联发生冲突，表面上看与南京政府干系不大。最为关键的是，因为苏联在中东铁路管理问题上，与中国方面的冲突和矛盾在激化，可以成为事件的导火索。

张学良易帜后，与蒋介石的关系越来越好，中央政府对东北的影响力越来越大。1929年1月10日，东北督军署总参议杨宇廷和黑龙江省省长常荫槐谋叛被镇压后，张学良的接班危机已经消除，出现较为稳定的环境，因此开始按照蒋介石的旨意，在中苏关系上制造事件，采取具体行动反对共产国际和重新审定中东路管理权问题。

1929年5月27日，哈尔滨特警处获得情报，称在苏联领事馆的地下室，正在召开远东共产党会议。大批警察和宪兵与两年前张作霖在北京查抄苏联驻华使馆一样，违反国际法则，查抄了苏联驻哈尔滨领事馆。当场逮捕苏联远东国际贸易局局长次目巴力、中东路商务处委员斯达吉维赤等39人。人数不少，但并非是远东共产党国际会议。不过，在会场上找到了一批共产国际的宣传册和一些共产国际文件。7月10日，东北边防长官张学良下令中东路督办吕荣寰与苏方副理事长齐尔金交涉，要求重新制订中东铁路管理局局长的权限，要求中苏双方用人平等，建立中、苏局长会签制度。吕荣寰的要求被苏方局长叶穆善诺夫拒绝，因为吕荣寰已经得到张学良的授权，所以当场下令免去苏方铁路局局长、副局长和苏方各处长的职务，任命范其生为代理局长；并将被免职的苏方人员驱逐出境。同时宣布，由东北地方当局收回中东路电信机构，解散苏联远东贸易局、煤油局、商船局、商业联合会和各职业工会等机构，派兵接管中东路。

中东路是1897年至1903年沙俄在中国东北修的一条铁路，铁路分为两部分，一条是西起满洲里，东到绥芬河；其中从哈尔滨南下到大连、旅顺。这条铁路对东北经济的发展起到了较大的作用，但沙俄和后来的苏联利用这一条铁路也换取了巨额利益，因此铁路主权成为中苏两国之间的一个久未解决的难题。根据1924年间双方签订的《中俄解决悬案大纲协定》规定，中东路纯系商业性质，业务由中苏两国共管。苏联控制中国境内、横贯东北地区东西和南北的中东路，并把相关地区建成"变相租界"，无论是从两国关系、还是从国际法看，都是损害中国主权的行为。由于是历史上形成，所以两国尤其是实力弱小的南京政府方面在处理这一问题时，需要采取合情合理合法的途径和办法。张学良方面此次查抄苏联领事馆的行为，既有政治上"反共"反苏的需要，更有想从苏方手中夺回铁路主权尤其是管理权的打算。

1929年7月13日，对于蒋介石、张学良的挑衅行为，苏联总领事表示强烈抗议。7月16日，苏方发布要中国方面让步的最后通牒，并且抓了1000余名华侨作为人质。7月17日，苏方照会中国政府，宣布"绝交"。同时，在绥芬河、满州里、黑河沿岸向中国方面挑衅，中东路管理局中的俄籍职工举行罢工。军事上派遣北伐前期蒋介石的军事顾问加伦将军为远东特别军团军团长，率兵10万，在赤塔设立前线指挥部。另有10万苏联红军开始在黑河、伯力、海参崴、伊尔科茨克等地集结，准备向中国发动进攻。

7月19日，中国政府宣布与苏联断交。同日，张学良任命张作相为国防司令，万福麟为副司令，熙恰为参谋长，王树常驻满洲里，率兵3万；胡毓坤驻绥芬河，率兵3万人；另有4个军团，组织三道防线。9月11日，双方开始在满洲里一线展开激战。11月17日，苏联红军打到满洲里、扎兰诺尔城，中国守军第10旅旅长韩光第战死。在军事失利和美英等国的干涉下，经南京政府授权东北当局与苏联当局在伯力会谈。1929年12月22日，双方签署《伯力会谈草约》，规定立即停战，中东路恢复战前状态；恢复苏联驻中国东三省领事馆和中国驻苏远东领事馆；苏军尽速撤出满洲里，双方释放战俘；两国通商事项由两国会议解决。这一协议并未被南京政府完全批准，并从1930年10月起，中苏双方进行了25次会谈，没有取得一致。"九一八事变"后，中苏会谈停止，东三省被日本侵略者占领。

在"中东路事件"中，苏联有自己的打算。中东路本身是殖民主义的产物，是沙俄强加给中国人民的。作为侵略、掠夺成性的俄国沙皇，绝无可能无偿支助中国一条铁路，开发中国的东三省。沙俄势力利用中国的原材料、利用中国的劳动力，对中国劳工进行超体力的剥削，以最小的代价修筑了这条事实上对中国东三省的发展确实有用的铁路。沙俄利用这条铁路，在作为沙俄势力范围的中国东三省大肆掠夺了无数的矿产、粮食、木材资源，只见每天都有满载着中国资源的专列，经满洲里、绥芬河向俄国运去。十月革命后，苏维埃政府曾对过去岁月中沙俄对中国的侵略表示过歉意，主动提出废除过去的所有不平等条约，只是在列宁去世后，苏联以斯大林为首的执政当局没有执行列宁时期的决定。在中东路问题上，继续维护沙俄时期留下来的歧视中国人、伤害中国主权的不平等协定。此次"中东路事件"，实属蒋介石通过张学良点火，苏联政府趁机扩大事态，以战压人，以战逼和，警告蒋介石不要走得太远，以便在南京政府同西方关系越来越紧密的同时，继续维护苏联在中国东三省的特权。

在"中东路事件"中，蒋介石有自己的打算。蒋介石是为了讨好日本人。东三省是日本侵略中国的桥头堡，苏联为了维持在东三省的特权，与日本的矛盾很大。苏联利用中东路，日本利用关东军总部，在中国的东三省进行了激烈的争夺。在苏日矛盾中，蒋介石显然站在日本一边。政治就是如此奇怪，日本近代一直图谋侵略中国，蒋介石一直视为知己，想方设法进行巴结；沙俄也是侵略中国的元凶之一，但苏联在十月革命胜利后至"中东路事件"之时，虽说没有放弃全部在华特权，但也没有扩大特权的企图，并且在大革命时期确实也帮助过蒋介石，但蒋介石一直视之为凶敌，想方设法进行抵制，这只有一句话可以解释，那就是蒋介石"反共"反苏的本能在起作用。蒋介石制造"中东路事件"，意在动摇苏联在东北的根基，当然会受到日本方面的喝彩。蒋介石在讨好日本人的同时，也为了向西方表明反苏"反共"的心迹，以便于进一步卖身投靠。西方通过此次事件，认为蒋介石已经基本划清了与社会主义苏联的界限，蒋介石已经加入反苏阵营。通过"中东路事件"这样的表态，蒋介石开始被西方势力所接纳，西方的援助开始输入南京政府；但是日本并不领情，侵华之心已定。

维护关税自主权

蒋介石在推行新外交方面，确实取得了一些结果。1927年4月，南京政府成立时，外交部长伍朝枢就提出了与西方国家另订新条约的建议。7月，新任外交部长王正廷又正式提出与西方各国的条约期限已满，应当废除，没有到期的，应当解除而重订。

与西方国家谈判新约，主要集中在两大议题上。一是关税自主权问题。关税自主是主权国家起码的国家主权，这对于经济落后的国家特别重要，以便实行保护关税政策，扶植本国经济事业的发展，保证国家财政收入。也正是因为这一原因，西方列强在早期侵略活动中，控制殖民地国家的关税成为其主要侵略行为之一。鸦片战争后，中国即开始丧失关税自主权。在英国和西方殖民主义势力强迫中国清政府签订的《南京条约》（1842年8月29日）中，规定英商"应纳进口出口货税、饷费，均宜秉公议定则例"，中国的关税自此开始成为"协定关税"，中国不能自主决定关税税率。对于税率，在同为英国强加给中国的《五口通商章程》（1843年7月22日）中规定，进口货物税率一般在货物价值的5%，出口货物税率除茶叶外，其余税率均低于5%的税率，并且在《虎门条约》中正式固定下来。与此同时，《南京条约》还规定："英国货物自在某港按例纳税后，即准由中国商人遍运天下，而路所经过税关不得加重税例。"英、法、俄、美强迫中国签订的《天津条约》（1858年6月）规定，在中国的进出口商品，只需在第一个关口交纳关税，交纳数目为进口税则的一半，这就是所谓的2.5%的子口税制度。除关税外，子口税也成为"协定税收"了。在全世界最低的税率下，西方列强几乎在不交税的情况下，向中国推销产品和搜刮原料。

除税率外，海关管理权也成为西方列强夺取的目标。1853 年 9 月，上海小刀会起义，清王朝官吏逃离岗位，英国殖民者认为夺取中国海关管理权的时机来到。遂与美、法等国合谋成立了"代征关税协定"，并将海关设于租界区内。1854 年，清政府授权上海道台吴健彰与英、美、法 3 国领事签订协定，决定由 3 国各派出一人参加上海海关行政管理，由英国人威妥玛负责。几个月后，威妥玛去职，由英国人李泰国接任。到《天津条约》签订前，还只有上海一处海关归外国人管理，而《天津条约》则规定，"各口划一办理"，把上海海关由外国人管理海关的办法强行推行到其他口岸。不久，上海海关税务司李泰国被任命为中国总税务司，并授权他"选募"其他口岸海关的外国负责人。到 1863 年，李泰国去职，还是由英国人赫德继任，此人任职达 46 年之久。期间在 1865 年，他在北京正式设立总税务司署，控制全国 30 多个海关。赫德去职后，还是由英国人接任。

这种在炮口下强加给中国的不平等条约，既严重侵犯了中国的主权，也伤害了中国人民的利益。南京政府既为了表示主权独立，也为了增加主要财政收入来源——关税，在 1927 年 7 月 23 日声明，自 9 月 1 日起，在江苏、安徽、浙江、福建、广东、广西 6 省，实行关税自主，裁撤厘金。税率是进口货物在 5% 的基础上，普通商品增加 7.5%，奢侈品分类分别增加 15%、25% 和 57.5%。尽管这是按照当时的国际惯例制定，仍遭到西方列强的激烈反对，再加上国民党上层分裂没有精力处理关税问题，所以方案没有实施。1928 年 6 月，南京国民政府发表对外宣言，要求各国"重订新约"。美国首先响应，7 月 25 日签订《整理中美两国关税关系之条约》，承认从 1929 年 2 月 1 日起中国实行关税自主。紧随，8 月 17 日德国，11 月 12 日挪威和比利时，11 月 27 日意大利，12 月 12 日丹麦，12 月 16 日荷兰，12 月 16 日葡萄牙，12 月 20 日英国和瑞士，12 月 22 日法国，12 月 27 日西班牙，先后与南京政府签订了关税协定。日本则继续反对另关税自主，直到 1930 年 5 月，中日签订《中日关税协定》，规定 3 年后，日本同意中国关税自主。至此，西方列强总算接受中国关税自主的主张，南京政府也于 1930 年 12 月 7 日公布、1931 年 1 月 1 日起施行的《关税税则》。《关税税则》规定税率从 5% 至 50%，分为 12 级。这一税则，在 1931 年 7 月、1932 年 3 月和 8 月、1933 年 1 月、1934 年 7 月进行了部分修订，主要是提高了进口货物、特别是重工业品和化学工业品的税率，并征收

10%的海关附加税，降低了棉货、纸张和海产品的税率。期间在1933年5月还部分提高了日本进口货物的税率。至此，南京国民政府自主关税政策体系基本形成。南京国民政府所实施的关税自主政策，关税收入从1927年的1.07亿元增加到1934年的3亿元。同时，增加进口税、降低出口税，在一定程度上打击了西方国家对中国的商品倾销，保护了中国的民族工商业，对中国社会经济发展起了促进作用。由于，中国海关大部分负责人仍是外国人，中国的"海关行政权"没有掌握，因此关税自主是不彻底的（参考苏州大学历史系昝金生：《简评二三十年南京国民政府关税自主政策》，《历史学习》2001年第5期）。

限制领事裁判权

二是领事裁判权问题。蒋介石政府与西方国家进行的另外一项交易是，改变领事裁判权形式。"领事裁判权"最早见诸中英《五口通商章程》，章程规定，如果英国人和中国人发生诉讼事件，"英人如何科罪，由英国议定章程草案，发给管事官（领事）照办。"1844年的《中美望厦条约》和《中法黄埔条约》也对此做了明确的规定。根据这些条约，外国资本主义国家的侨民，享有不受中国法律管辖的特权。他们在中国犯了罪，不受中国法律制裁，只受本国驻中国领事法庭的审判，中国政府不能过问。正是根据这种特权，帝国主义分子在中国为非作歹，欺负中国人，它严重地破坏了中国的主权和法制，是对中国公开的政治侵略，也是外国侵略者对中国进行经济掠夺和维护其既得利益的政治保障。

这一臭名昭著的"领事裁判权"，中国人民深受其害，严重伤害中国人民的感情，一直成为中国人民痛斥的对象，也给南京政府"三民主义"的政治招牌上涂了一层污迹。为粉刷国民党训政的政治形象，南京政府于1929年5月8日，照会英、美、法、荷、挪、巴西等国，提出收回租界的上海临时法院，废除领事裁判权，另外成立由南京政府控制的中国法院。经过激烈的讨价还价，1930年7月28日，设在法租界内的临时法院改组，由中国司法机构在上海行使职权。次年7月28日，中国法院正式成立。事实上，蒋介石也好，国民党也好，南京政府也好，在外国人面前，都患有天生的软骨病！领事裁判权只是形式上的取消，并没有改变外国侵略者在中国大地上横行霸道的局面。侵略者在中国为所欲为，杀人越货，重罪轻判时有发生，租界更是成了国中之国。更为重要的是，另定领事裁判权，并没有改变美、英等国操纵、控制南京政府的现状。西方列强放弃在中国的租界，是在太平洋战争爆发以后，上海、天津等地的租界被日本强盗占领，有名无实，西方国家则"慷慨"地将占领了近百年的租界交还给中国。尽管这样，西方列强在中国的包括领事裁判权在内的种种侵略特权，在列强的强横下，南京政府屈从以对，一直延续到国民党统治被推翻时为止。

对内实施特务恐怖——镇压人民

长期担任中共高级领导职务、一直战斗在反对蒋介石独裁和国民党专制斗争最前沿的周恩来，曾对国民党专制和蒋介石独裁进行过系统批判，他说："蒋介石对人民的看法，完全是以之为牛马的。所以他强调孔子的'民可使由之，不可使知之'的话，要人民听话守法，任凭剥削，随他统治。所以蒋介石口中的民权主义，实是党权高于一切，早就没有民权。各级参议会、新县制等，都是粉饰门面的欺人摆设。进一步说，连党权都不是，还是军权高于一切，特务高于一切吧！"（《周恩来选集》第149页）

曾长期作为蒋介石对手的周恩来，对蒋介石的所作所为进行过总结，在他看来蒋介石的反动施政纲领主要有：实行消极抗战，准备对日妥协；背叛孙中山"三民主义"，接受德意日法西斯主义，反对苏联社会主义，排斥英美自由主义；通敌"反共"，破坏抗战，利用外援，进行内战；压迫各小党派，欺凌少数民族，不顾华侨痛痒，漠视灾民苦难；凭借武力，削除异己，组织特务，篡夺党权；摧残民权，剥夺自由，利用保甲，实行独裁；依靠官僚资本，实行独占经济，提倡商业投机，破坏工业生产；滥发纸币，抬高物价，垄断民生，剥削劳动；集中土地，损害民食，捆绑壮丁，伤害民力；放任贪污，强征捐税，纵容走私，任意检查；焚书坑儒，荼毒青年威迫利诱，斫丧人格；紊乱法纪，败坏道德，摧残文化，毁灭民族。（《周恩来选集》第153页）

纵观蒋介石的政绩，要说有什么最成功的话，应该数特务统治。国民党自1894年至1949年间，党不管党，党不像党，整个党的组织只有中央和省委机构是完整的，县以下形同虚设。党的领导不是通过党员的先锋作用去完成，而是通过国家机器强行往下施行，最为主要的是他并未给国民党制订一条切实可行、有益于全民族的政治路线，所以说"国民党"蒋介石没管好；政府机构中的执政者非民主方式产生，当官不为民作主不说，行贿受贿盛行，贪污腐败相当普遍，国民党"政府"蒋没管好；经济建设更为轻视，从未成为蒋介石的施政重点，南京政府的"经济"蒋也没管好。但关于特务的理论和实践，在他那里却得到超常的发挥。

CC系和"中统"

蒋介石之所以如此看重特务组织，在东方国家和专制国家中并不为奇。他从上台之初就把自己和国民党放在与民主、自由和大众相对立的位置，因而他的路线、方针、政策、法律、法规、官僚一再受到挑战，要想巩固政权和压制各种反对派，只有在战场上打击军事对手的同时，在社会上依靠特务组织搞恐怖。此外，蒋介石十分佩服从20世纪20年代末开始到处活动的德国希特勒和法西斯，"盖世太保、冲锋队"也给了中国的这位统治者以很大的启迪，在中国仿效和发展法西斯的特务组织也就不足为奇了。说蒋介石在政治上自己打倒了自己，使用特务手法、建立警察国家，是主要因素之一。古今中外，没有一个依靠特务、警察维持统治的政权是长久的。

蒋介石在取得西方主要国家的支持后，开始大规模地推行专制统治。南京政府训政的实质是专制统治，专制统治的实质是国民党一党独裁，蒋介石一人专制。说国民党一党独裁，是说国民党不允许任何不同政治主张的政党存在，尤其反对中国共产党的存在和活动；人民大众没有起码的政治权力；国民党实施特务统治，人权得不到丝毫的保障。说蒋介石一人独裁，是说一代枭雄蒋介石是挂着民主招牌的独夫民贼，与革命为敌，与人民为敌。国民党一党专制和蒋介石一人独裁，遭到了全国人民的坚决反对。因此，为了维护一党专制和一人独裁，在国家机器的日常运转中，蒋介石在不断进行"'反共'军事围剿"的同时，强化特工系统，依靠特务手段，疯狂捕杀共产党人，进行"文化围剿"，实行法西斯式的恐怖统治。

国民党有两大特务系统——"中统"和"军统"。"中统"即"国民党中央执行委员会调查统计局"，创始人为陈果夫、陈立夫弟兄二人。

长期帮助蒋介石主持国民党党务的陈果夫

　　陈氏兄弟之所以成为国民党上层的活跃人物，是因为有其叔叔陈其美。陈其美于1916年5月18日被袁世凯派来的凶手杀害后，蒋介石一直不忘这位恩师，随着他在党内地位的提高，在组织自己的班底时，陈氏兄弟开始成为他的助手。1918年5月，26岁的陈果夫离开家乡浙江吴兴，前往上海，在"晋安钱庄"里当"助理信房"。他一边供职，一边做金融买卖，借了1000两银子做本，不出3个星期净赚600两。2年后，早已认识的蒋介石找上门来，按照孙中山的指示组织证券交易所。陈果夫回忆说："蒋先生把这件事通知了我，并且要我研究这个问题。我因此特到日本人办的'上海取引所'去参观了两次，不久蒋先生就要我和另外几个人商量，组织第五十四号经纪人，号名'茂新'，做棉花、证券两种生意。因为我比较内行，推我做经理。"后来，"茂新"赚了不少钱，除了供他们在上海滩的巨额花费外，还有一部分用作革命党人的活动经费。陈果夫还拿其中一部分钱，支助弟弟陈立夫完成天津北洋大学学士和美国匹茨堡大学硕士学位的学业。陈果夫跻身于国民党政治中心活动时，比其弟弟要晚一年多。1926年3月，蒋介石一手制造了"中山舰事件"，就党内来说，是要从汪精卫手中夺权；从政治上来说，是为了从国民党上层赶走中国共产党人。无论是要从汪精卫手中夺权，还是赶起共产党人，特别是下一步完成清理共产党人，都需要牢牢掌握党务组织系统。蒋介石想起精明能干、精于权术、忠诚可靠的陈果夫，当时陈果夫是黄埔军校上海地区招生委员，并负责为军校采购日常用品。陈果夫从上海赶到广州后，蒋介石授予他的职务是中央组织部代理部长，负责接管由共产党员谭平山主持的国民党中央组织部。陈果夫被蒋介石一招来，就出任中央部长，这在国民党上层并不多见。陈果夫一上任，马上带着罗霞天、洪陆东、萧铮一帮人走马上任，着手部署党员登记和发放党证，从上到下改组各级党部，驱逐共产党人。蒋介石的《整理党务案》能得以贯彻执行，正是因为有了陈果夫这个死心塌地的帮手。所以陈果夫一到广州，即开始成为第1次国共合作、大革命运动的凶恶敌人。在蒋介石叛变革命过程中，陈果夫更是起到他人无法起到的作用，成为主要帮凶，"四一二政变"后，他又具体主持"清共"工作，领导各级清党委员会，专门对付共产党人。1928年8月，在第一届训政政府中，陈果夫任监察院副院长，在国民党"三全"上当选为中央组织部副部长，而部长是蒋介石，所以他成为实际上的组织部掌门人。

陈立夫的早期经历要比兄长简单得多。上过的学有私塾、南洋路矿中学部、天津北洋大学、美国匹茨堡大学，学业顺利，1925 年秋，26 岁的陈立夫回国时，学位是匹茨堡大学矿学硕士。在当时百废待兴、地质矿产学非常落后的情况下，陈立夫如果从事学术研究，很可能取得不小的成就。回国后，他原想有志于祖国的地质和矿产事业，接受中兴煤矿公司的聘请，担任其工程师。只是蒋介石的一声召唤，他来到黄埔军校，出任校长办公室机要秘书，1926 年任"中央组织部党务调查科"科长，这是"中统"的前身。南京政府成立时，兼任训练总监部政训处处长。在国民党"三全"上，陈果夫出任实际上的中央组织部长，陈立夫出任中央党部秘书长，国民党的党务系统完全控制在弟兄俩手中。因此，社会上开始出现"蒋家天下陈家党"的说法，帮助蒋介石看管国民党。

在"二陈"的周围，有一伙活跃分子，他们主要代表人物有：

朱家骅，浙江吴兴人，1892 年 5 月 30 日出生。1908 年考入上海同济德文医学院，后前往德国柏林矿科大学、柏林大学留学，获哲学博士学位。1924 年回国后，先后在北京大学、中山大学任教。因为同乡和意识形态的原因，朱家骅参加了陈果夫集团，成为活跃分子。蒋介石发动"反共"政变时，与李济深、钱大钧等人一起，发动广州"四一五政变"，以后任国民党省党部常委主席、省府委员、省民政厅厅长、交通部长等职。1935 年起任中央研究院总干事，1940

1932 年出任国民党中央组织部部长的陈立夫

年起任中央研究院院长，在政界则出任中央政治会议秘书长、浙江省政府主席等职。抗战初期，曾阻止别动队火烧杭州计划，使得这座历史名城得以保全下来。同时，他在党务、政界系统的影响力越来越大，成为蒋介石牵制陈果夫、陈立夫势力的主要力量之一，1938 年 3 月出任中央执行委员会秘书长、中央调查统计局局长、代理三青团书记长。1939 年 12 月出任中央组织部部长，国民党统治 22 年内，非二陈势力出任中组部长的就他一人。1944 年 5 月出任教育部部长。国民党一向由二陈控制，唯独朱家骅自成一系，当然朱系的存在并不是为了与二陈对抗，只是为了巩固在党内的地位，扩大在党内的影响。作为中央调查统计局长，对中统的影响也不能低估。

张道藩，贵州盘县人，1897年出生。19岁时考入天津南开中学，在他的同学中有后来出任中华人民共和国总理的周恩来和后来出任国民党中央宣传部长的吴国桢。在后来的政治生涯中，张道藩一直与周恩来为敌，并对同朝为官的吴国桢落井下石。张道藩先后在伦敦大学美术部、巴黎最高美术学院学习绘画，国民大革命开始后回到广州，曾任过广东省农工厅秘书、贵州省党务指导员。1927年底，投靠二陈，出任中央组织部秘书、南京市政府秘书长、国民党江苏省党务整理委员，在国民党"三全"和"四全"上当选为候补中央执行委员，并出任中央组织部副部长、中央组织委员会副主任、交通部常务次长等职。张道藩以其艺术专长，成为CC系控制宣传、文化、教育领域的主要干将，成为国民党的主要文化打手。

谷正纲，贵州安顺人，1902年出生，谷正伦的三弟。1921年先到日本后到德国柏林大学留学，1924年间与弟弟正鼎一起加入国民党。柏林大学毕业后，经国民党介绍又赴苏联中山大学留学，出任该校国民党党部组织部副部长。蒋介石叛变革命后，苏联方面扣留了谷家兄弟等作为人质，待南京政府把苏联顾问送回国后，谷家兄弟才于宁汉合流后回到南京。谷正纲在国民党重臣丁惟汾的推荐下，出任中央党务学校训导处副主任。国民党"三全"后，汪精卫正式成立改组派，挑战蒋介石，一直有着怀才不遇之意的谷正纲见时机已到，参加改组派，并成为王乐平的主要助手。在改组派中，公开向蒋介石和CC系挑战的是谷正纲。国民党召开"四全"完成合流时，谷正纲因此当上候补中央执行委员，可谓是"闹而优则仕"，终于由一个中层干部进入国民党的中央委员会。善于审时度势的谷正纲，见合流后的汪精卫派已无实力和前途可言，转而投靠二陈，一跃而为中央组织委员会副主任，从此成为CC系的主要骨干。

谷正鼎，贵州安顺人，1903年出生，谷正纲的弟弟。和其三兄谷正纲比起来，谷正鼎有很多相同之处。他与三兄一起到德国、苏联中山大学留学；一起加入国民党，一起任职国民党党部组织部，不过他是部长；一起被苏联当局扣为人质；一起回国后在国民党内任职。不过谷正鼎一开始是进入军界，出任26军党代表兼政治部主任。只是他年仅24岁，既无资历又无战功，根本没有发展的空间，所以找到曾推荐他到26军任职的丁惟汾，结果改任北平市特别党部常委，开始了一生的党棍生涯。他和三兄一样，靠倒蒋起家。在改组派成立之初，即跟着改组派一起从事倒蒋活动，成为改组派北平地区的主要负责人，曾被北平警备司令部扣押。"四全"后，蒋汪合作完成，谷正鼎跟着三兄一起投靠 CC 系，成为主要骨干。值得一提的是，谷正纲、谷正鼎和其长兄谷正伦，从"五全"起一起进入国民党中央执行委员会，其中谷正鼎为候补中央执行委员。到 1948 年间谷正鼎出任中央组织部长，其时三兄谷正纲为行政院社会部长、谷正伦为行政院粮食部长，可谓是弟兄三部长，一门三中委。

胡健中，浙江余杭人，1899 年出生。上海复旦大学毕业，曾在复旦大学、东南联合大学任教授。并任过杭州《民国日报》社长、主笔，国民党浙江省党部执行委员、秘书。1931 年 5 月制订约法的国民会议开幕时为浙江省代表，1946 年"制宪国民大会"时召开为国民大会代表，1948 年间当选为"立法委员"。此人在 CC 系初具规模时即成为核心人物之一，利用从事新闻工作的特点，成为二陈控制新闻界的主要助手和国民党的主要理论人士。1937 年间曾与该系骨干许绍棣一起创办《东南日报》，为 CC 系的主要宣传阵地。1944 年间，经蒋介石钦点，出任国民党中央喉舌《中央日报》社社长兼评论部主任，直接控制国民党的宣传界。

余井塘，江苏兴化人，1896 年出生。上海复旦大学毕业，1925 年获得美国爱荷华大学经济学硕士学位后回国，任二陈控制的国民党中央党务学校教授兼中央组织部秘书，开始成为 CC 系的核心人物之一。陈果夫在 20 世纪 30 年代初期由中央组织部调任江苏省主席时，余井塘跟随着出任江苏省教育厅长、民政厅长、省政府委员；陈立夫任教育部部长时，余井塘任教育部常务次长；陈果夫重回中央组织部时，余井塘任中央组织部副部长。以后在 CC 系的运作下，余井塘在国民党"六全"上当选为中央执行委员，在"制宪国大"召开前当选为代表。此人作为 CC 系的骨干，经常以二陈的代表面目出现，维持 CC 系的利益，为巩固国民党的反动统治出谋划策。

程天放，江西新建人，1899 年出生。上海复旦大学毕业，加拿大多伦多大学政治学博士，1926 年 8 月回国后即被二陈看中，拉其加入中央俱乐部，成为 CC 系的早期主要骨干之一。此人主要活动空间是在教育和从政、宣传领域。论教育任过中央大学教授、中央军官团政治总教官、安徽大学校长、浙江大学校长、中央政治学校教育长，并主持过南京政府高等考试、县长挑选、高等考试再试典试、外交领事官挑选等考试；论从政，任过代理安徽政府主席、省民政厅长、湖北省教育厅厅长、江苏省政府秘书长、"立法委员"、国民党候补中央执行委员和中央监察委员；论宣传，任过国民党江西省党部宣传部长、中央宣传部副部长和部长。此人与二陈的关系较深，在 CC 系中影响较大。

高信，广东新会人，1905 年出生，早年毕业于德国佛来堡大学，专攻土地经济，属 CC 系中的地政学派，1932 年归国后即为陈立夫所赏识，以后历任要职。曾任国民党中央党部土地委员会研究部主任，广东省地政局局长，广东省政府秘书长，三青团第一届中央监察会候补监察，广州特别市党部主任委员。在选举"制宪"和"行宪"国大开幕时，CC 系利用所控制的各级党部和特工、情报机构，大量成员当选为代表，高信也成为"国代"。在南京政府覆灭前夕，高信又担任了内政部次长。

洪兰友，江苏江都人，1900 年出生。震旦大学毕业，先是从教后从政，从政进入中央组织部任职后即开始成为 CC 系成员。先后任过中央组织部编撰科科长、中央组织委员会县市党务人员训练班副主任、中组会主任秘书、中组部委员；还任过第五、六届中央执行委员、重庆市党部主任委员、中央党部副秘书长、中央政治委员会副秘书长、社会部政务次长。蒋介石准备"行宪"后，代表 CC 系出面控制"国民大会"，担任"制宪国民大会筹备委员会秘书长""国民大会代表和立法委员选举委员会委员"。在国民党失败前夕，任过内政部长、国民党中央非常委员会秘书长。此人作为 CC 系的核心成员，后期主要在民意机构中活动。

洪陆东，浙江黄岩人，1893 年出生，毕业于山西大学，原与晋系关系较好。此人与陈果夫的关系较深，陈果夫最早由蒋介石指派接收原由国共两党共同领导的中央组织部时，即成为主要助手之一，因而也成为 CC 系早期的基本干部之一。以后长期担任要职，在蒋介石掌权初期就出任中央政治会议委员、南京特别市党部执行委员；在 20 世纪 30 年代出任中央监察委员、中央组织部秘书、司法行政部政务次长、中央执行委员；在 40 年代又出任"制宪"和"行宪"国民大会代表。此人因为和二陈的关系，在 CC 系中是令人侧目的人物。

黄少谷，湖南南县人，1901 年出生，北京师范大学教育系毕业后一度任过《世界日报》总编辑，后加入西北军，成为冯玉祥的主要文字智囊，出任过第 2 集团军秘书长等职。在新军阀混战中，一直为冯玉祥奔走于冯、阎、改组派、粤桂系之间，广州非常会议结束、蒋汪合流后，投靠二陈，开始成为 CC 系的主要骨干，在二陈的支助下曾到英国留学。全面抗战爆发后回国，历任国防最高委员会处长、军委会政治部设计委员会主任委员、政治部第三厅厅长兼《扫荡报》社长、政治部副部长等职。抗战结束后，当选为国民党中央执行委员、"制宪国代"和"立法委员"，出任国民党中央宣传部长、行政院秘书长、政务委员，直至南京政府覆灭。

萧铮，浙江永嘉人，1904 年出生。曾到德国柏林大学留学，回国后曾长期在教学、研究机构任职，任有中央政治学校地政系主任、中国地政学会理事长、中国地政研究所所长兼董事长、中国土地改革协会理事长等学术领导职务，在地政领域圈内享有一定的地位。在从事专业研究和教学机构之余，他追随二陈，成为 CC 系的骨干，利用其专业特长，为 CC 系控制教学、研究部门服务。他深得二陈的信任，后出任过行政院经济专门委员会副主任委员、经济部政务次长、"制宪国民大会代表"、"立法委员"等职。

罗霞天，浙江临安人，1899 年出生。五四运动时期为杭州学生会会长、各界联合会总执事，创办了《浙江日报》。后赴德国柏林大学留学，回国后出任黄埔军校政治教官等职。此人与陈果夫的关系较深，陈果夫代表蒋介石控制中央组织部时罗霞天即为重要助手之一，因而也成为 CC 系早期的基本干部之一，由于他与二陈的关系较深，所以与 CC 系中的朱家骅派的矛盾较大。罗霞天曾担任过许多重要职务，如中央航空学校政治总教官、中央政治学校训导长、浙江省政府委员、六届中央执行委员、浙江省党部主任委员、现代经济研究所所长、"制宪国民大会代表""监察委员""立法委员"等。

叶秀峰，江苏江都人，1900 年出生。与陈立夫是大学同窗，毕业于天津北洋大学矿冶系，后到美国匹茨堡大学留学，和陈立夫一样获硕士学位后回国，不久从宁波赴广州，依靠陈立夫的关系，进入国民革命军总司令部任机要秘书。北伐军到达东南后，继陈立夫、张道藩出任调查科科长，成为 CC 系核心成员。以后任过中央政治会议秘书、江苏省府委员、西康省建设厅长。1939 年 12 月出任国民党中央调查统计局局长，国民党第六届候补中央执行委员、"制宪""行宪"国民大会代表。

在"中统"内，在陈氏兄弟以外，有一个十分重要的人物，他就是徐恩曾。此人 1898 年出生，浙江吴兴人，为陈果夫的同乡，曾留学美国。在蒋介

石自立政府时投奔陈家兄弟，并参加"中央俱乐部"，成为 CC 系核心成员之
一。后任过南京政府建设委员会无线电管理处处长等职，1931 年出任国民党中
央组织部调查科科长，1935 年升任调查处处长，同年 11 月当选为国民党第五
届中央执行委员，中统局成立时任副局长，1942 年 4 月升任交通部政务次长，
1944 年又回炉出任中统局长，不久因参与走私案，蒋介石下令将其永不录用。
以后靠旧部和 CC 系的支持，当选为"国民大会代表"，直至去台湾。徐恩曾
成为中统的实际负责人，在任内中统机构快速发展，逮捕、屠杀了无数的共产
党人和进步民主人士，成为国民党专制统治的主要帮凶。

　　"陈氏兄弟"为了更好地控制国民党，很快搞起小圈子、小班子，一帮
人成为 CC 系的雏形。蒋介石第 1 次下野时，二陈组织起"中央俱乐部（CC
系）"，纠集拥蒋力量，准备迎蒋上台。以后 CC 系成为党内主流势力，与军
事系统的黄埔系、行政系统的政学系、财经和外交系统的孔宋系一样，深受蒋
介石的信任，成为蒋介石统治的四大支柱之一。

　　关于 CC 系，二陈至死都不承认。陈果夫把之所以有 CC 系之说，一是推到
中共头上。说"当本党统一的局面逐渐完成之际，共产党又造出大同盟、CC 团
两个名词，来离间分化中央的力量。大同盟是指丁（惟汾）而言，CC 是指我而
言。凡是"反共"，与陈某接近的人，或是调查人员，或曾为国民党做过事而
不肯变更意志的，均可以 CC 目之。"二是推到国民党内的其他派系身上。说
"胡汉民、孙科返国第 1 次参加常会，在会上称我搞小组织。过几天，在中央
纪念周上，我特别声明，我同丁先生没有大同盟和 CC 团的组织。并且说明我
的性格，不会用外国字来组织自己团体的道理，……，但是 CC 这个名词没有
消灭，以后汪精卫的改组派，以及别的小组织，对于中央党部及我等，亦以 CC
为称。"由于上述两个原因，CC 才"以乌有之名传遍世界"。

　　陈立夫也大叫冤枉说："绝对没有 CC 这个组织。我兄弟俩已受党的委托
组织工作，有大的，何必还搞小的；党章规定不得有小组织，总裁怎么能允
许；先兄最恨外国名字的命名，何用'CC'；戴笠的军统怎么对 CC 全国性组
织找不到一点线索呢？先兄从不为自己打算，不然怎么帮助蒋先生（介石）指
挥 500 万党员？""二七年南京召开的全会中，宣布取消一切为了便利在军阀
手下开展工作的需要而成立的秘密小组织。例如天津的兴中会、实践社，山东
的大同盟，江西的 AB 团等。中共造出'中央俱乐部（Centraq Club）'，我当

时任中央秘书长，马上又以二姓为名（'中央俱乐部'的英文单词和'二陈'的汉语拼音的第一个字母均是'C、C'）积非成是。"二陈的话，可以否定CC系这个组织，但不能否认CC系的存在和活动。

在国民党的历史上，可以说没有出现过名为"CC系"的帮派组织。陈果夫没有公开号召，鼓动一帮人另立山头，另树旗号，没有为CC系订立入会条件、仪式，也没有制定组织章程、纲领和召开代表大会、定期进行组织活动。我们说CC，不是说CC系是一个有组织、有纲领的有形组织，而是说陈氏兄弟长年经营国民党的人事要害部门，20余年稳坐权力峰层，提拔、培植了一大批人。下属们报恩谢师，甘心情愿趋集于他俩门下，自动形成以二陈为中心的一股政治力量，势力越来越大。这就是CC系。至于谁先谁后称呼其为"CC"无关紧要。CC系内藏龙卧虎，曾经在国民党的党务、组织、宣传、文教、特工系统里出任要职的CC系骨干有张道藩、谷正纲、谷正鼎、萧铮、胡健中、余井塘、程天放、高信、洪兰友、黄少谷等许多人。CC系在二陈的指挥下，在国民党内，互相提携，协调行动，与政学系、黄埔系、孔宋系争权夺利，争着向蒋介石效忠邀宠；在国民党外，一致对付共产党人和进步人士，镇压人民的反抗。

二陈的话，是无法否认上述历史事实的。国民党党章和总裁蒋介石不允许搞小组织，不是说没有搞小组织，问题是搞小组织的人谁也不会承认。能搞小组织的人又不是一般之人，军统局又怎么敢追查CC系。蒋介石不允许搞小组织，但只要搞小组织的人忠于他，就会得到默认，还会常常被用作官场斗争的工具。陈果夫搞CC，确实是为国民党着想，是为蒋家天下着想，是为了面对国民党的现实——派系倾轧，需要掌握一个强有力的派系，与其他派系对抗。同时可以依靠掌握的派系，便于自己的指挥，扩大自己的影响，以便把自己的意志变为国民党的行动，统一国民党的步调，巩固蒋介石的统治。陈果夫、陈立夫就是凭着CC系来控制国民党的中、下层，就是靠"小组织"指挥一盘散沙的"大组织"。当然多一个派系就加剧几分派系斗争，以派制派只能更加混乱，单凭权谋、权术，二陈是管理不好数百万党员的国民党的。只是加快了失败的速度，最后同归于尽。

和陈果夫、陈立夫遮遮掩掩的态度不同，在CC系内部也有敢作敢当之人。CC系的重要骨干萧赞育就坦率得多。他说国民党"反共""必须要有一个坚强的战斗中心来做党的先锋和党的中坚，……，至于人家说CC也好，或者其他名义也好，甚至于有没有这一个组织，我认为这是没有什么关系的，不是一个值得计较争论的问题。"CC 系的活跃分子沈云龙也说："一个全国性拥有众多党员、庞大组织的政党，由于主张保守与激进之不同，或政治权益分配之不得其平，因而内部发生若干派系，这是很自然的现象。纵然派系之间有争执，也是其争也君子。""胡汉民先生主张'党外无党，党内无派'那才是误解政党政治极可笑的偏狭之见。"尽管他们论证的出发点不同，但都承认确有一股以二陈为中心的政治势力在国民党内起着不同寻常的作用。

二陈控制国民党主要通过 CC 系，二陈为蒋介石服务、巩固国民党专制统治，维持 CC 系在党内的地位，主要是通过"中统"。中统，这个冷酷、残暴的特务机构，使得 CC 系有了一个执行机构。

国民党中央组织部调查科存在的 8 年间，先后由陈立夫、张道藩、吴大钧、叶秀峰、徐恩曾任科长，顾建中任组织总干事，王杰夫为训练总干事，梁辅丞为情报总干事。国民党"三全"时，中央组织部党务调查科扩编为"党务调查处"，处长为徐恩曾。1932 年间在第一处的基础上，又成立了"特工总部"。1934 年 4 月，蒋介石将"南昌行营调查科"与"复兴社特务处"合组为"军委会特务处"，由戴笠任处长。1937 年 4 月蒋介石把国民党"中央组织部党务调查处"与"军事委员会特务处"，合组为"军事委员会调查统计局"。"军统局"第一任局长为陈立夫，副局长为陈焯，第一处处长为徐恩曾，第二处处长为戴笠，第三处处长丁默邨，1938 年 5 月，第一处从军调局独立出来，另行成立"中央执行委员调查统计局"，"中统局"第一任局长为朱家骅、副局长为徐恩曾，至此"军统"和"中统"两大特务机构正式成立。

调查科初期，只设采访、整理二股，主要任务是监视在国共合作统一战线内、加入国民党的中共党员的行踪，研究如何对付中共的活动，因此从创办之初就有特工性质。到南京后，调查科也只有不到 20 人，所以办公地点也只是南京丁家桥中央党部大楼二层西南角两间房间内。到 1930 年间又增设"言文组"，进行公开资料研究，对社会上出版的各类报刊，分成政治、经济、军事、文教四部分进行整理，任何对国民党、蒋介石和南京政府的批评及不利的言论都将及时送到最高领导中心。因为人员一下增加了近 50 余人，办公地点搬到中央饭店附近二层楼内办公，门口挂的是"正元实业社"招牌，实际上这是大名鼎鼎的特务头子徐恩曾的办公所在地。

特工总部时期，机构进行大规模扩编，各省市也相应成立"特务室"。特工总部主任为徐恩曾，书记为王思诚。特工总部设有设计委员会、总督察、书记室、情报科、训练科、总务科、电讯总台、反省院、盐务缉私督察处、税务督察处及三个地方区站。其中在1932年间成立的"上海行动区"，主要负责上海的特务工作，任务是抓捕和破坏设在上海的中共中央机关等中共地下组织。

1938年5月在武汉，中统从军统局中正式分家，成立"中央执行委员会调查统计局"。第一任局长为朱家骅，副局长为徐恩曾，主任秘书为濮孟九。整个机构大规模扩大，人员达1.3万余人，按特工性质分工越来越细。主要设有主管敌伪方向的第一组、主管民主党派方向的第二组，主管党政系统方向的第三组，主管统计的第四组；人事、会计、机要、译电、密电、研究、资料、行政效率调查、兵役调查、督察等办公室；设计考核、纪律审查、训练、新生活运动、党员调查、特种情报、学生运动、分化瓦解、侨务等委员会；特种经济调查、交通事业、统计等处。此外，还有重庆、南京、北平、上海等二十余个地方区站。局本部编印《每日敌伪情报》《每日党派情报》《每日党政情报》，每次只印20余份，分送要员审阅。中统编发的各种小册子有20余种，如《陕北见闻》《怎样和中共作斗争》等。中统从1940年起，又设立甲、乙两种汇报机构，甲种汇报由蒋介石亲自主持，汇报内容主要是中共活动和"反共"情况；乙种汇报到抗日战争结束后停止，由委员长侍从室主持，主要是汇报军事战场上的情况。两大汇报成为蒋介石的主要情报来源。

"复兴社"与"军统"

蒋介石第1次下野时，他的好朋友陈果夫和陈立夫二人主持成立了"中央俱乐部"；蒋介石第2次下野时，他的追随者——黄埔系骨干主持成立了"复兴社"。

成立复兴社的起因，是蒋介石见"九一八事变"后，民众抗日运动风起云涌，南京当局已经无法控制这一状态的演变。而此时"中统"的工作重心一直在"反共"方面，转移到破坏抗日战线需要时间和

蒋介石的鹰犬戴笠

过程。因此，为掌握抗日力量的动态，控制局势，破坏抗日运动，于1931年11月间，要黄埔门生成立组织，操纵社会力量，有效控制局势。此时正逢广州"非常会议事件"，蒋介石被迫第2次下野，他第1次下野时，党内派系坐大，在各地方实力派、胡汉民派、汪精卫派、西山会议派的挤兑下，蒋介石派还未显出绝对优势，只能由好朋友二陈出面，主动纠集一批追随者组织中央俱乐部，捍卫蒋介石的利益。现在则不一样，党内倒蒋派都已呈现颓势，武装倒蒋派更是被打得落花流水，更为重要的是，除了蒋介石一派独大之外，他自己培养的以黄埔系为代表的政军力量已经兴起，完全可以出面组织一支拥蒋力量，为蒋驱使，听蒋召唤。此次在蒋介石的精神感召下，站出来响应的人真不少。

戴笠，浙江江山人，1897年出生。早年当过兵，后任过本县自卫团团长，1926年10月考入黄埔军校第6期骑兵科，毕业后任国民革命军总司令部联络参谋，此时起他就有着一个爱好，即向蒋介石打小报告，经常把自己探听到的内部政治动向、外部情报以小纸条方式向蒋介石汇报，因此他的情报、特务生涯开始于大革命后期，他早已在蒋介石心目中建立起"情报专家"的形象，这成为他后来主持军统系统的重要原因。成立复兴社时戴笠任中华复兴特务处处长。以后任过军统局第二处处长，1938年任军统局副局长，1943年7月任中美技术合作所所长，1945年升任军统局局长，1946年3月17日飞机失事遇难。戴笠作为军统局的实际主持人，是蒋介石的恐怖统治和"反共"政策的主要执行者。

贺衷寒，湖南岳阳人，1899年出生。黄埔一期生，孙文主义学会骨干。毕业后到苏联伏龙芝学院留学，1928年回国后任中央陆军学校学生总队长，后任过三军总司令部剿匪宣传处处长、训练总监部国民军事教育处处长、鄂豫皖三省剿匪总部政治训练处处长。以后此人任过国民党第六届中常委、社会部政务次长，退台后任"交通部部长""总统府国策顾问"等职。提议成立复兴社时，他正任鄂豫皖三省"剿匪"总部政治训练处处长。

郑介民，广东文昌人，1898年出生。黄埔二期生，孙文主义学会骨干，毕业后赴苏联中山大学留学，1927年回国后开始在侍从室从事情报工作，1929年7月，在打败桂系第1次倒蒋后接收广西，任广西省党部整理委员兼省政府委员，1932年初任参谋本部上校参谋。此人以后出任过军统局副局长、国防部常务次长等职，逃台后任"总统府战略顾问""国家安全局局长"等职。提议成立复兴社时，他正任参谋本部上校参谋。

滕杰，江苏阜宁人，1906年出生。黄埔军校四期生，又赴日本明治大学学习，毕业后派往欧洲考察。回国后，出任复兴社首任书记。此人以后任过军委会政治部中将厅长、徐州绥靖公署政治部主任，国大党团书记长。逃台后任"国民大会代表"、国民党中央委员、"光复大陆设计委员会委员"。提议成立复兴社时他正值从欧洲镀金而归，极力主张仿效德、日成立法西斯专门组织。

萧赞育，湖南邵阳人，1905年出生。黄埔一期生，毕业后赴苏联中山大学留学，回国后任第19师少将政治部主任、第9军政治部主任。1929年2月，赴日本明治大学留学。1931年秋回国，参加复兴社筹建工作。此人以后任过委员长侍从室秘书、陆军军官学校政治部主任、中央组织部副部长，并成为CC系骨干。逃台后任"立法委员"、国民党中央评议委员、"中华文化基金会董事长"。提议成立复兴社时，他正值日本学成回国。此人后来投靠陈果夫、陈立夫，成为CC系的骨干之一。

康泽，四川安岳人，1904年出生。黄埔三期生，毕业后赴苏联中山大学留学，回国后任过总司令部侍从参谋、第2师政治部主任、总司令部宣传大队大队长，《中国日报》社社长。此人以后任过军委会别动队队长、军委会政治部第二厅长、复兴社总书记、三青团中央干事、国民党中央常委、第15绥靖区司令长官。新中国成立后，因参与发动内战罪被关押至1965年，后任全国政协文史专员。提议成立复兴社时，他是《中国日报》社社长。

桂永清，江西贵溪人，1900年出生。黄埔一期生，毕业后任过第1军特务营营长、30旅旅长，1930年起留学德国4年，以后任过第78师师长、第27军军长、国民党第六届中央执行委员、海军总司令。他作为黄埔系骨干，与胡宗南、黄杰等人一起升迁最快，是最早出任师长、军长、集团军总司令的黄埔学生之一。在黄埔学生中，出任三军总司令的也是他。逃台后任"总统府参军长""参谋总长"，1954年8月12日病死。提议成立复兴社时，他正在德国留学，但他极力主张仿效德国纳粹党，成立蒋介石的"冲锋队"。

周复，江西临川人，1901年出生。黄埔三期生，毕业后任过黄埔同学会宣传科长等职，创办了《东亚新闻社》。曾到日本陆军士官学校和明治大学留学，1932年初回国，任"三民主义力行社"总部常务检查。后任过苏鲁战区政治部中将主任、山东省政府委员，1943年2月21日陷于日军包围，中弹身亡。提议成立复兴社时，他正值从日本留学归国，急于想把日本学到的法西斯理论进行实践。

邓文仪，湖南醴陵人，1903 年出生。黄埔军校一期生，毕业后赴苏联中山大学留学，大革命失败前夕回到国内，以后任过中央军官学校政治部代主任、总司令侍从参谋、委员长侍从秘书、中国驻苏联大使馆首席武官、青年军政治部设计指导委员会主任委员、国防部新闻局局长、国防部政工局长等职。此人是国民党军界的"反共"理论家。提议成立复兴社时，他正出任军事委员会委员长侍从秘书。

邱开基，云南景东人，1905 年出生。黄埔三期生，毕业后赴日本陆军经理学校留学，回国后历任侍从室卫士大队长、豫鄂皖三省"剿匪"司令部特勤处处长、军统局执行科科长、第 3 军副军长、云南"反共"救国军副总指挥、云南省政府行署主任。逃台后任"国大代表""光复大陆设计委员会委员"。提议成立复兴社时，他正值留学日本归国不久，出任侍从室卫士大队长。

这批人共同认定的组织名称为"复兴社"，蒋介石也同意。参与复兴社创建的康泽说："也是在 2 月下旬（1932 年）的时候，有一个军校第六期的同学杨周熙（当时在军政部所办的交通研究所当队长）写了一本书，书名是《三民主义之法西斯化》，送给蒋介石看。蒋交我审查这本书，并考核这个人。我把杨周熙找来，问他为什么写这本书？他直截了当地说：'我听说现在有一个运动，是搞法西斯，所以我就赶快写这本书出来；不然就要落伍啦！'我向蒋介石呈复，说他是投机，意思此人不足取。但蒋介石没听我的意见，只把书名中的'法西斯化'四个字圈掉，以'复兴运动'四个字来代替，即把书名改为《三民主义之复兴运动》，但内容照旧，便将书出版了。杨被批准参加了这个组织，以后还指派他到德国和意大利去考察。可见蒋介石字典中的'复兴'是和'法西斯'相等的。"（康泽：《复兴社缘起》，见《文史资料选辑》第 37 辑第 140 页）

1932 年 3 月 1 日，蒋介石召集贺衷寒、邓文仪、康泽、桂永清、戴笠等数十名黄埔骨干，成立"三民主义革命同志力行社"。蒋介石任社长，下设小组，并成立"三民主义革命同志会"和"革命军人同志会"，社员最多发展到 80 多人。

在此基础上，1932 年 4 月 1 日，"复兴社"成立。蒋介石任社长，贺衷寒、康泽、邓文仪、戴笠、胡宗南、郑介民等40余人为会员。复兴社书记为滕杰、贺衷寒、酆悌、滕杰为中央常务干事，周复、康泽、桂永清、潘右强、郑介民、邱开基为中央干事，侯志明、赵范生、戴笠为候补干事，以及还有3人制的中央监察会。复兴社下设5个处，分别是周复任处长的组织处，康泽任处长的宣传处，桂永清任处长的训练处，戴笠任处长的特务处，李一民任处长的总务处。

复兴社的纲领是"驱逐倭寇，复兴中华，平均地权，完成革命"。纲领没有多大问题，但面对日寇嚣张、民族危机，蒋介石内心的想法很明确，并非是要"驱逐倭寇"，而是要复兴社全面贯彻"安内必先攘外"的方针，完成"安内必先'剿共'"的任务。在1932年和1933年间，蒋介石指定酆悌、潘古强带队，派出两批人前往德国、意大利考察法西斯的实情，并组成了类似于党卫军的"别动队"，总队长是康泽，专门从事谍报、暗杀、绑架等勾当，这成为军统的早期行动组织。在复兴社内部，纪律严明，组织原则是下级绝对服从上级，牺牲个人自由，绝对服从、忠于领袖。事实上复兴社则已成为维护蒋介石个人独裁、国民党一党专制的御用工具。

复兴社发展很快，一开始只有南京、上海、北平、武汉四个支社，不久发展为各省市都有复兴社支社。其中发展最快的是"特务处"，该处处长为戴笠，副处长为郑介民，下设唐纵的情报科，戴笠兼职的行动科，魏大铭的电讯科，钟振的总务科，柯建安的督察室，余乐醒的设计委员会，（关押）张学良将军管理处，（关押）杨虎城将军管理处。此外还设有北平、天津、西北、南京、武汉、香港、重庆川康等区以及沈醉任组长的上海行动组。1937年4月"军事委员会调查统计局"成立，第一任局长为陈立夫，副局长为陈焯，第一处处长为徐恩曾，第二处处长为戴笠，第三处处长丁默邨，1938年5月，第一处另行成立"中央执行委员调查统计局"，中统从军统中分家，军统自成体系。军统的第一任局长为贺耀祖，以后任过局长的还有林蔚、钱大钧、戴笠、郑介民等人；以后任过副局长为戴笠、郑介民、毛人凤等人。下设主管军事方向的第一处，主管党政系统的第二处，主管行动的第三处，主管通讯的第四处，以及其他职能处室办和地方区站。

中统和军统，作为国民党的两大特务机构，其宗旨十分明确，唯一的目标就是维护国民党的反动统治，维护蒋介石的个人权威，充当蒋记政府的"工具、打手"。

对国民党本身，两大特务机构主要是维持统治集团内部成员对蒋介石的忠诚。对内部出现的背叛蒋介石的任何政治行为，对内部出现的偏离蒋介石政治路线的任何离心离德倾向，对内部出现的任何危及国民党统治的人和事，进行及时整肃。当然，在以上借口下，中统和军统也成为党内派系之间权力之争的工具。正如沈醉《我所知道的戴笠》的一书中所说，国民政府主席林森都怕特务；翊勋的《蒋党真相》中所说的军政部长何应钦"也怕特务"。从中反映出特务在国民党内部嚣张已到什么程度。

对地方实力派，两大特务机构主要是分化、瓦解各地大小军阀。对各地军阀进行政治上拉拢，拉拢不成则进行压制甚至肉体上消灭；对各地方军阀的军队，实行挖墙角渗沙子，暗中进行分化瓦解，对主要军官进行收买。各地方实力派为防止中统和军统在内部的活动，想方设法，构筑"防火墙"。到国民党失败前夕，可以说各地方实力派几乎都深受其害。

对中共阵营，两大特务机构主要是进行残酷镇压。"反共"始终是中统和军统共同的政治目标，在两大特务机构横行的年月里，不知有多少中国共产党的优秀成员牺牲在他们的屠刀之下。在"反共"的同时，镇压爱国民主运动、迫害爱国民主人士，一直是中统和军统的主要任务。他们通过特务活动，建立特务恐怖，监视、镇压人民大众。

中统和军统，作为国民党的两大特务机构，政治本质没有区别，都是国民党统治的支柱。他们的区别主要表现在形式上，在国民党统治秩序中，国民党军队横行霸道、警察和宪兵为非作歹，中统和军统利用各自特长，成为专制、恐怖统治的主角。军统主要是依靠职业特务、使用特工手段从事行动型的特工活动；中统则更多的在党务、机关、教育、新闻、科研、宣传、高校、工商及社会各界里面发展成员，依靠特工手段开展活动。在南京政府建立初期，中统的活动更多一些，在蒋介石叛变革命后，在清共和破坏中共地下组织过程中，主要由国民党中央组织部调查科出面进行，军队系列特务活动的面要小一些。在复兴社特务处成立后，许多行动型的特工活动主要由军事特务系统出面；党务系统的特工活动，主要集中在通过监视社会各部门各系统内部，破坏中共组织和爱国民主运动。

说到特务恐怖，简直是无处不在，无时不在。沈醉称，他们"渗入到各个机关后，大都依仗军统特权，胡作非为，并且根本不听从各机关负责人的领导"。在国民党军队和机关内部，中统和军统特务以人事、党部、政训、督察、勤杂人员的面目出现，时刻监视着统治集团内部各成员的活动。一般军公教人员稍有不慎，即被特务告密，立遭清洗。

在地方实力派地盘和军队内部，两大特务机构的特务纷纷打入各关键岗位，时刻监视着地方军阀本人和内部的动向，一有动静，南京方面和侍从室马上了解得一清二楚，地方实力派的任何带有倾向性的活动都成为特务们上报的黑材料。

法西斯专政更多的是表现在对整个社会实行特务统治，国民党当局从1931年1月31日公布《危害民国紧急治罪法》起，又制订了《宣传品审查条例》《出版法》一等系列"反共"的法西斯法律法令，在体制上不仅保持着庞大的警察、宪兵机构，还有中统、军统两大特务机构配合，所以社会上特务横行，人民大众的基本人权被剥夺。人民群众没有组织社团的自由，没有集会的自由，没有上街游行示威的自由，没有言论自由。对报刊、书籍和新闻实行严格的检查制度，出版物和新闻机构随时有被查封的可能。

在强化特务机构和功能的同时，为强化法西斯统治，从1931年起，蒋介石下令实施保甲制度。保甲制度，作为残酷的封建残余，盛行于宋代，近代没落。蒋介石从维持反动统治的需要出发，重新捡起这一法宝。规定以户为单位，10户设甲长，10甲设保长。同一保内实行互查人口、互相监督，更为重要的是如果出现统治阶层不满意的事件，则同一保内共同负责，连坐切结。如果同一保内，只要有一户与红军联系则全保合甲要受处罚。同时，保甲制度的设立，也有助于当局惩收捐税和摊派劳工。蒋介石希望通过保甲制度，利用残酷的封建株连方式，控制基层组织和民众，巩固基层统治。保甲制度开始于蒋介石进行第3次"围剿"时，先在江西修水等43县推行，次年6月"围剿"鄂豫皖根据地时颁布《施行保甲训令》和《"剿匪"区内各县编查保甲户口条例》，开始在3省施行。1934年起国民党中央政治会议正式决议，在全国铺开。到1936年间，全国共有13省及南京、北平两市实行保甲制度。保甲制度并没有起到应有的作用，人民群众不会接受这一套在头上的枷锁；特别是担任保甲长的都是当地恶霸、地痞，更引起民众的反弹。因此保甲制度的推行，实质是激化了阶级矛盾，进而也加速了国民党统治的灭亡。

在特务升天、百姓入地的现状下，特务们胡作非为，警匪勾结，特匪勾结，加剧了社会秩序的混乱。特务们践踏民主，蹂躏民权，乱抓乱关乱捕民众，草菅人命，多少民众遭受迫害，多少民众惨死在特务的枪口下，更加重了人民群众的政治压迫。在国民党统治的 22 年内，报刊和民间利用各种合法途径和方式，躲过特务检查，对南京政府批判最多的就是政治腐败和特务恐怖，从中可见特务统治的程度之严重。中统和军统特务罪行累累，不可胜数，其中最主要的就是"反共"和镇压爱国民主运动。

追捕共产党人

中国共产党为了扩大影响，发展革命力量，领导各地的反对国民党反动统治的斗争，在走农村包围城市、武装夺取政权道路的同时，也把相当大的力量、精力放在城市地区。在城市与国民党进行斗争，是中共的另一条战线。中共中央也设在国民党统治的中心——上海；当时在中共城市地区秘密的省一级机构中，党员人数最多、领导力量最强、活动开展最多的也是上海执行局和江苏省委，东南沿海经济发达地区和全国一些主要地区当时都有中共的地下组织存在，且相当活跃，活动形式多种多样，领导各界人民的发起了一波又一波的反蒋斗争。面对中共公开组织红军、进行武装斗争；坚持城市秘密斗争、建立反蒋统一战线的双重进攻，蒋介石把肃清城市地区的中共地下组织，一直作为中统和军统的主要任务。

正如陈立夫在回忆录《九十忆往》中说，调查科成立时"专事研究应付共党之活动"。朱家骅说中统的"调查对象是中国共产党，而且是唯一的工作中心。"（《传记文学》第 328 期，第 124 页）陈立夫还在回忆录中称，"（1927 年 4 月开始）清党后，办理共党来归，为数逾万均予自新，而予以教育，以中华文化历史为主。"

也就是说，蒋介石在叛变革命后，国民党特务在防范党内不同派别的同时，开始把相当大的精力放在破坏中共组织和捕捉中共人员方面。

从发动"四一二反共政变"开始清党到 1930 年间，CC 系自称共逮捕中共高级干部 15 人，中级干部 80 人，下级及普通党员 1.5 万人。事实上国民党当局宣布的逮捕中共地下党人数有浮夸成分，但被国民党当局滥捕滥杀的进步人士远远超过此数。此外，还通过所谓"反省院"，对政治犯进行非法审讯和关押。"管制的方法，主要是以教育训练为名，实际则采取刑逼或利诱的方法，使政治犯出卖同志，背叛组织，向国民党'立功自首'。"（柴夫编：《CC内幕》第71页）

从军统的复兴社成立、中统的特工总部成立到中共开始长征的3年间，一是中统和军统无论是组织、人力、财力，还是在技术、手段方面都有了很大的提高。二是有一批中共队伍中的不坚定分子，在白色恐怖下投靠国民党，特别是像负责在上海的中共中央机关安全保卫工作的政治局候补委员顾顺章（1931年4月在武汉被捕后叛变，4年后被中统徐恩曾下令处决）那样的叛徒，出卖了很多优秀的中共党员，对革命造成了巨大危害。三是中共王明"左"倾盲动路线的统治，许多党组织被迫执行王明路线，不顾客观实际组织政治罢工、游行、示威，组织工人罢工、学生罢课、商人罢市、警察士兵罢操，由于革命条件不成熟，实际上一些斗争则成为自我暴露，给敌人以可乘之机，造成许多无谓牺牲。因此，蒋介石破坏中共地下组织的计划也取得了一些进展。

据国民党方面的统计材料称，在上述3年间，破坏中共中央机关及其有关组织14次，破坏当时中共省委之间最具实力的江苏省委机关9次，破坏北方最大的中共省委机关河北省委4次，破坏山东省委机关3次，其余中共省一级机关也有不同程度的破坏。中共的附属和外围机关也有相当大的损失，总工会被破坏4次，互济会被破坏3次，反帝大同盟和共青团中央各被破坏3次，等等。

中共有3位总书记被捕，有111名党团政治局委员和中央委员被捕，有829名省市委干部被捕，有8199名县市委干部被捕，有15765名区委、支部书记和委员被捕。闻名于世、成功地处死过出卖彭湃同志的叛徒白鑫和王英，处决过许多丧失革命气节又对中共形成威胁的变节者的中共地下特工组织"红队"，也在一次开会时，因走漏风声，大部落入敌手，有28人被抓，被查出37支手枪、一万发子弹和一箱手榴弹。

数字触目惊心，但有很大水分和虚假。中共在夺取政权过程中确实有很多好同志牺牲在敌人的刑场上，但是否被国民党特务抓去如此多的重要干部则令人怀疑！请问：同一时期在白区从事地下工作的中共第六届中央委员和团中央委员总共只有多少人？在白区从事地下工作的政治局委员总共又有多少？而国民党竟能抓走这么多人？显然是夸大和造谣。此外，在被抓或被害的英雄中，确实有：

曾任中共中央宣传部秘书长、时任上海沪东行动委员会书记的恽代英；

中共重要活动家、驻共产国际代表王若飞；

中共中央政治局委员、中央宣传部部长蔡和森；

曾任红二军团政委、湘鄂西特委书记的邓中夏；

中共中央政治局委员、全总党团书记罗登贤；

江苏军委书记杨子庄；

浙江军委书记卓兰芳；

广东省军委书记李硕勋；

全总书记徐锡根；

驻共产国际代表余飞；

少共江苏省委书记袁炳辉；

反帝大同盟组织部长朱爱华；

少共中央组织部长胡均鹤；

全总党团书记兼组织部长卢福坦；

江苏省委妇女部长帅孟奇；

上海执行局书记王云程；

海员工会党团书记廖承志；

江苏省委宣传部部长汪盛荻；

江苏省委组织部部长黄励；

上海执行局书记李竹声；

上海执行局书记盛忠亮；

等等。

国民党当局确实抓捕和屠杀了不少中共重要干部，但逮捕3位中共总书记却与事实不符，因为此3人的身份在被抓时已有很大改变：陈独秀在被捕时已在5年前离开中共中央总书记的领导岗位、3年前被中共开除党籍；瞿秋白只任过中共中央临时负责人，被捕时已离开中共主要领导岗位4年之久；向忠发确是中共总书记，但他却是中共所有领导人中德、才和革命意志最差的一位。当敌人抓到向忠发的情妇时，这个曾在烟花巷中谋生的女性竟然还与敌人周旋，尽力掩护向总书记，而"可爱的"向总书记，在被敌人抓住的同时，还没等"老虎凳"和"美人计"光临，就立即向对方主动表示愿意协作，难怪以后有不少人称向总书记的政治气节不如一个"妓女"，当然这位叛党的总书记得到的报酬是由蒋介石下令立即就地处决。

国民党方面公布这些数字，有为反动统治歌功颂德，有为特务机构唱赞歌，也有当时的大小特务们谎报军情，夸大成绩，以邀功请赏。不管如何，中统和军统在破坏中共党组织和追捕中共党员时，起到了国民党的司法机构所起不到的作用。最后外有国民党特务的破坏，内有王明路线捣乱，中共中央机关不得不于1932年底开始迁往中央革命根据地，中共的白区工作大部被破坏，直到全面抗战开始后才得到恢复。当然，中国共产党人的鲜血不会白流，他们的鲜血和壮举永远激励着后人为中华民族的强盛和腾飞贡献力量。

镇压民主运动

国民党当局和特务机构在疯狂逮捕中共地下党的同时，极力镇压爱国民主运动，进行大规模的"文化围剿"，在20世纪30年代前期，震撼全国的重大事件，有蒋介石指使中统和军统特务暗杀邓演达、杨杏佛、史量才等事件。

面对国民党专制、蒋介石独裁、民权不张、人权不申的法西斯统治局面，在中国共产党武装反对国民党反动统治和开展城市地下斗争的壮举鼓舞下，一大批爱国民主斗士开始站出来，伸张正义，扶持民权，与蒋介石的独裁统治和法西斯专政进行坚持斗争。同时，面对"九一八事变"的中华民族危机，他们强烈要求南京政府奋起抗日，揭露蒋介石妥协卖国面目。

宋庆龄，广东文昌人，1893年出生于上海。著名的宋氏家庭的二女儿，美国卫斯理女子大学毕业，1913年回国后任孙中山的秘书，两年后不顾家庭的反对与孙中山结婚，从此成为坚定的革命者。在孙中山逝世后，继续为中国革命奔走；在蒋介石叛变革命后，宣传"三民主义"，维护"三民主义"，坚决反对蒋介石的法西斯统治，成为反蒋爱国民主阵营中的领袖。作为宋家之后，她是六姐弟中唯一背叛家庭、走上革命道路的人；作为孙中山夫人，她忠实地继承丈夫的遗志；作为国民党"左"派，她在社会上和民众中有着很好的口碑；作为中国共产党的朋友，她利用其孙中山夫人的特殊身份，在长期的斗争实践中为中国共产党领导的革命事业作出了重大贡献。

邓演达，在大革命时期十分活跃，在国民革命军将士中威信较高，蒋介石对其在早期也比较信任，如果他投靠蒋介石，高官厚禄唾手可得。但是，献身爱国民主运动的邓演达不为所动，始终保持坚定的革命信念，忠于孙中山和"三民主义"，在蒋、汪叛变革命后，作为国民党的主要领导人之一，从国民党右派中分裂出来，成为第三势力的领袖，主张建立资产阶级民主共和国，但把斗争矛头始终是指向蒋介石的反动专制统治。邓演达领导的国民党"左"派临时行动委员会和黄埔革命同学会，勇敢地投入了 20 世纪 20 年代末和 30 年代初的反蒋爱国民主运动，并开展了一系列的活动，准备武装反蒋。蒋介石曾有意招安邓演达，但被坚决拒绝。最后邓演达因叛徒出卖而被国民党特务逮捕，1931 年 11 月 29 日被杀害。

蔡元培，浙江绍兴人，1868 年出生。26 岁时中进士，出任翰林院编修，不久弃官从教，创办中国第一所女子学校——上海爱国女校。1902 年组织中国教育会，1904 年创建光复会，中国同盟会成立时出任上海支会会长，2 年后赴德国留学 4 年。民国临时政府成立后，蔡元培应临时大总统孙中山所邀出任教育总长，袁世凯篡权后辞职，从事倒袁活动和组织留法勤工俭学。1916 年秋，应北洋政府所请出任北京大学校长。他思想开明，提倡学术自由，鼓励新思想新文化，使北大成为新思想、新文化的中心，也使北大涌现出陈独秀、李大钊等一批中国近现代史上的风云人物，五四运动就是在蔡元培的直接支持下发起的，因抗议五四运动后北洋政府大规模逮捕学生领袖和无视人权而二度辞职未成。大革命时期蔡元培在国外，但先后担任国民党第一届候补中央监察委员、第二届中央监察委员。1926 年间回国后，因对国内政局不了解，而成为国民党蒋介石集团的支持者，支持蒋介石进行"清党"和公开"反共"。蒋介石也任命他为国民政府常务委员、大学院长。在第一届训政政府成立时，出任中央研究院首任院长兼监察院院长。但从此时起，蔡先生的思想和政治立场开始出现重大转变，结束了一生中短暂的政治糊涂时期，直到 1940 年 3 月 5 日病逝于香港大学医院，这一时期，反对蒋介石的法西斯专制统治成为他政治上的主流，成为反对国民党黑暗统治、力主抗日的先锋战士。他病逝时，在中共中央机关所在地延安举行的追悼会上，中共领袖都到会致哀，其中周恩来送的挽联是："从排满到抗日战争，先生之志在民族革命；从五四到人权同盟，先生之行在民主自由"，这是评述蔡先生政治上的功绩。此外，国民党要员吴铁城的挽联则讲述了蔡先生学术、教育和人品的业绩："鸿文硕学，才迈古人，处为大儒，出为元老；革命策勋，公忠体国，泽满天下，哀满中原。"

鲁迅，浙江绍兴人，原名周树人，1881年出生。先后在家乡三味书屋、南京水师学堂、江南陆军学堂附设铁路矿务学堂学习，1902年起到日本弘文学院、仙台医学专门学校等校留学7年，后弃医从文，介绍俄国、东欧的现代革命文学作品。参加光复会。回国后在绍兴、会稽等地中学任教。民国初年曾任教育部部员、社会教育司第一科科长等职，张勋复辟时辞职。1918年1月起参加《新青年》杂志编辑工作，发表第一部近代白话文小说《狂人日记》，开始用"鲁迅"笔名，成为新文化运动的战将。以后在北京大学、北京高等师范学校、厦门大学、中山大学等校任教，1927年起定居上海，任大学院特约著作员，以后创办和编辑《语丝》《奔流》等杂志，组织朝花社、创造社、太阳社、文学研究会等团体，参加上海左翼作家联盟。鲁迅作为新文化运动的旗手之一，作为文学家、思想家、教育家，他众多的作品，以其透彻的分析能力，鲜明的战斗立场，犀利的文笔，独特的文风，在近现代革命史上树起一面革命与战斗的旗帜，成为射向国民党反动统治的一把利剑。

杨杏佛，江西玉山人，1893年出生。辛亥革命前夕参加中国同盟会和反对清王朝的革命活动，不久赴美国康乃尔、哈佛大学留学。1918年回国后从事工科教学工作。大革命开始后到广州出任孙中山的秘书，孙中山逝世北京时任治丧筹备处总干事。以后任国民党上海执行部委员、上海政治分会委员、中央研究院总干事。杨杏佛和孙中山关系较好，在蒋介石叛变革命以后，能够站在革命阵营一边，不畏强暴，成为爱国民主的斗士。

史量才，上海青浦人，1878年出生。创办过上海女子蚕桑学校，后任江苏铁路公司董事、沪关清理处及松江盐务局主办等职，1912年与人合作购入《申报》股份，任总经理。以后向新闻和实业界发展，曾被上海同行推举为上海维持会会长、红十字会名誉会长、上海临时参议会议长等职。蒋介石开始实施法西斯反动统治后，史先生利用《申报》作为阵地，发表了许多揭露国民党腐败、特务可恶、百姓可怜的文章，因而被蒋介石所忌恨，很快成为特务暗杀的目标。

闻一多，湖北浠水人，1899年出生。14岁考入北京清华学校，在校期间文才出众，成为学校学生会刊物《清华》周刊总编辑和学校学生游艺社副社长。23岁毕业后又去美国芝加哥美术学院、科罗拉多大学美术系留学。1925年5月回国，先后任北京艺术专科学校教务长、著名诗人徐志摩主编的《晨报》

副刊编辑、上海吴淞国立政治大学训导长。北伐军占领上海后，任国民革命军总政治部艺术股股长、中央大学外文系主任、武汉大学文学院院长兼中文系主任、青岛大学文学院院长、清华大学中文系教授。闻一多教授在教育战线，支持学生爱国民主运动，创办民主政治。

李公朴，江苏扬州人，1902年出生。自小当学徒，因参加抵制日货运动被商店辞退。18岁时，进入镇江润州中学学习，第二年进入武昌文华大学附属高中学习，因为参加学生运动被开除；1924年进入上海沪江大学，次年加入国民党，参加同年发生的"五卅运动"，任上海学联工人科科长。1926年初南下广东，在国民革命军中任职。1927年创建全球通讯社，任社长。大革命失败后赴美国留学，1930年回国，从事新闻工作。1932年初，与邹韬奋一起创办《生活日报》。李公朴在新闻战线上，利用记者、编辑这一特殊的战斗岗位，与法西斯专政进行了殊死的搏斗。

张澜，四川南充人，1872年出生。曾到日本弘文书院留学，1904年间回国后在成都等地从事教育工作，立宪运动开始后积极参与，在保路运动中任川汉铁路股东会会长。辛亥革命时，张澜被推为国会众议院议员、加入进步党，袁世凯称帝时他辞职回乡，在南充宣布独立。后出任嘉陵道道尹、四川省长、成都大学校长，1930年间辞职。在此前后他已经成为爱国民主运动的主要创导者之一。

黄炎培，上海川沙人，1877年出生。南洋公学毕业，与蔡元培一起创办中国教育会，回到家乡开办公立小学，因为宣传推翻清王朝而被捕入狱，1903年出狱后赴日本，同盟会成立后在上海加入该会，江苏光复时任都督府教育司司长、江苏教育会会长。1917年5月与蔡元培一起倡议成立中华职业教育社，创办上海职业教育学校。以后任过中华教育改造社董事、上海申报馆设计部部长等职，1928年由上海圣约翰大学授予名誉博士学位。黄炎培在创导职业教育的同时，始终反对专制、独裁统治。

沈钧儒，浙江嘉兴人，1875年出生。1904年中进士，任刑部贵州司法部主事，次年到日本东京私立法政大学法政速成科留学。在立宪运动中任浙江省谘议局副议长，浙江光复后任都督府警察局局长、军政部教育司司长、浙江省教育会会长等职。孙中山南下护法时，作为国会非常会议议员，兼任护法军政府检察厅检察长。大革命时期，反对孙传芳统治东南，北伐军占领浙江时出任浙江临时省政府秘书长，蒋介石叛变革命时沈被捕后出狱，以后在上海从事律师业务，并任上海法科大学教务长。沈钧儒一直主张以法治国，对蒋介石和国民党的反动统治，深恶痛绝。

章伯均，安徽纵阳人，1895 年出生。武昌国立高等师范英语系毕业，毕业后任宣城师范学校校长，1922 年赴德国柏林大学哲学系留学，先后加入中国共产党和中国国民党。1926 年初回国后任中山大学文学院教授、国民革命军总部政治部宣传科长、农工部兵农联合委员会主席等职。南昌起义时，担任起义军总指挥部政治部副主任。起义失败后远走香港，脱离中共，1928 年与谭平山等人组织中华革命党，并加入国民党临时行动委员会，任中央宣传委员会主席。因为历史的原因，章伯均尽管脱离中共，也不赞成社会主义制度，但始终站在反对专制统治一边。

罗隆基，江西安福人，1896 年出生。曾获美国威斯康辛大学学士、哥伦比亚大学博士学位。1928 年回国后任《新月》杂志主编，与张君劢等组织再生社，1932 年间此组织改组为国家社会党。与此同时，罗隆基在一些大学中任教，并在北平、天津、上海等地的新闻媒体中任职。此人经常发表文章，为民权呐喊，为民众陈情。

邹韬奋，江西余江人，1895 年出生。1917 年考入南洋公学上院机电工程科，后又考入上海圣约翰大学三年级，1921 年毕业。以后编辑和主编过的刊物有《教育与职业》月刊、《职业教育业刊》《生活》月刊、《时事新报》副刊等。在新闻战线，邹韬奋是一位勇敢的战士，追求民主，追求民生，为中华民族的崛起辛勤奉献。

史良，江苏常州人，1900 年出生。1923 年考入上海法政大学，4 年后毕业，任南京政治工作人员养成所指导员，蒋介石叛变革命后以"中共嫌疑犯"的名义被捕入狱，经营救出狱后任江苏临时地方法院书记官。1931 年起在上海从事律师事务，达 20 年之久。从蒋介石叛变革命起，她就成为一名坚强的反对专制和法西斯统治的战士，为人民大众仗义执言。

胡愈之，浙江上虞人，1896 年出生。早年上学，1928 年间赴法国巴黎大学留学，同时作为《东方》杂志记者负责《巴黎通讯》。1931 年回国后，与邹韬奋一起主持《生活》周刊，创办《世界知识》杂志。作为著名记者，胡愈之能够坚持正义，主持公道，揭露黑暗政治和白色恐怖。

马叙伦，浙江余杭人，1884 年出生，早年求学，毕业于杭州养正书塾，以后以从教和写稿为职业，在两广师范学堂、杭州两级师范学堂、北京大学文科等学校教书。并任《大共和日报》总编，浙江印铸局局长，北京中等以上学校教职员会联合会、小学以上各校教职员会联合会、专科以上各校教职员代表联合会主席，浙江省教育厅厅长，教育部次长。"五卅惨案"爆发时任后援会主席。大革命时期，被国民党西山会议派选为第二届中央监察委员，不久南下任浙江省建设厅长，被孙传芳通缉，北伐军占领浙江后任民政厅厅长。以后任南京政府参事、教育部政务次长等职，1931 年间第四度出任北京大学教授。马叙伦尽管曾任职于蒋介石的南京政府，但很快与之决裂。

王昆仑，江苏无锡人，1902 年出生。毕业于北京大学哲学系，孙中山三回广州出任军政府大元帅后，追随前往广东，任黄埔军校潮州分校政治教官。蒋介石叛变革命后，正任国民革命军总部政治部秘书长的王昆仑辞职而去，开始投入反对国民党一党专制、蒋介石独裁的斗争，成为反对法西斯统治的战士。

施复亮，浙江金华人，1899 年出生。18 岁考入浙江省立第一师范学校，因在学生刊物《浙江新潮》周刊上发表反对封建伦理道德的《非孝》一文，被校方开除。21 岁的施复亮，来到上海，与陈独秀等人一起筹备成立共产主义小组，同年与沈定一等人在杭州成立浙江社会主义青年团，不久受陈独秀派遣，到日本负责东京共产主义小组。1922 年初回国，在同年 5 月的中国社会主义青年团第 1 次全国代表大会上，当选为团中央书记。1925 年到广东，任中山大学教授、黄埔军校政治教官、国民革命军教导师政治部主任。蒋介石叛变革命后，他公开发表《悲痛中的自由》一文，宣布脱离中国共产党，改行从教。施复亮虽然一时对革命前途悲观失望，但并没有停止与国民党极权政治的斗争。

章乃器，浙江青田人，1897 年出生。毕业于杭州浙江省立甲种商业学校，在杭州、上海、北京等地银行中任一般职务。1927 年 11 月创办《新评论》月刊，1929 年创办中国征信所，任董事长。章乃器作为银行界的闻人，经常在报刊上发表文章，批判国民党一党专制，批判特务恐怖，支持爱国民主运动，同情和支持中国共产党人的斗争事业。

沈雁冰，浙江桐乡人，1896 年出生。1913 年考入北京大学预科，1916 年毕业后进入商务印书馆编辑所，1920 年 11 月出任中国现代第一部《小说月报》主编。1921 年加入上海共产主义小组和中国共产党，也参加了中国国民党。大革命时期去广东，任国民党上海市党部执行委员、中央宣传部秘书、上海市党部宣传部长、《民国日报》总主笔，蒋介石发动政变后他遭到通缉，1928年赴日本，脱离中国共产党，1930年与鲁迅一起组织中国左翼作家联盟。他作为当代中国文豪之一，利用文学阵地和小说，深刻揭露了反动统治阶级的无耻和法西斯专制的恐怖。

许德珩，江西九江人，1890年出生。早年加入中国同盟会，参加过辛亥革命和倒袁运动。1915年考入北京大学，是新文化、新思想的积极拥护者，1919年参加了由一批早期马克思主义者组织的中国少年学会。五四运动的发源地在北京大学，北大内的主要学生组织是学生救国会，许德珩则是学生救国会的实际负责人之一。北大毕业后，赴法国巴黎大学留学获硕士学位。1926年回国后任中山大学教授、黄埔军校政治教官、国民革命军总部总政治部代理主任。大革命失败后，主要从事教育工作，先后任暨南大学、北京师范大学、北京大学等校教授与系主任。无论是北洋军阀黑暗统治时期，还是大革命时期，或是20世纪30年代初期的极权政治时期，许德珩从未放弃过追求中国强盛、追求民主政治的目标。

马寅初，浙江嵊县人，1882年出生。北洋大学毕业后赴美国耶鲁、哥伦比亚大学留学，获得经济学博士学位。1915年回国后任教于北京大学、东南大学、中央大学等校。作为经济学家，曾为南京政府服务，曾任浙江省政府委员兼财政委员会主任、全国禁烟委员会委员等职，此外还在1928年、1930年、1933年三次立法委员改选时获选。作为经济学家，他对南京政府以剥夺人民大众为目标的经济方针持强烈批评态度，对国民党的白色恐怖和特务横行表示强烈不满。

彭泽民，广东四会人，1877年出生。1902年去马来西亚谋生，1906年加入同盟会，并任吉隆坡支部书记。1915年9月孙中山任命他为中华革命党雪兰峨副支部长。1925年因为支持香港工人大罢工被当地政府驱逐出境。回广州后，任国民政府参事、国民党第二届中央执行委员兼海外部部长。南昌起义时，被推举为革命委员会委员，主持党务委员会工作。起义失败后，定居香港，1928年2月被国民党开除党籍和通缉，后参加国民党临时行动委员会。彭泽民，自大革命失败起，一直站在反对蒋介石专制独裁的第一线，与国民党政权势不两立。

朱蕴山，安徽六安人，1887年出生。光复会的骨干，曾因参加徐锡麟刺杀安徽巡捕恩铭被捕，在清廷杀害徐锡麟时陪斩，获释后参加中国同盟会，成为辛亥革命、倒袁、护法的活跃分子。大革命开始后，是国共合作的推动者，蒋介石叛变革命时他被开除党籍。中共举行南昌起义时，他参加了筹备工作和起义行动。失败后他即开始到上海从事反蒋斗争。

黄鼎臣，广东海丰人，1901年出生。1919年考取公费留学日本，但2年后才去日本医专学习，1928年毕业后又考入东京帝国大学附属医院学习，当时正值"济南惨案"发生，在东京的中国留学生组织反日大同盟，他被选为组织委员会主任委员，被日方逮捕后驱逐回国。回到上海后继续组织反日大同盟，出任组织委员会主任，不久被国民党当局逮捕，在狱中参加了中国共产党。1932年出狱，除行医外，全身心地投入爱国民主运动。

谭平山，广东高明人，1886年出生。早年加入中国同盟会，两广优级师范学校毕业后曾任广东省政府参事。1917年考入北京大学，参加马克思学说研究会，毕业后任教于广东高等师范学校，1921年参加中国共产党。在国共合作时期曾任国民党中央常务委员兼中央组织部部长、国民党中央政治会议主席成员、武汉政府农政部长和南昌起义革命委员会主席等职。大革命失败后，远走苏联，筹组中华革命党，后改组为中国国民党临时行动委员会，主张第三条道路。谭平山在蒋介石叛变革命后，是中共的同情和支持者，是爱国民主运动的活跃分子。

……

蒋介石公开"反共"、南京政府成立后，为进行阶级报复，多少大革命的参加者、国共合作的拥护者，多少工农运动积极分子，成为中国现代史上第1次白色恐怖的牺牲者，无数革命志士被关被害。

蒋介石建立南京政府后，从来没有停止过残害中国共产党人和进步人士的暴行。中原大战结束后，蒋介石在党内的统治地位得到进一步巩固，变本加厉，高举"反共"屠刀，在"武装围剿"红军的同时，通过了一批限制人民权利、进行政治压迫的反动律令，依靠新成立的党务和军事系统的特务机构，开始大规模肃清中共地下活动，对进步文化进行"围剿"，出现第2次白色恐怖高潮，法西斯的阴影笼罩着中国大地。现将蒋介石登台以来在文化上进行控制的主要法西斯行为，略举一二。

1927 年 7 月间，被列入国民党《中央查禁反动刊物表》的刊物、图书就达 173 种；

1928 年 5 月，郭沫若因为发表《请看今日之蒋介石》，结果被通缉，流亡日本；

1929 年中共成立文化工作委员会，在上海成立左翼作家联盟等进步团体，1930 年 9 月遭取缔，鲁迅等进步文化者被通缉；

1930 年 10 月，进步文化人士宗晖在南京被害；

12 月 25 日，国民党公布《出版法》，根据此法，1931 年间查禁的书刊达 280 种；

……

一场场屠杀，一个个革命先烈倒下，震惊了任何一个有良知的中国人：

"四一二反共政变"时，国民党当局在各地实施了灭绝人性的大屠杀，这一大屠杀根本没有停止过；

1929 年 8 月，中共革命家彭湃被害；1931 年 4 月 29 日，中共革命家恽代英被害；在那几年间，作为政治犯被害的中共优秀干部是最常见的新闻。

1931 年 1 月 18 日，中共领导阶层一部分反对王明教条主义者夺权的人，跟着罗章龙，违反党的纪律，自行成立临时中央机构，并在上海东方旅社召开重要干部会议，当天下午被国民党特务破坏，与会的 30 余人被捕。2 月 7 日，林育南、何孟雄、李求实、柔石、殷夫、胡也频、冯铿、伍仲文等在内的 23 人被杀害。尽管此事有人说是王明派告密，王明派说是罗章龙为扩大势力而告的密，说法不一，但中共保卫机关已经觉察东方旅社的联络点已经暴露，通知王明派控制的中共中央不宜再用此联络点，但王明派因为何孟雄等人与中央不一致、因而没有通知他们，导致惨案的发生。此案震动了海内外，其中李求实等 5 位年轻作家的被害，更是国民党进行"文化围剿"的一部分。

1931 年 11 月 29 日，邓演达被害。

……

军法从事、秘密处决，成为国民党的基本统治方式，毫无人权可言，法制成为儿戏。面对中国共产党人和爱国民主人士不断被逮捕、被杀害的情景，在中共的支持和指导下，一大批爱国民主运动人士开始行动起来，积极营救。但是在国民党的暴政面前，他们的行动很难奏效。如邓演达被逮捕后，宋庆龄曾

邓演达（右二）被捕后，宋庆龄（右三）曾全力营救却没有奏效。这是1928年他们在苏联高加索与友人的合影

亲自出面进行交涉，但敌不过南京当局的军法审判和秘密处决。一直不登蒋家门的宋庆龄首次登门面见蒋介石、要求释放邓演达时，蒋介石"平静地"告诉她来晚了，因为邓演达刚在南京城外被处决。如5位青年作家被捕后，上海、南京、北平等地文化、教育、艺术各界都行动起来，要求释放他们，但最后仍难免被害。这主要是政治因素决定的，蒋介石"反共"已成既定方针，中统和军统特务机构也以"红帽子"作为镇压人民反抗的惯用伎俩，任何反对法西斯专政的行为都以"共党嫌疑"被清算。因此要想争取基本人权，要想解救革命者，要想冲破"文化围剿"，只有发动尽可能多的进步力量，争取更多的有影响、有实力的名人参加，组织全国性的政治犯营救机构，组成最广泛的反对特务恐怖、反对法西斯专政的统一战线。而发动人民群众，组织全国性的组织机构，需要新闻界的支持，以扩大影响，造成反对专制反对特务恐怖的社会舆论压力。因此，在这一场爱国民主运动中，站在第一线的既有社会各界爱国之士，也有新闻媒体。

在组织争取人权、营救政治犯、反击"文化围剿"的斗争中，以宋庆龄、蔡元培、鲁迅、杨杏佛、史量才、邹韬奋等为代表的爱国民主斗士作出了决定性的贡献。

历史和政治就是如此不留情面。当自己的小妹成为蒋介石新夫人、开始充当南京政府反动统治的辩护士时，宋庆龄不但没有参加心爱的小妹妹美龄的婚礼，而且几乎就在宋美龄婚礼的同时远走他乡，前往欧洲，并在比利时举行的世界反帝同盟大会上当选为名誉主席。为透过国际宣传媒体向世界向国内宣传孙中山的"三民主义"和"三大政策"、反对蒋介石的篡权和"反共"行为做了许多工作。1929年5月间，因为参加孙中山安葬南京中山陵的仪式而回国。

在亲眼看见国民党内权力争吵、国内政治腐败、民主政治无从谈起后，又远走欧洲，1931 年 6 月回国。国内的政治现实教育了她，特别是在营救邓演达失败后，决心联合各界爱国民主人士，团结处于分散状态的民主斗士，组成全国性的政治机构。

历史常跟人开玩笑，蔡元培作为新文化运动的坚定支持者，曾经扶助过陈独秀、李大钊等中共领袖，北京大学在北洋军阀黑暗统治时期曾作为传播新文化新思想的重要阵地，也是五四运动的直接发源地，但他在国共合作的最后关头，竟然站到蒋介石一边，为国民党专制、蒋介石独裁捧场。为蒋介石"反共"开放绿灯的国民党中央监察委员会议清共提案通过时，蔡元培是参加者之一；在蒋介石组织自己的政府时，蔡元培是积极参与者；蒋介石进入训政时期，蔡元培是喝彩者。但是，也正是从蒋介石的以党领政的训政中，看到了国民党和蒋介石的反动。也从白色恐怖中，看到南京政府的法西斯真面目。这位学者大儒开始认真思考政治定位，毅然站到应该站到的立场上，成为南京政府的叛逆者。利用自己合法的身份，利用自己在政界和社会上的影响力，利用蒋介石口头上反复重申的"民主、革命"口号，为人民大众争权，为政治民主出力。

历史最能考验人，鲁迅自新文化运动开始，就站在反帝反封建的新文化运动的最前列，成为新文化运动的旗手。中国共产党成立后，马克思主义在中国得到更广泛的传播，鲁迅也开始接受社会主义新思潮，1926 年因为支持北京的学生运动，被北洋军阀当局通缉，被迫到厦门大学任教。蒋介石叛变革命后，鲁迅愤而辞去在广州中山大学的一切职务，到上海从事写作和理论研究工作。同时和中国共产党人的关系进一步密切，开始接受社会主义理论，完成了由进化论到阶级论的转变，开始成为马克思主义者。鲁迅一生写了近千万字，用自己的作品为人民说话，深刻地揭露出在反动统治阶级的腐败、虚伪、凶狠、残忍，控诉摆着人肉宴席、"吃人"的旧社会。在以保护人权、争取自由和民主为目的的社会运动中，自然而然成为令人民爱、让敌人狠的战士，这位当年新文化运动的旗手，当然成为反击"文化围剿"的先锋。

历史不可阻挡地向前发展，同样历史也按照社会的需要推出一波又一波志士仁人。就像在近现代史上，曾经推出过反对清王朝的革命党人，推出过反对北洋军阀的国民党人，推出过国共合作的支持者，推出过进行无产阶级革命的中国共产党人。因此，面对蒋介石独裁、国民党反动的现状，在以推翻蒋介石反动统治为目的的中国共产党人、以武装斗争的形式进行不屈不挠地奋斗的同时，一大批民主进步人士必然会站出来批判腐朽反动的南京政府，争取民主，保障民权，反对白色恐怖，反对特务统治，争取集会、结社、言论、出版自由。杨杏佛、史量才、杜重远、胡愈之、邹韬奋等人正是他们之中的优秀代表。

1932 年夏秋之交，宋庆龄、蔡元培、杨杏佛、鲁迅等人则开始就成立中国民权保障同盟一事，进行具体接触和筹备。12 月 17 日，筹备委员会发表宣言，宣布成立中国民权保障同盟，是为了释放国内政治犯，废除非法拘禁，禁止酷刑及杀戮；定期公布压迫民权的事实，以唤起社会公意；援助为争取言论、出版、集会、结社等自由权利的一切斗争。他们显然是为了保护已经被南京当局和特务们践踏殆尽的人权，为了制止对中国共产党人和其他进步人士的大逮捕、大屠杀。当然他们的目的很难完全实现，因为无论是蒋介石还是中统和军统，都不会对中共作出任何让步，更不会放松对中共的镇压行动，但是爱国民主人士不畏强暴，利用自己在国民党内和社会上的地位及影响力，树起了争取民主，保障民权，营救被国民党特务逮捕、关押的共产党人和其他爱国民主人士的旗帜。

他们不顾南京当局的"劝告"和特务们的"提醒"，不顾白色恐怖日趋严酷，于 1932 年 12 月 29 日在上海华安大厦举行记者招待会，宣布中国民权保障同盟正式成立。中国民权保障同盟设临时中央执行委员会，由宋庆龄、蔡元培、杨杏佛、林语堂、邹韬奋、伊罗生、胡愈之 7 人组成，宋庆龄为同盟会主席，蔡元培为副主席，杨杏佛为总干事。中国民权同盟会的成立，标志着争取民主、保障民权、营救以中国共产党人为主体的政治犯有了领导核心，为社会各界反对法西斯专制树起了一面旗帜。

1932 年 12 月 17 日，由杨杏佛出面，赶到北平，营救被国民党当局逮捕的许德珩、侯外庐、马哲民等教授，最后迫使南京方面不得不同意释放许德珩等人。

12 月 29 日，宋庆龄发表谈话，呼吁新闻界主持公道，及时报道营救政治犯的消息。自此开始，新闻媒体上经常出现民权同盟营救动态和民权同盟提供的特务抓人、杀人的消息，扩大了同盟的影响。

1933 年 1 月 17 日，在特务活动最多、革命志士相对集中的上海，中国民权保障同盟设立了分会，分会经过协商决定郁达夫、沈钧儒、洪保、吴迈、王造时、鲁迅等 7 人为执行委员。1 月 30 日北平也成立分会，分会经过协商决定胡适任主席，李济之任副主席，成舍我、陈博生、徐旭生等 9 人为执行委员。中国民权同盟成员大都为社会名流和学者、专家。民权同盟成立后，展开了一系列的活动。

1 月 21 日，江苏省主席顾祝同在秘密关押 5 个多月、未经审判的情况下，杀害了江苏省会镇江《江声日报》经理刘煜生；1 月 31 日，上海《时事新报》记者王慰三因为报道了芜湖汉奸张显如、田焰埔在街头行凶的消息而被害，顾祝同身为省主席不闻不问。这两条消息经中国民权同盟揭露见报后，社会大哗，2 月 1 日，民权同盟又在上海举行记者招待会，公布此事。最后蒋介石不得不把顾祝同调离现职。

1933 年 3 月 28 日，中共优秀干部罗登贤、廖承志、余文化、陈赓、谭园辅等人被国民党当局逮捕。4 月 1 日，宋庆龄发表《告中国人民书》，号召中国人民起来要求释放他们。蒋介石被迫释放了廖承志。为营救其他人，民权同盟组织了政治犯委员会，最后陈赓成功逃走，罗登贤等人英勇就义。

1933 年 5 月 14 日，青年女作家丁玲和潘梓年在上海因为叛徒出卖而被捕，同盟组织了蔡元培、杨杏佛等 38 名上海文艺界名人，联名致电南京政府，要救释放作家。并且还组织了"丁、潘营救委员会"。

同时，民权同盟负责人来到南京江苏第一监狱，探望已被关押近 2 年的国际红色工会远东分会秘书牛兰夫妇，并且联名担保，使牛兰夫妇得以保外就医。

华北事变发生后，民权同盟组织起国民御侮自救会，号召组织民众救亡运动；

……

蒋介石靠枪杆子夺得政权，维持统治更是寄希望于枪杆子，更为重要的是他也以为人民大众会惧怕枪杆子。蒋介石对中国民权同盟的活动，十分反感。他决不允许任何政团和个人干扰他的决策和"反共"方针，任何与他对抗的政治势力和个人都将成为镇压目标。

陈立夫、徐恩曾、戴笠被叫到了官邸，蒋介石要他们对中国民权同盟采取措施。离开蒋氏官邸，三名特务头子在各自的座车里，神采奕奕，在回味着蒋委员长的训示："那个什么同盟，现在越来越无法无天了，整天跟共产党搅在一起。民权，说到底是要我们给他们让权，那还要我们干什么？特工总部和特务处对此不闻不问，那还要你们干什么？"

陈立夫的地位毕竟要比徐恩曾、戴笠高一等，他悄声说："校长，不是不闻不问，而是闻了不敢问，投鼠忌器，孙夫人在那里，我们不好办。"

蒋介石毕竟老练得多，冷笑一声，慢条斯理地说："孙夫人是先总理的人，是内人的姐姐，你们谁也不要胡来！不然会置我于不仁不义之地。再则，留着孙夫人、蔡元培还可以向全世界证明，我们是民主的。不过，孙夫人自己也不自重，老跟本党过不去。我看这样吧，对孙夫人可吓不可杀，对蔡院长可批不可动，对其他人我就不管了。不过做得要漂亮一点，不要闹得满城风雨，又给他们抓住把柄。"

三位特务头子心领神会，心想受民权同盟气终于就要结束了。戴笠回到办公室，立即拿出了下属早就草拟的行动计划。行动计划定得很清楚，对宋庆龄、蔡元培这样的国际级名人只是进行恐吓，包括让南京、上海的国民党党部出面予以"提醒"，由特务寄恐吓信和子弹，这符合蒋介石的"可吓不可杀、可批不可动"的标准。对民权同盟的其他人可以下手，问题是向谁下手？戴笠盯着"杨杏佛"这个名字，这个名字他太熟悉了，因为从近期下属报上来的有关民权同盟的黑材料看，民权同盟的所有营救、集会、闹事活动几乎都有杨杏佛插手，他可以成为第一个打击的目标；并且因为他的影响大、地位高，治他还可以增加对其他民权分子的杀伤力。主意已定，戴笠流利地在计划上签上他的名字，并且在"杨杏佛"三个字上划了一个红勾。一个震惊全国的阴谋就这样决定了。

杨杏佛早知道与法西斯式的国民党特务斗的后果，对于特务们寄来的恐吓品的含意也十分清楚，只是为了营救被国民党当局逮捕和关押、甚至即将被杀害的有为之士意义重大，不能因为个人安危而退却，不能因为特务们的捣乱而终止。他自己是这样看的："人们，你苦黑暗吗？请你以身作烛，用自己膏血换来的，方是真正光明之福；同志们，我疲了！但不是不敢后退，与畏缩落伍的行尸做伴，还情愿和被创的战士在血泊中僵睡。"显然，杨杏佛先生已经把个人安危置之度外。

1933 年 6 月 18 日上午 8 时，杨杏佛带上儿子登上一辆篷盖车，离开中央研究院，准备去大西路换乘马匹去郊游。经过精心策划，早已埋伏在附近的赵理君、过得诚等特务，在亚尔培路口冲上前去，向汽车开枪。司机身中两枪后逃下车，杨杏佛听到枪声，本能地扑在儿子杨小佛的身上。当场杨杏佛身中 3 枪，杨小佛因为父亲的掩护右腿中弹，幸免于难。在巡捕追捕中，来不及接应，赵理君慌忙中将凶手过得诚击伤后逃走，过得诚自杀未死，后在医院急救中被特务处特务毒死。

杨杏佛被害，宋庆龄发表声明，表示她们非但没有被吓倒，反而使她们更坚决地斗争下去。鲁迅悲愤写诗道："岂有豪情似旧时，花开花落两由之；何期泪洒江南雨，又为斯民哭健儿。"郁达夫的诗写道："风雨江城夏似春，闭门天许作闲人。恩牛怨李成何事，生死无由问伯仁。"表达了决不妥协、不怕牺牲的决心。1933 年 6 月 20 日，在上海万国殡仪馆为杨杏佛举行入殓仪式，特务们散布还要暗杀其他人。但是宋庆龄、蔡元培等人毅然前往；鲁迅前往万国殡仪馆时，干脆没有带钥匙，表示不存幸存之心。远在江西的中国共产党人，没有忘记杨杏佛的贡献。中华苏维埃政府机关报《红色中华报》发表社论说：国民党法西斯"他们派遣特务暗杀杨杏佛，是企图以这种白色恐怖的手段，来镇压一切革命运动的发展。"

国民党当局和特务们通过暗杀手段破坏爱国民主运动的目标不可能实现，但是他们对革命者进行暗杀及其他镇压行动也不可能停止。

为增加白色恐怖的威慑力，蒋介石把第二个暗杀对象为史量才。按照他的如意算盘，暗杀杨杏佛，是为了教训民权同盟领导群体；暗杀史量才，则是为了教训为民权同盟活动推波助澜的新闻界，对日益"左"倾的文化界进行"围剿"。戴笠对公道正义、争取新闻自由的记者特别反感，在他看来如果没有新闻界的配合，民权同盟的活动只能在小范围内传播，因而也没有什么影响力；现在闹得沸沸扬扬，主要是因为新闻记者和报刊造成的。因此，把枪口对准了史量才。

史量才是上海《申报》总经理，《申报》当时成为国内最有影响的报纸之一，史量才当然也成为并不发达的新闻界的龙头老大。《申报》之所以影响大，是因为此报贴近现实，贴近生活。《申报》作为民族资产阶级代言人，在民族危机面前能够站在爱国立场上，呼吁全民行动起来进行抗战，间接批评蒋介石和南京政府的"不抵抗政策"。淞沪抗战开始后，史量才组织起上海地方维持会，并出任会长，支持 19 路军抗战。这在社会各界中引起了很大的共鸣。更为重要的是，《申报》不断批评时政，反对国民党蒋介石集团的军事"剿共"政策。此外，《申报》还是中国民权同盟的主要阵地，宋庆龄的宣言和文章大都在其他各报不敢刊登的情况下率先刊出，民权同盟许多揭露特务恐怖的消息大都是在《申报》上披露，许多进步人士批评时政的文章大都在《申报》上发表。1934 年 6、7 月间，中央大学师生因为当局积欠经费过多、段锡朋任校长不合适为名，发起学潮，行政院下令解散中央大学，逮捕学生 60 多人，《申报》如实报道了此事。蒋介石在听取了 CC 分子、教育部部长朱家骅和上海市教育局局长潘公展的建言后，指示戴笠暗杀史量才。

戴笠的特务才华主要集中在暗杀手无寸铁的爱国民主人士上。为防止事情暴露，防止像刺杀杨杏佛时出现的凶手难以逃脱的难看局面，特务处决定把刺杀行动安排在郊外进行，这样有利于凶手逃走。1934 年 11 月 13 日，史量才从杭州返回上海，在经过海宁县翁家埠附近时，遭到特务处赵理君等人狙击，史量才和儿子史咏赓当场牺牲。史量才被杀，蒋介石下令浙江省主席鲁涤平捉拿凶手，杭州当局也像模像样地进行了一番侦查，最后不了了之。

杨杏佛、史量才被杀，《申报》在高压下不得不放弃了以往的政治立场，向"休闲"转向。但是，更多的民主进步人士和人民大众从中认清了蒋介石的政治迫害和"文化围剿"的法西斯真面目。爱国民主运动的出现和发展，有力地配合了中共的武装反蒋斗争和城市地下斗争，宋庆龄、蔡元培那样有影响有地位的社会名流出面，利用合法的途径和特殊的方式，争取民心，反对暴政，成为瓦解国民党一党专制、蒋介石个人

蒋介石的特务不敢直接对宋庆龄（右一）下毒手，他们策划杀害了民权保障同盟的秘书长杨杏佛（左一）。这是 1932 年宋庆龄、杨杏佛与瑞士律师琼·文森特夫妇的合影

独裁的政治催化剂，蒋介石又为自己树立了一个新的政治对立面。

（二）新生活运动，老百姓的困惑

20世纪30年代，在南方江西曾兴起一场"新生活运动"。运动的发起者蒋介石和宋美龄对此抱有很大希望，可是事与愿违，凡是折腾人的"运动"，其结果往往与发起者的愿望相反，难免自生自灭。新生活运动是蒋介石在大陆时期发起的唯一的一场大规模的社会改造运动。这场运动，既是他权力稳固后的产物，也是他借助中国传统文化中的封建论理来巩固统治的一个措施。

运动的背景——"反共"专制

进入20世纪30年代，蒋介石已在巩固权力的斗争中取得了决定性的胜利，有精力和有可能来组织一场社会改造运动。

从他建立南京政府起，党内的政治对手和军事实力派就没有停止过倒蒋活动。特别是"二期北伐"完成、蒋介石名义上统一中国后，自李宗仁率领桂系第一个公开武力讨蒋后，倒蒋事件此起彼伏，南停北兴。因为只是争权夺利，内哄争吵，所以蒋介石软硬兼施，官禄收买为主，武力讨伐为辅，倒蒋派无一成就。1930年5月，倒蒋派组成第1次倒蒋大同盟。这一仗，对蒋介石来说是决定性的，因为自此役以后，政治倒蒋派活动依旧，军事上也有可以利用的力量，但已没有武装、军事对抗的实力，更不敢在战场上一比高低。1931年，倒蒋各派组成第2次倒蒋大同盟。此次事变结束后，尽管两广地区仍然处于半独立状态，但就国民党内来讲，倒蒋活动已接近临界点，开始走下坡路。蒋介石赢得倒蒋战争和压制倒蒋活动的胜利，巩固了蒋介石在党内的地位，开启了下一步"一人独裁"之路。蒋介石在党内的地位日益强化，为把这种"强

蒋介石在南昌各界新生活运动大会上讲话

"化"移植到社会，变成自己的统治基础，有必要进行一场社会化的改造运动。

南京政府内部一再发生政治倒蒋和军事倒蒋活动，对这类政治分赃，蒋介石并没有感到有多大的威胁。对他来说威胁最大的是：中国共产党的存在和1927年8月开始的武装反抗国民党反动统治的斗争。他需要"军事剿共"，也需要"文化围剿"和约束人们的行动。

中国共产党自在南昌打响反对国民党反动统治第一枪、走上井冈山、开展武装斗争起，经过短短数年，就在南、北方都建立起革命根据地，红军也已发展到十数万人，红军发展之快蒋介石没有想到。毛泽东、朱德、周恩来等为代表的中共第一代军事家，大多为土生土长、自学成才的军事人才，与他们作战的那些分别毕业于日本士官学校、保定军官学校、黄埔军校和陆军大学的国民党将领们，则显得如此笨拙和无能，红军将领素质之好蒋介石没有想到。红军虽说不足南京政府军队总数的十分之一，但其战斗力并非是官兵人数决定的，红军的战斗力之高非国民党军队所能比，红军素质之好蒋介石没有想到。正是因为蒋介石的"三个没想到"，他觉得在中国大地上结束红军的存在宜早不宜迟，同时更需要进行社会改造运动，对人民大众进行以中国封建传统文化为核心、代表国民党统治意志的思想和社会教育运动。

在国民党一党专制、蒋介石一人独裁日益强化，在中国共产党领导的反抗国民党反动统治的武装斗争蓬勃开展的总体背景下，在中共地下党的组织和领导下，主张社会进步和政治民主的爱国民主革命力量，也积极开展各种活动，利用文学、艺术、电影、戏剧、教育和学术活动等多种形式，抵制国民党文化特务和官方的御用文化，宣传马克思主义和进步思想，要求自由和人权，呼吁国民党停止种种侵犯民主和人民权利的行为。虽说当时中国革命进步的力量和正义的呼声远不能主导整个社会文化层面，但作为社会文化中富有生命力和中流砥柱的进步思想和文化，其作用和影响力是不能低估的。尽管蒋介石和南京政府采取高压手段压制进步舆论和进步文化，关押和屠杀进步人士，但思想领域和文化领域中的进步内容，不是靠高压手段和查封能够完全禁止的。因此，蒋介石决定在维持法西斯统治的同时，有必要针对进步思想文化，发动一场能在全国得到反响的文化范畴内的政治宣导运动。

蒋介石在以"力"服人、各路地方实力派臣服和接连进行"军事剿共"后，开始了自己统治的正规化进程，当然也把人们的行为准则、规范纳入执政范围。

南京政府自 1927 年 4 月建立，几年来就如何建立适合国民党专制和蒋介石独裁的管理方式已经摸索出一些经验，这就是依靠军队和警察、特工系统，对国家公务员和各类官员进行严密监视，对人民大众的思想和言论、集会等各种政治自由进行严格控制，对任何不符合国民党统治意志的理论和思潮进行严加防范，对任何影响到国民党统治和蒋介石权威的行为进行严厉镇压。就国家管理体系来讲，蒋介石也进行过一些努力，如对国家的税收、预算、财政制度进行过正规化的工作，对国家的教育和学校进行过一些调整和发展，对国家的经济进行过一些基础性和初步的建设，尽管这些努力大部分被国民党蒋介石集团的反动本性所抵消，也被腐败的国民党官场所埋没，但还是或多或少的开始了已经结束封建制度作为现代国家管理体系的正规化进程。在这种状况下，蒋介石决定加强对人民的管理，除了维持政治高压和经济剥削外，对人民的行为规范应制订出有效的制度和标准，以利于南京政府的统治。

新生活运动就是在如此背景下兴起的。

运动的内容——洋古结合

新生活运动源起于江西南昌。1933 年 9 月，南京政府由军事委员会委员长蒋介石亲自挂帅，出任总司令，指挥 100 万军队、200 架飞机。北路军总司令和前敌总指挥是顾祝同和陈诚，南路军总司令是当时正在闹半独立的陈济棠，西路军总司令是何键，后来增设的东路军总司令由蒋鼎文出任，其中担负主要进攻任务的是北路军。此次主要作战目标是位于赣南和闽西的中共中央机关所在地——中央革命根据地。蒋介石吸取前 4 次"围剿"的教训，唯恐部下作战不力，亲自上阵督战，设行营于南昌。

20 世纪 30 年代的江西，经济和文化比较落后，这在旧中国实属正常：现代工业几乎为零，文化教育异常落后，市政建设破败不堪。造成中国各地如此惨败景象的不是别人，最主要的责任者就是不顾民生民意、只顾权力权位的以前各任统治者和当时的统治者蒋介石。

如此落后和杂乱，从小生长在中国农村、熟悉国情的蒋介石并不感到吃惊，因为中国的落后由来已久，只是他也感到南昌实在是太破旧了一点，作为一国之君也觉得脸上无光。问题是此次他不是一人来到南昌，还有宋美龄。宋氏生长在十里洋场，自幼到美国留学，无论是当时还是在后来，都证明宋美龄在美国留学并没有学到什么专业知识，但无论是当时还是在后来，都可证明美国留学使得宋美龄洋化已到了非常严重的程度。宋和蒋结婚后也到过中国一些地方，在蒋介石前3次"围剿"南方红军时，宋美龄也时而到前线陪伴夫君。正如她向西方友人所称的那样："我一直跟着我丈夫在江西前线'围剿共匪'，我担任士兵慰问团的领导，尽心指导江西妇女慰问伤兵。……生活是艰苦的，但我很高兴，我的健康良好，能够坚持，这样我就能同他在一起，就能协助他。假如我静坐家中，等到中国真正实现和平，那么我们将长期无法团聚，所以我宁愿同他在一起。"宋美龄对当时南昌的破旧和杂乱，感想则和蒋介石不一样，按照西方贵族生活方式确定自己生活习惯、讲究服饰令外国富翁都吃惊的宋美龄，对南昌这一南方大都会的破旧感到相当意外。因此，她又重提过去已向蒋介石提过多次、但被蒋介石不以为然的建议：开展全国性的社会风气改造运动，向西方的生活方式学习。蒋介石如果再不计较南昌的落后和杂乱的话，或者为落后辩解的话，就会显得土气和麻木，为洋化夫人所笑话。再说，蒋介石在接连取得军事上压倒地方实力派、"围剿"中共方面则因利用中共内部的"左"倾错误已有进展、政治上限制汪精卫和胡汉民等非主流派成功之后，也想开展全国性的社会运动，既可宣扬蒋记思想和理论，也可在国内树起讲礼义讲道德的新榜样，在国际上改变自己只知打内战、不会搞建设的形象。

蒋介石马上显出比夫人更厌恶落后和更主张社会改革，当即指示："南昌市内污秽不堪，市容杂乱不堪。如此市风，何以为行营所在地？若让异域报道出去，不是丢尽了我们的脸面？自即日起，起草一个文件下达南昌所有机关、团体、商店、学校，必须整理内务，搞好清洁，改善环境，振奋精神。"

国民政府军事委员会委员长蒋介石的指示一到，南昌各级官员不敢怠慢，闻风而动，其态度之积极、工作之认真可想而知，立即在全市上下和周围地区行动起来，一时间南昌城内外到处都在进行表面的清扫垃圾、整顿市容、打理街面的工作。

1934年2月19日，南昌召开有数万人参加的市民大会。会址在科学馆附近的广场上，会议由蒋介石亲自主持，宣布新生活运动开始。会上蒋介石发表了《新生活运动之要义》的讲话，论述了新生活运动的精义就是要在礼义廉耻的统率下，做到整齐、清洁、简单、朴素、迅速、确实。他还介绍了自己从小所受到的严格训练，由此对照说在南昌街头看到的一般市民生活和少年在街上吸烟行为，认为这是不懂礼节，不讲清洁，而这又是国家不能进步、社会混乱频仍的根源。他认为要建立一个强大的现代化国家，最重要的是国民要有知识与道德，要恢复中国古圣先贤所提倡的道德。新时代的人，绝对不随地吐痰，或走路抽烟，蓬头散发，帽子歪戴，扣子不扣，拖着鞋子。新生活运动就是要针对这种旧生活，使之根本改变过来。

此外，他在另外的场合也说："今欲以优美之艺术易其粗野卑陋之品性，化其争、盗窃乞之行为，固有待于'礼义廉耻'之复张。然在此乱邪昏懦状态之下，社会秩序纷乱，邪说横行，人多沉迷陷溺，莫知所从，故施政施教，都如搏沙捕风，未易见效。若欲改善今日国民之生活，必自纠正乱邪昏懦、陷溺沉迷之风始。此新生活之所以今日立国救民唯一之要道也。"从中可以看出，蒋介石发动新生活运动并不是仅在新生活本身，而是赋予很深刻的政治含义；并不是一场单纯的社会风气和生活习性的改良运动，而是一场统治者发动、为统治者服务的政治运动。大会宣布的新生活口号和准则是："守规矩、尚清洁、明礼义、知廉耻、负责任、守纪律"，"整齐、清洁、简单、朴素、迅速、确实"。

大会还当场成立了"新生活运动促进总会"，会长由蒋介石担任，江西省主席熊式辉任主任干事，委员长行营参议阎宝航任书记。宋美龄后来任新生活运动促进会妇女指导委员会指导长。按规定，各地各级"新促会"由最高行政长官主持，由民政、教育、警察、军事等部门派出的高级官员组成。基层乡村由区保甲长、工商业由商业行会、学校由校长、公务员由机关主管、家庭妇女由妇女协会、军队由党部或政训处长负责。

如何开展新生活运动？蒋介石根据夫人和智囊的建议，提出一系列的部署，如整个运动分为"训查、设计、推行"三个阶段，先由"规矩"和"清洁"两项开始，要求"由自己做起，再及其次；由不费钱、不费时、不费力之事做起，再行其余；由机关团体及公共场所，如学校、公署、车站、码头、戏院、公园、会场等做起，再求之于全体的社会。"通过身教、口教配合于图画、文字、戏剧、电影，宣传新生活运动的要义。运动要分等比赛，奖优罚劣。从安排上看，可以说是头头是道。

新生活运动的内容可算为独辟蹊径，蒋介石在《新生活运动之主旨》中说，新生活运动"即求国民之生活合理化，而以中华民族固有之德性——礼义廉耻为基准也"。中心意思是把传统文化中的固有道德"礼义廉耻"贯彻到"食衣住行"四事之中，为待人、处事、持躬、接物的标准。

正如从历史和理论角度论述过新生活运动要义的《中华民国春秋》一书的作者在解释蒋介石、宋美龄的新生活运动准则时所说，"礼"是规规矩矩的态度，礼者理也。理在自然界谓之定律；在社会中，谓之于规律；在国家中，谓之于纪律。人之行为能以此"三律"为准绳，谓之于规矩；凡守规矩行为的表现，谓之规规矩矩的态度。何者为礼？"敬慕是主，守法循理，戒慎将事，和乞肃容，善与人处，孝亲敬长，克亲伦纪。"

"义"是正正当当的行为，义者宜也。宜即人之正当行为。依乎礼——即合乎自然定律、社会规律、与国家纪律者，谓之正当行为。行而不正当，或知其正当而不行，皆不得谓之义。何者为义？"一心济世，厚人薄己，不争权利，急公忘私，弗辞劳瘁，扶善除恶，以彰公理。"

"廉"是清清白白的辨别，廉者明也。能辨别是非称为"廉"。合乎礼义为是，反乎礼义为非。知其是而取之，知其非而舍之，此之谓清清白白的辨别。何者为廉？"既明且洁，严慎取予，操守有节，辨别是非，办排谬说，崇尚节约，宁死御侮。"

"耻"是切切实实的觉悟，耻者知也。即知有羞恶之心。己之行为若不合礼义与廉，而觉其可耻者，谓之羞。人之行为若不合礼义与廉，而觉其可耻者，谓之恶。惟羞恶之念，恒有过与不及之弊，故觉悟要在切实，有切实之羞，必力图上进；有切实之恶，必力行湔雪，此之谓切切实

　　　宋美龄对新生活运动抱有极大热情

实的觉悟。何以为耻？"心存羞恶，不屑卑污，尊重自处，不甘暴弃，力求进步，不图苟存，宁死御侮。"

因此，耻是行动之动机，廉是行为之向导，义是行为之履践，礼是行为之表现，四者相连贯，发于耻，明于廉，行于义，而行于礼，相辅相成，缺一不可。

否则礼无义则奸，礼无廉则侈，礼无耻则诌，这奸、侈、诌，皆似礼而非礼者也。

义无礼则犯，义无廉则滥，义无耻则妄，这犯、滥、妄，皆似义而非义者也。

廉无礼则伪，廉无义则吝，廉无耻则污，这伪、吝、污，皆似廉而非廉者也。

耻无礼则乱，耻无义则忿，耻无廉则丑，这乱、忿、丑，皆似有耻而无耻者也。是诚所谓"耻非所耻"，则耻荡然矣。

如果其礼为非礼之礼，义为不义之义，廉为无廉之廉，则"礼义廉耻"适足以济其奸犯伪乱者私而已。

那么"礼义廉耻"又是如何贯彻到"食衣住行"之中的呢？新生活运动的教义是这样说的：食衣住行可分为资料之获得，品质之选择与方式之运用三个方面。资料之获得，要合乎廉，廉者明也；品质之选择，要合乎义，义者宜也；方式之运用，应合乎礼，礼者理也。

蒋介石极力鼓吹"礼义廉耻"其目的，国民党当局说得更明了：

一是要让"礼义廉耻"反乎精野卑陋行为，使国民生活艺术化。现在社会所以猜忌、嫉妒、怨恨、倾轧者，皆遗忘古代"礼乐射御书数"六艺艺术陶养而生的病态表现，应以艺术治事接物，始能收整齐完善、利用厚生之宏效，而其要揵 莫过于格物致知、明辨本末，器求创造，术尚精微，能如是则精野、错乱、简陋、卑劣，诸目自除。

二是要让"礼义廉耻"反乎争盗窃乞行为，求国民生活生产化。中国之贫，由于生之寡，食之者众。凡不生而食者，其食之所资，不出于劫夺，必出于倚赖，而皆由于不知"礼义廉耻"为之也。故必须使生活生产化，而后勤以开源，俭以节流，知奢侈不逊之非礼，不劳而获之可耻。故救中国之贫困，弭中国之乱源，其道莫要于此。

三是要让"礼义廉耻"反乎乱邪昏懦行为,求国民生活军事化。国不能战,无以为国,广土众民,徒资寇盗,救国之方唯有尚武。方今赤匪充斥,内乱未已,版土日蹙,外侮频仍,帝国主义者与汉奸"赤匪",内外勾结,皆挟其全力,以压迫我民族,破坏我民族,破坏我国家。吾人欲救此危机,完成其"安内攘外"之目的,亦非准备全国国民之军事化,不足以图存。而军事化之前途,即在养成国民生活之整齐、清洁、简单、朴素、迅速、确实之习性,以求共同一致之守秩序、重组织、尽责任、尚纪律,而随时能为国家与民族,同仇敌忾,捐躯牺牲,尽忠报国也。

总之,蒋介石和对此特别热心的宋美龄,想通过提倡"礼义廉耻",以"礼"来约束人们的行为规范,以"义"来要求人们服从统治阶级的意志,以"廉"来限制人们对生活水准的要求,以"耻"来控制人们的思想言论。通过"礼"强化对人民大众的管制,通过"义"引导人民大众服从国民党的一党专制,通过"廉"要求人民大众接受超经济剥削,通过"耻"消磨人民大众的反抗意志,为蒋介石的"剿共政策"和专制统治服务。

新生活运动搞得最热闹的地方,也就是南昌。蒋介石说过:"我们现在先从南昌起,开始一种新生活运动,我们要使南昌所有的国民,个个都过着整齐朴实,一切能合乎礼义廉耻的新生活,所以做全国人民的模范。……我相信三个月后,南昌一定可以造成一种新风气,造成一个新南昌、新江西,半年以内风动全国,使全体国民的生活,都普遍的革新。"

大会开完,当局利用正在过寒假的学生,编成200多组,在南昌市设立13个宣传站,分发宣传品。由各机关、部队、学校、社团及各保甲分别召开座谈会。1934年3月11日又在公共体育场召开规模更大的市民大会,会后进行游行,以壮声势。

随着新生活运动的开展,不少让人耳目一新的口号四起,如"吐痰在地,在所禁忌;行路走动,安全第一;举止稳重,步伐整齐;走路靠边,上车莫挤;窗牖多开,通光能气;捕鼠灭蝇,习劳习逸;漱口刷牙,黎明即起;饮食养生,莫恣油腻;互救灾难,和洽邻里;端其视听,走路莫急;小孩清洁,零食勿给;厨房厕所,净扫仔细。"

同时,各种形式主义的运动方式也出现在街头:童子军在纠正路人歪戴的帽子和监视正在饭店用饭是否超过四菜一汤的食客;值勤队在处罚随地吐痰的人；化妆打扮和穿短袖短裤的女性被盖上"奇妆""异服"的印章；烫发和新式游泳衣被禁止。新促会的工作人员到处宣传、鼓励进行集体婚礼，简化葬礼，每日每人要洗三次手每周要洗一次澡，一时间热闹非凡。

继南昌之后，江西的九江、庐山和南浔铁路随之仿效，有些省市也有所表示，全国总共有 20 个省、4 个特别市设立新促会，有 1300 多个县也有此类组织。蒋介石还在 1934 年 5 月 25 日公布全国执行的《新生活运动纲要及新生活须知》。尽管南昌不到 3 个月就成为所谓的"模范市"，江西不到一年就成为所谓的"模范省"，可蒋介石"三个月造成一个新南昌、新江西，半年风动全国"的目标没有实现。

新生活运动很快自生自灭，出现这一结果并不奇怪。

一是新生活运动充满对人民的污蔑，因而也就找不准运动的方向。宋美龄曾以蒋介石的名义，在谈到新生活运动的必要性时，是这样看待中国人的："现在，绝大多数中国人的精神状态是浑浑噩噩，毫无生气。在行动中表现为好歹不识、是非不辨、公私不分。由此，我们的官员虚假伪善，贪婪腐败；我们的人民斗志涣散，对国家福利漠不关心；我们的青年颓废堕落，不负责任；我们的成年人则淫邪险恶，而又愚昧无知；有钱人纵欲放荡，花天酒地；而穷人则体弱污秽，潦倒于黑暗之中。所有这些导致政府的权威和纪律扫地以尽、荡然无存，终于引起社会动乱，使我们在天灾和外敌入侵面前束手无策，无能为力。"蒋介石、宋美龄作为南京政府的首脑，把人民当成群氓，认为大众愚昧无知、刁顽险恶，把统治集团完全同人民大众对立起来，与人民为敌，在这基础上产生的新生活运动也就失去了可行性。蒋、宋对官场的批判，讲得痛快，可没有查出官吏腐败、官场黑暗的由来。国民党政权的阶级本性和社会制度是官场弊病的病根所在。两人对富豪的揭露，也属事实，可两人难道没看到人剥削人制度的实质？难道没有看到少数人积聚财富的非正义性？难道没看到统治阶级自上而下的堕落？就拿宋美龄来说，花天酒地、奢侈豪华的程度非一般富人所能比。蒋、宋的话完全丧失国格和民族自尊心，根本不可能提出任何进步的政策，根本不可能提高社会生活的层次和文明程度，无论什么措施和运动也不会有所收获。

二是新生活运动也是蒋介石法西斯主义思想的通俗表现。他以人民为敌，把中国人说成是"毫无生气，颓废堕落"，因此他的新生活运动，实质上对人民思想、行动加以法西斯式的控制，以减轻中共对国民党统治带来的巨大冲击，限制人民大众的任何反抗行为，维护和巩固国民党的反动统治。他的"礼义廉耻"，成为人民大众思想上的牢笼、行动上的枷锁。而本应做到"礼义廉耻"的蒋介石、宋美龄及统治集团成员，却从未按新生活运动的准则去做，他们是在愚弄人民、限制人民，人民当然不会同意，新生活运动也就缺乏生命力。

三是新生活运动完全脱离当时的国情和人民的需要。该运动提倡的某些现代化的生活习惯也是有益的，如通光能气、捕鼠灭蝇、交通安全、注意卫生等，劳动人民在自己的生活中，已经掌握这些知识，当然由于文化水准低、经济落后，有些生活方式不够高度文明的要求。20 世纪 30 年代的中国，对占人口绝大多数的下层人民来说，最主要的是保持最起码的生存权，灾荒、饥饿、贫穷、落后、超经济的剥削时刻威胁着中国人民，宋美龄高谈的文明方式根本没有任何推行的经济基础和思想基础。当随着中国人民政治上做主人，经济文化上翻身，生活层次也就不断提高，精神文明和物质文明同步向上，这是在 20 世纪 40 年代末、在中共领导下才实现的。蒋、宋的新生活运动只是从中国的文化系统中找出一些维护统治阶级的统治秩序、窒息人民反抗的经学理论，再把从美国搬来的一些生活方式，加以糅合，可为古今中外大杂烩，基本脱离中国的实际。蒋、宋作为一国之君，不去解决人民生活中的难题，无视人民生存的起码条件，而是空议论生活方式的提升，岂不是本末倒置，最终只是美化国民党统治的一种手法，当然也就不会奏效。

四是新生活运动的具体推动者不得力也是失败的原因。在开展新生活运动的地区，虽说从中央到地方、甚至家庭妇女都归口管理，可各套班子形同虚设，只是向上应付，只有一些别有用心、希望走"夫人路线"的人为之奔忙。还有推行新生活运动的人本身无法达到"礼义廉耻"的标准，也不愿意做到"礼义廉耻"，这些推动、执行人员如此，又从何谈起深化新生活运动。最主要的是，如果真开展新生活运动，受"礼义廉耻"的限制和新生活运动准则约束的，如禁烟禁赌禁娼禁止浪费的对象，主要是达官贵人、土豪富绅、宪兵警察、恶霸流氓本人及戚友，而他们要么实权在手，要么财大气粗，要么称霸一方，明知故犯、执法犯法，新生活运动的准则无法限制他们，他们首先成为该运动无法突破的阻力。对于下层劳动人民，统治阶级只是把新生活运动当成惩治百姓、搜括民财的又一机会。这样，新生活运动一出场就是一场闹剧。

五是新生活运动的基本指导思想是反动的。宋美龄说："一个人只有进行脱胎换骨的改造，才能进入新生活。"正如这位"第一夫人"所说，要想解决新生活运动提出的问题，不是简单的生活方式的改变或提高层次，而是一场深刻的社会变革，也就是说要"进行脱胎换骨的改造"，并非抓几个生活方式不文明者，而是社会成员的思想改造和自我教育。要想达到精神文明的高境界，首先，就要推翻与人民利益相违背的社会制度，才能有新生活出现的可能，这一点宋美龄不会同意，也就无从谈起"脱胎换骨的改造"和进入新生活。其次，就要对国民党用来束缚和控制人民的思想、理论进行彻底批判，这样才能找到"进行脱胎换骨改造"的标准。改造的标准只能是人类的先进理论而非宋美龄的主张，这一点她也不会同意。最后，若论"进行脱胎换骨改造"，若论向"礼义廉耻"看齐，首当其冲应是当时众所周知的，剥夺劳动人民的统治集团和他们所代表的那个阶级，这一点宋美龄也不会同意。以上三个问题不解决，"新生活"从何而来？新生活从何而来没有解决又何从谈起进入新生活？"改造"没有标准又如何进行改造？应该进行改造的对象不思改造又怎能让他人"脱胎换骨"？中华民族发展史上的悲剧，就是整日想改造他人、自己不求自律的人多了一些。

新生活运动有两个意外的收获，一是使得"第一夫人"在全国出尽风头，雍容华贵的宋美龄终于不甘寂寞，为自己树碑立传，在国民党的政治生活中打上自己的烙印，南京城里的文武官员，对这位自1927年底与蒋介石结婚以来，在政治舞台上还不是过多露面的"第一夫人"有了新的认识，看到夫人的能量远不止"夫人"名分之内。新生活运动在当时受到高度赞扬，出现肯定的有国民党官员，也有西方人士，一时宋美龄声名鹊起，名扬四方，江西省也被南京政府列为"模范省"。作为宋美龄本人，也看到了新生活运动的局限性，有花无果，劳而无功，收效几无，至多是哗众取宠、招摇过市。官场和市面的赞扬，不是赞扬新生活运动，也不是新生活运动取得了什么值得赞扬的成绩，而是吹捧"第一夫人"，向"第一夫人"致敬效忠。作为"第一夫人"，此类事不能不干，否则不能扬名天下；此类事不能多干，否则形象难立，将会留下好大喜功、华而不实的责备。自此之后，宋美龄再也没有干过类似的事情，这也算是她的明智之处。

新生活运动最大的实惠是有助于改善南京政府在西方世界的形象，一个热衷于争权夺利、挑起内战的蒋介石，通过新生活运动和西方政客的距离大为缩短，似乎江西掀起的运动，表明蒋介石正在中国进行现代化改造，推进社会福利政策；似乎中国人民经过新生活运动就能一步跨入无忧无虑的新生活，套上民主和自由的光环。西方有些善良的人们，以此呼吁当局增加对蒋介石的援助，确实也是这样，美、英等国此后对中国政府的贷款和外交上的指导有所增加。蒋介石的目的达到，这是他之所以同意夫人推行从社会改造上讲是劳而无功的新生活运动的原因，也是宋美龄摸透西方人的思维方式和改变蒋介石形象的一个高招。当然，美英等国增加对南京方面的援助，并不全是新生活运动的推动，更主要的原因是蒋介石在1932年初结束广州"非常会议事件"后，统治地位基本稳固，开始把主要精力放在"剿共"上，这和西方封锁苏联、阻止共产主义赤化世界的"反共"政策是一致的，这才是援蒋的真正原因。此外，"九一八事变"以后，日本在华势力迅速扩大，直接威胁到西方在华利益，美欧等国想通过援助南京政府来限制日本在中国的扩张。再则，西方和蒋介石来往数年，双方了解加深，蒋介石比以前更加听话顺从，当"代理人"的奴性日渐增加，西方人报之于琼浆，以资鼓励。通过新生活运动，加深了西方大国与蒋介石的关系，这是新生活运动获得的第二个意外的收获。

（三）经济上搜刮，老百姓的贫困

蒋介石为首的国民党统治集团，与推行以阻碍政治变革和社会进步为实质的"反共路线"相一致的是，在经济上推行以剥夺人民、牺牲人民的经济利益为实质的经济路线。蒋介石的基本财经方针是对人民大众进行超经济的剥削。

蒋介石财经政策的基本目标，是为进行内战和维护统治阶级利益服务。在南京政府无度的行政支出和有限的经济建设之外，统治集团的奢侈消费也是一笔巨大支出；除行政费用、经济建设、奢侈消费之外，还有一个无底洞，即军费支出，南京政府的军费，到底有多少，恐怕不易找到确切的数字。内战规模不断扩大，造成军费急剧增加；军费急剧增加，造成南京政府的财政赤字不断攀升；财政赤字不断攀升，对南京政府的财政压力越来越大；财政压力越来越大，造成对民众的搜刮越来越多。

蒋介石兵败大陆，经济上决策失误是主要原因之一。因为蒋介石集团和南京政府出于本身利益的考虑，维持统治的稳定性，需要对民众实施剥夺政策；

而对民众的剥夺，必然就要引起民众的反抗，其中包括武装斗争；蒋介石为镇压人民大众的反抗，就要动用大规模的武装，进行"反共"内战；进行"反共"内战，就需要庞大的经济支援，巨额的军费开支就成为南京政府不可缓解的财政包袱，形成统治上的"经济黑洞"。所以这种"收"与"支"的恶性循环，把蒋介石的"反共"内战政策推向破产。经济剥削，是中国历史上历代农民起义的最基本也是最直接的原因，也是迫使人民大众起来反对蒋介石反动统治的主要原因。

垄断资本崛起——起家迅速

南京政府的财经大权，一直掌握在宋子文、孔祥熙及其亲信手中，这种情况直到国民党政权覆灭前夕才换马上阵。宋、孔主管财经，跟以前的北洋军阀时期比，要略高一筹；与接替宋、孔主管国民党财经的继任者比，要技高一筹；当然从历史发展角度来论，宋、孔主管南京政府财经则以牺牲民众利益为前提，最后则把国民党政权送上绝命途。

决策成员

宋子文，海南文昌人，1893年1月27日出生在上海。他作为宋耀如的长子，前有两位姐姐宋蔼龄、宋庆龄，后有妹妹宋美龄，两个弟弟宋子良、宋子安。辛亥革命前夕，前往美国哈佛大学留学，1915年获得经济学硕士学位，1917年获得哥伦比亚大学经济博士学位。在经济方面，宋子文可以说是满腹经纶，学富五车。无论搞经济理论研究，还是搞经济管理或领导经济，所需的学识和理论均已具备。特别是在20世纪初期，这样的经济人才更是难得。美中不足的是，宋子文想回国一展宏图，可他并不了解中国，对中国国情知之甚少；所学的使资本主义成功发展起来的经济理论，严重脱离半殖民地半封建中国的现实。所以他后来主管南京政府的财政后，其决策和政策不是行不通，就是遭受统治集团内部的反对，对广大劳动人民来说更无什么益处。但有一点很成功，他丰富

身兼数项重要职务的宋子文

的经济理论知识，为他的富有和国家垄断资本的形成创造了条件。

宋子文在获得博士学位回国后，已有了两位姐夫：宋蔼龄于1914年春和孔祥熙结婚、次年10月25日宋庆龄和孙中山结婚。这两位姐夫以及他们和蒋介石的关系，决定了宋子文将有不同于一般学人的政治前途。宋子文回国后的前5年是经商，没有什么成就。1923年1月，孙中山在广州建立政权，宋子文来到大元帅府任职，出任总理秘书、税务局长。第一个任务是筹建广州大元帅府自己的银行——中央银行，兼任副行长。中央银行解决在创办黄埔军校、组建军队以及维持南方革命政府运转所需的经费方面，起到了很大的作用。1924年中央银行正式成立时，31岁的宋子文已是行长。宋子文的第二个任务是扩大财政收入，根据他的增税措施和管制，岁入增加很快，1924年时广州革命政府岁入为800万大洋，到1926年即增加为8000万银圆，有效地解决了北伐的主要经费问题。国民政府成立时，出任财政部长。"中山舰事件"后，在蒋介石主持的领导班子大调整中，宋子文兼职有军事委员会常委、国民政府常委、第二届中央执行委员、中央党部商业部部长。在"四一二'反共'政变"时，在宁汉合流过程中，蒋介石能够放心行事，能够辞职后又上台，主要跟宋子文掌握国民党的财经命脉有关。在此期间，宋子文劝说母亲和宋家主要成员，接受蒋介石为宋家的小女婿。从此，在当时和在现代史上被一再提到的"四大家族"正式形成。而在四个政治大家族中，起主导作用的是宋家，宋家把蒋介石、孔祥熙、宋子文连在一起；陈果夫、陈立夫通过蒋介石成为四大家族成员；而蒋孔宋又都是通过宋家宋庆龄的婚姻，成为孙中山的亲戚，给他们增添了孙中山的光环。

1928年初，宋子文再次出任财政部长。10月国民党进入训政时期，改组中央政府为"五院制"，他继续连任财政部长兼"中央银行"总裁。此外他还兼有全国国防会议、外交委员会、黄河水利委员会等十数个政府委员会的委员。在国民党"三全"上，他当选为第三届中央执行委员、中央政治会议委员。1930年1月兼任国民政府委员和行政院副院长，1932年8月兼任代理行政院长。到1933年3月、4月、10月间，因为他和妹夫蒋介石的冲突越来越大，他的代理行政院长、中央银行总裁、行政院副院长和财政部长职分别被免去，其中后3个职务，由他的大姐夫孔祥熙取代，宋子文自己转任有职无权的全国经济委员会主席。此时，宋子文已经帮助蒋介石主管财经6年之久。这6年间，宋子文的工作，主要是在蒋介石压服党内反对派和地方实力派、组织蒋家天下、独裁南京政府的同时，建立起适应蒋介石统治的财政金融体系，建立起国家垄断官僚资本。在宋子文主管财经的 10 年间，前 4 年应该说比较成功，主要是因为广州革命政府的性质决定的，他是在为革命阵营服务，得到工商界和民众的支持；后 6 年应该说政府财经不正常，这里面固然有宋子文的财经才能和管理能力，他比较适合于主管一省或几省地区，不具备主管一国之财政。更为主要的是，他是在为反动统治尽力，在剥夺人民大众的同时，把国库和特权当成官商财团敛财、"宋家王朝"发财、扩充官僚资本的捷径，这就造成了他主管财经不顺的原因所在。

继宋子文主管南京政府财政的是孔祥熙。孔祥熙，山西太谷人，1880 年 9 月 11 日出生。不管远近，此人为孔子的后代，不过他对儒教的兴趣不大，从 9 岁起对基督教就有着特殊的爱好，正是因为他对基督教的爱好，使他在 20 岁时有幸认识了前往山西处理教案的外国代表李提摩太和李鸿章。1901 年在他们的推荐下，得以前往美国俄亥俄州欧柏林大学留学；也成为后来他接近宋家，成为宋家的大女婿，进而进入国民党核心圈的主要因素。孔祥熙于 1907 年获得理化硕士学位后回国，出任铭贤学堂校长。1910 年他的原配夫人因患肺结核不幸去世，经传教士介绍，孔祥熙接受中华基督教全国协会的邀请，来到东京担任中华留日基督教青年会总干事，认识了从事基督教青年会事务的宋耀如和女儿蔼龄。此时宋耀如是孙中山的追随者，在当时极为稀罕的女性留美学生宋蔼龄则是孙中山的英文秘书，1914 年春孔祥熙和宋蔼龄在日本横滨结婚，孔祥熙也活跃在孙中山身边。孔祥熙结婚后，曾在山西阎锡山处和北洋政府中任过一些职务。大革命开始后，孔祥熙根据孙中山的指示，来到西北军中活动，游说冯玉祥加入南方革命阵营。

孙中山逝世北京时，孔祥熙为治丧处主任。1926 年底，他来到广州，由已经掌握实权的蒋介石任命为广东省财政厅厅长兼后方财政部务。在四大家族集团成员中，陈果夫进入广州后任的第一个职务是中央组织部代理部长，陈立夫进入广州后任的第一个职务是黄埔军校校长办公室机要秘书和中央党部调查科科长，宋子文进入广州后任的第一个职务是总理秘书兼税务局长、中央银行副行长，孔祥熙只是省财政厅长，虽说暂时低一些，但不影响政治上的发展。不出一年在国民党召开的二届四中全会上，升任工商部长、国府委员；再过一年

帮助蒋介石用银弹收买地方实力派的
孔祥熙

余，进入国民党中央执行委员会；又一年改任实业部长；到1933年则取代宋子文独掌南京政府的财政大权。在南京政府成立后的6年间，孔祥熙先后出任工商部长、实业部长，因为当时正处于新军阀混战高峰期，发展经济建设本身不是南京政府的工作重点，国民党政权有钱打内战无钱搞建设，工商部和实业部业务不多，因此孔祥熙在支持宋子文整顿财经秩序和扩大财政来源的同时，主要是为收买倒蒋势力，四处奔走。孔部长的银弹击中不少地方实力派的主将，大大缩短蒋介石收编起兵作乱的旧军阀的周期，减少"军事围剿"的难度。从1933年起，他为维持和巩固蒋介石的统治，完善了宋子文开始的建立现代财经管理体制的工作，建立全国银行网络，通过发行钞票、增加赋税收入、经销公债、举借外债、垄断军火贸易、吞并民族资本等手法，积累资本，使得官僚资本在短期内迅速膨胀起来。

孔祥熙可以说是有雄才无主见，故在政务中无所创新只是盲从蒋介石；有大略无魄力，故政务中只能是修修补补；无主见无魄力之下管理尚可，解决难题、应付危局则显得不足。有官念无廉洁，官念很强，权欲极盛，官高权重，可无当清官、好官之基本条件，无廉洁无清正；有财富无仁慈，以权谋私，为富不仁，牟取暴利；无廉洁无仁慈之下，视国为家，视民众为奴隶，视天下财富为家族私产。孔祥熙对不起民众，民众当然也就不能容忍孔祥熙及同类人，孔祥熙也就谈不上成功，连同所效劳的党、国不可避免地走向垮台。至于把宋子文、孔祥熙相比，从主管财经工作所需的专业知识、才能来说，理论上宋高于孔，实际操作上孔高于宋。两人要高于大陆时期其他财经官员，可两人均差于台湾时期的财经官员。

在南京政府的经济活动中，还有一个人起着十分重要的作用，他就是陈果夫。陈果夫早年经商，财源茂盛，银圆滚滚而来。那是在1918年，陈果夫离开家乡，来到上海谋生，利用打工中学到的金融知识，自己做生意。在1920

年秋，他开始参与国民党的财经工作，担任"茂新"公司的经理，事情并不顺利，开市大亏，登记为 3000 元资本的茂新号出手第一天就亏损 1700 元。不过，陈果夫经于此道，经营有方，很快扭亏为盈，茂新号的名声逐渐大起来，不久又开一家"鼎新号"。上海滩上的经历，既使得蒋介石和陈果夫的交情进一步加深，也使得陈果夫在国民党上层圈内留下了"银行家"的美称，以善于经商、理财闻名。因此，尽管陈果夫主要任职党政系统，但他对南京政府财经决策很有发言权，被人称为"不在职的财政部长"。

宁汉合流以后，蒋介石在财经领域的主要任务是建立与法西斯专制统治相适应的财政金融体系，建立和扩充官僚垄断资本，密切与大财团大企业大银行的关系。

经济决策

为贯彻蒋介石的政治理念和施政纲领，宋子文、孔祥熙等经济决策者的主要决策如下：

一是建立由国家垄断资本和孔宋直接控制的全国银行系统。1928 年 10 月 15 日，南京方面宣布改组中央银行，宋子文任总裁；为适应国民党政权已由广东一地扩为名义上的全国这一转变，拨出 2 千万元金融公债作为资本；中央银行的职权为铸发国币、发行兑换券、经理国库、募集公债和存放款。这样使得中央银行取得了在全国银行界的独占地位，成为官僚资本、孔宋及其亲信最重要的金融活动基地。

中央银行为改变政府官办银行在全国银行中的不利地位，开始半靠特权半靠入股、半靠政治高压半靠经济手段吞并其他银行的工作。首先是看准原来北洋政府的两大金融支柱"中国银行"和"交通银行"，先是强行命令二行的总管理处和总行由北平迁上海，这样便于控制。再向中国银行强行加入官股 500 万元、强行加入交通银行 200 万元，取得了一定的股权。到 1928 年 10 月 26 日和 11 月 26 日，分别公布中国银行、交通银行条例，规定中国银行以经理汇兑国际货币为主要业务，并有权发行兑换券和钞票、经营存放及协助进出口等。交通银行则负责建设、工商贷款及一般业务。开始把两行纳入南京政府的金融轨道。由于官股在中国银行中只占五分之一，在交通银行中只占十分之一，南京政府和宋子文无法主宰两行的一切。直到 1935 年间，南京政府发行 1 亿元金融公债，其中 2500 万作为官股加入中国银行，官股超出私股 500 万元，中国银行当然归官僚资本集团所有，宋子文当上中国银行董事长。同时，宋子文和蒋介石又拨出 1000 万元作为官股加入交通银行，官股占 55%，交通银行也落入南京政府手中。

由宋子文、孔祥熙出面策划成立的第四个银行是"农民银行"。农民银行始建于 1928 年 7 月，在陈果夫等人的支持下，由江、浙两省政府先后创办。1933 年 4 月鄂豫皖"剿共"总司令部在武汉成立"四省农民银行"，1935 年改组为中国农民银行，负责对农村输出中、短期贷款。在南京政府的金融体系中，宋子文还特设两个金融机构，即"邮政储金汇业局""中央信托局"。中央银行、中国银行、交通银行、农民银行和邮储局、信托局成为官僚资本的六大支柱银行，垄断全国金融。

宋子文、孔祥熙以及陈果夫等人为强化官僚资本的地位，就像吞并中银、交行那样，又夺取了在民族资本中很有影响的"小四行（新华、通商、四明、实业银行）""北四行（金城、盐业、中南、大陆银行）""南三行（上海、浙江实业、浙江兴业）"。1936 年 11 月，在两广事变的善后过程中，宋子文又利用增资入股的手段，控制了这一在华南很有影响、实力雄厚的广东银行。

蒋介石十分欣赏宋子文、孔祥熙、陈果夫等人的行为，对他们能够在短期内迅速建立起颇具规模的官僚资本感到分外满意，这为他的政治、军事行动提供了不可缺少的经济基础。

南京政府以"四行二局"为纲，配合夺取来的地方银行，建立起完整的银行业务网络。"网"的收与放、紧与松，控制在官僚资本手中，主要由宋子文、孔祥熙、陈果夫实施。事实上如宋、孔、陈等人经营一家大银行，能力略显有余，可经营全国财政金融，能力则显不足；他们经营纯银行业务的才干有余，可经营全国的信贷、平衡预算、建设投资的选定和进行，确定生产的规模和积累的比例，确定积累和消费的比例，平抑物价的才干则明显不足。

二是扩大官僚资本。宋子文、孔祥熙等为建立国民党的财政金融体系起到了关键的作用，同时为建立官僚资本也出力甚多。他们专攻经济出身，从取得的"成就"论，对所学专业中如何赚取高额利润的知识要比全国经济管理学得更好一些，颇有华尔街股票贩子的功夫。官僚资本的形成、膨胀，与他们有密切关系。蒋介石建立政权后，官僚垄断资本及孔宋等大财团，之所以能在短短的 22 年间积聚起高达数百亿美元的财产，跟宋子文、孔祥熙在任期间的努力是分不开的。

被中共主席毛泽东称之为"垄断了全国的经济命脉","和国民党政权结合在一起，成为国家垄断资本主义"的官僚资垄断资本，他们的巨额财富是直接运用政治权力以超经济的掠夺方式积聚起来的，而国民党反动派长期进行的"反共"内战，一方面军费成为南京政府的沉重经济负担，另一方面也成为搜刮民财的极好机会，所以对于官僚资本迅速膨胀具有特别重大的作用。

南京政府面临的经济压力来自两方面，一方面是如何筹集巨额军费；另一方面是如何迅速扩大官僚资本。如果南京政府有相应的实力，那么两大财经难题不难解决，可中国并非如此，国力贫弱不说，蒋介石还不重视经济建设。经济建设到1934年左右才正式列入国家预算。当年经济建设的投资额只是当年军费支出的六分之一强，到1936年经建开支也只是同年军费开支的三分之一。如此投资，增加综合国力要待何年？为解决军费和增加官僚资本的财富，在蒋介石的指导下，南京政府内的孔宋集团的具体政策、做法很多。

"发行钞票"。用增发通货的方法达到增加财政收入的目的，是不少财经决策者所采用的办法。可增发货币是和通货膨胀、币值下跌连在一起的，是和下一次更大的经济危机连在一起的。多发货币不会给财政带来过多的利益，只会带来压力。增发货币的办法不能不用，不能常用，宋子文这位讲究收支平衡的经济管理学家，对货币发行还是有所控制的，货币发行量一直处于经济状况可以接受的程度。但这只是暂时现象，到抗战前夕则开始出现失控，发行不过几年的法币则开始进入贬值期。

"发行公债"。发行公债是宋子文之流建立官僚资本、搜刮军费的重要手段之一。从1927年到1934年间，南京政府共发行公债14.61亿，7年间的发行量达2年的政府财政净收入。高额内债用于内战军费的部分高达86%，统治集团如此热心发行内债，既能满足开支浩繁的军需，又能带来巨额利润。承销公债而得利的主要是银行，而"中、中、交、农"四行又是承销公债的垄断者，一般专卖每期公债的一半左右。按照惯例，承销公债的折扣是五六折，还本付息时则按票面全额计算，因此除去手续费、劳务费等支出，承销者能获纯利三成到四成之间。7年间的内债，南京政府实得8.09亿元，以"四行"为主的承销者获利达6.52亿元，如果加上票面利息，数字更为惊人。蒋介石集团和南京政府，重用的这批经济决策者，却是一批窃油硕鼠之辈，吃里爬外之徒。政府财政开支紧张才举债度日，可借债的利益不在政府，却被官僚资本集团名正言顺地夺走，这样的政权岂能存在？岂有不败之理？要论官倒的话，宋子文、孔祥熙等人实乃是中国之大官倒，上过洋务派，下过投机商。

"举借外债"。借外债和借内债一样成为蒋介石、宋子文等建立官僚资本的重要手段。由于蒋介石执政不久，西方对这位新的代理人是否合格有待观察，因此在贷款、援助上较为吝啬，宋家成员为改善蒋介石在国际上的形象做过努力。宋子文任财政部长的 6 年间，主要是美国出面给蒋介石一点恩赐。1931 年提供"救灾棉麦借款"900 万美元，1933 年提供"棉麦大借款"5000 万美元、"航空借款"4000 万美元，合中国货币 4.06 亿元。美援数目不算大，可对当时急需解燃眉之急、釜底抽薪的蒋介石、南京政府来说其重要性可想而知，更主要的是让蒋介石、宋子文等财政决策者尝到了外援的甜头，以后为获取美援而不惜丧失国格人格。

"垄断军火贸易"。蒋介石喜好内战，内战需要大量军费，军费中相当一部分用来购买洋武器，当时购买军火是中国外贸中最大的经济活动。1930 年到1934 年间，平均每年输入军火达 2100 万美元。其中在 1931 年春，孔祥熙出使欧美，一次向德国购买军火达 2500 万美元；在 1936 年间，向美国赖特公司购买飞机 120 架及相应零部件和设备。按照国际军火市场的惯例，经营武器的回扣和佣金很高，有的高达四成。南京政府的对外军火贸易理所当然由官僚垄断资本控制，特别是宋子文、孔祥熙负责，这项巨额佣金当然也就落入官僚资本手中。

"吞并民族资本"。此举作为官僚资本工业发展的主要途径。南京政府的官营企业除兴建一小部分外，主要有以下几种手段获取："没收"，把北洋军阀的官营企业和在大型企业中的"官股"照担全收；"接管债户"，当企业无力偿还国家官僚资本控制的各家银行债务时，官方则出面接管该企业；"入股"，向效益好的企业强行加入"官股"，取得对民族工业的控制权；"改组"，利用国家权力对有关企业的经营方式、原材料供应、产品销路强加干涉，以达到控制该企业的目的。到宋子文辞去财政部长时，国民党的官营企业，已从一无所有发展到占全国企业的 10% 以上。

事实告诉天下，国家官僚垄断资本是半殖民地半封建社会特有的畸形产物，一出现就和国家政权结合在一起，采取国家资本的形式，充当外国资本的买办和附庸。由于受所处社会形态的限制，又带有浓厚的封建性，剥削方式是利用国家政权的主宰权和对外经济活动的垄断权，以半封建的超经济掠夺为主。他们日常从事的经济活动，缺乏实业基础和生产资本，大部分是进行商业投机。这些都是包括宋子文、孔祥熙等曾到西方专攻经济理论和管理、又有实际经商经验的南京政府的财经主管队伍，为何把中国经济越搞越糟、社会越搞越乱、物价越搞越高、民生越来越苦、百姓越来越穷、国家越来越弱的原因所在。

决策冲突

在 20 世纪 30 年代前期，国民党蒋介石集团内部就经济决策问题出现重大分歧。

以宋子文为首的财经决策班子，在建立官僚资本银行的同时，着手建立财经制度。作为在世界经济学前沿阵地、美国著名学府学习归来的宋子文等人，在进入训政时期后，提出了实行国家预算制度、审计制度的主张，这是宋子文采用西方现代国家经济管理理论和实行现代国家财经管理的杰作。

在西方国家早已习以为常的国家预算、审计制度，在中国来说是个新鲜事物，中国历代统治者对此不感兴趣。国君金口玉言，一言九鼎；统治阶级可以为所欲为，花费无度，怎么会受"预算"的限制，自己捆住自己的手脚。直至清末、北洋军阀均为如此，不会自我设限，进行自我限制。

南京政府建立后，宋子文等人对美欧等国实施的预算制颇有好感，故而信奉国家管理必须实施预算制，必须做到收支平衡。再则，南京方面已和世界市场有所联系，不搞"预算制、审计制"，西方以外援实施无保证为名拒绝提供借款。作为财政部长和中央银行总裁的宋子文，从国家管理正规化、制度化、法治化的角度出发，非常认真地搞起国家预算来，作为管理国民经济、做到收支平衡的工具和手段。

蒋介石对此漠不关心，时冷时热，故 4 年过去仍无结果。宋子文凭着国舅地位和脾气，再三进谏，再三坚持，直到 1931 年才算有了独立的国家预算机构——主计处。次年 9 月 24 日颁布《预算法》，预算体制确立，在要不要国家预算上蒋介石总算首肯宋子文的主张。

同意建立预算制度和审计制度是一回事，执行起来又是另一回事，蒋介石和宋子文就严格执行预算制度发生激烈冲突。宋子文对整个政府预算偏重于军费大为不满，例如 1929 年度预算总支出为 6.19 亿元，军费达 2.66 亿元，行政费用为 1.46 亿元，经济建设分文不支，当年赤字约 8000 万元。1933 年度支出为 8.28 亿元，军费支出高达 4.16 亿元，行政费用为 1.71 亿元，经济建设还是分文不支，当年赤字更大。显然，军费支出过高是打破宋子文收支平衡、财政支出严重不均的主要原因。即使再蹩脚的经济学家，对此国家预算收支状况也会感到不正常，何况宋子文还是美国哈佛大学培养出来的经济学博士，对此不会没有看法。一是对国家预算中的各项支出比例不适合屡次向蒋介石进言，要求限制军费比重的上升；二是对蒋介石不尊重和任意修改预算、军费高于一切的主张不满。

在蒋介石看来，宋子文简直是幼稚可笑。现在是训政时期，军事上既要对付红军，又要对付地方实力派，军费当然是重点保护的支出。由于"反共"内战、军阀混战不断，无法估计作战的大小多少，又怎能正确预算军费所需数目？故对军费只有采取按需分配、实报实销的办法。宋子文确实可笑，他主张限制军费，可不主张停止"反共"内战和军阀混战；蒋介石发给军队的薪饷、军需本来就不足，促使军队内部喝兵血风气盛行，对外则抢劫老百姓财物，如果宋子文再削减军费，军队内的贪污和危害百姓的罪行将会更多。宋子文真想减少军费，平衡开支，只有力劝蒋介石停止内战。但他又从政治上巩固国民党反动统治出发，不愿也不能这样做。

蒋介石对他在使用国库时受宋子文的牵制，（仅在"军费"一项上受宋干预，即使在"军费"问题上，宋子文已尽最大努力予以支持、军费所占比例已大到国力无法承受的程度）颇为不满，南京政府到底是谁的天下？谁在当家？为警告宋子文不要干涉太多，则于 1933 年 4 月免去代理行政院长职务，4 月免去至关重要的中央银行总裁职务，这实际上是一种信号，宋要么让步，要么继续丢乌纱帽。

蒋介石已经准备把宋子文换下台，为安慰宋子文，还特意让他去华盛顿参加世界经济讨论会。5 月 8 日，即到达美国的第三天，宋子文就与刚上台不久的美国总统罗斯福会谈。当时美国正急于为剩余农产品寻找销路，罗斯福表示愿意向中国提供援助，以购买美国的农产品；并同意提高银价，以增强中国偿还能力。6 月 4 日，宋子文向南京方面通报，美国财政善后公司同意贷款中国 5000 万美元，美方向中方支付形式是提供价值贷款五分之四的棉花，其余支付小麦，中国向美国偿还白银，由"中国国家统税"担保，

3 年内还清，这就是宋子文主持的第 1 次大规模对美经贸活动——"棉麦大借款"。

棉麦大借款引起全国舆论大哗，各界和媒体提出的质疑主要是：

美国倾销剩余农产品，中国偿还白银，对中国农业和经济是福是祸？

在当时世界间一次性贷款中也属大数的棉麦大借款的定夺，是宋子文所为还是政府所为？

大借款的获利是用于内战还是用于建设？

进步人士和舆论一致认为，棉麦大借款只是有利于蒋介石的独裁统治；国民党内也有不少官员趁机倒宋。蒋介石不会放弃这笔贷款，指使有关方面出面宣称，宋子文的行动根据中央决策，借款完全用于经济建设，并让中央政治会议和立法院开会，追认大借款"合理合法"。是"白银援美"还是"美援"、是"福"还是"祸"则避而不答。但蒋介石对宋子文本人则不准备予以保护，准备趁机让宋下台，既可清除财经决策中的阻力，又可平棉麦大借款引起的民愤。

宋子文回到南京，发现蒋介石指使有关方面向中央银行总裁孔祥熙透支 6000 万元军费，偿还方式是发行紧急公债。蒋介石之所以用这笔钱，一是确实内战需要，二是棉麦大借款合 2 亿元国币，先挪用三分之一也不为过。宋子文见这笔几乎达全年财政收入十四分之一、当年军费七分之一的赤字，勃然大怒，与蒋介石大吵大闹。蒋介石责怪宋部长对"剿共"不积极，不提供所需要的经费，否则"剿共"早就胜利了。宋子文也不全知"反共内战的非正义性"是"剿共"战争失利的真实原因，但起码知道决不是他造成的，他觉得数年来财政拨款时已一再向军费倾斜，蒋介石视而不见不说，还恶言相加。国舅咽不下这口恶气，故没有像其他国民党高级官员一样忍受蒋介石的无理指责，而是极力争辩和反击。蒋宋之间没有政治上的分歧和本质上的不同，仅是统治方式、管理手法上的不同。所不同的是宋子文更多地从经济理论的角度去思考问题，蒋介石更多地从反革命现实需要去解决问题；宋子文把理论和主张西方化的味道很浓，而蒋介石则注意把西方资本主义的政治、经济理论加上他的特色，这是蒋介石比宋子文高明的地方。

蒋介石不能容忍宋子文的如此态度，多年来这位大舅子对他的种种大不敬一齐涌上心头，一怒之下，使用在上海滩练就的本领，赏给宋子文一记耳光。

如果是蒋、宋为民间家庭中的亲戚，争吵中"一记耳光"也不为过，这种只有在家庭争吵中或是法西斯政治结构中经常出现的场景，出现在军事委员会委员长和财政部长两个"绅士"之间，则显得有点滑稽，更为少见，宋子文因此提出辞去财政部长和行政院副院长的职务。10月27日，宋子文辞职消息正式见报，29日国民党中央常委会、中央政治会议照准。同时有关机构放风说，这是宋子文为棉麦大借款承担责任，当然没有提出"耳光事件"。事后宋子文不无他意地说："当财政部长跟当蒋的一条狗没有什么两样。"此话说明他作为蒋介石的妻兄、财政部长，对蒋权欲、本性的了解，可是此事件以后宋没有汲取教训，还是在南京官场继续充当"狗"的角色。

这一场蒋、宋争斗，以宋失败告终，接替者为孔祥熙，宋子文转任有职无权的全国经济委员会主席。在与蒋介石的合作态度上，宋子文能顶就顶，顶不住就骂；孔祥熙则以和为贵，随蒋所欲。

捐税田赋无度——民不聊生

在南京政府的初期经济行为中，建立预算、审计制度则反映出统治集团内部的矛盾；建立以"中、中、交、农"四银行为核心的官僚资本银行体系中，反映出对民族资产阶级的压制。但是，最为集中的还是"猛如虎"的田赋捐税，则是全面侵犯了人民大众的利益。

当时国民党政权没有进行大规模的经济建设，特别是没有进行有助于增强综合国力、经济力的重点项目投资，也没有采取有效措施来扶助民族工商业的发展，对农业更是听之任之，总的来讲财经当局对经济、生产只知索取，不知投入。生产部门大部处于维持状态，后劲不足，更谈不上发展再生产。在这种状况下，税源没有增加多少，税额当然也就提高有限，只有靠强收强征。

租、税（包括海关关税）是南京政府财政收入的主要来源。例如1929年，年预算收入为6.2亿元，田赋捐科收入为4.9亿元，占80%弱。因此，蒋介石、宋子文、孔祥熙、陈果夫等人为何十分看重租税也就可以理解。南京政府建立后，整理捐税赋是一再受到重视的要务。要务的要点是：在1928年11月宣布划分国家收入和地方收入的十条标准，防止地方政府巧立名目，禁止在征收中央所定税目的同时随时加派；裁撤厘金，厘金制度在封建时代盛行，各地地方官员、恶霸、豪绅就地滥收买路钱，路过辖区的货物均要收税。1931 年元旦，南京政府明令撤销厘金，并决定建立统税体系，开征所得税和过分利得税，前者减少税收环节，税收容易向中央政府上交；后者意在抑制工商界暴富，节制资本。

征收田赋，宋子文、孔祥熙等仿效西方中央征收税收之例，一改北洋政府时期由地方政府征收的旧习，规定由中央政府征收，用以避免各省、地、县，甚至区、乡、保毫无节制的摊派、使得田赋收入失控的恶果，避免历来出现的一方面民众负担太重，另一方面中央政府收不到钱的局面。

宋、孔等把中国传统的带有封建性质的收捐税征田赋，按照西方资本主义的经济制度进行改造，重点是加强中央财政，减少盘剥环节，尽可能地把从民间搜刮来的钱物控制在官僚资本手中。此种征税方式应该说是有合理意义的，可在国民党统治之下，宋子文"加强中央财政"的目标没有实现，"减少盘剥环节，以纾民困"的目的没有达到，问题出在制订者身上。

"加强对全国捐税田赋的控制"，是宋子文、孔祥熙、陈果夫以及蒋介石想做又尽力去做的事情。为有效征收赋税，他在 1930 年 6 月任命温应星为财政部缉私处处长、黄启光为松江缉私税警教练所所长，先后培训 200 余名军官、600 余名军士，成立税警团，派到赋税大户的有关省市缉私部门，配合当地的税务机关，查办私枭，强化税收。此外还严格挑选各地税务头目人选。修改税收条例，肯定中央财政的重要，对凡是有碍中央财政、不利于官僚垄断资本搜刮、有利于地方实力派的律令，一律加以删除。再加上蒋介石集团的党、政、军、警、宪、特对征收捐税田赋也重视又加，终使支撑国民党政权存在的税赋额没有出现大跌大落现象。

"减少盘剥环节"，是宋子文等想做没有做到的事情。这对税赋征收来说是较为关键的一步，也是税赋改造的主要内容。旧中国过去的税收是人民纳了税，中央收不全，中间克扣太多；本来中央定的税赋额就很高，中间层次设关设卡，层层加码摊派，更加重了超经济的剥削，税额过高多次成为历史上人民革命的导火索；贪官赃官太多，国库蛀虫满地，更是税赋征收上的败绩。南京政府中的财经决策者们，也想解决这些问题，在广州时期确实解决得不错，到南京后对以上明摆着的陋习和腐败，却怎么也没法根治。他们固然对山西阎锡山、西北马家军、山东韩复榘等割据性质的抗税大户一筹莫展；对中央始终保持有效控制的东南、中南省份的地方官员们的胡作非为、欺上瞒下、克扣税赋、任意增加税额也无可奈何；对从中央到地方的贪官污吏更是无能为力。他们的关于惩治税赋征收中各种违法行为的法律法令，成为乱纪者嘲弄的对象。原因何在？反动统治阶级的劣根性在起作用。宋子文等人囿于阶级局限性，成为买办、大地主、大官僚的结合物，不可能拿出有效的、有利于民众和国家的统治措施，他们的"贪和污"仅是和中、下层不法官员、商人的形式不一，性质却是一样的。因此，他们整顿税收吏治难以奏效也就不奇怪了。

"以纾民困"，是宋子文等不想做也做不到的口头表白。影响"民困"的首先是税率，税率的高与低，除涉及生产者和经销者的利益外，还直接波及民众的生活水准，任何商品的税额，事实上最后还是由广大消费者来承受。国民党政府规定的税率与当时的经济水平相比，是比较高的。如卷烟统税税率最初定为从价的 22.5%，到 1931 年即增加一倍多，高达从价的 50%。火柴统税税率达货值的一半，有的等于全部生产成本。水泥的统税税率等于从价的 34%。影响"民困"的第二个因素是变相厘金，财经部门"简化税收，裁撤厘金"并未实现。按照官方公布的统税条例，已经交纳统税者，不再征收其他一切捐税。现实中苛捐杂税并未取消，如上海的已税面粉运至福建、广东、辽宁等地上市之前仍须纳税。同一个四川省，重庆的棉纱运至新津、彭山，要征 19 次捐税，其中所谓江防捐和印花税，竟然重复征收 4 次。高税率和厘金制，既严重阻碍民族工业产品在市场上的流通，使得民族工业处于艰难生产之中，又严重伤害了工农群众的利益，人民大众的生活越来越"困"，城市工人失业普遍，农村农民破产皆是。

农民也不轻松，田赋对中国农民来讲有两层含义：一是无地少地的农民要向地主交纳沉重的地租，残酷的地租剥削不仅侵占了农民全部的剩余劳动价值，而且侵占了相当一部分农民的必要劳动量。在旧中国农村中，蒋介石公开声称："今日不患地主、资本之压迫农民，而反恐农民之转而压迫地主、资本。"（蒋介石：《对于关税之感想》，1929 年 2 月 1 日，《先"总统"蒋公全集》第 1 册第 573 页）在这一指导思想下，中国农村普遍存在农民无地缺地状况，据国民政府行政院的调查，1933 年间，在陕、豫、苏、浙、粤、桂 6 个省区，地主阶层占有农村总户数的 3.5%，占有土地 45.8%；富农阶层占总户数的 6.4%，占有土地 18%；中农阶层占总户数的 19.6%，占有土地 17.8%；贫农阶层占总户数的 70.5%，占有土地 18.4%。（见《农村复兴委员会报》1934年）孙中山的"耕者有其田"的主张只能成为南京政府粉饰太平、欺骗世人的口号。二是国家征收的田赋，繁重的赋税是掠夺农民、摧毁农村经济的重要手段。就正税而言，南京政府所征数远超过北洋时期，如河南信阳地区，1933年比 1928 年增加两倍多。正税之外，还有田赋附加税，此类附加名目繁多，有的地区高达 147 种，可谓是"国民党万税！""蒋总裁发财！"

征收方式也是剥夺性的，一是预征制，如四川省有的地区已把 30 年以后的捐税预征完毕，预征数年、十数年的在各地屡见不鲜。二是强征制，官方派出反动武装催粮催款，形同土匪，任意拘捕民众，严刑拷打，对任何抗捐税行为实施严厉镇压。"地租、正税和田赋附加、预征、强征、灾荒"五毒之下，农民破产有之，逃荒有之，挨饿、乞讨、卖身、人亡相伴。

"民困"未苏，是宋子文、孔祥熙、陈果夫等财经决策者在经济决策中最大的失败。国民党的一切倒行逆施行为，之所为被人民群众所抛弃，最初还是源于"经济"也，统治集团和官僚资本对全国人民进行超经济剥削，宋子文、孔祥熙等最高财经决策官员不管民生只管"官生"，无视民众的基本生活权利，搞得民不聊生，民怨沸腾。蒋介石剥夺式的经济政策同在政治上的法西斯专政一起为丛驱雀，为渊驱鱼，把全国人民逼上梁山，该出手时就出手，最后还是全国人民推翻了不得人心、无视民生的南京政府。

货币改革修法——法币上市

到 20 世纪 30 年代，中国货币的混乱已经到了非整顿不可的程度。就流通的货币而言有以下几大危害："发行渠道多"，清廷、北洋政府、国民党政权、地方实力派、大财团和大银行，都可发行货币，如此乱的货币发行渠道古今中外均少见；"货币品种多"，品种繁多是当时中国货币的一大特色，有历史上流行、通用的白银，有中央政府发行的钞票，有地方实力派发行的纸币，有财团和银行发行的代金券；"民众受害深"，由于发行渠道乱、品种多，同一纸币在不同的地区币值不一，不同的钱币在同一地区币值不一，造成流通地区受限制、币值不统一的后果，直接影响到民众的经济活动和日常生活；"发展经济难"，货币不统一和币值不一致，严重影响商品流通，影响民族工业的发展，加重政治经济发展的不平衡。

孔祥熙进行币制改革，就是打算改多渠道发行货币为中央一个渠道发行货币，收回货币发行权，以达到以下目的：之一是控制白银外流，改为银本位，时值主要资本主义国家陷于世界性的大萧条，纷纷放弃金本位，改为银本位，引起国际银价上涨，中国白银大量外流，造成国内银根紧缺，民族工业受害匪浅。同时直接影响到南京政府控制的金融市场涨落走向和财经收支的平衡。统一货币，停止市面上流通白银，将有效阻止白银外流。之二是控制外国财团，外国在华的财团和银行，凭着外交特权和经济实力，集中相当的外汇和财力，随时可以操纵中国的白银市场，随时随地准备冲击中国的货币市场、金融市场。为解除这一威胁，只有统一货币，增加对白银、外汇及本国货币的控制权。之三是通过增加对货币的控制权，增加官僚资本对全国经济活动的限制，从而达到增加南京政府对全国政治、经济控制能力的目的。

国民党统治集团内部最先力主进行币制改革的是宋子文、孔祥熙。1930年1月，时任最高财政长官的宋子文，邀请美国经济管理学家凯末尔起草《金本位币制法》，只因蒋介石急于制服党内对手和地方实力派，无暇顾及；官僚资本实力不允许动"币制改革"这一如此大的全国性经济大手术；外国资本集团还未向国民党当局投资，缺少外援。三条之下，尽管币改理论、计划有一厚本，但无法变为实践。

1933年3月8日，南京政府实施变相币制改革，废两改元，停止使用以"两"为单位的白银流通办法，颁布银本位币铸造条例，一律以"一元银币"为货币流通的本位币。这类本身具有价值（基本与币值相等）的货币远没有本身没有价值，只是代表价值的纸币方便。

到1935年间，宋子文离开财经第一线、孔祥熙接管财政部和中央银行后，币改条件逐渐成熟。第一，南京政府已成立8年，官僚资本企业和民间企业有了一定程度的发展，经济的发展呼唤统一的市场，统一市场的必备条件是统一货币。杂乱的货币已无法适应市场和经济的需要，工商业的发展又为币制改革、取消杂币、发行新币提供了经济基础。第二，蒋介石集团的统治地位出现强化趋势，政敌和军阀们或多或少地接受南京政府的领导，政治权力的稳定为推行全国性的币改提供了政治保证。第三，经过对蒋记集团8年的考察，西方大国对中国统治者的认识深化，开始把蒋介石当作合作的好伙伴，以获取在华更多的经济利益和政治特权。见诸行动的就是竞相在中国投资、向中国输出资本。其中对中国的币改分外热心，美国以美元、英国以英镑、日本以日元，均表示愿意以此支助南京即将进行的币制改革，并欢迎中国加入他们各自的货币体系。

如果币改的客观条件已经具备，币改本身还需要金、银及硬通货作后盾，或者有足够的商品储备以对付因发行新币可能引起的市场混乱。问题是这两条南京政府无法满足，孔祥熙和宋子文无法解决，只有向外国求援，借贷外汇作为发行新货币的保证金。

西方英、美、日三国对向华提供新币保证金反应热烈，竞争激烈，中国币改是经济大国扩大对华侵略的好机会，只需向南京政府提供少量贷款作为币改基金，即能趁机控制中国的财经命脉，影响中国货币的发行，可谓是本小利大。最后英国捷足先登，1935 年 9 月，伦敦方面委派财政经济顾问李滋罗斯来华，建议中国方面在英镑支持下实行币制改革，英方提供一千万英镑。孔祥熙接受李滋罗斯的建议，为防不测，孔部长还派出考察团前往东京和华盛顿，通报南京政府的币改情况。

早在 1934 年 10 月，南京决策阶层已同意财政部的币改计划，并成立"币制研究委员会"。李滋罗斯来华后，由宋子文出面在上海召集工商界名流举行座谈，研究币改方案及可行性，会上反对的人不多，大部持赞成态度。1935 年 11 月 4 日为发行新货币——法币而成立"发行准备委员会"，由孔祥熙任主席，宋子文、陈光甫等为常委。"发准会"实际上成为币改领导、执行机构。

当天，财政部公布由孔祥熙签署的关于币制改革的"六项紧急处分令"。规定"（一）自本年 11 月 4 日起，以中央、中国、交通三银行所发行之钞票定为法币。所有完粮纳税及一切公私款项之收付，概以法币为限，不得行使现金（指本身具有价值的货币，如黄金、白银）违者全部没收，以防白银之偷漏。如有故存隐匿，意图偷漏者，应准照危害民国紧急治罪法处治。

（二）中央、中国、交通三银行以外，曾经财政部核发行之银行钞票，现在流通者，准其照常行使。其发行数额，即以截至 11 月 3 日止流通总额为限，不得增发。由财政部限期逐渐以中央钞票换回，并流通总额之法定准备金，连同已印发未发之新钞，及已经收回之旧钞，悉数交由发行准备委员会保管。其核准印制中之新钞，并俟印就时一并照交保管。

（三）法币准备金保管及其发行收换事宜，设发行准备管理委员会办理，以昭确实而固信用。其委员会章程另案公布。

（四）凡银钱行号商店及其他公私机关或个人，持有金本位币或其他金币生金等金类者，应自 11 月 4 日起，交由发行准备管理委员会，或其指定银行兑换法币。除金本位币，按照面额兑换。

（五）苟有以金币为位订立之契约，应各照原定数额，于到期日概以法币结算收付之。

（六）为使法币对外汇价按照目前价格稳定起见，应由中央、中国、交通银行无限制买卖外汇。

以上办法，实为复光经济之要图，并非远用财政为目的。"（《财政部实行新货币有关文电》，见《革命文献》第 28 辑第 522 页）

"紧急处分令"宣布：本身包含价值、等于价值的金银及非法币等钱钞一律停止流通，本身无价值但所代表的币值有含金量的纸法币为全国流通的唯一货币，法币发行者为中央、中国、交通三大银行（后又加入农民银行）在南京政府的 22 年历史中，在重大经济决策上，只有 1935 年的币制改革最为成功，但法币保持既定币值的时间过短，很快就进入贬值期。

币改的顺利进行是由多方因素所促成：南京政府和孔祥熙、宋子文等准备充分，不像 1948 年第 2 次币改时那样匆忙上阵；迎合了民众盼望的结束清末以来货币混乱局面、发行全国统一货币的心理需求，不像第 2 次币改时那样违背人民的意志；法币兑换旧币时系数适度，兑换过程平稳，没有因新、旧币兑换系数不恰当引起贫富变化，不像第 2 次币改时那样金圆券比值过高，多少人家因旧币币值压得过低而一夜之间沦为赤贫；币制改革选在 22 年间经济形势最好的时候进行，不像第 2 次币改却在经济崩溃的恶劣环境下进行。是故发行法币几乎是在无内外压力下完成。论孔祥熙的决策能力，要数币改一事上发挥得最好。

首次币制改革，发行法币，基本实现了蒋介石、孔祥熙、宋子文所预想的目标。通过币改，大大增强官僚垄断资本的实力。"中、中、交、农"四大银行负责发行法币，把原来分散的、混乱的货币发行权控制到南京政府手中。财政实行中央集权统治，使得多少家民办、商办的地方银行实力派发行的钞票，一夜之间取消流通权利，成为四大银行的附庸，永远失去了同官僚资本、银行抗争的能力。

通过币改，南京政府财路由官僚资本控制，民办、地方银行和地方实力派不再拥有货币发行权、储备权，仅存有营业权，使得地方当局无法再闹财政独立，大大增强南京政府的政治控制权，有利于蒋介石对全国的统治。蒋介石上台后，为取消地方军阀割据、扫除各省的半独立状态，有过许多决策和行动，恐怕最有效的就是统一货币。

币改客观上有利于经济的发展。方便、统一货币的出现可以加快商品流通，扩大经济活动范围，促进全国的物资交流。币改刺激了工商业的发展，实业界人士增加投资，中国的经济建设出现了继洋务运动、第一次世界大战期间之后的第 3 次经济建设潮动。如果没有日寇全面侵华战争的爆发，宋子文、孔祥熙在财经管理、经济建设上有可能取得更多的成果。

币制改革也有令蒋介石、孔祥熙、宋子文等失望的地方。第一，人们对法币有一个认识、接受过程，在此过程中容易引起部分物价上涨。虽说此次物价上涨的面向幅度都没到发生危机的程度，却给法币带来不好的预兆。法币一出台就遇到币值不稳的问题，在以后法币存在的 13 年中，币值一直保持下滑状态，并且贬值的幅度越来越大，最终酿成巨祸，法币破产。

第二，法币的优势还没有发挥出来，就被国民党当局的官僚习气、管理水平低下、管理队伍腐败所扼杀，也被时隔不久的日本全面侵华战争所扼杀。到抗战中期起，法币名声、币值同步下跌。到抗战结束前后，法币进入全面危机；到第 2 次币改时，法币已经名誉扫地，币值跌至最低点。

第三，法币作为全国性货币的功能大打折扣。因为蒋介石事实上从未统一过全中国，除中共军队建立的根据地、解放区外，即使在国民党统治区也不完整，山西、广西及西北、西南的实力派从未完全臣服于南京政府，拥兵割据，分庭抗礼。政治割据为经济自保提供可能，地方实力派不敢公开取消法币，却敢发行当地的补充代用券，以削弱法币在当地的影响。

第四，法币有利于蒋介石及南京政府的政治统治，此话不错，可政治运作如何对经济和国币将产生反作用。蒋、孔、宋坚持"反共"，不顾国计民生，崇洋媚外，反作用于法币，使得法币的效能受到严重影响，币值一贬再贬，给民众带来无尽的灾难。这经济上出现的险情，又反坐于蒋介石、孔祥熙、宋子文的政治统治，国民党政权并未因为发行法币而过多地延长政治生命。

第五，币制改革后，西方列强并未停止在中国货币体系上的争夺。美国、日本等国不甘心于英国在华取得的成功，联袂向中、英双方施加压力，停止在伦敦和一些国际金融市场收购中国白银，人为制造白银价格下跌，动摇中国的法币地位。英国财力有限，无力再提供更多的贷款，以维持中国白银和法币的稳定。南京政府不得不向华盛顿求援，1936年5月双方签订《中美白银协定》，同意用中国的白银换取美元，增加法币保证金，法币也由英镑集团转向美元货币体系。日本更是卑鄙，以此作为借口，扩大在华北地区的侵略。

法币发行是中国现代经济史上的一项重大事件，只是由于南京政府不顾人民利益，横征暴敛；统治阶级和官僚垄断资本对民众是竭泽而渔、收刮无度；对统治集团内部是高薪养贪、中饱私囊，致使法币只存在短短的13年。法币如此短命，不是"13"这一不吉利的数字带来的倒运，带来不吉利的是官僚垄断资本，是国民党蒋介石统治集团。

经济建设启步——步履缓慢

蒋介石上台时，经济方面确是一副烂摊子。现代工业、科学技术落后暂且不论，仅拿国民党国都论，南京虽为六朝古都，近代也是太平天国、中华民国临时政府所在地，可数百年间还无长期政权在此城存在过，作为现代国都缺乏相应的条件。从一个政权所需的财力、实力来说，蒋介石统治集团更为不足，可以说是一穷二白，百业待兴。

经建启动

如果他站在人民和民族的立场上，减轻民众沉重的政治压力和经济负担，解放生产力，筹措包括外资在内的各种资金，发展生产，增加财政收入，和平建国，倒也不失为高明之举。事实不是这样，蒋介石和宋子文、孔祥熙、陈果夫等财经决策者站在民众对立的立场上，建立现代国家财经管理体制时的基点放在掠夺人民的财富上，无视民生，穷兵黩武，热心内战，维持反动政府的生存和维持月需数百万的庞大军费成为财政开支的主要部分，经济建设成为被遗忘的角落。直到1933年10月间才成立全国经济委员会；1934年12月召开的国民党四届五中全会上，才正式把发展交通运输业、救济农业、改良重要生产作为经济建设重点；也是从1934年起才把经建费用单列，当年是5000万元，1935年是6000万元，1936年是9600万元，1937年上升到4.9亿元，经建费用分别是当年军费支出的六分之一、四分之一、三分之一和1.2倍；到1935年4

月，蒋介石发起"经济建设运动"，表示要把经济建设运动和新生活运动互为表里，共同发展。

经建费用的增加和当时财政收入增加有关。从 1934 年到 1937 年，财政收入分别是 9.18 亿元、9.57 亿元、9.9 亿元、15.11 亿元；二是和蒋介石""反共"军事围剿"的规模有所缩小有关。从 1935 年到西安事变间，"军事剿共"的程度、次数、出动兵力数远不如 1931 年到 1934 年间的行动；三是蒋介石也感觉到经建的好处，新兴工程项目直接受益者是蒋介石统治集团。在此背景下，南京政府进行了一些经济建设。在孔祥熙、宋子文等人主持下，于 1932 年间通过了《实业部四年计划》，1936 年通过资源委员会制订的《三年计划》，同年国民党中央又通过了《经济建设五年计划》。

孔祥熙接任财政部长到"七七事变"的数年间，关心、决定、主持的经济建设项目主要有发展实业、复兴农业、交通建设、兴修水利等。就南京政府有限的经济建设而言，以上四项却也抓到实处，可谓是旧中国基础中的基础。孔部长虽说缺乏有效统筹全国经济的能力，但在南京中央政府大政方针确立后，还是能够分清轻重缓急，突出重点，取得令蒋记集团内部喝彩的成绩。

这也是孔祥熙高于宋子文的地方，也是蒋介石起用孔祥熙的原因之一。宋子文主持南京政府财经的 6 年间，机械照搬西方经济法则，始终强调币值和表面上的物价稳定，而这在政治黑暗、战乱不止、百姓贫穷的社会背景下，又在宋孔亲定的以"掠夺"为基本方式的经济政策下，不可能实现"币值和物价双稳定"。因为他照搬西方经济法则，所以在充满东方人际特色和无视经济规律的南京官场，他的言论、主张无人支持；因为他在无实现可能的前提下，强调币值稳定，控制货币发行量，干预蒋介石的军费开支，最后难免和蒋介石、军人强人发生冲突。为实现"双稳定"和减少冲突，宋子文只好紧缩开支，只有停止经济建设。

孔祥熙则不然，他成功地把西方经济法则加入东方特色，即经济规律和行政命令相结合，始终让经济法则服从于蒋介石的政治"反共""军事剿共"的基本路线。因为服从蒋介石的安排，所以把持财政大权达 12 年之久（是宋子文的一倍）；因为不忘经济法则，所以也进行过一些经济调整和基本建设。

开发实业

发展实业是孔祥熙经济建设战略中的重头戏。就工商业而言，他是重官僚资本的"官"营企业，轻民族工商业。蒋家王朝开业后，基本上没有"国营、（国民党）党营企业"，宋子文、孔祥熙是利用特权，白手起家，建起一批骨干企业。在国营、党营实业中，孔部长根据蒋介石的"反共"基本国策，优先考虑的是"国防经济"，以国家支助形式，支持少数不多的军火工业和战略物资生产部门。虽说这些部门极少赚取利润，可直接为镇压民众、进行"反共"内战服务，当然也为八年抗战出力。

孔某代表官方创办的民用工业实体，有不少来路不正，并非兴办而是吞并而来。国民党政权管理工业的机构之一资源委员会，抗战前开办了 11 个厂矿，其中吞并或用其他手段整来的就有 8 个。另一个管理工业的机构实业部，也以没收北洋政府官股、控制企业债权、强行投资和改组等方式，兼并民族工商业。除此之外，孔氏也建立起一些世界先进国家已经普及但旧中国刚刚萌芽的新兴工业、交通运输部门。到 1935 年，原本无一厂一店的官僚资本所拥有的经济实体已占全国工业资本的 10% 以上，当年"国营、党营"企业盈余上交达 4000 万元，次年达 4100 万元，分别占同年赋税收入 7% 强。

如何看待这些企业，以往议论颇多。一是彻底否定和外国资本的合作，批判其买办性。事实借用外国的先进技术、资金、设备、管理制度、人才，是落后国家和地区、行业、厂矿迅速提高技术、效益的捷径，从经济发展的角度讲是允许的。当然蒋介石、孔祥熙、宋子文等在同外国的合作中，牺牲国家的经济利益、政治主权，低价出售稀有金属原料等初级产品和战略物资，这是应该受到谴责的。

二是"国营、党营企业"所具有的垄断性。作为军工企业、合资企业和新兴工业部门，给予一些经营特权是必要的，以利其立足、生长、发展。当然向这些部门、企业倾斜的同时，对还不发达、比较落后的民族工商业也应该采取扶持态度。可蒋介石、孔祥熙、宋子文等人，把对"国营、党营"企业提供必要的特权上升为对该项生产技术、产品销售的垄断权，对应该扶持的民族工商业却采取限制、压制的态度，这是应该谴责的。

三是"国营、党营企业"管理不善，亏损经营。公营企业亏损，并非国民党所特有，并非孔祥熙的发明。洋务运动时就是常见病、多发病，即使在西方发达国家中国营企业亏损也很普遍，国民党的公营企业运行机制不畅通，亏损更是终身病，谴责、批判再多也无济于事。

四是孔祥熙、宋子文等主管经济，本应从全国大局出发，出自公心，为提升国家的经济实力和人民大众的生活而制订相应的、有效的政策。可是南京政府内的最高经济决策者，不专心为国却专心为家，只为孔宋家族等官僚垄断资本，利用掌握统筹全国财经的特权，优先发展官僚垄断资本集团，照顾发展大财团大企业大银行，这也是应该谴责的。

在经济建设运动中，为民族资本的发展提供了机会。据不完全统计，在1928年至1931年间，共新设企业662家，资本总额在2.52亿元左右，无论是从新增厂矿数还是单项投资额，都达到新的高度。工业产量比北洋时期有明显增长，据不完全统计，在抗战前的10年间，工业平均增长率超过8%，1936年全国工业总产值达122.74亿元，与1927年相比，增长83%。

复兴农业

中国作为一个农业大国，农民占总人口的大多数，任何中国问题的解决都以解决农民问题为大前提。蒋介石、孔祥熙看到这一点，也在发展农业方面做过一些事情，较之其他基建项目来，其投资数额大规模广，只是收益有限，时间过长。蒋、孔、宋等"复兴农业"，主要是由官方出面，在极其有限的地区，发放农贷，设立农村服务区，组织乡村互助社、合作社，在一些地区进行新技术、良种试验，改良农业；并在有关县市设立示范农场，推广良种，组织农业团体，倡导垦荒、造林、修堤；在为数不多的地区，推行农村教育，设立民众学校，成立少年服务团、互助读书团，改善卫生设施和医疗条件；发展副业生产。

复兴农业的种种措施，大都为治标不治本的热闹文章和有始无终、虎头蛇尾之举，并未收到什么社会效益和经济效益。请问造成中国落后的难道是设立农村服务区不够？难道不是帝国主义的侵华、封建主义的剥削导致中国的贫穷？难道不是连年不断的内战带来中国农村的混乱？

如果不改变占人口80%以上的农民无地少地这一不合理状况，又如何调动农民积极性，组织什么农民服务区、青年励志团、互助读书团？农民连生存的条件都没有，又如何改良农业、推广新技术和良种？只要地主的剥削依然存在，农民在经济上就谈不上翻身，因而政治上也就谈不上解放。复兴农业政策，舍本求末，绕开本质问题，不谈土地问题的根本解决办法，大谈特谈土地的耕种方法，故根本没有任何实际意义。只要没有实行孙中山"耕者有其田"

的政策，"耕者种好田"只能是梦想。

说到底，蒋介石、孔祥熙、宋子文、陈果夫寄希望于改良方式，解决农民问题，解决土地问题。此种做法，在当时无推行的可能，维持剥削制度的蒋、孔等人也不会真正接受这一"社会变革方式"。果然如此，时隔不久，复兴农业成为历史。

交通建设

当近、现代人们谈论中国的落后帐时，说到的原因不少，可极少谈到"交通"。到 20 世纪初，当西方普遍进入火车、汽车、轮船为代表、与大机器工业相适应的交通时代时，中国的清政府和北洋政府还在把漕运、畜力作为主要运输方式。中国经济的落后造成交通设施的落后，而落后的交通事业又阻碍了经济的发展。在美国留学和生活过数年、又作为中国现代经济管理体制创始人和力行者的孔祥熙、宋子文等人看到此点，在他们的主持下，南京政府也搞过一些交通建设项目，使得中国的交通运输水平摆脱了清末民初的、与农业经济相适应的落后状态，开始步入现代交通之门。南京政府成立后的前 10 年间，以交通建设成就为最大。

其中铁路建设。新线建成 7500 公里，主要有陇海线上灵宝至宝鸡段、大浦至连云港段，连云港到宝鸡这一中国第一条横贯大铁路全线通车；平汉线完成最后一段株洲至韶关段，北平至广州这一中国第一南北大铁路全线通车；完成杭州至江西南昌的浙赣线；完成淮南到裕溪口的淮南铁路；完成铜陵至南京、杭州至曹娥等江南铁路，并建成钱塘江大桥；完成衡阳至柳州、贵州都匀这一中国第一条深入大西南的湘桂黔大铁路。

其中公路建设。1928 年南京政府制订全国公路计划，提出以兰州为公路中心，建设国道、省道、县道三种等级公路 4.16 万公里，以后就筹措资金，实施公路计划，孔祥熙是持积极态度的。到抗战爆发时，在交通极其落后的大西北完成的公路干线有兰州至西安、汉口；兰州至新疆；绥远至新疆；绥远至山西等线。第二个重点公路网则是以四川为中心，把四川与沿川各省加以联络，修筑川青、川康、川滇、川鄂、川陕、川甘等线。第三个重点公路网是在东部地区的苏、皖、浙、赣及中原腹地的鄂、湘、豫等省建造国家级公路网。

其中航运方面。南京政府颁布了航政法规，设立上海、汉口、天津三个航政局，修建连云港葫芦岛港，扩大航运业务。在现代交通运输系统中，最先推广和发展起来的是轮船和航运。中国也是这样，现存于世的轮船招商局创办于洋务运动初期。南京政府一成立，在航运方面所做的第一件事，就是整顿航运大户招商局。在旧中国的交通运输中，航运业和铁路业一样，要好于航空和公路运输业，承担起主要的客货运输任务。

其中航空建设。到 20 世纪 30 年代，航空业在世界上已经进入一个新时期，飞机和飞行技术已摆脱原始期和初级阶段，进入实用期和提高期。中国的航空业出现在 20 世纪初，初具规模是在南京政府成立以后。孔祥熙对空军、航空分外感兴趣，同时关注航空的还有宋美龄。在孔、宋两人的鼓动和支持下，航空部门的经费得到保证，技术、规模有所发展。1930 年，南京政府和美国方面合资组建中国航空公司，与法国方面合资组建欧亚航空公司，（此外还有处于半独立状态的两广政府开办的西南航空公司）开辟的航线有上海至北平、成都、广州、新疆塔城；兰州至包头；成都至西安、昆明等国内航线及重庆至香港；昆明至仰光、河内、印度；广州至河内等国际航线。由于当时航空技术不高，容易普及和达标，所以中国的航空业与世界航空业的距离不太大，距离大的是中国飞机制造业几乎是零。

交通建设可以说是南京政府在经济建设方面成就最大的行业，它的成功有其独到的原因，因为交通直接为蒋介石的"军事剿共"政策服务，铁路、公路除了可以运军队运武器外，还可以作为"围剿"、分割根据地的封锁线；在对付地方实力派的割据和巩固南京政府的权威时，有助于蒋介石统一政令和军令，加强对全国的控制。因此，当然受到南京政府的重视。从客观上讲，30 年代的交通建设促进了经济交流和发展。

水利建设

南京政府先后成立"导淮委员会、广东治河委员会、黄河水利委员会、扬子江水利委员会、华北水利委员会"，负责海河、黄河、淮河、长江、珠江五大水系的治理。对中国来说，涝旱无常，水利建设可以说是有关国计民生的要务，蒋介石、孔祥熙、陈果夫等想到但没有做好。十年（1927 年至 1937 年）间，南京政府的四大经济建设重点中，完成最差的就是"水利建设"。

在黄河、淮河、长江等河流上，国民党政权确实进行过一些治理工程。如在淮河上修建邵阳、淮阴、刘老涧、三河等船闸和活动坝，控制洪水和调节流量；如在黄河经河南、山东等地段加固河堤等。由于孔祥熙没有提供足够的财力，水利工程收效不大。影响水利建设的因素很多，主要有：一是急需完成的工程项目不少，立项上马的工程很少；二是上马工程质量不高，有些工程完工当年就毁于洪水；三是负责工程的官员克扣粮款，欺负民工；四是治理河流的上上下下各级官吏，缺少为民造福、变水害为水利的信念。话又得说回来，中国的水利建设和水害治理并非易事，需要几代人的努力，但是南京政府没有抓紧去做，已做的也没有成效。

南京政府在宋子文、孔祥熙、陈果夫等人的主导下进行的经济建设活动，论成败得失：

"成"则成在南京政府的经济建设或多或少促进全国经济的发展和层次的提升，使得中国的经济和技术开始摆脱封建狭隘、落后的手工作坊状态，部分地区部分行业开始进入大机器工业阶段。1936年也成为南京政府时期经济状况最好的年份，当年总产值为法币306亿元，其中工商业产值为106.9亿元，农业产值为199.2亿元，达到空前的水平。

"败"则败在畸形发展，缺少基础设施，能源、通信、工作母机、重工、化工、机械、汽车、飞机、机车、造船等主要工业部门几乎是空白；引进技术不注意消化吸收，买进的汽车、飞机、军舰、坦克到1949年时依然全是舶来品。说到底蒋介石始终没有把经济建设作为中心任务，缺少发展国民经济的总体规划。

"得"则得在宋子文、孔祥熙等的经济建设，增加综合国力，抗战前有利于巩固蒋介石的统治，抗战开始后有利于对日作战和坚持8年抗战。

"失"则失在国民党政权并非为人民着想，所以已经建成的项目优势没有得到很好发挥，人民大众没有得到实惠，民众无权、国家贫穷、民族落后的状况没有得到改变。同时，20世纪30年代的民族工业，还受到了帝国主义势力的压制。在蒋介石投靠西方列强、崇洋媚外的外交方针下，西方国家利用在中国高达43亿美元的投资，凭借先进的技术和管理经验，依仗在中国获得的政治特权，压制中国新兴工业，冲击中国的市场，沉重打击了中国的民族经济。

在论述南京政府经济得失和官僚垄断资本形成问题时，必须提出的是，宋子文、孔祥熙在主管南京政府财经事务的同时，两家在短期内成为中国的首富，积聚了天文数字的财富，这并非是他们的劳动所得，而是利用政治特权在不正当竞争中捞取的不义之财。

不可否认的是，南京政府存在 22 年，其中经济状况较好的、财经压力较小的只有"七七事变"前的五六年。期间中国经济开始走上了缓慢的发展道路，如果没有日本军国主义分子发动全面侵华战争，中国经济将会取得一定的成就，缩小与发达国家的距离。正是日本帝国主义的铁蹄，践踏了起步不久的中国经济，阻碍了中国社会的发展。

六、危机，"攘外必先安内"

1931 年 9 月 18 日，是中华民族永远不能忘记的日子！那一天，近在东瀛的日本军国主义者，武装占领东三省，发动了给中国人民带来巨大灾难的侵华战争。

1931 年 9 月 18 日，是世界人民永远不能忘记的日子！那一天，日本法西斯势力在中国东北地区，率先发动了给人类带来无数灾难的第 2 次世界大战。

从"九一八事变"到"七七事变"的 6 年间，蒋介石长期坚持"攘外必先安内"的妥协政策，不顾民族危亡，一心忙于"反共"内战，最后在中国共产党人的推动下，在国民党内有识之士的力争下，在全国人民的抗日精神感召

攻占了沈阳的日寇在城墙上射击

下，经过西安事变他终于走上了抗日之路。

（一）日寇发动侵华战争，蒋介石一再妥协

面对日寇在东北的侵略暴行，身为南京政府和国民党最高领袖的蒋介石，无视全国人民的抗日要求，拒绝接受中共提出的抗日主张，对日全面妥协，一心忙于"军事剿共"。但是，在蒋介石的"不抵抗"命令下，东北军中依然有人抵抗，上海再次成为抗日的战场，从北到南都有抗日志士参加抗日；中国共产党更是一如既往，把民族利益放在第一位，愿意和所有主张抗日的政治力量共赴国难，抛弃与国民党的恩恩怨怨，共同打击日本侵略者。

"九一八事变"——蒋介石提出不抵抗

给中华民族带来创痛最多、损失最大、教训最深的是日本侵略者。

日本侵华的野心

早在 1862 年日本孝明天皇批准了《长州计划》，基本方案是：实现国家现代化，增强国力；向海外扩张，在日本主导下统一亚洲。《长州计划》成为日本后来执政者的基本国策。

1873 年，日本执政当局部分政客和武士，提出"征台论"，图谋侵占中国台湾地区。次年 4 月，派军队向中国台湾地区发动进攻，但没能成功。不过，日本的侵华行动，加剧了清政府的边疆危机。

1894 年 7 月，日本明治天皇开始全面实施侵略计划，挑起朝鲜内乱，趁机出兵朝鲜，并向中国发动进攻。在这一场名为"甲午战争"的战争中，清王朝统治的中国遭到惨败，签订了丧权辱国的《马关条约》。根据这一卖国条约，中国不仅赔款高达 2.3 亿两白银，还割让台湾、澎湖于日本。

1900 年借保护外交使馆安全为名，日本当局勾结西方列强，发动对中国的侵略战争，镇压义和团运动，强迫清政府签订《辛丑条约》，掠取许多侵略特权。

1904 年，日本为争夺对中国东北地区的控制权，与沙俄进行了一场战争。在这一场帝国主义强盗的战争中，日本从沙俄手中夺得旅顺、大连租借权和南满铁路经营权。日本为长期占领东三省，在辽东半岛南端设立"关东洲"，面积 3400 平方公里，主要辖区是旅顺、大连两个港口。同时设立"总督府"，后改为"关东厅"，并成立"关东军司令部"，编有侵略中国的先锋队——"关

东军"。1906 年 6 月，又在东北设立"南满铁道株式会社"，专门负责对东三省进行经济侵略。

1910 年，朝鲜成为日本的殖民地，进而也成为侵略中国的桥头堡。

1912 年 7 月 29 日，日本明治天皇死于胃癌，大正天皇继位，继续其父的扩张计划，不自量力地宣称，要像沙皇亚历山大、法国路易十四以及德国皇帝和宰相那样，成为世界级强人。

1914 年，第 1 次世界大战爆发，德国无暇顾及在山东的利益，日本乘虚而入，无耻地把山东主要交通线沿线作为它的势力范围。

1915 年，日本当局为在中国扩大势力范围，增加对北洋政府的控制力，以严重损害中国主权和领土完整的"二十一条"作为条件，扶持袁世凯复辟帝制。在以后的皖、直、奉三系军阀混斗中，支持奉、皖系，谋取私利。

1916 年 10 月，日本当局策划谋杀张作霖，进而占领东三省，阴谋没有成功。

1921 年 11 月 25 日，大正天皇病重，由裕仁天皇摄政，正式开始全面策划西进侵略计划。在身边集中了永田铁山、小畑敏四郎、冈村宁次、东条英机、板垣征四郎、土肥原贤二、松山元、山本五十六、铃木贞一、阿南惟几等一批军国主义狂人，他们把皇宫附近的气象台为基地，成立最初名为"社会问题研究所"的组织，后改为"大学寮"，拟定了日本企图征服半个世界的一些原始的简略计划。其中大学寮学监大川周明，极力鼓吹"日本解放全世界"。此外，崇尚军国主义的日本驻欧洲国家的武官和军事观察员，联络日本国内的一批军国主义分子，裕仁摄政前赴欧洲考察时，向裕仁效忠，并在瑞士巴登—巴登矿泉疗养地召开秘密会议，要求实施军队现代化，向海外进军，并确定了以上述人物为主体的"11 人俱乐部"为军国主义核心成员。1926 年 12 月 25 日大正病死，裕仁接位，发布的第一道诏书，提出要富国强兵和对外拓展。因此，裕仁被第 2 次世界大战的日本战犯们尊为侵华的第一功臣。

1927 年 4 月间，蒋介石发动"反共"政变，日本当局图谋以长江为界，把南京政府的管辖范围局限于南中国地区，蒋介石从巩固统治基础的角度出发，予以拒绝。为了实现占领中国的侵略野心，6 月 27 日至 7 月 7 日，日本首相兼外务大臣田中义一主持"东方会议"，研讨侵华方案。参加会议的有各地殖民总督、驻中国公使馆情报人员。7 月 23 日，田中将会议结论，以《田中奏折》

的名义，上报裕仁。在奏折中提出了"欲征服世界必先征服中国，欲征服中国，必先征服满蒙"这一臭名昭著的侵华计划。对于《田中奏折》，日本当局就像否认以后的南京大屠杀一样，一直予以否认，并且认为《田中奏折》是张学良将军的秘书王家桢编造出来的。事实就是事实，真相不能篡改。这一奏折是由旅日华人蔡智堪打通关节托人从日本皇宫档案秘密抄出，秘密送给东北军的特工人员，才把日本军阀的侵华面目暴露于世。至于日本当局后来为了掩盖侵略丑闻，有意毁掉原件，拒不承认，这也可以理解，对于侵略成性的日本军国主义分子来说，可以成千上万的屠杀平民、妇女、儿童，至于赖掉一件犯罪事实更是轻而易举的事。话又说回来，即使《田中奏折》是假的，但以后日本发动侵华战争、发动太平洋战争的事实不正是说明《田中奏折》的存在吗！

1928 年 5 月 5 日，日本军阀在中国军队进驻山东济南城时，公然行凶，杀害中国军人、平民百姓 6123 人，打伤 1703 人，而可怜的中国普通军人和平民百姓得不到兵力远远超过驻济日本军队十数倍的南京政府军队的保护，统帅中国军队的蒋介石更是主张一切退让，任凭日本强盗恣意妄为。蒋介石的态度，无疑是对日本侵略行动的鼓舞。

1928 年 6 月 1 日，日本军阀为了阻挠中国的统一，霸占东三省，在裕仁的亲自安排下，由建川美次少将负责执行暗杀主张保护祖国领土完整、维持东北主权、拒绝日本要其死守京津地区的张作霖。建川美次则命令河本大作执行，为麻痹张作霖，建川美次还让日本特务义贺信也少佐陪同张作霖同车同往。阴谋得逞后，田中首相因为有透露裕仁与阴谋有关的意思而被削职，于 9 月 29 日在艺妓怀中死去。河本由裕仁安排从商，建川美次官升参谋本部陆军情报部部长，义贺信也则于 1938 年 1 月 24 日在天津被东北军特工处决，罪有应得。

1928 年间日本军国主义分子石原，提出了完整的《占领满蒙具体计划》，裕仁阅后决定在 1931 年 8 月间实施。皇姑屯事件以后，日本当局开始了一连串游说活动，裹胁张学良投靠日本，分裂国家，把东三省奉送日本。日本军阀野心大智能低，作为中国几十万军队的少帅张学良怎么可能如此去办？张将军深明大义，不顾日本特务、使者的拉拢和威胁，毅然于 1928 年 12 月 29 日易帜，归顺中央政府。一年后，张学良将军又将东北的外交、交通、财政大权交由南京政府管理，北宁、长春等三铁路改为国有，葫芦岛港也由南京政府统一安排进行建设。日本军国主义势力见占领东三省的计划落空，恼羞成怒，开始策划更大的阴谋：武力侵占中国，作为第一步，先攻占东三省。

1930年7月间，关东军高级参谋板垣征四郎率领参谋团，在东北进行了为期13天的"北满战略旅行"，并指定作战主任石原莞尔制订了全面侵占东北的《满蒙占领统治研究》方案。确定"（一）奉方欲将满蒙外交权名实皆归之南京，吾人取外宽内严方法以反对之；更强其仍以张学良为外交负责长官，并以其为交涉对象，保持帝国特殊地位及权益。（二）对奉方（准备动工的）铁路网之建设，阻其实现；特以迫战求和策略，永保南满铁路与大连港之繁荣，俟天赐机会到来，可达帝国对满蒙最后之目的。"（王俊彦：《浪人与蒋介石》第204页）

9月18日，张学良宣布出兵关内，倒向蒋介石，参加最后扫荡北平扩大会议倒蒋派的行列。7万东北军离开东北，造成关外防御空虚，正被前年开始的世界性经济危机整得一无是处的日本当局和军方认为这就是发动攻占满蒙作战的"天赐良机"。

1931年3月间，裕仁亲信将领发动"三月事变"，由南次郎出任内阁陆军大臣，原任陆军大臣宇垣转任驻朝鲜总督，原驻大阪的第10师团师团长本庄繁出任关东军司令官，原驻奉天政治间谍机构特务机关长土肥原贤二转任第10师团长，东条英机出任参谋本部组织动员科科长，具体着手进行战争准备。并且在中国东北地区开始闹事、挑衅，发出战争叫嚣。从1930年10月到次年初，日本关东军进行了50余次军事演习，为突然袭击做准备。

1931年7月2日，关东军方面鼓动在长春西北万宝山一带的朝鲜移民，和当地农民就开挖水渠问题进行械斗。当地农民死伤数十人，被逮捕十多人。日本一方面向万宝山增派军警，一方面到处宣扬"中国人袭击朝鲜人"；并违反当地农民和朝鲜移民的契约，继续在中国的土地上随意开沟挖渠。同时，日本在朝鲜煽动反华，在仁川、元山、平壤、新义州等地袭击华侨商店、企业，打死华侨数百人，打伤2000余人，91名华侨失踪，华侨房屋、商店十有八九被毁掉，大批华侨被驱逐。

1931年7月10日，板垣征四郎在黑龙江昂昂溪等地发现，日本特务中村震太郎已因从事特务活动而被中国军队处决。中村震太郎为大尉军官，和骑兵伍长井杉等共4人奉关东军之命，携带武器、测绘仪器、军用地图，到大兴安岭等地侦察情报。6月26日，在苏鄂公府的中村等人，准备穿过东北屯垦军第 3 团操场附近时，因为没有护照和说话中错误百出，被第 3 连连长王秉义逮捕。次日，第 3 团团长关玉衡命令将其关押、待命处置。当夜，中村等人趁卫兵不备，逃出监禁地，在逃跑中被打死，追击的东北军士兵因为打死日本人而吓得逃走。关玉衡担心事情闹大，命令把日本特务的尸体及物品烧毁。此事处理过程失当，但惩处日本特务事情本身没有错。日本当局就此事件大做文章，要求立即采取军事行动。7 月 13 日，军国主义分子叫嚷，"借此机会，永久确保日本帝国在满蒙既得利益"。（陈觉：《国难痛史》第 1 卷第 41 页）。1931年 7 月 19 日，日本内阁首相若槻礼次郎叫嚣："中国的处理措施如有非法和不妥之处，为保卫国家的生存，一定要不怕任何牺牲，勇敢奋起。"（《六十年来中国与日本》第 8 卷第 238 页）

　　1931 年 8 月 20 日，本庄繁就任关东军司令官时，在致陆军大臣南次郎的政见书中，对日军的下一步行动提出了明确的见解："考支那之满蒙，及为奉天、吉林、黑龙江三省及内外蒙古之极东一部，广袤七万四千余方里，大于我内地三位；俄之勒那河以东大地，即后贝加尔州、雅古茨克州、阿穆尔州、沿海州及北桦太岛是也，广袤三十余万方里，大于我内地七倍强焉。统计两处之人口，不足四千万，仅及我全人口之半，（合朝鲜、台湾而言）以如此广大之土地，仅有若许之人口，我帝国能利用之，二百年内不虑人口无消纳地也。"本庄繁作为有头脑的军国主义分子，他对东北地区的农产品、黄金、煤铁、木材资源进行了论述，结论是"倘以上各地归我经营，不需十年，我帝国富力可超过美国。届时世界将有何国是与我抗衡者乎"。"据此形势，进而征服支那全土，以及全亚，并进而征服全欧及非洲，掌握东半球大地，以与美平分世界、此为我明治大帝之遗训，亦我大和民族所应有之职责也。"从此立场出发，"第一步，应先占领支那之满蒙，使为满蒙独立国。第二步，应利用东清铁道，以攻入西伯利亚，占领上乌金斯克，强使赤俄划勒那河以东至白令海峡之大地归我。"（陈觉：《国难痛史》第 1 卷第 33—36 页）尽管日本决策圈内有北进还是南进之争，但有一点他们是一致的，那就是作为军事行动的第一个目标，即是攻占中国东三省。

　　在"万宝山事件""中村事件"前后，日本军部开始向中国东北增派军队，驻朝鲜的第 19 师团开往中朝边境的图们江沿岸；驻朝鲜的敢死军一联队开往沈阳；从日本本土向朝鲜增派两个师团；关东军和铁路守备队也向沈阳集中；关东军本部命令在东北的后备役军人到沈阳、长春、哈尔滨集中。

从以上日本政界、军界掌权者的谈话和行动中可以看出，对军事攻占中国东三省，是日本当局既定方针，并且已在军事上做好充分准备。

蒋介石的不抵抗

在日本军队蠢蠢欲动、进攻东三省的迹象越来越明确之际，蒋介石和南京政府又是如何应付的呢？

正在南昌指挥第3次"反共军事围剿"和被广州"非常会议事件"搞得焦头烂额的蒋介石，在接到"万宝山事件""中村事件"的报告后，确实也让外交部长王正延出面与日方交涉，要求日方遵守国际准则，遵从中日双方有关条约，尽早平息事件和结束反华行动。令人遗憾的是，蒋介石、王正延的口头抗议，也在日本外相币原喜重郎、陆军大臣杉山元和驻中国代理公使重光葵等人蛮横胡搅、战争威胁下放弃。

更为重要的是，蒋介石并没有在军事上采取任何有效的行动，也没有针对日本强盗的挑衅行动作出相应的安排。

1931年7月12日，蒋介石电令张学良，称此非对日作战之时。次日，国民政府审计长于右任也致电张学良，称："中央以平定内乱为第一，东北同志宜加体会。"（沈觐鼎：《对日往事追忆》，见《传记文学》第24卷第4期）

1931年8月16日，张学良在南京向南昌的蒋介石发出急电，报告日寇正在调兵遣将，准备武装进攻东北，请示东北军如何办。蒋介石的回电很明确："汉卿兄：无论日军此后如何在东北寻衅，我方应不予抵抗，力避冲突。吾兄万勿逞一时之愤，置国家民族于不顾。中正铣机印。"（见《六十年来中国与日本》第8辑第236页）

这就是蒋介石的"不抵抗政策"，它让刚过而立之年的少帅泪洒奉天，也导致东三省轻易落入日本强盗手中。因为蒋介石的不抵抗，东北军低估了日本强盗的侵略野心；因为蒋介石的不抵抗，东北军没有进行必要的作战准备；因为蒋介石的不抵抗，在战争爆发后被捆住手脚的东北军无法进行系统、全面的抵抗。也因为蒋介石的"不抵抗政策"，把他自己也拖入了"卖国贼"的行列。

1931年9月6日，正在北京的张学良，接到沈阳方面发来的电报，得知日本已命令驻东北部队进入作战准备。只是张学良无可奈何，还必须按照蒋介石的指示，向沈阳方面的东北军参谋长荣臻发去紧急电报："现在日方外交渐趋吃紧，应付一切，亟宜力求稳健。对于日人，无论其如何寻衅，我方务当万分容忍，不可与之反抗致酿事端。即希迅速密令各属切实遵照为要。张学良鱼子秘印。"

为制止东北军可能出现的抵抗行为，蒋介石经过与上海市长张群、考试院长戴季陶、财政部长宋子文、中央组织部长陈果夫、军事委员会秘书长杨永泰等人密商，为集中精力完成军事"剿共"和平息广州"非常会议事件"，决定为坚决执行通过外交途径、以让步制止日军进一步侵略行动的基本对策，由国民政府主席、三军总司令蒋介石亲自会见张学良，重申对日让步方针。

1931 年 9 月 11 日，蒋介石的专列经武汉星夜北上，次日中午到达石家庄。正病得面黄肌瘦的张学良由副官谭海搀扶着走进蒋介石的指挥车，蒋介石非常客气地把张少帅扶到沙发上坐定。当张学良请缨抗战时，蒋介石则非常明确地说："你身体不好，和日本打交道的事交给中央管。你安心休养吧，万一社会上出现了不利于你的舆论，由我替你承担。"蒋介石并且重申："我这次和你见面，最主要的是要你严令东北全军，凡遇日军进攻，一律不准抵抗。"后来的事情正如蒋介石所预料的那样，"九一八事变"后，社会上出现了很多张学良不抵抗放弃东北的舆论，但蒋介石并没有像他所说的那样，"由我替你承担"，一度张学良成为全国人民心目中的"不抗战将军"。

9 月 12 日，蒋介石再次致电张学良称："我以国民政府名义向东北军发出如下通令：遇有日军寻衅，务须慎重，避免冲突！要满足日方的一切要求，尽快处理完中村事件，防止日方以此作为起事的口实。"和"济南事变"如出一辙的蒋介石的"退让论"，把"不抵抗论"推向顶峰。

9 月 13 日，日本关东军司令本庄繁由旅顺到长春，随员有板垣、武田、石原等军国主义分子。在长春期间，检阅了第 4 联队和第 3 旅团。15 日又去四平、公主岭等地检阅。名为检阅，实为进行战争动员。

9 月 17 日，荣臻按照蒋介石、张学良命令，会见日本驻沈阳总领事林久治郎，表示东北屯垦军第 3 团团长关玉衡已被扣押，经过 4 次调查，事件基本清楚，双方可以协商解决。

就在蒋介石以为可以协商解决时，日本方面已经开始行动。

日寇制造"九一八"

1931 年 9 月 18 日，关东军司令官本庄繁亲自下令于当于晚上采取行动。当晚板垣最后向本庄繁请示行动时间，得到的答复是，当晚必须采取行动。

1931 年 9 月 18 日晚 10 点 30 分，日本关东军独立铁路守备队柳条湖分遣队河本末守中尉，以巡视铁路为名，率领数名日本兵，在中国军营附近、沈阳北大营南 800 米处的柳条湖铁轨附近的南满铁路上约一米长的铁轨。为制造假象，日本强盗事前抓了一批中国人，让他们穿上东北军军服，然后将他们杀在爆炸点，以此贼喊捉贼，宣传是中国军人破坏南满铁路，是中国军人在挑起事端。

爆炸声后，在本庄繁的遥控下，在板垣、建川等人的直接指挥下，日军第 2 师团 3 个联队、敢死军 1 个联队，兵分 3 路，将北大营团团围住。

驻扎于北大营的是东北军王以哲的第 7 旅，面对日军的突然袭击，刚参加完当晚进行的水灾筹赈会的王旅长在同东北军军署参谋长荣臻、辽宁省长臧式毅等人紧急会商后，决定致电正在北平的张学良，请求指示。

当晚，张学良正与夫人、赵四小姐一起在北京中和剧院观看京剧名家梅兰芳主演的《宇庙锋》，谭海向他报告说："总司令，沈阳荣参谋长十万火急电话，说沈阳日军炮轰北大营，现正攻打沈阳城。"张学良马上赶回官邸，指示荣臻说："按蒋总令 8 月 16 日'铣'电去做。"此时电话突然中断。

荣臻显然按照张学良的命令，要求东北军予以执行。正在北大营的旅参谋长赵镇藩见日军进攻，一面下命令紧急待命，一面打电话向荣臻报告，要求反击。岂料荣臻在电话中指示："不准命令，不准动，把枪放在库房里，挺着死，大家成仁，为国牺牲。"多么可笑的命令，赵参谋长身为军人，只得无可奈何地放下了电话。蒋介石、张学良的"不抵抗"政策捆住了多少人。第 7 旅的官兵，无不抱枪痛哭，眼看着日本强盗行凶无法出击，只得在日军的炮火枪弹中退出北大营。到晚上 11 时，日军开始向北大营发动进攻。次日 2 时，日军逼近营房，赵参谋长只得下令全旅突围，部队伤亡很大。凌晨 5 时，王以哲回到第 7 旅，全旅经东山镇向南撤退，期间牺牲官兵 322 名。

四个联队的日军进入北大营，一把火把北大营军营烧光。其中只有王铁汉团长明确抗命口号："敌人侵我国土，攻我兵营，斯可忍，则国格、人格全无法维持，而且现在官兵愤慨，都愿与北大营共存亡。敌人正在轰击本团营房，本团官兵势不能持枪待毙。"率领第 620 团，进行了抵抗，击毙日军 40 余名。

当晚 11 时，日本军向沈阳城发动进攻。辽宁省长臧式毅派人赶到日本驻沈阳总领事馆，责问日本领事森岛守人："日军攻击沈阳的理由何在？"森岛守人也没有接到国内的明确指示，日本政府也不会在战前把发动侵略战争的消息告诉驻外使节，所以森岛守人急忙赶往日本驻沈阳特务机关。在他的回忆录中，谈到了当晚所见所闻，证明了日本军部发动"九一八事变"的阴谋：

"特务机关内，电炬煌煌，皎如白昼。以高级参谋板垣征四郎为中心，参谋们都在忙碌不停。板垣大佐对我说：'中国军队破坏了我方重大权益的满铁铁路，我军已在同动中。'他要求总领事馆协力。

于是，我便询问：'是谁发布出动军队的命令？'

他答称：'此系紧急突发事件，因司令官（本庄繁）在旅顺，所以是我代行。'

我虽然感觉到日本军队的行动有点奇怪，但由于没有证据，所以不便提及，而只得一再强调：'有循外交交涉途径和平解决的必要。'可是板垣大佐则以相当粗暴的语气反诘我说：'眼看着统帅权已经发出，总领事馆还要来插嘴，是不是干涉统帅权？'而且，同时在场的花谷正甚至在我的面前拔出军刀，摆起威吓的态度：'干涉统帅权者，不能宽恕。'"（王俊彦：《浪人与蒋介石》第 217 页）

这位有职无权、但起码懂得一些国际准则、外交礼节的总领事，在臧式毅等人的追问下，无可奈何地说："现在日本军队既已出动，制止甚为困难；且日本军方行动，总领事无权制止，只有向军事当局提出要求，不过该不至于进入城内。"幼稚的臧式毅、荣臻等东三省领导人，日本军阀侵华之心，已经发动武装进攻，还能指望日本外交官做什么？可怜的森岛守人，身为日本驻中国沈阳总领事，竟然不知道发动侵略战争此类事关全局的大事，也不知道日军的行动目的。在法西斯专制统治下，一切都变成了不正常。

9 月 19 日上午 6 时，日本军队占领沈阳全城，东北边防军司令长官公署已经空无一人。此时森岛守人的腔调已经发生改变，因为经过数小时的作战，日军已经实现初步作战目标，同时日本国内外务省的指令已经到达。这位总领事开始露出了一副侵略者的嘴脸，对臧式毅、荣臻等人推诿说，一切要等本庄繁中将到达后才能决定。上午 11 时，从旅顺赶来的关东军司令官本庄繁带着第

30联队到达沈阳，马上命令森岛守一等人："不能与沈阳军政当局谈判，尽快张贴日军管制沈阳的布告。"

于是，在中国的沈阳城内，出现了本庄繁签署的《安民告示》："为布告事，照得昭和六年九月十八日午后十时三十分时，中华民国东北军之一队，在沈阳西北侧北大营附近，爆破我南满铁路，驱其余威，贸然袭击日本军守备队。是彼开始敌对行动，甘为祸首。抑我南满铁路者，往年日本帝国依据条约正当获得，归属我所有，其他国一指尚不敢染。今遇中国东北军，不但敢犯之，更竿头进一步，至于对帝国军队发枪开炮。是彼东北军自对我军来求挑战矣。晚近考察东北方面情势，对我利益频繁迭起侵害行为，境内到处发生侮日行动，自决非一时的感情之诱因，常以惯用手段，藐视国际道义，狃习侮日行为者，只观东北军权之计划的行为外，明知何物不存在，任其骄势所趋，于今非应惩之，或恐有其结果不可测知者。熟思敢行动暴举者非华国民众，彼怀抱野心一部军权之行为也。本职夙负保护铁路之重责者，因为拥护其即得之权利，确保帝国军之威信，兹方执断然处置，无敢所踌躇。夫我军欲应惩者，彼东北军权而已。关于所有养生休戚，本职最所注意考虑。特对部下已经切实谕示，拥护其物利，爱抚其身命。仰儿东北民众，各自重，无所虑。安居乐业，乃勿滋疑惧逃避之举。然倘有动我军行动欲加妨害者，本军毫无所顾虑，必出断然处置，特着重声明此布。昭和六年九月十九日， 大日本关东军司令官本庄繁。"

本庄繁的布告，集中反映了日本军国主义分子的丑恶灵魂和侵略野心。在中国主权问题上是颠倒黑白，在为侵略行为辩护时是强词夺理，在欺骗民众时是一派胡言。总之，不值得一驳，在耐心看完布告后只有一种想法，这就是侵略者的强盗逻辑，这就是日本人的侵略野心。

日军在攻占沈阳后，沿南满铁路两侧，采取行动：

9月19日凌晨，日本驻长春的多门师团向东北军驻铁北二道沟的东北军李桂林的第23旅一部发动进攻，全城守军在原吉林长官部参谋长、汉奸熙洽的命令下退出该城，长春轻易易手。

9月20日，熙洽又让吉林市张作舟的第25旅和所有省防部队退往城外，23日下午熙洽陪同多门二郎师团天野旅团进入吉林，成立伪长官公署，熙洽出任吉林省长官。

10月20日，张学良任命马占山代理黑龙江省主席，指挥第1、2旅、骑兵第1、2旅在省会龙江市（齐齐哈尔）阻止日敌，11月19日撤退，汉奸张景惠在龙江就任黑龙江省省长。

1931年10月22日，国联通过决议，限日军于11月26日以前退出沈阳。张学良信以为真，还于10月底飞南京，与中央政府商讨接收沈阳办法，因为日军根本没有撤兵的打算，张学良也不可能得以接收。

1932年1月3日，日寇第8师团强渡大凌河，攻进锦州。锦州早在上年12月初由中日双方划为中立区，驻锦州的东北军第12、20旅、骑兵第3旅撤往关内，留在城内只有3个公安骑兵总队维持治安，双方以大凌河为界。锦州被占领后，日军又兵临山海关前，东北的大门、关内外通道被截断。

2月1日，在哈尔滨、双城附近的东北军第22、25旅、炮兵团等部，在三江镇守使李杜、中东路护路军总司令丁超、第22旅旅长赵毅、黑龙江呼伦贝尔警备司令苏炳文等人指挥下，在双城伏击天野旅团。直到5日，哈尔滨也落入敌手。

至此，区区总兵力只有一万余人的日本关东军，在4个多月的时间内，除在黑龙江受到马占山将军等人的抗击外，长驱直入，南北横扫，100万平方公里的国土沦丧，3000万东北同胞成为亡国奴。这是人类历史上罕见的事件，也是中华民族无法忍受的奇耻大辱。造成这一大失败的主要原因，是因为蒋介石的"不抵抗"。

"九一八事变"关系到民族的存亡，所有的中国人都经历了事变战火的战斗洗礼，表现形式和内容有不同。

国联解决难解决

"九一八事变"是由日本军国主义分子挑起的，但是日本军国主义的侵略野心却是在蒋介石的退让和纵容中逐渐膨胀起来的，更是在蒋介石的退让中一步一步实现的。从本质上讲，蒋介石一直存在着一种崇日媚日的痼疾。因为年轻时到日本留学，在日本学习、生活过一段时间，也曾为躲避北洋军阀当局的迫害逃亡日本，因此对日本怀有一定的情感是可以理解的，也是可能的，但这与无视国家主权、对侵略者退让有着原则区别。对侵略者的退让，是对侵略的纵容，更是对民族的背叛，蒋介石在这一基本原则上一直是非不清。远的不说，他第1次下野到日本活动时，不仅没有对所见到的田中等日本军国主义分子的对华不良企图进行坚决的斗争，反而处处讨好日本朝野人士，甚至传出蒋介石为了取得日本对蒋记政权的支持，不惜与日本达成南北分治的密约。在济南事变时，面对日本强盗的杀人欲和破坏欲，面对日本强盗屠刀下惨遭杀害的中国人，面对到处冒着浓烟、遭焚烧的泉城，身为军队最高统帅的蒋介石，不仅没有指挥占绝对优势兵力的军队进行必要的反击和对中国人民进行必要的保护，反而下达了日本人要杀谁就让其杀、日本人要抢谁的财产就让其抢、日本人要缴谁的枪就让其缴、日本人要捉谁就让其捉的"卖国式"的命令，这种命令在极尽割地赔款之能事、腐败无能的清慈禧时期也不敢下达。东北易帜后，日本特务和关东军加紧实行对中国东北地区干涉的侵略步骤，对于日本关东军和特务机构在东北的每一挑衅行为，张学良和东北当局早已及时汇报中央政府，蒋介石为了确保压制新军阀战争的胜利，为了顺利完成"军事剿共"目标，对日本在关外挑衅的基本立场是确保东北无战事，以退让求和平。蒋介石拒绝采取强硬态度制止日本人的挑衅，就是担心对日本的侵略行为针锋相对、寸步不让将会牵涉过多的精力和实力，影响实施"剿共"和压制地方实力派的总体安排。不仅如此，蒋介石没有向军情紧急的东北派出一兵一卒，反而为了打赢中原大战，从边防重地东北地区抽出 7 万精锐部队，使得本来防卫兵力不足的东北更加空虚，为日本强盗扩大侵略提供了条件。因此，虽说在 1932 年 3 月 14 日蒋介石正式提出"攘外必先安内"，但其"攘外必先安内"思想早在开府南京后，在对日外交活动中已经开始执行，在东北问题上集中表现为对日本的挑衅"不抵抗"。国民党方面某些御用文人说，蒋介石的不抵抗只是对日本的挑衅而言，没有想到日本是发动侵华战争。如果这些御用文人的话可信，那么请问在知道日本在东北并非是"挑衅"而是"发动侵略战争"后蒋介石为什么依然不抵抗！

　　"九一八事变"发生后，蒋介石根本没有采取任何有效军事行动，更没有从江西"反共"军事前线抽出兵力调往抗日前线，也没有放松对广州国民党中央党部非常会议的军事压力。1931 年 9 月 21 日，蒋介石风风火火从南昌赶回南京，主持高级军政官员会议，国民政府审计院长于右任慷慨陈词："本人认为，日本军队既已发动攻势，就应该先行抵抗，而后再议其他。"三军总司令部秘书长邵力子、教导二师师长张治中等有识之士在会上大声疾呼，坚决抗战，与日寇决一死战。蒋介石的本意十分清楚，在何应钦等亲日将领发表了

"国力不足，军力不够，抵抗无益，不足言战"的谈话后，表示"余主张以日本侵占东（三）省事实，先提交国际联盟与签约非战公约诸国，此时唯有诉诸公理；一面则团结国内，共赴国难，忍耐至于相当程度，乃出以自卫最后之行动。"（李云汉：《九一八事变后蒋"总统"的对日政策》，见《中国现代史论和史料》第 284 页）他还对陈布雷说："我意按照《国际盟约》及《非战公约》与《九国公约》，诉之国际公论，中国将听命于国联，要求国联中立委员会监视日本撤兵，我方态度明确，我已严令东北军不得节节抵抗。"蒋介石还主张与日本方面进行直接交涉，在当晚召开的国民党中央执行、监察委员联席会议上，组成了特种外交委员会，由戴季陶任委员长，宋子文为副委员长，顾维钧任秘书长；任命从事外交多年的顾维钧为外交部长。最后因为社会各界的反对，与日交涉没有进行。至于寄希望于第一次世界大战后成立的、由美英法等国控制的、64 个国家组成的全球国际联合会，希望通过国联逼使日本强盗退回事变前的状态，这是根本不可能的事情。蒋介石指示中国出席国联的代表施肇基于 1931 年 9 月 21 日向会议提出了"一、制止事变扩大；二、立即恢复冲突前原状；三、决定中国应得赔偿及数量"的控诉，尽管国联也于次日通过了"致紧急通知于中日两国政府，请各防止有使事态恶化或妨碍和平解决的任何行动"的决议，但事实上，在 20 年代末 30 年代初，美英法等国本身已经陷入世界性的经济危机之中，无力东顾，更不会与日本对抗。"依靠国联"，实质是蒋介石在为推行"攘外必先安内"寻找托词。因此蒋介石是不抵抗的元凶，国土沦丧的罪魁。

东北军撤出东北

20 世纪 20 年代初，日本从称霸世界、占领中国、压制苏联的目标出发，与日本殖民地朝鲜相邻的中国东北地区则成为日本军阀觊觎的主要目标，统治东北地区的张氏政治势力为了祖国领土完整和主权独立，付出了很高的代价，张学良的父亲、东北边防长官张作霖死于日本特务之手。张学良继任东北边防长官后，成为日本外交当局和关东军部拉拢的目标。日本当局图谋利用年轻的张学良，把东北作为日本的殖民地，成为进攻中国或有可能进攻苏联时作为前进基地。继承父位时只有 28 岁的张学良将军，年龄不大但政治上成熟，作为中国的高级官员，他坚决回绝了日本特务和外交使节的拉拢；作为中国的高级将领，他顶住了日本方面的威胁；作为东北军最高指挥官，他清除了东北军内部的亲日派；作为一名有作为的将领，他在一定程度上制止了日本军国主义势力在东北的扩张；作为一名中国人，他为民族为祖国做了应该做的事。

令人遗憾的是，张学良在关系民族存亡的紧要关头，他成为蒋介石"不抵抗政策"的执行者。东北军入关助蒋主打中原大战后，日本当局就已开始筹划侵略中国东北地区的战争，在这一大背景下，日本特务、日本军人和外交官员不断进行各种各样的挑衅。作为东北军最高军政长官，张学良理应坚持正义，坚决回击，固守疆土，指挥驻扎东北各地的20万东北军将士和领导3000万东北同胞，共同对付只有万余人的日本关东军和数量并不多的日本特务。在当时的背景下，东北成为日本军国主义势力新的对外扩张目标，在蒋介石主导下的南京政府并没有决定进行抵抗的情况下，张学良很难取得彻底胜利。但是张学良如果进行坚决的斗争，起码可以遏制日本军国主义势力的侵略野心，或者说可以拖住大量日本军队，为全国抗战的进行提供必要的时间。退而言之，作为几十万军队的统帅，守土有责，抗日有责，起码也要进行与统帅身份和军队实力相一致的反抗侵略的作战，否则有何面目再见国人？再则，日本侵略者进攻的目标并非其他地区，而是东北军和张学良将军的家乡，张学良竟然一兵不发、一枪不打退出东北，此种情形且不说是张学良将军，即使对于国人平民来讲，在亡国亡家面前无动于衷、落荒而逃，恐怕也难以为人，更何况为手握重兵的张将军！当然张学良之所以命令东北军"不抵抗"，并非他个人所为，而是他作为三军副总司令，必须执行三军总司令蒋介石三令五申关于"不抵抗"的命令。从这一点讲，他显得政治上的不成熟。在日本强盗的侵略面前，他作为东北最高军政长官，又是将在外君命可以不受，只要他举臂一呼，跟随者不在少数，如果他在外侮当前，保家卫国，一拼沙场，他又何罪之有？即使为之戴罪又有何惧？如果他这样做，在全国人民面前则就是位民族英雄。如今他因为没有抵抗，成为当时许多中国人心目中的民族罪人！也就是说，在民族英雄和民族罪人的选择面前，张学良因为对蒋介石的"忠"，失去了成为民族英雄的机会；张学良因为不明大义，成为丢失东北国土、陷父老乡亲于水火的直接责任者！

张学良在成为"不抵抗政策"执行者的同时，还成为"不抵抗政策"的牺牲品。张学良在事变以后，及时、全面向南京中央政府报告了东北的实情。张学良将军本人于19日在北平协和医院向中外记者声明，东北事变是日军侵略所致。在 19（皓）日致电南京政府，20 日致电国民党中央党部，介绍日军挑衅和进攻情况。在后一份电报中说"日军占据沈阳一切情形，业于皓日通电奉闻，计已达及。近据确报，营口、安东、长春等处，日军亦有同样动作。安东于巧晨六时被占，营口、长春均于皓昼八时被占。各该市内，我国军警武装，均被解除。除详情仍饬密探具报处，敬电奉闻。"23 日，张学良又派出黑龙江省主席、防俄军总司令万福麟和国民政府参谋本部参谋次长鲍文樾飞南京，向中央汇报。可以说在事变发生之初，张学良将军并没有隐瞒真相，态度也是积极的，但是蒋介石却不是这样。蒋介石从南昌一回到南京就严令张学良不得抵抗；万福麟等人到南京后，立即受到蒋介石的接见，蒋介石再次指示："你们回去告诉汉卿（张学良），现在他的一切都要听我的决定，万不可自作主张，千万要忍辱负重，顾及全局。"因此，事变前是蒋介石要张学良不抵抗，事变后又是蒋介石要张学良承担责任，"忍辱负重"，这就使得张学良，没有机会也不允许他出面讲清在日军发动挑衅和侵略时、东北军不抵抗是蒋介石命令所致这一真相；蒋介石本人从来没有出面为张学良"讲清楚"，也不会为"不抵抗"命令负责，还于 12 月 15 日因为广州非常会议闹得不可开交而不得不辞职，这一国民党内政治斗争的结果却在表面上造成了蒋介石为丧失东北国土负责的假象。张学良代替蒋介石成为全国人民心目中不惜国土、不痛国民的"不抵抗将军"，成为"不抵抗政策"的牺牲品。人们记得，在 1930 年 9 月 18 日，张学良入关勤王，东北军大军入关进攻阎冯倒蒋联盟，帮助蒋介石坐稳了江山；一年后的同一天，蒋介石把张学良捧上了"不抵抗将军"的"宝座"

曾任孙中山的秘书长、广西省长的马君武，在《重庆日报》上发表了著名的《哀沈阳》诗，说："赵四风流朱五狂，翩翩胡蝶最先行，温柔乡是英雄冢，哪管东师入沈阳？告急军书夜半来，开场弦管又难催，沈阳已陷休回顾，更抱阿娇舞几回。"既然是诗，是文学，则有创作，不可能与事实完全一致。事实上张学良是在看京剧，赵一狄、朱五、胡蝶小姐没有跳舞，更没有与张学良一起跳舞。但是，这样一首不符事实、说张学良在声色歌舞中不顾国事的诗，以及各种批评张学良不抵抗的文章和作品，当时竟然如此流行，人们信以为真，并非是对张学良与名女人跳舞的不满，而是对张学良丧失国土的不满。纵观张学良将军的成长历程，东北是他的家乡，更是张氏势力起家和生存的基础，张学良作为张作霖的传人，能不心疼？能不热爱？他难道不知道东北沦陷，造成了他丧失政治前途、丧失政治生命的事实这一严重后果吗？只是，他政治不敏感，缺乏基本判断力，运筹谋略显得不足，以对蒋介石的个人感情取代民族大义，以得失短视取代爱国主义，最后成为蒋介石"不抵抗"的牺牲品。正如他自己所说："少年登科，大不幸矣"。

马占山江桥抗战

东北军向来阵容比较整齐，装备精良，兵强马壮，实力远在其他地方实力派之上。到事变发生前夕，除在平津有两个军数万主力外，在辽宁省有王以哲的第5旅，张廷枢的第12旅，张树森的骑兵旅驻沈阳、锦州、通辽等地；常经武的第20旅驻洮南，还有两个省防旅。在吉林省有9个旅，黑龙江省有4个旅，沈阳有空军，葫芦岛有海军，此外还有不少地方保安部队，实力可观。仅沈阳周围陷落时，被日本强盗接收的武器就有步枪9500余支，各式机枪2500余挺，各种火炮650门和迫击炮2300余门，东北航空处的飞机260多架，此外还有东北军撤退中遗失的各种武器。东北军有如此强大的战斗力，却不战而退，实非东北军本身所造成，而是因为有蒋介石的"不抵抗政策"，有张学良将军执行蒋介石的"不抵抗"命令，在此情况下才有东北军的没有抵抗。正是南京政府中的亲日派不断放出的媚日降日风，正是日本当局从济南事变中看到了蒋介石的妥协和软弱，正是日本当局已经摸清蒋介石的"不抵抗政策"，正是因为日本当局看到蒋介石既要"反共"又要对付广州倒蒋派无力对付外侵，所以才在东北下手，发动侵略战争。

在蒋介石的"不抵抗政策"下，张学良指挥东北军脱离战场，迅速南撤，东北军成为外侮当前只知逃跑、日寇未到自己先跑的典型，在全国人民面前丢尽了脸。但是东北军没有像张学良那样，几年以后才一洗"不抵抗将军"的耻辱，东北军中的一些抗日官兵，马上在实际行动中表现出极大的爱国爱家热忱，马上投入抗日战场。其中的杰出代表是马占山。

在江桥抵抗日军的马占山将军

马占山为黑龙江黑河镇守使兼警备司令，他被任命代表省长职务后于10月19日到省会龙江市，马上组织军队和民众，准备迎战日军。在此之前的10月16日，在汉奸张海鹏的指挥下，伪军已经向江桥发动进攻。江桥是嫩江上的一座大桥，是进入齐齐哈尔市的必经之路，负责守卫大桥的于兆麟部勇敢迎战，将前来进攻的伪军打得落荒而逃，伪军司令徐景隆也被地雷炸死。于兆麟为便于堵击敌军，炸毁3孔桥梁。11月3日，日军在命令东北军修复江桥的最后通牒失效后，开始武力掩护下的江桥修复工作，并在4日向东北军阵地发动猛攻。马占山指挥所部英勇作战，在第一仗中打死日军167人，打伤600余名，伪军伤亡700余人。6日清晨，日军组织两个步兵联队，近50余门野炮，8架飞机，4列铁甲车，连续向江桥发动进攻。在日军猛烈的火力攻击下，东北军死伤600余名，马占山不得不下令撤离江桥到三间房布防。三间房南距江桥50里，北距齐齐哈尔70里，主要由第1旅防守，为第二道防线。日军在调来多门二郎师团增援后，于12日通告马占山，要其下野，让出省城。遭到马占山拒绝后，日军分3路在数十架飞机的掩护下，向东北军阵地发动攻击，14日日军发动总攻，在敌我火力、兵力悬殊的情况下，东北军损失惨重。双方激战到18日，东北军后方无援，弹尽粮绝，有许多战士已经数日连饭都吃不上，不得不撤出阵地。在日军的追击下，11月19日马占山又率部撤出省城，汉奸张景惠粉墨登场，充当傀儡，出任黑龙江省省长。至此，坚持近一月的江桥抗战正式结束。江桥抗战虽然没能阻止日军的进攻，虽然东北军损失巨大，但是它以英勇抵抗、奋勇杀敌，在东北军的全面溃退中独树一帜，全国各界人士纷纷致电声援，称马占山是"为国家保疆土，为民族争光荣"，是"将吏之楷模，国民之表率"，为中国人民抗战史写下光辉的第一章。当然，马占山后来一度以"假降"与日寇周旋，出任黑龙省伪省长、伪满州国军政部长，曾被国人所唾骂，但于1932年4月1日，悄悄带走由日本侵略者控制的2700万款项、18辆汽车、300余匹军马，出走黑河，重新高举抗日战旗，继续谱写消灭日本侵略者的新篇章。

马占山到黑河后，与李杜、苏炳文等将领一起在哈尔滨组织东北救国抗日联合军，并出任总司令，组织附近县市的抗日义军对日作战，1932年底因寡不敌众、补给困难而绕道苏联、欧洲回到上海。抗日战争爆发后，出任东北挺进军司令，1940年5月3日，在陕西榆林就职黑龙江省政府主席。抗日战争胜利后，马占山出任东北保安副司令长官、东北"剿总"副总司令。新中国成立时，马占山留在了北平，为和平解放北平作出了贡献。全国政协一届二次会议召开时因病未能参加会议，1950 年 11 月 29 日，一代抗日名将长逝。从高举抗日战旗名响全国，到参加建设新中国的行列，为最后的人生旅途画上圆满的句号。

从事变过程看，张学良执行不抵抗命令果然事出有因，但与马占山等抗日将领相比，英雄和败将在乎一瞬间，成败得失一目了然；东北军主力面对日本强盗的炮口没有抵抗，果然是不能抗命抗日所造成，但与马占山部的江桥抗战相比，义军和败军在乎一瞬间，成败得失一目了然。东北军不战而退，率先逃命的丑陋现象，或多或少被马占山的江桥抗战所改变。

中国人民要抗日

日本对中国的全面侵略战争开始于"九一八事变"，但对中国主权和领土、财富的挑衅由来已久。远的不说，自北伐开始以来，先后发生过"南京事件""济南事件"，阻挠东北易帜事件和发动侵略东北的战争，至于日本人在中国各地胡作非为、侵扰中国人的事件更是数不胜数。在这一系列的冲突中，中国人一直不明白，作为中国最大的实力派、作为政治独裁者的蒋介石，为什么对人民大众凶神恶煞、对中国共产党人残酷镇压，为什么对一再侵犯中国主权和欺负中国人的日本强盗一再退让？中国人民首先不明白的是蒋介石与日本的关系。蒋介石从懂事起就立志赴日本留学习武，这无可非议，在当时有志去日本留学的青年不在少数，但绝大部分人没有像国民党内的亲日派那样媚日崇日怕日降日，为什么蒋介石偏偏落下个亲日的痼疾？为什么在日本人面前他就是直不起腰来？为什么日本人总是在面积比它大 30 余倍、人口比他多近 10 倍、军队比他多近 4 倍的中国大地上作威作福、无法无天？蒋介石和日本人之间到底有什么不可告人的关系？中国人民其次不明白的是蒋介石对日本强盗的态度。南京事件起，本为战争期间不可避免地动乱，西方列强联合起来向南京城开炮，滥轰滥炸，多少市民死于炮火之中，多少民房民财毁于炮火之下，其中日本人表现最为拙劣，蒋介石却低三下四，多次向日本等国代表"说清楚"，甚至到了已经不分谁是受害者谁是侵略者的程度，这是为什么？中国人民第三不明白的是蒋介石对日本的不抵抗。在济南事件时，蒋介石是军队能打不让打，在山东一带的驻军高过日本军队十几倍，完全可以彻底消灭日本人；

当时的国际情势和中、日对比也完全可以挫败日本人在济南的侵略计划，蒋介石不让打，这是为什么？"九一八事变"时，军队想打蒋介石不让打。日本在中国东北地区的军队不过万余人，事变发生后，包括从朝鲜运来的增援部队，所有兵力相加起来也不过 2 万人左右。中国军队数量高于日本近 10 倍，装备精良、实力较强的东北军完全有能力有信心置日军于死地，起码可以给敌人于重创，狠狠教训一下日本人，推迟日本发动侵华战争的时间。东北军有志于保卫自己的家乡，有志于与侵略者一拼死活，但是蒋介石不让打，这是为什么？

中国人民终于从蒋介石在东北事变的表演中弄明白了事情的缘由。最先提醒中国人民的是蒋介石于 1931 年 9 月 23 日发表的《告全国人民书》，声称："希望我全国军队，对日军避免冲突；对于国民，亦一致告诫，务须维持严肃镇静之态度。至对于在华日侨，政府亦严令各地地方官吏妥慎保护，此为文明国家应有之责任。吾人应以文明对野蛮；以合理态度显露无理暴行之罪恶，以期公理之必伸。然为维持国家之独立，政府已有最后决心，为自己之准备，决不辜负国民之期望。"（蒋纬国：《国民革命战史》第 3 部《抗日御侮》第 3 卷第 3 页）。在日本发动全面侵略战争时，蒋介石要中国人不要抵抗，要采取文明途径劝说侵略成性的侵略者放弃侵略意图，此事让全国人民想了很多，人民群众和各界人士开始对蒋介石的所作所为进行深思和分析。

表面的原因有二，一是国际原因，蒋介石寄希望于国联出面进行干涉，利用西方帝国主义国家保持在华政治、经济利益的愿望，出面制止日本在中国东北的侵略。二是应付正在广州集结的第 2 次党内倒蒋大联盟，宁、粤双方正闹得不可开交，因为"九一八事变"爆发双方加快合流步伐，着手进行谈判。分化倒蒋派、巩固在党内的地位是蒋介石的主要目标，所以无暇顾及失地丧土。到 1932 年 3 月 14 日，蒋介石第一次公开发表了"攘外必先安内"的谈话，全国人民终于明白了蒋介石所作所为的真实目的：他寄希望于国联解决日本侵略问题，根本不可能。但之所以这样做，无非是为了不因日本侵略和进行抗日干扰"反共"大方向，无非是为了保存"反共"军事实力，无非是为了赢得党内的权力之争。全国人民终于明白，蒋介石是"反共"在前，固权在先，民族危亡对他来说只是进行政治斗争的筹码而已。

全国人民在明白蒋介石"攘外必先安内"的政策后，意识到要想解救中国的危亡，要想打败日本侵略者，只有进行全民族的抗战，只有与日本侵略者进行坚决的斗争，只有用武力才能收回被日寇占领的领土。

1931 年 9 月 22 日，中共中央发表了《关于日本帝国主义强占满洲事变的决定》。要求各级党组织"发动群众斗争来反抗日本帝国主义的侵略，加强在北满军队中的工作，组织它的兵变和游击战争，直接给日本帝国主义以严重的打击。"在中共各级组织的发动和领导下，全国掀起了抗日反蒋的高潮，全国人民起来挽救民族危亡。9 月 24 日，上海爆发了 35000 名码头工人反日大罢工；10 月初上海 23 家日资纱厂工人成立"上海日商纱厂抗日救国会"；上海 80 万工人组织了"抗日救国联合会"。紧接着北平、天津、广州、武汉、西安、福州、南昌等各大城市也先后爆发了声势浩大的游行示威，抗议日本的侵略罪行。在南京的宁沪学生代表 2000 余人，来到国民党中央党部请愿，被当局拒绝；到外交部又被军警阻拦，在万分气愤之下，学生代表痛打了已经下台的外交部长王正廷。马占山江桥抗战开始后，各地群众自发组织慰问团、后援会、捐钱捐物、支援黑龙江抗战，哈尔滨、北平等民众组织援马抗日团，奔赴黑龙江抗日前线，支持江桥抗战在中国人民抗战史上留下了光辉的一页。针对蒋介石假惺惺表示的将于 11 月 19 日将率师北上抗日的话，各地代表 2 万余人，组织了欢送蒋介石北上运动，见蒋介石到期未动后，于 11 月 26 日集中到国民党中央党部前面，要蒋介石签署北上出兵抗日声明；在国民政府门前挂了一座警钟，不停地敲，以示告诫世人，不要忘记国耻，不要忘记蒋介石的承

蒋介石接见要求出兵抗日的请愿学生代表

诺。第二天，蒋介石又出来表示，"我如不抗日，可杀我蒋某之头"，3天后出兵抗日。学生让他签字，他就是不敢签。不仅如此，1931年12月17日，蒋介石政府在南京制造了杀害30余名、打伤100多名请愿学生代表的惨案。这更让全国人民明白了蒋介石的真面目，更激起全国人民的抗日热情。从"九一八事变"一开始，全国人民就开始了从呼吁到实现全面抗战的漫长过程。

"九一八事变"，是中华民族历史上最惨痛的一页，因为日本帝国主义侵占了东三省！中华民族到了最危险的时候！

"九一八事变"，是中华民族历史上最光辉的一页，因为全国人民从国恨家仇中开始觉醒！被迫发出最后的吼声！

"九一八事变"，是中华民族历史上最动人的一页，因为全国人民面对国难决心同赴国难！组成我们新的长城！

"九一八事变"，是中华民族历史上最壮观的一页，因为全国人民开始准备全面投入抗战！万众一心向前进！

"九一八事变"，也是一面公正且无情的镜子，把蒋介石和南京政府"攘外必先安内"的不良用心暴露在光天化日之下。对侵略者的让步就是对民族的背叛，对侵略者的纵容就是对国家的伤害，对侵略者的客气就是对人民的仇恨。

"一·二八事变"——蒋介石抵抗不积极

日寇在中国东三省得手后，几乎未遇到抵抗的事实助长了军国主义分子的政治企图心，一仗占领三倍于日本本土面积的土地使得军国主义分子得意忘形，中国东三省丰富的政经资源增加了军国主义分子的侵略实力。

日寇要扩大侵略

对日本天皇为首的侵略决策群体来说，还有更为重要的体会，他们通过认真研判得出了如下结论：

一是蒋介石不想打。在日本人眼里，从来看不起中国的统治者蒋介石。他们对蒋介石非常熟悉，从蒋介石进入日本士官学校预备学校学习起，日本军方和特务机构就像对其他参加中国革命党人活动的军校中国学生一样，暗中进行监视，负责监视蒋介石等学生活动的就是后来侵略中国的主要战犯之一——铃木贞一。蒋介石在日本期间的活动一直受到日本特务机构的关注，日本有关当局对蒋介石的结论是：此人对日本有着特殊的感情，轻易不会与"导师"日本进行对抗，可以利用这一点扩大在中国的活动。蒋介石与日交往的"软骨病"，并不奇怪，中国近现代史上的许多政治人物大都患有此病，他们在国人面前吆五喝六，在日本人面前却是卑躬屈膝、国格人格全无。对日本决策当局最有说服力的事，无非是日本军人在南京、济南、东北三次挑衅。在南京是炮击，在济南是杀人放火，在东北是占领领土，表现仪式不一性质一样，蒋介石有反应但没有反击，这说明蒋介石根本不想打。

二是南京政府打不赢。在日本人眼里，自清末以来，北洋、南京历届政府在对付外国列强的欺负时，无非是进行一些例行的口头抗议，只要能够保住他们的权力地位和既得利益，出让包括领土、主权在内的各种利益甚至牺牲中国人的生命都在所不惜。日本当局已和南京政府交手多日，每次都是日本人处于劣势，每次都是一小批日本军人借故挑衅。特别是在济南，蒋介石指挥的北伐军在周围集结有20余万人，日军不足中国军队的十分之一；沈阳事变时，东北军有近20万人，日本军队同样不足中国军队的十分之一。两次日本军队的处境都非常危险，只要中国方面进行抵抗，在两地的所有日本军队将全军覆灭，这是任何一个军事家和政治家都能看到的现实。奇怪的是，竟然南京政府每次都是全线退让，甚至连起码的抵抗表示都没有，每次都让日本人不战而胜。因此，日本决策当局得出的结论是：南京政府过去没有抵抗，以后也不会进行抵抗，因为南京政府对中国军队根本没有起码的自信心，因为南京政府根本不会同意坚决主张抗日的人民群众和工农红军参加抗日阵线，因而南京政府根本不可能打赢与日本人的战争。

三是蒋介石镇压人民抗日。在日本人眼里，蒋介石可以向外国列强让步，可以在西方国家面前表现他的温文尔雅，可以礼仪之邦在世界上树起谦让的形象，但是他不会向管辖下的人民让步，不会同意中国人民组织起来，为民族解放而奋斗；他更不会向中国共产党让步，不会赞成中共发动群众、组织抗日运动。在日本人眼里，最为担心的是中国人民的反抗。对日本决策当局来说，感受最深的是自鸦片战争以来，对西方列强在中国的侵略行为，威胁最大的是中国人民的反抗，令人不解的是中国人民的反抗最后不是失败在外国列强手中，而是失败于中国清王朝和北洋政府、南京政府所破坏或镇压。日本当局知道，侵略中国，已经遭到中国人民的强烈反对，中国人民如果组织起来进行抵抗，日本绝无胜利的希望。但是日本当局已经得出另外的结论：中国人民的反抗不可能成为现实，因为蒋介石和南京政府不会坐视不管。对蒋介石和南京政府来说，如果让人民群众组织起来，在消灭侵略者的过程中得到发展和壮大，必然会威胁到国民党的反动统治。因此，与其让人民革命起来，还不如让出部分国土交由日本人暂时管理。这样，中国人民的反抗，因为有蒋介石的阻挠，不可能对日本的侵略行动构成威胁。

四是扩大战争时机成熟。在日本人眼里，扩大对华侵略战争的时机已经成熟。日本人经过长期对中国的情报侦察和情报研究，得出了蒋介石不会打、南京政府打不赢、人民抗日运动因为南京政府的阻挠不可能取得成功的结论，这无疑有助于日本上层主战派势力的急剧上升。此外，还有一个十分重要的原因，南京政府和国民党正处于争斗高峰，国民党内分成蒋介石、胡汉民、汪精卫三大派，在南京、上海、广州争吵不休，蒋介石已经被迫下野，南京城内群龙无首；蒋、胡、汪三派不可能坐到一起，任何两派合作必然会受到另一派的牵制，南京城内争吵一时难以结束，政府不一致当然也就谈不上一致对外。这种态势的出现，无疑是更加坚定了日本上层主战派扩大侵华行动的决心。第三，在中国东三省的行动，出兵不多，费时不多，几乎没有遭到抵抗，作战收获却远远超过预料之外，这无疑则成为日本上层主战派扩大侵华行动的主要理由。

1931年12月11日，日本若槻次郎内阁总辞，由政友会犬养毅组阁，此人在扩大侵华战争方面要比军部显得保守、稳重得多，因而在对华采取军事行动方面直接由天皇负责，裕仁自始至终一直处在侵略中国的第一线策划、活动、指挥。通过身边一批武士和驻外武官比较了解欧洲和美国的裕仁，在侵占中国东北成功后，又继续策划阴谋，扩大在华的侵略行动和范围，目标是向国际施加压力，迫使西方默认日本在中国的侵略行动，在东北扶持伪政权作外交上的准备，同时为下一步发动全面对华战争、占领中国做准备。

日本军部根据裕仁的计划，把新的挑衅点选在中国上海。上海地处中国东南沿海，长江出海口，地理位置十分重要，位于中国经济最为发达的长江三角洲的中心，进攻上海可以威胁整个中国的经济运行；上海是中国的经济、文化、政治中心，距南京不远，进攻上海可以威胁南京政府的权力运行；上海是中国与世界联系的主要渠道，进攻上海可以威胁中国的外交运行；上海是西方资本的主要投资地，进攻上海可以向西方政府施加压力。此外，日本军部把上海选为进攻的新目标，是因为上海为中国东南最大海港，日本在长江口已经停泊不少海军部队，便于从日本本土和朝鲜、中国的台湾和东北等地向沪运送作战所需要的陆军和海军陆战队。

日本在上海发动武装侵略的直接原因是为了转移全世界的视线，掩护日本侵略者在中国东北进行的分裂中国的罪行。1931年9月23日，在裕仁的安排下，军国主义核心组织"11人俱乐部"召开会议，确定了占领东北、组织满洲国的基本方针，考虑到这一公开分裂中国主权的侵略行径，必然会遭到国际上的谴责。为避免引起国际上的强烈反应，应该发动一次新的行动，以转移西方政府的视线。从这一基点出发，这批军国主义分子认为上海是最合适的地点，因为上海集中了西方主要财团对中国的投资，上海同样是西方国家官方和民间人士前往旅游、观光的场所。侵略上海的炮声，完全能够起到集中西方国家外交视线的作用，以迫使承认即将成立的伪满洲国。会议作出的另外一个具体决定，就是命令由板垣征四郎执行在上海采取新的军事侵略行动的计划。

1932年1月10日，日本关东军高级参谋、"九一八事变"的罪魁祸首板垣征四郎在给日本军部驻上海特务机关长、日本驻上海副总领事田中隆吉的电报中称："日本政府对于国际联盟非常顾忌，以致关东军的计划很难如意推进。现在关东军准备占领哈尔滨，并预定在来年（实为1932年）春天实现满洲独立，打算以逊位清宣统皇帝溥仪为满洲国首领，土肥原大佐已去天津和溥仪接头。只是，这个做法将会引起国联的鼓噪，而日本政府也就难以赞同。为此，剩下一个最后的办法——就是在上海搞出一点问题来，转移西方列强的注意。"（王俊彦：《浪人与蒋介石》第226页）其意昭昭，可谓是无所不用其极。事实上，从人类进化史看，人只要不讲人性和良心，什么坏事都能干出来。

按照板垣的电令，田中隆吉和情妇、"满清"贵族的后代、汉奸东珠即川岛芳子，马上与日本驻上海总领事村井仓松，日本驻上海海军最高指挥官、日本第一遣外舰队司令盐泽幸一，日本侨民上海居留会长何端等密谋，决定收买一批流氓地痞，挑衅滋事，为在上海发动武装进攻制造借口。为此，筹集了12万日元的经费，收买一批日本浪人和泼皮无赖，开始闹事。

1932年1月间，为准备行动，日本30余艘军舰和数千名陆军集结上海。

1932 年 1 月 18 日下午 4 时过后，只见天崎启升、井上秀雄、后藤芳平等 5 名日本浪人，化装成妙法寺和尚，来到上海市闸北区马玉山路三友实业社门前，不问青红皂白，捡起石块、砖头向厂里砸去。为什么日本特务选中三友实业社挑衅，是因为三友实业社生产的"祝君早安"毛巾取代了日本商人生产的"铁锚牌"毛巾市场，日本特务和浪人心中有气，所以三友实业社成为首选目标。

日本浪人的石块打伤了实业社门卫班长，对日本强盗早已恨之入骨的工厂义勇队，立即停止训练前来制止行凶。厂内正在训练的义勇队怒火中烧，揪住日本假和尚准备与他们论理。岂料 5 个假和尚没有行善的佛性但都是柔道高手，又打伤了 5 位中国工人。工人们气愤至极，一拥而上，狠狠教训日本假和尚。听到消息后赶来的警察，急忙救下已经被打伤的假和尚，并送往宁国路圣心医院救治。其中，天崎启升罪有应得，当场断气。

田中隆吉、村井仓松、盐泽幸一以及川岛芳子，认为阶段性目的已经达到，日本方面应该采取更大的行动。在日本特务机关的安排下，一批批日本"居留民""日本青年同志会"重藤等人，捣毁了三友实业社；并且无视中国法律，破坏上海治安，走上街头，游行示威，高呼反华口号，提出很多无理要求。在虹口区等地，还发生了日本侨民火烧中国商店的恶行。偌大的上海，一时间简直成了一批日本无赖的天下。上海市民和当局，谁都明白，没有日本当局和特务的支持、教唆，日本浪人和无赖是不敢这样嚣张的，这些浪人和无赖无非是充当了进攻中国的先头兵。

明明是日本人无理取闹，明明是日本人有计划有预谋有组织地进行挑衅，日本当局却贼喊捉贼，一再向上海市政府提出无理索赔要求。在遭到中国代表理所应当的拒绝后，于 1932 年 1 月 26 日发出《哀的美敦书》，限令中国方面取缔方兴未艾的抗日运动、解散抗日救国会、封闭宣扬抗日的《民国日报》。并限令在 48 小时内作出圆满答复，否则日军就要自由采取行动。日本军国主义真是无耻之极，在别国的领土上，它凭什么权力要"自由采取行动"？在中国的上海，他凭哪条法律可以发出《哀的美敦书》？它凭什么理由在上海可以无理取闹、杀人放火、残害无辜？

日本的侵略行径，得到了南京政府和上海市政府的配合。在镇压人民民主、进行"文化围剿"方面有"吴铁佬"之称的上海市市长吴铁城，在日本无赖面前竟然变成了"豆腐脑"。

此时南京政府正处于权力真空状态，蒋介石第 2 次下野，汪精卫还在和蒋介石讨价还价，胡汉民坐镇广州拒绝北上。吴铁城经过向正在沪杭就结束宁粤合流、进行政治分赃的蒋介石、汪精卫请示后，于 1932 年 1 月 28 日下午、即最后通牒结束前夕，宣布全面接受日方提出的无理要求；甚至暗示同意赔偿日本无赖和浪人所谓的远高出实际需要的"损失"，以便息事宁人。岂知他们的"以德报怨"并没有得到"以怨报德"的日本人配合，日本"善人"并没有因为他们的退让而同意退让，这就像在东三省一样，东北军的不抵抗并没有感动日本关东军，日本强盗照样发动了战争！更具讽刺意义的是，日军发动军事进攻的日子，正是蒋介石和汪精卫合流完成，汪精卫上任行政院长的日子。

日本方面并没有到此为止，在当天（28 日）晚上，日本第一遣外舰队司令官盐泽幸一还发出了另外一个最后通牒，即以保护日侨为民，限令第 19 路军退出闸北区，由日本军队接替该防区。这更让人费解，在中国领土上，中国军队驻扎权要由日本人分配，日本军队可以随意进驻中国军队的防区，这在日本可能吗？任何一国军队可以在日本同样要求日本的军队让出那个防区和驻地吗？

19 路军原在江西"军事剿共"前线，因为宁粤合流的需要刚从江西调来上海驻防不久。指挥这支军队的将领是当时名气有限、后来名声越来越大的蔡廷锴、蒋光鼐将军。

蒋光鼐，广东东莞人，1888 年出生。保定陆军军官学校一期生，毕业后回到粤军第 1 师任职，孙中山三回广州主政后出任大本营卫士营营长，国民革命军成立时出任第 4 军第 10 师副师长，北伐占领武汉时升任第 11 军副军长兼第 10 师师长。蒋光鼐率军参加了中共领导的南昌起义，并担任较高的领导职务，由于起义军缺乏应有的准备，在遭到敌人围攻后退出南昌南下家乡广东，途中因为敌人"围剿"太急和对革命前途缺乏信心而发生动摇，重归粤军。"蒋桂战争"时，李济深被排挤出广东，所属第 8 路军被广东后起军阀陈济棠接收，蒋光鼐出任前敌总指挥。以后改任第 3 师师长、第 61 师师长。中原大战爆发后，所部被编入讨逆军第 19 路军，出任总指挥兼济南警备司令，先后在湖南、山东击退桂军和晋绥军。不久，19 路军被调往江西参加"围剿"中央红军的战斗。广州"非常会议事件"发生后，尽管蒋介石同意胡汉民、汪精卫返京任职，但粤方担心安全，提出把 19 路军调往宁沪一带担任警卫，防止蒋介石发动军事政变。19 路军就这样脱离"军事剿共"前线，来到上海。

　　蔡廷锴，广东罗定人，1892 年出生。不到 10 岁就入伍。1919 年被所在家乡的民团推举为副指挥，不久民团被改编为正式军队，改任排长，并到广东军事学校受训。毕业后来到粤军第 1 师任职，后出任大本营警卫团第 1 营营长。北伐开始时，出任国民革命军第 4 军第 10 师第 28 团团长，占领武汉后第 10 师扩编为第 11 军，出任第 11 军基本部队第 10 师师长。中共领导南昌起义时，第 11 军大部参加行动，起义失败后参加起义的 11 军大部进入福建，由陈铭枢任军长，蔡廷锴还是任原职。军队开始编遣后，第 11 军缩编为第 3 师及独立第 2 旅，蔡廷锴任旅长。"蒋桂战争"时，第 2 旅改编为第 60 师，蔡廷锴改任师长。中原大战开始后，第 60 师和第 61 师合编为第 19 路军，蔡师长晋升为军长。19 路军在参加一段时间的江西"剿共"行动后，调往上海、南京执行卫戍任务。他们没有想到，到上海原本的任务是保护前往南京任职的汪精卫等人的安全，结果他们成为反击日本侵略军的英雄而载入历史。

　　对于日本直接挑战中国主权的挑战行为，南京政府没有进行应有的抵制。在此以前，随着日本浪人和无赖挑衅活动的不断进行和升级，上海局势趋于紧张。日本方面为了便于进行军事侵略，放风要 19 路军撤离闸北区。南京方面得到这一消息后，于 1932 年 1 月 24 日间派出上海黑社会头目杜月笙和新闻界权威史量才邀请蔡廷锴去见浙江省主席张静江。张静江实际上是秉承蒋介石的旨意，劝蔡将军离开上海市区，开往南翔。结果在预料之中，张静江的劝告被蔡将军一口拒绝。蔡将军毫不客气地说："如能撤退，我可报告蒋总司令。"（蔡廷锴：《十九路军淞沪抗战回忆》，见《文史资料选辑》第 37 期第 11 页）1932 年 1 月 26 日军政部长何应钦亲自赶到上海，与浙江省政府主席、国民政府委员张

领导一·二八淞沪抗战的 19 路军将领蒋光鼐（中）、蔡廷锴（右）和戴戟

静江以及杜月笙等一起，在张公馆劝导蔡廷锴："贤公，近日上海日方无理要求，要我十九路军撤退三十公里，政府本应拒绝，可如此势必引起日方战火。现国力未充，为保存国力起见，也只好忍辱负重，从外交途径解决。拟令十九路军于最短的时间内，撤防到南翔以西地区，重新布防，望兄遵照中央旨意，下令执行。"（见《文史资料选辑》第 37 期）简直不可思议，这像中国最高军政长官所说的话吗？当然，如果按照蒋介石集团和南京政府对待日本人的一贯态度论，何应钦不说如此软弱、退让的话才让人奇怪。蔡将军毕竟历经沙场，政治阅历非常丰富，在有关国家主权和民族前途问题上不会含糊，他软中带硬地回答说："敬公，自本军到沪之后，军纪甚严，沪上各界，均反映甚好，今中央下令后撤，我军当然要执行，但最好不要在日方威胁下动作。"何应钦对蔡将军的话赞成不是不赞成也不是。张静江见蔡军长不为所动，不识相地补充说："日本人若来动武，怎么办？"蔡将军义正词严地回答说："万一日军胆敢来犯，十九路军守土有责，当然决定迎头痛击。张先生也是中国人，应接纳我的意见，向蒋总司令报告。"（见《文史资料选辑》第 37 期）张静江顿时无言可对。杜月笙则急忙出来打圆场："蔡将军，俗话说得好，识实务者为俊杰，不要那么死心眼吗！"杜月笙也不赞成 19 路军从上海市区撤退。

到 1 月 28 日那天，奉蒋介石命到达闸北区前来接替 19 路军防务的宪兵第 6 团先头营已经到达，但驻防闸北的 19 路军第 78 师见日军已经蠢蠢欲动，因而拒绝撤出，经蔡廷锴、蒋光鼐将军同意，决定推迟交换防地。

当日本军队进攻前夕，形势已经非常紧张。蔡廷锴军长拨通了蒋介石的电话，报告："日本人一直在故意挑衅！"蒋介石的指示非常清楚："绝不准向日本人开第一枪！"蔡军长表示："我一定执行总司令的命令，不开第一枪，敌人若胆敢进攻，我们守土有责，决不丢失阵地，请放心！"蒋介石的回答让蔡军长生气："不行，无论如何不能打！我们什么也不如人家，打起来准吃亏，你赶快撤退！"（见《文史资料选辑》第 37 期）蒋、蔡对话，简直是"九一八事变"前后蒋介石和张学良之间对话的重演，如出一辙。只是蒋介石依然是蒋介石，蔡廷锴则不是张学良了，"不抵抗"也变成了"坚决抗敌"。

盐泽幸一的最后通牒，事实上已经是宣战。他规定的 19 路军把防地交给日本军队的时间是晚上 11 时 25 分，但在 11 时 10 分即提前 15 分钟采取行动，开始向 19 路军翁照垣部和宪兵第 6 团发动进攻。这位不讲信誉的强盗，连他自已宣布的最后通牒时间都不讲。

日寇向淞沪进攻

淞沪抗战开始了！

1932 年 1 月 28 日深夜 11 时 10 分，日寇兵分 5 路，在铁甲车掩护下，向闸北区中国驻军发动进攻。利令智昏的盐泽幸一，狂妄宣布 4 个小时内结束战斗，占领中国军队全部阵地。这位一直欺负中国人但不了解中国人的日本武士道军人，此次在评估中国人方面，犯了一个不该犯的错误。

闸北打响后，蒋光鼐、蔡廷锴迅速赶到龙华司令部，再与上海警备司令戴戟一起赶到真茹车站，设立临时指挥部，急调沪宁线的 19 路军各部来上海，参加抗战。

1 月 29 日晨，已过 4 个小时，日军不仅没有结束战斗，而且损失 5 辆当时颇有威力的铁甲车，伤亡甚多。恼羞成怒的日本侵略者，见战局没有进展，派出一批批飞机轰炸上海平民，因此在西方各主要媒体把"屠杀婴儿刽子手"授给了盐泽幸一。

当天，19 路军发出通电："暴日占我东三省，版图变色，国族垂亡！最近更在上海杀人放火，浪人四出，世界卑劣凶暴之举动，无所不至。而炮舰纷来，陆战队全数登岸，竟于 28 日夜 11 时 30 分（实为 10 分）公然在上海闸北侵我防线，业已接火。光鼐等分属军人，唯知正当离卫，捍患守土，是其天职，尺地寸草，不能放弃。为救国保种而抗日，虽牺牲至一卒一弹，绝不退缩，以丧失中华民国军人之人格。此志此心，可质天日而昭世界。炎黄祖宗在天之灵。实式凭之！"（见《文史资料选辑》第 37 期）通电表达了中国人民爱国抗日的意志和信心，使得在"九一八事变"不抵抗中气愤难平的中国人，终有扬眉吐气的一天。

日本当局见速战速决已经不可能，只有调集重兵扩大进攻。因此，为调运军队，日方于当晚 8 点请美、英、法等国代表向中方提出停战，19 路军因为长期在蒋介石对日退让思想指导下，缺少有效准备，也需要补充和调整兵力部署，放弃了本该可以一鼓作气打败日军的机会。当然，即使 19 路军有意一鼓作气打败盐泽幸一，南京方面也不会同意。蔡、蒋二将军对 19 路军重新布防，原在上海的第 78 师全部投入第一线作战。原驻镇江的第 60 师调到南翔、真茹一线。第 61 师也进驻上海。

1月30日，日军的援军开始到达。当天到上海的有3艘巡洋舰、4艘驱逐舰、2艘航空母舰及5000名海军陆战队。卑鄙无耻的日本人，此时已忘了是他们自己提出的停火建议，再次向闸北的19路军防区发动进攻，接连数日日军毫无进展。2月4日，日军发动第1次总攻，经过激战，闸北我军防地牢固，并且在吴淞消灭日军一个联队后发动全线反攻，日军总攻被粉碎。盐泽幸一因此被撤职，这是甲午战争以来在中国战场上第一位被撤职的日本司令官。

接替盐泽的是日本海军第三舰队司令野村，此人和日本许多军人一样患有狂妄病，他面对盐泽留下的烂摊子，不仅不思悔改，反而口出狂言："日军在吴淞踏平华军壕沟之日，为时不远，请诸君拭目相观，届时即可结束华军之抵抗。"正如他自己所说的那样，日军开始把进攻的重点放在吴淞方向。一边在闸北青云路、宝兴路一带狂轰滥炸；一边将主要进攻方向移向吴淞口。1932年2月7日，日军集中军舰火力和空中火力，向吴淞炮台中国军队阵地登陆强攻。19路军顽强抵抗，打败了日军的登陆企图。13日，在野村指挥下，一部分日军继续向闸北、八字桥、江湾一带进攻，同时日军主力绕道蕴藻浜准备包抄吴淞口的后路。战斗异常惨烈，19路军将士用血肉之躯，终于挡住了日军的进攻。绕道蕴藻浜的日军，被78师和61师击退。因为战斗失利，野村不得不含泪承认失败，被日本当局撤销职务。这是甲午战争以来在中国战场上第二位被撤职的日本司令官。

取得胜利的中国军队，并没有得到南京峰层的表扬。1932年2月13日，蒋介石亲临前线视察，蔡廷锴、蒋光鼐将军等汇报了战斗情况，汇报了战绩，以为蒋介石一定会对19路军嘉奖一番。未料，汇报的口音刚落，蒋介石竟说："你们要保持十余日的胜利，及早收手，避免再战为主。"（见《文史资料选辑》第37期）

2月14日，新任日军驻沪军司令、第9师团师团长植田谦吉到达上海。在此前后，由白川义则指挥的第11、14师团也先后在上海登陆。此时日军兵力已达3

一·二八事变时的蒋介石

万，大口径山、野炮数十门，飞机 60 架和军舰几十艘，火力更加猛烈。要说植田比前二任有所高明之处，则不再对战局制定时间表，只是表示："要迫使 19 路军撤退。" 2 月 18 日，狂妄无知的植田谦吉，向 19 路军提出《哀的美敦书》，重复了盐泽幸一的无理要求，并要求 19 路军于 2 月 20 日下午 7 时前，撤出战场。

此时，19 路军的英勇杀敌壮举和越来越困难的处境，在南京军界引起巨大反响。许多国民党将领心知蒋介石不想抵抗的本意，不敢站出来为 19 路军说话，但在民族危亡面前，也有见义忘利之士，第 5 军军长张治中就是其中的代表。张将军不失公允地向前来第 5 军驻地的蒋介石表示："十九路军打得很艰难，应该派军队支援，中央若无兵可派，治中愿往。"蒋介石无法再以"没有兵力，没有计划"为由予以推脱，只得就阶而下，同意第 5 军参战。就这样，19 路军终于盼来了第一支增援部队，第 5 军编入 19 路军，对外番号则还是 19 路军。19 路军和第 5 军在南起闸北经吴淞北到长江边的战线上，相互支援，共同对敌。

2 月 20 日，植田指挥的日军第 3 次总攻开始。根据植田制订的"中央突破计划"，日军准备从中方防线中央穿插，然后兵分两路，一路向南，消灭位于江湾、闸北地区的部分 19 路军；一路向北，消灭位于吴淞地区的新加入作战的第 5 军。从当天清晨开始，日军开始向江湾、庙行、张华浜、杨树浦发动猛攻。2 月 21 日，植田亲自指挥日军，在飞机和大炮的掩护下，向江湾地区发动强攻。到 2 月 22 日，第 5 军和 19 路军一部联合在庙行击溃日第 9 师团，打得该部逃到杨树浦，抢了船只离开战场。2 月 23 日，江湾地区的 19 路军全面击败敌人的围攻。到 2 月 25 日，植田的第 3 次总攻以失败而告终。并且在此期间，日军指挥舰"出云号"被 19 路军敢死队员炸伤。陆地上的失败和指挥舰被炸伤，日本国内为之震惊，植田谦吉则成为甲午战争以来在中国战场上第三位被撤职的司令官。

接替植田的是田中内阁时的陆军大臣白川大将，此人是侵略中国的罪魁之一，极其凶狠残忍。为打赢这一场侵略战争、赢得面子，裕仁任命菱刈隆为副司令，并从国内和朝鲜、中国台湾等地增派 3 个师团，飞机增加到 200 架，兵力已达近 7 万人。相比之下，19 路军历经近 1 个月的苦战，因为南京政府拆台，蒋介石坐视不管，后勤补充严重不足，兵员损失惨重，武器弹药已经所剩无几，连日苦战疲劳至极，在数倍的敌人面前，尽管有第5军增援也已无法再进行长期作战和打赢这一场战争。

2月29日，白川义则发动第4次总攻。在日军强大的火力网下，中国军人只得凭简陋的武器和血肉之躯进行顽强的抵抗，在正面战线挡住了日本强盗的进攻。但是，3月1日，3万余日军浏河登陆，支持原有的7万日军，浏河没有设防，蔡廷锴、蒋光鼐、张治中、戴戟将军见状急电南京军政部派兵增援。但是驻扎附近的上官云湘师按兵不动，南京军政部却另外派出11辆汽车，运送第5军宋希濂旅增援，而11辆汽车一次只能运一个营，四位将军不得不命令522团跑步增援。先头营到达浏河后，根本无法阻挡源源不断上岸的3万日军，未等后续部队上来，浏河很快失守。中央被突破，长达百余里的19路军和第5军的防线全线动摇。当天晚上，蒋光鼐总指挥不得不下令，全军向嘉定、黄渡等第二道防线退却。指挥官一边指挥撤退，一边声泪俱下；士兵们一边撤退，一边义愤填膺。这批为保卫祖国领土完整、捍卫国家主权的英雄们，他们最清楚失败的真正原因所在。19路军和第5军抗战之所以失败，并非军事上的原因，而是无能的政府决定了无能的结局。

3月2日，19路军总指挥部就撤退一事发表通电，宣布："我军抵抗暴日，苦战月余，以敌军械之犀利，运输之敏捷，赖我民众援助，士兵忠勇，肉搏奋战，伤亡枕藉，犹能屡挫敌顽。日寇粹增两师，而我以后援不继。自2月11日起，我军日有重大伤亡，以致力于正面战线，而日寇以数师之众，自浏河方面登陆，我无兵增援，侧面后方，均受危险，不得已于3月1日夜将全军撤退至第二道防线，从事防御。本军决本弹尽卒尽之旨，不与暴日共戴一天。"字字血，声声泪，他们是在控诉南京政府和蒋介石的变相出卖！他们是抗议南京政府在侵略者面前的屈辱无能！他们是在向社会表达抗日到底的决心！

3月3日，国联开会，要求中日双方停止冲突。蒋介石趁机与日本开始进行谈判。3月6日，国民党四届二中全会在洛阳召开，广州"非常会议事件"正式结束，蒋介石、汪精卫合作正式形成，辞去国民政府主席职和三军总司令职的蒋介石在会上当选为国民政府军事委员会委员长，成为南京政府的最高领导，只是换了一块政治招牌而已。委员长的第一件事，就是加紧与日本当局的谈判。1932年5月5日，双方签订了让中国丧权辱国的《淞沪停战协定》。根据协定，日本军队可以在吴淞、闸北、江湾等地驻扎，而中国军队不能在上海周围设防；至于从长江沿岸福山到太仓、安亭至苏州河止，则由英美共管。日本想占领的拿到了，日本也给了西方国家几块"糖"，以实现在东北已进行多时的有关成立伪满洲国的阴谋。

九一八事变是中国军队能够打赢而没有打就失败了，一·二八事变是中国军队能够打赢也打了但也失败了，这是为什么？难道是因为蒋介石和何应钦等人所说的实力不够吗？难道是因为后来国民党的战略理论家蒋纬国所说的日军火力太猛吗？难道是国联能够制止日本等法西斯侵略行为吗？

众所周知，导致这一结局不是因为实力问题。就兵力而言，日本出动的兵力只是蒋介石可以调动兵力的十分之一或者更少！就火力而言，不是日本兵力的火力太强，日本军队单位火力要高于中国军队，但在淞沪地区的整体战线上的火力远不及中国军队，并且日本军队是远离本土作战！国民党政府在国际上指望国联，国联根本不可能制止法西斯的侵略，国联不但不制止反而间接配合日本制造在中国东北的阴谋！因为国联只是以"劝告"而非"武力制裁"的方式要日本停止行动！中国军队为什么失败，答案只有一个，那就是因为蒋介石控制的南京政府的不抵抗。

19 路军抗日行动，得到了全国人民和世界上爱好和平的人们的全力支持和声援。全国各大城市都爆发了支持上海抗战的游行示威，各地都出现了为 19 路军募捐、青年学生参军参战动人的事迹。尤其是在上海，淞沪抗战打响后，鼓舞了上海人民的斗志，各界纷纷派代表前往 19 路军各部队慰问。1932 年 1 月 30 日上午，孙中山夫人宋庆龄、廖仲恺夫人何香凝，带着各界代表赶到真茹犒军。当时正值下雪，可英勇的战士们还在穿着单衣作战，在冰天雪地里顽强战斗。二位夫人深受感动，立即回到市区，发动各界有钱出钱，有力出力，在 5 天内捐制了 3 万套棉衣，送往前线。为了支援作战，二位夫人还出面筹设了几十个伤兵医院。上海工人们更是走在前列，帮助运送武器、粮食和各种军需品，甚至制造武器；市民们和工商界，甚至黑社会组织，都献出一片爱心，支援前线作战。在各个学校，都出现了青年学生投笔从戎，组织支前，与 19 路军并肩作战。

与全国人民和上海各界热心支持前线作战的情形相反，蒋介石和南京政府、军政长官则一直在幕后策划和进行不光彩的活动，拆 19 路军的台，谋求与日本的妥协。

　　大敌当前，战斗炮声已响，蒋介石首先考虑的不是如何回击日本侵略者，不是考虑如何调动必要的兵力前往上海，他考虑的是南京的安全。1932年1月30日，蒋介石提出迁都："余决心迁移政府，与日本长期作战，将来结果不良，必归罪于余一人。然而两害相权，当取其轻。政府倘不迁移，随时受威胁，将来必做城下之盟。此害之大，远非余一人获罪之可比。余早有志牺牲个人，以救国家，他复何所惜哉！"仗刚打响，本应是最需鼓舞士气的时候。作为一国之君，本应振臂高呼，带领民众和军队反击侵略者。令人可气的是，大敌当前，不思抵抗，蒋介石不仅没有号召全国人民支援上海抗战，反而率先提出迁都洛阳，颇有临阵脱逃之嫌。这样的精神状态，是逃避还是投降，蒋介石在日本人面前就是如此没有骨气。

　　作战一开始，蒋介石派出军政部次长陈仪，秘密会见日本驻南京总领事上村伸一，表示"蒋总司令向阁下致意，南京政府对上海事件持高度警戒的态度，淞沪抗战并非蒋总司令本意，将压十九路军，令其早日停战。"上村说了真话："我们相信蒋总司令是大日本帝国的朋友——我们也够朋友，特送他一句中国古语：得人心者得天下，失人心者失天下！必要时，也可以骂骂。"日本如此了解蒋介石，也是如此帮助蒋介石，深知19路军抗战并非是蒋介石的决策，所以同意让蒋介石以"假骂日本"来提高威信。蒋介石马上在1932年1月30日发表通电，声称："沪案发生，对渠要求，且已茹痛接受，而倭寇仍悍然相逼，一再向我防军进攻，轰炸民房，掷弹街衢，同胞惨遭蹂躏，国亡即在目前，凡有血气，宁能再忍？我十九路军将士既起而为忠勇之自卫，我全军革命将士处此国亡种灭，患迫燃眉之时，皆应为国家争人格，为民族求生存，为革命尽责任，抱宁为玉碎、毋为瓦全之决心，以与此破坏和平、蔑弃信义之暴日相周旋！中正与诸同志久共患难，今日虽在野，犹愿与诸将士誓同生死，尽我天职。"蒋介石并未像自己所说，"与诸将士誓同生死"，而是正如陈仪向上村伸一所表示的那样，在背后捣鬼，破坏抗战，对日本退让妥协。

　　日本提出停战后，蒋介石如获珍宝，在1932年2月4日的日记上写道："只要不丧国权，不失守土，日寇不提难以忍受之条件，我方即可乘英美干涉之机，与之交涉；不可以各国交涉，而我反出以强硬，致生不利影响也！"身为一国之君的蒋介石，竟然如此无能和无知，日寇的条件早已超出正常的范围，早已严重侵犯国权和占领中国领土，事实证明依靠外交途径根本不可能解决争端；中国坚持强硬立场，保卫国家主权，又怎么可能产生"不利影响"？

在战场上是实力的较量，对于面对疯狂且作战实力很强的日本侵略者的19路军来说，最大的帮助莫过于增调军队，减轻19路军正面的军事压力。身为军事家的蒋介石、何应钦没有派出一兵一卒，这对于19路军的抗日行动来讲，无疑是釜底抽薪之举。在蒋介石的授意下，身为军政部长的何应钦，不仅不支持19路军的抗日行动，反而指责蔡廷锴、蒋光鼐将军是"强出风头，目无军纪，给政府制造麻烦"。对于前线将士急需的弹药粮草都不提供，在战斗关键时刻，因为缺少弹药，有时不得不依靠上海工人制造的土炸弹作战。更为可气的，日本为挑拨19路军和其他中国军队的关系，孤立19路军，集中力量先行消灭19路军，故意放风说，日本只与19路军作战，不与南京政府以及其他军队为敌。缺少中国人良心的何应钦，马上严令"人不犯我，我不犯人"，不许其他军队支持19路军，有意让19路军的抗日壮举自生自灭。因此发生了令人不可思议的事，本来负责守卫长江口的吴淞要塞，对在长江口航道自由出入的日本军舰，坐视不管，任凭日舰向闸北战场运兵运炮；在日军进攻时，要塞守军不经任何抵抗，丢弃要塞，各自逃命。更让人不可思议的事，驻扎长江口和黄浦江的中国海军，竟然在抗战期间，一如既往地向日军军舰提供淡水和食品。双方还约定："此次行动，并非交战，如中国海军不攻击日军，日军舰队也不攻击中国海军，以维友谊。"国民党吴淞要塞、某些海军的行为，岂不是帮助日本人打19路军吗？

1932年2月13日，面对野村发动的又一次总攻，19路军参谋长黄强因为战场上的官兵作战实在太苦，求见蒋介石，请求派遣军队增援。被蒋介石拒绝后，黄失声痛哭。蒋介石没有同意增援，反而再次派出陈仪和王俊到上海，向日本驻中国武官原田求和，此事竟然被不达侵略目的不罢休的日本当局所拒绝。

蒋介石到达前线，也要蔡廷锴、蒋光鼐停战退兵。当天夜里，何应钦致电蔡廷锴、蒋光鼐、上海市长吴铁城、原财政部长宋子文称："蒋公之意，我军进攻，无论如何牺牲终难达到目的，已派陈次长与日本武官原田及第9师团参谋长田代少将接洽，先谈双方停止射击时间，为办理调停余地，然后进一步商谈如何撤退等问题。"第二封电报更是直截了当要19路军接受调停，退出防地。

在 1932 年 2 月中旬植田谦吉率领第 9 师团、白川义则指挥第 11、14 师团在上海登陆时，19 路军已经伤亡数千余人，第 5 军伤亡也很重，蔡廷锴将军苦苦哀求蒋介石从正在"围剿"红军的赣闽两省调出重兵增援上海。对此事，并非军界人士的宋子文对外发表谈话称："目前战线甚短，仅以一团兵足矣。十九路军有 3 师 6 团，无需援兵，尽可支持，无须援助，各军将士未得军政部命令而自由动作者，虽意出爱国，亦须受抗命处分！"负责财政的宋子文，果然不懂军事，把长达百余里的战线说成"甚短"，把急需十数万兵力增援说成是"仅以一团兵足矣"，把急待补给的 19 路军说成是"无需援后尽可支持"，身为已内定为新财政部长的宋子文，不是没有政治头脑的人，也不会对战局如此不了解，他之所以这样讲，目的不外乎是：制造假象，为蒋介石不增援上海战场开脱罪责；压制国民党军队中那些准备赴上海参战的将领们，警告他们停止任何支援上海抗战的言行；还有就是阻止各种必要的补给，破坏抗战，把 19 路军往失败路上送。

19 路军没有取得最后胜利，日寇也没有实现预定目标。"穷兵黩武缘何事？五易参军不肯休。黄浦江边敌舰上，可怜白骨付川流。"抗战诗人姚伯麟写出了日寇侵略上海的结局，侵略者不仅没有成功，而且因为被打死的官兵过多，运回日本成本过高，只得以两具尸体一麻袋丢入大海了之。

历史是无情的，也是公正的。在淞沪抗战中，19 路军和第 5 军以牺牲4500 余名、受伤 7000 余名官兵的代价，向全世界尤其向日本军国主义分子宣示了中国人民反抗侵略的决心和能力。日军为对付 19 路军数万之众，不惜运来十万精锐部队，外加几百架飞机、几十艘军舰并且四换主帅，最后不是因为南京政府没有向 19 路军提供必要的支持，日军还无法胜利，这说明日本法西斯军队是可以打败的。同样，中国人民的胜利，教训了日本军国主义分子，他们不得不推迟了扩大在中国侵略乃至发动全面对华战争的时间。中日开始谈判后，日本好战分子不满首相犬养毅在侵略中国问题上的求稳免急政策，在裕仁的授意下，他们于 1932 年 5 月 15 日暗杀了犬养毅首相。日本当局开始全面重新审核、调整对华军事政策，重新寻找发动战争的时机。此外，蒋介石在上海抗战过程中的表演，暴露出他的对日妥协的本性。

溥仪卖国当"皇帝"

就在全世界关注上海的同时，日本继挑起"九一八事变"、占领中国东三省之后，又在东北上演一出历史丑剧。从事变起，日本关东军军部就设立了"自治指导部"，部长是汉奸于冲汉，实际掌权的是日本顾问中野琥逸。1931年12月11日，日本特务和军部代表、满蒙汉奸在沈阳大和旅馆商定成立"满洲国"，并成立了"建国委员会"。1932年初，指导部就开始具体实施这一计划。2月16日，在板垣征四郎的主持下，日本关东军在沈阳召开"东北军四巨头会议（张景惠、臧式毅、熙洽、马占山）"，会议决定成立伪东北行政委员会，张景惠任伪委员长、马占山任伪黑龙江省省长、臧式毅伪任辽宁省省长、熙洽任伪吉林省省长，汤玉麟任伪热河省省长。会上还通过了所谓的"独立宣言"，已经准备再次举旗抗日的马占山则没有在"宣言"上签字。

在20世纪20年代的旧中国，活跃着一大批日本特务，其中有一个像传统影视作品中描述的日本特务一样，长得矮胖，体形粗壮，嘴唇上留着一小撮剪得整整齐齐的仁丹胡，两只眼睛露出凶光，只是脸上总是绽出一副让人捉摸不透的笑容，他就是日本大特务土肥原贤二。当时英国驻日本东京大使罗伯特·克雷吉是这样评价他的："他只要在任何地方稍稍一露面，无论把话说得多么动听，都是要出现事端的前兆""他手法高超，不断地在中国人之间制造纠纷，为侵略铺平道路"。（《中外谍海纵横》第312页）土肥原在第一次世界大战后任驻中国助理武官时出了名，以后日本在侵略中国过程中的许多阴谋活动都有他的份。在东北问题上，刺杀张作霖、发动"九一八事变"，土肥原是罪魁之一。事变之后，土肥原出任沈阳市长兼沈阳紧急委员会主任，开始制造"伪满洲国"。他来到天津，于1931年11月9日策划"天津事件"，指使一批汉奸和日本特务，袭击天津警察局保安队，在枪声中以"天津不安全"为名，裹胁溥仪前往营口。因为走得紧急，未把"末代皇后"带走，土肥原急令川岛芳子前来抢救"皇后"，川岛芳子打扮成男性出租汽车司机，把"皇后"骗上车后，送到停在码头的日本"淡路丸号"轮。溥仪在营口上岸时，受到日本特务们的热烈欢

伪满洲国"皇帝"溥仪

迎，溥仪多年来已无如此热烈的场面欢迎他，果然高兴万分，但他庶不知已经踏上一条危险的路。

1932 年 3 月 1 日，关东军发表"伪满洲国""建国宣言"。3 月 9 日，"伪满洲国"正式成立，溥仪出任"执政"。"参议府议长"张景惠，"国务总理"郑孝胥，"监察院长"于冲汉，"立法院长"赵欣伯，"最高法院院长"林启，"最高检察厅长"李盘。伪政府为傀儡政权，任何决策由日本驻军机关和特务机关批准，"执政府总理"郑孝胥的权力不及"执政府总务长官"驹井德三，掌握各部实权的是"各部日籍次长"，"财政部长"熙洽的权力是凡是 100 元以上的开支就要由"日籍次长"处理。溥仪本人也是这样，决策权由"顾问"吉冈中将掌握，接见什么人都要由吉冈批准。伪满洲国官员们，不说没有实权，甚至连公民权都没有，溥仪只是"标准的儿皇帝"。1934 年 3 月 1 日，溥仪由"执政"升为"皇帝"，熙洽为"宫内府大臣"，吉兴、袁金铠为"尚书府大臣"，臧式毅为"参议府议长"，郑孝胥任"国务院总理大臣"。下设奉天（葆康）、黑龙江（程志远）、吉林（李铭书）、热河（汤玉麟）、东省特别区（张景惠）、龙江（孙其昌）、黑河（钟毓）、三江（金名世）、滨江（吕荣寰）、间岛（蔡运升）、安东（王滋栋）、锦州（徐绍卿）、兴安东（额勒春）、兴安南（业喜海顺）、兴安西（札葛尔）、兴安北（凌升）、通化（张书翰）、牡丹江（涩谷正郎）、北安（冯广民）、东安（御影池雄）、新京特别市（韩云阶）、哈尔滨特别市（鲍观澄）等省机构。但政治地位没有改变，只是日本殖民地上的伪政权，只是日本掠夺东北经济资源的转运站，只是帮助日本侵略者奴役中国人的政治工具。溥仪本人缺乏政治头脑，只是因为清朝被推翻而见恨于国人，所以不惜充当儿皇帝图谋恢复已经不可能复活的封建王朝，只因这一己私利，把自己送上了"头号汉奸的绝座"。

策划伪满洲国的过程，正值日本在上海发动侵略战争，人们的注意力都集中到东方大都市的战争之中。在上海枪炮声的掩护下，"伪满洲国"迅速出笼。板垣征四郎在给田中隆吉的信中也说："幸亏你这样一来，满洲独立成功了。"

伪满洲国的出现，让在 3 天后出任国民政府军事委员会委员长兼参谋本部参谋长的蒋介石大吃一惊，急令外交部在 3 月 12 日发出强烈抗议，表示："自上年 9 月 18 日以后，日本非法侵占东北各地，威胁中国人民，利用少数叛徒为非法之组织，复将清废帝溥仪挟持东省，令其就伪职，成立傀儡政府。……，所有一切伪政府之组织，皆为日本方面利诱而成，其实权则操诸所谓日本、谘议及其他日人之手，是此种非法行为，完全出于日本之主动。此为举世皆知，不容掩饰之事实。"抗议中明确宣布："所有该处政治组织，中国始终认为叛乱机关，同时并认为日本政府之变相的附属机关。对于其一切非法行为，绝对不能承认，并应由日本政府负其全责。"

此时，"国联"一再讨论了日本侵略中国问题，1931 年 10 月 22 日要求日本撤出沈阳。11 月 16 日，国联理事会在巴黎开会，中国代表要求国联向中国派驻中立部队。日本为阻挠此事，主动提议由李顿组织调查团，前往中国东北进行调查。12 月 10 日，国联决定向中国派出"李顿调查团"。日本之所以提议组织李顿调查团，主要是因为中国东北已由日本严密控制，任何人到东北调查不可能出现不利于日本方面的结论，反而可以提高侵略者的形象。

果然不出所料，1932 年 8 月 30 日，李顿草拟的长达数百页的《报告书》完成。李顿来到中国时，蒋介石接见了他们，并表示中国将尊重国际条约，绝无任何违反人道、正义的行为，欢迎"国联代表团"进行调查，希望国联代表团能够为解决中日争端起到作用。对于李顿的报告书，蒋介石在当时的日记中写道："李顿对于调停之主张，亦太怕日本矣！但报告书中前八章调查之日本责任尚属公道，余对此认为有修正或保留之接受，而不拒绝。呜呼，以弱国而谈外交，又欲于外交中图自主自强之道，乃非此不可。余于是又知昔者郑子产之慎于辞命之用心苦矣。"李顿在报告书中，对日本在侵略中国过程中的责任和罪行说得较多，但在裁定日本为侵略者方面则显得有所保留，主题乃是双方撤兵，以谈判解决问题，因为蒋介石不敢向日本提出索赔，所以报告书中也没有对日本的赔偿问题作出任何具有法律效用的决定。这种袒护侵略的报告已经严重违反了国联原有的法律，有违人类正义，就是这种《报告书》，还是被日本拒绝，裕仁天皇于 1932 年 9 月 15 日，无视报告书中联成员不得承认"伪满洲国"的警告，公开承认"满洲国"。1933 年 2 月 17 日，国联 19 人委员会，同意李顿报告书中的结论，并向全世界广播；2 月 24 日，国联以 42 票比零票，通过了谴责日本侵略中国和不承认"伪满洲国"的决议。日本对国联的决议不屑一顾，对日本在中国的侵略行动也不起任何约束作用，但这无疑成为蒋介石依靠国联、依靠外交途径解决日本侵略中国问题的唯一成果。

"华北大拍卖"——蒋介石没有想抵抗

1932年5月5日，《淞沪协定》签订时社会各界对该协定的谴责之声，5月28日在苏州举行的淞沪抗战阵亡将士追悼大会上的哭声，以及国民党特务大肆残害爱国民主志士和共产党人的枪声，震惊了全国人民，人民大众开始强烈要求抗日，要求蒋介石改变"攘外必先安内"的对日妥协政策；也震惊了国民党军队，国民党军队内部一些富有民族情、正义感的将领和官兵，开始寻找新的出路。

宁都起义

九一八事变、一·二八事变爆发后，面对蒋介石的"不抵抗政策"，中国共产党一再号召，全国人民行动起来，制止日本帝国主义的侵略，打倒国民党反动统治。中国共产党的主张，为全国人民树起了一面正义的旗帜，给全国人民指明了斗争指出了方向，得到了全国人民、爱国民主战士和国民党内部分开明派的支持和响应。宋庆龄、邓演达、何香凝、蔡元培、李济深等人为代表的国民党上层人士和杨杏佛、鲁迅、邹韬奋、沈雁冰、沈钧儒等社会名流，公开站出来组织中国民权保障同盟，发动爱国民主运动，呼吁奋起抗日，对社会各界产生了巨大的影响。国民党军队中也有一批爱国官兵，开始寻找新的出路，投入抗日反蒋阵营，其中杰出代表是"宁都起义"和"察哈尔抗日同盟军抗日""福建人民政府的成立"等；人民抗日运动发展也很快，杰出代表有"东北民主抗日联军抗日"和一二·九运动。

参加宁都起义的是国民党第26路军，原为西北军的主力，总指挥孙连仲也是冯玉祥将军赏识的将领之一。中原大战爆发时，孙连仲出任第9军军长成为倒蒋一方的主力，曾为倒蒋联盟立下不少战功。蒋介石指挥中央军开始全面反攻、东北军宣布入关助蒋时，孙连仲部被中央军收编，改编为第26路军总指挥兼江西省清乡督办，调往江西前线"围剿"中央红军，参加了对中央苏区的第3次"围剿"。26路军中许多官兵，在军事"反共"前线对中共有了进一步的了解，对蒋介石一方面对日本侵略者不断妥协退让、一方面对中共根据地加紧"围剿"的做法，强烈不满。特别是对蒋介石在1932年5月5日签订完《淞沪协定》后，马上赶到南昌就任鄂豫皖赣三省"剿共"总司令，发动第4次大"围剿"，对其攘外为辅内战为主的投降主义路线有了更进一步的认识。1932年12月初，总指挥孙连仲离开部队去了南京，为举行起义提供了时机。此时，中共代表、工农红军学校政治部主任刘伯坚来到宁都前线，与参谋长赵博生、第74旅旅长季振同、第73旅旅长董振堂等人，组成"四人兵运小组"，于1932年12月14日宣布起义，秘密处决"反共"军官和国民党安插的特务，将部队带到宁都河东岸，为防止敌人追击，过河后拆毁了桥梁。第二天，宣布组成红1方面军红5军团。在成立仪式上，不愿意当红军可以离开，2万人的部队留下了1.8万人，由季振同任总指挥，萧劲光任政委，董振堂任13军军长兼副总指挥，刘伯坚任政治部主任，赵博生任参谋长兼14军军长。

红5军团在后来的岁月中，为中央革命根据地的巩固作出了很多贡献，保卫中央革命根据地的大型战斗几乎无役不与。红军长征开始后，红5军团负责殿后，因为国民党的"追剿"部队紧盯而来，所以红5军团在长征前期几乎每天都有战斗，为红军主力转移争取时间。继任军团长的董振堂（季振同已于1933年1月8日在江西黄狮渡牺牲）为河北新河人，1895年出生。22岁时考入保定陆军军官学校清河预备学校习武，27岁时再入保定陆军军官学校炮科，2年后毕业，任西北军第11师见习官直至炮兵营营长，五原誓师时任第4师第2旅旅长。以后任过第36师师长、洛阳警备司令等职，后随孙连仲编入第26路军，出任第25师第73旅旅长。参加红军后加入了中国共产党，1935年1月他作为红5军团军团长参加了遵义会议，在会上全力支持毛泽东同志的正确主张。1936年1月红5军团与红4方面军红33军合组为红5军，董振堂任军长。1936年10月，红2、4方面军到陕北后，按照中共中央军委的《十月作战纲领》，10月25日红4方面军主力西渡黄河，为红4方面军防守渡口的红5军，因为与陕北要道已被国民党军队占领，只得西渡黄河。一过河红军即陷于西北马家军的包围之中，1937年1月10日董振堂在甘肃高台牺牲。叶剑英在1962年建军节时，特意为红5军题词："英雄战死错路上，令我深怀董振堂；猿鹤沙虫经世换，高台为你增荣光。"

红5军团的举动，沉重打击了蒋介石的反动统治。当时国民党接连发动"反共军事围剿"，红军内部"左"倾路线盛行，在如此不利的政治环境下，红5军团能够高举革命大旗，坚定地站在中共一边，公开向南京政府宣战，需要何等的勇气，同样也证明了他们具有的坚强的革命意志和坚定不移的革命信仰。蒋介石得知这一消息时，暴跳如雷，把孙连仲召到官邸，狠狠训斥一番。要其赶回江西，重新收编，但已无济于事。

宁都起义反映了蒋介石的对外不抵抗、对内不停战的错误路线不得人心，代表着国民党军队内部爱国民主力量的觉醒。在宁都起义的带动下，在国民党军队内部出现了一系列高举抗日战旗、发动武装抗日的壮举。

华北抗战

《淞沪协定》一签订，蒋介石就急忙把 19 路军调往福建"剿共"，调动 50 万大军扑向江西中央革命根据地，另外派出重兵"围剿"鄂豫皖革命根据地。这一情况说明，蒋介石正在全面落实"攘外必先安内"政策，始终把军政重点放在打击、消灭中国人民革命力量方面。对于蒋介石的不抵抗，最得意者当然是"不抵抗"的受益者日本侵略者。从"九一八事变""一·二八事变"到"伪满洲国"成立，日本组织的一系列侵华行动不仅没有遭到中国军队的抵抗，反而得到蒋介石的变相配合，这被日本当局看成是早期日本军国主义分子所设想的侵略中国的"天赐良机"。任何一个战犯，在被侵略国家如此退让的态度面前，不仅有着征服者的快感，更进一步刺激了侵略者的野心。对于蒋介石的表现，日本当局更加坚定了对蒋介石和中国政府的看法，更加坚定了"对于日本进入中国一事蒋介石不想打，南京政府近 200 万大军打不赢，中国人民要打因为政府不同意而不能打"的观念。因此，裕仁思考的是如何进一步扩大在中国的战争？

面对日本军国主义在中国扩大侵略的阴谋，蒋介石、南京政府、国民党军队和爱国民主力量、中国人民、中国共产党采取不同的方式应对。其中，南京政府调动以东北军为主的国民党军队进行了华北抗战，结果是因为蒋介石的不积极而失败；国民党军队中的一些有民族良知的将领和官兵，自行组织起来，进行了察哈尔抗战，因为蒋介石的限制、何应钦的破坏和日本侵略者的围攻而失败；爱国民主力量则发动了以反对蒋介石独裁、推翻国民党政权为目的的反蒋抗日运动，因为蒋介石的镇压而失败；中国共产党和中国人民发动了东北武装抗日游击战争，与"七七事变"后中国共产党开展的敌后武装斗争一起，尽管受到日本帝国主义的无数次围歼，尽管在艰苦卓绝的条件下，还是坚持红旗不倒 14 年，迎来了抗日战争的胜利；中国共产党发动了以青年学生、城市工人、爱国民主人士为主体参加的"一二·九运动"，呼吁抗日救亡，呼吁组成抗日民族统一战线，实行全民抗战。通过这一场运动，蒋介石看到全国人民的抗日要求，准备调整对日方针。

日寇在制造"伪满洲国"的阴谋实现后，开始向关内渗透。美国的史学家戴维·贝尔加米尼曾在《日本天皇的阴谋》一书说：日本军国主义分子铃木曾在北京秘密会见了蒋介石的亲信黄郛，态度非常嚣张，没有一点侵略者的理亏和心虚，把占领中国领土当成理所当然的事。铃木无耻地说："如果国联的表决反对我们，我们不得不攻占热河，以消除张学良对我们侧翼的威胁。"黄郛则表示："热河位在长城北边，如长城受到威胁，蒋委员长除了进行战争外，在政治上别无他途。"铃木则阴阳怪气地说："长城已在日本大炮射程之内。满洲公认的边界包括像指头一样的海岸线，从满洲的主体部分向南弯曲伸延，把热河和海面隔开，直到长城的海滨终点山海关，关东军已占领了这条走廊的大部分，在几小时内随时可以推进到山海关。"铃木进一步说："日军不怕全面战争，但谁也不喜欢和自己的弟兄打仗。如果蒋介石愿意加倍努力，平息中国的反日势力，消灭毛泽东手下的'共匪'，撤掉年轻的军阀张学良的官职，那么日本天皇愿保证不让日军在攻占热河之后冲入长城。"

真是侵略有理？中国的热河不是日本的本州，中国的东北不是日本的北海道，日本抢占东三省后中国不能反抗吗？为了保证日本占领东北后的安全，中国应该交出热河吗？真是强盗逻辑！铃木难道不知道天下有"羞耻"二字？日本天皇裕仁难道不知道天下有"犯罪"二字？

正是因为日本军国主义分子不知道人类有人性和道义，正是因为日本军国主义分子不知道世界有正义和公正，所以在中国耀武扬威，得寸进尺，侵略野心越来越膨胀。西哲云：上帝要谁灭亡，必让其疯狂。法西斯必然灭亡，因为法西斯已经疯狂。

日本盯上的下一个目标是热河省，驻守热河的是张学良将军指挥的东北军。张学良将军在东北军逃入关后，于1931年12月16日已被撤销三军副总司令职务，改任北平绥靖公署主任，从"老二"的位置上跌落下来。蒋介石既收回了为拉拢张学良出兵支持中原大战而授予的"副统帅"称号，又满足了全国人民要求惩治"不抵抗将军"的呼声。蒋介石出任国民政府军事委员会委员长后，张学良改任北平军事委员会分会委员长。

张学良将军指挥的东北军，虽然经过九一八事变中的大撤退，但实力还在。撤到华北的东北军编有6个军，他们是于学忠的第51军、万福麟的第53军、汤玉麟的第55军、何柱国的第57军、马占梅的第63军、王以哲的第67军。

1933年新年伊始，日寇开始挑衅，提出中国军队必须让出山海关，这一侵略要求理所当然为守军何柱国将军所拒绝，也为张学良将军所拒绝，因为热河位于东北和华北中间地带，东北军在这里还算联上自己的家乡；再则，热河一失，华北危险！日寇追求的正是这一效应，第二天日军即发动进攻。在关东军的猛烈进攻面前，何柱国部进行了顽强的抵抗，官兵伤亡惨重。到1月3日，山海关失陷，这是日寇向华北进攻的信号，中华民族危机更加严重。

山海关的炮声，震撼着每一位中华民族成员的心扉。全国人民不允许在全国大地上再出现第二个伪满洲国！不允许出现第2次不抵抗！不允许出现第2次大溃败！

1933年1月17日，中国共产党中央委员会发表了《为反对日本帝国主义侵略华北愿在三条件下与全国各军队共同抗日宣言》，重申愿意有条件地与全国所有愿意抗日的军队，共赴国难。中共的主张，对驻扎华北的西北军、东北军产生了巨大的影响。

面对全国各地对丢失国土的抗议浪潮，面对全国人民不分东南西北男女老少发出的抗日要求，蒋介石也不得不喊出了"确保冀热，巩固平津"的口号，并任命一心想报仇雪耻的张学良将军为华北集团军总司令兼第1方面军总指挥，进行华北抗战。

第1方面军编有3个军团共5个军：张作相为第2方面军总指挥，编有3个军团共4个军，另有华北集团军预备队2个军团共5个军。

1933年2月2日，日本新任首相荒木桢夫向关东军发出了进攻热河的命令，关东军开始向南运动兵力。2月18日，张学良将军赶到热河省会承德，视察防务，亲自向第5军团总指挥兼热河省主席汤玉麟布置作战事项，提出了作战要求。2月24日，日军兵分3路分别向赤峰、凌源、承德等地发动进攻。

1933年2月28日，张学良向南京政府致电说："当1931年9月18日危机刚刚爆发之际，考虑到其他强国能主持公道，维持和平和秩序，我忍辱负重，向国联呼吁救援，希望以此能得到公正和正义的结果。结果事实并非如此，日本还在继续侵犯我们的领土。我们相信正义，可我们越是委曲求全，他们越是得寸进尺"。因此，他在电报中强调："现在我的忍耐力已到了极限，武力是自卫的唯一方法。我一直坚定不移地遵循中央政府的政策，我愿率领我的部下抗击侵略，保卫我民族和我党，即使牺牲了自己性命也在所不惜。"应该说张学良不是不想抵抗，而且因为蒋介石"不抵抗政策"的束缚和限制，现在面对日寇不断扩大的侵略行动，他也想抓住时机，一洗耻辱，摆脱"不抵抗将军"的阴影。

张将军决心很大，只是部下信心不足。此次参战部队，除东北军悉数开往战场外，还有不少南京政府的军队。在这些军队中，东北军中有怕死之徒，南京政府军也有不少深受不抵抗影响的将领；特别是蒋介石没有想抵抗，对整个军事安排并不热心，调兵作战急需的军费根本没有如数到位；作战不可缺的运输和后勤保障严重短缺。这就决定了这是一场根本不可能打赢的战争。

果然如此，东北军中张作霖当年的老战友之一汤玉麟，无视军令，不顾张学良的催促，置军情于脑后，征用大批汽车转运其财产，致使承德于1933年3月3日未战先失，整个战线洞门大开。张学良一见此状，立即请求南京政府免去汤玉麟本兼各职，予以撤职查办，同时命令各部奋勇作战，不得临阵脱逃。虽经第4、6军团苦战，无力回天，3月10日日军占领热河全境，张学良将军指挥的热河抗战，溃在东北军名将手中，虽说汤玉麟也被南京政府查处，全国人民则把账记在张学良的头上，悲愤异常，一致谴责。

日寇在热河得手后，全线向长城推进。在长城主要隘口，中国军队使用大刀、手榴弹、刺刀等简陋武器，在寒冬未尽之际，与侵略者进行了顽强的抵抗。在3个月的时间里，商震的32军在冷口、宋哲元的第29军在喜峰口、黄杰的中央军第2师在古北口，与日本侵略者交战数十次，歼敌7000余人，日寇不得跨长城一步。特别是29军赵登禹部喜峰口一仗，中国官兵们手持大刀，把日寇杀得血肉横飞、魂飞魄散，被日方称为"六十年来未有之侮辱"。流行至今的《大刀进行曲》就是在大刀勇士们英勇杀敌的精神鼓舞下创作出来的，并成为鼓舞人们消灭日寇侵略者、提高民族自尊心的主要文艺作品。长城抗战坚持了3个月，后因日军从山海关进攻滦州，占领河北卢龙、丰润、唐山、丰田、蓟县、三河、香河、密云、通州等县，直接威胁北平、天津，驻守长城的军队不得不后撤。长城抗战作为国民党军队抗战，虽然是失败了，但反映了爱国将士和全国人民不屈不挠的英勇气概，显示了中国人民决心抵御侵略的坚强意志。

张学良将军指挥的热河抗战，成为继九一八、一·二八以后的又一次大失败。全国舆论大哗，社会各界在谴责蒋介石和南京政府"以前在东北不抵抗，如今是抵抗不积极"的妥协退让政策的同时，强烈要求南京政府撤换张学良。张学良前有"九一八不抵抗"，现有热河抗战抵抗失败，尽管前者是因为蒋介石命令不抵抗、后者是因为蒋介石抵抗不积极所造成，但在不明南京政府决策过程、不明白蒋介石和张学良之间不正常关系的全国民众眼里，张学良罪责难逃，成为众矢之的。新闻界、出版物、社会名流、政界要人都在议论张学良，批评他失地丧土、屈辱退让，要其辞职。

1933年3月8日，张学良致电国民政府说："自东北沦陷，效命行间，原冀戴罪图功，勉求自赎，讵料热河之战，未逾旬日，失地千里"，表示："丧土之责，费能旁贷，自愿辞职，以报国人。"

1933年3月10日，蒋介石来到保定，在专列上，与从北平赶来的张学良进行了一场颇为特别的谈话："我接到你的辞职电报，很知道你的诚意。现在全国舆论沸腾，攻击我们两人，我与你同舟共命，若不先下去一人，以息全国愤怒的浪潮，难免同遭灭顶，所以我决定同意你辞职，待机会再起。"

聪明的张学良马上知道了蒋介石的用意，他未加思索地说："为了救委员长，学良愿跳火坑。"蒋介石马上接过话音说："太好了，你明天即飞上海，免得部下说长道短，夜长梦多！你出洋的名义和手续，我都命人安排好了。"

用张学良辞职出洋的名义，既应付了各界对不抵抗的批评，也用这一方式证明张学良是不抵抗的责任者。1933年3月11日，张学良通电下野，宣布："此次蒋公北来，会商之下，益觉余今日引咎辞职，即所以效忠党国，巩固中央之最善方法，故毅然下野，以谢国人。"北平军分会委员长、东北边防军总司令职一并辞去。东北军编为4个军，分别由于学忠、万福麟、王以哲、何柱国任军长。同时，蒋介石任命指挥江西"剿共"失败的何应钦为北平军事分会代理委员长，黄郛为行政院驻北平政务整理委员会委员长。

蒋介石重用这批亲日派主持对日交涉，正如张群在其回忆录《我与日本七十年》中所说："（蒋介石）希望能运用我们这些人的对日关系，直接和日本办交涉，调整中日关系，与日本取得暂时妥协，设法延缓中日间的紧张形势。"

自从何应钦到达北平后，即开始与日本强盗进行谈判。1933年5月24日，蒋介石为稳定平津地区的残局，致电何应钦，表示"事已至此，委曲求全，原非得已，中正自当负责。"（《抗战前华北政局史料》第255页）老谋深算的蒋介石深知日本不会让出已经占领的土地，与日本人的谈判不过是对日军占领中国领土的肯定，谈判结果肯定既不利于中国，也不利于他本人，因此他告诉何应钦与日本谈妥的协定，千万不能见诸文字。

1933年5月30日，关于日寇在占领热河兵临平津城郊后的善后谈判在日本军队占领的塘沽据点进行，南京政府代表是以北平军分会总参议身份出面的参谋本部总务厅厅长兼第二厅厅长熊斌，日本代表是关东军副参谋长兼驻伪满洲国武官冈村宁次。此次谈判与其说是两国谈判，还不如说是"城下之盟"。日寇根本没有谈判的诚意，只有侵略者的嚣张。日军军舰上的炮口直指谈判现场，周围布满了日军；冈村宁次恫吓熊斌等中国代表说，条约一个字也不能改，中国代表必须在一个半小时内作出"诺"或"否"的回答，如果中国代表拒绝签字，日本方面提出的条件将比现在更加苛刻。这一被称为《塘沽协定》的方案内容为：中国军队立即撤至延庆、昌平、顺义、高丽营、通州、香河、宝坻、林亭口、芦台所连之以西、以南地区，在上述地区的以北、以东地区的19个县定为"非武装区"，日军可以"自由行动"；为执行中国军队撤退情况，日军可以用包括飞机在内的其他方式进行监视。事实上北平城郊以北和以东的冀东地区，名为"缓冲区"，实为已经划归日军，这哪是什么谈判，简直是日本在"明抢"！蒋介石是"明送"！同时，此一条约的签订，等于承认了日寇占领中国东北、成立伪满洲国、抢占冀东地区的合法地位。

熊斌提请日方考虑同意中方发表一个书面声明，但为冈村宁次所拒绝。这位战犯蛮横地说："一切声明必须待签字后再行商议。"熊斌因为已经接到蒋介石、汪精卫的"一切条件均可答应"的指示，所以被迫在协定上签字。整个过程固然如日方所规定的那样，只有80分钟！比日本所定的时间还少10分钟。南京政府出让北平城郊至长城间的广阔领土只用了80分钟！可见蒋介石和南京政府出让中国领土之痛快！可见日本强盗侵占中国领土之心切！

华北抗战失败的根源是蒋介石的"攘外必先安内";《塘沽协定》之所以能够高速谈妥是因为"攘外必先安内"。在长城抗战过程中,国民党军队中不断有将领愿意带兵北上增援,蒋介石明确宣布:"若复以北上抗日请命,而无意'剿匪'者,当以贪生怕死者视之。"(1933年4月6日《蒋委员长告各将领先清内匪再言抗日电》,见《中华民国重要史料初编——对日抗战时期》绪编之三第35页)这可恶的"攘外必先安内",给中国带来多少屈辱的"攘外必先安内",在当时南京政府和国民党内的会议上,已经成为蒋介石讲话的主调,几乎逢会必讲,逢人必说。对蒋介石的"攘外必先安内",当然有人信,也有人不信,更有人为了祖国安危而奋起。

察北抗战

九一八事变、一·二八事变、华北抗战失败,震撼了一些没有丧失民族气节的国民党官兵们,他们开始自行站出来,踊跃投入抗日运动,由于蒋介石的"恐日立场"和对日妥协政策,由于日寇的围攻,很快失败。而且他们中间的一些英雄,很快因为"抗日罪"被镇压,有的甚至惨害至死,其中的杰出代表为冯玉祥领导的西北军部分旧部和东北抗日义勇军进行的察北抗战。

西北军在中原大战中被击溃后,大部被蒋介石收买,残部被改编为第29军,驻扎在山西南部一带。广州"非常会议事件"爆发、石友三起兵倒蒋,南京方面把宋哲元调往冀南。对南方5省的中共革命根据地的第3次"围剿"开始后,蒋介石把第29军编为北路军第4军,由宋哲元出任总指挥,令其开赴江西前线参加"剿共"。此时,"九一八事变"爆发,因为华北地区的驻军太少,所以蒋介石临时改变主意,把29军留在冀南地区,同年底东北政务委员会从沈阳迁到北平后进行改组,宋哲元也是成员之一。何应钦来北平主持对日交涉后,因为宋哲元与何应钦在中原大战前夕有过一段来往,所以由何应钦出面保荐宋哲元兼任察哈尔省主席。长城抗战后,29军因为喜峰口大刀队而名响天下,宋哲元也因此成了抗日英雄。29军也因此得以扩编。暂2师改编为143师驻下花园,新编132师和38师驻宣化,37师驻张家口。由于蒋介石对日采取妥协退让政策,唯恐得罪日本人,所以在华北地区除东北军外,只有第29军驻扎。

当19路军在淞沪打响后,在中原大战中被蒋介石彻底打败的冯玉祥,开始为抗战奔走，呼吁南京政府增援 19 路军，但没有什么结果，蒋介石、汪精卫忙于宁粤合流中的政治分赃，对上门前来宣传抗日、要求抗战的冯玉祥连见都不见。尽管在国民党四全二中全会上，冯玉祥出任军委会常委，但他还是对军委会委员长蒋介石、行政院长汪精卫失去了信心，不久又回到泰山隐居。1932年 10 月 9 日，冯将军从泰安来到张家口，宋哲元和冯治安、张自忠、刘汝明、佟麟阁、赵登禹等西北军旧部将和察省各厅长赶来车站迎接。冯将军到达张家口的第一天，就向全国献出一份厚礼：此时正逢《李顿报告书》发表，他发表声明，谴责国联和李顿"混淆真相，颠倒因果是非"，因此"挽救国难，在于积极抵抗；徒尔求助国联，实为国族自杀"。长城抗战开始后，很多抗日义勇军从东北和察哈尔退入张家口，冯玉祥见到他们缺衣少穿的样子，用在张家口的房地产作抵押，做了 1 万件大皮坎肩，送到前线。对于冯将军的抗日义举，中共北方机关与其取得了联系，支持他出面组织抗日武装，保卫察哈尔。

日本强盗侵略中国的炮声，还惊动了另外一员西北军虎将，这就是正在海外游历的吉鸿昌将军。吉鸿昌，河南扶沟人，1895 年出生。从小当学徒，18 岁时来到冯玉祥的左路备补军左翼第 2 团当兵，因能攻善战而得到升迁，五原誓师时已是第 19 师师长，以后任过第 30 军军长、宁夏省主席等职。吉鸿昌在西北军有"吉大胆"之称，吉部在西北军中有"王牌军"之称，以能攻善战著名。中原大战爆发时为第 9 军军长，失败后被南京方面收编为第 22 路军。不久，该部被调往"剿共"前线，进攻鄂豫皖苏区。在前线，吉将军深感内战没有出路，于是暗中和中共方面接触，蒋介石对此有所觉察。吉鸿昌最后拒绝参加"反共"军事战争，1931 年 9 月间被撤去军职，改任军事参议院参议。同时，在蒋介石的安排下，吉鸿昌半自愿半强迫远赴海外"考察军事"。淞沪抗战打响后，吉鸿昌听到消息，摆脱跟踪的特务后回到上海，一上岸即被蒋介石的说客所包围，劝其从事实业救国，但吉鸿昌的态度非常明确："我是军人出身，军人救国的天职是卫国杀敌，不是发财。"吉鸿昌在上海、天津与中共地下党取得了联系，并秘密来到泰山会见了冯玉祥将军，劝其与中国共产党合作，共同抗日。

1933 年 5 月间中共河北省委成立了由柯庆施为书记的河北前线工作委员会，组成了由张慕陶、武止戈、吴化梓等人参加的中共张家口特委，并派出宣侠父、张存实、许权具体协助。吉鸿昌得知消息后，也从天津赶来张家口。曾任过安徽省主席、被蒋介石关押的方振武也集合旧部鲍刚、张人杰两个师，早在 1933 年 3 月 1 日在绵山树旗抗日。这支抗日部队，东出阳关，沿平汉线北上。到达邯郸后，何应钦拒绝提供火车，他们只得步行前进，于 5 月 20 日赶到张家口。此外，还有原 29 军教导团扩编而成的一个师，以及从热河退来的东北义勇军，他们成为冯玉祥的基本部队。

1933 年 4 月 29 日，日伪军攻占多伦；5 月 24 日，日军占领沽源，进入察省内地，察省危急。5 月 26 日，张家口举行了全省民众御侮救亡大会，正式宣布成立察哈尔民众抗日同盟军。会议当场推举冯玉祥将军为抗日同盟军总司令。冯玉祥将军也同时发表了就任"察哈尔民众抗日同盟军总司令"的通电，呼吁："凡真正抗日者，国民之友，亦即我之友；凡不抗日或假抗日者，国民之敌，亦即我之敌。所望全国民众一致奋起，共驱强寇，保障民族生存，恢复领土完整。"冯玉祥的抗日举动，鼓舞了周围民众的抗日热情，许多青年、学生和旧军人踊跃参军，很快部队发展到 8 万余人。

对于旧部和老长官在察哈尔张家口的活动，身为省主席的宋哲元没法拒绝，因为人情难却；也不敢支持，因为有南京政府和蒋介石的"不抵抗政策"。所以，他一走了之。冯玉祥任命佟麟阁为察哈尔省代表主席，吉鸿昌为察哈尔省警备司令。

日寇从 1933 年 6 月起，因为《塘沽协定》的签订，已经在冀东地区站稳脚跟，开始向察哈尔地区进攻。从沽源向宝昌、康保进攻，图谋直取张家口。面对日本强盗的侵略行径，6 月 15 日，冯玉祥在张家口召开了抗日同盟军第 1 次军民大会，会上宣读了同盟军誓死保卫领土、消灭日寇为主题的纲领草案。同时成立了军事委员会，由冯玉祥任常务委员会主席兼总司令，方振武、吉鸿昌、孙良诚、宣侠父等为军委常务委员。6 月 20 日，抗日同盟军开始行动，吉鸿昌出任北路军前敌总指挥，方振武任北军军前敌总司令，分兵 3 路向日伪军反击。6 月 22 日攻克康保，7 月 1 日攻克宝昌，同时因为驻守沽源的伪军刘桂堂反正该城收复。

抗日同盟军在收复冀东 3 县后，把进攻的目标指向多伦。多伦地处冀、热、察、蒙四省交界处，华北也算商业中心，军事战略价值不低，日军把此当成进攻察哈尔、绥远的前哨基地，守军为骑兵第 4 旅和一些伪军防守。从 7 月 7 日起，吉鸿昌指挥所部发起进攻，日伪军凭借强大火力顽固死守。在战前的动员会上,吉将军满腔仇恨地说:"有贼无我,有我无贼。非贼杀我,即我杀贼!半壁河山,业经变色。是好男儿,舍身救国!"双方激战3天,到10日晚吉鸿昌亲自来到前线,指挥敢死队登城,组织3次进攻没有成功。7月12日,他派副官率领40余名敢死队员,化装成伪军潜入城内。当夜,里应外合,吉将军指挥部队再次组织猛攻,并亲自赤膊抢起大刀杀入敌阵,敌军大乱,抗日同盟军从北、西、南三个门攻入城内,经过3小时巷战,残余敌军从东门逃出。被日寇占领72天的多伦,终被同盟军占领。攻占多伦的消息迅速传往四面八方,全国人民为之欢欣鼓舞,贺电像雪片一样飞向张家口;各界人士纷纷发表谈话和文章,高度赞颂了冯玉祥将军的抗日行动。

对于冯玉祥将军的抗日行动,除日本人不高兴外,还有蒋介石等辈。蒋介石见抗日同盟军打乱了他"攘外必先安内"的战略部署,担心同盟军在华北地区的军事行动引起日军的抗议,身为军事委员会委员长,不顾国家安危,竟然信口雌黄地说冯玉祥是"联俄、联日、割地自雄",马上急电部分中央军向察哈尔地区靠拢;何应钦也下令庞炳勋、冯钦哉等部向察哈尔推进。7月17日,正在庐山避暑的行政院长汪精卫,致电冯玉祥,要其取消抗日同盟军番号、停止活动、交出政权。同时下令王以哲、王敬久等部共5个师进驻察哈尔。到7月底,蒋介石已经在察哈尔集结了16个师、15万军队。更为可气的是,何应钦有意透露军事情报,引导日伪军2万多人向多伦方向移动,伺机围歼抗日同盟军主力。刚刚打败日寇的抗日同盟军,面临被南京政府军队和日伪军包围、围歼的危险。

1933年7月28日,蒋、汪致电冯玉祥,限令冯玉祥离开察哈尔。8月5日,冯玉祥未经同盟军的领导群体同意,就发出了请求宋哲元回察主政的通电。蒋介石见冯玉祥后退,于是在8月7日与汪精卫合作,明知道冯将军不会来南京,还假惺惺地电邀冯玉祥前往南京共商国是。8月9日冯玉祥宣布撤销抗日同盟军,辞去总司令职。8月12日,宋哲元回到张家口,冯玉祥冒雨前往车站迎接,含泪欢迎宋哲元;宋主席则向老长官冯玉祥三鞠躬。8月14日冯将军满怀悲愤离开张家口,再次回到泰山。在回到山东济南时,曾在西北军倒蒋时叛变过他的老部下、山东省主席韩复榘给予热烈欢迎。望着欢迎的场面,冯将军无限感慨,心中充满悲怆。

冯将军走后,抗日同盟军军心涣散,中共河北前线工作委员会马上指导方振武、吉鸿昌再举义旗。1933 年 8 月 16 日，方振武通电就任抗日同盟军总司令职。8 月 24 日，中共河北前委任命吉鸿昌为同盟军北路军总指挥，继续坚持斗争。同时，方、吉二将军赶走了南京方面的代表，表示坚决抗日到底。在国民党军队的包围之下，9 月 9 日方振武、吉鸿昌部在独石口再度会合，决定组织"讨贼联军"，由方振武任总司令，吉鸿昌为左路总指挥，挥师攻入热河省，经长城，转战于密云、怀柔、顺义等地。卑鄙的败类何应钦经南京方面同意，再次透露军事情报，引导日军配合作战，在顺义、牛栏山等地围歼方、吉部。抗日同盟军损失惨重，且弹尽粮绝。在万般无奈中，方振武、吉鸿昌只得接受北平慈济会团体代表和第 32 军军长商震的邀请，来到商震部驻地谈判。在对待方振武、吉鸿昌将军问题上，南京政府和何应钦再次显出其卑鄙、肮脏的本性，背信弃义，出尔反尔，在二位将军到达谈判地点时予以逮捕。至此，轰轰烈烈的抗日同盟军活动就此失败。

在把方振武、吉鸿昌押往北平的路上，两位将军因为抗日大业未成，来日还有更艰巨的任务需要完成，不甘心俯首就擒，吉鸿昌先行掩护方振武逃走。押送两位将军的士兵和慈善团体的代表，不仅没有追捕方振武将军，反而把吉鸿昌送下囚车，放走了吉将军。在民族大义的感召下，押送将军的官兵出于对民族英雄的热爱，终于让方、吉将军暂时逃出了蒋介石、何应钦的魔掌。

但是，蒋介石不会甘心，不会允许违反"攘外必先安内"的既定国策，更不会放过吉、方二位将军，需要借用吉鸿昌、方振武的人头，杀一儆百，警告那些军队内部已经有意起兵抗日的将领们停止行动。蒋介石的阴毒就在这里，只要违反他的旨意，只要侵犯他的权威，不管此人对国家、对民族甚至包括对国民党做过多大的贡献，一律格杀勿论。

吉鸿昌秘密回到位于天津法租界的家中，1934 年 1 月间又躲过军统特务和日本特务的监视来到上海，与中共地下党接上关系，经中共中央局批准，正式加入中国共产

抗日名将吉鸿昌被蒋介石杀害

党。作为中国共产党一员的吉鸿昌回到天津后，于 1934 年 3 月间与宣侠父、任应岐等一起组织"中国人民反法西斯大同盟"，推进人民抗日运动。

国民党军统特务一直在严密监视吉鸿昌等人的行动，南京军警当局也下令通缉吉将军，军统更是命令北平站站长陈恭澍伺机对吉将军实施暗杀。1934 年 11 月 9 日，吉鸿昌在把家中的 1 万元存折交给中共地下党作为活动经费后，与任应岐一起前往法租界的国民饭店 2 楼 45 号。此时，在陈恭澍的亲自指挥下，两名特务冲入 45 号，与任应岐、李干三和李宗仁的代表刘少南正在打麻将的吉鸿昌，正好因为打完 4 圈而与刘少南换座位。特务们依然向吉鸿昌原来的座位连连开枪，刘少南当场死亡，吉鸿昌不顾被子弹擦伤的肩膀，马上站起来抓凶手。特务逃走后，吉鸿昌又要周围的人躲开。很快法国工部局的巡捕将国民饭店包围，逮捕了吉鸿昌、任应岐。在搜查吉鸿昌家时，搜出了大量的中共秘密文件和宣传材料。蒋介石得到法租界抓住吉鸿昌的消息后，高兴万分，马上向法国使馆提出引渡要求，吉鸿昌等被押往北平陆军监狱。何应钦亲自负责审讯，逼吉将军交代中共北方区的组织情况，但吉将军解开上衣，指着在察北抗战时负伤的伤疤，对何应钦说："这伤疤就是你们与日寇勾结卖国的罪证！"1934 年 11 月 24 日，蒋介石密电何应钦，下令处决吉鸿昌。在刑场上，吉鸿昌将军用树枝在地上写下最后一首诗："恨不抗日死，留作今日羞；国破尚如此，我何惜此头？"在任应岐牺牲后，吉鸿昌视死如归，要求坐在椅子上，面对着刽子手的枪口，壮烈牺牲。

蒋介石下令处死吉鸿昌，是对日本侵略者的鼓励；是对中国人民抗日事业的破坏。吉鸿昌的牺牲，不仅仅是一家的不幸，而是民族的不幸，国家的不幸，因为国家和民族少了一位英勇的战士。对蒋介石来说，也是不幸，因为杀死一位抗日英雄，等于他又多了一个对不起民族的记录。

方振武将军逃脱虎口后，前往香港，后赴欧洲等国考察，在海外宣传抗日，为抗日活动发动募捐。1936 年他在巴黎发起组织了救亡团体"中华民族解放同盟"，出版《国民公认》刊物，呼吁停止"剿共"，实现国内和平统一。抗日战争爆发后，方振武回到祖国，担任军事参议院参议，蒋介石没让其带兵作战，方将军在失望之余，再赴香港。太平洋战争爆发后，在日寇的搜捕中侥幸逃脱，于 1941 年 12 月中旬进入广东，遇到国民党军统系统的"忠义救国军"，方将军表明了真实身份后，从此永远失踪，一代英豪壮志未酬身先亡。

察北抗战在国民党军队和日寇的双重围攻下，不可避免地走向失败，但作为国民党军队中的爱国力量发起的抗日业绩，将永远在中华民族反抗外国侵略的历史中写下光辉的一页。

福建事变

如果说察北抗战是公开违背"攘外必先安内"，不顾蒋介石的"安内"而先"攘外"的话，那么福建中华共和国人民革命政府的成立，则是以公开成立与南京政府相对抗政权的方式，批判国民党专制、蒋介石独裁，批判南京政府的投降卖国路线，号召全国军队、党派和人民进行抗日。

上海"四一二反共政变"发生后，出现了以国民党蒋介石集团与中国共产党之间你死我活的斗争，在黑暗与光明、反动与进步两条路线之间，还存在着第三党人，他们的代表人物就是从国民党阵营分化出来的李济深、蔡廷锴、蒋光鼐、章伯钧、黄琪翔等人。他们希望有一条不要共产党的阶级斗争理论，不要国民党的以剥夺民众为主体的经济政策的所谓"科学的三民主义"。事实上在当时的政治背景下，中间道路很难有成功的可能，或者说他们后来在福建进行的"第三条道路"实践的失败也在情理之中。

李济深经过桂系倒蒋战争，直到九一八事变后才恢复自由。后被蒋介石任命为豫、鄂、皖三省"剿共"副总司令，既无调动军队的实权，又要参加"反共"内战，更不能参加抗日救亡运动，因此对南京政府失去信心，从1932年7月起称病休息，经上海到香港隐居，寻找出山时机。李济深的转变，是因为他从被蒋介石关押和愚弄的亲身经历中，从蒋介石"攘外必先安内"的对日妥协政策中，认清了蒋介石的真面目，就像冯玉祥、蔡元培等一样，经过蒋介石叛变革命前后一段较短时期的政治糊涂期、跟着蒋介石"反共"后，开始重新思考自己的政治抉择，毅然决然地与蒋介石决裂，投入爱国民主阵营，成为爱国民主领袖人物之一。

黄琪翔，广东梅县人，生于1898年9月2日。出身农家，14岁考入广东陆军小学，后进入保定陆军军官学校第6期。毕业后不久南下粤军张发奎部任职，在大革命过程中，先后出任第4军第12师第36团团长、第12师师长、第4军军长等职。蒋介石、汪精卫叛变革命后，第4军南下广州，支持汪精卫赶走李济深，黄琪翔兼任卫戍司令。中共发动广州起义时，正在与桂系混战的黄琪翔指挥所部参加镇压起义。在汪精卫被蒋介石在宁汉合流后挤出南京城的情况下，黄琪翔于 1927 年 12 月 15 日前往中国香港，转往日本、德国等地。在德国时，他与邓演达、宋庆龄、叶挺等人关系亲近，政治上逐渐走向一致，主张组织与国民党、共产党不同的第三党。1929 年秋，因为宋庆龄回南京参加孙中山奉安典礼，黄琪翔以秘书身份陪同回国。1930 年 8 月，国民党临时行动委员会成立，黄琪翔当选为中央干事会成员兼军事委员会主任委员。

福建事变的军事支柱是 19 路军。蔡廷锴、蒋光鼐将军指挥的 19 路军淞沪抗战一仗，虽败犹荣，人民赞扬，蒋介石则因 19 路军的抗日壮举而大为不满。1932 年 4 月 26 日，蒋介石在上海励志社接见蔡廷锴、蒋光鼐等人，对他们的抗日行为不仅不以肯定，反而阴阳怪气，不无讽刺地说："你们如今成了抗日英雄，我成了不支持抗战的罪魁，看来你们也不需要我指挥了。"蔡廷锴、蒋光鼐将军一听连忙表示，委员长决策英明，如果没有委员长的指挥，就没有 19 路军的今天。蒋介石马上接过话头就说，那以后二位不要再擅自行动，军人以服从为天职。蔡廷锴、蒋光鼐将军终于明白了蒋介石接见的真实用心。

蒋介石对 19 路军很不放心，一方面派遣亲信黄莫京担任 19 路军参谋长，向指挥中心掺沙子；调动 19 路军中下级军官到南京中央军校训练班受训，进行思想灌输，对蔡、蒋二将军在军中的基础实施挖墙角；三是命令 19 路军的 3 个师分别调往赣、皖、鄂三省参加当地的"剿共"，军部设在南京，对该军实行分而治之。在遭到蔡廷锴、蒋光鼐坚决反对、甚至用辞职抗议后，蒋介石不得不收回分而治之的成命，但命令 19 路军前往福建参加"剿共"战争。蒋介石的用意很明显，如果 19 路军不离开上海，日本人不同意；如果 19 路军到达福建拒绝参加"剿共"战争，则可以名正言顺地消灭他们；如果 19 路军极力与红军作战，则是两败皆伤，削弱 19 路军和红军的目的已经达到；19 路军即使不参加"剿共"作战，因为福建山区贫穷落后、地广兵少，19 路军驻扎时间一长，兵难征，饷难发，军中就是不乱也难以得到较大发展。

1932 年 5 月 23 日，军事委员会发表命令，要 19 路军经海路入闽。6 月 1日，国民政府发布命令，宣布撤销 19 路军卫戍长官司令部，改组为福建绥靖公署，由蒋光鼐为主任，蔡廷锴为 19 路军总指挥兼 19 路军军长。19 路军在福建泉州、厦门、海澄、嵩屿等登陆后，开始统一省政，整治吏治，稳定治安，取得了一些成效。特别是在扩充实力上因为有一省之区，有稳定的军费、兵员来源，因此在淞沪抗战中消耗的实力得到迅速补充，而且无论是兵员还是武器装备方面都有所改进。蔡廷锴、蒋光鼐也分别于 12 月 19 日就任绥靖公署主任、福建省主席。

蒋介石让 19 路军到福建，不是让 19 路军发展实力，他的目的有二，一是逼其参加"剿共"，二是削弱其实力。当然，他更关心的是 19 路军对他的是否忠诚。1933 年元旦，蒋介石把蔡廷锴召到武汉，盛宴款待，明为慰问，实为拉拢。同时，更想从福建方面获得广东方面的情况，尽管蔡廷锴到福建后两次南下广州，但他没有向蒋介石报告在宁粤合流、蒋汪合作、胡汉民分裂后已经处于半独立状态的两广方面的动向。

19 路军与广东方面确实有情况。蔡廷锴、蒋光鼐已在军中仿效复兴社成立"改造社"，纲领是"对外主张团结抗日，对内防止腐化，发扬 19 路军的光荣历史"。在军部总社之下，各师成立分社，用以待机举起抗日义旗，联络感情和稳定军中情绪，以对付复兴社和中统人马对军中的分化和拉拢。更为重要的是，福建方面和两广方面已经取得联系，蔡廷锴、蒋光鼐的代表李章达，已经和胡汉民、陈济棠、李宗仁、白崇禧等人签订了三省合约：决定闽、粤、桂将"依共信互助之原则，共存互勉之决心，在军事、政治、经济上进行全面的合作，以策三省之安全，进而达到抗日、反蒋、实现三民主义的建设为宗旨"。合约明确提出了"三省互保、抗日救国、武装反蒋"的目标。这三条对蒋介石都是大忌。

此时，热河告急，榆关沦陷，蔡廷锴于 1933 年 1 月 6 日发表通电，旗帜鲜明地表示愿"谨率所部，待命北上抗敌。他人不忍牺牲袍泽，以博民族英雄，廷锴则不忍牺牲国土，以博个人苟安享乐。"南京政府对此置之不理，委员长南昌行营反而于 2 月 22 日任命蔡廷锴为"赣闽粤边区'剿共'"左路总指挥，要其立即出兵"围剿"红军。在此前后，广州国民政府西南政务委员会从三省互保出发，以"反共"为名，行三省军队联合之实，任命他为粤闽桂三省"剿共"总指挥。热河沦陷，长城告急，察北紧张，广州国民党中央西南执行部于 3 月初决定，由粤桂闽三省联军组成援热先遣军，以蔡廷锴、白崇禧为正、副总指挥，北上抗日。北上援热军上有蒋介石干扰，下有陈济棠担心其实力受损和控制地区被压缩而暗中捣乱，援热军行动迟缓，到达湖南时，《塘沽协定》已经签订，蒋介石急令援热军退回福建。蔡廷锴、蒋光鼐和 19 路军，组织援热军奔波 2 个月，花掉军费 20 万现洋，结果不但一事无成，反而为蒋介石所猜疑。此事让他们认识到，如要抗日，只有反蒋。

1933 年 6 月 8 日，蒋介石在南昌召开赣、粤、闽、湘、浙 5 省"剿共会议"，全面开始发动第 5 次"反共军事围剿"。其中陈济棠、蒋廷锴出任五省"剿共"南路军总司令、前敌总指挥。蒋介石命令 19 路军以 8 个团的兵力向中央革命根据地东南边缘的连城、朋口、芷溪一线进攻。19 路军区寿年的 78 师、沈光汉的 60 师、毛维寿的 61 师，蔡廷锴则指挥补充师，全线上阵作战，只因是命运安排，能够和日寇浴血奋战的 19 路军，在"反共"军事前线就是无法获胜。这显然是军事辩证法，抗战得人心，"反共"不得人心。蒋介石终于抓住 19 路军的小辫子，国民党控制的新闻媒体上到处充斥着蔡廷锴"剿共"不力、19 路军不打红军的消息。

蔡廷锴、蒋光鼐等认识到，蒋介石在 19 路军"剿共"失利、危急时不派兵增援，对苦战后的 19 路军大加指责，显然是要借红军的手来消灭 19 路军。19 路军要么起来反蒋抗日，要么在"反共"战场上被消灭，要么在福建坐以待毙。

蔡廷锴、蒋光鼐等认识到，形势比人强，要拥蒋就不能抗日，要"反共"就不能一致抗日；要抗日只有反蒋，要抗日只有联共。

正在 19 路军为民族危亡、国家兴衰担心不已之时，陈铭枢回到国内。陈铭枢是 19 路军的创始人之一，蔡廷锴、蒋光鼐是陈铭枢的老部下、老搭档，可以说是 3 人共同缔造了 19 路军。广州"非常会议事件"出来后，19 路军为保证宁粤合流后粤方的安全，调到宁沪地区，陈铭枢也出任京沪卫戍司令官。蒋介石宣布下野时，孙科组阁，陈铭枢担任行政院副院长兼交通部长，由于陈铭枢的抗日态度，同意支持 19 路军在上海抗战，引起了蒋介石和得到 19 路军支持的汪精卫的不满。《淞沪协定》签订后，蒋介石把 19 路军调往福建，也撤去了陈铭枢的京沪卫戍司令职，并逼他离开交通部。陈铭枢一气之下，于 1933 年初赴欧洲考察。在欧洲期间，他到了苏联和西欧各国，开阔了眼界，组织福建、两广力量反蒋的决心更大。陈铭枢曾在任广东省主席时，在上海创办了"神州国光社"，集合了一批志同道合的文人，也有不少爱国民主人士，社会上曾经出现过陈铭枢利用神州国光社为核心、组织社会民主党的传闻，这还引起了中统特务的高度关注。对于此次反蒋活动，陈铭枢计划以神州国光社为中心，团结第三党人，联合李济深、冯玉祥等国民党元老，必要时可以和中国共产党合作，在福建建立反蒋基地。

1933 年 5 月 6 日，陈铭枢回到香港，蔡廷锴将军特意赶到香港机场迎接。陈铭枢一下飞机，就和隐居香港的李济深取得联系，同意携手合作，共商大计。6 月初，陈铭枢和蔡廷锴回到福州。以后，他公开发表演讲，表示抗日必反蒋，反蒋就要组织自己的政府，要组织政府就要和两广合作。但有一点失策，这就是此人把蔡廷锴、蒋光鼐撇在一边，19 路军的合作也不热心；此外，在 6 月下旬和两广协商组织反蒋政府时，因为陈济棠担心广东落入陈铭枢之手而反对此事，闽粤桂联合政府之事也没有成功。

陈铭枢在一无所获情况下，又赶到香港与李济深协商，并与第三党的章伯均、麦朝枢、黄琪翔等人密谈，还和湖南的何键、贵州的王家烈、云南的龙云、四川的刘湘、山东的韩复榘、陕西的杨虎城、泰山的冯玉祥、广东的陈济棠、广西的李宗仁，以及国民党元老李烈钧等人联络，但是他们都有反蒋之心而无反蒋之胆，更无立即揭旗出兵讨蒋的勇气。

陈铭枢见一事无成，只得另寻出路。正是此时，即 1933 年 8 月间，正在前线"剿共"的 19 路军，在和红 3 军团、红 1 军团的较量中，接连遭到重挫，这使得陈铭枢、李济深以及第三党认识到，如果继续军事"反共"不仅不能抗日，甚至连 19 路军自身也可能被消灭。他们决定，联合共产党，共同抗日。李济深、陈铭枢和深明反蒋大义的蔡廷锴、蒋光鼐等派遣与中共有过联系的陈公培，秘密来到苏区，会见了红 3 军团军团长彭德怀、政治部主任袁国平。10 月间，又派出福建省绥靖公署秘书长徐名鸿为全权代表，前往瑞金与中华苏维埃政府主席毛泽东、中央军委主席周恩来等中共领导人谈判合作，双方于 10 月 26 日正式签订了《反日反蒋初步协定》（也称《抗日停战协定》）。中共代表潘汉年、黄火青开始常驻 19 路军总部，负责双方联络工作。这说明红军和 19 路军之间的战略合作已经基本形成。

1933 年 10 月底，在香港李济深的家中，陈铭枢、李济深、蒋光鼐、黄琪翔、章伯钧以及冯玉祥的代表余心清等人开会，决定到福州组织反蒋抗日政府。11 月初，陈铭枢、黄琪翔等人先期到达福州。

陈铭枢、蔡廷锴、蒋光鼐等人的活动，不可能避过无处不在的中统、军统特务耳目，蒋介石对福州、香港、上海之间的活动一清二楚。10 月 20 日，蒋介石通过国民政府空头主席林森回乡探亲的机会，与陈铭枢会谈，表示蒋介石有意让陈铭枢到中央党部担任要职。蒋介石本人也于 11 月中旬，两次致电陈铭枢，希望陈铭枢能够像过去六七年来那样，和衷共济，前往南京共负国家大事。陈铭枢反蒋之心已定，所以回电称："当世自有公评，千秋当有定论，所见不同，惟各行其是，以尽国家兴亡匹夫有责之旨。"后来面对蒋介石指责他成立社会民主党、反叛中央的电文，更是针锋相对的予以回敬，并要蒋介石在国人共怒之前，自决进退。逼蒋辞职，这无疑已是另立政府、反抗南京的宣言书。

蒋介石还对蔡廷锴、蒋光鼐进行分化、拉拢，并使用抬蔡压蒋的手段分化两人关系，以向蔡廷锴送50万元的方式进行拉拢，一直没有效果。到1933年11月中旬，蒋介石几次通过长途电话要蔡廷锴停止起义，并在第1次派飞机来接未成以后，又派出美籍飞行员史密斯驾驶蒋介石的座机到福州送信和接蔡将军前往南昌一叙，蔡廷锴心中十分明白，只要他挺身反对起义，则反蒋抗日毁于一旦；只要他制止事件发生，有可能马上加官晋爵。他没有动摇，坚决回绝了蒋介石的盛邀，而且还扣留了蒋介石的座机和飞行员；逮捕了军中复兴社系的300余名成员，处决了十余名骨干分子。以此表示坚决与南京政府对抗到底的决心。

当然蒋介石对19路军将领的收买也有效果。61师师长毛维寿和补充师师长张炎则是两个埋伏在19路军中的奸臣，毛维寿早为同乡、江西省主席熊式辉收买，也收过蒋介石所赠的巨款；张炎本为蒋介石南昌行营秘书长，与新政学系头目、蒋介石的早期智囊杨永泰关系很深。后来在关键时刻，两人果然与前来进攻19路军的国民党军队一起，里应外合，整垮了19路军。蒋介石对19路军的战略还有一绝笔之处，则就是以1500万元的代价，稳住了陈济棠，确保福建事变粤军不动。蒋介石花这笔钱是划算的，因为只要粤军不动，李宗仁的桂军也不会动，只要粤军不动、桂军不动，19路军和一闽之地反蒋，必败无疑。

1933年11月18日，福州郊外鼓山，李济深、陈铭枢、黄琪翔、徐谦、陈友仁、李章达、蒋光鼐、蔡廷锴等人，在此聚会，决定成立人民革命政府。与会者显然过高地估计了自己的力量，过分乐观地估计了各地地方实力派反对蒋介石的力度，过低估计了国民党军队的战斗力。陈铭枢在会上分析形势时指出，只要福州义旗挂出，西南、西北、华东、华北必然有人响应，就算蒋介石的军队向福州发动进攻，19路军的一个师可击败蒋军两个师，加上红军的配合，大有胜利的希望。后来形势的发展和他的预言完全相反，福州起义开始，全国几乎没有地方实力派进行实质性响应；19路军的一个师无法击败国民党军队两个师；更为关键的是，红军因为中共内部"左"倾机会主义错误，自动放弃了与友军建立统一战线、支援友军于危难之际的机会。所以，陈铭枢所估计的3个有利条件，事实上只是3个不利因素，19路军必败无疑。但有一点他是讲对的，那就是他在会上针对一部分人对失败的担心心理所说的：即使是失败了，我们是抗日反蒋的，失败了也是光荣的。

1933年11月20日上午，福州体育场上分外热闹，中国人民临时代表大会在此举行。经过福州市公安局挨家挨户动员和说服，以及卫戍部队第78师全部与会，会场上约有二三万人。从各地赶来的85名所谓"全国人民代表"也出席大会。9点40分，会议总指挥丘国珍宣布，全体代表推荐黄琪翔、徐名鸿、戴戟、章伯钧、李章达、余心清等17人为主席团。总主席黄琪翔在会上致开幕词；各方代表李济深、余心清、陈友仁、蒋光鼐、蔡廷锴、翁照垣等15人发表了演讲。大会通过了《中国人民临时代表大会人民权利宣言》，宣布成立"中华全国生产人民之民主共和国"；生产的农工及共同支持社会结构的商学兵代表大会为最高权力机关；南京政府为"买办豪绅地方之反革命政府，且为全民族最可耻之巨敌"，全国一切反帝反南京政府的革命势力应组织起义，打倒以南京政府为中心之国民党系统。会议接受安徽、福建两省人民代表的提案，成立人民革命政府，并升起了上红下蓝中嵌黄五星的新国旗。会议结束后，与会者在主席团成员的带领下，进行了全城游行。

当晚，大会主席团在绥靖公署召开会议，决定正式组成"中华共和国人民革命政府"（福建人民政府），首都设在福州，改中华民国二十二年11月20日为"中华共和国元年元日"，李济深、陈铭枢、蒋光鼐、蔡廷锴、余心清（冯玉祥代表）、徐谦、姚缇昌（方振武代表）、陈友仁、戴戟、李章达、何公敢为人民政府委员，李济深任人民政府主席。1933年11月22日，人民政府委员会召开会议，决定李济深任军事委员会主席，余心清任经济委员会主席，陈铭枢任文化委员会主席，蒋光鼐任财政部长，陈友仁任"外交部长"，徐谦任最高法院院长，李章达任政治保卫局局长，黄琪翔任军事委员会参谋团主席，中共中央军委副参谋长张云逸任中华苏维埃共和国临时中央政府驻人民政府代表。同时决定，撤销福建绥靖公署，改组为人民革命军第1方面军总司令部，设19路军，编有1至5五个军，由蔡廷锴任总司令；将福建改为四省和福州、厦门两个市。作为政策宣言，福建人民政府发表了《对内通电——宣布政府今后之使命》《对外宣言——警告列强勿与蒋合作》。

与人民革命政府一起成立的还有"生产人民党"。陈铭枢、黄琪翔、李章达等人严厉批评了叛变革命后的国民党，针对国民党内的派系指出，蒋介石独裁国民党，汪精卫的改组派、胡汉民的新国民党，与蒋介石独裁名异实同，毫无可取之处。唯一的办法，他们作为国民党的正统继承者，只有成立新的政党。经过协商，新党定名为"生产人民党"，由陈铭枢任总书记。

1933年11月23日，国民党中央常委会作出决议，称李济深、陈铭枢、陈友仁，因背叛民国，残害人民，应永远开除党籍，并交政府严行拿办。2天后，国民政府发出通缉令，通缉上述3人。同时为稳住两广方面，蒋介石、汪精卫经过力邀，派出张继作为说客前往香港、广州，劝胡汉民、陈济棠、李宗仁、白崇禧与中央合作，共同阻止福建事态的发展。张继游说没有效果，蒋介石又派出孙科为说客前往，也无成效。

文是假，武是真，文是表示蒋介石的"宽容之心"，武才是蒋介石的固权法宝。11月底，蒋介石在建瓯设立行辕，亲临指挥，命令暂时对中央苏区围而不攻，调集主力向福建进攻。一方面，南京方面的军用飞机开始对福建进行侦察和轰炸，海军军舰在福州、厦门海面游弋，动摇19路军和人民革命政府的抵抗心理；另一方面，命令蒋鼎文、张治中、卫立煌分率第3、4、5路大军压向闽境。南京方面的军事行动，得到了隐藏在19路军中特务的配合，作为复兴社特务的军事委员会参谋团上校参谋黎庶望、参谋处处长范汉杰在家中随时把19路军的动态通过地下电台向南京方面报告，蒋介石对19路军的情况一清二楚。可以说，集结在闽北地区的19路军处于明显劣势。

1933年12月中旬，人民革命政府内部采取陈铭枢的意见，放弃闽北地区，把主力集中到福州附近，保卫福州。如此防守，无疑为蒋介石重点进攻福州，直接打垮19路军提供了条件。蔡廷锴赶到漳州，命令第1军从延平东下福州，第2军防守福州北部地区，第3军负责福州至泉州的公路防线，第4军作为总预备队，第5军作为前方战略防守预备队。从总体战略上看，19路军力不从心，已经处于被动挨打地位。

从1933年12月22日起，南京方面的空军，在毛邦初副司令的指挥下，连续2次轰炸福州市区，死伤数百人，毁坏许多民房，顿时全城秩序大乱，民心军心不稳，居民开始向城外逃难；南京方面的海军在马尾港司令李孟斌的指挥下，于12月23日，占领长门要塞和多处军事机关；三路大军也于1934年1月初到达指定作战位置，开始发动地面进攻。驻守古田的赵一肩师苦战不赢后向张治中部投降；驻守延平的司徒非师向宋希濂部投降；驻守泉州的军长毛维寿在严惩主战派第78师师长云应霖后主动投降；沈光汉、区寿年、张炎等将领也附和投降。

面对兵败如山倒的局面，人民革命政府领导核心开始出现动摇，一些领导成员借故离开福州；1934年1月12日，李济深、陈铭枢等人开会，决定撤退。次日，政府成员各显神通四外逃命，有乘船的，有乘车的，有步行；李济深、蒋光鼐、黄琪翔乘飞机南逃准备降落汕头，但为陈济棠拒绝，飞机只好返回泉州，化装后经粤逃港。留下来的只有蔡廷锴，指挥残部离开福州南下。1934年1月16日，国民党军队3000余人进入福州，成立不到2个月的"中华共和国人民革命政府（福建人民政府）"首都被攻陷。

蔡廷锴指挥残部，准备在泉州一线与国民党军队做最后一搏，不过此时已无作战可能，后有蒋介石派来的追兵，前有陈济棠准备收编，19路军只有死路一条；唯一欢迎他的是闽西和赣南的中央红军，但因为在福建革命政府遭受国民党军队围攻时，红军因为王明"左"倾路线的原因而没有伸出援助之手一事，担心被红军改编，拒绝转移闽西。1934年2月初，经过谈判，蔡廷锴把这支从广东起家的军队交给陈济棠后去了香港。但是，蒋介石对19路军有更深层次的想法，他不想把这支抗日功臣部队留在世上，于是串通陈济棠，把19路军残部打乱重编入粤军各部，从此19路军就成为历史名词。

按照蒋介石的惯例，每次大规模倒蒋事件被镇压后，总要杀人祭旗，所以此次也不例外，选择的目标是徐名鸿，因为徐名鸿反蒋立场最坚定，反蒋态度最坚决。在19路军逃亡过程中，蒋介石特意关照陈济棠，一定要活捉徐名鸿，在徐化装经粤逃港时，被陈济棠部查获，当即被处死。徐名鸿在临死前只有一个要求，要求死后在他的墓前立一个"社会主义者徐名鸿之墓"碑。

福建革命政府被镇压，原因很多。内部原因有意见不一，互不服气，实力不够，又有奸细，再加上不少将领缺少斗志。外部原因有缺少同盟军，福建事变发生后，并未引起全国的广泛响应，在南京方面由蒋介石、汪精卫、孙科等人出面大加指责、恶毒谩骂和开始调动军队准备军事镇压后，各地实力派派来看的人多，说好的人也有，但没有一个人回去后采取相应行动的。而且福建方面取消中华民国国号、国旗、否定南京政府的口号不为许多坚持孙中山的"三民主义"、不愿完全与孙中山创建的国民党割断脐带的国民党元老、社会贤达所赞成，在众多国民党内蒋介石的反对派中，只有李烈钧等极少数人通电响应。更有甚者，11 月 22 日，原来被福建方面视为同盟者的胡汉民、陈济棠、李宗仁、白崇禧等公开通电，批评福建方面说："兄等号日在闽垣开会，颁布政纲，公然是推翻党治，组织农工政府相号召。初以兄过去在党之历史，当不至倒行逆施如此。"这就造成福建方面缺少很多同盟军，无法造成国民党全党上下一致声讨蒋介石的局面，而且还给蒋介石分而治之提供了条件。值得一提的是，本来在 1933 年 10 月间，中国工农红军已与 19 路军组成反蒋抗日同盟，但在蒋介石把主力调往福建、中央红军面临的军事压力有所减轻之际，应该出兵牵制国民党军队，支援 19 路军，不过此时中共内部的王明机会主义路线在军事领域发展到顶点，博古、李德等人认为中间派是最危险的敌人，福建革命政府是在打着革命旗号，反对人民革命，坚决反对周恩来、毛泽东等人所提出的与 19 路军组成反蒋抗日统一战线的正确主张，放弃了利用反动统治阶级内部矛盾发展革命形势的极好机会，既造成 19 路军孤军作战的不利局面，又给红军留下了不该留下的"不顾友军"的印象。

无论福建革命政府政治主张有多少不足，无论福建革命政府本身存在多大的缺点，无论福建革命政府的结局如何不尽人意，但它高举"反蒋抗日"的革命旗帜，在淞沪抗战之后，又一次写下了新的篇章。

华北抗战、察北抗战、福建事变的失败，说明依靠国民党军队，边打内战边抗战，依靠国民党军队一家抵抗，已经不适合全面抗战的需要。中国政局的发展，已经进入全民一致抗日的新阶段。面对这一新形势，顺其者昌，逆其者亡。中国共产党很快提出了"停止内战，一致抗日"的正确主张，给开展全民抗战指明了正确方向；蒋介石还不甘心放弃"攘外必先安内"的错误路线，最后在中国共产党和全国人民、爱国民主力量的推动下，开始出现重大转变，这是后话。

东北抗战

九一八事变发生后，民族危机不断深重，南京政府调动以东北军为主的国民党军队进行了华北抗战，国民党军队中的一些有民族良知的将领和官兵进行了察哈尔抗战，爱国民主力量发起了一系列反对蒋介石独裁、推翻国民党政权的反蒋抗日运动。中国共产党则发动群众、组织起东北武装抗日游击战争，与"七七事变"后中国共产党开展的敌后武装斗争一起，尽管受到日本帝国主义的无数次围歼，尽管在艰苦卓绝的条件下，还是坚持了 14 年，迎来抗日战争最后胜利的到来。

"九一八事变"后，亡国奴的悲惨遭遇和祖国领土的沦丧，使得第一批受害者——东北人民首先勇敢地站出来，在中国共产党的领导下，组织起人民抗日游击战争，谱写出人民抗战的第一曲。

东北三省都有东北军旧部自发起来组织抗战，最著名的有马占山、苏炳文、李杜、丁超等部；还有一些民众武装，主要是农村中的大刀会、红枪会等帮派组织和原来就存在的由土匪改编而来的义勇军、自卫军。根据中共满州省委 1932 年 4 月的估计，上述抗日武装达 30 万人。

此时的中共满洲省委，由于执行王明的极左路线，没有主动联系、改造这些民间武装，中共中央也没有就建立抗日游击队问题向满洲省委发出什么指示，所以在一年多的时间内，满洲地区的中共机关在组织民众抗日方面没有做多少工作。直到长城危机出现后，1933 年 1 月 26 日，中共中央给东北地区专门发出指示信，要求东北地区的党组织把发动民众抗日、组织民众抗日武装、开展游击战争放在各项工作的首位。至此开始，东北地区的民众抗日武装迅速发展起来。

南满游击队。1931 年底到次年初，在中国共产党党员杨靖宇等人领导下在磐石建立，开始时有 200 余人，到 1933 年秋达到 2000 余人，9 月间编为东北人民革命军第一军独立师，1934 年初扩编为两个师，编为东北抗日联军第 1 军。总指挥兼政委为杨靖宇。编有李红光的第 1 师，曹国安的第 2 师。

东满游击队。在"九一八事变"前，当地就有中共领导的农民运动，并且组织起红色游击队，与地主阶级进行坚决的斗争。事变后，这批游击队改编为抗日游击队。1933 年底，在中共东满特委领导下成立第 2 军独立师，由朱镇任师长，王德泰任政委，在延吉一带活动。

珠河游击队。1932 年初，满洲省委派遣赵尚志前往哈尔滨东部的义勇军残部任参谋长，坚持抗日杀敌斗争。岂料到年底，这支东北军旧部投靠了日本人，赵尚志等 7 人离开部队，来到珠河，与县委领导的地下武装建立了联系，

1934 年扩编为第 3 军。

密山游击队。由李延禄收编的游击队残部和中共密山县委的秘密武装合并而成，于 1933 年秋正式成立，靠近苏联边境活动。后来被编为第 4 军。

绥宁游击队。活跃在绥芬河、牡丹江地区，该地区在事变前就有反抗剥削、压迫的游击队，1932 年初宁兰县委组织起一支 100 余人的抗日游击队，1933 年间，当地一批国民党义勇军被打散，满洲省委指示赵保中前往收编，建立抗日同盟军，后来这支队伍改编为东北民主抗日联军第 5 军。

此外还有汤原游击队、饶河游击队等，后来扩编为东北民主抗日联军第 6、7 军。

1935 年 2 月 15 日，中共满洲省委决定将东北现有的各抗日武装统一建制，编有三路军：

第 1 路军，总指挥杨靖宇兼政委，副总指挥魏拯民；编有曹亚范的第 1 军，金日成的第 2 军，陈翰章的第 3 军。作战区域为吉图路南、南满路东。

第 2 路军，总指挥周保中兼政委，副总指挥赵尚志，参谋长崔庸健；编有李延碌的第 4 军，柴世荣的第 5 军。作战区域为吉图路北、松花江东、乌苏里江西。

第 3 路军，总指挥李兆麟，政委冯仲云；编有许亨植的第 3 军，戴洪宾的第 6 军，李华堂的第 4 军，祁致中的第 11 军。作战区域为松江嫩江平原。

东北作为日寇长期经营的、侵略中国的大本营，关东军对东北实行了残酷的殖民统治，为了割断抗联与人民的联系，制造无人区，归屯并户，丧尽天良组织了 1.3 万多个"部落"，500 多万东北民众被圈进去过着非人的生活；对抗联活动区域，日寇经常组织灭绝人性的大屠杀；对抗联部队经常组织铁壁合围，妄图把东北抗日联军围困在冰天雪地之中，让恶劣的自然环境消灭抗联战士。英勇的抗联战士，作为中国人民抗日的先锋，他们在极其艰苦的条件下，缺衣少穿，缺少弹药。特别是在漫长的冬季，雪地行动不便，并且容易暴露目标，在日寇铁壁合围式的大扫荡和制造的无人区内，无处寻找御寒果腹之物，但他们没有屈服，与日本侵略者进行了长期的斗争，给日寇以沉重的打击。

东北人民富有反抗侵略的光荣传统。在中国近现代史上，东北一直是沙俄和日本侵略的目标，东北人民深受侵略之苦，东北人民也担当起维护保家卫国的重任，多次战斗在反侵略的第一线。"九一八事变"以后，东北成为日寇侵略中国的大后方，不愿当亡国奴的东北人民利用各种方式进行了顽强的抵抗，尤其是民主抗日联军战斗在抗日的最前线，沉重打击了日寇在东北的统治，表现了中国人民反侵略的光荣传统和斗争精神。

东北沦陷后，蒋介石妥协退让，东北军主力退入关内，日寇在关外扶持伪满洲国政权，南京政府与之"通商通邮通航"，变相承认其"独立"，对于东北境内的反抗侵略的斗争，蒋介石置之不理，从来没有在组织上进行过任何指导，从来没有在物资上提供过任何帮助，中国共产党以民族利益为重，以国家存亡为先，主动站出来组织、领导了武装抗日运动，充分反映出中国共产党宽广的胸怀和为民族利益献身的精神。东北抗联作为人民抗战一部分，作为中共领导抗战的一部分，将永载史册。

东北抗战的开展和抗日联军的实践，也让中国共产党认识到，面对已经破碎的国土，只有不分阶级阶层、不分党派，只有联合所有愿意抗日的力量，只有发动全民族的抗战，才是中国的出路，才能打败日本侵略者。因此，组织全民族的抗日统一战线，已经成为历史的必然和抗日形势的需要。

"华北拍卖"

日本在热河、长城、冀东地区得手后，扩大在华侵略已成基本方针，南京政府配合日本的侵略要求，在华北一再掀起"拍卖高潮"。

1934年4月17日，日本外务省情报部长天羽英二发表了臭名昭著的声明，声称："如果中国采取利用其他国家排斥日本、违反东亚和平的措施，或者采取以夷制夷的排外政策，日本就不得不加以反对。"（《日本外交年表和主要文书（1840—1945）》下卷第284页）这一军国主义分子的狂嚣，显然是要独霸中国。同年7月，军国主义骨干、日本海军大将冈田启介组阁，基本施政方针就是扩大在中国的侵略。

在这一政治背景下，日本当局为实现更大规模的侵略计划，为下一步扩大侵略战争增加后劲，需要巩固在已经占领的中国东北和长城沿线的殖民统治，掠夺更多的军用战略物资；同时，需要在日本国内为扩大对外侵略战争准备更多的物资和军队。这就需要时间，需要稳定中国战场，稳住南京政府，以便让蒋介石继续对日让步以不干扰日本为扩大侵略所进行的各种战略准备工作。因此，从1933年9月起日本当局打起"和协外交"的幌子。

日方侵略政策的调整得到蒋介石的配合。蒋介石在以让步和妥协为主的对日方针没有取得成效，没能劝阻日本停止对中国的侵略行动后，又开始以"情"动人，以他的"对日友好"来感动日本人，以他的"坚决反共"来向日本表示诚意。1934 年 12 月，蒋介石让文胆陈布雷以徐道邻的笔名，写了一篇《敌乎？友乎？》的文章，发表在《外交评论》（第 3 卷第 11、12 期合刊，上市应在 1935 年 1 月）上，正式出现在街面上是次年初。文章的旨间是以"忠告"的方式，表示中日两国必须合作，国民党对日本仍然是友好的；中日两国合作要以维持国民党对中国的统治为前提，否则对日本也不利。因此，文章劝告日本当局不要无限度地扩大侵略。更为重要的是，文章根本不提如何处理日本对中国的侵略和占领的中国领土，根本没有谴责日本对中国的侵略罪行。文章的主题如果在和平环境里，如果在两国关系紧张但没有引起冲突时，如此文章不是不行，特别是在旧中国积贫积弱、急于发展的状态中，发展双边关系，同时争取时间发展经济和壮大综合国力，更需要强调友谊防止战争的爆发。只是因为当时日本已经一而再再而三扩大在中国的侵略，而文章语调却是劝说和调侃性质的；因为日寇在步步进逼、得寸进尺扩大战争，而南京政府在曲意逢迎、丧失原则地献媚求好。所以文章一出笼引起社会各界的强烈批评。如此奇文，确实是国民党内亲日派的真实想法，他们以为了解日本，以为有许多日本"朋友"，以为这些日本"朋友"能够制止对中国的侵略，以为和日本之间有着某种默契，只要南京政府和国民党奉行"反共"反苏基本国策，日本就不会占领中国；只要南京政府让利让权的话，日本就会得到满足，就会停止在中国的侵略行动。日本方面没有满足蒋介石的愿望，日本军国主义分子直到被打败被赶走之前，一次也没有配合蒋介石之流的主张和行动；此外，这篇文章确实是他们真实的对日态度，国民党蒋介石集团和北洋政府、末期清王朝的统治者们，面对日本的侵华野心和行动，就是无法挺直腰杆，就是不敢说"不"。所以，《敌乎？友乎？》受到各界批判也就是情理之中了。蒋介石认贼为友、认盗为亲的结果，使他自己不断被迫吞下被侵略的恶果，一次又一次在中国人民面前丢尽了脸。

蒋介石的妙文，表面上得到日本当局的正面回应。文章刊出后不久，1935 年 1 月 22 日，日本外相广田弘毅在日本第 67 届国会上，换上与军国主义分子完全不同的脸孔，大谈什么"日中亲善，经济提携"，"希望中国能从速早日安定，并对于东亚之大局能予以觉醒，以使帝国真挚之期待与之吻合"。

蒋介石马上随之起舞，在一个星期后主动接见日本驻华武官铃木美通、日本驻南京总领事须磨弥吉郎，主动表示中日应该亲善，尽力取缔排日运动。这是蒋介石自"九一八事变"以来第 1 次接见日本官员，尤其是他那迎合侵略者观点的谈话，引起各界的纷纷质疑，于是他又于 2 月 1 日和 14 日分别对中央社记者和日本记者发表谈话，重申相信日本的"敦友睦邻之道"，讲理智讲道义，坚决取缔反日运动；他认为：广田演说"至少可说是中日关系好转之起点"。（《国闻周报》第 12 卷第 7 期）2 月 15 日、28 日，日本外务省接连举行两次中日经济提携会议。一时间，日本似乎不再是正在侵略中国的罪魁，而是帮助中国经济起飞的善人。中日亲善成为蒋介石、南京政府和日本当局要人嘴里吐出来的基本名词。

1935 年 2 月 19 日，蒋介石又指派从海牙国际法庭回国的王宠惠，绕道日本访问，在日期间，王宠惠向侵略中国的祸首、正在占领中国东北和台湾省的日本当局极尽献媚之能事。在与日本首相冈田启介、外相广田弘毅、陆军大臣林铣十郎、海军大臣角岑生、外务次官重光葵等的谈话中，卑躬屈膝，大谈两国友好，中日亲善。这位身为国际法庭法官的法学家，难道不知道侵略和被侵略之间的不同吗？难怪这些军国主义分子都看不起他，因为没有国格的人不可能获得人格上的尊重和认可。

1935 年 2 月 27 日，蒋介石和汪精卫联名发布命令，要求各机关、团体严禁任何形式出现的排日运动。这真是让人费解，被侵略国家的人民和团体，不能对侵略自己的国家和战争罪犯发表任何意见，这是什么理论？蒋介石、汪精卫还算中国人吗？

1935 年 5 月 17 日，蒋介石同意把中日两国外交关系从公使馆升格为大使馆。这一视日本侵略中国于不顾，世界外交史上也没有先例的事件，更让人费解。当局不顾被占领 4 省之区、几千万同胞被奴役的现实，竟然与侵略者提升外交关系，这不是承认日本的占领吗？蒋介石、汪精卫到底想干什么？

1935 年 6 月 10 日，南京政府又颁布《邦交敦睦令》，严令禁止任何对友邦国家"排斥及挑拨恶感之言论行为，尤不得以此目的组织任何团体，以妨国交"，（《国民政府公报》1764 号）并对当时《新生》杂志第 2 卷第 15 期发表的《闲话皇帝》一文，因为提及日本保留天皇是"企图用天皇来缓和一切内部各阶层的冲突和掩饰一部分人的罪恶",并嘲弄溥仪是"现今的皇帝中,最可怜的伪皇帝"等话,日本驻上海总领事石射以"侮辱天皇,妨害邦交"为名提出抗议,南京政府果然迫令《新生》停刊,判处主编杜重远入狱14个月。在《邦交敦睦令》和"闲话皇帝事件"以后,在一切报刊上不再允许出现"抗日"字样,而改以"抗×"代替,连蒋介石的文集中提及日寇时只能以"××帝国主义""×寇"来代替。蒋介石、汪精卫还有中国人的人格吗?

蒋介石和日本当局跳起的"和协外交"交谊舞,与在东北不抵抗、在华北抵抗不积极、在察北镇压抵抗者,同样可恶。实质没有不同,即都是对日本妥协、让步,坐视中国的领土被占领,中国人民被奴役;麻痹中国人民的斗志,压制中国人民和中国军队的抗日要求,镇压中国人民的抗日行动。

日本的"和协外交",完全是侵略中国的烟幕弹,世界上只有蒋介石、汪精卫和以他们为首的国民党亲日派相信外,全国人民不相信,共产党人不相信,爱国民主人士不相信。事实上,蒋介石、汪精卫也不相信,他们也不相信日本会放下屠刀,立地成佛;不会退出已经占领的中国领土;不会停止在中国的侵略。说到底,蒋、汪之所以装聋作哑,甚至与狼共舞,目的只有一个,那就是"攘外必先安内",只待把共产党先行消灭,然后再论抗日。因此,在1934年至1935年的两年左右时间内,一方面是华北危机为主的日寇侵略加剧,另一方面是第4、5次对中共各根据地进行最后"围剿"的关键时刻,蒋介石认为能否消灭中共在此一举,"剿共"为南京政府和国民党第一要务,无法分兵对外。因此,跳起"对日友好交谊舞",目的就是要稳住日本,希望日本在这期间不要扩大侵略行动,以便于南京政府集中精力完成消灭

蒋介石在对日妥协的同时,也在暗中做着抗日的准备。这是他与宋美龄检阅南京的国民军训

中共红军的最后一仗。

因此蒋介石的"攘外必先安内"对日本来说是一把"双刃剑"：一方面蒋介石"剿共"符合日本军国主义的需要，遏制共产主义在全世界、特别是在日本近邻中国的蔓延，是日本军国主义分子想干准备干但当时还无法直接干的事，这由南京政府出面完成是求之不得的事，蒋介石甘愿充当"反共"刽子手无疑是值得肯定的事；另一方面蒋介石如果完成"剿共"，不可能不抗日，不可能拱手让出中国大片领土和主权，这则直接威胁到日本的在华利益。日本当局从整体战略出发，并非只是消灭中国共产党，而是要占领中国，成为亚太地区的超级大国。两利相权取其大，占领中国是大事，不能因为鼓励蒋介石"剿共"而减缓对中国的侵略。而且蒋介石的"剿共"已有眉目，中共的红军已被赶出建立数年的根据地，进入了自然条件恶劣、经济状况更差的西北地区，在蒋介石完全消灭中共之前，日本应该抓紧时机，迅速行动，扩大在华利益，这样在蒋介石开始抗日时，日本已经占有相当有利的地位，为全面占领中国或者占领中国富饶的东南、中南部准备相应的条件。因此日本的策略是：一方面鼓励蒋介石完成"剿共"，为让蒋介石安心"剿共"，让外交、工商界人士扯起嗓门喊起"和协外交"，制造日本和南京政府亲善的假象，麻痹国民党蒋介石集团的思想；另一方面不断制造事端，扩大侵略行为，尽可能多地获取侵略利益，并且通过逼蒋介石退让，损耗南京政府的抗日实力和消磨国民党军队的抗日斗志，压缩蒋介石的政治影响力，为下一步发动在中国更大规模的侵略战争做准备。

《塘沽协定》的签订，本身就是日寇侵略面目的又一次大暴露，也是日寇对中国人民犯下的侵略新罪行。在侵略和反侵略之间，根本没有第三条道路，根本没有缓冲区可言。因此把冀东地区划为所谓"缓冲区"，本身就是对侵略的鼓励和对反侵略的压制。蒋介石在当时日记中记下了《塘沽协定》签订后的想法："协定成立，停战政策得告一段落，人民暂可安息；国际情势，当有进步。对内对外，得此整顿准备之余豫，其足为复兴之基乎！……于此停战蒙耻之时，使吾人卧薪尝胆，而不自馁自逸，则将于建设计划，确定步骤，切实推行，以期10年之内，可湔雪此耻乎！"蒋介石简直太幼稚了，近现代史上凡是在侵略者的高压下、被侵略一方作出妥协和让步的不平等协定怎么能够制止战争呢？

作为新出场的日本冈田内阁对华方针的基调很清楚，一方面是"扩张日本在中国的经济权益"，另一方面是使华北"形成不同意于南京政权的形势"，（《中国事变陆军作战史》第1卷第1分册第23页）对此，早在1933年5月21日关东军致陆军军部的电报中就称："就巩固与确立满洲国而言，在华北建立亲日、满政权最为必要。"1934年4月17日，即在公开声称要独霸中国的天羽声明发表的次日，日本上海"土肥原机关"机关长的土肥原贤二，借"华北人民爱国协会"的名义，在其送往陆军部的《挽救华北的政策》报告中赤裸裸地说："为避免在远东爆发大战及争取东亚的和平，目前最迫切的需要便是建立一个新的华北政权。"因此，蒋介石以为让出冀东，平津就太平无事吗？不会！

1935年1月4日，关东军副参谋长板垣、日本天津驻屯军参谋长酒井隆等侵华高级罪犯，集中一批侵占华北、济南和上海等地的日本军队少壮派军官，以如何扩大在华北的侵略为题进行研商，如何既不妨碍日本最高当局放出的"和协外交"的基调，又要在侵略中国方面取得实质性的进展。得出的共识就是，对南京政府实施"武力"和"外交"双管齐下的方针，在华北扶持能够"忠实贯彻日本要求的诚实的政权"。"武力"是"外交"的后盾，"外交"是"武力"的伪装。在"友好外交"的掩护下，推进侵略中国的进程；用"武力威胁"作后盾，扩大在中国的侵略。

日本当局把目标选在华北，华北又开始笼罩在日军的嚣张气焰中：

1934年10月27日，日本侵华军某部参谋川口清健等8人，未向中国有关方面报告，私自前往多伦，在经过张北南门时，被守卫士兵发现，经详细检查其证件和盘问，40分钟后予以放行。在敏感地区检查证件是必要的，但是日方借机大做文章。日本驻张家口代理领事高桥正康、驻北平副武官高桥坦先后向察哈尔方面提出强烈抗议。到11月25日，察哈尔省主席、第29军军长宋哲元出面让守卫士兵所在的第132师师长赵登禹向日方道歉并将士兵所在连的连长撤职，日方才同意了事。

1935年1月10日，在察东龙关、赤城一带的日本关东军第8师团一部，在石柱子、小蒜沟一带烧杀抢掠，省主席宋哲元得到消息后，立即命令驻沽源的刘汝明部前往阻止。日军趁机侮称刘汝明部所驻扎的东栅子属于"伪满洲"国的热河省丰宁县，并且于1月15日派出日伪军到29军防地乌泥河、长梁等村抢劫。29 军当即阻止，将其中 40 余名伪军缴械。省主席宋哲元在何应钦的压力下，同意向日方作出某些让步，并且让民政厅长秦德纯出面办理，但日伪军 3000 余人还是于 1 月 22 日向刘汝明部进攻。何应钦为平息事态，逼宋哲元派出代表第 37 师参谋长张樾亭在大滩与日方谈判。日方抓住何应钦妥协心切，提出 29 军交还所缴伪军的武器，宣誓以后不再"越境侵入满洲"，向日方道歉。因为有何应钦的指示，29 军代表全然接受日方要求。同样，按照何应钦的指示，"大滩协议"不留文字上的规定。但是，因为只有口头约定没有文字规定，日方可以随意解释和增添新内容，中方根本无力反驳。所以，最后"大滩会议"的结论被说成是："中国方面誓不以兵力侵入满洲国境或对满洲威胁，中国并立誓严禁刺激日本之行为，所有现在侦察关东军之行动，亦一切誓予中止。"蒋介石、何应钦等人的无原则退让，使得日寇的侵略野心不断膨胀起来，侵略速度不断加快。

1935 年 5 月 2 日夜，亲日分子、《国权报》社长胡恩溥在天津日租界寿街北洋饭店的家中被枪击，日巡捕将其送往租界医院后死亡；次日晨，另一亲日分子、《振报》主笔白逾桓在日租界须磨街 22 号家中被打死。这本是酒井隆一手策划的苦肉计，是日本特务借用牺牲亲日走狗的办法挑起事端，但他嫁祸于中国方面，称是国民党特务杀死了亲日分子，是南京政府违反关于"非武装区"的规定，挑起事端。

5 月上旬，在热河省南部活动的孙永勤的义勇军，被日寇包围，孙部在撤退中进入遵化地区，这本是天经地义的事，中国军队在遭到侵略者围攻时，在本国领土上撤退，有何不妥？日本方面趁机闹事，高桥坦向北平军分会提出：追究"庇护"孙永勤的责任；日方自动进兵长城以南，追剿孙永勤。也就是日军将进入"非武装区"作战。何应钦因为参加在太原召开的关于"围剿"陕北红军的"剿共会议"不在北平，回平后听完汇报，向日本方面表示：孙永勤部是因为日本方面要中国军队撤往遵化以南 15 里时，才入关南撤的。酒井隆更进一步，指使特务，围攻所谓应该对胡、白刺杀事件和孙永勤部进入遵化一线负责的河北省主席于学忠、天津市长张廷谔，迫使这位于主席不得不把省政府从天津搬到保定。酒井隆更是对何应钦提出，南京政府宪兵 3 团、国民党河北省党部、军分会政训处，蓝衣社和于学忠的第 51 军以及中央军第 2、25 师，应像于学忠一样，撤出天津；并且蛮不讲理地称，只要上述能办到，中日关系就能好转，否则日军将在"非武装区""自由行动"。6月8日，何应钦根据蒋介石、汪精卫的建议，面告酒井隆：中国政府已经同意缉拿刺杀胡恩溥、白逾桓的凶手；孙永勤（已牺牲）的义勇军已被中国方面击溃；河北省主席于学忠、宪兵3团团长蒋孝先、政训处长曾扩情已被免职；天津市党部已经停止工作，由王克敏代理天津市长。次日，酒井隆、高桥回去向天津日军驻屯军报告后，再次会见何应钦，强调中国军队必须撤出平津地区。6月10日，何应钦通知高桥说，已经接到南京政府命令，第51军调往陕西，第25师调往洛阳，第2师调往豫皖地区，宪兵第3团南调；军分会政训处、北平市党部、天津市党部、河北省党部停止办公。蒋介石、何应钦以为全部满足日方的要求，就能让日本收敛侵略野心，事实不是这样。

1935年6月11日，高桥突然送给何应钦一份备忘录。全文为："一、中国方面对于日军曾经承认实行之事项如下：

（一）于学忠及张廷谔一派之罢免；

（二）蒋孝先、曾扩情、何一非、丁昌之罢免；

（三）宪兵第3团之撤去；

（四）北平军分会政治训练处及北平军事杂志社之解散；

（五）日本方面所谓蓝衣社、复兴社等有害于中、日两国国交之秘密机关之取缔，并不容许其存在；

（六）河北省内一切党部之撤退，励志社北平支部之撤废；

（七）第51军撤退河北省外；

（八）第2师、第25师撤退河北省外；第21师学生训练班之解散；

（九）中国内一般排日之禁止。

二、关于以上诸之实行，并承认下记附带事项：

（一）与日本方面约定之事项，完全须在约定之期限内实行，更有使中、日关系不良之人员及机关，勿使重新进入。

（二）任命省市等职员时，希望容纳日本方面之希望，选用不使中、日关系成为不良之人物。

（三）关于约定事项之实施，日本方面采取监视及纠察手段。

以上为备忘起见，特以笔记送达。"

何应钦不看不知道，一看吓一跳，这是什么备忘录，简直是要他公开承认卖国！日本已经不仅是要占领中国领土，而且还要干涉中国军队驻扎权，干涉中国机关的设立和正常公务，干涉公职人员的任命，监督中国政治的运行。对于这白纸黑字记下何应钦在平津如何卖国的"备忘录"，他也不敢作主，于1935年6月13日南下南京向蒋介石汇报。

为向蒋介石、何应钦施加压力，日本方面在何应钦走后又开始挑衅。早在1936年5月31日，日本驻阿巴嘎旗特务机关的4名特务，奉机关长盛岛角芳的命令，自多伦潜入察哈尔北部地区，绘制军用地图，刺探情报。6月5日下午4时左右，4名日本特务在张北县城北门无理取闹时被守城的29军132师士兵查获，军法处在盛情款待的同时，向张家口省政府请示处理办法，因为宋哲元正在北平参加军分会会议，在接到电话后，明知是日本特务非法入境侦察情报，为避免日方又借机挑起事端，指示："姑准放行，下不为例。"这批日本特务离开时，确实已是6月6日上午11时。这4个小特务，信口雌黄，无事生非，向日本驻张家口领事桥本正康和特务机关长松井源之助称，在张北曾被扣押和侮辱。1935年6月11日，这两个披着外交外衣的强盗，气势汹汹地赶到省政府，向主持省政的民政厅厅长、第29军副军长秦德纯提出强烈抗议。要求惩办直接负责人；29军军长出面道歉；保证以后不再发生类似事件。小鬼催命是因为有阎王的指令，小特务闹事是因为有大特务的支持，关东军特务机关长土肥原贤二也在北平叫嚷，要求宋哲元辞职。

"张北事件"还未了，1935年6月11日热河丰宁县日本职员率人冲击东栅子，被29军击退；12日一部日伪军又在小厂闹事，受到29军的阻止。13日，土肥原贤二作为关东军最高代表来到天津，松井源之助邀请秦德纯到天津共商。日特提出的要求是：中方道歉，撤销132师师长职务，惩办132师军法处长，日本人去内蒙古不能阻挠。6月17日，日本关东军司令南次郎指示松井源之助、酒井隆等人，向中方提出：宋哲元部不许再有"不法"之行为，靠近伪满洲的中国军队全部撤向张家口，一切排日机关解散，处理张北事件直接责任者。

南京政府对日方侵略条件是有求必应，1935年6月18日，汪精卫主持的行政院不仅满足日方的要求，而且比日本人做得还彻底。日本方面只要求宋哲元道歉，南京政府干脆免去宋哲元的职务，由秦德纯接替；29军由张自忠指挥；由王克敏代替黄郛出任北平政务整理委员会委员长；商震代理天津市长。

宋哲元离开察哈尔后，土肥原贤二心中窃喜，对南京政府和蒋介石、汪精卫的让步感到惊喜，因而决定提出更高的要求，逼中国方面让步。6月23日他让秦德纯来到北平，拿出早已写好的文书给秦德纯。日方的条件是：

"甲、要求事项：

（一）昌平、延庆延长线之东，独石口之北，龙关之西，张家口之北，作为撤退区域，宋军部队应撤至西南，此后不得深入。

（二）宋军应向日军表示遗憾之意，并处罚事之直接负责人。

（三）排日机关应予解散。

（四）本事件应自六月二十三日起两星期内办结。

（五）停止山东向察省移民。

乙、要求事项之解释：

（一）承认日满对蒙工作，援助日本特务机关在内蒙古之活动，停止中国对于内蒙古之压迫。

（二）对于日本经济发展与交通开发之工作，应予协力。

（三）对于日人内蒙古之旅行，应予以便利。

（四）招聘日人为军事、政治各顾问。

（五）对于日本军事设备（如飞机场，设置无线电台等）应予援助。

（六）撤退区域之治安维持，准用停战区之办法。"

土肥原贤二是厚颜无耻，秦德纯是据理力争。面对土肥原的无耻，秦德纯几次想抢他几个大嘴巴。结果没有出手，但他自己气得当场吐血。秦德纯见事关重大，马上向南京汇报。

南京的态度可想而知，蒋介石、汪精卫对何应钦带回南京的《何梅协定》、对秦德纯报告的《秦土协定》两个原件，基本同意。1935年6月27日，秦德纯按照南京方面的指示，除对日方内容作了个别文字上的调整后，与土肥原贤二等正式签署这一不平等协定。按照协定，29军在察北除张北外其余全部撤出，8月间日伪蒙军攻占了察东沽源、宝昌等6县。至此，察省大部主权落入日寇之手。

《秦土协定》签订，日本驻中国大使有吉和梅津出面逼迫中国政府立即同意备忘录，南京政府马上调整河北省、天津市机构，任命商震为河北省主席，任命程克为天津市长。1935年7月6日，何应钦根据汪精卫的指示，致函梅津美治郎："六月九日酒井参谋长所提各事均承诺之。并自主的期其遂行，特此通知。"出卖察哈尔、河北和平津两市大部主权的不平等协定就这样出笼了。何应钦在整个过程中，一再受到酒井、高桥等人愚弄、嘲笑、谩骂，因此不忘酒井和高桥5次见他、进逼5次的经历，在抗日战争胜利后追究日本战犯时，何应钦本人认定的战犯只有酒井隆一人。

"塘沽何梅再协定，丧权忍辱祸遗今。此时抗战应先决，万骑平郊寇已深。"这是张澜当时写的一首诗作，反映了华北地区越来越危急的局面。《秦土协定》和《何梅协定》的签订，极大地鼓起了日本强盗的侵略欲，日寇开始策划更大的阴谋：策动华北5省自治运动。

1935年6月27日夜，受到土肥原贤二支使的汉奸白坚武、石永三、李瑞清及日本浪人樽崎一良组织的"华北正义自治军"部60余人，由天津乘火车到达丰台，与丰台铁甲车队第6中队长段春泽相勾结，抢夺2辆装甲车开向北平，次日凌晨1时左右到永定门，向市内开炮。这伙汉奸和强盗被军分会的万福麟部打败后，白匪这伙汉奸和强盗又到香河县捣乱。这是日本特务支持的汉奸第1次在北平闹事，图谋成立"自治政府"，成立"华北国"。

1935年9月，继梅津美治郎出任日本侵略军天津驻屯军总司令的多田骏，到任后马上宣布要把华北建成"中日两国人民共存共荣的乐园"。日本东京陆军部发言人响应多田的谈话，声明"日本陆军以武力驱逐国民党及蒋介石政权于华北之外是不可避免的"。9月29日，土肥原贤二与南次郎会商后，决定加快"华北自治"的步伐。

1935年10月4日，日本内阁通过了《鼓励华北自主案》。此外，外相广田提出了所谓的"对华三原则"：中国取缔一切排日运动；树立中、日、满经济合作；中日共同防共。也就是蒋介石能够满足日本的要求，那么两国就"经济合作"；不管蒋介石的态度如何，下一步就是实施"华北自治"。

1935年10月22日，香河县恶霸武宜亭、安厚斋在日本特务的指使下，在日本浪人胜见、福田韦策划下，要求"自治"，组织2000余名不明真相的群众围攻县政府，散发《香河人民自救自决宣言》，威逼县长赵仲朴交出政权。汉奸安厚斋终于当上了"民选县长"，第一个华北自治伪政府在日伪军的卵翼下出现。

1935年10月29日，日本华北驻屯军再称华北仍有抗日团体活动。河北省主席商震、8 月间离开察哈尔省主席职新任平津卫戍总司令的宋哲元、天津市长程克、北平市长袁良，联合向日本总领事保证，没有抗日团体存在，如有一定严查严惩。但是，袁良还是在日本的威逼下辞职，南京方面任命秦德纯继任市长、萧振瀛为察哈尔省主席。

1935 年 11 月 11 日，土肥原贤二提出了包括严重侵犯中国主权的《华北高度自治方案》，要挟宋哲元限期实行。日本特务在前面一挥手，汉奸们马上行动起来。河北滦渝兼蓟密区行政督察专员殷汝耕 11 月 15 日致电宋哲元，要求接受此方案。11 月 23 日，殷汝耕联合一批保安队决定冀东 22 县实行自治。11 月 24 日他一回到通县，宣布冀东非武装区 22 县"脱离中央，自治独立"，正式成立"冀东防共自治委员会"，这个死心塌地的汉奸自任委员长。

在此前后，一直主张对日妥协的行政院长汪精卫在 1935 年 11 月 1 日被抗日志士刺伤，11 月 12 日国民党第五次全国代表大会在南京召开。汪被刺让卖国者胆寒。此时，蒋介石已有调整对日政策的打算，在"华北自治"问题上开始采取较前立场有所不同。

宋哲元、商震急电南京，报告此事，请示处理办法。1935 年 11 月 26 日，行政院决定：北平军分会撤销，由军委会直接处理军分会事务；何应钦为行政院派驻北平特派员；宋哲元为冀察绥靖主任；河北省府对殷汝耕撤销查办；撤销滦渝、蓟密两区专员公署；宋哲元、商震负责当地治安。当天，南京政府发布通缉令，缉拿汉奸殷汝耕。

当时殷汝耕处于非武装区内，由于有日本侵略军的保护，这个汉奸得以暂时的逍遥法外。一个月后，殷汝耕伪政权易名为"冀东防共自治政府"。

与此同时，土肥原、多田骏密集会晤宋哲元，对宋施加压力，逼迫宋哲元同意"华北自治"，并两次把 1935 年 11 月 20 日、30 日作为逼宋哲元同意"华北自治"的最后日期。宋哲元唯一的办法只有辞职，他于 11 月 27、29 日两次向南京政府提出辞职未准。

1935 年 11 月 30 日，离开北平已 5 个多月的何应钦启程来北平。他的尚方宝剑是蒋介石和国民党"五全"后新任的五院院长拟订的"华北自治办法"：中日共同防共，南京政府正在进行的币制改革在华北地区可以适当修改，对东北、华北地区的经济关系予以方便，给予华北地区财政支配权，就地合理解决对外悬案权，根据民意录用人才。也就是说在避免"自治"和"独立"字眼的前提下，同意日方的要求，成立"冀察政务委员会"。以此为底线，何应钦、熊式辉、陈仪、秦德纯、萧振瀛等人与日方代表进行反复谈判，日本在同意设立"冀察政务委员会"后又对组成人员大加干涉，最后还是依照南京方面的意见，确定组成人员。12 月 11 日，南京政府公布了组织"冀察政务委员会"的命令，指定宋哲元为委员长，委员有宋哲元、万福麟、王揖唐、高凌蔚、王克敏、萧振瀛、秦德纯、张自忠、石敬亭、冷家骥等。

冀察政务委员会的成立，南京政府虽说没有完全屈从日本的主张，自主解决华北政权机构的调整，但也是对日妥协退让的产物，其中 17 名委员中有 7 名是日本方面所推荐，出名的汉奸都名列其中。因此，全国人民掀起了保卫华北、制止自治运动。1935 年 11 月 13 日，中国共产党中央委员会发表宣言，号召全国人民广泛联合起来，积极参加抗日反蒋斗争。面对"华北之大已经安放不下一张平静的书桌"（见清华大学救国会告全国同胞书）的民族危亡，中共北平临时工委领导根据中央的指示，安排中共党员彭涛、郭明秋、姚依林、黄华、蒋南翔、刘澜涛、韩天石、袁定华、李运昌等人参加了北平主要学校的学生会领导工作，组织学生进行抗日救亡运动。为此，平津大学生"一二·九运动"轰轰烈烈的展开，号召民众起来挽救民族危亡。北平 15 所大中学校的学生自治会通电全国，表示誓死反对出卖领土主权的"华北自治"，要求严惩汉奸，动员全民抗战，开放人民大众的言论、结社、集会自由。11 月 19 日，在宋哲元、秦德纯举行的招待教育界的宴会上，50 余位北平各学校的校长、院长、教务长当场表示，坚决反对"华北自治运动"。11 月 24 日，北京大学校长蒋梦麟、清华大学校长梅贻琦等 20 余位大学校长、教授发表宣言，坚持反对一切脱离中央和组织特殊机构的阴谋，要求政府尽一切力量维持国家领土及行政完整。12 月 9 日，学生代表数千人来到中南海南门前请愿，向何应钦提出六项要求，反对"华北自治"。平津地区的学生运动，很快发展为全国性的爱国救亡运动。在学生们和各界代表的坚决反对下，原定于 12 月 16 日成立冀察政务委员会，只得避开学生锋芒，推迟到 12 月 18 日悄悄举行，会议只开了 20 分钟。

在"华北自治"影响下，内蒙古德王也于 1936 年 1 月 1 日，在张北正式成立"察哈尔盟公署"。2 月 12 日又成立"蒙古军司令部"，宣布改元易帜，采用成吉思汗纪元，改青天白日满地红旗为蓝地右上角红黄白三条的"蒙古旗"，脱离南京政府。5月12日，"蒙古军司令部"变成"蒙古军政府"，伪蒙政权正式成立。华北5省和内蒙古地区进入空前危机之中。

冀察政务委员会的成立，意味着日本在华北获得了更多的侵略特权，虽说没有名义上的"自治"，但离"自治""分裂国家"只一步之遥，委员会的财政、外交、交通、经济等大权大都控制在亲日分子手中，为日本从华北地区掠夺更多的战略物资和为下一步扩大侵华战争奠定了基础。

"华北大拍卖"至此告一段落。从"九一八事变"至此的4年余时间内，蒋介石自始至终宽容的对象只有一个，那就是日本侵略者。对日本军国主义分子几乎是有求必应，有索必给，而且当中国一方要求制止日本侵略行为、引起日方的争论时，蒋介石肯定是站在日本人一方。日本人一再在东北、淞沪、华北实现战略意图，没有蒋介石的配合是不可能的，因为蒋介石从来没有想过要拒绝、要抵抗。他走过的是"九一八事变"时命令不抵抗、"一·二八事变"时抵抗不积极、"华北大拍卖"时没有想抵抗的对日妥协、退让之路。可以说蒋介石的对日妥协和退让已到空前绝后的程度，极易使人联想起叶赫那拉氏、袁世凯。

在这4年余的时间内，蒋介石对于反蒋抗日力量，坚决实行镇压；对于一些富有正义感的国民党军队自行抗日行动，想方设法进行破坏；对于人民抗日行动，极力进行压制；对于中共领导的东北民主抗日联军，则不闻不问；对于坚决主张抗日救国的中国共产党人，他进行了10年内战时期的最后一次、也是最大一次的"反共军事围剿"。

面对越来越严重的民族危机，面对以"一二·九运动"为代表的全民抗战要求，面对中国共产党的抗日主张，他不得不开始考虑改弦易辙。正如当时还在南方坚持游击战的中共将领陈毅所说，华北事变导致"国贼卖尽一抔土，弥天烽火举红旗"。

（二）张、杨发动西安事变，蒋介石准备抗日

1936年12月12日，中国大地发生了惊天动地的事件。国民党的实际领袖、主持南京政府近10年，时任南京政府军事委员会委员长、国民党中央执行委员会常务委员会副主席、中央政治委员会副主席的蒋介石，因为拒绝接受"停止内战，一致抗日"的要求，被西北"剿共"副总司令代行总司令职、一级上将张学良和西安绥靖公署主任、二级上将杨虎城扣留。经过中国共产党人

的推动和国民党内有识之士的努力，按照人民的意愿，此次事件获得和平解决，蒋介石接受中国共产党人的建议，愿意停止内战，开始就第2次国共合作进行接触，同意就发动各党各派各界人士和全国的力量抗击日本帝国主义的侵略作出安排，全民抗战出现了曙光。

西安活捉蒋介石——历史壮举

西安事变之所以发生，促成力量是多方面的。

一是民族危机日益加深，中国人民决心捍卫祖国的尊严和领土完整。"九一八事变"以来，日寇侵略中国的胃口越来越大，行动上步步进逼，得陇望蜀，得寸进尺，《淞沪协定》《塘沽协定》《何梅协定》《秦土协定》"华北自治"一个接一个发生，中国的国家主权和领土完整被分割，几千万人民被奴役。不愿做奴隶的人们，决心把他们的血肉，组成新的反侵略的长城。全国人民不允许丢失一寸国土，不允许列强欺负一个同胞，富有爱国传统和反侵略光荣传统的中国人民和各阶层人士一致要求抗日，要求挽救中华民族的危亡。马占山江桥抗战、东北民主抗日联军在作战、19路军在淞沪地区抗击日本的侵略、国民党军队和东北军在长城抗敌数月、察哈尔民众抗日联军在作战、吉鸿昌甘心为抗日而牺牲、全国各大城市各地区的各阶层民众在呼吁抗日……全国人民的抗战要求促成了西安事变，西安事变也反映了全国人民的心声。

二是反法西斯已成为全世界关注的中心。1929年世界性经济危机爆发后，西方资本主义国家在寻找解脱危机和发展经济之道的同时，德国、意大利、日本三国的法西斯力量借助危机成为各自国家内的主导政治势力，开始以特有的方式——向外侵略转嫁经济危机和扩大势力范围，德国、意大利在欧洲准备取代老牌帝国主义而成为这一世界首富之洲的霸主，日本在不放弃北进苏联的同时，直接把侵略矛头指向朝鲜、中国、东南亚和太平洋地区。到20世纪30年代中期，法西斯已成为全世界人民最危险的敌人，虽然西方大国在是否联合起来对付法西斯方面还没有形成统一意见，但对中国被侵略的遭遇深表同情，尤其是对于日寇在中国华北地区的侵略活动深表不安。1935年12月5日，英国外相贺尔发表谈话称，对日本在中国华北地区的行动"英国政府深为焦虑"；美国国务卿赫尔也发表声明，表示美国不会对日本在华北进行的"自治运动"熟视无睹。而苏联出于防止日寇从中国东北地区北进西伯利亚，较早地站在中国政府和中国人民一边，通过两国驻日内瓦代表的谈判，于 1932 年 12 月 12 日正式恢复外交关系，外蒙古主权名义上仍属于中国。中苏外交关系的恢复，无疑是对日本帝国主义者的打击。西安事变正是在这一背景下发生的。

三是蒋介石有意纠正以妥协、退让为核心的对日政策。日本帝国主义野心不小，手段卑鄙，行动残忍。他们在中国的领土上随心所欲，不仅侵占了东北百余万平方公里的土地，又把侵略魔爪伸向当时小麦产量占全国三分之一、棉花、煤炭产量占全国将近一半、财政收入占全国六分之一的华北 5 省。此外，日本侵略中国的过程，也让蒋介石和南京政府丢尽了脸，丧失国格的蒋介石、何应钦等人在人格上也一再受到狂妄的日本强盗欺负，蒋介石也不想把国民党统治的中国变成日本的殖民地，也不想在日本人的欺负中生存。对国家来说，他作为一国之君，他总不能眼看着国土沦丧不管；对他个人来说，作为一个历史名人，总要给历史留下一点什么。所以，从"华北事变"起，蒋介石在对日交流中开始坚持一个主权国家应有的立场，对日本人挑起的事端，尽量就事论事，堵截日本方面的无理要求。蒋介石的这种态度和以往比，有明显进步，但仍没有放弃"反共"立场，继续坚持要抗战就要先"反共"。这从本质上成为阻碍实现全民抗战的主要因素，因此，为全民抗战做准备的西安事变不可避免地发生。

四是中国共产党坚持民族大义，基本路线出现重大调整。中国共产党自成立那天起，就把民族独立、国家解放、人民翻身当作最高宗旨，并为之奋斗了十余年。代表剥削阶级利益、甘心充当西方列强在中国代理人的国民党蒋介石集团，成为中国共产党人和全国人民的斗争目标。为推翻南京政府的反动统治，中国共产党建立农村革命根据地，组织工农红军，与国民党军队进行了近10 年的武装斗争。日本侵略者打进国门后，中国共产党举起反侵略的大旗，强烈谴责日本帝国主义的侵略暴行，号召全党组织和领导发展群众的反帝国主义运动。但是，针对蒋介石集团的"反共"灭共行为，中共继续坚持反对国民党反动统治的武装斗争，要抗日，必须反蒋；要抗日，必须推翻国民党反动统治。在日本侵略者不断扩大对华侵略的情况下，中国共产党为了赶走日本侵略者、实现民族独立的大目标，团结一切愿意抗战的力量，决定放弃反蒋口号，以联合国民党，扩大抗日民族统一战线。为此，中国共产党在第 5 次反"围剿"失败后，抓紧时机，脱离内战第一线，向西北转移，奔赴抗日前线。中共停止反蒋，呼吁全民抗战，深得民心。因此，中共提出的"停止内战，一致抗日"的八字方针，迅速成为全国人民的战斗旗帜。蒋介石开始趋于主张抗日，但不放弃"反共"，必然要受到接受中共八字方针的国民党内和国民党军队内部有识之士的反对。

五是张学良接受中共"停止内战，一致抗日"的主张，决心脱离"反共"内战第一线。张学良作为声名狼藉的"不抵抗将军"和华北抗战中的"失败将军"，成为蒋介石"不抵抗政策"的直接责任者和牺牲品，成为全国人民批判的目标，成为所有不失正义感和爱国心的新闻机构和报刊批判、指责和嘲弄的对象。在国内，东北军官兵和所有他所遇见的人们，投来的都是蔑视的眼光；在海外，华侨和对中国人民友好的外国友人对他也不屑一顾。丢失家园，丢失故土，对身为东北军少帅的张学良来说已是痛心疾首的事实；可以抵抗，不让抵抗，可以作战，偏让撤退，对身为东北军最高统帅的张学良来说已是难以忍受的奇耻大辱；不是不抵抗而成为不抵抗将军，对身为东北边防长官的张学良来说更是难以接受的政治现实。28岁掌握30万东北军、29岁主张中国统一毅然在东北地区易帜归顺国民党中央，30岁支持蒋介石打败第1次倒蒋联盟以巩固中央政权的张学良，当然深知爱国和卖国的界限，在民族危亡的关键时刻，决心脱离"反共"内战第一线，寻找合适时机一洗前耻，为中华民族奋起抗战作出应有的贡献。

此外，国民党军队内一大批爱国将领，也在寻找抗日之路，有志于履行作为一个军人、一名将领应有的保卫国家主权和领土完整的职责，他们不怕战死在保卫国家的沙场，他们只怕在侵略者的嚣张气焰中苟且偷生。杨虎城将军则成为他们的杰出代表，终于与张学良一起，促成了西安事变。

因此，"华北事变"后的一年多时间内，在中国政治舞台上发生的一系列事变，决定了西安事变的必然性。

汪精卫被刺

汪精卫在国民党历史上一直是个十分重要但又令人讨厌的角色。虽说无论是在国民党改组时的广州、大革命后期的武汉，还是在"扩大会议""非常会议"期间，各方均把他作为最高领袖；虽说他外表英俊潇洒，相貌帅气；虽说他能言会道，善于鼓动煽情，也提出过不少政治观点和主张，可他只是个出名的政治变色虫。汪精卫一生最大的缺陷就是为了当官，不惜名声，放弃政见，骨气全无。在反清时期，他为了实现推翻清王朝的理想，可以联络几人孤军北上，谋刺摄政王，可在辛亥革命后，他作为南方革命政府的谈判代表，可还兼任袁世凯的谈判代表，无非是为了在政治舞台上混得一席之地；大革命时期，他高喊革命口号，可在蒋介石发动"三二〇事件"时，他一走了之，无非是为了重新进入国民党权力中心；武汉时期，他高喊"革命的向左转，反革命的走开去"，可很快他也走上了叛变革命的道路，无非是为了与蒋介石争夺对国民党的控制权；在倒蒋高潮中，他提出了"护党救国"和"改组国民党"，并成为各路倒蒋的口号，但在宁粤合流中，出卖胡汉民，转而支持蒋介石，无非是为了成为国民党"老二"。

宁粤合流中，汪精卫靠出卖、逼走胡汉民，实现蒋汪分权、合作局面。但是，在蒋汪阵营中，蒋介石名为主持军事，实际指挥一切；汪精卫名为主持政务，实际大事小事均要交委员长侍从室定夺，说穿了他只是蒋介石的高级办事员。当然，汪本人还洋洋得意，庆幸自己政治投机再次成功。这是他继国民党改组、国民政府成立、大革命武汉时期、宁汉合流、北平中央扩大会议、广州非常会议之后第七次出任中央政府要职，也是任期最长的一次。汪精卫出任行政院长近4年，政务有限，干的坏事却性质恶劣，影响极坏。

一是对日妥协。这位行政院长大人成为蒋介石对日妥协、退让政策的决策者和执行者。上台的第一天就爆发了日寇对中国上海淞沪地区的侵略。而他作为行政院长作出的第一个决定就是：惩戒陈友仁；恢复新闻检查；改组南京政府。陈友仁因为曾在1932年1月25日在内阁会上发言，批评蒋介石的"不抵抗政策"："抗日是救亡图存的大事，我听说士兵不用命、政府不敢抗敌是有的；却没有听说过士兵愿意打敌人，政府反倒不敢打！有这样不怕死的军队，又有那样慷慨好义的人民，政府却不想收复失地！假如失去这个机会，军心民心全失掉，将来想抗日也抗不成了！"他还说："余敢正告国人，蒋氏此种消极政策，如更进一步，难保其不接受日人之（占领上海淞沪地区的）要求。"陈友仁因为这段话，违反了蒋介石"攘外必先安内"的精神，受到处分不说，还丢了官，所任外交部长职由罗文干接替。

面对日本强盗的暴行，这位新上任的行政院长，在洛阳的国民党全会上，为感谢蒋介石让出的"行政院长"职，他把蒋介石捧上国民政府军事委员会委员长的宝座，然后联合起来绞杀了上海"一·二八抗战"。在日方未胜、中方未败的情况下，5 月 5 日同意签订《淞沪协定》，其卖国行为遭到全国各界人士的强烈抗议，甚至监察院长于右任提议由监察委员对其予以惩戒。对于东北被占领问题，一味相信国联调查团，直至袒护侵略、混淆视听的《李顿报告书》发表后，还坚持"依赖国联并不错误"。

汪精卫作为新任行政院长，主要对外事务就是应付日本的侵略，所以他的主要功绩也就是集中在如何更加合适、更加妥帖的卖国。就是这样一个亲日派、投降派、卖国贼，有时也很激进，似乎很"爱国"。1932 年 8 月 6 日，汪精卫致电张学良，抨击身为东北边防长官的张学良以不抵抗方式把东三省让给了日本人。电报云："使我们感到十分惊奇的是，他不但不保卫自己统治的领土，反倒把军队都撤了出来，把他的人民交给了敌人，任凭人家宰割。他的这一奇怪的举动，不禁令人产生疑问，我们面前的少帅与在过去十年的历次内战中威名赫赫的少帅是同一个人吗？不然，他就不能在外国强敌面前如此胆怯，以致望风而逃，而与自己的同胞作战时却那么勇敢。"汪精卫讲的是事实，而且张学良不抵抗时汪精卫还在广州倒蒋，确实不应该负"不抵抗"的责任，问题是张学良丢了东三省，汪精卫作为行政院长不也是把上海淞沪地区和人民丢给了日本人吗？再说，谁让张学良不抵抗，汪精卫难道不清楚吗？国联调查团袒护日本在东北的侵略，汪精卫身为行政院长赞同《李顿调查书》，和张学良丢掉东北的性质又有多少差别？张学良在内战时固然"那么勇敢"、对日作战时望风而逃，汪精卫在倒蒋时不也是数次充当领袖，为什么在对日交流时就没有倒蒋争权的那股勇气啦？汪精卫在电报中继续说："除了中央政府外，也就属你指挥的兵力最多，装备最精良了。然而，敌人正在踩躏地区，或者将要踩躏地区，正是你的部队驻守的地区。因此，事情很明显，无论是从军队的实力、应负的责任的角度看问题，还是出于地理原因，只要你还在位，绝对没有一个人能替你做显然是你分内的事。……从而，用我们四万万同胞的生命赎回你的过失，为的是使天津和北平可能不会再步东北和锦州的后尘。假如你能做到这一步（辞职），便是中国莫大的幸事了。"汪精卫的话就更让人费解了。东北军装备优良，兵力不薄，作为主帅的张学良不抵抗，率兵逃回关内，要他辞职也不过分，但是，汪精卫身为行政院长，政务、外交最高负责人，对于对日交涉中的妥协、让步难道不应该辞职吗？

只要是中国人，可以言抗日，可以批评不抵抗将军，但是汪精卫自己的所作所为不能令中国人满意，特别是在批评张学良不抵抗后，汪精卫并没有改变对日妥协、退让的立场，并没有大声疾呼抗日，并没有带领全国人民走向抗日。原来汪精卫骂张学良，并非是为了抗日，而是为了当年他在北平组织中央扩大会议倒蒋时，张学良派兵入关助蒋致使阎锡山、冯玉祥、李宗仁等第1次倒蒋联盟迅速崩溃，汪精卫咽不下这口气，趁机公报私仇矣！张学良深知汪精卫的为人，所以他也没有同意辞职，而且表示不希望在没有采取适当的挽回损失的步骤时离开岗位。

汪精卫骂完张学良不抵抗后，他自己也开始不抵抗。华北抗战失败后，这位应该对没有调兵增援在长城抗击日寇的中国军队、因而导致失败负有相当责任的行政院长却说："抗日只能问尽力与否，至于胜败利钝，是不能逆料的"，带头唱起抗日低调，发起组织所谓"和平统一运动"。察哈尔抗日同盟军起来后，他和蒋介石一起逼迫冯玉祥辞职，诬陷冯玉祥的抗日义举是"滥收散军土匪，引用'共匪'头目，妨碍中央边防计划，妨碍中央统一政令"。《塘沽协定》签字后，汪精卫发表书面声明，极力为这卖国协定辩解。1934年6月，日寇正在华北地区步步进逼，汪精卫却与日本驻华大使有吉"认真商谈"有关"中日提携"事项。次年2月又在中政会上报告说："以和平的方法和正当的步调，来解决中日间的一切纠纷，务使互相掩护、互相妨碍之言论行动，一天天消除。"正是蒋介石、汪精卫制订的对日妥协卖国政策和媚日行动，使得日寇有恃无恐，在侵略中国的道路上越走越远。

二是极力"反共"。汪精卫政治上变化多端，可自"七一五政变"后，"反共"这一点一直没有改变，即使在倒蒋的繁忙时刻，也没有忘掉"反共"。当上行政院长后，和他的抗日低调相一致的，是"反共"歪调也不少。如在1933年5月1日的演讲中，反复论证"抗日必先剿共"。8月间又说："国民党之方策，治本莫要于充实国力，治标莫要于消除共匪。"如在蒋介石制订第5次"围剿"中共中央苏区的军事计划时，汪精卫直接参与起草和实施工作。要说蒋、汪在权力分配和行使上时有矛盾的话，但在对日妥协和"反共""剿共"方面，竟然配合得如此自然、默契。

平心而论，汪精卫固然是妥协、退让的亲日派大头目，但是他的妥协、退让如果没有蒋介石的妥协、退让的话，或者说没有蒋介石支持的话，也成不了气候，正是因为蒋介石的"攘外必先安内"的方针，让汪精卫的投降路线有了理论依据和政治基础。但是，汪精卫身为政府首脑，理所当然成为蒋介石的不抵抗和"攘外必先安内"最合适的责任者。汪精卫罪有应得。

1935年6月19日，随着"华北大拍卖"的进行，国民党内的"团结统一运动"已经初具规模，在这天召开的中央政治会议上，一批国民党大老重臣，对汪精卫的所谓"和平统一运动"进行了激烈的批评。蔡元培痛斥汪精卫对日"忍辱求全"；于右任大骂汪精卫为汉奸、卖国贼；戴季陶狠狠挖苦、讽刺汪精卫；孙科拍案痛骂国民党内"一二小人公然卖国"；一生瞧不起汪精卫的吴稚晖也嘲弄了汪精卫一番，称汪精卫"忍辱求全"中的"求全"，无非是"简而言之，是只忍辱以后求整个国家能完完全全送给敌人，勿兴抗敌之名而靡乱地方罢了"。汪精卫被骂得愤然退席，然后故重演，声称"病重"住进医院，由孔祥熙代理行政院长。8月14日，中央政治会议再次开会，许多国民党要员再次对汪精卫的投降卖国行为进行了猛烈的抨击，陈果夫直接要求汪精卫对华北事变负责，立即辞职。汪精卫听到这一消息后，干脆离开医院，出外旅游去了。

蒋介石比谁都清楚，对日交涉和华北抗战失败，与汪精卫的关系不大，南京政府的所有大事没有蒋介石的点头是无法算数的。但是，国民党的重臣、大老们不敢骂蒋介石，只得借骂汪精卫以抒心头闷气。蒋介石对于此次倒汪事件，保持沉默，借机狠狠教训一下汪精卫。当看到汪精卫被批得躲进医院，如果汪精卫果真辞职，那么谁在台上担当"不抵抗"和"妥协、退让"的罪名？经过思前想后，蒋介石觉得此时汪精卫不能走，所以先亲自飞到庐山，派张群飞赴青岛约汪精卫上山，汪精卫不来；蒋介石又飞到南京，约汪来宁。1935年8月21日，经过蒋介石劝说，汪精卫才肯出山。无论如何，此次国民党上层自发的倒汪运动，给蒋介石、汪精卫一个教训，不改变对日妥协、退让态度，党内也通不过。

汪精卫作为亲日派的大头目，噩运还不至于此。1935年11月1日，国民党召开四全六中全会。此次会议是为召开国民党"五全"做准备，也是国民党准备改变对日政策的开端。此次会议与以往不同的是，国民党自一全四中全会起，就开始出现分裂，并且是几派同时分裂，四全六中全会除了两广的西南执行部没有参加外，西山会议派、汪精卫派、阎锡山、冯玉祥、张学良以及西北、西南的地方实力派都参加了会议，因此被认为是"团结统一抗日运动"的结果。

当天上午9时，在南京丁家桥国民党中央党部礼堂举行开会典礼，仪式结束后，全体与会的中央执行委员和中央监察委员来到中央政治会议厅的台阶上合影留念。参加合影的排成5排，汪精卫、阎锡山、张学良、张继、林森、张静江等在第一排。大家排定位置后，只缺蒋介石。久等不来，汪精卫自己上楼相邀。原来，蒋介石见合影场上乱糟糟，那些佩带武器的中央大员的警卫们和许多记者在场上窜来窜去，很难控制秩序，因此不准备参加。蒋介石见汪精卫上楼来请自己，对汪说："今天秩序很不好，说不定要出事。我决定不参加摄影，我也希望你不必出场。"汪精卫以中央委员们已经等候很久为由，自己下楼去照相。

早已等不及的中央大员们，一等汪精卫在中间坐好，马上进行照相。在场的记者们也是纷纷举起镁光灯，抢下这历史镜头。约9时35分左右，只见从记者群中冲出一个身着风衣的年轻人，从西服口袋中抽出一支左轮手枪，一边高喊"打倒卖国贼"，一边向汪精卫连开3枪，第一枪打中左眼外角下左颧骨，第二枪打中左臂，第三枪打中后背第六、七根肋骨间的脊髓骨旁。汪精卫应声倒下。会场乱成一团，张静江因为腿脚不便，吓得倒在地上；孔祥熙眼明手快，躲进旁边的汽车底下；不少中央大员富有临场经验，赶紧伏倒。也有见义勇为之士，只见身高马大的张继，从背后抱住刺客，刺客又开两枪，张学良上前一脚，踢飞了刺客手中的手枪。此时，汪精卫的卫士也清醒过来，迅速向刺客射击，两枪击中刺客的胸部。汪精卫的卫士素质不行，刺客已被人抱住，手枪已被踢掉，本该已经可以抓活的，可是卫士在刺客行动时他们没有行动，在刺客失去行动自由时他们却开枪把刺客打成重伤，因而失去了查明真相的线索。

因为蒋介石应该参加照相而没有参加，汪精卫又曾经是他的主要党内政敌，因此很容易被人怀疑是他指使凶手暗杀汪精卫。为洗清冤枉，他把戴笠找来狠狠痛斥一顿，指着军统头目的鼻子说："人家打到中央党

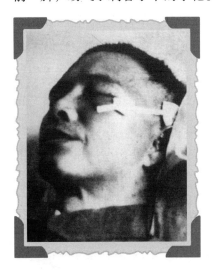

被爱国志士孙凤鸣刺伤的汪精卫

部，你还不知道。每月花上几十万元，就让出现这类祸事吗？限你三天之内把指使者缉获，否则要你脑袋。"

当然，后来有人说刺杀汪精卫的是被打败的福建人民革命政府的领导人干的，有人说是中共干的，还有人认为是曾被称为"暗杀大王"的王亚樵干的，事实上"拼一死以诛元凶"汪精卫的是华克之领导的一群爱国志士，主要有陈惘子、张玉华、孙凤鸣、贺坡光。这些人认为，日寇步步进逼，侵略日日加深，民族危如累卵，皆因国民党蒋介石、汪精卫的不抵抗所造成。要想救国，只有先杀祸国罪魁、卖国元凶、民族巨奸。其中陈惘子为中共党员，经过向党组织汇报，上级领导不同意搞暗杀，因而陈惘子实质退出了行动小组。这样，华克之等 4 人则开始为暗杀蒋介石等国民党要员做准备，并且确实得到正在香港的李济深、陈铭枢、王亚樵等人经费上的支助。1934 年 11 月，为化装成便于行动的记者，华克之他们特意成立了"晨光通讯社"，他本人任社长，张玉华任总务兼编辑主任，贺坡光任采访主任，孙凤鸣任记者。在 1934 年 12 月国民党召开四全五中全会时，1935 年 8 月蒋介石从武汉回南京时，孙凤鸣两次准备行动因为时机不成熟而没有动手。

1935 年 11 月 1 日，孙凤鸣在现场久等不见目标蒋介石出场，只得对着已经合影完毕、准备离开的汪精卫下手。身受重伤的孙凤鸣迅速被送往医院，国民党当局希望能从他的口中得出一丝线索，每隔几分钟注射一次强心剂，南京政府宪兵司令谷正伦、首都警察厅厅长陈焯、内政部代部长陶履谦、行政院政务处长彭学沛亲自在病房中审问孙凤鸣。孙凤鸣只是在清醒时表明："我是一个老粗，不懂得什么党派和主义，驱使我刺杀的，只是我的良心。请你们看看地图，整个东北和华北那半个中国还是我们的吗？六中全会开完就签字，再不打，要亡，要做亡国奴了。"多么朴实的语言，闪烁着爱国的光芒。次日晨抗日志士孙凤鸣与世长辞。军统特务从孙凤鸣身上的"第 63 号记者证"着手，找到了晨光通讯社，但华克之等人早已撤走。后来，在军统特务的活动下，与晨光通讯社有关的不少人被捕。

孙凤鸣以自己的生命为代价，打伤了事实上的汉奸、最后也成为汉奸的汪精卫，这种手段虽然不能改变南京政府的内外政策，但可以让国民党的要员们深思，让有心卖国和无奈卖国的人们感到胆寒。天网恢恢，疏而不漏，任何卖国贼都逃脱不了人民和正义的惩罚，蒋介石似乎从满身是血的汪精卫身上看到出让国家主权的下场，开始打算改弦易辙。

汪精卫被送进中央医院，伤势稳定后被送到上海治疗。经过手术，取出了面颊和臂部的子弹，只是第三颗子弹靠近脊髓太近无法取出，主治医生断定汪精卫活不过 10 年。1935 年 12 月 1 日，汪精卫正式提出辞职，过了一个礼拜所任行政院长职由蒋介石兼任，所任外交部长由张群兼任，同时汪精卫在五全一中全会上升任中央政治委员会主席。1936 年 2 月 19 日远赴法国疗养枪伤，回国时已是 1937 年 1 月 14 日。从此，他开始在政治上寻找另外一条出路，这就是如何卖国。枪伤以后的汪精卫，背部的伤痛定期发作，每次发作时令他疼痛难熬，寝食不安，在经过无数次的折磨后，在第 9 年零第 9 天时，正在担任南京伪政府国民政府主席的汪精卫一命呜呼。正如受伤时抢救他的医生所言，他活不过 10 年。

国民党全会在因为汪精卫被刺而使与会者产生的担惊受怕中继续开会，反对妥协、退让的声势开始高涨。1935 年 11 月 6 日，六中全会结束。

蒋介石调整

自华北事变后期起，蒋介石在对日交涉中开始采取就事论事、坚守不让领土和主权的防线，不再像以往那样迎合日本人的侵略野心，只要日本人在哪里挑衅，只要日本人提出要求，就让出一片国土的情形暂告结束。

在中华民族的生死存亡关头，蒋介石出现了转变，原因是多方面的：

一是国民党内主战派声音变大。《塘沽协定》《何梅协定》《秦土协定》等 3 个变相承认日本占领东北和变相承认伪洲国、出卖华北地区的协定签订后，引起全国人民的强烈抗议，国民党内也出现了强烈的不满之声。在广州、香港与南京中央党部保持相对独立位置的胡汉民，明确指出："今日只当问抗日方面有何进展，如旁及其他，不但无意思，亦且无意义。"（胡汉民：《什么是我们的生路》，1933 年 3 月，见《"三民主义"月刊》第 1 卷第 9 期）显然，国民党内已经出现新的分化，许多重量级人士已经把抗日放到应有的地位。此外，汪精卫辞职事件的爆发，使得蒋介石看到了党内反对投降、主张抗日的力量，看到了"抗日救国"和"对日投降"在全国人民和国民党内的不同地位。再不改变对日妥协、退让为主的政策，可能把自己推到投降派的位置上。

二是汪精卫被刺令亲日派胆寒。汪精卫在戒备森严的中央党部，在中央全会开幕留影时被爱国志士刺成重伤；不久汪精卫的追随者、前外交部次长唐有壬在上海被刺身亡。暗杀事件，在旧中国并不感到稀奇，但是一位阁揆一位阁员、政治上同为主张对日妥协和退让的两人被抗日志士暗杀，则不得不引起国民党上层的警觉。尤其是创导和贯彻对日不抵抗的蒋介石想得更多。当然这不是说蒋介石担心像汪精卫那样被暗杀，而是说汪、唐被刺事件，让蒋介石看到投降不得人心、汉奸人皆曰杀、妥协令人愤怒的现实；再则熟读史书的蒋介石和许多政界人士一样，深知中华民族对人对事有着相当的宽容心，但对汉奸却有着天然和强烈的反感，华夏子孙决不原谅出卖主权和领土的卖国贼。对此，蒋介石不得不考虑。

三是全国人民支持中国共产党的抗日立场。日寇打进国门后，中国共产党的立场十分明确，坚持主张抗击侵略，赶走日本侵略者。中国共产党在根据地遭到蒋介石"军事围剿"、城市地下斗争再三被破坏的情况下，号召全国人民起来投入反侵略斗争，打倒崇日媚日怕日的南京政府，打败日本侵略者。中国共产党的主张和立场得到了全国人民和爱国民主人士的一致支持，纷纷起来组织各种形式的抗日救国运动，华北"自治运动"开始后，上海的沈钧儒、章乃器、邹韬奋等近300人开始酝酿发起成立全国各界救国组织，次年5、6月间正式成立上海各界救国联合会、全国各界救国联合会。特别是"一二·九运动"的爆发，说明蒋介石的对日妥协、退让政策已经为全国人民所反对；说明中国共产党已经成为抗日的中流砥柱，说明中国共产党的抗日主张已经为全国人民所接受。蒋介石看到了这一点，如果国民党再不言抗日，如果他再不言抗日，恐怕要被中国人民所抛弃，恐怕要引发更大的反政府浪潮。当然他看到这一点，并不是说他就同意站在全国人民一边，并不是说他同意与共产党再次进行联合，而是说他看到了中国共产党得民心，看到了全国人民的抗日热情，他不能自绝于人民，自绝于抗日运动。

四是国民党军队内部出现抗日要求。面对日寇的侵略，本应有着守土保国职责的国民党军队，无法容忍侵略者的嚣张和无耻。在蒋介石的高压政策下，在军统和中统分子的监控下，军队内部有抗日要求，但不敢有抗日行动，爱国官兵们敢怒不敢言。淞沪抗战、宁都起义、华北抗战、察哈尔抗日同盟军抗战、19路军成立人民革命政府等一系列抗日救亡行动，促使国民党军队广大官兵政治上的觉醒，他们不能容忍日本侵略者的暴行，不能容忍日本侵略者的挑衅，他们不愿坐视祖国领土在丢失，不愿坐视人民被奴役。蒋介石认识到，如果再不打起抗日旗帜，如果再不对日采取强硬措施，如果再对日本侵略有求必应，军队将会严重不稳，军队不稳将会影响到南京政府的稳定。

五是蒋介石对日采取妥协、退让政策的失败。面对日本侵略者咄咄逼人的侵略丑态，蒋介石和南京政府采取了以妥协求和平、以退让争国权的错误方式，甚至梦想依靠国民党内亲日派在日本留学时交结的"朋友"来劝阻日本当局的侵华行径，以宽容侵略的无原则的情义来感动日本侵略者。结果是事与愿违，不仅不能制止侵略，反而成为日本实现"和平占领中国"的帮凶。如果继续对日本强盗妥协、退让，势必会让日本不战而得华北，进而是南下扩展，在日本人的眼里已经不把南京政府作为一个主权政府，早已把南京政府当成伪满洲国，把蒋介石当成溥仪。这样的结果，蒋介石不会同意，国民党不会同意，全国人民也不会同意，甚至支持南京政府内亲英美势力的美国、英国等为代表的西方势力也不会赞成。因此，为了维护统治阶级的政治利益和对全国的统治地位，蒋介石不得不在对日政策上作出一定程度的调整。

六是对蒋介石来说，改变对日交涉中的疲软态度和妥协立场最关键的原因是，国民党军队在取得第5次"围剿"胜利、红军主力撤出南方根据地后，自以为在军事"反共"方面已经取得决定性的胜利，自以为红军一到达陕北即已陷入国民党军队的重重包围之中，已无回天之力，也就是他认为"攘外必先安内"中"安内"已经初步实现，只待对陕北地区进行一次"围剿"即可消灭中国大地上的红色武装。对蒋介石来说，"安内"无非就是为了遏制和消灭中国共产党，共产主义势力是南京政府和国民党的最大心腹之患，如今这一隐患已经接近消灭之际，可以在进行必要的抗战战略准备的同时，对日采取一些较以前妥协、退让有所不同的强硬立场。

1935年11月12日至23日，国民党第五次全国代表大会在南京召开。

按照国民党党章的规定，"四全"是1931年11月12日召开，"五全"则应1933年11月召开，第60次国民党中央常委会两次决定延期。1934年12月11日，国民党的四全五中会议决定于一年后召开。并于1935年11月1日正式召开四全六中全会，为五全的召开作了准备。

会议在南京国民党中央党部礼堂举行，大门前的松柏牌楼两边挂着"一心一德励精图治，矢勤矢勇继往开来"的对联。礼堂门前的对联则为"集中全党意志，发扬革命精神"的对联。因为有汪精卫被刺的阴影，所以会议戒备空前严密，只有凭大会秘书处发出的证件进入中央党部，除特定的中央社记者外新闻记者一律不得入内。会议开幕时，全体代表一齐来到中山陵谒陵，这是中山陵建成后，参加全国代表大会的全体党代表第 1 次集体致祭。会议决定蒋介石、汪精卫、于右任、孙科、林森、戴季陶、居正、张继、顾孟馀、邹鲁、陈果夫、许崇智、阎锡山、冯玉祥、恩克巴图、吴忠信、时子周、梅公任、王泉笙、林曦、潘公展、麦焕章、乐文涛等 23 人为主席团，叶楚伧为大会秘书长。

这是国民党历史上出席代表最多的一次会议，达 405 人。为扩大会议的包容性，推进国民党内的"团结统一运动"，蒋介石要冯玉祥、阎锡山出面，邀请还在坚持半独立状态的两广代表来宁参加会议，并派出戴季陶、马超俊为代表南下迎接。结果萧佛成、唐绍仪有病，白崇禧、陈济棠等以公务太忙为名，胡汉民正在法国，拒绝到会。最后，两广代表由邹鲁领队，广东省主席林云陔代表陈济棠、韦云淞代表白崇禧，以及黄旭初、林翼中、陈耀垣、刘纪文等人飞来南京出席会议。至于汪精卫，因身受重伤，无法与会，会议特派代表前往医院慰问。会议由孙科作党务报告，由张继作监察报告，蒋介石做政治、外交报告，何应钦作军事报告。会议的口号是"集中全党意志，发扬革命精神"，作出的主要政治结论有以下几方面：

一是继续坚持"反共"的基本路线。蒋介石控制国民党后，第 1 次主持召开的全国代表大会是"三全"，会议的主题是"国民党蒋家化"，联合胡汉民系打压汪精卫派、西山会议派和其他地方实力派，结果引起党内和地方军阀的强烈反弹；其后是"四全"，会议的主题是国民党内胡汉民派、汪精卫派、孙科派、西山会议派等在野派系和蒋介石分权。但是，党争分权并没有影响国民党坚持"反共"基本政治路线。此次会议也是一样，并且不再像前两次全代会那样只是高喊"反共"口号，而是"反共"具体化。会议声称："'赤匪'为民族复兴之大患，上届大会，曾有'清剿''赤匪'之决议，四届中央更致全力于此，委托蒋同志中正总率师干，数度'围剿'，卒于摧破'匪巢'，肃清大患，'残匪'流窜黔，川甘边'匪'亦迭经重创。大会对蒋同志之不辞艰苦，戡平内患，全体中央同志之同心一德，力图治安，深为嘉慰。惟陕甘一带余孽尚存，仍应迅予肃清，安定边陲。"（《对于党务报告之决议案》，《中国国民党历次代表大会及中央全会资料》下册第 323 页）因此要

"铲除残余之'赤匪',积极从事军队之整理。"（《对于政治报告及军事报告之决议案》,《中国国民党历次代表大会和中央全会资料》下册第 322 页）会议声称,为巩固国民党统治,需要统一意志统一思想,因此要"严厉取缔曲解三民主义之著述,……严厉取缔鼓吹阶级斗争之谬说"。（《统一本党理论扩大本党宣传案》,见《中国国民党历次代表大会及中央全会资料》第 316 页）

从中可以看出,蒋介石面对破碎的山河,危机重重的国家,并没有想到要停止内战,一心想消灭北移陕北的中共领导的武装力量,实现"安内"。事实上,中共不可能被消灭,也就无法实现"安内";再说一直主张抗日救国的中国共产党本身更是一支"攘外力量",为什么不予联合反而一心要予消灭呢?不联合中共和爱国民主力量,不发动全国人民,不可能在抗日救亡基础上形成统一的"攘外力量"。蒋介石如果不终止这一不明智的路线,从军事上和政治上停止执行"反共"政策,则无法实现全民抗战。这是国民党"五全"的重大失误。

二是巩固蒋介石的个人权威。蒋介石尽管独自控制过"三全"的权力分配,与胡汉民、汪精卫、孙科、西山会议派等党内主要派系合作召开过"四全",但其在党内的地位一再受到挑战,也就是说他只能是个头号实权派,不可能成为胡汉民、汪精卫的追随者和国民党元老公认的领袖。从蒋介石出任黄埔军校校长起到"四全"后的一段时期内,他本人和追随者也不敢公开为蒋进行"造神"运动,不敢从事有关蒋的个人崇拜活动。随着地方实力派不是被消灭就是被收买之后,随着党内公开分裂势力只剩下两广一地之后,随着汪精卫被刺脱离最高行政岗位和胡汉民拒绝到南京上任后,更主要的是在南京政府内部,已经形成以蒋介石为中心、以亲蒋势力为基本力量、以蒋介石的意志为基本指导思想的运行机制,蒋介石觉得时机已到,开始大规模地搞起个人崇拜。"五全"作为国民党的全国代表大会,蒋介石利用会议的名义通过了一系列的决议。会议声称,"为冲破目前危局,统一全党意志,集中全民力量起见,应授权于本党文武兼赅伟大崇高之领袖,使之统筹一切,全党同志,听其指挥。"（《确定救党救国原则案》）"故统一理论,实为拯救目前颓局之唯一良药;而扩大宣传,又为阐扬主义,统一理论之唯一工具……由中央负责编辑党义专书,并严厉取缔曲解"三民主义"之著述。……确定新闻政策,严厉取缔反动宣传。凡关于文学社会科学之一切著作,均须以本党主义为原则。……

对时事宣传，应先由中央决定标准，颁发遵行。"（《统一本党理论扩大本党宣传案》，《中国国民党历次代表大会及中央全会资料》下册第316页）

国民党各派过去无论是相互争吵，还是相互捧场，从不把各自派系的头目抬到国民党领袖的地位，这是因为孙中山过世时间不长，还是以"先总理"为先，自己抬自己不敢；此外，各派头目不可能抬高其他派系头目，抬自己不敢抬别人不甘。这样，在过去的10年间，国民党上下都把孙中山当作政治领袖和精神领袖，完全处于蒋介石掌控之下的"五全"则开始出现重大转变。某些代表对于蒋介石的造神运动心领神会，公开提出了"一个党，一个主义，一个领袖"问题，全国只能有国民党一个党来领导，政治上只能信奉一个主义，国民党只能有一个领袖。国民党已经处于蒋介石独裁之下，这是事实，但从全国代表大会的高度承认蒋介石的"领袖地位"还是第一次。事实上，通过此次会议，孙中山只是一种政治象征，"三民主义"只是被国民党借用的名词，蒋介石才是国民党的政治领袖和精神支柱。虽说，蒋介石因为不少人的反对没有在会上提出设立"总裁制"，但他已经成为事实上的独裁者。这在国土沦丧、民族危亡的危机下，作为执政党的国民党需要这样做，政治上集中，理论上统一，组织上一致。但这必须服从抗日救亡的大局，必须有助于救日救国运动的开展，特别是国民党内在强调高度集中的同时，还要开放党内民主，开始社会民主，提高人民群众、爱国民主力量和中国共产党人在政治生活中的地位，这样才能起到促进全民团结，一致抗日局面的形成。"五全"的"一个党，一个主义，一个领袖"显然与之不相符合。

三是有意改变对日妥协、退让政策。作为"五全"最值得肯定的一点，就是国民党准备开始抗战。代表大会的召开，为呼吁抗日、宣传抗日提供了一个合法的讲台。不可否认的是，许多党代表当然不赞成在中国实行共产主义，不可能建立人民民主政权，但是在民族矛盾尖锐的情况下，在帝国主义入侵面前，他们都有着起码的爱国心，他们不愿意看着国民党政权因为对日妥协、退让而出现统治危机。因此，无论是从巩固国民党的统治地位，还是从维护国家主权和领土完整出发，都需要抗日救亡。这一立场，不仅反映在来自东北、山东、江浙等已经受到日寇侵略、占领、进攻威胁的地区的代表身上，即使在蒋介石集团内部包括他身边的一些人物都已有清醒的认识。不抗日，国民党的政治生命将受到严重冲击；不抗日，国民党领袖的政治生命也将受到严重威胁；不抗日，任何政治力量都将被历史淘汰。因此，大会在《宣言》中说：面对"空前之国难，举国人民悲愤痛苦，咸愿尽心竭力为国家求光明之出路。""至吾人处此国难严重之时期，所持以应付危局者，亦唯有秉持总理'人定胜天'与'操之自我则存，操之在人则亡'之二大遗训，以最大之忍耐与决心，保障我国家生存与民族复兴之生路，在和平未至绝望之时，决不放弃和平，如国家已至非牺牲不可之时，自必决然牺牲，抱定最后牺牲之决心，对和平为最大之努力。"（《五全大会宣言》，《中国国民党历次代表大会及中央全会资料》下册第 300、302 页）蒋介石也在会上抢过抗战旗帜，提案表示："民族复兴之路，吾人应以整个的国家与民族之利害为主要对象，一切枝节问题当为最大之忍耐，复以不侵犯主权为限度，谋各友邦之政治协调，以互惠平等为原则，谋各友邦之经济合作；否则即当听命党国，下最后之决心。中正既不敢自外，亦决不自逸。质言之，和平未到完全绝望之时，决不放弃和平，牺牲未到最后关头，亦决不轻言牺牲。以个人之牺牲事小，国家之牺牲事大，个人之生命有限，民族之生命无穷故也。果能和平有和平之限度，牺牲有牺牲之决心，以抱定最后牺牲之决心，而为和平最大之努力，其达奠定国家复兴民族之目的。"（《请大会授权在不违背另文陈述之方针下，应有进退伸缩之全权，以应此非常时期外交之需要案》，《中国国民党历次代表大会及中央全会资料》下册第 321 页）

蒋介石的提案，尽管还在强调要为实现日寇已经冲进国门家门后、在中国土地上胡作非为的"和平"而尽"最大努力"，尽管还在强调要通过"交涉"解决日本侵华问题，但也表示出如果日寇继续不放弃在中国的侵略将不惜一切代价抗战到底的决心。蒋介石的表态，成为在以后一年多的时间内，南京政府对日采取较以前的妥协、退让有所改变的立场的开端。但是，应该看到这一点和"反共"是相矛盾的，只要坚持"反共"就不可能实现全民抗战，就不可能出现全民抗日高潮，也就是说蒋介石还没有放弃先彻底消灭共产党和红军，然后再抗战的错误立场。

四是通过《宪法（草案）》。国民党开始训政后，根据孙中山的《建国大纲》开始筹划宪政事项。对国民党内的开明派来说，还政于民、实施宪政是孙中山建国的基本思想，训政并不是目的，只是完成宪政的过渡，国民党应当加快宪政所需要的各种准备工作，尽快过渡到宪政阶段；对与蒋介石争权的在野派来说，训政的实施为蒋介石独裁提供了条件和时机，应当尽快结束训政，实施宪政，通过"普选"来约束、限制蒋介石，为本派系控制国民党和获得执政权创造条件和提供机会；对蒋介石集团来说，训政是以党领政，名声不好，无法与西方政治体制接轨，容易让西方批评和攻击，只有通过制订宪法、实施民主政治、完成普选，通过控制普选、操纵民意的办法，成为执政者，蒋本人也可以成为"民选总统"或者间接选举"宪法总统"，为国民党专制、蒋介石独裁盖上合法和"民意"的印章。因此，国民党内各种政治力量都主张尽快完成宪政准备工作，进入宪政阶段。

1931 年 11 月，国民党第四次全国代表大会召开时，由于广州"中央非常会议"方面出于制约蒋介石独裁的需要，强烈要求为宪政作出安排。会议决定在宪政开始前的训政时期这一过渡阶段中，提前设立民意机关，即国民代表会议，此事未成，国民党四全三中全会又决定成立国民参政会。由于日寇侵略威胁日大，蒋介石既要部署对中共领导的武装力量进行最后一战，又要对日交涉，无心顾暇此事，设立中央民意机构的事也就不了了之。

"五全"会上，制订宪法草案和完成宪政实施程序的制订成为主要议题之一。会议把宪政定为三阶段，"凡一省全数之县皆达完全自治者，则为宪政开始时期""全国有过半数省份达宪政开始时期，即全省之地方自治完全成立时期，则开国民大会，决定宪法而颁布之""宪法颁布之日，即为宪政告成之时，而全国国民则依宪法行全国大选举，国民政府则于选举完毕之后三个月解职，而授权于民选之政府，是为建国之大功告成。"（《实施宪政程序暨政治制度改革案》，《中国国民党历次代表大会及中央全会资料》下册第 304 页）大会认为："国民大会亟应限期召集，俾人民咸知肩负国事之重责。而同时必须修明内政，遵依《建国大纲》之规定，加紧督促地方自治之早日完成，培民权之键实之基础，即所以造成全国共同之力量。"（《大会宣言》，《中国国民党历次代表大会及中央全会资料》下册第 299 页）

会议通过了《宪法（草案）》。对于《宪法》，国民党中央常委会曾于 1933 年 1 月决定组织起草委员会，立法院长孙科任委员长，张知本、吴经熊为副委员长，起草委员为 40 名立法委员。起草会前后召开 24 次，于 1934 年 2 月《宪法（草案）》正式出台。该文件再由孙科指定 36 名立法委员组织审查委员会，逐条审议，审查会总共召开会议 17 次，形成初稿，9 月立法院又开会 7

次，最后三读通过，并报国民政府和中央政治会议。12月14日，四全五中全会作出决议，将宪草送交中常会审核。1935年10月，国民党中常会将草案送回立法院重修，10月25日院会三读通过，共有150条，然后送国民政府和国民党中央。11月，四全六中全会正式通过决定，将草案递交"五全"。"五全"则决定近期内召开国民大会日期和宣布《宪法》，务须于1936年内实施。五全一中全会决定，国民大会于1936年5月5日召开。到期后，国民大会代表也于选举完毕，《宪法》也于同年5月5日（又称《五五宪章》）公布实现，但因为国内政局出现一系列动荡，不得不顺延。真正实施时，已是10年以后。

《宪法（草案）》一是在坚持"三民主义"理论名义下，强调"反共"立场；二是在保障民权的名义下，剥夺人民言论、集会、组织社团的权利；三是在民主宪政的名义下，确保蒋介石出任终身独裁者；四是在民主政治的名义下，强化国民党的一党专制。一句话，南京政府制订的《宪法》与他们的行动相差太远。众所周知，后来蒋介石召集国民大会，正式公布《宪法》，不仅内容、观点和主张与此相差不大，而且为保证蒋介石的独裁，更使出了包括制订"临时条款"等不正当方式来进行补充，成为国民党专制和蒋介石独裁的象征。

"五全"选出蒋介石、汪精卫、胡汉民、戴季陶、阎锡山、冯玉祥、于右任、孙科、吴铁城、叶楚伧、何应钦、朱培德、邹鲁、居正、陈果夫、陈立夫、孔祥熙、丁惟汾、张学良、宋子文、白崇禧、陈济棠等100人为中央执行委员，吴开先、叶秀峰、宋庆龄、罗家伦、唐生智等50人为候补执行委员；林森、张继、蔡元培、吴稚晖、张静江、邵力子、李宗仁、杨虎城、胡宗南等40人为中央监察委员，雷震、王世杰、刘文岛、何思源等18人为候补中央监察委员。此外，还有大会主席团提名、无异议通过的李扬敬、熊式辉、夏斗寅、鹿钟麟、刘湘、陈仪等20人为中央执行委员，区芳浦、王昆仑、石敬亭等10人为候补中央执行委员；熊克武、盛世才、秦德纯、徐永昌等10人为中央监察委员，潘云超等12人为候补中央监察委员。此届中央机关成员人数也是最多的一次。

五全一中全会上，决定中央常务委员会设主席一人，设副主席一人；中央执行委员会设中央政治委员会，设主席、副主席各一人。会议选举胡汉民、汪精卫、蒋介石、冯玉祥、丁惟汾、叶楚伧、孔祥熙、邹鲁、陈立夫为中央常务委员；胡汉民为主席，蒋介石为副主席。中央党部各机构负责人是：秘书长叶楚伧，组织部长张厉生，副部长谷正纲；宣传部长刘芦隐，副部长方治；民众训练部长周佛海，副部长王陆一；海外党务计划委员会主委周启刚，副主委萧吉珊、陈耀羽。

会议决定张静江、阎锡山、许崇智、李烈钧、王宠惠、李文范、张学良、唐生智、陈璧君、宋子文、朱培德、顾孟馀、朱家骅、马超俊、邵元冲、刘守中、陈公博、王伯群、程潜、陈果夫、梁寒操、张定璠、何应钦、黄绍竑、王陆一为中央政治委员会成员，由汪精卫任主席、蒋介石任副主席，顾孟馀任秘书长，陈布雷任副秘书长。

会议决定国民政府由林森继任主席，行政院长由蒋介石出任，副院长是孔祥熙；立法院长孙科，副院长叶楚伧；司法院长居正，副院长覃振；考试院长戴季陶，副院长钮永建；监察院长于右任，副院长许崇智；军事委员会副委员长阎锡山、冯玉祥。同时，国民政府进行部分改组，主要情况是国民政府文官长魏怀，参军长吕超，主计长杨汝梅；行政院秘书长翁文灏，财政部长孔祥熙，内政部长蒋作宾，外交部长张群，军政部长何应钦，实业部长吴鼎昌，教育部长王世杰，交通部长顾孟馀，铁道部长张嘉璈，海军部长陈绍宽，卫生署长刘瑞恒，蒙藏委员会委员长黄慕松，侨务委员会委员长陈树人；军事参议院院长陈调元，副院长王树常；训练总监部部长唐生智。

国民党"五全"的召开，在"反共"基本政治路线不变的前提下，对日交涉方针进行了部分调整，并为国民党执政路线和施政政策作出了安排。同时，蒋介石在党内的地位进一步巩固。从表面上看，国民党中央常务委员会主席为胡汉民，国民党中央政治委员会主席为汪精卫，但是一人身负枪伤，暂时失去工作能力，并且作为亲日派的总代表、对日妥协卖国，使其名声跌落于最低点；一人身在海外，并且主要在两广和香港活动，无法参与实际决策。汪、胡两人的衰败，表明党内

蒋介石在峨眉军官训练团主持早晨的升旗仪式

反对派已经进入低潮期。蒋介石身为军事委员会委员长，兼任行政院长、国民党中央中常会和中政会副主席，集党、政、军决策大权于一身，揽取权力空前。经过"五全"的调整，无人威胁蒋介石的权威，国民党出现形式上的团结，党内可以说已"内安"；红军已经被包围于陕北一隅，可以说已"安内"；只要南京政府对日坚持起码的立场，在对日交涉中表现出作为主权国家应有的姿态，全国人民就会支持，可以说是"内和"，蒋介石开始分步骤分层次地准备"攘外"了，在与日对抗中迈出了微小的一步。这是因为蒋介石没有放弃与虎谋皮、以退让求和平的打算，所以他自己不想把抗日这一步迈大；这是因为蒋介石把主要精力和国民党的工作重心还放在"围剿"红军、镇压爱国民主力量方面，无法集中力量对付日本侵略者，所以抗日这一步迈不大。

蒋介石经过 4 年时间，终于迈出了反击侵略的一小步。1935 年 11 月 19 日，蒋介石在"五全"上提案表示"和平有和平之限度，牺牲有牺牲之决心，以抱定最后牺牲之决心，而为和平最大之努力"的次日，日本驻中国大使有吉明对此谈话威胁说：如果中国政府压制"华北自治"运动，"势必引起纠纷事态和破坏治安，进而还会严重影响与该地有密切关系之日本及满洲国。特别是作为负责满洲国安全之关东军，决不会对此默视不问。"蒋介石针锋相对地表示："作为中国，对引起违反国家主权完整，破坏行政统一等之'自治'制度，绝对不能容许。"（《日本外交年表及主要文书（1840—1945）》下卷《文书》第 310 页）中国政府的立场和蒋介石的态度，虽然使得日本强盗和民族败类在"华北自治"方面有所得手，但挫败了日寇借"华北自治"运动、把华北五省从中国分裂出去的阴谋，华北没有成为东北，宋哲元、何应钦没有成为溥仪。

1935 年 12 月 16 日，新任行政院长蒋介石在南京政府五院院长就职仪式上，表示对内修明政治，刷新民族精神；对外维护国家平等自由，保护国家主权和领土完整。

12 月 18 日，新任外交部长张群，在就职演说中表示："中国决以不侵略主权为限度，谋友邦之政治协调，以互惠平等为原则，谋友邦之经济合作，抱定最后牺牲之决心，而为和平最大之努力，期达奠定国家复兴民族之目的。"张群还认为，自 1933 年 3 月至 1935 年 12 月兼任外交部长的汪精卫依靠国联解决日本侵略事端，避免和日本作两国政府间交涉的对日外交政策是误国之策。

他说："我们的应付方略，必须作具体的改变，即是采取主动与日本外交当局谈判的战略。"虽然张群的"主动谈判"并没有结果，而且遭到日本当局的冷遇，但是他的观点却要比汪精卫时期好得多。他上任就和日本驻华大使有吉明谈判，表示中国政府在"华北自治"问题上的态度和立场，反对这一场由日伪势力煽动起来的严重侵犯中国主权的事件，没有结果；1936 年 3 月，日本第二任驻华大使有田八郎到达南京，张群与他谈判 4 次，主要是澄清有辱于中国的"广田三原则"，有田拒绝谈东北和华北主权问题，只是不着边际地应付；4 月 17 日，日本新任驻华大使川越茂到任，张群与他谈判 8 次，史称"南京谈判"。谈判中，只见日本代表心存妄想，极力想通过武力威慑，不断蚕食中国领土和主权，以实现"和平占领中国"的目标；张群则一改外交部长汪精卫、北平军分会委员长何应钦等人与日交涉中一味退让的做法，坚持原则，维护国家主权和领土完整。在这一有关中国主权和领土完整的谈判中，中方不应该也不可能再让步，日本不可能放弃已在中国获得的巨大利益和停止侵略中国的计划，因此双方不可能交集点。

1936 年 1 月 21 日，日本外相广田弘毅声称，他的"对华三原则"是：一、中国取缔一切排日运动，放弃以夷制夷政策，中日两国积极合作；二、中国承认"满洲国"，完全调整日"满"华三国的关系；三、中日合作共同防共。这位身位强国的外交部长，竟然恬不知耻地盗用中国政府的名义称：中国政府"对以上三原则表示了赞成的意思。到了最近，更进一步提议，根据以上三原则，举行日华亲善提携的谈判。"（《日本外交年表及主要文书（1840—1945）》下卷《文书》第 311 页）中国外交部马上发表声明，予以否定。在此以前，蒋介石在对全国中等以上学校校长与学生代表谈话时也指出，"决不签订断送主权的条约，……，如果和平交涉不能成功，最后当然只有一战。"

1936 年 2 月 26 日，一批主张立即

蒋介石检阅笕桥空军官校军官训练

发动大规模对外侵略战争的日本军人发动政变，杀死大藏相高桥、内务大臣斋藤实、陆军教育总监渡边金太郎，要求前陆军教育总监真崎三郎大将组阁。29日，政变被粉碎，冈田内阁总辞，原外相广田弘毅出任首相。作为侵略中国的罪魁之一广田，一上台即开始加紧实施完全占领华北，同时向华东、华中、华南地区扩大日本势力范围的计划，先后向天津、秦皇岛等地增兵。

1936 年 7 月 13 日，在国民党举行的五全二中全会上，会议就准备对日作战制订了三年准备计划，并成立"国防会议"，指定李宗仁、白崇禧、陈济棠、刘峙、张学良、宋哲元、顾祝同、刘湘、杨虎城、傅作义等人为会议成员。在全会上，蒋介石谈到了外交政策。他指出："中央对于外交所抱的最低限度，就是保持领土主权的完整。任何国家要来侵害我们领土主权，我们绝不能容忍，我们绝对不签订任何损害我们领土主权的协定，并绝对不容忍任何损害我们领土主权的事实。再说明白些，假如有人强迫我们签订承认伪国等损害领土主权的时候，就是我们不能容忍的时候，就是我们最后牺牲的时候。"他进一步指出："从去年 11 月全国代表大会以后，我们如遇有领土、主权再被人侵害，如果用尽政治、外交方法而仍不能排除这种侵害，就是要危害我们国家民族之根本的生存，这就是我们不能容忍的时候。到这时候，我们一定做最后的牺牲。所谓我们的最低限度，就是如此。"（《先"总统"蒋公全集》第1052 页）从中可以看出，就抗日来说，蒋介石已有准备一战的决心，只是还没有完全放弃"剿共"内战的打算。

1936 年 8 月 24 日，未经中国同意，日本单方面派遣的驻四川代理总领事岩井英二和一些日本记者在成都街头闹事，横行霸道，欺负反对他们违法设立领事馆行为的中国示威群众。在成都大川饭店的 4 名日本人，竟然拿起木棍打人，在冲突中两名日本记者被忍无可忍的中国人打死，另外两人被打伤，日本人被打死打伤实属罪有应得。日本当局趁机闹事，中国方面屈从于日本的压力，同意撤换制止事态不力的省警备司令、公安局长的职务和逮捕并处决主要责任者，但对于日方扩大在川特权、接受"广田三原则"、开放长江上游、日本占领华北地区明朗化等无理要求予以坚决拒绝。

1936 年 9 月 3 日，广东北海民众在进行反对日本侵略的游行时，遭到日本特务和浪人的捣乱，愤怒之中，示威群众奋起反抗将开设丸一药店的日本人中野顺三打死。日本方面在几次事件中没有取得他们所认为的满意结果后，以对海南岛和青岛进行"保护性占领"为名，把 5 艘巡洋舰、24 艘驱逐舰、12 艘其他舰只开进上海黄浦江和广州黄埔港，2000 余名海军陆战队在上海登陆。并且要挟中国政府重开 3、4 月后停止的正式谈判。

1936 年 9 月 18 日，日本军队在中国北京西部地区进行军事演习。演习中，故意挑衅，在遇到第 29 军第 37 师第 5 连时，横行霸道，不让开道路，并且将中国军队包围，抓走连长孙香亭等人。平津卫戍司令宋哲元等人据理力争，迫使日方释放中方人员，不过中国军队被迫退出演习区。

1936 年 9 月 22 日，日本驻汉口领事馆巡查冈庭三郎被日本人打死于日本租界，这本和 1934 年 6 月日本驻南京副领事藏本失踪一样，属于日本特务导演的苦肉计。日本方面以此为日本外交官员被伤害为名，派出海军陆战队抓走 23 名中国公民，并且提出一系列扩大在长江中下游特权的无理要求。

1936 年 9 月 15 日，中国外交部长张群应日本驻华大使川越茂之邀，就"全面改善中、日邦交"进行谈判。这位日本军国主义的代表，向中国方面提出七项要求：取缔一切排日、侮日行为，解散一切抗日团体，停止一切抗日活动；全面降低日本货的进口关税；中日两国共同防共，为此，日本得在其指定的中国地区驻扎军队；中日之间开通直达航空线，首先开辟上海至福冈线；中国政府聘请日本人担任最高政治顾问；取缔朝鲜抗日志士在中国的活动，主要领导人员引渡给日本；华北实行全面自治，中央政府不再过问华北事务。任何人一看就明白，这等于是要蒋介石投降，日本是要和平占领中国。张群拒绝回答。9 月 23 日，日本侵略心切，再次追问，张群明确声明："不能接受！"作为外交部长他履行了职责，他逐条对日本方面的无理要求进行驳斥：取缔排日运动可以但日本必须停止侵略中国；降低关税和"剿共"一样是中国的内政，不需要日本关注；中日可以直开交通线但日本必须停止在华北地区的自由飞行；聘请日本顾问是中国政府的事，日本政府不宜自己提出此类要求；取缔朝鲜人在中国的抗日运动可以，但要日本提出确凿的证据，中国政府可以缉捕，但是否引渡要等审问以后按照国际惯例办事；"华北自治"是分裂中国，中国政府不能承认。这位中国外交部长，还明确警告日本大使：废除《淞沪、塘沽协定》，《何梅协定》本无正式手续自当无效；取缔殷汝耕的冀东伪政府；日本不得干扰中国政府在华北地区恢复缉私活动；日本飞机不得在华北上空自由飞行；解散察东的伪军部队，停止在察、绥地区的一切非法活动。张群部长的话，把日本代表气得七窍生烟，退出谈判会场。蒋介石得报此事，在9月24日的日记中写道："倭使川越与我外交部谈判形势，昨已等于决裂，彼只有片面要求，而我方提之五项条件则概谓不得提出，——是可忍，孰不可忍！"（古屋奎二：《蒋"总统"秘录》之十第119页）

1936年9月23日，正在张群和川越茂谈判期间，日本驻上海第三舰队旗舰"出云号"一水兵在公共租界被打死，另外有二人受伤，凶手不知去向。此事到底何人所为还没有搞清楚，说不定就是日本军人间的"黑吃黑"所造成。日本方面借题发挥，出动装甲车，封锁闸北交通，任意抓人打人，一派强盗作风。此次事件，日本方面拒绝了与张群的交涉，要求直接向蒋介石抗议。10月8日，蒋介石接见了川越茂。对这位表面道貌岸然的侵略者，蒋介石早有所闻，眼见为实，果然是一难缠的对手。蒋介石对他的不恭敬和狂妄十分反感，教训他说："中日间一切问题，应根据绝对平等及互尊领土、主权及行政完整三原则，由外交途径，在和平友善空气中从容协商。"告诉这位日本使者，任何以武力相要挟、侵犯中国主权的要求不可能实现。在以后张群和川越茂的4次会谈中，蒋介石明确交代，"应以完整华北行政主权，为今日调整国交之最低限度。"（1936年11月10日《蒋介石致张群电》，《中华民国重要史料初编——对日抗战时期》绪编之三第680页）这位日本大使也得出了"中国态度强硬出于意外"的结论。

1936年10月31日，蒋介石从西安部署完军事"剿共"计划后路经洛阳，在此庆祝50岁生日。此时在国民党各级党部和中统等机构的策划下，全国不少地方搞起"献机祝寿运动"。尽管这种献机祝寿是这批拙劣的"马屁精"搞的个人崇拜行为，也给不少地方官员提供了一次敲诈民财的机会，但民间的献金最后还是购买了68架飞机，或多或少地对抗战有所助益。当天晚上，蒋介石在分完插有50蜡烛的大蛋糕、唱完《祝你生日快乐》歌后，对当时的时局不无担心，发表了充满伤感的演说："党国多艰，民生日瘁，复兴之业，前路方遥，维岁月之不遑，愧天职之未尽。抚此时序，尤终日彷徨悚息。"（蒋介石：《报国与思亲》，见《蒋中正言论集》第一辑第1页）因此，他决定"对倭寇之政府，彼以不战而屈来，我以战而不屈服之；彼以不宣而来战，我以战而必宣之。"（古屋奎二：《蒋"总统"秘录》第10册第131页）他也觉得对日关系，已到了不战不行的程度。

1936 年 12 月 2 日，青岛日本纺织厂的中国工人罢工，日本海军公然出兵镇压，冲击中国地方政府办事机构，打伤打死中国人多名。3 日，张群约见川越茂，进行了二人间的最后一次谈判。川越茂恶人反告状，拿出事先准备好的所谓备忘录，以终止两国谈判相要挟，将谈判破裂的责任强加给中

1936 年 10 月 31 日，蒋介石在洛阳四经堂庆祝 50 寿辰。张学良以祝寿为名前去劝蒋抗日。左起：张学良、宋美龄、蒋介石、阎锡山

国政府。已经受够川越茂气的张群明确声明："川越所朗诵之文件，其内容与历次会议情形显有不符之处，不特有我方向未谈及之记载，且对我方重要意见遗留甚多，其中更有贵大使从未提及之事项，无论如何不能接受此种文件。"（《张岳公闲话往事》第 79 页）蒋介石也致电张群表示："应即严词驳斥，从速发表。"（1936 年 12 月 5 日《蒋介石致张群电》，《中华民国重要史料初编——对日抗战时期》绪编之三第 687 页）10 日，日本政府发表颠倒黑白、以强凌弱的公报，发出战争叫嚣，声称因为谈判中断，将以必要的（战争）手段强迫中国方面执行。

自甲午战争以来的中国政府第 1 次在对日谈判中采取强硬立场，堵截了日本"和平占领中国"的妄想，大长了中国人民的志气，赢得了各界的称颂。中国共产党最高领袖毛泽东，也在写给王以哲函中评价说，南京政府的拖延方针表现了国民党对日态度的强硬，蒋氏政策之开始若干的转变，实为近可喜之现象。（《毛泽东书信选集》第 49 页）国民党内主战派更是一片欢呼，军事委员会副委员长冯玉祥表示，9 月谈判说明中国政府在对日谈判中已是坚强不屈。张群的谈判，没有蒋介石的首肯是不可能的，没有南京政府主流势力的承认也是不可能的。在谈判之初，蒋介石在对张群的指示中说："此时外交斗争应目无斗牛以视之，不可以蓉（成都）、北（北海）二案自馁其气。彼既不欲先解决蓉案，则我亦以作无蓉案时方针与态度处之。"（1936 年 9 月 17 日

《蒋介石致张群电》，见《中华民国重要史料初编——对日抗战时期》绪编之三第 673 页）为防止日寇狗急跳墙，趁机扩大战争，蒋介石还提醒有关方面："预防对日交涉恶化，应即准备一切，并令军事各机关积极筹办，加长办公时间，勿致疏虞。如日军占领北海或海南岛，则一处发动，必波及各方，引起大战也。"（1936 年 9 月 18 日《蒋介石致何应钦电》，同上书第 673 页）此事说明蒋介石的主战政策已定，唯一干扰主战政策执行的，就是蒋介石自己的"剿共"政策。只要蒋介石不放弃"剿共"政策，南京政府就不可能走抗战之路。

因为，主张强硬对日政策没有成效，没有压住日本人的嚣张气焰，并且在日本人的压力下，张群任职只有 14 个月，1937 年春辞职而去，外交部长职由王宠惠接替。张群任职虽然只有一年余，但在个人历史上写上了光彩的一笔。之后，他出任中央政治会议秘书长兼外交委员会主委。抗战开始后，他出任最高国防委员会秘书长、行政院副院长、委员长重庆行营主任，回到家乡掌握川政，主要任务是为中央政府控制四川和各路川军。

蒋介石在对日推行强硬外交的同时，也在军事上进行了一定的准备。蒋介石的总体设想是，以四川为作战总根据地，长江以南以南京、南昌、武昌作为作战根据地，长江以北以太原、郑州、洛阳、西安、汉口为作战根据地，这一计划基本符合后来抗战战局的实际。在军队编制上，蒋介石下令在 3 至 4 年间，在全国的军队中集中编训 60 个师，并任命陈诚为陆军整理处处长，同时整顿炮兵、骑兵和工兵等特种兵，提高进行现代作战的能力。到"七七事变"爆发时，已经编成 30 个师。在抵抗部署上，蒋介石对长江中下游、黄河沿线和东南沿海主要地区，修筑要塞，充实装备，仅在江浙地区就建立了抵抗型工事 2264 个。在军事装备上，蒋介石着重进行了扩大军工厂的工作，对上海、南京、武汉、巩县、太原、西安、

　　蒋介石、宋美龄巡视杭州笕桥空军官校

南昌、株洲等地的兵工厂进行整修和扩大，有效地弥补了主力部队的武器短缺问题。并在祖国腹地湘、鄂、赣、川、滇等省建设了一批新兵工厂；把沿海一些兵工厂的生产设备和技术人员提前运往内地，为长期抗战做准备。为适应战争的需要，蒋介石还进行了在当时颇为可观的交通建设，特别是在西南、西北建设的铁路和公路交通网，对于抗战时期集结和调动兵力、运输物资、保证供给，起到了很大的作用。蒋介石的这些战争准备在当时来说，已属不易，可以说也付出了很大的代价。当然，在后来的8年抗战中，战前进行的准备并没有有效阻挡日军的进攻，这主要是现代化的战争和日军强大的火力所造成，但是这些准备工作在战争爆发时，为各级政府和民众的撤退、转移争取到了所需要的时间，在一定程度上减少了损失；也为进行长期抗战提供了条件，为坚持抗战8年和最后夺取抗战的胜利，作出了重要的贡献。

在推行"强硬外交"和进行部分备战的同时，蒋介石在军事上也采取两次重大行动，对抗战部署进行新的布局。一是反击日寇在内蒙古西部地区的侵略行动；二是收编两广半独立状态，统一军令政令，以集中国民党军力准备全民抗战。

胡汉民病逝

在广州"非常会议事件"善后过程中，胡汉民被汪精卫、蒋介石联手挤出了南京城，事实上他本可以和汪精卫一起到南京去做官，当时3人管辖的方向分别是蒋介石主军出任军事委员会委员长、汪精卫主政出任行政院长、胡汉民主党出任中常会主席，只是胡汉民意气用事，自"廖仲恺被刺案"发生、"中山舰事件"后，不愿与汪精卫共事，在国民党政权中只要有汪就无胡，有胡就无汪，汪精卫进了南京城出任行政院长，石头城中绝对见不到胡汉民的影子。

胡汉民回到家乡后，成为"两广军人"堵截南京政府插手的"门神"。作为胡汉民本人来说，对孙中山创建的国民党的忠诚，使他不愿意成为国民党历史上一个"多变的角色"；书生本色使他能够在官场上"操行谨严"，因此他不想采取什么过激行动，相逼南京政府。如果说他的倒蒋与其说是政治行动，不如说是对蒋介石非法囚禁他的抗议和对蒋汪合作抛弃自己的赌气。

国民党中央党部西南执行部成立后，"两广半独立状态"非胡汉民所能左右，广东有陈济棠，陈济棠见识狭小，最担心的就是有人侵扰他的领地；广西有李宗仁，李宗仁和白崇禧在广西经营多年，非外人所能插手。因此，"两广"党政军财的事务不容胡汉民定夺，更不用说有什么领导权威了，陈济棠、李宗仁两人之所以留着胡汉民，无非是为了打鬼借助钟馗，无非是借助胡汉民在党内与蒋介石、汪精卫不相上下的影响力，制约蒋介石对两广的用武计划，为"两广半独立"保驾护航。

胡汉民在国民党上层，确实也算是一个有真才实学、有理论基础、有资历威望的领袖，可在枪杆子决定一切的现实面前，几年前就屈从于国家级军头蒋介石，现在对省级军头也得礼让三分。当胡汉民感到自己对两广政局无能为力的时候，就像几个月前对蒋介石称霸感到无能为力后溜回广州一样，不再过问两广政事，处于一种半引退状态，并在 1933 年初移居香港。

留居香港两年半期间，创办起《三民主义》月刊，写过一些回忆性文章，以当事人身份记下所见、所闻和亲身经历，为民国史和国民党史研究留下了不少珍贵的史料。南京方面曾派立法院长孙科、中监委王宠惠及南京市长石瑛来港探望，劝说胡汉民放弃个人恩怨，到南京就职国民党中常会。胡汉民均予以拒绝，几次表白："余谓与南京中委多数同志，为共生死之同志，……，今日所争持者，为国家民族存亡问题与主义政策之实行问题，决不能徒以'情感'两字掩盖一切。"继续坚持自己的观点，然而他的抗日与"剿共"并举的主张，蒋介石不尽赞同，因为蒋介石坚持的是先"剿共"再决定是否抗日；他的党内民主化的主张和蒋介石个人独裁的做法，则是永远也不可能合流的。在他的政见中，同汪精卫一致的是，"反共"立场没有改变，支持蒋介石和陈济棠"围剿"中央革命根据地。鼓吹"以北方的军队抗日，以南京的军队'剿共'"，抗日、"剿共"两不误。还把抗日、倒蒋、"反共"和"三民主义"连在一起，称为"三民主义连环性"，作为他的理论基础。

在政见中与汪精卫不同的是，对日寇侵略有较为明显的立场。在他刚到广州之初，日本特务土肥原贤二跟踪而来，愿意提供各种实质性援助来支持胡汉民组织独立政府。胡汉民面对日本特务分裂中国的阴谋，义正词严地指出："本人与蒋先生之意见不同，实系本国之内政问题，不容他国干涉，如谓本人欲组织政府，尤无此意。如出自贵国政府口吻，实所不解。"以后又拒绝了日寇松井石根同类的建议。1934 年 4 月 28 日，在所发表的文章中认为，日本的《天羽声明》《广田声明》的"唯一需求，厥为独占远东，并吞中国"。他还在多篇文章和多次谈话中，要求中央方面对日作战，谴责蒋介石、汪精卫的对日妥协政策。当爱国民主反蒋人士制订的《中华人民对日作战基本纲领》送来征求意见时，胡汉民毫不犹豫地签上自己的名字。同汪精卫的"低调"相比，胡汉民的"抗日主战论"且不说可行性如何，起码不失国民骨气。

胡、蒋对峙，引起国民党内各方的注意。1935年5、6月间，胡汉民的好友、西山会议派的邹鲁出面斡旋蒋、胡关系。为创造一个良好的调停条件和蒋、胡握手的前提，胡汉民接受邹鲁的建议，出国考察一段时间，待时机成熟，条件谈妥，再乘回国之势趁机回南京走马上任。

1935年6月9日，胡汉民离开香港，前往意大利、瑞士、德国、法国考察和游历。11月1日汪精卫被刺，暂时离开政治舞台，汪"走"为胡"来"提供了可能。11月12日国民党"五全"召开，胡汉民当选为中央执行委员，大会致电正在海外的胡汉民，欢迎他回国履新，这是一个自然稳妥、顺理成章的返国进宁的台阶。12月2日至7日，国民党五全一中全会在南京召开，会议决定恢复"中常会主席制"，胡汉民经蒋介石推荐出任中常会主席，主持党务。胡汉民本人对这一安排是相当满意的，至此回南京城的障碍全部消失。蒋介石如此大度地接纳胡汉民，主要是因为对胡汉民这样有地位名望、固执偏强之人，缺少惩治的理由和手段，既然治不了还不如收在身边，易于控制，这是蒋迎胡的小气候。为体现刚刚取得的江西"剿共"胜利这一新局面，为执行刚刚在"五全"上宣布的、对日本侵略采取较为强硬的方针，需要国民党领导集团精诚团结，起码是表面一致，共同对外，这是蒋迎胡的大气候。而盛迎胡汉民的真正气候则是，蒋介石认为自己已经牢牢掌握党政军各类大权，汪主政、胡主党，不会影响蒋介石霸占一切的行动。

胡汉民最后一站是法国，此时疗养枪伤的汪精卫也到了法国，两人同住法国约4个月，可没有见上一面。论公，一人是中常会主席，一个是中政会主席；论私，胡、汪是同乡、同学加同志。且他们分手已经4年整，说公事，有必要见面；说私事，有必要见面。可没有见面，实有悖情理，"精诚团结"从何而来？"团结统一运动"从何而来？

1936年1月19日，胡汉民回到香港，蒋介石派来接驾的司法院长居正、中央党部秘书长叶楚伧已在港迎接。不料胡汉民回宁一事遭到陈济棠、李宗仁的反对，为人正直、与陈和李患难与共4年余的胡汉民，不愿落个"背叛友人"的名声，准备寻求一个全面解决、各得其所的方案。更为重要的是，他想避免以前那种蒋介石大权独揽、一手遮天的霸政，希望通过讨价还价、谈妥条件，能对蒋介石的"犯规"行为有效限制和制裁。为此，胡汉民暂时没有北上。25日胡汉民在广州招待友人时称："健康实尚未恢复，比以体弱畏寒，医者谓北方寒冷，均嘱暂留。故以时间言，北行尚有时。"由于胡汉民的两条均没有结果，北上日期一拖再拖。

1936年5月9日下午，胡汉民应邀到妻兄陈融家做客，晚饭后与潘景夷摆棋对弈，8时左右突然晕倒，诊断为脑溢血。10时左右突然清醒后对萧佛成、邹鲁及夫人陈淑子、女儿胡木兰等人，口授遗嘱："余以久病之躯，养病海外，迭承'五全'大会敦促，力疾言还。方期努力奋斗，共纾国难，谁料归国以来，外力日见伸张，抵抗仍无实际，事与愿违。忧愤之余，病益增剧，势将不起。维追随总理，从事革命三十余年，确信'三民主义'为唯一救国主义。而熟视目前情势，非抗日不能实现民族主义；非澄清政治不能实现民权主义，非肃清'共匪'不能实现民生主义。尤盼吾党忠实同志，切实奉行'三民主义'，以完成本党救国之使命。"遗嘱最后一次重申了生前的政治主张，再次把他的理论核心"三民主义的连环性"加以宣扬。"连环性"政治上抛弃"三民主义"的真谛，理论上经不起严密的推理论证，可它在国民党理论界毕竟是独树一帜。

1936年5月12日下午7时40分，胡汉民因病情恶化而去世，终年57岁。与他的一生政治生活发生重大影响的蒋介石、汪精卫，均未见上一面，汪正在法国疗养，蒋则派了8位大员南下，借葬礼发动政治攻势。南京代表，名为祭奠胡汉民，实为逼陈济棠、李宗仁交出军权，取消两广的半独立状态。两广军阀见胡氏大旗一倒，蒋介石的整顿在前，匆忙发动"两广事变"拒蒋。胡汉民与蒋介石作对数年，死后又附上这样一件"告别礼物"。最后由于胡汉民的病逝，西南缺少政治中心，终为南京方面各个击破，两广归中央统一，李宗仁称臣，陈济棠出洋。胡汉民的死，引起国民党上层的派系势力重新组合，失去一股足与蒋介石抗衡的力量。三驾马车只剩下蒋、汪两人，可汪精卫既无实力、又无斗志与蒋介石对抗，只有借助外人的力量，进行最后一次规模最大、结果最坏的政治投机，那就是在抗日战争开始后投降日本侵略者成为中国现代史上最大的汉奸、卖国贼。

胡汉民过世，蒋介石开始收拾两广。"非常会议事件"后期，陈济棠、李宗仁在两广割据。说是"半独立",是说两广表面上服从南京政府和蒋介石的领导,尤其是"剿共"方面更是亦步亦趋,而在两广内政方面,则不容蒋介石势力染指。

一是大权独揽。两广的党政军大权都由两人亲自控制,对两广事务,蒋介石鞭长莫及,胡汉民坐视难管,任何政务、军事、人事上的决策只是向南京政府报备而非请示,两广成为事实上的独立王国,陈济棠被称为"南天王",李宗仁则成为"广西主"。二是壮大财力。陈、李利用两广优越的自然、地理、经济环境,一方面发展经济,扩大财政来源;另一方面加紧对民众的搜刮。自给自足的经济保证了割据所需的经济基础,与蒋介石长期对抗。三是助蒋"剿共"。陈济棠在"非常会议事件"结束后,出任赣粤闽湘边"剿共"副总司令,1933 年 2 月又兼任主管粤闽桂三省的西南国防委员会副委员长,10 月出任第五次"围剿"中的南路军总司令,全面负责南线作战。1934 年 10 月,中共中央红军开始长征,10 月 21 日红军突破粤军设在安远、信丰间的封锁线。11 月底红军又连破由粤军、湘军、中央军组成的 3 道封锁线。在作战中,陈济棠接受中共的建议,没有充当蒋介石的炮灰,从保存粤军实力出发,尽量避免与红军主力打硬仗、拼实力。值得一提的是,陈济棠的"反共"生涯中,残杀了中共中央政治局委员兼中央宣传部长蔡和森和中共广东省军委书记李硕勋。李宗仁、白崇禧也率军参加了对中央红军长征队伍的堵截和"追剿"。事实上桂军并无和中央红军进行过什么大规模的作战,只是一些不大的遭遇战,因此根本没有如李、白自己为向蒋介石和南京政府表功所吹嘘的"硕大战绩"。四是充当帮凶。19 路军在福建成立人民革命政府时,其领导人李济深、陈铭枢、蔡廷锴、蒋光鼐、戴戟等人都是和陈济棠一样在粤军中起家;李济深也是李宗仁、白崇禧的好友,曾在"蒋桂战争"时合作行事。李宗仁、陈济棠本应在关键时刻挺身而出,呼应福建方面的行动,增加反蒋的胜算率。但是事变前,陈济棠、李宗仁拒绝协作行动;事变后陈济棠更是配合南京方面,堵截 19 路军的退路,致使这支参加过淞沪抗战、又举旗倒蒋的英勇军队在福建被中央军所消灭。当然,陈济棠对事变领导人网开一面,有意无意地让他们借道广东前往香港,但对蒋介石十分仇视的徐名鸿则严查严办。

蒋介石能够容忍两广处于半独立状态,并不是智斗不过陈、李,也不是兵胜不了陈、李,更不是理亏于陈、李,而是投鼠忌器,胡汉民在广州、香港是陈、李的挡风墙。陈、李好欺，胡汉民难斗，为胡汉民已经惹发过 1931 年 5 月的"非常会议事件"，蒋介石不愿意再找麻烦，故作出前所未有的高姿态，一让就是近 5 年。胡汉民病逝，蒋介石收回两广的最大障碍不搬自消，行动时机已到，立即派出立法院长孙科、司法院长居正、立法院副院长兼国民党中央党部秘书长叶楚伧、监察院副院长许崇智等 8 位大员，以祭奠国民党中央常委会主席胡汉民的名义南下广州，进行丧事政治。中央代表要求陈济棠、李宗仁交出军权，取消半独立状态。

陈济棠、李宗仁在智囊团的开导下，对形势了如指掌：蒋介石的军事重点一是在西北，以期最后消灭刚到陕北不久的中共领导的红色武装；二是在华北，防备越来越猖狂的日本侵略者。在这种情势下，南京政府不会对两广用兵，即使用兵也不会超过 20 万人，对两广威胁不大。陈、李决定公开对抗，再度倒蒋。

蒋介石对两广拉拢陈济棠兵剿桂军。李宗仁、白崇禧是"跪着养猪，看钱分上"，几年来扶持陈济棠就是为了劝说陈济棠带头倒蒋。陈济棠则是笃信风水、相面，认定自己家迁往广东花县芙蓉嶂洪秀全祖坟的祖坟风水要比蒋介石在溪口鱼鳞坳的祖坟风水要好得多，是真龙天子命；再加上其兄陈维周在南京见蒋介石满脸晦气、萎靡不振，必有歹运，而陈济棠"骨相气色"堂堂，并且陈济棠最相信的术士翁半玄又卜卦出陈济棠"大运已至，机不可失"的吉言，自告奋勇举旗倒蒋，正中李宗仁、白崇禧下怀。陈济棠错误估计形势的另一面还有，轻信了山东韩复榘、河北宋哲元、湖南何键的承诺：只要两广动手，他们也在各地起事。

尽管陈济棠在民族危机日重之际，打出抗日的旗号，但违反了大敌当前一致对外的大势，所以必败无疑。并且，在蒋介石已经准备对两广下手的情况下，陈济棠的行动无疑是为蒋介石提供了打击的机会和理由。

1936 年 6 月 1 日，西南政务委员会和西南执行部向南京国民政府报告说：现在已临生死关头，只有抵抗才能图存，除全国一致奋起与做殊死战外，则中华民族别无出路，"切冀中枢毅然决然，从事抗战，用以至诚，呼请钧府钧部，领导全国，矢抵抗之决心，争最后之一着"。两广各将领再于 2 日、4 日发出"冬电""支电"，表示"为国家雪频年屈辱之耻，为民族争一线生存之机"！6 月 5 日，陈济棠又单独致电蒋介石，要求出兵抗日。6 月 9 日国民党中央致电两广，警告陈济棠、李宗仁、白崇禧不得擅自行动，如果两广继续行动，则是"地方将吏抗命"。同时，蒋介石在军事上作出安排，派出重兵向两广运动。湖南省主席何键再次投机，在接到蒋介石的40万元巨款后，表面上向广西代表李品仙表示愿意配合行动，实际上把桂军的动向向南京通风报信，在桂军果真来到湘省后则明确宣布不同意借道桂军北上，堵住了桂军的出路。

粤、桂军也开始行动，两军共有兵力30万人，飞机100余架，舰只数十艘，粤军编为第1集团军，桂军编为第4集团军。6月5日桂军主力进入湘境，9日逼近衡阳，此时蒋介石派出陈诚指挥的中央军主力已经占领该地，断两广军队北攻长沙、陷武汉之路。6月22日，相信天命但没有此命的陈济棠有恃无恐，并不气馁，宣布成立军事委员会和抗日救国联军，出任委员长兼第1集团军总司令，李宗仁为副委员长兼第4集团军总司令，军委会下辖9个军，空军9个中队和几个小型舰队。

出面支持两广的没有，宋哲元和韩复榘只是间接呼应。6月21日，冀察政务委员会委员长宋哲元、山东省主席韩复榘发出"召电"，并非支持，只是为了试探蒋介石的下一步动向，要求各方停止军事行动。蒋介石非常明确，于23日致电宋、韩，表示两广问题由五全二中全会决定，决不轻易重开内战。蒋介石的电报堵死了宋、韩浑水摸鱼之路。

蒋介石并不想以战争解决问题，主要是因为华北要防止日寇狗急跳墙；而陕北"围剿"红军已处于关键时刻，不容分散兵力；所以只能用和平方式予以解决。蒋介石对和平解决已经胸有成竹。

几年来，蒋介石没有不管两广事务，而是鸭子划水悄悄进行。早在"非常会议事件"之后，他就派出国民党中央执行委员、军事委员会代表蒋伯诚常驻广州，对常驻赣南的粤军第1军军长余汉谋已经工作多时，余汉谋对陈济棠的用人之疑、派出特务监视其家一直不满，经蒋伯诚的劝说，已经接受陈济棠下台后粤军编为第4路军由他出任总司令和广东绥靖主任的安排；广东空军总司令黄光锐也和蒋伯诚以及戴笠、郑介民派来的代表来往甚密，并且和戴笠派来的女特务黄佩贞打得火热，最后以每架飞机2万元的代价出卖了广东空军。

1936年7月4日，广东空军的40多位飞行员捷足先登，在司令官的率领下飞向南昌，投靠南京。正如翁半玄所言"机不可失"，现"机"一失，当然引起多米诺骨牌效应。6日，留居广州的粤籍中央执行委员、中央监察委员不理陈济棠的劝阻，飞往南京参加五全二中全会。7 日由张发奎部转投陈济棠的第 2 军副军长李汉魂通电拥蒋。8 日余汉谋宣布投靠南京。此外，粤军将领邓龙光、邝文光、邓瑞功等分别通电附和。至此，陈济棠见大势已去，派出代表陈汉光飞庐山牯岭，求见蒋介石，主动提出自己下野，但不要把广东军政大权交与余汉谋。14 日粤军第 2 军军长张达、第 3 军军长李扬敬也向南京示好。

1936 年 7 月 13 日，蒋介石见时机已到，以国民党五全二中全会的名义，由军事委员会出面，下令撤销中国国民党中央执行委员会西南执行部和国民政府西南政务委员会；撤销第 1、4 集团军，广东所有军队编为第 4 路军，撤销陈济棠本兼各职并任命其为最高国防会议委员，由余汉谋出任广东绥靖主任兼第 4 路军总指挥；广西维持现状，任命李宗仁、白崇禧为广西绥靖主任和副主任。次日，余汉谋在大庾宣誓就职，然后趾高气扬地挥兵南下韶关。7 月 17 日提出最后通牒，限陈济棠在 24 小时内离开粤境。次日，陈济棠只得悻悻而去，到香港避风。

失败之际，陈济棠似乎明白许多。论大的，武装割据的社会背景已经不再，日寇逞凶，华北告急，理当全国人民团结一致，御侮为先，分裂不得人心，故此次蒋介石代表中央政府，理直气壮地以求统一，舆论上占上风；论小的，粤中兴起倒戈之风，陈的多年随从转眼之间叛变而去，可见人心思变，在靠蒋还是靠陈上当然选择前者。此次既有投蒋的理由又有投蒋的机会，故一个个扔下陈济棠成为南京政府的座上宾。就像陈济棠在"蒋桂战争"中选择投蒋而不是投靠李济深、李宗仁一样。要说陈济棠的明智之处，那就是不失为失败英雄，接受事实，急流勇退，而没有逞一时之勇与中央军混战一场。下台前夕，把空军飞机和海军舰只全部交与中央有关方面改编，把陆军全部交余汉谋管理，还把已从意大利订购的价值 700 余万元港币的飞机和从法国订购的军火全部移交，并把账上的 300 余万元积余如数交公。为稳定军心，防止骚乱，特把欠饷全部发清，加发半个月的伙食费，便于军队顺利交接。这一点上，陈济棠还算开明，对得起蒋介石，蒋碰到对手、政敌还没有一个能像陈济棠那样。

就这样，陈济棠倒蒋 2 次，为时 5 年，可并没有与中央军真枪实弹开战过一次；二是此人有野心无胆量，即使在倒蒋时也留有充分余地，批蒋骂蒋颇有分寸，对蒋介石伤害不大；三是败得"体面"，把自己的老本全部和平交由中央政府。因此，这也为以后与蒋介石的合作准备了基础，当然这已经是抗战开始以后的事情了。

就在陈济棠离开广东之日，广西李宗仁也离开广州前往南宁，经与白崇禧会商，认定只有抓住抗日不放才是保住广西现状的根本之法。于是致电中央有关代表，表示如中央真抗日，广西全力拥护。并于 1936 年 7 月 24 日通知南京，定于 8 月 1 日李、白正式就职绥靖正、副主任。岂知在 7 月 25 日，南京方面突然命令李宗仁为军事委员会常委，白崇禧立即出洋考察，由黄绍竑、李品仙为广西绥靖正、副主任。此事则是南京方面出尔反尔，难免李、白反对。

南京方面改变主意，主要是因为蒋介石听取了政学系头目之一、江西省主席熊式辉的建议，利用收编粤军的时机，彻底了结广西问题，于是蒋介石才于 7 月 25 日推翻五全二中全会上通过、7 月 13 日发出的决定，逼李宗仁、白崇禧起来造反，然后借机予以消灭。并且同时命令陈诚部集中广州经西江，顾祝同、汤恩伯、薛岳部由贵州向东南，余汉谋部向桂南，湖南何键部由湖南向桂北，以及滇、黔军阀部队，从四面八方向广西进发。

李宗仁、白崇禧统治下的广西，与陈济棠控制下的广东不一样，最主要的是桂军内部一致，连一个排长也没有被收买过去。李、白二人不愧为军政谋略家，为对付南京方面的军事压力，桂军进行大规模扩军，由 14 个团扩编为 44 个团，共有 10 多万人。此外，李、白开放言论、集会、结社、出版等自由，各界在广西各地开展的抗日救国运动如火如荼，内部形成同仇敌忾的气氛。广西的民主气氛和抗日热潮，也吸引了一批全国各地的抗日救国代表，更增加了广西对抗蒋介石的政治含金量，使得蒋介石无法轻易下手。

中国共产党也注意到了广西方面的变化，毛泽东于 1936 年 6 月 8 日就发表谈话，指出："西南抗日反蒋的军事行动，客观上是革命的与进步的行动，虽然这中间不免杂有不正当的动机。"（毛泽东：《关于西南事变的谈话》，1936 年 6 月 8 日）。1936 年 9 月 1 日，中共中央的《关于逼蒋抗日问题的指示》也指出："对广西方面，我们赞成他们抗日的发动，是正确的。但我们更应要求他们在实际行动上表现他们抗日的诚意，主要是给人民以抗日救国的一切权利，发动群众的抗日运动。也只有这样才能把抗日运动坚持与扩大下去，才能使抗日运动成为有力的运动。"（《中共中央文件选集》第 11 册第 87 页）中共中央还派出代表云广英前往广西传达中共关于组织抗日民族统一战线的意见。

广西方面的行动惊动了全国，军事委员会副委员长冯玉祥也赶到庐山，请蒋介石三思而后行，千万不要再自相残杀。军事委员会参谋总长程潜也请蒋介石以和平方式解决，蒋介石就阶而下，改变了武力解决的主意。1936 年 8 月 11 日，蒋介石在广州指示刘斐作为代表去广西，后又派出居正、朱培德、程潜作为代表二进广西，进行摸底。有关方面也派出代表纷纷集中南宁游说。宁桂双方开始和谈，中间也屡起风波，险象环生。9 月 6 日南京方面正式命令，李宗仁任广西绥靖主任不变，白崇禧任军事委员会常委，黄旭初任广西省主席。9 月 14 日，李宗仁、白崇禧通电表示服从中央，9 月 16 日致电蒋介石，愿意立即就职。9 月 17 日，李宗仁等飞到广州，蒋介石在陈济棠兄陈维周的住处继园，与李宗仁亲切会见，这是自"蒋桂战争"以来两人间的第一次握手，中间相隔 7 年半。

经由蒋介石出面，在 2 个月的时间内，把存在 7 年半的问题得以一朝解决，原因只有一个，那就是国难当头，民族危机深重，中国人民只有一致对外，抗日救国才是唯一的出路。在这大背景下，任何一个政治家，任何一个领导人，任何一种政治势力，任何一支军队，都自觉不自觉地受到制约。因此，李宗仁借抗日压蒋介石让步，蒋介石先战后和，陈诚等力主一决雌雄，冯玉祥、程潜等呼吁和谈，各地抗日代表主张坚决反蒋抗日并对李宗仁后来的让步感到失望，各种不同的意见，最后不可避免地集中到一点，那就是全国团结，一致对外，内战不得人心。9 月 28 日，蒋介石离开广州时，欢送他的官员们对他谈笑间解决 7 年没有解决的难题，予以高度赞扬。蒋介石不无得意地说："两广和平，盖为中华民国之福也。"

对蒋介石来说，通过解决两广事变一事，似乎更明白了一个道理：抗日为唯此唯大的头等大事，顺其者昌，逆其者亡。

日寇在占领东北三省后，兵分两路，一路向热河及长城沿线、华北地区扩张；一路向内蒙古地区扩张。

晋绥军抗战

日本当局在屯兵东三省、热河、察北对内蒙地区进行军事威胁的同时，加紧了拉拢、分化蒙古上层分子的阴谋。内蒙西部盟族中以年轻的蒙奸德穆楚克栋鲁普为首的贵族集团，接受日本的贿赂，在日本关东军的支持下，开始图谋成立"自治政府"，脱离南京政府控制。

德穆楚克栋鲁普，内蒙锡林郭勒盟苏尼特右旗人，1902 年出生，6 岁时承袭札萨多罗杜陵郡王爵位，10 岁时被北洋政府授为札萨克和硕社棱亲王，17 岁时接受加冕，开始执政。1924 年任过锡林郭勒盟副盟长、北洋政府临时参议院议员、察哈尔省政府委员等职。日军侵占东三省后，出任锡林郭勒盟盟长、蒙古保安统监、蒙古军第 1 军军长。

德王的亲日活动，得到李守信的配合。李守信，山东济南人，1892 年出生于内蒙古卓索图盟土默特右旗。自幼从军和当和尚，1918 年起投靠热河游击队，3 年后出任奉军营长、团长，曾指挥所部消灭了嘎达梅林起义军。"九一八事变"后，带领一批东北军在热河地区鬼混。1933 年，李守信把日军引到了他负责防守的开鲁城内，出任热河游击司令，1933 年 4 月 28 日在多伦成立了"察东特别区"，出任行政长官和警备司令。

1932 年冬，德王请班禅劝说另一盟落贵族索王、云王等支持"自治"，这 3 个内蒙王公开始谋划"自治运动"。华北抗战失败后，内蒙分裂分子以为时机已到。1933 年 7 月 26 日，德王、云王在百灵庙（今达尔罕茂明安联合旗）召开第 1 次内蒙"自治会议"，猖狂地提出了"中央政府应同意内蒙自治，成立内蒙自治政府"的分裂要求。8 月 24 日，他们还发出了内蒙"自治"的通电，南京政府拒绝了这帮分裂分子的要求。9 月 24 日，他们又组织召开第 2 次"自治"会议，要求脱离察哈尔、绥远省的关系，组织"自治政府"和"民族军队"，成立"蒙古自治会议筹备委员会"，通过《内蒙自治政府组织大纲》和要求自治的呈文。南京政府为不激化矛盾、考虑到少数民族的特殊政策，对其采取怀柔政策，同意了内蒙方面提出的某些要求，还于 1933 年 11 月派出时任内政部长的黄绍竑到内蒙慰问，内蒙"自治运动"不得不暂时停止活动。

日本方面一直没有停止对内蒙地区的破坏活动。关东军参谋部于 1933 年 7 月 16 日出台了《暂行蒙古人指导方案》，主要内容就是如何促成内蒙西部实行"自治"；10 月，关东军驻承德特务机关长松室孝良，制定了《关于建设蒙古国的意见》，有意成立伪蒙古国；1934 年 2 月，改任日本关东军驻齐齐哈尔特务机关长的松室又提出《满洲国接邻地方占领地统治案》，具体提出了成立伪蒙古国计划；1935 年 7 月 25 日，关东军又制定了《对内蒙措施要领》，内容是完成内蒙"独立"，日本如何控制内蒙地区的军事、文化、交通和经济领域。日本关东军一直在积极活动，策划内蒙"自治"名义下的"独立"阴谋。

在关东军、特务机关的直接插手下，1934 年初德王干脆组织盟旗代表团到南京请愿。2 月 28 日国民党中央政治会议通过了内蒙自治 8 项原则，3 月 7 日国民政府又发布《蒙古地方自治政务委员会暂行组织大纲》。根据这一大纲，4 月 23 日蒙古地方自治政务委员会正式成立，委员长为云王，副委员长为沙王和索王，秘书长为德王，实权则落入盟落中实力最强的德王手中。由于云王、索王对德王独揽大权不满，拒绝到职，于是德王通过控制的政务委员会，大肆进行分裂活动，接受日本关东军的军事武器援助，实力和野心日益扩大。1934 年 7 月 1 日，关东军在兴安岭王爷庙设立"蒙古军官学校"，为编练蒙古伪军作准备。在多伦设立"察绥蒙古各盟旗联合办事处"，加紧向内蒙西部地区渗透。

中国人民对于德王的分裂活动和日本特务的煽动，表示了强烈愤慨。蒋介石也在政治压力下，一方面安抚德王，另一方面秘密处决了德王与日本特务之间的联络人韩凤林。德王得知此消息后，开始与南京政府决裂，准备公开投降日本。日本特务对德王的拉拢也进入高潮期。1935 年 9 月，关东军副参谋长坂桓征四郎和参谋田中隆吉等飞到内蒙，与德王密谋。年底，德王也应邀赶到长春，与关东军司令官南次郎、参谋长西尾寿造及坂垣征四朗会谈，决定在内蒙西部地区成立"蒙古国"。关东军的礼品是 50 万元日元和 5000 支步枪。

1936 年 1 月 1 日，伪蒙军在张北成立"察哈尔盟公署"。2 月 12 日，"蒙古军司令部"在苏尼特右旗成立。5 月间又在嘉卜寺（今化德）成立"蒙古军政府"，云王任主席，索王、沙王为副主席，德王任总裁，李守信为参谋部长，各部顾问由日本人担任。关东军和伪满洲国每月提供经费 30 万元，负责训练和武装十数万伪军。伪政府成立后，德王、李守信等人飞到长春，朝圣伪满洲国皇帝溥仪和关东军总部。德王由溥仪授予"武德亲王"，两个伪政府还签订了《蒙满协定》。不久，伪蒙政府外交署署长陶克陶又和冀东伪政权头目殷汝耕签订了《蒙冀协定》。这样，3 个伪政权勾结到一起，成为日本侵略中国的工具，溥仪、张景惠（伪满总理）、德王、李守信、殷汝耕等人甘心成为汉奸，甘心成为傀儡儿皇帝。

1936 年 11 月中旬，李守信、王英和日本特务指挥伪蒙军骑兵万余人，向绥远地区的桃林、红格尔地区进犯，企图实现内蒙、绥远以及宁夏、甘肃等地的"蒙古大元帝国"阴谋。随后一路扫荡，先后占领大庙、武川、固阳，直扑归绥、包头。此时的蒋介石，不见了"九一八事变""一二八事变"时的畏惧退让、一再发布不抵抗命令的败样，下令坚决反击，收复沦陷地区，并派出在解决两广事变中出尽风头的陈诚赶到太原，协助阎锡山指挥反击。同时致电阎锡山："即令傅主席向百灵庙积极占领，对商都亦可相机进取。"（《中华民国重要史料初编——对日抗战时期》绪编之三第 681 页）蒋介石本人也于 11 月 17 日赶到太原，与阎锡山商谈绥远战局。绥远省主席兼第 35 军军长傅作义将军开始指挥所部第 35 军以及其他晋绥军远征，增援前线。

英勇抗击日寇的傅作义将军

傅作义，山西猗县人，1895 年出生。保定军校 5 期毕业后，回到晋军任职，由于他带兵有方，在作战中战绩突出，数年间升至营长，在第 2 次直奉战争期间阎锡山图谋向华北发展、兵出娘子关时傅已任团长，到 1926 年间经过与西北军的作战，官升第 4 师师长。晋军参加北伐后，先后任天津警备司令、第 40 军军长。中原大战失败后，晋军由张学良改编，傅作义出任第 7 军军长兼绥远省主席。长城抗战时，第 7 军开赴北平外围怀柔等地作战。他因成功地指挥了反击伪蒙军对绥远等地的进攻，而成为闻名全国的抗日英雄。

接到蒋介石和阎锡山的命令后，傅作义赶到平地泉设立指挥部，指挥第 35 军董其武、孙兰峰部和部分晋军开始反击，1936 年 11 月 15 日深夜飞雪中行军 200 余里，17 日收复红格尔图，11 月 24 日攻占蒙奸德王老巢百灵庙，12 月 9 日收复大庙，并争取到伪蒙军石玉山、金宪章部反正，3 仗消灭伪蒙军第 7 师 2000 余人。晋绥军的抗战，得到了全国人民的支持，工商界、文艺界、民众团体、青年团体和许多社会名流，纷纷投入捐献活动，电影明星陈波儿、崔嵬等赶到前线慰问，天津的爱国天主教徒也集中赶到绥远慰问。

绥远抗战规模不算特别大，但其政治影响很大。一是傅作义将军和晋绥军的英勇抗战行为，对被称为"不抵抗将军"的张学良刺激很大，他也想通过发起重大抗日行动，改变人们对"不抵抗将军"的印象。二是蒋介石指挥了绥远抗战，但他还是主张"反共"，但是全国人民从绥远抗战看到了全民抗战的力量，坚决反对再进行任何形式的内战。三是全国人民从绥远抗战中看到了中华民族抵抗外国侵略的力量，极大鼓舞了全国人民的抗日信心。

与蒋介石在对日交涉中采取强硬方针相配合，绥远抗日则在正面战场上沉重打击了日本侵略者，"两广事变"的和平解决则增加了全国抗日力量。现在的问题是，影响蒋介石同意进行全民抗战、抗日救国的因素主要集中在一点，那就是他是否愿意停止"剿共"，结束内战！

瓦窑堡会议

蒋介石处心积虑地要消灭中国共产党，消灭中国工农红军，甚至不惜在日本侵略面前不断退让，为的是先消灭中国人民革命力量。把推翻南京政府，打倒以蒋介石为首的国民党统治集团作为奋斗目标的中国共产党，面对日益加深的民族危机，面对破碎的祖国山河，面对被日寇蹂躏的同胞，决定捐弃前嫌，调整基本政治路线，停止反蒋政策，依靠全国人民，团结包括蒋介石集团在内的所有愿意抗日的政治力量和各界人士，组成最广泛的民族抗日统一战线，共同抗日。

中国共产党的这一转变，是建立在对形势的正确分析和中国共产党阶段性的主要任务之上的。

进入 20 世纪 30 年代起，反对和遏制法西斯已经成为世界人民的基本任务，也成为世界所有正义力量的基本任务。对各国共产党来说，推翻剥削阶级统治、实现社会主义乃至过渡到共产主义是既定目标，但是在国家面临侵略、民族面临分裂的紧要关头，民族矛盾已经超越阶级矛盾成为被侵略国家内部的主要矛盾。在国家将被占领，民族将要灭亡的紧要关头，作为一个负责任的政治团体、政党乃至个人，只有义不容辞地站出来，先救国家，先救民族，争取国家解放，民族独立。作为国际共产主义运动的最高领导中心，作为经历了在近十年间指导各国无产阶级革命出现偏差之后重新走上正确路线的各国共产党的最高指导机构，共产国际于 1935 年 8 月在莫斯科举行了第七次代表大会。大会明确指出：自从 1933 年希特勒在德国建立法西斯独裁政权以后，世界局势面临着法西斯恐怖的威胁，工人阶级和劳动人民面临着战争的危害。共产国际的任务，就是要把全世界各国的工人都组织起来，并在此基础上，建立广泛的反法西斯的人民阵线，去阻止法西斯取得政权，或者在法西斯取得政权后把它推翻。共产国际对各国共产党和工人阶级提出了关于在各国建立统一战线及其向法西斯进行斗争的具体政策。大会提出，根据国际和国内情况的改变，在殖民地半殖民地国家中建立反帝国主义的统一战线，已经成为十分重要的迫切问题。根据中国的情况，共产国际完全同意在中国建立一个反对日本帝国主义及其中国代理人的广泛的统一战线，并对中国共产党和中国人民进行的反对日本帝国主义的斗争，给予热烈的支持。总之，共产国际要求各国共产党和世界人民，共同对付以德国、意大利、日本为核心的法西斯势力。

中国共产党的领袖们意识到，反对日本帝国主义的侵略已经成为中华民族的主要任务，赶走日本侵略者已经成为中国人民共同的心愿，完成这一历史性任务对代表中国人民根本利益的中国共产党来说已是义不容辞的责任。为完成这一任务，需要团结所有愿意抗战的力量。如果继续坚持反蒋，则会干扰抗日救国工作，则会脱离人民群众。同时，因为国民党政府掌握着中国最大的政治、行政、军事资源，继续坚持反蒋，则会让这一部分力量有可能偏离抗日主线，影响整个对日作战。此外，蒋介石虽说在"九一八事变"后的4年多的时间内，在抵抗侵略和对日交涉中有所动摇，但其民族气节没有完全丧失，还有推动其参加全民族抗战的可能；特别是其作为国民党的最高领袖，在中国政治舞台上还有相当的影响力，应该尽量争取其参加到抗日民族统一战线中来，进而带动国民党政府、军队全面投入抗战，早日把日本帝国主义赶出中国去。中国共产党之所以最后取得胜利，就是因为能够在不同的历史阶段，认清形势，正确作出判断，提出为全国人民、各阶层各界人士所接受的政治口号，进而指引革命走向胜利。在抗日救国问题上，中国共产党经历了"反蒋抗日、逼蒋抗日、拥蒋抗日"三个阶段。

"九一八事变"爆发后，1931年9月20日，中国共产党中央委员会联合日本共产党中央，发表了反对日本帝国主义侵略行动的宣言，号召"工农兵学商联合起来抗日救国"，表现了中国共产党的抗日决心。

1931年9月22日，中国共产党中央委员会作出了《关于日本帝国主义强占满洲事变的决议》，提出加紧领导和发展群众反帝运动，武装群众，进行革命的民族战争，直接给日本帝国主义以打击。

9月25日，毛泽东、朱德、贺龙、彭德怀等中共领导人，联名发表文告指出："现在日本帝国主义的军队已经占据了满洲一切重要城市，用枪炮弹药屠杀着满洲劳苦的工农群众与士兵，把满洲已经完全看作是他们的殖民地了。"这批中国工农红军的将领们，坚决主张抗日。

1931年12月25日，中共中央在给满洲省委的信中，提出组织"抗日反满统一战线"，这成为抗日民族统一战线的萌芽。

1932年4月26日，中央工农民主政府发表了《对日宣战通电》，宣布对日作战。

1933年1月17日，中华苏维埃政府和工农红军革命军事委员会联名发表愿意在"立即停止进攻红色区域；立即保证民众的民主权利（集会、结社、言论、出版、罢工之自由等）；立即武装民众，创立武装的义勇军，以保卫中国及争取中国的独立、统一与领土完整"等三个简单条件下同全国任何军队签订共同对日作战协定的通电。

1933年底，中国工农红军与福建人民革命政府和19路军签订了《共同抗日反蒋协定》。

1934年4月20日，由中国共产党人提出，由宋庆龄、何香凝等1779人签名，以"中国民族武装自卫委员会筹备会"名义，发表了《中国人民对日作战的基本纲领》，呼吁中华民族武装自卫，驱逐日本帝国主义。

1935年6月1日，中央工农民主政府发表了《为反对国民党出卖平津华北宣言》，反对《塘沽协定》，揭露了国民党所谓工农红军"障碍抗日战争""中国没力量抗日"的无耻之言，号召全国人民一致团结起来，进行民族革命战争。

1935年8月1日，红军在长征途中，中共驻共产国际代表团，根据共产国际第七次代表大会精神，以中华苏维埃中央政府、中共中央名义发表《为抗日救国告全体同胞书》（即《八一宣言》），指出各党派、各界同胞、各军队之间，不论过去和现在有何利害冲突和政见分歧，都应当停止内战，集中一切国力，有钱出钱，有枪出枪，有力出力，有粮出粮，去为抗日救国的神圣事业而奋斗。特别提出，只要国民党军队停止进攻，只要实行对日作战，红军立刻对之停止敌对行为，而且愿意与之亲密携手共同救国。在这里，中共建议，为了实现抗日救国神圣事业，苏维埃政府和共产党愿发起组织国防政府和抗日联军，并提出抗日救国，收复失地等十点施政方针。这一贯彻共产国际七大精神、集中中共驻共产国际代表团集体智慧结晶的文件，是由王明在吸取代表团成员吴玉章、滕代远、康生、高自立、饶漱石、孔原、欧阳生等人意见基础上起草而成，由共产国际主席季米特洛夫批准公布，并在 10 月 1 日法国巴黎出版的《救国报》上正式发表。宣言经欧洲传到国内，有力地推动了抗日救亡运动高潮的到来和抗日民族统一战线的建立。

中共中央随红军长征到达陕北后，为推进全国抗日救亡运动，于 1935 年 11 月 13 日发表了《为日本帝国主义并吞华化及蒋介石出卖华北出卖中国宣言》，指出："抗日反蒋是全中国民众救国图存的唯一出路"，号召全国人民"动员起来，武装起来，组织起来，拥护与参加中国共产党所领导的抗日反蒋的战争！"

1935 年 11 月 25 日，毛泽东对《红色中华报》记者发表谈话，重申"苏维埃中央政府愿意与国内任何武装队伍订立反蒋的作战协定"，进行民族革命战争，以求中国领土的解放和完整。

1935 年 11 月 28 日，中华苏维埃共和国中央政府、中国工农红军革命军事委员会又发表《抗日救国宣言》，号召一切愿意抗日反蒋的政治派别、武装部队、社会团体，联合起来，组织抗日联军与国防政府，以实现抗日救国。

中国共产党有关抗日的宣言和政策，特别是"停止内战，一致抗日"的主张，对全国的抗日运动起到了很好的指导和推动作用，成为"一二·九运动"的旗帜，为抗日救亡运动高潮的到来提供了强大的思想武器和行动纲领。

1935 年 12 月 17 日至 25 日，中共中央在陕北瓦窑堡举行了中央政治扩大会议。会议通过毛泽东起草的《中央关于军事战略问题的决议》指出：在日本帝国主义变中国为其殖民地的形势下，党的总任务是"以坚决的民族战争，反抗日本帝国主义进攻中国"；党的战略方针是"把国内战争同民族战争结合起来"，"准备直接对日作战的力量"。大会通过的《中央关于目前政治形势与党的任务决议》指出，日本帝国主义并吞中国东北和华北之后，正准备并吞全中国，把中国从各帝国主义的半殖民地变为日本的殖民地。在这种形势下，中国政治生活中的各阶级、阶层、政党以及武装势力，重新改变和正在改变着它们之间的相互关系，除开极少数甘当亡国奴和汉奸的人以外，甚至从前是动摇的和反革命的人，现在都开始或已经同情、赞助与参加抗日反汉奸的民族革命斗争了。因此，党的策略任务，就是要用最广泛的民族统一战线，去发动、团结和组织一切抗日力量，开展民族革命战争，战胜日本帝国主义及其在中国的走狗。会议决定取消因为反对张国焘分裂路线而采用的"北上抗日支队"番号，改编为红1军团、红15军团。

1935年12月27日，刚在政治局扩大会议上当选为中共中央军委主席的毛泽东，发表了《论反对日本帝国主义的策略》谈话，指出：党的基本任务就是"把红军的活动和全国的工人、农民、学生、小资产阶级、民族资产阶级的一切活动汇合起来，成为一个统一的民族革命战线"。

总之，在此前后中共中央已经形成了较为完整的建立抗日民族统一战线的理论和思想，提出了中共与民族资产阶级建立统一战线的可能性和必要性，强调了中共在统一战线中的领导地位，并用建立"人民共和国"的口号取代"工农共和国"，奠定了党的抗日民族统一战线的理论和策略的基础。

从《八一宣言》发表到1936年间陕北红军东征，中共已经冲破了关门主义的小圈子，有意成立"国防政府"，组成"抗日民族统一战线"。但是还是把蒋介石当作"人面兽心""民族败类"，是帝国主义势力在中国的总代表，是中国人民的共同敌人，把他排除在抗日民族统一战线之外。中共中央认为，抗日和反蒋是相辅相成的，抗日必须反蒋，只有反蒋才能组织、发动和进行全民抗战。

因此，在瓦窑堡会议一结束，中央军委决定东征。毛泽东的设想是，在陕北地贫、人穷、兵员缺的特定环境中，不能一般地采取巩固求发展，而是要以发展求巩固。要扩大抗日力量及主力红军，向南是国民党重兵组成的陕北封锁线，向西则是凶恶的马家军，向西北环境更加恶劣，只有向东，只有进入山西。同时决定，由周恩来任中央局书记，留在后方工作。中共中央军委主席毛泽东、中国人民红军抗日先锋军司令员彭德怀、中共中央工农部长张浩等率领中央政治局随东征军行动。

那首著名的词《沁园春·雪》就是此时的作品，毛泽东在决定东征后意气风发，想象着抗日高潮就要到来，望着外面飞舞的大雪，诗兴大发，挥笔写道：

"北国风光，千里冰封，万里雪飘。望长城内外，惟余莽莽；大河上下，顿失滔滔。山舞银蛇，原驰蜡象，欲与天公试比高。须晴日，看红装素裹，分外妖娆。

江山如此多娇，引无数英雄竞折腰。惜秦皇汉武，略输文采；唐宗宋祖，稍逊风骚。一代天骄，成吉思汗，只识弯弓射大雕。俱往矣，数风流人物，还看今朝。"

这就是一位革命家的气魄和胸怀。

1936年2月17日，中共中央发表《东征宣言》，宣布为实现抗日，渡河东征。2月18日，抗日东征先锋军开始行动。当晚8时左右，林彪、聂荣臻指挥的红1军团（编有陈赓、杨成武指挥的红1师，刘亚楼、萧华指挥的红2师，陈光、彭雪枫指挥的红3师）从陕西绥德县沟口，徐海东、程子华指挥的红15军团（编有张绍东、赵凌波指挥的红75师，田守尧、崔田民指挥的红78师，贺晋年、张明光指挥的红81师）从陕西清涧河口渡过黄河，到2月25日包围山西石楼县城，击溃晋绥军5个团，俘虏1200余人，缴枪800余支。同时，刘志丹、宋任穷指挥的红28军，趁晋绥军4个旅撤回山西之际，收复被晋绥军占领的陕西东北部的吴堡、佳县等地。

阎锡山立即调集14个旅的兵力，从北、东、南三个方向，向红军压过来。1936年3月10日至13日，毛泽东指挥东征军在吕梁山区的孝义兑九峪地区，击溃晋绥军4个纵队，这为红军继续东进打开了通道。在大麦郊召开的红1方面军团以上干部会议上，决定红1军团与红81师为右路军，向霍县主攻，准备向晋东南发展；红15军的另外2个师为左路军，向灵石佯攻；由方面军参谋长叶剑英指挥的方面军直属队和黄河游击师为中路军，负责保卫已占领地区和通向黄河渡口的通道。两支主力从3月中旬开始向北向南行动。阎锡山平时闭关自守，独霸一方，最害怕别人染指山西，现摸不清红军进攻山西的底细，急电向蒋介石求救。蒋介石见现在增援阎锡山，既可以打击红军，又可以趁机把中央军开进山西，何乐而不为。立即任命负责指挥"围剿"红2、6军团的委员长宜昌行营参谋长陈诚，调任援晋军第1路军总指挥，率领10个师的中央军开进山西省；同时命令黄河西岸的中央军各部加紧封锁黄河，向陕甘革命根据地发动进攻。大规模的内战一触即发。

面对敌我形势的改变，东征军已无可能继续留在晋境作战的必要。从1936年3月20日到27日，中共中央政治局在前线接连召开会议，听取了关于共产国际七大会议精神的传达，认为瓦窑堡会议的决定与之是相吻合的。毛泽东和其他政治局委员一样，认为中国共产党应该站在民族解放战争的最前沿，集中力量对付主要敌人，要利用每一分钟来争取最大多数。因此，如果东征军继续在山西与晋绥军作战，既不利于争取阎锡山那样有可能参加抗日阵营的地方实力派，红军和晋绥军、中央军作战也会消耗抗日急需的军事力量，红军进入山西还可能给蒋介石吞并山西提供借口，中央军可以名正言顺地留在山西。5月2日起，抗日先锋军在清水关、铁罗关附近西渡黄河，5日返回陕北。在此次中央红军到达陕北后的第1次战略行动中，中共优秀活动家、红28军军长刘志丹，在陕西中阳县三交镇进行的战斗中，于4月14日光荣牺牲。

历时75天的东征作战，从军事上讲，击溃敌军7个团，俘虏敌人4000余人，缴获各类枪支4000余支，各类火炮20余门。从政治上讲，在作战期间，红军在山西20多个县开展群众工作，宣传党的抗日主张。

1936年5月5日，毛泽东和朱德发表了《停战议和一致抗日通电》，宣布"以此行动，向南京政府、全国海陆空军、全国人民表示诚意，我们愿意在一个月内，与所有一切进攻抗日红军的武装部队，实行停战议和，以达到停战抗日的目的。"（《中共中央文件选集》第11册第21页）

1936年5月8日，在前线延长县交口大相寺召开了中央政治局会议，毛泽东在会上做了《目前形势与今后战略方针》的报告，指出群众运动发展到不怕统治阶级压迫的状态，中间分子的态度转变过来了，落后分子也一天天觉醒了，中共的任务是建立全国人民的统一战线，战胜日本帝国主义和蒋介石；对南京的态度，由中共方面发一个回师宣言，主张停战议和。不和，那么你是卖国贼。

为巩固陕甘革命根据地，增加抗日的本钱，中央军委组织由彭德怀任司令员兼政委的西方野战军，1936年5月19日起向陕甘宁边界地区发动进攻。此次战役，集中打击马鸿逵、马鸿宾部和直接欺压人民群众的地方反动民团。并同东北军骑6师达成互不侵犯协议，对在蒋介石命令下向红军发动进攻的东北军何柱国师适当还击，但对何部打完后将俘虏和武器全部交还，以利于争取东北军。西方野战军西征到8月1日结束，共消灭敌人2000余人，开辟了4万平方公里的新根据地。扩大了根据地，扩编了红军两个骑兵团，并为迎接红2、4方面军打下了基础。在7月间，中共中央机关也从瓦窑堡搬到保安，在以后的7个月内，此地成为中国革命的领导中心。

1936年8月25日，中共中央发表致国民党书。提出要救亡图存，只有国共重新合作以及全国各党各派各界的总合作。呼吁"集中国力，一致对外"，申明愿将"人民共和国"改成"民主共和国"。中共上述两个宣言，实质上标志着从反蒋抗日向逼蒋抗日的转变。

1936年9月1日，中共中央向全党发出了《中央关于逼蒋抗日问题的指示》，指出，在新的形势下，党的方针应由"反蒋抗日"变为"逼蒋抗日"。因此，一方面必须继续揭露与打击蒋介石对日每一退让、妥协和丧权辱国的言论和行动，以教育和发动群众；另一方面要向他们提议和要求建立抗日民族统一战线，订立抗日的协定。同时，中共也不放弃同各派反蒋军阀进行抗日的联合，愈能组织南京以外各派军阀走向抗日，就愈能实现这一方针。

中国共产党这一方针的改变，主要有以下原因：一是东征受阻的事实说明，只有改变过去的"反蒋"口号，才能扩大和发展抗日力量；只有缓和与蒋介石、阎锡山的矛盾，才能停止内战，一致对外。在东征后期，面对国共可能进行的大规模内战，一些爱国民主人士和政治团体已经呼吁，国难当头，国共两党应立即休战，共同抗日。二是英美等西方国家因为日本在华不断扩大侵略，支持南京政府对日采取强硬立场，蒋介石在这一国际背景下已经开始转变对日妥协、退让的态度，在对日交涉中由软趋硬，已有参加抗日民族统一战线的可能。三是南京政府对日政策举棋不定，蒋介石在对日战与不战之间，在中国共产党人和全国人民的抗日怒潮进逼之下，有可能实现逼蒋抗日。四是蒋介石也开始利用一些渠道与中共有关方面联系，国共进行合作并非没有可能。总的来说，就是利用矛盾，化消极因素为积极因素，集中力量，反对当时的主要敌人——日本帝国主义。

9月下旬，中共中央政治局常委、军委主席毛泽东同正在陕北苏区采访的美国记者埃德加·斯诺谈到了这一情况，他说：中共准备与国民党组成联合战线，第一是日本的严重侵略，如果不同国民党合作，我们对日抗战的力量是不够的；第二是中国民众和许多爱国的官员都渴望国共两党为抗日救国而重新合作；第三是国民党内的许多爱国分子也赞成同共产党重新联合。毛泽东的分析，正是中共领导阶层内部基于对抗日形势分析后，得出的正确结论。

中国共产党在与国民党蒋介石集团进行了长达近10年的武装斗争后，开始在民族矛盾不断激化的背景下，准备摒弃前嫌，为了中华民族的最高利益，与国民党合作，逼蒋抗日。

在此前后，国共双方之间已经有所接触。代表中共与国民党接触的是潘汉年。潘汉年，1906年出生于江苏宜兴县陆平村一个破落的书香门第，16岁起就在家乡和县城的小学中任教，并且在上海等地的报刊发表过多篇文学作品。19岁时离开家乡前往上海，作为《小朋友》杂志编辑，参加了"创造社"工作，发表了大量的政论文和文学作品。1926年加入中国共产党，次年到南昌担任国民革命军总司令部《革命军日报》主编。大革命失败后，回到上海，先后担任中共江苏省委文化党组书记、中央宣传部文委书记、江苏省委宣传部长等职，参加了组织中国左翼作家联盟工作。1931年5、6月间，来到中央特科。在这一中共中央最高情报、保卫机关中，担任情报科科长。在他任职的2年间，是中共中央在上海期间最困难的时期，为保卫党中央、消灭叛徒、侦察机密情报方面作出了巨大的贡献。1933年夏，潘汉年来到中央苏区，担任中央局宣传部长，并以中华苏维埃中央政府外交人民委员的名义，负责红军与19路军的秘密谈判，达成了《反日反蒋的初步协定》21条，最后因为中共党内"左"倾路线的干扰而没有实现。在红军长征前夕，中共中央军委主席周恩来，又派时任赣南省委宣传部长的潘汉年，与何长工一起代表中共与广东军阀、"剿共"军南路军总司令陈济棠谈判，达成"就地停战，互通情报，互为通商，可以在陈济棠防区设后方医院，互相借道"等5条协议。特别是红军与粤军"互相借道"，为红军长征冲破敌人第一条封锁线提供了很大的方便。遵义会议后，中共中央为打开与外界断绝联系的局面，特别是为了恢复与共产国际的联系，决定派政治局委员陈云、红军总政治部宣传部长兼地方工作部长潘汉年绕道上海去莫斯科汇报。9个月后，二人先后到达莫斯科，在向共产国际汇报后，即被留在中共驻共产国际代表团工作。

在此前后，中共《八一宣言》正式在国内发表，蒋介石准备与中共接触，探讨与中共合作的可能。蒋介石考虑到与中共进行你死我活之间的斗争已经近十年，放不下架子；再说蒋介石并没有放弃消灭陕北红军的打算，与中共接触能否合作还是未知数，因此，蒋介石决定双管齐下，为两党接触作了周密安排。一方面让宋子文出面，请宋庆龄介绍董健吾牧师前往陕北，寻找中共联络人员；另一方面让陈果夫、陈立夫出面，请驻苏联武官邓文仪向中共驻共产国际代表团团长王明联络，请中共代表团派人回国与二陈联系，商谈有关国共合作事项。

1935年秋，邓文仪回国向蒋介石汇报在苏联与王明协商的情况，蒋介石马上又派出陈立夫、张冲赴苏联与中共代表团面谈。

中共代表团经过认真讨论，觉得国民党方面传替的信息应该是可能的，也是符合中共《八一宣言》精神的，因此决定派出潘汉年回国与国民党谈判。潘汉年在临行前，与邓文仪进行了会谈，双方只是就事务性问题进行联络和接触，并没有进行实质性的谈判。这种事务性会谈并不轻松，显然双方都有摸底的任务。

1935 年 11 月间，陈立夫派出铁道部劳工科长谌小岑经过北京大学历史学教授翦伯赞介绍，找到了自由职业大同盟书记、中国大学教授吕振羽，与北平的中共地下组织取得联系。吕振羽向中共北平市委宣传部长周小舟做了汇报，并被派往南京与铁道部政务次长曾养甫谈判。中共长江局代表张子华也会见了曾养甫。

1936 年 1 月，在宋庆龄、宋子文等的安排下，以"经济委员会委员"身份掩护的董健吾也到达了西安，在张学良的安排下，通过东北军的防区到达瓦窑堡，受到林伯渠、张云逸、秦邦宪等人的接见。经请示毛泽东，中共方面通过董健吾向国民党方面提出："停止内战，一致抗日；组织国防政府与抗日联军；同意红军主力集中河北抗日前线；释放政治犯，开放人民政治自由；内政和经济进行初步改革。"

不久，张子华来到陕北，向党中央汇报了在南京、上海与国民党代表谈判的情况。

1936 年 4 月潘汉年来到香港，7 月由国民党中央组织部副部长张冲护送，秘密来到南京与二陈的代表、铁道部政务次长曾养甫会谈，名为谈判，实为只是各自宣讲各自的停止内战联合抗日的主张。中共北方局宣传部长周小舟也与曾养甫进行会谈。8 月 8 日，潘汉年来到延安，向党中央汇报。此时，中共西方野战军刚刚结束攻占陕、甘、宁三省交界处战斗，反蒋抗日向逼蒋抗日转变的思想已经基本成熟，所以完全同意潘汉年的报告，并于 9 月底再派出潘汉年回上海，继续与国民党代表谈判国共合作、共同抗日问题。潘汉年与陈立夫、宋子文进行了长达近一年的多次谈判。9 月 1 日，周恩来致信陈果夫、陈立夫，信中说："敝方现特致送贵党中央公函，表示敝方一般方针及建立两党合作之希望与诚意，以冀救亡御侮，得辟新径。两位先生居贵党中枢，与蒋介石又亲切无间，尚望更进一言，立停军事行动，实行联俄联共，一致抗日，则民族壁垒一新，日寇虽狡，汉奸虽毒，终必为统一战线所击破，此可断言者。敝方为贯彻此主张，早已准备与贵方代表作具体谈判。现养甫先生函邀面叙，极所欢迎。但其望两先生能直接与会。如果夫先生公冗不克分身望立夫先生，不辞劳瘁，以便双方迅作负责之商谈。"但是蒋介石缺乏与中共合作的诚意，并想通过谈判收编红军，双方谈判不可能取得实质性的进展。但是中共和国民党之间，已经有了起码的联络、沟通渠道。也正是在国共两党代表不断进行接触和谈判的背景下，中共的基本政治路线开始了由反蒋抗日向逼蒋抗日方面的转化。

为促进全民抗日意识的形成和提高，为争取更多的国民党将领参加抗日民族统一战线，中共中央还派出在东征中俘获的晋绥军团长郭登瀛去与阎锡山联络，派出中央军委第一局局长、红1军团第4师政委彭雪枫为中共正式代表去与阎锡山会谈。毛泽东还写信给冀察政务委员会委员长宋哲元、绥远省主席傅作义，宣传中国共产党的抗日主张。

作为南京政府领导人的蒋介石，在意识形态方面与中国共产党人有着不可调和的对立，有着很深的政治成见，并且没有停止捕拿中共成员和爱国民主人士的行动，要他在进行十年"反共"后接受中共的抗日诚意，与中共组成联合战线，对他来说于心不甘，于情难顺。但在民族危机日益加深之际，为了全民族利益，也为维持国民党统治集团的利益，在是否发动全民抗战方面已经出现某些松动。但是，仅靠潘汉年与陈立夫、宋子文间进行的秘密谈判，不可能解决国共合作的实质性难题。现在需要有一种力量，借助全国人民和包括国民党内抗日派在内的所有爱国民主力量的呼声，把蒋介石送上谈判桌，与中共领袖进行面对面的最高级谈判，逼蒋介石同意抗日。最后完成这一历史性任务的是张学良、杨虎城两位将军。

张学良抗日

华北抗战，对张学良来说非常重要，论公，为国尽忠；论私，为父报仇；论理，师出有名；论情，士气高涨。很遗憾，前方有汤玉麟逃跑，后方蒋介石支援不力，最后功亏一篑，失败告终。张将军于1933年3月11日通电辞职前后，并非没有看法，他痛苦地说："我放弃兵权和地盘，像丢掉破鞋一样。别的军人能办到吗？中日问题，仍以和为主，将来还不知道演变到什么地步！人骂我不抵抗，我也不辩。但是下野后，天知道我这个不抵抗的罪名要背到哪天呢？"

辞职前夕，张学良把自己起家、起家后为张本人警卫的卫队旅改编为105师，由原卫队旅统带刘多荃为师长，副师长是张将军多年的随从副官谭海和原北平军分会副官处处长汤国桢。

1933年3月12日，张学良从北平来到上海，借住在法租界雷米路雷米坊，所干的事情主要是戒毒。张学良吸毒，在他的家庭内不算奇怪，其父张作霖，其妻于凤至也有吸毒嗜好。早年他并不吸毒，连香烟也不抽。1925年间，郭松龄倒奉时，张学良作为郭松龄的友人而受到张作霖的责难，为此开始吸毒。到1928年东北军退回关外前后，张学良开始戒毒。当时是由随军医师马扬武注射名为"巴比那儿"麻醉药品，这样就由针剂取代吸毒，很快也成瘾，而且注射间隔的时间越来越短。到1931年春，张学良将这位马医师辞退，再用吸毒取代注射毒品。此时，张学良因伤寒住进北京协和医院，这样注射麻醉品就全部停止。张学良到上海后，决心戒毒，当时戒毒有递减、酩酊、发泡三种方法。他选中后者，抽出血中毒质，进行处理，再注射入体内，为时约十天以上。在美国医生弥勒的指导下，张学良、于凤至和赵四小姐一起戒毒，其中赵四小姐戒得最快，不到3天即完成，于凤至稍微长一些。张学良则由端纳陪同进行，因为毒瘾难熬，甚至打过端纳的耳光。但尽管身体很弱，戒毒却获得成功，这是值得庆幸的事情。

在上海期间，南京方面只有行政院副院长兼财政部长宋子文、上海特别市市长兼淞沪警备司令吴铁城，前来看望。因为东北军将领主要在华北和西北等地，只有刘尚清、米春霖和两位秘书出面进行安排对外事务。1933年4月10日，在顾问、澳大利亚人威廉·端纳和苏格兰人伊雅格、翻译沈祖同的陪同下，带着夫人于凤至、赵一狄及子女张闾瑛、张闾珣、张闾琳，以及医生，乘坐意大利"梯罗素号"邮轮启程，前往码头送行的有宋子文、杜月笙。途经香港时，香港爱国同胞不让这个过去不抵抗、如今打败仗的将军上岸。

张学良刚离岸，国民党中央监察委员张继发表谈话，称张学良带走了颐和园所藏的宋徽宗所绘的《溪山秋色》和《蜡梅图》等名画。此画张学良为鉴别真伪确实借过，但也确实亲手交还给北平市市长周大文。此外，还有传言称，张学良因为身体不适，经不起海上颠簸之苦从香港回到上海。

张学良赴欧，主要是游历和疗养身体。因为此时伦敦已进入雾大季节，巴黎却是过分喧闹，不适合休养，所以第一站选在意大利的罗马。在欧洲的 9 个月内，张学良主要是游山玩水、骑马、打球。他之所以如此放得开，是因为他信奉林肯总统的名言："你可欺骗全体人民于一时，或欺骗部分人民于永久，但不能欺骗全体人民于永远。"在欧洲期间，他结识了意大利法西斯头目墨索里尼的女婿、外交部长齐亚诺，两人竟然成为好朋友；此外，在德国游历时，还见到希特勒、戈林。通过与他们的交往，张学良对法西斯理论竟然有了好感。

1933 年 11 月间，他接到部下的来电，说福建发生事变，请他立即返国。与此同时，蒋介石也因为"剿共"所需兵力太多，急于调动东北军解决兵力不足难题，催促张学良回国履新。1934 年 1 月 8 日，张将军回到上海。前来迎接的主要是东北军旧部，当时张学良离开上海时因为张学良的劝阻，所以东北军旧部几乎无人前来。此次则不一样，许多东北军旧部聚集上海，租下莫利爱路 2 号作为张学良的住所，还派出米春霖、高纪毅、刘鹤龄等到香港迎接。

当张将军乘坐的"康悌凡悌号"轮船到达四方路码头时，欢迎的人们蜂拥而上，问题是张学良已乘上海关轮船前往浦东。欢迎的人群马上赶到莫利爱路，见到张学良如换了一个人似的，红光满面，精神焕发。赶来探望的柳亚子曾特意赠诗一首："汉卿好客似原尝，家国沉沦百感伤，欧陆倦游初返棹，梦中倘复忆沈阳。"

回国后的张学良主张推行法西斯主义，拥护"攘外必先安内"政策，深受蒋介石的欢心。一个月后蒋介石任命其为鄂豫皖三省"剿共"副总司令，代行总司令，全面整顿红 4 方面军撤出后的鄂豫皖地区。1935 年春，因为鄂豫皖红军主力早已西撤，三省"剿共"总司令部撤销，3 月 22 日张学良改任委员武昌行营主任，晋升为一级上将。中央红军长征到达陕北后，蒋介石急令驻防平津地区的东北军和驻防兰州地区的杨虎城将军的第 17 路军，赶往陕西，包围红 1 方面军。于学忠也于 1935 年 6 月 6 日，因为孙永勤事件和白、胡被杀案，其河北省主席职先由何应钦后由张厚琬出任，于则调任川陕甘边共"剿匪"总司令。

东北军在陕北，军事战况并不理想。1935 年 9 月，在张学良的指挥下，组织东北军 3 个师的兵力，"围剿"陕甘革命根据地的红 15 军团，图谋在中央红军到达陕北前攻占陕甘革命根据地。东北军把主力放在延安，派出一个团守甘泉。红 15 军团从永坪镇出发，3 天后到达延安和甘泉之间的劳山一线，采取围点打援战术，用一部兵力围住甘泉之敌，主力则埋伏在劳山，伏击从延安增援甘泉的敌 110 师。10 月 1 日，敌人被全部歼灭，110 师师长何立中被打死。25 日，又攻占甘泉以南的榆林桥，消灭东北军第 107 师的 4 个营。在劳山，东北军第 1 次正式和红军的较量，惨遭失败。

第 2 次交手是在中央红军到达陕北后。中央红军与陕北红军会师后，蒋介石急调东北军 5 个师，对付只有万余人的中央红军和陕北红军。东北军何柱国的第 57 军 4 个师，由陇东沿葫芦河向陕西富县进攻；在西边，王以哲的第 67 军第 117 师沿洛川、富县大道北上，准备将红军消灭于洛河以西、葫芦河以北地区。1935 年 11 月 19 日，毛泽东带领红 1 军团和红 15 军团团以上干部，次日赶到东北军第 109 师所在的富县直罗镇察看地势。直罗镇是个百余户人家的小镇，但三面环山，北边是一条小河，大道从西而来从镇中间穿过，十分有利于进行伏击战。11 月 20 日下午，东北军 109 师脱离大部队，孤军进入直罗镇。11 月 21 日清晨，红 1 军团由北向南，红 15 军团由南往北，向敌人

蒋介石派张学良去打红军，图为武汉行营成立典礼。前排右二起：杨永泰、张群、何成浚、蒋介石、张学良、钱大钧、陈诚

发动猛烈进攻。到当天下午 2 时，消灭敌人大部，并且消灭前来增援的东北军第 106 师一个团。到 11 月 24 日战斗结束，109 师全军覆灭。师长牛元峰和团长高福源被俘获。直罗镇战役的胜利，打破了国民党军队对陕北根据地的第 3 次"围剿"，是"给党中央把全国革命大本营放在西北的任务，举行了一个奠基礼"。

再战失败，这是张学良没有想到的。两仗被全歼 109、110 师两个师，被击溃 106、107 师两个师，这在东北军的战史上还未有过。自张作霖称雄东北起，在和北洋军阀、南京政府的较量中，有胜有败，胜时进军，败时撤退，实在不行，退往关外，被全歼完整建制师的战例还没有过。如今在"反共"内战中，在条件十分艰苦、武器十分简陋的红军面前，竟然一败涂地。东北军受到重创后，张学良向蒋介石、军政部要求补充。结果可想而知，蒋介石让东北军来打红军，也有让东北军好自为之的意图，两军相争，红军赢则东北军败，东北军胜则红军败，两军只要战即使不败不胜则实力都会被削弱，无论是哪一种结果蒋介石都可以接受。起码蒋介石并非是要东北军发展，因此对张学良的要求蒋介石只是口头上答应，东北军代表跑到军政部去领扩军军费，不但领不到，反而还被奚落一顿。何应钦则干脆要张学良取消两个师的番号。

在"反共"战场上，张学良没有占到便宜，东北军将士既没有为抗日保家冲锋陷阵，也没有为抗日救民血洒边疆，更没有为抗日卫国献身沙场，反而从华北抗日前线退到西北，由蒋介石不抵抗的牺牲品又成了蒋介石"反共"政策的牺牲品。张学良抗日失败，参加"反共"内战，为蒋介石的反革命服务，应该对"反共"负责。正是不战而逃、战而不胜、内战失利的三部曲，使张学良认识到跟着蒋介石打内战，对东北军是实力越打越小，自取灭亡；对国家是民族危机越来越重，自毁长城。正如他自己所说，内战的结果是"满目疮痍，民生凋敝，自己同胞互相残杀。而有志之青年，多为牺牲，大伤国家元气"。只有当机立断，改弦易辙，重新思考自己的出路，设计自己的未来。

张学良在陕北"剿共"失利，有所冷静，开始了由早期风流向中期进步的转变，由一个南京反动政权的落伍旧军官变为一个人皆称颂的爱国者。转变的原因不外乎有三：其一是自东北沦陷以来，热河被占、华北"自治"，一系列民族危机与流落他乡的凄凉情景，激发他的爱国良知，决心雪耻，重振往日雄风。其二是中国共产党人、全国人民的抗日主张和抗日行动，特别是一二·九运动的爆发，使他在失望中看到希望，意识到非抗日不能救中国、非联共不能抗日、非停战不能联共。其三是蒋介石分化、瓦解、利用、消耗杂牌军，排斥异己的政策，使他开始认清反动政府的真面目，走向民主爱国阵营。

张学良的转变，前期主要表现在同意和中共进行接触，并且已让王以哲将军派人到北平、上海等地寻找中共地下组织联系。在直罗镇战役中被红军俘虏的东北军 107 师 619 团团长高福源，充当起中共与张学良联系的"特使"。高福源一到洛川，向 67 军军长王以哲介绍了红军的情况和中共联合东北军共同抗日的打算。当时的张学良正在准备和中共方面取得联系，一接到王军长的报告，立即自己驾驶飞机赶到洛川。当他听完高福源的汇报后，当即表示："你说得对，大敌当前，联共抗日是完全正确的。"在此前后，董健吾也到达西安，为此张学良得知了蒋介石的联共意图，更坚定了他联共的决心。

1936 年 1 月 16 日，高福源来到苏区，毛泽东、周恩来与他进行了亲切会谈，双方同意举行正式代表会谈。中共根据愿意和一切愿意主张抗日的军队联合抗日的精神，开始和东北军交往，这成为东北军发展史上的转折点，也成为红军发展史上的重要事件。

1936 年 2 月 25 日，中共代表、杰出的情报负责人李克农和钱之光来到洛川，和王以哲商谈。双方达成了口头协议：互不侵犯，共同抗日，恢复交通，发展贸易。这一协议，对红军来说是至关重要的。此时中央红军到达陕北不久，已经陷于国民党军队的重围之中，供给非常困难，武器严重缺乏，兵员急需补充。这一协议的签订，红军与外界有了可靠的联络渠道，冲破了蒋介石的封锁，为红军的生存和进一步发展起到十分重要的作用，张学良因此为中国共产党和红军作出了巨大的贡献。

1936 年 3 月 4 日，张学良来到洛川，与李克农见面。在李克农介绍完中共的抗日基本决策后，张学良表示，抗日民族统一战线不能没有蒋介石，反蒋抗日不符时宜；红军东征有可能引发大规模内战，红军应该向西发展，脱离内战前线。在联共抗日上有着远见卓识的张学良，要求会见中共领导人。

此时，经过张学良的好友李杜的介绍，中共党员刘鼎来到张学良的身边，他很快被中共派为驻东北军的代表。为便于与中共的联系，张学良与中共建立了无线电联系。中共和东北军的联络已经正常化。

1936 年 4 月 8 日，中共中央政治局常委、军委副主席周恩来由瓦窑堡来到东北军控制的延安城。4月9日晚间，周恩来和从西安赶来的张学良在一座教堂中秘密会见，参加会谈的有李克农、刘鼎、王以哲。在这两位中国现代史的重要人物的见面中，作为中共领袖的周恩来信仰共产主义，作为东北军最高长官和西北"剿共"代理总指挥的张学良当时信仰的是法西斯主义。当然，也有一致之处：张学良反对中共的"反蒋抗日"的政治口号和相应的政策，周恩来表示中共已在2个月前开始考虑对蒋介石的政策，并正在加紧研究变"反蒋抗日"为"逼蒋抗日"；周恩来提出请张学良帮助红军购买军用后勤物资，张学良提出东北军在西安库存的物资可以共同合作，并拿出50万元的私人存款送给红军；双方在王曲开办军官训练团；双方同意开辟赴苏联安全通道。

周、张会面，是中国革命史上的重要事件。没有周、张会见，就不会有张学良的彻底转变；没有张学良的转变，就不会有张杨合作；没有张、杨的合作，就不会有西安事变；没有西安事变，就不会有全民抗战局面的出现；没有全民抗战的局面的出现，中国的面貌就会出现另外一种情况。

东北军内部抗日呼声日益高涨，王曲军官训练团在教育长黄显声将军的主导下，成为东北军宣传抗日主要阵地，公开批判"攘外必先安内""抗日准备论"等妥协、退让论调。一次张学良在讲课时，在下面听课的黄冠南的营长，热泪纵横，要副总司令带他们去抗日战场，打回老家，收复东北。黄营长的发言，引起全场共鸣。张学良深受感动，含着眼泪，当场表示："请大家相信我，我一定能够领导各位走上抗日的征途，披甲还乡。"（《张学良与西安事变》第60页）张学良还在军官训练团内设立学兵队，其中不少是北平参加过一二·九运动的爱国学生，也有中共党员，在宣传抗日中起到很大的作用。1936年8月28日，陕西省国民党党部逮捕了东北大学学生代表宋黎和马绍周等人，张学良下令卫队把人从省党部抢了回来，还当面去责问陕西省主席邵力子。在东北军中上层，还于1936年秋成立了抗日同志会，由张学良任主席，应德田任书记，孙铭九为行动部长，苗剑秋为宣传

杨虎城将军

部长。东北军的重要将领黄显声、董英斌、霍守义、吕正操、万毅、高福源等都是其成员。东北军中，只有王以哲对联共不感兴趣，何柱国则主张"剿共"为先。

杨虎城联共

与东北军同驻西安、在南线包围陕北根据地的还有杨虎城将军指挥的第17路军。杨虎城，陕西蒲城人，1893年11月24日出生于孙镇甘北村一个贫苦农民家庭。在家乡成立"中秋会"，开展抗捐抗暴斗争，因被镇压而转入绿林。1915年，参加反袁护国战争，出任陕军第3混成团第1营营长。1918年6月，于右任受孙中山之命出任陕西靖国军司令，杨虎城担任第3路第1支队司令。冯玉祥发动北京政变后，陕北镇守使井岳秀出任陕北国民军总指挥，杨虎城出任前敌总指挥。1925年击败吴佩孚部的吴新田后，升任国民军第3军第3师师长。从此时起，不少共产党员来杨部任职。1926年初，奉、直系军阀联合驱赶国民军，吴佩孚也命刘镇华指挥镇嵩军7万余人进攻陕西。杨虎城和李虎臣部被困西安孤城达8个月，直到冯玉祥五原誓师后率兵来救才解围。杨虎城出任第2集团军第10路军总指挥，随冯玉祥出潼关参加北伐。蒋介石、汪精卫先后叛变革命后，杨虎城将身边的南汉宸等一批中共党员礼送出境，没有加以杀害。蒋冯之争开始后，杨虎城脱离第2集团军，出任新编第14师师长，在中原大战中改编为第17路军，并于1930年11月间占领西安，将西北军残部排挤出陕西，因此而出任陕西省主席、西安绥靖公署主任。蒋介石对他并不放心，东有顾祝同任潼关行营主任，西有马家军的马鸿逵任宁夏省主席，无法向两端发展。因为17路军源自西北军，人们习惯上把17路军称为"西北军"。1933年6月，南京方面向杨虎城放加压力，逼走时任省政府秘书长的中共党员南汉宸。次年10月，蒋介石又任命邵力子取代杨虎城为陕西省主席，并调17路军的一个旅到河南，削弱杨虎城的实力。到此时，杨虎城与蒋介石之间，已成水火之势；此外，杨虎城本质很好，年轻时即开始主持正义，为民请愿，从军后则是为了救国救民，虽然参加军阀混战，但他的军队并没有扰民犯民，军纪较好，口碑不错，具有转变的政治基础；其次，东北沦陷后正在逐步加深的民族危机，使得杨将军看到了"攘外必先安内"的危害，准备停止与红军的战争，并且在西安自作主张释放政治犯，任命一些共产党人担任官职，支持当地人民开展的抗日救国运动。

在"围剿"陕北红军的作战中，能攻善战的杨虎城同样没有占到便宜，在"围剿"川陕地区红4方面军过程中，被击溃三个旅，两个旅长被打死，一个旅长被打伤，同样也没有得到南京方面的补充。蒋介石借"剿共"把东北军调入陕西后，显然大为缩小了17路军的势力范围。对杨虎城来说，和张学良一样，意识到"反共"没有前途。

因此，杨虎城开始和中共方面联系，暗中指派第38军军长孙蔚如，与正在川陕地区活动的红4方面军取得联系，双方议定，停止内战，并由17路军向红4方面军提供一些交通和物质上的便利。中央红军到达陕北后，杨虎城和张学良一样，开始与中央红军联络。

1935年11月，中共中央北方局指示南汉宸负责与杨虎城联络。南汉宸为杨虎城将军的好友，曾任西北军第3军训练处处长、参谋处处长、政治工作委员会委员长，任内即1926年11月加入中国共产党。大革命失败后，作为中共皖北特委书记，在国民党内任河南信阳县县长、省政府主任秘书、陕西省政府秘书长。因为特务的告密，南京方面命令杨虎城处理南汉宸，南于1932年夏前往日本。1934年出任中国反法西斯大同盟秘书长，并在中共上海中央局负责情报工作。

南汉宸根据北方局指示，派遣申伯纯去见杨将军，介绍中共停止内战、一致抗日的主张，建议双方合作，共同抗日。此时，中共上海中央局的代表徐彬如、谢华也通过绥靖公署宪兵营长金闵文和参谋处长王根僧与杨虎城取得了联系。

1935年12月5日，中共中央军委主席毛泽东致信杨虎城、第17路军总参议杜斌丞、代理陕西省主席邓宝珊，送信使者是中共陕西省委委员兼红26军政委汪锋。毛泽东在给杨虎城信中说："良以先生在理在势在历史均有参加抗日战线之可能。故敝方坚持联合政策，不以先生之迟疑态度而稍变自己的方针。然为友为敌，在先生不可无明确之表示。"此时已经联共的杨虎城在与中共中央派来的代表汪锋会谈时，非常高兴，希望与红军进行更好的合作。此后，中共北方局情报部长王世英、中共党员、由杨虎城资助赴德留学的王炳南、中共代表张崇民、申伯纯等先后来到西安与杨虎城见面。特别是王炳南由中共任命为驻17路军的代表。1936年5月，双方达成四项协议："双方各守原防区，互不侵犯；互派代表，设立电台；17路军在交通、运输、物资、人员交往等方面提供方便；双方加强对部队的抗日教育。"杨虎城为中共在西安设立了 3 处交通点，帮助红军采购各种急需的军用、生活物资；中共驻 17 路军的代表张文彬也被任命为 17 路军总指挥部政治处主任秘书。中共和 17 路军相互停战、联合抗日的关系正式形成。

在 1936 年 4、5 月间，红军、东北军、西北军为了抗日这一共同目标，走到一起来了。两方三军终于在抗日的大目标下，结成了"三位一体"的战略性协作关系。

山城堡战役

红 1 方面军回师陕北后，陕甘苏区东面和北面有汤恩伯的两个师，阎锡山的 1 个师又 1 个旅准备西渡黄河，与井岳秀、高桂滋两个师配合，向陕北进犯；陕甘苏区西部，则是宁夏马鸿逵、马鸿宾部；苏区南部，则是张学良、杨虎城部向北进攻。为打破敌人的四面围攻，中共中央军委组织西方野战军，展开陕甘宁边战役，取得重大战果，并为迎接红 2、4 方面军北上作了战略上的准备。

同时，中共中央为了最大限度地团结一切愿意抗日的力量，组成最广泛的抗日民族统一战线，在国共合作问题上已经基本上形成"逼蒋抗日"的共识。1936 年 6 月 20 日，中共中央致国民党五全二中全会的电报中，明确提出："只要你们立即停止进攻红军和苏区，立即动员全国对日抗战，并实现民主自由与制裁汉奸，我们和红军不独不害你们抗日，而且用一切力量援助你们，并愿和你们密切合作。""我们随时都准备同贵党任何组织任何中央委员任何军政领袖进行关于合作救国的谈判。"遗憾的是，面对中共的诚意，蒋介石虽然在会上表示要"保持领土主权的完整"，但对中共关于联合抗日的呼吁置之不理不说，还决定采取更大的军事行动。

1936 年 7 月 1 日，红 2、4 方面军在甘孜地区会师，陕北的毛泽东、周恩来、张闻天、彭德怀、张浩、博古等 68 位党政军负责人，致电朱德、张国焘、徐向前、陈昌浩、任弼时、贺龙等人，欢迎他们北上。中共中央于 7 月 27 日同意红 2、4 方面军组成西北局，由张国焘、任弼时任正、副书记。红 1 方面军也开始从 8 月底起向静宁、会宁地区移动，准备与北上红军会师。

蒋介石发现红军三大主力会师的意图后，立刻在 1936 年 9 月间调集胡宗南、王均、毛炳文三个军，企图抢占西安、兰州大道上的静宁、会宁、定西段。中央军委于 9 月 15 日和 17 日致电朱德、张国焘等，命令红 4 方面军迅速向西安、兰州大道进军，打破蒋介石阻止红军三大主力会师的计划。西北局经过开会，同意中央军委的决定，向前线总指挥部的徐向前、周纯全下达了进行静宁、会宁战役的命令。岂知，张国焘命令红 4 方面军组织西路军，准备西渡黄河，经中央军委和朱德、徐向前等人的劝阻，红 4 方面军于 9 月 30 日起分五路纵队继续北上。因为张国焘的命令，红军的行动推迟了约 10 天，胡宗南部趁机逼近。中央军委命令西方野战军的红 15 军团骑兵团，星夜赶路 300 余里，抢占了会宁县城，为三大主力会师创造了条件。10 月 7 日，红 1 军团第 1 师、红 15 军团和红 4 方面军第 4 军胜利会师。10 月 9 日，红 4 方面军总部和红 1 方面军会师。1936 年 10 月 22 日，任弼时、贺龙、关向应指挥的红 2 方面军，在将台堡同红 1 方面军第 2 师会师。三大红军主力会师终于胜利实现。

蒋介石急忙命令胡宗南、王均、毛炳文等部立即紧追红军向北进攻，并且制订了把红军歼灭于黄河以东的甘肃、宁夏交界处地区的"通渭会战计划"。蒋介石的意图非常明确，就是要把红军最后消灭。在他看来，虽说红军三大主力会师，加起来不过 3 万余人，而且经过长途跋涉，疲惫不堪，再加上陕北苏区已被围得水泄不通（他对东北军、西北军与红军交往并不清楚），残余红军已是穷途暮路。因此，他准备以 30 万左右的兵力和 100 架战斗轰炸机，甚至不排除使用毒气弹，务必在 3 个月内将红军消灭于陕北地区。他作出的最坏打算是，在"军事围剿"下，可能将会有一部分红军残余冲出重围，向北逃窜，渡过黄河，进入蒙古沙漠地带，对此他再调遣重兵，在黄河布防，予以消灭，当然也不排除对这部分红军进行招安，但是收编红军不能超过 5000 人。问题是蒋介石在估算自己的力量时，总是犯有过于乐观、过高估计的错误，在估算中共力量时总是犯有过于低估的失误。此次也和往常一样，在他看来红军已经不堪一击。人们这才明白，从国民党"五全"前后，他亲自策划和指导下进行的与中共代表的会谈，之所以久谈不果，真正的原因是在这里，他内心还是寄希望于战场上解决问题，彻底消灭中共武装力量。

蒋介石不适时宜地进行新阶段的内战，显然是低估了红军的战斗力。红军经过两年的长征，损失巨大，到达的陕北地区经济条件远不如南方，但是坚持到陕北的中国共产党人和红军，都是革命的精华，都是身经百战的勇士，尤其是他们主张停战抗日顺应历史潮流，是正义之师，这一场战争对蒋介石来说又是打不赢的战争。

南京最高军事当局制订的"通渭会战计划"，很快从张学良那里传到了中共领袖们的手中。毛泽东、周恩来、朱德、彭德怀、邓小平、聂荣臻、张国焘、徐海东、徐向前、林彪、贺龙等中共军事领导们，经过充分研究，制订了《十月份作战纲领》，决定红1、4方面军分两路西渡黄河，夺取宁夏地区，建立通往共产国际的根据地和交通要道，这一计划还得到了共产国际的同意。

1936年10月24日深夜，红4方面军的红30军开始渡河，第二天全部过河，紧接着红4方面军的红9军和方面军总指挥部也渡过黄河。30日因为关麟征部向靖远进攻，截断为下一步进行宁夏战役、为红4方面军看守黄河渡口的红5军前往陕北的进路，红5军在董振堂的指挥下，也渡过黄河西进，过河的3个军共21800人，此时与其他红军的联络已被黄河隔断，很快陷入西北凶恶的马家军的包围之中，宁夏战役已不可能，占领宁夏计划停止执行，过河的红军于1936年11月11日改编为西路军。由陈昌浩任军委主席兼政委，徐向前任总指挥，王树声任副总指挥，李卓然任政治部主任，李特任参谋长；编有董振堂、黄超的红5军，孙玉清、陈海松的红9军、程世才和李先念的红30军。

河东地区，胡宗南、毛炳文、王均的3个军和关麟征的1个师，迅速北上，先后占领会宁、通渭、静宁等地，毛泽东、周恩来急电在前线的朱德、张国焘、彭德怀，应该把设法阻止南面敌人北上为重点。

1936年10月28日，中央军委任命彭德怀前敌总指挥兼政治委员，刘伯承为参谋长，统一指挥红1、2、4方面军剩下的全部主力，南下御敌。彭德怀命令红1方面军的6个师、红4方面军的第31军，在海原、打拉池一线，从东西两面进攻胡宗南的2个师先头部队，其余红军则负责牵制王均、毛炳文部。岂料，张国焘从狭隘的小团体主义出发，不顾全局，命令红4方面军的两个军向后撤退，致使整个作战计划无法实施。彭德

1936年10月，穿着草鞋登上华山的蒋介石一副踌躇满志的样子

805

怀又按照中央军委的命令，把红1、2方面军和红4方面军的红4军、红31军向同心城、李旺堡一线转移。

夺取宁夏的计划停止执行后，中央军委指示彭德怀在河东地区，集中优势兵力消灭国民党军队一至二师，以遏制敌人的进攻势头。此时，胡宗南立功心切、孤军深入，兵分三路向豫旺县挺进，为红军各个歼灭敌人提供了机会。彭德怀抓住战机，在山城堡召开前敌总指挥会议，代表中共前来慰问的周恩来也参加了会议。会议决定在附近地区构筑工事，迎战胡宗南部丁德隆的第78师。

1936年11月20日，骄狂轻敌的第78师果然进入山城堡。次日，红军扑向78师，经过一整天的作战，丁德隆的一个旅和两个团被全歼；同时，进攻盐池的国民党军队的另外两个师也被红28军等部所击溃。山城堡战役的胜利，既是红军三大主力胜利会师的第1次大胜仗，也是第2次国内革命战争时期的最后一仗。

山城堡战役，阻止了国民党军队的进攻势头，稳定了陕甘宁根据地。蒋介石在山城堡战役后，没有吸取教训，而是在准备下一步更大的军事行动，图谋彻底解决红军。为打赢这一仗，蒋介石强令东北军、西北军参加军事行动；东北军、西北军为阻止这一场即将爆发的以彻底解决红军为目标的大规模内战，先是大声疾呼、犯颜直谏，劝止蒋介石停止军事行动。在劝阻无效后，不得不采取"兵谏"，扣押蒋介石，武力把蒋介石押向谈判桌。

"剿共"新计划

1936年10月22日，蒋介石踌躇满志地飞临西安，亲自指挥实施"通渭会战计划"。对蒋介石来说，国共武装斗争已经较量近十年，如今终于到结束这一场没有结果的战争，工农红色政权、中国工农红军即将成为历史名词。只是他没有想到，日寇冲进中国国门已经5年，抗日救国已经成为全国人民的共识，中共"停止内战，一致抗日"已成为全国人民的旗帜，国民党内许多将领和高级官员也主张一致对外、反对侵略，包括蒋介石本人也开始和中共谈判，在这种大背景下，再挑起大规模的内战已经不得人心，因而也就不可能成功。蒋介石没有想到，公开反对此次"剿共战争"的，竟然是此次作战计划中的主力——东北军的张学良和西北军的杨虎城。

蒋介石一到西安，立即在张学良、杨虎城、邵力子等的陪同下，遍游陕西山水。表面沉醉于黄陵、秦陵、华山、骊山风光中的蒋介石，难得和张学良等人进行难得轻松的谈话。当他得知张学良还看《唯物辩证法》《政治经济学》等书时，则像辅导蒋经国、蒋纬国一样说："我在十几年前，看了不少这样的书，这些书都是俄国人写的，不适合中国的国情，你看了是会中毒的，以后不许你看这些书！你以后要好好地读《大学》和《曾文正公全集》等书，你把这些书读通了，将一生受用不尽。"

蒋介石、宋美龄游茂陵

在一次谈及蒋介石此次是为发动最后的"剿共战争"而来时，张学良则表示"停止内战，一致抗日"已成为东北军全体将士的主张；杨虎城也表示，个人服从命令参加"剿共"没问题，只是部队抗日情绪高涨，"剿匪"士气低落。此话是说给蒋介石听的，蒋介石也听出其中的奥妙，他自认为调查摸底工作已经结束，可以公开出场煽动"剿共"了。

1936年10月27日上午11时，蒋介石在张学良、杨虎城的陪同下，由临时行辕临潼华清池来到王曲军官训练团训话，参加的不仅是在校的第三期学员，还有东北军、西北军中的团长以上军官。蒋介石的训示不外乎以下内容：军人以服从命令为天职；中共是眼前的敌人，日本为害尚远，应当先消灭近处的敌人再消灭远处的敌人；任何违抗命令的人，将受到法律的制裁。

蒋介石面对丢失家园、丢失国土的东北军，面对不能行使保卫国家职能的西北军，面对即将被迫要上前线打内战的东北军和西北军，大讲日本为远忧、红军为近患，大讲不能抗日的伟大意义，引起在场的大部分军官的反感，会场秩序很乱，会场上的"攘外安内"的标语也不知什么时候换上了"安内让外"。为防止出事，张学良和杨虎城取消了原定的蒋介石训话完毕后与前面一排的高级军官握手的程序。

对内战为先抗日为后的"攘外必先安内"政策已经忍无可忍的张学良将军，直言不讳地对蒋介石表示，如今国难当头，千钧一发，只有停止内战，一

807

张学良（右四）、杨虎城（右一）、端纳（右六）陪同蒋介石（右三）游茂陵

致对外，怎么能还打内战呢？并且拿出了中共中央领导人毛泽东、周恩来于 10 月 5 日给他的信。蒋介石听完张学良的话，心中怒火已起，看完毛、周给张的信，则是怒不可遏。一边大骂中共的统战手法，一边大骂张学良年轻幼稚，如此容易上共党的圈套。

针对会场上的混乱和事后军官训练团内部对训示的反弹声，蒋介石要张学良、杨虎城把"危险分子""左倾分子"名单开列出来，进行惩处。张、杨以苗剑秋等人已"畏罪潜逃"为名，没有采取行动。

1936 年 10 月 30 日，蒋介石飞赴洛阳，表面上"避寿"，事实上当年为了他的 50 大寿，国民党党务、特工、政府系统在全国人民中强令展开了献机祝寿运动，成为一次空前的勒索。此次祝寿，虽然蒋介石不在南京，但由高志航领航的机队在南京举行的献机祝寿仪式上，在天空中组成了"中正""五十"四字，也在南京引起轰动。在洛阳的蒋介石没有休息，而是在紧急安排实施"通渭会战计划"。

1936 年 11 月初，蒋介石正式改组西北"剿共"总部和兵力配备。由他出任总司令，张学良出任副总司令，晏道刚为参谋长。朱绍良、王均指挥第 1 路，编有王均的第 1 纵队（3 个师加 2 个警备区）、胡宗南的第 2 纵队（5 个师

蒋介石忙中偷闲游览嵩山

蒋介石（右三）与张学良（右二）、杨虎城（右五）在西安西关大操场阅兵

又 1 个旅）、毛炳文的第 3 纵队（2 个师）、马鸿宾的第 4 纵队（1 个师）、马步芳的第 5 纵队（2 个师加一个警备区）于学忠指挥第 2 路，编有王以哲的第 6 纵队（4 个师）、董英斌的第 7 纵队（3 个师）、于学忠的第 8 纵队（3 个师）何柱国指挥的骑兵第 5 军（5 个师）杨虎城指挥的第 3 路军，编有孙蔚如的第 9 纵队（1 个师）、冯钦哉的第 10 纵队（1 个师）、3 个警备旅。关麟征指挥的第 11 纵队，编有 4 个师。孙震指挥的第 12 纵队，编有 4 个师。此外，还有近 20 个师的预备队和后备部队。如有需要，蒋介石还准备把对付两广事变时的陈诚、薛岳、陈继承等中央军主力调到陇海线，随时增援西北战场。

1936 年 11 月 17 日，蒋介石飞到太原，会见阎锡山，命令绥远省主席傅作义，坚决收回百灵庙，制止德王等人扩大在内蒙西部侵略的势头。但是，为确保"通渭会战计划"的实施，不要扩大绥远抗战，把战役范围基本定格在绥远境内。

1936 年 11 月 19 日，蒋介石经太原飞济南，针对冀察政务委员会委员长宋哲元、山东省主席韩复榘，可能呼应日伪势力扩大华北"自治"的行动，亲自出面进行拉拢和游说，表扬他们两人在日伪势力的威逼下，顶住压力，维持华北现有局面，为贯彻"攘外必先安内"政策作出了贡献。

蒋介石在华北、西北地区穿梭活动，为的是安排即将展开的大规模围歼红军计划。张学良为阻止这一场内战和劝说蒋介石同意停战抗日，进行了最后的努力。蒋介石避寿在洛阳时，许多军政大员赶来祝寿。张学良带着骑 5 军军长何柱国飞到洛阳，不顾蒋介石的反感，再次劝说蒋介石以大局为重，马上抗日。蒋介石的回答既干脆又简单："抗日，抗日，等我死了以后，你再去抗日好了。"第二天，蒋在洛阳军官学校分校的训话中，别有所指地说："勾结日本是汉奸，勾结共产党者也是汉奸！"张学良显然知道，蒋介石此话的含义，只得怀着苍凉悲愤的心情，离开洛阳，回到西安。在飞返西安的飞机上，张学良已经考虑了最坏的结果：和蒋介石分手，辞职隐退；最后向蒋介石诤谏，希望蒋介石能够改变立场；采取非常行动，逼蒋介石抗日。一下飞机，张学良便来到中共驻西安的秘密联络点，把自己的苦恼和想法，向10月初来到西安、作为中共驻西安最高代表的中共中央军委参谋长叶剑英谈了自己的想法。叶剑英得知这一重大事态后，立即启程回延安，

正在此时，有三件事使得张学良下定决心，采取决然行动。一是山城堡战役，胡宗南损失一个师，其他进攻红军的国民党军队也各有伤亡。张学良、杨虎城将军从此仗中认识到，国民党军队消灭红军不是一件容易的事，即使蒋介石能够把红军消灭，也需要很长的过程，这将无限期推迟和严重影响全民抗战的进行；而如果消灭了红军，无疑是中国人民抗日力量的重大损失，从东北沦陷起，只有中共的民主抗日联军一直在日本侵略者的严酷"围剿"中坚持东北地区的抗日斗争，只有中国工农红军和中国共产党在"攘外必先安内"的寒刀霜剑中一直没有放弃抗日主张，只有联共抗战，只有与红军一起抗日，才是中国的希望所在。张学良、杨虎城将军还看到，即使在取得山城堡战役胜利后，中共也没有乘胜追击，也没有改变停止内战、一致抗日的立场，中共中央军委主席毛泽东、中共中央军委副主席周恩来、中国工农红军总司令朱德、前敌总指挥彭德怀等18名高级军事将领，致信蒋介石，在批评他调集大军进攻红军的同时，希望他当机立断，化敌为友，停止内战，准备对日作战。信中劝说蒋介石道："今日之事，抗日降日，二者择一。徘徊歧途，将国为之毁，身为之奴，失通国之

1936年10月下旬，蒋介石与张学良在华山

人心，遭千秋之辱骂。"因此，"何去何从，愿先生熟察之，寇深祸亟，言重心危，立马陈词，伫候明教。"张、杨二将军看到了中共为全民族着想、为抗日出谋的良苦用心；看到了"反共"内战没有前途。

二是"七君子事件"。在"一二·九运动"的鼓舞下，全国抗日民主运动进一步高涨，在一些大中城市先后成立了各界抗日救国会，领导抗日救亡运动。1936年5月31日和6月1日，在中国共产党的具体领导和推动下，宋庆龄、马相伯、沈钧儒等爱国民主人士，在上海召集了全国18个省市各界救国会代表大会，宣布成立全国各界救国联合会。会议选举宋庆龄、何香凝、马相伯、沈钧儒、章乃器、陶行知、李公朴、沙千里、史良、曹孟村、何伟、王造时、孙晓村、张申府、刘清扬等40人为执行委员；宋庆龄、何香凝、马相伯、沈钧儒、章乃器等14人为常务委员。会议通过了《全国各界救国联合会成立大会宣言》和《抗日救亡初步政治纲领》等重要文件，决定创办《救亡情报》，响应中共"停止内战，一致抗日"的主张，发动全民抵抗侵略运动。会议代表还前往上海市政府，面见市长吴铁城，申明了成立救国会的原因和政治主张。全国各界救国联合会的成立，标志着全国的救亡运动走上了有组织有纲领的新阶段。蒋介石为维持统治秩序，应付日本结束中国国内所有"排日活动"的压力，为实施"攘外必先安内"政策，不能容忍人民组织起来进行抗日救亡活动。对于学生运动，蒋介石指使全国专科以上学校校长164人发表联合宣言，提出制裁罢课及破坏纪律之举动。指示教育当局，要对学生运动进行严厉制裁。对于全国各界救国运动，让有关部门放风，诬称是"反对中央，颠覆政府"，是被共产党利用来作为反对政府的工具。对于全民抗日运动，一直以据《危害民国紧急治罪法》和《维持治安紧急法》进行惩处。1936年11月22日深夜，上海军警宪特机关，逮捕了全国各界救国会常务委员和执行委员沈钧儒、邹韬奋、李公朴、沙千里、史良、章乃器、王造时等7人，移送苏州江苏省高等法院关押，查封14种宣传抗日的刊物。这一被沈钧儒称之为"爱国未遂罪"而引起的严重事件，引起全国人民的愤怒和抗议，各地各界展开的营救活动。张学良对此无法理解，国难当头，竟然救国有罪，何罪之有？于12月3日第2次独自驾驶飞机去洛阳，面见蒋介石，表示了他自己的疑惑，要求亲率东北军开赴前线作战，并不顾脸面对委员长说："这样摧残爱国人士，同袁世凯、张宗昌有什么区别？"蒋介石训斥道："全国只有你这样看，我是革命政府，我这样做，就是革命！不服从我，就是反革命！革命的进来，不革命的滚出去！"张学良、杨虎城将军从"七君子事件"中看到了蒋介石的顽固，看到了蒋介石逆全国人民大潮而动的真面目。

三是绥远抗战。此时发生的傅作义指挥的反击日伪军的壮举，得到了全国人民的支援，一时成为民族英雄。对照此事，不禁让张学良将军潸然泪下。5年前，正是因为自己执行蒋介石的不抵抗，正是因为东北军的不抵抗，造成千古恨，也造成千古冤，如今应该学傅作义，挺身而出，进行抗战。

三件事，使张学良打消了辞职隐退的念头，准备据理力争，劝蒋抗日；劝蒋抗日不成，则逼蒋抗日。

西安城捉蒋

1936 年 11 月 27 日，张学良向蒋介石面交请缨抗敌书。张学良说："叩别以来，瞬将一月。比闻委座订赴晋鲁，指示一切，伏想贤劳，极为钦佩。绥东局势，日趋严重。日军由东北大批开入察境，除以伪军先驱并用飞机助战外，已将揭示真面，直接攻取归绥。半载以来，良屡以抗日救亡之理论与策划，上读钧听，荷蒙晓以钧者，并加谕勉，感愤之念，与日俱深。今绥东战事既起，正良执殳前驱，为国效死之时矣。日夕摩厉，唯望大命朝临，三军即可夕发。盖深信委座对于抗日事件，必有整个计划与统一步骤，故唯有静以待命，无烦喋阵。乃比大军调赴前线者，或已成行，或已到达，而宠命迄未下逮于良。绕室彷徨，至深焦悚。每念家仇国恨，丛集一身，已早欲拼此一腔热血，洒向疆场，为个人洗一份前愆，为国家尽一份天职。昔以个人理智所驱与部属情绪所迫，迭经不避嫌忌，直言陈情，业蒙开诚指海，令体时机。故近月以来，对于个人或部属，均以强制功夫，力为隐忍，使之内愈热烈，外愈冷静，以期最后在委座领导下，为抗日之前驱，成败利钝，固所不计。今者前锋既至，大战将临，就战略言，自应厚集兵力，一鼓而挫敌气，则遣良部北上，似已其时；就驭下言，若非即时调用，则良昔日之以时机未至慰抑众情者，今已难为曲解。万一因不谅于良，进而有不明钧意之处，则此后统率驭使，必增困难。盖用众必有诚信，应战在不失时机，凡此种种，想皆洞鉴之中。伏恳迅颁宠命，调派东北军全部或一部，克日北上助战，则不独私愿得偿，而自良以下十余万人，拥护委座之热诚，更当加增百倍。凤荷知遇优隆，所言未敢有一字之虚饰。乞示方略，俾有遵循，无任企褥之至！"和以前一样，张学良的请战书，没有效果不说，蒋介石还另有打算，如果东北军、西北军不愿"剿共"则调往南方。

就在张学良第2次飞洛阳与蒋介石谈崩的当天，蒋介石突然下令，将原定在洛阳举行的专门研究山城堡战役后西北"剿共"战略的高级军事会议改在西安进行。12月4日，西北"剿共"总司令蒋介石和副总司令张学良，以及军政部常务次长陈诚、鄂豫皖边区主任卫立煌、25军军长万耀煌、福州绥靖公署主任蒋鼎文、兰州绥靖公署主任朱绍良、豫鄂陕边主任陈继承、军事参议院院长陈调元，以及国民党中央党史编纂委员会主委邵元冲、军事委员会高等顾问蒋百里、内政部部长蒋作宾等，乘坐专列开往西安。与此同时，数十万国民党军队开始向潼关集中，一批批战斗机在西安和洛阳机场降落。

坐在专列上的蒋介石，正在憧憬着美好的军事前景：十年"剿共战争"，将在近期结束，消灭红军已经指日可待，怎以可能在这关键时刻，放弃"剿共"？

一到华清池，蒋介石亲自宴请东北军、西北军的军、师级高级将领，表示要他们在"剿共"完全胜利的最后五分钟内，作出一份贡献。同时，他也发誓说，只要消灭红军，他一定可以带上东北军回东北。

对于张学良、杨虎城将军，蒋介石则明确摊牌：东北军、西北军全部开上陕甘前线，中央军随后督战；否则东北军调福建，西北军调安徽，陕甘由中央军负责"进剿"。这无疑是把张学良、杨虎城逼上梁山，全部上前线作战，显然不可能，因为东北、西北两军已与红军签订互不侵犯条约，更为关键的是因为不能再打内战；南调，两军分开，"三位一体"被打破，显然是给蒋介石分而治之提供条件。对张学良、杨虎城来说，已到了该出手就出手的时候了。

由于杨虎城与蒋介石的关系比较紧张，而张学

杨虎城与蒋介石的关系紧张，直谏都由与蒋私人关系较亲密的张学良出面。这是1930年的照片，左起：张学良、宋蔼龄、于凤至、宋美龄、蒋介石

良是蒋介石的结盟兄弟，在中原大战时有功于蒋介石，张学良在私人关系上和蒋介石也非常亲密，所以向蒋介石请愿和直谏之事，大都由张学良出面进行。

12月7日，张学良再次求见蒋介石，恳求蒋介石："无论为国家，为民族的利益着想，还是委员长的个人威信着想，都应该停止内战，共同抗日。不停止内战，不举国团结一致，就谈不到抗日；不抗日，也就谈不到救亡图存。现在全国的人心，都一致要求政府抗日，若再继续'剿共'打内战必然丧失人心，绝对不会有好结果！请委员长三思而行！"此时的张学良，已经泣不成声了。蒋介石不为所动，而且与张学良发生激烈争执，三个小时过后，两人依然各执己见，最后蒋介石把桌子一拍："你现在就是拿枪把我打死了，我的'剿共'政策也不能变！"（《张学良与西安事变》第88页）

张学良的"哭谏"没有效果，离开蒋介石后，他与前来讨论事态的杨虎城决定，只有使出最后一招：发动"兵谏"。当时两人在洛阳向蒋介石祝寿时，曾有过采用非常手段逼委员长抗日之事。如今，两人觉得"和平、劝说、哭谏"等方式都已无用，特别是又面临东北和西北军被分别南调和各个击破、"反共"内战又起的情势，再不行动则是坐以待毙。12月8日晚，张学良秘密来到发府街芷园，与杨虎城商讨"兵谏事项"。具体情况是：

东北军负责到华清池捉蒋，由张学良的亲信、出任原卫队旅改编而来的105师师长的刘多荃全盘操作；105师旅长唐君尧指挥担任华清池外围警卫的一个团包围行宫；卫士营营长孙铭九指挥一个连负责进入华清池捉蒋；具体捉蒋则由白凤翔师长和刘桂五团长两人动手，因为白、刘江湖出身，善于"挖老窑""掏老窝"一类的事。张、杨下令，对身为南京政府军事委员会委员长的蒋介石，只能活捉，不能伤害。

17路军负责扣押全部中央军政大员，解除西安城内亲蒋部队的武装，扣留飞机场上已经到达的几十架战斗轰炸机。由宪兵营长宋文梅负责实施搜捕行动，警备2旅的3个团负责扣押军用飞机；炮兵团负责在北门火车站监视过路的中央军；控制公安局和宪兵第2团。

不过，在捉蒋前夕也发生过两场虚惊。一是1936年12月8日，杨虎城在与省主席邵力子会见时，邵力子表示对当前的"剿共"局势有所忧虑，恐怕出现日本的"二·二六事件"。这一事件发生在1936年2月26日，当时日本少壮派军官发动政变，杀死大藏大臣、内务大臣和陆军教育总监，广田宏毅内阁取代冈田启介内阁，日本进一步法西斯化。听到此言，杨虎城当时手中的香烟也不自觉地落在地板上，他以为邵力子已经知道了捉蒋的消息。邵力子事实上不知情，只是觉得东北、西北军内部对"剿共"不满而已，杨虎城这才放心。

张学良对蒋介石的苦谏根本不起作用，此刻只剩下兵谏一条路了

二是 1936 年 12 月 9 日晚，东北军孙铭九营长为当天学生请愿的事，前往临潼华清池，正巧被西北军宪兵营长宋文梅看到。宋文梅以为孙铭九是前去捉蒋，提前采取行动，急忙报告杨虎城的机要秘书王菊人，王秘书则把正在易俗社看戏的杨虎城找回，报告东北军已经采取捉蒋行动。而当天张学良因为白天学生游行请愿的事情到易俗社较晚，杨虎城以为张学良不来易俗社看戏是在指挥捉蒋，所以信以为真，急忙下令在全城布置军队，准备捉拿中央军政要员。他安排完毕，为稳住陈诚等大员，又赶到易俗社看戏，哪知张学良正和陈诚、卫立煌等军政大员在有说有笑地看戏，才知是一场误会。只是因为当时在城内调动军队，包括包围易俗社，大家都以为是加强对中央大员的警卫，所以也就无人追问。这两件事后，张学良、杨虎城更加小心，寻找最佳时机。

1936 年 12 月 9 日，西安举行纪念"一二·九运动"一周年活动，游行队伍经西北"剿共"总部、陕西绥靖公署、陕西省政府向临潼华清池而去，准备直接向蒋介石请愿，要求停止内战，一致抗战。途中已经和军警发生冲突，蒋介石得到消息后也下令："如果学生不听，可用武力制止。"（《张学良和西安事变》第 89 页）张学良为避免流血事件发生，急忙赶到灞桥，劝阻游行学生不要前往华清池。他见学生不听后，慷慨陈词："请你们相信我张学良，我和你们是一样的心情，你们的要求，就是我的要求，也许我的要求比你更迫切。你们的意见，我一定给你们转达到。你们回去，我保证一星期之内，达到你们的要求。"（《张学良与西安事变》第90页）学生们最后听从张将军的劝告，不再坚持去临潼，而是回城继续游行，张学良阻止了一场惨案的发生。

当张学良向蒋介石报告白天学生游行情况时，蒋介石不以为然，反而责怪张学良作为军政大员，如此向着学生有失身份。此事更坚定了张学良捉蒋的决心。10日上午，张学良带着白凤翔师长、刘桂五团长去见蒋介石，表面上是这二人将去热河地区开展游击战争，实际上是让二人熟悉捉蒋路线。在谈话中，蒋介石丝毫没有改变"剿共"决定的意思，并且拍案大骂张学良"竟敢犯上作乱"。

张学良见已经没有可能改变蒋介石的决定后，再次同杨虎城协商，由杨虎城再作最后一次争取。杨虎城见蒋后，则不便向张学良那样直说，只是表示对红军可以商量着办，实在不宜再用兵打内战了。蒋介石对杨虎城也没有像对张学良那样直率，但明确说："我决心用兵，我有把握消灭红军。十七路军若有不主张'剿匪'而主张抗日的军官，你放手撤换，我都批准。"

下午5时，张、杨再次会商。杨虎城说："劝的办法彻底行不通了，事机紧迫，必须行动。为了抗日救国，牺牲这个团体（指东北军和西北军）也值得！"张学良也表示："我们对蒋也仁至义尽了，现在只有一条路了！"两人决定第二天深夜采取行动。一场历史性的行动就这样决定了。

1936年12月11日晚，蒋介石便宴请张学良，觉得张学良行色匆忙。蒋介石准备第二天离开西安，他在离开西安前，正式下达进攻红军的命令，如果张、杨不从，则下达东北军、西北军南调的命令；并且在西安城内和东北、西北军内逮捕中共党员和亲共分子。事实上他已没有时间下达作战命令了，也没有时间离开西安了。蒋介石一直以为东北军、西北军以及张学良、杨虎城不愿"剿共"打内战，愿意奔赴抗日战场，绝对没有想到过张、杨两人会捉拿自己，否则他会采取更加严密的防范措施。正是因为蒋介石没有想到，所以捉蒋就比较顺利。

张学良与蒋介石吃完晚饭后，又约请陈诚、卫立煌、陈调元、万耀煌等人回到西安城，到新城大楼赴宴。散宴时已值半夜，张学良亲自对白凤翔、刘桂五布置了捉蒋任务，并一再表示千万不能伤害蒋介石。12时，东北军高级将领甘肃省主席于学忠、第67军军长王以哲、第57军军长缪澄流、105师师长刘多荃，以及应德田、政训处副处长黎天才、第4处处长卢广绩、办公厅副主任洪钫等人，在金街巷开会。张学良向他们介绍了几个月来力劝蒋介石停止内战、被蒋介石一再拒绝、东北军和西北军即将南调的过程，表示已经无路可走，只有奋起反抗。他说："我现在宣布，我已和杨主任商量好，明晨5时临潼、西安一齐行动，采取非常措施，把他（蒋介石）捉进来，请进城里，逼着他答应我们抗日！"当然，他也宣布，只要蒋介石同意抗日，东北军、西北军依然服从蒋介石的领导，拥护蒋介石继续当领袖。

这在南京政府历史上唯一的一场针对蒋介石的"兵谏"，颇有壮士一别易水边的壮烈。张学良对前来接受命令的孙铭九说："你准有把握吗？这件事跟一般打仗不同啊！明天这个时候，我们不一定再能见面了。你死，我死，说不定了。不过，"张学良一边用手比画着一边说："报纸上可要登这么大的字。你千万小心，不要把他打死。你去同白师长联系吧！"王以哲将军也补充一句："孙营长，就看你的啦！"公馆由张学良将军信任的缪澄流将军负责把守，其余大员随张学良前往新城大楼。

杨虎城也在新城大楼开始行动，召集第9纵队司令孙蔚如、第17路军兼绥靖公署参谋长李兴中、省会公安局长赵寿山、西安城防司令孔从洲开会，宣布："我和张副司令决定硬干，要干就彻底干下去，把蒋抓起来。"当场决定，由赵寿山担任军事总指挥，李兴中、孔从洲协助。

张学良来到后，决定在这一唐代的皇城、明代的秦王府，设立总指挥部，张、杨二将军在此坐镇指挥。

华清池，是中外驰名的历史名胜。在优美的自然风光中，历史上又赋予它更多的人文景观：西周末年，周幽王宠褒姒，在此烽火戏诸侯，最后因此而亡国；秦始皇把此作为死后寝宫，后来在此挖掘出世界奇观——兵马俑；唐代"温泉水滑洗凝脂"，马嵬坡下香魂尽；如今，又一出历史名剧将在此上演。

华清池内，外院中有座禹王庙，进了书有"华清胜境"的二道门，进入内院，当面是一个大鱼池。穿过飞虹桥，进入五间厅。鱼池两边，是贵妃池和几间平房，即杨贵妃洗凝脂的温泉。鱼池东边，即是假山群，假山中也有小径通五间厅。五间厅后面有围墙，外面就是骊山。

蒋介石就住在五间厅中的3号房，陪住的有侍从室主任钱大钧、侍从室组长蒋孝先和十多位参谋、秘书。内院还有30多位贴身侍卫，外院有属于宪兵第2团的一个排的宪兵，外围是东北军105师的一个团。

1936年12月12日晨2时许，由孙铭九和营副商亚东、张万山和连长王协一，带着50多名卫士，分乘两辆卡车向临潼开去，白凤翔、刘桂五等率60余人随后行动。此时，担任外围警戒的东北军的一个团已将华清池团团围住。约5时左右，孙铭九带领的卫队到达华清池前，击毙卫兵后冲进外院，孙铭九一面命令王协一带人包围禹王庙，以解决宪兵排；一面率人冲进二道门进入内院。内院的贴身警卫早为枪声惊醒，从贵妃池旁的平房内用手提机枪封锁了飞虹桥。孙铭九见硬冲不行，率人从鱼池旁的假山中向五间厅靠拢。白凤翔、刘桂五进入五间厅后，发现衣架上挂着蒋介石的衣帽，桌子上有蒋介石的公文包和假牙，只是没有蒋介石本人。两人一摸蒋介石的被窝，里边还有余温，估计即使跑也跑不远。内院的激战很快结束，蒋介石的贴身侍卫不是死，就是伤，要不就是投降。

此时，总指挥刘多荃赶到，孙铭九报告说华清池已经搜查完毕，但没有发现蒋介石。刘多荃用电话向张学良报告后，张、杨将军大吃一惊，下令务必找到蒋委员长。如果蒋介石逃走，与中央军联系上，后果将不可设想。张学良甚至还说，如果找不到委员长，他将把自己的头割下来，请杨虎城拿到南京去谢罪。当白凤翔来电话告知还是没有找到委员长时，张学良严令说："如果到9点找不到委员长，把你的头送来！"张学良、杨虎城同时命令孔从周，亲带一个营，封锁临潼附近，严防蒋介石逃走。

孙铭九询问胸部受伤的钱大钧，也不知道蒋介石的去处。此时，一个卫士来报告，在围墙边找到一只拖鞋。刘多荃、孙铭九等人认为蒋介石肯定跳过围墙，逃向骊山。

蒋介石去哪儿了呢？枪声四起时，蒋介石在梦中惊醒，穿着拖鞋向后面围墙跑，后门紧锁打不开，只得在他正在后门处守夜的侄孙、卫士蒋孝镇帮助下，攀上围墙向下跳。只是围墙沿山势而作，里面低外面高，蒋介石心里害怕、一片漆黑，再加上已年过半百，一头从墙上栽下去，摔伤了脊梁骨、碰破了脚，还丢了一只鞋。蒋介石从来没干过此等营生，顾不得受伤，跌跌撞撞向山上爬。此时侍从卫士跳过墙来，背起他就跑，一直跑了二三百米，在晨雾中远见山顶也有军队警戒，于是就近在半山腰的卧鳌石后面的乱草中躲避。这块名字不太好听的石头，也随着时代风云变幻而改变。蒋介石后来把此改为"民族复兴石"，由戴季陶题字盖亭，亭名为"民族复兴亭"；后觉得此名字不伦不类，又改名为"天气亭"；蒋介石兵败祖国大陆后，此亭易名为"捉蒋亭"；改革开放开始后，此亭又定名为"兵谏亭"。

蒋介石在乱草中，脊背和脚上的伤阵阵作痛，更为难忍的是12月间西北的寒冷。他蜷缩成一团，心中浮想联翩，自己从事政治活动以来，如此情景遇到多次：在追随孙中山时，在家乡曾被追捕，幸亏舅舅掩护得以逃脱；在上海、杭州进行城市武装斗争时，也经历过枪林弹雨；出道后在东征时，差点成为陈炯明的俘虏，幸亏中共党员陈赓的帮助得以逃走；北伐三打南昌时，要不是庙中主持的提醒，差点被孙传芳部抓去；中原大战时，所乘的指挥列车差点成为西北军的攻击目标；在江西"剿共"，抚州城中突然枪声大作，蒋介石、宋美龄正在城内，以为会落入红军手中，宋美龄已经准备使用漂亮的小手枪殉职，没想到竟然是守城的军队与进城的军队间的误会。在寒风中浑身发抖的蒋介石，还不知道此次到底是红军特工在行动，还是遇到江湖强人行劫，或是东北军、西北军的叛军造反？心想只要是此三类行动，只要坚持到白天，张学良、杨虎城率兵赶到，大难即解矣！正在沉入"贵人有吉相、遇难成吉祥"之类的美梦中的蒋介石，突然被一枪声惊得目瞪口呆。

孙铭九带着卫队营，沿山仔细搜索，当搜到卧鳖石时，发现一个人头伸出草丛，卫队营一士兵挥手一枪将其击倒，这个士兵也是鲁莽汉，如果是躲在旁边的蒋介石伸出脑袋，一枪射岂不坏了大事。士兵们冲上去后，见旁边草丛里还有人，大声喝道："什么人，出来！"已经在寒风中挨冻三四个小时的蒋介石，见已无法躲避，只得摇晃着浑身像筛糠似哆嗦的身子，钻出了草丛。一个名叫陈思孝的班长，立即向后面高喊说："报告营长，委员长在这里呢！"

蒋介石面对武装的士兵，语无伦次地说"打死我吧！打死我吧！""不要开枪！不要开枪！"当他知道面前的是东北军的士兵时，顿时口气硬起来，一定要面见张学良后再出来。事实上这不可能，等到张学良赶来蒋介石恐怕要冻僵了。当孙铭九等人边拉边扶蒋介石离开石缝时，只见这位不可一世的委员长，上身的古铜色睡袍、下身的单白布睡裤上沾满了尘土草屑；光着脚，两条小腿上被石片、草叶划得都是血痕；没带假牙的嘴巴瘪陷下去，眼光惊恐不安；冻得发紫的脸孔更显得苍白无力。在蒋介石的生活经历中，恐怕无法再见到他这番模样。

当蒋介石确信面前的士兵是东北军时，马上责问孙铭九要干什么？当得知是东北军"兵谏"时，他怒从心头起，坚持不愿下山，一定要张学良来见他。刘多荃赶紧脱下皮大衣，披在蒋介石的身上。最后，几个士兵硬架着蒋介石直奔山下的汽车，号兵还吹起了接官号，当把蒋介石送到新城大楼时，时针正好指向9点正。

西安方面的行动也在5时左右开始。赵寿山经杨虎城同意后，发射了3颗信号弹。顿时，准备已久的各路人马分别前往目标所在地。在居住中央大员较多的中国旅行社西京招待所，他们的卫士还凭借窗口、楼梯进行抵抗，但根本无法阻挡17路军的进攻。贵宾房内的贵宾们，被枪声惊醒后拉起太太们向外跑，还没有出门，已成为17路军的俘虏。他们之中，绝大部分在自己的人生道路上，第1次也是最后一次成为俘虏！

清点人数时，又少了两个人，一个是国民党中央党部中央党史编纂委员会主委邵元冲，一是军政部常务次长陈诚。原来，邵元冲听到枪声后，跳窗往外逃跑，宪兵要其站住，邵元冲如果站住则什么事也不会发生，问题是他继续向外跑，结果宪兵连开两枪，命中他的腹部，抬到省医院后抢救无效而亡。陈诚，则是所有大员最为镇静的一个，听到枪声后不仅没有逃跑，反而把随身携带的解决东北军、西北军的行动计划撕碎后扔进厕所后冲光，然后跑到地下室中躲藏起来。宪兵营从楼顶搜到地下室都没有发现，只是临走时，一个士兵发现一个空啤酒箱倒扣着，翻开一身，只见一个矮子躲在里边。宪兵营长宋文梅一看，此人正是陈诚。住在西京宾馆和各处的陈诚、卫立煌、万耀煌、蒋鼎文、朱绍良、陈继承、陈调元、蒋百里、蒋作宾等中央大员，均被请进了西京宾馆。从13日起，为了他们的安全，防止南京方面的轰炸，张学良、杨虎城把大员们进行分散，分别保护起来。

整个"捉蒋"过程，邵元冲因自作聪明逃生被误击毙；钱大钧因为组织抵抗而被击伤；宪兵3团团长蒋孝先因为作恶多端、在西安赴临潼的路上被刘多荃等人处决；宪兵第2团团长杨镇亚也被镇压；蒋介石的秘书萧乃华死于流弹。

和平义释蒋介石——抗日义举

12月12日上午9时左右，蒋介石被护送到绥靖公署办公地和"兵谏"总指挥部新城大楼，张学良立即出来热情迎接。已经从气候寒冷和生存恐惧中恢复过来的蒋介石，同时也恢复了昔日"委员长"神态，摆出一副盛气凌人的架势。

一是拒绝与张学良会谈，声称："你就是叛逆，将我枪杀好了，我没有什么话和你讲。"（《张学良和西安事变》第 99 页）

二是痛斥张学良，声称："尔犯上作乱如此？又将何以率属？何以为人？尔能保部下之不效尤尔今日之所为者以施于尔身乎！……，今日以后茫茫大地，何处是尔容身之所？尔真生无立足之处，死无葬身之地矣！"（王德胜：《蒋"总统"年表》第 208 页）

三是威吓张学良："余为上官，汝为叛逆，国法、军纪对汝叛均应执行惩罚。"（古屋奎二：《蒋"总统"秘录》之十第 157 页）

四是坚决拒绝辞职，同样被张学良扣押的陕西省主席邵力子出面来劝蒋介石，以国家大局着想，为改变目前的混乱局面，是否可以辞职，重新由中央来决定对日抗战大政方针。蒋介石"义正词严"地表示："余信人太过，疏于戒备，使国家蒙受重大损失，回京以后，当然向中央引咎呈辞，并请严加议处。但断不能在部下劫持之形势下，在西安表示辞职。即彼欲要挟余发布何种命令，或答应何种条件，余亦宁死不受胁迫。余若稍事迁就，以求苟全生命，将何以对四万万国民之付托耶？"（古屋奎二：《蒋"总统"秘录》之十第 162 页）

五是拒绝吃饭。张学良请蒋介石用饭，蒋介石故作姿态地说什么："余生已五十年矣，今日使国家人民忧危至此，尚何需再受人民血汗之供养，而食国家之粟？况义不食敌人之食！"（王德胜：《蒋"总统"年表》第 209 页）此事不用担心，因为蒋介石不会绝食，因而也不会永远不吃饭。

六是拒绝另搬住处。12 日晚西安绥靖公署参谋长李兴中收到一封匿名信，声称要营救委员长。因为发生杨虎城部下冯钦哉等部投靠南京方面和孙蔚如等人曾向杨虎城建议扣押张学良、释放蒋介石等事，为防止冯钦哉等部劫走蒋介石，张学良、杨虎城决定把蒋介石移往高桂滋公馆，确保安全。12 月 13 日上午 11 时，孙铭九、宋文梅请蒋介石搬家。蒋介石以为他们是要秘密处决他，坚决拒绝，声称："我是兼行政院长，西安绥靖公署是行政院的直属机关，这是公家的地方，让我就死在这里吧，我绝不到别的地方去。"（《张学良与西安事变》第 101 页）。到 13 日晚 10 时，张学良、杨虎城则命令刘多荃、孙铭

九、宋文梅等强行为蒋介石搬家，蒋"则视死如归"，坚决予以拒绝。

12月13日蒋介石曾给宋美龄拍电报说："美龄吾妻：余决心殉国。余死后，余之全部财产由汝继承。望汝善视经国、纬国两儿，有如己出，以慰余灵。愿上帝赐福予汝。蒋中正。二十五年十二月十三日。"蒋介石把电报交给了宋文梅，宋则把电报交给了张、杨将军，并未发出。这是蒋介石被扣后对外作出的第一个决定，严格来说，"余决心殉国"并不是说他想死，但说明他确实是不准备向张、杨作出让步；让宋美龄关心刚成年的蒋纬国和断绝音信近十年、远在苏联的蒋经国，这恐怕也非虚假之言，大难之际想念儿子是正常的反映，也说明他担心宋美龄和两个儿子的关系。

南京城内起风波

12月14日下午4时左右，一架小型飞机出现在西安上空，并用小型降落伞投下一个信筒。当兵的拣到后，立即送往张学良处。写信的是当年跟随张学良6年之久的英籍澳大利亚人端纳，在陪同张学良从欧洲考察回国后，则开始出任蒋介石的顾问。他写给张学良的信中表示，受蒋夫人的委托，希望会见张学良将军。如果同意，请在机场上点起烟火。张学良急忙命令点火，让其降落。端纳带来了宋美龄给张学良和蒋介石的信。宋美龄要张学良确保蒋介石的安全，事变可以协商解决。

当天晚上，蒋介石见到南京宋美龄派来的代表、原张学良的顾问端纳，带来了宋美龄的第一封来信。信中说："夫君爱鉴：昨日闻西安之变，焦急万分。窃思吾兄平生以身许国，大公无私。兄所作为，无丝毫为自己个人权力着想。即此一点，寸心足以安慰。且抗日亦系吾兄平日主张。维兄以整个国家为前提，数年来，竭力整顿军备，团结国力，以求贯彻抗日主张。此公忠为上帝赐福。兄早日脱离恶境，请兄亦祈求主宰赐予安慰。为国珍重，临书神往，不尽欲言。专此奉达、敬祝康健。妻美龄卅五年十二月十二日。"（古屋奎二：《蒋"总统"秘录》之十第169页）宋美龄的信无非是在安慰、吹捧丈夫以外，劝蒋介石接受抗日主张，当然也不排除宋美龄为蒋介石的处境所担心。

端纳通过与张学良、杨虎城的会谈，对他们的主张有所了解后，也对蒋介石进行了劝说。他说："我这次是受蒋夫人的委托而来的，到这里之后与张汉卿将军进行了晤谈，对这次事变情况有了一些了解。我首先告慰你，就是张将军对你并无加害之意，只要你答应他们的主张，他们还是忠心拥戴你做领袖。

我认为这不仅是张、杨两将军的个人意见，也是全中国人民的迫切要求。而且许多西洋人也赞同这样的政见。你若是接受他们的主张，今后更成为世界之伟人；若是拒绝接受将成为渺小的人物。国家和委员长个人的安危荣辱，全系于委员长自己心思的一转。"（《张学良与西安事变》第 111 页）特别

张学良会见宋美龄从南京派来的代表、自己以前的顾问端纳

是端纳还向蒋介石传达了宋美龄另外的话：在可能和必要的时候，她愿亲自去西安一趟；目前南京方面是戏中有戏。

见到宋美龄的信和夫人派来的端纳后，蒋介石竟然流出了眼泪，其中当然有在危难之际对夫人的思念，对夫人想方设法及时派代表来看望的感激，更有对"南京方面戏中有戏"一语的担心。蒋介石并不反对南京方面的讨伐，以向"兵谏方面"施加军政压力，但他担心讨伐果真全面展开，必定又是一场大规模的内战，内战如果全面展开，自己回南京则遥遥无期；担心自己不在南京，何应钦等亲日派会趁机大做文章，一场新的权力之争不可避免，日本侵略者也会乘隙而入，更多的领土和主权被日本侵占在所难免。蒋介石也开始认真面对被扣后的政治现实，对抗情绪开始好转，同意搬出新城大楼；对张、杨也变得温和起来。

被扣的军政大员们则没有蒋介石的强硬和矜持。面对这帮军政大员迷茫的眼光，张学良在当天下午和 13 日分别两次看望时再三解释，对蒋介石、对诸位军政大员并无任何恶意，仅是为了劝委员长答应停止"剿共内战"、发动全民抗战。军政大员们识时务，七嘴八舌地表示：张、杨的行动精神可嘉，他们也可以一起劝说委员长同意抗日；张、杨做法值得商榷，万一委员长被流弹击伤怎么办；千万不要让共产党插手。对此，张学良则表示向诸位军政大员道歉，在事件没有解决前还得让诸位委屈几日，至于共产党代表来了保证不会对诸位

有任何威胁。

事变总指挥张学良、杨虎城，对形势非常清醒，第一个行动就是通过了"三个决定"和"八项主张"。

"三项决定"是：成立政治设计委员会，研究事变后急待解决的各种难题；成立联合军事参谋团，确保已经云集国民党大军的陕西的安全；邀请中共代表团来西安，共商事变解决方案。

"八项主张"是："东北沦亡，时逾五载。国权凌夷，疆土日蹙，'淞沪协定'屈辱于前，'塘沽、何梅协定'继之于后，凡属国人，无不痛心。近来国际形势多变，相互勾结，以我国家民族为牺牲。绥东战起，群情鼎沸，士气激昂。于此时机，我中枢领袖应激励军民，发动全国之整个抗战，乃前方之守土将士，浴血杀敌，后方之外交当局仍力谋妥协。自上海爱国冤狱爆发，世界震惊，举国痛愤，爱国获罪，令人发指。蒋委员长介公受群小包围，弃绝民众，误国咎深。学良等泣涕进谏，累遭重斥。昨日西安学生举行救国运动，竟令使警察枪杀爱国幼童。稍具人心，孰忍出此。学良等多年袍泽，不忍坐视，因对介公最后之诤谏，保其安全，促进反省。西北军一致主张如下：

（一）改组南京政府，容纳各党各派共同负责救国；

（二）停止一切内战；

（三）立即释放上海被捕之爱国领袖；

（四）释放一切政治犯；

（五）开放民众爱国运动；

（六）保障人民集会结社一切之政治自由；

（七）切实遵行总理遗嘱；

（八）立即召开救国会议。

以上八项，为我等及西北军民一致之救国主张。望诸公俯顺舆情，开诚采纳，为国家开将来一线之生机，涤以往误国之愆尤。大义当前，不容反颜，只求于救亡主张贯彻，有济于国家，为功为罪，一听国人之处置。临电不胜迫切待命之至！"（《张学良和西安事变》第97页）这一通电，是发给国民党中央执行委员会、林森主席、五院院长和各部委办、各绥靖主任和省主席、各团体和新闻界的。签名者，原为东北、西北军的高级将领，到签发时被软禁的各军政大员也表示愿意签名，所以这一通电成为抓人的一方和被抓的一方共同的政治主张。张学良、杨虎城也在《告全体将士书》中解释东北军、西北军的行动说："这不是我们造成内战，而是实行抗日救国的清道工作！"

从宋美龄在没有摸清西安内情的情况也没有和张学良取得联系的情况下，急匆匆地派遣端纳到西安空投问路、送信一事中，可以看出国民党上层和南京城内的乱象。

蒋介石被扣后，国际上反应强烈，主要有两类：

一类是希望中国继续内战，以利于日本扩大在中国的侵略。日本对此最为敏感。13日为星期天，日本内阁和军部连续召开会议，研究对策。14日和15日，日本驻中国大使川越茂接连造访中国外交部亚洲司和时任外交部长的张群，调查摸底，正式表示：南京政府如果执行"八项主张"，日本将采取断然手段，武力占领京沪，进行战争威胁。日本当局还有更大的阴谋，即准备趁机借刀杀人，坚决反对政治解决，鼓动亲日派出兵讨伐，置政治、外交上依靠英美等国的蒋介石于死地，再扶持亲日派上台。19日，蒋介石派遣蒋鼎文携带他的手令回到南京，命令何应钦停止对西安的讨伐，日本外相还公开叫嚣，要求南京政府坚决进行"讨伐"。

意大利和德国法西斯则趁机进行"反共"宣传。声称如果张学良赤化，将与之势不两立；对中国来说唯一明智的道路是谋求中日"满"三国合作政策；希特勒则支持正在德国的汪精卫，准备回国掌权，组织亲日政府。德、意两国还趁机对共产国际和苏联进行了恶毒攻击，称西安方面的行动是出于"莫斯科魔手"。由蒋介石聘请的、在国民党军界有一定影响力的德国顾问团，也一再鼓动何应钦进行武力讨伐。

另一类是来自于不同国家的代表，希望西安事变和平解决。美、英等西方国家，纷纷对西安事变表示了严重关切。他们认为张、杨的通电反映出事变的矛盾焦点是为了抗日，事变可以和平解决；同时保持日本占领东北的现状，鼓励日本北进，把祸水引向苏联，避免日本扩大中国的侵略以影响到西方在中国的利益。因此，他们认为只要蒋介石能够继续统治下去，就能够阻止亲日派上台，也可以与中共进行某种程度的联合。为了保证蒋介石的统治维持下去，他们反对南京方面的讨伐行动，呼吁事变"于最短时间内，达于解决"。英国汇丰银行还大量抛售外汇，以稳定法币的币值。英、美两国还指示驻华大使出面，进行调停，端纳也是在他们的支持下飞西安的。

不了解西安事变真情的苏联，则通过在《真理报》和《消息报》等重要报刊上发表社论和评论的方式，谴责张学良、杨虎城的扣蒋行动。认为张学良、杨虎城是进行军事政变，是政治暴乱，是在日本的指使下有意破坏中国抗日力量的团结，图谋重新挑起中国的内战。斯大林从牵制日本，防止日本北进西伯利亚出发，公开声援蒋介石，支持南京政府，以早日和平解决事变。

蒋介石被扣后，国民党内各实力派反应不一，主要情况如下：

冯玉祥坚决主张避免内战，用和平手段解决事变；

阎锡山则想借事变进行政治投机，献媚于南京当局，操纵事变的解决；

桂系李宗仁、白崇禧明确主张和平解决事变，反对何应钦决定的对西安讨伐行动；

傅作义支持张学良、杨虎城的抗日主张；

川系刘湘趁机想夺回已由蒋介石控制的部分势力范围，但同意和平解决事变；

云南龙云、贵州王家烈对张、杨行动表示同情；

山东韩复榘先支持何应钦讨伐，后见军事行动无望后，马上发表通电主张和平解决事变，谴责张、杨的行动，拥护蒋介石；

河北宋哲元，要张、杨和共产党分家，保护蒋介石的安全；

宁夏马鸿逵和韩复榘的态度一样，首施两端；

在日本的支持下，内蒙伪政权发表通电，声称伪蒙军队停止对绥远的军事行动，愿意和南京政府合作"反共"，以鼓动南京政府对西安进行军事讨伐，挑起国共内战。冀东伪政权也是随声呼应，汉奸殷汝耕发表了支持南京政府加紧进行"军事剿共"，支持南京政府进攻西安叛军，支持南京政府亲日派上台的宣言，力促国共两党再度爆发内战。用心何其毒矣！

南京政府内的亲日派蠢蠢欲动。在南京主持军事的军政部长何应钦立即致电正在德国休养的汪精卫，请其回国主政，以应付蒋介石被扣后南京政府群龙无首的乱局。汪精卫喜出望外，亲自求见希特勒，以南京政府加入德日"反共"协定的代价，请德国支持他回国掌权。希特勒通过与日本当局联络后，支持汪精卫、何应钦组织亲日政府。只是凡属投降卖国者，天理难容，不可能成功，当他回到南京时，事变已经和平解决。此人一辈子进行政治投机，一直违背所处时期的政治主旋律，永远只能落得失败的下场。

当然，对事变的解决起关键作用的是中国共产党和中国国民党。

南京政府和国民党上层分成了以英美系为主的和平解决派和以亲日派为主的武力讨伐派。

武力讨伐派以何应钦为代表。12日清晨，何应钦以家代府，派人请来考试院长戴季陶、中央政治委员会委员吴稚晖和军政部次长熊斌，研究行动方案。熊斌提出应该请在南京城内的军事委员会副委员长冯玉祥参加，但为何应钦所拒绝。何应钦召集的会议既非政府最高会议，因为行政院副院长孔祥熙没有参加；也非军事委员会最高会议，因为副委员长冯玉祥没有出席。所以，纯属小集团会议，并且决定了对西安事变进行武力解决的基调和对有关方面进行游说，为正式决定讨伐做准备。

身为南京城内最高军事长官的冯玉祥，直到中午才从立法院长孙科处知道了事变的概况。当晚8时，冯玉祥召集张继、鹿钟麟、张静江、石敬亭等人商议对策。与会者都对何应钦的诡谲行为不满，要求何应钦说清楚。何应钦不得不派熊斌带着张、杨的通电赶来通报消息。当冯玉祥等人赶到何应钦家中时，已有李烈钧、朱培德、戴季陶、叶楚伧、陈璧君、陈公博等人在座，在谈及如何处理事变时冯玉祥和何应钦、戴季陶发生了冲突。何应钦以国君有难理当勤王武力讨伐，李烈钧主张保证蒋介石的安全。戴季陶、叶楚伧、朱培德从春秋大义出发，支持何应钦；陈璧君、陈公博则支持李烈钧。在戴季陶等主张把军权交给何应钦时，冯玉祥坚决反对。因为没有结果，只得赶到中央党部召开紧急会议。

当晚11时30分，国民党中常会和中政会临时联席会议召开。在会议上，"忽然戴季陶先生站起来了，他的神态简直像疯狗一般，他大声疾呼的主张讨伐。他激昂地说，现在委员长的吉凶未卜，若是不幸而为凶，则我们还去和叛逆妥洽，岂不是白白的上了他的当，乃至将来无法申大义讨国贼；若是委员长还是安全的话，则我们用向绑匪赎票的方式将委员长救出来，则委员长又将何以统帅三军，领导全国？现在我们只有剑及履及的讨逆，才能挽救主帅的生命。""我们要警告大家，若是今晚我们中央不能决定讨伐的大计，明天全国立刻大乱！"因为孔祥熙、宋子文、宋美龄等人不在南京，会议完全出现一边倒，由武力讨伐派占尽上风，会议进行了近4个小时，作出了5项决定：因为行政院长蒋介石不在职，由副院长孔祥熙代理；因为蒋介石不在职，扩大军事委员会常委会的组成，推举何应钦、程潜、李烈钧、朱培德、唐生智、陈绍宽为军委会常委；军委会由冯玉祥副委员长和常委共同代行委员长职责；由军委常委、军政部长何应钦负责指挥全部军队；褫夺张学良本兼各职，交军委会严办。

会后，何应钦开始调动军队，向西安及潼关、兰州一带集结。于右任则以"西北宣慰使"的名义，北上进行分化活动。

宋美龄在她的《西安事变回忆录》中，描述了何应钦准备实施军事讨伐的局势。她说：西安"四周军队皆整装待发，叛军之后，复有共军，凡此各方，皆屏息以待，立可爆发。而中国境外复有各国静观此间之结果。所谓东北军者，人数众多，军械精良，其作战之计划，即以后方知共军为其唯一之后盾；而虎视眈眈之帝国主义者，正是盼中国内战之爆发，俾以借口以大规模之侵略，完成其统治中国之迷梦，则此种现象之造成，自将引起彼方之无限制之干涉。凡上述之危伏，皆为日来缠绕我心坎之魔影。自闻军事长官坚决主战之论调后，未能一日忘怀者也。"

何应钦不顾蒋介石的安危，企图发动内战，暴露出蒋、何之间的矛盾，可他的武力勤王，为蒋介石篡改一生中使他最为难堪的在西安发生的事实提供了借口。事后蒋介石说中共之所以同意和平解决，张学良之所以礼送他回南京，是因为何应钦的讨伐、施加军事压力的结果。因此，在西安期间他并没有作出任何让步，"停止内战，一致抗日"的决策是他早已确定的战略，以此粉饰自己，也就是说何应钦的讨伐给蒋介石备下很好的台阶。其实蒋介石有所不知，如果何应钦的讨伐计划真能实现，兵临西安，再起战火，蒋很可能成为地下新鬼了。

和平解决派以孔祥熙、宋子文、宋美龄为代表。其中最着急的是宋美龄，最圆滑的是孔祥熙，最肯干的是宋子文。

西安事变时正值星期六，孔宋家族主要成员正在上海，宋美龄正在上海主持国民政府航空委员会的改组。孔祥熙得知消息后，立即致电张学良，表示对张学良爱国心切，必有不得已苦衷，但要委婉协商，不要反为仇者快，以先稳住西安方面。宋美龄得知丈夫被扣后，焦急万分，立即和孔祥熙、宋子文等人漏夜出发，在12月13日清晨到达南京。当他们见到张学良、杨虎城的通电后，觉得主要是为了抗日，只要同意抗日，事变应该可以得到和平解决，三人的主意已定。

下午 3 时，国民党中央常委和中央政治委员会再次召开联席会议，孔祥熙、宋子文、宋美龄参加了会议。何应钦在会上宣称，洛阳一带的中央军已经开始向潼关进发，西安城外发生小规模战斗，必须乘张学良、杨虎城还未作好准备之前，向西安发动军事进攻，救出蒋介石。戴季陶、吴稚晖等人公开附和，煽动与会者，立即下令对西安进行讨伐。孔祥熙、宋美龄等在会上据理力争，提出应该力争和平解决事变。

会上争论的主要内容有二：一是关于蒋介石的安全问题。和平解决派认为，对西安的军事行动将首先危及委员长的生命，有可能被南京方面的飞机炸死，有可能被"叛军"误认为和平解决事变无望而杀死蒋介石这位身价不凡的人质。谈判虽说是向张、杨二将变相屈服，失掉中央政府的声誉，却可保住蒋某的身家性命。宋美龄直截了当地责问何应钦："若有其他途径可寻，又何必求军事解决？张、杨要求的不过是'抗日'二字，何必大动干戈？"讨伐派认为，中央政府不能不对将军们、实力派的拥兵割据、作乱行为采取行动，讨伐是为维护蒋介石的元首地位而战。如果一国之君被扣，无一兵一卒拥君平叛，那么蒋介石、中央政府威信何存？在军事高压下，张、杨不会孤注一掷，不会放弃和平解决事变的努力。故讨伐是既能争回中央政府应有的声誉，又能救驾回宁。因此，在讨伐派的坚持下，会议正式决定对西安进行讨伐。

3 天后（12 月 16 日）南京政府公开发布讨伐令，任命何应钦就任讨逆军总司令；顾祝同任讨逆军西路集团军总司令，在兰州集结兵力由西向东；任命刘峙为讨逆军东路集团军总司令，在潼关外集结兵力由东往西。十数个师的大军东西呼应，对西安进行军事威慑。同时，轰炸机则开始出动，对西安方面实施轰炸。身为行政院长、主持行政院工作的孔祥熙反对未果。因为许多亲信将领已去了西安和集结部队，宋美龄只找了中央军官学校教育长张治中等人，进行劝阻也没有结果。直到 18 日蒋鼎文从西安回宁，带来了蒋介石接受中共代表团和张学良、杨虎城劝告后命令南京方面停止讨伐的手令，何应钦才同意停战 3 天。

双方争论的另一个问题是，关于宋美龄去西安问题。孔祥熙等人主张宋女士亲自赴西安与张、杨谈判，以利于事变的解决。讨伐派反对，认为宋美龄飞陕只会使西安方面又多掌握一个重要人质，对南京方面更为被动。双方争执不下，互不让步，所以宋美龄飞陕时已是事变发生的第 11 天即 22 日。

在她之前，南京政府于 14 日下午派出了端纳作为第一个代表飞西安。同时张学良派来的代表爱尔德等人也于 16 日来到南京，他们传来的信息都是一致的，即"兵谏方面"绝无杀蒋之意，欢迎南京方面派代表赴陕讨论抗日军政大事，为蒋介石顺利回南京作出安排。16 日，由周恩来率领的中共代表团到达西安，这为和平解决事变提供了政治保证。在这有利于事变向最好结果发展的情况下，主战派依然不赞成政府出面与"兵谏领导人"谈判，拒绝宋美龄亲赴西安。18 日蒋鼎文带着蒋介石"停止讨伐军事行动"的手令到达南京，使得南京方面没有理由再阻止代表赴陕。12 月 20 日，宋子文准备飞西安，何应钦得知后十分生气，强行命令宋子文取消此行，警告宋子文不要插手此事。但是宋子文此时只是全国经济委员会主席和中国银行董事长职，并无行政职务，并且和张学良的关系非同一般，因此他毫不客气地回敬道："我是个不担任公职的平民，不是军人！"回绝何应钦。他还声明说："我之所以单枪匹马先去西安，并不是为了挽救我的私亲妹夫，而是为了民族大业，为了国家前途，为了抗日。"何应钦见无法阻止，还使出最后一招，即注明宋子文只是以"私人身份"前往联络。宋子文与蒋介石的关系并不融洽，曾经权倾一时的宋子文，被身为妹夫的蒋介石刚撤去行政院副院长、财政部长、中央银行总裁职务不久，仇恨没有忘记。但在这关键时刻，他运用自己在南京政府中的影响力只身飞赴西安，除了不忍心看见妹妹一直哭哭啼啼外，还有确实想和平解决西安事变。不管如何，宋子文的行动，充当南京、西安的联络员，这一点为解决事变开辟了途径。此时已是蒋介石被扣第 9 天，次日回宁。宋子文的行动对南京政府来说是至关重要的，他带回南京的消息和他个人来去自由，使得主战派失去了军事解决事变的口实，主战派不得不同意宋美龄飞陕。

宋子文的行动对蒋介石来说至关重要，因为蒋介石不是不想解决事变，也不是完全反对组织抗日，只是"不谈判"的态度一出，再改变更失脸面、身份，宋子文的到来，给蒋介石一个机会和台阶，蒋也默认宋子文和西安代表谈判，打破了"不谈判"的僵局。宋子文的行动对西安东北军、西北军和中共代表来说也是及时、有益的。他的特殊身份造成西安三方和南京政府方面也是和蒋介石间事实上的沟通，为解决事变提供了可能；宋子文一到西安，就接受了西安三方的政治主张：停止内战，一致抗日，逼蒋抗日，拥蒋抗日。正是他的转变，才具备了说服宋美龄同意抗日、然后兄妹俩飞陕西再配合中共代表劝说蒋介石接受中共与张、杨将军提出的"六项口头协议"的前提。

从得知蒋介石被扣西安到亲飞西安的 11 天间，作为"第一夫人"的宋美龄坐立不安，在和主战派周旋中，受尽何应钦等人的白眼，她不会忘记。在她的《西安事变回忆录》中曾记下了这一过程中的感受："中央诸要人，于真相未明了之前，遽于数小时内决定张学良之处罚，余殊觉其措置太骤；而军事方面复于此时，以在即动员军队讨伐西安，毫无考量余地，认为其不容推诿卸之责任，余更不能不臆断其为非健全之行动。军事上或有取此步骤之必要，委员长或亦悬盼此步骤之实现，然余个人实未敢苟同。因此下决心，愿竭我全力，以求不流血的和平与迅速之解决。"

"因此反复申述，请各自检束与忍耐，勿使和平绝望；更请于推进讨伐军事之前，先尽力求委员长之出险。盖战争开始之后，委员长即不为其亲自统率之陆空军轰炸所误中而丧生，亦将为怨恨暴戾之叛军所残害。"

"不料此时余已陷入甲胄森严与战斗意识弥漫之重围中矣。"

"余乃详告诸人曰：'余虽为妇人，然余发言，绝非为营救丈夫之私意。倘委员长之死，果足为国家造福，则余必首先劝其牺牲。惟目前处置西安叛变，若遽张挞伐之师，经施轰炸，不独使举国所拥戴领袖之生命，陷于危殆，即陕西数千万无辜良民，亦生罹兵燹之灾，且将使为国防而建设之国力，浪作牺牲。故为国家计，不得不吁请诸公觅和平解决之途径。"

"诸公今日，一面尽可作阵地之配备，唯须力诫开枪，勿轰炸以启衅；而一面当乘此时机，努力营救委员长出险，倘和平以至万分绝望之时，再开始战争，亦未为晚。"尽管宋美龄如此表白，但其救夫心切，溢于言表。

宋美龄对主战派阻止她飞陕救夫也耿耿于怀。她说：当她宣布要飞西安时，"群议哗然，以为不可，反对之声纷至。"

"不曰余此去绝无收获，即劝余勿作不必要之牺牲；不曰余去被囚，徒令叛变者多一要挟我夫之借口，即曰最少我投身作质，徒扩大事件之纠纷。"

"尝自反问曰：岂我等求出生民于水火之努力，已于最后绝望时期耶？岂我等复兴民族、建立国家之计划，果将从此毁灭耶？深思终不得解，然余终坚持我信念不舍。"

"余信念益坚，知避免战争之奋斗，更有努力推进之必要，因此余竭全力求赴西安，孔（祥熙）部长与余之诸姊弟皆愿伴余同往，尤足感人。然主张讨伐者仍竭力阻我成行，余始终未为所动，当激烈辩论、情绪亢张之时，竟无暇计及发言之态度矣。"

"余始终坚持之信念，故愿决死为和平奋斗，以期其成。因此，余决意力赴西安。"

"及12月20日晨，停止进攻之期限已至，余力争展限三日，决偕子文同机入陕，神经兴奋，几不能持。行至最后一瞬间，政府中高级长官群集余所，坚请暂留。亦有余若留京，尚可于委员长离西安以前，劝止中央军之进攻者。余乃自动与彼等约，倘子文后，三日内不能返京，则不得再阻余飞西安。"

"星期一（21日）下午，端纳、宋子文先后到达（南京），各述闻见。余坚持明晨必偕彼等同机返陕。"

"当时余对西安事变已具一种妄想：譬之造屋，端纳既奠其基，子文已树柱壁，至上梁盖顶完成之工作，实为余无可旁贷之责任矣。"宋美龄飞陕，因为她已在宋子文的劝说下接受西安方面提出的政治主张，所以对解决事变或多或少有所助益。

孔祥熙虽说没能有效阻止何应钦等人的行动，作为行政院代理院长也不能脱离岗位赴西安，但他还是尽力相救这位连襟。他在会后，利用代理院长的身份，分别致电兰州于学忠、北平宋哲元、济南韩复榘、开封商震、青岛沈鸿烈、山西阎锡山以及杨虎城的师长冯钦哉等人，劝告他们放长眼光，不要投机，一致拥护中央既定国策，完成国家之统一。孔祥熙之举，无非是要孤立张学良、杨虎城，向西安施加压力；同时也要他们为和平解决事变作出贡献。他的举措，或多或少收到了效果，缩小了何应钦等主战派的影响。

在宋美龄、孔祥熙等人看来，西安事变的任何解决方式，均以蒋介石的安全为前提，武力解决会导致蒋介石丧生的内战爆发，事实也是如此。但在如何保证蒋介石生还南京问题上，和平解决派有局限性。

蒋介石的安全取决于西安方面的态度，张学良、杨虎城对蒋的处置意见则由多方面促成。中国共产党代表团力主和平解决事变，利用扣押蒋介石、国民党方面将被迫与中共谈判的有利时机，劝说蒋介石放弃内战政策、结束对日妥协、为组成抗日民族统一战线创造条件。张、杨二将军接受中共劝导，主张只要蒋介石愿意抗日，确保委员长安全，所以西安方面的东北军、西北军、红军是保证蒋介石安全的主要力量，宋美龄和孔祥熙、宋子文没有想到这一点。

南京方面讨伐与否不是影响西安方面决策的主要因素，因为西安的三大政治力量均不赞成内战，同时也对南京方面的讨伐做了有效的准备。宋美龄营救蒋介石的计划，南京方面接受与否均对西安方面不起决定性的作用，她以阻止讨伐为内容的救蒋设想，无法导向事变的发展趋势，因为西安方面根本没有处决蒋介石的意向。当然也应该看到，如果南京方面的军事讨伐全面进行，则会引发一场空前的内战，这将是对民族的犯罪，所以阻止南京方面武力讨伐派行动的主要意义是在这里。

共产党力主和平

对和平解决西安事变起到关键性作用的是中国共产党。

1936 年 12 月 12 日下午，蒋介石被张学良、杨虎城活捉的消息传到中华苏维埃政府和中共中央所在地保安，中共驻东北军代表刘鼎致电毛泽东，报告了西安事变的大致情况。在此之后，张学良、杨虎城的电报也到达，请求中共派遣代表团赴西安，共商事变解决大计；请求中共将红军主力南移延安地区，接应西安方面的行动，以防不测。

红军战士和边区民众传达"蒋介石被活捉"的消息是在 12 日晚上，人们敲锣打鼓，载歌载舞，欢庆这一人民的胜利。当然，人们基于国民党蒋介石集团对人民欠下的无数血债，基于国民党蒋介石集团对革命犯下的滔天罪行，不可避免地产生把蒋介石游街然后公审、枪决的愿望，在中共内部也有部分领导干部和党员有此想法。

善于捕捉政治动向、确定政治方针的中共中央政治局委员们：中共中央军事委员会主席毛泽东，红军总司令朱德，中央军委副主席周恩来和张国焘，中央军委前敌总指挥部政委任弼时，红 2 方面军总指挥贺龙，中央军委前敌总指挥彭德怀，中央军委前敌总指挥部政治部主任王稼祥，红 2 方面军政委关向应，在毛泽东的办公室里通宵开会，分析形势，寻找解决事变的最佳途径。从情感上讲，最希望杀蒋介石的应该是中国人民，应该是中国共产党，但是现在不能为了一党私利而置中华民族危亡于不顾，不能无视日本侵略者的步步进逼而置全国人民的抗日要求于不顾。因此，毛泽东等人认为，西安事变无非有两种前途，一种是触发大规模内战，削弱全国抗日力量，全民抗战运动无限期地被推迟；另一种是抓住有利时机，逼蒋抗日，推动抗日民族统一战线的建立。

中共领袖们根据近一年来与东北军和西北军的来往，对张学良、杨虎城的所作所为已经非常熟悉；事变前夕离开西安的叶剑英也根据在西安期间掌握的情况，向中共中央作了详细汇报。因此，在中共领袖们看来，张学良、杨虎城的捉蒋壮举并非偶然，并非出于对蒋介石的个人恩怨，而是出于对抗日的热忱和期望。因此，事变应该具有和平解决的可能。

中共领袖们认识到，蒋介石被抓，但蒋介石的实力、军队、政府没有消灭，如果处理不当，只能引起内战。事变能否和平解决的关键是能否保证蒋介石的安全，能否保证蒋介石安全的关键是能否阻止讨伐派的武力进攻，能否阻止讨伐派进攻的关键恐怕还是蒋介石自己，能否劝蒋介石阻止讨伐派进攻的关键是能否劝说蒋介石接受"停止内战，一致抗战"的主张。此时的蒋介石应该具备了接受中共"停止内战，一致抗战"的基础，在全国人民和各界人士强烈要求抗日的大背景下，面对张学良、杨虎城以牺牲小我成抗战、不惜武力扣蒋的过激行为，如果保证蒋介石的安全，如果承认蒋介石的领导地位，蒋介石完全有可能走上参加全民族抗日战线、发动全民抗战的正义之路。正如毛泽东所说的：陕北的毛驴很多，让毛驴上山有三个办法，一拉二推三打。蒋介石是不愿抗日的，我们就采取对付毛驴的办法，拉他推他，再不干就打他。但是驴子是会踢人的，我们又要提防着它，这就要又联合又斗争。毛泽东的比喻十分恰当，中共的目标是为了赶蒋介石"上抗日山"。对中共来说，赶蒋介石登上"抗日山"的机会终于到来。西安事变的发生，也为由完全结束"反蒋抗日"、通过"逼蒋抗日"转而实现"拥蒋抗日"提供了机会。

中共领袖们迅速在"事变应该和平解决问题"上取得了共识，但是在"如何实现和平解决事变问题"上则需要进行研究，在如何逼蒋同意抗日的对策上则需要进行商议。到天亮时，中共领袖们就如何争取事变和平解决方面，作出了决定。会议决定的方针是：坚决反对新的内战，推动南京政府和西安方面在团结抗日的基础上，和平解决事变；联合南京政府"左"派、争取中间派、反对亲日派，推动南京政府同意发动抗战，揭露日寇及亲日派发动内战的阴谋；采取军事和政治上的实际行动，援助张、杨提出的抗日主张；军事上做好反击"讨伐军"的准备，但这是防御战，目的是为了促成全国性抗日民族统一战线的建立与发动全国性的抗日战争。

会上决定，由中共中央军委副主席周恩来、中共中央组织部长秦邦宪、中共中央军委参谋长叶剑英组成中共中央代表团，前往西安进行谈判；向全国发布通电，宣传中国共产党和平解决事变的立场；命令红 1 军团、红 15 军团等主力南下延安南部，随时准备开赴关中地区，进行阻击讨伐军的防御战。

12 月 14 日早晨，周恩来、博古、叶剑英以及邓发、李克农、罗瑞卿等一行 20 余人，前往延安。16 日下午 2 时乘坐张学良派来的飞机，飞往西安。15 日和 19 日，中共中央两次发表通电，揭露了亲日派发动讨伐的阴谋，阐明了和平解决西安事变、释放蒋介石的基本立场，呼吁立即实现停止全面内战，立即发动全民抗战。19 日，中共中央发出了《关于西安事变及我们任务的指示》，针对党内出现的"报仇杀蒋"主张以及对"拥蒋抗日"的疑惑等两种截然不同的呼声和观点，统一全党思想。

张学良、杨虎城虽然发动"兵谏"扣留了蒋介石，也提出了"八项主张"，但是由于蒋介石拒绝接受与"兵谏"一方进行任何形式的谈判，南京方面从 12 日起由亲日派出面态度一直十分强硬，各地方实力派更是态度各异，使得事变几乎没有一点解决的希望。确切地说，两位将军有胆量抓蒋介石，精神可嘉，为中华民族立下了千秋功业，但不具备处理如此重大和复杂的政治事件的能力。

12 月 14 日黄昏，端纳从南京到达西安。经过与端纳交换意见，张学良向南京发出了欢迎南京代表到西安谈判的邀请电。由于南京城内武力讨伐派和和平解决派的对立和争论，南京代表一直没有来，关于解决事变的任何措施无法进行。这更使得张、杨两将军焦急万分，因为他们扣留的是蒋介石，国不能一日无君，因此不能长期扣压蒋介石；民族危机日重，因此蒋介石不同意抗日就不能释放蒋介石；蒋介石拒绝谈判，南京代表不来，谈判无法进行，但又不能无限期地扣压蒋介石。在几难之中，张学良、杨虎城将军盼来了中共代表。

12 月 16 日，西安派出的第一个赴南京代表爱尔德飞南京。这恐怕是旧中国政治的滑稽之处，政治上对立的中国人相互间不信任，派出的代表除无法保证生命安全外，对方不会信任他，内部也会被人议论，甚至被谗言所害，最终成为双方争斗的牺牲品，只得求助于外人。外国人既没有政治包袱，也没有生命威胁，所以在近现代史上经常用来充当政治对立双方的第一批摸底代表。爱尔德到南京后，传达了西安方面的态度，但没有得到南京方面的立即回复，而且从当天起南京政府正式颁发讨伐令，十数万大军向西安方面挺进，飞机开始轰炸渭南地区。

黄昏时分，张学良在金家巷公馆前面迎来了周恩来，前来迎接的各界人士对两人如此熟悉非常惊讶，周恩来意味深长地说："我们是老朋友了！"双方立即进入正式会谈，周恩来明确指出，捉蒋方式多少带有军事阴谋的性质，蒋介石被扣后并没有改变任何方面的实力，但蒋介石被扣后如果处理不当，把西安和南京置于敌对地位，极易引起新的内战。事变的解决有两种前途，从发动事变的本意出发，为力争实现发动事变的目的，应该争取和平解决事变。张学良除了对"军事阴谋"一词感到刺耳外，不得不佩服中共领袖们的深思熟虑，同意中共提出的通过谈判、迫使蒋介石接受抗日要求、组织抗日民族统一战线的主张。

17日上午，周恩来与杨虎城在九府街公馆会谈。杨虎城对中共主张放蒋想不通，更认为释放蒋介石对中共来说没有危险，因为这是党对党的问题；但西北军和东北军作为蒋介石的部下，气量狭小、心毒手狠的蒋介石如果秋后算账两军将陷于绝境。杨虎城这一点是说对了，但是在当时来说根本没有办法解决这个问题。周恩来表示，如果放蒋能够促进全国抗日的进行，则要比杀掉一个蒋介石、引起全面内战的结果要好得多；至于如何制止蒋介石的报复，从形式上看，放蒋时应该提出不许报复的条件，但从根本上讲，只有一条路，那就是西北军、东北军和红军"三位一体"，在抗日民族统一战线中统一行动，蒋介石即使想报复也无法报复。周恩来的话也是对的，因为张学良执意送蒋被扣，"三位一体"联盟被破坏，失去了制止蒋介石报复的最重要的屏障，杨虎城最后也身陷囹圄，惨遭杀害。

张、杨和中共意见一致后，在东北军尤其是在西北军的中、高级将领中，还有许多人主张杀掉蒋介石，以绝后患；不要让中共插手此事，以免赤化。周恩来深知说服这批将领的重要性，冒着生命危险，来到西北军的一批准备闹事的军官中。面对场上的一片杀蒋声，他的第一句话是："杀还不容易，一句话就行了。"在场的军官们没想到中共首脑如此体谅民意。周恩来接着分析说，蒋介石该杀，但是现在不能杀，因为要防止内战，因为要制止亲日派的阴谋；蒋介石现在面临的形势是抗日则生，不抗日则死，因此可以逼蒋介石听取大家的抗日呼声；中共的方针很明确，主张各党、各派、各军放弃旧仇宿怨，把一切人力、财力、物力、军力都用到抗日上，其中包括把拥有很大实力的蒋介石也拉回到抗日立场上来。在场的军官们原本认为与国民党蒋介石集团有着血海深仇的共产党人，应该最恨蒋介石，应该坚决主张杀蒋介石，没想到共产党人有如此广阔的胸怀，他们心服口服。

自从中共代表团到达西安，并经过与东北军、西北军、政界、社会各界人士和各地来西安的代表深入交谈，在和平解决事变、与国民党谈判、组织抗日民族统一战线等方面取得了共识。

蒋介石的拒谈立场没有改变，但经过端纳和张学良将军的多次劝说，特别是中共代表团和周恩来到达西安后，他也开始愿意为解决事变出力。他本人不愿出场谈判，但必须让南京方面派代表来谈，因为不谈不能解决问题。所以在17日，他同意派出福州绥署主任、原定的赴陕"剿共"前敌总指挥蒋鼎文作为代表，带着他的手谕飞返南京。"敬之吾兄：闻昨日空军在渭南轰炸，望即令停止。以近情观察，中（正）于本星期六以前可以回京，故星期六日前万不可冲突，并即停止轰炸，为要！顺颂戎祉。中正手启十二月十七日。"蒋鼎文的到来，说明蒋介石已经开始转变，说明蒋介石已经同意进行谈判，这样使得何应钦等亲日派已经没有理由拒派代表赴陕。

20日上午，与张学良有着良好关系的宋子文顶住何应钦的压力，代替身任行政院代理院长的姐夫孔祥熙，飞赴西安。他一下飞机，立即要求会见中共代表周恩来。宋子文和周恩来也是十年未见的老朋友，当年在广州时，两人经常见面，一起参加高层会议，如果不是国共政治对立，两人也是无话不谈的好朋友。此外，此次周恩来的意见又起着举足轻重的作用，所以，他一下飞机就想见周恩来。他与周恩来、张学良、杨虎城等人先后进行了紧急会谈，这位西方培养出来的经济学家，以数据化的思维方式和直率，完全同意中共和张、杨解决事变的方案，并同意出面劝说蒋介石接受"停止内战、一致抗日"的主张，劝说蒋介石接受防止内战、制止讨伐的方案。

21日，凭借先进的交通工具，收获很大的宋子文回到南京，向妹妹宋美龄汇报了西安方面的立场，并且认为妹妹有必要亲自到西安走一趟，聆听中共的意见，面劝委员长同意抗日，以促成事变极早解决。对一些至今还对西安方面的主张疑惑不解的人，对至今还不放弃讨伐计划的亲日派，宋子文不客气地说，只有周恩来这样了不起的人，具有政治远见，力主和平解决事变、释放蒋介石，南京有谁能承担这样的风险挽救委座？相反，还有人要轰炸呢？

22日，宋美龄、端纳、蒋鼎文、戴笠在宋子文的陪同下，乘机离开南京前往西安。宋美龄直到到达西安前，认定的主要对手，一是南京政府内的讨伐派，二是西安的"兵谏者"和中共代表团。在对待讨伐派方面是有矛盾的，讨伐派对西安施加军事压力，以"国君有难，诸侯勤王"的春秋大义兵临潼关，宋美龄是赞成的；讨伐派准备发动军事进攻、轰炸渭南等激化矛盾的措施，以及内战带来危及蒋介石生命等结果，宋美龄是反对的。对于"兵谏者"和中共代表团，宋美龄到陕前，始终不信任，以至给她带来很大的压力。因为在谈判前，她不可能完全同意张、杨将军在事变之初提出的救国主张，不可能理解"兵谏"压蒋抗日的举动，也不愿意接受蒋介石被部下扣押已成囚徒的事实，她不是政治家也不是战略家，因此使她想去西安又不敢去西安，去了西安又担心不安全。

她在自己的《西安事变回忆录》中说："余启行时，神志清时，镇定坚决，绝无怯意。然冒险而入叛军统治之区域，能了解此危机之巨大者，当时固无人较余更深切也。""余于飞机着陆前，出手枪于端纳，坚请彼如遇军队哗噪无法控制时，即以此杀我，万勿迟疑。"

事实上，讨伐派在此时已经态度软化，在事变出现和解的曙光，在通过实施军事讨伐、逼"兵谏"方面除掉蒋介石的阴谋失效后，蒋介石返宁只是时间问题，亲日派主导南京政府已成梦幻，所以何应钦只得因势利导，就阶而下，隐去除掉蒋介石、组织亲日政权的内容，集中表露自己的讨伐只是为了勤王救君。因此，如果讨伐派果真一心坚持乱中夺权，连蒋介石的生命都不在乎，还在乎宋美龄的生命吗？反过来如果讨伐派如此看重宋美龄的性命，那也不会把炸弹往蒋介石头上扔！也就是如果亲日派一意孤行，真想借刀杀蒋而代之，也非宋美龄所能劝阻。

她至今还不信任"兵谏领导"和中共领袖则显示出她的幼稚。西安"三位一体"的决策中，从未有过非难蒋介石和宋美龄的打算。如果西安三方真想杀蒋，只要"一句话就行了"，非宋美龄所能劝阻；如果西安三方真想造反，宋美龄迟来早来都一样，下飞机就进囚车。

正是她的这一次被她本人所吹嘘"入虎穴、决死为和平奋斗"的"壮举"，她以惯有的自负和任性，利用这一机会，向讨伐派为代表的官僚进行搏斗，事实上11天间她与讨伐派的交锋，是她第1次在蒋介石不在场，以个人名义，赤裸裸地干涉国家政治生活，这种干预又以宋美龄的胜利而暂告结束，以后她插手国民党核心圈决策的胆子越来越大，这是西安事变给国民党政界带来的副作用。至于宋美龄本人也不相信讨伐派发布讨伐令是谋害蒋介石的阴谋，也知道作为硬的一手的讨伐令是她作为软的一手的和平解决方法的补充。如果宋美龄真是认为讨伐令是加速蒋介石的死亡，宋美龄、蒋介石以后也不会和讨伐派的骨干何应钦、戴季陶、吴稚晖等人继续合作下去，特别是当时身为"讨逆军总司令"的何应钦又怎么和蒋家再相处50年？

飞到西安救夫的宋美龄

　　宋美龄特意让飞机在洛阳停留。在机场，这位"第一夫人"特意召集集结在洛阳地区的将领和军官，要他们不要轻举妄动，不要再轰炸陕西方面，以确保委员长的安全。宋美龄对空军有着很大的影响力，担任国民政府航空委员会秘书长已有一年，她凭着对航空事业的兴趣，利用自己特殊的权势，从经费、人事上为空军排忧解难不少，当然也在空军中培植了一批亲信。因此，她在洛阳机场的讲话，空军将领和军官不会抗命。

　　宋美龄的座机到达西安上空后，为引起地上的注意，特意在上空转了几圈。飞机降落时，张学良前来欢迎。宋美龄表示不让检查行李后，张学良同意放行，但没收了戴笠的一支小手枪。

　　宋美龄直奔金家巷的高公馆来见蒋介石，在如此状况下见面情景可想而知，两人也是悲喜交加。患难之际见真情，宋美龄于蒋介石危急之时，在南京、西安鼎力相助，确使蒋介石感动。蒋介石确实高人一招，他对夫人说，我今天早晨打开《圣经》，正好看到"耶和华今将有新作为，将令女子护卫男子"处。我一思忖，就知道你要来，果然你就来了。

　　宋家兄妹的到来，为双方的谈判提供了基础。周恩来和宋美龄各自都有了解，当年宋美龄还在上海时，正在上海中共中央机关的周恩来曾经见过这位十分活跃、在上层社交圈有一定名声的宋家三小姐；宋美龄成为"第一夫人"后，在她案桌上放着的敌情通报中，则经常出现周恩来的名字和活动简况。西安事变，这一特定的历史事件，为两人见面提供了机会。

12月23日，事变发生后的第12天，谈判在金家巷的张学良公馆举行，双方代表分别是，西安方面由中共代表周恩来，东北军代表张学良，西北军代表杨虎城担任；南京方面代表则是宋子文，后来宋美龄也加入。蒋介石死要面子，提出他不参加谈判，由宋子文、宋美龄作为代表；谈判如有结果，他不签字，只是以"领袖人格"担保。对于这两点，"三位一体"表示理解和同意。因为，蒋介石身为元首，又不是举行最高会晤，作为谈判代表不可能；至于他不签字，毛泽东在给周恩来对此问题请示的回电中讲得非常清楚："要他签字干什么，签与不签一回事嘛！他要推翻的话，签了字也没用。"

在第1次会谈中，周恩来提出六项主张：（一）双方停战，中央军撤至潼关以东；（二）改组南京政府，肃清亲日分子，加入抗日分子；（三）释放政治犯，保障人民的民主权利；（四）停止"剿共"，联合红军抗日，共产党公开活动（红军保存独立组织领导，在民主国会前，苏区仍旧，名称可冠以抗日或救国字样）；（五）召开各党、各派、各界、各军的救国会议；（六）与同情中国抗日的国家合作。急于结束事变、争取蒋介石回宁的宋子文，认为周恩来的六项主张并无过分之处，可以考虑。

当天下午，继续谈判，宋子文就改组南京政府提出具体方案，由孔祥熙、宋子文负责组阁，驱逐亲日派，并表示先成立过渡政府，3个月后成立正式的国防政府。西安方面认为可以接受，但提出蒋介石回京前，应该先行撤退中央军和释放"七君子"；在过渡时期，先由东北军、西北军和红军共同成立西北抗日联军，由南京政府提供军饷和必要的开支。

24日上午，宋美龄加入谈判，基本接受西安方面的主张。不同的是，先让蒋介石回南京，红军由东北军暂时负责接济，到抗战正式开始后中共再公开活动，红军统一改编。并提出蒋介石回南京后，辞去行政院长职，召开国民党全会，开放政权，召集救国会议，3个月后改组国民党。宋子文和宋美龄坚持，只要蒋介石下令撤兵，应该放蒋介石回宁。除此之外，宋家兄妹俩还认为，因为中国国力薄弱，抗战只能准备还没有到开战时刻。西安三方，对"唯武器抗日论"和"抗日准备不足论"进行了批驳，但对宋家兄妹提出的方案还是基本认同。

总之，两方四派的谈判，进行得较为顺利，分歧并不大。这说明中共有准备，提出的方案恰到好处；张学良、杨虎城有觉悟，出自公心捉蒋出自公心谈判；宋家兄妹有诚意，既有抗日之心，也有解决事变之意。到24日晚，谈判取得了"六项共识"。

（一）改组国民党与国民政府，驱逐亲日派，容纳抗日分子；

（二）释放上海爱国领袖，释放一切政治犯，保证人民的自由权利；

（三）停止"剿共"政策，联合红军抗日；

（四）召集各党、各派、各界、各军的救国会议，决定抗日救亡方针；

（五）与同情中国抗日国家建立合作关系；

（六）其他具体各项：如命令中央军入陕部队撤出潼关，西北各省军政由张、杨负责。

随着这一重要协议的签订，周恩来去见蒋介石的时机已经成熟。24日晚，周恩来在宋子文、宋美龄的陪同下，来到戒备森严的高公馆。这位十年前的政治部主任，见到了当年的校长、总司令。

斗转星移10年间，蒋介石当年的部下周恩来已成为政治对手之一。两人见面时，周恩来看到当年骑在战马上英姿焕发、面容冷峭的蒋介石，因为在事变中受惊吓、受风寒、跌伤的原因，面色疲倦不堪，腰也直不起来，勉强地从床上坐起来。第一句话就是："蒋先生，我们有十年没有见面，你显得苍老多了。"

蒋介石显然对周恩来的印象很深，他还用当年两人合作时的称呼说："恩来，你是我的部下，你应该听我的话。"周恩来非常明确地回答："只要蒋先生能够改变'攘外必先安内'的政策，停止内战，一致抗日，不但我个人可以听蒋先生的话，就连我们红军也可以听蒋先生的指挥。"宋美龄也不失公允地对丈夫说："你们本是同校故交，今日会面，要互相见谅。此次您在西安出现，多亏周先生千里迢迢前来斡旋，实在感激得很！"张学良接过宋美龄的话表示："只要委员长同意抗日，我们仍拥护委员长作领袖。"

周恩来在自己的文章中，对这一段短时间的会见是这样写的：周恩来责问蒋介石："我们要求停止内战，为什么不停止？"蒋介石回答："我等你们到西北来。"周恩来接着说："我们已经到西北一年多了。"蒋介石没有回答，周恩来对此解释说："他的意思很清楚，是要在西北消灭我们。"当然蒋介石也向周恩来表示："停止'剿共'，联红抗日，统一中国，受他指挥。"（《周恩来选集》上第192、73页）

相隔10年后，国共两党首脑见面的气氛是好的，也是有成效的。蒋介石当即向周恩来表示：停止"剿共"、联红抗日，南京政府的地位不应改变；由子文、美龄、张学良全权代表他解决一切；回到南京后，周恩来可以直接去谈判。

两人要谈的主要内容和见面的主要目的已经实现，蒋介石要宋家兄妹可以和恩来多谈一谈。周恩来也告辞出来。

"六条协议"反映了全国人民的一致要求，集中了各党、各派、各界、各军面临外侮决心一致对外的基本立场。从中可以看出，张、杨发动事变的真实用心，可以看出中国共产党人公忠体国的赤诚之心，当然也可以看出蒋介石和南京政府在"攘外必先安内"方面根本性的转变。

经过10年风雨、10年血战的国共两党，终于签订下第一个非正式协议，两党首脑终于实现会面，这预示着两党的政治关系即将改变，中国政治格局即将出现重大改变，中国现代史即将出现新的一章。

张学良力主送蒋

政治谈判接近尾声，释放蒋介石理所当然提上议事日程。在西北军、东北军组织的政治设计委员会内部，气氛紧急，担心如果无条件释放蒋介石，蒋介石的报复势在难免，与其到时受蒋迫害，还不如趁早杀掉蒋介石。他们推荐政治设计委员会主持人高崇民向张学良反映。在24日下午，张学良召集政治设计委员会会议，倾听意见。在会上他明确地表示，对于蒋介石的处置，关系到国家民族命运的天大的事，做错了一点，我们担不起。我要警告你们，不许你们在外边随便乱说，尤其不许你们任意胡闹。张学良还说，蒋介石态度的转变，是被逼出来的，他真要出尔反尔，谁也没有办法，你们也没有办法。

这位时年35岁的副总司令，此时显出了政治上幼稚。在会上当有人提问他是不是准备送蒋介石回南京时，他明确回答："是的，我打算亲自送他回南京。"张学良还解释说，这一着我比你们高明，这一着我是为了抓住他的心。我们万不能再难为他，我们要给他撑面子，我亲自送他回南京，使他答应我们的事不能反悔，也可以压一压南京一些人的气焰。总之，做人情要做到家，同人家合作也要合作得彻底。

在会上，政治设计委员会的成员碍于张学良的面子和张学良的解释，没有坚持不能在无承诺的情况下放蒋的意见。会后，高崇民以个人名义写信给张学良；东北军和西北军的高级将领也联名写信给宋子文，表示如果蒋介石不签字画押，即使张、杨同意放蒋，他们也不同意。

这一情绪的出现，干扰了事件的正常解决程序。宋子文接到信后，立即送给蒋介石、宋美龄。蒋、宋二人立即要宋子文找张学良和杨虎城，转达早日放蒋离陕、蒋一走立即下令中央军撤出潼关的意思。张学良在见到此信后，不免着急起来，唯恐出现重大乱子，准备加快步伐送蒋介石离陕。

张学良送蒋，早在捉蒋之初蒋介石失踪时就产生这一念头，他在24日政治设计委员会的表示，确实是他送蒋的真实原因。

宋美龄在《西安事变回忆录》中，对于张学良送蒋是这样讲的：张学良曾经提出过事变万一无法和平解决的情况下"如杨（虎城）部反抗，我等固可与之抗战，然夫人为一女子，则处境极危。或者夫人与端纳先飞洛阳，余再设法潜偕委员长出城，此计如得售，则大佳。余可向彼等托词，请夫人再赴南京交涉罢战言和；一方面暗中将委员长化装载于汽车，混出城门，经赴东北军所在营内，再派车送赴洛阳与夫人会合。""张告委员长，彼已决心随委员长赴京，委员长反对甚力，称无伴行之必要，彼因留其军队所在地，并以长官资格命其留此。张对余解释：谓彼实有赴京之义务，盖彼已向各将领表示，愿担负此次事变全部之责任；同时彼更证明此次事变，无危害委员长之恶意及争个人权位之野心。余等深知此次事变确与历来不同，可谓空前所未有；张之请求亦有其特殊之意义，足使以后拟以武力攫夺权力者，知所戒惧，而不敢轻易尝试。故余与子文赞成其意，允其同行。"

在《张学良与西安事变》一书中，张学良也对应德田等谈到了送蒋问题。他说："如为了避免他扣我，就只有不送。但是委员长是领袖，以后开会、办事，我怎么能老不去见他呢？他若决心扣我，迟早他是能办到的。如果因此畏首畏尾，我以后简直无法和他共事了，怕危险是不行的，不怕危险也许能免掉危险。我们本着大公无私，无所畏惧的精神，亲身送他回南京，表露了我们的诚心，总比不送他，随便打发他走好得多吧。"（《张学良与西安事变》第123页）

12月25日，是圣诞节，对信奉基督教的蒋介石、宋美龄来讲，非常重要，宋美龄也希望张学良在圣诞节送走蒋介石，以作为最好的圣诞节礼物。25日下午，张学良亲自打电话给杨虎城说，现在不走不行了，我今天决心亲自送蒋走。假如我万一回不来，东北军完全归你指挥。当杨虎城赶到高桂滋家时，张学良正陪着蒋介石、宋美龄、宋子文走出大门，此时已经无法阻拦，杨虎城只能改变主意，表示是前来送行的。于是张学良和蒋介石夫妇坐一车，杨虎城和宋子文、端纳坐一车，直奔机场而去。此时为12月25日下午3点左右。

在机场正有数千名学生等候迎接结束不久的绥远抗战英雄傅作义派来的代表，蒋介石以为是杨虎城来难为他的，赶紧对杨虎城表示："我答应你们的事，我以领袖人格担保，——都可以实现，你们放心，不然，我也不成其为国家民族之领袖。"紧张中的蒋介石再次向在场的杨虎城、张学良、宋子文等人，重申六项保证。

张学良在飞机旁边用红铅笔写下一纸手令："我在南京期间，东北军由于学忠军长统帅，听从杨虎城副主任委员（原来准备成立西北绥靖公署，由张学良任主任，杨虎城任副主任，因为张学良被扣，后没有成立）指挥。"他把手令交给杨虎城后，说了声："我三五天就回来"，登上飞机，已经启动的飞机直冲云霄而去。一个不可弥补的损失随之出现。

已经担任卫队团团长的孙铭九，听到卫士报告说张副司令和杨主任已经送蒋前往机场，急忙去问周恩来。中共方面一直主张和平解决事变，当然也同意和平礼送蒋介石离陕，但是如何送和何时送问题上还没有解决，更没有决定由张学良或杨虎城送蒋回京。事实上，适合送蒋介石回京非东北军、西北军将领，只能是中共代表，最好是周恩来。如果是周恩来，作为和平解决事变的关键人物，作为促使释放蒋介石的头号功臣，作为中国共产党的首脑，蒋介石不仅不敢迫害，这件事本身还会起到推动国共第二次合作、推动抗日民族统一战线早日成立的社会效应。这一效果，张学良送蒋是无法达到的。所以，周恩来听到蒋、张、杨等离开十多分钟后，大惊失色，立即赶往机场。车上的周恩来心中无法平静，与国民党蒋介石集团较量过十年的这位中共杰出领袖，深知此事的严重性，如果年轻任性的张学良送蒋回南京，不仅张学良的政治生命受到严重威胁，西安事变的善后问题也将更加困难。正如周恩来所想，张学良以自己的鲁莽和愚忠行为，铸下千古恨。

周恩来火速赶到机场时，飞机已经远去。博古通今的周恩来，想起了清代戏剧《连环套》的故事：江湖好汉窦尔墩盗得御马，朝廷鹰犬黄天霸上山用计行骗，窦氏不但不明白自己受骗，反而列队相送黄天霸。望着远去的飞机，周恩来黯然神伤地说："张汉卿就是看《连环套》那些旧戏中毒了，他不但摆队送天霸，还要负荆请罪啊！"这位中共领袖表示，对蒋介石"放他，已经够他幸运的了；亲送，实在没有必要。汉卿太感情用事，以感情代替政策，总是要吃亏的！"后来的事态，果然让周恩来不幸言中。

不管怎样，护送蒋介石回南京，是张学良自始至终一直存有的想法，他后来为此付出了巨大的代价。

12月25日下午5时15分，蒋介石的座机在洛阳机场降落。蒋介石在全国展开的"献机祝寿运动"中在洛阳意气风发地庆祝了自己50岁的寿辰，历经14天的软禁后，居然还是在洛阳过上了解除软禁后愉快、轻松的圣诞节。同时，由杨虎城、马占山、王以哲、何柱国、冯钦哉、孙蔚如等人署名的通电发表，宣布蒋委员长已经启程回京。

蒋介石在过完圣诞节后，命令张学良致电杨虎城，立即送回其他南京政府的军政大员和已经飞到西安的军用飞机。第二天杨虎城遵照张学良的来电，分别拜访陈诚等人，并在新城大楼举行盛大送别宴会，表示歉意和为其钱行。南京政府的50架飞机和500余人当天离开西安。至此，发动"兵谏"一方掌握的全部资本悉数交出。这是蒋介石为执行报复计划清道，只要这批掌握在杨虎城手中的事实上的人质和资本离开西安，则无后顾之忧了。

12月26日中午12时15分，蒋介石乘坐的"容克斯"专机在南京大教场上空出现，5分钟后飞机降落，南京政府在南京的所有军政要员全部到场迎接。当蒋介石、宋美龄、宋子文和何应钦握手时，

回到南京的蒋介石面对迎接的人群露出微笑，只是腰部的伤痛使他没了往日笔挺军人的模样

所有的不愉快则在欢笑中结束。蒋介石在机场发表谈话，说明他在西安滞留期间一直处于安全状态，张、杨二人提出的主张并非为私心；国事如此，只有以国家民族前途为念，为此他提出辞职，自请处分。在当天召开的国民党中央常委会上，拒绝了蒋介石辞职和自请处分的要求，并称"蒋同志对此事毫无引咎可言。所请辞职，应予慰留。自请处分一节，应毋庸议"。（《蒋"总统"年表》第 220 页）12 月 30 日，蒋介石再次提出辞职，国民党中央常委会再次予以挽留，并给假一个月休养。蒋介石和宋美龄离开南京前往溪口，一是蒋介石需要休息，二是蒋介石的同父异母的兄长蒋锡侯听到弟弟在西安被捉后，突发脑溢血去世，作为弟弟需要回家主持丧事。

12 月 27 日，国民政府在明故宫机场举行 20 万人参加的"庆祝蒋委员长回京大会"，只是回京的蒋委员长没有讲话，由何应钦出面致答词。当天蒋介石的文胆陈布雷捉笔的《对张、杨训话》正式发表，声称张学良、杨虎城是受反动派之煽惑才发动"兵谏"，凭他的"人格、正气"和"精诚感召"才使事变和平解决。同时，已经准备食言而肥的蒋介石特意在此表示，"言必信，行必果"，决不计及个人之恩怨。后来蒋介石发表了《西安半月记》、宋美龄也发表了《西安事变回忆录》，主题和蒋介石的相差不多，不同的是宋美龄在文中谈到了不少她所谓"深入虎穴为国救夫、力挽狂澜于既倒"的内容。

蒋介石身为一国之君，确有必要发表对西安事变的看法，无论如何要把自己在寒夜里逃跑、寒风中挨冻、被士兵活捉的破落败象进行掩盖，无论如何要把因为自己推行"攘外必先安内"政策招致如此沦落的事实进行篡改，无论如何要把在事变中被迫接受的抗日主张说成是自己早已决定的政治决策以抬高自己，无论如何要把因为中共的努力和张、杨的大义使得事变获得和平解决的事实说成是自己威信所致的结果。总之，蒋介石身经如此牢狱之灾后，确实需要对此进行符合政治需要、符合他的利益和"权威"的诠释。从此一颠倒黑白、混淆是非的《训话》中可以看出蒋介石要对张、杨动手了。

中共中央军委主席毛泽东特意为蒋介石的《训话》发表了《对蒋介石声明的声明》，警告蒋介石："今后的问题是蒋氏是否不打折扣地实行他自己'言必信，行必果'的诺言，将全部救亡条件切实兑现。全国人民将不容许蒋氏再有任何游移和打折扣的余地。蒋氏如欲在抗日问题上徘徊，推迟其诺言的实践，则全国人民的革命浪潮势将席卷蒋氏而去。语曰：'人而无信，不知其

可’。蒋氏及其一派必须深切注意。"（《张学良与西安事变》第133页）

从历史的过程看，蒋介石作为一个政治家，对在西安两方四派达成的"六项协议"主要内容基本没有违反，尤其是在实现诺言、准备全民抗战等条款上还是见诸行动的。如改组国民党与国民政府方面，容纳抗

南京政府为蒋介石回京举行"庆祝"，只是这幅画像显得有点滑稽：不像标准像，倒像是漫画

日分子固然没有实现，汪精卫、何应钦等亲日派也没有清理出去，但政府的抗日倾向增加了，何应钦等一批亲日势力不敢公开活动；如释放政治犯没有完全实现，但上海"七君子"和一大批爱国志士，先后获得释放，人民的自由权利也得到部分尊重；联合红军抗日是在抗战全面开始后的事，但"剿共战争"既已停止，国共正式开始接触和谈判；召集各党、各派、各界、各军的救国会议没有及时进行，但到抗战开始后不久，全民救国会议即予召开；在对外关系方面，派出了宋子文主持与西方的联络，建立合作关系。也就是说蒋介石对攸关全民抗战的协议内容，从挽救民族危亡、巩固国民党的统治地位出发，同意施行。但在小的方面，则有所保留，因为蒋介石也是"一代枭雄"，他无法咽下

在西安身受的"窝囊气"，他不可能容忍最信任的将领张学良和具有红色倾向的将领杨虎城的"大不敬"行为，不可能容忍发动"兵谏"、活捉自己的东北军和西北军的存在。一句话，他要食言而肥，他要报复出气。因此，蒋介石的目的是，因为和张学良的私人关系较好，且张学良曾经主动易帜归顺中央、中原大战时出兵打败倒蒋派、东北沦陷时又为他承担了"不抵抗"的罪名，所以对张学良的处分是结束他的政治生命，趁

蒋介石一回到南京，即发表歪曲西安事变的《训话》

机把东北军掌握到自己手中；因为杨虎城和中共的关系较深，所以对他的处分是在结束他政治生命的同时结束他的人身自由，同时彻底改编第17路军。

张学良一下飞机，戴笠就把张学良请进了鸡鸣寺的宋子文公馆，从此这位副总司令就开始了漫长的囚禁生涯。他扣押蒋介石13天又12小时，但他自己却付出了长达28年的自由和一辈子的政治生命。同时，惩治张学良的政治连续剧也开始出台。

张学良被关进宋公馆的第一件事是写请罪书，这显然是南京政府方面提醒的结果，称这可以提高蒋介石的威信，也给蒋介石送张学良回西安提供一个依据。年轻的张学良将军，以为这真可以满足蒋介石的虚荣心，以为这真可以使自己早日回到西安，只得以屈求伸。他写道："介公委座钧鉴：学良生性鲁莽粗野，而造成此次违犯纪律不敬事件之大罪。兹腼颜随节来京，是以至诚愿受钧座之责罚，处以应得之罪，振纲纪，警将来。凡有利于吾国者，学良万死不辞。乞钧座不必念及私情，有所顾虑也。"

1936年12月29日，南京国民政府宣布，张学良身为高级将领，无视军纪国法，犯上作乱，议交军事委员会惩处。军事委员会则决定成立高等军事法庭，对张将军进行军法审判。军事法庭由补选为军事委员会常委的李烈钧为审判长，军委会常委、一级上将朱培德和军事参议院参事、中将鹿钟麟为审判官。这一审判如果仅从事件本身论，确实极易定罪：发动"兵谏捉蒋"罪行明确，也无法抵赖，所以在31日上午，军事法庭即以"首谋伙党，对于上官暴行胁迫，劫持统帅，戕害官员，拘禁将领"的罪名，判处张学良有期徒刑10年，褫夺公权5年。问题是，这一判决并没有审查张学良、杨虎城为什么要发动"兵谏""兵谏"以后带来了什么政治影响，避而不谈张学良发动事变捉蒋的良苦用心，视而不见事变带来的重大收获，不闻不问张将军放蒋送蒋的坦荡胸怀，因此实质上也是变相的"抗日有罪论"，是蒋介石利用合法途径进行公开的政治报复。

张将军是在开庭之时才接到"传票"的，这才知道自己已成为"犯罪嫌疑人"，十分气愤，根本不理宪兵要其摘下上将军衔、领章、肩章、佩剑的命令，雄赳赳气鼓鼓地走上被审判席。他对于父亲的老友、审判长李烈钧的关于为何劫持统帅和放弃东北的提问，面对包括宋子文在内的许多国民党元老、军政官员、中外记者，侃侃而谈，郑重指出，他不是劫持统帅，而是爱护委员长；他不是背叛中央，而是为中央着想；如果是劫持，蒋委员长今天不是好好地在南京吗？如果我有罪，我会自投罗网吗？如果我背叛，我会投靠背叛的中央吗？"九一八"时，正是因为有中央要东北军不抵抗的密电，正是因为东北军没有背叛中央，所以成了"不抵抗"的罪魁，所以他也成了"不抵抗将军"。越说越激动、越说越气愤的张将军，手里举着当年蒋介石打来的要东北军不抵抗的所有电报文稿，控诉"不抵抗政策"。他说："这不是中央的电报吗？我不服从领袖吗？我是背叛中央吗？所有中央给我的电报以及我给中央的电报，都在这里，有案可查！"张学良最后表示："此次西安事件，完全为了抗日救国而发的。只是要求领袖听我们团结救国的主张，举动虽不无躁急，问心实属无他。耿耿此心，可质天日。"李烈钧一看，也分不清是谁在审判谁，赶紧宣读早已准备好的判决词，宣布退庭。

蒋介石指使对张学良完成审判定罪后，又来到台前，于当天下午要求国民政府特赦张学良，充当政治善人。他在呈文中说："当今国事多艰，扶危定倾，需才孔亟。该员年富力强，久经行阵，经此大挫，宜生彻悟。倘复加以衔勒，犹冀能有补裨，似未可遽令废弃，不为开善向上之路。"并说张学良能够勇于改悔，自投请罪等，应予以特赦，要张学良戴罪立功。1937年元旦，经司法院裁决，同意蒋介石的特赦令。1937年1月4日，国民政府通过决议，颁布"行赦令"，宣布取消原有判决，交军事委员会"严加管束"。李烈钧、朱培德、鹿钟麟三位将军也被玩弄了一把。

蒋介石对此很清楚，从整垮东北军出发，绝对不能让张学良回到东北军，也就是说不能再让张学良公开出现在政治舞台上，因为只要他一出现，无论在哪都将成为东北军的旗帜。军事法庭的判决，民心不服，舆论不服，因为判处一位爱国名将重刑无法向历史交代。现在由军事法庭出面判决，由蒋介石出面特赦，既惩罚了张学良，又收买到人心，这是蒋介石的如意算盘。事实上，蒋介石的如意算盘并不在此，而是根据"不让张学良露面"的原则，判刑不能达到目的，因为判刑过重刑期过长，则无法向全国人民交代，判刑10年已经不短，问题是过了10年怎么办？对这样的名人不能不放，而且在这10年间不断有人继续要求释放，因此判刑没有解决隐患。而"严加管束"，既不存在提前释放、也不存在到期释放的问题，可以无限期地关押下去。

从治国角度来讲，发动"兵谏"活捉最高领袖，确实有罪。问题是张学良、杨虎城犯上但没有作乱，犯上是为了更好的拥"上"，犯上是为了中华民族的生存和发展。因此，考虑到张学良有"犯上"的一面和"没有作乱和推动抗日"的一面，为了顾及蒋介石的面子，可以不再赞扬张学良的历史功绩；为了顾及张学良功、过问题，撤销他的国家一级职务，指挥东北军抗日戴罪立功。公正对待张学良，应该是隐去此事不谈，大家一心一意去抗日。因此，张学良错就错在过于相信蒋介石、对蒋介石估价过高；蒋介石错就错在大人无大量，在处理国家大事时总无法摆脱个人私利的干扰。

对于张学良被"严加管束"，反对最激烈的是宋子文。这位脾气倔强、个性率直的"国舅"，是他亲自向张学良、杨虎城、周恩来保证事变领导人的人身安全，是他在临行前保证送蒋介石回京的张学良的安全，现今在客观上他竟然也成为骗张学良来京的阴谋策划人之一。为此，他冲进蒋介石的办公室里大吵大闹，但没有能够挽回蒋介石的决策。宋子文只好警告蒋介石："你不要做人，我是要做人的！你碰汉卿一根毫毛，我非跟你拼到底不可！我就把全部内情公布于此，不仅让国内老百姓知晓，而且向全世界发布新闻，让外人也可以了解你！"（《跟随蒋介石十二年》第 137 页）对张学良的处分是不公正的，宋子文知道，宋美龄知道，蒋介石也知道，但是从掩盖西安事变真相的需要出发，从巩固蒋介石的个人权威、削弱东北军和西北军的政治需要出发，只得让张学良消失在政治舞台上。但是，正如宋子文所说，蒋介石后来对杨虎城实行肉体折磨和消灭，但对被软禁起来的张学良确实没有"碰一根毫毛"。对于宋子文在西安事变中不顾和他曾经闹翻、自愿赴陕谈判的行为，蒋介石也没有忘记，在抗战期间和全面内战期间，一直授予高职，直到逃亡前夕才把宋子文赶往美国。

蒋介石一边扣押张学良，一边向西安方面施加军事压力。他根据顾祝同、兰州绥署主任朱绍良、江西省主席熊式辉的建议，采取"以政治为主，军事为从方略，以解决西北问题"，完全推翻了西安事变谈判中的"六条协议"，违反了协议中规定的成立西北绥靖公署，由张学良、杨虎城负责解决西北问题的规定。强令东北、西北军接受改编，并调离现防地，中央军 5 个军开进陕甘宁。这一安排，东北军、西北军显然不可能接受，蒋介石也知道杨虎城等人不可能接受，他之所以这样做是为了逼西安方面起来造反，然后有理由进行武力讨伐。1937 年 1 月 5 日，杨虎城将军举行记者招待会，认为中央方面出尔反尔，宣布拒绝中央方面对西北问题的解决所作的安排。

蒋介石见图谋实现，在同日任命顾祝同为委员长西安行营主任，全盘负责解决西北问题。顾祝同立即下令，他指挥的第 1 集团军集中在潼关至洛阳的陇海线上，陈诚的第 4 集团军集中在陇海右翼即渭河北岸，卫立煌的第 5 集团军集中在左翼即华山以南地区，蒋鼎文的第 2 集团军和朱绍良的第 3 集团军集中在陕甘边境，前锋直指咸阳。1937 年 1 月 6 日，顾祝同飞洛阳办公，并宣布 1 月 24 日为东北、西北军接受中央安排的最后大限。1 月 22 日又在潼关设立前进指挥所，并把指挥部设在列车上。同时，对渭南一线开始实施空中侦察和轰炸，在华县、赤水一带炮击东北军阵地。最后通牒大限来到，杨虎城以及东北军的米春霖、何柱国等人赶到潼关，宣布接受中央方面的安排。

在面临南京军事威胁的同时，西安城内的动乱因素越来越多。蒋介石深谙世事，懂得擒贼先擒王的道理，西安的"三位一体"只要张学良一走马上解体。果然如此，张学良被扣的消息传到西安，立即引起混乱。东北军虽说和中共来往已有时日，但这主要是中共和东北军上层的接触，东北军作为军阀军队的本质没有发生大的改变；西北军也是如此，杨虎城治军较严，但并非新型人民军队。因此，"三位一体"开始迅速瓦解。

西安分为"主和"和"主战"两派，"主和派"有东北军的王以哲、何柱国、于学忠、高崇民，西北军的杨虎城、孙蔚如、赵寿山等；"主战派"有东北军的年轻军官孙铭九、应德田、苗剑秋，西北军的李兴中、宋文梅等。主战派主张武力救少帅，蒋介石以怨报德，背信弃义，东北军和西北军理当奋起反击，与越来越近的顾祝同部背水一战，救出少帅；主和派认为，和平解决事变的方针没有错，蒋介石同意抗日有益于国家和民族，东北军和西北军不宜再挑起内战，和平方式可以救出少帅。中共代表团只能两方劝导，尽量避免西安内部的内乱和西安方面与南京方面的内战，保住和平解决事变后、发动全民抗战在即的良好局面。

孙铭九、应德田、苗剑秋等这批年轻的东北军人，发起了签名运动，主张为营救张学良不惜与南京中央军一战。同意和被迫同意签名的共有 100 多位东北军团长以上军官，包括一些军长和师长。少壮派准备，为了实现目标，甚至不惜暗杀王以哲、何柱国、孙蔚如等将领。

南京方面要求西安方面接受调遣的大限接近，军事压力越来越大，并且开始炮击东北军的防地。城内的主战派也越闹越凶，杨虎城也曾一度动摇。1937年1月27日，东北军的少壮派还来到金家巷的中共代表团驻地，逼周恩来同意派红军支援他们进攻中央军。苗剑秋大吵大闹，孙铭九长跪不起，最后在周恩来的劝说下离去。周恩来面对此种复杂局面，通过向中共中央请示和特意临时赶到红军驻地与彭德怀、任弼时等人交谈后，对杨虎城和主战派表示，中共和红军不会出卖朋友，如果东北军、西北军决心一战，红军一定全力支持。

1937年1月29日，少壮派在渭南东原张家堡召开了东北军、西北军团长以上军官会议，王以哲有病没有参加，于学忠正在兰州当然也没有赶来。在主战派的鼓动下，会议主持人杨虎城无法控制全场，会议通过了主战决议，全体到会军官当场签字以示决一死战的决心。会后应德田找到王以哲，王以哲表示："我的头可以掉，打仗的命令不能下！"态度非常明确。

此时的形势非常紧张，一触即发。1937年1月31日，主和派从兰州接回于学忠，当晚在粉巷的王以哲的家中，召开"三位一体"最高级会议，少壮派则会场外面等着消息。作为东北军最高指挥官的于学忠表示，东边有刘峙部，西边有顾祝同部，目前的形势不宜打仗，目前开战也不能把张副司令打回来，所以应该由和平解决。王以哲、何柱国也表达了和于学忠相同的意见。主持会议的杨虎城，经过几天的动摇后，见东北军的三位主将都主张以和为主，也指出，从道义上讲，应该主战；从利害上讲，应该主和，所以也应该和平解决。参加会议的周恩来见到此种情况，非常高兴，他指出，如果东北军、西北军主战，红军一定支持；现今两军决定主和，和平解决是中共的一贯主张。但为了保证能够实现和平解决，请两军务必保持团结，共同对付南京方面正在实施的分批计划。

少壮派并不甘心，准备公开破坏"三位一体"阵营。他们认为，王以哲、何柱国之所以主和，无非是为了投靠蒋介石，换取一官半职。决心除掉主和派，公开挑战。1937年2月1日，少壮派在孙铭九家中集会，准备闹事。参加会议的何镜华是何柱国的参谋处长，不忍心眼看着老长官被害，会后偷偷将少壮派的行动方案报告了何柱国军长。何柱国见情况紧急，急忙派车去接另一被暗杀对象王以哲，但王以哲以军人的固执，坚决不愿临阵脱逃，何军长没有办法，只得自己跑到新城大楼，请求杨虎城保护。2月2日清晨，卫队团连长于文俊，奉孙铭九之命，带着几个卫士来到王以哲将军的家中，见到王将军后，说了声："军长，我对不起你了！"连开10枪，曾为东北军立下汗马功劳，为东北军走上联共抗日之路付出不少心血的王以哲将军，牺牲在自己兄弟的枪口之下。

孙铭九率兵来到新城大楼，逼杨虎城交出何柱国，最后在杨将军指挥卫队营出面，才把孙铭九赶走。几个东北军的青年军官也来到中共代表团所在地进行"兵谏"，受到周恩来的严词斥责，后被劝回。少壮派还枪杀了西北"剿共"总部参谋处长徐方，交通处长蒋斌、王以哲的副官长宋敦如等人。

正在渭南的刘多荃、缪澄流等部，得到王以哲将军被惨杀的消息，率部西返，准备消灭孙铭九等辈。周恩来、杨虎城为维护西安城和平大局，冒着袒护少壮派的嫌疑，派刘鼎把孙铭九、应德田、苗剑秋等人送到位于三原的红军驻地，以避免更大规模的自相残杀。大规模的内乱制止，但执行命令的于文俊则被剖腹剖心，活祭王以哲将军；与此事无关的东北军原619团长、现任105师旅长、东北军和中共的第一个正式牵线人高福源，被怀疑为"二二事件"参与者，也被杀害。同时，东北军、西北军中不少将领见风使舵，公开叛变投蒋。

中共领袖们对于东北军内的自相残杀分外痛心。周恩来第一个赶到王以哲家中表示哀悼，毛泽东、朱德等人还专门致电王以哲将军家属表示慰问、致哀，在唁电中说："鼎芳先生遇难，不胜惊悼。鼎芳先生努力于抗日民族统一战线，不但是国家民族之干城，亦爱国人民之领袖。此次主持和平，务求统一团结，乃见恶于少数不顾大局之分子，遽以身殉职。苏区军民，同声悼惜。特电致唁，敬候起居。"（1937年2月6日《新中华报》）

1937年2月5日，杨虎城、于学忠、孙蔚如等将领联合发表通电，要求释放张学良，和平解决善后问题。当天，东北军卫队团撤出西安，2月8日中央军宋希濂的第36师进驻西安，西北军和东北军的主要防地由中央军逐一接收。2月9日，行营主任顾祝同趾高气扬地来到西安上任。

在顾祝同的主持下，西安绥靖公署撤销，陕西省主席由孙蔚如接任，赵寿山、李兴中调升军长，17路军不复存在。杨虎城将军已经没有现职，1937年6月29日被迫出洋考察，乘坐"胡佛总统号"邮轮前往美国，途中得知卢沟桥事变爆发，致电宋子文要求一上岸后即离开美国回国参加抗战，但为南京方面拒绝。杨将军在美国期间，积极宣传抗日，引起了蒋介石的不满。但何应钦认为杨"发言悖谬，物议甚多"，还不如让他回国控制起来。11月26日，杨将军回到香港，29日宋子文与杨将军会谈。满怀报国之心的杨将军，不知道一场针对他的阴谋随着他的回国也同时展开。此时他接到蒋介石的电令，要他前往南昌，并派人到长沙迎接，到长沙后戴笠留条又让他去武昌，会见监察院长于右任，戴笠已带领 100 多个特务在场监视。12 月 2 日被带到南昌，从此失去自由，以后被长期关押在长沙贡阳、贵州息烽玄天洞、贵阳麒麟洞、重庆中美技术合作所等地，受着非人的折磨，夫人也在狱中被害死。新中国成立前夕，蒋介石不忘私仇，于 1949 年 9 月 17 日亲自下令，将杨将军和幼子幼女以及秘书宋绮云夫妇共 7 人，在重庆魔窟中美技术合作所松林坡用匕首残酷杀害。毫无人性、当然也是无法抗命的刽子手们，面对杨将军的一子一女争相愿意以死换下妹（兄）的请求，毫不动情，杀害了年轻的生命。

东北军内的火拼，正好给蒋介石、顾祝同分化、瓦解东北军提供了机会。在国民党五全三中全会后，蒋介石、何应钦、顾祝同以及戴笠等软硬兼施，最后逼迫张学良出面，让东北军将士服从中央的调令。在 3 月中旬，东北军因不愿西调，则被分别东调。刘多荃的 105 师扩编为第 49 军，驻河南南阳；缪澂流的第 57 军调河南周口；吴克仁的第 67 军调安徽蚌埠；周福 129 师编入驻保定的万福麟的 53 军；于学忠的第 51 军调安徽蒙城。同时任命于学忠任豫皖绥靖公署主任，王树常任开封绥靖公署主任，刘尚清任安徽省主席，何柱国任西安行营副主任。东北军作为一家军阀来讲，已经不复存在。东北军是地方实力派中，继冯玉祥的西北军全军之后，被蒋介石整体肢解的第二家。

张学良被"严加管束"起，为防止意外，蒋介石将其四处关押。少帅被关在南京的时间不长，很快被转到杭州澄庐、奉化溪口。抗战爆发后，又被先后转移到黄山、萍乡、郴州、沅陵等地，后来又到达贵州修文的一个纪念王阳明的大祠堂里，该地距息烽监狱不远。张将军被关期间，有戴笠直接负责的一套班子负责监视和起居，有一连宪兵担任外围警戒。一开始是于凤至和赵一狄一人一月轮流陪同少帅坐牢，抗战爆发后，于凤至身体很弱无法经受长途颠簸，赵四小姐将独子闾琳送到美国朋友家后，赶来长期陪同。

张学良在关押过程中，生活上并没有受到什么委屈，有人说蒋介石不杀张，是因为蒋介石曾有一张"不杀张"的手令被于凤至带到美国，这不知真假，但有一点可以肯定，蒋介石既然有权写"不杀张"的手令，当然也能写"杀掉张"的手令。蒋介石不杀张，主要是因为：张曾为蒋立过战功；张平时视蒋为父辈，二人的情谊本来很深；张负荆请罪，给蒋介石很大的面子和台阶；蒋恨张只是恨张与中共联络和发动事变给他难堪。所以，张学良虽然被关，但只是不能和外界接触，不能参与任何政治活动，在规定的地区内可以自由活动。但这对于曾经指挥数十万军队的统帅来说，无疑是最大的政治迫害。

几年流动，途经半个中国，触景生情，张将军内心极度痛苦。据他的随从讲，背人之处少帅经常仰天长叹，眼泪欲滴。在贵州时，东北元老莫德惠曾去探望过他，问少帅："你认为在什么时候可以重获自由？"少帅回答："一是对日抗战得到胜利之日，二是国民大会召开，蒋先生当了大总统之日。"事过境迁，张将军的估计没有实现。日本侵略者投降，少帅并未获释，张将军对恢复政治自由已经感到失望；1948年国民党假"行宪"之名，蒋介石当上了大总统，少帅还未获释，张将军对恢复自由感到绝望。蒋介石一直当上第五届"总统"至死，也没有明令释放少帅。

1946年10月，张学良被送到台湾，1947年移住新竹井上温泉，1957年10月移至高雄市西子湾，1960年秋移居台北市北投。同年60岁生日时，张群、莫德惠还上门祝寿。1961年9月初，台湾当局有关方面宣布，张学良"在苦干时间以来，已经获得自由"。不过，紧接又出面否认。就在这一年，张将军阔别20多年的女儿闾瑛和女婿陶鹏飞从美国赶来台湾，与双亲见面。这是第1次公开报道少帅的情况。据当时的报道说，少帅研究明史多年，正如他给"考试院长"莫德惠的一首诗中所说："余生烽火后，唯一愿读书"。1964年起，张学良将军在"有关人士"的陪同下，开始在公开场合露面，党国要人家的婚丧嫁娶，也经常到场。1964年7月21日，台《联合报》报道说，张学良将军和于凤至夫人正式离婚，少帅和赵一荻正式结婚。不管如何，他们三人成于辉煌时，存于患难间。从此时起，张将军在台北的行动还是比较自由的。1980年中秋，即在蒋介石死后5年余，国民党中央主席、"总统"、蒋介石的长子蒋经国，破天荒地宴请张学良将军，两位老人斟酒对饮，相对无言。

1990年6月1日，近200位国民党要员和东北故旧在台北圆山大饭店举行活动，庆祝张学良将军90岁生日，这标志着逾半个世纪的幽居生活正式结束。1991年3月，张学良将军和赵一荻夫人前往美国探亲。1993年4月，受聘为东北大学名誉校长，5月受聘为哈尔滨工业大学名誉理事长。1993年底，申请前往美国定居，美国移民局于1995年正式核发绿卡给张将军夫妇，侨居檀香山金龙居宅区，对面就是著名的希尔顿饭店。1996年6月，张将军在希尔顿饭店举行了96岁的生日寿宴，参加的有至亲好友、东北故旧、当地华侨200余人，海峡两岸都派出了相应的代表前往祝贺。2001 年 10 月 14 日，张学良在檀香山史特劳比医院病逝，享年 101 岁。

这位世纪老人，每日起居很有规律，周日定时去教堂做礼拜。平时做的一件事，是为美国哥伦比亚大学口述有关西安事变的情况。他还把 1936 年以前所保存的档案送给了哥伦比亚大学图书馆，图书馆还特设了"毅荻书斋"保存这批极其珍贵的史料。"毅荻"即为张学良的书斋"毅庵"和赵一荻的名字。对自己的经历，张学良的一首诗颇能说明问题："山居幽处境，旧雨引心寒；辗转眠不得，枕上泪难干。"

说张学良的一生，不能不说他的《忏悔录》。1964 年 7 月 7 日，台湾背景复杂的《民族晚报》借纪念抗日战争之名，刊登了张学良将军所写的《西安事变忏悔录》中的一小部分。第二天《希望》杂志创刊号又刊登了一大部分，7 月 9 日该杂志又登出启事称："未获作者同意，故决定收回。"3 年后，即 1967 年 3 月 22 日和 23 日，香港《新生晚报》又以《我为这事所作的忏悔》为题重新登载张学良的《忏悔录》。该报还说，张学良已写好回忆录，但只许在国民党上层中分发。

事实上《忏悔录》确有其事，此书成于 1956 年前后，不过不应该称为《忏悔录》，而是他回忆录中的一部分。张学良对蒋介石不抵抗、不抗日愤愤不平，溢于言表，但考虑到要经过蒋介石的检查，文内也不乏捧蒋之词。回忆录中用了不少篇幅记叙中共提出的"停止内战，一致抗日"、建立抗日民族统一战线的诚意和行动。关于西安事变，将军在回忆录中，始终认为"对蒋委员长绝对没有私仇私怨，我们绝不是反对蒋委员长个人，是反对蒋委员长的主张和方法，使他反省。如蒋委员长能够放弃过去的主张，毅然主张抗日工作，我们马上绝对拥护他，服从他"。而对于呼吁停止内战，逼蒋联共抗日，从不认错，确实也无错可认。张学良觉得捉蒋放蒋仅仅是私人感情上对不起蒋介石。当然，由于被关押几十年，对外界不了解，他也宣扬了一些"反共"观点。1964 年发表《忏悔录》时，《希望》杂志也说是"未获作者同意"，可见台湾当局背着张学良，有意泄露给媒体的。1964 年前后，台湾的经济状况经过美国多年输血后有所好转，为了增加"蒋记政权"的"民主色彩"，再关张学良在世人面前无法交代，起码应该让他露露面。张学良如能发表一个"忏悔录"，那无疑是给蒋介石一个台阶，蒋介石也好就阶而下。似乎给人以这样一个假象：以前不放张学良，是因为他不认错；只要他一认错，马上就"释放"。张学良不会再次受蒋愚弄，就是不承认有错。所以台湾当局就偷天换日，瞒天过海，先把张学良回忆录中有关西安事变的章节捅给媒体，以达到在舆论界造成张学良已经忏悔的假象。

张学良晚年曾接受过几次访问，并以此为题制作电视纪录片《世纪行过》。后来历史学者唐德刚出版《张学良口述历史》（唐德刚著，远流出版社，2009年2月27日发行）。根据张学良的遗嘱，哥伦比亚大学在他死后，也公布了张学良的自述材料。1990年，张在接受日本NHK电视台采访组采访时说："我为了停止内战，全国抗日，发动西安事变，我没有错。也许方法欠妥。"1995年，张学良95岁生日时说："回忆近一个世纪的人生历程，我对1936年发动的事变无悔，如果再走一遍人生路，还会做西安事变之事。"

中国共产党从来没有忘记过西安事变的功臣和英雄，从来没有停止过争取国民党蒋介石集团释放张、杨二将军的努力。对于杨虎城被害，中国共产党人深感惋惜；对于张学良被关，周恩来总理在1960年间谈到他的处境时，留下了伤心的泪，连声说："没保护好他！"第二年，祖国大陆有关部门曾向张学良传话，要他"为国珍重，善自养心，前途有望，后会有期"。在纪念辛亥革命70周年大会上，中共中央总书记胡耀邦特意提到了张学良将军，邀请他回到故土看看。杨虎城虽然已经牺牲多年，张学良虽然天各一方，抗日战争虽然已经胜利多年，但西安事变永远不会随着时间的推移而减少它的光彩，张、杨将军对中华民族的贡献永远不会随着时间的推移而消失。蒋介石本人也不应该忘记，正是张、杨二位将军发动西安事变的壮举，逼他放弃"剿共""攘外必先安内"的错误政策，同意实施全民抗战，等于是把他送到了"民族英雄"的位置上，他竟然如此对待张、杨将军，实在是恩将仇报，以怨报德，忘恩负义！停灵在台湾桃园的蒋介石、蒋经国对此不知有何感想？

政治是无情的，因为周恩来、张学良、杨虎城的大智大勇，西安事变如此大的事变，化险为夷，不仅事变本身和平解决，而且全国抗日局面形成；因为张学良的愚忠行为，因为少壮派的激进和冒失，把西安"三位一体"的大好局面给断送，好端端的抗日力量东北军、西北军被分化、瓦解。

蒋介石改组政府

西安事变的和平解决，成了全国时局的转折点，标志着10年内战的结束，它为国共合作创造了条件，国共两党开始谈判。同时，蒋介石为因应胡汉民逝世和结束两广半独立状态等国民党内出现的新形势，为落实西安事变和平解决过程中双方四派达成的六条协议，准备转变政治路线，因此对国民党上层机构和南京政府进行全面改组。

1937年2月15日至22日，国民党五全三中全会召开。为提醒蒋介石不要忘记在西安以"领袖人格"担保的"六条协议"，中国共产党中央委员会于会议开幕前5天，发出了《致中国国民党三中全会电》，提出了"五项要求"和"四项保证"。电报指出："西安问题和平解决，举国庆幸，从此和平统一团结御侮之方针得以实现，实为国家民族之福。当此日寇狡猖狂，中华民族存亡千钧一发之际，本党深望贵党三中全会本此方针，将下列各项定为国策：

（一）停止一切内战，集中国力，一致对外；

（二）保障言论、集会、结社之自由，释放一切政治犯；

（三）召集各党各派各界各军的代表会议，集中全国人才，共同救国；

（四）迅速完成对日抗战之一切准备工作；

（五）改善人民生活。

如贵党三中全会果能毅然决然确定此国策，则本党为着表示团结御侮之诚意，愿给贵党三中全会以如下保证：

（一）在全国范围内，停止推翻国民政府之武装暴动方针；

（二）工农民主政府改为中华民国特区政府，红军改名为国民革命军，直接受南京中央政府与军事委员会之指导；

（三）在特区政府区域内，实施普选的彻底民主制度；

（四）停止没收地主土地政策，坚决执行抗日民族统一战线之共同纲领。

国难日亟，时不我待，本党为国忠诚，可矢天日；诸先生，热心为国，定能允许本党之请求，使全民族御侮救亡之统一战线从此实现也。我辈同为黄帝子孙，同为中华民族儿女，国难当前，唯有抛弃一切成见，亲密合作，共同奔赴中华民族最后之伟大前程。"（《西安事变资料选辑》第104页）中共中央这封电报，标志着中共政治路线已经完成转变，开始结束反蒋抗日、经逼蒋抗日，走上拥蒋抗日之路。此电一出，引起各界人士和新闻媒体的热切关怀，纷纷呼吁国民党三中全会应予接受。

中共的电报，除了推动蒋介石贯彻六条协议、同意全面抗战外，还有就是为了揭露和反击汪精卫。汪精卫自 1937 年 1 月 14 日从意大利回国后，蒋介石已经安然返回南京，汪精卫主持政府和独霸国民党的阴谋没有得逞。这个政治变色龙，不愿放弃"剿共"和"攘外必先安内"路线，重新拾起蒋介石都已经准备放弃的妥协、退让、内战政策，坚持"攘外必先安内"，鼓吹取消红军，取消红色政权，宣称"万不可为'共匪'所谣惑，中了他挑拨离间的毒计"。在西安事变和平解决后，无论是国民党内，还是在社会各界，联合红军抗日已成大势所趋，蒋介石已经默认，汪精卫却在那里干扰、破坏。因此，中共中央致国民党的电报，一方面回击汪精卫等亲日投降派的诬蔑，另一方面宣传中共参加抗日的诚意。

国民党五全三中全会的召开，与过去 10 年间国民党举行的多次全会来比较，确实气象一新。

会议自始至终贯穿着抗日主题。宋庆龄、何香凝、冯玉祥在会上提出了《恢复孙中山三大政策之提案》，张静江、李煜瀛、孙科、鹿钟麟、张知本、李烈钧等人在提案上签名。何香凝还向蒋介石赠送一条裙子，并附诗一首"枉自称男儿，甘受敌人气，不战送山河，万世同羞耻。吾辈妇女们，愿往沙场死，将为巾帼裳，换你征衣去。"

宋庆龄在大会上作了发言，指出："中国人民已经立下志愿，下定决心，不再向日本帝国主义让步，而准备收复失地，这在我们的民族生活上有着极重大的政治意义。"她在会议上大声疾呼："丧权辱国的对日谈判必须停止！""救国必先结束内战！""必须运用包括共产党在内的全部力量，以保卫中国国家的完整。"

处境已经十分艰难的杨虎城在开幕式上，与东北军、西北军中的将领联名向全会提案，要求：改组政府，收容各党、各派人才负责救国；停止一切内战；释放上海的爱国志士；开放民众爱国运动；保障人民集会、结社一切之政治自由；确立遵行总理遗嘱；立即召开救国会议。

李宗仁、白崇禧、刘湘虽然没有参加会议，但向全会提交了议案，内容为"采取全国抗日之具体办法；实行民众军训，以固定抗日基础；允许集会、言论及其他救国运动之目的。"

甚至汪精卫也假惺惺地在开幕词中表示："唯是国难严重，有加无已，已丧失的领土如何收回，未丧失的领土如何保卫，正有待于我们的继续努力。我们应当怎样竭尽心力挽救危亡，这是我们一切工作的中心问题。"（《中国国民党历次代表大会和中央全会资料》之下第 426 页）

在会议《宣言》中，提出了 14 项内外政策，其中包括"六条协议"和中共中央电报中的"五项要求"内容，并且借用二中全会《宣言》中的内容重申："国家既处此非常之形势，吾人对内唯有以最大之容忍与苦心，薪求全国国民之团结；对外则决不容忍任何侵害领土主权之事实，亦决不签订任何侵害领土主权之协定。遇有领土主权被侵害之事实发生，如用尽政治方法而无效，危及国家民族之根本生存时，则必出以最后牺牲之决心，绝无丝毫犹豫之余地。"《宣言》中称："盖数年来对本党主义认识日深，知救亡图存，舍此实无他道也。"（《中国国民党历次代表大会及中央全会资料》第 428 页）

会议弥漫着"反共"气氛。在会议期间，"反共"旧调依然有人在唱。身为中央政治委员会主席、国民党中常委的汪精卫在开幕词中声称，尽管"竭力挽救危亡"已成为一切工作的中心问题，但"勿使数年以来之国防计划为之挫折，尤勿使数年以来之剿匪工作功亏一篑，这也是一个当前待决的问题。"（《中国国民党历次代表大会及中央全会资料》第 426 页）

在 1937 年 2 月 21 日的全体会议上，通过了《关于根绝赤祸之决议》。此案极尽对中共的诬蔑之能事，攻击说"此共产党人以自绝于国民者，自绝于本党，往事历历，为当世所共见共闻者也。……共产党人乃乘国家危急存亡之际，肆意扰乱。于淞沪之役，则猛攻赣州；长城各口之役，则猛攻抚州，危及南昌；使抗战之师，为之牵制。其他破坏国防，摧残民力之事，更变本加厉。""共产党封建割裂专制残酷之策略，及其以国际组织为背景，而破坏国家统一之行动与宣传，实与建国立人之要旨绝对相反。吾人须知，必先恢复中华民族固有之精神与道德，树立中华民国独立自主之人格，乃能恢复中华民国固有之版图，承继我中华民族历史之光荣，以实现三民主义。故赤祸之必须根绝，乃为维护国家民族至当不易之大道。"（《中国国民党历次代表大会及中央全会资料》第 434、435 页）

会议同意联合中共、红军进行抗日。会议期间，虽然"反共"声音不低，但与中共谈判，联合红军，共同抗日，已成为会议的主要内容。宋庆龄、何香凝、冯玉祥提出的《恢复孙中山三大政策之提案》中指出："近半年来，迭次接中国共产党致我党中央委员会书函通电，屡次提议国共合作，联合抗日，足证团结御侮已成国人一致之要求。最近西安事变，尤足证实此点。虽与本党向处敌对地位之中国共产党，亦愿停止危害本党政权之企图，拥护统一抗日，我党更应乘此机会恢复总理三大政策，以救党国于危亡，以竟革命之功业。"（《中国国民党历次代表大会及中央全会资料》第436页）

蒋介石在会上也把张学良、杨虎城提出的《八项主张》提出来讨论。虽说未获通过，但也等于是一次义务宣传。

在《关于根绝赤祸之决议》中也对如何改编红军、共同抗日，虽然是依改编标准的方式提出来，但已经实质上接受了红军改编问题。决议指出，国共合作和谈判需要："第一，一国之军队，必须统一编制，统一号令，方能收指臂之效，断无一国家可许主义绝不相容之军队同时并存者，故必须彻底取消所谓'红军'，以及其他假借名目之武力。

第二，政权统一为国家统一之必要条件，世界任何国家断不许可一国之内有两种政权之存在者，故须彻底取消所谓'苏维埃政府'及其他一切破坏统一之组织。

第三，赤化宣传与以救国救民为职志之"三民主义"绝对不能相容，即与吾国人民生命与社会生活亦极端相背，故须根本停止赤化宣传。

第四，阶级斗争以一阶级之利益为本位，其方法将整个社会分成种种对立之阶级，而使之相杀相仇，故必出于夺取民众与武装暴动之手段，而社会因以不宁，民居为之荡析，故须根本停止阶级斗争。"（《中国国民党历次代表大会及中央全会资料》第435页）

从中可以看出，尽管决议案对中共进行了攻击，但已经同意与中共和红军进行谈判，解决争端，共同抗日。这一决议，说明蒋介石推行了10年的"政治反共、军事剿共"政策出现了根本性的转变。

在会议上，蒋介石也做了关于西安事变的报告，其《西安半月记》也随之出笼，其目的和《对张、杨训话》、宋美龄的《西安事变回忆录》是一样的。无非是贬低张、杨，抬高蒋、宋，篡改事实，混淆是非。在报告中，蒋介石再次自请辞职，结果可想而知，无非是会议单独为此作出决议，挽留蒋介石续任本兼各职。

会议的主要任务之一是调整党内的权力分配。蒋介石决定继续和汪精卫合作。蒋介石的用意很清楚，留着汪精卫，可以继续向中共施加压力，压制中共；还可以在一定程度内继续和日本谋求妥协之道，讨价还价；特别重要的是，汪精卫还可以作为蒋介石的挡箭牌。因为汪精卫是出名的亲日派，任何人对南京政府的批评都可以把汪精卫当成靶子，用不着总是把他蒋介石抬出来。在这种批评气氛中，汪精卫势力和影响不易扩大，也就不可能威胁到蒋介石的地位。

因为胡汉民已经病逝，中央常委会主席给汪精卫，蒋介石不忍心；蒋介石正在唱着辞职高调，接过来也不合适，所以干脆撤销中常委主席制，中常会恢复原有的中常委集体领导制。蒋介石则以军事委员会委员长的身份兼任行政院长，汪精卫则只任中央政治委员会主席，从气势上讲，已经开始成为彻头彻尾的蒋介石的配角。就蒋介石来说，由他来控制国民党具体计划已经酝酿多时，出台只是时间问题。

五全三中是国民党历史上很重要的一次会议，会议开始了国民党政治路线的转变，南京政府开始向着团结抗日方向迈进。1937年3月3日，国民党中央常委会决定部分改组内阁，外交部长张群改任中央政治委员会秘书长，外交部长由王宠惠接任；交通部长顾孟馀辞职，由俞飞鹏接任。

在具体施政措施，开始体现国防政府的功能：

限令在6月底前完成对东北军、西北军的改编；

完成对最为复杂的川军的整编。1937年7月6日，成立川康整军委员会，何应钦为主委，顾祝同和川康绥靖公署主任刘湘为副主任。经过整顿，把存在多年的川系军阀进行初步改编，实现"川军国军化"，为川军开赴抗日前线作了准备；

统一金融财政，尤其对华南、西南、西北等省的财政进行了整顿；

修改"国民大会选举法"，增加了代表名额和选举范围，有利于各党派的代表参加国民大会；当然对如何保障人民的各种权利，则没有作出明确规定，而且也没有停止镇压爱国民主运动；

国民政府在华北地区开始选举国民大会代表，以表示中国对该地区拥有不容置疑的主权。

在外交上，中英、中美等大国间的关系取得了较大的进展；在对日交涉中，中国对日本在华北部分铁路问题上挑起的争端，坚持应有立场，外交部长王宠惠严正指出："中日关系调整应本尊重中国领土主权行政之完整、平等互惠精神，循外交途径解决。"

1937年6月4日，蒋介石指示国民党中央政治委员会和教育部邀请200余位大学教授和各界领袖到庐山，举行暑期谈话会，具体研究了关于全民抗战的事项。

正如周恩来在 1937 年 3 月间指出的那样："绥远局部抗战的胜利、西安事变的和平解决、国民党三中全会后的转机，都给了日本帝国主义者的尝试以严重的打击。十年来中国的统治阶级与革命的民众之间的长期战争是停止了，现在正将直入中国政治历史新的一页，即在民主统一的基础上，巩固国内团结，加速准备抗战的一页。"

西安事变后，国民党与共产党之间的谈判开始进入正常阶段。1937 年 1 月 31 日，蒋介石指示西安行营主任顾祝同，每月由杨虎城出面向红军提供军费 20 余万元。中国共产党致国民党五全三中全会电更是引起全国人民的共鸣，得到全国各界的热烈拥护和支持。国民党五全三中全会上通过的《关于根绝"赤祸"案的决议》，尽管对中共和红军进行了恶毒攻击和批判，但还是就如何改编红军提出了具体标准。1937 年 2 月 9 日，顾祝同到西安后上任后，中共中央指示正在西安的周恩来，向国民党方面提出把红军改编为 12 个师，成为一个路军，中共参加国民政府军委会、总司令部、国防会议、国民大会和政府工作的谈判要点。2 月 16 日，蒋介石指示顾祝同，准许中共编成 4 团制的 2 个师，8 个团的兵力约在 1.5 万人，自副师长至副排长等所有副职由南京方面派人充任。双方经过激烈谈判，国民党方面同意红军编 3 个师。

1937 年 2 月 26 日起，张冲返回西安，又开始与中共进行新一轮谈判。因为双方对红军改编和边区政府的认定，相差太远，没有谈成。但是从此时开始，由南京方面向红军提供一定数量的军饷。

1937 年 3 月下旬，周恩来飞到杭州，与蒋介石谈判。就改编红军和苏区政府属性、苏区面积等问题进行了认真的讨论。4 月 4 日周恩来回延安汇报，并开始起草国共合作的共同纲领。

1937 年 4 月 25 日，周恩来乘坐卡车前往西安与顾祝同谈判，随行的有张云逸、秘书和两个警卫班共 25 人，在离延安 50 里的劳山时，突遭大股土匪袭击，不过最后顺利返回延安。4 月 26 日，正在西安的叶剑英，得知周恩来遇险、返回延安的消息后，立即出面请西安行营参谋长要求派飞机去接，周恩来乘坐只能坐 1 人的军用飞机来到西安。袭击周恩来的土匪由李清伍带领，不久由中央军委和西北保卫处派出的部队所消灭，匪首也被处决。

1937 年 5 月 23 日，周恩来赶到洛阳与蒋介石见面，蒋介石邀请中共参加庐山谈话会，到时再进行谈判。并且双方同意国民党派出考察团到延安考察，周恩来明确指出，只能称考察团，不能称视察团；不能让康泽这样的特务和中共叛徒参加。5月28日，"国民政府军事委员会委员长西安行营考察团"乘坐两辆大客车离开西安，团长是涂思宗，副团长萧志平、邵华，全团21人，周恩来派出叶剑英、陈赓陪同。这是国共两党十年内战期间第一个到达中共根据地的国民党正式考察团。考察团第一件事就是与中共代表一起祭扫黄帝陵。到达延安后，考察团受到热烈欢迎，当天晚上边区政府设宴款等考察团，中共领导人毛泽东、朱德、张闻天、博古、林伯渠、董必武参加了宴会，出席作陪的还有林彪、罗荣桓、刘亚楼、萧劲光等红军将领。毛泽东在宴会上说："今天这个欢迎会有伟大的历史意义，因为第一次大革命是由国共两党干起来的。现在比那个时候不同了，民族比那时更危险。两党一致团结，在今天比以前合作的意义与作用更加增加了。"（童小鹏：《风雨四十年》第一部第108页）考察团与毛泽东、朱德等中共领袖们进行了多次会谈，参观了抗日军政大学和红军前敌总指挥部、红军各方面军。国民党第一个赴中共根据地考察团，沟通了国共双方的理解，增加了国共合作的信心，促进了正在进行的国共和谈。

1937年6月14日，周恩来又带着《关于御侮救亡复兴中国的民族统一纲领草案》和十三个具体问题到庐山去见蒋介石时，除了原有的问题没有解决外，蒋介石还提出成立"国民革命同盟会"，把中共溶合进去；让毛泽东、朱德出洋等中共方面根本无法接受的要求。

此时，已经到了全面抗战爆发的边缘，有些争论不休的问题，很快因为全面抗战的爆发蒋介石不得不予同意。不管怎样，西安事变后的国共谈判，虽然没有具体成果，但为"七七事变"后的第2次国共合作形成塑造了气氛，提供了前提。

历史终于走到这一步，也是必然的一步：在遭到日本帝国主义侵略5年又10个月后，中国的两大政党终于捐弃前嫌，停止内战，一致对付侵略者！勇敢善良的中国人民，在面临日寇再次挑起的战火时，用自己的血肉，筑起新的长城，保卫国家的主权和领土完整，争取民族独立和解放。

蒋介石因为坚持"反共"政策，成为中共打倒、推翻的对象；也因为他同意"联共抗日"，所以中共也开始"拥蒋抗日"。蒋介石因为对日不抵抗，民意降到谷底；也因为他同意抗日，所以一度成为"民族英雄"。